国家哲学社会科学成果文库

NATIONAL ACHIEVEMENTS LIBRARY
OF PHILOSOPHY AND SOCIAL SCIENCES

马克思"科技—经济"思想及其发展研究（上卷）

刘冠军　著

人民出版社

作者简介

刘冠军　1963 年生，山东安丘人。首都经济贸易大学马克思主义学院教授、博士生导师。兼任中国自然辩证法研究会问题哲学专业委员会副主任委员、全国高师《资本论》研究会副会长、北京高教马克思主义原理研究会副会长、首都经济学家论坛常务理事。曾任曲阜师范大学经济学院院长、首都经济贸易大学马克思主义学院院长。2005 年在山西大学获哲学博士学位。2015 年入选北京宣传文化系统"四个一批"人才、北京"高创计划"哲学社会科学和文化艺术领军人才、全国文化名家暨"四个一批"人才。2016 年入选国家"万人计划"哲学社会科学领军人才、北京高校思想政治理论课特级教授。主要从事马克思主义基本理论及其发展研究，主持国家社科基金等各类项目 20 余项，出版《现代科技劳动价值论研究》《劳动力资本论》《新经济三论》等论著 19 部，在《哲学研究》《中国软科学》等报刊上发表论文 260 余篇，获省部级优秀成果奖 10 项、其他奖 23 项。

《国家哲学社会科学成果文库》
出版说明

为充分发挥哲学社会科学研究优秀成果和优秀人才的示范带动作用，促进我国哲学社会科学繁荣发展，全国哲学社会科学工作领导小组决定自 2010 年始，设立《国家哲学社会科学成果文库》，每年评审一次。入选成果经过了同行专家严格评审，代表当前相关领域学术研究的前沿水平，体现我国哲学社会科学界的学术创造力，按照"统一标识、统一封面、统一版式、统一标准"的总体要求组织出版。

全国哲学社会科学工作办公室

2021 年 3 月

自　序

在人类社会的现代化进程中，科技与经济相互联系和渗透、相互牵引和推动，共同构成现代化发展的核心动力。现代化所反映的人类文明的深刻变化，实质上是科技进步和经济发展相互牵引和相互转化的结果。因此，世界各国政府无不高度重视科技与经济的关系问题。我们党和政府更是如此，并深刻地认识到中国社会的现代化是人类社会历史上前所未有的大变革、大事件；在当今世界正在经历百年未有之大变局和新一轮科技革命、产业革命蓄势待发之际，我们必须在新时代新的历史起点上紧紧抓住新一轮科技革命和产业革命正在重构全球创新版图、重塑全球经济结构的重大机遇，着力"促进科技与经济深度融合"。这既是一个现实问题，也是一个理论问题。要在社会主义市场经济的实践中创造性地解决这一问题，必须在理论上深入挖掘和系统研究马克思整体理论中的"科技—经济"思想并与时俱进地加以创新，大力推进马克思"科技—经济"思想的时代化和中国化发展，构建适合当今时代特点和当代中国实际的中国特色社会主义政治经济学的基础理论。在此呈现给读者的这部著作，是笔者基于现代科技革命迅猛发展和现代市场经济社会深化发展以及二者相互牵引推动所形成的高度一体化发展的现实，按照马克思"科技—经济"思想及其发展的内在逻辑，与时俱进地进行研究和建构的理论成果。

在对本书所涉及的问题进行长期思考、潜心研究和不断探索的过程中，笔者对马克思在提醒那些"追求真理的读者"时所讲的一句至理名言，有了一个亲身的体验和全新的认识。这一至理名言就是大家所熟知的:"在科学上没有平坦的大道,只有不畏劳苦沿着陡峭山路攀登的人,才有希望达到光辉的顶点。"① 之所以有此感慨,因为本书是笔者 30 余载"心的长征"之积淀的成果,是 30 余载层级递进专题研究和艰辛探索之成果升华的结晶。本书的完成,虽离马克思所讲的"光辉的顶点"还颇为遥远,但至少借此能够看到是"有希望达到"的。可以说,本书记载了笔者从发现问题、确定课题进行研究探索并取得初步成果,到发现深层次的新问题、确定新的课题进行进一步的研究探索并取得新的成果,再到发现更深层次的新问题……直到本书完成,断断续续 30 余载的探索历程。在这一历程中,既有"不畏劳苦"的探索和攀登,也有弄明白问题时的兴奋,特别是有新发现、新成果问世和新奖励获得时的愉悦。这是一个艰辛而愉快的探索和攀登历程。

年华似水,岁月留痕。对本书所涉及的问题进行初步的思索始于读本科期间,记得自 1985 年从曲阜师大化学系转到政治系开始系统学习马克思主义政治经济学时,对政治经济学教科书中的"相对剩余价值"和"超额剩余价值"两个概念总是感到不明白,这是马克思政治经济学最核心的两个概念。尽管老师对教科书上的这两个概念讲得很清楚,但在查阅相关资料进行反复思考之后对其来源和创造问题总感到有疑问:一方面,政治经济学教科书认为,不管是"相对剩余价值"还是"超额剩余价值",都属于"剩余价值"范畴,都是由企业中被资本家雇用的"生产工人"创造的;而另一方面,"相对剩余价值"和"超额剩余价值"都与科学技术在企业中的运用有关,都是企业在运用科学技术提高劳动生产率的前提下才能实现的,离开了这一前提,企业中的"生产工人"无论如何也创造不出"相对剩余价值"和"超额剩余价值"来。那么,"生产工人"和科学技术在"相对剩余价值"和"超额剩余价值"的创造过程中到底是一种什么关系?更何况,马克思在考察机器大工业的发展时揭示出,伴随科学技术发展及其在企业中运用程度的逐步提高,企业呈现出从半机械化到机械化,再到半自动化和自动化的发展趋势,而当企业真的达到"完全的"自动化程度,这些自动化企

---

① [德] 马克思:《资本论》第 1 卷,人民出版社 2004 年版,"法文版序言和跋"第 24 页。

业的"生产工人"达到几乎趋近为"零"的程度，此时"相对剩余价值"和"超额剩余价值"还是由"生产工人"创造的吗？这将使"生产工人"和科学技术在"相对剩余价值"和"超额剩余价值"的创造过程中到底是一种什么关系的问题显得更加复杂。因此，在本科学习阶段，对政治经济学教科书中这样一个看似简单而实则复杂、看似清晰而实则"模糊"的问题，真的是没想清楚、没弄"明白"。1987 年本科毕业留校任教之后，也曾查阅相关资料并断断续续地思考这一问题，但也没有找到"合理"答案。1991年考入华中师大读研时，本想以此问题为硕士学位论文的主题展开研究，找到"合理"答案，但考虑到该问题难度太大而没选此题，只是试着以此问题完成了一篇课程论文《从劳动价值论角度看科学技术第一生产力的二重性》，这是就此问题研究取得的第一个成果。

潜心磨剑，霜刃初示。值得一提的是，读研时完成的这篇课程论文，经过认真的整理打磨后投稿《齐鲁学刊》，并很快在 1994 年第 3 期上刊出了。这一研究成果发表对笔者的鼓励很大，坚定了对这一问题进一步研究的决心和信心。当 1994 年 6 月硕士研究生毕业回到曲阜师大任教以后，笔者的主要精力便放到这一问题的研究上，并很快取得了新的成果，且得到学界肯定。记得回校任教不久，从《自然辩证法研究》杂志上获知"中国科学技术协会第二届青年学术年会"征文消息之后，将其中的一篇论文《论科技劳动的私人性与社会性的矛盾》提交年会，并很快得到回复。这样，1995年 7 月应邀作为正式代表参加了该年会，时任国家主席和总书记江泽民以及党和国家的其他领导人胡锦涛等接见了会议代表，提交论文入选年会并收入年会论文集的软科学分册，且该论文在此分册的出版前言中作为优秀论文加以重点介绍，被专家们认为"为国家制定有关政策提供了理论依据"[①]。次年，该文荣获第十一次山东省社会科学优秀成果奖三等奖，这是笔者获得的第一个省部级科研奖励。这一科研奖励的获得，进一步坚定了笔者对这一问题进行深入研究的决心和信心。

倾听时代呼声，融入学术洪流。问题是时代的呼声，理论研究只有关切

---

① 参见《中国科学技术协会第二届青年学术年会论文集——软科学分册》的出版前言，该分册由中国科学技术出版社 1995 年 6 月出版。

时代之问才能融入学术的洪流。从荣获第一个省部级奖励的这一年即 1996 年开始，知识经济的浪潮冲击了中国的理论界，并很快成为中国学术界的研究热点，而对这一问题的研究恰好与学术界这一研究热点相吻合。因此，笔者几乎把全部的研究时间和精力用在对这一问题的探索中，对这一问题进行分门别类的全面梳理和深入探讨，其成果不断地在国内重要学术刊物上发表出来，并在学术理论界产生了一定的影响。如《自然辩证法研究》1996 年第 1 期和第 8 期连续发表了两篇论文《论科技价值实体的矛盾二重性》和《论马克思"不费分文"的生产力思想》，《科学技术与辩证法》1996 年第 4 期也发表了另一篇论文《论劳动价值论中"劳动"的系统性与层次性》。自此以后，关于这一问题分门别类的研究成果，如《运用马克思劳动价值论解读科学价值》《科学价值的"库存"模型和孵化机制研究》《论科技生产力与科技生产关系的矛盾及其规律》等 60 余篇论文，分别发表在《哲学研究》《中国软科学》《科学学研究》《自然辩证法研究》《自然辩证法通讯》《科学技术与辩证法》等杂志上，其中有 30 余篇次被《新华文摘》《光明日报》《高等学校文科学术文摘》以及中国人民大学复印报刊资料的《马克思主义列宁主义研究》《哲学原理》《科学技术哲学》《社会科学总论》《新技术革命和高技术产业》《管理科学》《科技管理》《理论经济学》等转载；同时还出版了《走进新时代的马克思劳动价值论》和《劳动力资本论》等著作，并且有 10 项研究成果获得省部级奖励。在此期间，即 2002—2005 年，在山西大学科技哲学研究中心攻读博士学位时，笔者的博士学位论文选题《现代科技劳动价值论研究——马克思劳动价值论在现代经济社会与境中的发展》也是以此问题的一个分问题为主题的。令人欣慰的是，笔者的博士论文不仅在 2005 年 6 月获得了山西大学优秀博士学位论文，而且在 2006 年 6 月被山西省教育厅和山西省学位委员会评选为"2005 年度山西省优秀博士学位论文"。

专题研究基础上的体系建构，这是一个艰难的理论升华过程。在 2011 年之前，对马克思"科技—经济"思想及其发展问题，主要从不同角度、不同层面进行分门别类的专题研究。在此期间，笔者先后主持并完成了与此问题相关联的曲阜师范大学研究项目"科技劳动价值理论探索"和"知识经济与科学价值库理论"、山东省教委人文社会科学研究项目"知识经济与

马克思主义劳动价值论"（J00S03）、山东省社会科学规划研究重点项目
"科技创新价值论和科技企业创新的孵化机制研究"（02BZJ03）、日照市社
会科学重点研究项目"关于加快高新技术产业发展的研究"（2008—07）、
济宁市委政策研究室课题"提升济宁作为山东省向南参与合作竞争的战略
支点地位"（济研发〔2009〕8号）、山东省科学技术发展计划（软科学部
分）项目"山东省实物与虚拟经济互动机制和产业升级战略研究"
（2009RKA301）、教育部人文社会科学规划基金项目"现代科技劳动价值论
与社会主义市场经济条件下的劳动力资本化研究"（07JA710017）等。如果
说上述项目的研究属于专题研究，那么自2011年始，笔者在主持申报国家
社会科学基金项目"马克思'科技—经济'思想及其发展研究"
（11BKS005）获批立项之后，对这一问题的研究则属于系统整合研究，即在
上述专题研究基础上，系统构建了马克思"科技—经济"思想及其发展的
理论体系，并将上述专题研究的理论观点有机地融入新构建的理论体系
之中。

　　在这一系统整合研究进程中，笔者于2016年主持承担了全国文化名家
暨"四个一批"人才自主选题"马克思'科技—社会'思想及其发展研
究"（中宣干字〔2016〕133号）。由此，将上述两个课题有机结合在一起
加以系统地研究和建构。这样处理的根据，主要源自马克思在唯物史观和政
治经济学研究中对"社会"或"社会形态"的深刻理解和精准把握。尤其
是在《〈政治经济学批判〉序言》中，马克思在回顾和总结自己研究政治经
济学和发现唯物史观的过程时，对唯物史观作了经典表述，科学阐明生产力
与生产关系、经济基础与上层建筑、社会存在与社会意识的历史唯物主义基
本原理，并运用这些原理揭示了人类社会发展的一般规律和经济的社会形态
演进的一般进程。在此过程中，马克思将"社会"称为"经济的社会"，将
"社会形态"称为"经济的社会形态"。也就是说，在马克思看来，"经济"
与"社会"、"经济社会形态"与"人类社会形态"、"经济的社会形态演
进"与"人类社会形态发展"等在相当高的程度上是等价的。唯物史观中
的这一观点在马克思政治经济学研究中得到了贯彻运用，直接地表现为马克
思将政治经济学研究对象的"经济"理解为一定时代的"生产方式以及和
它相适应的生产关系和交换关系"所构成的社会系统，即由"生产、消费、

分配、交换（流通）"等要素构成的社会系统。因此，"经济"与"社会"、"经济社会形态"与"人类社会形态"在马克思政治经济学中仍然具有等价性。正因如此，马克思把人类社会发展看作一个自然历史过程。尽管当前理论界对"经济"范畴有各种不同的理解，但在笔者所选主题中的"经济"与马克思唯物史观和政治经济学中的"经济"范畴是一致的，因此本书不仅是基于以往成果进一步深入研究的结果，而且也是将上述两个课题结合在一起加以系统建构的成果。

在马克思和恩格斯看来，任何科学理论体系尤其是划时代理论体系的真正内容都是由于产生这些理论体系的时代需要而形成的。中国特色社会主义进入新时代，提出了研究和建构与新时代特点和社会主义市场经济自身逻辑相适应的政治经济学的时代需要。本书的研究和建构，力图为中国特色社会主义政治经济学研究和建构的新时代需要，提供一种源自马克思"科技—经济"思想自身逻辑演进而内在生成的基础理论和分析范式。从 2014 年 7 月至今，习近平多次强调政治经济学的重要性，要求人们学好、用好政治经济学。2015 年 11 月，他在主持中共中央政治局第二十八次集体学习马克思主义政治经济学基本原理和方法论时强调，要立足我国国情和我国发展实践，不断开拓当代中国马克思主义政治经济学新境界；同年 12 月，他在中央经济工作会议上明确提出"中国特色社会主义政治经济学"这一重大范畴，并强调要坚持中国特色社会主义政治经济学的重大原则。自此之后，"中国特色社会主义政治经济学"成为中国马克思主义理论学界、经济学界等的研究热点，理论界诸多学者依据各自的背景知识、从不同的角度对中国特色社会主义政治经济学的重大原则、基本内容、理论渊源、实践理路、学科建设、理论构建、重大意义和发展路向等加以研究，发表了大量论文和出版了多版本的论著、教材。综观理论界的这些研究成果，对于中国特色社会主义政治经济学的研究呈现如下特点：一是现有的研究成果主要运用定性分析和理性解读的方式，多集中在对中国特色社会主义政治经济学的政策性解读上，主要侧重于宏观经济政策的论述；二是如何处理"源"与"流"的关系，即如何在马克思《政治经济学批判》的基础上，针对中国特色社会主义市场经济实践，建构起与之相适应的中国特色社会主义政治经济学的理论体系，在基础理论领域留有很大的空间；三是对中国特色社会主义政治经济学的研究具有单一化趋向，缺乏"经济—政治—哲学"的综合理论研究，缺乏基本的分析范式和基础理论。概而言之，主要把马克思以当时资本主义英国为例建构起的政治经济学分析范式和基础理论，直接地当作新时代中国特色社会主义政治经济学的分析范式和基础理论。

而本书的三个特点在一定程度上弥补了理论界这一缺失。其一，本书是对镶嵌在马克思整体理论中的"科技—经济"思想，沿其内在逻辑自身发展的进路与时俱进地加以研究和建构的成果。其二，本书建构的理论体系符合中国特色社会主义市场经济发展的需要。进入新时代以来，伴随中国特色社会主义市场经济的改革深化和快速发展，"市场"在中国经济社会发展进程中对资源配置的作用发生了深刻的变化，从原来的基础性作用转化升级为"决定性作用"，中国特色社会主义的生产关系在改革开放进程中不断发展。其三，本书的理论体系正是基于世界范围的第三次科技革命和产业革命的现实，以及向新一轮新科技革命和产业革命转变的趋势而建构的，其建构过程尤其关注：被誉为即将来临的第四次工业革命的"工业4.0"浪潮冲击着世界各国之同时，中国不失时机地出台了《中国制造2025》，科技强国战略、人才强国战略和创新驱动发展战略全面启动，大数据背景下"互联网+"行动计划、人工智能和智能机器人发展规划更是渗透到工业、农业和服务业等各行各业，自动化、信息化和智能化的"三化合流"趋势，正在不断地将"中国制造"推进到高质量发展的"中国智造"和"中国慧造"，这使中国特色社会主义"生产方式"发生深刻的历史性转变，从原来追求经济高速增长的粗放型物质生产方式，不断推进到追求经济中高速增长的"科技型"生产方式，并向着高质量发展的高端科技型生产方式——智能化的科技型生产方式发展。

正是基于这三个特点，如果说马克思经典的政治经济学是以当时最发达的英国资本主义为例、研究资本主义物质型"生产方式以及和它相适应的生产关系和交换关系"[①] 的政治经济学，批判性是其主要特征，那么中国特色社会主义政治经济学则是指在新时代中国特色社会主义市场经济条件下、研究社会主义科技型"生产方式以及和它相适应的生产关系和交换关系"

---

① ［德］马克思：《资本论》第1卷，人民出版社2004年版，第一版序言第8页。

的马克思主义政治经济学，建设性是其主要特征。这是因为，站在新时代的历史方位上看，中国特色社会主义市场经济的不断发展和完善，已经实现了对马克思所处时代的英国资本主义市场经济的历史性超越；与此同时，中国特色社会主义的新型生产方式即科技型"生产方式以及和它相适应的生产关系和交换关系"的不断发展和完善，也已经实现了对马克思所处时代的英国资本主义物质型"生产方式以及和它相适应的生产关系和交换关系"的历史性超越。这两个"历史性超越"所呈现出的中国特色社会主义崭新的科技型生产方式，以及与之相适应的中国特色社会主义的新型生产关系、新型经济制度和新型经济道路，展现为新时代中国的社会主义市场经济伟大实践，它呼唤嵌入在马克思整体理论中的"科技—经济"思想沿其内在逻辑进路，形成能够反映这种新型生产方式以及与之相适应的新型生产关系、新型经济制度和新型经济道路的马克思主义政治经济学基础理论，这就是中国特色社会主义政治经济学的基础理论。在此意义上，本书旨在为新时代中国特色社会主义政治经济学的研究和建构，提供一种源自马克思"科技—经济"思想自身逻辑演进而内在生成的基础理论和分析范式。

当然，本书的完成并不意味着对这一问题研究的结束，因为马克思的"科技—经济"思想是嵌入在他整个理论体系中最深邃、最具时代前瞻性的思想洞见，是镶嵌在他各个时期诸多经典著作的字里行间中至今依然闪烁着璀璨光芒的真理"宝珠"，在新一轮科技革命和产业变革蓄势待发并重构世界经济社会结构版图之际，结合新时代中国特色社会主义市场经济伟大实践发展之现实，将其与时俱进地加以发展还有很长的路要走。因此，今后笔者将以咬定青山不放松的决心和信心为完善和充实本书所构建起来的理论体系作不懈的努力。同时，由于个人水平所限，书中肯定有诸多的不足和缺陷，因此"任何的科学批评的意见我都是欢迎的"，诚挚地欢迎学界同人或科学批评指正，或学术商榷探讨，以期推进研究的深入和体系的完善。

最后需要加以指出的是，在对本书及其相关前期课题的长期研究过程中，得到了许多师长、同事、学生、朋友和家人的关爱、支持与帮助。同时，本书作为全国文化名家暨"四个一批"人才自主选题（中宣干字〔2016〕133 号）和国家社会科学基金项目（11BKS005）的资助成果，得到了中宣部干部局、国家社科工作办、北京市委宣传部干部处和首经贸党委等部门有关专家领导的大力支持；作为 2019 年度《国家哲学社会科学成果文库》的入选成果，得到了诸位评审专家的充分肯定和精心指导。尤其重要的是，人民出版社的专家领导特别是马列编辑二部刘海静博士给予了鼎力支持和多方面的帮助，正是他（她）们的大力推荐，才使本书有机会入选《国家哲学社会科学成果文库》；正是他（她）们的辛勤付出，才使本书得以顺利出版。在此一并谨致谢忱！

刘　冠　军

2021 年 3 月于首都经济贸易大学

目　　录

导　论 ……………………………………………………………（ 1 ）

上卷　马克思"科技—经济"思想的 历史形成和系统考证

第一章　马克思"科技—经济"思想形成的时代背景和理论来源 …（43）

第一节　马克思"科技—经济"思想形成的科学技术基础 ……（43）

第二节　马克思"科技—经济"思想形成的经济社会根源 ……（52）

第三节　马克思"科技—经济"思想的理论来源 ……………（68）

第二章　马克思"科技—经济"思想的探索历程、发展阶段

和基本类型 ………………………………………………（88）

第一节　马克思"科技—经济"思想的逻辑起点与动力源泉 …（89）

第二节　马克思"科技—经济"思想的理论难题与艰辛探索 …（94）

第三节　人的三维本质理论与"科技—经济"思想的形成 ……（100）

第四节　马克思"科技—经济"思想形成和发展的阶段划分 …（108）

第五节　马克思"科技—经济"思想发展进程中的两种类型 …（113）

第三章　马克思对象性存在视域的"科技—经济"思想 …………（121）

第一节　对象性关系与人的对象性存在的理论 ……………（122）

第二节　对象性存在视域的"科学—技术—工业"分析范式 … （131）

第三节　"科学—技术—工业"分析范式基础上的异化批判 …… （152）

第四节　"科学—技术—工业"分析范式基础上的异化根源 …… （169）

第五节　"科学—技术—工业"分析范式基础上的异化克服 …… （188）

第四章　马克思物质生产视域的"科技—经济"思想 ………… （212）

第一节　物质生产视域的确立与唯物史观的创立 ………… （213）

第二节　唯物史观中的"科学—技术—生产力"分析范式 …… （224）

第三节　唯物史观中的"科技—经济"思想 ……………… （265）

第四节　"生产力中也包括科学"：唯物史观分析范式的政治

经济学转换 ………………………………………… （299）

第五节　政治经济学研究中的"科技—经济"思想 ……… （306）

第五章　19 世纪的时代特征与马克思"科技—经济"思想 ………… （374）

第一节　世界主题特征与马克思"科技—经济"思想 ……… （375）

第二节　科技和劳动关系特征与马克思"科技—经济"思想 … （378）

第三节　占主导的经济形态特征与马克思"科技—经济"

思想 ………………………………………………… （382）

第四节　科学认知背景特征与马克思"科技—经济"思想 …… （387）

下卷　马克思"科技—经济"思想的现代发展和理论建构

第六章　马克思"科技—经济"思想现代发展和重构的社会现实

与境考察 ……………………………………………… （395）

第一节　现代科学技术的迅猛发展及未来趋向 ………… （396）

第二节　科技的巨大经济功能及融入经济系统的方式演进 … （418）

第三节　现代科技革命背景下"科技—经济"一体化社会的

形成 ………………………………………………… （434）

第四节　知识经济新形态的"科技—经济"一体化实质 ……… （454）

第七章　马克思"科技—经济"思想现代发展和重构何以可能与
　　　　范式转换及范畴拓展 ………………………………… （472）

第一节　马克思"科技—经济"思想现代发展和重构何以
　　　　可能的方法论探讨 ………………………………… （473）

第二节　马克思"科技—经济"思想现代发展和重构的分析
　　　　范式再转换 ………………………………………… （494）

第三节　科技型生产方式：马克思政治经济学研究对象的
　　　　拓展 ……………………………………………… （522）

第四节　科技商品：科技型生产方式下马克思"商品"范畴
　　　　的拓展 …………………………………………… （534）

第五节　科技劳动：科技型生产方式下马克思"创造价值
　　　　劳动"范畴的拓展 ………………………………… （556）

第六节　广义工人阶级：科技型生产方式下马克思"工人
　　　　阶级"范畴的拓展 ………………………………… （575）

第七节　精神生产资料：科技型生产方式下马克思"生产
　　　　资料"范畴的拓展 ………………………………… （582）

第八章　基于科技型生产方式的现代政治经济学基本原理建构 …… （592）

第一节　科技商品的二因素辩证关系原理 ………………… （594）

第二节　科技劳动的二重性辩证关系原理 ………………… （613）

第三节　科技私人劳动和科技社会劳动的辩证关系原理 ……… （637）

第四节　科学和自然力在科技商品生产和价值增殖中的辩证
　　　　关系原理 ………………………………………… （650）

第九章　"科技第一生产力"分析范式基础上科技型企业价值
　　　　生产与增殖的系统建构 …………………………… （675）

第一节　科技型企业及其"整个生产劳动过程"的总特征 …… （676）

第二节　"科学价值库"与科学劳动创造价值论 …………… （689）

第三节　"科学价值库"的第一步价值孵化与技术劳动创造
　　　　价值论 …………………………………………………（704）

第四节　"科学价值库"的第二步价值孵化与生产劳动创造
　　　　价值论 …………………………………………………（709）

第五节　"科学价值库"及价值孵化与科技型企业的剩余价值
　　　　生产论 …………………………………………………（717）

第六节　科技型企业价值生产和增殖的"价值链网络结构"
　　　　模式建构 ………………………………………………（764）

第十章　马克思主义"科技—经济"新理论的创立及其对当代
　　　　中国的启迪与建议 ……………………………………（789）

第一节　在"科技第一生产力"分析范式基础上创新发展马克思
　　　　"科技—经济"思想 ……………………………………（791）

第二节　马克思主义"科技—经济"新理论对当代中国的深刻
　　　　启迪与政策建议 ………………………………………（805）

结　语　沿着马克思"科技—经济"思想逻辑进路对人类解放的
　　　　探索与展望 ……………………………………………（834）

参考文献 ………………………………………………………（845）
索　引 …………………………………………………………（868）

CONTENTS

Introduction ·· (1)

Volume I   The Historical Formation and Systematic Textual Research of Marx's Thinking on the Science-Technology-Economy Relationship

Chapter 1   The Historical Background and Theoretical Source of Marx's Thinking on the Science-Technology-Economy Relationship ·································· (43)

Section 1   The Scientific and Technological Basis of Marx's Thinking on the Science-Technology-Economy Relationship ············ (43)

Section 2   The Economic and Social Roots of Marx's Thinking on the Science-Technology-Economy Relationship ············ (52)

Section 3   Theoretical Sources of Marx's Thinking on the Science-Technology-Economy Relationship ························ (68)

Chapter 2   The Exploration Course, Development Stage and Basic Type of Marx's Thinking on the Science-Technology-Economy Relationship ································ (88)

Section 1   The Logical Starting Point and Power Source of Marx's Thinking on the Science-Technology-Economy Relationship ·· (89)

Section 2　Theoretical Problems and Hard Exploration of Marx's Thinking on the Science-Technology-Economy Relationship ·· (94)

Section 3　The Theory of Human's Three-Dimensional Essence and the Formation of the Thinking on the Science-Technology-Economy Relationship ····································· (100)

Section 4　The Stage Division of the Formation and Development of Marx's Thinking on the Science-Technology-Economy Relationship ····································· (108)

Section 5　Two Types of Marx's Thinking on the Science-Technology-Economy Relationship Formed in Its Development Process ·· (113)

Chapter 3　Marx's Thinking on the Science-Technology-Economy Relationship from the Perspective of Objective Existence ··· (121)

Section 1　The Theory of Object Relation and Objective Existence of Human Beings ·· (122)

Section 2　The Analysis Paradigm of Science-Technology-Industry from the Perspective of Objective Existence ·············· (131)

Section 3　Alienation Criticism Based on the Analysis Paradigm of Science-Technology-Industry ····························· (152)

Section 4　Alienation Root Based on the Analysis Paradigm of Science-Technology-Industry ····························· (169)

Section 5　Alienation Sublation Based on the Analysis Paradigm of Science-Technology-Industry ····························· (188)

Chapter 4　Marx's Thinking on the Science-Technology-Economy Relationship from the Perspective of Material Production ··· (212)

Section 1　The Establishment of the View of Material Production and the Establishment of Historical Materialism ········· (213)

Section 2   The Analysis Paradigm of Science-Technology-Produc-
          tivity in Historical Materialism ·············· (224)

Section 3   The   Thinking   on   the   Science-Technology-Economy
          Relationship in Historical Materialism ·············· (265)

Section 4   "The Productive Forces Also Include Science": the
          Political Economics Creative Transformation of the
          Analytical Paradigm in Historical Materialism ············ (299)

Section 5   The   Thinking   on   the   Science-Technology-Economy
          Relationship in the Study of Political Economics ········· (306)

Chapter 5   Characteristics of the 19th Century and Marx's Thinking
          on the Science-Technology-Economy Relationship ········· (374)

Section 1   Characteristics of World Theme and Marx's Thinking on
          the Science-Technology-Economy Relationship ············ (375)

Section 2   Characteristics of Science-Technology-Labor Relationship
          and   Marx's   Thinking   on   the   Science-Technology-
          Economy Relationship ······························ (378)

Section 3   The Dominant Economic Characteristics and Marx's
          Thinking on the Science-Technology-Economy Relationship ···(382)

Section 4   Characteristics of Scientific Cognition and Marx's
          Thinking on the Science-Technology-Economy Relationship ···(387)

Volume II   The Modern Development and Theoretical
          Reconstruction of Marx's Thinking on the
          Science-Technology-Economy Relationship

Chapter 6   Social Reality Context Investigation on the Modern
          Development and Theoretical Reconstruction of
          Marx's Thinking on the Science-Technology-Economy
          Relationship ······································ (395)

Section 1　The Rapid Development and Future Trend of Modern
　　　　　　Science and Technology ⋯⋯⋯⋯⋯⋯⋯⋯⋯⋯⋯⋯⋯（396）

Section 2　The Great Economic Function and the Way of Integration
　　　　　　into the Economic System of Science and Technology ⋯⋯（418）

Section 3　The Formation of the Integrated Society of Science-
　　　　　　Technology-Economy Under the Background of Modern
　　　　　　Science and Technology Revolution ⋯⋯⋯⋯⋯⋯⋯⋯⋯（434）

Section 4　Essence of the Integration of Science-Technology-
　　　　　　Economy in the New Form of Knowledge Economy ⋯⋯（454）

**Chapter 7　On the Possibility of Modern Development and Theore-
　　　　　　tical Reconstruction of Marx's Thinking on the Science-
　　　　　　Technology-Economy Relationship and Its Paradigm
　　　　　　Transformation and Category Expansion ⋯⋯⋯⋯⋯⋯（472）**

Section 1　Discussion on the Methodology of the Possibility of Modern
　　　　　　Development and Reconstruction of Marx's Thinking on the
　　　　　　Science-Technology-Economy Relationship ⋯⋯⋯⋯⋯（473）

Section 2　Reconversion of the Analytical Paradigm of Modern
　　　　　　Development and Reconstruction of Thinking on the
　　　　　　Science-Technology-Economy Relationship ⋯⋯⋯⋯⋯（494）

Section 3　The Scientific and Technological Mode of Production:
　　　　　　the Extension of Research Object of Marx's Political
　　　　　　Economics ⋯⋯⋯⋯⋯⋯⋯⋯⋯⋯⋯⋯⋯⋯⋯⋯⋯⋯（522）

Section 4　Scientific and Technological Commodities: the Extens-
　　　　　　ion of Marx's Category of "Commodity" under the Scie-
　　　　　　ntific and Technological Mode of Production ⋯⋯⋯⋯（534）

Section 5　Scientific and Technological Labor: The Extension of
　　　　　　Marx's Category of "Creating Value Labor" under the
　　　　　　Scientific and Technological Mode of Production ⋯⋯（556）

Section 6   Generalized Working Class: the Extension of Marx's
            Category of "Working Class" under the Scientific and
            Technological Mode of Production ·························· (575)
Section 7   Spiritual Means of Production: the Extension of Marx's
            " Means of Production " under the Scientific and
            Technological Mode of Production ·························· (582)

Chapter 8   The Basic Principles Construction of Modern Political
            Economics Based on the Scientific and Technological
            Mode of Production   ································· (592)
Section 1   The Two-factors Dialectical Relationship Principle of
            Scientific and Technological Commodities ················ (594)
Section 2   The Dual-nature Dialectical Relationship Principle of
            Scientific and Technological Labor ························· (613)
Section 3   The Dialectical Principle of the Relationship between
            Scientific-Technological Private Labor and Scientific-
            Technological Social Labor ··························· (637)
Section 4   The Principle of Dialectical Relationship between
            Science and Nature Forces in the Production of Scientific
            and Technological Commodities and the Proliferation of
            Value   ··· (650)

Chapter 9   The System Construction of Value Production and
            Proliferation of Scientific and Technological Enterprise
            Based on the Analysis Paradigm of " Science and
            Technology as the First Productive Force" ·················· (675)
Section 1   General Characteristics of Scientific and Technological
            Enterprise and Their " Whole Production and Labor
            Process"   ··· (676)
Section 2   "Scientific Value Store" and the Value Theory of Scie-
            ntific Labor Creation   ································· (689)

Section 3　The First Step of Value Incubation of "Scientific Value Store" and the Value Theory of Technical Labor Creation ·· (704)

Section 4　The Second Step of Value Incubation of "Scientific Value Store" and the Value Theory of Productive Labor Creation ·· (709)

Section 5　"Scientific Value Store" and Its Value Incubation and the Surplus Value Production Theory of Scientific and Technological Enterprise ··· (717)

Section 6　Construction of "Value Chain Network Structure" Model for Value Production and Proliferation of Scientific and Technological Enterprise ······································· (764)

Chapter 10　The Establishment of Marxist New Theory of Science-Technology-Economy and Its Enlightenment and Suggestions for Contemporary China ····················· (789)

Section 1　An Innovative Development of Marx's Thinking on the Science-Technology-Economy Relationship on the Basis of the Analytical Paradigm of "Science and Technology as the First Productive Force" ································ (791)

Section 2　The Profound Enlightenment and Policy Suggestions of Marxist New Theory of Science-Technology-Economy for Contemporary China ··· (805)

Conclusion　Exploration and Prospect of Human Liberation along the Logical Development Path of Marx's Thinking on the Science-Technology-Economy Relationship ············ (834)

Bibliography ··· (845)

Index ··· (868)

导　论

在导论中，着重依次阐述三个方面的内容：一是通过对中外理论界研究现状的考察、梳理和评析，确立从中国化和时代化相统一的维度对马克思"科技—经济"思想及其发展进行整体性研究的视角，并从世界范围内的人类社会现代化进程和作为这一进程重要组成部分的中国特色社会主义现代化进程的双重维度阐述其研究的必要性和理论价值；二是对研究主题中的"科技—经济"这一核心范畴加以界定，同时将马克思"科技—经济"思想及其发展研究置于马克思主义理论整体演进的过程之中，沿着马克思"科技—经济"思想孕育、形成和发展的内在逻辑进路确定其具体研究思路；三是依据逻辑和历史相统一的辩证思维方法，以整个探索进程中各阶段形成的基本分析范式之内在逻辑转换为轴心，系统地构建马克思"科技—经济"思想及其现代发展的框架结构体系，并在此框架结构体系中对其主要内容进行系统安排。

一、研究现状述评与研究视角确立

伴随着现代科学革命、技术革命和产业革命相互推进的深化以及"科技—经济"一体化社会的发展，对马克思经典文本中丰富而深刻的"科技—经济"思想，中外理论界从不同的角度进行研究，取得了一系列的研究成果。从中外理论界对马克思"科技—经济"思想的整体研究现状来看，其见解可谓"仁者见仁、智者见智"。因此，有必要对这一研究现状加以梳理和述评，从理论研究的维度探寻在当今时代加强马克思"科技—经济"

思想及其发展研究的理论价值和现实意义。

（一）国外理论界的研究现状

从国外理论界对马克思"科技—经济"思想及其发展的研究状况来看，其代表性的理论观点主要包括以下四个方面。

一是"排斥和敌视"论。国外理论界颇为注重"科技—经济"问题的研究，其研究成果颇丰，如20世纪60年代马克卢普的《美国的知识生产与分配》、70年代丹尼尔·贝尔的《后工业社会的来临》、80年代阿尔温·托夫勒的《第三次浪潮》和约翰·奈斯比特的《大趋势——改变我们生活的十个新方向》及堺屋太一的《知识价值革命——工业社会的终结和知识价值社会的开始》、90年代后期经合组织的《1996年科学、技术和产业展望》、美国信息研究所的《知识经济——21世纪的信息本质》、莱斯切尔的《认识经济论——知识理论的经济问题》和世界银行的《世界发展报告》《发展的知识》，以及新世纪之始 Edward M.Bergman 等人的《创新系统在区域性价值链方面对科技应用的影响》[1] 和 Lewis D.Johnson 等人的《知识、创新和股权价值》[2] 等，但西方主流经济学家以"轻蔑的缄默"和敌视的态度在排斥、敌视马克思的唯物史观和政治经济学思想[3]的同时，也排斥和敌视马克思的"科技—经济"思想及其中国化和时代化的研究。从某种意义上来讲，这在西方的主流经济学中表现得颇为突出。

二是"剥离和偏离"论。西方马克思主义早在20世纪初就已经发轫于对马克思经济思想的研究，伴随着研究的深入而不断地提出一些颇有影响的理论，如20世纪中后期罗宾逊提出了"沟通论"、斯维齐提出了"重塑论"、弗兰克提出了"依附理论"、沃勒斯坦提出了"不发达理论"和"世界体系论"等[4]，但从整体上看，他们的注意力更多地集中在马克思的政治学、历史学和社会学等领域，无视马克思经典著作中最为重要的政治经济学

---

[1]　Edward M.Bergman, Edward J.Feser, "Innovation System Effects on Technological Adoption in a Regional Value Chain", *European Planning Studies*, Vol.9, No.5, 2001, pp.629-648.

[2]　Lewis D.Johnson, Edwin H.Neave, Bohumir Pazderka, "Knowledge, Innovation and Share Value", *International Journal of Management Reviews*, Volume 4, Issue 2, 2002, pp.101-134.

[3]　参见刘冠军：《现代科技劳动价值论研究》，中国社会科学出版社2009年版。

[4]　参见顾海良：《马克思经济思想的当代视界》，经济科学出版社2005年版；顾海良、张雷声：《20世纪国外马克思主义经济思想史》，经济科学出版社2006年版。

理论以及丰富的"科技—经济"思想，试图"系统性尝试"建构"没有经济学的马克思"和"没有马克思的经济学"，试图"系统性尝试"建构"没有危机（理论）的马克思主义"和"没有马克思经济学的西方马克思主义"，其根本目的在于"试图将马克思的结论与其经济理论相剥离"。① 对此，卢卡奇甚至认为："对马克思主义来说，归根结底就没有什么独立的法学、政治经济学、历史科学等等，而只有一门唯一、统一的——历史的和辩证的——关于社会（作为总体）发展的科学。"② 有学者将其称为西方马克思主义的"去经济学化"现象，认为西方马克思主义在研究对象、研究主题、研究方法和研究人员的专业志向及研究成果等方面呈现出逐渐远离政治经济学的趋势。③ 由此可见，西方马克思主义的研究严重偏离了马克思经济学的方向。正是因为西方马克思主义致力于系统性建构没有经济学的马克思主义，致使他们在马克思主义经济理论方面以及在"科技—经济"问题上"建树甚微"。

　　三是"否定和过时"论。在对新科技革命条件下剩余价值来源、科技与社会制度的关系等问题进行研究时，西方许多学者无视马克思经典著作中丰富的"科技—经济"思想，认为自 19 世纪末叶以来，科技已经成为经济增长的"独立的变数"和"独立的剩余价值来源"，据此来否定马克思的经济思想，并认为其已经"过时"。如马尔库赛认为，现代科技的迅速发展和广泛应用使企业生产逐步实现自动化、智能化，"使花费在劳动中的体力的数量和强度日益减少"，这种变化"一笔勾销了马克思的'资本有机构成'概念和关于剩余价值形成的理论"，使马克思劳动决定价值的经济理论"成为不可能的了"。④ 哈贝马斯也认为，"当科学技术的进步变成一种独立的剩余价值的来源时，在非熟练的（简单的）劳动力的价值基础上来计算研究和发展方面的资产投资总额，是没有多大意义的；而同这种独立的剩余价值来源相比较，马克思本人在考察中所得出的剩余价值来源，即直接的生产者

---

① ［加拿大］阿兰·弗里曼：《没有马克思经济学的西方马克思主义》，孙寿涛译，《国外理论动态》2010 年第 10 期。

② ［匈牙利］卢卡奇：《历史与阶级意识》，杜章智等译，商务印书馆 1996 年版，第 77 页。

③ 邰丽华：《西方马克思主义"去经济学化"现象反思》，《当代经济研究》2013 年第 1 期。

④ ［美］马尔库赛：《单向度的人》，张峰、吕世平译，重庆人民出版社 1988 年版，第 22、26 页。

的劳动力，就愈来愈不重要了"，因此在现代经济社会背景下，"运用马克思的劳动价值学说的条件也就不存在了"。① 奈斯比特甚至认为，劳动价值论是马克思经济思想的基础，而劳动价值论产生于工业经济的初期，它已经不适合正在到来的知识经济，因此现在"必须创立一种知识价值论来代替劳动价值论"。② 芬伯格则试图以"苏联模式"的失败为佐证，对马克思的技术批判理论提出批评，并认为科技并非"制度中性"的，现实的社会主义国家若要继承资本主义创造的先进科学技术，必然会转化为资本主义统治的延续。③

四是"重构和发展"论。在西方理论界，有许多学者对马克思政治经济学理论给予了充分肯定，即使那些反对马克思的人也非常佩服马克思的博学和分析方法。加尔布雷斯认为："若是马克思在大多数问题上是错误的话，他的影响将很快就烟消云散了。那些把他们的注意力贯注在指出他的错误的数以千计的人们，早已会把他们的注意力移到别处去了。但在许多问题上，他显然是对的，尤其是关联到他的时代时是如此。"④ 曼德尔曾经精辟地论述了马克思经济学在理论分析和实际经济问题分析中的重要意义，认为："经济科学发现了价值这一组成因素，便掌握了解决一系列实际问题的钥匙。没有劳动价值论便没有剩余价值论，也没有办法把利润、利息、地租归到惟一的根源上来，也就没有办法理解最近一百五十年来工农业生产神秘的波动……这里已经充分证明了坚持劳动价值论，坚持构成一个整体的完整的经济学说的'益处'"。⑤ 熊彼特认为："作为经济理论家，马克思首先是十分博学的人"，"在马克思的经济学中，找不出什么东西可以归因于他在理论分析技术上缺乏训练和知识"。⑥ 在此认识的基础上，西方许多学者提出"重构和发展"马克思经济学的观点。20世纪中后期，西方学者将科技

---

① ［德］哈贝马斯：《作为"意识形态"的技术和科学》，李黎、郭官义译，学林出版社1999年版，第62页。

② ［美］奈斯比特：《大趋势》，梅艳译，中国社会科学出版社1984年版，第15—16页。

③ 参见［美］安德鲁·芬伯格：《技术批判理论》，韩连庆等译，北京大学出版社2005年版。

④ ［美］加耳布雷斯：《丰裕社会》，徐世平译，上海人民出版社1965年版，第62页。

⑤ ［比］厄内斯特·曼德尔：《论马克思主义经济学》下册，廉佩直译，商务印书馆1979年版，第353—354页。

⑥ ［美］熊彼特：《资本主义、社会主义与民主主义》，绛枫译，商务印书馆1979年版，第30页。

进步和人力资本作为内生因素建构起的经济增长模型所形成的"新增长理论"①，已成为西方"集约型""内涵式"经济增长的重要理论支撑，有学者认为马克思是最早将科技进步和资本积累内生至经济学模型的学者，"马克思（1848年）恐怕领先于其他任何一位经济学家把技术创新看作经济发展与竞争的推动力"②，因此应当根据现代科学的实际材料对马克思经济学体系"重新研究"和"重新构造"。而这种重新研究和重构，一方面"重点集中在改造马克思的一些名词术语和基本原理，而完全忽略或损害了政治经济学理论本身的内在逻辑。如保罗·巴兰和保罗·斯威齐试图用'经济剩余'的概念代替马克思的'剩余价值'范畴，在西方马克思主义经济学研究领域具有广泛的影响"③；另一方面，"用现代分析更为准确和细致的方法来重新考察马克思观点"，要达到"沟通""融合"马克思主义经济学与非马克思主义经济学。对于发展马克思主义经济学而言，非马克思主义经济学的科学成分值得借鉴，但阶级立场、价值取向以及哲学基础的不同注定了它不可能与非马克思主义经济学完全融合。④

由此可见，如何应对现代科技革命和"科技—经济"一体化发展条件下国外学者对马克思"科技—经济"思想的挑战、批判和质疑，如何以现代学术语言重新发掘、梳理马克思"科技—经济"思想，加强其中国化和时代化研究，是不可回避的重大现实问题。

（二）国内理论界的研究现状

从国内理论界对马克思"科技—经济"思想及其发展的研究状况来看，主要集中在四大领域或四个层面展开研究⑤。

一是在中国化的马克思主义经典文献中，拥有丰富的"科技—经济"思想，因为我们党在推进马克思主义中国化和时代化的进程中，也不断推进

---

① Paul Romer, "Endogenous Technological Change", *Journal of Political Economy*, Vol. 98, No. 5, 1990, pp. S71–S102.

② 《新帕尔格雷夫经济学大辞典》，经济科学出版社1992年版，第925页。

③ 郇丽华：《西方马克思主义"去经济学化"现象反思》，《当代经济研究》2013年第1期。

④ 胡乐明：《当代西方马克思主义经济理论研究的新取向》，《当代经济研究》2011年第9期。

⑤ 这四大领域或四个层面的划分是相对的，是为了叙述的简便而作的划分，在很多情况下是交叉的。譬如，在马克思主义基本原理（政治经济学）领域的研究与在经济学领域的研究，一般是难以绝对地划分的。

马克思"科技—经济"思想的中国化和时代化。早在延安时期，毛泽东就将科学技术视为改造自然的物质力量，明确提出"自然科学是人们争取自由的一种武装"的科学论断，强调"自然科学是很好的东西，它能解决衣、食、住、行等生活问题"；如果说"人们为着要在社会上得到自由，就要用社会科学来了解社会，改造社会"，那么"人们为着要在自然界里得到自由，就要用自然科学来了解自然，克服自然和改造自然"，所以"每一个人都要研究自然科学"。① 新中国成立后，面对"战争与革命"的世界主题和经济基础薄弱的中国现实，毛泽东曾确立社会主义建设的目的是为了解放和促进生产力的发展，并发出向科学进军和进行技术革命的号召，强调"科学技术这一仗，一定要打，而且必须打好。过去我们打的是上层建筑的仗……现在生产关系是改变了，就要提高生产力。不搞科学技术，生产力无法提高"②。显然，毛泽东将发展生产力、发展社会主义经济与发展科学、推动技术革新紧密联系起来。在此时期，党的第一代领导集体为社会主义中国绘制了"四个现代化"的宏伟蓝图，周恩来总理提出了"我们要实现农业现代化、工业现代化、国防现代化和科学技术现代化，把我们祖国建设成为一个社会主义强国，关键在于实现科学技术的现代化"③的科学论断，这是马克思"科技—经济"思想中国化和时代化的重要理论成果。

改革开放初期，面对"和平与发展"的世界主题和现代科技革命的世界潮流，为了着力解决中国现代化进程中科技进步与经济发展"两张皮"、相脱节的重大现实问题，邓小平提出了"科学技术是第一生产力""发展高科技，实现产业化"，包括科学技术人员在内的"知识分子是工人阶级的一部分"④ 等科学论断，强调"经济建设必须依靠科学技术，科学技术必须面向经济建设"，并通过科技体制和经济体制的双重改革，推进科技与经济的有机结合。在此之后，面对现代科技革命的纵深发展和经济全球化的世界潮流，江泽民提出了科学技术不仅"是第一生产力，而且是先进生产

---

① 《毛泽东文集》第二卷，人民出版社 1993 年版，第 269 页。
② 《毛泽东文集》第八卷，人民出版社 1999 年版，第 351 页。
③ 《周恩来选集》下卷，人民出版社 1984 年版，第 412 页。
④ 《邓小平文选》第三卷，人民出版社 1993 年版，第 274、490、275 页。

力的集中体现和主要标志"① 的新论断，并将科技的本质归结为创新②，强调"创新是一个民族进步的灵魂，是一个国家兴旺发达的不竭动力"，而"科技创新越来越成为当今社会生产力解放和发展的重要基础与标志，越来越决定着一个国家、一个民族的发展进程"，我们必须"真正搞出中国的创新体系来"。③ 这些重要的论断、观点以及与之一脉相承的创新型国家建设和创新驱动战略实施的思想，都是在新科技革命和以经济建设为中心的时代背景下马克思"科技—经济"思想中国化和时代化的重要理论成果。

二是经济学界、管理学界和软科学界等的研究。这些学界的学者主要从经济学层面，将技术进步作为经济的"内生要素"加以研究。如罗季荣对技术进步与内涵扩大再生产的研究、王晓东对技术进步与产业结构的研究、王清杨等对技术进步与经济增长的研究、朱勇和吴易风对技术进步与经济的内生增长的研究④，以及刘诗白对科技创新劳动创造价值的研究、卢希悦对科学技术与新价值源泉的研究、陈征对现代科学劳动特点与价值创造的研究、孟捷对技术创新与超额利润来源的研究⑤，等等。这些学界的学者在研究科技或科技进步作为内生要素对经济增长的作用时一个比较普遍的特征，就是他们所讲的科技或科技进步，主要指的是技术或技术进步，而很少包括科学和科学进步，他们把科学或科学进步往往纳入一个颇为笼统的经济范畴"全要素生产率"⑥ 中加以考察。

三是自然辩证法学界、科学学界和科技哲学界的研究。这些学界的学者

---

① 《江泽民文选》第三卷，人民出版社 2006 年版，第 275 页。

② 江泽民：《论科学技术》，中央文献出版社 2001 年版，第 192 页。

③ 江泽民：《论科学技术》，中央文献出版社 2001 年版，第 55、147、116 页。

④ 参见罗季荣：《论技术进步与内涵扩大再生产》，《经济研究》1984 年第 12 期；王晓东：《技术进步对产业结构和再生产比例的影响》，《中国社会科学》1985 年第 1 期；王清杨、李勇：《技术进步和要素增长对经济增长的作用》，《中国社会科学》1992 年第 2 期；朱勇、吴易风：《技术进步与经济的内生增长》，《中国社会科学》1999 年第 1 期。

⑤ 参见陈征：《当代劳动的特点》，《光明日报》2001 年 7 月 17 日；陈征：《论科学劳动》，《当代经济研究》1996 年第 6 期；陈征：《再论科学劳动》，《当代经济研究》2001 年第 10 期；刘诗白：《论科技创新劳动》，《经济学家》2001 年第 3 期；卢希悦：《科学技术是创造新价值的巨大源泉》，经济科学出版社 2002 年版；孟捷：《技术创新与超额利润的来源》，《中国社会科学》2005 年第 5 期。

⑥ 程惠芳、陆嘉俊：《知识资本对工业企业全要素生产率影响的实证分析》，《经济研究》2014 年第 5 期。

主要从哲学层面,将其作为"科学与社会"(STS)的重要内容加以研究。如钱时惕对科技与经济相结合的研究、陈雷声对邓小平的科技与经济协调发展思想的研究①,杨明刚对新科技革命背景下科技是第一生产力的研究、黄顺基对科技革命的社会功能和社会影响的研究、赵红洲对科研生产关系的深入探讨、朱丽兰对科技与社会主义经济关系的研究②,冯瑄、吴季松、赵弘、郭继丰等对科学技术与知识经济的研究③,以及王书森等对科技进步与经济增长的研究、陈筠泉对劳动价值和知识价值的研究、李正风对科学知识生产方式的研究④,等等。

四是马克思主义理论学界的研究。我国马克思主义理论学界的学者主要从"马克思文本研究"和"马克思当代价值研究"层面,将其作为马克思主义经济学及其中国化时代化的重要内容加以研究。如程恩富、马艳等对科技等劳动的复杂性和熟练性的提高所导致的劳动生产率一般会增大商品价值量的研究⑤,顾海良在《马克思经济思想的当代视界》中对科技进步与生产力、科技进步与当代经济关系、科技革命与马克思经济学等的研究⑥,以及我国理论界在围绕"什么劳动创造价值"的核心问题针对马克思劳动价值

---

① 参见钱时惕:《科技经济结合论》,河北科学技术出版社 1992 年版;陈雷声:《邓小平的科技经济协调思想》,吉林大学 2007 年博士学位论文;刘建城:《新时期党的科学技术思想演进研究》,华南理工大学 2014 年博士学位论文。

② 参见杨明刚:《科学技术是第一生产力的理论与实践》,华东化工学院出版社 1992 年版;黄顺基:《科技革命影响论》,中国人民大学出版社 1997 年版;赵红洲:《科学与革命》,中共中央党校出版社 1994 年版;赵红洲:《论科研生产关系》,《中国社会科学》1996 年第 1 期;朱丽兰:《科学技术与社会主义经济》,《求是》1994 年第 13 期;中国自然辩证法研究会、中国科学院研究生院编:《自然辩证法走进新世纪》,哈尔滨出版社 2002 年版。

③ 参见冯瑄:《科学技术与知识经济》,《科技日报》1997 年 2 月 13 日;赵弘、郭继丰:《知识经济呼唤中国》,改革出版社 1998 年版;吴季松:《知识经济》,北京科学技术出版社 1998 年版。

④ 参见王书森、王树恩、陈士俊:《当代科技进步促进经济增长的内在机制和对策选择》,《自然辩证法研究》1998 年第 9 期;陈筠泉、殷登祥:《科技革命与当代社会》,人民出版社 2001 年版;李正风:《科学知识生产方式及其演变》,清华大学出版社 2006 年版。

⑤ 参见马艳、程恩富:《马克思"商品价值量与劳动生产率变动规律"新探——对劳动价值论的一种发展》,《财经研究》2002 年第 10 期;程恩富:《马克思经济学与经济思维方法》,《学术月刊》1996 年第 10 期;程恩富、顾钰民:《新的活劳动价值一元论——劳动价值理论的当代拓展》,《当代经济研究》2001 年第 11 期。

⑥ 参见顾海良:《马克思经济思想的当代视界》,经济科学出版社 2005 年版;顾海良、张雷声:《20 世纪国外马克思主义经济思想史》,经济科学出版社 2006 年版。

论展开的四次争鸣①的过程中，或围绕"创造价值的劳动"和"价值规律"等中心问题就马克思劳动价值论展开的五次大争鸣②过程中关于科技与经济的关系研究③，等等。

（三）对中外理论界研究现状的评析与进一步研究的视角确立

通过上述的考察梳理不难发现，西方理论界的研究成果主要是基于时代化的视角对科技与资本主义市场经济关系探讨的结果，并以此结果来质疑、否定马克思政治经济学的基础理论和"科技—经济"思想。但同时应当看到，西方理论界在事实上是有意（或无意）地"忽视了"马克思"科技—经济"思想在社会主义中国的发展，"忽视了"马克思"科技—经济"思想在中国化进程中所取得的理论成就以及在这一理论指导下所取得的实践成果。与此同时，国内理论界则主要是基于中国化的视角对中国现代化进程中科技与经济关系的探讨，特别是改革开放以来更加注重社会主义市场经济条件下的科技与经济关系的考察，以此来推进马克思"科技—经济"思想的中国化研究，其研究成果无疑为我们进一步加强马克思"科技—经济"思想及其发展提供了颇为重要的理论准备。但同时应当看到，马克思"科技—经济"思想只有在时代化研究的基础上才能真正地实现中国化的研究。因此，要应对西方理论界对马克思"科技—经济"思想及其发展所构成的严峻挑战，同时又在我国理论界研究成果的基础上进一步推进马克思"科技—经济"思想及其发展的研究，必须基于中国化和时代化的双重视角对马克思"科技—经济"思想加以深入研究和系统发展。

将马克思"科技—经济"思想及其发展研究置于马克思主义中国化和时代化的整体进程来看，这是同一个过程的两个方面。马克思主义中国化侧重于空间或地域维度，是马克思主义与中国实际相结合而不断创新发展的过程；而马克思主义时代化侧重于时间或演化维度，是马克思主义在全球或世界范围内随时代发展而发展的过程。换言之，马克思主义中国化是马克思主

---

① 参见傅军胜：《中外学者关于劳动价值理论研究、争鸣述评》，《马克思主义研究》2002 年第 3、4 期。

② 李铁映：《关于劳动价值论的读书笔记》，《中国社会科学》2003 年第 1 期。

③ 参见何秉孟主编：《劳动价值理论新论》，社会科学文献出版社 2003 年版；傅军胜：《中外学者关于劳动价值理论研究、争鸣述评》，《马克思主义研究》2002 年第 3、4 期。

义在世界范围内实现时代化发展的中国化，是马克思主义在世界范围内不同时代背景下与中国实际相结合的发展过程；而马克思主义时代化是基于中国实际实现中国化发展的时代化，是马克思主义在与中国实际相结合过程中随全球时代发展而发展的过程。因此，马克思主义中国化与时代化相互联系和相互交织，呈现为辩证统一的关系。二者的辩证统一，构成了当前马克思主义理论研究的主题。在这一主题背景下，突破一般性的整体研究，推进马克思主义具体理论的中国化和时代化研究，已经成为这一领域的一大新趋势。马克思"科技—经济"思想作为马克思主义理论的重要内容，实现其中国化和时代化发展，理应成为马克思主义中国化和时代化的题中应有之义。因此，基于时代化和中国化两维视角相统一的维度对马克思"科技—经济"思想及其发展研究，是当前理论界突破一般性的整体研究进而推进马克思主义具体理论的中国化和时代化研究这一大趋势的重要组成部分。

在此意义上来审视我国理论界对马克思"科技—经济"思想及其发展的研究现状，尽管主要侧重中国化的研究，但也内在地包含着时代化的研究。若从时代化和中国化两维视角相统一的维度来看，我国理论界对马克思"科技—经济"思想及其发展研究，形成了两条发展线路的交融与汇合：一是自然辩证法界或科技哲学界和软科学界在科技与社会研究领域，呈现为沿着从科学到技术再到物质生产进行研究的发展线路；而马克思主义政治经济学界和科技管理学界，则呈现为沿着从物质生产到技术再到科学进行研究的发展线路。这两条发展线路的交融与汇合，在宏观研究层面上具体体现为中国化马克思主义经典文献中的"科技—经济"思想，在微观机制层面上还有待于将马克思经典著作中的"科技—经济"思想进行深入的挖掘和梳理，还有待于将其在当今"科技—经济"一体化社会中加以创新性地发展。也正因如此，本书将基于时代化和中国化两维视角相统一的维度对马克思"科技—经济"思想及其发展进行研究。

（四）进一步研究的必要性和理论价值

在人类社会的现代化发展进程中，科技与经济的关系，如同太极八卦图中的"阴阳鱼"之关系一样，是相互联系与交织、相互作用与渗透、相互牵引与推动的，它们共同构成了人类社会现代化发展的核心动力，并通过历次的科学革命、技术革命和工业革命（即产业革命）不断地推动着现代化的发展。从实质层面来看，现代化所反映的人类文明的深刻变化之历程，既是科技进步和创新所驱动的经济社会发展的历史，也是经济社会发展需要所牵动的科技进步和创新的历史。因此，世界各国政府无不高度重视科技与经济的关系问题。甚至可以说，科技与经济能否相互结合、能否协调发展以及能否深度融合发展，"一直是一个国家、政府能不能取得成就与进步的关键"①，并且成为一个国家和政府取得多大成就和进步的关键。正因如此，自新中国成立以来，党和政府一直高度重视中国的现代化建设，认为中国的现代化是人类现代化进程中的大事件，"是人类历史上前所未有的大变革。中国实现了现代化，意味着比现在所有发达国家人口总和还要多的中国人民将进入现代化行列"②。而在中国的现代化建设中，同样面临着科技与经济的结合以及二者的协调发展和深度融合的问题，尤其是在科技发展突飞猛进、创新创造日新月异、"科技—经济"已呈现高度一体化发展的今天，党和政府明确提出"着力实施创新驱动发展战略，促进科技与经济深度融合"③，尤其要"加快建设制造强国，加快发展先进制造业，推动互联网、大数据、人工智能和实体经济深度融合，在中高端消费、创新引领、绿色低碳、共享经济、现代供应链、人力资本服务等领域培育新增长点、形成新动能"④。同时应当看到，科技与经济的深度融合发展不仅是一个现实问题，而且也是一个理论问题。要在社会主义市场经济的实践中创造性地解决这一问题，必须在理论上深入挖掘和系统研究马克思整体理论中的"科技—经济"思想并与时俱进地加以创新，大力推进马克思"科技—经济"思想的时代化和中国化发展，构建适合当今时代特点和当代中国实际的中国特色社会主义政治经济学的基础理论。这对以马克思主义和中国化马克思主义为指导的当代中国来说，显得尤为重要、必要和迫切。

---

① 宋健主编：《现代科学技术基础知识》，科学出版社、中共中央党校出版社1994年版，第9页。
② 习近平：《为建设世界科技强国而奋斗——在全国科技创新大会、两院院士大会、中国科协第九次全国代表大会上的讲话》，人民出版社2016年版，第19页。
③ 李克强：《政府工作报告——2016年3月5日在第十二届全国人民代表大会第四次会议上》，人民出版社2016年版，第22页。
④ 习近平：《决胜全面建成小康社会　夺取新时代中国特色社会主义伟大胜利——在中国共产党第十九次全国代表大会上的报告》，人民出版社2017年版，第30页。

1. 马克思主义中国化和时代化的应有之义和理论自觉

在通过全面深化改革来大力推进中国特色社会主义现代化建设的今天，加强马克思"科技—经济"思想及其发展研究，是马克思主义中国化和时代化的应有之义和理论自觉。这是因为，在马克思的经典文献中拥有丰富的"科技—经济"思想，这些思想是马克思主义理论的重要组成部分，在马克思主义理论中占据十分重要的地位，并且这些思想作为马克思的重大科学贡献，是与他一生的事业追求和毕生的历史使命密切相关的。正如恩格斯所指出的：马克思作为"最伟大的思想家"和科学家，"在他所研究的每一个领域，甚至在数学领域，都有独到的发现，这样的领域是很多的，而且其中任何一个领域他都不是浅尝辄止"，① 而在科技与经济关系的研究方面也不例外。只要认真地翻阅马克思的《1844年经济学哲学手稿》《德意志意识形态》《资本论》以及《政治经济学批判》的三大手稿等经典文本就会发现，马克思拥有相当丰富的"科技—经济"思想。这些思想，从恩格斯在著名而简短的《在马克思墓前的讲话》中可以看到其在马克思主义理论中的重要地位。恩格斯在高度颂扬了马克思的两大科学发现或两大理论贡献——"发现了人类历史的发展规律"即创立了唯物史观和"发现了现代资本主义生产方式和它所产生的资产阶级社会的特殊的运动规律"即创立了剩余价值理论之后，还追述了马克思的另一个方面的重大科学贡献，那就是关于科学技术与经济社会的基本思想，即"科学是一种在历史上起推动作用的、革命的力量。任何一门理论科学中的每一个新发现——它的实际应用也许还根本无法预见——都使马克思感到衷心喜悦，而当他看到那种对工业、对一般历史发展立即产生革命性影响的发现的时候，他的喜悦就非同寻常了"。② 恩格斯还特别列举了一个实例加以说明：马克思曾经密切注视电学方面各种发现的进展情况，即使在生命的最后时日，在病魔缠身的情况下，马克思还在密切地注视法国物理学家马赛尔·德普勒有关远距离输电的发明，并对其表现出了浓厚的兴趣。值得强调的是，恩格斯把马克思这一科学贡献在此单独列出，置于马克思的两大科学发现或两大理论贡献之后，并与其"相提

---

① 《马克思恩格斯文集》第3卷，人民出版社2009年版，第601—602页。
② 《马克思恩格斯文集》第3卷，人民出版社2009年版，第602页。

并论"，这"是经过深思熟虑，反复推敲的"。① 实际上，恩格斯在此已将马克思"科技—经济"思想视为他的第三大科学贡献。

同时应当看到，恩格斯之所以如此高度评价马克思的"科技—经济"思想，这有其深刻原因。其中最根本的原因在于，这是与马克思一生的事业追求和毕生的历史使命密切相关的。对此，恩格斯将其简要地归结为一点，那就是"因为马克思首先是一个革命家。他毕生的真正使命，就是以这种或那种方式参加推翻资本主义社会及其所建立的国家设施的事业，参加现代无产阶级的解放事业，正是他第一次使现代无产阶级意识到自身的地位和需要，意识到自身解放的条件。斗争是他的生命要素。很少有人像他那样满腔热情、坚韧不拔和卓有成效地进行斗争"②。正是因为马克思不仅在理论研究上，而且在实际行动上将无产阶级的解放作为他一生的事业追求和毕生的历史使命，因此马克思"最早把科学技术与社会发展联系起来，把科技与无产阶级革命，与社会主义命运紧密结合起来"③ 进行研究，并对科技在工业中的应用、对推动经济社会发展的作用情有独钟。因此，在大力推进马克思主义中国化和时代化的过程中，不仅要推进马克思"科技—经济"思想的中国化和时代化，加强马克思"科技—经济"思想及其发展的研究，而且更为重要的是要把马克思一生的事业追求和毕生的历史使命加以传承，把无产阶级的解放作为马克思主义中国化和时代化的前提。正是在此意义上，我们今天大力加强马克思"科技—经济"思想及其发展研究，不仅是马克思主义中国化和时代化的应有之义，而且也是马克思主义中国化和时代化的理论自觉。

2. 当代中国现代化进程中解决科技与经济深度融合问题的迫切需要

在当代中国大力推进社会主义现代化建设的进程中，加强马克思"科技—经济"思想及其发展研究，是解决科技与经济紧密结合、科技研究与经济发展深度融合和协调发展之实践问题的迫切需要。这是由以下两个方面的内容所决定的。

一方面，科技与经济紧密结合、科技研究与经济发展深度融合的实践问

---

① 童鹰：《马克思恩格斯与自然科学》，人民出版社 1982 年版，第 2—3 页。
② 《马克思恩格斯文集》第 3 卷，人民出版社 2009 年版，第 602 页。
③ 刘大椿、何立松、刘永谋：《现代科技导论》，中国人民大学出版社 2009 年版，第 293 页。

题，需要马克思"科技—经济"思想及其发展成果的理论指导。早在 1985 年，邓小平就明确地指出："现在要进一步解决科技与经济的结合问题"，而这一问题的进一步解决，需要进一步进行经济体制和科技体制的改革，"这两方面的改革都是为了解放生产力。新的经济体制，应该是有利于技术进步的体制。新的科技体制，应该是有利于经济发展的体制。双管齐下，长期存在的科技与经济脱节的问题，有可能得到比较好的解决"。① 从 20 世纪 80 年代开始，我国科技工作和经济工作按照"经济建设必须依靠科学技术，科学技术工作必须面向经济建设"的战略方针，通过科技体制和经济体制的一系列改革措施力争解决好这一问题。经过 30 多年坚持不懈地深化改革，我国科技体制和经济体制的体系结构明显优化，科技运行机制与政策环境不断完善，科技创新主体的能力与活力显著增强，政府和市场在资源配置中的作用发生了显著变化，科技与经济社会发展的结合更加紧密，这一系列的重要进展和显著成效，为新时期全面推进国家创新体系建设和实施国家创新驱动战略奠定了基础。同时也应当看到，在全面深化改革的今天，党和政府提出"推进科技与经济紧密结合"和"深度融合"的问题，与 20 世纪 80 年代邓小平提出"进一步解决科技与经济的结合问题"相比较，其"难度""深度"和"广度"已经发生了质的飞跃，面临更多的"难题"：如何在实践上推进科技与经济的紧密结合和深度融合，如何通过全面深化改革实现二者的紧密结合和深度融合，这是摆在理论工作者面前的一个重大课题。这些重大课题的有效解决，单靠经验和"摸着石头过河"的方式方法已经难以奏效，我们必须"深入贯彻新发展理念，深入实施科教兴国战略和人才强国战略，深入实施创新驱动发展战略，统筹谋划，加强组织，优化我国科技事业发展总体布局"②；同时，发挥"我国社会主义制度能够集中力量办大事"的这一最大优势，加强系统性、战略性的"顶层设计"，深化改革创新，"形成充满活力的科技管理和运行机制"，"形成社会主义市场经济条件下集中力量办大事的新机制"。习近平指出：科技与经济一体化发展条件下的"创新是一个系统工程，创新链、产业链、资金链、政策链相互交织、

---

① 《邓小平文选》第三卷，人民出版社 1993 年版，第 108 页。
② 《习近平谈治国理政》第二卷，外文出版社 2017 年版，第 267 页。

相互支撑，改革只在一个环节或几个环节搞是不够的，必须全面部署，并坚定不移推进。科技创新、制度创新要协同发挥作用，两个轮子一起转。"①在社会主义市场经济条件下让"两个轮子一起转"，这在客观上迫切要求加强马克思"科技—经济"思想及其发展的研究，为其提供学理的支撑和理论的指导。

　　而另一方面，在马克思的经典文本中有大量的"科技—经济"思想，并且这些思想是马克思根据已经发生的第一次科学革命、技术革命和工业革命的现实，以及根据当时正在发生的第二次科学革命、技术革命和工业革命的实践进行哲学和经济学研究的结晶，是对科学与技术、科学技术与生产方式、科学技术与经济社会等关系的规律性总结和本质性把握，具有高度前瞻性和超越他所处的那个时代的特征，能够为我们在今天解决科技与经济的紧密结合、深度融合之难题提供学理支撑和理论指导。同时应当看到，我们在今天要解决的科技与经济紧密结合、深度融合之难题，是在世界性的现代科技革命和全面深化改革建设中国特色社会主义市场经济的新时代背景下所面临的。这与马克思所处的时代背景显然是不同的，因此要有效地发挥马克思"科技—经济"思想的指导作用解决当前面临的这一难题，必须对其进行中国化和时代化的创新性研究，将其发展为与现代科技发展和中国特色社会主义市场经济发展实际相适应的马克思主义"科技—经济"新理论。

　　3. 应对世界范围内科技与经济关系发生深刻变化的客观要求

　　加强马克思"科技—经济"思想及其发展研究，是应对世界范围内科学革命、技术革命和工业革命不断向前推进以及科技与经济关系发生深刻变化的客观要求。任何科学理论都是在实践基础上产生并随着实践的发展而发展的。马克思的"科技—经济"思想也是如此，它的形成有其时代所提供的现实的科技、经济和社会之实践基础，也必然随着当今世界范围内的科技与经济关系发生了深刻变化的实践发展而发展。马克思所处的19世纪，科学、技术、资本主义的生产方式等已经有了相当的发展，尤其是科学革命、技术革命和工业革命或产业革命相互交织在一起，不断地推动着资本主义经济的发展，也为无产阶级革命和社会主义运动创造着条件。因此，马克思的

────────────

① 《习近平谈治国理政》第二卷，外文出版社2017年版，第273页。

"科技—经济"思想，既是他对第一次科学革命、技术革命和工业革命及其对经济社会产生的巨大影响进行考察的研究结晶，也是他密切关注和研究第二次科学革命、技术革命和工业革命及其产生的巨大推动作用的探索结果，简言之，是马克思对当时的科技实践、生产实践以及其他社会实践研究的理论产物。同时也应当看到，当人类社会进入19世纪末20世纪初，一场新的科学革命即第三次科学革命（也被称为现代科学革命）开始兴起。它是以相对论和量子力学的诞生为主要标志。这次科学革命，在初期主要发生在物理学领域，到20世纪中叶，在科学的各个领域得到迅速的发展，进而形成了以现代宇宙学、分子生物学、系统科学、软科学的产生为重要内容和以自然科学、社会科学和思维科学相互渗透而形成交叉学科为主要特征的广泛而深入的科学革命。伴随着第三次科学革命的进展，到了20世纪40年代，第三次技术革命开始爆发，这次技术革命是以信息技术为先导，以新材料技术为基础，以原子能技术、空间技术和电子计算机技术的广泛应用为标志，带动了整个现代技术群的大发展。对于这一现代技术群，世界各国用不同的概念来概括它，归纳起来主要有两类：一是新技术或新科技，这一概念突出了"新"的含义，强调了技术发展的动态效应；二是高技术或高科技，突出了人的智能的高度集中，反映了人的智能、研究与开发在这些新的技术领域中的重要作用。因此，这一现代技术群也被称之为高新技术。伴随着第三次科学革命、技术革命的进展，第三次工业革命随之爆发，形成了大量的高新技术产业，在此基础上世界各国诞生了大量的高新技术产业园区、高新技术产业带等。

伴随着第三次科学革命、技术革命和工业革命的相互推进，第三次工业革命的发展需要进一步牵引着技术革命的迅猛发展，进而牵引着科学革命的强劲发展；与此同时，第三次科学革命的发展需要进一步推动着技术革命的深入发展，进而推动着工业革命的深入发展。科学、技术和生产也越来越呈现为相互推进、相互牵引和相互渗透的一体化进程，科技与经济一体化的社会应运而形成，"科技创新对经济社会发展的支撑和引领作用日益增强"，并且在此基础上而孕育的"新一轮科技革命蓄势待发，物质结构、宇宙演化、生命起源、意识本质等一些重大科学问题的原创性突破正在开辟新前沿新方向，一些重大颠覆性技术创新正在创造新产业新业态，信息技术、生物技术、制造技术、新材料技术、新能源技术广泛渗透到几乎所有领域，带动了以绿色、智能、泛在为特征的群体性重大技术变革，大数据、云计算、移动互联网等新一代信息技术同机器人和智能制造技术相互融合步伐加快，科技创新链条更加灵巧，技术更新和成果转化更加快捷，产业更新换代不断加快，使社会生产和消费从工业化向自动化、智能化转变，社会生产力将再次大提高，劳动生产率将再次大飞跃[①]。习近平指出："科学技术是世界性、时代性的，发展科学技术必须具有全球视野、把握时代脉搏"[②]。在经济全球化不可逆转的新时代环境中，推进科技与经济的一体化发展更要具有全球视野和把握时代脉搏。因此应当看到，随着世界范围内的科学革命、技术革命和工业革命的不断向前推进，当今的科技与经济关系同马克思所处的时代相比较，已经发生了深刻变化，马克思"科技—经济"思想正在不断地受到来自科技实践、生产实践和经济社会发展的各种挑战，在这样的现实面前，加强马克思"科技—经济"思想及其发展研究，正是应对这一挑战的客观要求。在今天对马克思"科技—经济"思想及其发展进行研究，既是马克思主义中国化和时代化发展的应有之义和理论自觉，也是当代中国解决科技与经济紧密结合、科技研究与经济发展深度融合和协调发展之实践问题的迫切需要，更是应对世界范围内科学革命、技术革命和工业革命不断向前推进以及科技与经济关系发生深刻变化的客观要求，因此这一研究显得颇为必要、重要和迫切，其意义重大。

二、核心概念界定与具体研究思路

选取马克思"科技—经济"思想及其发展作为主题从中国化和时代化两维视角相统一的维度进行研究，人们会认为这是对马克思的科技与经济关系思想及其发展的研究。不可否认，这一观点的确是本选题研究的应有之义，但本选题的研究绝非仅限于此；否则，将会直接以"马克思科技与经济关系思想及其发展"作为主题展开研究。之所以没有这样确定主题，是因为在马克思"科技—经济"思想及其发展研究的这一选题中，除了包含

---

① 《习近平谈治国理政》第二卷，外文出版社 2017 年版，第 268 页。
② 《习近平谈治国理政》第二卷，外文出版社 2017 年版，第 268 页。

上述观点的内容之外，还包含更深层次的本质内涵即科技经济。与此相对应，人们又会提出，既然如此，那为什么不采用"科技经济"范畴，将其主题直接表述为马克思科技经济思想及其发展？笔者认为，用此范畴同样难以表述马克思"科技—经济"思想所包含的深刻内涵，因为在马克思的这一思想中，还包含科技与经济的关系思想。因此，在阐述本选题的具体研究思路之前，首先对其中的"科技—经济"基本概念及相关范畴进行辨析和界定。

（一）"科技—经济"及科技与经济关系、科技经济等范畴的界定

要对"科技—经济"以及与之相关的科技与经济关系、科技经济等范畴进行界定，首先应当明确"经济"这一范畴的内涵。尽管当前理论界对"经济"范畴有各种不同的理解，但在笔者所选主题中的"经济"，是与马克思作为政治经济学研究对象的"经济"范畴相一致的。准确地讲，马克思政治经济学所研究的"经济"是"政治经济"，只是人们习惯性地将"政治经济"简称为"经济"，它主要是指一定时代的"生产方式以及和它相适应的生产关系和交换关系"所构成的经济系统，这一经济系统的基本构成主要包括"生产、消费、分配、交换（流通）"① 等要素。这实质上是以唯物史观为指导的、建立在一定生产力发展水平上的、以一定时代的生产方式为基础构成的经济社会系统，而不是像西方经济学所研究的单纯地以 GDP 为标识的、以数量为特征的"经济"，这是马克思政治经济学与西方经济学在研究对象上的不同之处，也是马克思政治经济学对"经济"研究比西方经济学更加高明之处，体现出更加全面系统地揭示经济发展规律、更加精准深刻地揭示经济社会本质的特征。

对此，马克思在为《资本论》第一卷所撰写的第一版序言中作了清晰的说明。他明确地指出："我要在本书研究的，是资本主义生产方式以及和它相适应的生产关系和交换关系"，由于"到现在为止，这种生产方式的典型地点是英国。因此，我在理论阐述上主要用英国作为例证"。② 这也就是马克思对政治经济学研究对象的"经济"所作的基本规定。也正是基于政

---

① 《马克思恩格斯文集》第8卷，人民出版社2009年版，第8页。
② ［德］马克思：《资本论》第1卷，人民出版社2004年版，"第一版序言"第8页。

治经济学研究对象的这一基本规定，马克思才明确地指出："本书的最终目的就是揭示现代社会的经济运动规律"，这是一个社会"本身运动的自然规律"。① 当经济社会从马克思所处的资本主义经济，发展到现代的社会主义市场经济时，对现代社会主义政治经济学，尤其是新时代中国特色社会主义政治经济学的研究，也应当明确其研究对象即"经济"的内涵。根据马克思对政治经济学研究对象的"经济"所作出的这一规定，笔者认为，此时的"经济"主要是指社会主义市场经济条件下的"生产方式以及和它相适应的生产关系和交换关系"所构成的经济社会系统②，它也应当由生产、消费、分配和交换等基本要素来构成。

在此意义上，科技与经济的关系在实质上反映的是科技为经济提供发展的基础和动力，经济为科技提供现实需求和物质支撑，以及在此基础上科技与经济相互依存、相互促进、相互融合和协同发展等。而科技经济主要是指一定时代的科技生产方式或科技型"生产方式以及和它相适应的生产关系和交换关系"所构成的社会系统，它包括科技产品或科技商品的"生产、消费、分配、交换（流通）"。而"科技—经济"范畴，既包括科技与经济的关系，也包括不同程度上的科技经济。正因如此，马克思"科技—经济"思想及其发展这一主题中的首要关键词即"科技—经济"，除了包含科技与经济关系这一内涵之外，还包含更为本质的内涵规定即科技经济，并且科技经济这一内涵规定在马克思"科技—经济"思想的现代发展中表现得越来越突出、越来越重要。

（二）马克思"科技—经济"与"科技—社会"两范畴的等价性考证

通过上述的考察分析应当看到，在马克思主义理论的宏大视域中，由于马克思将"经济"视为"经济社会系统"，因此"科技—经济"与"科

---

① ［德］马克思：《资本论》第1卷，人民出版社2004年版，"第一版序言"第9—10页。

② 近年来，习近平多次提到当代中国马克思主义政治经济学和中国特色社会主义政治经济学。如2014年7月8日，他在主持召开的经济形势专家座谈会上提出，各级党委和政府要学好用好政治经济学；2015年11月23日，他在主持中共中央政治局第二十八次集体学习马克思主义政治经济学基本原理和方法论时强调，要立足我国国情和我国发展实践，不断开拓当代中国马克思主义政治经济学新境界；2015年12月21日，他在中央经济工作会议上又提出，要坚持中国特色社会主义政治经济学的重大原则。在笔者看来，当代中国马克思主义政治经济学或中国特色社会主义政治经济学的研究和建构，应将其研究对象确立为社会主义市场经济条件下的"生产方式以及和它相适应的生产关系和交换关系"所构成的经济社会系统。只有如此，才能在研究对象上做到对马克思政治经济学的继承和创新。

技—社会"两个范畴，在一定程度上讲是等价的。明确这一点，对于系统而深刻地理解马克思"科技—经济"思想及其在现代的发展是颇为关键和重要的，其重大意义将在我们对马克思早期形成的对象性关系理论中的"科技—经济"思想、成熟时期唯物史观中的"科技—经济"思想以及发展时期政治经济学中的"科技—经济"思想等的挖掘、梳理和重新建构时得以显现。因此，有必要在此先作一考察和交代，以避免在具体考察马克思的"科技—经济"思想时再作说明的麻烦。经验证明，对于理论体系的建构而言，这种事先的考察和交代是颇为必要的。也就是说，为了叙述的简便起见，也为了逻辑的前后一贯性，基于马克思"科技—经济"与"科技—社会"两范畴的等价性，我们以后把"科技—经济"直接等价于"科技—社会"，这样就省去了以后再作说明的麻烦。当然，这涉及对马克思"社会"或"社会形态"概念的理解和把握。在此，从马克思唯物史观和政治经济学两个层面加以考察和说明。

从唯物史观的视域看，马克思对"社会"或"社会形态"有其深刻的理解和精准的把握。马克思对此概念的论述是颇多的，在此仅以 1859 年撰写的《〈政治经济学批判〉序言》为例加以说明。马克思在这篇序言中回顾和总结自己研究政治经济学和发现唯物史观的过程时，"对唯物史观作了经典表述，科学地阐明了生产力决定生产关系、经济基础决定上层建筑、人们的社会存在决定人们的社会意识等历史唯物主义的基本原理，通过对生产力和生产关系、经济基础和上层建筑的矛盾运动的分析，揭示了人类社会发展的一般规律和经济的社会形态演进的一般进程"①，将"社会"称为"经济的社会"，将"社会形态"称为"经济的社会形态"，将"人类社会发展的一般规律"和"经济的社会形态演进的一般进程"并列在一起，并在此基础上论证了旧的社会形态为新的更高的社会形态所取代的历史必然性。也就是说，在马克思看来，"经济"与"社会"、"经济形态"与"社会形态"、"经济的社会形态演进"与"人类社会发展"，二者在一定程度上是等价的。基于这一独到的洞见和深刻的理解，马克思指出，正是由于"物质生活的生产方式制约着整个社会生活、政治生活和精神生活的过程"，因此人类社

---

① 《马克思恩格斯文集》第 2 卷，人民出版社 2009 年版，第 770 页。

会的发展"大体说来，亚细亚的、古希腊罗马的、封建的和现代资产阶级的生产方式可以看做是经济的社会形态演进的几个时代"；并且他还指出："无论哪一个社会形态，在它所能容纳的全部生产力发挥出来以前，是决不会灭亡的；而新的更高的生产关系，在它的物质存在条件在旧社会的胎胞里成熟以前，是决不会出现的。所以人类始终只提出自己能够解决的任务，因为只要仔细考察就可以发现，任务本身，只有在解决它的物质条件已经存在或者至少是在生成过程中的时候，才会产生。"①

从政治经济学的视域看，正是由于马克思在唯物史观中对"社会"或"社会形态"有其深刻的理解和精准的把握，所以他在对政治经济学研究对象的基本规定中，才将"经济"规定为基于资本主义生产方式的由"生产、消费、分配、交换（流通）"等要素构成的"经济社会系统"。在对"经济"的这一规定中，实质上已经将"经济"等价于"社会"。而从"社会"范畴的维度看，马克思在政治经济学的研究中，将"社会"等价于"经济的社会"，将"社会形态"等价于"经济的社会形态"。在马克思政治经济学最重要的代表性巨著《资本论》中，马克思高频次地使用"经济的社会"和"经济的社会形态"范畴，在《资本论》第三卷和《政治经济学批判（1861—1863年手稿）》中甚至直接使用"经济社会"和"经济社会形态"。② 马克思正是将"社会形态"等价于"经济的社会形态"或"经济社会形态"，所以将社会"本身运动的自然规律"等价于"社会的经济运动规律"。正因如此，马克思在为《资本论》第一卷所撰写的第一版序言中才明确地提出："我的观点是把经济的社会形态的发展理解为一种自然史的过程。不管个人在主观上怎样超脱各种关系，他在社会意义上总是这些关系的产物。"③

（三）马克思"科技—经济"思想及其发展研究的基本思路

在马克思"科技—经济"思想及其发展这一主题中，包含两个方面的基本内容：一是马克思"科技—经济"思想的研究；二是马克思"科技—

① 《马克思恩格斯文集》第2卷，人民出版社2009年版，第597、592页。

② 参见［德］马克思：《资本论》第3卷，人民出版社2004年版，第671页；《马克思恩格斯文集》第8卷，人民出版社2009年版，第340页。

③ ［德］马克思：《资本论》第1卷，人民出版社2004年版，"第一版序言"第9—10页。

经济"思想的发展研究。因此，对这一主题的研究，分两步来进行。

　　第一步，对马克思"科技—经济"思想进行研究。其基本思路，首先运用手稿研究和文献研究的方法，对马克思经典著作文本中的基本思想进行考证分析；其次运用历史和逻辑相统一的方法，在对马克思"科技—经济"思想孕育形成的社会背景和思想来源进行考察的基础上，沿着马克思的探索历程和逻辑进路考察其不同时期"科技—经济"思想的分析范式和基本内容。在本研究中，笔者之所以采用"科技—经济"范畴作为首要的关键词，这是为了与马克思在其经典著作中的相关论述相一致，为了最大限度地反映马克思整个研究进程中各个发展阶段上形成的相关思想而采用的概念。毋庸置疑的是，科技与经济的关系在马克思经典著作中有大量的论述，也是马克思"科技—经济"思想的基础性内涵，甚至可以说是马克思"科技—经济"思想研究进程的一条主线。当我们深入考察马克思在不同时期的经典著作时发现，对科技与经济关系的论述主要体现在马克思的《1844年经济学哲学手稿》等早期著作，以及马克思和恩格斯合著的《德意志意识形态》《神圣家族，或对批判的批判所做的批判》《共产党宣言》等唯物史观的经典著作中。在这些经典著作中，马克思对科技与经济关系的论述主要渗透在对科技与哲学关系、科技与社会关系的论述中。当马克思深入对资产阶级政治经济学进行批判并进行科学的政治经济学研究时，也包含对科技与经济关系的大量论述，但此时形成的"科技—经济"思想已经超出了对科技与经济一般关系的论述，也不再仅仅是从科技与哲学关系、科技与社会关系的维度论述科技与经济的关系，而是直接深入经济系统的内部来探讨科技的经济职能，并将科技作为经济系统运行的内在要素加以阐发。这主要体现在马克思的《资本论》及其政治经济学批判的三大手稿①中。

---

　　①　马克思为写作《资本论》付出了毕生的精力，除给我们留下了《资本论》这部光辉的政治经济学经典著作之外，还留下了政治经济学批判的三大手稿，即《1857—1858年经济学手稿》《1861—1863年经济学手稿》《1863—1865年经济学手稿》。1857年7月—1858年6月，他写了一部50印张的手稿，标题为《政治经济学批判》，并附有一篇总的《导言》。这部手稿被认为是《资本论》的第一稿。1861年8月—1863年7月，马克思又写了23个笔记本的手稿，共计200印张。这部手稿被认为是《资本论》的第二稿。1862年马克思决定以《资本论》为标题，以《政治经济学批判》为副标题发表自己的著作。1863年8月—1865年底，他分别写了《资本论》三册的手稿：第一册《资本的生产过程》，第二册（第一稿）《资本的流通过程》，第三册《总过程的各种形态》。这部手稿被认为是《资本论》的第三稿。参见《马克思恩格斯文集》第8卷，人民出版社2009年版，"第八卷说明"的第1页。

　　同时应当看到，马克思以科技与经济关系为主线对"科技—经济"思想的研究，在其整个研究进程的不同阶段有不同的论述，这些不同的论述是基于不同的理论语境所形成的不同的研究范式或分析范式基础之上。根据笔者对马克思不同时期撰写的经典文本的考察发现，在《1844年经济学哲学手稿》等早期著作中，马克思基于人与自然的对象性关系和人的对象性存在的理论，形成了对象性存在视域的"科学—技术—工业"分析范式，并在此分析范式基础上形成了对象性存在视域的以"异化批判"为主要内容的"科技—经济"思想；当马克思从对象性关系和人的对象性存在转向物质生产的研究之时，创立了唯物史观并形成了唯物史观的"科学—技术—生产力"分析范式，在此分析范式基础上形成了物质生产视域的"科技—经济"思想；而当马克思运用唯物史观基本原理对资本主义经济社会进行研究，即从物质生产视域研究人类社会发展规律转向对资本主义经济规律的政治经济学研究之时，马克思对唯物史观的"科学—技术—生产力"分析范式进行了政治经济学的创造性转换，形成了物质生产力中包括科学的分析范式，并在此分析范式的基础上孕育形成了科技劳动价值论、科技作为生产力隶属于资本而与劳动相分离和相对立、科技是改进剩余价值生产方法不可缺少的关键性前提条件、科技隶属资本成为资本积累和扩大再生产的内在核心要素、科学在资本主义生产中是"不费分文"的生产力等政治经济学中的"科技—经济"思想。

　　从马克思整个科学研究进程所表现出的两次重大研究转向看，马克思在三个不同阶段所形成的"科技—经济"思想，已经远远地超越了科技与经济关系范畴所包含的内容。也就是说，用马克思科技与经济关系思想这一表述，已经不能涵盖马克思"科技—经济"思想所包含的本质性内涵即科技经济。在找不到更合适的词汇来表述科技与经济关系以及这一关系本身所蕴含的更本质的内涵的情况下，笔者为了从整体上表述马克思的深刻思想，便采用"科技—经济"这一范畴。

　　第二步，对马克思"科技—经济"思想发展进行研究。其基本思路是运用"以实际问题为中心研究和发展马克思主义"的方法论原则，沿着马克思对"科技—经济"思想和政治经济学研究的逻辑进路，在对马克思"科技—经济"思想现代发展的现实与境，特别是现代科学技术的迅猛发展、科技的巨大经济功能及融入经济系统的方式不断演进、"科技—经济"一体化社会业已形成进行考察的基础上，着力探索马克思"科技—经济"思想现代发展的研究切入点和理论建构的逻辑起点；在马克思对唯物史观的"科学—技术—生产力"分析范式进行的政治经济学转换基础上，实现从物质生产力中包含科学的分析范式到新时代背景下的新分析范式的再转换，确立"科技第一生产力"的分析范式；在这一新分析范式基础上，对马克思政治经济学的核心范畴即理论前提进行拓展，将马克思政治经济学的"商品"范畴从物质商品拓展到科技商品、"创造价值的劳动"范畴从生产劳动拓展到科技劳动、生产方式范畴从物质生产方式拓展到科技型生产方式、"工人阶级"范畴从传统的工人阶级拓展为包括科技人员和知识分子在内的工人阶级、"生产资料"范畴从物质生产资料拓展到精神生产资料特别是科技生产资料等。

研究是建构的基础和前提，而建构是研究的升华和飞跃。在上述研究的基础上，首先要基于科技型生产方式对现代政治经济学的基本原理进行理论构建，包括科技商品的二因素辩证关系原理、生产科技商品的科技劳动二重性辩证关系原理、科技私人劳动和科技社会劳动的辩证统一关系原理、科学和自然力在科技商品生产和价值增殖过程中的辩证关系原理等。与此同时，在"科技第一生产力"分析范式基础上对科技型企业的价值生产与增殖进行系统研究，建构起以"科学价值库"为核心的科学劳动创造价值论、以"科学价值库"的第一步价值孵化为核心的技术劳动创造价值论、以"科学价值库"的第二步价值孵化为核心的生产劳动创造价值论，并在上述理论的基础上建构起现代科技型企业的剩余价值生产理论，最后建构起科技型企业价值生产和增殖的"价值链网络结构"模式。

研究和建构以社会实践为基础，而最终的目的和归宿是服务社会实践。通过上述的研究和建构，旨在创立"科技第一生产力"分析范式基础上的现代马克思主义"科技—经济"理论，而新创立的这一理论只有回到社会实践才能实现其社会价值和展示其现实意义，具体体现在它对当代中国现代化进程中的科技与经济的深度融合，实现"科技—经济"的一体化发展具有深刻的理论启迪，尤其是在新科技革命和新工业革命即将破晓之际，对当代中国推动科技型生产方式下"资本—劳动"关系的转型升级、推动科技型企业向高端发展和提升其"无人化"剩余价值生产能力、推动科技劳动力资本化进程和提升劳动者价值创造能力、推进科技型生产方式下"双重"所有制结构及相关制度变革等提供了理论基础。

在此需要加以说明的是，在马克思"科技—经济"思想及其发展这一主题中，之所以使用"科技—经济"作为首要的关键词，其用意在于使上述两步的具体研究思路的阐述过程更加清晰地展现出来。如果说在马克思"科技—经济"思想中，"科技—经济"范畴所反映的主要是以科技与经济的关系，而辅之以科技经济——因为在马克思所处的时代科学与技术、科学与劳动乃至科技与经济，还处在相互分离和相互对立的状态，那么在马克思"科技—经济"思想的现代发展中，"科技—经济"范畴反映的主要是科技经济，而辅之以科技与经济的关系——因为现代经济社会中的科学与技术、科学与劳动特别是科技与经济，已经达到了一体化的程度。在此意义上，用"科技—经济"范畴能更准确地表达出本研究主题的科学内涵，并且通过上述具体研究思路的阐述，初步展现出马克思"科技—经济"思想及其发展的源与流的逻辑进路。

三、框架结构创建与主要内容安排

按照上述的具体研究思路，在对马克思"科技—经济"思想及其发展进行深入研究的基础上，依据逻辑和历史相统一的辩证思维方法，以马克思主义"科技—经济"思想的整个探索进程中各阶段所形成的基本分析范式之内在逻辑转换为轴心，系统地构建马克思"科技—经济"思想及其现代发展的框架结构体系。由于马克思主义"科技—经济"思想的整个探索进程，不仅包括马克思对"科技—经济"思想进行探索的进程，而且也包括沿着马克思对其探索的逻辑进路而展开的进一步探索的进程，因此这一框架结构体系除导论和结语之外主要由上、下两卷构成。其中，上卷为马克思"科技—经济"思想的历史形成和系统考证，下卷为马克思"科技—经济"思想的现代发展和理论建构。按照其内在逻辑，每卷各分五章进行理论上的架构。这样，形成了如"图 0-1"所示的框架结构。

导论

第一章 思想形成的时代背景和理论来源
科学技术基础　社会历史根源　思想理论来源

第二章 探索历程、发展阶段和基本类型
逻辑起点和动力源泉　理论难题与艰辛探索　阶段划分和两种类型

上篇 马克思"科技—经济"思想的历史形成和系统考证

第三章 对象性存在视域的"科技—经济"思想

理论基础：对象性关系与人的对象性存在的理论

对象性存在视域的分析范式：科学内涵、系统构成、理论基础

"科学—技术—工业"分析范式基础上的异化现象批判、异化根源剖析、异化扬弃探索

"科学—技术—工业"分析范式

第四章 物质生产视域的"科技—经济"思想

理论基础：物质生产视域确立与唯物史观创立

唯物史观中的分析范式：科学内涵、系统构成、理论基础和意义

唯物史观中的"科技—经济"思想

唯物史观中分析范式的政治经济学转换：范式转换、经典考证和意义

政治经济学中的"科技—经济"思想

"科学—技术—生产力"分析范式

"生产力中也包括科学"分析范式

第五章 19世纪的时代特征与马克思"科技—经济"思想
从19世纪的世界主题、科技与劳动关系、经济形态、科学认知等特征考察马克思"科技—经济"思想

下篇 马克思"科技—经济"思想的现代发展和理论建构

第六章 现代发展和重构的社会现实与境考察
现代科技迅猛发展；科技融入经济系统的方式由间接向直接演进；"科技—经济"一体化社会形成等

第七章 现代发展和重构何以可能与分析范式转换及范畴拓展

现代发展和重构何以可能的方法论探讨

现代发展和重构的唯物史观分析范式再转换

现代发展和重构的政治经济学范畴拓展

"科技第一生产力"分析范式

第八章 基于科技型生产方式的现代政治经济学基本原理建构
科技商品的二因素辩证关系原理；科技劳动的二重性辩证关系原理；科技私人劳动和科技社会劳动的辩证统一关系原理；科学和自然力的辩证关系原理

第九章 "科技第一生产力"分析范式基础上科技型企业价值生产与增殖的系统建构
科技型企业及其"整个生产劳动过程"总特征；"科学价值库"与科学劳动创造价值论；"科学价值库"第一步价值孵化与技术劳动创造价值论；"科学价值库"第二步价值孵化与生产劳动创造价值论；科技型企业的剩余价值生产论；科技型企业"价值链网络结构"模式

第十章 马克思主义"科技—经济"理论及其对当代中国的启迪与建议
"科技第一生产力"分析范式基础上的创新发展；对当代中国经济社会发展的重大启迪和政策建议

结语

分析范式的三次转换

唯物史观中的"科学—技术—生产力"分析范式，经过两次转换，螺旋式上升，并在更高层面向唯物史观复归

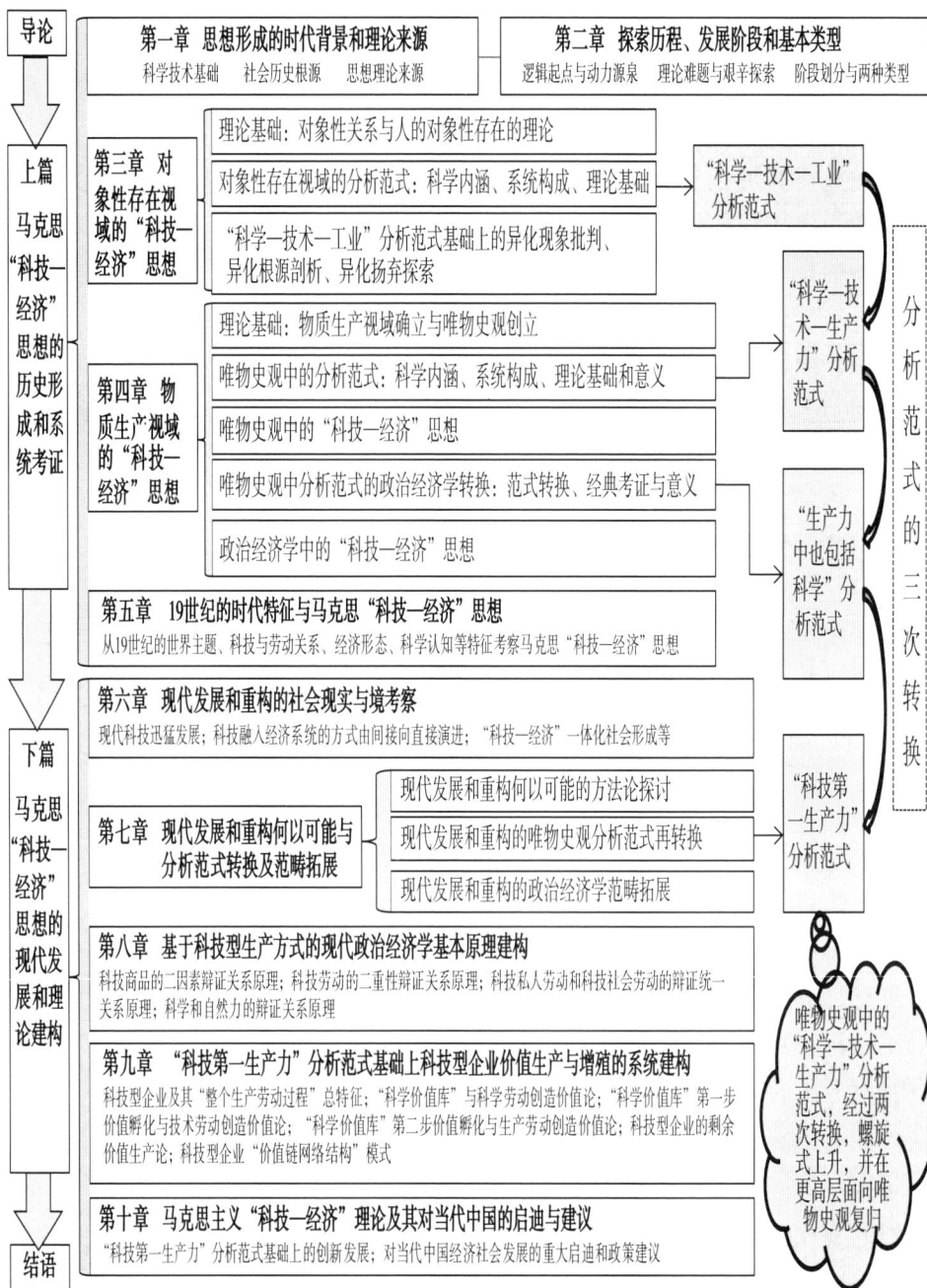

图 0-1 马克思"科技—经济"思想及其发展研究的框架结构示意图

　　在如"图0-1"所示的马克思"科技—经济"思想及其发展研究的理论框架结构中，除导论和结语之外，对上、下两卷的主要内容作如下系统安排。

　　上卷为马克思"科技—经济"思想的历史形成和系统考证。在本卷中，首先考察马克思"科技—经济"思想形成的时代背景和理论来源，然后考察马克思"科技—经济"思想的探索进程。在此基础上，重点考察在这一探索进程中所形成的两种不同视域的"科技—经济"思想：一是马克思在探索发现的初创阶段所形成的对象性存在视域的"科技—经济"思想；二是在此之后所形成的物质生产视域的"科技—经济"思想，其中包括在系统研究的成熟阶段所形成的唯物史观中的"科技—经济"思想和在应用展开的发展阶段所形成的政治经济学研究中的马克思"科技—经济"思想。之后，通过考察19世纪的时代特征揭示马克思"科技—经济"思想的时代特色。这样，按照逻辑与历史相统一的逻辑进路，本卷分五章即第一章至第五章进行架构。

　　第一章是对马克思"科技—经济"思想形成的时代背景和理论来源进行考察。其主要内容包括：（1）马克思"科技—经济"思想形成的科学技术基础，包括近代自然科学的产生和技术的进步，第一次科学革命、技术革命和工业革命业已完成，第二次科学革命、技术革命和工业革命方兴未艾等；（2）马克思"科技—经济"思想形成的经济社会根源，包括资本主义生产关系的产生，资本主义经济社会的发展和各种矛盾与危机，无产阶级反抗资产阶级的斗争等；（3）马克思"科技—经济"思想的理论来源，包括近代数学和自然科学理论，近代技术科学和工艺学成就，近代古典政治经济学理论和恩格斯的国民经济学批判理论等。通过上述三个方面内容的考察，展示马克思"科技—经济"思想在时代发展上孕育形成的历史必然性和在理论发展上孕育形成的逻辑必然性。

　　第二章是对马克思"科技—经济"思想的探索历程、发展阶段和基本类型进行考察。其主要内容包括：（1）马克思"科技—经济"思想的逻辑起点与动力源泉。其逻辑起点也就是马克思确立为人类解放进行探索的历史起点，因为对人的解放特别是无产阶级的解放的不懈探索，是马克思终生不渝的奋斗目标，也是他探索"科技—经济"思想的中心点。其动力源泉是现有理论与社会现实的种种矛盾问题，因为在探索人类解放的道路上，矛盾重重，问题频现，既有理论上的矛盾问题，也有现实中的矛盾问题，还有理论与现实的矛盾问题，这些矛盾问题的客观存在与解决这些矛盾问题的主观愿望，也就成为马克思主义形成和发展的动力源泉，进而也就成为伴随马克思主义理论而产生的马克思"科技—经济"思想孕育形成的动力源泉。（2）马克思"科技—经济"思想的理论难题与艰辛探索。其理论难题是人类解放的自身回归与人的本质问题，因为人类解放的实质在于人自身的回归，人的本质问题直接地关系着人的解放的问题，这一问题成为马克思探索人的解放问题的一大瓶颈和"难题"，同时这一难题也关系着马克思"科技—经济"思想的萌发和形成的问题。马克思对这一理论难题进行了艰辛探索，找到了破解这一难题的路径及其关键所在，就是从人与社会的关系和人与自然的关系双重维度出发，到人的对象性关系和对象性存在中去探寻，进而实现了从对"人自身"的考察到对人的"对象性存在"的考察的研究转向。（3）人的三维本质理论与"科技—经济"思想的形成。马克思对人的本质问题的探索，在实现了从人自身到对象性存在的转向之后，从人与自然关系和人与社会关系的双重维度，形成了实践性、理性和社会性的人的三维本质理论。伴随着马克思的探索进程，形成了以人的解放观为中心线索、以人的本质理论为基础的"科学—技术—工业"的分析范式或研究范式，在此分析范式基础上萌发和生成了他的早期的"科技—经济"思想。在此之后，伴随着唯物史观的创立，进而在唯物史观的理论框架中将这一研究范式进一步发展，马克思形成了成熟的"科技—经济"思想的理论体系。而当进行系统的政治经济学研究的时候，马克思又将这一成熟的"科技—经济"思想运用到政治经济学的分析研究中，在政治经济学的框架中将其应用展开等。（4）马克思"科技—经济"思想形成和发展的阶段划分。沿着上述"科技—经济"思想形成的逻辑进路，马克思"科技—经济"思想孕育形成过程可划分为三个阶段，即探索发现的初创阶段、系统研究的成熟阶段和应用展开的发展阶段。初创阶段主要是指从马克思开始探索人的解放作为开端，到19世纪40年代中期的这一时期即"青年马克思时期"，马克思在这一时期基于人的对象性关系和对象性存在的理论，形成了以"科学—技术—工业"分析范式为核心的对象性存在视域的"科技—经济"思想。成熟阶段主要是指从 19 世纪 40 年代中期到 19 世纪 50 年代中期的这一时期，马克思在该时期实现了从对人的本质的"对象性存在"考察到对人类社会物质生产和生活领域特别是资本主义社会的物质生产和生活方式考察的研究转向，创立了唯物史观，形成了以"科学—技术—生产力"分析范式为核心的唯物史观中的"科技—经济"思想。发展阶段主要是指从 19 世纪 50 年代中期开始，一直到马克思逝世为止这一时期。在这一时期，马克思实现了从对人类社会发展规律的哲学唯物史观的研究，到运用哲学唯物史观的基本原理对资本主义经济社会现实、经济社会结构、生产方式、生产关系、资本运行机制等进行政治经济学研究和批判的转向，开始了系统的政治经济学研究，而在研究过程中对唯物史观中的"科学—技术—生产力"分析范式进行了政治经济学的创造性转换，形成了物质"生产力中也包括科学"或"科学嵌入物质生产力"的分析范式，进而形成了以此分析范式为核心的政治经济学中的"科技—经济"思想。（5）马克思"科技—经济"思想发展进程中的两种类型，即对象性存在视域的"科技—经济"思想和物质生产视域的"科技—经济"思想，而后者包括唯物史观中的"科技—经济"思想和政治经济学中的"科技—经济"思想。

　　第三章是对马克思对象性存在视域的"科技—经济"思想的系统考证。其主要内容包括：（1）马克思关于对象性关系与人的对象性存在的理论，包括这一理论的形成过程和主要内容。（2）马克思关于对象性存在视域的"科学—技术—工业"分析范式，包括这一分析范式的科学内涵、主要构成、理论基础和重大意义。（3）"科学—技术—工业"分析范式基础上的异化批判理论。包括马克思对对象性关系中的外化与异化这两个对立范畴的区分；在此区分基础上，马克思对作为对象性存在的"科学—技术—工业"的研究转向，这一转向主要是指马克思实现了主要从人和自然的对象性关系层面上对科学、技术和工业等"对象性存在"的考察分析，转向到主要从人和社会的对象性关系层面上对科学、技术和工业等"对象性社会存在"的考察分析；在这一转向之后，马克思对作为对象性存在的资本主义经济社会现实的种种异化进行了批判，尤其对作为资本存在的"科学—技术—工业"所造成的异化劳动进行批判，对科学、技术与工业资本结合所导致的科技异化进行批判等。（4）"科学—技术—工业"分析范式基础上的异化根源。在对作为对象性存在的私有财产的"外化—肯定"和"异化—否定"进行考察的基础上，马克思揭示了资本主义私有制是其全方位异化的社会总根源，"科学—技术—工业"作为资本存在是资本主义全方位异化的根本原因。（5）"科学—技术—工业"分析范式基础上的异化扬弃，包括"私有财产即人的自我异化的积极的扬弃"与人的完全复归，"科学—技术—工业"作为资本存在的积极扬弃与自由劳动，科技异化的积极扬弃与自然科学和人的科学合为"一门科学"，"历史之谜的解答"与社会关系的根本变革即消灭私有制等。

第四章是对马克思物质生产视域的"科技—经济"思想的系统考证，这是上卷研究的重点和难点。其主要内容包括：（1）物质生产视域的确立与唯物史观的创立。在人类历史的基本前提及事实根据基础上，马克思从早期的对象性存在研究转向物质生产研究，确立了物质生产视域并创立了唯物史观，这对马克思"科技—经济"思想的发展具有重大意义，实现了从早期对象性存在视域的"科技—经济"思想研究，转向到物质生产视域的"科技—经济"思想研究。这一研究转向，在实质上是从对象性存在视域的"科学—技术—工业"分析范式，到唯物史观中的"科学—技术—生产力"分析范式的转向，形成了两大标志性的研究成果，即唯物史观中的"科技—经济"思想和政治经济学研究中的"科技—经济"思想。（2）唯物史观中的"科学—技术—生产力"分析范式，包括这一分析范式的科学内涵、基本构成、理论基础、实质和意义等。（3）马克思唯物史观中的"科技—经济"思想，包括"科学—技术—生产力"分析范式基础上的劳动技术组合方式、"科学—技术—生产力"分析范式基础上的劳动社会组合方式即生产方式、"科学—技术—生产力"分析范式基础上的生产关系、"科学—技术—生产力"分析范式基础上的经济制度、"科学—技术—生产力"分析范式基础上的经济发展规律等。（4）唯物史观分析范式的创造性转换与政治经济学分析范式的确立。马克思将唯物史观中的"科学—技术—生产力"分析范式进行了政治经济学创造性转换，形成了物质"生产力中也包括科学"的分析范式，在实质上将科学从属于物质生产力或把科学嵌入在物质生产力之中，这对马克思政治经济学研究具有重大的理论意义。（5）政治经济学研究中丰富而深邃的"科技—经济"思想。在"生产力中也包括科学"分析范式基础上，马克思在对劳动价值论和剩余价值理论等政治经济学研究进程中完成了两次大转向：第一次转向是马克思从否定古典劳动价值论到肯定并超越古典劳动价值论的转向，其标志性成就是马克思科学的劳动价值论的创立；第二次转向是马克思从对工场手工业中劳动价值关系的考察到对机器大工业中劳动价值关系的探索的转向，其标志性成就是马克思科技劳动价值论思想的形成。在对机器大工业研究过程中，马克思提出了科技作为生产力隶属于资本而与劳动相分离相对立、科技是改进剩余价值生产方法不可缺少的关键性前提条件、科技隶属资本成为资本积累和扩大再生产的内在核心要素、科学和自然力在资本主义生产中是"不费分文"的生产力以及"只有在劳动共和国里面，科学才能起它的真正的作用"等思想观点。

第五章是 19 世纪的时代特征与马克思"科技—经济"思想。马克思所处的 19 世纪主要呈现出以下时代特征：从世界主题的角度来看，主要呈现出"战争和革命"特征；从科技与劳动关系的角度来看，主要呈现出科技与劳动相分离的"二元"社会实践特征；从占据主导地位的经济形态的角度来看，主要呈现出以机器大工业生产方式为基础的工业经济特征；从科学认知背景的角度来看，主要呈现出"简单性科学"的科学认知特征。考察 19 世纪的这些时代特征与马克思"科技—经济"思想的内在关联，既能彰显马克思"科技—经济"思想是时代的产物，同时也能看到马克思"科技—经济"思想具有超时代的特征，对于我们在"科技—经济"一体化新时代背景下研究和发展马克思"科技—经济"思想具有重大意义。因此，其主要内容包括："战争与革命"的世界主题特征与马克思"科技—经济"思想；科技与劳动相分离的"二元对立"社会实践特征与马克思"科技—经济"思想；占主导地位的机器大工业的经济形态特征与马克思"科技—经济"思想；"简单性科学"的科学认知特征与马克思"科技—经济"思想等。

下卷为马克思"科技—经济"思想的现代发展和理论建构。在本卷中，首先对发展马克思"科技—经济"思想的现代经济社会现实进行考察，揭示马克思"科技—经济"思想在现代发展的客观必然性；其次，在对马克思"科技—经济"思想现代发展和重构何以可能进行方法论探讨基础上，确立物质生产和精神生产相统一的"科技第一生产力"新分析范式以及与之密切相关的发展马克思"科技—经济"思想的理论前提；再次，在新分析范式基础上，沿着马克思《资本论》的逻辑进路，根据马克思政治经济学的基本原理和研究方法，对基于科技型生产方式的现代政治经济学原理进行构建，并对科技型企业价值生产与增殖进行系统研究；最后，在对上述内容概括总结的基础上，明确提出"科技第一生产力"分析范式基础上的现代马克思主义"科技—经济"理论，并阐述这一理论对当代中国推进科技与经济的深度融合和实现"科技—经济"一体化发展的深刻启迪与政策建议。这样，按照社会实践发展推进理论创新的逻辑进路，本卷分五章即第六章至第十章进行架构。

第六章是马克思"科技—经济"思想现代发展和重构的社会现实与境考察。其主要内容包括：（1）现代科学技术的迅猛发展及未来趋向，包括现代科学革命的兴起及主要成就，现代技术革命的爆发及主要成果，现代科技革命使科学和技术呈现高度融合的一体化趋势，现代科技革命使自然科学和社会科学呈现相互结合的趋向，现代科技革命的周期性长波发展与新科技革命的"前夜"等。（2）科技的巨大经济功能及融入经济系统的方式演进，包括科技作为第一生产力的巨大经济功能，科技第一生产力巨大经济功能的显化历程，科技融入经济系统的方式演进和基本类型即要素渗透的方式、工业实验室的方式、高新科技产业的方式、高新科技工业园区的方式、国家创新体系的方式，以及科技融入经济系统五种方式的关系及发展走向。（3）"科技—经济"一体化社会的形成，包括现代科技体系结构是"科技—经济"一体化社会的内在根基，现代科技社会建制是"科技—经济"一体化社会的中介保障，现代经济发展需求是"科技—经济"一体化社会的动力之源，科技与生产双向互动是"科技—经济"一体化社会的核心所在，"大科学"管理模式是"科技—经济"一体化社会的机制保障。（4）知识经济新形态的"科技—经济"一体化实质主要体现在：知识经济在历史上体现了"科技—经济"一体化的发展历程，在内涵上反映了"科技—经济"一体化的社会现实，在特征上展现了"科技—经济"一体化的社会特点，在实质上呈现了"科技—经济"一体化的社会本质。通过上述四方面内容的考察，展示马克思"科技—经济"思想随着时代发展而发展的客观必然性和历史必然性。

　　第七章是马克思"科技—经济"思想现代发展和重构何以可能的方法论探讨与范式转换及范畴拓展。其主要内容包括：（1）马克思"科技—经济"思想现代发展的方法论探讨，包括这一思想现代发展何以可能、研究切入点、建构逻辑起点、思维路径选择和需要确定的理论前提。（2）通过对邓小平"科技第一生产力"论及其深刻的政治经济学意蕴的考察剖析，形成和确立了"科技第一生产力"分析范式。这是在马克思对唯物史观中的"科学—技术—生产力"分析范式进行政治经济学创造性转换，所形成的物质"生产力中也包括科学"分析范式基础上，进行的再转换的结果；是马克思唯物史观中的"科学—技术—生产力"分析范式，经过马克思政治经济学创造性转换所形成的物质"生产力中也包括科学"分析范式这一中介环节之后，在螺旋上升中向唯物史观分析范式的复归；是科学生产力、技术生产力和物质生产力有机统一基础上，科技生产力成为第一生产力，而且科学生产力成为第一生产力中的第一生产力。在此着重考察了"科技第一生产力"论的提出及深远影响、科学内涵及实质、时代特色和经济学意蕴，马克思政治经济学分析范式的现代审视与新分析范式的确立，"科技第一生产力"分析范式的内涵规定与基本特征等。（3）在"科技第一生产力"分析范式基础上，确立现代科技革命和"科技—经济"一体化的现代市场经济社会背景下的科技型生产方式，实质上是政治经济学研究对象从物质生产方式向科技型生产方式的拓展和转型，因此在对马克思政治经济学研究对象的现代审视、生产方式的转变与科技型生产方式的确立进行考察之同时，揭示了科技型生产方式对现代政治经济学研究的理论意义。（4）在新分析范式基础上，基于现代科技型生产方式的现代政治经济学基本范畴进行拓展：一是对马克思政治经济学中的"商品"范畴的拓展，包括马克思政治经济学中"商品"范畴的现代审视，科技产品在现代市场经济社会中也是商品并且已成为现代商品构成的主体，科技商品的基本内涵与本质特征等；二是对马克思政治经济学中的"创造价值劳动"即生产劳动范畴的拓展，包括马克思政治经济学中"创造价值劳动"范畴的现代审视，科技劳动被纳入创造价值劳动范畴的认识历程，创造价值的劳动现已成为整体意义上的科技劳动，创造价值的科技劳动的内涵与实质；三是对马克思政治经济学中的"工人阶级"范畴从狭义到广义的拓展；四是对马克思政治经济学中的

"生产资料"范畴从物质生产资料到精神生产资料的拓展。

第八章是运用"科技第一生产力"分析范式，对基于科技型生产方式的现代政治经济学基本原理进行建构。其主要内容包括：（1）科技商品的二因素辩证关系原理。这一辩证关系原理的理论基础是马克思关于物质商品的二因素原理。根据马克思的这一原理对科技商品的二因素即科技使用价值和科技价值进行考察，揭示出科技使用价值作为科技商品"物"的属性之体现，与物质商品的使用价值相比较，既有相同之处即科技使用价值之一般，也有不同之处即科技商品之特殊；而科技价值作为科技商品"人"的属性之体现，与物质商品的价值相比较，同样具有相同之处即科技价值之一般，也有不同之处即科技价值之特殊。科技使用价值和科技价值作为科技商品的二因素，具有辩证统一的关系。（2）科技劳动的二重性辩证关系原理。这一辩证关系原理的理论基础是马克思关于生产物质商品的劳动二重性原理。根据马克思的这一原理，对生产科技商品使用价值的科技劳动即科技具体劳动进行考察，揭示科技具体劳动之一般和科技具体劳动之特殊；对生产科技商品之价值的科技劳动即科技抽象劳动进行考察，揭示科技抽象劳动之一般和科技抽象劳动之特殊。科技具体劳动和科技抽象劳动作为生产科技商品的科技劳动的二重性，具有辩证统一的关系。（3）科技私人劳动和科技社会劳动的辩证统一关系原理。这一辩证关系原理的理论基础是马克思关于物质商品生产的私人劳动和社会劳动的基本矛盾原理。根据马克思的这一原理，对生产科技商品的科技劳动的私人性即科技私人劳动进行考察，揭示科技私人劳动之一般和科技私人劳动之特殊；对生产科技商品的科技劳动的社会性即科技社会劳动进行考察，揭示科技抽象劳动之一般和科技抽象劳动之特殊。科技私人劳动和科技社会劳动作为科技商品生产基本矛盾的两个方面，同样具有辩证统一的关系。（4）科学和自然力在科技商品生产和价值增殖过程中的辩证关系原理。这一辩证关系原理的理论基础，既包括马克思考察分析资本主义物质商品生产和价值增殖过程中所形成的科学和自然力具有内在关联性的思想及其对未来社会中科学作用的预见，也包括恩格斯在对资产阶级政治经济学"漠视"科学进行批判的同时，在"超越利益分裂的合理状态下"对科学进行经济学研究的预见。据此考察现代科技型生产方式基础上的科技商品生产和价值增殖过程发现，科学与自然力是同一个过程的两个方面，科学在科技商品生产和价值增殖过程中发挥作用的同时必然伴随着自然力并入其中发挥作用，而自然力在科技商品生产和价值增殖过程中发挥作用的同时也必然伴随着科学并入其中发挥作用。而从劳动价值论维度来看，科学在科技商品生产和价值增殖过程中发挥作用，其实质是将其中所凝结着的科学人员的劳动所创造的价值向科技产品转移的过程，它增加了科技产品的价值量；而与之相伴随的自然力在科技商品生产和价值增殖过程中发挥作用，其实质是提高社会生产的劳动生产率，增加科技产品数量的过程，它增加了使用价值量。因此，在以科技型生产方式为基础的现代市场经济社会中，科学和自然力在科技商品生产和价值增殖过程中构成一对重要的政治经济学范畴，其中的科学是"父"，自然力是"母"，双双并入科技商品生产过程，共同结出"新增价值"之果。这一原理在单纯的物质生产方式基础上的物质商品生产过程中以遮蔽或隐蔽的方式发挥作用，而在科技型生产方式基础上的科技商品生产过程中则去掉"遮蔽性"而直接发挥作用。

　　第九章是在"科技第一生产力"分析范式基础上，对科技型企业价值生产与增殖进行系统研究和建构，这是下卷的重点和难点。其主要内容包括：（1）科技型企业及其"整个生产劳动过程"的总特征。从"科技第一生产力"分析范式来看，"科技—经济"一体化社会中的现代科技型企业，其价值生产和价值运行的系统首先表现为集"科学劳动—技术劳动—生产劳动"于一体的生产力系统。在这一系统的"整个生产劳动过程"中，人类劳动表现出"跨时空"的整体系统性特征。（2）"科学价值库"与科学劳动创造价值论。在"科技第一生产力"分析范式基础上对现代科技型企业的价值生产和运行进行系统考察发现，其"整个生产劳动过程"不仅表现出集"科学劳动—技术劳动—生产劳动"于一体的生产力系统，而且更为重要的是在此基础上突出科学技术第一生产力的作用，尤其突出科学第一生产力的核心作用。因此，对"科技第一生产力"分析范式基础上的科技型企业价值生产与增殖进行系统研究，核心问题是对科学成果的生产与科学劳动创造价值问题进行考察。而综合科学价值之一般和科学价值之特殊，从马克思劳动价值论基本原理来看，科学成果的价值主要是以潜在的"库存"的方式存在着，由于科学成果是"人类精神的一般劳动"的产物即科学劳动的产物，所以它直接地表现为"科学价值库"，即科学成果在相当高的程度上为人类提供了一个"取之不尽、用之不竭"的"科学价值库"。通过对"科学价值库"范畴的提出及其根据、科学成果与"科学价值库"的表现形式、科学劳动与"科学价值库"的价值生产和价值累加效应、科学劳动与"科学价值库"的"价值累加效应"模型的研究,建构起科学劳动创造价值的理论。(3)"科学价值库"的第一步价值孵化与技术劳动创造价值论。从"科技第一生产力"分析范式来看,在现代科技型企业"整个生产劳动过程"所表现出的集"科学劳动—技术劳动—生产劳动"于一体的生产力系统中,如果说"科学价值库"与科学劳动创造价值论是对第一个环节考察的结果,那么"科学价值库"的第一步价值孵化与技术劳动创造价值论则是对第二个环节考察的结晶。在此引入"科学价值库"的价值"孵化机制",因为第一个环节生产的科学成果,它的科学价值在现实性上表现为"科学价值库",而其中的价值是以"潜在"的形式"隐形地"存在着的,难以直接地以"价格"形式表现出来即难以直接地"估价"或"标价",它要在现代市场经济社会中"显形地"表现出来,进而成为现实商品的价值,显化为社会的经济效益,需要第二个环节和第三个环节的"孵化"或显化的机制和过程。在第二个环节生产的技术成果,其价值既包括在此环节上技术人员通过技术劳动所创造的价值,这就是技术成果的显在价值,也包括"科学价值库"在此环节上的价值"孵化"即第一步价值"孵化"所孵化出的价值,因此技术成果的价值构成表现出二重性特征。(4)"科学价值库"的第二步价值孵化与生产劳动创造价值论。在现代科技型企业"整个生产劳动过程"所表现出的集"科学劳动—技术劳动—生产劳动"于一体的生产力系统中,这是对第三个环节即生产劳动环节考察的结晶。在第三个环节中所生产的企业产品,其价值包括企业中的生产工人通过生产劳动创造的价值,也包括从技术成果转移到企业产品中的技术显在价值,还包括"科学价值库"在此环节上通过第二步价值"孵化"所孵化出的技术潜在价值及科学价值,因此企业产品的价值构成表现出三重性特征。通过上述考察分析,在此建构起了"科学价值库"的价值"孵化机制"模型。(5)"科学价值库"及价值孵化与科技型企业的剩余价值生产论。剩余价值规律是现代科技型生产方式基础上市场经济的基本规律,而从剩余价值生产方法来看,现代科技型生产方式下的绝对剩余价值生产趋向终结,超额剩余价值和相对剩余价值生产趋向主流。适应剩余价值生产的这一发展态势，沿着科学劳动创造价值和"科学价值库"的价值生产和价值累加、技术劳动创造价值和生产劳动创造价值及其"科学价值库"的价值"孵化机制"等逻辑进路，系统考察现代科技型企业"整个生产劳动过程"所表现出的集"科学劳动—技术劳动—生产劳动"于一体的生产力系统，考察分析科技型企业的剩余价值生产并揭示其价值增殖之实质。其中，个别科技型企业的剩余价值生产主要是超额剩余价值生产，其实质是"科学价值库"中的价值在个别研发利用科技提高劳动生产率的科技型企业中孵化的结果和表现形式；一般科技型企业的剩余价值生产主要是相对剩余价值生产，其实质是"科学价值库"中的价值在全社会普遍研发利用科技提高劳动生产率的情况下，在科技型企业中孵化的结果和表现形式；高端科技型企业的剩余价值生产主要是"无人工厂"高额利润的生产，其实质是"科学价值库"中的价值在自动化智能化的"无人工厂"这种特殊的未来理想的高端科技型企业中的孵化结果和表现形式。通过上述三个层面科技型企业的剩余价值生产研究，创立现代科技型企业的剩余价值生产新理论。（6）科技型企业价值生产和增殖的"价值链网络结构"模式构建。在对现代科技型企业"整个生产劳动过程"所表现出的集"科学劳动—技术劳动—生产劳动"于一体的生产力系统分析中，引入"价值链"范畴。第一个环节的科学价值生产呈现为"科学价值库"价值增殖的"价值子链"；第二个环节的技术价值生产呈现为"科学价值库"第一步价值孵化的"价值子链"；第三个环节的企业产品价值生产呈现为"科学价值库"第二步价值孵化的"价值子链"。按照这些"价值链"的内在逻辑关联，创立科技型企业价值生产和增殖的"价值链网络结构"模式。

第十章是马克思主义"科技—经济"理论的现代发展及对当代中国的启迪与建议。其主要内容包括：（1）"科技第一生产力"分析范式基础上马克思"科技—经济"思想的现代发展以及现代马克思主义"科技—经济"理论建构。包括马克思"科技—经济"思想现代发展的核心和实质、科技型生产方式下科技作为劳动价值论内在要素的理论重构、科技型生产方式下科技作为剩余价值论内在要素的理论重构、唯物史观的分析范式回归与在"科技第一生产力"分析范式基础上的现代马克思主义"科技—经济"理论创立。（2）现代马克思主义"科技—经济"理论对当代中国"科技—经济"一体化发展的深刻启迪与政策建议。包括做好应对新科技革命和新工业革命即将破晓的理论准备、在社会主义市场经济条件下积极推动科技型生产方式基础上的"资本—劳动"关系转型升级、大力推动科技型企业向其高端发展和提升其"无人化"剩余价值生产能力、主动推进科技劳动力资本化进程和提升劳动者价值创造能力、探索推进科技型生产方式下"双重"所有制结构及相关制度的深刻变革。

在这一框架结构内对本书的主要内容作出安排的同时，对上述内容进行理论总结、意义阐发和研究展望，这便是与本书开端的"导论"相呼应的"结语"。也就是说，本书的结语是对整个研究进程和体系建构的深层次挖掘与系统梳理，进一步阐述将马克思"科技—经济"思想孕育形成置于他对人类解放探索的理论整体演进之中加以研究的意义所在，揭示其内在逻辑进路，并沿此逻辑进路对人类解放在新时代中国特色社会主义社会历史背景下进行探索与展望。主要内容包括：（1）马克思的"科技—经济"思想，伴随其整体理论的生成和演进而不断地孕育和形成，并构成了马克思整体理论在不同发展阶段上最深邃的理论基质和最具前瞻性的思想洞见，且以最深层次的分析范式嵌入在马克思整体性的理论体系之中。（2）马克思的整体理论在其生成和演进中，展示出两条相辅相成的逻辑发展线路：一是从早期的异化批判的理论，到成熟时期的唯物史观理论和政治经济学理论；二是与此发展主线相伴的更深层次的一条辅线，即嵌入其整体理论内部的分析范式及在此基础上的"科技—经济"思想的发展线路。（3）这一发展辅线，特别是嵌入马克思政治经济学理论中的逻辑发展辅线，为人们在"科技第一生产力"分析范式基础上对中国特色社会主义政治经济学创新研究提供了逻辑发展进路；沿此逻辑进路，将马克思政治经济学中基于物质生产方式的核心范畴在现代科技型生产方式基础上进一步拓展，势必推动马克思的生产劳动价值论向技术劳动价值论和科学劳动价值论发展，进而使马克思物质生产方式基础上的剩余价值理论向现代科技型生产方式基础上的剩余价值理论发展，并且伴随科技第一生产力的发展而最终趋向高端科技型企业的"无人化"剩余价值生产，这在实质上展示了人类劳动彻底解放的可能性。（4）这一可能性的实现，需要社会制度的创新性设计，而当代中国，科技强国号角一再吹响，"科技与经济深度融合"的创新驱动发展大势所趋，"大众创业、万众创新"的双创时代业已形成，在此基础上的社会主义市场经济也因此而成为通往马克思为人类解放所设计的新制度的必由之路，因为建立自由人联合体的前提即公共的物质生产资料所有制，已经成为社会主义市场经济的所有制主体；科技型生产方式下日益重要的精神生产资料使"重建个人所有制"由可能变成现实。因此，公共的物质生产资料所有制的主体和精神生产资料的个人所有制重建，使"自由人联合体"的实现成为社会主义市场经济自身发展和逻辑延伸的自然而必然的结果，人类的解放在社会主义市场经济与科技型生产方式深度融合的发展进程中成为一种自然而必然的过程。

上　卷

马克思"科技—经济"思想的历史形成和系统考证

　　从一般意义上来讲，科技和经济是两个不同的领域，如何克服科技进步与经济发展"两张皮"的现象进而实现二者的紧密结合或"深度融合"，是党和政府始终关注的一个重大问题，也是理论界长期关注的一个重大课题。客观地讲，在马克思留给我们的大量的经典著作中，尽管没有明确地使用科技经济这一概念，但在其资本主义异化批判、历史唯物主义和政治经济学批判的理论视野中，将科技与经济、科技进步与经济发展紧密地结合在一起，对人类社会的经济发展特别是对资本主义生产方式以及和它相适应的生产关系和交换关系加以分析、阐述，因此笔者将马克思关于科技与经济、科技进步与经济发展密切关联进而形成"二位一体"的研究范式的思想，没有直接使用"马克思的科技经济思想"或"马克思的科技与经济的思想"而是使用"马克思'科技—经济'思想"来表述。根据马克思当时的时代背景深入系统地考察其"科技—经济"思想的历史形成、主要内容和基本特征，对于解决社会主义市场经济进程中科技进步与经济发展"两张皮"的现象进而实现二者的"深度融合"，具有重大的现实意义。

　　在本卷中，笔者首先考察马克思"科技—经济"思想形成的时代背景和理论来源，揭示其孕育形成的历史必然性和逻辑必然性；然后将马克思的"科技—经济"思想置于其整体理论的形成发展过程之中，从历史演进的维度考察马克思对这一思想的探索进程，并将其进行阶段性划分和对各阶段上形成的"科技—经济"思想进行类型归纳。在此基础上，重点考察在这一探索进程中所形成的两种不同视域的"科技—经济"思想：一是马克思在探索发现的初创阶段所形成的对象性存在视域的"科技—经济"思想；二是在此之后所形成的物质生产视域的"科技—经济"思想，其中包括：马克思在系统研究的成熟阶段所形成的唯物史观中的"科技—经济"思想，在应用展开的发展阶段所形成的政治经济学研究中的马克思"科技—经济"思想。最后，通过考察19世纪的世界主题、科技与经济的关系、占主导地位的工业经济和科学认知图式等时代特征，揭示马克思"科技—经济"思想立足当时社会现实的时代特色和超越时代性的理论前瞻性特征。

第 一 章

马克思"科技—经济"思想形成的
时代背景和理论来源

任何科学理论都是时代发展的产物。马克思"科技—经济"思想的形成也有其深厚的科学技术基础、社会历史条件和理论来源，反映了当时的社会历史特征。总体上来讲，马克思所处的 19 世纪，科学、技术、资本主义的生产方式、资本主义的世界市场、资本主义的思想文化和社会主义运动等已经有了相当的发展，并相互交织在一起，呈现出复杂多样、变幻莫测的态势。这样的一个时代，孕育、诞生了马克思主义，并伴随它的诞生和发展而不断地开辟着新时代。马克思的"科技—经济"思想，正是伴随着马克思主义的孕育诞生和发展，在对资本主义进行社会批判和政治经济学批判的过程中而逐步孕育形成的。

第一节 马克思"科技—经济"思想
形成的科学技术基础

马克思所处的 19 世纪被称为"科学的世纪"，现代意义上的自然科学在这一时期已经成熟和发展起来。与此同时，自然科学借助于技术在生产中得到广泛的运用，技术、机器与机器体系已经成为资本主义机器大工业生产方式的基础。在这一时期，科学革命、技术革命和工业革命（即产业革命）相互缠绕在一起接连不断地发生，这为马克思"科技—经济"思想的形成提供了坚实的科学技术基础和与此相适应的社会生产力基础。

一、近代自然科学的产生和技术的进步

现代意义上的自然科学是在 14 世纪和 15 世纪开始孕育萌芽，从 16 世纪开始逐渐形成和成熟起来的。一般地，人们将从 16 世纪到 19 世纪这一时期的自然科学称之为近代自然科学。近代自然科学在继承了古代科学优秀遗产特别是理性传统的基础上，突破了古代科学朴素、直观和猜测的局限，在研究目标、研究内容和研究方法上实现了重大创新性突破。在研究目标和研究内容上，近代自然科学以研究具体自然事物的实质特征和运动规律为己任，既不同于经验技术的研究，也不同于自然哲学的思辨，把自然事物解剖开来逐一加以研究，探寻其中的本质和规律，形成了大量的以不同自然事物或自然现象为研究对象的分支学科。在研究方法上，近代自然科学形成了以科学实验和科学观察为主并逐步与数学方法相结合的一整套研究方法，其中最主要的就是科学实验方法，它把自然事物和自然过程置于人为控制的条件下加以观察和分析，以获得更加准确和可靠的知识。近代自然科学的这一系列重大的创新，成为其快速发展的"内因"。

内因是近代自然科学产生、发展的根据和根本原因，而外因是其产生和发展不可缺少的重要条件。首先，自然科学"的产生和发展一开始就是由生产决定的"[①]，而且"社会一旦有技术上的需要，这种需要就会比十所大学更能把科学推向前进"[②]。近代自然科学是作为资本主义生产方式的伴生物在欧洲孕育和产生的，并且是伴随资本主义生产方式的发展而发展的。从 14 世纪开始西欧国家出现带有资本主义性质的生产组织即手工工场，它把劳动者集中在同一地点生产同种制品，一开始采用的是简单协作形式，之后逐渐发展为以分工基础上的协作形式，劳动者之间的分工和协作把劳动过程分解为一些简单的使用专门工具的工序，这就为改进技术和使用机器开辟了道路，为近代自然科学的产生创造了条件。从 15 世纪开始，欧洲的纺织业、冶金业、采矿业和机具加工业等先后采用了机器，出现了新式的纺车、水力

---

① 《马克思恩格斯文集》第 9 卷，人民出版社 2009 年版，第 427 页。
② 《马克思恩格斯文集》第 10 卷，人民出版社 2009 年版，第 668 页。

鼓风机、矿石提升机和粉碎机等，这些机具除了使用人力和畜力作为动力外，多半是以水力和风力带动的。无论是机具的改进还是水力风力的利用都需要研究力的作用方式、作用效果和动力的传动，都需要有运转灵活的齿轮、结构恰当的机具装置和减少摩擦的措施，这些来自生产和技术方面的要求推动了力学的发展。同时，透镜制造业的兴起、漂染业和造纸业等的发展，也分别促进了光学和化学等的发展。伴随资本主义生产方式从手工工场向工场手工业特别是机器大工业的发展，不断地为自然科学的发展及其在生产中的运用开辟道路和创造社会条件。马克思指出："自然科学本身［自然科学是一切知识的基础］的发展，也像与生产过程有关的一切知识的发展一样，它本身仍然是在资本主义生产的基础上进行的，这种资本主义生产第一次在相当大的程度上为自然科学创造了进行研究、观察、实验的物质手段。由于自然科学被资本用做致富手段，从而科学本身也成为那些发展科学的人的致富手段，所以，搞科学的人为了探索科学的实际应用而互相竞争。另一方面，发明成了一种特殊的职业。因此，随着资本主义生产的扩展，科学因素第一次被有意识地和广泛地加以发展、应用并体现在生活中，其规模是以往的时代根本想象不到的。"[①]

其次，伴随资本主义生产方式的孕育和产生、逐利的动机和国外贸易的需要，西欧各国出现开辟新航道的探险高潮，最终导致了地理大发现，这对近代自然科学的产生和发展具有深远的影响。15世纪以前，欧洲人与印度、中国等东方国家的贸易往来，主要是通过经由东地中海、小亚细亚和波斯湾等处的几条陆路和海路通道进行的，但后来由于土耳其奥斯曼帝国的阻隔，传统的贸易通道被中断了，这就迫使正在发展的商品生产并渴望得到东方财富的欧洲新老贵族、商人和王室寻找通往印度和中国的新航道。从15世纪开始，葡萄牙和西班牙等欧洲各国开始了新航道的探险活动，1492年意大利人哥伦布代表西班牙王室发现了美洲"新大陆"，1497年葡萄牙人达·伽马发现了通往印度的新航道，1519年葡萄牙人麦哲伦在西班牙王室支持下历经3年进行了环球航行，等等。从15世纪开始的航海探险，除扩大了贸易范围和增加了欧洲统治阶级的财富之外，对近代自然科学的产生和发展的

---

① 《马克思恩格斯文集》第8卷，人民出版社2009年版，第358—359页。

影响也是巨大的和深远的：（1）远洋航行需要坚固耐用和具有一定载重量的船只，需要装备精良的炮舰保驾护航，由此推动了欧洲造船业和火炮制造业的发展。为了按照一定设计放大船的尺寸并计算材料的承载能力，需要数学和材料力学的知识；为了增加火炮的射程和命中率，需要运动学和动力学的知识；为了航海的准确定位，需要借助于罗盘、天文星标与星图以及绘制准确的地图等。这些需要推动了数学、运动学、动力学、材料力学、天文学和大地测量学等的发展。（2）航海探险使欧洲人从狭小的欧洲大陆和地中海领域走进了广阔的大洋和美洲大陆，扩大了他们的视野并启发了他们的思想，直接地推动了地质学、气象学、地理学和生物学的发展。

再次，欧洲在14世纪到16世纪发生的一场思想文化运动即文艺复兴运动，极大地推动了近代自然科学的产生和发展。在14世纪到16世纪，由于资本主义的生产方式和生产关系正在封建社会的"母体"中孕育和形成，代表新兴资产阶级利益的知识分子，为了批判封建等级制度和等级观念以及维护这一制度的罗马教会，掀起了以复兴古希腊和古罗马文化为旗帜的文艺复兴运动，这一运动不仅造成了欧洲古典文学艺术的繁荣，而且对近代自然科学产生了巨大的积极推动作用。如果把资本主义工场手工业的兴起和航海探险高潮的出现看作近代自然科学发生和发展所需要的"社会土壤"，那么在欧洲出现的文艺复兴运动则为近代自然科学发生和发展提供了不可缺少的"空气和阳光"[①]，其意义是重大的。（1）文艺复兴运动沉重地打击了罗马教会的权威和统治，解放了人们的思想和观念，为自然科学的产生和发展提供了民主自由的学识氛围和唯物主义的认识方法。（2）文艺复兴运动使大批古希腊的优秀经典著作和理论学说得以进一步传播和普及，米利都学派的自然哲学、毕达哥拉斯的数学思想、欧多克索和阿波罗尼的天文学模型、阿基米德的力学理论、留基波和德谟克里特以及伊壁鸠鲁的原子论、欧几里得的几何学、亚里士多德的物理学和逻辑学等，为近代自然科学的产生和发展提供了丰富思想营养，对近代自然科学乃至现代自然科学都产生了深远的影响。（3）文艺复兴运动造就了许多伟大的文学家、思想家和艺术家，其中

---

① 潘永祥等编：《自然科学概述》，北京大学出版社1986年版，第56页。

有许多人对近代自然科学和工程技术作出了重大贡献，如意大利著名的画家和思想家达·芬奇，他在作画时从事人体的解剖，发现了心脏瓣膜的作用；在观察海浪和水流的运动时，提出了液体有压力的概念，描绘了波浪传播的规律；在参加军事工程和城市建筑的设计时，构思并绘制了模拟飞行器和能行走的挖河机等机械设计图。

　　对大自然的探索不仅需要科学，而且更加需要技术。伴随着近代自然科学的产生，大量的科学发现推动着技术的不断进步，它表现在农业技术、纺织技术、建筑工程、机械制造技术等各个领域，表现在人类生产和生活的各个方面，这些技术的不断积累成为后来技术革命的前奏和工业革命（即产业革命）的技术支撑，如蒸汽机技术，从古代到 16 世纪，很多人对此进行了设计和试验，希望能够应用蒸汽动力。不仅如此，科学的发现与技术的探索需要科学与技术的结合，众所周知，科学着重于发现真理，形成概念系统，而技术则致力于各种具体的发明和新的工艺。这两者在此之前一直是分离的，这也就是科学家和工匠之间的分离，并且从事实际技术的人遭到世人的鄙视。进入 16 世纪之后，近代科学的先驱者一反过去为知识而知识的经院主义传统，从事新科学的探索和研究，在解决实际的生产和生活的各种问题中，科学家们利用技术增进自己的科学发现和科学知识，而科学的每一次发现又会促进或转换成为新的技术和方法，实现着科学和技术的密切结合和共同发展。[1] 与此同时，伴随近代科学的发展，一批科学家愈来愈感到既存的大学从教育和组织形式上还处于保守陈旧的状态，他们无法与此共存和获得支持。为了培育新的精神和获得科学新成果，就必须有一个全新的世俗的组织机构，以便科学家们齐心协力共同从事科学探索和发现。正是出于这一要求，意大利、英国和法国等成立了科学社团组织，鼓励和支持科学家们的各种科学研究。在这些新机构中，最重要的有意大利的西芒托学院、英国皇家学会、法国科学院和德国柏林学院等。[2] 这为近代科学革命和技术革命的发生提供了组织保障。

---

　　① 李宏图、沐涛、王春来、卢海生：《工业文明的兴盛——16—19 世纪的世界史》，华东师范大学出版社 2001 年版，第 9、15 页。

　　② 李宏图、沐涛、王春来、卢海生：《工业文明的兴盛——16—19 世纪的世界史》，华东师范大学出版社 2001 年版，第 11 页。

正是伴随着近代自然科学的产生和发展，近代的科学革命、技术革命和工业革命相互缠绕在一起连续不断地爆发，这为马克思"科技—经济"思想的形成提供了科学技术基础和社会生产力的基础。

二、第一次科学革命、技术革命和工业革命业已完成

马克思所处的时代，第一次科学革命、技术革命和工业革命已经完成，科学、技术和产业经济之间的互动特别是科学技术对产业经济的推动作用，为马克思"科技—经济"思想的产生奠定了坚实的现实基础。第一次科学革命主要发生在 16 世纪到 18 世纪中叶的天文学、生理学、物理学和数学等领域，其标志性成就主要有：在天文学领域，哥白尼在 1543 年出版的《天体运行论》中提出的日心地动说（它标志着科学从神学中解放出来，标志着近代科学的诞生）、开普勒行星运动三定律等；在生理学领域，1543 年维萨里发表了《人体的构造》、塞尔维特发现了肺循环、哈维提出了血液循环理论等；在物理学领域，伽利略的天体新世界和科学实验方法、牛顿于 1867 年出版《自然哲学的数学原理》成立了经典理学体系；在数学领域，牛顿和莱布尼茨共同创立了微积分，牛顿于 1671 年写成《流数法和无穷级数》（1736 年出版）、莱布尼茨于 1684 年写成《一种求极大极小和切线的新方法，它也适用于分式和无理量，以及这种新方法的奇妙类型的计算》，1686 年发表第一篇微积分的文章。

伴随着第一次科学革命的进展，第一次技术革命和第一次产业革命也相继完成。第一次技术革命发端于 17 世纪末，1690 年法国物理学家巴本在德国发明了第一部活塞式蒸汽机，这只是一部实验机，没有付诸实施；17 世纪末，英国工程师塞维利对蒸汽泵进行研究，制造了人类历史上第一部能够实际应用的蒸汽机；1712 年英国铁匠纽可门制成了更加实用的被命名为"大气机"的抽水机器，之后英国工程师米斯顿对纽可门机进行了实验研究，为瓦特的发明奠定了实验基础。第一次技术革命的真正开始，是在 18 世纪中叶，它与英国产业革命同时发生，被誉为"蒸汽革命"。蒸汽革命的动因是社会生产发展的需要，主要是英国新兴的纺织业和英国采矿业急需新的动力机械；同时，第一次科学革命的成就和正在发生的第二次科学革命的

成就，如热学理论等，为其提供了理论基础。① 因此，第一次技术革命是以纺织机械的革新为起点、以蒸汽机的发明和广泛使用为标志，突破了自然动力的突破，用机器和蒸汽动力技术取代了经验性手工技术，实现了工业生产从手工工具到机械化的转变，实现了以体力为主的手工作坊生产向以蒸汽动力为主的机器生产的转变。② 这次技术革命，发端于英国，而后遍及整个欧洲，进而在全世界产生了深远的影响，使人类社会进入"蒸汽时代"。

在这次技术革命的推动下，第一次产业革命即工业革命首先在英国产生，机器大工业从棉纺织业逐步发展到采掘、冶金、机器制造、运输产业部门，形成了纺织、采掘、冶金、机器制造、运输五大工业体系，英国成为世界上第一个工业化强国。紧随其后，欧洲各国和美国也先后在 19 世纪上半叶开始了工业化进程，其中法国、德国和美国工业化发展的规模和速度最为突出。第一次工业革命彻底打破了原来的生产关系，改变了世界格局，开启了人类工业文明的时代。③ 对此，马克思在数学手稿和大量的经济学手稿特别是在《资本论》第一卷中进行了全面的考察和深刻的研究。客观地讲，近代发生的第一次科学革命、技术革命和工业革命的社会实践，及其对整个近代经济社会的巨大影响之客观事实，成为马克思丰富的"科技—经济"思想产生的科学技术和经济社会的现实基础。

三、第二次科学革命、技术革命和工业革命方兴未艾

马克思所处的时代，不仅第一次科学革命、技术革命和工业革命也已完成，而且第二次科学革命、技术革命和工业革命正在酝酿和兴起，作为革命家和科学家的马克思，始终密切关注着三者的发展动向特别是自然科学的发展动向，并及时地做出概括和总结。这正如恩格斯所说的："任何一门理论科学中的每一个新发现——它的实际应用也许还根本无法预见——都使马克思感到衷心喜悦，而当他看到那种对工业、对一般历史发展立即产生革命性

① 刘大椿、何立松、刘永谋：《现代科技导论》，中国人民大学出版社 2009 年版，第 78—79 页。

② 钱时惕：《科技革命的历史、现状与未来》，广东教育出版社 2007 年版，第 16 页。

③ 中国科学院编：《科技革命与中国的现代化：关于中国面向 2050 年科技发展战略的思考》，科学出版社 2009 年版，第 8 页。

影响的发现的时候，他的喜悦就非同寻常了。"① 并且在"衷心的喜悦"和"非同寻常的喜悦"之同时，马克思对科学、技术、工业和经济的每个领域都进行了认真的研究，"在他所研究的每一个领域，甚至在数学领域，都有独到的发现，这样的领域是很多的，而且其中任何一个领域他都不是浅尝辄止"②，在"科技—经济"思想研究方面也是这样。

大家知道，自18世纪中叶开始（直到19世纪末），发生了第二次科学革命，几乎所有的自然科学领域都取得了革命性的标志成就：在天文学领域，康德于1755年出版了《自然通史的天体理论》（又称《自然发展史概论》），提出了关于太阳系起源与演化的原始星云假说；在化学领域，拉瓦锡提出了氧化学说、道尔顿提出了原子论、阿伏伽德罗提出了分子学说、坎尼扎罗提出了"原子—分子学说"、门捷列夫发现了元素周期律；在地质学领域，赖尔于1830—1833年出版《地质学原理》（三卷本），提出了地质渐变理论；在生物学领域，施莱登和施旺提出了细胞学说，拉马克和达尔文提出了生物进化论；在物理学领域，迈耳、焦耳、格罗夫、赫尔姆霍兹等提出了能量守恒和转化定律（热力学第一定律），克劳胥斯、开尔文、普朗克等提出了热力学第二定律，从1857年到1868年克劳胥斯、麦克斯韦和玻尔兹曼等创立了气体分子运动论，1820年奥斯特发现了电流的磁效应，1831年法拉第发现了电磁感应定律，1833年楞次发现了楞次定律，1873年麦克斯韦出版了《电学和磁学论》，创立了经典电磁学理论等。第二次科学革命，使自然科学成熟起来，开创了理论自然科学的新时代，同时在僵化的机械唯物主义自然观上打开了一个又一个缺口，为辩证唯物主义自然观奠定了自然科学的基础。

在第二次科学革命的推动下，特别是在经典电磁学理论的指导下，第二次技术革命也在不断地兴起。第二次技术革命也被称为电力革命，它以电能的开发和应用为主要标志，此外还包括内燃机的发明和应用等。1821年，法拉第制成了一台用化学电源驱动的近代电机的雏形，1832年皮克希发明了第一台永磁直流发电机，1834年俄国雅科比制定了一台回转运动的直流

---

① 《马克思恩格斯文集》第3卷，人民出版社2009年版，第601—602页。
② 《马克思恩格斯文集》第3卷，人民出版社2009年版，第601页。

电动机，1834 年美国戴文泡特用电磁铁和电池制成了第一台电动机，1834 年英国克拉克制成了第一台实用直流发电机，1836 年英国魏尔德制成了具有磁电激磁机的发电机，1867 年德国西门子制成了自激式直流电动机，1870 年比利时格拉姆研制出具有环形电枢的直流电动机，1878 年俄国亚布洛契可夫制成了多相交流发电机，1880 年爱迪生制造了 110V 自激直流发电机。19 世纪 30 年代以后，发电厂相应地发展起来，由功率小的"住户式"电站逐渐发展为大功率的中心发电厂，1882 年爱迪生建立了世界上第一座直流发电厂，1882 年法国马赛尔·德普勒成功地进行了远距离高压直流输电试验等。① 在电力技术发展的同时，1836 年莫尔斯制作了最早的有线电报机，1876 年贝尔发明了电话，1876 年奥拓制成了四冲程煤气内燃机，1856 年贝塞麦发明了转炉炼钢法，1856—1864 年西门子和马丁发明了平炉炼钢发，1882 年哈德菲尔德研制成锰钢等。② 从 19 世纪 30 年开始，以经典电磁学理论为科学背景、以电力技术为主导的第二次技术革命，推动了化工技术、钢铁技术、内燃机技术等的全面发展，使人类进入了"电气时代"。

在第二次科学革命和技术革命的推动下，在第一次技术革命的基础上欧洲各国先后发生了第二次工业革命，内燃机和电动机逐步取代蒸汽机，电力、石油、化工、钢铁等重工业迅速出现和发展，极大地推动了社会生产力的发展。在第一次工业革命中，伴随纺织机和蒸汽机的广泛应用，英国形成了纺织、采掘、冶金、机器制造、运输五大工业体系，使企业的规模越来越大，劳动生产率有很大的提高，而到了 19 世纪 30 年代末 40 年代初，英国已成为第一个从工场手工业占统治地位的国家转变为机器大工业占优势的国家。1820 年英国的工业产量占世界工业产量的一半，1830 年英国建成第一条铁路。从 1770 年到 1840 年的 70 年间，英国工人每一个工作日的劳动生产率提高了 20 倍。法国于 19 世纪初开始了工业革命，工业生产中使用的机器迅速增多，资本主义生产方式发展加快。德国的资本主义生产方式的发展虽然落后于英国和法国，但到了 19 世纪 30 年代，也已开始进入了工业革命的阶段。此外，欧洲其他国家，如比利时、瑞士、西班牙等国，由于资本主

---

① 刘大椿、何立松、刘永谋：《现代科技导论》，中国人民大学出版社 2009 年版，第 82—83 页。

② 中国科学院：《科技革命与中国的现代化：关于中国面向 2050 年科技发展战略的思考》，科学出版社 2009 年版，第 16—17 页。

义大工业的发展，到 19 世纪上半叶也都先后进入了工业革命时期。欧洲各国在第二次工业革命中建立了资本主义的机器大工业生产方式，这是一种比以往任何生产方式更能产生巨大生产力的生产方式。

概而言之，马克思的"科技—经济"思想就是在这样的科学、技术和经济社会背景下产生的，它不仅仅是马克思在对第一次科学革命、技术革命和工业革命及其对经济社会巨大影响进行考察的研究结晶，而且也是马克思密切关注和研究第二次科学革命、技术革命和工业革命及其产生的巨大推动作用的理论产物，因此马克思的"科技—经济"思想对于我们今天应对新的科学革命、技术革命和工业革命具有重大的指导意义。从此意义上来讲，我们应当深入研究马克思的"科技—经济"思想，其理论价值和现实意义都是重大的。

第二节　马克思"科技—经济"思想
形成的经济社会根源

马克思所处的 19 世纪，不仅是"科学的世纪"，是近代的科学革命、技术革命和工业革命相互缠绕在一起接连不断地发生的世纪，同时也是在近代科学、技术和物质生产力推动下的资本主义生产方式不断向前推进的世纪，还是在此基础上资本主义制度和统治逐步确立和巩固的世纪。在资本主义社会的发展过程中，资本主义内在的各种矛盾特别是它的基本矛盾在不断地暴露和激化，进而导致资本主义各种矛盾危机频繁爆发，无产阶级作为独立的政治力量开始登上历史舞台，无产阶级反对资产阶级的斗争日益高涨。马克思"科技—经济"思想正是在对资本主义生产方式及其社会制度进行分析和批判的基础上形成和发展的。因此，资本主义生产方式及其与其相适应的生产关系的产生和发展、资本主义制度的确立和巩固、资本主义内在矛盾的暴露和各种危机的频发等，为马克思"科技—经济"思想的形成提供了经济社会根源。

一、资本主义生产关系的产生

资本主义的生产关系是在西欧封建社会的"母体"中开始孕育成长的。

正如马克思所指出的:"资本主义社会的经济结构是从封建社会的经济结构中产生的。后者的解体使前者的要素得到解放"①,这是生产力、生产方式和生产关系的规律发生作用的结果。其中,航海探险和美洲大陆的发现,为新兴资产阶级开拓了新的活动场所,有力地促进了资本主义商品经济的发展,加快了资本主义生产关系取代封建生产关系的过程。资本原始积累为资本主义生产方式的发展特别是资本主义机器大工业生产方式的发展提供了大量自由劳动力和巨额的货币财富,进而促进了资本主义生产关系的发展。伴随着近代科学革命、技术革命和工业革命犬牙交错的接连爆发,资本主义的生产方式在欧洲也不断地孕育、产生和发展,一方面大大提高了劳动生产率和极大地促进了生产力的巨大发展,另一方面也不断推进了资本主义生产关系的生成。新兴的资产阶级通过暴力革命和武装夺取政权建立了资本主义制度,一个新的社会形态即资本主义社会得以确立。

第一,资本主义生产关系的萌发。从生产力和生产关系的角度来看,封建社会初期的生产关系是同以铁器工具为特征的比较低下的生产力水平基本适应的,但随着社会生产力的提高特别是封建社会后期商品经济的迅速发展,封建生产关系便越来越成为生产力发展的障碍。生产关系同生产力的矛盾,引起了农村自然经济和城市行会组织的瓦解,导致城乡资本主义生产关系的产生。14世纪末15世纪初,伴随着社会生产力的发展,许多手工业者和商人逐步集聚在威尼斯、佛罗伦萨等地中海沿岸城市,主要从事航运业、纺织业和采矿业,从16世纪开始生产呢绒、亚麻、丝绸、钟表、玻璃和武器等的工场手工业逐步普及欧洲各地,此时的手工业和商业构成了城市经济的基础。为了保护城市手工业者的生产稳定,限制竞争,在城市里出现了各类手工业行会,这些行会内部都有自己严格的行规,每个手工业者都必须加入一个行会。封建行会约束下的小手工业,是建立在私有制和自身劳动基础上的、以交换为目的的简单商品经济。随着商品经济的发展,小生产者之间展开激烈的竞争并由此发生剧烈的两极分化,其结果是一部分条件较好的作坊主不断地添置设备扩大生产规模,增加雇佣工人数量并延长劳动时间,逐渐富裕起来并成为最早的工业资本家;多数作坊主则在竞争中逐渐衰落下去

---

① 《马克思恩格斯全集》第44卷,人民出版社2001年版,第822页。

直至破产，最终同其帮工和学徒一起沦为雇佣工人。手工作坊中的师徒关系逐渐转变为雇佣关系，成为资本主义生产关系的萌芽形式之一。与此同时，商人和高利贷者助推了资本主义的萌芽。事实上，商人和高利贷者早在奴隶社会就已经出现，到了封建社会末期，随着商人积累的财富的不断增加，一些大商人成了包买商，他们不仅包销小生产者的全部商品，还供给他们原料和设备，从而割断了小生产者与销售市场和原料市场的联系，逐渐控制了商品生产者。商人和高利贷者乘生产者困难之机，贷给他们所需要的资金、原料和生产工具。"随着交往集中在一个特殊阶级手里，随着商人所促成的同城市近郊以外地区的通商的扩大，在生产和交往之间也立即发生了相互作用。"[1] 随着商人侵入手工业领域，小生产者沦为商人、高利贷者的债务人，一旦无力还债，只好交出自己的作坊来抵债。于是，作坊主丧失了独立的生产者身份，连同其帮工和学徒一起成了商人或高利贷者的雇佣工人，商人或高利贷者则成为工业资本家，这成为资本主义生产关系萌芽的另一种形式。

第二，资本主义生产方式和资本主义生产关系的产生。资本主义生产方式是一种比以往任何生产方式更能产生巨大生产力的生产方式，而这种生产方式是在欧洲中世纪之后，伴随着社会生产力的发展和商品经济对封建自然经济的取代在封建社会的"母体"中孕育和成长的，并且是在多种社会因素的作用下不断产生和发展的。伴随着近代科学革命、技术革命和工业革命犬牙交错的接连爆发，资本主义的生产方式先后经过了简单协作形式的手工工场，到以分工为基础的带有资本主义性质的工场手工业，再到分工深度分化和高度完善的"成为资本主义生产方式的统治形式"的"真正的工场手工业"[2]，最终发展成为资本主义的机器大工业生产方式。尤其是从 18 世纪60 年代开始，在近代科学革命和技术革命基础上发生的以资本主义机器大工业代替以具有资本主义性质的手工技术为基础的工场手工业的工业革命，在大大地提高劳动生产率和极大促进社会生产力及其经济发展的同时，也把资本主义生产关系推进到一个新的阶段。而在这一过程中，美洲新大陆和新

---

① 《马克思恩格斯选集》第 1 卷，人民出版社 2012 年版，第 187 页。
② ［德］马克思：《资本论》第 1 卷，人民出版社 2004 年版，第 425 页。

航道的发现以及资本原始积累发挥了极大的助推作用。

第三，航海探险、世界市场与资本主义生产关系的产生。从 15 世纪开始，葡萄牙、西班牙等欧洲诸国的新老贵族、商人和王室，在逐利动机的刺激下，为了从印度、中国等东方国家获得财富，开始了寻找通往印度和中国等东方国家新航道的探险高潮。到 15 世纪末，美洲"新大陆"地理大发现和通往印度航道的新发现，极大地推动了世界市场和国际贸易的迅速扩大，这在客观上要求正在兴起的商品生产以更大的规模和更快的速度发展，这也在客观上要求萌芽之后的资本主义生产方式以及与此相适应的生产关系的快速发展和成长。然而，资本主义生产关系萌芽之后的成长是一个十分缓慢的过程。"这种方法的蜗牛爬行的进度，无论如何也不能适应 15 世纪末各种大发现所造成的新的世界市场的贸易需要。"① 这便产生了尖锐的矛盾：一方面是美洲新大陆和新航道的发现所导致的世界市场的迅速扩大，对商品生产速度发展的现实要求；另一方面是资本主义生产方式以及与此相适应的生产关系的发展缓慢难以满足这一要求。这一矛盾的解决，只能靠资本主义社会化大生产来实现。而资本主义社会化大生产方式的产生需要有与此相适应的资本主义生产关系。由于封建生产关系和封建政治制度的严重阻碍，资本主义生产关系的发展是非常缓慢和困难的，因此资本主义生产关系的发展需要一种大的历史变革，而"为资本主义生产方式奠定基础的变革的序幕，是在 15 世纪最后 30 多年和 16 世纪最初几十年演出的"②，这种变革的序幕就是资本原始积累过程，就是新兴资产阶级利用暴力手段催生资本主义生产关系的过程。

第四，资本原始积累与资本主义生产关系的产生。资本原始积累实质上就是新兴资产阶级利用暴力手段为资本主义迅速发展开辟道路的方式，也就是通过暴力使生产者与生产资料相分离进而使货币资本迅速集中于少数人手中的历史过程。马克思指出："创造资本关系的过程，只能是劳动者和他的劳动条件的所有权分离的过程，这个过程一方面使社会的生活资料和生产资料转化为资本，另一方面使直接生产者转化为雇佣工人。因此，所谓原始积

---

① 《马克思恩格斯全集》第 44 卷，人民出版社 2001 年版，第 860 页。

② 《马克思恩格斯文集》第 5 卷，人民出版社 2009 年版，第 825 页。

累只不过是生产者和生产资料分离的历史过程。这个过程之所以表现为'原始的',因为它形成资本及与之相适应的生产方式的前史。"① 资本原始积累主要是通过暴力手段剥夺农民的土地和使用暴力手段掠夺货币财富的途径和方式进行的。前者是基础,它在英国表现得最为典型,英国资本家和封建贵族一方面通过各种手段把大片农民私有土地围圈起来据为己有,另一方面通过"掠夺教会地产,欺骗性地出让国有土地,盗窃公有地,用剥夺方法、用残暴的恐怖手段把封建财产和克兰财产转化为现代私有财产"②,建立了资本主义的土地私有制,从而奠定了资本主义私有财产制度的基础。后者是资本原始积累的重要方式,它实质上是指利用国家政权的力量进行残酷的殖民掠夺。自 15 世纪末开始,葡萄牙、西班牙、荷兰、英国、法国等国的新兴资产阶级,通过武力征服海外殖民地,屠杀当地居民,抢劫金银财宝,大批贩卖黑人,实行保护关税制度,进行商业战争等,掠夺了大量财富,大大加速了货币资本的积累。马克思指出:"美洲金银产地的发现,土著居民的被剿灭、被奴役和被埋葬于矿井,对东印度开始进行的征服和掠夺,非洲变成商业性地猎获黑人的场所——这一切标志着资本主义生产时代的曙光。"③ 新兴资产阶级通过资本原始积累大大缩短了封建生产方式转变为资本主义生产方式的历史过程,推进了资本主义生产关系的发展和资本主义制度的建立。

第五,资产阶级革命和资本主义制度的确立。资本主义生产关系伴随着资本主义的生产方式在封建社会的"母体"中逐渐孕育和成长,并且是在多种社会因素的作用下不断发展和成熟,美洲新大陆和新航道的发现开辟了国际市场,为资本主义生产方式及其上的生产关系的发展提供了客观的需要。而借助于资本原始积累使原来处于萌芽状态的资本主义生产关系得以产生并在其后不断发展和成熟,这反过来又促进了资本主义生产方式的进一步发展,进而使社会生产力进一步发展。此时,资本主义的社会经济基础得到了进一步的巩固和完善。生产力、生产方式和生产关系等社会物质基础和经济基础的进一步巩固和完善,对社会上层建筑的彻底变革提出了强烈要求,

---

① 《马克思恩格斯全集》第 44 卷,人民出版社 2001 年版,第 822 页。
② 《马克思恩格斯全集》第 44 卷,人民出版社 2001 年版,第 842 页。
③ 《马克思恩格斯全集》第 44 卷,人民出版社 2001 年版,第 860—861 页。

主要表现在政治上完成资产阶级革命，用资产阶级政权取代封建地主阶级的政权，建立资本主义的经济制度和政治制度。在封建社会末期，在地主阶级同农民的矛盾极端尖锐，封建统治已被农民战争严重动摇的情况下，新兴资产阶级利用广大农民和其他城乡劳动者的力量，通过暴力手段展开武装夺取政权的斗争。17世纪中期和18世纪后半期，英、法等国先后进行了资产阶级革命，经过复辟和反复辟的长期斗争，建立了资本主义制度和资产阶级的政治统治，进而在资产阶级政权的帮助下，进一步推进了产业革命，彻底实现了资本主义机器大工业对工场手工业的替代，促进了社会生产力的空前大发展，促进了资本主义生产方式及与此相适应的生产关系的空前大发展，进而又使新兴的资本主义制度得到进一步巩固。这样，资本主义社会新形态得以确立，它彻底代替了封建社会形态。

二、资本主义经济社会的发展

考察资本主义经济社会的发展历程，首先应当确立其发展的起点，即是从资本主义的孕育萌发开始还是从资本主义制度建立开始，这直接地决定着这一历程发展阶段的划分。如上所述，早在14世纪和15世纪，地中海沿岸的一些城市，如意大利北部的佛罗伦萨，就已经稀疏地出现了资本主义的最初萌芽，并在16世纪西欧一些国家具备了资本主义发展的基本条件，如16世纪60—70年代荷兰发生了最早的资产阶级革命，但是直到17世纪40年代英国资产阶级革命的爆发，才第一次在欧洲的一个大国推翻封建制度并初步建立了资本主义制度。如果将从14世纪末15世纪初出现资本主义萌芽到17世纪40年代爆发英国资产阶级革命这一时期视为"前资本主义时期"或资本主义的孕育产生时期，那么从17世纪40年代爆发英国资产阶级革命建立资本主义制度之后才真正开始了资本主义发展的新时代。因此，对于资本主义经济社会的发展历程的考察，就应当从英国资产阶级革命并建立起资本主义制度开始作为考察的起点。以此为起点，资本主义的发展历程"大体可分为三个阶段，即：从17世纪40年代到18世纪60年代的第一个120年，是资本主义发展的最初阶段；从18世纪60年代到19世纪80年代的第二个120年，是自由竞争资本主义的发展阶段，也是自由竞争资本主义转向垄断资本主义的阶段；从19世纪80年代到现在的第三个120年，是垄断资本主义的发展阶段"①。

资本主义经济社会的发展主要体现为与资本主义生产方式相适应的生产关系的发展即资本主义经济制度的不断建立和完善，同时也包括伴随资本主义经济制度的建立和发展，与之相适应的政治制度和意识形态也在不断地建立和发展。资本主义制度的基础和核心构成是资本主义的经济制度，而资本主义经济制度的基础和核心又是资本主义的生产资料所有制，因此对资本主义制度的考察应当紧紧围绕这一基础和核心加以展开，这正如马克思所讲的："各种经济时代的区别，不在于生产什么，而在于怎样生产，用什么劳动资料生产。劳动资料不仅是人类劳动力发展的测量器，而且是劳动借以进行的社会关系的指示器。"② 从所有制的角度来看，资本主义的生产资料所有制既具有私有制的一般特征，也具有不同于其他社会形态中私有制的特殊规定性。其一般特征主要是生产资料的私人占有，劳动者与生产资料相分离，私人所有者控制着生产过程并占有劳动者的剩余劳动等。其特殊的规定性在于生产资料与劳动力的结合是通过雇佣劳动关系实现的，这种雇佣劳动关系是在商品经济充分发展的基础上形成的，并构成了资本主义所有经济关系的基础。

在资本主义生产资料私人占有基础上的资本主义的经济关系，在 18 世纪 60 年代以前的资本主义发展的最初阶段并不稳定，而作为这一经济关系轴心的雇佣劳动关系即雇佣劳动对资本的从属关系还处在"形式上的从属"阶段，因为在这一阶段，资本主义制度还仅处于初建阶段，通过资产阶级革命"刚刚建立起来的这一社会制度并不稳固"，在很长一段时间内革命与反革命、复辟与反复辟的斗争并没有停止，"直到 1688 年的'光荣革命'才确立了反映新的土地贵族和资产阶级共同利益的君主立宪制度"，新兴的资产阶级为了牢固地巩固自身的统治，竭尽全力建立起自己的政治制度和政治体制，通过国家法律等手段维护资本主义经济秩序，为资本主义经济发展提供社会条件。但在这一阶段，新兴的"资产阶级并没有立即建立起与资本主义经济关系和社会发展相适应的先进生产力，它们沿用的还是封建社会母

---

① 顾海良：《关于"如何认识资本主义发展的历史进程"问题》，《教学与研究》2001 年第 6 期，第 12—17 页。

② ［德］马克思：《资本论》第 1 卷，人民出版社 2004 年版，第 210 页。

体内成长起来的现存的社会生产力。在经济上，它们并不是依靠生产力的发展求得资本的积累，而主要是依靠政权的强制力量，进行在国内以'圈地运动'和在国外以疯狂的殖民掠夺为主要形式的'原始积累'"①。大家知道，资本原始积累在西欧是从15世纪后30年开始的，在16世纪达到高潮，这对资本主义生产方式及其与此相适应的生产关系的形成发挥了极其重要的作用，但从整个过程来看，资本的原始积累一直延续到19世纪初才告结束。同时，资本主义经济在这一初级阶段的发展，是以分散的业主制企业为主体的，这种建立在单个人的私有制基础上的众多小资本和小企业规模有限，难以产生更大规模的经济效益，此时资本主义企业之间的竞争、资本对雇佣劳动的剥削，主要是靠延长雇佣工人的工作日和加大雇佣工人的劳动强度，通过绝对剩余价值的生产方式来实现的，这时绝对剩余价值生产方式"成了生产过程的普遍的、在社会上占统治地位的形式"，而"对于绝对剩余价值的生产来说，只要劳动在形式上从属于资本就够了"②。

而进入18世纪60年代到19世纪80年代资本主义发展的第二阶段，即自由竞争资本主义大发展并向垄断资本主义转化的阶段，伴随着近代科学革命和技术革命的发展，工业革命在使社会物质文明得到迅猛发展，同时也使雇佣劳动对资本的从属关系从"形式上的从属"转变为"实际的从属"，雇佣劳动由最初是"对资本的这种形式上的从属，让位于劳动对资本的实际的从属"③，使资本主义社会经济关系发生了深刻的变化。资本主义社会经济关系的深刻变化在19世纪三四十年代的英国表现特别提出，此时的英国在科学革命和技术革命的推动下完成了工业革命，工业资产阶级不论在经济上还是在政治上，都获得了决定性的胜利，并实施自由竞争、自由放任和自由贸易的政策，这种自由竞争的资本主义体制，使资本主义经济制度的优越性得到了极大发挥，社会经济得到了巨大发展。此时的工业资本对雇佣劳动的剥削，已经不再仅仅依靠延长雇佣工人的工作日和加大雇佣工人的劳动强度，通过绝对剩余价值的生产方式来实现的，而是通过竞争手段，充分利用

---

①　顾海良：《关于"如何认识资本主义发展的历史进程"问题》，《教学与研究》2001年第6期，第12—17页。

②　［德］马克思：《资本论》第1卷，人民出版社2004年版，第584页。

③　［德］马克思：《资本论》第1卷，人民出版社2004年版，第583页。

近代科学革命和技术革命的成果改进生产技术和扩大生产规模，以提高劳动生产率和降低生产成本来实现的，也就是说，主要是通过相对剩余价值的生产方式来实现的。马克思颇为形象而深刻地指出，通过机器和机器体系，"现在资本不要工人用手工工具去做工，而要工人用一个会自行操纵工具机器去做工"①，在这里，"通过传动机由一个中央自动机推动的工作机的有组织的体系，是机器生产的最发达的形态。在这里，代替单个机器的是一个庞大的机械怪物，它的躯体充满了整座整座的厂房，它的魔力先是由它的庞大肢体庄重而有节奏的运动掩盖着，然后在它的无数真正工作器官的旋转中迸发出来"②。在19世纪五六十年代，英国和欧洲大陆大部分国家实行了自由竞争、自由放任和自由贸易政策之后，把近代科学革命和技术革命的成果运用于机器大工业的生产，大大提高了劳动生产率，从而出现了延续20多年的经济高涨。进入19世纪六七十年代，自由竞争资本主义发展达到顶峰，并开始向私人垄断资本主义过渡。进入19世纪80年代以后，私人垄断资本主义在生产集中和资本集中的基础上得到了进一步发展，19世纪末私人垄断代替了自由竞争占据统治地位，垄断资本主义得以形成。

在资本主义发展的过程中，资本主义所有制由经济意义上所有制逐渐转变为法律意义上的所有制。经济意义上的所有制，是指事实上生产资料归谁所有、归谁支配，并凭借这种所有和支配实现生产和获得剩余产品（超额利润或利润）它以实际占有为基础，体现了现实生产过程中的经济关系，并表现了经济利益的实现形式。法律意义上的所有制，是由占有生产资料的法律原则决定的。为了维护经济上的所有制关系而建立的一整套规章制度逐步以法的形式表现出来，这样就使所有制关系上升到法的关系的高度，所有制的现实经济形态就具有了法律形态，即所有权范畴。所有制一旦上升到法律的高度，就成为一种排他性权利，它强制地规定了人们在经济生活中对占有物行使权利的界限，直接影响到现实经济生活中生产资料的实际利用及其与劳动者的关系。从历史上来看，资本主义经济制度与奴隶社会、封建社会的经济制度相比，尽管都属于剥削制度，但它们之间还有不同之处，主要体

---

① ［德］马克思：《资本论》第1卷，人民出版社2004年版，第444页。
② ［德］马克思：《资本论》第1卷，人民出版社2004年版，第438页。

现在资本家与工人的关系不是完全占有，也不是人身依附，而是基于劳动者的完全的人身自由。正因如此，资本家只能通过购买劳动力的方式，将出卖了劳动力的劳动者与生产资料结合在一起进行生产并取得剩余价值。在这里，生产资料和货币采取了资本的形式，生产资料的所有者成为资本人格化的资本家，资本家与劳动者之间的关系是资本雇佣劳动的关系。资本家凭借对生产资料的占有，在等价交换原则的掩盖下，雇佣工人从事劳动，占有雇佣工人的剩余价值，这就是资本主义所有制的实质。由此也就决定了"生产剩余价值或赚钱，是这个生产方式的绝对规律"①。

为了维护资本主义的经济制度和经济统治，资产阶级借助于国家政权的力量建立了包括资本主义的民主与法制、政权组织形式、选举制度、政党制度等在内的一整套政治制度和意识形态，以实现资本主义国家的政治统治和意识形态统治。资本主义民主制度是与资本主义生产方式相适应而发展起来的。资产阶级在反对封建专制主义的斗争中提出了符合自身利益和要求的"主权在民""天赋人权""分权制衡""社会契约论""自由、平等、博爱"等政治思想，并在这些思想的指导下建立起了资本主义民主制国家。资本主义法制也是随着资本主义经济的发展而产生的，资本主义法制是与资本主义民主结合在一起的。宪法是资本主义国家法律制度的核心和建设法制、实行法治的法律基础。资本主义国家的宪法是在几个基本原则的基础上建立起来的：一是私有制原则，即私有财产不得侵犯，这是整个资本主义法律体系的支柱；二是"主权在民"的原则，即"国家主权属于人民"，主要是指由选民每隔数年进行一次议会或总统选举或公民投票，以决定谁来统治、管理国家的政治形式；三是分权与制衡原则，强调立法、行政、司法是三种不同的、相互制约的政治活动方式，必须由不同的人组成的机关分别行使其职能；四是人权原则，强调"自由的和自主的个人"具有不可侵犯的基本权利。资本主义国家政权采取的是分权制衡的组织形式，即国家的立法权、行政权、司法权分别由三个权力主体独立行使，形成各主体之间的"制衡"。资本主义国家的选举是资产阶级制定某种原则和程序，通过竞选产生议会和国家元首的一种政治机制。资本主义国家的政党是阶级和阶级斗争发展到一

① 《马克思恩格斯全集》第44卷，人民出版社2001年版，第714页。

定历史阶段的产物，在国家政治生活中发挥着很重要的作用，如代表资产阶级执掌政权，对政府施加政治影响，控制议会；制定和推行符合资产阶级利益的方针、政策；操纵选举；控制群众团体和舆论宣传等。资本主义意识形态是在资本主义国家中占统治地位的、反映了作为统治阶级的资产阶级的利益和要求的各种思想理论和观念的总和，在资本主义国家中占统治地位的政治、经济、法律、哲学、伦理、历史、文学、宗教等大多数人文社会科学的理论、学说或意识形式都属于资本主义意识形态的范畴。

上述列举的资本主义的政治制度和意识形态是在资本主义社会的经济基础之上产生的，它反映了资本主义社会的经济关系，而且作为资本主义国家的上层建筑为巩固和发展资本主义社会的经济基础提供政治保障，在人类社会历史的发展进程中曾经起过重要的进步作用。但是，由于资本主义政治制度和意识形态本质上是资产阶级进行政治统治和社会管理的手段和方式，是为资产阶级专政服务的，因此它不可避免地有其历史的和阶级的局限性。法国学者米歇尔·博德指出："在英国，在资产阶级已干涉国家事务的地方，自由的问题首先是经济自由、贸易自由、生产自由，尽可能以最低价格购买劳动力的自由，以及保护本阶级来对付工人结盟与造反的自由。"[①] 列宁作了更加客观的评价："资产阶级民主同中世纪制度比较起来，在历史上是一大进步，但它始终是而且在资本主义制度下不能不是狭隘的、残缺不全的、虚伪的、骗人的民主，对富人是天堂，对被剥削者、对穷人是陷阱和骗局。"[②]

三、资本主义各种矛盾与危机

资本主义社会同历史上的任何其他社会形态一样，既表现为一个从孕育、产生到发展、成熟的过程，也有一个伴随各种矛盾不断显露、激化而逐步走向衰亡和被新社会形态所代替的过程。在资本主义产生和发展的过程中，资本主义制度在促进社会生产力巨大发展和带来社会文明巨大进步的同时，生产力和生产关系的矛盾所导致的自身无法克服的矛盾也在不断显露和

---

① ［法］米歇尔·博德：《资本主义史 1500—1980》，吴艾美等译，东方出版社 1986 年版，第 88 页。

② 《列宁选集》第 3 卷，人民出版社 2012 年版，第 601 页。

激化，周期性地爆发的生产过剩危机就是这种矛盾的突出表现。在英国，自工业革命开始后，在1778年、1793年、1797年、1810年、1815年和1819年连续不断地发生过局部性的经济危机，1825年则爆发了第一次全国性的生产过剩危机。在此之后，于1836年和1847年又相继爆发了波及欧洲各主要资本主义国家的经济危机。每一次经济危机的爆发，都给资本主义世界造成巨大的破坏，当经济危机发生时，大量商品积压，大批生产企业减产或停工，许多金融机构倒闭，整个社会经济生活一片混乱。

资本主义经济危机的突出特征是生产过剩，但这种过剩是相对过剩，是相对于劳动人民有支付能力的需求来说社会生产的商品显得过剩，而不是与劳动人民的实际需要相比的绝对过剩。一般说来，经济危机的发生首先是由货币作为流通手段和支付手段引起的，以货币为媒介的商品买卖在时间上分为两个相互独立的行为，如果有一些商品生产者在出卖了自己的商品后不接着购买，就会有另一些商品生产者的商品卖不出去；同时，在商品买卖有更多的部分采取赊购赊销的方式的情况下，如果有某些债务人在债务到期时不能支付，就会使整个信用关系遭到破坏，但这仅仅是危机的表面现象。

资本主义经济危机爆发的根本原因是资本主义的基本矛盾，即生产资料资本主义私人占有和生产社会化之间的矛盾。在资本主义条件下，随着科学技术的进步和社会生产力的不断发展，资本主义生产不断社会化，但在资本家私人占有生产资料和剥削雇佣劳动的生产关系中，社会化的生产力变成资本的生产力，变成资本高效能地榨取剩余劳动、生产剩余价值、实现价值增殖的能力。这样，已经社会化的、由劳动者共同使用的生产资料，本应该由劳动者公共所有，却被少数资本家私人占有；已经在社会范围内实行严密分工、协作而社会化了的生产过程，本应由社会按照社会需要进行管理、调节和控制，却分别由少数资本家按照各自追求最大限度利润的私人利益进行管理；共同劳动生产的社会化产品，本应由劳动者共同占有，用于满足社会需要，却被少数资本家私人占有、私人支配，成为他们的私有财产。这就形成了资本主义所特有的生产社会化和资本主义私人占有形式之间的矛盾。这种基本矛盾具体表现在两个方面：一是生产无限扩大的趋势与劳动人民有支付能力的需求相对缩小的矛盾；二是个别企业内部生产的有组织性和整个社会生产的无政府状态之间的矛盾。正如马克思所指出的："一切现实的危机的最后原因，总是群众的贫穷和他们的消费受到限制，而与此相对比的是，资本主义生产竭力发展生产力，好像只有社会的绝对的消费能力才是生产力发展的界限。"①

　　资本主义经济危机的周期性爆发是其重要特征和规律②，这使社会资本的再生产也呈现出周期性的特点。从一次危机开始到另一次危机的爆发，就是社会资本再生产的一个周期，它一般包括危机、萧条、复苏和高涨四个阶段。资本主义再生产周期的四个阶段是相互联系在一起的，其中危机阶段是周期的基本阶段或决定阶段。资本主义的再生产不一定都经过四个阶段，但是危机阶段则是必经阶段。资本主义经济危机的周期性爆发特征和规律是由资本主义基本矛盾运动的阶段性决定的。当资本主义基本矛盾达到尖锐化程度时，社会生产结构严重失调，引发经济危机。而经济危机的爆发，使企业纷纷倒闭，生产大大下降，从而使供求矛盾得到缓解，逐步渡过经济危机，但经济危机只能暂时缓解而不能根除资本主义基本矛盾。这样，随着资本主义经济的恢复和高涨，资本主义基本矛盾又重新激化，必然导致再一次经济危机的爆发。只要存在资本主义制度，其基本矛盾就不可能消除，因此其经济危机就是不可避免的。

　　由此可见，以生产过剩和周期性爆发为突出特征的资本主义经济危机，是资本主义基本矛盾运动的必然结果。而资本主义基本矛盾是生产力和生产关系之间的矛盾在资本主义社会的具体体现。资本主义越发展，科学技术以至社会生产力越发展，生产社会化的程度越高，不断发展的社会生产力就越是成为资本的生产力，资本、生产资料、劳动产品就越来越集中在少数资本家的手里，资本主义基本矛盾尖锐化就越是不可避免。尽管从19世纪六七十年代开始，资本主义自由竞争向垄断过渡并逐步发展为垄断资本主义，但是在生产集中和资本集中的基础上发展起来的垄断资本主义，不仅没有消灭竞争，反而使竞争更加激烈和复杂，不仅没有消除资本主义的基本矛盾，反

---

　　①《马克思恩格斯全集》第46卷，人民出版社2003年版，第548页。

　　② 关于资本主义经济危机周期性爆发的规律，马克思曾想用"数学方式"加以证明。1873年5月31日，马克思在致恩格斯的信中表达了这一想法，他指出："因为涉及这个问题的因素很多，而且大部分还有待于发现。事情是这样的：……为了分析危机，我不止一次地想计算出这些作为不规则曲线的升和降，并曾想用数学方式从中得出危机的主要规律。"参见《马克思恩格斯文集》第10卷，人民出版社2009年版，第389—390页。

而使其不断激化。马克思恩格斯指出："资产阶级的生产关系和交换关系，资产阶级的所有制关系，这个曾经仿佛用法术创造了如此庞大的生产资料和交换手段的现代资产阶级社会，现在像一个魔法师一样不能再支配自己用法术呼唤出来的魔鬼了。"①

四、无产阶级反抗资产阶级的斗争

经济危机的周期性爆发，表明资本主义制度所固有的生产社会化同生产资料资本家私人占有之间的矛盾已经成为这种制度难以克服的痼疾，暴露出资本主义生产方式的内在矛盾的对抗性，暴露出资本主义生产关系开始成为现代社会化生产力发展的桎梏，同时又引发并加剧了资本主义制度下两个最基本阶级即工人阶级与资本家阶级之间的阶级矛盾的对立和斗争，导致了无产阶级反对资产阶级的斗争日趋激化。伴随机器大工业对工场手工业、雇佣劳动制度对封建生产关系的取代和发展，社会日益分裂为两大阶级：一是大工业资本家阶级即资产阶级，二是与大工业相联系的人数众多的无产阶级。社会化大生产的发展，工业中心城市的形成和工厂制度的建立，不仅使无产阶级数量迅速扩大，而且使无产阶级和资产阶级的矛盾在社会生活中的地位日益突出。机器大工业在资本主义基础上的发展，不仅没有使工人的劳动条件和生活境遇得到改善，相反地，却使工人日益成为机器的附庸。资本家为了追求最大限度的利润，采取延长劳动时间、增大劳动强度、降低工人工资、廉价雇佣女工和童工等手段，拼命压榨工人血汗。

资本主义的残酷压榨引发了无产阶级对资本主义统治的反抗，展开了对资产阶级的斗争。总体上讲，无产阶级反抗资本主义制度统治和反对资产阶级斗争分为三个阶段。

第一个阶段主要是在 19 世纪 30 年代之前，在这一阶段工人们只是不甘心在资本主义生产方式特别是机器大工业生产方式中处于被统治的地位和劳动条件差、劳动强度大、工资待遇低的境遇，他们认识到机器大工业的发展不仅没有带来劳动处境的改善和生活境遇的改变，反而使劳动处境更加恶化和生活境遇更加贫困，因此他们开始采取捣毁机器、烧毁工厂等形式进行反

---

① 《马克思恩格斯选集》第 1 卷，人民出版社 2012 年版，第 405—406 页。

抗。然而，破坏机器和捣毁工厂的运动遭到政府和资本家的残酷镇压，而且带来的是机器更加广泛的采用，越来越多的工人遭到了机器的排挤，价廉的女工和童工越来越多地被雇佣，使整个工人阶级的处境更加恶化。在这样的现实面前，斗争的实践使工人进而采取怠工和罢工等形式，为改善劳动条件、提高工资、缩短劳动时间等展开经济斗争。在这一阶段，无产阶级反对资产阶级的这种斗争呈现出局部的、自发的、零散的和盲目的特征。

第二个阶段主要是从19世纪30年代开始到19世纪40年代中叶。从19世纪30年代开始，西欧资本主义的历史发展有了重大转折：一是1825年以来的周期性经济危机，使资本主义固有矛盾充分暴露，带来了阶级关系的新变化。二是在1830年法国七月革命和1832年英国议会改革中，资产阶级同封建势力的斗争取得了决定性的胜利，这又使无产阶级与资产阶级的矛盾更加突出，开始成为居于首要地位的社会矛盾。同时，无产阶级开始组织起来反抗资本主义统治，如19世纪30年代建立起来的"正义者同盟"等。马克思指出，从30年代起，"阶级斗争在实践方面和理论方面采取了日益鲜明的和带有威胁性的形式"①。随着无产阶级队伍迅速地成长、壮大，无产阶级反对资产阶级的斗争也日益指向了资本主义制度。19世纪30至40年代，英国、法国、德国接连爆发了工人阶级反对资本主义制度的斗争。1831年，法国里昂工人举行了第一次起义，1834年又举行第二次起义。1838年，英国爆发了延续长达十余年的、声势浩大的、全国性的工人运动——宪章运动。1844年，德国西里西亚纺织工人举行起义。法国、英国、德国的三大起义，表现了无产阶级高度的政治觉悟与英勇精神，显示了工人阶级在政治斗争上的威力，标志着现代无产阶级作为独立的政治力量已经登上了历史舞台，从此也拉开了无产阶级领导的社会革命的序幕。

第三个阶段主要是从19世纪40年代中叶开始的。从19世纪40年代中叶开始，一个在无产阶级的实践中产生并伴随着无产阶级实践发展而发展的无产阶级的科学理论诞生了，1845年马克思写的《关于费尔巴哈的提纲》、1844—1846年马克思和恩格斯合写了《德意志意识形态》，标志着马克思主义的基本形成；1847年马克思的《哲学的贫困》、1848年马克思和恩格斯

————————

① 《马克思恩格斯全集》第44卷，人民出版社2001年版，第17页。

的《共产党宣言》的发表，标志着马克思主义的公开问世。从此，无产阶级在反对资产阶级的斗争中有了自己的科学理论的指导。在 19 世纪 40 年代后半期，"正义者同盟"在马克思和恩格斯的建议下改称为"共产主义者同盟"。与此同时，在 1848 年革命之后欧洲资本主义飞速发展，资本主义世界市场形成，资本主义各国的联系越来越具有国际性质，全世界劳动人民遭受的压迫日益加剧，无产阶级和被压迫人民的反抗斗争不断加强。反压迫反剥削的斗争实践使各国无产阶级认识到，他们有着共同的利益和共同的敌人，而以往分散的斗争常常使他们遭到失败的结局，无产阶级要想取得革命的胜利就必须在国际范围内联合起来，用无产阶级的国际团结去对抗资产阶级的国际联合。时至 19 世纪 50 年代末 60 年代初，欧洲工人运动和民主运动重新高涨，在这样的形势下于 1864 年成立了"第一国际"即国际工人联合会，1871 年第一国际法国支部参加并领导了巴黎公社运动。

巴黎公社是法国无产阶级通过武装起义推翻资产阶级统治所建立起来的工人阶级的政府，也是人类历史上的第一个无产阶级政权，尽管存在的时间不长，最后以失败而告终，但它是无产阶级反对资产阶级革命史上的一座里程碑。在巴黎公社革命失败的硝烟还未散尽之时，1871 年 6 月巴黎公社委员欧仁·鲍狄埃创作了题为《英特纳雄耐尔》律诗，1888 年 6 月法国工人作曲家狄盖特为其谱曲，这就是歌词慷慨激昂、旋律庄严雄浑的著名的《国际歌》。从此之后，"英特纳雄耐尔（即共产主义）就一定要实现"的旋律，很快就响彻了欧洲和美洲，很快就响彻在了全世界。马克思和恩格斯在《共产党宣言》的最后一句话"全世界无产者，联合起来"[1]的思想，在这里成了全世界无产阶级的思想。

马克思和恩格斯自始至终以高度热情关注着巴黎公社革命的进展，在伦敦利用一切可能与巴黎公社取得联系，给予支持和帮助。马克思亲自给了巴黎公社许多宝贵的指示，并且给第一国际各支部发出了数百封信，号召各国工人援助巴黎公社。公社革命期间，国际总委员会共举行 7 次会议，主要讨论公社问题。马克思还与公社委员弗兰克尔·莱奥、瓦尔兰建立了通信联系。公社失败后，第一国际及其各国支部强烈抗议反动派镇压公社，谴责梯

---

[1]　《马克思恩格斯文集》第 2 卷，人民出版社 2009 年版，第 66 页。

也尔政府的暴行，发动营救、支援和救济公社流亡者的活动。巴黎公社失败后，马克思撰写了他的名著《法兰西内战》，全面论述了巴黎公社的丰功伟绩，总结了巴黎公社的经验和教训，并高度赞扬巴黎工人的英雄气概和革命首创精神。

第三节　马克思"科技—经济"
思想的理论来源

任何科学学说的创立和发展都是在批判地继承前人研究成果的基础上完成的，都是"站在巨人的肩膀上"不畏劳苦地探索的结果，马克思"科技—经济"思想的形成和创立也不例外。如果说马克思是当时的一位"百科全书式的思想家和科学家"，这一点都不过分，因为"马克思在他所研究的每一个领域，甚至在数学领域，都有独到的发现，这样的领域是很多的，而且其中任何一个领域他都不是浅尝辄止。他作为科学家就是这样"①。同时，他作为"当代最伟大的思想家"②，甚至"没有一个人能像马克思那样，对任何领域的每个科学成就，不管它是否已实际应用，都感到真正的喜悦。但是，他把科学首先看成是历史的有力的杠杆，看成是最高意义上的革命力量。而且他正是把科学当做这种力量来加以利用，在他看来，他所掌握的渊博的知识，特别是有关历史的一切领域的知识，用处就在这里"③。这是恩格斯于 1883 年 3 月 18 日前后所写的《在马克思墓前的讲话》中对马克思的中肯评说。从中我们可以看出，人类几千年来所创造的一切科学、文化和思想优秀成果，马克思都是熟悉并有所研究的，这些优秀成果都是马克思"科技—经济"思想的理论源泉。对此，列宁曾如此指出："马克思主义这一革命无产阶级的意识形态赢得了世界历史性的意义，是因为它并没有抛弃资产阶级时代最宝贵的成就，相反却吸收和改造了两千多年来人类思想和文化发展中一切有价值的东西。"④ 因此，马克思的"科技—经济"思想作为

---

① 《马克思恩格斯文集》第 3 卷，人民出版社 2009 年版，第 602 页。
② 《马克思恩格斯文集》第 3 卷，人民出版社 2009 年版，第 601 页。
③ 《马克思恩格斯全集》第 19 卷，人民出版社 1963 年版，第 372—373 页。
④ 《列宁选集》第 4 卷，人民出版社 2012 年版，第 299 页。

马克思主义理论的重要组成部分，同样是吸收和改造了两千多年来人类思想和文化发展中一切有价值的东西的结晶，而其中对马克思"科技—经济"思想产生直接影响的理论来源，主要是近代数学和自然科学、技术科学和工艺学、英法古典政治经济学和恩格斯《国民经济学批判大纲》等。在此，将其简要概括为以下几个方面。

一、近代数学和自然科学理论

马克思所处的 19 世纪是"科学的世纪"，在这一世纪数学和自然科学都得到了巨大的发展，取得了众多的成就。早在 18 世纪 40 年代，马克思就密切关注着近代数学和自然科学的发展动向，对数学和自然科学领域所取得的成就往往是"先睹为快"，认真研读并从中汲取思想营养，而且自此开始从未停止过，哪怕是在工作最为繁忙的时候。事实上，马克思于 1841 年 3 月完成的博士论文《德谟克里特的自然哲学和伊壁鸠鲁的自然哲学的区别》，既可以说是自然哲学方面的，也可以说是自然科学方面的，因为该博士论文的研究内容是古希腊德谟克里特和伊壁鸠鲁的"原子论"，这一理论具有自然哲学和自然科学两方面的属性，古希腊时期的自然科学和自然哲学是统一的。

第一，近代数学理论。在数学和自然科学的论著方面，马克思研读最多的是数学的著作，这与他的政治经济学研究密切相关，因为政治经济学的研究离开了数学的分析，就无法把其中的规律表述清楚，因此从 18 世纪 50 年代中期开始，马克思着手对数学进行系统的研究，从此数学研究如同他的政治经济学研究一样，成了他研究生命中的一个重要组成部分，并且一直延续到他逝世为止。通过长期的研究，马克思不仅精通数学，而且在数学领域中有独到的发现，为后人留下了长达 1000 多页的《数学手稿》。研究是继承基础上的创新，马克思为了数学研究，特别是在微积分的研究中，力求寻找在发明和发展微积分过程中作出过重要贡献的一些大数学家的著作加以阅读。牛顿、莱布尼茨、泰勒、马克劳林、欧勒、达兰贝尔、拉格朗日等人的数学著作都找来阅读。

在马克思的《数学手稿》中，有一个他自己做的简要书目索引，记载了他自己已经阅读或将要阅读的有关微积分方面的著作，其中主要有：牛顿的《自然哲学的数学原理》第一卷和第二卷、《流数法与无穷级数》、《运用无限多项方程的分析》，泰勒的《增量方法》，达兰贝尔的《流体论》，欧勒的《无限分析引论》，拉格朗日的《解析函数论》，莱布尼兹的《一种求极大极小和切线的新方法，它也适用于分式和无理量，以及这种新方法的奇妙类型的计算》，等等。在所列举的著作名称后面，马克思还注明了重点阅读的章节。这份书目索引，记下了马克思研读微积分著作的历史足迹。①

为了数学的研究，马克思自己搜集了大量的数学著作，一旦有空闲时间便加以研读。这样，政治经济学的研究和高等数学的研究，成了他的两个主要研究领域。在 1863 年 7 月 6 日写给恩格斯的信中，马克思描述了他的研究情况，他说："我现在每天必须花 10 个小时研究政治经济学……。有空时我研究微积分。顺便说说，我有许多这方面的书籍，如果你愿意研究，我准备寄给你一本。"② 在研究政治经济学的空闲之余就研究微积分，就研读有关数学方面的著作，成了马克思的一种习惯和爱好。对此，正像马克思在 1865 年 5 月 20 日致恩格斯的信中所讲的，"我现在像马一样地工作着……在工作之余——当然不能老是写作——我就搞搞微积分"，因为现在"我没有耐心再去读别的东西。任何其他读物总是把我赶回写字台面前"。③ 也正是这样持之以恒的研读，马克思写下了《关于导函数》和《关于微分》两组论文以及大量的札记，为后人留下了宝贵的《数学手稿》。

第二，近代自然科学理论。"自然科学是一切知识的基础"④，而"要确立辩证的同时又是唯物主义的自然观，需要具备数学和自然科学的知识"⑤。同样地，要确立"科技—经济"思想，更加需要数学和自然科学的知识，更加需要从前人研究的自然科学成就中汲取思想理论营养。在数学和自然科学方面，马克思除了研究数学之外，也对力学、电学、电磁学、物理学、化学、生物学、地质学、生理学等进行研究。在马克思的经典文献和与恩格斯等人的通信中，我们发现马克思曾经研读过牛顿的《自然哲学的数学原

---

① 童鹰：《马克思恩格斯与自然科学》，人民出版社 1982 年版，第 24 页。
② 《马克思恩格斯文集》第 10 卷，人民出版社 2009 年版，第 206 页。
③ 《马克思恩格斯文集》第 10 卷，人民出版社 2009 年版，第 228—229 页。
④ 《马克思恩格斯文集》第 8 卷，人民出版社 2009 年版，第 358 页。
⑤ 《马克思恩格斯文集》第 9 卷，人民出版社 2009 年版，第 13 页。

理》、格罗夫的《物理力的相互作用》、赫尔姆霍茨的《通俗科学演讲录》、肖莱马的《有机化学的产生和发展》和《简明化学教程》、柯普的《现代化学的发展》、霍夫曼的《现代化学通论》和《现代化学入门》、李比希的《化学在农业和生理学上的应用》、弗腊斯的《各个时代的气候和植物界》和《农业史》、达尔文的《根据自然选择即在生存斗争中适者保存的物种起源》、弗·沙乌的《土地、植物和人》、特雷莫的《论生物的起源……》、狄德罗的《百科全书》、拉美特利的《人是机器》、约·狄慈根的《人脑活动的实质》、托·穆瓦兰的《生理医学讲义》等自然科学的经典著作。

马克思对上述自然科学的著作往往不是一般的泛泛阅读,尤其是对自然科学界新出版的著作,不仅尽可能地在出版的第一时间拿到著作,争取做到"先睹为快",而且拿到著作后反复地阅读和研究,不时地向科学家请教。譬如,肖莱马的《现代化学教程》第二版在1867年即将出版,马克思获知此信息后立即向恩格斯询问该书在什么时候出版,并几次写信给恩格斯询问此书的出版情况。当肖莱马把这部新著寄给马克思后,马克思立即做出阅读的计划并把这种阅读作为一种享受。由于肖莱马是马克思非常熟悉的朋友而且是著名的有机化学和农业化学方面的专家,所以马克思也曾向肖莱马询问农业化学方面的书籍和知识。也正因如此,马克思和化学家肖莱马除了在节假日相聚之外还经常保持频繁的书信来往,而其中最主要的内容用恩格斯的话说就是"照例大部分谈的是自然科学和党的事务"[1]。对此,童鹰先生在其所著的《马克思恩格斯与自然科学》一书中,单独列了题为"题赠达尔文与问问肖莱马"一节作了比较详细的考察。[2] 不仅如此,马克思在反复认真地研读科学家出版的著作的同时,与自己的研究相结合,尽快地形成自己的看法和观点。譬如,达尔文的《根据自然选择即在生存斗争中适者保存的物种起源》,其伦敦版是1859年11月24日出版的。该著作刚出版,恩格斯便将其推荐给马克思。1860年12月,马克思首次对达尔文的这一著作进行了评价,认为它为辩证唯物主义和历史唯物主义的观点提供了自然史的基

---

① 参见潘吉星:《革命·科学·友谊——论卡尔·肖莱马致马克思、恩格斯的书信》,《社会科学战线》1983年第4期,第9—15页。

② 童鹰:《马克思恩格斯与自然科学》,人民出版社1982年版,第174—177页。

础和新的证明。① 1861 年 1 月 16 日，马克思在致菲迪南·拉萨尔的信中就谈了对这一著作的看法，他说："达尔文的著作非常有意义，这本书我可以用来当做历史上阶级斗争的自然科学根据……不仅第一次给自然科学中的'目的论'以致命的打击，而且也根据经验阐明了它的合理的意义。"② 1862 年 6 月 18 日，马克思在致恩格斯的信中，又谈了重新阅读这一著作的看法，他说："我重新阅读了达尔文的著作……值得注意的是，达尔文在动植物界中重新认识了他的英国社会及其分工、竞争、开辟新市场、'发明'以及马尔萨斯的'生存斗争'。"③

正是马克思储藏和阅读了大量的自然科学著作，恩格斯把"马克思那里"看作"自然科学的中心"。1873 年 5 月 31 日，恩格斯在致马克思的信中，在谈了"关于自然科学的辩证思想"——包括自然科学的对象、自然科学的主要内容、运动学、力学、物理学、化学和有机体等辩证法之后，最后接着说："由于你那里是自然科学的中心，所以你最有条件判断这里面哪些东西是正确的。"④ 通过对这些自然科学著作的阅读和研究，马克思从中汲取了自然科学的思想理论营养，不仅对自然科学知识有了准确的把握，对自然科学研究方法有了深刻的理解，而且对自己的主攻领域——政治经济学也产生了深刻的影响。在《资本论》中，马克思除了引证这些著作的思想观点作为理论支撑之外，在其《第一版序言》中讲了对物理学、化学和生物学及其研究方法的理解，同时也更加明晰了自己的研究领域和方法。马克思在阐明《资本论》的研究对象时说："物理学是在自然过程表现得最确实、最少干扰的地方观察自然过程的，或者说，如有可能，是在保证过程以纯粹形态的条件下从事实验的。我要在本书研究的，是资本主义生产方式以及和它相适应的生产关系和交换关系。到现在为止，这种生产方式的典型在英国。因此，我的理论阐述上主要用英国作为例证。"⑤ 而在分析经济形式

---

① 参见张玉宝：《马克思与进化论——对马克思与达尔文学说关系的重新思考》，《社科纵横》2011 年第 10 期，第 7—9 页。

② 《马克思恩格斯文集》第 10 卷，人民出版社 2009 年版，第 179 页。

③ 《马克思恩格斯文集》第 10 卷，人民出版社 2009 年版，第 184 页。

④ 《马克思恩格斯文集》第 10 卷，人民出版社 2009 年版，第 385—389 页。

⑤ ［德］马克思：《资本论》第 1 卷，人民出版社 2004 年版，第 8 页。

的方法时,马克思又说:"分析经济形式,既不能用显微镜,也不能用化学试剂。二者必须用抽象力来代替。……在浅薄的人看来,分析经济形式好像是斤斤于一些琐事。这的确是琐事,但这是显微解剖学所要做的那些琐事。"① 简短的两段文字,把《资本论》的研究对象和研究方法表明了,同时把《资本论》与物理学、生物学、化学等自然科学在研究方法上的区别和联系清晰地加以表述,这没有深厚的自然科学的理论素养和知识是难以做到的。这既表明《资本论》的研究是像自然科学一样属于科学研究的范畴,又表明它与物理学、化学、生物学等自然科学的研究是不同的。由此可见,近代的数学和自然科学的成果,成为马克思政治经济学和"科技—经济"思想的材料支撑和思想理论源泉。

二、近代技术科学和工艺学成就

伴随近代技术革命的发展,近代技术科学、工艺学取得了众多的成果,马克思在18世纪的五六十年代就认真研读了英国化学家安德鲁·尤尔的《技术词典或工业手册》和《工厂哲学》、约翰·贝克曼的《发明史》和《发明史文集》等技术科学的著作,而且还研读了约·波珀的《工艺学历史》《工艺学教程》和《物理学在手工业和其他实用作业上的应用》、查理·拜比吉的《论机器和工厂的节约》、根据1851年伦敦工业展览会写的匿名著作《各国的工业》、威·哈姆的《英国的农具和农业机器》、杰克布的《贵金属生产与消费的历史》、居里希的《工业现代主要商业国家的商业、工业和农业的历史叙述》等工艺学和技术科学的应用,并着重考察研究了从手工工场到工场手工业以及工场手工业到机器大工业两个转变时期的技术及其技术发展的历史。在技术科学和工艺学的研究中,马克思阅读最多的是安·尤尔和约·波珀的著作,尤其是安·尤尔的《技术词典或工业手册》和约·波珀的《工艺学历史》,马克思把他们两人的著作作为研究技术科学和工艺学的主要资料。②

马克思通过这些资料的研究分析,从磨的发展史所经过的人力磨、畜力磨、水力磨、船磨、风磨、蒸汽磨等不同阶段,既看到了手工业时代的技术

① [德]马克思:《资本论》第1卷,人民出版社2004年版,第8页。
② 童鹰:《马克思恩格斯与自然科学》,人民出版社1982年版,第180页。

发展史，也看到了从手工业到工场手工业乃至机器大工业的技术发展史；从
蒸汽机的发展史所经历的巴本蒸汽机、纽可门水用蒸汽机、瓦特蒸汽机的设
计试制和在工业中的应用，看到了工场手工业向机器大工业发展的技术发展
史；从动力机与工具机、传输机和控制机的结合，看到了机器大工业中机器
应用和机器体系发展的技术发展史。不仅如此，马克思"还广泛考察了瓦
特蒸汽机掀起的产业革命高潮中的各类技术发展史，如英国工程师斯蒂文逊
（1781—1848）等人的机车发明史，美国工程师富尔顿（1765—1815）等人
的轮船发明史以及镗床、车床、刨床、钻床等各类机床发展史。正是因为马
克思对技术史进行了广泛的考察，他才能对技术史作出合乎发展规律的总
结"[1]。因此，近代技术科学、工艺学的这些成果，是马克思"科技—经济"
思想形成和发展的主要思想理论来源。

关于马克思对技术科学和工艺学的研读，我们通过马克思写给恩格斯的
信能够了解其研读的情况。1851 年 10 月 13 日在马克思写给恩格斯的信中
说："近来我继续上图书馆，主要是钻研工艺学及其历史和农学，以求得对
这些玩意儿有个概念。"[2] 如果说在此时还只是为了弄清其中的概念和掌握
一般的知识，但是到了 1863 年 1 月 24 日写信给恩格斯询问自动走锭纺纱机
等技术问题。而时隔不久，马克思又写信给恩格斯说："在上一封信中，我
曾向你问过自动走锭纺纱机的事。问题是这样：在这种机器发明以前，所谓
的纺纱工人是用什么方法操作的？自动走锭纺纱机技术我明白，但是它以前
的状况我就不清楚了。我正在对论述机器的这一节作些补充。在这一节很有
趣的问题，我在第一次整理时忽略了。为了把这一切弄清楚，我把我工艺学
的笔记（摘录）全部重读一遍，并且去听威利斯教授为工人开设的实习
（纯粹是实验）的课。"[3] 在这里，马克思所讲的"笔记（摘录）"指的是他
在 1861—1863 年做的大量有关工艺学（实际上也就是生产技术和生产工
艺）"笔记（摘录），其中摘录了以下作者的著作：约·亨·莫·波珀的
《从科学复兴至 18 世纪末的工艺学历史》1807—1811 年格丁根版第 1—3
卷，安·尤尔的《技术词典或工业手册》，克拉马尔施和黑伦整理，1843—

---

① 童鹰：《马克思恩格斯与自然科学》，人民出版社 1982 年版，第 184 页。
② 《马克思恩格斯全集》第 48 卷，人民出版社 2007 年版，第 412 页。
③ 《马克思恩格斯文集》第 10 卷，人民出版社 2009 年版，第 199 页。

1844 年布拉格版（三卷集）第 1 卷，约·贝克曼的《发明史文集》1782—1805 年格丁根版第 1—5 卷"[1]。由此可见，马克思对技术科学和工艺学著作的研读面还是相当广泛的。

大家知道，马克思读大学时的专业是法学，但更加爱好的是哲学和历史学，博士论文做的是自然哲学方面的，在一般人的心目中马克思主要从事哲学、政治经济学和科学社会主义的研究，这些皆属于哲学人文社会科学的范畴。对于这样一个学科背景下的人来讲，学习研读技术科学和工艺学的知识是何等的困难。这也正如马克思所说，尽管"我懂得数学定理，但是需要有直接经验才能理解的最简单的实际技术问题，我理解起来却十分困难"[2]，即便如此，马克思还是以惊人的毅力和超常人的勤奋，花了大量的时间和精力对技术科学和工艺学等进行了研读。这从马克思的三大手稿《政治经济学批判（1857—1858 年手稿)》《政治经济学批判（1861—1863 年手稿)》《政治经济学批判（1863—1865 年手稿)》和三卷《资本论》中，足以看到马克思对当时的这些技术科学和工艺学著作研读程度，以及对马克思创立其政治经济学理论和形成"科技—经济"思想所产生的深刻影响。譬如安·尤尔的《技术词典或工业手册》和《工厂哲学》，马克思《资本论》中作了大量的引用，尤其是在第一卷第四篇第十三章《机器和大工业》中引用颇多。在《政治经济学批判（1861—1863 年手稿)》的《机器。自然力和科学的应用（蒸汽、电、机械的和化学的因素)》中也多次引用。可以说，马克思《资本论》中的许多政治经济学和"科技—经济"思想的观点，是批判地吸收了这些技术科学和工艺学的思想基础上形成的，如马克思对这种蒸汽机发明历史的一切材料主要摘自安·尤尔的《技术词典或工业手册》德文版第一卷中《蒸汽机》这一条目。

三、近代古典政治经济学理论

从辩证唯物主义认识论的角度看，问题是时代的声音，为解决时代问题而形成的理论是社会现实的反映。而作为反映资本主义经济发展的古典政治

---

[1] 《马克思恩格斯文集》第 10 卷，人民出版社 2009 年版，第 739—740 页。

[2] 《马克思恩格斯文集》第 10 卷，人民出版社 2009 年版，第 199 页。

经济学，如威廉·配第、布阿吉尔贝尔、弗朗斯瓦·魁耐、让·巴·萨伊、亚当·斯密、大卫·李嘉图、詹姆士·穆勒、西斯蒙第、李斯特、斯图亚特、坎蒂隆等的经济学说，在一定层面上对资产阶级生产关系的内部联系进行了研究，对资本主义经济社会发展的规律进行了探讨，既运用了具有一定科学性的研究方法并提出了具有一定科学成分的理论观点，同时也存在着不合理的因素和时代的局限性以及阶级的局限性。可以说，作为马克思政治经济学理论来源的古典政治经济学，是与资本主义的生产方式、生产关系和经济制度等同时产生、共同发展的，在它发展的每个阶段，不仅有一定的经济社会背景，而且也与当时的科学技术水平是密切相连的。从一定程度上讲，与资本主义生产方式、生产关系相伴而产生和发展的科学技术，推动着古典政治经济学的产生和发展。近代的科学革命和技术革命以及由此而推动的工业革命，在这些古典政治经济学家的著作中也有一定程度的体现，他们受当时科学和技术发展影响所运用的科学方法，以及对资本主义发展过程中的科学技术与经济关系的有关论述，也就成为马克思"科技—经济"思想的直接理论来源。这主要体现在以下几个方面。

第一，马克思对政治经济学的研究是从批判英法两国的古典政治经济学开始的，而在此之前古典政治经济学已经有了 200 多年的发展历史。伴随着近代科学、技术的发展以及在经济社会的应用进程中，资产阶级政治经济学不仅作为一门学科而产生，而且在资本主义工场手工业时期逐步发展为一门独立的科学，正如马克思所指出的："政治经济学作为一门独立的科学，是在工场手工业时期才产生的"①。大家知道，近代自然科学和技术是作为资本主义的伴生物最先在欧洲诞生并发展起来的，从十四五世纪开始在意大利濒临地中海的一些城市就出现了带有资本主义协作分工性质的各种手工工场，这为改进技术和使用机器开辟道路的同时，也为自然科学的诞生创造了条件，并促使人们对自然科学特别是力学进行研究。进入 15 世纪末，欧洲的科学技术因在十三四世纪中国指南针和火药的相继传入，促进了造船技术和航海技术的迅速发展，配备罗盘和火药武器的新型船只使新兴资产阶级开始了横渡大洋的冒险航行，地理大发现成为当时欧洲科学技术及其社会应用

---

① ［德］马克思：《资本论》第 1 卷，人民出版社 2004 年版，第 422 页。

的最大成就，这为新兴的资产阶级开辟了世界贸易市场。世界性的贸易经济催生了资产阶级最早的经济学说即重商主义学派，法国学者安徒安·孟克列钦于 1615 年发表的《献给国王和王太后的政治经济学》一书中首次使用了"政治经济学"概念，"明确提出了商业地位十分重要的观点，说明商业是国家活动的基础"。① 此时的政治经济学主要研究贸易和货币，主张财富的唯一形态是货币，货币即金银，利润是在流通中产生的，发展对外贸易、掠夺金银是攫取财富的唯一手段。这些思想反映了地理大发现后，新兴资产阶级对外扩张、殖民掠夺的狂热和渴望，这也是资本主义原始积累时代的经济思想。在此之后，"政治经济学"逐步成为一门独立的学科，尤其是伴随着产业资本逐步取代商业资本的进程，重商主义逐步走向了资本主义发展的对立面。因而在欧洲各国先后不同程度地遭到破产，政治经济学的研究逐步转到生产领域探寻国富民强的原因和途径，这一研究转向直接导致英法两国古典政治经济学在 17 世纪中期的产生。这正如马克思所指出的："古典政治经济学在英国从威廉·配第开始，到李嘉图结束，在法国从布阿吉尔贝尔开始，到西斯蒙第结束。"②

第二，近代欧洲资本主义工场手工业的兴起、航海探险和地理大发现，在为近代自然科学和技术的产生提供必需的"社会土壤"的同时，文艺复兴运动的兴起则为近代自然科学和技术的生长提供了不可缺少的"空气和阳光"③，它不仅打击了宗教神学的权威，解放了人们思想和给自然科学的发展创造了民主、自由的学术氛围，而且将古希腊德谟克里特和伊壁鸠鲁的古代原子论、毕达哥拉斯学派的数学思想、亚里士多德和欧几里德的演绎逻辑方法、阿基米德的物理学等优秀思想发扬光大，极大地推动了自然科学的发展，尤其重要的是造就了一大批文学家、艺术家和思想家，其中像达·芬奇、弗兰西斯·培根等许多人本身就是自然科学和工程技术专家。正因如此，进入 16 世纪中叶，自然科学以哥白尼《天体运行论》问世而吹响了革命的号角。从此开始，经过伽利略、开普勒、笛卡儿等众多科学家的努力，到 17 世纪，牛顿完成了科学史上第一次大综合，创立了系统的经典力学体

---

① 陈孟熙、郭建青：《经济学说史教程》，中国人民大学出版社 1999 年，第 37 页。
② 《马克思恩格斯全集》第 31 卷，人民出版社 1998 年版，第 445 页。
③ 潘永祥等：《自然科学概述》，北京大学出版社 1986 年版，第 54 页。

系，并推动了近代科学技术的全面萌发。进入 18 世纪中叶之后，从纺织技术革命开始，掀起了以蒸汽机为动力的工业革命浪潮。一方面，工业革命的社会需要，进一步推进了光学、热力学、电磁学等近代物理学以及化学、地质学、生物学等各学科的普遍成熟和发展；另一方面，伴随着蒸汽机和棉花加工机等发明所推动的"工业革命同时又推动了整个市民社会的变革"①。在近代科学革命、技术革命和工业革命相互缠绕在一起所推动的资本主义经济社会大发展的时代背景下，近代科学技术的成就深刻地影响着古典政治经济学的研究，其中近代自然科学向人们展示了自然界的一切现象都是相互影响、相互制约的联系图景，自然界是独立于人的意识之外按照一定的内在规律运动的发展图景，启迪着那些具有进步思想的古典政治经济学家确立了从"自然规律"出发去研究资本主义经济规律，如英国的威廉·配第、亚当·斯密、大卫·李嘉图和法国的布阿吉尔贝尔、弗朗斯瓦·魁耐等古典政治经济学家，他们像自然科学家研究自然规律那样，试图"不偏不倚地"对纷繁复杂的资本主义经济现象进行研究和分析，揭示蕴藏在这些经济现象背后的"自然秩序""自然规律"。

第三，古典政治经济学家要像自然科学家那样，对资本主义经济社会的"本身运动的自然规律"② 进行研究，就必须运用类似于自然科学家研究自然规律的研究方法，而在事实上他们将自然科学的研究方法移植到了政治经济学的研究中。大家知道，近代自然科学自诞生以来，其研究方法的一个突出特征就是从对自然现象的科学观察和科学实验入手，通过对科学观察的资料、科学实践的数据进行梳理、归纳和分析，运用归纳和演绎、分析和综合、抽象和具体等科学研究方法，逐步揭示自然现象的本质联系和运动规律。这种科学的观察方法、实验方法、归纳方法、演绎方法、抽象方法、分析方法和综合方法等，成为英法两国古典政治经济学的主要研究方法。古典政治经济学的创始人威廉·配第生活的年代正是英国资产阶级革命前后时期，一生著述颇丰，涉及医学、数学、物理学、统计学等，对自然科学的研究方法颇为熟悉，因此他在《赋税论》《政治算术》《货币略论》等经济学

---

① 《马克思恩格斯文集》第 1 卷，人民出版社 2009 年版，第 388 页。
② ［德］马克思：《资本论》第 1 卷，人民出版社 2004 年版，第 9—10 页。

著作中主要运用的就是这些科学方法，正是他用这个科学方法奠定了古典政治经济学的基础。在此之后，自然科学的这些研究方法成为诸如詹姆斯·斯图亚特、弗朗斯瓦·魁耐、亚当·斯密和大卫·李嘉图等人运用的主要方法，进而把古典政治经济学理论体系不断推向高峰。

第四，古典政治经济学家将自然科学的研究方法运用于对资本主义经济社会的"自然规律"进行研究，提出了大量的科学与经济相关的经济思想。大家知道，马克思在《资本论》第一卷的第十三章专题论述了"机器与大工业"，而对马克思有着深刻影响的大卫·李嘉图，在《政治经济学及其赋税原理》的第三十一章专题讨论了"论机器"，并且开宗明义地指出："在本章中，我将讨论有关机器对社会不同阶层的利益所产生的影响。这是一个相当重要的问题……自从我最初注意到政治经济学问题以来，我一直认为任何生产部门使用的机器，只要有节约劳动之功效就都是一直普遍的利益，而其弊端是大多数情况下不便于将资本和劳动从一个行业转向另一个行业……商品降价必然是使用机器所产生的结果。我认为资本家最终也是以完全相同的方式受益。诚然，发明机器或最先有效使用机器的资本家会由于暂时获得很大利润而享有一种额外的利益，但由于机器的广泛使用，商品价格会因为竞争而降到生产成本水平上"[①]；李嘉图还指出："劳动阶层与其他阶层一样从使用机器后商品的普遍降价中受益"，这"是我过去的看法，有关地主和资本家方面的看法至今未变。但我确信一点，即用机器代替人力劳动往往对劳动者是非常有害的"。[②] 李嘉图的这些观点被马克思创造性地加以利用。在《资本论》第十三章中，马克思同样开宗明义地用约翰·斯图亚特·穆勒的话直入主题，他指出："约翰·斯图亚特·穆勒在他的《政治经济学原理》一书中说道：'值得怀疑的是，一切已有的机械发明，是否减轻了任何人每天的辛劳。'但是，这也决不是资本主义使用机器的目的。像其他一切发展劳动生产力的方法一样，机器是要使商品便宜，是要缩短工人为自己花费的工作日部分，以便延长他无偿地给予资本家的工作日部分。机器是生产剩余价值的手段。"[③] 在此加以说明的是，除了李嘉图、约翰·穆勒之外，

---

① 李嘉图：《政治经济学及其赋税原理》，周洁译，华夏出版社 2005 年版，第 277 页。
② 李嘉图：《政治经济学及其赋税原理》，周洁译，华夏出版社 2005 年版，第 278 页。
③ ［德］马克思：《资本论》第 1 卷，人民出版社 2004 年版，第 427 页。

其他古典政治经济学家对科技、机器与经济的关系都有相关的论述，如亚当·斯密在《国民财富的性质和原因的研究》中也指出："利用适当的机械能在什么程度上简化劳动和节省劳动，这必定是大家都知道的，无须举例。我在这里所要说的只是：简化劳动和节省劳动的那些机械的发明，看来也是起因于分工……一切机械的改良，决不是全由机械使用者发明。有许多改良，是出自专门机械制造师的智巧；还有一些改良，是出自哲学家或思想家的智能……随着社会的进步，哲学或推想也像其他各种职业那样，成为某一特定阶级人民的主要业务和专门工作……哲学上这种分工，像产业上的分工那样，增进了技巧，并节省了时间。各人擅长各人的特殊工们不但增加全体的成就，而且大大增进科学的内容。"①

　　概而言之，作为反映资本主义经济发展的资产阶级古典政治经济学，是与资本主义的生产方式、生产关系和经济制度等同时产生、共同发展的，在它发展的每个阶段，不仅有一定的经济社会背景，而且与当时的科学技术水平也是密切相连的。从一定意义上讲，与资本主义生产方式相伴而产生和发展的科学技术，推动着古典政治经济学的产生和发展。近代的科学革命和技术革命以及由此而推动的工业革命，在这些古典政治经济学家的著作中也有一定程度的体现，他们对科学技术与经济关系的有关论述也就成为马克思"科技—经济"思想的直接理论来源。

　　但同时应当看到，古典政治经济学作为资产阶级的政治经济学，"只要它把资本主义制度不是看做历史上过渡的发展阶段，而是看做社会生产的绝对的最后的形式，那就只有在阶级斗争处于潜伏状态或只是在个别的现象上表现出来的时候，它还能够是科学"，而一旦超越此限度，哪怕像英国古典政治经济学"最后的伟大的代表李嘉图，终于有意识地把阶级利益的对立、工资和利润的对立、利润和地租的对立当做他的研究的出发点，因为他天真地把这种对立看做社会的自然规律"。② 正因如此，马克思把古典政治经济学作为其理论来源，在对古典政治经济学进行了全面深刻的批判性研究基础上，吸收其合理的观点和科学的方法，摒弃其不合理的成分并对其研究方法

　　① ［英］斯密：《国民财富的性质和原因的研究》上卷，郭大力、王亚楠译，商务印书馆1983年版，第10—11页。
　　② ［德］马克思：《资本论》第1卷，人民出版社2004年版，第16页。

进行了唯物辩证法的创造性转换，在唯物史观方法论原理的基础上创立了全新的、科学的无产阶级政治经济学理论体系，这一科学的理论体系可以被"看作古典政治经济学中科学性内在逻辑发展的结果"[①]。因为马克思在《资本论》第一版序言和第二版序言中一再强调："本书的最终目的就是揭示现代社会的经济运动规律"，即现代社会"本身运动的自然规律"；[②] "我的观点是把经济的社会形态的发展理解为一种自然史的过程"[③]；其中，马克思的"科技—经济"思想同样可以被看作古典政治经济学中科技与经济关系思想的内在逻辑发展的必然结果。

四、恩格斯的国民经济学批判

马克思的"科技—经济"思想，如果说在一定程度上可以被看作古典政治经济学中科技与经济关系思想的内在逻辑发展的必然结果，是马克思对古典政治经济学中科技与经济关系思想的科学合理因素的批判性继承和创新的结果，那么从其实质上来看，马克思的这一思想在相当高的程度上可以被看作对走向庸俗的资产阶级政治经济学彻底批判的结果，是在彻底批判资产阶级庸俗政治经济学运用科技为资本主义辩护的过程中逐步形成的。而在马克思对资产阶级庸俗政治经济学批判之前，恩格斯已经对其进行了比较彻底的批判，这对马克思产生了深刻的影响。因此，论及马克思"科技—经济"思想的理论来源，是绝对不可能绕开恩格斯在 1843—1844 年间撰写的《国民经济学批判大纲》以及《英国状况。十八世纪》和 1844—1845 年间撰写的《英国工人阶级状况。根据亲身观察和可靠材料》等经典著作，因为这些经典著作对马克思的政治经济学研究以及"科技—经济"思想的形成，产生了深刻的影响。

其中，恩格斯的《国民经济学批判大纲》对马克思的影响尤其突出，因为这是恩格斯在同马克思合作以前撰写的政治经济学论著，是他从唯心主义向唯物主义、从革命民主主义向共产主义转变过程中的重要著作。恩格斯在此所讲的"国民经济学"实质上指的是资产阶级政治经济学，并且从该

---

① 姚开建：《马克思主义经济学说史》，中国人民大学出版社 2010 年版，第 16 页。
② ［德］马克思：《资本论》第 1 卷，人民出版社 2004 年版，第 9—10 页。
③ ［德］马克思：《资本论》第 1 卷，人民出版社 2004 年版，第 10 页。

著作的文本看主要是指资产阶级的庸俗政治经济学,他指出:"国民财富这个用语是由于自由主义经济学家努力进行概括才产生的。只要私有制存在一天,这个用语便没有任何意义。英国人的'国民财富'很多,他们却是世界上最穷的民族。人们要么完全抛弃这个用语,要么采用一些使它具有意义的前提。国民经济学、政治经济学、公共经济学等用语也是一样。在目前的情况下,应该把这种科学称为私经济学,因为在这种科学看来,社会关系只是为了私有制而存在。"① 因此,"国民经济学是当时德国人对英国人和法国人称做政治经济学的资产阶级政治经济学所采用的概念"②,主要是为资本主义辩护的庸俗的资产阶级政治经济学。在《国民经济学批判大纲》中,恩格斯对资产阶级政治经济学作了比较系统的考察,在深入剖析资产阶级政治经济学的起源、作用和影响以及基本范畴的过程中,揭露资产阶级政治经济学阶级实质的同时,创造性地提出了大量的"科技—经济"思想。在相当高的程度上讲,马克思正是受此著作的影响,以及在同恩格斯频繁交往、观点交换和书信交流③中,促使他下决心去研究政治经济学,致使马克思在创立无产阶级政治经济学的科学理论的同时,形成了他的"科技—经济"思想。马克思在对恩格斯这部著作的详细摘录和评语中,给予了高度评价,赞誉它是"批判经济学范畴的天才大纲"④。不仅如此,马克思在对"科技—经济"思想的论述中,好多地方都反映了和恩格斯相同的理论观点。对此,笔者作如下的简要梳理和概括。

第一,科学是商品生产在资本和劳动之外的"第三要素",即"发明和思想这一精神要素",因为在商品生产的"两个生产要素——自然和人"的要素中,人的要素"还包括他的肉体活动和精神活动"。⑤ 恩格斯在批判资产阶级经济学家把商品的生产费用"称为"它的实际价值时指出:这"其实只是价格的一种规定性。但是,这样一来,经济学中的一切就被本末倒置

---

① 《马克思恩格斯文集》第1卷,人民出版社2009年版,第60页。
② 《马克思恩格斯文集》第1卷,人民出版社2009年版,第765页。
③ 恩格斯的《国民经济学批判大纲》对马克思的影响颇大,据考证:正是"由于恩格斯的《国民经济学批判大纲》在杂志上发表,马克思和恩格斯之间开始通信"。参见《马克思恩格斯文集》第10卷,人民出版社2009年版,第1031页。
④ 《马克思恩格斯文集》第2卷,人民出版社2009年版,第592页。
⑤ 《马克思恩格斯文集》第1卷,人民出版社2009年版,第67页。

了："价值本来是原初的东西，是价格的源泉，倒要取决于价格，即它自己的产物"①。在资产阶级"经济学家看来，商品的生产费用由以下三个要素组成：生产原材料所必需的土地的地租，资本及其利润，生产和加工所需要的劳动的报酬"，但这仅是在生产费用的现象层面考察的结果，只要深入商品生产过程的实质层面，"人们立即就发现，资本和劳动是同一个东西"，因为就连资产阶级经济学家斯密自己都承认资本是"积蓄的劳动"。这样，"我们这里剩下的就只有两个方面，自然的、客观的方面即土地和人的、主观的方面即劳动。劳动包括资本，并且除资本之外还包括经济学家没有想到的第三要素，我指的是简单劳动这一肉体要素以外的发明和思想这一精神要素"②。

第二，"科学的应用，可以使土地的生产能力无限地提高"，这是一种"无法估量的生产能力"，但在资本主义的竞争规律作用下是在与劳动的"对立之中起作用"的。③ 恩格斯指出：在供求规律、价格规律和竞争规律的作用下，资本主义商品生产波动状态的必然结果，就是"繁荣和危机、生产过剩和停滞的反复交替"。资产阶级"经济学家从来就解释不了这种怪诞状况；为了解释这种状况，他发明了人口论，这种理论和当时这种贫富矛盾同样荒谬，甚至比它更荒谬。经济学家不敢正视真理，不敢承认这种矛盾无非是竞争的结果，因为否则他的整个体系就会垮台"；然而，"在我们看来，这个问题很容易解释。人类支配的生产力是无法估量的……资本日益增加，劳动力随着人口的增长而增长，科学又日益使自然力受人类支配。这种无法估量的生产能力，一旦被自觉地运用并为大众造福，人类肩负的劳动就会很快地减少到最低限度"。而这里的问题是，"要是让竞争自由发展，它虽然也会起同样的作用，然而是在对立之中起作用"，是在与劳动的对立中发挥作用的。④

第三，科学"与前一代人遗留的知识量成比例地发展"，即便是"在最普通的情况下，科学也是按几何级数发展的"，并且"它的进步与人口的增

---

① 《马克思恩格斯文集》第 1 卷，人民出版社 2009 年版，第 66 页。
② 《马克思恩格斯文集》第 1 卷，人民出版社 2009 年版，第 67 页。
③ 《马克思恩格斯文集》第 1 卷，人民出版社 2009 年版，第 77 页。
④ 《马克思恩格斯文集》第 1 卷，人民出版社 2009 年版，第 77 页。

长一样，是永无止境的，至少也是与人口的增长一样快"。这是恩格斯为了彻底驳倒马尔萨斯的人口理论而提出的观点。恩格斯指出："马尔萨斯把自己的整个体系建立在下面这种计算上：人口按几何级数……增加，而土地的生产力按算术级数……增加。差额是明显的、触目惊心的，但这是否对呢？……即使我们假定，由于增加劳动而增加的收获量，并不总是与劳动成比例地增加，这时仍然还有一个第三要素，一个对经济学家来说当然是无足轻重的要素——科学，它的进步与人口的增长一样，是永无止境的，至少也是与人口的增长一样快"。恩格斯在此以化学为例加以说明，他指出："仅仅一门化学，光是汉弗莱·戴维爵士和尤斯图斯·李比希两人，就使本世纪的农业获得了怎样的成就？可见科学发展的速度至少也是与人口增长的速度一样的；人口与前一代人的人数成比例地增长，而科学则与前一代人遗留的知识量成比例地发展，因此，在最普通的情况下，科学也是按几何级数发展的。而对科学来说，又有什么是做不到的呢？"① 当科学的原理转化为改良耕作的技术和方法，就"能使产量提高五倍、甚至五倍以上的时候，谈论什么人口过剩，岂不是非常可笑的事情"②。

第四，在资本主义发展到一定阶段"连科学也是用来反对劳动的"，科学成为"资本和土地反对劳动的……一个特殊的优越条件"，科学帮助资本"摧毁了劳动在坚持与资本作力量悬殊的斗争时的最后一点力量"。恩格斯在批判资产阶级经济学家时指出："几乎一切机械发明，尤其是哈格里沃斯、克朗普顿和阿克莱的棉纺机，都是由于缺乏劳动力而引起的。对劳动的渴求导致发明的出现，发明大大地增加了劳动力，因而降低了对人的劳动的需求。1770 年以来英国的历史不断地证明了这一点。棉纺业中最近的重大发明——自动走锭纺纱机——就完全是由于对劳动的需求和工资的提高引起的，这项发明使机器劳动增加了一倍，从而把手工劳动减少了一半，使一半工人失业，因而也就降低另一半工人的工资，这项发明破坏了工人对工厂主的反抗，摧毁了劳动在坚持与资本作力量悬殊的斗争时的最后一点力量"③。然而，资产阶级"经济学家说，归根结底，机器对工人是有利的，因为机

---

① 《马克思恩格斯文集》第 1 卷，人民出版社 2009 年版，第 82 页。
② 《马克思恩格斯文集》第 1 卷，人民出版社 2009 年版，第 83 页。
③ 《马克思恩格斯文集》第 1 卷，人民出版社 2009 年版，第 85 页。

器能够降低生产费用，因而替产品开拓新的更广大的市场，这样，机器最终还能使失业工人重新就业"。对此，恩格斯指出：这在现象层面似乎是"完全正确"的，但深入资本主义经济社会内部就会发现，"劳动力的生产是受竞争调节的，劳动力始终威胁着就业手段，因而在这些有利条件出现以前就已经有大量寻求工作的竞争者等待着，于是有利的情况形同虚构，而不利的情况，即一半工人突然被剥夺生活资料而另一半工人的工资被降低，却决非虚构，这一点为什么经济学家就忘记了呢？发明是永远不会停滞不前的，因而这种不利的情况将永远继续下去，这一点为什么经济学家就忘记了呢？由于我们的文明，分工无止境地增多，在这种情况下，一个工人只有在一定的机器上被用来做一定的细小的工作才能生存，成年工人几乎在任何时候都根本不可能从一种职业转到另一种新的职业，这一点为什么经济学家又忘记了呢？"①

第五，在科学成为资本的力量和资本反对劳动的优越条件的状况下，科学作为认识规律的精神因素，尽管通过技术和发明应用到资本主义生产中，进而把资本主义生产"提到空前未有的高度"，但资产阶级经济学家认为"这与他无关"，而在事实上这是因为"科学的进步超出了他的计算"范围，超出了资产阶级经济学的研究范围。因此，科学、发明等精神因素对资产阶级经济学家看来，是不在生产费用的范围之内的，资本为了逐利可以尽情使用科学，但无需为科学付费，科学也因此而得不到任何的物质报偿。恩格斯指出：在资产阶级经济学家看来，"财富的条件就是土地、资本、劳动，除此以外，他什么也不需要。科学是与他无关的。尽管科学通过贝托莱、戴维、李比希、瓦特、卡特赖特等人送了许多礼物给他，把他本人和他的生产都提到空前未有的高度，可是这与他有何相干呢？他不懂得重视这些东西，科学的进步超出了他的计算"。对此，恩格斯反驳道：对于科学、"发明和思想这一精神要素"，尽管资产阶级"经济学家没有想到"它并认为这与他无关，但"难道没有他参与的一切发明就不会落到他手里吗？有哪一件发明曾经使他花费过什么？因此，他在计算他的生产费用时为什么要为这些发

---

① 《马克思恩格斯文集》第 1 卷，人民出版社 2009 年版，第 86 页。

明操心呢?"①

第六,在恩格斯看来,"私有制的最直接的结果是生产分裂为两个对立的方面"②,即"自然的、客观的方面即土地和人的、主观的方面即劳动",而在资本主义社会中,私有制进一步导致劳动与资本的分裂以及劳动与科学、"发明和思想这一精神要素"③的分裂。私有制存在下的这种分裂实质上是利益的分裂,只要在这种利益分裂的不合理的状态下,科学、发明和思想等精神要素就不会列为资产阶级经济学家的生产费用中,因而也不会在物质上得到任何的报偿。"如果我们撇开私有制,那么所有这些反常的分裂就不会存在"④,也就是说,"只要我们消灭了私有制,这种反常的分离就会消失:劳动就会成为它自己的报酬……劳动对于确定物品的生产费用的意义,也就会清清楚楚地显示出来"⑤。因此,只有"在一个超越利益的分裂——正如在经济学家那里发生的那样——的合理状态下,精神要素自然会列入生产要素,并且会在经济学的生产费用项目中找到自己的位置。到那时,我们自然会满意地看到,扶植科学的工作也在物质上得到报偿,会看到,仅仅詹姆斯·瓦特的蒸汽机这样一项科学成果,在它存在的头50年中给世界带来的东西就比世界从一开始为扶植科学所付出的代价还要多"⑥。

综上所述,马克思"科技—经济"思想的形成,不仅有近代数学和自然科学理论以及近代技术科学和工艺学的成就作为基础性的理论来源,而且还有近代古典政治经济学中关于科技与经济关系的观点、方法作为重要的思想来源,最为重要的是还有恩格斯对资产阶级政治经济学即资产阶级庸俗政治经济学批判中关于"科技—经济"思想作为直接的思想源泉。当然,除此之外,像德国的古典哲学、英法空想社会主义中关于科技以及与经济社会关系的思想,也是马克思"科技—经济"思想形成的理论来源,因为这一

---

① 《马克思恩格斯文集》第1卷,人民出版社2009年版,第67页。
② 《马克思恩格斯文集》第1卷,人民出版社2009年版,第72页。
③ 《马克思恩格斯文集》第1卷,人民出版社2009年版,第67页。
④ 《马克思恩格斯文集》第1卷,人民出版社2009年版,第71页。
⑤ 《马克思恩格斯文集》第1卷,人民出版社2009年版,第72页。
⑥ 《马克思恩格斯文集》第1卷,人民出版社2009年版,第67页。

思想作为马克思主义的重要组成部分,也是"吸收和改造了两千多年来人类思想和文化发展中一切有价值的东西"① 的结果。只是受研究主题的限制,在此不多考证,待以后再作专题性的研究。

①《列宁选集》第 4 卷,人民出版社 2012 年版,第 299 页。

第 二 章

马克思"科技—经济"思想的探索历程、发展阶段和基本类型

列宁指出："马克思主义的全部精神，它的整个体系，要求人们对每一个原理都要（α）历史地，（β）都要同其他原理联系起来，（γ）都要同具体的历史经验联系起来加以考察。"① 对马克思"科技—经济"思想也不例外。要深入细致和全面系统地理解把握马克思的"科技—经济"思想，就必须对其萌发、形成和发展的历程进行历史地考察。从整个体系演进的历史维度来看，马克思的"科技—经济"思想是伴随着马克思的整个学术研究进程和思想认识历程而不断萌发、形成和发展的。从其思想萌发、形成和发展的整个历程来看，马克思"科技—经济"思想的萌发和形成，与他对人的解放的探索、对现实物质生活关系的关注是密切相关的。历史从哪里开始，逻辑起点就设定在哪里。马克思对"科技—经济"思想的探索，经历了一个艰辛的思想转换和研究转向的过程，具体地讲，它经历了从对人的解放的初期探索开始，逐步过渡到对与人的解放密切相关的人的本质的思考，再到对人的对象性存在的资本主义社会现实的考察和批判分析，以及对整个人类历史的探索等过程之后，最后立足于社会现实生活关系深入资本主义经济制度内部进行研究等。

对马克思整个的探索和研究的过程，可以相对地大致分为三个不同的发

① 《列宁选集》第 2 卷，人民出版社 2012 年版，第 785 页。

展阶段，即19世纪40年代中期以前马克思"科技—经济"思想探索发现的初创时期，从19世纪40年代中期开始到19世纪50年代中期马克思"科技—经济"思想系统研究的成熟时期，从19世纪50年代中期开始到马克思逝世为止马克思"科技—经济"思想应用展开的发展时期。这三个不同的发展阶段，使马克思的"科技—经济"思想呈现一个不断孕育生成的动态发展过程。这一过程表现为：从关注人的对象性存在的资本主义现实并对其进行批判，到上升为人类社会发展的理论即唯物史观并在唯物史观的宏大框架下进行的系统构建，再到唯物史观方法论指导下对资本主义现实的政治经济学研究和分析批判。在三个不同的发展时期，马克思形成了两种不同类型的"科技—经济"思想。笔者认为，按照马克思思想转变和研究转向的认识历程，梳理和考察这一思想转变和研究转向的认识逻辑进路，以及在转向中递进式形成的思想类型，对于深刻理解和全面把握马克思的"科技—经济"思想具有重大意义。

第一节　马克思"科技—经济"思想的逻辑起点与动力源泉

对人的解放特别是无产阶级的解放的不懈探索，是马克思终生不渝的奋斗目标。综观马克思伟大的一生，"人的解放"是他从未动摇过的人生信念，也是他的全部哲学、政治经济学等思想所围绕的中心点，这自然也是他探索"科技—经济"思想的中心点。同时，在探索人类解放的道路上，矛盾重重，问题频现，既有理论上的矛盾问题，也有现实中的矛盾问题，还有理论与现实的矛盾问题。这些矛盾问题的客观存在与克服解决这些矛盾问题的主观愿望，也就成为马克思主义形成和发展的动力源泉，进而也就成为伴随马克思主义理论而产生的马克思"科技—经济"思想孕育形成的动力源泉。

一、逻辑起点：马克思确立为人类解放进行探索的历史起点

从历史的维度看，马克思主义孕育产生的历史起点，是从马克思确立了对人类解放或人的解放进行探索这一目标开始的，也正是以这一时刻为开

端，马克思踏上了为人类解放而不断探索和奋斗的历程，伴随着这一历程的进展，马克思主义理论在逐步地孕育、产生和发展。逻辑和历史是统一的，历史从哪里开始，逻辑便从哪里开始，马克思确立对人的解放进行探索这一目标的历史起点，也就成了马克思主义产生的逻辑起点，进而也就成了伴随马克思主义产生而产生的马克思的"科技—经济"思想探索的逻辑起点。

马克思对人的解放特别是无产阶级的解放的探索目标的确立，可以追溯到他的中学时代。马克思在中学毕业时，撰写了题为《青年在选择职业时的考虑》的毕业论文，他在该文中明确提出了要立志选择那种"为人类而献身的"和"最能为人类而工作的职业"①，因为一旦选择了这样的职业，任何的重担都不能把他压倒，任何困难都不能阻挡他前进的步伐，这样的职业是最完美无瑕的，这样的事业是属于全人类的，因而是永恒的；倘若一个人仅仅选择那些只是为了自己的职业，也许能成为著名的学者、大哲人、卓越诗人等，但是他永远不能成为完美无瑕的伟大人物。当然，马克思在中学时代所说的那种"为人类而献身的"和"最能为人类而工作的职业"是什么？尽管当时马克思没有回答，也仅是表明了一个中学生职业选择的志向，但马克思奋斗的一生给出了答案，那就是能为"人的解放"而工作和献身的职业，这在他的博士论文中已见端倪。

1841 年 3 月，马克思完成了他的博士论文《德谟克里特的自然哲学和伊壁鸠鲁的自然哲学的区别》。在这篇博士论文中，马克思在考察德谟克里特和伊壁鸠鲁自然哲学的差别时，对一向被人们看作伊壁鸠鲁对德谟克利特原子论所作的最荒谬篡改的原子的偏斜运动，进行了哲学意义的阐发和高度肯定，认为伊壁鸠鲁的原子论是对德谟克利特原子论的创造性发展，并特别强调了伊壁鸠鲁关于原子自动偏斜学说的深刻意义，认为伊壁鸠鲁创新性提出的原子所做的这种自动偏斜运动，"表述了原子的真实的灵魂即抽象个体性的概念"②，这正是原子"胸中能进行斗争和对抗的某种东西"③，进而证明了个别自我意识的独立性和能动性。马克思同时看到，正因为原子必须在偏斜中才能达到自己的自由，所以这种自由也就不是定在之中的、现实的、

---

① 《马克思恩格斯全集》第 1 卷，人民出版社 1995 年版，第 459 页。
② 《马克思恩格斯全集》第 1 卷，人民出版社 1995 年版，第 35 页。
③ 《马克思恩格斯全集》第 1 卷，人民出版社 1995 年版，第 34 页。

真正的自由，而原子的"个体性"也只能是抽象的个体性。因此，真正的人的自由和解放是不能逃离现实社会而试图在哲学中构造的，自由的个人在对周围现实的关系上应采取积极态度，哲学应当积极地对待现实，在此表明了马克思对"个体性"自由即预示着人的自由或人的解放的追求和理解。

1842 年马克思在《莱茵报》工作期间，社会现实的种种矛盾促使他从哲学上探索人的解放和自由问题，转向了对社会现实的关注特别是对社会经济问题的思考，开始从社会生活关系的社会现实中进行探索。1842 年初，马克思撰写的第一篇政论文章，题为《评普鲁士最近的书报检查令》，坚决谴责普鲁士整个国家制度和封建专制制度。作为一个革命的政治家，马克思的革命民主主义立场是十分鲜明的。1842 年 4 月，马克思成为《莱茵报》的撰稿人和编辑，10 月 15 日起担任该报的主编。也正是在《莱茵报》工作这段时间，马克思第一次遇到了必须对物质利益发表意见的"难事"，其中突出的难事是关于林木盗窃案的讨论。马克思在 1859 年 1 月撰写的《〈政治经济学批判〉序言》中，在谈到他自己研究政治经济学的经过时对此作了回顾，他说："1842—1843 年间，我作为《莱茵报》的编辑，第一次遇到要对所谓物质利益发表意见的难事。莱茵省议会关于林木盗窃和地产析分的讨论，当时的莱茵省总督冯·沙培尔先生就摩泽尔农民状况同《莱茵报》展开的官方论战，最后，关于自由贸易和保护关税的辩论，是促使我去研究经济问题的最初动因。"[①]

二、动力源泉：理论与现实的种种矛盾问题

矛盾就是问题，问题就是动力，对一个以探索人类解放的人来说就是如此。对马克思来说，他在《莱茵报》工作期间遇到的这个"难事"在于：是现实的物质生活关系决定法和国家，还是理性的法和国家是现实物质生活关系的原则呢？这促使马克思思考各种社会经济问题，探讨物质利益同国家和法的关系，为批判黑格尔的法学观点作了准备。在此期间，费尔巴哈对黑格尔唯心主义的批判，特别是他关于思维和存在关系的唯物主义论述，对于马克思转向唯物主义起了促进作用，为对黑格尔法哲学的批判提供了方法论

---

① 《马克思恩格斯文集》第 2 卷，人民出版社 2009 年版，第 588 页。

上的借鉴。马克思在此之前阅读过费尔巴哈对宗教和黑格尔哲学批判的文章，这在 1843 年 3 月到 9 月撰写的长篇文章《黑格尔法哲学批判》中体现了马克思受到了费尔巴哈的影响。在马克思看来，国家和法不是主体，黑格尔的法哲学恰好造成了基本的颠倒，"神秘的实体成了现实的主体，而实在的主体成了某种其他的东西，成了神秘实体的一个环节"①，其根本的原因在于黑格尔"不是从对象中发展自己的思想，而是按照自身已经形成了的并且在抽象的逻辑领域中已经形成了的思想来发展自己的对象"②；在此基础上，黑格尔把国家和法等政治制度"同抽象观念建立关系，把政治制度列为他的（观念的）发展史的一个环节"③。因此，在国家、法与物质生活关系问题上是物质生活关系决定国家和法，而不是相反。

　　在对社会现实问题的考察过程中，特别是对社会经济问题的思考过程中，马克思将人的解放与无产阶级的解放联系起来，找到了实现人的解放的前提和动力。1843 年 10—12 月，马克思撰写了《〈黑格尔法哲学批判〉导言》一文（该文于 1844 年发表在《德法年鉴》上）。在该文中，马克思论述了人的解放的历史必然性以及实现人的解放的前提和动力问题；第一次论述了无产阶级的历史地位和历史作用，指出了无产阶级的历史地位不仅表明它能彻底代表普遍利益，而且表明它是能够为消灭任何奴役而斗争的阶级；论述了无产阶级所肩负的历史使命，指出无产阶级肩负的历史使命不是去实现一定阶级和阶层的受历史制约的局部解放，而是实现人的解放；论述了"彻底的革命、全人类的解放，不是乌托邦式的梦想"④，指出了无产阶级"若不从根本上革命，就不可能完成革命"，无产阶级的解放是"以宣布人是人的最高本质这个理论为立足点的解放"，⑤ 无产阶级要实现这一解放就要通过革命"宣告迄今为止的世界制度的解体，只不过是揭示自己本身的存在的秘密……无产阶级要求否定私有财产，只不过是把社会已经提升为无产阶级的原则的东西，把未经无产阶级的协助就已作为社会否定的结果而体

① 《马克思恩格斯全集》第 47 卷，人民出版社 2004 年版，第 23 页。
② 《马克思恩格斯全集》第 3 卷，人民出版社 2002 年版，第 18—19 页。
③ 《马克思恩格斯全集》第 3 卷，人民出版社 2002 年版，第 19 页。
④ 《马克思恩格斯全集》第 3 卷，人民出版社 2002 年版，第 210 页。
⑤ 《马克思恩格斯全集》第 3 卷，人民出版社 2002 年版，第 214 页。

现在它身上的东西提升为社会的原则"①。因此，无产阶级要完成自己的历史使命，就必须掌握革命理论同革命实践统一的原理——"哲学把无产阶级当做自己的物质武器，同样，无产阶级也把哲学当做自己的精神武器"②；而"批判的武器当然不能代替武器的批判，物质的力量只能用物质的力量来摧毁；但是理论一经掌握群众，也会变成物质的力量"③。这标志着马克思从唯心主义向唯物主义、从革命民主主义向共产主义的转变。

在这一转变的过程中，马克思把人的解放与无产阶级的解放联系起来，认为无产阶级的解放只有达到解放全人类实现人的解放之时才能解放自己，即无产阶级的解放实质上就是人的解放。在这里马克思开始提出另一个重大的理论问题，当然也是与无产阶级解放相关联的重大现实问题，这就是人在本质上是什么？或者说，人的本质是什么？这个问题若不能很好地解决，也就难以理解和解决无产阶级解放的问题。在《〈黑格尔法哲学批判〉导言》中，马克思提出了"只有通过人的完全回复才能回复自己本身"④ 的命题，同时又提出了"人是人的最高本质"⑤。这两个命题都是与人的解放和无产阶级解放密切相关的重大命题，这就说明马克思是在探索人的解放和无产阶级解放的过程中提出了对人的本质研究的问题。

在同一时期，即 1843 年 10—12 月，马克思还撰写了《论犹太人问题》一文，该文指出了鲍威尔关于犹太人解放问题的观点在理论上和政治上有其局限性，落后于历史的要求。马克思把自己的批判阐发转为对资产阶级的剖析，把犹太人问题纳入反对半封建状况的斗争，即纳入反对资本主义社会的斗争；提出了犹太人要求得到解放的必要性，并把这种要求提升到人的解放的高度，把"政治解放对宗教的关系问题"看成"政治解放对人的解放的关系问题"⑥。在这里，马克思提出了一个同在《〈黑格尔法哲学批判〉导言》中提出的命题一样的命题，这就是不管是政治解放、宗教解放，还是

---

① 《马克思恩格斯全集》第 3 卷，人民出版社 2002 年版，第 213 页。
② 《马克思恩格斯全集》第 3 卷，人民出版社 2002 年版，第 214 页。
③ 《马克思恩格斯全集》第 3 卷，人民出版社 2002 年版，第 207 页。
④ 《马克思恩格斯全集》第 3 卷，人民出版社 2002 年版，第 213 页。
⑤ 《马克思恩格斯全集》第 3 卷，人民出版社 2002 年版，第 207 页。
⑥ 《马克思恩格斯全集》第 3 卷，人民出版社 2002 年版，第 169—170 页。

人的自我解放、人的社会解放、人的解放,"任何解放都是使人的世界和人的关系回归于人自身",并且进一步解释说:"只有当现实的个人把抽象的公民复归于自身,并且作为个人,在自己的经验生活、自己的个体劳动、自己的个体关系中间,成为类存在物的时候,只有当人认识到自身'固有的力量'是社会力量,并把这种力量组织起来因而不再把社会力量以政治力量的形式同自身分离的时候,只有到了那个时候,人的解放才能完成。"①那么,这种作为"类存在物"的人究竟是什么呢?换言之,人的本质是什么呢?这个问题,直接关系着人的解放将使人的关系回归于自身的什么的问题。

第二节 马克思"科技—经济"思想的
理论难题与艰辛探索

通过上述的分析发现,人类解放的实质在于人自身的回归,因此人的本质的问题直接地关系着人的解放的问题。这一问题成为马克思探索人的解放问题的一大瓶颈和"难题",同时这一难题也关系着马克思"科技—经济"思想的萌发和形成的问题。马克思对这一理论难题进行了艰辛的探索。

一、理论难题:人类解放的自身回归与人的本质问题

从马克思对"科技—经济"思想的萌发、形成和发展的历程来看,不管在哪一个阶段从什么维度来研究他的"科技—经济"思想,都是以他的人的本质理论为基础的,都是以人的本质理论为基础的人的解放理论为中心线索的,它像一道红线贯穿在马克思"科技—经济"思想萌发、形成和发展的始终。没有马克思在探索人的解放问题过程中所形成的人的本质理论,就不可能有马克思的"科技—经济"思想的萌发和形成。因此,马克思的人的本质理论在实质上是他的"科技—经济"思想的理论前提,也是他的"科技—经济"思想萌发和形成的真正开端。而对人的本质的问题,马克思经历了一个艰辛的追问、探讨和思索的过程。

---

① 《马克思恩格斯全集》第3卷,人民出版社2002年版,第189页。

马克思在 1843 年上半年撰写《黑格尔法哲学批判》时就已经意识到这个问题的重要性，并多次提到和阐述人的本质、人的对象性本质等范畴，而在 1843 年下半年特别是在 9 月到 12 月撰写《〈黑格尔法哲学批判〉导言》和《论犹太人问题》时，更加意识到这个问题的重要性，并且已经开始将这一问题与人的解放特别是无产阶级的解放联系在一起进行探索研究。可以说，这一问题是马克思在探索人的解放特别是无产阶级的解放过程中，伴随着研究的深入，所遇到的一个重大的理论问题。马克思在《〈黑格尔法哲学批判〉导言》中提出了"只有通过人的完全回复才能回复自己本身"[1] 和"人是人的最高本质"[2] 的命题，而在《论犹太人问题》中也提出了"任何解放都是使人的世界和人的关系回归于人自身"[3] 的命题，这三个命题都是与人的解放特别是无产阶级的解放密切关联的命题。无产阶级的解放与人的解放，在马克思看来实质上都是"回复自己本身"或者"回归于人自身"。而人"自己本身"或"人自身"究竟是什么？人是人的最高本质表达了什么意思？若连"人"是什么都不知道，那么作为"人的最高本质"的"人"怎么理解？

马克思在《论犹太人问题》一文中对上述命题所作的解释是："只有当现实的个人把抽象的公民复归于自身，并且作为个人，在自己的经验生活、自己的个体劳动、自己的个体关系中间，成为类存在物的时候，只有当人认识到自身'固有的力量'是社会力量，并把这种力量组织起来因而不再把社会力量以政治力量的形式同自身分离的时候，只有到了那个时候，人的解放才能完成。"[4] 在这一解释中，马克思所说的"现实的个人"是什么？"在自己的经验生活、自己的个体劳动、自己的个体关系中间"成为的"类存在物"的个人是什么？人自身"固有的力量"又是什么力量？马克思的表述还是相当严谨的，他在表述中也将所讲的人的这种"固有的力量"打了引号。

将这些问题简要归纳，那就是"现实的个人"、作为"类存在物"的人

---

① 《马克思恩格斯全集》第 3 卷，人民出版社 2002 年版，第 213 页。
② 《马克思恩格斯全集》第 3 卷，人民出版社 2002 年版，第 207 页。
③ 《马克思恩格斯全集》第 3 卷，人民出版社 2002 年版，第 189 页。
④ 《马克思恩格斯全集》第 3 卷，人民出版社 2002 年版，第 189 页。

究竟是什么？人有什么和哪些"固有的力量"？将这些问题再进一步归纳，归结为一个根本性的问题，那就是"人的本质是什么？"这个问题从根本上得到了解答，上述的诸种关于"人"的问题也就好理解了。而这个问题不从根本上加以解决，那么上述的种种问题也难以理解，最根本的和最关键的是，人的解放、无产阶级的解放就没有了目标。没有了目标，人的或无产阶级的任何革命行动和方案措施将会失去意义。人的本质已经成为马克思在探索人的解放问题过程中的一个瓶颈或一大难题，在此将其称为"解放难题"。

二、艰辛探索：对象性存在转向与双重维度并进

事实上，关于人的本质问题，并不是一个新问题，而是一个古老的哲学、社会科学问题，许多哲学家和社会科学家都曾根据自己不同的背景知识，做出了不同的回答。对马克思影响最大的是德国古典哲学中唯心主义者黑格尔和旧唯物主义者费尔巴哈关于人的本质的回答。在马克思看来，黑格尔把观念变成了独立主体，把人、家庭和市民社会对国家的关系变成"观念的内在想像活动"[1]，因而"他想使人的本质作为某种想像中的单一性来独立活动，而不是使人在现实的、人的存在中活动"，这是一种"把主观的东西颠倒为客观的东西，把客观的东西颠倒为主观的东西的做法"；[2] 而费尔巴哈则是"撇开历史的进程"并"假定有一种抽象的——孤立的——人的个体"，从宗教和生物角度来理解人的本质，把人的"本质只能被理解为'类'，理解为一种内在的、无声的、把许多个人自然地联系起来的普遍性"。[3] 马克思对此是持批判态度的。那么，人的本质究竟是什么呢？如何把黑格尔和费尔巴哈关于人的本质问题的理论中合理的东西加以挖掘而真正揭示出人的本质呢？

在《黑格尔法哲学批判》中，马克思阐述了他对人、人的本质的初步看法。马克思指出："现实的人就是现代国家制度的私人。差别、分离是单个人存在的基础，这就是等级一般所具有的意义。单个人的生活方式、单个

---

① 《马克思恩格斯全集》第 3 卷，人民出版社 2002 年版，第 10 页。
② 《马克思恩格斯全集》第 3 卷，人民出版社 2002 年版，第 51 页。
③ 《马克思恩格斯文集》第 1 卷，人民出版社 2009 年版，第 501 页。

人的活动等等，不但不使单个人成为社会的一个成员、社会的一种职能，反而使他成为社会的例外"，并且"等级……使人同自己的普遍本质分离，把人变成了直接与其规定性相一致的动物。中世纪是人类史上的动物时期，是人类动物学。我们的时代即文明时代，却犯了一个相反的错误。它使人的对象性本质作为某种仅仅是外在的、物质的东西同人分离，它不认为人的内容是人的真正现实"，① 然而"市民社会中的成员在自己的政治意义上脱离了自己的等级，脱离了自己真正的私人地位。只有在这里，这个成员才获得了人的意义，或者说，只有在这里，他作为国家的成员、作为社会存在物的规定，对于人，对于个体，都表现为非本质的，都表现为外在的规定，尽管这些规定对他生存于整体中是必需的，就是说，都表现为把他同整体连接起来的纽带，不过这个纽带他是同样可以重新抛弃掉"② 的。在这里，马克思揭示了封建等级制度下的现实的人即私人、单个人仅是等级构成的基础，人与其本质是相分离的，也只有在人类动物学的意义上二者才是统一的；而在市民社会中，尽管在政治意义上摆脱了等级限定的私人地位，作为市民社会的成员获得了人的意义，但是单个人即个体作为社会存在物的规定，却是非本质的外在的。在这里，马克思从"人的对象性本质"角度，思考人的"社会存在物的规定"，这对于他的科学的人的本质理论具有重大的方法论意义。

　　而在《论犹太人问题》一文中，马克思在论述"人权"时也涉及对人、人的本质的理解。马克思指出："在人权这一概念中并没有宗教和人权互不相容的含义。相反，信奉宗教、用任何方式信奉宗教、履行自己特殊宗教的礼拜的权利，都被明确列入人权。信仰的特权是普遍的人权。Droits de l'homme，人权，它本身不同于 droits du citoyen，公民权。与 citoyen［公民］不同的这个 homme［人］究竟是什么人呢？不是别人，就是市民社会的成员。为什么市民社会的成员称做'人'，只称做'人'，为什么他的权利称做人权呢？我们用什么来解释这个事实呢？只有用政治国家对市民社会的关系，用政治解放的本质来解释。"③ 在这里，马克思把人理解为"市民社会

---

① 《马克思恩格斯全集》第 3 卷，人民出版社 2002 年版，第 102 页。
② 《马克思恩格斯全集》第 3 卷，人民出版社 2002 年版，第 101 页。
③ 《马克思恩格斯全集》第 3 卷，人民出版社 2002 年版，第 182 页。

中的成员",并把"市民社会中的成员称做'人',只称做'人'",对此如何解释?或者说,这是为什么呢?马克思的回答是"只有用政治国家对市民社会的关系"来解释,因为人是处在政治国家和市民社会关系中的人,一方面,作为"公民"的现实的人是市民社会中的一员,而市民社会在马克思的早期著作中一般有两个方面的含义。在广义上,它是指社会发展时期的经济制度,即决定政治制度和意识形态的物质关系的总和或生产关系的总和;在狭义上,它是指资产经济社会或资本主义社会的物质关系或生产关系。不管是在广义还是狭义上来使用市民社会,马克思在这里表明了要从社会物质关系的角度来理解和解释人,这实质上也就洞察到了人的社会属性即人的社会性。另一方面,作为"公民"的现实的人是政治国家中的一员,而政治国家是社会上层建筑的主要内容和形式,属于社会上层建筑的范畴,因此从政治国家的维度来理解和解释人,这在实质上也是洞察到了人的社会属性或人的社会性。将这两个方面综合在一起,马克思在这里实质上已经全面地洞察到了人的本质属性即人的社会性。马克思关于人的本质在于他的社会性的这一思想,在这里尽管没有明确地提出和表述出来,但已经有了初步的认识。时过不久,即在 1845 年春,马克思在其撰写的《关于费尔巴哈的提纲》中将其明确地表述出来,即"费尔巴哈把宗教的本质归结于人的本质。但是,人的本质并不是单个人所固有的抽象物,在其现实性上,它是一切社会关系的总和"①。这也就是说,马克思在这一时期尽管没有将人的本质明确地表述为人的社会性,但是早已洞察到并运用于对"人权"的分析。

对人的本质的追问与思考,马克思在此时期一直没有间断,他深知这一问题的至关重要性。在撰写《黑格尔法哲学批判》和《论犹太人问题》等论著的过程中,马克思逐渐找到了破解这一难题的路径及其关键所在,这就是从两个维度——从人与社会的关系维度和人与自然的关系维度——出发,到人的对象性存在中去探索和研究。这也就是说,对人的本质问题的研究,不能仅仅在"人自身"中探寻,而应当到他的对象性关系和对象性存在中去探寻,必须实现从对"人自身"的考察到对人的"对象性存在"的考察的研究转向;同时,人与人的"对象性存在"的关系是双重的,既有自然

---

① 《马克思恩格斯文集》第 1 卷,人民出版社 2009 年版,第 501 页。

的关系，也有社会的关系，因此必须进行双重维度的考察，单一维度的考察是不能够全面揭示出人的本质的。这充分体现了科学研究方法论的辩证法特征。

　　沿着这一路径，马克思在 1844 年 5 月底 6 月初到 8 月期间撰写的《1844 年经济学哲学手稿》中，对人的本质问题进行了更深刻更广泛的论述，不仅将人的本质归结为人的社会性，而且还将其归结为人的理性和实践性。马克思在反对费尔巴哈纯粹从宗教和生物角度来理解人的本质，而主张从人和社会特别是市民社会的关系角度对人的本质进行研究。马克思洞察到的人的本质在其现实性上是一切社会关系的总和这一观点，便是从人和社会特别是市民社会的关系角度理解。值得注意的是，马克思在主张从人和社会特别是市民社会的关系角度对人的本质进行研究的同时，还主张从人和自然的关系维度来研究人的本质。我国理论界对人的本质的传统规定，是根据马克思在《关于费尔巴哈的提纲》一文中对人的本质所下的定义而得出的，并仅将人的本质看作人的社会性，或者说仅将社会性当作人的本质，事实上，这与马克思对人的本质的全面理解和论述是不相吻合的。马克思反对撇开历史的进程对人的本质作抽象的、孤立的理解，反对仅从生物和宗教角度的理解，而主张结合历史的进程从"现实性"上去理解，而这一主张也就包含了两个方面：一是从人和社会的关系视角加以研究。二是从人与自然的关系维度加以研究。因为历史的进程包括人类社会发展的历史进程，也包括自然界特别是人化自然界的历史进程，而现实性包括人类社会的现实和自然界或人化自然界的现实。人的本质在于它的社会性，正是基于人与社会关系维度研究的结果，而在人与自然的关系维度上，即从人与自然的关系维度来研究人的本质，发现人的本质不仅在于人的社会性，而且还在于社会中的人所具有的实践性和理性。这也是《1844 年经济学哲学手稿》中的一个重大创新之处。

　　正是从人与社会的关系和人与自然的关系的双重维度出发，马克思到"人的对象性存在"中去探索和研究，在《1844 年经济学哲学手稿》中提出了颇为系统全面的人的本质理论，这为他的"科技—经济"思想提供了坚实的理论前提和方法论基础，形成了他的"科技—经济"思想的独创性研究范式，这也是他的"科技—经济"思想大大超越历史上所有思想家和经济学家，甚至包括当代的思想家和经济学家的奥秘之所在。

第三节　人的三维本质理论与"科技—
经济"思想的形成

人的本质理论对马克思探讨人的解放起着关键和核心的作用，贯穿于马克思理论研究进程的始终。马克思正是从人和自然关系与人和社会关系的双重维度对人的本质作了全面而深刻的理解，才有了早期思想中异化扬弃和人的对象性存在本质向自身复归的设想，才有了后来基于人自由而全面发展的"自由人联合体"和重建个人所有制等理想制度的设计。而具体到本主题的研究，它与马克思"科技—经济"思想的孕育、形成和发展也是密切相关的。在此，我们通过对《1844 年经济学哲学手稿》等早期著作的考察，展示马克思如何从人与社会的关系和人与自然的关系的双重维度出发，到"人的对象性存在"和"人的对象性社会存在"中去探索和研究人的本质，使人的三维本质得以显现，进而形成了他的系统的人的本质理论，以及马克思如何在此理论基础上萌发形成了他的"科技—经济"思想。

一、人的实践性、理性和社会性的三维本质理论

在《1844 年经济学哲学手稿》中，马克思从人与社会的关系和人与自然的关系的双重维度出发，到"人的对象性存在"中去探索和研究人的本质，并且马克思还提出和使用了一个颇为重要的概念即"人化的自然界"（我国理论界将其称为"人化自然"），用以表征人的对象化的存在或对象性的存在。而在人化的自然界或对象性的存在中显现出人有哪些本质力量呢？或者说人的本质表现在哪些方面呢？马克思作了如下的回答。

第一，在对象性存在中首先显示的是人的实践的力量。人的对象性的存在"只有通过实践方式，只有借助于人的实践力量，才是可能的"[①]，实践是人和自然的关系的一种最基本的形式，正是社会实践尤其是生产实践实现了人对自然界的改造和自然界的人化，使自然界成为对象性的存在。正如马

---

① 《马克思恩格斯全集》第 3 卷，人民出版社 2002 年版，第 306 页。

克思所说的："通过实践创造对象世界，改造无机界"，并且通过实践"再生产整个自然界"；"正是在改造对象世界中，人才真正地证明自己是类存在物。这种生产是人的能动的类生活。通过这种生产，自然界才表现为他的作品和他的现实。因此，劳动的对象是人的类生活的对象化：人不仅像在意识中那样在精神上使自己二重化，而且能动地、现实地使自己二重化，从而在它所创造的世界中直观自身"①。与此同时，人作为"类存在物"，在实践上"把自身的类以及其他的类——当做自己的对象"，通过社会实践，"人的普遍性正是表现为这样的普遍性，它把整个自然界——首先作为人的直接的生活资料，其次作为人的生命活动的对象（材料）和工具——变成人的无机的身体。自然界，就它自身不是人的身体而言，是人的无机的身体"②。马克思肯定了黑格尔把人的实践即劳动作为人的本质的观点，指出了黑格尔的"伟大之处在于，黑格尔把人的自我产生看做一个过程，把对象化看做非对象化，看做外化和这种外化的扬弃；可见，他抓住了劳动的本质，把对象性的人、现实的因而是真正的人理解为他自己的劳动的成果。人同作为类存在物的自身发生现实的、能动的关系，或者说，人作为现实的类存在物即作为人的存在物实际的实现，只有通过下列途径才是可能的：人确实显示出自己的全部力量——这又只有通过人的全部活动、只有作为历史的结果才有可能——并且把这些力量当做对象来对待"③；马克思在肯定黑格尔的观点的同时，也指出了他的缺陷："黑格尔站在现代国民经济学家的立场上。他把劳动看作人的本质，看作人的自我确证的本质；他只看到劳动的积极的方面，而没有看到它的消极的方面。劳动是人在外化范围之内的或者作为外化的人的自为的生成。黑格尔唯一知道并承认的劳动是抽象的精神的劳动。"④

　　马克思在批判性地吸收了黑格尔的思想的同时，创造性地将人的实践性本质加以发展，具体阐发了人的实践本质的双重性特征，这就是人的实践本质具有能动性和受动性，是能动和受动的对立统一。一方面，"人作为自然存在物，而且作为有生命的自然存在物"，他"具有自然力、生命力，是能

① 《马克思恩格斯全集》第 3 卷，人民出版社 2002 年版，第 273—274 页。
② 《马克思恩格斯全集》第 3 卷，人民出版社 2002 年版，第 272 页。
③ 《马克思恩格斯全集》第 3 卷，人民出版社 2002 年版，第 320 页。
④ 《马克思恩格斯全集》第 3 卷，人民出版社 2002 年版，第 320 页。

动的自然存在物；这些力量作为天赋和才能、作为欲望存在于人身上"；而另一方面，"人作为自然的、肉体的、感性的、对象性的存在物，同动植物一样，是受动的、受制约的和受限制的存在物，就是说，他的欲望的对象是作为不依赖于他的对象而存在于他之外的；但是，这些对象是他的需要的对象；是表现和确证他的本质力量所不可缺少的、重要的对象。说人是肉体的、有自然力的、有生命的、现实的、感性的、对象性的存在物，这就等于说，人有现实的、感性的对象作为自己本质的即自己生命表现的对象；或者说，人只有凭借现实的、感性的对象才能表现自己的生命"。① 因此，能动性与受动性统一于人的实践本质之中。不仅如此，人的实践本质使人的全部社会生活在本质上也成为实践的，成为实践的对象性的存在。反过来看，实践的这种对象性的存在，也反映着全部社会生活的人的实践的本质，也正因此，"工业的历史和工业的已经生成的对象性的存在，是一本打开了的关于人的本质力量的书"②。如果说"工业的历史和工业的已经生成的对象性的存在"是这样的一本大书，而农业的历史和农业的已经生成的对象性的存在、商业的历史和商业的已经生成的对象性的存在，以及各行各业的乃至人类全部生活的历史及其已经生成的对象性的存在等，都是"一本打开了的关于人的本质力量的书"。人类全部生产和生活的历史及其作为对象性存在的这些大书，生动地"讲述了"人的实践本质所显示出来的力量。当然，它也"讲述了"人的理性本质所显示的力量，马克思在这里一并作了揭示。

第二，在对象性存在中还显示出人的意识性或理性的力量。人的对象性的存在表现出人的实践力量的同时，还表现出人的意识性的力量或理性的力量，确证了人是有意识的、理性的，是能够认识规律并按照认识到的规律行事的类存在物。在这里，马克思批判地扬弃了黑格尔把人和人的本质等于自我意识③的观点，把有意识的生命活动和人的理性特征看作人的根本特征或本质特征，看作人跟动物的根本区别之所在。马克思指出，人在通过实践创造对象世界、改造自然界的过程中，"人证明自己是有意识的类存在物，就

---

① 《马克思恩格斯全集》第 3 卷，人民出版社 2002 年版，第 324 页。
② 《马克思恩格斯全集》第 3 卷，人民出版社 2002 年版，第 306 页。
③ 《马克思恩格斯全集》第 3 卷，人民出版社 2002 年版，第 321 页。

是说是这样一种存在物，它把类看做自己的本质，或者说把自身看做类存在物"，"而自由的、有意识的活动恰恰是人的类特性"。① 人的这一本质属性即有意识性或理性，在黑格尔那里被深深地锁定在了他的唯心主义理论体系之中，头足倒立式地表述出来了，因此必须把它拯救出来，把在黑格尔这种倒立的形式正立过来。对此，马克思指出："人的本质，人，在黑格尔看来＝自我意识。因此，人的本质的全部异化不过是自我意识的异化。自我意识的异化没有被看做人的本质的现实异化的表现，即在知识和思维中反映出来的这种异化的表现。相反，现实的即真实地出现的异化，就其潜藏在内部最深处的——并且只有哲学才能揭示出来的——本质说来，不过是现实的人的本质即自我意识的异化现象。因此，掌握了这一点的科学就叫现象学。因此，对异化了的对象性本质的全部重新占有，都表现为把这种本质合并于自我意识：掌握了自己本质的人，仅仅是掌握了对象性本质的自我意识。因此，对象向自我的复归就是对象的重新占有。"②

在马克思看来，人的这一本质属性即有意识性或理性还是人与动物区别开的重要标志。马克思指出，人作为类存在物，与动物的区别在于，人"使自己的生命活动本身变成自己意志的和自己意识的对象。他具有有意识的生命活动。这不是人与之直接融为一体的那种规定性。有意识的生命活动把人同动物的生命活动直接区别开来。正是由于这一点，人才是类存在物。或者说，正因为人是类存在物，他才是有意识的存在物，就是说，他自己的生活对他是对象。仅仅由于这一点，他的活动才是自由的活动"③。不仅如此，人作为类存在物，他的生产与动物的生产所不同的，还在于人"懂得按照任何一个种的尺度来进行生产，并且懂得处处都把内在的尺度运用于对象；因此，人也按照美的规律来构造"④。在这里，马克思揭示出体现在人和自然关系中的人的本质的另一个方面即有意识性或理性，揭示出发挥意识的作用，运用理性去认识规律、应用规律，并有计划、有目的且能在自然界上打下他们意志的印记，实现自身的对象性，确证自身的本质力量，这一点

① 《马克思恩格斯全集》第 3 卷，人民出版社 2002 年版，第 273 页。
② 《马克思恩格斯全集》第 3 卷，人民出版社 2002 年版，第 321—322 页。
③ 《马克思恩格斯全集》第 3 卷，人民出版社 2002 年版，第 273 页。
④ 《马克思恩格斯全集》第 3 卷，人民出版社 2002 年版，第 274 页。

其他动物都是做不到的，这一点只有人才能做到，因此它是人区别于其他动物的本质所在。

第三，在对象性存在中突出地显示出人的社会性的力量。关于人的本质在于其社会性的观点，马克思在《黑格尔法哲学批判》和《论犹太人问题》中已经萌发，而在《1844年经济学哲学手稿》中作了进一步阐述，最后在《关于费尔巴哈的提纲》中作了明确的规定。在笔者看来，马克思在《关于费尔巴哈的提纲》中对人的社会性本质的规定，正是他《1844年经济学哲学手稿》中关于人的本质理论的一种应用，是用来批判费尔巴哈撇开人类历史的进程单纯从宗教和生物角度来理解和解释人的本质的，因为在该手稿中马克思已经形成了包含人的实践性、理性和社会性内容的系统的人的本质理论，在《关于费尔巴哈的提纲》中只是为了批判费尔巴哈人的本质理论的缺陷而突出了人的社会性本质，但并未否定人的实践性本质和人的理性本质。关于人的社会性本质，马克思在《1844年经济学哲学手稿》中作了如下的论述，他指出，人是"社会存在物"，人的本质只有对社会的人来说才是存在的，人的需要、人的活动、人自身的生产甚至人的享受等全部现实的生产和生活，"无论就其内容或就其存在方式来说，都是社会的"①，因此人的本质在于他的社会性。

同时，马克思在此还特别强调："首先应当避免重新把'社会'当做抽象的东西同个体对立起来。个体是社会存在物。因此，他的生命表现，即使不采取共同的、同他人一起完成的生命表现这种直接形式，也是社会生活的表现和确证"，人的个体生活和类生活是统一的，"作为类意识，人确证自己的现实的社会生活"②。并且，马克思还强调，作为类存在物的人，不管在何种条件下从事活动，也都应当明确"我也是社会的，因为我是作为人活动的。不仅我的活动所需的材料——甚至思想家用来进行活动的语言——是作为社会的产品给予我的，而且我本身的存在是社会的活动；因此，我从自身所做出的东西，是我从自身为社会做出的，并且意识到我自己是社会存在物"③。从人和自然的关系与人和社会的关系相统一的维度看，"自然界的

---

① 《马克思恩格斯全集》第3卷，人民出版社2002年版，第301页。
② 《马克思恩格斯全集》第3卷，人民出版社2002年版，第302页。
③ 《马克思恩格斯全集》第3卷，人民出版社2002年版，第301—302页。

人的本质只有对社会的人来说才是存在的；因为只有在社会中，自然界对人来说才是人与人联系的纽带，才是他为别人的存在和别人为他的存在，只有在社会中，自然界才是人自己的人的存在的基础，才是人的现实的生活要素。只有在社会中，人的自然的存在对他来说才是自己的人的存在，并且自然界对他来说才成为人。因此，社会是人同自然界的完成了的本质的统一，是自然界的真正复活，是人的实现了的自然主义和自然界的实现了的人道主义"①。在这里，马克思把人的社会性本质——现实的人的社会性本质，而非抽象的人的社会性本质——作了充分的表述。

由此可见，马克思在《1844年经济学哲学手稿》中，沿着从人与自然的关系和人与社会的关系的双重视角，到人的对象性的存在中去探索人的本质，使人的本质终于显现出来，这就是马克思所揭示的人的本质的三个方面——实践性、理性和社会性。这三方面的本质，相互联系、相互作用，共同构成了人的本质系统。

二、人的本质理论基础上"科技—经济"思想形成的逻辑进路

当马克思把人的本质理论与人的解放问题关联起来加以思考时，发现"任何解放都是使人的世界和人的关系回归于人自身"②，实质上也就是使经济社会中的人即现实的人回归到人的本质，进一步讲也就是在社会关系和自然关系上使人回归到人的本质，使人的本质系统达到和谐统一，即使人的实践在社会中成为理性指导下的实践，使人的社会成为在实践性和理性有机统一基础上的人的社会，使人的理性成为在社会中实践基础上的人运用智力去应对自然、社会和人自身问题的理性。换言之，也就是实践即劳动的解放、社会的解放和思想即理性的解放。只有到了那个时候，人的解放才能完成。与此同时，马克思在把人的本质理论与人的解放问题关联起来加以思考的过程中，也萌发生成了他的"科技—经济"思想。其逻辑进路应当是在"工业的历史和工业的已经生成的对象性的存在"彰显着人的实践本质力量的同时，而自然科学的历史和自然科学的已经生成的对象性的存在，则在彰显

① 《马克思恩格斯全集》第3卷，人民出版社2002年版，第301页。
② 《马克思恩格斯全集》第3卷，人民出版社2002年版，第189页。

着人的理性或有意识性的本质力量。同理可知，技术的历史和技术的已经生成的对象性的存在，则同时彰显着人的实践本质力量和人的理性本质力量。不管是工业的历史和工业的已经生成的对象性的存在，自然科学的历史和自然科学的已经生成的对象性的存在，还是技术的历史和技术的已经生成的对象性的存在，都是社会实践的，都在彰显着人的社会本质的力量。

马克思所处的 19 世纪，一个重要的时代特征就是自然科学革命、技术革命和工业革命连续不断地交错进行，他们为资本主义社会的发展提供了巨大的生产力，或者说，资本主义社会的机器大工业生产方式，推动了自然科学革命、技术革命和工业革命并把它们变成了巨大的社会生产力，空前地提高了社会生产力，这是以往任何社会所不可比拟的。在这样的时代背景下，马克思在探索人的解放和人的本质理论的同时，也把他的这两个理论特别是他的人的本质理论运用到分析研究资本主义社会并对其进行批判，这时他也在思索一个颇为重要的问题，或者说，有一个问题在困扰着他，这也就是马克思和恩格斯在 1847 年 12 月到 1848 年 1 月撰写的《共产党宣言》中，所提出的"关于资本主义社会为什么能够释放出巨大的生产力"的著名问题："资产阶级在它的不到一百年的阶级统治中所创造的生产力，比过去一切世代创造的全部生产力还要多，还要大。自然力的征服，机器的采用，化学在工业和农业中的应用，轮船的行驶，铁路的通行，电报的使用，整个整个大陆的开垦，河川的通航，仿佛用法术从地下呼唤出来的大量人口——过去哪一个世纪料想到在社会劳动里蕴藏有这样的生产力呢？"①

事实上，对于这个问题，马克思一直在思考和探索，在《1844 年经济学哲学手稿》中，他把这种社会生产力的提升归结为人的本质力量的显示，是人的本质力量显示的结果，并与人的本质结合在一起加以思考，他说："如果把工业看成人的本质力量的公开的展示，那末，自然界的人的本质，或者人的自然的本质，也就可以理解了。"② 从另一个角度讲，资本主义大工业生产方式所显出来的这种巨大的生产力，正是人的本质力量发挥出来的结果。

---

① 《马克思恩格斯文集》第 2 卷，人民出版社 2009 年版，第 36 页。
② 《马克思恩格斯全集》第 3 卷，人民出版社 2002 年版，第 307 页。

而与这个问题相对应的是，资本主义制度在将人的本质力量充分地发挥出来，进而导致社会生产力如此巨大地释放出来的同时，资本主义制度为什么导致人的本质的扭曲和异化？资本主义社会为什么呈现为一个包括人的本质的异化、人的劳动的异化、科学技术的异化等在内的"全面异化的社会"？在资本主义经济社会中，为什么会出现"工人生产得越多，他能够消费的越少；他创造价值越多，他自己越没有价值、越低贱；工人的产品越完美，工人自己越畸形；工人创造的对象越文明，工人自己越野蛮；劳动越有力量，工人越无力；劳动越机巧，工人越愚笨，越成为自然界的奴隶"①呢？为什么"劳动为富人生产了奇迹般的东西，但是为工人生产了赤贫。劳动生产了宫殿，但是给工人生产了棚舍。劳动生产了美，但是使工人变成畸形。劳动用机器代替了手工劳动，但是使一部分人回到野蛮的劳动，并使另一部分工人变成机器。劳动生产了智慧，但是给工人生产了愚钝和痴呆"②呢？这到底是为什么呢？其深层次的根本原因在哪里？通过什么样的研究范式和分析方法才能将其揭示出来呢？

马克思在此期间在对上述问题追问、思索和研究的过程中，恩格斯于1843年9月底或10月初至1844年1月完成了《国民经济学批判大纲》，马克思对其极为重视并高度肯定，称其为"内容丰富而有独创性的"著作和"批判经济学范畴的天才大纲"③。受此大纲的影响，马克思认识到对国民经济学批判性研究的意义，于1843年底他开始了对国民经济学批判性的研究，他在《1844年经济哲学手稿》吸收了恩格斯的大量观点。大家知道，马克思的这一部手稿标志着马克思实现了一次重大的思想转向，其突出的标志：一是转向对资产阶级国民经济学的批判，二是转向对黑格尔及青年黑格尔哲学的批判，从而形成了人与自然的对象性关系理论和异化劳动理论，三是对资本主义制度和经济社会现实的批判，四是阐发了新经济学和哲学的观点，五是阐发了共产主义的思想等。而这些批判的展开和思想的阐发是按照什么逻辑进路展开的呢？这就是马克思在此追问、思索和研究的过程中，一个以人的解放观为中心线索、以人的本质理论为基础的"科学—技术—工业"

---

① 《马克思恩格斯全集》第 3 卷，人民出版社 2002 年版，第 269 页。
② 《马克思恩格斯全集》第 3 卷，人民出版社 2002 年版，第 269—270 页。
③ 参见《马克思恩格斯全集》第 3 卷，人民出版社 2002 年版，第 697 页。

的研究范式形成了，这一范式运用的结果，就是他的"科技—经济"思想的萌发和形成。在此之后，伴随着唯物史观的创立，进而在唯物史观的理论框架中将这一研究范式进一步发展，马克思形成了成熟的"科技—经济"思想的理论体系。而当进行系统的政治经济学研究的时候，马克思又将这一成熟的"科技—经济"思想运用到政治经济学的分析研究中，在政治经济学的框架中将其应用展开。

第四节　马克思"科技—经济"思想
形成和发展的阶段划分

通过上述的考察分析可见，马克思的"科技—经济"思想是伴随着马克思和他的战友恩格斯所创立的马克思主义理论的萌发、产生和发展，而逐步地萌发、形成和发展的。从整体上讲，其整个的萌发、形成和发展过程，可以相对地划分为以下三个阶段。

一、马克思"科技—经济"思想探索发现的初创阶段

这一阶段主要是指从马克思开始探索人的解放作为开端，到 19 世纪 40 年代中期。在马克思主义发展史上，理论界一般将这一时期的马克思主义称为"早期马克思主义"，此时期的马克思被称为"青年马克思"。这一时期，既是马克思思想转变和科学世界观形成的重要时期，也是马克思在理论探索过程中有重大科学发现的时期，还是马克思"科技—经济"思想的基本研究范式初步形成的重要时期。马克思在这一时期实现了从唯心主义向唯物主义、从革命民主主义向共产主义的转变。而反映着马克思这一思想转变过程的，是他在这一时期撰写的《黑格尔法哲学批判》、《〈黑格尔法哲学批判〉导言》（撰写时间是 1843 年 10 月至 12 月）、《论犹太人问题》和《1844 年经济学哲学手稿》等代表性著作。在这些著作中，尤其是在《1844 年经济学哲学手稿》中，马克思对自然科学、技术和工业进行了考察分析并提出了大量的创新的思想观点。通过对这些论述的梳理和分析发现，马克思在此时期在经历了对人的解放问题的探索到对人的本质问题的追问和思考之后，考察分析了"人的对象性存在"或"人的对象性现实"，在形成了他的人的

本质理论的同时也对其"科技—经济"思想进行了初步的探索，并形成了以人的解放观为中心线索、以人的本质理论为指导的"科技—经济"思想。由于在该时期形成的这一思想是建立在对人的"对象性的存在"或"对象性的现实"进行考察分析基础上的，所以将其称为对象性存在视域的"科技—经济"思想。

人的本质的对象性的存在或对象性现实，在资本主义社会中呈现出"异化"形式，因此马克思在对资本主义经济社会的现实进行考察分析时，着重考察分析了与人的本质相对立的人的异化、劳动（实践）异化、工业异化、自然科学异化、技术异化等，形成了"科学—技术—工业"的基本分析范式或研究范式，这是马克思对象性存在视域的"科技—经济"思想的基础和核心，这与当时的时代背景——科学革命、技术革命、工业革命等相互缠绕在一起向前推进的社会现实是一致的。在"科学—技术—工业"分析范式的框架中，马克思对资本主义社会展开了一系列的批判，包括对资本主义私人占有制的批判、对人的本质异化的批判、对劳动异化的批判、对自然科学及其资本主义应用所导致异化的批判、对科技发展所导致的自然异化的批判等，在这些批判的基础上提出了对未来社会的构想，这构成了马克思对象性存在视域的"科技—经济"思想的重要内容。笔者认为，《1844年经济哲学手稿》尽管在马克思生前没有发表，在成文的形式上还是手稿而未形成成熟的论著，但是其已经内在地形成了完整的理论体系。尤其是他的"科技—经济"思想体系已经初步形成，这也为其在下一个阶段的发展奠定了基础。

二、马克思"科技—经济"思想系统研究的成熟阶段

这一阶段主要是指从19世纪40年代中期开始到19世纪50年代中期，该时期既是马克思主义理论创立和发展的成熟时期，也是马克思在初期形成的"科技—经济"思想基础上对其进一步系统研究并使其发展成熟的时期。从马克思在这一时期撰写的主要著作来看，马克思早已开始了政治经济学的研究，但在整体上还是以哲学特别是唯物史观的研究为主要任务，主要探索能够为其政治经济学研究提供分析范式和方法论指导的唯物史观的问题。1845年马克思撰写了《关于费尔巴哈的提纲》，1844—1846年马克思和恩

格斯合作撰写了《德意志意识形态》，这两部著作标志着马克思主义理论的基本形成。《关于费尔巴哈的提纲》被誉为包含着新世界观即辩证唯物主义世界观天才萌芽的第一个文献，在批判费尔巴哈和一切旧唯物主义者忽视人的主观能动性和实践作用缺陷的同时，阐述了辩证唯物主义的实践观和真理的检验标准的思想，提出了人的社会本质观和哲学肩负解释世界和改造世界双重功能的观点等。而《德意志意识形态》也是一部阐述唯物史观和共产主义理论的重要文献，阐述了社会存在决定社会意识的原理，并在此原理的基础上阐述了唯物史观的一系列理论观点。1847 年马克思撰写了《哲学的贫困》，1848 年马克思和恩格斯合作撰写了《共产党宣言》，这两部著作标志着马克思主义理论的公开问世。在《哲学的贫困》中，马克思在批判蒲鲁东为资本主义辩护和改良主义观点以及唯心史观和形而上学方法论的同时，主要阐述了唯物史观特别是生产力和生产关系的辩证关系原理，为马克思经济理论研究奠定了初步基础。而《共产党宣言》是马克思主义理论的纲领性文献，"这部著作以天才的透彻而鲜明的语言描述了新的世界观，即把社会生活领域也包括在内的彻底的唯物主义、作为最全面最深刻的发展学说的辩证法，以及关于阶级斗争和共产主义新社会创造者无产阶级肩负的世界历史性的革命使命的理论"①。概而言之，在这些著作中，马克思和他的挚友恩格斯一道批判地继承了前人的优秀成果，从对人的本质的"对象性存在"的考察分析，转向了对人类社会物质生产和生活领域特别是资本主义社会的物质生产和生活方式的考察研究，在唯物辩证法的基础上发现和创立了唯物史观，实现了人类思想史上的伟大革命，为认识历史和时代问题提供了一种崭新的世界观和方法论原则。

在这一阶段，马克思将初创阶段所形成的对象性存在视域的"科技—经济"思想，特别是其中的"科学—技术—工业"的基本分析范式向前加以推进，并且在唯物史观的科学理论前提下对其"科技—经济"思想进行了系统性的深入研究，这些研究的思想观点除了体现在上述标志着马克思主义基本形成和公开问世的著作之外，马克思在 1844 年 9 月至 1845 年 2 月撰写的《神圣家族》（与恩格斯合作）、在 1845 年春撰写的《关于费尔巴哈的

---

① 《列宁全集》第 26 卷，人民出版社 1990 年版，第 50 页。

提纲》、在 1847 年 12 月撰写的《雇佣劳动与资本》、在 1848 年 1 月发表的《关于自由贸易的演说》、在 1853 年 7 月撰写的《不列颠在印度统治的未来结果》、1856 年 4 月发表的《在〈人民报〉创刊纪念大会上的演说》，以及马克思在 1851 年 1 月致恩格斯的信、1851 年 5 月致罗兰特·丹尼尔斯的信和 1854 年 3 月《给工人议会的信》等，都涉及和阐述了他的"科技—经济"思想。这些思想尽管散见于上述的著作、论文和书信之中，但将其综合起来看，马克思已经形成了包括"科学—技术—生产"的生产力基本研究范式以及在此基础上形成的"科技—生产力—生产方式""科技—生产力—生产方式—生产关系""科技—生产力—生产方式—经济基础—上层建筑"等基本原理内容在内的系统的"科技—经济"思想。这一思想，笔者将其统称为唯物史观下的"科技—经济"思想。

三、马克思"科技—经济"思想应用展开的发展阶段

这一阶段主要指从 19 世纪 50 年代中期开始，一直到马克思逝世为止。在这一时期，马克思实现了从对人类社会发展规律的哲学唯物史观的研究，到运用哲学唯物史观的基本原理对资本主义经济社会现实、社会结构、生产方式、生产关系、资本运行机制等政治经济学研究和批判的转向，开始了系统的政治经济学研究。1857 年第 4 季度到 1858 年 5 月底，马克思撰写了一系列的 50 印张的经济学手稿，被称为《1857—1858 年经济学手稿》或《政治经济学批判（1857—1858 年手稿)》[①]，该手稿对政治经济学的研究对象、研究方法、货币理论、剩余价值理论和资本主义经济运动规律等作了科学论述，它标志着马克思主义经济学理论的基本形成。1859 年 6 月，马克思的《政治经济学批判》第一册公开出版。在此之后，马克思于 1861 年 8 月至 1863 年 7 月撰写了《1861—1863 年经济学手稿》，于 1863 年 8 月至 1865 年底撰写了《1863—1865 年经济学手稿》。马克思在 1865 年底完成了他的三大经济学手稿之后，立即投入对《资本论》第 1 卷的最后加工工作，1867 年 9 月 14 日《资本论》第 1 卷德文第一版由德国汉堡迈斯纳出版社出版，

---

① 由于该手稿没有注明写作日期，因此这一时间是后人考证的。参见《马克思恩格斯文集》第 8 卷，人民出版社 2009 年版，第 600 页。

这标志着马克思主义经济学的系统形成和正式登上经济学历史舞台。《资本论》第一卷出版之时正是欧洲革命运动的高潮时期,《资本论》第一卷被作为"工人阶级的圣经"而广为流传。这正如顾海良和张雷声所言:"没有哪一种经济学说,能像马克思主义经济学这样,如此密切贴近人类经济、政治和社会发展的实际,如此深刻地影响着百年来人类社会经济关系的发展"①。马克思生前,计划将《资本论》分三卷四册出版。马克思在《资本论》第一卷序言中说:"我把这部著作的第一卷交给读者",它探讨了资本的生产过程,这是第一册;"这部著作的第二卷将探讨资本的流通过程(第二册)和总过程的各种形式(第三册),第三卷即最后一卷(第四册)将探讨理论史"②。显然,这个三卷四册的出版计划并未完全执行,恩格斯将第二卷的两册变成了《资本论》的第二卷和第三卷,分别于1885年和1894年出版。马克思原计划中的第三卷(第四册),考茨基在出版此书时将其以"剩余价值理论"为名,把它作为与《资本论》并立的独立著作,按三册分别于1905—1910年间出版,苏联于1954年至1961年间重新根据马克思的手稿加以整理出版了《资本论》第四卷。

在这些经典著作中,马克思将哲学唯物史观的基本原理——即生产力与生产关系、经济基础与上层建筑的辩证关系原理——作为马克思"经济分析的范式"③和"基本原理"④,应用于政治经济学的研究和批判中,创建了以劳动价值论为基础和以剩余价值理论为核心的无产阶级政治经济学即马克思主义政治经济学的理论体系。伴随着马克思主义政治经济学理论体系的创立,马克思在将唯物史观基本原理应用于政治经济学研究的同时,也将他在唯物史观下的"科技—经济"思想,具体应用到对以"科学—技术—工业"为基础的资本主义大工业经济形态的分析研究中,将"科学—技术—生产力"基本研究范式以及在此基础上形成的"科技—生产力—生产方式""科技—生产力—生产方式—生产关系""科技—生产力—生产方式—经济基础—上层建筑"等基本原理内容在内的"科技—经济"思想,运用到对

---

① 顾海良、张雷声:《20世纪国外马克思主义经济思想史》,经济科学出版社2006年版,第1页。
② [德]马克思:《资本论》第1卷,人民出版社2004年版,第1、13页。
③ 林岗:《马克思主义与经济学》,经济科学出版社2007年版,第32页。
④ 刘冠军:《新编政治经济学教程》,中国人民大学出版社2011年版,第9页。

资本主义经济社会现实、社会结构、生产方式、生产关系、资本运行机制等的政治经济学研究之中，并将其在马克思主义经济学体系中加以展开和发展，提出了包括科技尤其是科学是"不费分文"的生产力，科技是资本的力量和资本的生产力，以科技应用为基础的机器是剩余价值生产的手段，资本对科技的需求是科技成为相对剩余价值生产的条件，科技遵循资本的逻辑成为与雇佣工人相对立的力量，科技通过工业实现对自然的控制进而必然导致生态问题，科技通过工业提高劳动生产力创造物质财富的同时也进一步培养了资本主义的掘墓人等诸多"科技—经济"的新思想观点。笔者将其称之为马克思政治经济学中"科技—经济"思想。

概而言之，马克思的"科技—经济"思想是伴随着马克思主义理论的孕育、产生和发展而逐步萌发、形成和发展的，它是以马克思确立为人类解放进行探索的奋斗目标为历史起点和逻辑起点的。马克思在对人的解放问题探索过程中遇到了理论难题或瓶颈即人的本质问题，在对人的本质问题进行艰辛探索过程中，形成了以人的实践性、理性和社会性为内容的人的本质的理论。同时，马克思在从人与自然的关系和人与社会的关系双重维度对人的"对象性存在"和"人的对象性社会存在"的探索过程中，通过对资本主义社会的种种矛盾和全方位异化问题的分析批判，逐步形成了一个以人的解放观为中心线索、以人的本质理论为基础的"科学—技术—工业"的研究范式，并运用这一范式对资本主义社会的科学、技术和工业基础上的种种异化现象进行批判，形成了初级阶段的对象性视域的"科技—经济"思想。在此基础上，伴随着唯物史观的创立，进而形成了成熟阶段的唯物史观视域的"科技—经济"思想的理论体系，并且伴随着马克思政治经济学的研究进程，马克思又将这一成熟的"科技—经济"思想运用到政治经济学的分析研究中，进而形成了发展阶段上的政治经济学视域的"科技—经济"思想。

第五节 马克思"科技—经济"思想
发展进程中的两种类型

从马克思"科技—经济"思想萌发、产生和发展的整个历程看，它经历了探索发现的初创阶段、系统研究的成熟阶段和应用展开的发展阶段。从其考察研究的基础和出发点来看，在这三个阶段的发展过程中，形成了两种不同类型的"科技—经济"思想，即对象性存在视域的"科技—经济"思想和物质生产视域的"科技—经济"思想。

一、对象性存在视域的"科技—经济"思想

对象性存在视域的"科技—经济"思想是马克思在其探索发现的初创阶段形成的，它是指马克思从"人的对象性存在"或"人的对象性现实"出发，在考察研究和分析批判资本主义经济社会中与人的本质相对立的人的异化、劳动（实践）异化、工业异化、自然科学异化、技术异化等基础上所形成的以"科学—技术—工业"为基本分析范式或研究范式的"科技—经济"思想。如上所述，在19世纪40年代中期之前，马克思在对黑格尔和费尔巴哈等以往哲学的批判和对资本主义经济社会现实的批判的基础上，在实现了自身从唯心主义向唯物主义、从革命民主主义向共产主义转变的同时，沿着从对人的解放问题的探索，到对人的本质问题的追问，再到从"人的对象性存在"或"人的对象性现实"出发对资本主义经济社会中的自然科学、技术和工业进行了考察分析，形成了"科学—技术—工业"的基本分析范式或研究范式，最后形成了他的以人的解放观为中心线索、以人的本质理论为指导、以"科学—技术—工业"分析范式为理论内核的"科技—经济"思想，即他的对象性存在视域的"科技—经济"思想。

马克思对象性存在视域的这一"科技—经济"思想，其突出特征是从"人的对象性存在"或"人的对象性现实"出发对资本主义的异化批判，包括对"人的对象性存在"的资本主义私人占有制异化的批判、对"人的对象性存在"的人的本质异化的批判、对"人的对象性存在"的劳动异化的批判、对"人的对象性存在"的自然科学及其资本主义应用所导致异化的批判、对"人的对象性存在"的科技发展所导致的自然异化的批判等。正是从"人的对象性存在"的现实出发，马克思在对资本主义经济社会的这些"人的对象性存在"异化批判基础上提出了对未来社会的构想。马克思从"人的对象性存在"或"人的对象性现实"出发对资本主义各种异化现象的批判，集中地体现在此时期撰写的代表性著作《1844年经济哲学手稿》之中，这部著作标志着马克思"科技—经济"思想体系的初步形成。

二、物质生产视域的"科技—经济"思想

从马克思对"科技—经济"思想探索的历程看,从 19 世纪 40 年代中期开始发生了重大的研究转向,或者说实现了一次革命性的研究飞跃。如果说在 19 世纪 40 年代中期之前,马克思孕育形成了对象性视域的"科技—经济"思想,那么在此之后则形成了物质生产视域的"科技—经济"思想,这主要体现在马克思"科技—经济"思想系统研究的成熟阶段和应用展开的发展阶段。通过上述考察分析可见,从 19 世纪 40 年代中期开始,马克思对"科技—经济"思想的探索,从人的对象性存在视域的研究深入人类社会物质生产视域研究,从对人的本质的"对象性存在"的考察分析转向了对人类社会物质生产和生活领域特别是资本主义社会的物质生产和生活方式的考察研究,在唯物辩证法的基础上发现和创立了唯物史观,实现了人类思想史上的伟大革命,为认识历史和时代问题提供了一种崭新的世界观和方法论原则。正是在这一崭新的新世界观和方法论原则的创立过程中,马克思形成了人类社会物质生产和物质生活基础上的系统的"科技—经济"思想体系。这首先体现在标志着马克思主义理论基本形成的两部著作——1845 年他撰写的《关于费尔巴哈的提纲》和 1846 年他与恩格斯合作完成的《德意志意识形态》中,其次体现在标志着马克思主义理论公开问世的两部著作——1847 年他撰写的《哲学的贫困》和 1848 年他与恩格斯合作完成的《共产党宣言》之中。除此之外,还体现在 1847 年他撰写的《雇佣劳动与资本》、1848 年发表的《关于自由贸易的演说》、1853 年完成的《不列颠在印度统治的未来结果》、1856 年发表的《在〈人民报〉创刊纪念大会上的演说》以及马克思的大量的信件之中。在这些经典著作中,马克思将初创阶段所形成的对象性存在视域的"科技—经济"思想,特别是其中的"科学—技术—工业"的基本分析范式向前加以推进,形成了"科学—技术—生产力"的基本分析方式,并在唯物史观的科学理论前提下形成了以"科学—技术—生产力"分析范式为理论内核的系统的"科技—经济"思想体系。在此,将其称为马克思唯物史观中的"科技—经济"思想。

同时应当看到,马克思唯物史观的创立和以剩余价值理论为核心的政治经济学的研究是密切相关的。从马克思经典著作的撰写和出版发表时间看,

从 19 世纪 50 年代中期开始一直到马克思逝世为止，马克思将唯物史观中的"科技—经济"思想体系的基本原理和基本分析范式运用到他的政治经济学研究中，在创立系统的政治经济学理论体系的同时，对唯物史观中的"科技—经济"思想特别是其基本理论内核——"科学—技术—生产力"基本分析方式进行了科学处理和科学抽象，形成了"生产力中包括科学"的分析范式，使其政治经济学的研究既遵循唯物史观中"科技—经济"思想的基本原理和方法论原则，又在此基本原理和方法论原则指导下严格按照科学研究的方法和逻辑加以进行，进而在其政治经济学理论中前瞻性地提出了大量的"科技—经济"思想的创新性观点。这主要体现在标志马克思主义政治经济学理论基本形成的《政治经济学批判（1857—1858 年手稿）》《政治经济学批判（1861—1863 年手稿）》《政治经济学批判（1863—1865 年手稿）》三大手稿，以及他的政治经济学代表性巨著《资本论》之中。在这些政治经济学的经典著作中，马克思在将唯物史观基本原理应用于政治经济学研究的同时，也将他在唯物史观下的"科技—经济"思想，具体应用到对资本主义大工业经济形态的分析研究中，提出了包括科技尤其科学是"不费分文"的生产力，科技是资本的力量和资本的生产力，以科技应用为基础的机器是剩余价值生产的手段，资本对科技的需求是科技成为相对剩余价值生产的条件，科技遵循资本的逻辑成为与雇佣工人相对立的力量，科技通过工业实现对自然的控制进而必然导致生态问题，科技通过工业提高劳动生产力创造物质财富的同时也进一步培养了资本主义的掘墓人等诸多"科技—经济"的新思想观点，笔者将其称之为马克思政治经济学中的"科技—经济"思想。

三、马克思"科技—经济"思想两种类型的比较

综上所述，在马克思"科技—经济"思想的孕育、形成和发展过程中，如果说在 19 世纪 40 年代中期之前，孕育形成的是对象性视域的"科技—经济"思想，那么在此之后依次形成的是唯物史观中的"科技—经济"思想体系和政治经济学中的"科技—经济"思想，二者有一个共同的特征，那就是物质生产视域的"科技—经济"思想。唯物史观中的"科技—经济"思想体系是基于人类社会整体发展，从物质生产和物质生活的现实出发加以

系统构建的结果，而政治经济学中的"科技—经济"思想，则是在具体考察资本主义经济社会过程中运用唯物史观的"科技—经济"思想体系基本原理和分析范式，从资本主义经济社会的物质生产和物质生活的现实出发加以科学研究的结晶。因此，从19世纪40年代中期开始，马克思的唯物史观中的"科技—经济"思想体系和政治经济学中的"科技—经济"思想，属于同一类型，即物质生产视域的"科技—经济"思想。这样，马克思"科技—经济"思想经过三个发展阶段的发展，形成了两种不同的类型，即对象性存在视域的"科技—经济"思想和物质生产视域的"科技—经济"思想。在对马克思两种不同类型的"科技—经济"思想进行深入系统的考察分析之前，有必要对二者从不同的层面进行比较性研究，以便在整体上把握的同时，更加清晰地展示马克思"科技—经济"思想的历史演进。

马克思对象性存在视域的"科技—经济"思想和物质生产视域的"科技—经济"思想的不同，如表2-1所示。

表2-1　马克思"科技—经济"思想两种类型的比较

类型名称	对象性存在视域的"科技—经济"思想	物质生产视域的"科技—经济"思想	
时代背景	第一次科学革命、技术革命、工业革命等相互缠绕在一起向前推进	第一次科学革命、技术革命、工业革命等已经完成；第二次科学革命、技术革命、工业革命等正在孕育发生	
研究的立足点	"人的对象性存在"或"人的对象性社会存在"的现实	物质生产和物质生活的现实	
形成时期	探索发现的初创阶段（从马克思开始探索人的解放作为开端，到19世纪40年代中期之前）	系统研究的成熟阶段（从19世纪40年代中期开始到19世纪50年代中期之前）	应用展开的发展阶段（从19世纪50年代中期开始一直到马克思逝世为止）
考察对象	对象性存在的市民社会，即资本主义经济社会	人类社会或社会的人类	资本主义经济社会内部的生产方式以及与它相适应的生产关系和交换关系
理论基础	人的解放和本质理论、人的对象性存在的理论、异化劳动理论	唯物辩证法、唯物史观	劳动价值论、剩余价值理论、资本积累理论
理论形态	异化批判理论中的"科技—经济"思想	唯物史观中的"科技—经济"思想	政治经济学中的"科技—经济"思想

续表

分析范式	"科学—技术—工业"分析范式	"科学—技术—生产力"分析范式	"生产力中也包括科学"的分析范式
主要内容	从"人的对象性存在"或"人的对象性现实"出发，通过对市民社会的考察，形成了对象性存在视域的"科学—技术—工业"分析范式，并在此基础上对"科学—技术—工业"作为资本存在所导致的资本主义全方位异化现象批判，提出了通过"私有财产即人的自我异化的积极的扬弃"实现人的完全复归，通过"科学—技术—工业"作为资本存在的积极扬弃实现自由劳动，通过科技异化的积极扬弃实现自然科学和人的科学合为"一门科学"等"科技—经济"思想	从物质生产和物质生活的现实出发，对人类社会进行考察，提出了科学是人类社会历史发展的杠杆和革命的力量，形成了唯物史观中的"科学—技术—生产力"分析范式，并在此基础上对劳动技术组合方式和社会组合方式等进行研究，形成了唯物史观中的"科学—技术—生产力—劳动技术组合方式—劳动社会组合方式即生产方式—生产关系—经济基础—上层建筑"等"科技—经济"思想	从物质生产和物质生活的现实出发，对资本主义经济社会内部的生产方式及其生产关系等进行考察，揭示了科学是"不费分文"的生产力，科技是资本的力量和资本的生产力，将唯物史观中的分析范式方式进行了政治经济学的创造性转换，形成"生产力中包括科学"的政治经济学研究的分析范式，并在此基础上孕育科技劳动价值论思想以及科技是改进剩余价值生产方法的手段等"科技—经济"思想
理想制度设计	对象性存在的私有财产即人的自我异化的积极的扬弃，实现人的本质向自身的回归和自由的劳动	消灭私有制，建立基于公有的生产资料的自由人联合体，实现人的自由而全面的发展	剥夺者被剥夺，在协作和对生产资料共同占有基础上重新建立个人所有制
代表性经典著作	《黑格尔法哲学批判》《〈黑格尔法哲学批判〉导言》《论犹太人问题》《1844年经济学哲学手稿》等	《关于费尔巴哈的提纲》《德意志意识形态》《哲学的贫困》《共产党宣言》《雇佣劳动与资本》《不列颠在印度统治的未来结果》《在〈人民报〉创刊纪念大会上的演说》等	《资本论》《1857—1858年经济学手稿》《1861—1863年经济学手稿》《1863—1865年经济学手稿》等

　　逻辑是历史的反映，上述横向维度的比较，反映在思想演进的纵向维度就是，伴随着时代背景从第一次科学革命、技术革命、工业革命等相互缠绕在一起向前推进，向在此基础上正在孕育发生的第二次科学革命、技术革命、工业革命等的深刻变化，马克思的"科技—经济"思想在不断地向前发展，研究的立足点从"人的对象性存在"或"人的对象性社会存在"的

现实，转向了物质生产和物质生活的现实。立足点的转变，实质上是研究视域和考察对象的转变，在研究视域上体现为从对象性存在视域转向物质生产视域，而在考察对象上展示出从现象层面考察对象性存在的市民社会即资本主义经济社会，转向到在现实和历史相统一的整体系统层面考察人类社会或社会的人类，再深入资本主义经济社会内部层面考察其生产方式以及和它相适应的生产关系和交换关系。伴随着这一转变，马克思的基础理论也随之转变，从人的对象性存在的理论和异化劳动理论，转向到唯物辩证法和唯物史观理论，并进一步形成了劳动价值论、剩余价值理论和资本积累理论等政治经济学理论，这实际上是马克思"科技—经济"思想的基础理论转换。正是这一基础理论的演进，使嵌入在或蕴含于这些基础理论中的"科技—经济"思想发生转变，依次展现为从对象性存在视域的"科技—经济"思想（即嵌入在异化批判理论中的"科技—经济"思想），演进到物质生产视域的"科技—经济"思想，并且在物质生产视域中形成了嵌入在唯物史观中的"科技—经济"思想，以及嵌入在政治经济学中的"科技—经济"思想，进而使马克思的"科技—经济"思想表现出三阶段的发展，即在探索发现的初创阶段形成对象性存在视域的"科技—经济"思想，也就是异化批判理论中的"科技—经济"思想，在系统研究的成熟阶段形成唯物史观中的"科技—经济"思想，在应用展开的发展阶段形成政治经济学中的"科技—经济"思想。

　　三个阶段上呈现出的三个基础理论中的"科技—经济"思想，在最基本的概念图式和最根本的思想基质上，体现了分析范式的转向，即从初创阶段的"科学—技术—工业"分析范式，向成熟阶段的"科学—技术—生产力"分析范式，再向发展阶段的"生产力中也包括科学"分析范式的转向。从实质上看，马克思三个阶段上的"科技—经济"思想的主要内容，依次是在这三种分析范式基础上形成的，分别是"科学—技术—工业"分析范式基础上的"科技—经济"思想，"科学—技术—生产力"分析范式基础上的"科技—经济"思想，"生产力中也包括科学"分析范式基础上的"科技—经济"思想；而对理想社会的制度设计之所以出现随着阶段性发展而不断深化，呈现为通过对象性存在的私有财产即人的自我异化的积极扬弃来实现人的本质向自身的回归和自由的劳动，通过消灭私有制来建立基于公有的生产资料的自由人联合体进而实现人的自由而全面的发展，通过剥夺者被剥夺并在协作和对生产资料共同占有基础上重新建立个人所有制，同样是基于三种不同的分析范式作出的，否则将难以理解"重建个人所有制"的真正内涵。

第 三 章

马克思对象性存在视域的
"科技—经济"思想

对象性存在视域的"科技—经济"思想，是马克思在其初期探索阶段——即从他确立探索人类解放问题作为开端到 19 世纪 40 年代中期的这一时期形成的。在这一时期，马克思为了探索与人类解放密切相关的人的本质问题，实现了研究领域的重大转向，从对人自身的研究转向对人的对象性存在或对象性现实的研究。马克思在对人的对象性存在即资本主义现实的考察分析中，形成了他的对象性存在视域的"科技—经济"思想。在这一时期，马克思唯物史观的科学理论还处在孕育形成阶段，也就是说还没有明确地提出，但是他已经开始关注人的对象性的存在和现实，即开始立足于资本主义的社会现实特别是经济现实进行考察、分析和批判，这为他的唯物史观的形成和提出奠定了基础；同时，也正是由于在该时期形成的这一思想，是建立在对人的对象性的存在或对象性的现实进行考察分析基础上形成的，所以将其称为对象性存在视域的"科技—经济"思想。可以说，这是马克思"科技—经济"思想在理论上的最初表现形态，也为马克思"科技—经济"思想的进一步发展奠定了的基础。马克思的这一思想，散见于他在这一时期撰写的代表性著作——如《黑格尔法哲学批判》《〈黑格尔法哲学批判〉导言》《论犹太人问题》《1844 年经济学哲学手稿》等之中，并在《1844 年经济学哲学手稿》中进行了颇为集中的论述和阐释。

第一节　对象性关系与人的对象性存在的理论

通过对马克思在这一时期的代表性著作特别是《1844 年经济学哲学手稿》的考察分析可见，马克思在探索人类解放的过程中有一系列的重大发现和创新，提出了"人是人的最高本质"[1]，"只有通过人的完全回复才能回复自己本身"[2]，只有"回复自己本身"才能实现人的真正解放的理论观点，简而言之就是，与人的解放相关的劳动解放、经济解放、政治解放和宗教解放等，"任何解放都是使人的世界和人的关系回归于人自身"[3]。这种以"人的完全回复""回复自己本身""回归于人自身"为实质内容的人类解放思想，要求对人的本质进行探索，对此问题，马克思提出对人的本质的研究不能仅仅局限于在"人自身"中探寻，而应当到他的对象性关系和对象性存在中去探寻，不能从单一的对象性关系来考察，而应当从人与社会的关系和人与自然的关系的双重维度来考察，因为历史的进程既包括人类社会发展的历史进程，也包括自然界特别是人化自然界的历史进程；同样地，人的对象性存在的现实也包括两个方面，即人类社会的现实和自然界或人化自然界的现实。根据这一逻辑进路，马克思对人的对象性关系与人的对象性存在或人的对象性现实进行了考察分析，形成了他的对象性关系和对象性存在的理论，这一理论为他创立以"科学—技术—工业"为核心内容的经济分析范式，以及在此范式的基础上对资本主义社会各种异化现象的批判，进而形成他的"科技—经济"思想，提供了一个新的研究视域或研究维度。

一、对象性关系与人的对象性存在的形成

马克思在《1844 年经济学哲学手稿》特别是在《对黑格尔的辩证法和整个哲学的批判》中，站在实践和劳动的立场上，在批判地吸收费尔巴哈人本主义和自然主义的基础上，对以布鲁诺·鲍威尔为代表的青年黑格尔派及黑格尔的观点进行了批判性的改造，进而形成了他的实践唯物主义的对象

---

[1] 《马克思恩格斯全集》第 3 卷，人民出版社 2002 年版，第 207 页。
[2] 《马克思恩格斯全集》第 3 卷，人民出版社 2002 年版，第 213 页。
[3] 《马克思恩格斯全集》第 3 卷，人民出版社 2002 年版，第 189 页。

性关系和人的对象性存在的理论。

　　在马克思看来，黑格尔在"人＝自我意识"的前提下，提出了"自我意识的外化设定物性"的观点，这实质上就是说"人的外化的、对象性的本质即物性……＝外化的自我意识，而物性是由这种外化设定的"，而对黑格尔来说，"是对象的那个东西，而且只有对他来说是本质的对象并因而是他的对象性的本质的那个东西，才是他的真正对象。既然被当做主体的不是现实的人本身，因而也不是自然——人是人的自然——而只是人的抽象，即自我意识，所以物性只能是外化的自我意识"。① 青年黑格尔学派的代表人物布鲁诺·鲍威尔批判黑格尔的这一观点时"用抽象的人的'自我意识'代替了'抽象的自然界'的实体"②，把"自我意识"本身当作"实体"，提出了"自我意识设定世界"的观点，认为"自我意识设定世界、设定差别，并且在它所创造的东西中创造自身，因为它重新扬弃了它的创造物同它自身的差别，因为它只是在创造活动中和运动中才是自己本身，——这个自我意识在这个运动中似乎就没有自己的目的了"，等等。或者说："他们〈法国唯物主义者〉还未能看到，宇宙的运动只有作为自我意识的运动，才能实际上成为自为的运动，从而达到同自身的统一"。③ 马克思认为，鲍威尔的"这些说法甚至连在语言上都同黑格尔的观点毫无区别，而且毋宁说是在逐字逐句重述黑格尔的观点"④，这种批判是完全拘泥于所批判的材料，完全拘泥于黑格尔辩证法自身的逻辑，以至于在批判的方法上完全采取了非批判的态度，甚至在进行批判活动时"对于我们对待黑格尔的辩证法这一表面上看来是形式的问题，而实际上是本质的问题，则完全缺乏认识"⑤。

　　马克思认为，对黑格尔的这一观点作"严肃的、批判的"人，当是费尔巴哈。费尔巴哈在1843年出版的《未来哲学原理》中所确立的"未来哲学"第一个原则是："具有现实性的现实事物或作为现实的东西的现实事物，乃是作为感性的对象的现实事物，乃是感性事物"，只有一个感性的实

---

① 《马克思恩格斯全集》第3卷，人民出版社2002年版，第323页。

② 《马克思恩格斯全集》第3卷，人民出版社2002年版，第312页。

③ 转引自《马克思恩格斯全集》第3卷，人民出版社2002年版，第313页。

④ 《马克思恩格斯全集》第3卷，人民出版社2002年版，第313页。

⑤ 《马克思恩格斯全集》第3卷，人民出版社2002年版，第312页。

体才是一个真正的、现实的实体，只有通过感觉感到的对象才能是真实的意义上的存在，"一个对象，一个现实的对象，只有当我们遇到一种对我发生作用的东西时，只有当我的自我活动——如果我是从思维的立场出发的话——受到另一个东西的活动的限制、阻碍时，才呈现在我们面前。对象的概念，只不过是另外一个自我的对象。但是只有通过感觉，自我才成为非我。对象才成为对象"①。这样，费尔巴哈把人与自然的"感性存在"与"感性直观"作为未来哲学的基础，把它同黑格尔的绝对观念或自我意识对立起来，他的未来哲学是人本主义和自然主义统一的人类学。马克思认为，黑格尔哲学本质上是令人迷惑的宗教神学形式，而费尔巴哈人类学将宗教神学的彼岸世界带回到现实的此岸世界，这是从抽象的东西回到具体的现实感性实体的过程。费尔巴哈从感性的、直观的现实世界出发，使哲学从人的虚假本质即绝对观念或自我意识回到人的真实的本质。费尔巴哈的这种感性直观的唯物主义将黑格尔头足倒立的观点从根本上加以颠倒或颠覆，换言之，进行了根本性的批判。因此，马克思对其加以高度肯定："费尔巴哈是惟一对黑格尔辩证法采取严肃的、批判的态度的人；只有他在这个领域内作出了真正的发现，总之，他真正克服了旧哲学……创立了真正的唯物主义和实在的科学"②。从自然主义出发，费尔巴哈不仅把人看作"类存在物"、看作一个"自由的实体"，而且把自然界和人自身都看作被人感知的具体的感性存在，主张人是从自然界产生出来的，自然的本质就是人的本质，认为人作为自然界的产物和一部分是通过自然的身体同自然界发生对象性关系，并且通过精神同其他自然存在物建立对象性关系。在这种对象性关系中，人作为感性存在和感性直观的对象，同其他自然存在物一样，既是主体又是客体，既是受动的，又是主动的。当然，由于费尔巴哈不了解人的实践的本质，不了解人的全部社会生活在本质上是实践的，因此他把人作为主体时，仅仅把人理解为生理的、生物的、自然的人。

从费尔巴哈的感性唯物主义、人本主义和自然主义出发，马克思看到了感性的、直观的、现实的人的存在比抽象"自我意识"是更为根本、更加

---

① 《费尔巴哈哲学著作选集》上卷，荣震华等译，商务印书馆1984年版，第166页。
② 《马克思恩格斯全集》第3卷，人民出版社2002年版，第314页。

现实的感性实体，认为"自我不过是被抽象地理解的和通过抽象产生出来的人。人是自我的〔selbstisch〕。人的眼睛、人的耳朵等等都是自我的；人的每一种本质力量在人身上都具有自我性〔Selbstigkeit〕这种特性。但是，正因为这样，说自我意识具有眼睛、耳朵、本质力量，就完全错了。毋宁说，自我意识是人的自然即人的眼睛等等的质，而并非人的自然是自我意识的质"①。马克思把人看成是现实的肉体的对象性存在物，"一个有生命的、自然的、具备并赋有对象性的即物质的本质力量的存在物，既拥有它的本质的现实的、自然的对象，而它的自我外化又设定一个现实的、却以外在性的形式表现出来因而不属于它的本质的、极其强大的对象世界，这是十分自然的。这里并没有什么不可捉摸的和神秘莫测的东西。相反的情况倒是神秘莫测的。但是，同样明显的是，自我意识通过自己的外化所能设定的只是物性，即只是抽象物、抽象的物，而不是现实的物"②。这样，马克思在费尔巴哈感性唯物主义、人本主义和自然主义的基础上，将黑格尔的"自我意识的外化设定物性"的观点，转变为"人的现实的对象性活动设定或创造异己的对象"。马克思指出："当现实的、肉体的、站在坚实的呈圆形的地球上呼出和吸入一切自然力的人通过自己的外化把自己现实的、对象性的本质力量设定为异己的对象时，设定并不是主体；它是对象性的本质力量的主体性，因此这些本质力量的活动也必须是对象性的活动。对象性的存在物进行对象性活动，如果它的本质规定中不包含对象性的东西，它就不进行对象性的活动。它所以只创造或设定对象，因为它是被对象所设定的，因为它本来就是自然界。因此，并不是它在设定这一行动中从自己的'纯粹的活动'转而创造对象，而是它的对象性的产物仅仅证实了它的对象性活动，证实了它的活动是对象性的自然存在物的活动"，这是一种"彻底的自然主义或人道主义，既不同于唯心主义，也不同于唯物主义，同时又是把这二者结合的真理。我们同时也看到，只有自然主义能理解世界历史的行动"③。

在这段论述中，至少包含以下几层含义：（1）马克思把黑格尔"自我意识外化设定"行为，已经改造为"现实的人的对象性本质力量的外化"

①　《马克思恩格斯全集》第3卷，人民出版社2002年版，第321页。
②　《马克思恩格斯全集》第3卷，人民出版社2002年版，第323页。
③　《马克思恩格斯全集》第3卷，人民出版社2002年版，第324页。

过程或"现实的人的对象性活动的设定"过程；（2）并且把黑格尔的"设定"理解为"创造"，把黑格尔的"设定物性"改造为"设定或创造对象"或"设定或创造异己的对象"；（3）人设定或改造对象，并非主体主观性的意识活动，而是因为主体本身就是自然存在物，并拥有对象性客观活动，即劳动或实践，人才可能以对象性的活动设定或改造对象；（4）自然界中现实的人与自然界本身就是一种对象性的关系，二者是互为对象的；（5）人作为对象性的存在物在其本质的规定中具有现实的对象性的本质力量，人在创造和设定对象的同时也被对象所设定；（6）而且作为相互设定和创造的产物——不管是作为对象性的人，还是作为对象性的自然物——都是在证实二者的对象性活动和作为对象性的自然存在物的活动。因此，马克思肯定费尔巴哈的人是对象性活动的观点，但在此更强调人的对象性活动是劳动或实践，并非动物生存本能式的对象性活动。这也就意味着马克思突破了费尔巴哈人本学的局限；同时，又着眼于对黑格尔唯心主义的批判，吸取费尔巴哈自然主义原则而关注现实的人。在此意义上，马克思说这是一种彻底的自然主义或人道主义，它将费尔巴哈的唯物主义和黑格尔的唯心辩证法有机地结合在一起，能够很好地理解世界历史的发展过程。事实上，马克思的这些思想观点，已经包含着人通过人的实践（劳动）力量而改造世界的观点，这与黑格尔和费尔巴哈的观点有着本质的不同，其中包含着实践唯物主义的思想观点。

　　与此同时，马克思对人作为现实的、感性的、对象性存在物通过外化进行的"设定性"或"创造性"活动，从自然性和社会性两个方面作了进一步解释。

　　一方面，人的外化的"设定性"或"创造性"活动是一种自然性的对象性活动，这种活动具有能动性和受动性双重属性，这是因为"人直接地是自然存在物。人作为自然存在物，而且作为有生命的自然存在物"，它"具有自然力、生命力，是能动的自然存在物；这些力量作为天赋和才能，作为欲望存在于人身上"，能动性或主动性是人的固有的天赋、才能和欲望；同时，"人作为自然的、肉体的、感性的、对象性的存在物，同动植物一样，是受动的、受制约的和受限制的存在物"，① 受动性或受限制性对人

---

① 《马克思恩格斯全集》第3卷，人民出版社2002年版，第324页。

来讲也是客观存在的,"也就是说,他的欲望的对象是作为不依赖于他的对象而存在于他之外的;但是,这些对象是他的需要的对象;是表现和确证他的本质力量所不可缺少的、重要的对象。说人是肉体的、有自然力的、有生命的、现实的、感性的、对象性的存在物,这就等于说,人有现实的、感性的对象作为自己的本质的即自己的生命表现的对象;或者说,人只有凭借现实的、感性的对象才能表现自己的生命。说一个东西是对象性的、自然的、感性的,又说,在这个东西自身之外有对象、自然界、感觉,或者说,它自身对于第三者来说是对象、自然界、感觉,这都是同一个意思"①。而当我们"说一个东西是感性的"的时候,我们"就是指它是受动的","人作为对象性的、感性的存在物,是一个受动的存在物;因为它感到自己是受动的,所以是一个有激情的存在物。激情、热情是人强烈追求自己的对象的本质力量"。② 因此,从作为自然存在物的人与自然界的双向对象性关系看,人是具有能动性和受动性双重属性的,外部自然既是人的对象又是人不可缺少的、确证生命的对象,而作为自然存在物的人又是外部自然的对象,只有人在其中存在与生活才能充分体现出他的意义、价值,才能展现其自身固有的本质力量。

另一方面,人的外化的"设定性"或"创造性"活动也是一种属人的社会性质的对象性活动,人除了"直接地是自然存在物"之外,还是一种"类存在物"或"社会存在物"。马克思指出:"人不仅仅是自然存在物,而且是人的自然存在物,就是说,是自为地存在着的存在物,因而是类存在物。他必须既在自己的存在中也在自己的知识中确证并表现自身。"③ 也就是说,人作为自然存在物是与动物不同的,尽管二者都是"自然存在物",但是人还是"类存在物",这个类存在物是以劳动和自我意识的属性表现出来的社会存在物,从而"它把整个自然界——首先作为人的直接的生活资料,其次作为人的生命活动的对象(材料)和工具——变成人的无机的身体",同时自然存在物作为人的意识的对象,是"人的精神的无机界",因此"人是类存在物,不仅因为人在实践上和理论上都把类——他自身的类

---

① 《马克思恩格斯全集》第 3 卷,人民出版社 2002 年版,第 324—325 页。
② 《马克思恩格斯全集》第 3 卷,人民出版社 2002 年版,第 326 页。
③ 《马克思恩格斯全集》第 3 卷,人民出版社 2002 年版,第 326 页。

及其他物的类——当做自己的对象；而且因为——这只是同一事物的另一种说法——人把自身当做现有的、有生命的类来对待，因为人把自身当做普遍的因而也是自由的存在物来对待"①。同时，马克思还指出："只有当对象对人来说成为社会的对象，人本身对自己来说成为社会的存在物，而社会在这个对象中对人来说成为本质的时候，这种情况才是可能的"②，"正像一切自然物必须形成一样，人也有自己的形成过程即历史，但历史对人来说是被认识到的历史……历史是人的真正的自然史"③。在人的真正的历史中，作为"类存在物"或"社会存在物"的人，其外化的"设定性"或"创造性"活动也是具有能动性和受动性双重属性的，既是一种自为的又是自在的社会性活动，因此人与他之外的各种自然与社会的存在物建立起多种多样的社会性质的对象性关系，并以此展示与确证自己的本质力量。

因此，人作为现实的、感性的、对象性存在物，通过外化进行"设定性"或"创造性"活动，自然性和社会性展现出人与自然的对象性关系和人与社会的对象性关系，在这些对象性的关系中，人在与自然、社会打交道的过程中不断地将自己外化出去，在外化中确证、表现自己的本质力量，进而形成了对象性存在的人、自然和社会。

二、对象性关系与人的对象性存在理论的内涵

马克思在对人的对象性关系与人的对象性存在考察分析的过程中，主要从以下三个层面来展开，这构成了马克思对象性关系与人的对象性存在理论的基本内涵。

第一，人与自然的对象性关系及人的自然的对象性存在。在《1844年经济学哲学手稿》中，马克思在从人和自然的关系角度，不仅考察了"人的对象性本质"和人的"社会存在物的规定"，而且还考察人的"对象性存在""对象性的现实"和"人化的自然界"。在马克思看来，人和人的对象性存在、人的对象性现实或人化的自然是统一的，作为对象性存在的"物本身是对自身和对人的一种对象性的、人的关系，反过来也是这样……当物

---

① 《马克思恩格斯全集》第3卷，人民出版社2002年版，第272页。
② 《马克思恩格斯全集》第3卷，人民出版社2002年版，第304页。
③ 《马克思恩格斯全集》第3卷，人民出版社2002年版，第326页。

按人的方式同人发生关系时，我才能在实践上按人的方式同物发生关系"①。同时，马克思指出："我们知道，只有当对象对人来说成为人的对象或者说成为对象性的人的时候，人才不致在自己的对象里面丧失自身。只有当对象对人说来成为社会的对象，人本身对自己说来成为社会的存在物，而社会在这个对象中对人来说成为本质的时候，这种情况才是可能的。"② 一方面，从客体的方面来看，"随着对象性的现实在社会中对人说来到处成为人的本质力量的现实，成为人的现实，因而成为人自己的本质力量的现实，一切对象对他说来也就成为他自身的对象化，成为确证和实现他的个性的对象，成为他的对象，这就是说，对象成了他自身"③。这是马克思从对象性的现实与人的关系方面所作出的分析，其中的主要思想包括两点：一是对象性的现实，随着人的本质力量的对象化成为人自身的一种存在，即人的对象成为人自身；二是对象性的现实，成为确证和实现人的本质力量的现实，是人的本质力量的体现和彰显。

而"另一方面，即从主体方面来看……我的对象只能是我的一种本质力量的确证，就是说，它只能像我的本质力量作为一种主体能力自为地存在着那样才对我而存在，因为任何一个对象对我的意义（它只是对那个与它相适应的感觉说来才有意义）恰好都以我的感觉所及的程度为限……一句话，人的感觉、感觉的人性，都是由于它的对象的存在，由于人化的自然界，才产生出来的"④。这是马克思从人和对象性的现实的关系方面所作的分析，并且以音乐和人的关系为例加以说明，明确地提出了最美的音乐对于没有音乐感的人来讲是毫无意义的，它不是这个人的对象。也就是说，与人无关的、不能被"人化"的客观现实，构不成对象性的现实，不是人化的自然界。"被抽象地理解的，自为的，被确定为与人分割开来的自然界，对人来说也是无"⑤，只有人的本质力量能够实现和确证的现实，才是对象性的现实。因此，"一方面为了使人的感觉成为人的，另一方面为了创造同人

① 《马克思恩格斯全集》第 3 卷，人民出版社 2002 年版，第 304 页。
② 《马克思恩格斯全集》第 3 卷，人民出版社 2002 年版，第 304 页。
③ 《马克思恩格斯全集》第 3 卷，人民出版社 2002 年版，第 304 页。
④ 《马克思恩格斯全集》第 3 卷，人民出版社 2002 年版，第 305 页。
⑤ 《马克思恩格斯全集》第 3 卷，人民出版社 2002 年版，第 335 页。

的本质和自然界的本质的全部丰富性相适应的人的感觉，无论从理论方面还是从实践方面来说，人的本质的对象化都是必要的"①。

第二，人与社会的对象性关系及人的社会的对象性存在。马克思在《1844年经济学哲学手稿》中，不仅从人和自然的关系维度考察二者的对象性关系和人的对象性存在，而且还从人与社会的关系维度作了考察。在马克思看来，人和社会也是一种对象性的关系，一方面人是"社会存在物"，人的本质只有对社会的人来说才是存在的，人的需要、人的活动、人自身的生产甚至人的享受等全部现实的生产和生活，"无论就其内容或就其存在方式来说，都是社会的"②，即便是单个人的生命活动，"即使不采取共同的、同他人一起完成的生命表现这种直接形式，也是社会生活的表现和确证"③。另一方面，社会是人的社会，认为存在有脱离了单个人而存在的社会，那是一种把社会当作了抽象的东西，那也是不现实的，因此我们"首先应当避免重新把'社会'当做抽象的东西同个体对立起来"，人的个体生活和社会生活是统一。在马克思看来，理解人与社会的这种对象性关系的关键在于社会实践，理解人的对象性存在的关键也是社会实践，因为人的对象性的存在"只有通过实践方式，只有借助于人的实践力量，才是可能的"④。从这个意义上讲，社会实践是实现人与社会的对象性关系的纽带。

第三，双重对象性关系的统一及双重对象性关系的对象性存在。在马克思看来，人和自然界的对象性关系与人和社会的对象性关系是统一的，而这双重对象性关系的统一使人的自然的对象性存在和社会的对象性存在统一在一起，形成二者相统一的对象性存在。这是因为，在这双重的对象性关系中，人和自然界的对象性关系是其基础和前提，而人和社会的对象性关系是其拓展和保障，两个层面的对象性关系使人的对象性存在成为现实。马克思指出："自然界的人的本质只有对社会的人来说才是存在的；因为只有在社会中，自然界对人来说才是人与人联系的纽带，才是他为别人的存在和别人为他的存在，只有在社会中，自然界才是人自己的人的存在的基础，才是人

---

① 《马克思恩格斯全集》第3卷，人民出版社2002年版，第306页。
② 《马克思恩格斯全集》第3卷，人民出版社2002年版，第301页。
③ 《马克思恩格斯全集》第3卷，人民出版社2002年版，第302页。
④ 《马克思恩格斯全集》第3卷，人民出版社2002年版，第306页。

的现实的生活要素。只有在社会中，人的自然的存在对他来说才是自己的人的存在，并且自然界对他来说才成为人。因此，社会是人同自然界的完成了的本质的统一，是自然界的真正复活，是人的实现了的自然主义和自然界的实现了的人道主义。"① 因此，马克思在《1844 年经济学哲学手稿》中不仅论证了人与自然的对象性关系以及人与社会的对象性关系，而且从上述的双重关系相统一的维度出发论证了"人的对象性存在"，创立了人的对象性存在的理论，这为他具体地分析作为对象性存在的工业、技术和科学提供了理论基础和理论前提，为他创立对象性存在视域的"科学—技术—工业"分析范式提供了理论上的可能。

第二节　对象性存在视域的"科学—技术—工业"分析范式

通过上述的考察分析可见，马克思为了探索与人的解放密切关联的人的本质问题，在理论上系统地研究了人的对象性关系和人的对象性存在或人的对象性现实。马克思在此研究的过程中发现，人的对象性存在或对象性现实在资本主义社会中呈现出全面"异化"形式，包括人自身的本质的异化、劳动（实践）的异化、工业的异化、机器使用的异化、自然科学应用的异化、技术使用的异化等。因此，马克思在对人的对象性存在即资本主义经济社会的现实进行考察分析时，着重对资本主义社会存在的种种异化现象和自相矛盾的经济事实进行分析批判，而分析批判的基础和核心是什么呢？或者说，在什么样的概念体系或逻辑框架下进行分析批判？马克思在这一时期的代表性著作《1844 年经济学哲学手稿》中，已经形成了一个以"科学—技术—工业"为核心内容的基本的"经济分析范式"或"经济研究范式"，这是他对人的对象性存在即资本主义经济社会各种矛盾和异化进行分析批评的基础和核心，也是他对象性存在视域的"科技—经济"思想的基础和核心。

---

① 《马克思恩格斯全集》第 3 卷，人民出版社 2002 年版，第 301 页。

一、对象性存在视域"科学—技术—工业"分析范式的内涵

马克思立足于人的对象性存在对资本主义经济社会现实进行考察分析时，形成了一个由科学、技术和工业等基本范畴构成的概念体系、分析框架和研究规范，在此笔者借用 20 世纪著名科学哲学家库恩提出的"范式"概念，将其概括为对象性存在视域的"科学—技术—工业"分析范式。这是因为，库恩的"范式"概念尽管包含着多重含义，但是最基本的含义是他在第一部著作《哥白尼革命》中所借助的"概念图式"范畴首次表达的基本含义，而范式概念的这一基本含义表达了马克思对象性存在视域"科学—技术—工业"分析范式中"范式"的基本思想。在库恩看来，"概念图式"是指在特定的历史时期如何将决定着许多不同领域的思想观念、理论观点编织成一个具有逻辑一致性的思维结构，一旦"概念图式"被建立起来，它将"超出已知的范围，成为预测和探索未知的首要的强有力的"精神定向的认知工具，"能显示理论是如何指引科学家去认识未知事物，告诉他到哪儿找，他能预期找到什么，而且这可能是概念图式在科学中最为重要的功能"，① 因此作为"概念图式"的范式便具有一种精神定向的认知工具的意义，具有一种在特定历史时期将不同思想观念统一于一个逻辑体系框架中的认识论价值，具有超出已知、探索和预测未知的方法论功能，马克思对象性存在视域的"科学—技术—工业"分析范式作为一个"概念图式"便具有了上述的意义、价值和功能。

同时，库恩在西方科学哲学中作为历史学派的主要代表人物之一，他用"范式"概念解释科学知识的历史演变和发展，认为任何一门科学知识的历史发展过程，都是一个演化与革命、积累与创新、连续和间断交替发生的过程，范式作为一个概念图式或概念体系具有为一门科学的研究者在相当长历史时期内提供着某种共同的信念的作用，它内在地蕴含着独特的研究方法和分析技术，有一套以自己的信念或基本观念为背景的概念和文字表达系统，对科学的从业者具有感召力的组织功能等。② 在此意义上，马克思对象性存

---

① ［美］托马斯·库恩：《哥白尼革命——西方思想发展中的行星天文学》，吴国盛等译，北京大学出版社 2003 年版，第 39—40 页。

② 马涛：《经济思想史教程》，复旦大学出版社 2002 年版，第 5 页。

在视域"科学—技术—工业"分析范式中的"范式"范畴也是适用的。在今天,库恩的"范式"概念也被广泛地应用到经济学的理论研究中,形成了不同的经济分析范式。事实上,马克思在 19 世纪 40 年代中期以前形成的对象性存在视域的"科学—技术—工业"分析范式,就是一个创新性强而且至今仍然适用的经济分析范式。

关于什么是经济分析范式的问题,笔者在此借鉴和采用中国人民大学林岗教授所作的规定,他指出:"所谓经济的分析范式,是指研究社会经济现象所使用的由若干相互联系的基本范畴构成的逻辑体系。这样一个逻辑体系提供了研究社会经济现象的基本规范和模式。"① 依据此规定,笔者将马克思对象性存在视域的"科学—技术—工业"分析范式作如下规定:它是指在马克思对象性存在理论视域中所形成的,以人类解放和人的本质回归为中心线索的,研究作为人的对象性存在的资本主义社会经济现象所使用的,由相互联系的科学、技术和工业等主要范畴构成的最基本的概念图式和逻辑体系。在这一规定中,马克思对象性存在视域的"科学—技术—工业"分析范式至少包含了以下几个层面的科学内涵。

第一,马克思人的对象性存在理论是这一分析范式的出发点和研究维度。换言之,马克思正是在人的对象性存在的视域中,洞察到了推动资本主义经济社会形成和发展的最基本的或最根本的动力因素——科学、技术和工业,以及三者之间内在的相互关联所形成的推动资本主义经济社会发展的强大的动力系统;洞察到了科学革命、技术革命和工业革命三方面相互缠绕在一起相继迸发出来的,对资本主义经济社会形成和发展所产生的巨大革命力量和巨大推动作用。

第二,人类解放和人的本质回归是这一分析范式的核心目标和中心线索。马克思之所以从人的对象性存在视域对资本主义经济社会现实进行考察分析,一个重要原因在于,要研究与人的解放密切相关的人的本质理论,进而实现人的本质的回归,就不能仅仅在人自身中来探索,而必须到人自身之外的与自然和社会所形成的对象性关系、对象性活动以及由此所产生的对象性存在中来探寻。因此人的解放和人的本质的回归也就成为马克思对象性存

---

① 林岗:《马克思主义与经济学》,经济科学出版社 2007 年版,第 32 页。

在视域的"科学—技术—工业"分析范式研究和构建的核心目标，并成为这一分析范式的中心线索。

第三，作为人的对象性存在的资本主义社会经济现象是这一分析范式的研究对象。在马克思所处的时代，是资本主义产生和发展的时代，人的对象性存在表现为资本主义经济社会的现实存在，理论的研究和建构必须立足于这一社会现实并以这一社会现实为对象，因此作为人的对象性存在的资本主义社会经济现象也就成为马克思对象性存在视域的"科学—技术—工业"分析范式的研究对象。

第四，科学、技术和工业等主要范畴是这一分析范式的基本构成。人的对象性存在在马克思所处的时代表现为资本主义经济社会现实，而反映这一现实或与之相关联的概念范畴是很多的，除了科学、技术、工业之外还有很多，如宗教、政治、国家、文化、异化、需要、感性等等，但在马克思看来，推动资本主义经济社会形成和发展的最基本的、最根本的核心动力因素是科学、技术以及二者的资本主义应用所导致的工业，因此科学、技术和工业成为马克思对象性存在视域的"科学—技术—工业"分析范式的主要构成概念即基本构成。

第五，由科学、技术和工业这些基本范畴相互联系所构成的概念图式和逻辑体系是这一分析范式最基本的规范和模式。之所以说是最基本的规范和模式，是因为作为这一分析范式的概念图式和逻辑体系，反映了马克思在他所处的历史时期如何将决定着许多不同领域的思想观念、理论观点集结成一个具有逻辑一致性的思维结构。马克思正是在这一概念图式和逻辑体系基础上，展开了对人的对象性存在以及对反映这些对象性存在的各种已有的理论观点——包括黑格尔和费尔巴哈等人的理论观点进行考察分析、理论批判和现实批判，进而形成了马克思在这一时期大量的"科技—经济"思想。因此，马克思的这一分析范式，内在地蕴含着人类解放和人的本质回归的理想信念、辩证法和唯物论相结合的研究方法和分析技术，从而也就具有了一种精神定向的认知工具的意义，具有了一种在他那个历史时期将不同思想观念统一于一个逻辑体系框架中的认识论价值，具有了一种考察已经但超出已知、探索现实但能预测未来的科学方法论功能。

同时还应当看到，马克思对象性存在视域的"科学—技术—工业"分析范式，尽管在他的经典著作中没有直接地这样表述，但是作为一个完整的概念体系和逻辑框架已经渗透或体现在他这一时期撰写的经典著作之中。只要认真和反复研读马克思在这一时期的代表性经典著作，就会发现，马克思正是在这一分析范式的基础上，展开了对人的对象性存在即资本主义经济社会各种矛盾和异化现象的分析批评。一提到《1844 年经济学哲学手稿》，人们更多地关注的是马克思的异化劳动理论，更多地关注马克思对资本主义劳动异化的批判，强调或突出马克思理论的批判性和革命性。而在笔者看来，马克思异化劳动理论所显示的批判性和革命性是建立在它的科学性和理论性基础之上的，而这一科学性和理论性的基础和核心就是马克思对象性存在视域的"科学—技术—工业"分析范式。马克思是在这一分析范式基础上逻辑系统地对资本主义劳动异化展开分析批判的。也就是说，马克思的这一分析范式是马克思异化劳动理论的基础和核心。

除此之外，马克思的这一分析范式，也是他的对象性存在视域的"科技—经济"思想的基础和核心。缺失了这一基础和核心，他的对象性存在视域的"科技—经济"思想就难以成为一个严密的逻辑体系，而只能是一些零散的论述片段。再者，马克思的这一分析范式，是与当时的社会时代背景即科学革命、技术革命、工业革命等相互缠绕在一起向前推进资本主义发展的社会现实相一致的，是他所处的那个时代的反映。应当说，这一分析范式，是基于当时的时代特征进行理论构建的结果，这自然成了马克思"科技—经济"思想在这一时期的重大创新之处，对于我们在"科技—经济"一体化社会的新时代背景下研究经济社会的运行规律具有重大的理论价值和方法论意义。

二、对象性存在视域"科学—技术—工业"分析范式的构成

马克思对象性存在视域的"科学—技术—工业"分析范式，是由作为对象性存在的自然科学、技术和工业构成的。对于这些基本构成，马克思在人的对象性存在视域中，结合与人的解放密切相关的人的本质理论，对其进行颇为翔实的考察和论述。在此，作如下的考证和梳理。

（一）作为人的对象性存在的工业

在马克思所处的 19 世纪 40 年代中期以前的这一特定阶段，是伴随着工

业革命而使资本主义工业大发展的时期，因此马克思在考察人的对象性存在时，不是从抽象的概念、空洞的范畴出发，而是深入物质生产领域的社会生活现实中。而在社会生活现实中，首先进入马克思视野的对象性存在是"工业"。在马克思看来，工业作为人的对象性存在主要是人的实践性本质力量外化或对象化的社会存在方式，在这一存在方式中展现出来的主要是人的实践性本质力量。马克思认为，人的生命活动与其他动物的生命活动的根本区别，在于人是具有理性指导下的实践性力量，人能够在理性的指导下通过实践或劳动改造对象世界，"创造对象世界，改造无机界……再生产整个自然界"，"甚至不受肉体需要的影响也进行生产……进行真正的生产……懂得按照任何一个种的尺度进行生产，并且懂得处处都把内在的尺度运用于对象……来构造"，① 并且"正是在改造对象世界中，人才真正地证明自己是类存在物。这种生产是人的能动的类生活。通过这种生产，自然界才表现为他的作品和他的现实"②。而人的实践性本质力量通过劳动、生产按照"任何一个种的尺度"和自身的"内在的尺度"改造对象世界所形成的"他的作品和他的现实"，在资本主义经济社会中，在马克思那个时代，首先表现出来的那就是"工业"——资本主义的机器大工业，甚至像"在英国看到的，大地产"也"已经失去了自己的封建性质，而具有工业的性质"③，具有了"那种与地产相对立的、即作为工业而确定下来的工业的主体本质"④，社会的"一切财富都成了工业的财富"⑤。在此意义上讲，工业伴随着人的实践性本质力量的外化或对象化活动的推进，在资本主义社会获得了普遍性存在的意义。换言之，工业作为人的对象性的存在或"对象性的现实在社会中对人来说到处成为人的本质力量的现实，成为人的现实，进而成为人的本质力量的现实"⑥。

马克思指出，伴随着人的对象性活动持续不断的展开，作为对象性存在

---

① 《马克思恩格斯全集》第 3 卷，人民出版社 2002 年版，第 273—274 页。
② 《马克思恩格斯全集》第 3 卷，人民出版社 2002 年版，第 274 页。
③ 《马克思恩格斯全集》第 3 卷，人民出版社 2002 年版，第 264 页。
④ 《马克思恩格斯全集》第 3 卷，人民出版社 2002 年版，第 292 页。
⑤ 《马克思恩格斯全集》第 3 卷，人民出版社 2002 年版，第 293 页。
⑥ 《马克思恩格斯全集》第 3 卷，人民出版社 2002 年版，第 304 页。

的工业已经成为"完成了的劳动"①，已经成为外化了的人的本质力量即劳动的对象性现实存在，"因为全部人的活动迄今为止都是劳动，也就是工业"，同时，"我们看到，工业的历史和工业的已经生成的对象性的存在，是一本打开了的关于人的本质力量的书，是感性地摆在我们面前的心理学；对这种心理学人们至今还没有从它同人的本质的联系，而总是仅仅从外在的有用性这种关系来理解，因为在异化范围内活动的人们仅仅把人的普遍存在，宗教，或者具有抽象普遍本质的历史，如政治、艺术和文化等等，理解为人的本质力量的现实性和人的类活动"②。这也就是说，工业是人的实践性本质力量的对象性存在，是人的内在力量的对象化形态即外化形态，是以感性现实的形式呈现在人们面前的人的本质力量，但在异化普遍存在的社会中人们仅仅把工业看成外在有用性的东西，而没有将工业看作人的本质的现实存在和表现形式。但是，一旦当我们"把工业看成人的本质力量的公开的展示"的话，"那么自然界的人的本质，或者人的自然的本质，也就可以理解了"，③ 因为"自然界的人的本质"是人的对象性活动所赋予的，是人通过实践或劳动使自然界成为人的自然界即人化的自然界，那种与人没有关系的自然界，没有赋予人的本质力量的自然界，即"被抽象地理解的，自为的，被确定为与人分割开来的自然界，对人来说也就是无"④；同时，"人的自然的本质"不仅仅在于人就是自然界的存在物，而且更重要的是人的对象性活动的产物，人把自然界当作了自己的对象，而且通过对象性活动把自然界变成了"人的精神的无机界"和"人的无机的身体"。⑤ 因此，工业在资本主义社会尽管以异化的形式存在着，但是它作为人和自然对象性关系或对象性活动的社会存在物，是自然界的人的本质和人的自然的本质的统一体，展现出来的是人的实践性本质力量。

（二）作为人的对象性存在的科学

在马克思所处的 19 世纪 40 年代中期以前的这一特定阶段，除了工业革

---

① 《马克思恩格斯全集》第 3 卷，人民出版社 2002 年版，第 292 页。
② 《马克思恩格斯全集》第 3 卷，人民出版社 2002 年版，第 306 页。
③ 《马克思恩格斯全集》第 3 卷，人民出版社 2002 年版，第 307 页。
④ 《马克思恩格斯全集》第 3 卷，人民出版社 2002 年版，第 335 页。
⑤ 《马克思恩格斯全集》第 3 卷，人民出版社 2002 年版，第 272 页。

命而使资本主义工业大发展之外，科学——主要是自然科学，也在不断的革命中呈现出飞速发展的态势，取得了一系列的重大成绩并不断地并入或渗透到资本主义工业之中，对资本主义工业的发展产生了巨大的推动力量。因此，马克思在考察人的对象性存在时，不仅社会生活现实中的工业进入了马克思视野，而且社会生活现实中的自然科学也进入了马克思的视域。在马克思看来，如果说工业作为人的对象性存在主要是人的实践性本质力量外化或对象化的社会存在方式，那么，自然科学作为人的对象性存在主要是人的意识性或理性的本质力量外化或对象化的社会存在方式；如果说在工业中展现出来的主要是人的实践性本质力量，那么在自然科学中展现出来的主要就是人的意识性或理性的本质力量。马克思在《对黑格尔的辩证法和整个哲学的批判》中，反对和批判黑格尔将"理性"或"意识"绝对化并将其"绝对理性"或"自我意识"视为独立的"实体"，反对和批判把自然界和人类社会看作这种"绝对理性"或"自我意识"外化和异化的存在形式，反对和批判"理性的自我意识通过自身来实现"，① 等等，认为这是一种"头足倒立"的辩证法，但是，马克思向来不反对人是有理性和意识性的，对黑格尔的"外化"概念也是肯定的。不仅如此，马克思在对黑格尔的辩证法进行了创造性的"拯救"工作即将其头足倒立的辩证法"正立"过来之后，将人的意识性和理性看作人的本质属性，强调"自由的有意识的活动恰恰是人的类特性"②，并在此基础上把自然科学看作人的理性或意识性本质力量外化或对象化的结果，即这一本质力量外化或对象化的社会存在方式。也正是在这一外化或对象化的过程中，人的实践方式或劳动方式有了新的拓展，科学实践——主要是科学实验，逐步从生产实践中分化独立出来，成为一种独立的社会实践形式，这是现代意义上的科学——近代自然科学产生和发展的一个重要标志。

所以，当马克思深入社会生活现实中考察人的对象性存在时，不仅考察作为人的对象性存在的工业，也深入地考察作为人的对象性存在的科学——自然科学，而且把自然科学和工业放在一起共同来考察，揭示自然科学作为

---

① 《马克思恩格斯全集》第 3 卷，人民出版社 2002 年版，第 316 页。
② 《马克思恩格斯全集》第 3 卷，人民出版社 2002 年版，第 273 页。

人的对象性存在与工业的内在关联，以及它的现实基础、本质属性、历史意义及其发展方向等。在马克思看来，伴随着工业发展而日益发展并在社会中越来越凸显的自然科学，在对象性存在的社会现实维度上进行考察，这是以往的哲学和历史学等研究的一个盲区，因此造成了它们之间的分离或疏远现象。马克思指出："自然科学展开了大规模的活动并且占有了不断增多的材料。而哲学对自然科学始终是疏远的，正像自然科学对哲学也始终是疏远的一样。过去把它们暂时结合起来，不过是离奇的幻想。存在着结合的意志，但缺少结合的能力。甚至历史学也只是顺便地考虑到自然科学，仅仅把它看做是启蒙、有用性和某些伟大发现的因素。"① 在马克思看来，自然科学的发展和自然科学已经生成的对象性的存在，如同"工业的历史和工业的已经生成的对象性的存在"一样，也"是一本打开了的关于人的本质力量的书"——一本打开了的关于人的意识性或理性本质力量的书，也"是感性地摆在我们面前的人的心理学；对这种心理学人们至今还没有从它同人的本质的联系"，过去也有把他们联系起来的意志和想法，但缺少联系起来的能力，总认为这是一种离奇的幻想，现在有了这种将它们联系起来的能力，但由资本主义全面异化的生存状态所决定的，对自然科学也"总是仅仅从外在的有用性这种关系来理解"，仅仅把自然科学看成外在有用性的东西，而没有把自然科学视为人的意识性或理性本质力量外化或对象化的现实。因此，马克思指出："如果科学从人的活动的如此广泛的丰富性中只知道那种可以用'需要'、'一般需要！'的话来表达的东西，那么人们对于这种高傲地撇开人的劳动的这一巨大部分而不感觉自身不足的科学究竟应该怎样想呢？"② 也就是说，如果把科学仅仅看成满足人的需要的、外在有用性的东西，那么也就意味着人们撇开了作为人的本质来理解科学，从而哲学没有把自然科学作为人的本质的展现，而仅仅将抽象理论形态的宗教或者政治、艺术和文化等作为人的本质力量。

但应当看到，伴随着自然科学大规模的发展，特别是自然科学在工业中的广泛应用，"自然科学却通过工业日益在实践上进入人的生活，改造人的

① 《马克思恩格斯全集》第3卷，人民出版社2002年版，第307页。
② 《马克思恩格斯全集》第3卷，人民出版社2002年版，第307页。

生活，并为人的解放作准备，尽管它不得不直接地使非人化充分发展。工业是自然界对人，因而也是自然科学对人的现实的历史关系"①。一方面，正是因为自然科学的发展，人不再简单地像动物那样"靠无机界生活，而人和动物相比越有普遍性，人赖以生活的无机界的范围就越广阔"，与此同时，自然界在成为自然科学研究对象的同时，也成为人的精神的自然界，成为人们"必须事先进行加工以便享用和消化的精神食粮"。② 另一方面，正是因为自然科学在工业中的广泛应用，人通过实践改造自然界和"再生产整个自然界"的能力越来越强大，人越来越懂得按照自然科学所揭示的自然规律即"任何一个种的尺度"，以及人自身的价值规律即"内在的尺度"和"美的规律"③ 来改造自然界，使自然界越来越成为人的意识性或理性本质力量外化或对象化的现实的自然界。因此，"如果把工业看成人的本质力量的公开的展示"，那么自然科学同样可以看作人的本质力量的公开的展示。如果说工业所展示的是人的理性指导下的实践性本质力量，那么自然科学所展示的就是在实践（包括生产实践和科学实践）基础上的人的意识性或理性本质力量。人的实践性本质力量与人的意识性或理性本质力量在这里得到了有机统一，进而使工业和科学也有机地统一在一起——形成了科学应用基础上的工业和工业提出需求并提供物质保障的科学，它们共同展示人的本质力量——理性的力量和实践的力量。若如此，不仅自然界的人的本质，或者人的自然的本质是可以理解的，而且"自然科学将失去它的抽象物质的方向或者不如说是唯心主义的方向，并且将成为人的科学的基础，正像它现在已经——尽管以异化的形式——成了真正人的生活的基础一样；说生活还有别的什么基础，科学还有别的什么基础——这根本就是谎言"，在此意义上，自然科学"通过工业——尽管以异化的形式——形成的自然界，是真正的、人本学的自然界"。④

（三）作为人的对象性存在的技术及其与工业和科学的内在关联

在马克思所处的 19 世纪 40 年代中期以前的这一特定阶段，技术革命是

---

① 《马克思恩格斯全集》第 3 卷，人民出版社 2002 年版，第 307 页。
② 《马克思恩格斯全集》第 3 卷，人民出版社 2002 年版，第 272 页。
③ 《马克思恩格斯全集》第 3 卷，人民出版社 2002 年版，第 274 页。
④ 《马克思恩格斯全集》第 3 卷，人民出版社 2002 年版，第 307 页。

与科学革命、工业革命交织在一起向前推进的，以蒸汽机和纺织机的发明和改进为标志的第一次技术革命已经基本完成并向纵深推进，而以电力应用和化工技术崛起为标志的第二次技术革命正在孕育并初见端倪，对自然科学和工业的发展产生了巨大的推动作用。因此，马克思从人的对象性存在视域对工业和自然科学进行考察时发现，在资本主义经济社会的现实生活中，工业的发展、自然科学的应用、工具的改进、工艺的发明、机器的生产和运用、劳动的分工与协作、劳动生产率的提升、资本利润的攫取，等等，都涉及技术因素，技术因素不仅成为影响社会生产方式变革、发展的物质基础，而且也构成了对现实经济社会进行批判和探寻人的本质和人类解放的现实前提，因此马克思从多个层面对技术进行了考察分析，尤其是将其融入对社会生活现实中的工业和自然科学的考察之中，并以技术为中介将工业和自然科学紧密地连接在一起，使"科学—技术—工业"形成了一个有机的系统整体。

值得注意的是，仔细翻阅马克思在这一时期撰写的经典文献发现，尽管技术是他这一时期众多理论中的重要思想，但"技术"一词使用次数并不多，也找不到他对技术范畴的内涵规定和外延界定。但是，只要认真研读马克思的这一时期的著作将会发现，马克思对技术的思考，摆脱了就"技术"概念而研究技术的局限，将技术置于人的对象性活动和对象性存在的整体联系中来理解、把握和运用，至少有以下两个层面的内容：一方面，马克思把技术作为工业的物质基础和自然科学在工业的应用来理解和把握。通过马克思在考察作为对象性存在的工业和自然科学时的相关论述发现，他所揭示的自然科学在工业上应用的方式、方法和手段，工业发展过程中从简单手工工具、简单机械工具的发明和使用，到机器、机器体系等的基础原理构建、流程工艺设计和具体操作方法，以及人们在实践和劳动中越来越懂得按照自然科学所揭示的自然规律即"任何一个种的尺度"以及人自身的价值规律即"内在的尺度"和"美的规律"[①] 来改造自然界的方式方法，人们通过实践、劳动改造对象世界使之形成的"他的作品和他的现实"的手段、途径和工艺程序等，都属于马克思所使用的技术范畴。另一方面，马克思更多的是针

---

① 《马克思恩格斯全集》第 3 卷，人民出版社 2002 年版，第 274 页。

对人的对象性现实中的具体技术事实或技术现象来把握和使用技术。这主要体现在，马克思在具体的研究情景中更多地"使用了'技术'的下位概念述说技术现象。他往往在特殊技术系统中言说技术的构成单元、运行机理与多重后果等，很少运用抽象统一的'技术'范畴及其理论体系进行概括和述说"①。当马克思在论及劳动、生产、工业、分工、机器、机器体系、工艺和自然科学等问题时，虽然并未使用"技术"一词，但在事实上包含着对技术的思考和理解。这恰恰说明，马克思对技术的探究从来不是孤立地进行，而是自始至终同对人的对象性存在、人的现实生活世界以及人类整体生存发展等的关注结合起来的。

譬如，马克思在《1844年经济学哲学手稿》中论述地租时指出："对产品的较大需求以及由此而产生的原产品价值的提高，可能部分地是人口及其需要增长的结果。但是，每一项新的发明，工业对于过去从未利用或很少利用的原料的每一次新的采用，都提高地租。例如，随着铁路、轮船等等的出现，煤矿的地租大大增长了。除了土地所有者从工业、各种发现和劳动取得的这种利益以外，我们现在还会看到另一种利益。"② 在这段论述中，马克思虽然只字未提"技术"一词，但其中的"新的发明""工业对……原料的每一次新的采用""铁路、轮船等等的出现""各种发现"等表述，都是对技术发明、技术创造、技术使用、技术对工业的作用等作为对象性存在的技术的具体表述。也就是说，在马克思看来，技术作为人的对象性存在有多种表现形式，首先，它表现为一种人的对象性存在的器物，如新发明的工具、机器、铁路、轮船等；其次，它表现为一种对象性的活动，如各种各样的新发现、新发明等的创造性活动，包括轮船的发明活动、铁路的设计和修建活动等；最后，它表现为一种对象性活动的工艺设计方式和方法，如"工业对过去从未利用或很少利用的原料的每一次新的采用"的方式和方法等。

根据上述的分析可见，如果说马克思所认为的作为对象性存在的自然科学，是人类在科学实践即科学实验活动中通过概念、判断和推理对自然现象、自然规律的把握所构成的知识及知识体系；而作为对象性存在的工业，

---

① 王伯鲁：《马克思技术思想的特点与研究路径》，《科学技术与辩证法》2008年第3期，第33—38页。

② 《马克思恩格斯全集》第3卷，人民出版社2002年版，第256页。

是人类在生产实践活动中通过产品的研发、生产所构成的生产体系或经济体系，那么我们完全有理由认为，马克思所认为的作为对象性存在的技术，就是人类在技术实践活动中根据实践经验和自然科学原理所创造或发明的各种物质手段、方式和方法，以及在此基础上所形成的具有可操作性的"规则体系"①。需要对此加以说明的是，在马克思的这一技术规定中，作为对象性存在的技术至少包含以下三个层次的含义：一是作为技术的物质手段，主要包括工具、手段、器械和设备等；二是作为技术的方式和方法，主要包括实践型的知识、经验、技能和技巧等；三是作为技术的可操作性的规则体系，是指由生产工艺、方法、制度等知识所形成的体系。现在，人们一般地将技术概括为两类，即经验型技术和科学型技术，前者主要是指依据实践经验（这些经验没有上升到科学理论的高度）而创造发明的物质手段、方式和方法等；后者主要是指依据自然科学理论而创造发明的技术体系。② 马克思在对象性存在视域中的技术规定，事实上已经把上述的两个类型都包括在内了。

这也就是说，马克思尽管很少使用"技术"一词，但事实上，在他的论述中已经包含着我们今天对技术的所有理解，由此也可以看到马克思在他那个时代对技术的洞察。这正如王伯鲁教授借用当代美国技术哲学家麦吉恩的话所概括的那样，"马克思对技术的认识是一种从人类活动方式上对技术的理解，更多地强调了它的形成和意义，而不是它的构成；马克思把技术视为实践者的精神系统的特定部分，它同人的活动和存在的所有方面相关联，包括技术实践的结果、目的、知识资源、方法和文化环境等"③。这一概括，在一定层面上反映了马克思在对象性存在视域中对技术的理解，以及马克思从实践生成角度对作为对象性存在的技术及其与科学和工业内在关联的理解。

三、对象性存在视域"科学—技术—工业"分析范式的基础

在《1844年经济学哲学手稿》中，马克思从人与自然的对象性关系和

---

① 宋健主编：《现代科学技术基础知识》，科学出版社、中共中央党校出版社1994年版，第5页。
② 刘冠军：《现代科技劳动价值论研究》，中国社会科学出版社2009年版，第159—160页。
③ 王伯鲁：《马克思技术与人性思想解读》，《自然辩证法研究》2009年第2期，第35—39页。

人与社会的对象性关系的双重关系相统一维度,翔实地考察和论证作为对象性存在的工业、技术和科学及其内在关联,创立了对象性存在视域的"科学—技术—工业"分析范式。马克思在此著作中不仅就这一分析范式的内在构成即对象性存在的工业、科学、技术和工业及其三者的内在关联作了翔实的考察和论证,而且就这一分析范式何以可能的深层次问题进行了思考和探索。马克思之所以将对象性存在视域的"科学—技术—工业"视为一个有机系统整体并形成一个完整的分析范式,是因为有其深层次的理论基础和思想根源。

第一,在理论上,马克思对人的本质问题的思考和探索所形成的人的本质三维构成的系统理论,是其对象性存在视域"科学—技术—工业"分析范式的基础,前者使后者在理论上成为可能。马克思在《1844 年经济学哲学手稿》中,沿着从人与社会的关系和人与自然的关系双重视角,到人的对象性的存在中去探索人的本质,形成了他的人的三维本质理论,即人的本质表现为三个方面——实践性、理性和社会性。同时,在马克思看来,"对社会主义的人来说,整个所谓世界历史不外是人通过人的劳动而诞生的过程,是自然界对人来说的生成过程"①,这个过程又展现为两个彼此制约的过程即自然发展史和社会发展史,正是自然发展史和社会发展史的辩证统一性,决定了人与社会的关系和人与自然的关系这双重视角的辩证统一性,而这双重视角的统一性进一步决定了人的本质的三个方面即实践性、理性和社会性的辩证统一,三者相互连接、相互制约和相互促进,进而构成了一个人的本质的整体系统。其中,实践性是在社会中理性指导下的人的实践的体现,是人的本质的基础;社会性是在实践性和理性之矛盾基础上的人的社会关系的整体展现,是人的本质的核心;理性是在社会实践基础上的人运用智力去理解和应付现实的能力和人自己把握、挖掘自己的能力以及人自身诸种复杂而对立的素质中的一股整合力量,它是人的本质的导向。三者互为前提、相互联结、共同构成了马克思人的本质系统理论。② 这样,双重视角相统一的人的本质的理论,既克服了脱离社会的自然主义的局限性,又克服了

① 《马克思恩格斯全集》第 3 卷,人民出版社 2002 年版,第 310 页。
② 刘冠军:《两维视角的统一——关于马克思主义人的本质观的思考》,《自然辩证法研究》2000 年第 4 期,第 9—13 页。

把个人只看作社会关系的消极产物，消融于社会结构之中的局限性。进一步讲，从人与社会的关系视角看，人具有社会性，是社会关系的总和，受社会关系的制约，这说明人有受动的一面；而从人与自然的关系视角看，人又可以在一定的环境中通过实践基础上的理性和理性指导下的实践创造新的社会关系，以适应新客观环境的需要，这说明人又有能动的一面。人的这种本质观说明，人在自身的发展过程中是一身二任的：一方面，人在自身发展过程中是能动性和受动性的统一，这正体现了马克思主义的原则，即人既是剧作者又是剧中人；另一方面，人在自身发展过程中是自然关系和社会关系的统一，或是人与自然的关系和人与社会的关系的统一，即人的本质正是在人和自然关系的基础上通过实践基础上的理性和理性指导下的实践表现出来的人与社会关系的诸方面的总和。

人的本质的三个方面即实践性、理性和社会性，与作为其对象性存在的科学、技术和工业，形成了对象性关系的两个端点。前者对人来讲是内在固有的三个方面，而后者对人来讲是外化或对象化的三种存在方式。既然前者的三个方面是内在统一的，从理论上决定后者的三种存在方法也是统一的。因此，马克思关于人的三维本质相统一的理论为其对象性存在视域的"科学—技术—工业"分析范式提供了理论上的可能。如果说，马克思所认为的作为对象性存在的自然科学，所展示的是人的实践基础上的人的意识性或理性的本质力量，工业作为对象性存在所展示的是人的理性或意识性指导下的实践性的本质力量，那么技术作为对象性存在所展示的就是上述人的两个方面的本质力量的统一，也就是既展示了人的实践基础上的意识性或理性的本质力量，同时又展示了人的理性或意识性指导下的实践性的本质力量。正因如此，所以在人的对象性存在视域中，技术将科学和工业紧密地连接在一起，形成"科学—技术—工业"的整体系统，共同展示社会中的人在人与自然对象性关系上所具有实践性的本质力量和意识性或理性的本质力量。这也就是说，既然人的本质是一个由实践性、理性或意识性、社会性构成的有机系统，那么人的本质力量的对象化或外化所形成"科学—技术—工业"，也应当是一个有机的整体系统，至少在理论上应当如此。

第二，在现实性上，马克思感性基础上的实践唯物主义理论是其对象性存在视域"科学—技术—工业"分析范式的基础，前者使后者在现实性上成为可能。马克思在《1844 年经济学哲学手稿》等早期著作中，为了克服费尔巴哈感性直观的唯物主义和黑格尔抽象思辨的唯心主义的缺陷，把实践（劳动、生产）范畴运用到他的理论中，初步形成了他的实践唯物主义理论。他指出："主观主义和客观主义，唯灵主义和唯物主义，活动和受动，只是在社会状态中才失去它们彼此间的对立，从而失去它们作为这样的对立面的存在；我们看到，理论的对立本身的解决，只有通过实践方式，只有借助于人的实践力量，才是可能的；因此，这种对立的解决绝对不只是认识的任务，而是现实生活的任务，而哲学未能解决这个任务，正因为哲学把这仅仅看作理论的任务。"① 在马克思看来，只有通过实践才能解决旧唯物主义和唯心主义的对立，解决这种理论上的对立不能仅仅在理论认识上，关键是在现实生活的实践中，以往的理论之所以没有有效地解决这种对立恰恰是没有做到这一点。马克思正是将实践范畴引入他的理论之中，才使人与自然界的对象性关系和对象性活动成为现实，进而有效地解决了以往理论之间的对立。马克思指出："通过实践创造对象世界，改造无机界，人证明自己是有意识的类存在物，就是说是这样一种存在物，它把类看作自己的本质，或者说把自身看作类存在物"②，进而"在实践上，人的普遍性正是表现为这样的普遍性，它把整个自然界——首先作为人的直接的生活资料，其次作为人的生命活动的对象（材料）和工具——变成人的无机的身体"③。人在通过实践证明自己是类存在物、把自然界作为自己的无机身体的同时，也通过实践创造了对象世界，将自己的本质力量外化或对象化为对象性的存在，工业就是一个典型的对象性的存在形式，因为"工业的历史和工业的已经生成的对象性的存在，是一本打开了的关于人的本质力量的书"④。在马克思看来，不仅工业如此，技术、科学也是如此，因为技术、科学在与工业日益结合为一体的情况下，技术和科学的历史以及技术和科学的已经生成的对象性存在，同样是一本打开了的关于人的本质力量的书，同样是通过实践创造了对象世界并将人的本质力量对象化为现实的存在。正因如此，马克思指出：

---

① 《马克思恩格斯全集》第 3 卷，人民出版社 2002 年版，第 306 页。
② 《马克思恩格斯全集》第 3 卷，人民出版社 2002 年版，第 273 页。
③ 《马克思恩格斯全集》第 3 卷，人民出版社 2002 年版，第 272 页。
④ 《马克思恩格斯全集》第 3 卷，人民出版社 2002 年版，第 306 页。

"关于人的科学本身是人自己的实践活动的产物"①，而关于人的技术本身同样是人自己的实践活动的产物。因此，实践唯物主义的初步形成，使科学、技术和工业都成了通过实践而实现了的人的对象性的存在，"科学—技术—实践"作为一个有机的整体系统有了坚实的基础。

同时应当看到，马克思的早期著作中呈现的实践唯物主义还没有完全摆脱费尔巴哈唯物主义的影响，在其表述上更多地使用了"感性"概念，包括感性的活动、感性的现实的活动、感性的对象性的存在物、感性的存在物、感性的占有、感性的东西、感性的现实、感性的对象、感性的外部世界、感性的自然界、感性确定性、感性形式、感性意识、感性需要等。在这里，马克思借助费尔巴哈关于"感性"的这些概念，对当时代表着抽象思辨最高成就的黑格尔哲学关于自我意识与人和自然界的唯心主义进行批判，他之所以反复地甚至是不厌其烦地强调"人直接地是自然存在物"，人是"现实的、肉体的、站在坚实的呈圆形的地球上呼出和吸入一切自然力的人"，"人作为自然存在物，而且作为有生命的自然存在物"，人作为具有自然力、生命力和"能动的自然存在物"，"人作为自然的、肉体的、感性的、对象性的存在物"，"说人是肉体的、有自然力的、有生命的、现实的、感性的、对象性的存在物"，②等等，看似带有重复地表述唯物主义直观的不容置疑的"事实"，但在实质上这是对费尔巴哈式的感性直观唯物主义的超越，实质上强调的是在人与自然界之间的对象性关系中人的感性活动或感性的对象性活动，而这些感性的对象性活动也就是人的实践活动。

借助这些感性的对象性活动即实践活动，人成为了对象性的存在，并通过这种对象性的存在人确证自己的本质力量，"说人是肉体的、有自然力的、有生命的、现实的、感性的、对象性的存在物，这就等于说，人有现实的、感性的对象作为自己本质的即自己生命表现的对象；或者说，人只有凭借现实的、感性的对象才能表现自己的生命"③。与此同时，说人是对象性的存在物，也就意味着他的存在是被设定了的对象性的存在，"正像人的对

---

① 《马克思恩格斯全集》第 3 卷，人民出版社 2002 年版，第 359 页。
② 《马克思恩格斯全集》第 3 卷，人民出版社 2002 年版，第 324 页。
③ 《马克思恩格斯全集》第 3 卷，人民出版社 2002 年版，第 324 页。

象不是直接呈现出来的自然对象一样，直接地存在着的、客观地存在着的人的感觉，也不是人的感性、人的对象性"①；而且还意味着他的存在不是一种"孤零零地独自存在着"的"非对象性的存在物"，而"非对象性的存在物，是一种非现实的、非感性的、只是思想上的即只是想像出来的存在物，是抽象的东西。说一个东西是感性的即现实的，这是说，它是感觉的对象，是感性的对象，从而在自己之外有感性的对象，有自己的感性的对象"②。因此，人是感性的现实的人，他"通过自己的外化把自己现实的、对象性的本质力量设定为异己的对象时，设定并不是主体；它是对象性的本质力量的主体性，因此这些本质力量的活动也必须是对象性的。对象性的存在物进行对象性活动，如果它的本质规定中不包含对象性的东西，它就不进行对象性活动。它所以只创造或设定对象，因为它是被对象设定的，因为它本来就是自然界。因此，并不是它在设定这一行动中从自己的'纯粹的活动'转而创造对象，而是它的对象性的产物仅仅证实了它的对象性活动，证实了它的活动是对象性的自然存在物的活动"③。从这些表述中可以看到，马克思所强调对象性活动即实践是必须放在"人与人之间的社会关系"中来理解的，因而这种唯物主义"既不同于唯心主义，也不同于唯物主义，同时又是把这二者结合起来的真理"，只有如此，才能真正"理解世界历史的行动"，④ 才能真正理解作为对象性存在的工业、技术和科学以及它们之间的内在关联性。

第三，在理论和现实相统一的维度上，马克思在人的本质系统理论和感性的实践唯物主义理论的基础上，深邃地洞见到人的本质力量借助感性的对象性活动即实践活动所形成的工业、技术和科学必将成为"一门科学"，即"人的科学"的思想。它是其对象性存在视域"科学—技术—工业"分析范式的基础，前者使后者在逻辑与历史相统一的科学维度上具有时代发展的逻辑必然性。在《1844年经济学哲学手稿》中，马克思在对人的本质理论和感性基础上的实践唯物主义理论探索过程中发现，科学的历史和科学已经生

① 《马克思恩格斯全集》第3卷，人民出版社2002年版，第326页。
② 《马克思恩格斯全集》第3卷，人民出版社2002年版，第325—326页。
③ 《马克思恩格斯全集》第3卷，人民出版社2002年版，第324页。
④ 《马克思恩格斯全集》第3卷，人民出版社2002年版，第324页。

成的对象性的存在，技术的历史和技术已经生成的对象性的存在，以及机器大"工业的历史和工业的已经生成的对象性的存在"，都是一本本"打开了的关于人的本质力量的书"。① 科学、技术和机器大工业在作为建立在感性实践基础上的对象性存在物的同时，又都成为"科学"的表现形式和人的本质——"实践性、意识性或理性、社会性"本质力量的对象化存在，在此意义上，"感性（见费尔巴哈）必须是一切科学的基础"，不仅是自然科学的基础，也是技术科学的基础，还是工业科学的基础，"科学只有从感性意识和感性需要这两种形式的感性出发，因而，只有从自然界出发，才是现实的科学"，无论是理论形态还是应用形态的自然科学、技术科学、工业科学，都是从感性意识和感性需要这两种形式的感性出发的，因此也都是从自然界出发的现实的科学，由此"可见，全部历史是为了使'人'成为感性意识的对象和使'人作为人'的需要成为需要而做准备的发展史"。② 正是因为"历史本身是自然史的即自然成为人这一过程的一个现实部分"，所以"自然科学往后将包含关于人的科学，正像关于人的科学包括自然科学一样：这将是一门科学"。对于这样的"一门科学"，工业特别是机器大工业作为"自然界的社会的现实，和人的自然科学或关于人的自然科学，是同一个说法"。③ 这也就是说，作为"自然界的社会的现实"的工业、技术和科学，伴随历史本身呈现为"自然史的即自然成为人这一过程的一个现实部分"的发展进程，必将内在地统一起来，它们将作为三个不同的方面或作为三种不同的科学形式共同构成同"一门科学"，即"人的科学"。在这里，马克思的同"一门科学"即"人的科学"思想，在实质上就是从对象性存在视域将"科学—技术—工业"视为一个有机的整体，进而在逻辑和历史相统一的科学维度上展示了对象性存在视域的"科学—技术—工业"作为一个整体的分析范式所具有的内在逻辑必然性。

如果说马克思关于对象性存在视域的"科学—技术—工业"是同"一门科学"即"人的科学"的这一洞见在他所处的时代还处在初见端倪的样态——因为马克思在撰写《1844 年经济学哲学手稿》的 19 世纪 40 年代，

① 《马克思恩格斯全集》第 3 卷，人民出版社 2002 年版，第 306 页。
② 《马克思恩格斯全集》第 3 卷，人民出版社 2002 年版，第 308 页。
③ 《马克思恩格斯全集》第 3 卷，人民出版社 2002 年版，第 308 页。

科学革命、技术革命和工业革命尽管已经开始爆发，但那时的科学与劳动还处于相分离、相对立的状态——还属于前瞻性的"科学预见"范畴的话，那么伴随着第二次和第三次科学革命、技术革命和工业革命的不断推进，世界范围内的"科学—技术—经济"一体化的社会现实已然形成，在这样的社会现实中的现代科学技术体系结构已然成为"基础科学—应用科学—工程科学"的有机整体，现代科学技术研究的体系结构已然成为"基础性研究—开发性研究—发展性研究"的动态系统，"一门科学"的大科学技术体系或大科学技术研究体系已然形成，因此马克思的这一科学预见在当今时代已经变成了现实，换言之，当今时代的社会现实已经证实了马克思的这一科学预见。在此意义上可以说，马克思关于作为"自然界的社会的现实"的工业、技术和科学将成为"一门科学"即"人的科学"的前瞻性洞见，使其对象性存在视域的"科学—技术—工业"分析范式不仅在理论上和现实性上具有了可能性，而且这种可能性在逻辑与历史相统一的科学维度上具有了历史发展的逻辑必然性。

四、对象性存在视域"科学—技术—工业"分析范式的意义

正是基于对象性存在视域的"科学—技术—工业"分析范式，马克思将自然科学、技术和工业作为一个系统的"概念图式"，并在此基础上对资本主义经济社会现实进行考察分析，显示出了巨大的理论洞察力和现实意义。面对自然科学和技术通过工业在资本主义经济社会发展过程中所发挥的巨大作用，有许多问题困惑着人们：自然科学通过技术并入工业之后到底起到了什么作用？为什么马克思在后来创立的唯物史观和政治经济学体系中，将自然科学视为推动经济社会发展的巨大的革命力量？这种巨大的革命力量源于何处？是一种什么样的力量？在"科技—经济"一体化社会的今天，可能比较容易得到答案，因为"科学技术是第一生产力"已经成为大家的普遍共识。但是，在马克思所处的19世纪40年代中期以前，还处在一个艰辛的探索阶段。通过上述的分析可见，马克思在此时期已经看到了作为对象性存在的自然科学和技术，不仅是人们通过对象性的感性活动即实践来认识自然界的结果，还是通过这种活动改造自然界的结果，是人的本质力量的对象化或外化的存在方式，这已经大大超过了以往的思想家的认识

水平。

　　但是，如果仅停留在这一认识的程度，那么"对任何思想家来说，都称不上什么了不起的见地"①，因为早在马克思之前，弗兰西斯·培根就已经提出了"知识就是力量"以及"人的知识和人的力量结合为一"②的著名论断。然而，培根讲的知识力量究竟是一种什么性质的力量呢？其本质是什么呢？在当时的历史条件下，受科学实践和生产实践水平的制约，人们难以回答这些问题。培根时代所不能解答的这些问题，马克思在19世纪40年代中期以后依据当时的社会背景给出了科学而合理的答案，即"科学技术也是生产力"，"知识就是力量"这一命题的实质便是揭示了科学技术的生产力功能和属性。而马克思在19世纪40年代中期以后给出的这一答案正是他在19世纪40年代中期以前将自然科学、技术和工业紧密结合在一起思考的结果，换言之，马克思对象性存在视域中的"科学—技术—工业"分析范式，不仅构成他在这一时期形成的"科技—经济"思想的基础和核心内容，而且也是他洞察到科学技术是生产力的基础和前提。

　　如果说，马克思一生中最突出的两大发现是唯物史观和剩余价值理论③，那么这两个重大发现的基础正是马克思的这一分析范式。只是在创立唯物史观和剩余价值理论时，马克思将这一分析范式作了创造性的转换，深入到了"物质生产"之中并达到了生产力的高度。但应当看到，对象性存在视域的"科学—技术—工业"分析范式，始终是马克思唯物史观和剩余价值理论等其他理论的基础和前提，并且它像一道"红线"贯穿于这些理论之中。因此，马克思在19世纪40年代中期以前所形成的对象性存在视域"科学—技术—工业"分析范式，具有重大的理论价值和现实意义，是马克思的"独到见地"和前瞻性之所在，是马克思"比别的思想家更为敏锐和深刻的地方"④。

---

　　①　刘大椿、何立松、刘永谋：《现代科技导论》，中国人民大学出版社2009年版，第292页。

　　②　北京大学外国哲学史教研室：《十六—十八世纪西欧各国哲学》，商务印书馆1966年版，第9页。

　　③　参见恩格斯：《在马克思墓前的讲话》，《马克思恩格斯文集》第3卷，人民出版社2009年版，第601页。

　　④　刘大椿、何立松、刘永谋：《现代科技导论》，中国人民大学出版社2009年版，第293页。

第三节 "科学—技术—工业"分析
范式基础上的异化批判

马克思在其早期著作尤其是在《1844年经济学哲学手稿》中，着重从人与自然的对象性关系维度对资本主义社会中作为人的对象性存在的科学、技术和工业进行深入的考察，形成了"科学—技术—工业"的分析范式。这一考察的过程包含着相互连接的两个方面：一是为了批判作为对象性存在的资本主义经济社会现实的异化和矛盾，马克思形成了他的对象性存在视域的"科学—技术—工业"的分析范式；另一方面，马克思又在这一分析范式的基础上，对作为对象性存在的资本主义经济社会现实的种种异化，包括与人的本质相对立的人自身的异化、劳动（实践）的异化、工业的异化、自然科学的异化、技术的异化、自然界的异化等，展开了更加深入系统的批判。在马克思在这一时期的经典著作中，这两个方面是相互交织在一起的，上一节是对第一个方面的梳理和挖掘，在这一节中着重对第二个方面进行梳理和挖掘。在具体的梳理和挖掘之前，首先对马克思在论述过程中经常使用的两个既相互对立而又颇为相似的概念——外化和异化进行区分，以免引起不必要的误读。然后，在对象性存在视域的"科学—技术—工业"分析范式基础上，沿着异化的根源、异化的本质、异化的主要表现形式即劳动异化、科技异化与自然界的异化进行梳理和挖掘，试图系统地揭示马克思对象性存在视域的"科技—经济"思想中关于资本主义异化批判的主要内容。

一、外化与异化：对象性活动中的两个对立概念

在马克思的早期著作尤其是在《1844年经济学哲学手稿》中，"异化"与"外化"两个概念出现或使用的"频次"是相当高的。这两个概念在马克思的这些著作中，都是与人的对象性活动即劳动或实践密切相关且颇为相似的，在很多情况下马克思将其表述为"异化劳动"和"劳动异化"、"外化劳动"和"劳动外化"。理论界颇具代表性的观点认为"异化"和"外化"在马克思那里基本上属于同义词，也只是在个别情况下有不同的含义。譬如，《马克思恩格斯全集》第3卷的"注释79"就作了这样的注解，认为

马克思"往往并列使用两个德文术语'Entfremdung'（异化）和'Entäußerung'（外化）来表示异化这一概念"，也只是"有时""赋予了'Entäußerung'另一种意义，例如用于表示交换活动，从一种状态向另一种状态转化、获得，就是说，用于表示那些并不意味着敌对性和异己性的关系的经济现象和社会现象"①。言外之意，马克思在多数情况下所使用的外化就是指的异化，两个概念没有实质性的差异，若有差异也只是在少数个别的地方，不带有普遍性。

这一现象，会不会是由于翻译的问题，由于对不同语言所使用的概念的理解问题呢？有学者在作了系统的考证后，针对自己的论题就明确地指出，这"并非产生于翻译的概念理解问题"，而是"概念背后的理论问题"，对马克思经典著作所阐述的理论的理解问题，对概念的误解直接导致了理论上陷于误区和困境："马克思在《1844年经济学哲学手稿》中不仅分析和阐述了异化劳动的现象，而且尝试从异化劳动、外化劳动与私有财产关系的角度分析异化劳动产生的原因，以探索结束异化劳动的可能性。由于对外化劳动（die entäusserte Arbeit）与异化劳动（die entfremdete Arbeit）的概念没有进行清晰的区分，因而在异化劳动的产生原因与废除途径上出现了逻辑上的困境"②。还有学者对此也进行了深入的考察后指出："由于马克思的《手稿》主要是自己为了弄清问题而写作的，而且很多地方采用格言式的表述方法，因而对有些概念未作明确规定，尤其是对外化劳动和异化劳动两个概念，在表述上不仅未加严格区分，而且往往并列使用。这样，一方面为后人的研究和阐发留下了很大的空间，另一方面又为准确把握文本的原意造成很多困难。正因如此，从我们已收集到的以不同方式发表的文献来看，人们至今未能弄清外化劳动与异化劳动的关系，这不仅对准确地理解人的类本质、异化劳动等概念造成很多困难，而且忽略了外化劳动这一更带根本性的概念的理论价值和现实意义。其结果是相关的理论研究至今未能从发生学层面，找出历史唯物主义理论的原生态，这在一定程度上造成了对马克思哲学原有的广

---

① 《马克思恩格斯全集》第3卷，人民出版社2002年版，第670页。
② 魏小萍：《外化、异化与私有财产：并非产生于翻译的概念理解问题——〈马克思恩格斯全集〉历史考证版 MEGA2 概念背后的理论问题研究》，《哲学动态》2005年第8期，第18—22页。

阔视野和当代价值的遮蔽。"① 同样地，我们要在"科学—技术—社会"分析范式基础上通过考察马克思对资本主义社会中的各种异化现象的批判，进而系统地阐述马克思"科技—经济"思想，首先要对马克思在论述过程中经常使用的外化和异化两个基本的概念进行区分，以免引起不必要的误读和造成理论上的偏差。

事实上，只要认真研读马克思在此时期的经典著作就会发现，他在使用"外化"和"异化"两个概念时，在绝大多数情况下有着实质性的差异，甚至是在两个不同层面上的完全对立的意义上来使用的。马克思在使用"外化"概念时，主要是在人与自然的对象性关系的层面中，首先认为人是直接地是自然存在物，同时又是对象性的存在物，将人的类本质存在归结为人的自由自觉的、感性的、对象性活动即劳动或实践，然后将"外化"看作在现实生活中的人以劳动或实践方式对改造自然界的改造活动，是人的类本质的实现方式，是人的实践性的本质力量和理性的本质力量的对象化、现实化和物化，简而言之，是人的对象性的实践活动或劳动过程及其结果。"外化"概念在黑格尔那里是经常使用的，马克思对其进行了充分的肯定，并在此基础上将黑格尔的"外化"概念作了创新性的发展。譬如，马克思在肯定黑格尔把人的实践即劳动作为人的本质观点的同时，也对他的"外化"概念进行了高度的评价，明确地指出黑格尔的"伟大之处在于，黑格尔把人的自我产生看作一个过程，把对象化看作非对象化，看作外化和这种外化的扬弃；可见，他抓住了劳动的本质，把对象性的人、现实的因而是真正的人理解为他自己的劳动的成果。人同作为类存在物的自身发生现实的、能动的关系，或者说，人作为现实的类存在物即作为人的存在物实际的实现，只有通过下列途径才是可能的：人确实显示出自己的全部力量——这又只有通过人的全部活动、只有作为历史的结果才有可能——并且把这些力量当作对象来对待"②；不仅如此，马克思在肯定黑格尔的观点的同时，也明确地指出了他的缺陷，即"黑格尔站在现代国民经济学家的立场上。他把劳动看作人的本质，看作人的自我确证的本质；他只看到劳动的积极的方面，而没

---

① 冯溪屏：《外化劳动与异化劳动辨析——读马克思〈1844 年经济学哲学手稿〉札记》，《学术交流》2010 年第 3 期，第 1—5 页。

② 《马克思恩格斯全集》第 3 卷，人民出版社 2002 年版，第 320 页。

有看到它的消极的方面。劳动是人在外化范围之内的或者作为外化的人的自为的生成。黑格尔唯一知道并承认的劳动是抽象的精神的劳动。因此，黑格尔把一般说来构成哲学的本质的那个东西，即知道自身的人的外化或者思考自身的、外化的科学，看成劳动的本质"①。在此基础上，马克思还更加明确地把外化看作人自身的外化就是人的本质力量的对象性活动即实践的过程以及通过实践创造对象世界，进而确证自己的本质力量。他指出："当现实的、肉体的、站在坚实的呈圆形的地球上呼出和吸入一切自然力的人通过自身的外化把自己现实的、对象性的本质力量设定为异己的对象时，设定并不是主体；它是对象性的本质力量的主体性，因此这些本质力量的活动也必须是对象性的活动。"②

　　将"异化"与"外化"相比较，其含义是不同的，异化范畴含有转让、疏远、脱离、背离等意思③。在生命科学中，异化是与同化相反相成的范畴，是指生命个体不断地分解自身进而把物质和能量不断地排出体外的一种作用过程。在哲学领域，作为普适性较高的范畴，异化所反映的内容在不同历史时期有不同的解释。17、18世纪的哲学家、启蒙思想家，如霍布斯、卢梭等人用"异化"一词作为历史上国家权力起源的一种解释，意即人们把自己的权力转让给政治机构。在德国古典哲学中，费尔巴哈用异化来说明、批判宗教，认为宗教是由人创立的而又反过来主宰人；而黑格尔则用异化来说明劳动者与产品即主体和客体的分裂、对立，说明"自我意识"的"外化"，提出了作为抽象精神的劳动是人的本质的观点。马克思在对黑格尔的"外化"思想进行肯定并加以创新性发展的同时，对于他的"异化"范畴却是持批判和否定的态度。马克思在使用"异化"概念时，主要是将其视为劳动产品对人的否定、劳动本身对人的否定、劳动类本质对人的否定、劳动中人对人的否定，"异化"是资本主义现实尤其是资本主义私有制的产物。在此意义上，马克思主要是在人与社会的对象性关系层面来使用"异化"概念的。如果"外化"是人的本质力量的对象性活动，那么"异化"就是资本主义社会中人的本质力量的对象性活动的否定，即它使人的

① 《马克思恩格斯全集》第3卷，人民出版社2002年版，第320页。
② 《马克思恩格斯全集》第3卷，人民出版社2002年版，第324页。
③ 冯契主编：《哲学大辞典·马克思主义哲学卷》，上海辞书出版社1990年版，第411页。

本质力量的对象性活动成为了否定或扭曲人的本质力量的对象性活动。如果说"外化"是人的本质力量的确证，那么"异化"就是在资本主义社会中人的本质力量的否定和扭曲。

马克思在分析批判黑格尔的双重错误的第一个错误时，就把异化和外化的这种区分明确地表述清楚了，马克思指出，黑格尔的"第一个错误"在他的"哲学的诞生地《现象学》"中表现得最为明显。例如，当他把财富、国家权力等等看成同人的本质相异化的本质时，这只是就它们的思想形式而言……它们是思想本质，因而只是纯粹的即抽象的哲学思维的异化。因此，整个运动是以绝对知识结束的。这些对象从中异化出来的并以现实性自居而与之对立的，恰恰是抽象的思维。哲学家——他本身是异化的人的抽象形象——把自己变成异化的世界的尺度。因此，全部外化历史和外化的全部消除，不过是抽象的、绝对的思维的生产史，即逻辑的思辨的思维的生产史。因此，异化——它从而构成这种外化的以及这种外化之扬弃的真正意义——是自在和自为之间、意识和自我意识之间、客体和主体之间的对立，就是说，是抽象的思维同感性的现实或现实的感性在思想本身范围内的对立。其他一切对立及其运动，不过是这些惟一有意义的对立的外观、外壳、公开形式，这些惟一有意义的对立构成其他世俗对立的含义。在这里，不是人的本质以非人的方式同自身对立的对象化，而是人的本质以不同于抽象思维的方式并且同抽象思维对立的对象化，被当作异化的被设定的和应该扬弃的本质"①。也正是"外化"与"异化"的这种区分，"异化"对"外化"的这一否定，也才有了后来的社会主义或共产主义社会中对异化的扬弃，即否定之否定。

关于"外化"和"异化"这种区分以及二者的关系，即后者是对前者的否定，马克思在很多论述中渗透着这一思想，甚至是颇为明确地表述出来了。在此列举两段论述：第一，"人的本质，人，在黑格尔看来＝自我意识。因此，人的本质的全部异化不过是自我意识的异化。自我意识的异化没有被看作人的本质的现实异化的表现，即在知识和思维中反映出来的这种异化的表现。相反地，现实的即真实出现的异化，就其潜藏在内部最深处的——并

---

① 《马克思恩格斯全集》第 3 卷，人民出版社 2002 年版，第 318 页。

且只有哲学才能揭示出来的——本质来说，不过是现实的人的本质即自我意识的异化的现象。因此，掌握了这一点的科学就叫现象学。因此，对异化了的对象性本质的全部重新占有，都表现为把这种本质合并于自我意识：掌握了自己本质的人，仅仅是掌握了对象性本质的自我意识。因此，对象向自我的复归就是对象的重新占有"①。第二，"对人的自我产生的行动或自我对象化的行动的形式的和抽象的理解。因为黑格尔设定人＝自我意识，人的异化了的对象，人的异化了的本质的现实性，不外是意识，只是异化的思想，是异化的抽象的因而无内容和非现实的表现，即否定。因此，外化的扬弃也不外是对这种无内容的抽象进行抽象的、无内容的扬弃，即否定的否定。因此，自我对象化的内容丰富的、活生生的、感性的、具体的活动，就成为这种活动的纯粹抽象，绝对的否定性，而这种抽象又被作为抽象固定下来并且被想像为独立的活动，即干脆被想像为活动。因为这种所谓否定性无非就是上述现实的、活生生的行动的抽象的无内容的形式，所以它的内容也只能是形式的、抽去一切内容而产生的内容。因此，这就是普遍的，抽象的，适合任何内容的，从而既超脱任何内容同时又恰恰对任何内容都有效的，脱离现实的精神和现实的自然界的抽象形式、思维形式、逻辑范畴"②。

二、对作为对象性存在的"科学—技术—工业"的研究转向

从马克思整个学术历程看，《1844 年经济学哲学手稿》是马克思第一次力图对资本主义经济制度和资产阶级政治经济学进行批判考察，并初步阐述自己的新经济学和哲学以及共产主义思想的一部早期手稿，也是在 19 世纪40 年代中期以前的最具代表性的经典文献，因此在马克思"科学—技术—工业"分析范式基础上对作为对象性存在的资本主义现实的批判分析所形成的"科技—经济"思想，不能脱离其整个学术历程和思想形成的内在逻辑。

在此前提下，笔者通过对马克思所使用的"外化"和"异化"两个对立范畴及其内在关联的考察发现，他的作为对象性存在的"科学—技术—

---

① 《马克思恩格斯全集》第 3 卷，人民出版社 2002 年版，第 321—322 页。
② 《马克思恩格斯全集》第 3 卷，人民出版社 2002 年版，第 333 页。

工业"分析范式，主要是在考察分析人和自然的对象性关系中的对象性活动即实践或劳动过程中形成的，是其"外化"的结果，因此马克思对外化是肯定的，将其视为人的本质力量的自我确证和展现。而当马克思在"科学—技术—工业"分析范式基础上对作为对象性存在的资本主义社会经济现实进行批判分析时，发生了研究层面和研究内容的重大转向或转变，突出地表现在：主要从人和自然的对象性关系层面上对科学、技术和工业等"对象性存在"的考察分析，转向了主要从人和社会的对象性关系层面上对科学、技术和工业等"对象性社会存在"①的考察分析。简言之，在研究层面上，主要从人和自然的对象性关系层面的研究，转向了主要从人和社会的对象性关系层面的研究；研究层面上的转向，导致了研究内容上的转向。在研究内容上，从对科学、技术和工业等作为"对象性存在"的考察分析，转向了对科学、技术和工业等作为"对象性社会存在"的考察分析。

　　转向之后的马克思发现，在人和社会的对象性关系中的"对象性社会存在"——科学、技术和工业，它们原来是在人和自然的对象性关系中的对象性活动即实践或劳动外化的产物，现在却是以"异化"的形式存在着，在资本主义经济社会中呈现出全面异化的状态；"科学—技术—工业"作为对象性存在，原本是人的本质力量的外在展现和自我确证，但在资本主义经济社会中转化为对象性社会存在的"科学—技术—工业"，已经成为人的本质力量的异化存在形态和对人的本质力量的"否定"形式——这也就是资本主义经济社会的现实存在。对此，马克思在《1844年经济学哲学手稿》中进行了深入的考察分析，并着力考察和揭示了"科学—技术—工业"作为对象性社会存在——在资本主义经济社会中这种对象性存在主要表现为资本存在——所导致的诸种异化表现形式。

　　在对资本主义的诸种异化形式进行分析批判的基础上，马克思创立了以"异化劳动"理论为核心的资本主义异化批判理论。在异化劳动理论中，马克思用异化劳动即资本主义雇佣劳动来说明历史，揭示资本主义经济社会的

---

　　①　笔者在此使用了"对象性社会存在"这一概念，它指的是主要针对人和社会对象性关系层面的对象性存在，以区别于主要针对人和自然对象性关系层面的对象性存在。由人和社会对象性关系与人和自然对象性关系的辩证统一性所决定，"对象性社会存在"与"对象性存在"是同一内容的两个不同层面的表述形式，这两种表述形式也是辩证统一的，只是为了研究和行文的方便，在此特对二者加以区分。

自我异化，论证在共产主义条件下的异化克服；与此同时，马克思还对科学和技术在与工业资本结合条件下必然导致科技异化进行了批判分析，等等。这是马克思主义思想史上的重大发展，为马克思进一步深入"物质生产"的层面，并且从生产力的高度分析社会历史发展奠定了基础。[①]

三、"科学—技术—工业"作为资本存在的异化劳动批判

马克思在对"科学—技术—工业"作为资本存在必然导致劳动异化进行考察分析的基础上，对资本主义经济社会中的异化劳动作了进一步的考察分析，并按照从现象到本质的逐级深入的内在逻辑机制，在理论上对异化劳动作了概括和总结，这也就是马克思关于异化劳动的四个基本规定或四个突出特征。在笔者看来，马克思的这一概括总结，是在"科学—技术—工业"作为资本存在条件下的考察分析的结果，是在科学和技术并入工业资本基础上对其所造成的劳动异化展开深入考察和分析评判的理论结晶。

第一，作为劳动者的工人同自己的劳动产品相异化，劳动产品由工人生产，但它不属于工人而且工人对其无法控制，反而成为工人的对立面控制着工人，这是异化劳动在结果上的突出表现。马克思指出："劳动的产品是固定在某个对象中的、物化的劳动，这就是劳动的对象化。劳动的现实化就是劳动的对象化"，但在异化劳动中，"劳动的现实化表现为工人的非现实化，对象化表现为对象的丧失和被对象奴役，占有表现为异化"。[②] 马克思进一步考察发现，"劳动的现实化竟如此表现为非现实化，以致工人非现实化到饿死的地步。对象化竟如此表现为对象的丧失，以致工人被剥夺了最必要的对象——不仅是生活的必要对象，而且是劳动的必要对象。甚至连劳动本身也成为工人只有通过最大的努力和极不规则的中断才能加以占有的对象。对对象的占有竟如此表现为异化，以致工人生产的对象越多，他能够占有的对象就越少，而且越受他的产品即资本的统治……工人在劳动中耗费的力量越多，他亲手创造出来反对自身的、异己的对象世界的力量就越强大，他本

① 刘冠军、张玉春：《科学技术的异化及其克服：全球性生态环境危机的根源及其解除》，《人文杂志》1998 年第 4 期，第 18—21 页。

② 《马克思恩格斯全集》第 3 卷，人民出版社 2002 年版，第 267—268 页。

身，他的内部世界就越贫乏，归他所有的东西就越少"①。这也就意味着工人的劳动产品已经成为一种异己的、同他对立的和敌对的东西。作为资本家代言人的国民经济学竟然将其作为规律，按照这一规律，"工人在他的对象中的异化表现在：工人生产得越多，他能够消费的越少；他创造价值越多，他自己越没有价值、越低贱；工人的产品越完美，工人自己越畸形；工人创造的对象越文明，工人自己越野蛮；劳动越有力量，工人越无力；劳动越机巧，工人越愚笨，越成为自然界的奴隶"②。国民经济学是不考察工人同劳动产品的直接关系来掩盖劳动本质的异化的。"当然，劳动为富人生产了奇迹般的东西，但是为工人生产了赤贫。劳动生产了宫殿，但是给工人生产了棚舍。劳动生产了美，但是使工人变成畸形。劳动用机器代替了手工劳动，但是使一部分人回到野蛮的劳动，并使一部分工人变成机器。劳动生产了智能，但是给工人生产了愚钝和痴呆"③，这是工人同自己的劳动产品相异化的生动表现。

第二，作为劳动者的工人同自己的生产活动相异化，生产活动是工人的活动但工人无法控制生产，即在何时、何处、生产什么以及以何种方式进行生产是由资本家控制的，生产活动成为工人异己的活动的同时反过来控制和操纵工人，这是异化劳动在行动或过程上的突出表现。马克思指出：劳动的"异化不仅表现在结果上，而且表现在生产行为中，表现在生产活动本身中。如果工人不是在生产行为本身中使自身异化，那么工人活动的产品怎么会作为相异的东西同个人对立呢？产品不过是活动、生产的总结"④，因此劳动产品的异化是由生产活动的异化导致的，劳动结果的异化是劳动过程的异化所决定了的。那么，劳动过程的异化表现在哪些方面呢？首先，工人的生产活动即对象性外化劳动是其作为人的本质力量的展现过程，是人的本质属性，但是在异化劳动中，生产活动对工人来说已经是外在的东西，已经不属于他自己的活动，也不再是工人自身本质力量的展现和确证的过程；换言之，处在异化劳动中的生产活动，已经是属于别人的东西，属于劳动的对立

---

① 《马克思恩格斯全集》第 3 卷，人民出版社 2002 年版，第 268 页。
② 《马克思恩格斯全集》第 3 卷，人民出版社 2002 年版，第 269 页。
③ 《马克思恩格斯全集》第 3 卷，人民出版社 2002 年版，第 269—270 页。
④ 《马克思恩格斯全集》第 3 卷，人民出版社 2002 年版，第 270 页。

面即资本的化身——资本家的东西。其次，生产活动对于工人来说已经不是
"自主的活动"，更不是"自愿的活动"，而是已经变成了反对个人自身的、
强制性的劳动，如马克思所说的，工人的"劳动不是自愿的劳动，而是被
迫的强制劳动。因此，这种劳动不是满足一种需要，而只是满足劳动以外的
那些需要的一种手段"①，与此相适应，作为劳动者的工人也已经沦落为资
本的奴隶和生产劳动中的"机器"，在资本主义社会中"即使在对工人最有
利的社会状态中，工人的结局也必然是劳动过度和早死，沦为机器，沦为资
本的奴隶"，尤其是伴随着分工的高度专门化而使工人越来越片面化和越来
越"被贬低为机器"。② 再次，在上述的情况下，工人"在自己的劳动中不
是肯定自己，而是否定自己，不是感到幸福，而是感到不幸，不是自由地发
挥自己的体力和智力，而是使自己的肉体受折磨、精神遭摧残。因此，工人
只有在劳动之外才感到自在，而在劳动中则感到不自在，他在不劳动时觉得
舒畅，而在劳动时就觉得不舒畅"③，正是劳动的这种异己性或异化性，导
致工人"只要肉体的强制或其他强制一停止"，他"就会像逃避瘟疫那样逃
避"这种"自我牺牲、自我折磨的劳动"。④ 最后，由工人的劳动的这种外
在性质即异己性所决定，生产活动成为了"他自身的丧失"过程，成为了
工人的人的本性和人的技能丧失的过程，其结果是"人（工人）只有在运
用自己的动物机能——吃、喝、生殖，至多还有居住、修饰等等——的时
候，才觉得自己是自由活动，而在运用人的机能时，却觉得自己不过是动
物。动物的东西成为人的东西，而人的东西成为动物的东西"。进一步讲，
"吃、喝、生殖等等，固然也是真正的人的机能。但是，如果加以抽象，使
这些机能脱离人的其他活动领域并成为最后的和惟一的终极目的，那它们就
是动物的机能"。概而言之，工人"在劳动过程中劳动对生产行为的关系"
是一种异化的关系，"是工人对他自己的活动———种异己的、不属于他的
活动的——关系。在这里，活动就是受动；力量是无力；生殖是去势；工人
自己的体力和智力，他个人的生命——因为，生命如果不是活动，又是什么

---

① 《马克思恩格斯全集》第 3 卷，人民出版社 2002 年版，第 270 页。
② 《马克思恩格斯全集》第 3 卷，人民出版社 2002 年版，第 229 页。
③ 《马克思恩格斯全集》第 3 卷，人民出版社 2002 年版，第 270 页。
④ 《马克思恩格斯全集》第 3 卷，人民出版社 2002 年版，第 270—271 页。

呢？——是不依赖于他、不属于他、转过来反对他自身的活动"。①

第三，作为劳动者的工人同自己的类本质相异化，这是"根据在此以前考察的异化劳动的两个规定推出"的"它的第三个规定"②，即异化劳动在本质上的突出表现。在马克思看来，在人和自然的对象性关系视域中，"人是类存在物，不仅因为人在实践上和理论上都把类——自身的类以及其他物的类——当作自己的对象；而且因为——这只是同一种事物的另一种说法——人把自身当作现有的、有生命的类来对待，因为人把自身当作普遍的因而也是自由的存在物来对待"③；但在人和社会的对象性关系视域中，人的类本质——劳动成为了"异化劳动，由于（1）使自然界，（2）使人本身，使他自己的活动机能，使他的生命活动同人相异化，也就使类同人相异化；对人来说，它把类生活变成维持个人生活的手段。第一，它使类生活和个人相异化；第二，把抽象形式的个人生活变成同样是抽象形式和异化形式的类生活的目的"。这具体地展现为以下几个方面：一是劳动作为人的生命活动和生产生活对人来说本身就是类生活，而人作为"一个种的整体特性、种的类特性"，恰恰就是"自由的有意识的活动"，但在异化劳动中的生命活动、生产生活"本身仅仅表现为生活的手段"，仅仅表现为"满足一种需要即维持肉体生存的需要的一种手段"。④ 二是人作为类存在物是在改造对象世界的过程中得到证明和确证的，人通过生产劳动这种"能动的类生活"使人的对象世界——自然界"表现为他的作品和他的现实"，并从他创造的世界即"他的作品和他的现实"中"直观自身"，但"异化劳动从人那里夺去了他的生产的对象，也就从人那里夺去了他的类生活，即他的现实的类的对象性，把人对动物所具有的优点变成缺点，因为从人那里夺走了他的无机的身体即自然界"。⑤ 三是人是具有"类的意识"的存在物，人的活动是"自主的活动"和自由的活动，但是"异化劳动把自主活动、自由活动贬低为手段，也就把人的类生活变成维持人的肉体生活的手段"，与此同时，

---

① 《马克思恩格斯全集》第 3 卷，人民出版社 2002 年版，第 271 页。
② 《马克思恩格斯全集》第 3 卷，人民出版社 2002 年版，第 271—272 页。
③ 《马克思恩格斯全集》第 3 卷，人民出版社 2002 年版，第 272 页。
④ 《马克思恩格斯全集》第 3 卷，人民出版社 2002 年版，第 273 页。
⑤ 《马克思恩格斯全集》第 3 卷，人民出版社 2002 年版，第 274 页。

"人具有的关于他的类的意识也由于异化而改变，以至类生活对他来说竟成了手段"。这样一来，异化劳动造成如下结果："人的类本质——无论是自然界，还是人的精神的类能力——变成对人来说是异己的本质，变成维持他的个人生存的手段。异化劳动使人自己的身体，同样使他之外的自然界，使他的精神本质，他的人的本质同人相异化。"①

第四，由上述三方面的规定所决定，异化劳动还必然表现为人同人相异化，即工人之间以及与他人之间的关系的异化，包括工人与工人之间的关系异化、工人与资本家之间的关系异化以及资本家之间的关系异化等，这是异化劳动条件下社会关系异化的全面展开和具体体现。在马克思看来，社会关系异化的展开是由以下两方面的原因造成的，一方面，"在异化劳动的条件下，每个人都按照他本身作为工人所具有的那种尺度和关系来观察他人"；而另一方面，"人的异化，一般地说，人对自身的任何关系，只有通过人对他人的关系才得到实现和表现"，因此，关于异化劳动上述的三个方面的规定，即作为劳动者的工人"同自己的劳动产品、自己的生命活动、自己的类本质相异化"这些事实，其"直接结果就是人同人相异化"——表现为同一阶级内部不同人之间以及不同阶级之间的关系异化：工人之间为了获得工作岗位或更好的工作岗位以及获得更好的劳动报酬而相互展开竞争，甚至展开恶意的争斗；与此同时，工人和资本家之间展开斗争；资本家之间为了获得更高的利润和更好的市场而相互竞争，甚至是不择手段的斗争。这样，整个资本主义经济社会中的人与人的社会关系呈现出全面异化的状态。在马克思看来，造成这一全面异化的社会关系的根本的原因，在于资本主义经济社会中的每一个人都处在与自己的类本质相异化的状态，工人如此，资本家也如此，工人的劳动成果、生产过程和自己的类本质相异化的同时导致了与他人关系的异化，而资本家借助资本各种特权或"权力"通过"科学—技术—工业"不断地进行自身的积累的实质是占有他人的劳动成果、控制他人的生产活动，进而成为"享有特权的和闲散的神仙——处处高踞于工人之上，并对工人发号施令"②，事实上也导致了他与人的类本质相异化的现

---

① 《马克思恩格斯全集》第 3 卷，人民出版社 2002 年版，第 274 页。
② 《马克思恩格斯全集》第 3 卷，人民出版社 2002 年版，第 231 页。

实，严重地背离了他作为人所应当具有的人的类本质，由此进一步造成资本家与他人的关系的异化。马克思指出："当人同自身相对立的时候，他也同他人相对立。凡是适用于人对自己的劳动、对自己的劳动产品和对自身的关系的东西，也都适用于人对他人、对他人的劳动和劳动对象的关系"，因此，"人的类本质同人相异化这一命题，说的是一个人同他人相异化，以及他们中的每个人都同人的本质相异化"。①

在马克思关于异化劳动的这四个基本规定中，第一个规定即作为劳动者的工人同自己的劳动产品，是异化劳动在结果上的表现，是异化劳动的直观的静态表现形式；第二个规定即作为劳动者的工人同自己的生产行为或生产生活相异化，是异化劳动的过程即动态的表现形式；第三个规定即作为劳动者的工人同自己的类本质相异化，是异化劳动的本质特征和根本属性；而其第四个规定即人同人的异化——人同他人、同他人的劳动、同他人的劳动产品相异化，这是异化劳动上述三个规定的直接结果，是异化劳动本质特征在资本主义经济社会中现实的展开形式。

值得注意的是，马克思在《1844 年经济学哲学手稿》中创立的异化劳动理论，主要是针对作为雇佣劳动者的工人，在"科学—技术—工业"作为资本存在条件下的异化劳动进行现实考察和理性批判的结晶，但在其分析批判的字里行间渗透出的一个重要思想，那就是对资本主义经济社会中作为资本的化身——资本家作为"人"的异化的尖锐批判，表面上看是对作为雇佣劳动者的工人的异化劳动进行批判，而在实质上是对造成工人的劳动异化的资本的批判，是对资本家凭借"科学—技术—工业"侵占和吞噬他人劳动的彻底批判。换言之，对作为雇佣劳动者的工人的异化劳动批判是表象，而对造成工人劳动异化的资本批判是实质——揭示了资本化身的资本家，他作为"人"在资本主义经济社会中同样是处在与人的本质相异化的状态。正是资本的化身处在异化的状态——作为矛盾的主要方面，才导致了工人的劳动异化的状态。从马克思关于异化劳动的四个规定来看，在前两个规定中，表面上看是对工人的异化劳动批判，但实质上也深刻地揭露了资本利用劳动的积累——"科学—技术—工业"进一步侵占和吞噬他人劳动的

① 《马克思恩格斯全集》第 3 卷，人民出版社 2002 年版，第 274—275 页。

批判——这才是马克思对异化劳动批判的实质之所在；而在后两个规定中，现象和本质达到了有机的统一，两个层面上的批判高度统一在一起，人与自己的类本质的异化和人对人的异化，实质上既包括工人作为人，也包括资本化身的资本家作为"人"，在资本主义经济社会中的全面异化。这正如马克思所说的，在这种全面异化的资本主义经济社会中，我们"应当看到，工人和资本家同样苦恼，工人为他的生存而苦恼，资本家则为他的死钱财的赢利而苦恼"①，因此，"异化……这也适用于资本家，——则表现为一种非人的力量统治一切"②。

　　长期以来，理论界更多地关注马克思对资本主义经济社会中劳动者即工人的异化劳动批判，相对地"忽略"资本凭借"科学—技术—工业"侵占和吞噬他人劳动的行为异化。笔者认为，马克思这两个层面上的批判是密切联系在一起的，体现为表象与实质、或现象与本质的关系，只有将二者有机地统一起来，才能真正理解和把握马克思在"科学—技术—工业"作为资本存在条件下创立的异化劳动批判理论，才能在此基础上真正理解马克思对资本主义制度批判以及创立无产阶级和人类解放理论的实质。

四、科学、技术与工业资本结合的科技异化批判

　　在《1844年经济学哲学手稿》中，马克思重点探讨的是"科学—技术—工业"作为资本存在条件下所导致的劳动异化，对异化劳动及其造成异化劳动的原因进行了彻底的分析批判。同时应当看到，马克思在这一分析批判的过程中，也对科学、技术与工业资本结合所导致的科技异化进行了批判分析，形成了他的科技异化批判的思想。马克思在论述自然科学借助技术并入工业之中，并"通过工业日益在实践上进入人的生活，改造人的生活，并为人的解放作准备"时，作了这样的表述："尽管它不得不直接地使非人化充分发展。工业是自然界对人，因而也是自然科学对人的现实的历史关系。因此，如果把工业看成人的本质力量的公开的展示，那么自然界的人的本质，或者人的自然的本质，也就可以理解了；因此，自然科学将失去它的

---

① 《马克思恩格斯全集》第3卷，人民出版社2002年版，第227页。
② 《马克思恩格斯全集》第3卷，人民出版社2002年版，第349页。

抽象物质的方向或者不如说是唯心主义的方向，并且将成为人的科学的基础，正像它现在已经——尽管以异化的形式——成了真正人的生活的基础一样；说生活还有别的什么基础，科学还有别的什么基础——这根本就是谎言。"① 在此，联系马克思文本的上下文作如下的分解和剖析：

第一，"尽管它不得不直接地使非人化充分发展"，在此表述中的"它"，直接的指向是自然科学，而与"它"相对应的还有工业，当然也包括技术，工业和技术是"它"的实施的途径和过程，因此马克思的这一表述的含义是，自然科学借助技术并通过工业日益在实践上进入人的生活，改造人的生活，但在资本主义的经济社会现实中"不得不直接地使人的非人化充分发展"，换言之，人的自然科学一旦转化为技术与工业（资本）相结合进入实践领域中就不得不直接地使人的非人化充分发展——这正是自然科学和技术与工业资本结合所导致的科技异化的本质。事实上，在资本主义的工业中发生的资本与劳动的分离以及由此所导致的劳动异化中，已经包含着科技的异化，因为在马克思看来，"全部人的活动迄今为止都是劳动，也就是工业，就是同自身相异化的活动"②，在这里马克思给出了这样一个等式："迄今为止的全部人的活动＝劳动＝工业＝同自身相异化的活动"，而自然科学和技术作为"迄今为止全部人的活动"这一"普遍运动的一部分"，被理解为"工业的一个特殊部分"，③ 也就是人的劳动和"同自身相异化的活动"。因此，在马克思异化劳动理论中，蕴含着科技异化的思想。

第二，科技的异化，只有当"自然科学展开了大规模的活动并且占有了不断增多的材料"，以及其成果转化技术且与工业资本结合进入社会实践领域的时候，才具有现实的可能性，才成为资本主义经济社会的现实存在。而在自然科学还处在与技术相分离、脱离工业资本而未在实践上进入人的现实生活的孤立状态时，还未呈现出现实的异化形态。自然科学即使已经转化为技术并与工业资本结合在实践中进入了人的现实生活，如果不从实践和现实生活的角度来考察和理解，仅仅把它看作理论的任务，这样的"哲学"也认识不到科技的异化，因为此时的"哲学对自然科学始终是疏远的，正

---

① 《马克思恩格斯全集》第3卷，人民出版社2002年版，第307页。
② 《马克思恩格斯全集》第3卷，人民出版社2002年版，第306—307页。
③ 《马克思恩格斯全集》第3卷，人民出版社2002年版，第306页。

像自然科学对哲学也始终是疏远的一样",即使想"把它们暂时结合起来,不过是离奇的幻想。存在着结合的意志,但缺少结合的能力",即便是当时的"历史学也只是顺便地考虑到自然科学,仅仅把它看作是启蒙、有用性和某些伟大发现的因素"。如果从自然科学的"如此广泛的丰富性中只知道那种可以用'需要'、'一般需要'的"有用性来考察理解自然科学,那么自然科学作为"人的对象化的本质力量以感性的、异己的、有用的对象形式,以异化的形式呈现在我们面前"时,我们也看不到其异化的本质。① 马克思从感性实践的维度,从现实生活的角度,在"把工业看成人的本质力量的公开的展示"的同时,也把自然科学及其技术与工业结合在一起,一并看作是人的本质力量的公开展示,这样"自然科学将失去它的抽象物质的方向或者不如说是唯心主义的方向,并且将成为人的科学的基础"。正是因为自然科学及其技术如同工业一样"成了真正人的生活的基础",所以马克思讲"说生活还有别的什么基础,科学还有别的什么基础——这根本就是谎言"。也正因如此,马克思在揭示工业中劳动异化的本质之同时,也揭示自然科学及其技术"以异化的形式"存在的现实。②

第三,马克思在揭示了自然科学及其技术与工业资本结合必然导致科技异化的同时,对科技异化所造成的异化的对象性存在结果进行了考察分析。在马克思看来,除了自然科学和技术与工业资本结合表现为资本的力量,加剧了工人的劳动异化的程度之外,也表现为科学技术与工业资本结合所导致的人的"对象的存在",即"人化的自然界",③ 呈现出日益异化的态势。在此意义上,科学技术的异化主要是指科学技术作为在一定社会历史条件下创生、发展的产物,根本目的是为了增强人类认识自然、改造自然的能力,使自然界向着有利于人类生存和发展的方向演化,但是随着它的产生、发展及其正面效能实现的同时,出现了有悖人类发展科学技术的目的,使自然界向着不利于甚至严重威胁人类生存和发展的方向演进,结果导致作为人的对象性存在的自然界成了与人对立的危及人类生存的社会存在。简言之,科学技术的异化表现为人类所创生、发展、应用科学技术在造福于自身的同

---

① 《马克思恩格斯全集》第 3 卷,人民出版社 2002 年版,第 307 页。
② 《马克思恩格斯全集》第 3 卷,人民出版社 2002 年版,第 307 页。
③ 《马克思恩格斯全集》第 3 卷,人民出版社 2002 年版,第 305 页。

时，科学技术又反过来同人作对，损害、扭曲、束缚、支配、威胁人类的现象。

第四，科学技术的异化不仅表现在它与工业资本结合所造成的异化的对象性存在之结果上，而且表现在科学技术自身的异化上。一方面，科学技术的成果与科学技术劳动相异化。科学技术成果是科学技术劳动的物化或对象化，而在科学技术与工业资本相结合的社会条件下，这种物化或对象化表现为异化，即科学技术的产品变成了一种异己的存在物，作为不依赖于科学技术劳动者的力量而同科学技术劳动相对立的东西，成为资本主义社会中资本控制科学技术劳动、剥削和压迫科学技术劳动者的手段。

另一方面，科学技术的异化表现为科学技术劳动与科学技术劳动者相异化。科学技术劳动者从事科学技术劳动，其目的之一是提高人们认识、改造自然的能力，结果却使科学技术劳动者的生存遭到其束缚、限制和威胁。同时，科学技术劳动者从事科学技术劳动的目的之二，是想进一步显示人的本质力量，结果却是在同工业资本结合的经济社会中，科学技术劳动在资本逻辑的驱动下成为人们谋生和谋利益的手段，成为与动物的求生本能相类似的活动，进而否定了人的本质。再者，科学技术劳动者从事科学技术劳动的目的之三，是想显示人的价值和尊严，结果却出现了科学技术劳动的发明成果即"机器就能作为竞争者"与人"相对抗"，使人"越来越片面化"，以致"沦为机器"，[1]"直到变为机器"[2]，在资产阶级国民经济学那里把人"只当作劳动的动物，当作仅仅有必要的肉体需要的牲畜"[3]，而处在"牲畜般的存在状态"[4]。在此状况下，人的尊严、人的价值丧失殆尽。最后，科学技术劳动者从事科学技术劳动的目的之四，是使自然界向着有利于人类的方向发展，进而使人和自然协调发展，但其结果是加剧了人对自然界的掠夺，使人和自然的关系紧张化，激化了人和自然的矛盾。[5] 马克思指出："单是加工棉花的机器（在英国）就相当于8400万手工劳动者"的力量，由此可

---

① 《马克思恩格斯全集》第3卷，人民出版社2002年版，第229页。
② 《马克思恩格斯全集》第3卷，人民出版社2002年版，第231页。
③ 《马克思恩格斯全集》第3卷，人民出版社2002年版，第233页。
④ 《马克思恩格斯全集》第3卷，人民出版社2002年版，第223页。
⑤ 刘冠军、张玉春：《科学技术的异化及其克服：全球性生态环境危机的根源及其解除》，《人文杂志》1998年第4期，第18—21页。

见，自然科学通过转化为技术并入工业所显示出的征服自然的巨大力量，借助科学技术的巨大力量使人们像发动战争那样加快了对自然财富的掠夺，并且"工业直到现在还处于掠夺战争的状态"。① 在此，马克思援引即欧·比雷的《论英法工人阶级的贫困》一书原文说明这一状况："它像大征服者那样冷酷无情地浪费那些构成它的军队的人的生命。它的目的是占有财富，而不是人的幸福。"② 同时，还援引了舒尔茨在《生产运动。从历史统计学方面论国家和社会的一种新科学基础的建立》一书的原文进一步说明这一状况："在各国人民未来的生活里，通过机器起作用的盲目的自然力，将成为我们的奴隶和奴仆。"③

马克思通过援引这些学者的论述发现，在科学技术和工业资本结合的社会条件下，人们不以人类幸福为目的而像"大征服者"那样冷酷无情地征服自然界，人们仅仅为了占有自然界的财富而像对待奴隶和奴仆那样对待自然界，这必然导致人与自然关系的紧张化，必然导致作为人的对象的自然界发生危机进而危及人的生存。而此时的科学又起到什么作用呢？按照即欧·比雷的观点，此时的科学也仅仅是"在对抗力量的这种冲突中寻求秩序和平衡；按照科学的意见，连绵不断的战争是获得和平的唯一方法；这种战争就叫作竞争"④。在笔者看来，马克思援引即欧·比雷的这一观点正是为了说明处在异化状态的科学所起到的作用，科学在这里所遵循的也只是资本的逻辑，在资本逻辑支配下的科学是不可能起到它应该起到的作用的，而发挥出来的也只是资本的力量。

第四节　"科学—技术—工业"分析
范式基础上的异化根源

作为对象性存在的"科学—技术—工业"，在资本主义经济社会中主要表现为资本存在，发挥着资本的力量，由此必然导致处在资本对立面的劳动

---

① 《马克思恩格斯全集》第 3 卷，人民出版社 2002 年版，第 236 页。
② 参见《马克思恩格斯全集》第 3 卷，人民出版社 2002 年版，第 237 页。
③ 参见《马克思恩格斯全集》第 3 卷，人民出版社 2002 年版，第 234 页。
④ 参见《马克思恩格斯全集》第 3 卷，人民出版社 2002 年版，第 237 页。

者的劳动异化。不仅如此，科学、技术在与工业资本结合的条件下，它们发挥出来的也是资本的力量，在加剧劳动异化的同时也必然导致科技自身的异化，甚至使作为人的对象性存在的自然界即"人化的自然"也处在异化的状态。资本主义经济社会的诸种异化形式，包括劳动异化、科技异化等，在实质上是"科学—技术—工业"在作为资本存在条件下人与人的类本质以及人与人的关系的异化。而造成资本主义经济社会异化现实的社会根源是什么呢？

马克思将其聚焦在"私有财产"上。《1844年经济学哲学手稿》除了"序言"之外，共收录了马克思的三个笔记本的手稿："笔记本Ⅰ"包括四部分内容，其中一部分便是"异化劳动和私有财产"，其他三部分的论述也都与私有财产密切相关联；"笔记本Ⅱ"仅有的一部分是"私有财产的关系"；"笔记本Ⅲ"的主要内容也是私有财产，其中的三部分是"私有财产和劳动""私有财产和共产主义""私有财产和需要"，其余部分也都与私有财产相关联。三个笔记本的这些标题，尽管都是该手稿的编者所加的，但是由此也可以看出私有财产是该手稿最为重要的关键词和中心思想，马克思考察的重点或焦点就是私有财产。

值得注意的是，由这些标题以及马克思在该手稿中的论述是否能够得出这样的结论：作为对象性存在的社会经济现实呈现出来的异化现象就是由私有财产所导致的，马克思对人的对象性存在的私有财产所持的就是全盘否定的态度。只要认真研读原文就会发现，情况并非如此。马克思该手稿的文本呈献给我们的是，他对作为对象性存在的私有财产从"外化—肯定"和"异化—否定"两方面进行了辩证的考察分析。在此考察分析的基础上，马克思揭示了资本主义私有制是其全方位异化的社会根源，而私有制下"科学—技术—工业"作为资本存在是资本主义全方位异化的根本原因。

一、对作为对象性存在的私有财产的"外化—肯定"考察

马克思对作为对象性存在的私有财产，首先从人的本质力量的外化角度作了肯定的考察分析，这主要体现在马克思把私有财产的起源与人的本质力量的外化即外化劳动联系起来加以考察。当"把私有财产的起源问题变为

外化劳动对人类发展进程的关系问题"①时，马克思"通过分析，从外化劳动这一概念……得出私有财产这一概念"，首先认为"私有财产是外化劳动即工人对自然界和对自身的外在关系的产物、结果和必然后果"。②人通过外化劳动改造自然所创造的"人化的自然"，为私有财产提供了物质基础，并且成为私有财产的现实存在形态；同时，"人的生命为了本身的实现……需要私有财产"③，私有财产是人的生命得以实现的客观需要。在马克思看来，私有财产相对于外化劳动，主要体现在两个方面："私有财产一方面是外化劳动的产物，另一方面又是劳动借以外化的手段，是这一外化的实现。"④这也就是说，当私有财产作为外化劳动的产物出现之后，它又进一步成为劳动者进行劳动外化的手段，使劳动外化进一步加以实现。从理论上讲，私有财产与外化劳动如此反复进行，展示了私有财产与劳动即外化劳动的内在联系和动态过程。由此可见，正是通过"外化"概念，马克思将私有财产与劳动联系起来，揭示了私有财产的起源和积累的过程，同时也解释了这样的社会现象，当"人们谈到私有财产时，认为他们谈的是人之外的东西。而当人们谈劳动时，则认为是直接谈到人本身"⑤，而事实上，作为"人之外的"私有财产是"人本身"所具有的劳动本质力量的"外化"存在方式或人的对象性的存在，是人自身的本质力量自我确证和实现的标志。

在此应当注意的是，马克思在考察分析私有财产与外化劳动的关系之同时，对亚当·斯密等资产阶级经济学把私有财产等同于劳动的观点进行了批判分析。马克思指出："私有财产的主体本质，作为自为地存在着的活动、作为主体、作为个人的私有财产，就是劳动。因此，十分明显，只有把劳动视为自己的原则——亚当·斯密——，也就是说，不再认为私有财产仅仅是人之外的一种状态的国民经济学⑥，只有这种国民经济学才应该被看成私有

---

① 《马克思恩格斯全集》第3卷，人民出版社2002年版，第279页。
② 《马克思恩格斯全集》第3卷，人民出版社2002年版，第227页。
③ 《马克思恩格斯全集》第3卷，人民出版社2002年版，第358页。
④ 《马克思恩格斯全集》第3卷，人民出版社2002年版，第277页。
⑤ 《马克思恩格斯全集》第3卷，人民出版社2002年版，第229页。
⑥ 马克思在此所讲的国民经济学，实际上"是当时德国人对英国人和法国人称作政治经济学的资产阶级政治经济学采用的概念"，参见《马克思恩格斯全集》第3卷，人民出版社2002年版，第659页注释42。

财产的现实能量和现实运动的产物"①，但是应当看到，这种"以劳动为原则的国民经济学表面上承认人，毋宁说，不过是彻底实现对人的否定而已，因为人本身已不再同私有财产的外在本质处于外部的紧张关系中，而是人本身成了私有财产的这种紧张的本质。以前是人之外的存在——人的真正外化——的东西，仅仅变成了外化的行为，变成了外在化。因此，如果说上述国民经济学是从表面上承认人、人的独立性、自主活动等等开始，并由于把私有财产人自身的本质而能够不再受制于作为存在于人之外的本质的私有财产的那些地域性的、民族的等等的规定，从而发挥一种世界主义的、普遍的、摧毁一切界限和束缚的能量，以便自己作为惟一的政策、普遍性、界限和束缚取代这些规定——那么国民经济学在它往后的发展过程中必定抛弃这种伪善性，而表现出自己的十足的昔尼克主义②"③。在此，马克思批判亚当·斯密等人把作为外化劳动的私有财产当作了人本身的劳动甚至当作人本身，故意将外化劳动即"人自身之外的东西"当作人自身的东西，把客体当成了主体自身。

马克思在从劳动外化角度对私有财产进行考察分析同时，认为私有财产作为对象性的存在，作为人的本质力量"外化"的产物即实践或劳动的成果，劳动者对其应当拥有"私有财产权"，或者说，劳动外化的私有财产应当归属于劳动者，这无论在现实上还是理论上都是应当如此的。在此，马克思借用"国民经济学家对我们说"的，"劳动的全部产品，本来属于工人，并且按照理论也是如此"，④ 这是"私有财产的事实"，国民经济学从这一事实出发，但"它没有说明这个事实。它把私有财产在现实中所经历的物质过程，放进一般的、抽象的公式，然后把这些公式当作规律。它不理解这些规律，就是说，它没有指明这些规律是怎样从私有财产的本质中产生出来"⑤。

---

① 《马克思恩格斯全集》第3卷，人民出版社2002年版，第289页。

② 昔尼克主义，又译为犬儒主义，在西方语言中泛指蔑视道德，凌辱人的尊严，不知羞耻，冷酷无情，对眼前事物冷嘲热讽等。参见《马克思恩格斯全集》第3卷，人民出版社2002年版，第673—674页。

③ 《马克思恩格斯全集》第3卷，人民出版社2002年版，第290页。

④ 《马克思恩格斯全集》第3卷，人民出版社2002年版，第230页。

⑤ 《马克思恩格斯全集》第3卷，人民出版社2002年版，第366页。

那么，私有财产的本质是什么呢？在马克思看来，这就是作为对象性存在的外化或物化的劳动产品，这些劳动产品是劳动者的私有财产，应当属于劳动者，否则又如何理解呢？"如果劳动产品对我来说是异己的，是作为异己的力量面对着我，那么它到底属于谁呢？如果我的活动不属于我，而是一种异己的活动、一种被迫的活动，那么它到底属于谁呢？属于另一个有别于我的存在物。这个存在物是谁呢？是神吗？确实，起初主要的生产活动，如埃及、印度、墨西哥的神殿建造等等，是为了供奉神的，而产品本身也是属于神的。但是，神从来不单独是劳动的主人。自然界也不是……劳动和劳动产品所归属的那个异己的存在物，劳动为之服务和劳动产品供其享用的那个存在物，只能是人本身。"①

在马克思的这一表述中，把劳动产品、外化和物化的对象性存在看作是私有财产的本质并隶属于劳动者——人本身，劳动者对其拥有私有财产权。而私有财产作为外化的产物就一定导致异化吗？在马克思看来，这仅有异化的可能但没有异化的必然，也就是说，私有财产作为外化的产物为其异化提供了前提，为一个人占有另一个人的劳动提供了可能，如果没有这种作为劳动外化的私有财产，他人的占有也就没有可能。因此，马克思指出："私有财产的意义，撇开私有财产的异化，就在于本质的对象——既作为享受的对象，又作为活动的对象——对人的存在。"② 这也就是说，"撇开私有财产的异化"，而从外化劳动的角度讲，私有财产表现出它本来具有的存在意义，一方面，私有财产作为"对人的存在"，它成了劳动者即人的"享受的对象"、人的生命得以维持和延续的存在物，因此作为私有财产的"劳动产品所归属的那个异己的存在物，劳动为之服务和劳动产品供其享受的那个存在物，只能是人自身"③；另一方面，私有财产作为"对人的存在"，它成了劳动者的"活动的对象"即劳动的对象，以及劳动者进一步实现劳动外化即劳动者"活动"所需要的手段和条件，因此私有财产表现出积极的进步的意义。

对私有财产的积极的进步意义，马克思在《1844 年经济学哲学手稿》

---

① 《马克思恩格斯全集》第 3 卷，人民出版社 2002 年版，第 275—276 页。
② 《马克思恩格斯全集》第 3 卷，人民出版社 2002 年版，第 359 页。
③ 《马克思恩格斯全集》第 3 卷，人民出版社 2002 年版，第 276 页。

中不仅从哲学人本主义的立场进行了探索，而且已经开始转向从历史唯物主义维度进行思考，尝试从生产力和人的价值、自由的角度来承认和肯定私有财产所具有的历史意义。一方面，私有财产作为"对人的存在"，它的出现和发展是人的劳动外化水平即生产力发展水平的体现，它促进了劳动者劳动外化即生产力发生量变和质变，伴随着私有财产的生产能力的不断提高，人类从封建社会胜利过渡到资本主义社会，尽管资本主义社会不是一个自由王国，但它缔造了远高于以往任何社会形态的物质财富，尤其是科学和技术在融入工业资本的同时，使工业资本成为了"私有财产的完成了的客观形式"时，私有财产"以最普遍的形式成为了世界历史性的力量"，[1] 大大推进了世界历史的发展。

另一方面，私有财产作为"对人的存在"，尽管在资本主义经济社会中以异化的形式存在着，但是它的出现和发展打破了人们交往的血缘、地域、等级等局限，培育和形成了以物的依赖为基础的人的独立性，使人获得自我负责、自我选择的自由，较之以往的社会形态在一定意义上更多地体现了人的价值和尊严。马克思引用两个"据说"来肯定私有财产对人的这种积极作用。一是，"据说，动产已经使人人获得了政治的自由，解脱了束缚市民社会的桎梏，把各领域彼此连成一体，创造了博爱的商业……它给人民以文明的需要来代替粗陋的需要，并提供了满足需要的手段"，在这里马克思使用了"生产力"的概念；[2] 二是，"据说……资本的文明的胜利恰恰在于，资本发现并促使人的劳动代替死的物而成为财富的源泉"，并且"从现实的发展进程中……必然产生出资本家对土地所有者的胜利。即发达的私有财产对不发达的、不完全的私有财产的胜利"，因此"企图阻止地产资本化，却完全白费力气"。[3] 在马克思看来，较之以往的社会形态，在资本主义经济社会中只有借助发达的私有财产即科学、技术与发达工业融合的资本，人才能更加"文明"和更加"自由"地发展，因为私有财产的出现和发展是人类在一定历史阶段上自我存在的一种"肯定方式"——人本身就是一种对象性存在，他的本质和力量需要靠外部自然与社会来实现，他通过劳动实践

---

① 《马克思恩格斯全集》第 3 卷，人民出版社 2002 年版，第 293 页。
② 《马克思恩格斯全集》第 3 卷，人民出版社 2002 年版，第 286 页。
③ 《马克思恩格斯全集》第 3 卷，人民出版社 2002 年版，第 287 页。

把自己的力量外化到外部对象上，从而生产出符合自己需要的对象。①

由此可见，从外化劳动的角度，马克思对私有财产所持的是一种肯定的态度，并且揭示出私有财产的来源及其对作为劳动者——人的现实意义。但是，如果不再"撇开私有财产的异化"，而从异化的角度来考察私有财产的分化时，情况又是如何呢？

二、对作为对象性存在的私有财产的"异化—否定"考察

当马克思不再"撇开私有财产的异化"②，他对私有财产的研究视角发生了转向，从外化劳动或外化角度转向了从异化或异化劳动的角度。当从异化的角度来考察私有财产时，马克思对作为对象性存在的私有财产作了批判性的或否定性的考察分析，揭示了异化或异化劳动与私有财产的关系。事实上，在资本主义经济社会中，异化和外化是一体两面、同时并存的关系，这也是马克思在《1844 年经济学哲学手稿》中经常将两个概念连用、或混用、或交叉性使用的原因，但是，马克思在使用这两个概念时还是尽量将二者加以区分的（这在前面已作考察）。当马克思从外化或外化劳动的角度考察私有财产时，对作为外化劳动产物的私有财产是持肯定态度的，但是，当马克思考察资本主义经济社会现实时，更多地使用异化或异化劳动概念，从异化的角度对私有财产进行考察分析，并将作为外化劳动产物的私有财产视为资本主义经济社会的异化存在状态——即异化的私有财产或私有财产的异化形态。而这种异化的私有财产，在资本主义经济社会中表现为"非工人对工人和劳动的财产关系"③，表现为"非工人"不是对自己的外化劳动的占有，而是对工人即他人的外化劳动的占有——这正是资本主义经济社会中异化劳动在私有财产关系上的表现形式。

如前所述，马克思在分析资本主义经济社会中的异化劳动时，从劳动者与其劳动产品相异化、劳动者与其自身劳动行为相异化、人与其类本质相异化、人与人的关系相异化四个层面加以论证。在这四个层面的论述中，其第

---

① 陈水勇：《论马克思扬弃私有财产理论的当前意义》，《科学·经济·社会》2011 年第 4 期，第 118—121、128 页。

② 《马克思恩格斯全集》第 3 卷，人民出版社 2002 年版，第 359 页。

③ 《马克思恩格斯全集》第 3 卷，人民出版社 2002 年版，第 279 页。

一个层面，从异化劳动的角度看，是劳动者与其劳动产品相异化；而从私有财产异化的角度看，劳动者即工人的外化劳动被他人的占有，进而成为他人的私有财产，这是资本主义经济社会中私有财产的异化存在形态——本来是工人的外化劳动却成了他人的私有财产——因此，本是外化劳动却成了异化劳动，本是作为外化劳动结果的私有财产却成了异化劳动产物的私有财产。其第二个层面，从异化劳动的角度看，劳动者与其自身劳动行为相异化；而从私有财产异化的角度看，工人的劳动外化的行为和过程在不属于工人的同时，却成为了为他人创造财富的过程，成为了他人占有工人的外化劳动而使他人的私有财产不断积累的过程。其第三个层面，从异化劳动的角度看，是人与其类本质相异化；而从私有财产异化的角度看，本属于人的类本质的外化劳动却变成了处在异化存在状态的私有财产即外化之物对人的控制和统治。其第四个层面，从异化劳动的角度看，是人与人的关系相异化；而从私有财产异化的角度看，人与人的关系却呈现为处在异化存在状态的私有财产即外化之物的依赖关系。在此意义上，马克思指出："工资是异化劳动的直接结果，而异化劳动是私有财产的直接原因。因此，随着一方衰亡，另一方也必然衰亡。"[1] 在私有财产异化意义上来解读马克思的这句话，那就是，工资仅仅是维持工人最基本生命活动需要以保证异化劳动进行、为他人即资本家占有他的外化劳动的直接结果，而工人的异化劳动成为他人私有财产的直接原因，没有工人的异化劳动，就没有他人即资本家的私有财产即工人创造的利润，因此随着异化劳动的衰亡，异化的私有财产也必定衰亡，反之亦然。

与此同时，马克思又指出："从异化劳动对私有财产的关系可以进一步得出这样的结论：社会从私有财产等等的解放出来、从奴役制解放出来，是通过工人解放这种政治形式来表现的，这并不是因为这里涉及的仅仅是工人的解放，而是因为工人的解放还包含普遍的人的解放；其所以如此，是因为整个的人类奴役制就包含在工人同生产的关系中，而一切奴役关系只不过是这种关系的变形和后果罢了。"[2] 在马克思的这一表述中包含着一层意思，

---

① 《马克思恩格斯全集》第 3 卷，人民出版社 2002 年版，第 278 页。
② 《马克思恩格斯全集》第 3 卷，人民出版社 2002 年版，第 278 页。

即工人的解放即是人类的解放，包括工人从异化劳动、奴役制中解放出来，在根本上是从私有财产即异化的私有财产中解放出来。具体到异化的私有财产与异化劳动的关系上，到底何者为原因、何者是结果呢？如上所述，从异化劳动的角度看异化的私有财产，异化劳动是直接的原因，马克思对异化劳动的四个层面的分析，揭示了异化劳动直接导致了异化的私有财产的产生。但归根结底，异化的私有财产才是异化劳动产生的根本原因。在这里，需要区分的是私有财产和异化的私有财产两个概念。

这是因为，在马克思看来，"私有财产的关系潜在地包含着作为劳动的私有财产的关系和作为资本的私有财产的关系，以及这两种表现的相互关系"①。"作为劳动的私有财产的关系"，在马克思那里是从外化劳动的角度加以规定并给予肯定的，在此意义上，私有财产主要是指作为劳动者外化劳动的产物而归属劳动者的外化劳动，它仅为异化劳动的产生提供可能，但不一定导致异化劳动。而"作为资本的私有财产的关系"，在马克思看来这是"异化的私有财产"，它主要是指劳动者外化劳动的产物不归属于劳动者而归属于他人的或被他人占有的外化劳动，它在资本主义经济社会中成为"私有财产"的代名词，而其典型的成熟的形态是"工业资本"，因为在马克思看来，"工业资本是私有财产的完成了的客观形式……我们看到，只有这时私有财产才能完成它对人的统治，并以最普遍的形式成为世界历史的力量"②。因此，在资本主义经济社会中，异化的私有财产——工业资本，才是异化劳动产生的根本原因。也正是在异化的私有财产即工业资本产生之后，资本主义异化的私有财产与异化劳动呈现出互为原因的关系，相互推进，使资本主义经济社会的异化态势不断加强。

三、资本主义私有制是其全方位异化的社会总根源

通过上述两个层面的考察分析可见，马克思对作为对象性存在的私有财产从"外化—肯定"和"异化—否定"两方面进行了辩证的思考和论述。当马克思从人的本质力量的外化角度进行考察分析时，对作为对象性存在的

---

① 《马克思恩格斯全集》第3卷，人民出版社2002年版，第283页。
② 《马克思恩格斯全集》第3卷，人民出版社2002年版，第293页。

私有财产作了充分的肯定并揭示了它的积极的进步意义；而当马克思从外化劳动或外化角度转向从异化或异化劳动的角度进行考察分析时，对作为对象性存在的私有财产作了彻底的批判或否定，并揭示了在资本主义经济社会中私有财产导致劳动异化的同时，异化的劳动反过来导致"私有财产的异化"①，使资本主义经济社会中的私有财产成为"异化的私有财产"。异化的劳动和异化的私有财产在资本主义经济社会中互为因果的相互推进和恶性循环，致使资本主义呈现出全方位的异化状态。在此意义上讲，异化的劳动和异化的私有财产以及二者互为因果的恶性循环，成为资本主义全方位异化的社会根源。因此，马克思指出："正如我们通过分析从异化的、外化的劳动的概念得出私有财产的概念一样，我们也可以借助这两个因素来阐明国民经济学的一切范畴，而且我们将重新发现，每一个范畴，例如买卖、竞争、资本、货币，不过是这两个基本因素的特定的、展开了的表现而已。"② 也就是说，资本主义经济社会中的买卖、竞争、资本、货币等，都是异化的私有财产和异化劳动基础上的异化形式。

马克思在对造成资本主义全方位异化的社会根源进行考察分析的过程中，他的研究和思考并未仅仅停留在异化劳动和异化的私有财产以及二者互为因果的恶性循环这一层面，而是对其更深层次社会总根源作了进一步的探索和揭示。在马克思看来，造成异化劳动和异化的私有财产以及二者互为因果的恶性循环的社会总根源，是资本主义的私有制；正是资本主义的"私有制使我们变得如此愚蠢和片面，以致一个对象，只有当它为我们拥有的时候，也就是说，当它对我们来说作为资本而存在，或者它被我们直接占有，被我们吃、喝、穿、住等等的时候，简言之，在它被我们使用的时候，才是我们的，尽管私有制本身又把占有的这一切直接实现仅仅看作生活手段，而它们作为手段为之服务的那种生活，是私有制的生活——劳动和资本化"③。在马克思看来，资本主义私有制不是一种简单的社会关系，也不是一种空洞的抽象的社会关系，而是现实的"直接实现"的资本主义的"生活手段"。这种作为"生活手段"私有制"为之服务的那种生活"直接表现为资本主

---

① 《马克思恩格斯全集》第 3 卷，人民出版社 2002 年版，第 359 页。
② 《马克思恩格斯全集》第 3 卷，人民出版社 2002 年版，第 278—279 页。
③ 《马克思恩格斯全集》第 3 卷，人民出版社 2002 年版，第 303 页。

义的"私有制的生活"即资本主义的生产关系总和——劳动和资本。换言之，私有制下的每"一个对象"，作为劳动产品并非是劳动者"直接占有"的私有财产，而是仅仅维持劳动者的"吃、喝、穿、住等"而被劳动者"直接占有"的私有财产——工资，这是私有制下异化劳动所导致的结果；私有制下的每"一个对象"，当它"作为资本而存在"，其劳动产品除了仅维持劳动者的"吃、喝、穿、住等"而被劳动者"直接占有"的私有财产即工资之外，其余的则被资本所有者所"直接占用"成为了异化的私有财产；私有制下的异化劳动和异化的私有财产在资本主义经济社会中互为因果这种恶性循环的社会关系，就是资本主义的"私有制的生活"。

正是这种资本主义"私有制的生活"，"使我们变得如此愚蠢和片面"，使整个资本主义经济社会呈现为全方位的异化形态，工业作为资本的运行呈现为异化的形态，科学和技术并入工业资本表现为资本的力量的同时，也表现为异化的形态。因此，在归根结底的意义上，正是资本主义的私有制，导致了"科学—技术—工业"下的异化劳动和异化的私有财产以及二者互为因果的恶性循环，进而导致了资本主义的买卖、竞争、资本和货币等全方位异化的形态，这直接表现为以"劳动和资本的对立"为内容的资本主义"私有制的生活"。在此意义上，马克思指出，资本主义私有制下的"私有财产的关系是劳动、资本以及二者的关系"①。

那么，如何理解资本主义私有制下的私有财产的关系即劳动与资本的关系呢？或者说，这一关系是如何形成和展现的呢？马克思从历时态发展和共时态并存相统一的维度作了系统的分析和回答，他指出，"这个关系的各个成分必定经历的运动"是：首先，二者表现为"直接的或间接的统一"，因为在"起初，资本和劳动还是统一的；后来，它们虽然分离和异化，却作为积极的条件而互相促进和互相推动"。其次，二者伴随着分离和异化的进程而表现为"对立"和"互相排斥"，此时"工人知道资本家是自己的非存在，反过来也是这样；每一方都力图剥夺另一方的存在"。最后，二者在相互对立和排斥的过程中达到"各自同自身对立"，一方面，对于资本而言，"资本＝积累劳动＝劳动。作为这样的东西，资本分解为自身和自己的利息，

---

① 《马克思恩格斯全集》第3卷，人民出版社2002年版，第288页。

而利息又分解为利息和利润",此时表现为"资本家的彻底牺牲。他沦为工人阶级,正像工人——但只是例外地——成为资本家一样";另一方面,对劳动而言,"劳动是资本的要素,是资本的费用。因而,工资是资本的牺牲",此时的"劳动分解为自身和工资。工人本身是资本、商品"。这样,劳动和资本成为了"敌对性的相互对立"。①

应当注意的是,对资本主义私有制下劳动和资本这种私有财产关系的分析和解答,马克思是"从国民经济学的各个前提出发"并"采用了它的语言和它的规律"。对此,马克思明确地指出:"我们把私有财产,把劳动,资本,土地的相互分离,工资,资本利润,地租的互相分离以及分工、竞争、交换价值等概念当作前提。我们从国民经济学本身出发,用它自己的话指出,工人降低为商品,而且是最贱的商品;工人的贫困同他的产品的力量和数量成反比;竞争的必然结果是资本在少数人手中积累起来,也就是垄断的更可怕的恢复;最后,资本家和地租所得者之间、农民和工人之间的区别消失了,而整个社会必然分化为两个阶级,即有产者阶级和没有财产的工人阶级。"②

同时还应当注意,马克思在从国民经济学的前提出发并在其概念框架中进行分析和解答的过程中,对国民经济学进行了深刻的批判和剖析,指出了国民经济学尽管"从私有财产的事实出发",但是"它没有给我们说明这个事实";正是因为没有说明这个事实,所以国民经济学在事实上也就没有做到"从私有财产的事实出发",而是从国民经济学已有的那种"一般的、抽象的公式"出发,即"把私有财产在现实中所经历的物质过程,放进一般的、抽象的公式"中,并把这种"一般的、抽象的公式"当作了事实和规律。③ 因此,我们必须首先弄清楚这个事实,否则,我们是不可能弄清真相的。那么,这个事实是什么呢? 在马克思看来,这个事实就是"当前的经济事实",即"劳动为富人生产了奇迹般的东西,但是为工人生产了赤贫。劳动生产了宫殿,但是给工人生产了棚舍。劳动生产了美,但是使工人变成

---

① 《马克思恩格斯全集》第3卷,人民出版社2002年版,第288页。
② 《马克思恩格斯全集》第3卷,人民出版社2002年版,第266页。
③ 《马克思恩格斯全集》第3卷,人民出版社2002年版,第266页。

畸形"①。透过这个事实，马克思揭示出在资本主义私有制下的私有财产关系中所包含着的劳动和资本的对立，这种对立构成资本主义经济社会工人和资本家两大阶级不平等的根源。

不仅如此，马克思紧接着指出，正是由于国民经济学没有真正从"私有财产的事实出发"，而"把私有财产在现实中所经历的物质过程，放进一般的、抽象的公式，然后又把这些公式当作规律"，所以国民经济学也"不理解这些规律，就是说，它没有指明这些规律是怎样从私有财产的本质中产生出来的。国民经济学没有向我们说明劳动和资本分离以及资本和土地分立的原因"，② 也"正因为国民经济学不理解运动的联系，所以才把例如竞争的学说同垄断的学说，行业自由的学说同同业公会的学说，地产分割的学说同大地产的学说对立起来。因为竞争、行业自由、地产分离仅仅被阐述和理解为垄断、同业公会和封建所有制的偶然的、蓄意的、强制的结果，而不是必然的、不可避免的、自然的结果"，因此，"必须弄清私有制"，必须弄清私有制下"劳动、资本、地产三者的分离之间，交换和竞争之间，人的价值和人的贬值之间，垄断和竞争等等之间，这全部异化和货币制度之间的本质联系"。③

在对国民经济学进行深刻批判和剖析的基础上，马克思按照国民经济学的概念框架，对私有财产的具体形式即"劳动、资本与土地"以及与此相对应的"工资、利润与地租"进行了进一步的考察分析，揭示了被国民经济学当作规律的所谓的"三位一体"收入公式——劳动力所有者依靠出卖自己的劳动力获得工资，资本所有者依靠资本获得资本的利润，土地所有者依靠土地获得地租，在实质上是资本主义私有制下作为私有财产的劳动与资本的本质联系。在马克思看来，这是由以下两方面的原因造成的。

一方面，土地所有者在以土地作为私有财产换取货币的同时，"就它力求赚到尽可能多的货币而言，已经失去了封建的性质，而具有了工业的性质"，而且"租地农场主阶级在地产范围内代表着工业和资本的权力"，④ 因

---

① 《马克思恩格斯全集》第 3 卷，人民出版社 2002 年版，第 269—270 页。
② 《马克思恩格斯全集》第 3 卷，人民出版社 2002 年版，第 266 页。
③ 《马克思恩格斯全集》第 3 卷，人民出版社 2002 年版，第 267 页。
④ 《马克思恩格斯全集》第 3 卷，人民出版社 2002 年版，第 264 页。

此,"十分明显,那种与地产相对立的、即作为工业而确立下来的工业的主体本质一旦被理解,那么,这种本质同时也包含着自己的那个对立面。因为正像工业包含着已被扬弃的地产一样,工业的主体本质也同时包含着地产的主体本质"①,尽管"地产是私有财产的第一个形式",但是在资本主义的现代社会中"一切财富都成了工业的财富……工业资本是私有财产的完成了的客观形式"。② 在此意义上讲,马克思所揭示的资本主义"私有制生活"中的"资本化",首当其冲的是作为第一形式的私有财产即地产的"资本化",而资本化了的地产取得了资本的形式即变为了资本的存在,进而并入到工业资本之中,成为了"私有财产的完成了的客观形式"的工业资本的重要构成部分。

另一方面,在资本主义的现代社会中,伴随着资本家与土地所有者的对立和斗争,地产逐渐由贵族特权转变为资本,由不完全的资本转变为完全的资本,由"不发达的、不完全的私有财产"转变为"发达的私有财产",表现为"资本家对土地所有者的胜利"。③ 在这一转变过程中,"地产这个私有财产的根源必然完全卷入私有财产的运动而成为商品;所有者的统治必然要失去一切政治色彩而表现为私有财产的、资本的单纯统治;所有者和劳动者之间的关系必然归结为剥削者和被剥削者的经济关系;所有者和他的财产之间的一切人格的关系必然终止,而这个财产必然成为纯实物的、物质的财富……地产的根源,即卑鄙的自私自利,也必然以其无耻的形式表现出来。稳定的垄断必然变成动荡的、不稳定的垄断,变成竞争,而对他人血汗成果的坐享其成必然变为以他人血汗成果来进行的忙碌交易。最后,在这种竞争中,地产必然以资本的形式既表现为对工人阶级的统治,也表现为对那些因资本运动的规律而破产或兴起的所有者本身的统治"④。

因此,当地产消融入资本之后,资本主义私有制下的"劳动、资本和土地"的对立,便被归结为"劳动与资本"的对立。而这一对立的运动,呈现为资本主义"私有制生活"的规律:"工人生产的财富越多,他的产品

---

① 《马克思恩格斯全集》第 3 卷,人民出版社 2002 年版,第 292 页。
② 《马克思恩格斯全集》第 3 卷,人民出版社 2002 年版,第 293 页。
③ 《马克思恩格斯全集》第 3 卷,人民出版社 2002 年版,第 287 页。
④ 《马克思恩格斯全集》第 3 卷,人民出版社 2002 年版,第 261—262 页。

的力量和数量越大，他就越贫穷。工人创造的产品越多，他就越变成廉价的商品。物的世界的增值同人的世界的贬值成正比。"① 所以，马克思深刻地指出："无产和有产的对立，只要还没有把它理解为劳动和资本的对立，它还是一种无关紧要的对立，一种没有从它的能动关系上、它的内在关系上来理解的对立，还没有作为矛盾来理解的对立。这种对立即使没有私有财产的前进运动也能以最初的形式表现出来，如在古罗马、土耳其等。因此，它还不表现为私有财产本身设定的对立。但是，作为财产之排除的劳动，即私有财产的主体本质，和作为劳动之排除的资本，即客体化的劳动，——这就是作为上述对立发展到矛盾关系的、因而促使矛盾得到解决的能动关系的私有财产。"②

四、"科学—技术—工业"作为资本存在是异化的根本原因

在资本主义经济社会形成和成熟时期，特别是在 19 世纪 40 年代中期以前的发展阶段，资本主义的经济制度、法律制度和政治制度以及经济运行秩序已经确立，而资本主义私有制是其根本的经济制度，其他的制度都是建立在这一根本制度基础上并为这一根本的经济制度服务的，并且整个资本主义经济社会的运行秩序也是在其私有制这一根本经济制度框架中加以展开的，它直接地、现实地表现为资本主义"私有制的生活——劳动和资本化"③，即劳动和资本的对立和斗争构成了资本主义"私有制的生活"即生产关系总和的实质内容。在此加以说明的是，马克思在概括总结"私有制的生活"的实质内容时，将其表述为"劳动和资本化"，而不是直接地表述为"劳动和资本"。这是因为，"资本化"所表示的是当时资本主义社会的一切私有财产，作为对象性的存在具有现实地转化为资本特别是工业资本的趋势和本能，即在资本主义私有制下所有的私有财产，其拥有者为了获得自身的利益都渴望转化为资本，都甘愿屈从于资本的逻辑和资本的要挟并逐步将其转化为资本，尽管在这一过程中存在着对立和斗争——如前面分析了土地所有者在与资本家的斗争中逐步将地产转化为资本，但最终的结果还是转化成了资

① 《马克思恩格斯全集》第 3 卷，人民出版社 2002 年版，第 267 页。
② 《马克思恩格斯全集》第 3 卷，人民出版社 2002 年版，第 294 页。
③ 《马克思恩格斯全集》第 3 卷，人民出版社 2002 年版，第 303 页。

本，并以资本家的胜利而告终。这正如马克思所指出的，此时的资本主义社会的"一切财富都成了工业的财富，成了劳动的财富，而工业是完成了的劳动，正像工厂制度是工业即劳动的发达的本质，而工业资本是私有财产的完成了的客观形式一样。——我们看到，只有这时私有财产才能完成它对人的统治，并以最普遍的形式成为世界历史性的力量"①。而当地产也转化为资本之后，资本主义"私有制的生活"的构成也就由"劳动和资本化"转化为了"劳动和资本"。在马克思看来，资本和劳动、"资本家和工人之间的敌对斗争"，其"胜利必定属于资本家"，②属于资本的一方，除了其他的诸种因素之外，其根本的原因是"科学—技术—工业"作为对象性社会存在的发展，逐步演变成了以资本主义私有制为基础的资本的存在方式，即与劳动相对立的资本存在。尽管在人和自然的对象性关系中，科学、技术和工业日益结合为一体的情况下，"工业的历史和工业的已经生成的对象性的存在，是一本打开了的关于人的本质力量的书"③。但作为人的本质力量对象化的工业以及与之结合在一起的科学和技术，在资本主义经济社会中表现为与人的本质力量相对立的对象性社会存在，并且使资本和劳动日益发生分离，以致资本和劳动日益趋向于激烈的尖锐对立的态势。

一方面，资本将"科学—技术—工业"这些对象性社会存在——积累起来的劳动，通过暴力掠夺、经济手段和制度规定等手段，转变为"他的权力"即资本化身的资本家的权力，这种权力表现为资本"对他人劳动产品的私有权""对劳动及其产品的支配权力"以及"资本的那种不可抗拒的购买的权力"。值得注意的是，"资本家拥有这种权力并不是由于他的个人的或人的特性，而只是由于他是资本的所有者"④，或者说，只是由于他是资本主义私有制下的资本的所有者。资本的所有者在资本主义私有制制度的框架内借助这些权力，通过"科学—技术—工业"的资本运行，不断地推进和实现着私有财产的异化——原本是劳动者创造且应当归属于劳动者的私有财产，现在却成为了异化的私有财产，成为了资本家占有的私有财产或财

---

① 《马克思恩格斯全集》第 3 卷，人民出版社 2002 年版，第 293 页。
② 《马克思恩格斯全集》第 3 卷，人民出版社 2002 年版，第 223 页。
③ 《马克思恩格斯全集》第 3 卷，人民出版社 2002 年版，第 306 页。
④ 《马克思恩格斯全集》第 3 卷，人民出版社 2002 年版，第 238—239 页。

富——直接表现为资本不断地进行自身的积累，资本家的私有财产或财富不断地增加，进而使这些资本的拥有者即资本家成为"享有特权的和闲散的神仙——处处高踞于工人之上，并对工人发号施令"①。

另一方面，"科学—技术—工业"作为资本存在和运行的同时，越来越与工人、劳动相分离，这种"分离对工人来说是致命的"和有害的，"工人成了商品，如果他能找到买主，那就是他的幸运了"，由于"工人之间的竞争是很激烈的"，因此"如果供给大大超过需求，那么一部分工人就要沦为乞丐或者饿死"。②即便是那些"幸运的"能够卖掉自己（劳动力商品）即所谓找到工作的工人，其劳动所得即所谓的工人的工资，也是达到了"最低的和惟一必要的工资额"，这一工资额之低达到了令人难以想象的程度。它仅是"工人在劳动期间的生活费用，再加上使工人能够养家糊口并使工人种族不致死绝的费用。按照斯密的意见，通常的工资就是同'普通人'即牲畜般的存在状态相适应的最低工资"③。工人的劳动，在资产阶级的代言人——国民经济学家那里，"仅仅以谋生活动的形式出现"④，"国民经济学把工人只当作劳动的动物，当作仅仅有最必要的肉体需要的牲畜"⑤，在"不得不出卖自己和自己的人性"的情况下，"实际上工人得到的是产品中最小的、没有就不行的部分，也就是说，只得到他不是作为人而是作为工人生存所必要的那一部分，只得到不是为繁衍人类而是为繁衍工人这个奴隶阶级所必要的那一部分"。⑥

"科学—技术—工业"作为对象性社会存在直接导致了资本与劳动的分离并具有日益尖锐的态势，这主要体现在资本主义经济社会的工业中，即工业作为对象性社会存在成为了资本的存在，并按照资本的逻辑使作为人的本质力量的劳动即工人的劳动呈现出与自己相异化的现状。而与此相关的问题是，自然科学借助技术并入工业之中，并"通过工业日益在实践上进入人

---

① 《马克思恩格斯全集》第3卷，人民出版社2002年版，第231页。
② 《马克思恩格斯全集》第3卷，人民出版社2002年版，第223页。
③ 《马克思恩格斯全集》第3卷，人民出版社2002年版，第223页。
④ 《马克思恩格斯全集》第3卷，人民出版社2002年版，第232页。
⑤ 《马克思恩格斯全集》第3卷，人民出版社2002年版，第233页。
⑥ 《马克思恩格斯全集》第3卷，人民出版社2002年版，第230页。

的生活，改造人的生活，并为人的解放作准备"①，这是否能够改变这一分离日趋尖锐的现状以及由此所导致的劳动异化现象呢？在马克思看来，科学和技术融入工业之后在实践上的确改变了人的生活，但是它们在工业实践中首先是"从属于资本"并为资本服务的，表现出来的是资本的力量，并且是与工人和工人的劳动相分离、相对立的资本的力量，因此科学和技术也就与工业资本融合在一起，进而成为了工业资本统治工人的力量和手段。在此意义上，科学借助技术并入工业，通过工业在实践上进入人的生活的结果，不但没有改变工人的劳动异化的现状，反而成为与劳动相对立的资本的力量，进一步加剧了工人的劳动异化的程度，并且是"不得不直接地使非人化充分发展……以异化的形式"②表现出来。在此需要加以说明的是，马克思关于科学和技术"从属于资本"的思想观点，在《1844 年经济学哲学手稿》中尽管没有明确地表述出来，但从他的相关论述中已经渗透着这一思想观点。时隔不久，他在 1845 年秋至 1846 年 5 月期间与恩格斯合作撰写的《德意志意识形态》中，明确地提出了这一思想观点，他指出："大工业……它使自然科学从属于资本……它的［……］是自动体系。［它］造成了大量的生产力……这些生产力只获得了片面的发展，对大多数人来说成了破坏的力量。"③这一思想观点在其后的大量著作中多次表述和强调，应当说这是马克思的一贯坚持的一个主要的思想观点。

由此可见，"科学—技术—工业"这些对象性社会存在，在资本主义经济社会中表现出来的是资本的力量，是作为资本而存在的，它使工人朝着"非人化的"发展。在此意义上，"科学—技术—工业"在资本主义经济社会中是"以异化的形式"表现出来的，不仅表现为科学的异化、技术的异化和工业的异化，而且表现为"科学—技术—工业"的整体异化。而与这些异化相对应的突出的典型的形式，是与资本相对立的劳动的异化，它使工人的劳动——本来是人的本质力量的外化或对象化的实践活动——却成了"异化劳动"。从此意义上讲，如果说资本主义私有制是其全方位异化的社会总根源，那么资本主义私有制下的"科学—技术—工业"作为资本存在，

①　《马克思恩格斯全集》第 3 卷，人民出版社 2002 年版，第 307 页。
②　《马克思恩格斯全集》第 3 卷，人民出版社 2002 年版，第 307 页。
③　《马克思恩格斯文集》第 1 卷，人民出版社 2009 年版，第 566 页。

是资本主义全方位异化的根本原因。

这里的问题是，一个是社会总根源，一个是根本原因，那么，二者之间是什么关系呢？从马克思的考察分析我们发现，作为造成资本主义全方位异化社会总根源的资本主义"私有制的生活"①，是一个矛盾统一体，包含着相互对立和相互联系的两个方面"劳动和资本"，而在这一矛盾统一体中，资本是矛盾的主要方面，居于支配和主导的地位，而劳动是矛盾的次要方面，居于被支配和服从的地位。正是因为资本——资本主义私有制下异化的私有财产的存在，发挥着支配和主导的作用，造成了劳动的异化，因此资本主义私有制下"科学—技术—工业"作为资本存在，成为导致资本主义全方位异化的根本原因，正是体现了资本主义"私有制生活"的矛盾的主要方面。在此意义上，资本主义私有制作为资本主义全方位异化的社会总根源，它包含着根本原因，这就是以资本形态存在的"科学—技术—工业"；而这一根本原因，体现的是社会总根源的矛盾主要方面。

在此需要加以说明的是，弄清楚造成资本主义全方位异化的社会总根源和根本原因的关系，对于理解马克思的整个思想的进展是颇为关键和重要的，因为马克思对资本主义私有制的批判是贯穿于他的整个思想进程中，但在《1844年经济学哲学手稿》中，马克思对资本主义的批判主要集中在对异化劳动的批判中，而对异化劳动的批判主要聚焦在对"私有财产"考察分析上，大量使用了"私有财产"概念而较少使用"资本"；而在其后的研究中，特别是在《资本论》的研究过程中，马克思对资本主义的批判则主要集中在"资本"的批判上，更多地使用"资本"概念而很少使用"私有财产"。对此，学界有一种观点，认为马克思在这一进程中出现了"方法论的突然断裂"②。而在笔者看来，这并非是方法论的突然断裂，而是马克思对资本主义进行科学研究的重大转向和认识深化的重大飞跃，突出地表现在，马克思由此开始从对资本主义"私有制生活"内在矛盾的次要方面的分析批判，转向了对其内在矛盾的主要方面的批判剖析，反映了马克思对资本主义本质认识的逐步深化和对资本主义批判的逐步深入。方法论的突然断

① 《马克思恩格斯全集》第3卷，人民出版社2002年版，第303页。
② 参见陈正权：《劳动扬弃资本》，《集美大学学报（哲学社会科学版）》2002年第2期，第6—8页。

裂只是一种表象，而研究的重大转向和认识的重大飞跃才是其实质之所在。

第五节 "科学—技术—工业"分析
范式基础上的异化克服

从不同的角度来分析什么是马克思主义可以作出不同的回答，但从马克思所创立的学说体系来看，将其归结为关于无产阶级和人类解放的科学理论，应当是恰如其分的。这是因为，纵观马克思伟大的一生，人类解放或人的解放应当是其毕生的不懈追求和从未动摇过的信念，从他在中学毕业论文中就明确提出，要立志选择那种"为人类而献身的"和"最能为人类而工作的职业"①；到1841年3月在完成的博士论文中他提出"原子的真实的灵魂即抽象个体性的概念"②，它所表征的是原子"胸中能进行斗争和对抗的某种东西"③，即"个体性"自由所预示的人的自由或人的解放的追求；再到1842年他在《莱茵报》工作期间，第一次遇到了对物质利益发表意见的"难事"而去"研究经济问题的最初动因"④；一直到1843年10—12月他在《〈黑格尔法哲学批判〉导言》中提出"彻底的革命、全人类的解放，不是乌托邦式的梦想"⑤，无产阶级的解放是"以宣布人是人的最高本质这个理论为自足点的解放"⑥；以及同一时期他在《论犹太人问题》中提出把"政治解放对宗教的关系问题"看成"政治解放对人的解放的关系问题"⑦，提出"任何解放都是使人的世界和人的关系回归于人自身"⑧，马克思对人类解放的探索和认识逐步深化并越来越深刻。

进入1844年5月底6月初至8月这一期间，马克思对人类解放的认识进一步升华并达到了一个崭新的高度。在《1844年经济学哲学手稿》中，

---

① 《马克思恩格斯全集》第1卷，人民出版社1995年版，第459页。
② 《马克思恩格斯全集》第1卷，人民出版社1995年版，第35页。
③ 《马克思恩格斯全集》第1卷，人民出版社1995年版，第34页。
④ 《马克思恩格斯文集》第2卷，人民出版社2009年版，第588页。
⑤ 《马克思恩格斯全集》第3卷，人民出版社2002年版，第210页。
⑥ 《马克思恩格斯全集》第3卷，人民出版社2002年版，第214页。
⑦ 《马克思恩格斯全集》第3卷，人民出版社2002年版，第169—170页。
⑧ 《马克思恩格斯全集》第3卷，人民出版社2002年版，第189页。

他第一次将人类解放的思想诉诸于真实的历史与镜,在"科学—技术—工业"分析范式的基础上,从人和自然与人和社会双重对象性关系的维度,从作为人的对象性存在的"私有财产的事实出发",研究"私有财产在现实中所经历的物质过程",① 对资本主义全方位异化现象展开了一系列的批判和剖析,区分了资本主义经济社会中的私有财产和异化的私有财产,揭示了资本主义私有制是全方位异化的社会总根源,阐述了私有制下的"科学—技术—工业"作为资本存在是其异化的根本原因。在此基础上,马克思在该手稿中第一次尝试从理论上论证了共产主义,第一次对人类解放问题作了系统的阐述,指出了共产主义不仅是人类解放"最近将来的必然的形式和有效的原则",而且还是一种依赖于人的实践和"现实的共产主义行动"而不断生成的运动过程,② 提出了通过积极地扬弃私有财产、推进自然科学和人的科学融合为"一门科学"等克服资本主义异化的途径,并对未来的共产主义社会进行了初步的构想。

从整体上讲,马克思在《1844 年经济学哲学手稿》中对共产主义的理论阐释,是基于"科学—技术—工业"分析范式,从人和自然与人和社会双重对象性关系的维度加以展开的,其内容颇为丰富而且深刻,概括起来至少包括以下主要内容:作为对象性存在的私有财产的积极扬弃与人的完全复归,科技异化的积极扬弃与自然科学和人的科学合为"一门科学","科学—技术—工业"作为资本存在的积极扬弃与自由劳动,对象性的自然关系和社会关系的双重扬弃与现实的共产主义行动,"历史之谜的解答"以及人的彻底解放与私有制的消灭等。

一、"私有财产即人的自我异化的积极的扬弃"与人的完全复归

如何克服和消除作为对象性社会存在的私有财产所呈现出来的异化特征,是马克思从理论上阐述共产主义思想的首要问题。对此,马克思明确地提出了"共产主义是私有财产即人的自我异化的积极的扬弃"③ 的共产主义思想。在这一简洁的表述中,包含着两个命题:一是"共产主义是私有财

---

① 《马克思恩格斯全集》第 3 卷,人民出版社 2002 年版,第 266 页。
② 《马克思恩格斯全集》第 3 卷,人民出版社 2002 年版,第 311、347 页。
③ 《马克思恩格斯全集》第 3 卷,人民出版社 2002 年版,第 297 页。

产的积极的扬弃";二是"共产主义是人的自我异化的积极的扬弃"。那么，这两个命题之间是什么关系？如何理解这两个命题？对这两个问题的准确解答，是深刻理解和系统把握马克思共产主义思想的核心和关键。而要做到准确的解答，必须结合马克思《1844年经济学哲学手稿》的全文以及我们在此之前的考察分析，而决不能断章取义，否则就会对马克思的共产主义思想产生误读和误解。

（一）两个命题之间的联系

对于马克思关于共产主义思想表述中包含着的两个命题，对于其内在联系，我们至少可以从两个层面来理解。

第一，两个命题在表象层面是等价的关系。由于马克思在关于共产主义思想的这一表述中，将"私有财产"和"人的自我异化"用一个"即"字连接起来，也就是认为"私有财产＝人的自我异化"，因为在马克思看来，"物质的、直接感性的私有财产，是异化了了的人的生命的物质的、感性的表现"，[①] 也就是说，私有财产是人的本质力量即"外化劳动的物质的、概括的表现"，是人的自我异化即"异化劳动的结果"。[②] 在此意义上讲，上述的两个命题是等价的。那么，如何进一步准确地理解这两个命题之间的等价关系呢？如前所述，马克思对私有财产从两个层面来理解的。一方面，从人和自然的对象性关系看，私有财产是人的本质力量外化的对象性存在；而另一方面，从人和社会的对象性关系看，私有财产又是人的本质力量外化的对象性社会存在。作为外化的对象性存在，私有财产是人的本质力量的实现和自我确证，马克思是肯定的，并对其积极意义加以阐述；而作为外化的对象性社会存在，在资本主义私有制下呈现为异化的形态，成为异化的私有财产，成为造成异化劳动或自我异化的根据和原因，异化劳动或自我异化反过来成为私有财产进一步异化的原因。这样，异化的私有财产和异化劳动或自我异化，在资本主义私有制下呈现出互为因果的、相互推进的恶性循环，进而使资本主义呈现出全方位的异化。因此，马克思在这里所讲的"私有财产"不是一般意义上的私有财产，而是资本主义私有制下的异化的私有财产，这

---

① 《马克思恩格斯全集》第3卷，人民出版社2002年版，第298页。
② 《马克思恩格斯全集》第3卷，人民出版社2002年版，第279页。

种私有财产的关系在实质上是劳动和资本的对立关系，所代表的是资本主义私有制下的自我异化和异化劳动的结果。在此意义上，马克思关于共产主义思想的表述所包含着的两个命题是等价的。

第二，两个命题在本质层面上是递进的关系。同时还应当看到，马克思关于共产主义思想的这一表述中，将"私有财产"和"人的自我异化"用一个"即"字连接起来，除了包含上述等价的关系之外，还有一层更为深刻的关系，那就是一种递进的关系，或者说是一种现象和本质、结果和原因的关系。如前所述，马克思在国民经济学的概念框架中，是按照"国民经济学从私有财产的事实出发"来考察"异化劳动和私有财产"的[1]，并通过对国民经济学的批判分析和资本主义现实的考察剖析，在"从国民经济学得到作为私有财产运动之结果的外化劳动（外化的生命）这一概念"的同时，马克思"通过分析，从外化劳动这一概念，即从外化的人、异化的劳动、异化的生命、异化的人这一概念得出私有财产这一概念"，换言之，马克思在肯定国民经济学关于"私有财产表现为外化劳动的根据和原因"的同时，更加深刻地揭示出私有财产"是外化劳动的后果"、异化劳动的产物，异化劳动是资本主义私有财产的原因和根据。[2] 在此意义上，资本主义私有制下私有财产和异化劳动或自我异化的关系，前者是结果、现象或事实，而后者是原因、本质或根据。由此可见，马克思关于共产主义思想的表述中所包含的两个命题——"共产主义是私有财产的积极的扬弃"和"共产主义是人的自我异化的积极的扬弃"，二者看似是等价关系，而实质上是两个层面的表述，前者是从事实、现象、结果层面的表述，后者是从根据、本质和原因层面的表示。马克思将两个命题合二为一，将他所要表达的共产主义思想用最简洁的语言表述出来，深刻地体现出了现象与本质、结果与原因、事实与根据的有机统一。

（二）两个命题的理性解读

对马克思关于共产主义思想的表述中所包含着的两个命题，我们在考察了二者的内在联系后，还应当在两个层面上分别对两个命题进行深入的

---

[1]　《马克思恩格斯全集》第3卷，人民出版社2002年版，第266页。

[2]　《马克思恩格斯全集》第3卷，人民出版社2002年版，第277页。

解读。

1. "共产主义是私有财产的积极的扬弃"的理性解读

一般地讲，积极的扬弃就是辩证的否定，自身包括辩证的两个方面——既保留又克服。而共产主义对资本主义私有制下私有财产的积极扬弃，自然也包含着保留和克服两个方面。那么，共产主义对资本主义私有制下的私有财产需要保留什么？克服什么呢？在马克思看来，"共产主义是扬弃了的私有财产的积极表现"①，它要"保留的"是人的"存在于人之外本质的私有财产"②，或者说，它要"保留的"是那种具有积极意义或"积极本质"的、合乎"人的本性"③需要的私有财产。对作为劳动者的人而言，它要"保留的"就是那种"既作为享受的对象，又作为活动的对象——对人的存在"④的私有财产。这种积极意义的私有财产，主要是指在人和自然的对象性关系中作为外化劳动、作为外化的对象性存在的私有财产，"即工人对自然界和对自身的外在关系的产物"⑤。从一般意义上来理解，私有财产作为劳动外化及外化的对象性存在主要表现为劳动和劳动产品，而"劳动和劳动产品所归属的那个异己的存在物，劳动为之服务和劳动产品供其享用的那个存在物，只能是人自身"⑥，只能是作为劳动者的人自身，舍此还应归属谁呢？因此，共产主义要保留和保护作为劳动者的人的私有财产，要保留和保护具有"积极本质"的、合乎"人的本性"需要的私有财产，这样的私有财产是作为劳动者的人自我确证、自我实现的外化本质之载体，是作为劳动者的人的对象性或对象化存在，此时作为私有财产的"对象成为他自身"⑦即成为人自身。在此需要加以强调的是，"共产主义是私有财产的积极的扬弃"，绝不意味着共产主义否定私有财产，共产主义作为对私有财产的积极的扬弃的首要方面，或作为其前提性的、基础性的方面，是对私有财产的"积极的保留"。

---

① 《马克思恩格斯全集》第 3 卷，人民出版社 2002 年版，第 295 页。
② 《马克思恩格斯全集》第 3 卷，人民出版社 2002 年版，第 290 页。
③ 《马克思恩格斯全集》第 3 卷，人民出版社 2002 年版，第 297 页。
④ 《马克思恩格斯全集》第 3 卷，人民出版社 2002 年版，第 359 页。
⑤ 《马克思恩格斯全集》第 3 卷，人民出版社 2002 年版，第 277 页。
⑥ 《马克思恩格斯全集》第 3 卷，人民出版社 2002 年版，第 276 页。
⑦ 《马克思恩格斯全集》第 3 卷，人民出版社 2002 年版，第 310 页。

在强调这种"积极的保留"之同时，我们也不否定"共产主义是私有财产的积极的扬弃"之中所包含着的"克服"的方面，不仅不能否定"克服"，而且必须强调"积极的克服"，即共产主义既是私有财产的积极的保留，也是私有财产的积极的克服，二者有机结合构成了"共产主义是私有财产的积极的扬弃"的科学命题。那么，这里讲的"积极的克服"，共产主义要积极地克服资本主义私有制下私有财产的什么？简言之，要克服什么？在马克思看来，共产主义作为"扬弃了的私有财产的积极表现"①，它要"克服的"是资本主义私有制下"私有财产的异化"②形式、属性和功能，或者说，它要"克服的"是"以异化的形式"③存在着的私有财产即异化了的私有财产。在实质上，共产主义作为私有财产的积极的克服，就是要求把"以异化的形式"存在的、与作为劳动者的人相对立的、导致劳动异化的私有财产"归还真正人的生命即人的财产"④，克服掉私有财产的异化形式、异化属性和异化功能，使之恢复为具有"积极本质"的、合乎"人的本性"需要的私有财产，简而言之，就是褪私有财产的异化性，建立起"私有财产对真正人的和社会的财产的关系"⑤。从这个意义上讲，私有财产的积极的克服是私有财产异化形式的自我否定，是私有财产的积极的保留的否定之否定即更高层面的积极的保留，是资本主义私有财产向共产主义私有财产发展和"社会从私有财产等等的解放"⑥的重要环节和过程。

2. "共产主义是人的自我异化的积极的扬弃"的理性解读

在马克思关于"共产主义是私有财产即人的自我异化的积极的扬弃"⑦思想中，不仅包含着"共产主义是私有财产的积极的扬弃"的命题，而且包含着"共产主义是人的自我异化的积极的扬弃"的命题，在看似等价的两个命题中，后一个命题比前一个命题包含着更为深刻的思想内涵，是对共产主义思想在本质层面的表达。因此，马克思对后一个命题作了进一步的解

---

① 《马克思恩格斯全集》第 3 卷，人民出版社 2002 年版，第 295 页。
② 《马克思恩格斯全集》第 3 卷，人民出版社 2002 年版，第 359 页。
③ 《马克思恩格斯全集》第 3 卷，人民出版社 2002 年版，第 307 页。
④ 《马克思恩格斯全集》第 3 卷，人民出版社 2002 年版，第 331 页。
⑤ 《马克思恩格斯全集》第 3 卷，人民出版社 2002 年版，第 279 页。
⑥ 《马克思恩格斯全集》第 3 卷，人民出版社 2002 年版，第 278 页。
⑦ 《马克思恩格斯全集》第 3 卷，人民出版社 2002 年版，第 297 页。

释，他指出，共产主义作为人的自我异化的积极的扬弃，"是通过人并且为了人而对人的本质的真正占有；因此，它是人向自身、向社会的即合乎人性的人的复归，这种复归是完全的，自觉的和在以往发展的全部财富的范围内生成的……它是人和自然界之间、人和人之间的矛盾的真正解决，是存在和本质、对象化和自我确证、自由和必然、个体和类之间的斗争的真正解决"①。在马克思对第二个命题的解释中，至少包括以下内容。

第一，共产主义作为人的自我异化的积极的扬弃，是人"对人的本质的真正占有"。而人的本质是什么？在马克思看来，人的本质包括实践性或劳动、意识性或理性、社会性三个方面②，而且"人的每一种本质力量在人身上都具有自我性［Selbstigkeit］这种特性"③。那么，人"真正占有"人的本质意味着什么？从人自身或主体自身的角度看，那就是人成为人的本质的主宰，使人的本质的三个方面达到有机的辩证的统一，而不是相互的对立、排斥和冲突，进一步讲，那就是人的实践性成为社会中的人在理性或意识性指导下的实践，人的理性或意识性成为社会中的人在实践基础上的理性，而人的社会性是实践基础上的理性指导下的社会性。在笔者看来，马克思在这里强调的不是这一角度的"真正占有"，联系马克思将"私有财产"与"人的自我异化"用"即"连接起来发现，马克思在这里强调的是人对人的本质的对象性存在即外化存在的私有财产的"真正占有"，这才是马克思所讲的共产主义作为人"对人的本质的真正占有"的本义。实际上，马克思在这里是将私有财产视为了人"对人的本质的真正占有"的"中介"环节，并且认为只有借助于这一中介环节，人才能真正做到"对人的本质的真正占有"。不理解私有财产在人"对人的本质的真正占有"过程中所起的"中介"作用，也就不能真正理解人"对人的本质的真正占有"的内涵和实质；或者说，试图不通过私有财产"这种中介"，不通过扬弃私有财产这种中介，人便无法实现"对人的本质的真正占有"，因为私有财产"这种

① 《马克思恩格斯全集》第 3 卷，人民出版社 2002 年版，第 297 页。
② 关于马克思在《1844 年经济学哲学手稿》中提出的人的本质的理论，笔者在第二章第三节已作系统考察。
③ 《马克思恩格斯全集》第 3 卷，人民出版社 2002 年版，第 321 页。

中介是一个必要的前提"。① 对此，马克思明确指出："共产主义作为私有财产的扬弃就是要求归还真正人的生命即人的财产……是以扬弃私有财产作为自己的中介的……只有通过扬弃这种中介"，人才能完成和实现"对人的本质的真正占有"。②

第二，共产主义作为人的自我异化的积极的扬弃，要实现人"对人的本质的真正占有"只能是"通过人并且为了人"自己来完成的。在完成的整个过程中，人既是起点，也是终点，而私有财产作为"中介"则变成了作为"必要的前提"的"运动环节"，变成了人的对象性的"存在和存在方式"。③ 这样，人"对人的本质的真正占有"的过程，首先是人"积极地从自身开始的"，④ 表现为人自身所具有的本质力量——人的实践或劳动的力量、意识性或理性的力量、社会性的力量的不断外化，通过外化使人的本质得以确证和实现；而在人的本质力量外化的过程中，形成的人的对象性存在——私有财产，由于私有财产在资本主义私有制下呈现为异化的形态和发挥着异化的功能，成为了以"异化的形式"存在着的、与人的本质相对立的对象性存在，并且由此造成了资本主义全方位异化的现实，使资本主义经济社会中的人——不管是作为劳动者的工人还是作为资本拥有者的资本家，都处于异化的状态，因此积极地扬弃私有财产成为了人从异化的私有财产进而从整个异化的社会中解放出来的必然环节；这样，"通过人并且为了人而对人的本质的真正占有"成为了"人的自我异化的积极的扬弃"应有之义，成为了人的彻底解放的实质内容，它"是人的本质的或作为某种现实东西的人的本质现实的生成，对人说来的真正的实现"。⑤

应当注意的是，马克思在将"私有财产即人的自我异化的积极的扬弃"理解为"通过人并且为了人而对人的本质的真正占有"的同时，反对那种把"扬弃"理解为人"把外化收回到自身的、对象性的运动"的观点，这种观点"主张人通过消灭对象世界的异化的规定、通过在对象世界的异化

---

① 《马克思恩格斯全集》第 3 卷，人民出版社 2002 年版，第 331 页。
② 《马克思恩格斯全集》第 3 卷，人民出版社 2002 年版，第 331 页。
③ 《马克思恩格斯全集》第 3 卷，人民出版社 2002 年版，第 329 页。
④ 《马克思恩格斯全集》第 3 卷，人民出版社 2002 年版，第 331 页。
⑤ 《马克思恩格斯全集》第 3 卷，人民出版社 2002 年版，第 331 页。

存在中扬弃对象世界而现实地占有自己的对象性本质",这实际上还是一种"异化的见解"和主张,"是在异化之内表现出来的关于通过扬弃对象性本质的异化来占有对象性本质的见解",它不理解人的本质的现实的生成,不理解人的本质对人来说的真正的实现,不理解人的本质作为某种现实的东西的实现。因此,马克思特别强调指出:"共产主义决不是人所创造的对象世界的消逝、舍弃和丧失,即决不是人的采取对象形式的本质力量的消逝、舍弃和丧失,决不是返回到非自然的、不发达的简单状态去的贫困。"①

第三,共产主义作为人的自我异化的积极的扬弃,是"人向自身、向社会的即合乎人性的人的复归,这种复归是完全的,自觉的"。马克思在此回应了他在《论犹太人问题》中提出的观点,即"任何解放都是使人的世界和人的关系回归于人自身"②,同时在更深刻的层面上作出了诠释,并且赋予这一观点以全新的内涵。一方面,"人向自身、向社会的即合乎人性的人的复归"不再是在一般意义上使人的世界和人的关系回归于人自身,而是通过人并且为了人而对人的本质的真正占有,这种真正的占有不仅是在人和自然的对象性关系维度上对人的本质外化的对象性存在的占有,而且也是在人和社会的对象性关系维度上合乎人性地对人的本质的占有。在人和自然与人和社会的双重维度上对人的本质的占有体现了"人向自身、向社会的即合乎人性的人的复归"的本质内涵。另一方面,正是基于这样双重维度上的对人的本质的占有,因此这种复归是完全的和自觉的,总体上讲,主要表现为"人以一种全面的方式,就是说,作为一个总体的人,占有自己的全面的本质"。展开来看,(1)在人和自然的关系上,体现为"为了人并且通过人对人的本质和人的生命、对象性的人和人的作品的感性的占有,不应当仅仅被理解为直接的、片面的享受"③ 和拥有;(2)在人和人的关系上,体现为"他的个性的对象如何是他自己为别人的存在,同时是这个别人的存在,而且也是这个别人为他的存在"④;(3)在人和社会的关系上体现为"社会性质是整个运动的普遍性质;正像社会本身生产作为人的人一

① 《马克思恩格斯全集》第 3 卷,人民出版社 2002 年版,第 331 页。
② 《马克思恩格斯全集》第 3 卷,人民出版社 2002 年版,第 189 页。
③ 《马克思恩格斯全集》第 3 卷,人民出版社 2002 年版,第 303 页。
④ 《马克思恩格斯全集》第 3 卷,人民出版社 2002 年版,第 298 页。

样，社会也是由人生产的……自然界的人的本质只有对社会的人来说才是存在的"①。

在马克思看来，这种复归的完全性和自觉性不仅具有现实存在的全面性，而且还具有内在生成的历史性，主要体现在它是"在以往发展的全部财富的范围内生成的"，是对具有积极意义的私有财产的肯定和保留基础上对异化的私有财产的"否定"和克服，是人类以往发展的全部财富从资本主义的私有财产向共产主义的全部财富的发展。因此，"它是人和自然界之间、人和人之间的矛盾的真正解决，是存在和本质、对象化和自我确证、自由和必然、个体和类之间的斗争的真正解决"②。

（三）人的完全复归与马克思对错误观点的批判

马克思在将共产主义定义为私有财产即人的自我异化的积极的扬弃的同时，提出了通过人并且为了人而对人的本质的真正占有，人向自身完全复归等思想观点，这是马克思对共产主义思想的正面论述。与此同时，马克思还通过揭露和批判当时各种空想的、改良的共产主义理论观点的局限性和错误来确证自己的观点。马克思指出，蒲鲁东只是从"客体方面来考察"私有财产，未能认识到私有财产的主体本质。傅立叶、圣西门等空想共产主义者将社会罪恶的根源归咎于"劳动的特殊形式"，将"划一的、分散的因而是不自由的劳动，被理解为私有财产的有害性的和它同人相异化的存在的根源"，③从而无法找到真正的私有财产同人相异化的社会根源，即他们都未能看到问题之根本不在于劳动的特殊方式，而在于这种劳动本身是异化劳动。紧接着，马克思对两种不同的共产主义形式进行了批判。

马克思批判的第一种是"粗陋的共产主义"，这是共产主义的最初表现形式。马克思指出，起先，这种共产主义"是作为普遍的私有财产出现的"，它"是从私有财产的普遍性来看私有财产关系"的，"物质的财产对它的统治力量如此之大，以致它想把不能被所有人作为私有财产占有的一切都消灭；它想用强制的方式把才能等等抛弃"，它否定人的个性和人的才能的存在，把"物质的直接占有"看作"生活和存在的惟一目的"，"用普遍

---

① 《马克思恩格斯全集》第3卷，人民出版社2002年版，第301页。
② 《马克思恩格斯全集》第3卷，人民出版社2002年版，第297页。
③ 《马克思恩格斯全集》第3卷，人民出版社2002年版，第294页。

的私有财产来反对私有财产的这个运动是以一种动物的形式表现出来：用公
妻制——也就是把妇女变成公有的和共有的财产——来反对婚姻"，① 等等。
在马克思看来，这种"私有财产关系仍然是共同体同实物世界的关系"，这
种共产主义不过是私有财产的"这种关系的普遍化和完成"。② 马克思谴责
这种粗陋的共产主义，不过是"普遍的和作为权力而形成的忌妒心"和
"对较富裕的私有财产怀有忌妒心和平均主义的欲望"③，以及"这种忌妒心
和这种从想像的最低限度出发的平均主义的完成"④，它"不过是想把自己
设定为积极的共同体的私有财产的卑鄙性的一种表现形式"，"不仅没有超
越私有财产的水平，甚至从来没有达到私有财产的水平"。⑤ 因此，这种粗
陋的共产主义不可实现人向自身的复归。

　　马克思批判的第二种是"具有政治性质"的共产主义。这种共产主义
按照政治性质的不同，又有两种表现形式：一是"民主的或专制的"；二是
"废除国家的，但同时是还未完成的，总还是处于私有财产即人的异化的影
响下"的。⑥ 这两种具有政治性质的共产主义主张依靠国家采取民主的或专
制的政治形式的帮助，或者通过废除国家的形式来实现共产主义，认为通过
国家这一共同体对私有财产的普遍占有或者完成了的对国家这一共同体的否
定就能扬弃私有财产，就能实现人的自我异化的扬弃和人向自身的还原或复
归。但在马克思看来，这两种具有政治性质的共产主义，尽管都"已经理
解私有财产这一概念"，但是对私有财产的理解还仅停留在现象层面，它们
和粗陋的共产主义一样，"还不理解它的本质"，在这样的情况下更不理解
"私有财产的积极的本质，也还不理解需要所具有的人的本性"。正因如此，
它们尽管"都已经认识到自己是人向自身的还原或复归，是人的自我异化
的扬弃"，但由于"还受私有财产的束缚和感染"，因此"同样不能完全扬
弃人的自我异化"，同样不能真正实现人向自身的复归。⑦

---

① 《马克思恩格斯全集》第 3 卷，人民出版社 2002 年版，第 295 页。
② 《马克思恩格斯全集》第 3 卷，人民出版社 2002 年版，第 295 页。
③ 《马克思恩格斯全集》第 3 卷，人民出版社 2002 年版，第 295 页。
④ 《马克思恩格斯全集》第 3 卷，人民出版社 2002 年版，第 295—296 页。
⑤ 《马克思恩格斯全集》第 3 卷，人民出版社 2002 年版，第 297、296 页。
⑥ 《马克思恩格斯全集》第 3 卷，人民出版社 2002 年版，第 297 页。
⑦ 《马克思恩格斯全集》第 3 卷，人民出版社 2002 年版，第 297 页。

二、"科学—技术—工业"作为资本存在的积极扬弃与自由劳动

在《1844 年经济学哲学手稿》中，马克思在从私有财产即人的自我异化的积极的扬弃维度来界定共产主义、提出人对人的本质的真正占有和人向其自身完全复归的同时，他的研究已经初步超越其资本主义私有财产的水平，开始在资本主义制度内部探寻造成"人和自然界之间、人和人之间的矛盾"以及"存在和本质、对象化和自我确证、自由和必然、个体和类之间的斗争"① 的社会总根源，发现这一社会总根源就是资本主义私有制，正是资本主义的"私有制使我们变得如此愚蠢而片面"。而当马克思深入到资本主义"私有制的生活"内部来探寻造成资本主义全方位异化的根本原因时发现，资本主义"私有制的生活"总体上可归结为"劳动和资本化"② 两个方面，即劳动和资本的对立和斗争是资本主义"私有制的生活"的实质内容，而表现出来的是"资本家和工人之间的敌对斗争"，在二者的斗争中"胜利必定属于资本家"，③ 而其根本的原因在于把作为人的对象性社会存在的"科学—技术—工业"都作为了资本，不仅工业表现为资本的存在，而且科学和技术并入工业之后也成为了资本的存在，表现为资本的力量与工人的劳动相分离、相对立，表现为资本统治和压榨工人的手段。在"科学—技术—工业"作为资本存在的资本主义现实中，劳动只能是雇佣劳动即异化的劳动，"科学—技术—工业"作为资本存在"不得不直接地使非人化充分发展……以异化的形式"④ 表现出来。基于这样的认识，马克思在此时尽管没有明确地提出"'科学—技术—工业'作为资本存在的积极的扬弃"的理论观点，但作为潜在而深邃的思想已经内在地渗透到他对共产主义的规定及其相关的论述中，这为其以后的研究特别是在唯物史观创立以后对《资本论》的研究提供了前期的准备。

联系马克思对共产主义的规定及其相关的论述不难发现，此时的马克思尽管没有明确地提出但已潜在地或内在地孕育形成了"'科学—技术—工

① 《马克思恩格斯全集》第 3 卷，人民出版社 2002 年版，第 297 页。
② 《马克思恩格斯全集》第 3 卷，人民出版社 2002 年版，第 303 页。
③ 《马克思恩格斯全集》第 3 卷，人民出版社 2002 年版，第 223 页。
④ 《马克思恩格斯全集》第 3 卷，人民出版社 2002 年版，第 307 页。

业'作为资本存在的积极的扬弃"的思想，通过考证分析马克思的四段论述不难说明这一观点。一是关于共产主义的规定："共产主义是私有财产即人的自我异化的积极的扬弃，因而是通过人并且为了人而对人的本质的真正占有；因此，它是人向自身、向社会的即合乎人性的人的复归，这种复归是完全的，自觉的和在以往发展的全部财富的范围内生成的。"① 二是关于工业资本、财富即私有财产关系的论述："一切财富都成了工业的财富，成了劳动的财富，而工业是完成了的劳动，正像工厂制度是工业即劳动的发达的本质，而工业资本是私有财产的完成了的客观形式一样。——我们看到，只有这时私有财产才能完成它对人的统治，并以最普遍的形式成为世界历史性的力量。"② 三是关于工业、对象性存在与人的本质的关系的论述："工业的历史和工业的已经生成的对象性的存在，是一本打开了的关于人的本质力量的书。"③ 四是关于自然科学（内含技术）、工业与人的本质的关系的论述："自然科学展开了大规模的活动并且占有了不断增多的材料……自然科学却通过工业日益在实践上进入人的生活，改造人的生活，并为人的解放做准备，尽管它不得不直接地使非人化充分发展。工业是自然界对人，因而也是自然科学对人的现实的历史关系。因此，如果把工业看成人的本质力量的公开的展示，那么自然界的人的本质，或者人的自然的本质，也就可以理解了。"④ 将马克思的上述四段论述联系起来加以考证、分析和比较，将不难发现以下两条推理的逻辑进路。

　　第一，在马克思看来，"共产主义是私有财产……的积极的扬弃"（大前提）➡资本主义所有制下的私有财产作为对象性存在，表现为资本主义的一切财富，而"一切财富都成为了工业的财富，成了劳动的财富，而工业是完成了的劳动"➡资本主义的私有财产只有成为了工业资本时"才能完成它对人的统治"，因为"工业资本是私有财产的完成了的客观形式"➡自然科学作为人的活动即劳动已经大规模地展开并占有了不断增多的材料，在资本主义私有制下自然科学通过转化为技术并入工业，进而"通过工业

---

① 《马克思恩格斯全集》第 3 卷，人民出版社 2002 年版，第 297 页。
② 《马克思恩格斯全集》第 3 卷，人民出版社 2002 年版，第 293 页。
③ 《马克思恩格斯全集》第 3 卷，人民出版社 2002 年版，第 306 页。
④ 《马克思恩格斯全集》第 3 卷，人民出版社 2002 年版，第 307 页。

日益在实践上进入人的生活，改造人的生活"。这样，自然科学、技术和工业资本结合形成了作为资本存在的"科学—技术—工业"，换言之，"科学—技术—工业"作为资本存在成为在资本主义私有制下"私有财产的完成了的客观形式"➡"科学—技术—工业"作为资本存在，"作为私有财产的完成了的客观形式"，在现实性上"不得不直接地使非人化充分发展"➡因此，共产主义作为私有财产的积极的扬弃，实质上也就是"科学—技术—工业"作为资本存在的积极的扬弃。

第二，在马克思看来，共产主义是"人的自我异化的积极的扬弃"，"通过人并且为了人而对人的本质的真正占有"，而实现人向自身完全的、自觉的、合乎人性的完全复归，这是"在以往发展的全部财富的范围内生成的"（大前提）➡资本主义私有制下的人的自我异化，是在"科学—技术—工业"作为资本存在"并以最普遍的形式成为世界历史性的力量"情况下的劳动异化，这种劳动异化在现象层面表现为作为劳动者的工人与其劳动产品和劳动过程的异化，而在实质上是人与人的类本质以及人与人的异化➡与此同时，资本主义的私有制下劳动异化所导致的直接结果，就是作为人的对象性存在的"科学—技术—工业"以资本的形式在不断地进行积累即"资本的积累"①➡而这种不断积累的作为资本存在的"科学—技术—工业"，一方面成为了"人的本质力量的公开的展示"，成为了"一本打开了的关于人的本质力量的书"，另一方面却在现实性上"不得不直接地使非人化充分发展"，呈现为异化了的、与人的本质相对立的对象性存在➡因此，共产主义作为"人的自我异化的积极的扬弃"，实质上也就是积极地扬弃作为资本存在的"科学—技术—工业"中所展现的异化的人的本质，"通过人并且为了人"而真正占有"科学—技术—工业"所展现的人的本质，进而实现"人向自身完全的、自觉的、合乎人性的完全复归"，这是"在以往发展的全部财富"即"科学—技术—工业"的范围内生成的。

由此可见，在马克思对共产主义的规定及其相关的论述中，内在地包含着"'科学—技术—工业'作为资本存在的积极的扬弃"的思想。而这一思想的理论诉求所关注的，不仅是科学、技术和工业作为资本存在的单方面

---

① 《马克思恩格斯全集》第3卷，人民出版社2002年版，第242页。

的积极的扬弃，而且是与这些资本相对立的劳动异化的克服和人的劳动解放，其理论的指向是人的自由的劳动。也就是说，"科学—技术—工业"作为资本存在的积极的扬弃，其实质在于异化劳动的克服和自由劳动的实现。

在《1844 年经济学哲学手稿》中，马克思从历时态发展的维度将劳动划分为三种形式，即外化的自在自为的劳动、异化的雇佣劳动和自由的劳动。在人类社会的发展进程中，劳动和私有财产是相互联系在一起的。一方面，劳动是人的本质属性，是人的本质力量的自我确证和实现，它构成了人的私有财产；另一方面，私有财产是劳动的私有财产，在马克思看来，"私有财产的主体本质，作为自为地存在着的活动，作为主体，作为个人的私有财产，就是劳动"①。在私有制社会出现之前，个人的劳动是一种自在自为的外化过程，这种自在自为的劳动既是人自身的本质力量，也是这种本质力量外化所形成的个人的全部财富或财产，这时的财富或财产还未形成真正意义上的私有财产。而在资本主义社会诞生之前的私有制社会中，奴隶制下的个人的劳动作为自身本质力量不属于自己而属于奴隶主，它的外化所形成的私有财产也不属于奴隶个人而属于奴隶主；封建制下个人的劳动作为自身本质力量尽管属于农民自己，但它的外化所形成的私有财产已经不完全属于农民，这时的个人的私有财产已经出现了异化的特征，因为其劳动成果已经不再完全属于劳动者。

资本主义私有制诞生之后，在"科学—技术—工业"作为资本存在的社会条件下，劳动和资本的对立成为了资本主义"私有制生活"的全部内容，劳动异化成为了雇佣劳动的本质特征，劳动和私有财产的关系呈现出异常复杂的异化特征，马克思在对其批判分析的基础上，将"私有财产的关系"划分为两类：一是"作为劳动的私有财产的关系"，二是"作为资本的私有财产的关系"，并且认为"劳动和资本的这种对立一达到极端，就必然是整个关系的顶点、最高阶段和灭亡"。② 也就是说，异化劳动和异化的私有财产即作为资本的私有财产在互为因果向前推进的过程中，必然使资本

---

① 《马克思恩格斯全集》第 3 卷，人民出版社 2002 年版，第 289 页。
② 《马克思恩格斯全集》第 3 卷，人民出版社 2002 年版，第 283 页。

主义私有制下劳动和资本的对立走向极端，其最终的结果是异化劳动和作为异化的私有财产即资本的关系的解构与灭亡，进而诞生的是一种全新的劳动和私有财产的关系，这也就是马克思所讲的"私有财产即人的自我异化的积极的扬弃"和"通过人并且为了人而对人的本质的真正占有"的人向自身、向社会的即合乎人性的人的完全复归①的全新关系。在这一全新的劳动和私有财产的关系中，私有财产成为了"自由的私有财产"②；而人的劳动则成为了"自由地发挥自己的体力和智力"③的"自由的劳动"④和体现"人的类特性"的"自由的有意识的活动"⑤；面对这种"自由的私有财产"，人的劳动成为了人的第一需要，成为了人类社会发展的动力和目标。

因此，从人的劳动发展的进程来看，"共产主义是作为否定的否定的肯定"⑥，它表现为从人的外化的自在自为的劳动，到与人的本质相异化的雇佣劳动，再到与人的本质相统一的自由的有意识的劳动的发展过程，简言之，它表现为从自在劳动，到异化劳动，再到自由劳动的三阶段发展进程。"它是人的解放和复原的一个现实的、对下一段历史发展说来是必然的环节"，"共产主义本身并不是人的发展的目标，并不是人的社会的形式"，它只是人类社会历史发展的逻辑结果，"是最近将来的必然的形式和有效的原则"，⑦共产主义以何种社会的形式出现并不是根本的，根本的是它必须以人的自由劳动为内容。因为"对社会主义的人来说，整个所谓世界历史不外是人通过人的劳动而诞生的过程，是自然界对人说来的生成过程，所以关于他通过自身而诞生、关于他的产生过程，他有直观的、无可辩驳的证明"⑧。从这个意义上讲，"科学—技术—工业"作为资本存在的积极扬弃，其最终的价值诉求是人的自由劳动的实现。

---

① 《马克思恩格斯全集》第 3 卷，人民出版社 2002 年版，第 297 页。
② 《马克思恩格斯全集》第 3 卷，人民出版社 2002 年版，第 258 页。
③ 《马克思恩格斯全集》第 3 卷，人民出版社 2002 年版，第 270 页。
④ 《马克思恩格斯全集》第 3 卷，人民出版社 2002 年版，第 263 页。
⑤ 《马克思恩格斯全集》第 3 卷，人民出版社 2002 年版，第 273 页。
⑥ 《马克思恩格斯全集》第 3 卷，人民出版社 2002 年版，第 311 页。
⑦ 《马克思恩格斯全集》第 3 卷，人民出版社 2002 年版，第 311 页。
⑧ 《马克思恩格斯全集》第 3 卷，人民出版社 2002 年版，第 310 页。

三、科技异化的积极扬弃与自然科学和人的科学合为"一门科学"

马克思在对资本主义私有制下的劳动异化和私有财产的异化进行批判分析的过程中，发现自然科学通过转化为技术融入工业并通过工业实践进入人的生活，这在资本主义"私有制的生活"中表现为科学技术和工业资本相结合，使科学技术成为资本的力量，进而导致了科技的异化。因此，马克思在对科学异化进行批判的基础上洞察到了科技异化的积极的扬弃，并在提出共产主义作为"人的自我异化的积极的扬弃"的同时，在《1844 年经济学哲学手稿》"笔记本Ⅲ"的"私有财产和共产主义"中，明确地提出了自然科学和人的科学合为"一门科学"的思想。

第一，关于科技异化的积极的扬弃，包含在马克思对共产主义的规定即"人的自我异化的积极的扬弃"中。一方面，共产主义作为"人的自我异化的积极的扬弃"，在实质上是人"对人的本质的真正占有"，① 这种真正的占有是"为了人并且通过人对人的本质和人的生命、对象性的人和人的作品的感性的占有"，而作为人的本质的对象性存在的"人的作品"，既包括作为物质性存在的劳动产品——这主要体现的是人的实践性本质力量，也包括作为精神性存在的科学作品——这主要体现的是人的意识性或理性力量，还包括介于上述二者之间的技术作品——这体现了人的实践性本质力量和意识性或理性本质力量的统一，也就是说，这些"人的作品"都属于人的本质力量外化的对象性存在，因此人"对人的本质的真正占有"不仅要占有作为人的本质外化的物质性劳动产品，而且也要占有作为人的本质的精神性科学作品以及介于二者之间的技术作品。在此，马克思特别强调，对"人的作品"的这种真正占有是一种"感性的占有"，是将人的"个体的一切器官，正像在形式上直接是社会的器官的那些器官一样……通过自己同对象的关系而对对象的占有"，对此"不应当仅仅被理解为直接的、片面的享受"和拥有。② 在马克思看来，对科学和技术这些"人的作品"的占有，表现为"人不仅通过思维，而且以全部感觉在对象世界中肯定自己"③，这"是人的

---

①　《马克思恩格斯全集》第 3 卷，人民出版社 2002 年版，第 297 页。

②　《马克思恩格斯全集》第 3 卷，人民出版社 2002 年版，第 303 页。

③　《马克思恩格斯全集》第 3 卷，人民出版社 2002 年版，第 305 页。

一切感觉和特性的彻底解放"①。因此，人向自身的完全复归，既包括通过物质性私有财产异化的积极的扬弃对人的本质的真正占有，也包括通过精神性科技产品异化的积极的扬弃对人的本质的真正占有，二者缺一，都称不上是完全的复归。

另一面，共产主义作为"人的自我异化的积极的扬弃"，既然是"在以往发展的全部财富的范围内生成的"，②那么，作为人的对象性存在的科学和技术，自然地包含在"以往发展的全部财富的范围内"，"人的自我异化的积极的扬弃"也就包含着人的自我异化的重要方面即科技异化的积极的扬弃。同时，在马克思看来，在科学和技术这些"以往发展"的财富内生成的人的本质，远比其他财富内生成的人的本质复杂，其中不仅体现着人的实践性本质力量，而且还体现着人的理性或意识性的本质力量，因此通过科学技术异化的积极的扬弃来实现人的自我异化的积极的扬弃，远比通过其他财富即私有财产的积极的扬弃更为复杂。如果是借助物质性私有财产的实现对人的本质的占有，只要扬弃了它的异化性质便能够实现的话，那么通过精神性科学技术这一"中介"实现对人的本质的占有，不仅要扬弃科学技术作为资本存在的异化属性，而且还要不断地推进科学技术自身的发展，进而实现自然科学自身不断的积极的扬弃，马克思举例说明了这一点。他说："大地创造说，受到了地球构造学即说明地球的形成、生成是一个过程、一种自我产生的科学的致命打击。自然发生说是对创世说〔Schöpfungstheorie〕的惟一实际的驳斥。"③这种"打击"和"驳斥"所体现的是自然科学的新学说、新理论对旧学说、旧理论的积极的扬弃。自然科学自身所表现出来的这种积极的扬弃，除了体现在自然科学单一学科的发展之外，还体现在推动自然科学各学科以及自然科学和人的科学之间的交叉融合发展的进程中，这是一个更为复杂的过程。而当马克思洞察到自然科学和人的科学发展的这一趋势时，孕育和形成了他的"一门科学"的思想。

第二，在此基础上，马克思在思考科技异化的积极的扬弃的过程中，提出了伴随自然科学和人的科学的发展，二者将合为"一门科学"的思想。

---

① 《马克思恩格斯全集》第 3 卷，人民出版社 2002 年版，第 303—304 页。
② 《马克思恩格斯全集》第 3 卷，人民出版社 2002 年版，第 297 页。
③ 《马克思恩格斯全集》第 3 卷，人民出版社 2002 年版，第 309 页。

马克思指出，既然"感性……是一切科学的基础。科学只有从感性意识和感性需要这两种形式的感性出发，因而，科学只有从自然界出发，才是现实的科学"，同时，"全部历史是为了使'人'成为感性意识的对象和使'人作为人'的需要而作准备的历史（发展的历史）。历史本身是自然史的即自然界生成为人这一过程的一个现实部分"，那么，"自然科学往后将包含关于人的科学，正像关于人的科学包括自然科学一样：这将是一门科学"。①马克思关于"一门科学"的这些表述中至少包含着以下三个层面的要义。

（1）感性是一切科学的基础，它既是自然科学的基础，也是人的科学的基础。这里的感性，是指社会中现实的人的对象性或对象化的感性活动。从主体方面来看，人的感性的主体器官既包括"视觉、听觉、嗅觉、味觉、触觉、思维、直观、情感、愿望、活动、爱"等"个体的一切器官"②，这是人的"直接的器官"，同时也包括"以社会的形式形成的社会的器官。例如，同他人直接交往的活动等"人的"生命表现"和实现的器官。③借助这些器官，"人的本质客观地展开"了"主体的、人的感性的丰富性"④。而从客体方面来看，"对象性的现实在社会中对人来说到处成为人的本质的现实，成为人的"感性存在的现实，在马克思看来，那种自在自为的"与人分隔开的自然界，对人来说也是无"，⑤"只有当对象对人来说或者成为对象性的人的时候，人才不致在自己的对象中丧失自己"⑥，因此人的对象即自然界是人的感性活动的对象。主体和客体的关系呈现为现实的人的对象性的感性活动，这是人的"五官感觉"即"精神感觉、实践感觉"⑦的活动，因此在这种感性活动中既包括感性的认识活动，也包括感性的实践活动。马克思据此将感性划分为两种基本形式即感性意识和感性活动。正是这两种形式的感性，使人和自然界之间形成了现实的双向的对象性关系，而且在这一对象性关系中"自然界是思维本身的要素，思想的生命表现的要素，即语

---

① 《马克思恩格斯全集》第 3 卷，人民出版社 2002 年版，第 308 页。
② 《马克思恩格斯全集》第 3 卷，人民出版社 2002 年版，第 303 页。
③ 《马克思恩格斯全集》第 3 卷，人民出版社 2002 年版，第 304 页。
④ 《马克思恩格斯全集》第 3 卷，人民出版社 2002 年版，第 305 页。
⑤ 《马克思恩格斯全集》第 3 卷，人民出版社 2002 年版，第 335 页。
⑥ 《马克思恩格斯全集》第 3 卷，人民出版社 2002 年版，第 304 页。
⑦ 《马克思恩格斯全集》第 3 卷，人民出版社 2002 年版，第 305 页。

言"也成为了"感性的自然界"①，在此意义上，感性构成了一切科学的基础。

（2）科学只有从自然界出发才是现实的科学，自然科学如此，人的科学也如此。自然科学从自然界出发直接研究自然界的同时，基于人和自然界的双向对象性关系，人也成为"自然科学的直接对象；因为直接的感性自然界，对人来说直接是人的感性（这是同一个说法），直接是另一个对他来说感性地存在着的人；因为他自己的感性，只有通过别人，才对他本身来说是人的感性"②。而人的科学也从自然界即"人化的自然界"出发研究人的同时，基于人和自然界的双向对象性关系，自然界也成为了"人的科学的直接对象。人的第一个对象——人——就是自然界、感性；而那些特殊的、人的、感性的本质力量，正如它们只有在自然对象中才能得到客观的实现一样，只有在关于一般自然界的科学中才能获得它们的自我认识"③。

（3）基于人和自然界的双向对象性关系，自然科学和人的科学尽管在表象上各有侧重，但从历史维度看，二者在实质上是一致的，因为"全部历史是为了使'人'成为感性意识的对象和使'人作为人'的需要而作准备的历史（发展的历史）。历史本身是自然史的即自然界生成为人这一过程的一个现实部分"④。正因如此，所以伴随着自然科学和人的科学的发展，"自然科学往后将包含关于人的科学，正像关于人的科学包括自然科学一样：这将是一门科学"，而且"自然界的社会的现实，和人的自然科学或关于人的自然科学，是同一个说法"。⑤

第三，马克思提出的"一门科学"思想，在立足于现实的人的感性实践活动基础上，揭示了自然科学和人的科学的辩证关系，对于解决自然科学与人的科学在以往的长期对立具有重大意义，并为科学的发展指明了方向。马克思所讲的人的科学，是与自然科学相对的一个学科范畴，从马克思的表述来看，实质上是指包括文学、语言学、艺术学、心理学、人本学、历史

---

① 《马克思恩格斯全集》第 3 卷，人民出版社 2002 年版，第 308 页。
② 《马克思恩格斯全集》第 3 卷，人民出版社 2002 年版，第 308 页。
③ 《马克思恩格斯全集》第 3 卷，人民出版社 2002 年版，第 308 页。
④ 《马克思恩格斯全集》第 3 卷，人民出版社 2002 年版，第 308 页。
⑤ 《马克思恩格斯全集》第 3 卷，人民出版社 2002 年版，第 308 页。

学、社会学、经济学、宗教学、哲学等在内的人文社会科学。在不同的与境中，马克思用不同的概念来表示人文社会科学，有时直接用"人的科学""人的自然科学"或"关于人的自然科学"① 来表示人文社会科学，有时用"心理学"，或"哲学"，或"人本学"② 等代指人文社会科学。马克思通过考察发现，自人的科学即人文社会科学走上自身独立发展道路以来，它一直处于与自然科学相分离和相对立的状态中。马克思指出："哲学对自然科学始终是疏远的，正像自然科学对哲学也始终是疏远的一样。过去把它们暂时结合起来，不过是离奇的幻想。存在着结合的意志，但缺少结合的能力。甚至历史学也只是顺便地考虑到自然科学，仅仅把它看作启蒙、有用性和某些伟大发现的因素。"③ 在这里，马克思所讲的"哲学"实质上指的是作为人的科学的人文社会科学，借此揭示了人文社会科学与自然科学的分离与对立，在此之前也试图把二者结合起来，但是哪怕"暂时结合起来"也"不过是离奇的幻想"，因为只是"存在着结合的意志，但缺少结合的能力"。即便是当时的人文社会科学中的"历史学"，在"顺便地考虑到自然科学"的时候，也"仅仅把它看做是启蒙、有用性和某些伟大发现的因素"来处理，而没有看到"在人类历史中即在人类社会的形成过程中生成的自然界，是人的现实的自然界"，更没有看到"通过工业……形成的自然界，是真正的、人本学的自然界"④。也就是说，历史学这门研究人类历史的人文社会科学，也没有将人的现实的历史生成过程即人的自然界的历史生成过程加以研究，而只是"仅仅从有用性这种外在关系……仅仅把人的普遍存在，宗教，或者具有抽象普遍性质的历史，如政治、艺术和文学等等"来理解人类的历史，这时的历史学不可能理解"人的本质力量的现实性和人的类活动"⑤ 的历史，因此不可能看到它与研究人的对象性存在的自然科学之间的本质联系，这是造成作为人的科学的人文社会科学与自然科学长期分离、对立的原因。

---

① 《马克思恩格斯全集》第 3 卷，人民出版社 2002 年版，第 308 页。
② 《马克思恩格斯全集》第 3 卷，人民出版社 2002 年版，第 306—307 页。
③ 《马克思恩格斯全集》第 3 卷，人民出版社 2002 年版，第 307 页。
④ 《马克思恩格斯全集》第 3 卷，人民出版社 2002 年版，第 307 页。
⑤ 《马克思恩格斯全集》第 3 卷，人民出版社 2002 年版，第 306 页。

而当马克思揭示出"自然科学展开了大规模的活动并且占有了不断增多的材料……自然科学却通过工业日益在实践上进入人的生活,改造人的生活,并为人的解放做准备"的时候,马克思洞察到了资本主义社会中"以感性的、异己的、有用的对象的形式,以异化的形式呈现在我们面前"的"人的对象化的本质力量",揭示出"工业是自然界对人,因而也是自然科学对人的现实的历史关系",① 明确地提出了"工业的历史和工业的已经生成的对象性的存在,是一本打开了的关于人的本质力量的书,是感性地摆在我们面前的人的心理学",这本心理学也就是"人们至今还没有从它同人的本质的联系"② 上来理解的人的科学即人文社会科学。此时的"自然科学将失去它的抽象物质的方向或者不如说是唯心主义的方向,并且将成为人的科学的基础"③。在此意义上,人的科学即人文社会科学是以自然科学为基础,并且在自然科学的基础上发展为"人的自然科学或关于人的自然科学",发展为关于"自然界的社会的现实"的科学。④ 也正是在此意义上,马克思将以往相互分离、相互对立的自然科学和人的科学,看作是相互包含、相互渗透的关系,并明确提出二者"将是一门科学"的思想,这为科学的发展指明了方向。

第四,马克思的"一门科学"思想在为科学发展指明方向的同时,也为马克思自身的思想发展提出了努力的方向,唯物史观的创立便是其努力的结果。在笔者看来,马克思创立的唯物史观是融研究自然史的自然科学和研究人类史的人的科学于一体的更高层面的科学,而他的融自然科学与人的科学于一体的"一门科学"的思想,便成为了马克思创立唯物史观的思想前奏。大家知道,马克思在 1844 年提出"一门科学"思想不久,便在此基础上提出了"惟一的科学"的思想。1845 年秋至 1846 年 5 月,马克思在与恩格斯合著的《德意志意识形态》中,明确地将历史划分为自然史和人类史,并把二者作为统一的历史来考察,他们指出:"历史可以从两方面来考察,可以把它划分为自然史和人类史。但这两方面是不可分割的;只要有人存

---

① 《马克思恩格斯全集》第 3 卷,人民出版社 2002 年版,第 307 页。
② 《马克思恩格斯全集》第 3 卷,人民出版社 2002 年版,第 306 页。
③ 《马克思恩格斯全集》第 3 卷,人民出版社 2002 年版,第 307 页。
④ 《马克思恩格斯全集》第 3 卷,人民出版社 2002 年版,第 308 页。

在，自然史和人类史就彼此相互制约"和相互联系；与此相适应，研究自然史的自然科学和研究人类史的人的科学即人文社会科学也是不可分割和相互制约的，二者发展的取向必然是二者相统一的"历史科学"，在此意义上"我们仅仅知道一门唯一的科学，即历史科学"。① 在笔者看来，马克思所讲的这样的"一门惟一的科学"即历史科学，就是他在自然科学和人的科学即人文社会科学基础上将二者高度融合在一起，在更高层面即哲学历史观层面上即将成立的唯物史观。从这个意义上讲，马克思"一门科学"思想为其唯物史观的创立提供了思想前提，它在马克思整个的思想发展进程中具有重大的意义。

四、"历史之谜的解答"与社会关系根本变革：共产主义的实现

通过上述的分析可见，在《1844 年经济学哲学手稿》中，马克思在对资本主义私有制下的劳动异化和私有财产异化批判分析的基础上，明确地提出了通过"私有财产即人的自我异化的积极的扬弃"来实现人的本质的完全复归的共产主义思想；在对资本主义"私有制生活"中资本和劳动对立的批判分析基础上，形成了通过"科学—技术—工业"作为资本存在的积极扬弃来实现异化劳动向自由劳动转变的思想；在对资本主义私有制下科学异化的批判分析的基础上，基于现实的人的感性实践活动产生了通过科技异化的积极扬弃来实现自然科学和人的科学合为"一门科学"思想，这些思想构成了马克思对象性存在视域的"科技—经济"思想的重要内容，也是马克思在此时期形成的共产主义思想的实质内容。

在马克思看来，通过对私有财产即人的自我异化的积极的扬弃，通过"科学—技术—工业"作为资本存在的积极扬弃，以及通过科技异化的积极扬弃等实现的共产主义，是人的本质向自身的完全复归，是自由劳动的真正实现。这种"共产主义……是历史之谜的解答，而且知道自己就是这种解答"②。在这里，马克思"用费尔巴哈的术语表述自己的观点，这种观点提供了'历史之谜的解答'，换句话说，是从建立在私有制上的社会的客观矛

---

① 《马克思恩格斯文集》第 1 卷，人民出版社 2009 年版，第 516 页编者注②。
② 《马克思恩格斯全集》第 3 卷，人民出版社 2002 年版，第 297 页。

盾的发展中得出共产主义必然性的结论"①。事实上，马克思在上述这些共产主义思想的形成过程中，已经洞察到了私有制是资本主义全方位异化的社会总根源，而造成资本主义全方位异化"历史之谜"的社会总根源中，其根本的原因在于资本主义私有制下的"科学—技术—工业"是作为资本而存在的，它构成了资本主义"私有制的生活"之固有矛盾的主要方面。因此，共产主义"知道自己就是这种历史之谜"，这也就意味着它必须消除和消解造成资本主义社会固有矛盾的根本原因，只有对私有制加以消除和消灭，才能真正解答"历史之谜"。

在《1844年经济学哲学手稿》中，马克思尽管还未明确地提出"消灭私有制"的命题，但已经揭示出劳动对于人类文明和历史进步的伟大意义，并形成了如下的基本思想："资本主义私有制必然造成劳动的异化，给工人阶级和整个人类带来灾难性后果，因此工人阶级必须采取现实的共产主义行动，打碎私有制的桎梏，使本阶级和整个社会获得解放。"② 也就是说，马克思已经认识到只有消灭了资本主义私有制，才能实现社会关系的根本变革，才能真正实现共产主义。而这种共产主义，是在对资本主义私有制下的私有财产即人的自我异化的积极扬弃，是在自然科学与人的科学将统一于"一门科学"思想的基础上对未来社会的一种理想设计，它将真正实现"人和自然界之间、人和人之间的矛盾的真正解决，是存在和本质、对象化和自我确证、自由和必然、个体和类之间的斗争的真正解决"，并且"这种共产主义，作为完成了的自然主义＝人道主义，而作为完成了的人道主义＝自然主义"。③

---

① 《马克思恩格斯全集》第3卷，人民出版社2002年版，第675页。
② 《马克思恩格斯文集》第1卷，人民出版社2009年版，"第一版说明"第2页。
③ 《马克思恩格斯全集》第3卷，人民出版社2002年版，第297页。

第　四　章

马克思物质生产视域的
"科技—经济"思想

　　从马克思对"科技—经济"思想探索的历程看，从 19 世纪 40 年代中期开始发生了重大的研究转向，或者说实现了一次革命性的研究飞跃。在此之前，马克思在对人的解放和人的本质探索过程中，从"人的对象性存在"的现实出发对资本主义经济社会中的科学、技术和工业进行了考察分析，形成了以"科学—技术—工业"分析范式为理论内核的"科技—经济"思想，即对象性存在视域的"科技—经济"思想。而在此之后，马克思对"科技—经济"思想的探索，从人的对象性存在视域的研究深入到了人类社会物质生产视域研究，从对人的本质的"对象性存在"的考察分析转向到对人类社会物质生产和物质生活领域，特别是资本主义社会的物质生产和生活方式的考察研究，在唯物辩证法的基础上创立了唯物史观的同时，将初创阶段所形成的对象性存在视域的"科技—经济"思想，特别是其中的"科学—技术—工业"的基本分析范式向前加以推进，形成了"科学—技术—生产力"分析方式，并在此基础上形成了以"科学—技术—生产力"分析范式为理论内核的系统的"科技—经济"思想体系，即唯物史观中的"科技—经济"思想。

　　而从 19 世纪 50 年代中期开始，马克思的研究工作主要集中在政治经济学领域，此时他将唯物史观中"科技—经济"思想体系的基本原理和基本分析范式，创造性地运用到对"资本主义生产方式以及和它相适应的生产关系和交换关系"① 的政治经济学研究中。马克思在创立系统的政治经济学理论体系的同时，对唯物史观中的"科技—经济"思想特别是其基本理论内核——"科学—技术—生产力"基本分析方式进行了科学抽象和创造性转换，使其政治经济学研究立足于他那个时代提供的坚实社会现实基础之上，既遵循唯物史观中"科技—经济"思想的基本原理和方法论原则，又在此前提下严格按照科学研究的方法和逻辑加以进行，进而在其政治经济学理论中前瞻性地提出了大量的"科技—经济"思想的创新性观点，这些前瞻性的创新性观点构成了马克思政治经济学中的"科技—经济"思想。因此，从 19 世纪 40 年代中期开始，马克思在唯物史观中的"科技—经济"思想和在政治经济学中的"科技—经济"思想，共同形成了物质生产视域的"科技—经济"思想。在此，沿着马克思探索其"科技—经济"思想的研究进程和演进逻辑加以系统地考察分析。

第一节 物质生产视域的确立与唯物史观的创立

从 19 世纪 40 年代中期开始，马克思物质生产视域的"科技—经济"思想首先集中地体现在他和恩格斯共同创立的唯物史观之中，唯物史观中的"科技—经济"思想是马克思物质生产视域"科技—经济"思想的重要的组成部分和成熟思想体系的整体框架。因此，要全面系统地考察马克思物质生产视域"科技—经济"思想的产生和发展，首先应当对马克思物质生产视域的确立和唯物史观的创立加以考察，这样才能客观地、历史地展现马克思物质生产视域的"科技—经济"思想特别是唯物史观中的"科技—经济"思想的全貌。

一、人类历史的基本前提及事实根据与物质生产视域的确立

马克思在《关于费尔巴哈的提纲》中明确地指出："新唯物主义的立脚点"不同于旧唯物主义将其确立为"市民社会"，而是将其确立为"人类社

---

① ［德］马克思：《资本论》第 1 卷，人民出版社 2004 年版，第 8 页。

会或社会的人类"①，因为"全部社会生活在本质上是实践的"，人作为
"类"的存在不能"撇开历史的进程"仅仅将其理解为"一种抽象的——孤
立的——人的个体"及其"单个人所固有的抽象物"，也不能仅仅"理解为
一种内在的、无声的、把许多个人自然地联系起来的普遍性"，人的本质
"在其现实性上，它是一切社会关系的总和"。② 在《德意志意识形态》中，
马克思认为要建立起这种"新唯物主义"的科学历史观，在确立其"立足
点"的同时，还必须首先明确全部人类历史的基本前提，这一基本前提
"不是任意提出的，不是教条"③，更不是"臆想"出来的，而是"可以用
纯粹经验的方法来确认"的。④ 这也就是说，要确立人类历史的基本前提，
还必须确立如何确立这一基本前提的科学方法论原则，即这种"纯粹经验
的方法"所坚持的科学方法论原则是什么。

　　从马克思的论述来看，其科学的方法论原则用一句话概括即为："不是意
识决定生活，而是生活决定意识。"⑤ 坚持这样科学方法论原则的这种"纯粹
经验的方法"，是"一种符合现实生活的考察方法"，它不是"从意识出发，
把意识看做是有生命的个人"，而是"从现实的、有生命的个人本身出发，把
意识仅仅看做是他们的意识"，⑥ 这既不同于以往的狭隘的经验论者的观点和
方法，也不同于以往的唯心主义者的主张和思路。对此，马克思明确地指出：
"这种考察方法不是没有前提的。它从现实的前提出发，它一刻也不离开这种
前提。它的前提是人，但不是处在某种虚幻的离群索居和固定不变状态中的

---

① 《马克思恩格斯文集》第 1 卷，人民出版社 2009 年版，第 502 页。在恩格斯于 1888 年发表的稿
本《马克思论费尔巴哈》中，将"新唯物主义的立脚点"表述为"人类社会或社会化的人类"（参见
《马克思恩格斯文集》第 1 卷，人民出版社 2009 年版，第 506 页）。在笔者看来，用"社会的人类"和
"社会化的人类"来表述"人类社会"，其基本的内含是一致的，但仔细斟酌将会发现二者还是略有不
同，"社会化的人类"强调的是人类的社会化初始过程或动态进程，其含义是正在走向社会联系和社会
活动中的人类；而"社会的人类"则包含着"社会化的人类"，除此之外，还包含着处于社会联系和社
会活动中的人类这一含义，即是说，人类只有处于社会联系和社会活动之中，特别是只有处于社会的物
质联系和社会活动之中，才能称之为真正意义上的人类社会。因此，用"社会的人类"来表述"人类社
会"更加准确。
② 《马克思恩格斯文集》第 1 卷，人民出版社 2009 年版，第 501 页。
③ 《马克思恩格斯文集》第 1 卷，人民出版社 2009 年版，第 518 页。
④ 《马克思恩格斯文集》第 1 卷，人民出版社 2009 年版，第 519 页。
⑤ 《马克思恩格斯文集》第 1 卷，人民出版社 2009 年版，第 525 页。
⑥ 《马克思恩格斯文集》第 1 卷，人民出版社 2009 年版，第 525 页。

人,而是处在现实的、可以通过经验观察到的、在一定条件下进行的发展过程中的人。只要描绘出这个能动的生活过程,历史就不再像那些本身还是抽象的经验论者所认为的那样,是一些僵死的事实的汇集,也不再像唯心主义者所认为的那样,是想象的主体的想象活动。"① 在马克思看来,"只要这样按照事物的真实面目及其产生情况来理解事物,任何深奥的哲学问题——后面将对这一点作更清楚的说明——都可以十分简单地归结为某种经验的事实"②。

那么,按照这一科学的方法论原则的要求,人类历史的基本前提是什么?在《德意志意识形态》中,马克思在将人类社会的历史看作由社会中现实的个人及其活动构成的这一总观点的前提下,对此问题给出了高度概括性的回答:"这是一些现实的个人,是他们的活动和他们的物质生活条件,包括他们已有的和由他们自己的活动创造出来的物质生活条件。因此,这些前提可以用纯粹经验的方法来确认。"③ 这是"新唯物主义"科学历史观的基本前提,也是全部人类历史的基本前提。

马克思在此所讲的人类历史的"基本前提",主要包括以下几个相互联系且依次递进的层面:(1)"有生命的个人的存在"。马克思指出:"全部人类历史的第一个前提无疑是有生命的个人的存在。因此,第一个需要确认的事实就是这些个人的肉体组织以及由此产生的个人对其他自然的关系……任何历史记载都应当从这些自然基础以及它们在历史进程中由于人们的活动而发生的变更出发。"④ (2)在此前提下,"这些个人把自己和动物区别开来的第一个历史行动"是"他们开始生产自己的生活资料"的同时也"间接地生产着自己的物质生活本身"⑤。马克思指出:"一当人开始生产自己的生活

---

① 《马克思恩格斯文集》第 1 卷,人民出版社 2009 年版,第 525—526 页。

② 《马克思恩格斯文集》第 1 卷,人民出版社 2009 年版,第 528 页。

③ 《马克思恩格斯文集》第 1 卷,人民出版社 2009 年版,第 519 页。

④ 《马克思恩格斯文集》第 1 卷,人民出版社 2009 年版,第 519 页。

⑤ 在《德意志意识形态》的手稿中,马克思删去了以下这句话:"这些个人把自己和动物区别开来的第一个历史行为不在于他们有思想,而在于他们开始生产自己的生活资料。"马克思删去的这句话一开始是置于"有生命的个人的存在"之后的,参见《马克思恩格斯文集》第 1 卷,人民出版社 2009 年版,第 519 页的"编者注①"。在笔者看来,马克思将这句话删去主要是考虑文章论述的先后顺序,应当放在第二个前提中,而不应当放在第一个前提中。也就是说,马克思将这句话删去并不表明他认为这句话不重要或不同意这一观点,事实上,这句话不仅对于理解马克思关于人类历史基本前提的论述是颇为重要的,而且对于深刻理解马克思的科学方法论原则是极其重要的,它是马克思科学方法论原则的具体体现。

资料，即迈出由他们的肉体组织所决定的这一步的时候，人本身就开始把自己和动物区别开来。人们生产自己的生活资料，同时间接地生产着自己的物质生活本身。"① （3）这些个人生产"自己的物质生活本身"的方式，取决于"他们进行生产的物质条件"。② 马克思指出："人们用以生产自己的生活资料的方式，首先取决于他们已有的和需要再生产的生活资料本身的特性。这种生产方式不应当只从它是个人肉体存在的再生产这方面加以考察。更确切地说，它是这些个人的一定的活动方式，是他们表现自己生命的一定方式、他们的一定的生活方式……这同他们的生产是一致的——既和他们生产什么一致，又和他们怎样生产一致。因而，个人是什么样的，这取决于他们进行生产的物质条件"③。 （4） "这种生产第一次是随着人口的增长而开始的"。马克思强调指出，随着人口增长而开始的这种"生产本身又是以个人彼此之间的交往为前提的。这种交往的形式又是由生产决定的"。④

因此，作为人类历史基本前提的是"以一定的方式进行生产活动的一定的个人……这里所说的个人不是他们自己或别人想象中的那种个人，而是现实的个人，也就是说，这些个人是从事活动的，进行物质生产的，因而是在一定的物质的、不受他们任意支配的界限、前提和条件下活动着的"⑤。简而言之，人类历史的基本前提是现实的个人，这些现实的个人是基于自身需要和社会需要而从事一定实践活动的、处于一定社会关系中的、具有能动性的人。只有把人看作这样的现实的个人，才能正确把握人及其活动的本质，才能准确把握人与社会历史的关系。在对人类历史的"基本前提"展开具体的历史分析过程中，马克思考察和阐述了这一"基本前提"所依据的最基本的"四个事实"。

事实之一："生产物质生活本身"。马克思明确地指出："人们为了能够'创造历史'，必须能够生活。但是为了生活，首先就需要吃喝住穿以及其他一些东西。因此第一个历史活动就是生产满足这些需要的资料，即生产物

---

① 《马克思恩格斯文集》第 1 卷，人民出版社 2009 年版，第 519 页。
② 《马克思恩格斯文集》第 1 卷，人民出版社 2009 年版，第 520 页。
③ 《马克思恩格斯文集》第 1 卷，人民出版社 2009 年版，第 519—520 页。
④ 《马克思恩格斯文集》第 1 卷，人民出版社 2009 年版，第 520 页。
⑤ 《马克思恩格斯文集》第 1 卷，人民出版社 2009 年版，第 523—524 页。

质生活本身，而且，这是人们从几千年前直到今天单是为了维持生活就必须每日每时从事的历史活动，是一切历史的基本条件。"① 这也就是说，对人类社会产生和发展的历史而言，人的生存和生活总是第一位的，人们为了生存和生活就必须生产能够满足人们基本生存和生活所需要的物质资料，即必须"生产物质生活本身"，现实的人只有能够生产物质生活本身才能生存和生活，除此别无生存和生活之路；同时，能够生产物质生活本身，也是人区别于其他动物的第一个历史行为和标志性活动，也正是从此开始才开启了人类社会发展的历史。因此，马克思将其作为人类历史基本前提的第一个事实，将其作为首先应当确定的一切人类生存和一切人类历史的第一个基本的前提条件，这也是人类历史之所以延续至今的最基本的基础条件。也正是在此意义上，马克思一如既往地高度关注物质生产、社会实践、人的劳动在人类社会发展中的作用，强调"任何历史观的第一件事情就是必须注意上述基本事实的全部意义和全部范围，并给予应有的重视"②。这是对《1844年经济学哲学手稿》中所强调的"对象性活动"的深化和发展。

事实之二："新的需要的产生"。马克思指出："第二个事实是，已经得到满足的第一个需要本身、满足需要的活动和已经获得的为满足需要而用的工具又引起新的需要，而这种新的需要的产生是第一个历史活动。"③ 这里所讲的"新的需要的产生"是相对于现实的人而言的事实。人在"生产物质生活本身"的过程中，一开始就是为了满足人的"第一个需要"而进行物质资料的生产，而这种一开始就进行的物质资料的生产实际上就是人类开始的满足"第一个需要"的活动，它在使人的"第一个需要"得到满足的同时，又会产生新的需要进而开始了满足新的需要的活动，因此"从几千年前直到今天"需要时刻满足人自己的新产生的需要，是与人"生产物质生活本身"一样，甚至可以说二者是同一个过程的两个方面：一方面，这是从为满足人的需要而进行的生产物质资料活动方面来讲的；而另一方面，这是从为生产物质资料而进行的满足人的需要活动来说的。这两个方面是"一币两面"的关系。因此，马克思将新的需要的产生看作人类社会的"第

---

① 《马克思恩格斯文集》第1卷，人民出版社2009年版，第531页。
② 《马克思恩格斯文集》第1卷，人民出版社2009年版，第531页。
③ 《马克思恩格斯文集》第1卷，人民出版社2009年版，第531—532页。

一个历史活动",相对于"生产物质生活本身"这第一个历史事实而言,它是人类社会产生和发展的第二个历史事实。同时,在马克思的表述中,还包含着另一层含义,即由于人类在满足需要的活动中已经获得了为满足需要所"用的工具"的发明,说明人类学会了主动地去生产出自己的生活条件,所以人的新产生的需要,连同满足这种新需要的方式一起在不断地发展。也就是说,新的需要是伴随着新的工具、新的技术和新的生产方式一起产生的,这是人与其他动物区别开来的又一个历史行为和标志性活动,正如马克思在《政治经济学批判》导言中所说:"饥饿总是饥饿,但是用刀叉吃熟肉来解除的饥饿不同于用手、指甲和牙齿啃生肉来解除的饥饿。"① 这也就是说,由于刀叉等工具的发明使人解除饥饿需要的内容与方式都和动物不同。因此,新的需要的产生既是人的"第一个历史活动",也是人"生产物质生活本身"的历史动力,还是物质生产、技术发明和科学进步的动力源泉。

事实之三:"新的生命的生产"即人自身的生产和繁殖。马克思指出:"一开始就进入历史发展过程的第三种关系是:每日都在重新生产自己生命的人们开始生产另外一些人,即繁殖。这就是夫妻之间的关系,父母和子女之间的关系,也就是家庭。这种家庭起初是唯一的社会关系,后来,当需要的增长产生了新的社会关系而人口的增多又产生了新的需要的时候,这种家庭便成为从属的关系了。"② 在马克思看来,新的生命的生产即人自身的生产和人口的繁殖,这是与上述两个历史事实一起产生的第三个事实,因为没有人们的"新生命的生产",也就不会有人类的产生和人类的历史。在这里,新的生命的生产,既表现为人们"通过劳动而生产自己的生命"③,也表现为人们通过"生育而生产他人的生命",前者使现实的个人的生命得以维持,后者在前者的基础上使人类的生命得以持续。同时,新的生命的生产是与人的"生产物质生活本身""新的需要的产生"紧密联系在一起的,它们共同构成了人类社会活动的三个方面或三个因素。"从历史的最初时期起,从第一批人出现以来,这三个方面就同时存在着,而且现在也还在历史

---

① 《马克思恩格斯文集》第8卷,人民出版社2009年版,第16页。
② 《马克思恩格斯文集》第1卷,人民出版社2009年版,第532页。
③ 《马克思恩格斯文集》第1卷,人民出版社2009年版,第532页。

上起着作用"①，呈现为相互交织和相互影响的"三位一体"的并存关系，呈现为相互促进和相互牵制的演进关系。在这种同时并存和一同演进的关系中，新生命的生产即人自身的生产和人口的繁殖受其他两个方面的影响，无论在质上还是在量上都与其他动物的繁衍表现出不同之处，表现出人所特有的自身生命生产的演进规律和进化特征，表现出从"家庭起初是唯一的社会关系"逐渐演变为在此基础上的"新的社会关系"的发展趋向。因此，马克思将新生命的生产即人自身的生产与人口的繁殖视为人类社会历史一开始就存在并且一直延续至今的第三种关系或第三个事实。

事实之四：在人与自然关系基础上的人与人的"社会关系"的形成。在人类社会历史的现实性上，人与人的关系即社会关系的形成是蕴含于以上三个历史活动中的一个方面，因为"生命的生产，无论是通过劳动而生产自己的生命，还是通过生育而生产他人的生命，就立即表现为双重关系：一方面是自然关系，另一方面是社会关系；社会关系的含义在这里是指许多个人的共同活动，不管这种共同活动是在什么条件下、用什么方式和为了什么目的而进行的。由此可见，一定的生产方式或一定的工业阶段始终是与一定的共同活动方式或一定的社会阶段联系着的，而这种共同活动方式本身就是'生产力'；由此可见，人们所达到的生产力的总和决定着社会状况……由此可见，人们之间一开始就有一种物质的联系"②。换言之，无论是作为第一个历史活动的"生产物质生活本身"，还是作为第一个历史活动的"新的需要的产生"，都是表现为双重的关系，即人与自然的关系和人与社会的关系；同样地，无论是人们"通过生育而生产他人的生命"，还是人们"通过劳动而生产自己的生命"，一开始也都表现为双重的关系，即自然关系和社会关系。并且，马克思还特别强调，"社会关系的含义在这里是指许多个人的共同活动"，在这共同活动的"人们之间一开始就有一种物质的联系。这种联系是由需要和生产方式决定的，它和人本身有同样长久的历史；这种联系不断采取新的形式，因而就表现为'历史'"③。因此，人与人的关系即社会关系作为"许多人的共同活动"，在人类社会的历史发展过程中从"一开

---

① 《马克思恩格斯文集》第1卷，人民出版社2009年版，第532页。
② 《马克思恩格斯文集》第1卷，人民出版社2009年版，第532—533页。
③ 《马克思恩格斯文集》第1卷，人民出版社2009年版，第533页。

始就有一种物质的联系",这种由人的需要和生产方式决定的物质联系和"人本身"有着同样长久的历史,并且不断采取新的形式向前发展进而表现为人类的历史。在此意义上,马克思将在自然关系基础上的人与人的关系即社会关系的形成看作是人类历史一开始就存在且一直延续至今的第四个关系或第四个事实。

由此可见,"生产物质生活本身"、"新的需要的产生"、新的生命的生产即人自身的生产和繁殖、人与人的关系即社会关系的形成,这是人类社会"原初的历史的关系的四个因素、四个方面",① 它们紧密地相互连接在一起,共同构成了人类历史基本前提的四个历史事实。也就是说,马克思对人类历史的基本前提的规定,正是基于相互联系在一起的四个历史事实基础上做出的。因此,马克思对人类历史的基本前提的规定,"不是教条","不是任意提出的",② 更不是"臆想"出来的,而是基于人类历史的事实做出的,这些历史事实是"可以用纯粹经验的方法来确认"的。③

马克思在考察分析了人类社会的基本前提以及提出这一基本前提的人类社会"原初的历史的关系的四个因素、四个方面"即上述的四个事实之后,还特别强调指出,我们考察分析至此"才发现:人还具有'意识'。但是这种意识并非一开始就是'纯粹的'意识。'精神'从一开始就很倒霉,受到物质的'纠缠',物质在这里表现为振动着的空气层、声音,简言之,即语言。语言和意识具有同样长久的历史;语言是一种实践的、既为别人存在因而也为我自身而存在的、现实的意识。语言也和意识一样,只是由于需要,由于和他人交往的迫切需要才产生的……因而,意识一开始就是社会的产物,而且只要人们存在着,它就仍然是这种产物"④。在此意义上,不是意识决定物质,而是物质决定意识,"不是意识决定生活,而是生活决定意识"⑤。

通过对人类历史"基本前提"的内涵和"原初的历史的关系的四个因

① 《马克思恩格斯文集》第1卷,人民出版社2009年版,第533页。
② 《马克思恩格斯文集》第1卷,人民出版社2009年版,第518页。
③ 《马克思恩格斯文集》第1卷,人民出版社2009年版,第519页。
④ 《马克思恩格斯文集》第1卷,人民出版社2009年版,第533页。
⑤ 《马克思恩格斯文集》第1卷,人民出版社2009年版,第525页。

素"或四个方面的事实的考察不难看出,"新唯物主义"的历史观即马克思的唯物史观,不同于"从前的一切唯物主义(包括费尔巴哈的唯物主义)",它不"只是从客体的或者直观的形式去理解"对象、现实、感性和历史,而是"把它们当做感性的人的活动,当做实践去理解";① 它不是"把人只看做是'感性对象'",也不是把人只理解为"抽象的'人'",而是"从现有的社会联系"和人类历史的基本前提及基本事实把人看作"现实存在着的、活动的人",进而"把感性世界理解为构成这一世界的个人的全部活生生的感性活动"②。与此同时,马克思创立的"这种历史观和唯心主义历史观不同,它不是在每个时代中寻找某种范畴,而是始终站在现实历史的基础上,不是从观念出发来解释实践,而是从物质实践出发来解释观念的形成"③。概而言之,"新唯物主义"历史观是"从直接生活的物质生产出发阐述现实的生产过程,把同这种生产方式相联系的、它所产生的交往形式……理解为整个历史的基础"④。在此意义上,马克思确立"新唯物主义"历史观的崭新视域,即处在社会物质联系中的现实的人及他们的物质生产的视域。正是在物质生产这一崭新的视域中,马克思创立了唯物史观,并在唯物史观的创立过程中阐述了他的"科技—经济"思想。

二、唯物史观的创立及对"科技—经济"思想发展的意义

当马克思通过对人类历史的"基本前提"及其在"原初的历史的关系四个因素"或四个方面的事实考察分析之后,马克思考察分析人类社会的视域发生了重大的研究转向和出现了质的飞跃,从《1844 年经济学哲学手稿》时期的人的对象性存在的视域,转向了以《关于费尔巴哈的提纲》和《德意志意识形态》为开端的物质生产视域,也正是从此时开始马克思创立了物质生产视域的"新唯物主义"的历史观即唯物史观。当然,唯物史观的创立与马克思对政治经济学的研究是紧密地结合在一起的。对此,马克思于 1859 年 1 月撰写的《〈政治经济学批判〉序言》中回顾了自己研究政治

---

① 《马克思恩格斯文集》第 1 卷,人民出版社 2009 年版,第 499 页。
② 《马克思恩格斯文集》第 1 卷,人民出版社 2009 年版,第 530 页。
③ 《马克思恩格斯文集》第 1 卷,人民出版社 2009 年版,第 544 页。
④ 《马克思恩格斯文集》第 1 卷,人民出版社 2009 年版,第 544 页。

经济学和发现唯物史观的过程，对唯物史观作了经典的表述。

马克思指出，早在1844年"我的研究得出这样一个结果：法的关系正像国家的形式一样，既不能从它们本身来理解，也不能从所谓人类精神的一般发展来理解，相反，它们根源于物质的生活关系"①，而在此后的研究过程中，"我所得到的，并且一经得到就用于指导我的研究工作的总的结果，可以简要地表述如下：人们在自己生活的社会生产中发生一定的、必然的、不以他们的意志为转移的关系，即同他们的物质生产力的一定发展阶段相适合的生产关系。这些生产关系的总和构成社会的经济结构，即有法律的和政治的上层建筑竖立其上并有一定的社会意识形式与之相适应的现实基础。物质生活的生产方式制约着整个社会生活、政治生活和精神生活的过程。不是人们的意识决定人们的存在，相反，是人们的社会存在决定人们的意识。社会的物质生产力发展到一定阶段，便同它们一直在其中运动的现存生产关系或财产关系（这只是生产关系的法律用语）发生矛盾。于是这些关系便由生产力的发展形式变成生产力的桎梏。那时社会革命的时代就到来了。随着经济基础的变更，全部庞大的上层建筑也或慢或快地发生变革。在考察这些变革时，必须时刻把下面两者区别开来：一种是生产的经济条件方面所发生的物质的、可以用自然科学的精确性指明的变革，一种是人们借以意识到这个冲突并力求把它克服的那些法律的、政治的、宗教的、艺术的或哲学的，简言之，意识形态的形式。我们判断一个人不能以他对自己的看法为根据，同样，我们判断这样一个变革时代也不能以它的意识为根据；相反，这个意识必须从物质生活的矛盾中，从社会生产力和生产关系之间的现存冲突中去解释"②。

在这里，马克思以"人类社会或社会的人类"为"立脚点"③，从物质生产视域出发科学地阐述了社会存在决定社会意识、生产力决定生产关系、经济基础决定上层建筑等唯物史观的基本原理，并通过对这些基本原理中所包括的社会基本矛盾的运动分析，揭示了人类社会发展的一般规律和社会形态演进的一般进程，论证了旧的社会形态为新的社会形态所取代的历史必然

---

① 《马克思恩格斯文集》第2卷，人民出版社2009年版，第591页。
② 《马克思恩格斯文集》第2卷，人民出版社2009年版，第591—592页。
③ 《马克思恩格斯文集》第1卷，人民出版社2009年版，第502页。

性，同时指明了"无论哪一个社会形态，在它所能容纳的全部生产力发挥出来以前，是决不会灭亡的；而新的更高的生产关系，在它的物质存在条件在旧社会的胎胞里成熟以前，是决不会出现的"① 社会形态更替的客观规律。这也就是说，人类社会的发展如同自然界有其自身的运动规律一样，也有其自身的发展规律。这正如恩格斯《在马克思墓前的讲话》中所明确指出的："正像达尔文发现有机界的发展规律一样，马克思发现了人类历史的发展规律，即历来为繁芜丛杂的意识形态所掩盖着的一个简单事实：人们首先必须吃、喝、住、穿，然后才能从事政治、科学、艺术、宗教等等；所以，直接的物质的生活资料的生产，从而一个民族或一个时代的一定的经济发展阶段，便构成基础，人们的国家制度、法的观点、艺术以至宗教观念，就是从这个基础上发展起来的，因而，也必须由这个基础来解释，而不是像过去那样做得相反。"②

同时应当看到，马克思在物质生产视域发现的社会存在决定社会意识、生产力决定生产关系等基本原理，在人类思想史上第一次正确解决了社会历史观的基本问题，是社会历史观革命性变革的基础，它对"一切历史科学（凡不是自然科学的科学都是历史科学）都是一个具有革命意义的发现"③，因为"在历史上出现的一切社会关系，一切宗教制度和法律制度，一切理论观点，只有理解了每一个与之相应的时代的物质生活条件，并且从这些物质条件中被引申出来的时候，才能理解"④，是"人们的意识决定于人们的存在而不是相反，这个原理看来很简单，但是仔细考察一下也会立即发现，这个原理的最初结论就给一切唯心主义，甚至给最隐蔽的唯心主义当头一棒。关于一切历史的东西的全部传统的和习惯的观点都被这个原理否定了"⑤。与此同时，"只要进一步发挥我们的唯物主义论点，并且把它应用于现时代，一个强大的、一切时代中最强大的革命远景就会立即展现在我们面前"⑥。马克思正是进一步发挥了物质生产视域中的这一唯物主义论点，在

---

① 《马克思恩格斯文集》第 2 卷，人民出版社 2009 年版，第 592 页。
② 《马克思恩格斯文集》第 3 卷，人民出版社 2009 年版，第 601 页。
③ 《马克思恩格斯文集》第 2 卷，人民出版社 2009 年版，第 597 页。
④ 《马克思恩格斯文集》第 2 卷，人民出版社 2009 年版，第 597 页。
⑤ 《马克思恩格斯文集》第 2 卷，人民出版社 2009 年版，第 598 页。
⑥ 《马克思恩格斯文集》第 2 卷，人民出版社 2009 年版，第 597—598 页。

发现了人类社会发展的客观规律进而创立唯物史观的过程中，前瞻性地提出了大量的"科技—经济"理论观点，在唯物史观的理论框架中形成了他的"科技—经济"思想。尤其值得关注的是，在马克思"科技—经济"思想的这一研究进程中，孕育和生成了一个独具理论特色的崭新的分析范式——"科学—技术—生产力"分析范式，这在"科技—经济"呈现一体化发展的今天，其理论价值和实践意义重大。这需要我们沿着马克思的逻辑进程，在唯物史观的指导下进一步加以梳理、概括和凝练。

第二节　唯物史观中的"科学—技术—生产力"分析范式

马克思以"人类社会或社会的人类"为"立脚点"[①]，在对人类历史的"基本前提"及其"原初的历史的关系四个因素"即四个历史事实考察分析基础上，实现并完成了从人的对象性存在视域向物质生产视域的研究转向，确立了研究人类社会历史的物质生产视域。在从物质生产视域出发科学阐述唯物史观基本原理和基本观点的过程中，马克思形成了他的"科技—经济"思想。其中，马克思在创立唯物史观过程中形成的"科学—技术—生产力"分析范式，是其"科技—经济"思想的理论根基和核心内容。

一、唯物史观中"科学—技术—生产力"分析范式的内涵

物质生产领域中的"劳动生产力是随着科学和技术的不断进步而不断发展的"[②]。马克思的这一表述，在表明生产力、科学、技术是三个不同范畴的同时，揭示了科学和技术是比生产力更根本的"动因的力量"[③] 或"作用物的力量"，而这种动因即"作用物自身——它们的巨大效率——又和生

---

① 《马克思恩格斯文集》第 1 卷，人民出版社 2009 年版，第 502 页。
② ［德］马克思：《资本论》第 1 卷，人民出版社 2004 年版，第 698 页。
③ 参见《马克思恩格斯全集》第 46 卷下册，人民出版社 1980 年版，第 218 页。在此加以说明的是，在新版的《马克思恩格斯文集》中将"动因的力量"翻译成"作用物的力量"，参见《马克思恩格斯文集》第 8 卷，人民出版社 2009 年版，第 196 页。在笔者看来，把科学和技术视为生产力的"动因的力量"，更符合马克思经典著作文本的语境和语义，而且与邓小平在新科技革命背景下提出的"科学技术是第一生产力"的思想更加契合。

产它们所花费的直接劳动时间不成比例，而是取决于科学的一般水平和技术进步，或者说取决于这种科学在生产上的应用。（这种科学，特别是自然科学以及和它有关的其他一切科学的发展，本身又和物质生产的发展相适应。）例如，农业将不过成为一种物质变换的科学的应用，这种物质变换能加以最有利的调节以造福于整个社会体"①。与此同时，马克思还指出："劳动的社会生产力，或直接社会的、社会化的（共同的）劳动的生产力，由于协作、工场内部的分工、机器的应用，总之，为了一定的目的而把生产过程转化为自然科学、力学、化学等等的自觉的应用，转化为工艺学等等的自觉的应用"②，从而使作为一般社会知识的科学和作为科学知识应用的技术，在社会物质生产领域中变成了"直接的生产力"，借助于科学和技术的"动因的力量"使社会生产力"不仅以知识的形式，而且作为社会实践的直接器官，作为实际生活的直接器官被生产出来"③。在此意义上，唯物史观中的生产力作为人类社会历史发展的根本的动力和决定性的物质力量，不仅包括物质生产的生产力，也包括技术研发的生产力和科学研究的生产力，决定着社会状况的生产力是包括上述三种生产力形态的"人们所达到的生产力的总和"④。从系统整体论的维度看，这一"生产力的总和"在实质上是由上述三种生产力形态作为要素而构成的生产力系统。

理论是现实的反映，因此唯物史观中的"科学—技术—生产力"分析范式，也可称为唯物史观中的"科学研究—技术研发—物质生产"的生产力分析范式，它是指马克思根据唯物史观的基本观点和基本原理，以"人类社会或社会的人类"为"立脚点"，从物质生产视域出发探寻人类社会发展规律的过程中所形成的，一个由相互联系的科学（或科学研究，或科学生产，或科学实践）、技术（或技术研发，或技术生产，或技术实践）和社会物质生产的生产力等主要范畴构成的最基本的概念图式和逻辑体系，是马克思科学地考察分析人类社会及其历史发展和未来发展趋向的最基本的分析模式和研究规范。在这一规定中，马克思唯物史观中的"科学—技术—生

---

① 《马克思恩格斯文集》第8卷，人民出版社2009年版，第196页。
② 《马克思恩格斯文集》第8卷，人民出版社2009年版，第505页。
③ 《马克思恩格斯文集》第8卷，人民出版社2009年版，第198页。
④ 《马克思恩格斯文集》第1卷，人民出版社2009年版，第533页。

产力"分析范式至少包含了以下几个层面的科学内涵。

第一，"科学—技术—生产力"分析范式是伴随唯物史观的创立和发展而不断形成的，唯物史观是这一分析范式的理论基础和方法论依据。一方面，马克思在创立唯物史观的过程中所确立的"人类社会或社会的人类"之"立脚点"以及人类历史基本前提的四个事实，是这一分析方式的立脚点和现实基础。在马克思看来，以往的"哲学家们只是用不同的方式解释世界，而问题在于改变世界"①，如何将解释世界和改变世界有机地统一起来是"新唯物主义"即唯物史观需要解决的重大问题；与此同时，我们面对的世界包括自然界和人类社会两大领域，世界的"历史可以从两方面来考察，可以把它划分为自然史和人类史。但这两方面是不可分割的；只要有人存在，自然史和人类史就彼此相互制约"②；同样地，"只要有人存在"，研究自然史的自然科学和研究人类史的人的科学即人文社会科学也是不可分割和相互制约的，二者发展的取向必然是二者相统一的"历史科学"，因此"我们仅仅知道一门唯一的科学，即历史科学"③。在此所讲的"唯一的科学"即历史科学就是在自然科学和人的科学即人文社会科学基础上将二者高度融合在一起，在更高层面即哲学历史观层面上的唯物史观。因此，唯物史观所确立的"立脚点"即人类社会或社会的人类，正是建立在自然界或人与自然关系基础上的，而在此基础上的四大历史事实即"生产物质生活本身"、"新的需要的产生"、新生命的生产即人口的繁殖、人与人的关系即社会关系的形成，便是人类社会"原初的历史的关系的四个因素"。④ 这四个因素构成的"原初的历史的关系"，伴随着现实的人的实践展开形成了人类社会发展的历史进程，这是建立在人与自然关系基础之上的人与人的社会关系的历史进程。在这里，解释世界和改变世界有机地统一起来，科学与实践有机地结合起来，解释世界的科学、满足人的需要所"使用的工具"为代表的技术以及在此前提下的物质资料的生产便有机地统一起来了。

另一方面，这一分析范式是建立在马克思将人的现实本质理解为"一

---

① 《马克思恩格斯文集》第1卷，人民出版社2009年版，第502页。
② 《马克思恩格斯文集》第1卷，人民出版社2009年版，第516页编者注②。
③ 《马克思恩格斯文集》第1卷，人民出版社2009年版，第516页编者注②。
④ 《马克思恩格斯文集》第1卷，人民出版社2009年版，第533页。

切社会关系的总和"、将"全部社会生活"理解为"在本质上是实践的"①、社会存在决定社会意识等唯物史观的基本观点和基本原理基础上,以"人类社会或社会的人类"为"立脚点"并从物质生产视域出发来探寻人类社会历史发展之动力因素的结果。马克思正是根据唯物史观的基本观点和基本原理,从物质生产视域探寻到了推动人类社会发展的最基本的或最根本的动力因素——社会的物质生产力及其与此密切关联在一起的技术和科学,以及这三者之间的相互联结和相互促进所形成的推动人类社会发展的巨大革命力量。如果说马克思在撰写《1844年经济学哲学手稿》之时,他从人的对象性存在的视域看到了科学革命、技术革命和工业革命三方面相互缠绕在一起相继迸发出来的,对资本主义经济社会形成和发展所产生的巨大革命力量和巨大推动作用,那么在唯物史观的创立过程中,他已经转向了从物质生产的视域将科学革命、技术革命和工业革命这三大革命相互缠绕在一起所迸发出来的巨大力量归结到生产力的高度,将科学和技术归并到物质生产过程的社会生产力的层面,并把社会生产力看作推动人类社会发展的最高意义上的"革命力量"② 和"社会进步的最高标准"③。

第二,科学、技术和生产力等主要范畴是这一分析范式的基本构成。在这一基本构成中,科学主要是指科学研究、科学生产、科学劳动等科学实践活动及其科学理论成果所形成的生产力,简言之,就是科学生产力;技术主要是指技术研发、技术生产、技术劳动等技术实践活动及其技术创新成果所形成的技术生产力,简言之,就是技术生产力;而生产力则主要是指社会物质资料生产的生产力。正因如此,马克思在唯物史观中的"科学—技术—生产力"分析范式,才被称为唯物史观中的"科学研究—技术研发—物质生产"的生产力分析范式。在此加以说明的是,马克思所处的时代是工业经济已经取代农业经济并且工业经济已经占主导地位的时代,在马克思所处的工业经济时代科学和生产,或者说科学与经济属于两个不同的领域,而且两个领域处于相互分离的状态,因此马克思在其经典著作中所讲的生产力,主要是指社会物质生产领域的生产力,但仔细研读马克思经典著作的有关论

---

① 《马克思恩格斯文集》第1卷,人民出版社2009年版,第501页。
② 《马克思恩格斯文集》第3卷,人民出版社2009年版,第602页。
③ 《列宁全集》第16卷,人民出版社1988年版,第209页。

述将不难发现，马克思从物质生产视域来考察社会生产力时，也将科学、科学生产（或科学研究，或科学实践）纳入其社会劳动的生产力范畴，而技术、技术生产（或技术研发，或技术实践）是介于科学与生产、科学研究与物质生产之间的范畴，马克思将其作为社会劳动的生产力范畴的重要组成部分。马克思的这一思想在《共产党宣言》中得到了集中的体现。

马克思和恩格斯在这部标志着马克思主义公开问世的经典著作中指出："资产阶级在它的不到一百年的阶级统治中所创造的生产力，比过去一切世代创造的全部生产力还要多，还要大。自然力的征服，机器的采用，化学在工业和农业中的应用，轮船的行驶，铁路的通行，电报的使用，整个整个大陆的开垦，河川的通航，仿佛用法术从地下呼唤出来的大量人口——过去哪一个世纪料想到在社会劳动里蕴藏有这样的生产力呢?"① 在这里，马克思和恩格斯所讲的生产力或社会劳动里蕴藏的生产力，既包括物质生产领域中的社会生产力，如工业领域和农业领域的社会生产力，自然力的征服所转化出来的生产力，大陆的开垦和河川的通航所转化出来的生产力等；也包括技术研发或技术活动领域的社会生产力，如机器和电报的发明与应用所创造的生产力，轮船和铁路技术的发明和应用所创造的社会生产力等；还包括科学研究或科学活动领域的社会生产力，如化学研究的成果在工业和农业中的应用所创造的社会生产力，当然也包括力学和物理学等自然科学研究的成果在社会生产领域中运用所创造的生产力。马克思在此列举的这些包括科学、技术和社会生产中的所有生产力，它们共同构成了社会的"全部生产力"。这也正是马克思社会生产力理论所具有的前瞻性和超前性之所在，这也为我们进一步研究留下了"发展的空间"。为了尊重马克思经典著作的原意而不将笔者的"意图"强加到对经典著作的考察中，笔者在此将科学、技术和生产力等主要范畴作为这一分析范式的基本构成，并将其称为"科学—技术—生产力"分析范式②。

第三，"科学—技术—生产力"这一分析范式是马克思在科学阐述唯物

① 《马克思恩格斯文集》第 2 卷，人民出版社 2009 年版，第 36 页。
② 关于唯物史观中"科学—技术—生产力"分析范式的构成，基于章节的合理布局，笔者在此仅作简要的说明。基于此内容的重要性和内涵的丰富性，笔者将其作为单独部分作进一步的考证梳理和系统总结。

史观基本原理和基本观点的过程中而逐步形成的一个"概念图式"或概念体系，它构成了马克思唯物史观最基本的分析模式、研究规范和理论内核。如前所述，在现代西方科学哲学历史学派的代表人物库恩那里，他将范式或分析范式的最基本含义界定为"概念图式"，用来表示在特定的历史时期如何将决定着许多不同领域的思想观念、理论观点编织成一个具有逻辑一致性的思维结构、分析模式和研究规范。在库恩看来，一旦"概念图式"即分析范式被建立起来，它作为分析模式和研究规范，将"超出已知的范围，成为预测和探索未知的首要的强有力的"精神定向的认知工具，"能显示理论是如何指引科学家去认识未知事物，告诉他到哪儿找，他能预期找到什么，而且这可能是概念图式在科学中最为重要的功能"，① 因此作为"概念图式"的分析范式便具有了一种精神定向的认知工具的意义，具有了一种在特定历史时期将不同思想观念统一于一个逻辑体系框架中的认识论价值，具有了超出已知、探索和预测未知的方法论功能，马克思唯物史观中的"科学—技术—生产力"分析范式作为一个"概念图式"、分析框架和研究规范便具有上述的意义、价值和功能。

在此加以说明的是，伴随唯物史观的创立而形成的"科学—技术—生产力"分析范式，马克思在他的经典著作中没有直接地这样表述，但是作为一个完整的概念图式和逻辑体系已经渗透在或体现在包括《关于费尔巴哈的提纲》《德意志意识形态》《哲学的贫困》《共产党宣言》《关于自由贸易的演说》《不列颠在印度统治的未来结果》《在〈人民报〉创刊纪念大会上的演说》等大量的经典著作之中，并且在其后撰写的《1857—1858 年经济学手稿》《1861—1863 年经济学手稿》《1863—1865 年经济学手稿》和《资本论》等经典著作中作了大量的阐述。只要认真研读和反复研究马克思的这些代表性经典著作就会发现，马克思正是在这一分析范式的基础上，从物质生产视域展开了对人类社会及其历史发展的研究，揭示了人类社会的基本矛盾和发展规律。也正是在"科学—技术—生产力"这一分析范式的基础上，马克思形成了包括"科学—技术—生产力—生产方式""科学—技

① ［美］托马斯·库恩：《哥白尼革命——西方思想发展中的行星天文学》，吴国盛等译，北京大学出版社 2003 年版，第 39—40 页。

术—生产力—生产方式—生产关系""科学—技术—生产力—生产方式—经济基础—上层建筑"等基本原理内容在内的系统的"科技—经济"思想，这也是马克思唯物史观的理论内核。

二、唯物史观中"科学—技术—生产力"分析范式的构成

唯物史观中的"科学—技术—生产力"分析范式是马克思在物质生产的视域中形成的"科学研究—技术研发—物质生产"的生产力分析范式，因此其系统构成包括物质生产领域的生产力、技术研发及其成果并入物质生产过程所形成的生产力、科学研究及其成果直接并入物质生产过程和借助于技术研发成果间接并入物质生产过程所形成的生产力。对于这一分析范式的系统构成，马克思尽管没有直接这样表述，但在其有关社会生产力、机器与大工业、科学在物质生产过程中的应用等有关的经典论述中已经蕴含着这一分析范式的思想观点，在此笔者作如下的考证梳理和系统总结。

（一）生产力

——物质生产的生产力是"科学—技术—生产力"分析范式发挥着基础性和决定性作用的首要构成要素

唯物史观中的"科学—技术—生产力"分析范式是马克思在创立唯物史观的过程中从物质生产视域考察人类社会的历史发展所形成的基本的分析方式，而物质生产领域的生产力即物质生产力是这一分析范式的首要的构成。马克思指出："物质生活的生产方式制约着整个社会生活、政治生活和精神生活的过程。不是人们的意识决定人们的存在，相反，是人们的社会存在决定人们的意识。"① 依据社会存在决定社会意识的基本原理，马克思从社会生活的各种领域划分出社会经济领域，从一切复杂的社会关系中划分出物质生产关系，并把它当作决定其余一切社会关系的基本的原始的关系，进而将一切社会关系归结于物质生产关系，将物质生产关系归结于物质生产力发展的高度，从而将人类社会的发展和社会形态的更替看作一个自然的历史

---

① 《马克思恩格斯文集》第 2 卷，人民出版社 2009 年版，第 591 页。

过程，并在此基础上揭示了人类社会发展的规律。在这里，马克思将一切社会关系归结于物质生产关系，将物质生产关系归结于物质生产力发展的高度对人类社会及其历史发展进行研究，是其唯物史观最基本的分析范式，这也是马克思经过长期研究"所得到的，并且一经得到就用于指导"他的"研究工作的总的结果"。

这一"总的结果"，马克思将其"简要地表述如下：人们在自己生活的社会生产中发生一定的、必然的、不以他们的意志为转移的关系，即同他们的物质生产力的一定发展阶段相适合的生产关系"①。在马克思看来，考察处于错综复杂社会联系中现实的人的生存繁衍及其活动，考察由现实的人及其活动构成的人类社会的产生和发展，首先必须解决人们的衣食住行等物质资料的生产问题，人类的第一个历史活动就是由为了满足人们物质生活需要而进行的物质资料的生产和在此过程中产生的新的需要构成的，物质生产领域的生产力是人类社会生活和全部历史的基础，因此对人类社会全部生活和全部历史的本质及规律，"必须从物质生活的矛盾中，从社会生产力和生产关系之间的现存冲突中去解释"②，必须立足于社会物质生产领域的生产力发展状况的高度去探寻。在此意义上，物质生产领域的生产力的发展是衡量人类"社会进步的最高标准"③，物质生产力范畴是马克思唯物史观最根本的、最高意义的概念范式，从而也是唯物史观中"科学—技术—生产力"分析范式发挥着基础性和决定性作用的首要构成要素。

作为"科学—技术—生产力"分析范式首要构成要素的生产力，在唯物史观中主要是指人们在物质生产实践中形成的加工、改造、控制和影响自然以使其适合人们社会需要的物质力量，它既是一种不以人的意志为转移的具有内在结构的客观现实性的物质力量，也是一种在不同的历史时期表现出不同的发展水平、技术性质、现实状况和发展要求的具有社会历史性的物质力量。因此，对物质生产领域的生产力范畴需要多维度的把握，并通过这种多维度的把握来深刻理解生产力是唯物史观中"科学—技术—生产力"分析范式的首要构成要素。

---

① 《马克思恩格斯文集》第 2 卷，人民出版社 2009 年版，第 591 页。
② 《马克思恩格斯文集》第 2 卷，人民出版社 2009 年版，第 592 页。
③ 《列宁全集》第 16 卷，人民出版社 1988 年版，第 209 页。

　　第一，从其发展状况维度看，生产力作为人们加工、改造的能力和控制、影响自然的客观物质力量，是质的规定性和量的规定性的统一。（1）生产力的质的规定性主要体现的是生产力的性质，它取决于社会物质生产的技术性质，主要是劳动资料特别是生产工具和劳动手段的性质。马克思指出，生产力的发展特别是生产工具的发展"和分工是彼此不可分割的"①。一方面，分工的状况和"分工的阶段依赖于当时生产力的发展水平"②，但另一方面，在一定生产力发展水平基础上产生的分工又进一步推动了生产力的发展，因为"分工是迄今为止历史的主要力量之一"③。与分工呈现相互促进的生产工具的发展，经历了"简单的工具，工具的积累，合成的工具；仅仅由人作为动力，即由人推动合成的工具，由自然力推动这些工具；机器；有一个发动机的机器体系；有自动发电机的机器体系"的历史进程④，生产工具这一从简单向复杂发展的进程，也是机器发展的进程。在这一进程中，生产工具每一次重大的发展都进一步推进了分工，而每一次分工的推进也同样推进生产工具技术性质的提升。在《德意志意识形态》中，马克思将生产力技术性质作了两个阶段的区分，即生产力的发展呈现为由"自然形成的生产工具和由文明创造的生产工具之间的差异"⑤。也就是说，生产工具作为劳动者作用于劳动对象的物质手段，是生产力的发展状况如何的标志，而这种由"自然形成的生产工具"所形成的生产力与"由文明创造的生产工具"所形成的生产力，显然是代表着两种不同性质的生产力，前者是导致自然分工或不发达分工的生产力发展状况，而后者则是在前者基础上发展起来的导致"发达分工"⑥的生产力。（2）生产力的量的规定性主要体现的是生产力的发展水平，它表现为社会物质生产发展的现实程度和规模的大小。在同一种生产力性质的情况下，社会生产的发展程度越高特别是运用当时的先进技术的程度越高，以及运用当时的先进技术而开展的社会生产规模越大，其产品的生产能力也就越强，这说明生产力的发展水平也就越高。

---

① 《马克思恩格斯文集》第 1 卷，人民出版社 2009 年版，第 626 页。
② 《马克思恩格斯文集》第 1 卷，人民出版社 2009 年版，第 587 页。
③ 《马克思恩格斯文集》第 1 卷，人民出版社 2009 年版，第 551 页。
④ 《马克思恩格斯文集》第 1 卷，人民出版社 2009 年版，第 626 页。
⑤ 《马克思恩格斯文集》第 1 卷，人民出版社 2009 年版，第 555 页。
⑥ 《马克思恩格斯文集》第 1 卷，人民出版社 2009 年版，第 555 页。

（3）生产力之量的规定性和质的规定性的内在统一，这是现实的生产力状况，它表现为生产力的运行状态和发展态势。而与生产力上述三方面的规定性紧密联系在一起的，是生产力的发展要求即现实的生产力不断获得解放和发展的基本要求。

第二，从其内在构成维度看，生产力是由多要素构成的具有复杂结构的系统。马克思指出："不论生产的社会形式如何，劳动者和生产资料始终是生产因素。但是，二者在彼此分离的情况下只在可能性上是生产因素。凡要进行生产，就必须使它们结合起来。"① 因此，劳动者和生产资料是现实的物质生产力的两个不可缺少的构成要素，这也就是生产力构成的"两要素说"。同时，由于生产资料包括劳动资料和劳动对象，因此生产力构成的"两要素说"内含了生产力构成的"三要素说"，即生产力是由劳动者、劳动资料和劳动对象构成的。（1）劳动者是生产力中最活跃的能动性的主体因素，劳动者的智慧和能力及其发展的水平决定着对物质资源开发的深度和广度。值得注意的是，作为劳动力构成要素的劳动者是人，但不是所有的人都是劳动者，它指的是具有一定的生产知识、实践经验和劳动技能并且能够运用一定劳动资料作用于劳动对象、从事生产实践活动的人。劳动资料和劳动对象只有与劳动者的创造活动结合起来，才能获得自身的生产力意义，才能变为现实的生产力。（2）劳动对象是生产力中劳动者加工、改造、控制和影响的客体要素。一般地，自然界中的一切物质客体都是可能的劳动对象，但只有进入生产过程成为劳动者加工、改造、控制和影响的那一部分才是现实的劳动对象，它包括生产过程中被劳动者加工、改造、控制和影响的自然资源、原材料和半成品等。劳动对象是现实的物质生产的必要前提，劳动对象不同往往会影响劳动产品的质量和数量，它从客观现实的层面反映和体现了生产力的发展水平。（3）劳动者一般不会徒手加工劳动对象，而是要使用各种劳动资料，劳动资料是生产力中将劳动者和劳动对象连接起来的中介要素，它是劳动者作用于劳动对象的劳动手段，包括劳动者在生产劳动过程中用于加工劳动对象的各种生产工具、工作场地、基础设施等物质资料或物质条件，其中最重要的是生产工具。生产力的发展状况如何，即人们解

① ［德］马克思：《资本论》第2卷，人民出版社2004年版，第44页。

决人与自然的矛盾的实际能力如何，主要取决于劳动资料特别是生产工具的质量和数量，劳动资料特别是生产工具代表着劳动者和劳动对象相结合的特殊方式和方法，正是这种特殊的方式和方法形成了将上述三要素结合在一起，形成了劳动生产力的技术组合方式。

第三，从其内在矛盾维度看，生产力是一种不断发展的具有内在自生性的客观物质力量。对于生产力的内在自生性，学术界将其看作唯物史观的一个不证自明的理论前提，而事实上，马克思在考察人类历史的基本前提及其基本事实的过程中，特别是他在此提出的两个"第一个历史活动"或"第一个历史活动"的两个方面中，揭示了二者所构成的内在矛盾是其生产力的这种内在自生性的动力源泉。一方面，马克思在考察人类社会"原初的历史的关系"① 的第一个事实即"生产物质生活本身"时指出："人们为了能够'创造历史'，必须能够生活。但是为了生活，首先就需要吃喝住穿以及其他一些东西。因此第一个历史活动就是生产满足这些需要的资料，即生产物质生活本身"②。也就是说，人类社会的第一个历史活动是生产物质生活本身，并且马克思还强调指出："这是人们从几千年前直到今天单是为了维持生活就必须每日每时从事的历史活动，是一切历史的基本条件。"③ 另一方面，马克思指出，在人类社会"原初的历史的关系"中的"第二个事实是，已经得到满足的第一个需要本身、满足需要的活动和已经获得的为满足需要而用的工具又引起新的需要，而这种新的需要的产生是第一个历史活动"④。也就是说，在生产物质生活本身的过程中人们的"新的需要的产生"，特别是伴随着"工具"的发明和使用所"引起的新的需要"，也是人类社会的"第一个历史活动"，也是人们从几千年前直到今天每日每时所从事的历史活动，也是一切历史的基本条件。将上述的两个方面，即马克思提出的人类社会的两个"第一个历史活动"综合在一起将不难看出，人类社会的这两个"第一个历史活动"事实上是一个"历史活动"的两个方面，也就是说，马克思在将"生产物质生活本身"看作一个为了满足人们物质

① 《马克思恩格斯文集》第 1 卷，人民出版社 2009 年版，第 533 页。
② 《马克思恩格斯文集》第 1 卷，人民出版社 2009 年版，第 531 页。
③ 《马克思恩格斯文集》第 1 卷，人民出版社 2009 年版，第 531 页。
④ 《马克思恩格斯文集》第 1 卷，人民出版社 2009 年版，第 531—532 页。

生活的需要而不断进行物质资料生产过程的同时，也将这一过程视为一个人们在开展满足物质生活需要的活动中不断地提出新的物质生活需要的过程，人类社会的两个"第一个历史活动"构成了满足人们需要的"生产物质生活本身"与人们在满足原有需要基础上的"新的需要的产生"的矛盾运动，这一矛盾运动从人类社会的"第一个历史活动"就已经存在，并且在"人们从几千年前直到今天单是为了维持生活就必须每日每时从事的历史活动"中存在着。因此，满足人们需要的"生产物质生活本身"与人们在满足原有需要基础上产生的"新的需要"之间的矛盾是社会生产力发展的动力源泉，是生产力内在自生性的矛盾动力之源泉。

第四，从其社会功能维度看，生产力是一种不以人的意志为转移的推动社会发展的最根本的动力因素和最终的决定力量。马克思在考察人类历史的两个"第一个历史活动"或"第一个历史活动"的两个方面时，揭示了满足人们需要的"生产物质生活本身"与人们在满足原有需要基础上产生的"新的需要"之间的矛盾，是社会生产力发展的动力源泉，是生产力内在自生性的矛盾动力之源泉，而在考察人类社会"原初的历史的关系"的后两个方面，即第三个事实和第四个事实的过程中，在对上述生产力矛盾动力源泉揭示的基础上，进一步揭示了生产力是一种不以人的意志为转移的推动社会发展的最根本的动力因素和最终的决定力量。在马克思看来，生产力的这种内在矛盾之动力源泉，伴随着人类社会"原初的历史的关系"的第三个事实即新的生命的生产或人自身的生产和人口的繁殖，越来越强劲，因为新的生命的生产、人口的繁殖、人的生命质量的提升和数量的增长，对物质生活本身的再生产提出了更高的需要，也就是说"一开始就进入历史发展过程的第三种关系"，即"人口的增多又产生了新的需要"，而"需要的增长产生了新的社会关系"，产生了不同于"起初是唯一的社会关系"即家庭关系的新的社会关系，[①]此时对"生产物质生活本身"提出了新的要求，从而推动了物质生产力的发展。同时，由于新的社会关系的产生，马克思在考察人类社会"原初的历史的关系"的第四个事实即人与人社会关系的形成时强调，物质生活本身的生产之发展阶段，即"一定的生产方式或一定的工

---

① 《马克思恩格斯文集》第 1 卷，人民出版社 2009 年版，第 532 页。

业阶段始终是与一定的共同活动方式或一定的社会阶段联系着的，而这种共同活动方式本身就是'生产力'；由此可见，人们所达到的生产力的总和决定着社会状况……由此可见，人们之间一开始就有一种物质的联系。这种联系是由需要和生产方式决定的，它和人本身有同样长久的历史；这种联系不断采取新的形式，因而就表现为'历史'"①。在这里，马克思揭示了人们的"这种共同活动方式本身就是'生产力'"，揭示了一定的生产方式即物质生活本身的生产方式是与之相联系的，而"这种联系是由需要和生产方式"或新的需要和满足新的需要的物质生活的生产方式之间的矛盾运动作为动力源泉的生产力所"决定"的，概而言之即"人们所达到的生产力的总和决定着社会状况"。

马克思关于生产力对社会状况的这一"决定"地位和作用，揭示了生产力是人类社会历史发展的最根本的动力因素和社会进步的最终决定力量。主要表现在：（1）生产力是社会存在和发展的物质基础，是不能任意选择的物质力量和历史活动的前提，生产力决定生产关系的性质，进而决定其他社会关系的基本面貌，可以说，有什么样的生产力，就会产生什么样的生产关系，因此马克思说："手推磨产生的是封建主的社会，蒸汽磨产生的是工业资本家的社会。"②（2）不仅如此，生产力是社会进步的根本内容，是衡量社会进步的根本尺度，它的发展决定生产关系的变革，生产关系只有适合生产力的状况并为生产力提供足够的发展空间时才能够存在，如果生产关系不能适合生产力状况时它便走向自己的反面，人们就要变革旧的生产关系，建立新的生产关系，以适应生产力的发展。因此，马克思指出："为了不致丧失已经取得的成果，为了不致失掉文明的果实，人们在他们的交往[commerce]方式不再适合于既得的生产力时，就不得不改变他们继承下来的一切社会形式。"③（3）生产力决定了世界发展的历史进程，正是由于生产力的发展，人类的活动范围越来越扩大，各民族的交往越来越多，人类历史逐渐由"民族历史"向"世界历史"转化。马克思恩格斯在谈到大工业所创造的巨大生产力时指出："它首次开创了世界历史，因为它使每个文明国家以及

① 《马克思恩格斯文集》第1卷，人民出版社2009年版，第532—533页。
② 《马克思恩格斯选集》第1卷，人民出版社2012年版，第222页。
③ 《马克思恩格斯选集》第4卷，人民出版社2012年版，第409页。

这些国家中的每一个人的需要的满足都依赖于整个世界，因为它消灭了各国以往自然形成的闭关自守的状态"①，从而"历史也就越是成为世界历史"②。

正是由于生产力上述四个维度的规定性，马克思将生产力看作生产力和生产关系这一社会基本矛盾的主要方面，看作"一切历史冲突的根源"③ 的决定性方面，看作判断社会进步程度的最高标准和理解、研究人类社会及其历史发展的最基本的分析范式。在马克思看来，人类社会的基本矛盾特别是生产力和生产关系的矛盾，决定着人类社会中其他矛盾的存在和发展。在生产力和生产关系、经济基础和上层建筑等社会基本矛盾的运动中，生产力和生产关系的矛盾是更为基本的矛盾，它决定着经济基础和上层建筑的矛盾的产生和发展。而在生产力和生产关系的基本矛盾中，生产力是其矛盾的主要方面，当旧的生产关系成为生产力发展的桎梏时，生产力就必然要求改变或变革生产关系，而一旦生产关系或经济基础状况发生了变化，就会同原有的上层建筑发生矛盾，并要求改变旧的上层建筑。在此意义上，马克思认为"一切历史冲突都根源于生产力和交往形式之间的矛盾"④，"我们判断这样一个变革时代也不能以它的意识为根据；相反，这个意识必须从物质生活的矛盾中，从社会生产力和生产关系之间的现存冲突中去解释"⑤，而生产力和生产关系之间的矛盾和冲突，皆为这个时代的生产关系不适合生产力状况的表现形态，这正如列宁所说的："只有把社会关系归结于生产关系，把生产关系归结于生产力的水平，才能有可靠的根据把社会形态的发展看做自然历史过程。不言而喻，没有这种观点，也就不会有社会科学。"⑥ 在此意义上，生产力既是人们判断人类社会进步的最高标准，也是人们理解和研究人类社会及其历史发展的最基本的分析范式。

（二）技术

——技术研发及其成果并入物质生产所形成的生产力是"科学—

---

① 《马克思恩格斯选集》第1卷，人民出版社2012年版，第194页。
② 《马克思恩格斯选集》第1卷，人民出版社2012年版，第168页。
③ 《马克思恩格斯文集》第2卷，人民出版社2009年版，第592页。
④ 《马克思恩格斯选集》第1卷，人民出版社2012年版，第196页。
⑤ 《马克思恩格斯文集》第2卷，人民出版社2009年版，第592页。
⑥ 《列宁选集》第1卷，人民出版社2012年版，第8—9页。

技术—生产力"分析范式起关键性作用的重要构成要素

在马克思的"科学—技术—生产力"分析范式中,技术是作为物质生产力的范畴纳入其中的,并且是作为物质生产力起关键作用的"动因的力量"纳入其中的。应当看到,在马克思的物质生产力范畴中包含着技术,但技术在隶属于物质生产力的同时又有不同于物质生产领域的生产力的属性和特征,表现为技术研发所产生的生产力,特别是技术研发的成果并入物质生产过程所产生的生产力,这是一种不同于"物质生产"之生产力的"技术生产或技术研发"的生产力。如果将马克思关于物质生产的生产力称之为"狭义的生产力",那么技术研发或技术生产的生产力便属于"广义的生产力"。根据马克思的有关论述,在唯物史观中蕴含着将生产力区分为狭义的生产力和广义的生产力的思想,狭义的生产力主要是指在社会物质生产过程中呈现出来的现实的、直接的、显在的生产力,而广义的生产力主要是指尚未进入社会物质生产过程中的一般的、间接的、潜在的生产力。技术研发的成果在未进入社会物质生产过程之前是作为广义的生产力存在着的,或者说是作为生产力的"动因的力量"而存在着的,但从技术以新的生产工具、新的机器、新的机器体系等发明成果进入社会物质生产过程开始,它已经转变转化为生产技术,转化为狭义的生产力即物质生产的现实生产力。① 因此,马克思在唯物史观中将生产力主要看作物质生产的生产力的同时,也将技术作为生产力,并且作为一个相对独立的、起着关键性作用的重要构成要素纳入他的生产力分析范式中。在此意义上,作为"科学—技术—生产力"分析范式重要构成要素的技术,主要是指技术生产或技术研发及其成果并入现实的物质生产过程所形成的生产力。对此,笔者作如下的考察分析。

第一,从历史发展的维度看,技术活动或技术发明与人类的劳动生产力是相伴而生、相随而动的,二者呈现出相互联系、相互渗透、相互促进的产生和发展进程。对此命题的理解,需要从马克思关于人类的起源问题的探讨谈起。关于人类的起源问题,马克思早在 1844 年就明确地指出:"整个所谓

---

① 根据马克思的有关论述可知,技术作为生产力"动因的力量"而属于广义生产力,而当技术并入物质生产转化为现实的物质生产力则属于狭义的生产力。在生产力维度,技术是这样,科学更是如此。关于科学作为广义的生产力,笔者在下面将作进一步的考察。

世界历史不外是人通过人的劳动而诞生的过程。"① 这也就是说，人类社会的产生是从劳动开始的，通过劳动而开始的"生产物质生活本身"是人类历史的"第一个历史活动"②。在这第一个历史活动开始之前，人类还处在作为灵长类的古猿状态。大约在几百万年之前，由于气候的急剧变化，伴随热带森林消退而出现了林木稀少的热带草原，古猿为了更有利于生命的生存和谋生而采取了直立行走的姿态，进而使前肢变得自由并不断获得了新的技能，逐渐获得了将木棍、石块等作为工具来使用的能力，从而迈出了从古猿向人类进化的关键性的一步。然而，在马克思看来，这种能够使用天然"工具"进行活动的古猿还不是真正的人，因为其他灵长类动物（如大猩猩）也具有这方面的能力，其活动还称不上是"劳动"。真正意义上的劳动是从制造工具开始的，而最初的劳动工具是石器，"两块石头互相撞击以制造边缘锋利的工具，拉开了人类历史的序幕"③。利用两块石头互相撞击来制造边缘锋利的工具，这是人类历史上的第一项标志性的技术发明，也是人类劳动生产力的最初形态和最高标志；而利用制造出来的工具开始的生产物质生活本身是人类历史的"第一个的活动"，也是"人猿相揖别"和人类区别于其他一切动物的主要标志——真正意义的劳动的开始。从此开始，伴随着新的需要的产生和新的生命的生产，人类经过上百万年的无数次的反复实践，人类制造石器的能力逐步提高，尤其是逐步学会了按照某种事先设计的样式制造和使用种类不同的工具，推动着由"自然形成的生产工具"不断地向"由文明创造的生产工具"④ 的不断发展，这标志着人类的技术发明的水平在不断地提高，也标志着人类的物质生产力在不断地发展。

　　第二，伴随生产力的发展，技术发明或技术研发与物质生产既紧密地结合在一起，又相对地逐步地发生了分离，技术发明或技术研发所形成的生产力逐步演变为一种相对独立的生产力，进而成为不同于物质生产领域的生产力的技术生产力。这是伴随着生产力的发展而不断出现的社会分工所导致的。马克思指出："分工起初只是性行为方面的分工，后来是由于天赋（例

---

①　《马克思恩格斯文集》第 1 卷，人民出版社 2009 年版，第 196 页。
②　《马克思恩格斯文集》第 1 卷，人民出版社 2009 年版，第 531 页。
③　林岗：《马克思主义与经济学》，经济科学出版社 2007 年版，第 33 页。
④　《马克思恩格斯文集》第 1 卷，人民出版社 2009 年版，第 555 页。

如体力)、需要、偶然性等等才自发地或'自然地'形成的分工。分工只是从物质劳动和精神劳动分离的时候起才真正成为分工。"① 伴随生产力的发展,分工从不发达的分工逐渐向发达的分工发展,在这一过程中,"分工也以精神劳动和物质劳动的分工的形式"② 表现出来,并且"分工使精神活动和物质活动③……由不同的个人来分担这种情况不仅成为可能,而且成为现实"④。而作为生产力发展标志的生产工具的积聚及发展"和分工是彼此不可分割的","简单的工具,工具的积累,合成的工具;仅仅由人作为动力,即由人推动合成的工具,由自然力推动这些工具;机器;有一个发动机的机器体系;有自动发电机的机器体系——这就是机器发展的进程",⑤ 也是"工具"从简单向复杂发展的进程。在这一过程中"机械方面的每一次重大发展都使分工加剧,而每一次分工的加剧也同样引起机械方面的新发明"⑥,而这些新发明在工具较为简单或分工不发达的阶段是与物质生产紧密地结合在一起的,此阶段上的生产工具是劳动者凭借自身的实践经验、生产技巧和劳动技能而发明创造的,属于生产技术的范畴,是经验型的生产技术。伴随着劳动实践的进行和生产知识的积累,特别是伴随着物质生产和精神生产的分离以及脑力劳动和体力劳动的分工,技术实践逐步从生产实践中分离出来,此时生产工具的发展或分工进入复杂和发达的阶段,尤其是进入机器生产阶段之后,技术的发明逐渐由经验型的技术向理论型的技术推进,理论型的技术——如机器、机器体系等的制造技术,单靠劳动者的经验和技能是不可能发明出来的,所以马克思说:"当市场扩大到手工劳动不再能满足它的需要的时候,人们就感到需要机器。于是人们便想到应用 18 世纪时即已充分发展的机械学。"⑦

这种"已充分发展的机械学"标志着原来与物质生产紧密地结合在一

---

① 《马克思恩格斯文集》第 1 卷,人民出版社 2009 年版,第 534 页。
② 《马克思恩格斯文集》第 1 卷,人民出版社 2009 年版,第 551 页。
③ 马克思在手稿中删去了以下这句话:"活动和思维,即没有思想的活动和没有活动的思想。"参见《马克思恩格斯文集》第 1 卷,人民出版社 2009 年版,第 535 页编者注②。
④ 《马克思恩格斯文集》第 1 卷,人民出版社 2009 年版,第 535 页。
⑤ 《马克思恩格斯文集》第 1 卷,人民出版社 2009 年版,第 626 页。
⑥ 《马克思恩格斯文集》第 1 卷,人民出版社 2009 年版,第 627 页。
⑦ 《马克思恩格斯文集》第 1 卷,人民出版社 2009 年版,第 627 页。

起的技术发明，已经与物质生产发生了分离，技术发明所形成的生产力已经演变为一种相对独立的"以潜在形态存在着的"生产力，只有当"人们感到需要"它进而在物质生产过程中应用它时，它才转化为现实的生产力。也就是说，在人们感到需要它时，技术发明所创造的生产力只能是作为潜在的生产力而存在着的、不同于物质生产领域现实生产力的技术生产力。以机械学为代表的技术科学的出现，标志着技术发明或技术研发也成为一种相对独立的实践活动，标志着生产力由物质生产领域的生产力向相对独立的技术研发或技术发明的生产力发展，标志着"由文明创造的生产工具"向更高的水平发展。正如马克思所说的："自然界没有造出任何机器，没有造出机车、铁路、电报、自动走锭精纺机等等，它们是人的产业劳动的产物，是转化为人的意志驾驭自然界的器官或者说在自然界实现人的意志的器官的自然物质。它们是人的手创造出来的人脑的器官；是对象化的知识力量。"[1] 在这里，机器、机车、铁路、电报和自动走锭精纺机等是产业劳动即物质生产劳动的生产力，而人的手创造出来的这些"人脑的器官"在未并入物质生产过程之前，是作为潜在的、一般的"对象化的知识力量"存在于技术研发的成果中；当它并入物质生产过程时，它才作为显在的、具体的"对象化的只是力量"表现为社会生产领域的现实生产力。因此，"在这种情况下，发明就将成为一种职业"，[2] 技术的研发就将成为一种不同于物质生产的技术生产，技术研发的成果就只是一种潜在的生产力，它只有进入生产过程才能成为现实的物质生产力。

　　第三，在唯物史观及其在政治经济学研究的应用中，马克思尽管把技术研发即技术生产和社会生产看作两个不同的领域，但他在考察生产力范畴时观点鲜明地将技术作为相对独立的"动因力量"纳入其中并一起考察，把技术作为能够转化为生产工具和劳动手段的发明成果，进而作为物质生产力的重要组成部分来看待的，只是他更加强调技术并入社会物质生产过程中以生产工具、机器和机器体系等劳动手段形式所形成的现实的生产力。在《共产党宣言》中，马克思在论述资产阶级在它的不到一百年的阶级统治中

---

① 《马克思恩格斯文集》第 8 卷，人民出版社 2009 年版，第 197—198 页。
② 《马克思恩格斯文集》第 8 卷，人民出版社 2009 年版，第 195 页。

所创造的生产力时就明确地指出,"比过去一切世代创造的全部生产力还要多,还要大"的生产力中,包含着机器和电报等技术的发明及在物质生产过程中的应用所创造的生产力,也包含着轮船和铁路等技术的发明及在社会物质生产过程中的应用所创造的社会生产力。这些生产力都是技术研发或技术生产所形成的潜在生产力伴随其成果并入社会物质生产之后所显化出来的现实生产力,它们都属于"在社会劳动里蕴藏……的生产力"①。在《德意志意识形态》中,马克思在考察技术发明和应用及大工业所创造的生产力时也明确地指出,"没有蒸汽机和珍妮走锭精纺机"等技术的发明及其在社会生产过程的应用所创造的生产力,就不能形成消灭奴隶制的物质基础,进而也"就不能消灭奴隶制";没有农业技术的发明和这些技术在农业生产过程的应用,就"没有改良的农业",就没有农业生产力的大发展,也就不可能形成消灭农奴制的物质基础,进而也"就不能消灭农奴制";② 而对于资本主义的机器大工业来说,"它的〔……〕是自动化体系。〔它造〕成了大量的生产力"③,这种自动化体系所造成的大量的生产力,正是工业技术的发明和这些技术在工业生产中运用的结果,这为资本主义制度的产生和发展提供了物质生产力的基础。正因如此,唯物史观在生产力的质的规定性更加强调社会物质生产中劳动资料的技术性质,在生产力的量的规定性更加强调技术在物质生产中的实现程度和应用规模。

　　第四,在唯物史观及其在政治经济学研究的应用中,马克思在将技术作为能够转化为生产工具、机器和机器体系等劳动手段的发明成果纳入物质生产力的同时,也将技术作为能够改进物质生产过程中技术组合关系或技术组合方式的规则体系、进而作为生产力的重要组成部分加以考察。一般地,劳动者、劳动工具和劳动对象是生产力的构成要素,但这些构成要素只有通过物质生产过程中形成的技术组合关系或技术组合方式,才能形成现实的物质生产力。物质生产过程中的这种技术组织方式,在实质上就是将劳动者、劳动工具和劳动对象这些生产力构成要素按照自然规律组织起来的"共同活动方式",是人和自然进行物质转换的劳动方式,因此在马克思看来,劳动

① 《马克思恩格斯文集》第2卷,人民出版社2009年版,第36页。
② 《马克思恩格斯文集》第1卷,人民出版社2009年版,第527页。
③ 《马克思恩格斯文集》第1卷,人民出版社2009年版,第566页。

方式即人们"共同活动方式本身就是'生产力'"①。尽管这种劳动方式是由生产工具和劳动手段等劳动资料决定的，但它将生产力的构成要素组织起来使之成为一个完整的生产力系统，从而体现一定历史阶段的生产力的特殊性质。而技术，不仅是能够物化为生产工具和机器、机器体系等劳动资料的发明成果，而且也是能够转化为将劳动者和劳动对象借助于劳动资料联结起来的规则体系。伴随技术作为物化的劳动资料进入物质生产过程，它作为如何使用这些劳动资料的规则体系一并进入物质生产过程中，人类历史上出现的生产力革命都是伴随着生产资料的革命而实现的技术组合方式即劳动方式的深刻变革。生产力的发展进程，在劳动资料特别是生产工具方面，伴随着技术发明在物质生产领域的应用，表现为"简单的工具，工具的积累，合成的工具；仅仅由人作为动力，即由人推动合成的工具，由自然力推动这些工具；机器；有一个发动机的机器体系；有自动发电机的机器体系"② 这样一个从简单向复杂发展的进程；与此同时，生产力的发展进程在劳动方式即技术组合方式方面，伴随着技术发明的规则体系在生产过程中的应用，也经历了一个原始的、简单的协作逐步向自然分工基础上的协作、部门或行业分工基础上的协助、生产机构内部分工基础上的协作等越来越发达的分工协作关系的发展进程。因此，我们在考察伴随着技术发明而推动的生产力发展时，不能把眼光仅仅局限在技术发明所导致的劳动工具本身变革和发展的范围内，而必须同时把这种革新和发展与技术发明的规则体系所导致的劳动技术组合方式即劳动方式的深刻变革联系起来，撇开技术发明的规则体系对劳动技术组合方式的影响，撇开由此所导致的"劳动方式的发展来谈论生产力的发展，不仅像离开某一生物的有机整体而孤立地研究某个器官一样，不可能对这一有机整体的形成和演化过程做出科学的解释，而且会使得对生产力和生产关系的辩证联系的说明，缺少必不可少的环节"③。

　　在现实性上，劳动方式是生产力决定生产关系的一个关键环节，因为劳动方式的变革体现着生产力性质的变化。生产力的发展正是在技术发明引起劳动资料变革基础上，借助于由其引起的劳动方式变革来推动生产关系变革

---

① 《马克思恩格斯文集》第 1 卷，人民出版社 2009 年版，第 532—533 页。
② 《马克思恩格斯文集》第 1 卷，人民出版社 2009 年版，第 626 页。
③ 林岗：《马克思主义与经济学》，经济科学出版社 2007 年版，第 67 页。

的。技术发明在物质生产过程中的应用，使生产力的劳动资料发生变革的同时，其规则体系也一并运用到物质生产过程中，进而使生产力在劳动方式上发生深刻的变革。劳动方式变革尽管体现的是人们分工关系的变化，但随着技术发明及其在物质生产过程中的应用，它将最终消解分工。马克思在分析"自动工厂"时指出，伴随机器向机器体系、自动化机器体系等技术发明及其在物质生产领域的应用，出现了"自动工厂"这种大工业的劳动方式，而"自动工厂中的分工特点，是劳动在这里已完全丧失专业的性质。但是，当一切专门发展一旦停止，个人对普遍性的要求以及全面发展的趋势就开始显露出来"①。这就是说，伴随着技术发明而导致的物质生产力的发展，使"以采用机器生产以及实行最广泛分工"② 的大工业劳动方式——"自动工厂"，却呈现出专业完全丧失和专门发展停止的性质，即在"自动工厂"中分工的特点是分工的消解，进而使人自身的发展显露出全面发展的趋势，这预示着资本主义将被更高的社会形态所代替。在马克思看来，"由文明创造的生产工具"③ 的发展，或以技术发明创造的"生产工具和私有制之间的矛盾"，只有在大工业劳动方式高度发达的情况下才会产生。"因此，只有随着大工业的发展才有可能消灭私有制"。④ 正因如此，唯物史观在生产力的构成要素中更强调劳动者和劳动对象相结合的特殊方式和方法，即劳动的技术组织方式和方法，这种技术组织形式和方法作为生产力，决定着劳动的社会组织形式和方法即生产关系，因此，正是"这种结合的特殊方式和方法，使社会结构区分为各个不同的经济时期"⑤。

（三）科学

——科学研究及其成果并入物质生产所形成的生产力是"科学—技术—生产力"分析范式不可缺少的重要构成要素

---

① 《马克思恩格斯文集》第 1 卷，人民出版社 2009 年版，第 650 页。
② 《马克思恩格斯文集》第 1 卷，人民出版社 2009 年版，第 565 页。
③ 《马克思恩格斯文集》第 1 卷，人民出版社 2009 年版，第 555 页。
④ 《马克思恩格斯文集》第 1 卷，人民出版社 2009 年版，第 556 页。
⑤ ［德］马克思：《资本论》第 2 卷，人民出版社 2004 年版，第 44 页。

一般地，生产力所体现的是人类改造、改变自然界的能力，而科学体现的是人类认识、解释自然界的能力，而马克思在将技术作为生产力及生产力的"动因的力量"纳入"科学—技术—生产力"分析范式的同时，也将科学特别是自然科学作为生产力和生产力的"动因的力量"等一并纳入其中，作为这一分析范式的不可缺少的重要构成要素，这充分贯彻了他在《关于费尔巴哈的提纲》中提出的"哲学家们只是用不同的方式解释世界，而问题在于改变世界"①的理论观点。在"科学—技术—生产力"分析范式中，作为其构成要素的科学，是作为生产力范畴的科学，即在生产力的意义上来理解的，它主要是指科学研究或科学实践活动创造的知识形态的生产力即"人类发展的一般成果"②，以及这些"一般成果"借助于技术中介应用于社会生产过程所形成的现实的生产力。在这里，科学作为生产力，既不同于一般意义的物质生产的生产力，也不同于技术研发所形成的生产力。如果说马克思关于物质生产的生产力是"狭义的生产力"——马克思在《机器。自然力和科学的应用（蒸汽、电、机械的和化学的因素）》中，将物质生产的生产力视为与"自然力和科学"所形成的生产力相对应的"劳动的一般社会力"③，那么科学研究或科学生产所形成的生产力，如同技术研发或技术生产所形成的生产力一样，是属于"广义的生产力"范畴的。但与此同时，科学研究或科学生产所形成的生产力，它又表现出不同于技术研发或技术生产所形成的生产力的特征，是一种复杂性程度更高的生产力，因为科学研究或科学生产一般属于精神生产的领域，其成果一般表现为精神产品或知识产品，而这一知识产品所具有的生产力功能和在物质生产过程所创造的生产力，表现出异常复杂的特征，这为人们对它的认知和研究增加了难度。

尽管如此，在唯物史观及其在政治经济学研究的应用中，马克思还是从科学与物质生产的内在关联维度，从物质生产的视域进行了深入的考察，不仅对科学特别是对自然科学的生产力属性、由科学创造的巨大的生产力，以及科学与技术进而与物质生产相互缠绕在一起所推动的社会生产力的发展等进行了大量的论述，而且在这些论述中直接地把科学看作生产力，看作决定

<hr />

① 《马克思恩格斯文集》第 1 卷，人民出版社 2009 年版，第 502 页。
② 《马克思恩格斯文集》第 8 卷，人民出版社 2009 年版，第 505 页。
③ 《马克思恩格斯文集》第 8 卷，人民出版社 2009 年版，第 353 页。

着社会状况的"人们所达到的生产力的总和"的重要组成部分,看作社会生产力的一种形式和方式,看作生产力发展的"动因的力量",尤其重要的是将科学、技术和物质生产所创造的生产力作为一个整体的生产力系统加以阐释,并在此基础上构成了唯物史观的"科学—技术—生产力"的分析范式。在此,笔者根据马克思的有关论述,进行概要性地梳理、分析和总结。

第一,科学是决定着社会状况的"人们所达到的生产力的总和"① 的重要组成部分。马克思指出:"科学——即财富的最可靠的形式,既是财富的产物,又是财富的生产者……科学这种既是观念的财富同时又是实际的财富的发展,只不过是人的生产力的发展即财富的发展所表现的一个方面,一种形式"②,在"生产力中也包括科学"③。在这里,马克思将生产力的发展和财富的发展在同一个意义上来使用,因为在马克思看来,生产力作为加工改造和控制影响自然界的能力实际上表现为创造财富的能力,"生产力的增长无非是使用较少的直接劳动就能创造较多的产品,从而社会财富越来越表现为劳动本身创造的劳动条件",因此"随着劳动生产力的发展,劳动的物的条件即对象化劳动,同活劳动相比必然增长——这其实是一个同义反复的命题"。④ 在此意义上,马克思的上述论断包含如下含义:(1)生产力中包括科学,充分肯定了科学就是生产力。在马克思之前,F.培根曾经提出"知识就是力量"和"人的知识和人的力量结合为一"⑤ 的著名论断,然而知识是一种什么性质的力量呢?其本质是什么呢?在当时的历史条件下人们难以回答。在此,马克思给出了最高意义上的明确答案,即"自然科学是一切知识的基础"⑥,在此基础上产生的知识——科学知识,它的力量就是生产力的力量。(2)科学作为创造财富的生产力,它已经成为"生产力的发展即财富的发展所表现的一个方面,一种形式",进而已经成为一定社会中决定

---

① 《马克思恩格斯文集》第1卷,人民出版社2009年版,第533页。
② 《马克思恩格斯文集》第8卷,人民出版社2009年版,第170页。
③ 《马克思恩格斯文集》第8卷,人民出版社2009年版,第188页。
④ 《马克思恩格斯文集》第8卷,人民出版社2009年版,第207页。
⑤ 北京大学外国哲学史教研室:《十六—十八世纪西欧各国哲学》,商务印书馆1966年版,第9页。
⑥ 《马克思恩格斯文集》第8卷,人民出版社2009年版,第358页。

着社会状况的"人们所达到的生产力的总和"的重要组成部分。（3）科学不仅是生产力发展的"一种形式"，而且它在成为财富的最可靠的形式的同时，也已经成为生产力发展的最可靠形式，因为科学"既是财富的产物，又是财富的生产者"。（4）科学作为生产力发展即财富发展的形式，它在表现为"既是观念的财富同时又是实际的财富"的同时，也作为观念的、知识形态的生产力和实际的、现实的生产力而存在着，这也就是科学作为生产力的两种形态。

第二，伴随着生产力和科学自身的发展，科学作为生产力越来越成为一种相对独立的实践力量和物质力量。从历史的维度看，生产力作为人类加工、改造自然的能力，其水平的高低是以人类认识、掌握和运用自然规律的程度和水平为前提的，并且在人类早期发展的绝大部分时间内主要是在生产实践过程中摸索和总结。古代的科学研究与当时低下的生产力水平相适应，表现得"很简单"，基础研究和产品开发是"一体"的，如古希腊时期的阿基米德既研究物理学原理（故被誉为"物理学之父"），又根据物理学原理制作工具（因此他又是技术创新和产品开发的大师），因此古代的科学及其应用主要"表现为靠经验传下来的知识、观察和职业秘方的集中"[①]。与此同时，古代的科学研究与自然哲学的研究也是"一体"的，如古希腊时期的泰勒斯对宇宙本原的研究、德谟克里特对原子论的研究等。在此情况下，人类早期的科学虽然就其属性和功能来讲是为人类认识、改造自然提供知识和手段，但其生产力属性的发育和体现需要有一个过程，一般受三方面因素的制约：一是科学的发展水平及其向生产转化的可能性程度；二是生产力的发展水平及其对科学的需求程度；三是科学与生产之间的相互作用机制。在古代，科学没有发展到能够转化为现实生产力的水平，生产也未发展到规模化应用科学的程度，生产技术是生产力的直接组成部分，但它仅是生产经验的总结而不是科学理论的物化，此时也未形成科学与生产相互转化的有效机制。而进入中世纪之后，科学成了神学的附庸。因而在古代和中世纪，科学的生产力属性不能说没有显化，但显化出来的程度还是相当低下的。

[①]　《马克思恩格斯文集》第 8 卷，人民出版社 2009 年版，第 358 页。

　　而到了由封建社会向资本主义社会的过渡时期，欧洲文艺复兴运动把科学从神学中解放出来，哥白尼太阳中心学说是其标志，从此科学便"大踏步"前进，并且理论力学率先发展起来，马克思特别提出"牛顿所完成的力学在 18 世纪的法国和英国都是最普及的科学"①，从而使科学达到了向生产转化的水平；同时，资本主义生产的发展也为科学的应用提供了可能；而且此时科学与生产相互转化的机制在不断地孕育和发展，科学技术的生产力功能开始显化出来，从此人们开始意识到科学推动生产力和社会发展的作用。历史进入马克思所处的时代，人类社会发生了划时代的变革：（1）科学实践尤其是科学实验在此时期已逐渐从生产实践中分化独立出来，经典物理学、近代化学和近代生物学逐步发展起来且正在走向成熟，整个自然科学取得了丰硕的理论成果，为科学向生产的转化提供了理论前提；（2）此时期的资产阶级革命促进了资本主义生产的大发展，一方面为科学研究提出了诸如动力、能源等一系列只有科学才能解决的问题，另一方面也为科学应用于生产奠定了物质基础；（3）科学与生产形成了一种全新的关系，即形成了"实验→理论→技术→生产"的转化机制。

　　这时，科学的生产力属性大大地显示出来，科学不仅表现为生产力，而且它作为生产力越来越成为一种相对独立的实践力量和物质力量，因此马克思指出，科学的发展和应用表现为将原来"靠经验传下来的知识、观察和职业秘方的集中"等，"发展为科学，用以分析生产过程，把自然科学应用于物质生产过程，科学的应用是建立在生产过程的智力同单个工人的知识、经验和技能相分离的基础上的……在这样的情况下会造就一批较高级的工人……尽管他们的人数决不能同'被剥夺了知识的'大量工人相比"，② 但是，下述情况还是相当明显的："自然科学本身……的发展，也像与生产过程有关的一切知识的发展一样，它本身仍然是在资本主义生产的基础上进行的，这种资本主义生产第一次在相当大的程度上为自然科学创造了进行研究、观察、实验的物质手段。由于自然科学被资本用做致富手段，从而科学本身也成为那些发展科学的人的致富手段，所以，搞科学的人为了探索科学

①《马克思恩格斯文集》第 1 卷，人民出版社 2009 年版，第 566 页。
②《马克思恩格斯文集》第 8 卷，人民出版社 2009 年版，第 358 页。

的实际应用而相互竞争。另一方面，发明成了一种特殊的职业，因此，随着资本主义生产的扩展，科学因素第一次被有意识地和广泛地加以发展、应用并体现在生活中，其规模是以往的时代根本想象不到的。"① 因此，科学作为人类认识世界特别是认识自然界的研究活动和研究成果，它已经成为而且越来越成为一种"独立力量，一般说来属于生产条件……的独立力量这一范畴"②，并且科学这种独立力量是"作为支配自然界的实践力量而存在着"③ 的物质力量。这也就是说，科学研究所形成的生产力，如同技术研发所形成的生产力和物质生产的生产力一样，是构成"社会生产力总和"的一种独立的实践力量和物质力量。

第三，伴随着生产力和科学自身的发展，特别是伴随着生产工具的复杂化和向机器、机器体系的发展，科学越来越成为复杂工具特别是机器、机器体系的"灵魂"，进而科学生产力越来越体现为复杂工具和机器等劳动资料生产力的本质之所在。马克思指出，在生产力水平较低的情况下，将劳动者个人与劳动对象连接在一起的是一些简单的生产工具，此时劳动者"个人把工具当做器官，通过自己的技能和活动赋予它以灵魂，因此，掌握工具的能力取决于工人的技艺"④。但是，随着生产力的发展，尤其是伴随着科学借助于技术在生产过程中的应用，当劳动资料由生产工具发展到机器、机器体系的时候，此时的生产力在性质上发生了深刻的变化，此时的生产变成了机器大工业生产。在机器大工业生产中，将劳动者个人与劳动对象连接在一起的是机器和机器体系等劳动资料，在此情况下"机器则代替个人而具有技能和力量，它本身就是能工巧匠，它通过在自身中发生作用的力学规律而具有自己的灵魂……科学通过机器的构造驱使那些没有生命的机器肢体有目的地作为自动机来运转，这种科学并不存在于工人的意识中，而是作为异己的力量，作为机器本身的力量，通过机器对工人发生作用"⑤。这也就是说，在机器大工业的生产过程中，科学是机器、机器体系的"灵魂"，换言之，

---

① 《马克思恩格斯文集》第 8 卷，人民出版社 2009 年版，第 358—359 页。
② 《马克思恩格斯文集》第 8 卷，人民出版社 2009 年版，第 366 页。
③ 《马克思恩格斯文集》第 8 卷，人民出版社 2009 年版，第 172 页。
④ 《马克思恩格斯文集》第 8 卷，人民出版社 2009 年版，第 185 页。
⑤ 《马克思恩格斯文集》第 8 卷，人民出版社 2009 年版，第 185 页。

机器生产力在本质上表现为科学生产力。

在马克思看来，科学的生产力功能是"作为机器本身的力量"或"机器本身的力量"显示出来的。在现象层面，"科学通过机器的构造驱使那些没有生命的机器肢体有目的地作为自动机来运转"，实现其生产力的功能；而在本质层面，机器本身作为"能工巧匠"是"通过在自身中发生作用的力学规律而具有自己的灵魂"的，没有力学、机械学等这些科学所发现的这些规律在机器这位"能工巧匠"的躯体中发生作用，或者说，机器这位"能工巧匠"不按照这些科学所发现的规律来"驱使那些没有生命的机器肢体"，就难以做到"有目的地作为自动机来运转"。在此意义上，正是科学赋予了机器这位"能工巧匠"以"灵魂"，或机器这位"能工巧匠"的灵魂就是科学或科学所发现的规律，简而言之，科学是机器的灵魂。也正是在此意义上，机器的生产力属性在本质上是科学生产力属性的表现，换言之，机器是生产力，这是现象；在机器是生产力现象的背后，科学是生产力，这才是本质。伴随着科学的发展和应用，伴随着机器向机器体系、自动化的机器体系的发展，在机器体系、自动化的机器体系所形成的生产力背后，科学生产力的这一本质将表现得越来越突出。

第四，科学作为"知识形态"的生产力，首先表现为一种间接的、潜在的、一般的生产力，而其直接的、显在的、现实的生产力功能是通过科学研究及其成果直接并入物质生产过程，或借助技术研发成果间接并入物质生产过程来实现的。一般地，科学作为科学认知的精神产品，是借助科学概念、科学原理、科学规律和科学结论等构成的知识体系，它不具有在社会生产过程中直接生产某种作为"物"的使用价值来满足人们的物质需要的功能，它只表现为"知识形态"的生产力，作为间接的、潜在的、一般的生产力而存在着。科学所具有的现实生产力的功能，只有通过转化、物化、渗透和影响等途径应用于社会生产才能实现，才能成为生产作为"物"的使用价值来满足人们的物质需要。换言之，科学之所以能够成为现实生产力，是因为科学能够通过向现实生产力的构成要素渗透、转化与物化，能够影响生产力构成要素的组合并内化为生产系统的整合要素进而改进生产劳动的技术组合方式。

（1）通过学习、教育和培训等方式和途径，科学作为知识、学说、理论和方法"一经掌握群众，也会变成物质力量"①，一经被作为生产力构成要素的劳动者所掌握，也能转变为劳动者的物质生产能力，因此科学能够武装劳动者，转化为劳动者的劳动知识、劳动方法和劳动技能，改进劳动者的思维结构、思维方法和思维方式，提升劳动者的科学素养、智力水平和创造能力，进而成为直接的生产力。劳动者是生产力中最能动、最活跃的因素，劳动者的劳动能力是其"生产某种使用价值时就运用的体力和智力的总和"②，劳动之所以是人的本质特征，就在于只有人能够以自己的智力尤其是理性的力量来支配自己的活动。③ 而劳动者的智力水平、思维能力和创造能力等，是与其学习和掌握的科学知识水平成正相关关系的，因此劳动者学习和掌握的科学知识越多，其智力水平越高，相应地，其劳动能力、劳动技能越强。

（2）通过依据科学原理和科学规律等进行技术原理的设计和技术的发明等途径，科学能够"物化"为先进的生产手段，转化为直接的生产力。凡要进行生产，就必须借助劳动手段将劳动者和劳动对象结合起来，劳动手段是"人的意志驾驭自然界的器官或者说在自然界实现人的意志的器官的自然物质"，是"创造出来的人脑的器官；是对象化的知识力量"，是人的"社会实践的直接器官"，④ 这些劳动手段可以使劳动者的肢体、感觉器官和脑在体外延长，放大其功能，如通过借助自行车、汽车、飞机等交通工具使人的"行走"能力加强，通过显微镜、放大镜、望远镜等使人的视力加强，通过算盘、计算器等使人的"脑力"功能加强等，进而提高劳动生产力。如果说过去的手工工具还是经验型技术知识的物化，那么自近代机器大生产方式以来的劳动手段，如机器、机器体系等越来越成为科学的自觉的应用。伴随科学发展，借助于技术的中介，人类使用的劳动手段经历了从"简单劳动工具"⇉"动力机→传动机→工作机"系统⇉"控制机→动力机→传动机→工作机"系统⇉"智能机→动力机→传动机→工作机"系统的转变过

①　《马克思恩格斯文集》第 1 卷，人民出版社 2009 年版，第 11 页。

②　［德］马克思：《资本论》第 1 卷，人民出版社 2004 年版，第 195 页。

③　刘冠军：《两维视角的统一——关于马克思主义人的本质观的思考》，《自然辩证法研究》2000年第 4 期。

④　《马克思恩格斯文集》第 8 卷，人民出版社 2009 年版，第 198 页。

程，这说明科学既改变了劳动手段的性质，也改变了劳动手段的构成，极大地扩展了劳动手段的功能，提高了劳动手段的效率，因此科学在生产力中的作用越来越大，越来越显示出第一生产力的功能。

（3）通过科学探索、通过科学探索的成果进行技术研发等途径，科学功能逐步渗透到劳动对象中，转化为直接的生产力。科学的进步，在量上使劳动对象的范围越来越大，人类能够把越来越多的自然物和自然力变成可以改造和利用的资源；在质上使进入生产过程的劳动对象越来越摆脱天然存在的形态，越来越打上科学的烙印。一方面，在科学研究基础上的测试技术、分析技术等的发展，大大扩展和加深了人们对各种物质的性质的了解，从而可以在生产中采用更多更好的原材料，利用原材料的更多更好的属性进而在更大的广度和更微的深度上对这些原材料加以改造利用；另一方面，伴随着科学探索的进行，科学发现越来越多，在越来越多的科学发现基础上，技术设计、技术加工和技术改造能力越来越强，不断变革着原材料和半成品材料的结构，研制了更多更好的新材料，这样也就使劳动对象在越来越大的程度上变成了人工产品，变成了科学物化的产物。此时，科学由"观念的财富"转化为"实际的财富"，并且科学成了"财富的生产者"。[①]

（4）科学在通过向现实生产力的要素渗透与物化转化为现实生产力的同时，它还通过影响生产要素的组合并内化为生产系统的整合要素，改进劳动技术组合方式来转化为现实的生产力。如前所述，马克思在将技术作为能够转化为生产工具、机器和机器体系等劳动手段的发明成果纳入物质生产力的同时，也将技术作为能够改进物质生产过程中技术组合关系或技术组合方式的规则体系、进而作为生产力的重要组成部分加以考察。事实上，技术的规则体系是在科学原理、科学规律的基础上形成的，是科学原理、科学规律在技术发明中运用的结果。因此，科学特别是科学的原理和规律，借助于技术的规则体系，在劳动者、劳动工具和劳动对象等生产力构成要素的组合中，起着一种把各种构成要素按照一定比例和一定方式结合起来的整合作用，构成了物质生产过程中的整合因素，进而改进劳动过程的技术组合方式，推动生产力在性质上发生深刻的变革，这在工业发展的进程中表现得越

[①] 《马克思恩格斯文集》第 8 卷，人民出版社 2009 年版，第 170 页。

来越突出。如马克思所指出的,"使自然科学从属于资本"生产力的大工业,使劳动技术组合方式的基础即"分工丧失了自己自然形成的性质的最后一点假象";① 也正是自然科学在大工业中的应用而出现的"自动工厂"这种劳动技术组合方式,使其分工呈现为"劳动在这里已完全丧失专业的性质"。②

通过上述分析可见,马克思在其经典著作中,从科学、技术和物质生产内在关联的维度,将科学作为生产力,作为科学研究所创造的知识形态的生产力及其成果并入物质生产过程所形成的现实生产力,并在此基础上形成了唯物史观的"科学—技术—生产力"分析范式,这是马克思在物质生产视域中,从生产力的高度所构建的唯物史观的全面性、深刻性和理论的前瞻性之关键所在和重要体现。若缺失了科学这一重要构成要素,那么人们对马克思生产力理论的理解是不全面、不深刻的,进而对马克思在生产力高度的基础上构建的唯物史观的理解也是不全面的、不深刻的。任何的科学理论都具有两个基本的功能,即科学的解释性功能和科学的预见性功能,马克思的唯物史观作为"发现了人类历史的发展规律"③ 的科学理论也是如此。人们在理解和把握马克思的唯物史观时,如果不将"科学—技术—生产力"分析范式作为一个完整的分析范式来理解和把握,或者说未将科学作为生产力范畴来理解和把握,那么人们就会对马克思生产力理论产生误解和误读,进而也会对马克思在生产力高度创立的唯物史观产生误解和误读,进而将导致这样一系列的误解之后果:误认为马克思在生产力高度建构的唯物史观不能解释当时科学革命和科学发展所创造的巨大生产力之事实,误认为唯物史观不能解释在当前新科技革命和"科技—经济"一体化社会背景下知识、科技所创造的巨大生产力发展之事实,误认为马克思在当时工业经济时代创立的唯物史观未能预见到今天的知识经济或后工业经济发展之事实,误认为在唯物史观指导下创立的马克思经济学不能解释当今知识经济或后工业经济发展之事实等,从而严重影响了人们对唯物史观以及马克思经济学所拥有的科学解释力和科学预见力的认识。在大力发展社会主义市场经济的今天,中外学

---

① 《马克思恩格斯文集》第1卷,人民出版社2009年版,第566页。
② 《马克思恩格斯文集》第1卷,人民出版社2009年版,第650页。
③ 《马克思恩格斯文集》第3卷,人民出版社2009年版,第601页。

术界有些学者之所以提出包括唯物史观、政治经济学等马克思主义理论"过时"的观点，撇开社会意识形态等原因，其中的一个重要原因就是这种误解和误读。

三、唯物史观中"科学—技术—生产力"分析范式的基础

唯物史观中的"科学—技术—生产力"分析范式，尽管是马克思在物质生产的视域中形成的"科学研究—技术研发—物质生产"的生产力分析范式，但在其构成要素中，物质生产的生产力显然属于"物质生产领域"的范畴；而科学研究的生产力直接地表现为"精神生产领域"的范畴，即首先作为"知识形态"或"精神形态"的生产力，只有运用到物质生产过程中才转化为"物质生产领域"的生产力；技术研发的生产力是介于"物质生产领域"和"精神生产领域"之间的，从马克思的经典文本看，尽管更加侧重在"物质生产领域"中阐释，但它同时也属于"精神生产领域"范畴。那么，唯物史观中的"科学—技术—生产力"这一分析范式，马克思是基于什么样的考虑将属于"精神生产领域"的科学、将同时属于"物质生产领域"和"精神生产领域"的技术，作为生产力纳入"物质生产领域"之中，进而在物质生产的视域中与物质生产的生产力一起构成了这一分析范式呢？或者说，唯物史观中的"科学—技术—生产力"分析范式何以成立？它的基础是什么？在笔者看来，这一分析范式成立的基础就是辩证唯物主义的基本原理及其在唯物史观中运用所形成的基本原理。

第一，"人们的社会存在"与"人们的意识"的辩证关系原理，或物质和意识、社会存在与社会意识的辩证关系原理，是唯物史观中"科学—技术—生产力"分析范式的首要的理论基础。一方面，这是马克思在物质生产的视域对人类社会及其历史发展加以考察的基础，因为"人们的社会存在决定人们的意识"而不是相反，这是马克思一经得到就用于他的"研究工作的总的结果"，[①] 而在人们的社会存在中起决定性作用的是"物质生产力"。正因如此，马克思反复考证"物质生产领域"的生产力。马克思关于该方面的内容，笔者在前面已作重点考察分析，在这里重点考察分析其另一

---

① 《马克思恩格斯文集》第 2 卷，人民出版社 2009 年版，第 591 页。

方面的内容。马克思在考察分析了人类社会的基本前提及其提出这一基本前提的"原初的历史的关系的四个因素、四个方面"即上述的四个事实之后，还紧接着强调，我们考察分析至此"才发现：人还具有'意识'。但是这种意识并非一开始就是'纯粹的'意识。'精神'从一开始就很倒霉，受到物质的'纠缠'……语言和意识具有同样长久的历史；语言是一种实践的、既为别人存在因而也为我自身而存在的、现实的意识。语言也和意识一样，只是由于需要，由于和他人交往的迫切需要才产生的……因而，意识一开始就是社会的产物，而且只要人们存在着，它就仍然是这种产物"①。

透过这一论述可见，马克思在此不仅揭示了物质决定意识和"生活决定意识"②，而且揭示出现实的个人的意识，和语言一样也是"一种实践的、既为别人存在因而也为我自身而存在的、现实的"东西，而它和语言不同的是它比语言的历史还要长久，它是同现实的个人拥有一样长久的历史，即它和现实的个人一同产生、一同发展的，只不过是它"从一开始就很倒霉，受到物质的'纠缠'"，这增加了人们对现实的个人的意识进行研究和认识的难度。在物质和意识的关系上，也只是从决定和被决定的关系上来理解。但是，结合马克思对人类原初历史关系的第一个事实即"生产物质生活本身"和其他相关的论述将会发现，马克思对意识和物质、特别是和人们的物质生产的关系，决不是这么简单地、单向地来理解。马克思指出，有意识的、"有目的的活动或劳动本身"是人类"劳动过程的简单要素"③，这一"简单的要素"在人类物质生产劳动的整个历史进程中都是不可或缺的因素，而且是贯穿于整个人类物质生产劳动历史发展进程的始终的。在马克思看来，作为人类历史基本前提的"现实的个人"，一开始就是一种"有意识的生命活动"的个体，一开始就"使自己的生命活动本身变成自己意志的和自己意识的对象"，而它的"有意识的生命活动"一开始就是其"生产物质生活本身"的一个基本特征和重要组成部分，因为"有意识的活动恰恰是人的类特性"，并且"有意识的生命活动把人同动物的生命活动直接区别

---

① 《马克思恩格斯文集》第1卷，人民出版社2009年版，第533页。
② 《马克思恩格斯文集》第1卷，人民出版社2009年版，第525页。
③ ［德］马克思：《资本论》第1卷，人民出版社2004年版，第208页。

开来"。①

在此意义上，科学作为意识即精神的一种表现形式，一开始就是现实的个人进行"生产物质生活本身"重要组成部分，它随着生产力的发展而不断地从不成熟的状态发展为成熟的状态，从人类远古时期蒙昧状态的科学发展到古代的科学、近代的科学直至现代的科学，尽管越来越表现出相对的独立性，但是每一历史时代的物质生产过程中都包含着"那个时代的科学"及其应用的方面，不管"那个时代的科学"发展的水平如何都应当如此，哪怕是人类处在远古时期蒙昧状态的时代也应当如此②，只是那个时代的"科学"更多地表现为与那个时代人类"本能性的劳动形式"相适应的经验知识，并且这些经验知识与人类的物质生活本身的生产知识处于原始的一体化状态。伴随着人类生产物质生活本身的进程，商品生产得以产生并向"充分发达的商品生产"发展，此时"才能从经验本身得出科学的认识，理解到彼此独立进行的"的水平，这时自然规律以今天我们理解的科学形式"强制地为自己开辟道路，就像房屋倒在人的头上时重力定律强制地为自己开辟道路一样"。③ 到了机器大工业时期科学发展和物质生产的关系已经非常明朗化了：物质生产的发展在为科学的发展提供物质基础和现实需要的同时，科学的发展也为物质生产开辟道路并融于物质生产之中，进而成为其劳动过程的"观念存在"形式，即劳动过程的要素构成、工艺流程和活动结果等"已观念地存在着"了。正因如此，物质生产的劳动过程才真正开始了按照科学所发现的自然规律和美的规律来进行，科学成了真正意义上的物质生产的生产力。

---

① 《马克思恩格斯全集》第 3 卷，人民出版社 2002 年版，第 273 页。

② 学术界一般认为，人类远古时期没有科学。从今天我们对科学的理解来讲，的确是这样。但从历史发展来看，人只要有意识、有思维、有理性，就有表现其思维、理性的形式，只是远古时期人类思维、理性的这种形式在今天称不上是"科学"，甚至连"科学"的概念都不可能存在，因此更称不上是"真正意义上的科学"。但当时的思维、理性的表现形式——不管这种思维、理性的表现形式是什么，对于远古时期的人类来讲就是"科学"，只是这种"科学"是与人类处在远古蒙昧状态相一致的"科学"，这如同处在远古时期的"进化中的人类"或"形成中的人"不是真正意义上的人类一样。对此，我们要用历史的、进化的、发展的眼光来看待，我们不能苛求我们的先人。毕竟，科学就像"形成中的人"经过了漫长的进化发展而成为人一样，与"形成中的人"一道而孕育生成的"形成中的先人们的科学"，它也同样要经历一个漫长的孕育生成而成为我们今天所理解的科学。

③ ［德］马克思：《资本论》第 1 卷，人民出版社 2004 年版，第 92 页。

对此，马克思曾作过精辟的透彻的说明："在这里，我们不谈最初的本能的劳动形式……对于这种状态来说，人类劳动尚未摆脱最初的本能形式的状态已经是太古时代的事了。我们要考察的是专属于人的那种形式的劳动。蜘蛛的活动与织工的活动相似，蜜蜂建筑蜂房的本领使人间的许多建筑师感到惭愧。但是，最蹩脚的建筑师从一开始就比最灵巧的蜜蜂高明的地方，是他在用蜂蜡建筑蜂房以前，已经在自己的头脑中把它建成了。劳动过程结束时得到的结果，在这个过程开始时就已经在劳动者的表象中存在着，即已观念地存在着"①，而且人作为类存在物，与动物的本能的活动所不同的是，人"懂得按照任何一个种的尺度来进行生产，并且懂得处处都把内在的尺度运用于对象；因此，人也按照美的规律来构造"②。正因如此，马克思把科学不仅看作知识形态的生产力，而且也将其作为应用到物质生产过程中的现实生产力。这也是马克思将科学、技术作为生产力形成"科学—技术—生产力"分析范式的理论基础。

第二，认识自然和改造自然的辩证关系原理，即认识和实践、物质生产和精神生产的辩证关系原理，是唯物史观中"科学—技术—生产力"分析范式的直接相关的重要理论基础。一般地，认识自然属于精神生产的意识范畴，主要是指人们在实践基础上通过自然信息的感觉和感知以及在此基础上对信息的获取、选择、加工和创造等思维活动，形成关于自然事物的本质和规律的知识产品的过程。作为活动，认识自然主要是指人们在实践基础上运用"精神生产资料"③针对自然界开展的认知活动；作为产品，认识自然主要表现为精神产品或知识产品，包括感性知识和在此基础上形成的理性知识即知识体系；从生产力角度看，这些精神产品作为对象化的"精神力量"表现为知识形态的生产力。而改造自然属于物质生产的实践范畴，主要是指人们按照有利于自己生存和发展的需要，运用劳动资料有意识有目的地改变自然事物的现存形态进而创造物质产品的过程。作为活动，改造自然主要是指人们运用劳动资料针对自然界开展的实践活动即劳动；作为产品，改造自然主要表现为物质产品或物质财富；从生产力角度看，这些物质产品作为对

① ［德］马克思：《资本论》第1卷，人民出版社2004年版，第208页。
② 《马克思恩格斯全集》第3卷，人民出版社2002年版，第274页。
③ 《马克思恩格斯文集》第1卷，人民出版社2009年版，第550页。

象化的"物质力量"表现为现实的生产力。从辩证唯物论维度看，改造自然即物质生产和认识自然即精神生产是决定和被决定的关系，但从辩证唯物论的认识论维度看，二者是人类活动的两个方面，表现为实践基础上从感性认识上升为理性认识、又从理性认识回归实践，以及两个方面循环往复发展的"认识总过程"，这一认识总过程也可以看作人类"实践的总过程"。这一微观层面的总过程，在人类历史发展的长河中也在宏观上得到体现，呈现出原初意义上的"一体化"、分化独立和在此基础上的一体化的不同发展阶段。

　　在人类产生发展的早期，认识自然和改造自然是一体化的过程，只是表现为这同一个过程的两个方面。但是随着生产力的发展，这两个方面逐渐发生了分化并呈现出相对独立发展的形态。马克思指出，人类的"意识起初只是对直接的可感知的环境的一种意识，是对处于开始意识到自身的个人之外的其他人和其他物的狭隘联系的一种意识。同时，它也是对自然界的一种意识……这是对自然界的一种纯粹动物式的意识"①，但是随着生产力的发展，当人们"意识到必须和周围的个人来往"时，人们的"意识代替了他的本能，或者说他的本能是被意识到了的本能"，伴随生产效率不断提高、需要不断增长以及作为二者基础的人口不断增多，"意识获得了进一步的发展和提高。与此同时分工也发展起来……分工只是从物质劳动和精神劳动分离的时候起才真正成为分工"②，此时的"分工使精神活动和物质活动……由不同的个人来分担这种情况不仅成为可能，而且成为现实"③，并且"体力劳动和脑力劳动"在实际上"已经实行分工"④。伴随着物质生产和精神生产的分化和发展，二者在大工业时期表现出新的相互融合、相互促进的趋势，突出地表现在自然科学和物质生产的关系上，即"生产过程成为科学的应用，而科学反过来成为生产过程的因素即职能"⑤。在这里，人类活动的两个方面即物质生产和精神生产、认识自然和改造自然呈现出辩证统一的

① 《马克思恩格斯文集》第1卷，人民出版社2009年版，第533—534页。
② 《马克思恩格斯文集》第1卷，人民出版社2009年版，第534页。
③ 《马克思恩格斯文集》第1卷，人民出版社2009年版，第535页。
④ 《马克思恩格斯文集》第1卷，人民出版社2009年版，第555页。
⑤ 《马克思恩格斯文集》第8卷，人民出版社2009年版，第356页。

关系，这为马克思在物质生产视域形成"科学—技术—生产力"分析范式奠定了坚实的理论基础。

第三，认识和改造自然与认识和改造人自身的辩证关系原理，也是唯物史观中"科学—技术—生产力"分析范式不可或缺的重要理论基础。在马克思看来，人类的活动在区分为认识自然和改造自然两个方面的同时，也包括认识自身和改造自身。在《德意志意识形态》中，马克思就指出，"人类活动的一个方面——人改造自然。另一方面，是人改造人"① 自身。正如改造自然与认识自然紧密联系在一起一样，改造人自身与认识人自身也是密切相关的。所谓认识人自身，主要是指社会中的人们在认识和改造自然的过程中，通过对自身的生存状况、生命特征、躯体结构、活动方式、精神思维、目的需求、自然关系、社会关联、历史发展等的认知，形成关于人自身的本质和规律的知识。而所谓改造人自身，主要是指社会中的人们在认识和改造自然的基础上，按照有利于自身发展的需要来调整自己的生理需要、精神需求，提高自己的认识能力和实践能力，其中最重要的是改造自己的主观世界，核心是改造自己的世界观、人生观和价值观，提升自己的观察和处理问题的立场、观点和方法。暂且撇开与认识和改造自然的关系不谈，就认识人自身和改造人自身来说，二者关系如同认识自然和改造自然的关系一样，也是相互联系、相互作用和相互促进的辩证统一。

而就认识和改造自然与认识和改造人自身来说，它们构成了以"人"为分界点的"向外"和"向内"两种实践形式——笔者曾将其分别称为"外在实践"和"内在实践"②，这两种实践形式也是人类活动整体的两个方面，而且这两个方面也是辩证统一的关系。一方面，认识和改造自然是认识和改造人自身的基础，从人类历史的形成和发展来看，生产物质生活本身是人类历史中现实的个人的第一个历史活动，这也就决定了正是在认识和改造自然的过程中，现实的个人才能认识和改造人自身；而从现实的维度看，现实的个人通过认识和改造自然，反观和证明人自身的生命存在，进而达到人对人自身的认识和改造，实现人自身的全面性。马克思指出："个人的全面

---

① 《马克思恩格斯文集》第1卷，人民出版社2009年版，第540页。
② 刘冠军：《论内在实践和外在实践——从实践视角看两种文明的协调发展》，《天津师大学报》1997年第3期。

性不是想象的或设想的全面性。由此而来的是把他自己的历史作为过程来理解，把对自然界的认识……当做对他自己的现实躯体的认识。发展过程本身被设定为并且被意识到是这个过程的前提。"① 另一方面，认识和改造人自身又会促进和提升现实的个人认识和改造自然的能力，除了现实的个人的有意识有目的的活动是劳动的简单的要素外，他的自身的认识和改造是人类进化的主要内容和形式，伴随着人类自身的进化，必然提升人自身认识和改造自然的素质、技能、思维方式和活动方式。这两个方面的辩证统一，构成了人类发展的历史即人类史。马克思的唯物史观就是对人类史发展规律的科学，如马克思指出的："历史可以从两方面来考察，可以把它划分为自然史和人类史。但这两方面是不可分割的；只要有人存在，自然史和人类史就彼此相互制约"，关于自然史"我们在这里不谈，我们需要深入研究的是人类史"——这是一部在自然史基础上的、并与自然史相互制约的人类史。② 因此，马克思将认识自然界和人自身的科学、改造自然界和改造人自身的技术和物质生产纳入人类史的整体视野加以研究，这也就为其从生产力维度将科学、技术和物质生产三方面的生产力形态作为一个统一的分析范式奠定了基础。

第四，自由和必然的辩证关系原理，也为唯物史观中"科学—技术—生产力"分析范式提供了重要理论基础。认识和改造自然与认识和改造人自身的辩证统一，蕴含着必然和自由的辩证关系，在历史的维度上体现着人类从必然走向自由的过程，从必然王国走向自由王国的过程，这也就是马克思自始至终所关注的人类解放特别是无产阶级的解放问题。在撰写《1844年经济学哲学手稿》之前，马克思将研究这一问题的理论基点，从对象化存在的视域规定为科学、技术和工业，形成了对象性存在理论的"科学—技术—工业"分析范式；而自此之后，马克思转向了物质生产的视域，将研究这一问题的理论基点上升到了生产力的高度，进而形成了唯物史观的"科学—技术—生产力"分析范式，通过研究人类认识和改造自然与认识和改造人自身相统一的历史即自然史基础上的人类史，揭示人类从必然走向自

① 《马克思恩格斯文集》第 8 卷，人民出版社 2009 年版，第 172 页。
② 《马克思恩格斯文集》第 1 卷，人民出版社 2009 年版，第 516 页编者注②。

由的过程即从必然王国走向自由王国的过程。在这里，必然即本质、规律，指的是不依赖于人的意识而存在的自然界和人自身及其二者基础上形成的人类社会所固有的内在本质和客观规律，而"自由是对必然的认识和对客观世界的改造"①，是人在活动中通过认识和利用必然所表现出来的自觉自主的状态；与此相适应，形成了人的活动的两种状态，一种是必然王国的状态，即人类尚未掌握客观规律，盲目地受客观规律支配的行动状态；另一种是自由王国的状态，即人类掌握了客观规律，并自觉地利用客观规律为自身谋利益的行为状态。认识必然、自觉运用必然争取自由，从必然王国走向自由王国，是认识和改造自然与认识和改造人自身相统一的根本目标，是一个世界历史性的不断发展的过程，这就是自由和必然的辩证关系原理。

马克思指出："自由王国只是在必要性和外在目的规定要做的劳动终止的地方才开始；因而按照事物的本性来说，它存在于真正物质生产领域的彼岸。像野蛮人为了满足自己的需要，为了维持和再生产自己的生命，必须与自然搏斗一样，文明人也必须这样做；而且在一切社会形式中，在一切可能的生产方式中，他都必须这样做。这个自然必然性的王国会随着人的发展而扩大，因为需要会扩大；但是，满足这种需要的生产力同时也会扩大。这个领域内的自由只能是：社会化的人，联合起来的生产者，将合理地调节他们和自然之间的物质变换，把它置于他们的共同控制之下，而不让它作为一种盲目的力量来统治自己；靠消耗最小的力量，在最无愧于和最适合于他们的人类本性的条件下来进行这种物质变换。但是，这个领域始终是一个必然王国。在这个必然王国的彼岸，作为目的本身的人类能力的发挥，真正的自由王国，就开始了。但是，这个自由王国只有建立在必然王国的基础上，才能繁荣起来。"② 根据马克思的这一论述，人类要从"必然王国"进入"自由王国"，必须建立在认识和改造自然、认识和改造人自身的基础上方能实现，而且只有满足两个最基本条件才能实现：一个认识条件，即"社会化的人"达到对自然界的必然和人自身的必然的正确认识；一个是实践条件，即"社会化的人"在正确认识必然的同时按照必然即客观规律进行活动。

① 《毛泽东文集》第八卷，人民出版社1999年版，第306页。
② ［德］马克思：《资本论》第3卷，人民出版社2004年版，第928—929页。

只有满足了这两个最基本的条件，才能使人的活动既完全符合"事物的本性"和自然的规律，又"最无愧于和最适合于他们的人类本性"和自身的发展规律——这才是"真正物质生产领域的彼岸"和"必然王国的彼岸"，在那里，联合起来的生产者将会形成这样一个"联合体"：每个人"在必要性和外在目的规定要做的劳动终止"了，代之以人的自由而全面的发展，并且"每个人的自由发展是一切人的自由发展的条件"。① 这也就意味着，人类必须将其发展建立在科学、技术和生产力发展的基础上，而且必须将这三者作为一个有机联系的整体向前推进。在此意义上，作为认识和改造自然与认识和改造人自身辩证统一原理的深层次规律——自由和必然的辩证规律，成为马克思唯物史观中"科学—技术—生产力"分析范式的基础。

四、唯物史观中"科学—技术—生产力"分析范式的实质和意义

通过对"科学—技术—生产力"分析范式形成的理论基础的考察分析可见，马克思基于人类历史的基本前提和历史事实，从物质生产视域形成的这一分析范式，在实质上是将"人们的社会存在"与"人们的意识"即物质和意识、社会存在和社会意识，认识自然与改造自然即认识和实践、物质生产和精神生产，认识和改造自然与认识和改造人自身等，都纳入物质生产的视域，并且都纳入生产力的范畴，然后站在生产力的高度对整个人类社会及其历史发展进行考察研究，揭示人类社会的内在本质和发展规律，并在此基础上将人类社会的历史发展看作一个从必然走向自由、从必然王国走向自由王国的进程，进而为人类的解放特别是无产阶级和劳苦大众的解放指明方向目标和实现途径。这也是马克思创立的唯物史观的内容实质和重大理论价值和现实意义。

与此相关联的是，马克思在创立唯物史观过程中所形成的"科学—技术—生产力"这一分析范式，对于我们全面而深刻地把握唯物史观的基本原理，以及对于我们系统地理解唯物史观的基础上形成的"科技—经济"思想等，具有重大的理论价值和现实意义。

首先，根据这一分析范式，我们重新审视马克思经典著作中的唯物史

---

① 《马克思恩格斯文集》第2卷，人民出版社2009年版，第53页。

观，将会对其基本原理有一个更加全面和深刻的理解。在此不妨沿着马克思的研究路径，从物质生产的视域来考察人类社会，并把科学和技术纳入社会的物质生产力的范畴时发现，社会的生产力表现为"科学生产—技术生产—物质生产"的生产力系统，社会生产力的发展表现为这一生产力系统的整体发展，而当"社会的物质生产力发展到一定阶段，便同它们一直在其中运动的现存生产关系……发生矛盾。于是这些关系便由生产力的发展形式变成生产力的桎梏。那时社会革命的时代就到来了。随着经济基础的变更，全部庞大的上层建筑也或慢或快地发生变革"①。这也就是说，每个时代的生产关系的变革，以及随着经济基础变革而发生的上层建筑的变革，是社会生产力发展到一定阶段与生产关系发生矛盾的必然结果，而这里的社会生产力不仅仅是物质生产过程中所产生的生产力，而是作为"科学生产—技术生产—物质生产"的生产力系统表现出来的生产力。在《共产党宣言》中，马克思和恩格斯之所以得出了资本主义必然灭亡和共产主义必然胜利的历史规律，就在于他们看到了资本主义社会中科学革命、技术革命和工业革命所形成的巨大的社会生产力——"资产阶级在它的不到一百年的阶级统治中所创造的生产力，比过去一切世代创造的全部生产力还要多，还要大。自然力的征服，机器的采用，化学在工业和农业中的应用，轮船的行驶，铁路的通行，电报的使用，整个整个大陆的开垦，河川的通航，仿佛用法术从地下呼唤出来的大量人口，——过去哪一个世纪料想到在社会劳动里蕴藏有这样的生产力呢？"② 正是依据科学借助于技术一并融入工业、农业、交通运输业等社会生产过程所形成的巨大生产力的社会现实，马克思发现了资本主义必然被共产主义所取代的发展趋势，进而发现了人类社会的发展规律，因此马克思指出："我们判断这样一个变革时代……不能以它的意识为根据；相反，这个意识必须从物质生活的矛盾中，从社会生产力和生产关系之间的现存冲突中去解释"③。在马克思的这一经典表述中，这里的社会生产力是社会物质生产视域的生产力，是包括科学和技术融入社会物质生产过程所形成的生产力，即唯物史观中的"科学—技术—生产力"分析范式基础

---

① 《马克思恩格斯文集》第 2 卷，人民出版社 2009 年版，第 591—592 页。
② 《马克思恩格斯文集》第 2 卷，人民出版社 2009 年版，第 36 页。
③ 《马克思恩格斯文集》第 2 卷，人民出版社 2009 年版，第 592 页。

上的社会生产力。在笔者看来，这样的理解和阐释更加符合马克思唯物史观基本原理的逻辑进程。因此，唯物史观中的"科学—技术—生产力"分析范式是马克思科学地考察分析人类社会及其历史发展和未来发展趋向的最基本的分析模式和研究规范。只有在这一分析范式的基础上，才能全面而深刻地理解马克思唯物史观中的基本原理。

同时，唯物史观中"科学—技术—生产力"分析范式的提出，有助于我们现实地审视和评判当前理论界对唯物史观经典思想的误读和误解。毋庸置疑，对于"科学—技术—生产力"这一分析范式，马克思在他的经典著作中没有直接地这样表述。但是，作为一个完整的概念图式和逻辑体系已经渗透在或体现在包括《关于费尔巴哈的提纲》《德意志意识形态》《共产党宣言》和《雇佣劳动与资本》等大量的经典著作之中。只要认真研读和反复研究马克思的这些代表性经典著作就会发现，马克思正是在这一分析范式的基础上，从物质生产视域展开了对人类社会及其历史发展的研究，揭示了人类社会的基本矛盾和发展规律。我国理论界传统观点认为，唯物史观关于社会存在决定社会意识的基本原理，在人类思想史上第一次正确解决了社会历史观的基本问题，是社会历史观革命性变革的基础，宣告了唯心史观的彻底破产。依据这一原理，马克思主义从社会生活的各种领域划分出经济领域，从一切社会关系中划分出生产关系，并把它当作决定其余一切关系的基本的原始的关系，进而将一切社会关系归结于生产关系，将生产关系归结于生产力发展的高度，从而将社会形态的发展看作自然历史过程，破天荒地破解了"历史之谜"，从而揭示了人类社会发展的规律。这样的理解笔者是赞同的，但问题是在理解"将生产关系归结于生产力发展的高度"时，把生产力仅仅局限于物质生产过程的生产力，而将科学和技术特别是科学置于"生产力"范畴之外，至多是将科学作为生产力范畴的附属范畴加以理解，而没有将科学作为社会生产力的内在要素，这在我国的政治经济学界表现得尤为突出。在"科技—经济"一体化发展的当今社会，这在一定程度上影响了唯物史观在新的时代背景下对政治经济学研究的指导作用。

恩格斯《在马克思墓前的讲话》中强调，马克思不仅是一位革命家，也不仅是一位思想家，而且还是一位科学家，"在他所研究的每一个领域，甚至在数学领域，都有独到的发现，这样的领域是很多的，而且其中任何一个领域他都不是浅尝辄止"①，他不仅创立了唯物史观和剩余价值理论，而且"非同寻常"地密切关注科学发展、技术研发的学术动态，"非同寻常"地密切关注科学、技术在物质生产领域的意义和在整个经济社会领域的巨大作用，以及在整个人类历史发展中起推动作用的革命的力量。马克思"作为科学家就是这样思想……在马克思看来，科学是一种在历史上起推动作用的、革命的力量。任何一门理论科学中的每一个新发现——它的实际应用也许还根本无法预见——都使马克思感到衷心喜悦，但是当有了立即会对工业、对一般历史发展产生革命影响的发现的时候，他的喜悦就非同寻常了。例如，他曾经密切地注意电学方面各种发现的发展情况，不久以前，他还注意了马赛尔·德普勒的发现"②。正是因为马克思集革命家、思想家和科学家于一身，因此在创立唯物史观的同时"非同寻常"地密切关注科学、技术在物质生产和经济发展中的巨大作用，前瞻性地提出了"科技—经济"思想，尤其是形成了唯物史观中的"科学—技术—生产力"分析范式，马克思正是在这一分析范式基础上来建构起唯物史观的。在此意义上，马克思的"科学—技术—生产力"分析范式是其唯物史观的基础和核心。马克思创立的唯物史观如果缺失了这一基础和核心，那就难以全面地反映他那个时代呈现出来的科学革命、技术革命、工业革命等相互缠绕在一起所迸发出来的巨大社会生产力的社会现实，就难以在唯物史观的基础上形成系统的"科技—经济"思想。据此应当说，马克思唯物史观中的"科学—技术—生产力"分析范式是他基于当时的社会现实和时代特征进行科学研究和理论构建的结果，是其"科技—经济"思想的重大创新之处。这对于我们在新科技革命和"科技—经济"一体化社会的新时代背景下研究经济社会的运行规律，尤其是研究在此新时代背景下科技经济发展的运行规律，具有重大的理论价值和方法论意义。

第三节　唯物史观中的"科技—经济"思想

为了研究人类社会及其发展，马克思基于人类历史的基本前提和历史事

---

① 《马克思恩格斯文集》第 3 卷，人民出版社 2009 年版，第 601—602 页。
② 《马克思恩格斯文集》第 3 卷，人民出版社 2009 年版，第 602 页。

实,从物质生产视域形成了"科学—技术—生产力"分析范式。基于这一分析范式,马克思立足于社会生产力的高度在创立唯物史观的过程中,对人类社会及其发展进程中的科技与经济关系进行了大量的考察分析,形成了内容丰富、内涵深刻的"科技—经济"思想。关于这些思想的论述和阐释,分布在马克思众多唯物史观的经典著作以及政治经济学研究的经典文本中。在此,笔者在"科学—技术—生产力"分析范式基础上择其核心范畴进行概要性考察分析。

一、"科学—技术—生产力"分析范式基础上的劳动技术组合方式

在马克思的经典著作中,"生产方式"是使用频率颇高的范畴,也是马克思唯物史观中的一个与人类社会的经济发展紧密相关的重要概念。在不同的语境中,马克思赋予"生产方式"范畴的含义往往是各不相同的,中外学者对这一概念的理解更是不同,有的将其理解为生产力,有的将其理解为生产关系,还有的将其理解为经济制度,而最具有代表性的是我国高校使用的教科书将其理解为"生产力和生产关系的统一体"①,或"生产力与生产关系的有机结合"② 等,并在这种理解的基础上认为生产力决定生产关系,生产关系对生产力具有反作用。针对这种观点,早有学者指出:"按照苏联范式教科书的解释,生产力的发展水平决定着生产关系。这个解释难免给人以机械的决定论的印象,因为按照这个解释,类似的生产力发展水平,就应该派生出大体相同的生产关系。这样一来,它就不能回答:为什么在相近的生产力水平上,中国的封建制和西欧封建制有如此之大的差异?为什么在现代资本主义经济中,会产生出美国式的福特主义生产方式和日本式的精益生产方式(lean production)之间的区别。"③ 那么,在马克思唯物史观和政治经济学研究中的生产方式,其基本的含义究竟是什么呢?

在马克思看来,要弄清楚这个问题,首先必须从生产力的构成要素按照什么样的方式,如何结合在一起形成现实的生产力运行系统着手分析才能解

---

① 参见本书编写组编写:《马克思主义基本原理概论》,高等教育出版社 2015 年版,第 104 页。

② 参见刘冠军主编:《新编政治经济学教程》,中国人民大学出版社 2011 年版,第 4 页。

③ 孟捷、杨志:《技术创新与政治经济学的研究对象》,《政治经济学评论》2004 卷第 2 辑(总第 6 辑),第 197—218 页。

决。只有如此，才能彰显生产力在生产方式以及整个经济社会中的最高定位，即，才能彰显生产力的决定地位。而生产力的构成要素按照什么样的方式如何结合在一起，才能形成最高效的现实生产力的运行系统呢？只有严格地按照技术规则和自然规律结合在一起，才能形成这样的生产力运行系统，进一步讲，只有将生产力构成要素中的劳动者的"人自身的器官"和生产工具、"机车、铁路、电报、自动走锭精纺机等等"这些"人的意志驾驭自然界的器官或者说在自然界实现人的意志的器官的自然物质"以及"人的手创造出来的人脑的器官"等①，严格地按照技术规则和自然规律结合在一起，共同地作用于劳动对象，才能形成最高效的生产力运行系统。而"这种结合的特殊方式和方法"②不是一般意义上的生产方式，而是一种将生产力的构成要素结合起来的劳动技术组合方式，是生产方式的最基本的表现形式和生产力基础。

之所以说这种劳动的技术组合方式不是一般意义上的生产方式，而是生产方式的最基本的表现形式，是因为它体现的不是人与人的社会关系，而是人与自然的关系，是人与自然关系建立和发展的最基本的表现形式；同时，它又是生产方式的基础，属于生产方式的生产力基础范畴，是生产力的构成要素在一定发展阶段上，按照该阶段上的技术规则和自然规律相结合的"特殊方式"。这种"特殊方式"的特殊性主要体现的是生产力发展的阶段性，主要表现在生产力发展一定阶段上所提供的生产力构成要素的物质条件基础以及使用的技术规则和遵循的科学规律。也就是说，在生产力发展的一定阶段上，这种"特殊方式"，如果不是严格地遵循技术规则和自然规律，特别是不严格地遵循该阶段的生产工具、或机器、或机器体系等劳动资料的技术规则和自然规律而将生产力的构成要素结合在一起，那是不可能形成最高效的生产力运行系统的。因此，劳动的技术组合方式属于生产力范畴而不属于一般意义上的生产方式的范畴。

如果将劳动的技术组合方式也看作生产方式的话，那么它仅是生产方式的生产力基础和最基本表现方式，在此意义上不妨将其称之为狭义的生产方

---

① 《马克思恩格斯文集》第 8 卷，人民出版社 2009 年版，第 198 页。
② ［德］马克思：《资本论》第 2 卷，人民出版社 2004 年版，第 44 页。

式。马克思在《共产党宣言》中之所以说"资产阶级在它的不到一百年的阶级统治中所创造的生产力，比过去一切世代创造的全部生产力还要多，还要大。自然力的征服，机器的采用，化学在工业和农业中的应用，轮船的行驶，铁路的通行，电报的使用，整个整个大陆的开垦，河川的通航，仿佛用法术从地下呼唤出来的大量人口——过去哪一个世纪料想到在社会劳动里蕴藏有这样的生产力呢？"① 就是因为资产阶级将劳动者仅仅看作生产力的构成要素，仅仅看作"为了增殖资本而活着，只有在统治阶级的利益需要他活着的时候才活着"② 的"有生命的"劳动工具，而在资本主义的社会现实中，劳动者在机器生产过程中也"仅仅表现为有意识的机件"，劳动者仅仅"以单个的有生命的形式分布在机械体系的许多点上，被包括在机器体系的本身的总过程中"。③ 也就是说，劳动者在资本主义生产方式中不是作为"人"而存在和活动的，而是作为遵循技术规则和科学发现的自然规律的"有意识的生产工具"而存在和活动的。如果说资产阶级经济学家将人作为"经济人"或"理性人"作为理论假设进行经济理论研究的前提还有根据的话，那么其根据就在于他们将资本主义生产方式的生产力基础和最基本的现象层面的表现形式即劳动技术组合方式，当成了资本主义一般意义上的生产方式，这也是资产阶级经济学与马克思政治经济学在生产方式理解上的根本区别。

作为生产方式最基本表现形式的劳动技术组合方式，以及它的生产力属性在生产方式和整个经济社会中的最高定位即生产力的决定地位，马克思有很多的论述。在《德意志意识形态》中，马克思指出："一定的生产方式或一定的工业阶段始终是与一定的共同活动方式或一定的社会阶段联系着的，而这种共同活动方式本身就是'生产力'……人们之间一开始就有一种物质的联系。这种联系是由需要和生产方式决定的，它和人本身有同样长久的历史；这种联系不断采取新的形式，因而就表现为'历史'。"④ 在这里，马克思揭示出生产方式是与人们的"共同活动方式"联系着的，人们的共同

---

① 《马克思恩格斯文集》第 2 卷，人民出版社 2009 年版，第 36 页。
② 《马克思恩格斯文集》第 2 卷，人民出版社 2009 年版，第 46 页。
③ 《马克思恩格斯文集》第 8 卷，人民出版社 2009 年版，第 185 页。
④ 《马克思恩格斯文集》第 1 卷，人民出版社 2009 年版，第 532—533 页。

活动方式是多种多样的，但其中由需要和生产方式决定的共同活动方式，体现的是人们一开始就有的物质联系，在实质上就是将人们借助劳动资料对劳动对象进行加工改造的"共同活动方式"，它本身表现为人和自然进行物质转换的生产方式，因此"这种共同活动方式本身就是'生产力'"，它和人本身有同样长久的历史，这种方式的不断更新表现为历史。在《资本论》中，马克思进一步指出："不论生产的社会形式如何，劳动者和生产资料始终是生产因素。但是，二者在彼此分离的情况下只在可能性上是生产因素。凡要进行生产，就必须使它们结合起来。"① 若不将劳动者和生产资料即劳动资料和劳动对象结合起来，它们仅仅在可能性上是生产要素，在可能性上表现为生产力，只有按照一定的技术组合方式将它们结合起来，才在现实性是生产要素，在现实性上表现为生产力。而这种现实的生产力发展状况如何，即人们解决人与自然的矛盾的实际能力如何主要取决于劳动资料，因为劳动资料不仅是生产力的构成要素，而且它决定着劳动者和劳动对象相结合的特殊方式和方法，即决定着劳动技术组合方式的水平和性质，有什么样的劳动资料就有什么样的技术组合方式，人们不可能形成超出劳动资料发展水平的技术组合方式。正因如此，"手推磨产生的是封建主的社会，蒸汽磨产生的是工业资本家的社会"②，"各种经济时代的区别，不在于生产什么，而在于怎样生产，用什么劳动资料生产"③。

同时应当看到，一定时代由劳动资料所决定的劳动技术组合方式，体现的是那个时代的科学技术发展的水平，直接地体现的是那个时代技术发明或技术研发的水平即技术发展的水平，以及当时的先进技术成果在生产中的应用程度，没有技术的新发明和新创造，就不可能制造出新的生产工具、机器、机器体系等先进的劳动资料，也就不可能创造出与此先进劳动资料相对应的技术规则，进而也就不可能有先进的劳动技术组合方式和与之相适应的人与人的技术关系。与此同时，一定时代由劳动资料所决定的劳动技术组合方式，还间接地体现着那个时代科学研究的水平以及科学在技术和生产中的应用程度，因为技术研发越来越依赖于科学发现、科学理论和科学方法，技

---

①　[德] 马克思：《资本论》第 2 卷，人民出版社 2004 年版，第 44 页。

②　《马克思恩格斯选集》第 1 卷，人民出版社 2012 年版，第 222 页。

③　[德] 马克思：《资本论》第 1 卷，人民出版社 2004 年版，第 210 页。

术发明的成果是科学理论和科学方法的应用，而技术规则体系则是科学原理和科学方法转化的结果，在本质上是科学发现的规律在技术成果及其规则体系中的体现。在此意义上，一定时代的劳动技术组合方式的水平如何以及与之相适应的人与人技术关系如何，与其说是由当时的劳动资料决定的，倒不如说是由当时的科学研究和技术研发的水平决定的。对此，马克思以资本主义生产中的劳动技术组合方式作为典型的事例加以阐释，他指出："自然科学本身……的发展，也像与生产过程有关的一切知识的发展一样，它本身仍然是在资本主义生产的基础上进行的，这种资本主义生产第一次在相当大的程度上为自然科学创造了进行研究、观察、实验的物质手段。由于自然科学被资本用做致富手段，从而科学本身也成为那些发展科学的人的致富手段，所以，搞科学的人为了探索科学的实际应用而相互竞争。另一方面，发明成了一种特殊的职业，因此，随着资本主义生产的扩展，科学因素第一次被有意识地和广泛地加以发展、应用并体现在生活中，其规模是以往的时代根本想象不到的。"①

在这里，马克思连续用了两个"第一次"：第一个"第一次"强调了资本主义生产为自然科学的研究、观察和实验提供的物质手段，已经达到了"相当大的程度"，这在历史上是第一次，其原因有两个，一是作为资本化身的资本家将科学作为致富手段；二是"那些发展科学的人"或"搞科学的人"即科学研究人员及其组织管理者，也将科学作为致富手段，在这样的情况下科学人员也为了"探索科学的实际应用而相互竞争"。第二个"第一次"强调了资本主义生产使人们意识到科学也是生产的因素，并且有意识地和广泛地加以发展、应用并体现在社会生活中，这在历史上也是第一次，在这样的情况下"发明成了一种特殊的职业"。正是因为搞科学研究的人和搞技术发明的人，如同资本主义物质生产的组织者即资本的化身资本家一样，都把科学和技术作为发财致富的手段即剩余价值生产的手段，使资本主义生产中的劳动技术组合方式越来越科学化和技术化，使生产力的构成要素越来越严格地按照科学规律和技术规则结合在一起，进而使科学研究、技术研发和物质生产越来越呈现出分工发达和协作高效的"一体化"态势，

---

① 《马克思恩格斯文集》第8卷，人民出版社2009年版，第358—359页。

在此情况下发展和应用科学的规模在"以往的时代是根本想象不到的"。也正因为资本主义生产中的劳动技术组合方式的这种科学化、技术化发展和科学、技术的资本主义应用，所以马克思又说："直接从科学中得出的对力学规律和化学规律的分解和应用，使机器能够完成以前工人完成的同样的劳动。然而，只有在大工业已经达到较高的阶段，一切科学都被用来为资本服务的时候，机器体系才开始在这条道路上发展；另一方面，现有的机器体系本身已经提供大量的手段。在这种情况下，发明就将成为一种职业，而科学在直接生产上的应用本身就成为对科学具有决定性的和推动作用的着眼点。"①

因此，从"科学—技术—生产力"分析范式看，劳动的技术组合方式作为生产方式的生产力基础和人与自然关系的最基本表现形式，包括物质生产的劳动技术组合方式以及与此相关联的技术研发的劳动技术组合方式和科学研究的劳动技术组合方式。而在生产力构成要素基础上形成的劳动技术组合方式中，人与人之间的关系是遵循劳动资料的技术规则和科学原则的技术关系，它体现的是一种人与人之间的技术分工和协作关系。这种分工与协作的技术关系，既包括物质生产过程中的分工与协作的技术关系，也包括技术研发过程中的分工与协作的技术关系和科学研究过程中的分工与协作的技术关系，还包括上述三个过程之间的分工与协作的技术关系。这些人与人之间的分工与协作的技术关系，也是由劳动资料的性质决定的。对于科学研究的劳动技术组合方式来讲，人与人之间的分工与协作的技术关系是由科学研究所使用的劳动资料的性质决定的；对于技术研发的劳动技术组合方式来讲，人与人之间的分工与协作的技术关系同样是由技术研发所使用的劳动资料的性质决定的；而对于物质生产的劳动技术组合方式来讲，人与人之间的分工与协作的技术关系也是如此。

马克思指出："劳动者直接掌握的东西，不是劳动对象，而是劳动资料（这里不谈采集果实之类的现成的生活资料，在这种场合，劳动者身体的器官是惟一的劳动资料）"，劳动者必须严格遵守劳动资料所体现的"机械的、物理的、化学的属性，以便把这些物当作发挥力量的手段，依照自己的目的

① 《马克思恩格斯文集》第8卷，人民出版社2009年版，第195页。

作用于其他物"。① 劳动的技术组合方式中人与人之间的技术关系，是不依赖人的意识而客观存在着的，从理论上讲，物质生产的劳动技术组合方式以及与此相关联的技术研发的劳动技术组合方式和科学研究的劳动技术组合方式，它们伴随着各自领域的劳动资料的发展而发展，劳动资料发展到什么水平，劳动的技术组合方式便达到什么水平，其中的人与人之间的技术关系便进入什么样的阶段，这是一个自然发展的历史过程。

综上所述，从"科学—技术—生产力"分析范式看，人类劳动的技术组合方式作为人与自然关系的最基本表现形式和生产方式的生产力基础，其基本的结构体系和系统运行，如图4-1所示，也就是唯物史观中人类劳动的技术组合方式。

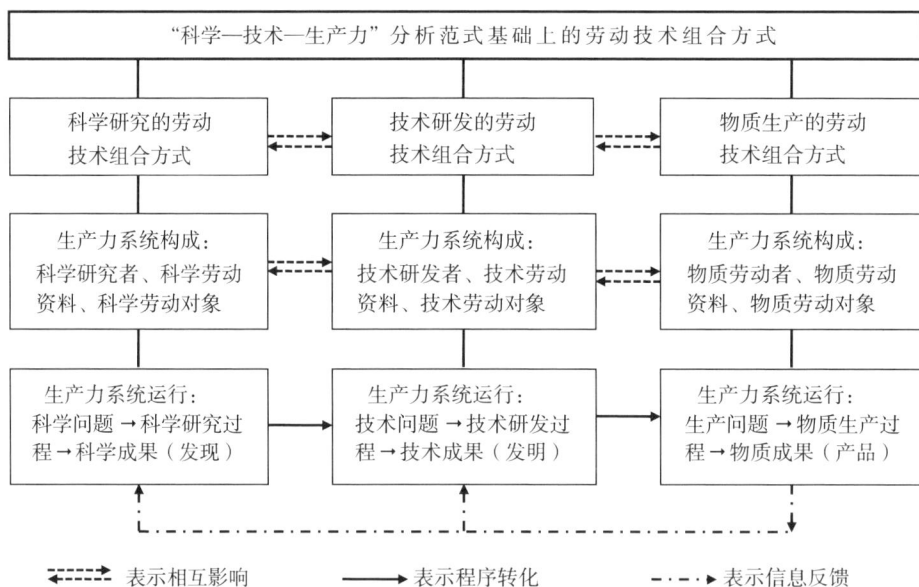

图4-1 "科学—技术—生产力"分析范式基础上的劳动技术组合方式示意图

在人类劳动的这一技术组合方式中，物质生产的劳动技术组合方式、技术研发的劳动技术组合方式和科学研究的劳动技术组合方式，作为生产力系统又存在着包含和被包含的镶嵌关系，即在物质生产的劳动技术组合方式所

---

① ［德］马克思：《资本论》第1卷，人民出版社2004年版，第209页。

形成的生产力中包含着技术研发的劳动技术组合方式所形成的生产力，而技术研发的劳动技术组合方式所形成的生产力又包含着科学研究的劳动技术组合方式所形成的生产力，如图4-2所示。

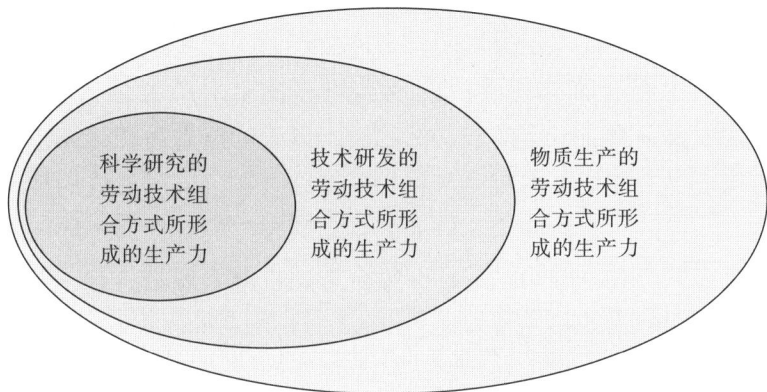

图4-2　"科学—技术—生产力"分析范式基础上不同劳动技术组合方式的生产力关系示意图

图4-2所示的这种包含和被包含的关系，在实质上体现的是物质生产的劳动技术组合方式必须遵循技术的规则和规律，而技术研发的劳动技术组合方式又必须遵循科学的规律和方法，科学规律和方法的发现又取决于科学研究的劳动技术组合方式，在此意义上正如马克思所指出的，物质生产的"劳动生产力是随着科学和技术的不断进步而不断发展的"①，撇开其他因素不说，生产力的提高归根到底取决于"各种方法和科学的进步"②，即取决于科学研究的劳动组合方式所形成的生产力。

二、"科学—技术—生产力"分析范式基础上的生产方式

在唯物史观中的生产方式，主要是指人类劳动的社会组合方式，即在劳动的技术组合方式基础上形成的劳动的社会组合方式，它属于生产关系的范畴，体现的是人与人的社会关系，在实质上反映的是人们之间的经济利益关系，这也就是在《〈政治经济学批判〉序言》中马克思所讲的"人们在自己

---

① ［德］马克思：《资本论》第1卷，人民出版社2004年版，第698页。
② ［德］马克思：《资本论》第2卷，人民出版社2004年版，第394页。

生活的社会生产中发生一定的、必然的、不以他们的意志为转移的关系，即同他们的物质生产力的一定发展阶段相适合的生产关系"。社会生产中人们的这种生产关系之所以表现为"一定的、必然的、不以他们的意志为转移的关系"，就在于它是"同他们的物质生产力的一定发展阶段相适合的"，换言之，就在于它是同一定发展阶段上的生产力构成要素以及这些要素结合起来的劳动技术组合方式所形成的现实的"社会生产力总和"相适应的。生产力的构成要素具有一定的、必然的、不以人的意志为转移的特性，而这些生产力构成要素按照技术规则和科学规律结合在一起所形成的技术组合方式同样具有一定的、必然的、不以人的意志为转移的特性，既然如此，在此基础上形成的生产关系即劳动的社会组合方式也就表现为具有一定的、必然的、不以人的意志为转移的特性。

正因如此，马克思指出："物质生活的生产方式制约着整个社会生活、政治生活和精神生活的过程……社会的物质生产力发展到一定阶段，便同他们一直在其中运动的现存生产关系和财产关系（这只是生产关系的法律用语）发生矛盾。于是这些关系便由生产力的发展形式变成生产力的桎梏。"①在这里，马克思将生产关系和财产关系这些关系称之为"生产力的发展形式"，这种"生产力的发展形式"显然不是指劳动的技术组合方式即狭义的生产方式，因为劳动的技术组合方式是生产力构成要素按照科学规律和技术原则结合在一起的最基本方式，它始终是生产力的发展方式，在任何情况下也不可能"变为生产力的桎梏"。既然如此，那么，马克思在此讲的"生产力的发展形式"指的就是劳动的社会组织方式即人与人在生产中形成的生产关系，在此不妨将其称之为广义的生产方式，这也是马克思唯物史观中的一般意义上的生产方式。只有这种意义上的生产方式，才具有与一定的劳动技术组织方式不一致的相对独立的属性，才有在相同的劳动技术组合方式下先进的生产方式和落后的生产方式之区别，才能表现出：当生产方式与一定的劳动技术组织方式相一致时，促进生产力的发展；当它与一定的劳动技术组合方式不一致时，阻碍生产力的发展甚至成为生产力发展的桎梏。也正因如此，一定的劳动技术组织方式是劳动的社会组织方式的基础，劳动的社会

①《马克思恩格斯文集》第2卷，人民出版社2009年版，第591页。

组织方式即广义的生产方式的先进程度如何，取决于与一定的劳动技术组织方式相适应的程度，归根结底，取决于生产力的发展水平特别是生产力的性质。

同时应当看到，一定时代由劳动的技术组织方式所决定的劳动社会组合方式，体现的是那个时代的社会科学技术的发展水平，以及先进社会科学技术成果在社会中的应用程度，没有先进的社会科学技术，就不可能有先进的劳动社会组合方式和与之相适应的人与人的和谐社会关系，进而也就会影响到社会物质生产的劳动技术组合方式以及与此相关联的技术研发的劳动技术组合方式和科学研究的劳动技术组合方式。从"科学—技术—生产力"分析范式看，作为广义生产方式的劳动社会组织方式，包括物质生产过程的劳动社会组织方式以及与此相关联的技术研发的劳动社会组合方式和科学研究的劳动社会组合方式。这些劳动的社会组织方式的发展程度如何，即与劳动的技术组织方式相适应的程度如何，取决于社会科学技术的发展水平及其社会应用的程度，在本质上取决于社会发展规律的把握程度和自觉的应用程度。而社会科学对社会规律的把握程度及其社会应用水平，是以自然科学的发展及其生产应用为基础的，因为在马克思看来，"凡不是自然科学的科学都是历史科学"①，也就是说，除了自然科学之外"我们仅仅知道一门唯一的科学，即历史科学"②，这门历史科学也就是社会科学；同时，"自然科学是一切知识的基础"③，这自然也就成为社会科学即历史科学的基础，因此这些劳动的社会组织方式的发展程度如何，即与劳动的技术组织方式相适应的程度如何，也取决于自然科学的发展水平及其生产的应用程度。

从"科学—技术—生产力"分析范式看，作为狭义生产方式的劳动技术组合方式，包括物质生产的劳动技术组合方式以及与此相关联的技术研发的劳动技术组合方式和科学研究的劳动技术组合方式。与此相对应，作为广义生产方式的劳动社会组合方式，包括物质生产的劳动社会组合方式以及与此相关联的技术研发的劳动社会组合方式和科学研究的劳动社会组合方式。这些不同的劳动社会组合方式都属于人与人的生产关系范畴，有其共同的特

---

① 《马克思恩格斯文集》第 2 卷，人民出版社 2009 年版，第 597 页。
② 《马克思恩格斯文集》第 1 卷，人民出版社 2009 年版，第 516 页。
③ 《马克思恩格斯文集》第 8 卷，人民出版社 2009 年版，第 358 页。

征，譬如，都是在劳动技术组合方式的基础上形成的，都是由生产力的构成要素以及这些构成要素的技术组合方式决定的，等等。但是，这些不同的劳动社会组合方式，与其相对应的不同的劳动技术组合方式相一致，也表现出了各自的相对独立性和不同的特征。

第一，科学研究的劳动社会组合方式是建立在它的劳动技术组合方式基础上形成的，科学研究人员的劳动分工和协作关系以及相互的竞争关系，由科学属于认知的范畴、以发现自然规律和建构知识为目的、以发现未知和建立是什么和为什么的知识体系为主要任务、以观察和实验及归纳演绎等为主要方法，以及其成果具有较高的"公共产品"的性质等所决定，表现出和专利权较为松散的关系和较大自由度的柔性管理方式，其竞争的目标主要集中在发现权方面等，科学成果的价值实现表现得异常复杂，呈现出"在劳动者背后由社会过程决定的"① 性质和特征。

第二，技术研发的劳动社会组合方式是在它的劳动技术组合方式基础上形成的，技术研发人员的劳动分工和协作关系以及相互的竞争关系，由技术介于认知和实践之间的中介范畴、以综合利用知识进行创造发明和构建规则体系为目的、以运用科学规律建立做什么和怎么做的操作体系为主要任务、以模拟和试验及制作和试用等为主要方法，以及其成果表现为实物样品和工艺形态等特点所决定，表现出计划性和目的性较强的刚性管理方式，其竞争的目标主要集中在专有权和专利权方面等。

第三，物质生产的劳动社会组合方式是建立在物质生产力构成要素的技术组合方式基础上的，其中的人与人的关系除了基本的劳动分工和协作关系，在实质上是物质利益的关系。在上述三类劳动的社会组合方式中，物质生产的劳动社会组合方式是核心和关键，在马克思的经典著作中，重点研究的是物质生产的劳动社会组织方式。从历史的维度看，它随着劳动技术组织方式的发展而发展，"大体说来，亚细亚的、古希腊罗马的、封建的和现代资产阶级的生产方式可以看做是经济的社会形态演进的几个时代"②，这也是劳动的社会组织方式发展的几个阶段。

---

① ［德］马克思：《资本论》第 1 卷，人民出版社 2004 年版，第 58 页。
② 《马克思恩格斯文集》第 2 卷，人民出版社 2009 年版，第 592 页。

总之，马克思唯物史观中的生产方式主要是指在生产力构成要素的劳动技术组合方式基础上形成的社会组合方式。作为生产方式之生产力基础的劳动的技术组合方式，取决于自然科学技术的发展水平及其在生产中的应用程度，它决定着劳动的社会组合方式；而劳动的社会组合方式表现出相对的独立性，它的先进性程度体现在是否与劳动的技术组合方式相一致、相适应，这取决于社会科学技术即历史科学的发展水平和在社会生产过程中的应用程度。从"科学—技术—生产力"分析范式看，生产方式在系统构成上除了从生产力构成要素的技术组合维度考察外，还要从物质生产、技术研发和物质生产相结合的维度来考察，在此维度上，它包括物质生产的生产方式、技术研发的生产方式和科学研究的生产方式，三者既相互区别，又相互联系，共同构成了生产方式的有机统一整体，这也就是物质生产视域中的将技术和科学纳入其中的生产方式有机统一整体。在这个统一整体中，物质生产的生产方式是其核心和主要体现方式，技术研发的生产方式是其中介和重要构成方式，科学研究的生产方式是其外围和重要补充方式，如图4-3所示。

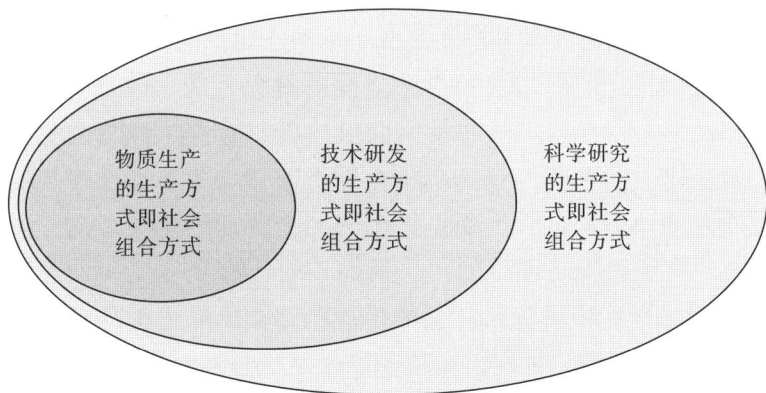

图4-3 "科学—技术—生产力"分析范式基础上的生产方式示意图

三、"科学—技术—生产力"分析范式基础上的生产关系

马克思指出："人们在自己生活的社会生产中发生一定的、必然的、不以他们的意志为转移的关系，即同他们的物质生产力的一定发展阶段相适合

的生产关系"①。在笔者看来，马克思在这里所讲的生产关系，主要是指在一定发展阶段的劳动技术组合方式基础上劳动的社会组合方式中所包含着的人与人的社会关系，这里的生产关系是与"物质生产力的一定发展阶段相适合的"，而在经济社会现实中的生产关系既有与"物质生产力的一定发展阶段相适合的"，也有与之不相适应的。与之相适应的生产关系是一定发展阶段的劳动技术组合方式基础上劳动的社会组合方式所显示的生产关系，这也就是狭义的生产关系。除此之外，即除了一定发展阶段的劳动技术组合方式基础上劳动的社会组合方式所显示的生产关系之外，其他与生产方式相关联的生产关系，就是广义上的生产关系。狭义的生产关系是由劳动的技术组合方式所决定的生产关系即其社会组织方式的人与人的劳动分工与协作的关系，而广义的生产关系则是在狭义生产关系基础上结成的人与人之间的经济关系。从理论上讲，广义的生产关系应当与狭义的生产关系相一致，但在经济社会现实中二者往往是不一致的。广义的生产关系往往表现为与一定生产力发展阶段上劳动技术组合方式所决定的劳动分工与协作关系相违背的状态，故有先进与落后之区别，它在实质上已经不是简单的劳动分工与协作的关系，而是人与人之间的经济利益关系。

生产关系之所以有狭义和广义之分，取决于生产有广义和狭义之别。狭义的生产即劳动，它是指"人和自然之间的过程，是人以自身的活动来中介、调整和控制人和自然之间的物质变换过程"②，是人获取自然资源以及进行加工制造的直接生产过程。在马克思看来，"劳动本身表现为生产劳动"，"这个从简单劳动过程的观点得出的生产劳动的定义"对于某个具体社会形态中的生产过程是不够的，尤其是"对于资本主义生产过程是绝对不够的"。③ 因此，生产还包括广义的生产，它指的是人们从获取自然资源到最终消费这些资源的总过程，实质上也就是社会再生产的过程。从人类社会之初发展到今天，人类的共同活动方式经历了从简单协作到初级的分工协作和发达的分工协作的历程，分工协作的系统越来越复杂化，人们最终消费的产品越来越不表现为自己生产的，而是通过自己生产的产品交换获得的，

---

① 《马克思恩格斯文集》第2卷，人民出版社2009年版，第591页。
② ［德］马克思：《资本论》第1卷，人民出版社2004年版，第207—208页。
③ ［德］马克思：《资本论》第1卷，人民出版社2004年版，第211页。

广义的生产过程依据从加工制造的直接生产到最终的消费，越来越呈现为生产、分配、交换和消费四个阶段。因此，广义的生产关系除了包括直接生产过程中的狭义生产关系，还包括社会再生产过程中的分配关系、交换关系和消费关系。

在不同的历史时期，人们生产出的产品按照相应的分配规则将产品分配给参与生产的不同成员，由此形成了人与人之间的分配关系。在社会分工发展的条件下，人们需要通过产品交换来获得自己最终需要的产品，在这个过程中形成了人与人之间的交换关系。人们在消费产品的过程中形成的相互关系就是消费关系。从历史的维度看，在货币媒介出现之前，人们往往先通过分配获得相关产品，然后再通过产品交换获得自己最终需要消费的产品；而在货币媒介产生之后，人们往往将产品先销售出去获得货币，然后将货币收入分配给每个成员，每个成员利用货币收入购买他们最终需要消费的产品。伴随着社会再生产的进行，生产不仅是生活资料产品的生产，也包括生产资料产品的生产，分配不仅是生活资料产品的分配，也包括生产资料产品的分配，交换和消费也表现得越来越复杂。因此，包括生产、分配、交换和消费等社会关系的广义生产关系，也经历了一个从简单到复杂的发展进程，并不断形成商品经济、市场经济条件下的广义生产关系。在马克思看来，广义的生产关系不仅可以分解为（狭义）生产关系、分配关系、交换关系和消费关系，而且生产、分配、交换和消费之间也形成了相互影响的关系，"它们构成一个总体的各个环节，一个统一体内部的差别"①。

从"科学—技术—生产力"分析范式看，包括生产、分配、交换和消费等的生产关系主要指的是在物质生产过程"总体"或"统一体"的生产关系，但在这个"总体"或"统一体"中，还包括技术研发过程"总体"的生产关系和科学研究过程"总体"的生产关系，只是技术产品的生产、分配、交换和消费往往依附于物质产品，而科学产品的生产、分配、交换和消费似乎显得比较"简单"，似乎不存在这些关系，因为科学产品已属于精神产品，往往当作"公共产品"。即便如此，马克思在《德意志意识形态》中明确指出："分工也以精神劳动和物质劳动的分工的形式在统治阶级中间

---

① 《马克思恩格斯文集》第8卷，人民出版社2009年版，第23页。

表现出来"①，"一个阶级是社会上占统治地位的物质力量，同时也是社会上占统治地位的精神力量。支配着物质生产资料的阶级，同时也支配着精神生产资料，因此，那些没有精神生产资料的人的思想，一般地是隶属于这个阶级的。占统治地位的思想不过是占统治地位的物质关系在观念上的表现，不过是以思想的形式表现出来的占统治地位的物质关系……作为思想的生产者进行统治，他们调节着自己时代的思想的生产和分配"②。在这里，马克思在一般意义上阐述了物质力量和精神力量、物质生产资料和精神生产资料被统治阶级占有的现实，统治阶级占有精神生产资料如同占有物质生产资料一样，占有物质生产资料的统治阶级组织物质生产形成占统治地位的物质生产关系，而占有精神生产资料的统治阶级则组织精神生产形成占统治地位的精神生产关系，这种精神生产关系也表现为统治阶级对精神产品即"思想的生产和分配"。而作为精神生产产品的科学不仅表现为知识，而且表现为知识形态的生产力，统治阶级如同占有人类劳动的物质产品一样，也占有人类劳动的科学产品，这在实质上已经成为一种利益关系。

在此意义上，科学研究不仅表现为科学劳动的技术组合方式，也不仅在此基础上形成科学劳动的社会组织方式，而且也表现出科学产品的生产、分配、交换和消费的生产关系。同时，这种生产关系不仅存在于物质生产、技术生产和科学生产三个"总体"之中，而且也存在于三个"总体"之间，即科学人员及科学管理人员、技术人员即技术管理人员、生产劳动者及管理者之间也存在这种生产关系。特别是在发明成为一种职业，科学成为物质生产的一种职能之时，生产关系在广义上不仅是物质生产过程"总体"的生产关系，而且也包括技术研发即技术生产过程"总体"的生产关系和科学研究即科学生产过程"总体"的生产关系。当社会生产力发展到比较高的阶段之后，后两种生产关系表现得越来越重要。这在劳动力或人力已经成为资本的今天，后两者的生产关系已经达到了相当高的程度，教育机构和科研机构已经不再仅是知识传授和知识制造的地方，而是已经具有知识资本、数据资本和人力资本或劳动力资本的生产性质。

---

① 《马克思恩格斯文集》第1卷，人民出版社2009年版，第551页。
② 《马克思恩格斯文集》第1卷，人民出版社2009年版，第550—551页。

四、"科学—技术—生产力"分析范式基础上的经济制度

马克思指出："人们在自己生活的社会生产中发生一定的、必然的……生产关系。这些生产关系的总和构成社会的经济结构，即有法律的和政治的上层建筑竖立其上并有一定的社会意识形式与之相适应的现实基础"①。因此，经济基础即社会的经济结构，它是指由社会一定发展阶段的生产力所决定的生产关系的总和，在现实性上它体现为社会生产力发展的一定阶段上的基本经济制度，其实质是制度化的物质利益关系。在社会生产力发展的一定阶段上，社会生产的实际运行是一个相当复杂的过程，一定社会内部往往存在着多种经济关系，有从这种社会脱胎出来的基本经济制度，也有前一社会残存的或其他社会的经济制度成分，还有未来社会的经济制度的萌芽，但决定一个社会性质的是其占支配地位的基本经济制度。一般地，一个社会的基本经济制度是一个国家宪法规定的最基本的内容，是这个国家其他一切经济制度、经济法律和经济规则的最高法律规定。

在马克思看来，一个社会的基本经济制度是由生产资料所有制决定的。生产资料所有制反映着这个社会最基本的生产关系，决定着这个社会的基本性质和发展方向，决定着对生产资料这种最基本的经济资源的控制权和对经济剩余的支配权，决定着这个社会的生产、交换、分配和消费的方式以及人们在社会中的地位。同时，生产资料所有制不仅是一个社会基本经济制度的基础和核心，而且也是这个社会基本的政治制度和法律制度的基础。"例如，法国革命废除了封建的所有制，代之以资产阶级的所有制"②，这种所有制的建立决定了这个社会基本的经济制度、政治制度和法律制度等都具有资本主义性质，决定了由此产生的两大阶级的两大不平等，即"占有社会生产资料并使用雇佣劳动的现代资本家阶级"和"没有自己的生产资料，因而不得不靠出卖劳动力来维持生活的现代雇佣工人阶级"③。而在生产力高度发展前提下代替资本主义私有制的是公有制，其社会的根本性质是社会主义，社会主义公有制是劳动者共同占有和支配生产资料，在此基础上形成

---

① 《马克思恩格斯文集》第2卷，人民出版社2009年版，第591页。
② 《马克思恩格斯文集》第2卷，人民出版社2009年版，第45页。
③ 《马克思恩格斯文集》第2卷，人民出版社2009年版，第31页。

的是一种人与人的新型平等关系，这种关系排除任何私人特权，人们共同劳动，共同享有所生产的劳动产品等。

在一定社会的经济制度体系中，除了基本的经济制度之外，还包括具体的经济制度即经济体制。经济体制是在宪法规定的基本经济制度的框架内制定的具体的经济制度和具体的经济行为规则。一定社会的基本经济制度是通过经济体制即具体的经济制度来实现的，经济体制作为具体的经济制度是一定社会的基本经济制度所采取的组织形式和管理形式，是一定社会的生产关系的具体实现形式，直接地表现为"作为生产关系实现形式的社会行为规则"①。因此，经济体制与社会生产力的发展具有更直接的关系，在实践中它总是与社会的基本经济制度结合在一起的，并通过一系列现实的、具体的社会经济行为规则体现出来的。例如社会主义的基本经济制度是生产资料公有制和按劳分配，它的具体实施是通过共有财产的管理方式和劳动报酬的支付方式来进行的，这种具体的管理方式和支付方式便属于具体的经济制度即经济体制。在具体的经济制度中，有些上升为法律并由国家强制实行的，这被称为正规的经济制度，有些则是人们在处理经济关系时由道德、习惯和习俗等自发形成的，被称为非正规的经济制度规则，它对经济活动起着重要的调节作用。与经济制度体系中的基本经济制度和具体经济制度相对应，社会经济制度的变迁主要体现为两种方式，一是在基本经济制度框架内的具体经济制度的改革，这也就是经济体制的改革，主要是改革基本经济制度的实现形式；二是突破基本经济制度的框架的变革，这是社会的所有制结构、阶级关系乃至国家政权性质的根本变革。这两种方式的经济制度变迁，其目的和归宿都是解放和发展社会生产力，或者说都是由社会生产力的发展状况决定的。

在对一定社会的经济基础作了一般性的考察之后，我们重点考察马克思关于经济基础的核心即马克思的所有制理论。在马克思看来，一定社会经济基础的核心是其基本经济制度，而基本经济制度的基础和核心是生产资料所有制。因此，马克思在唯物史观和政治经济学研究中重点考察的是生产资料所有制，它是马克思所有制理论的核心内容。但同时应当看到，马克思是将

---

① 林岗：《马克思主义与经济学》，经济科学出版社 2007 年版，第 81、69 页。

唯物辩证法作为研究人类社会及其发展的根本方法，他的所有制理论自然不是单一的、片面的，而是双重的、全面的，其内容既包括生产资料所有制，也包括劳动者的个人所有制，这与他对生产劳动构成的科学把握是密切相关的。马克思认为，生产劳动是劳动者和生产资料两个因素的有机结合，二者缺一不可，因此与生产劳动的两个因素相对应的所有制，不仅包括生产资料的所有制，而且也包括劳动者的个人所有制，这两个方面是缺一不可的。人类社会即使是在经过资本主义社会的充分发展，并保留了资本主义社会所创造的一切人类文明成果基础上的共产主义社会，马克思也仍然认为，劳动者的个人所有制也是一直存在着，并且发挥着重要的作用。

马克思在《资本论》第一卷中指出，个人所有制即个人"私有制作为社会的、集体的所有制的对立物，只是在劳动资料和劳动的外部条件属于私人的地方才存在。但是私有制的性质，却依这些私人是劳动者还是非劳动者而有所不同。……劳动者对他的生产资料的私有权是小生产的基础，而小生产又是发展社会生产和劳动者本人的自由个性的必要条件。诚然，这种生产方式在奴隶制度、农奴制度以及其他从属关系中也是存在的。但是，只有在劳动者是自己使用的劳动条件的自由私有者，农民是自己耕种的土地的自由私有者，手工业者是自己运用自如的工具的自由私有者的地方，它才得到充分发展，才显示出它的全部力量，才获得适当的典型的形式"①。在这里，马克思将劳动者的个人所有制与社会的、集体的所有制，或劳动者的个人私有制与非劳动者的个人私有制作了明确的区分，并把它们作为成对的范畴加以提出，这里充分体现了马克思唯物辩证法的思想；同时，马克思阐明了作为生产资料的个人私有制"只是在劳动资料和劳动的外部条件属于私人的地方才存在"，但是生产资料是归劳动者私有还是归非劳动者私有，其私有制的性质是不同的。生产资料归非劳动者私有或所有，并且非劳动者凭借其占有劳动者的产品，这呈现为有阶级划分的社会所具有的剥削性质，这是应当反对和废除的；但生产资料归劳动者私有或所有，劳动者将其与自己的劳动力相结合，这是人类社会生产物质生活本身的过程，是人类社会存在和发展的"第一个历史活动……而且，这是人们从几千年前直到今天单是为了

① ［德］马克思：《资本论》第 1 卷，人民出版社 2004 年版，第 872 页。

维持生活就必须每日每时从事的历史活动，是一切历史的基本条件"①，这是应当肯定的。因此，马克思在此充分肯定了劳动者、农民和手工业者的个人所有制即私有制，并认为私有制在历史上对促进生产力发展有着不可磨灭的影响。

但是，当人类社会进入有阶级的社会之后，劳动者的个人私有制呈现为一种异化的状态，尤其是进入资本主义社会，正如劳动异化达到了它的极致状态一样，私有制的异化也达到了它的极致状态。表面上看，劳动者拥有自己的劳动力而成为"自由的雇佣劳动者"——这比起以往的社会是一种历史的进步，但是在生产资料通过资本主义的原始积累等方式被彻底剥夺之后，劳动者的"自由"也就仅仅限制在了出卖自己劳动力的自由，与此同时，资本主义私有制的产生和发展，唤起了作为资本化身的人类本性中贪婪的潘多拉魔盒，使资本主义社会呈现出相互矛盾的两个方面，造成了"任何政党都不敢否认的事实。一方面产生了以往人类历史上任何一个时代都不能想象的工业和科学的力量；而另一方面却显露出衰颓的征兆，这种衰颓远远超过罗马帝国末期那一切载诸史册的可怕情景"②；一方面是机器具有减少人类劳动和使劳动更有成效的神奇的力量，而另一方面是普遍的饥饿和过渡的疲劳；一方面是财富的迅速积累，另一方面是贫困的急剧增加；一方面是技术文明的进步，另一方面是社会道德的败坏；"甚至科学的纯洁光辉仿佛也只能在愚昧无知的黑暗背景上闪耀，我们的一切发明和进步，似乎结果是使物质力量成为有智慧的生命，而人的生命则化为愚钝的物质力量"③。

在这样的现实面前，马克思为了人类的解放特别是无产阶级的解放提出了"重新建立个人所有制"的社会设想，他指出："从资本主义生产方式产生的资本主义占有方式，从而资本主义的私有制，是对个人的、以自己劳动为基础的私有制的第一个否定。但资本主义生产由于自然过程的必然性，造成了对自身的否定。这是否定的否定。这种否定不是重新建立私有制，而是在资本主义时代的成就的基础上，也就是说，在协作和对土地及靠劳动本身

---

① 《马克思恩格斯文集》第 1 卷，人民出版社 2009 年版，第 531 页。
② 《马克思恩格斯文集》第 2 卷，人民出版社 2009 年版，第 579—580 页。
③ 《马克思恩格斯文集》第 2 卷，人民出版社 2009 年版，第 580 页。

生产的生产资料的共同占有的基础上，重新建立个人所有制。"① 在这里，马克思明确地提出，这种否定的否定"不是重新建立私有制"，即不是重新建立非劳动者占有生产资料的私有制，而是"重新建立个人所有制"，即重新建立劳动者的个人所有制。这种重新建立的劳动者的个人所有制，是人自由而全面发展的彻底的个人所有制，是人都成为劳动者或者说劳动成为人的第一需要的劳动者的个人所有制，这是一种劳动者既将自身的劳动力归自己所有也将生产资料归自己所有的全面的个人所有制，而其前提是"在资本主义时代的成就的基础上，也就是说，在协作和对土地及靠劳动本身生产的生产资料的共同占有的基础上"，舍此难以达到。因此，对马克思"重新建立个人所有制"应当全面地加以理解，否则就会产生误读。

事实上，马克思提出的"重新建立个人所有制"思想，与他在《共产党宣言》中所讲的"共产党人可以把自己的理论概括为一句话：消灭私有制"②，表面上看是矛盾的，但在实质上二者并非矛盾的，而是完全吻合的、一致的。不仅如此，马克思提出的"重新建立个人所有制"是对他概括的"消灭私有制"的发展，指明了在"消灭私有制"之后要重新建立的一种全新的所有制形式。对此，需要结合马克思在《共产党宣言》中提出"消灭私有制"的上下文来全面地加以理解，而不能断章取义地直观解读。马克思在这里所讲的"消灭私有制"，要消灭的是资本主义私有制，而不是劳动者的个人所有制或劳动者的个人私有制；要消灭的"是现代的资产阶级的私有财产"，并非"要消灭个人挣得的、自己劳动得来的财产"和"构成个人的一切自由、活动和独立的基础的财产"。③ 马克思明确地指出："消灭先前存在的所有制关系，并不是共产主义所独具的特征……共产主义的特征并不是要废除一般的所有制，而是要废除资产阶级的所有制"，要废除"建立在阶级对立上面、建立在一些人对另一些人的剥削上面的产品生产和占有的最后而又最完备的表现"的"现代的资产阶级私有制"。④ 并且一再强调："共产主义并不剥夺任何人占有社会产品的权力，它只剥夺利用这种占有去

---

① ［德］马克思：《资本论》第 1 卷，人民出版社 2004 年版，第 874 页。
② 《马克思恩格斯文集》第 2 卷，人民出版社 2009 年版，第 45 页。
③ ［德］马克思：《资本论》第 1 卷，人民出版社 2004 年版，第 45 页。
④ ［德］马克思：《资本论》第 1 卷，人民出版社 2004 年版，第 45 页。

奴役他人劳动的权力"①;"我们决不打算消灭这种供直接生命再生产用的劳动产品的个人占有,这种占有并不会留下任何剩余的东西使人们有可能支配别人的劳动。我们要消灭的只是这种占有的可怜的性质,在这种占有下,工人仅仅为增殖资本而生活,并且只有在统治阶级的利益需要他生活的时候才能活着"②。

在反驳资产阶级反对派时,马克思这样讲道,你们一听说"我们要消灭私有制,你们就惊慌起来。但是,在你们的现存社会里,私有财产对十分之九的成员来说已经被消灭了;这种私有制之所以存在,正是因为私有财产对十分之九的成员来说已经不存在。可见,你们责备我们,是说我们要消灭那种以社会上的绝大多数人没有财产为必要条件的所有制。总而言之,你们责备我们,是说我们要消灭你们的那种所有制。的确,我们是要这样做的"③。从这些论述看,马克思并没有否定劳动者的个人所有制即劳动者的个人私有制,他提出"重新建立个人所有制",这是与劳动者的解放分不开的。实现人的自由全面发展是马克思理论体系的终极目标,而重建劳动者的个人所有制则是实现这一目标的经济基础④,因为只有建立了真正意义上的劳动者的个人所有制,才能真正实现人类生产物质生活本身,也才能实现人的自由而全面的发展。在马克思唯物史观中,劳动者在诸社会形态中的历史变迁中,从奴隶社会的"会说话的工具",到封建社会的"小生产者",劳动者实现了最起码的人身自由,但这种自由发展到资本主义社会后,劳动者随着资本的集中和大机器的使用已经异化为机器的附庸,虽然绝对生活资料增加了,但是相对剥削更严重。正是从劳动者与生产资料结合的生产关系角度,马克思揭示了资本主义生产关系中自身无法克服的资本主义私有制和社会化大生产的矛盾,并以此为契机,得出了两个必然的结论,并向世人发出让资产者为之战栗、让无产者为之鼓舞的宣言:"代替那存在着阶级和阶级对立的资产阶级旧社会的,将是这样一个联合体,在那里,每个人的自由发

---

① 〔德〕马克思:《资本论》第 1 卷,人民出版社 2004 年版,第 47 页。
② 〔德〕马克思:《资本论》第 1 卷,人民出版社 2004 年版,第 46 页。
③ 〔德〕马克思:《资本论》第 1 卷,人民出版社 2004 年版,第 47 页。
④ 何玉霞、刘冠军:《马克思重建个人所有制的再解读——以生产关系的二重性为分析视角》,《社会主义研究》2013 年第 1 期。

展是一切人的自由发展的条件。"①

由此可见，马克思的所有制理论不是单一的、片面的，而是双重的、全面的，既包括生产资料所有制，也包括劳动者的个人所有制。二者的有机统一是这一理论的全貌，切勿将其割裂开来，否则在经济基础的制度设计中必将陷入泥潭而难以自拔。在这方面，世界上社会主义国家的实践已经证实。

同时应当看到，在人类思想史上，所有制最初只是一个法权概念，是指一个人或一部分人对某物排他性的独占权即所有权，马克思第一次明确地把所有制的法律形式与经济内容区别开来，从而对所有制和所有权的概念作出了科学的规定，认为现存生产关系或财产关系"只是生产关系的法律用语"②，即是说所有权不仅是人与物的关系，而且也是人与人的关系，是社会生产关系的法律表现。财产的所有权即产权，它是生产关系的法律表现和实现形式。作为法律范畴的产权，其核心是所有者对所有物的排他性独占，其一般定义是所有人依法对自己的财产享有占有、使用、收益和处分的权利。占有权、使用权、收益权和处分权这四项权能，构成了完整的所有权。③

从唯物史观的"科学—技术—生产力"分析范式看，科学和技术都被纳入物质生产的视域，它们如同物质生产过程的生产力一样，也是社会生产的生产力。而生产力在唯物史观中是具有"最高意义的"起决定作用的范畴，不仅决定着生产关系即人们的物质利益关系，而且也决定着作为"生产关系总和"的经济基础，进而决定着生产关系的"刚性"社会形式即经济制度，尤其是一个社会的基本经济制度。因此，在唯物史观的"科学—技术—生产力"分析范式基础上，在物质生产领域中结成的生产关系即物质利益关系，已经不仅包括物质生产过程中物质产品的生产、分配、交换和消费的关系，而且也包括技术研发和科学研究过程中技术产品、科学产品的生产、分配、交换和消费的关系。一个社会的生产关系的总和所构成的经济基础，在"科学—技术—生产力"分析范式基础上已经成为上述三个领域的产品生产、分配、交换和消费的生产关系的总和；作为基本经济制度的所

① 《马克思恩格斯文集》第 1 卷，人民出版社 2009 年版，第 53 页。
② 《马克思恩格斯文集》第 2 卷，人民出版社 2009 年版，第 591 页。
③ 林岗：《马克思主义与经济学》，经济科学出版社 2007 年版，第 75、79 页。

有制关系，也由基于物质生产的所有制关系，扩展到基于技术研发的所有制关系和基于科学研究的所有制关系。

在"科学—技术—生产力"分析范式基础上形成的这种扩展了的所有制关系，由生产过程的两个方面即相互结合在一起的生产资料和劳动者所决定，也包括生产资料的所有制和劳动者的个人所有制两个方面。

一方面，在生产资料的所有制维度上，一个社会的基本的经济制度，从"科学—技术—生产力"分析范式看，不仅包括物质生产的生产资料所有制，而且包括技术研发所使用的技术生产资料的所有制，以及科学研究所使用的科学生产资料的所有制，三者构成了生产资料所有制的总体系。值得注意的是，马克思在其经典著作中重点考察分析的是物质生产的生产资料所有制，只要有马克思唯物史观基本常识的人都不会否认这一点，甚至认为马克思所讲的生产资料所有制就是物质生产领域的物质生产资料所有制。但是，当马克思把科学和技术纳入物质生产领域的生产力范畴进行考察研究时，也就意味着将技术研发的技术生产资料所有制和科学研究的科学生产资料所有制纳入了它的生产资料私有制的范畴之中，只是技术研发的生产资料所有制和科学研究的生产资料所有制与物质生产的生产资料所有制表现出不同的特征，因为技术研发所使用的生产资料，尤其是科学研究所使用的生产资料，不仅包括作为硬件设施的科学仪器、科学设备、科学实验室或科学研究室等物质手段——这也就是科学技术的物质生产资料，而且也包括作为软件设施的图书杂志、图书资料室或图书馆、图书信息管理系统等精神手段——这也就是科学技术的精神生产资料。而一旦涉及精神生产资料，它的所有制形式表现出不同于物质生产资料的特征，人们对精神生产资料的占有、使用、收益和处理主要针对劳动者的脑力劳动或智力劳动而言的，而精神生产资料的生产、分配、交换和消费主要遵循精神生产的规律。当纳入社会的物质生产力范畴，进而纳入物质生产领域之时，基于科学研究和技术研发的精神生产资料，其生产、分配、交换和消费关系便与物质生产的产品生产、分配、交换和消费关系交织在一起，共同构成了一个社会的"生产关系总和"，进而共同构成了一个社会的基本经济制度特别是生产资料所有制关系。

在马克思看来，一个社会的生产资料所有制不应当仅仅被看作物质生产资料的所有制——尽管这是生产资料所有制的主要体现，而且也应当包括精神生产资料所有制，因为在《德意志意识形态》中，马克思明确指出，科学和技术是社会分工的产物，都是社会生产力的表现形式，都"造成了大量的生产力"①，因此，"一个阶级是社会上占统治地位的物质力量，同时也是社会上占统治地位的精神力量。支配着物质生产资料的阶级，同时也支配着精神生产资料，因此，那些没有精神生产资料的人的思想，一般地是隶属于这个阶级的。占统治地位的思想不过是占统治地位的物质关系在观念上的表现，不过是以思想的形式表现出来的占统治地位的物质关系……作为思想的生产者进行统治，他们调节着自己时代的思想的生产和分配"②。也就是说，在科学和技术作为社会的物质力量和精神力量成为生产力，进而成为社会财富的表现形式和实际的创造者之时，阶级社会的统治阶级不仅占有和支配物质生产资料，而且也占有和支配精神生产资料，或者说，统治阶级占有和支配精神生产资料如同占有和支配物质生产资料一样，他们占有和支配的是作为生产力的物质力量和精神力量，即便是与科学和技术相距甚远的占统治地位的思想，也不过是占统治地位的物质关系在观念上的表现，不过是以思想的形式表现出来的占统治地位的物质关系，他们作为思想的生产者进行统治，在调节着自己时代的思想的生产和分配的同时，也占有和支配着科学研究和技术研发所使用的精神生产资料，进而占有和支配着作为精神产品的科学和技术，这里所体现的不仅是一种精神生产关系，而在实质上体现的是一种物质利益关系。正因如此，在人类历史上，统治阶级在疯狂攫取、占有和支配劳动者创造的物质生产资料的同时，同样疯狂地攫取、占有和支配精神生产资料，使之与劳动者相分离，使科学与劳动者相分离，从而"接受教育"成为统治者的特权。即便是劳动者接受教育，而"对绝大多数人来说不过是把人训练成机器罢了"，因此在《共产党宣言》中，马克思同恩格斯一起在反驳资产阶级反对派的观点时指出："所有这些对共产主义的物质产品的占有方式和生产方式的责备，也被扩展到精神产品的占有和生产方面。正如阶级的所有制的终止在资产者看来是生产本身的终止一样，阶级的教育的终止在他们看来就等于一切教育的终止。"③ 显然，资产阶级反对派

---

① 《马克思恩格斯文集》第 1 卷，人民出版社 2009 年版，第 566 页。
② 《马克思恩格斯文集》第 1 卷，人民出版社 2009 年版，第 550—551 页。
③ 《马克思恩格斯文集》第 2 卷，人民出版社 2009 年版，第 48 页。

的观点是对未来共产主义的恶意曲解和攻击，因为马克思在此明确地提出："工人革命的第一步就是使无产阶级上升为统治阶级"，"最先进的国家几乎都可以采取下面的措施……把教育同物质生产结合起来"，只有如此，才能实现"每个人的自由发展是一切人的自由发展的条件"。①

另一方面，在劳动者的个人所有制维度上，一个社会的劳动者个人所有制关系，从"科学—技术—生产力"分析范式看，不仅包括从事物质生产和管理的生产劳动者的个人所有制，而且也包括从事技术研发和管理的技术劳动者的个人所有制，以及从事科学研究和管理的科学劳动者的个人所有制，三者构成了劳动者的个人所有制的总体系。根据笔者对马克思经典著作文本的理解，对于从事物质生产和管理的生产劳动者的个人所有制来说，它主要是指生产劳动者的劳动力所有制或劳动力个人所有制。在马克思看来，劳动力即劳动者的劳动能力，它"被理解为一个人的身体即活的人体中存在的、每当他生产某种使用价值时就运用的体力和脑力的总和"②。存在于劳动者身体中的劳动力"是作为活的个人的能力而存在"的③，它的维系需要一个生产和再生产的过程。"劳动力的生产是这个个人本身的再生产或维持"④，而维持劳动力所有者的生存就必须使其拥有自身生存所必需的生活资料；同时，劳动力所有者还必须通过新生命的再生产即人口的生育和繁殖才能得以延续，这就是劳动力的再生产，而维持劳动力的再生产就必须使其家庭拥有维持劳动者家庭成员生存所必需的生活资料；另外，劳动力所有者及其子嗣要成为社会所需要的劳动力，还必须接受必要的教育和培训，这需要相应的费用。因此，生产劳动者的劳动力个人所有制包括两方面的内容，一是生产劳动者对自身的劳动力具有占有权、使用权、收益权和处理权等产权性质，二是生产劳动者对维持劳动力生产和再生产的生活资料以及必要的教育费用拥有所有权和支配权。

对于从事技术研发和管理的技术劳动者的个人所有制来说，它主要是指技术劳动者的劳动力所有制或劳动力个人所有制；而对于从事科学研究和管

---

① 《马克思恩格斯文集》第 2 卷，人民出版社 2009 年版，第 52—53 页。
② ［德］马克思：《资本论》第 1 卷，人民出版社 2004 年版，第 195 页。
③ ［德］马克思：《资本论》第 1 卷，人民出版社 2004 年版，第 198 页。
④ ［德］马克思：《资本论》第 1 卷，人民出版社 2004 年版，第 198—199 页。

理的科学劳动者的个人所有制来说，它主要是指科学劳动者的劳动力所有制或劳动力个人所有制。技术劳动者和科学劳动者的劳动力个人私有制，在内容上也包括两方面：一是技术劳动者和科学劳动者对自身的劳动力具有占有权、使用权、收益权和处理权等产权性质，二是技术劳动者和科学劳动者对维持劳动力生产和再生产的生活资料以及必要的教育费用拥有所有权和支配权。马克思指出："劳动力的教育费用随着劳动力性质的复杂程度而不同"①。一般说来，对于技术劳动者而言，他的劳动力性质的复杂程度较之于生产劳动者要高得多，属于比较高级的劳动力，因此其接受教育的费用也就比较多；而对于科学劳动者而言，他的劳动力性质的复杂程度较之于生产劳动者、技术劳动者都要高，属于社会中最高级的劳动力，因此其接受教育的费用也就最多。在一般意义上，作为经济制度的劳动者个人所有制，应当对技术劳动者和科学劳动者的劳动力性质作出明确的规定，尤其在这些经济制度实施过程中应当在科技体制、科技政策中有所体现。同时应当看到，不同劳动力的生产和再生产是在劳动者的日常生活中实现的，维持这些不同的劳动力生产和再生产的生活资料以及受教育的费用，还"包含着历史的和道德的要素"，由于各个国家的经济文化发展水平、生活习惯、历史传统等具体条件互不相同，因而在不同时期和不同国家，不同的劳动力所有者生存和生活平均所需要的生活资料的种类和数量也有较大差别，"但在一定国家的一定历史时期，生活资料的平均范围是一定的"②。

在此需要加以说明的是，上述对劳动者个人所有制思想内涵这一解读，主要依据马克思关于劳动力和劳动力商品的论述展开的。马克思的这些论述，尽管是在对资本主义生产方式及其生产关系进行研究的政治经济学中做出的，但马克思的政治经济学研究与唯物史观是辩证统一的，前者是后者的运用，而后者又对前者进行了深入的阐释，也正是马克思在政治经济学研究的深入阐释中，劳动者个人所有制在实质上是劳动者的劳动力个人所有制的理论观点得以彰显，进而在唯物史观的层面上呈现出来。

综上所述，从"科学—技术—生产力"分析范式看，一定社会的经济

① ［德］马克思：《资本论》第1卷，人民出版社2004年版，第200页。
② ［德］马克思：《资本论》第1卷，人民出版社2004年版，第199页。

制度作为"生产关系的总和",既包括基于物质生产的所有制制度,也包括基于技术研发的所有制制度和基于科学研究的所有制制度。在这三种类型的所有制制度中,同时包含着生产资料所有制和劳动者个人所有制。(1)在基于物质生产的所有制制度中,物质生产资料所有制主要体现的是人们在物质产品的生产、分配、交换和消费过程中的物质利益关系;而生产劳动者的个人所有制主要体现的是生产劳动者的劳动力个人所有制,它既包括生产劳动者对自身的劳动力具有占有权、使用权、收益权和处理权等产权制度,也包括生产劳动者对维持劳动力生产和再生产的生活资料以及必要的教育费用拥有所有权和支配权制度。(2)在基于技术研发的所有制制度中,技术生产资料所有制主要体现的是人们在技术产品的生产、分配、交换和消费过程中的物质利益关系;而技术劳动者的个人所有制主要体现的是技术劳动者的劳动力个人所有制。(3)在基于科学研究的所有制制度中,科学生产资料所有制主要体现的是人们在科学产品的生产、分配、交换和消费过程中的物质利益关系;而科学劳动者的个人所有制主要体现的是科学劳动者的劳动力个人所有制。应当看到的是,技术劳动者和科学劳动者的劳动力个人私有制,同样包含着两个方面的内容,一是技术劳动者和科学劳动者对自身的劳动力具有占有权、使用权、收益权和处理权等产权制度;二是技术劳动者和科学劳动者对维持劳动力生产和再生产的生活资料以及必要的教育费用拥有所有权和支配权。而在这些经济制度下,科学产品、技术产品和物质产品的交换比例关系,科学劳动者、技术劳动者和生产劳动者之间的劳动力产权关系以及三者之间的生活资料的所有制的关系,它们共同体现着科学劳动者、技术劳动者和生产劳动者之间深层次的物质利益关系。这些不同领域、不同层面上的经济制度,共同构成了"科学—技术—生产力"分析范式基础上的经济制度体系,也共同构成了一个社会作为"生产关系总和"的经济基础。这一经济制度体系的系统构成,如图4-4所示。

同时应当注意的是,在"科学—技术—生产力"分析范式的经济制度体系中,由于科学研究、技术研发和物质生产伴随经济社会的发展越来越呈现为一体化的趋势,因此基于科学研究、技术研发和物质生产的三种所有制越来越呈现为相互联系、相互影响和相互作用的一体化趋向。与此相适应,在这三种类型所有制中包含着的科学生产资料、技术生产资料和物质生产资

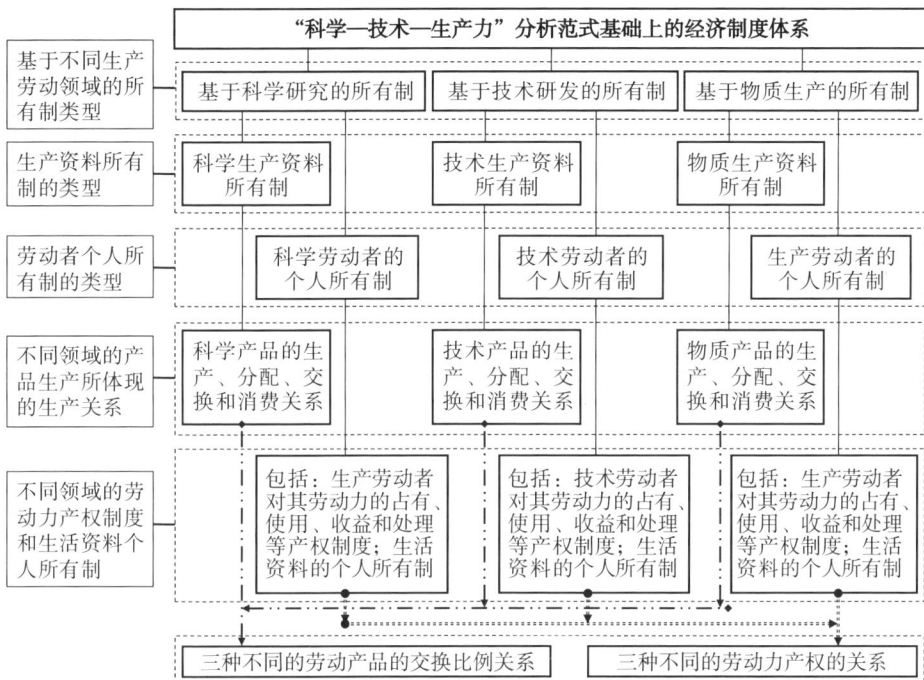

图 4-4 "科学—技术—生产力"分析范式基础上经济制度体系的构成示意图

料的所有制，以及科学劳动者、技术劳动者和生产劳动者的个人所有制，也越来越呈现为相互联系、相互影响和相互作用的一体化趋向。

五、"科学—技术—生产力"分析范式基础上的经济发展规律

人类社会的发展是通过社会形态的更替表现出来的，而社会形态是关于社会运动的具体形式、发展阶段和不同质态的范畴，是同生产力发展一定阶段相适应的经济基础与上层建筑的统一体。在唯物史观的创立过程中，马克思在"人们的社会存在决定人们的意识"[①] 这一科学的方法论原则的前提下，揭示的生产力与生产关系的矛盾运动规律和经济基础与上层建筑的矛盾运动规律，决定着社会形态的更替和历史发展的基本趋势。生产关系一定要适合生产力发展状况的规律和上层建筑一定要适合经济基础状况的规律，既

① 《马克思恩格斯文集》第 2 卷，人民出版社 2009 年版，第 591 页。

是人类社会发展的一般规律，也是人类社会经济发展的根本规律。这是传统理论界对马克思揭示的人类社会经济发展规律的概括和凝练。但是，当我们从唯物史观的"科学—技术—生产力"分析范式出发，沿着马克思深入到经济社会形态内部进行深入考察的逻辑轨迹看，马克思在其经典著作中揭示出来的人类社会经济发展规律，并非如此单维地呈现为线性发展的规律，而是多维度地呈现为非线性发展的规律。也就是说，在这一概括和凝练的背后，遮蔽了马克思唯物史观关于人类社会经济发展规律的丰富内涵，正如列宁所指出的："马克思主义的全部精神，它的整个体系，要求人们对每一个原理都要（α）历史地，（β）都要同其他原理联系起来，（γ）都要同具体的历史经验联系起来加以考察"①，我们"必须把人的全部实践——作为真理的标准，也作为事物同人所需要它的那一点的联系的实际确定者——包括到事物的完整的'定义'中去"②。因此，笔者在对马克思关于经济社会发展规律的基本范畴——生产力的劳动技术组合方式、社会组合方式即生产方式、生产关系和经济制度等，在"科学—技术—生产力"分析范式基础上进行了考察分析之后，再在这一分析范式的基础上对马克思揭示的经济社会发展规律的丰富内涵进行深入考察分析和全面系统总结。

从"科学—技术—生产力"分析范式看，马克思在其经典著作中揭示的人类社会经济发展规律，若从某一社会经济形态的"同时态"横向平面维度加以概括和总结，那么它主要体现为如图4-5所示的基于三个不同生产劳动领域的社会经济发展规律。

在图4-5所示的横向维度上，"科学—技术—生产力"分析范式基础上的生产劳动领域，是由作为生产力的科学产品的研究领域、技术产品的研发领域和传统意义上物质产品的生产领域来构成的，三者之间是相互联系、相互影响和相互作用的，越来越呈现出一体化共同发展的态势。在这相互关联的三个不同领域中，在生产力构成要素的层面上，依次展现为相互关联的由科学劳动者、科学生产资料（科学劳动资料、科学劳动对象）构成的科学研究的生产力系统，由技术劳动者、技术生产资料（技术劳动资料、技术

---

① 《列宁选集》第2卷，人民出版社2012年版，第785页。
② 《列宁选集》第4卷，人民出版社2012年版，第419页。

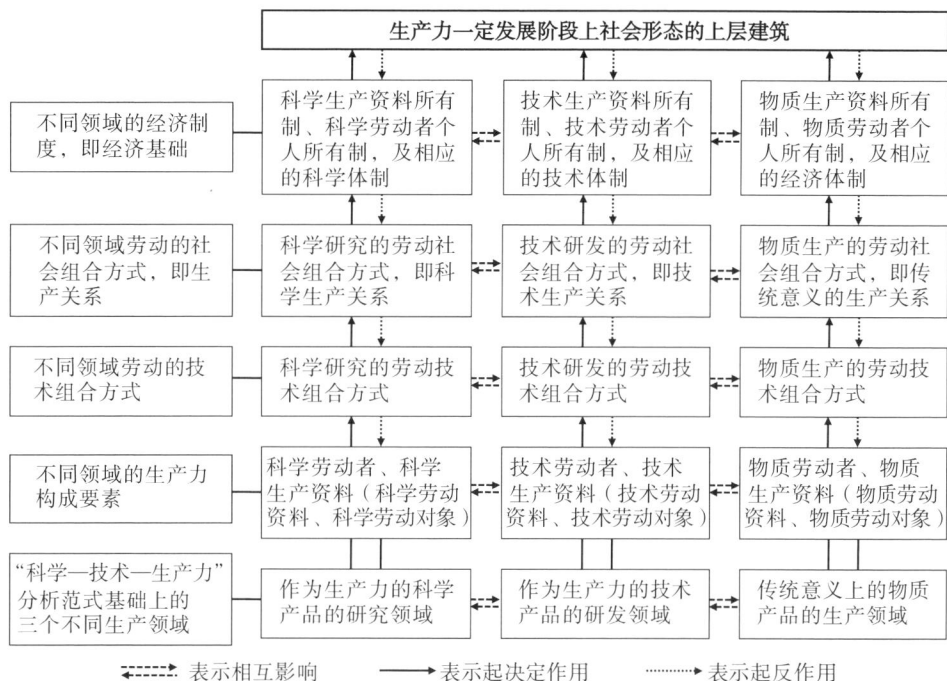

图 4-5 "科学—技术—生产力"分析范式基础上的经济社会发展规律示意图

劳动对象）构成的技术研发的生产力系统，由物质劳动者、物质生产资料（物质劳动资料、物质劳动对象）构成的物质生产的生产力系统；在劳动技术组合方式的层面上，依次展现为相互关联的科学研究的劳动技术组合方式、技术研发的劳动技术组合方式、物质生产的劳动技术组合方式；在劳动社会组合方式即生产关系层面上，依次展现为相互关联的科学研究的劳动社会组合方式即科学生产关系、技术研发的劳动社会组合方式即技术生产关系、物质生产的劳动社会组合方式即传统意义上的生产关系；在经济制度即经济基础层面上，依次展现为相互关联的科学生产资料所有制、科学劳动者个人所有制以及相应的科学体制，技术生产资料所有制、技术劳动者个人所有制以及相应的技术体制，物质生产资料所有制、物质劳动者个人所有制以及相应的经济体制；而在此经济基础之上的是，生产力一定发展阶段上的经济社会形态的上层建筑。马克思将这三个不同领域的层次结构，按照从生产力经过多个中介环节直到社会上层建筑的循序，依次概括为：生产力的构成要素，生产力构成要素的劳动技术组合方式，生产力构成要素的劳动社会组合方式即生产关系，体现作为"一个统一的整体"① 的"生产关系总和"或体现"构成社会的经济结构"② 的经济制度即经济基础，以及生产力一定发展阶段上的经济社会形态即由其经济基础所决定的社会上层建筑。

在图 4-5 所示的纵向维度上，"科学—技术—生产力"分析范式基础上的三个不同的生产劳动领域，即作为生产力的科学产品的研究领域、技术产品的研发领域和传统意义上物质产品的生产领域，各自形成了相互作用的矛盾运动规律。

第一，在作为生产力的科学产品的研究领域中，形成了"由科学劳动者、科学生产资料（科学劳动资料、科学劳动对象）构成的科学研究的生产力系统→科学研究的劳动技术组合方式→科学研究的劳动社会组合方式即科学生产关系→由科学生产资料所有制、科学劳动者个人所有制以及相应的科学体制等构成的经济基础→生产力一定发展阶段上社会形态的上层建筑"的依次起决定作用的关系规律；而在其相反的方向上，形成了"生产力一定发展阶段上社会形态的上层建筑→由科学生产资料所有制、科学劳动者个人所有制以及相应的科学体制等构成的经济基础→科学研究的劳动社会组合方式即科学生产关系→科学研究的劳动技术组合方式→于由科学劳动者、科学生产资料（科学劳动资料、科学劳动对象）构成的科学研究的生产力系统"的依次起反作用的关系规律。

第二，在作为生产力的技术产品的研发领域中，形成了"由技术劳动者、技术生产资料（技术劳动资料、技术劳动对象）构成的技术研发的生产力系统→技术研发的劳动技术组合方式→技术研发的劳动社会组合方式即技术生产关系③→由技术生产资料所有制、技术劳动者个人所有制以及相应的技术体制等构成的经济基础→生产力一定发展阶段上社会形态的上层建筑"的依次起决定作用的关系规律；而在其相反的方向上，形成了"生产

---

① 《马克思恩格斯文集》第 1 卷，人民出版社 2009 年版，第 603 页。
② 《马克思恩格斯文集》第 2 卷，人民出版社 2009 年版，第 591 页。
③ 关于科技生产力、科技生产关系及其二者的矛盾规律，参见笔者的以下论文：（1）《科技生产关系的发展和特点》，《东岳论丛》1997 年第 4 期；（2）《论科技生产力构成的特殊性》，《理论学刊》1997 年第 4 期；（3）《论科技生产力和科技生产关系的矛盾及其规律》，《科学技术与辩证法》1999 年第 1 期。

力一定发展阶段上社会形态的上层建筑→由技术生产资料所有制、技术劳动者个人所有制以及相应的技术体制等构成的经济基础→技术研发的劳动社会组合方式即技术生产关系→技术研发的劳动技术组合方式→由技术劳动者、技术生产资料（技术劳动资料、技术劳动对象）构成的技术研发的生产力系统"的依次起反作用的关系规律。

第三，在传统意义上的物质产品的生产领域中，形成了"由物质劳动者、物质生产资料（物质劳动资料、物质劳动对象）构成的物质生产的生产力系统→物质生产的劳动技术组合方式→物质生产的劳动社会组合方式即传统意义的生产关系→由物质生产资料所有制、物质劳动者个人所有制以及相应的经济体制等构成的经济基础→生产力一定发展阶段上社会形态的上层建筑"的依次起决定作用的关系规律；而在其相反的方向上，形成了"生产力一定发展阶段上社会形态的上层建筑→由物质生产资料所有制、物质劳动者个人所有制以及相应的经济体制等构成的经济基础→物质生产的劳动社会组合方式即传统意义的生产关系→物质生产的劳动技术组合方式→由物质劳动者、物质生产资料（物质劳动资料、物质劳动对象）构成的物质生产的生产力系统"的依次起反作用的关系规律。

从"科学—技术—生产力"分析范式看，在人类社会的发展过程中，作为生产力的三个不同领域，即科学产品的研究领域、技术产品的研发领域和传统意义上物质产品的生产领域，在人类社会早期发展阶段上呈现为原始的一体化发展，到进入近代伴随着资本主义生产方式的产生和发展而呈现为相互分化和相对独立的发展，在马克思所处的时代呈现为相互联系、相互影响和相互作用的态势，并且初步呈现出了一体化发展的趋向，表现为科学革命、技术革命和产业革命相互缠绕在一起共同向前推进的社会现实，马克思在其经典著作中揭示的人类社会经济发展规律正是对这一社会现实的反映。因此，从人类社会经济形态的"历时态"纵向立体发展的维度加以概括和总结，马克思在其经典著作中揭示的人类社会经济发展规律，已经全面地反映了基于三个不同生产劳动领域的"生产力的构成要素⇄生产力构成要素的劳动技术组合方式⇄生产力构成要素的劳动社会组合方式即生产关系⇄体现'生产关系总和'的经济制度即经济基础⇄生产力一定发展阶段上的经济社会形态即由其经济基础所决定的社会上层建筑"的三个维度上的矛盾规律，并且这三个维度上的矛盾规律是相互缠绕在一起加以展开的。大家知道，在古代的美索不达米亚，人们发明了一种三螺旋状的提水螺旋，用于把水从低处提到高出，它是一般灌溉农业以及古代七大奇观之一的巴比伦"空中花园"的农业创新水利系统的基础。① 现在，我们用作为物理创新的"三螺旋"来形象比喻马克思在其经典著作中揭示的人类社会在这三个维度上的经济发展规律，应当是恰如其分的，这也如同在 DNA 的双螺旋结构中又加上一维螺旋线形成了"三螺旋结构"一样。

换而言之，马克思在其经典著作中揭示的人类社会经济发展规律，内在地包含了科学、技术和生产三个不同领域，从"生产力的构成要素⇆生产力构成要素的劳动技术组合方式⇆生产力构成要素的劳动社会组合方式即生产关系⇆体现'生产关系总和'的经济制度即经济基础⇆生产力一定发展阶段上的经济社会形态即由其经济基础所决定的社会上层建筑"的三螺旋上升的矛盾规律。马克思在《〈政治经济学批判〉序言》中概括的人类社会经济发展的规律，即"人们在自己生活的社会生产中发生一定的、必然的、不以他们的意志为转移的关系，即同他们的物质生产力的一定发展阶段相适合的生产关系。这些生产关系的总和构成社会的经济结构，即有法律的和政治的上层建筑竖立其上并有一定的社会意识形式与之相适应的现实基础。物质生活的生产方式制约着整个社会生活、政治生活和精神生活的过程"②，正是基于科学、技术和生产形成的这一三螺旋上升矛盾规律的高度凝练。若不做如此的解读，那么就难以理解马克思在其经典著作中，在阐述人类社会经济发展的规律时，为什么一而再、再而三地阐述科学、技术和物质生产的内在关联，并且一而再、再而三地反复强调生产力中不仅包括技术，而且包括科学，科学和技术都是极其重要的生产力，尤其是在将唯物史观中的人类经济社会发展的规律运用到对资本主义生产方式的研究时，马克思在《资本论》第一卷中要单独列出第十三章来大篇幅地考察"机器和大工业"③，在《政治经济学批判（1857—1858 年手稿）》中要长篇幅地单独考察"机

---

① ［美］亨利·埃茨科威兹：《国家创新模式——大学、产业、政府"三螺旋"创新战略》，周春彦译，东方出版社 2014 年版，第 3 页。

② 《马克思恩格斯文集》第 2 卷，人民出版社 2009 年版，第 591 页。

③ ［德］马克思：《资本论》第 1 卷，人民出版社 2004 年版，第 427—580 页。

器体系和科学发展以及资本主义劳动过程的变化"①，以及在《政治经济学批判（1861—1863 年手稿）》中要大篇幅地单独考察"机器。自然力和科学的应用（蒸汽、电、机械的和化学的因素）"②，等等。

第四节　"生产力中也包括科学"：唯物史观分析范式的政治经济学转换

马克思在《〈政治经济学批判〉序言》中回顾自己研究政治经济学的经历时指出，他是通过对黑格尔法哲学的批判性分析而走向剖析市民社会的政治经济学研究的。唯物史观的创立过程，既是马克思在批判性地分析黑格尔唯心主义哲学和费尔巴哈旧唯物主义哲学、进而揭示人类社会历史发展规律的过程，同时也是马克思批判性地分析古典政治经济学、进而形成和确立对人类社会发展的特定阶段即资本主义社会进行政治经济学研究的方法论原则的过程。这一方法论原则就是唯物史观的基本原理和基本观点，是马克思"一经得到就用于指导"他进行政治经济学"研究工作的总的结果"③。在此意义上，唯物史观从物质生产视域出发确立的"科学—技术—生产力"分析范式，成为马克思进行政治经济学研究的基本分析范式；通过上述的考证分析可见，马克思在"科学—技术—生产力"分析范式基础上形成的"科技—经济"思想，特别是在这一分析范式基础上形成的从"生产力的构成要素⇆生产力构成要素的劳动技术组合方式⇆生产力构成要素的劳动社会组合方式即生产关系⇆体现'生产关系总和'的经济制度即经济基础⇆生产力一定发展阶段上的经济社会形态即由其经济基础所决定的社会上层建筑"的三螺旋上升矛盾规律，成为马克思在政治经济学研究过程中探索其"科技—经济"思想的基本遵循。

但同时应当看到，马克思从对人类社会及其历史发展的唯物史观探索，逐步转向深入资本主义社会这一特定人类发展历史阶段，特别是深入资本主义物质生产方式以及和它相适应的生产关系和交换关系进行政治经济学研究

---

① 《马克思恩格斯文集》第 8 卷，人民出版社 2009 年版，第 182—206 页。
② 《马克思恩格斯文集》第 8 卷，人民出版社 2009 年版，第 276—368 页。
③ 《马克思恩格斯文集》第 2 卷，人民出版社 2009 年版，第 591 页。

的过程中，为了立足资本主义经济社会的现实，揭示资本主义经济社会的发展规律，他对唯物史观的"科学—技术—生产力"分析范式进行了政治经济学的创造性转换和科学抽象，形成了政治经济学研究中的"生产力中也包括科学"的分析范式。这一分析范式，对马克思政治经济学中"科技—经济"思想的形成具有至关重要的作用，也是我们系统把握和深入理解马克思政治经济学中"科技—经济"思想的基本前提。因此，在系统考证马克思政治经济学中的"科技—经济"思想之前，有必要首先对其分析范式进行考察分析。

一、"科学—技术—生产力"分析范式的政治经济学创造性转换

恩格斯在 1886 年为《资本论》撰写的英文版序言中指出："一门科学提出的每一种新见解都包含这门科学的术语的革命。"① 在今天看来，恩格斯所讲的"这门科学的术语的革命"，在实质上就是这门科学的基本概念图式的革命即基本分析范式的革命。马克思对"科技—经济"问题探索，在实现了从唯物史观物质生产的宏大哲学视域向政治经济学资本主义生产的具体科学领域的转向之后，也存在着基本分析方式的革命，具体体现为唯物史观的"科学—技术—生产力"分析范式在政治经济学运用过程中的创造性转换和科学抽象。在此，我们深入地考察和研究马克思关于唯物史观"科学—技术—生产力"分析范式的政治经济学创造性运用，对于从生产力的高度深刻地理解和全面地把握马克思在政治经济学研究过程中提出的"科技—经济"新思想、新论断，以及在新科技革命和社会主义市场经济条件下发展马克思政治经济学中的"科技—经济"思想等，是至关重要的。

"科学—技术—生产力"分析范式是马克思从生产力高度研究整个人类社会历史发展的概念范式，是将科学研究、技术研发和物质生产三个不同领域的生产力纳入物质生产视域所形成的一个生产力分析范式。唯物史观的这一分析范式要在政治经济学的研究过程中得以具体运用，必须进行创造性的转换和科学的抽象。这是因为，唯物史观是对整个人类社会及其历史发展进行科学化哲学研究的产物，隶属于具有高度普适性的马克思主义哲学范畴；

① ［德］马克思：《资本论》第 1 卷，人民出版社 2004 年版，第 32 页。

而政治经济学"主要用英国作为例证"对"资本主义生产方式以及和它相适应的生产关系和交换关系"的科学研究，这如同物理学家"在自然过程表现得最确实、最少受干扰的地方观察自然过程的，或者，如有可能，是在保证过程以其纯粹形态进行的条件下从事实验的"研究一样，也如同生物学家那样，这是在做"显微解剖学所要做的那种琐事"；而与自然科学研究所不同的是，"分析经济形式，既不能用显微镜，也不能用化学试剂。二者都必须用抽象力来代替"。① 这也就是说，马克思对政治经济学的研究如同自然科学的研究一样，是将其视为真正意义上的科学研究，这显然不同于对人类社会及其历史发展的哲学研究。因此，"科学—技术—生产力"这一唯物史观的分析范式，如果不对其进行创造性转换和科学抽象，那是难以将它具体运用到政治经济学这一科学研究之中的。

那么，对"科学—技术—生产力"这一唯物史观的分析范式进行创造性转换和科学抽象的实质是什么？简而言之，就是将唯物史观关于科学研究、技术研发和物质生产三个不同领域创造的生产力，不仅在一般意义上纳入物质生产视域所形成的生产力之中，而且要在真正意义上"完全纳入"物质生产领域的劳动生产力之中，或者说，将科学研究创造的生产力和技术研发创造的生产力高度统一到物质生产的劳动生产力。在具体的分析范式上，就是将唯物史观的"科学—技术—生产力"分析范式，通过创造性转换和科学抽象，使之成为能够应用于政治经济学研究的劳动生产力分析范式，并在此基础上达到科学研究资本主义生产方式以及和它相适应的生产关系和交换关系之目的。只有这样，我们才能真正体会到马克思在其政治经济学的经典著作中，为什么很少直接地讲科学和技术就是生产力，而在绝大多数的场合下只是讲生产力中包括科学和技术，劳动生产力的发展取决于科学和技术的进步，劳动生产力是随着科学和技术的不断进步而不断发展的，科学和技术是劳动生产力发展的动因，等等。难道马克思不知道科学和技术就是生产力吗？难道他不知道科学是一种独立的生产力吗？当然不是，马克思早就洞察到了机器"大工业则把科学作为一种独立的生产能力与劳动分离

---

① ［德］马克思：《资本论》第 1 卷，人民出版社 2004 年版，第 8 页。

开来"① 的社会现实。在这里，马克思已经颇为明确地将科学作为一种"独立的生产能力"，一种独立的生产力。但是，马克思一方面为了表述的严谨和符合政治经济学的规范，另一方面符合科学作为一种独立的生产力与劳动相分离的资本主义社会现实，马克思只能这样讲。而在这样讲的背后，潜在地蕴含着一个重要的理论假设性质的前提——一个基于资本主义经济社会现实的理论前提，这就是"生产力中也包括科学"的理论前提。在笔者看来，这是对唯物史观中的"科学—技术—生产力"分析范式在政治经济学研究中创造性转换的新分析范式——"生产力中也包括科学"的分析范式。

二、"生产力中也包括科学"分析范式的马克思经典著作考证

关于政治经济学研究中的"生产力中也包括科学"的分析范式，马克思在《政治经济学批判（1857—1858 年手稿)》的《机器体系和科学发展以及资本主义劳动过程的变化》中作了比较集中的系统论证。在马克思看来，在资本主义机器大工业的物质生产方式中，科学"知识和技能的积累，社会智力的一般生产力的积累，就同劳动相对立而被吸收在资本当中，从而表现为资本的属性，更明确些说，表现为固定资本的属性，只要后者是作为真正的生产资料加入生产过程"②。也就是说，科学的进步和科学知识的积累，是作为"社会智力的一般生产力的积累"，是体现在资本之中表现为资本的属性和资本的力量，尤其是被吸收在固定资本之中的属性和力量。这些固定资本发展为机器和机器体系时，成了资本主义生产方式特有的物质生产资料或物质劳动资料，科学就内含其中，其结果是：一方面，"科学通过机器的构造驱使那些没有生命的机器肢体有目的地作为自动机来运转"，进而表现为"机器本身的力量"，即资本的力量；另一方面，"这种科学并不存在于工人的意识中，而是作为异己的力量……通过机器对工人发生作用"，③ 因而"在机器体系中，对工人来说，知识表现为外在的异己的东西"④。

---

① ［德］马克思：《资本论》第 1 卷，人民出版社 2004 年版，第 418 页。
② 《马克思恩格斯文集》第 8 卷，人民出版社 2009 年版，第 186—187 页。
③ 《马克思恩格斯文集》第 8 卷，人民出版社 2009 年版，第 185 页。
④ 《马克思恩格斯文集》第 8 卷，人民出版社 2009 年版，第 197 页。

因此，马克思明确地指出："固定资本在生产过程内部作为机器来同劳动相对立的时候，而整个生产过程不是从属于工人的直接技巧，而是表现为科学在工艺上的应用的时候，只有到这个时候，资本才获得了充分的发展，或者说，资本才造成了与自己相适合的生产方式。可见，资本的趋势是赋予生产以科学的性质，而直接劳动则被贬低为只是生产过程的一个要素……在资本的进一步发展中，我们看到：一方面，资本是以生产力的一定的现有的历史发展为前提的——在这些生产力中也包括科学——，另一方面，资本又推动和促进生产力向前发展。"① 在马克思看来，固定资本在资本主义生产方式发展进程中，当以机器和机器体系这些资本主义特有的生产资料形式呈现出来之时，也就是科学在资本主义生产工艺上得到应用之时，只有在此时固定资本才能够获得充分的发展，而固定资本发展的趋势是赋予资本主义的物质生产以科学的性质，科学的发展则成为赋予固定资本获得充分发展的内在动因，因此，"从机器体系随着社会知识的积累、整个生产力的积累而发展来说，代表一般社会劳动的不是劳动，而是资本。社会的生产力是用固定资本来衡量的，它以物的形式存在于固定资本中，另一方面，资本的生产力又随着被资本无偿占有的这种普遍的进步而得到发展"②。

在此意义上，以机器、机器体系形式出现的固定资本是随着科学的发展而不断获得积累，而科学也因此成为包含在"用固定资本来衡量的"社会生产力之中。正因如此，马克思在政治经济学研究中形成了一个基于资本主义生产方式之现实的假设性质的理论前提，也是他对资本主义生产方式以及和它相适应的生产关系和交换关系进行政治经济学研究的分析范式，这就是"生产力中也包括科学"的分析范式。这一分析范式，在马克思政治经济学的代表作《资本论》及其相关经济学手稿中得到了充分的运用，这从下面对这一分析范式的重大理论意义的考察分析可以得到充分的说明。

三、"生产力中也包括科学"分析范式的政治经济学意义

"生产力中也包括科学"的分析范式，是马克思将唯物史观的"科学—

---

① 《马克思恩格斯文集》第 8 卷，人民出版社 2009 年版，第 188 页。
② 《马克思恩格斯文集》第 8 卷，人民出版社 2009 年版，第 187 页。

技术—生产力"分析范式通过高度的科学抽象进而创造性地转换为物质生产的劳动生产力分析范式,这对于他的政治经济学研究具有重大的意义,对于我们准确地理解马克思在政治经济学研究所做的一系列科学抽象和科学处理起着至关重要的作用。唯物史观中的"科学—技术—生产力"分析范式是马克思从物质生产视域对人类社会发展进行科学研究的基本方式,而他对其进行了政治经济学的创造性转换和科学抽象之后所形成的"生产力中也包括科学"的分析范式,则进一步将研究的视域聚焦在物质生产的视域。尽管科学"代表一般社会劳动",是"社会智力的一般生产力",但基于资本主义生产方式特别是机器大工业生产方式的现实,必须纳入"固定资本"所代表的"物质生产力"范畴。只有作出这样的科学抽象,马克思在当时的历史条件下才能真正开展政治经济学的科学研究,才能真正做到像物理学家那样在自然过程表现得最确实、最少受干扰的地方观察自然过程,在保证过程以其纯粹形态进行的条件下从事实验,才能真正做到像生物学家那样做显微解剖学所要做的那种琐事。

这是因为,科学研究和技术研发创造生产力的过程,较之物质生产创造生产力的过程要复杂得多,前者属于比较复杂的劳动过程,甚至是相当复杂的劳动过程,而后者则是相对简单的劳动过程,前者只有通过科学抽象进而简化为后者,或者说前者只有"还原"为后者,才能符合科学研究的简单性原则,才能真正做到对资本主义经济社会现实的科学研究。对此,在《资本论》第一卷第一篇的第一章中,马克思在论述商品的价值时就做了严谨而明确的说明。他指出:"商品价值体现的是人类劳动本身,是一般人类劳动的耗费"①,而这里的人类劳动指的是"每个没有任何专长的普通人的有机体平均具有的简单劳动力的耗费。简单平均劳动本身虽然在不同的国家和不同的文化时代具有不同的性质,但在一定的社会里是一定的。比较复杂的劳动只是自乘的或不如说多倍的简单劳动,因此,少量的复杂劳动等于多量的简单劳动。经验证明,这种简化是经常进行的。一个商品可能是最复杂的劳动的产品,但是它的价值使它与简单劳动的产品相等,因而本身只表示一定量的简单劳动。各种劳动化为当做它们的计量单位的简单劳动的不同比

---

① ［德］马克思:《资本论》第 1 卷,人民出版社 2004 年版,第 57 页。

例，是在生产者背后由社会过程决定的，因而……为了简便起见，我们以后把各种劳动力直接当做简单劳动力，这样就省去了简化的麻烦"①。在《资本论》第一卷第三篇的第五章中，马克思论述劳动过程和价值增殖过程时又重申了这一说明。他指出："对于价值的增殖过程来说，资本家占有的劳动是简单的、社会的平均劳动，还是较复杂的、比重较高的劳动，是毫无关系的……在每一个价值形成过程中，较高级的劳动总是要化为社会的平均劳动，例如一日较高级的劳动化为 x 日简单的劳动。因此，假定资本使用的工人是从事简单的社会的平均劳动，我们就能省却多余的换算而使分析简化。"②

　　在这两段关于对人类劳动和商品价值进行"科学抽象"的说明中，马克思尽管没有明确地提到科学人员和技术人员创造生产力的劳动及其价值生产问题，但是他所讲的"比较复杂的劳动""较复杂的、比重较高的劳动""较高级的劳动"等概念中，已经内在地包含着科学人员和技术人员创造生产力的劳动及其价值生产的问题，他所讲的"一个商品可能是最复杂的劳动的产品"和最高级的劳动的产品，这种最复杂、最高级的劳动产品在一般意义上应当是科学产品和技术产品，试想：还有比科学产品和技术产品更加复杂、更加高级的劳动产品吗？当然没有，最复杂、最高级的劳动产品就是科学产品和技术产品。与此相对应，这种最复杂、最高级的劳动就是科学人员和技术人员从事科学研究和技术研发的科技劳动。在马克思看来，这种最复杂、最高级的科技劳动如同比较复杂、比较高级的劳动一样，只是自乘的或不如说多倍的简单劳动，它们只有"量"上的大小区别而没有"质"上的本质差异，少量的复杂劳动只是等于多量的简单劳动"而已"，一日较高级的劳动完全可以化为 x 日的简单劳动或简单的社会平均劳动。因此，为了政治经济学的研究简便和论述过程中省却多余的换算，马克思就直接地将简单劳动或简单的社会平均劳动作为各种劳动的计量单位，就直接地将各种不同的劳动力当做简单劳动力来处理，就直接地假定资本使用的雇佣劳动是简单的社会平均劳动，这样就使政治经济学的研究和分析加以简化。马克思

————————

① ［德］马克思：《资本论》第 1 卷，人民出版社 2004 年版，第 58 页。

② ［德］马克思：《资本论》第 1 卷，人民出版社 2004 年版，第 230—231 页。

在科学抽象基础上的简化处理，使政治经济学的研究和分析不仅具有了现实的可行性和科学的简单性，而且也与当时的资本主义经济社会现实相符合，因为在当时的资本主义经济社会中，不管是"比较复杂的劳动""较复杂的、比重较高的劳动""较高级的劳动"，还是"最复杂、最高级的劳动"，各种劳动化为当做它们的计量单位的简单劳动或简单的社会平均劳动的不同比例，"是在生产者背后由社会过程决定的"。

通过这样的科学抽象和科学处理，马克思便将从事科学研究和技术研发的科学人员和技术人员的高级复杂劳动，高度统一到了物质生产领域的简单劳动或社会的平均劳动。在生产力的层面，便将唯物史观关于科学研究、技术研发和物质生产三个不同领域创造的生产力，一并纳入物质生产视域所形成的生产力之中，或"完全纳入"物质生产领域的劳动生产力之中，将科学研究创造的生产力和技术研发创造的生产力高度统一到物质生产的劳动生产力。这样，唯物史观的"科学—技术—生产力"分析范式，通过马克思的这一创造性转换和科学抽象，便成了能够应用于政治经济学研究的劳动生产力分析范式。正是在这一创造性转换所形成的劳动生产力分析范式基础上，马克思系统地展开了对资本主义生产方式以及和它相适应的生产关系和交换关系的全面考察和科学研究，并在政治经济学研究中形成了大量的"科技—经济"新思想和新观点。

第五节　政治经济学研究中的
"科技—经济"思想

马克思在对资本主义物质生产方式以及和它相适应的生产关系和交换关系进行政治经济学研究过程中，将唯物史观的"科学—技术—生产力"分析范式进行了政治经济学的创造性转换和科学抽象，形成了政治经济学研究中的"生产力中也包括科学"的分析范式，在此分析范式基础上形成了大量的政治经济学中的"科技—经济"思想，这既是对唯物史观"科技—经济"思想的深化，也是对资本主义"科技—经济"现实的揭示，还是对未来社会"科技—经济"发展的洞见。在此，拟在已有研究成果的基础上进一步从以下方面进行系统的考证和分析。

一、政治经济学的研究转向与科技劳动价值论思想的孕育形成

马克思通过对唯物史观"科学—技术—生产力"分析范式的创造性转换，将其科学地抽象为政治经济学研究的劳动生产力分析范式，并在此基础上系统地对资本主义生产方式以及和它相适应的生产关系和交换关系进行了全面考察，探寻到了资本主义社会"经济的细胞形式"即"劳动产品的商品形式，或者商品的价值形式"①，发现了"资本主义生产方式占统治地位的社会的财富，表现为'庞大的商品堆积'，单个的商品表现为这种财富的元素形式"②。因此，马克思的政治经济学研究是从分析商品开始的。应当看到，马克思在此分析的商品指的是用来交换的劳动产品，这种用来交换的劳动产品是物质生产领域的物质产品，而非其他领域的其他产品。

但是，伴随着对物质性劳动产品的使用价值和价值、劳动力的价值和使用价值、具体劳动和抽象劳动、劳动过程和价值增殖过程等的深入剖析，马克思在科学的劳动价值论和剩余价值理论的系统构建中，洞察了资本主义生产方式下科学劳动与价值创造、科技劳动成果与价值增殖的关系，形成了具有超时代特征的科技劳动价值论思想。根据笔者对马克思政治经济学经典著作的考察发现，在马克思的有生之年，他在劳动价值论研究的进程中，完成了两次大的研究转向：第一次转向是马克思从否定古典劳动价值论到肯定并超越古典劳动价值论的转向，其标志性成就是马克思科学的劳动价值论的创立；第二次转向是马克思从对工场手工业中劳动价值关系的考察到对机器大工业中劳动价值关系的探索的转向，其标志性成就是马克思科技劳动价值论思想的形成。③ 这两次大的转向，体现着马克思劳动价值论研究的深入和对创造价值的劳动之认识程度的提升，展现了马克思科技劳动价值论思想的孕育和形成的认识轨迹。在此，依据已有的研究成果着重考察和介绍马克思在劳动价值论研究过程中的第二次转向，揭示马克思从科学的劳动价值理论到科技劳动价值论思想的发展进程。

---

① ［德］马克思：《资本论》第 1 卷，人民出版社 2004 年版，第 8 页。
② ［德］马克思：《资本论》第 1 卷，人民出版社 2004 年版，第 47 页。
③ 刘冠军：《现代科技劳动价值论研究》，中国社会科学出版社 2009 年版，第 53—92 页。

（一）从对工场手工业考察到对机器大工业研究的转向

马克思在《资本论》第一卷第十三章"机器和大工业"中，一开始便引用约翰·斯图亚特·穆勒在他的《政治经济学原理》中的一句话，提出了这样一个问题："值得怀疑的是，一切已有的机械发明，是否减轻了任何人每天的辛劳？"马克思的回答是："但是，这也决不是资本主义使用机器的目的。像其他一切发展劳动生产力的方法一样，机器是要使商品便宜，是要缩短工人为自己花费的工作日部分，以便延长他无偿地给予资本家的工作日部分。机器是生产剩余价值的手段。"① 在马克思的这一回答中，明确地肯定了"机器是生产剩余价值的手段"。

但在此存在着这样一种情况：如果由于机器在生产过程中的运用而使"工人为自己花费的工作日部分"无限制地缩短②，当缩短到趋近于无穷小或为"零"时，这也就意味着工厂企业中工人的人数少到了几乎"无人"的程度。在这样的一种情况下，便产生了这样一个问题：由于机器在生产过程中的使用而使工厂企业中的工人少到几乎"无人"的程度，那么工厂企业的剩余价值又来自何处呢？从表面上看，这些剩余价值显然只能来源于机器。但是，根据马克思的劳动价值论可知，机器仅仅是生产设备，属于不变资本的范畴，它仅能转移价值而不可能创造价值，这又显然不能说明当工厂企业中的工人在少到几乎"无人"的程度时的剩余价值来源问题。根据笔者的理解，马克思已经洞察到这一问题及其产生的原因，并且在一定程度上找到了解答这一问题的途径，这表现在马克思对劳动价值论的研究过程中，发生了一个重大的"转向"，即从对"在工场手工业中以劳动力为起点"的劳动与价值关系的考察，到对"在大工业中以劳动资料为起点"③ 的劳动与价值关系的考察的转向。

正是因为这一研究的转向，马克思在《资本论》第一卷中专门拿出一章来分析"机器和大工业"；也正是在研究"机器"和"大工业"及其二者关系的过程中，形成了科技劳动创造价值的科技劳动价值论思想，并且只

---

① ［德］马克思：《资本论》第 1 卷，人民出版社 1975 年版，第 408 页。

② 实际上，伴随科技的迅速发展和在生产中的广泛运用，马克思在这里说的"如果"，在"科技—经济"一体化的今天已经成为社会现实。

③ ［德］马克思：《资本论》第 1 卷，人民出版社 2004 年版，第 427 页。

有在肯定科技劳动创造价值这一思想的前提下，才有可能解答上述的问题。因此，在劳动价值论的研究过程中，马克思从对工场手工业中的劳动价值关系的考察分析，到对机器大工业中劳动价值关系的探讨研究，是其研究劳动价值论的过程中的一次重大转向。

（二）对工场手工业的考察与体力劳动价值论的形成和科技劳动价值论思想的孕育

马克思在《资本论》以及三大经济学手稿等经典著作中，用了大量的章节来考察工场手工业中的劳动价值关系，如在马克思的代表作《资本论》中，在第一卷第十三章"机器和大工业"之前的各章节，基本上是以"工场手工业"为蓝本来分析劳动与价值的关系的。因为工场手工业中的劳动主要是以体力支出为主的生产工人的劳动，所以通过对工场手工业中劳动与价值关系的考察所形成的劳动价值论，主要是以体力支出为主的劳动价值论，简称为"体力劳动价值论"。我国理论界有一种观点认为，"马克思的劳动价值论是以体力劳动价值关系为基础的，或者说简单劳动是马克思劳动价值理论的出发点和基础"[①]，因此体力劳动价值论是马克思劳动价值论的基础和核心内容。从一定意义上讲，这一观点是有其道理的，因为在马克思看来，考察工场手工业中的劳动价值关系是"以劳动力为起点"的。这也是马克思基于工场手工业的现实而做出的选择，因为"在工场手工业和手工业中，是工人利用工具……劳动资料的运动从工人出发……工人是一个活机构的肢体"[②]。正是基于这样的事实和出发点，所以马克思尽管在当时的历史条件下已经洞察到像以脑力支出为主的"科技劳动"不属于简单的体力劳动，而是属于"生产力特别高的劳动"[③] 即高级复杂劳动，并且认为科技产品作为"商品可能是最复杂的劳动产品"，但是马克思在当时的历史条件下以及为了分析问题的方便等原因，将这种最复杂的劳动产品的价值加以"简化"，使之"还原"为简单的体力劳动价值关系，并认为这是"在生产者背后由社会过程决定的"[④]。在上述意义上可以说，马克思的劳动价值论

①　郑怡然：《简单劳动是马克思劳动价值论的一个出发点》，《晋阳学刊》1997 年第 2 期。
②　［德］马克思：《资本论》第 1 卷，人民出版社 2004 年版，第 486 页。
③　［德］马克思：《资本论》第 1 卷，人民出版社 2004 年版，第 370 页。
④　［德］马克思：《资本论》第 1 卷，人民出版社 2004 年版，第 58 页。

主要以"工场手工业"为蓝本,并且着重以简单的体力支出为主的劳动为考察对象,其内容主要是反映以体力支出为主的劳动与价值的关系,因此体力劳动价值论是马克思劳动价值论的核心和基础。

同时应当看到,创造价值的劳动是复杂的多层次的劳动系统的运作过程。从经济学意义上讲,劳动是劳动力的支出和使用,而这种劳动力的支出和使用是劳动者通过使用劳动资料、作用于劳动对象并使之适合自己需要的系统的活动来实现的。在商品经济社会中,现实的创造价值的劳动是由劳动主体和劳动客体构成的复杂系统的运作过程,是劳动主体和劳动客体的有机结合或二者的矛盾运动过程。由劳动主体和劳动客体组成的创造价值的劳动系统,由于其复杂程度的不同而表现出了不同的层次结构。传统的经济理论认为,不同质的具体劳动创造使用价值,而同质不同量的抽象劳动创造商品的(交换)价值,这仅是问题的一个方面;另外还有一个方面,即马克思在分析体现在商品生产中的劳动二重性原理的同时,还将人类劳动划分为简单劳动和复杂劳动两种类型,并且认为"比较复杂的劳动只是自乘的或不如说多倍的简单劳动,因此少量的复杂劳动等于多量的简单劳动"[1],而这种复杂劳动就是生产力特别高的劳动,"生产力特别高的劳动起了自乘的劳动的作用,或者说,在同样的时间内,它所创造的价值比同种社会平均劳动要多"[2]。这也就是说,在不同层次的劳动系统中,由于劳动主体所付出的抽象劳动作为"同质劳动",在量上也存在着简单和复杂的差别,存在着由于复杂程度的不同而导致的劳动量的"部分质变"。根据这种"部分质变",可以将不同层次的劳动系统,按照由低级到高级的顺序,至少划分为"手工工具—体力型"劳动系统和"机器—脑力型"劳动系统两种类型。

在工场手工业中,占主导地位的是"手工工具—体力型"劳动系统,这是一种以劳动者的体力消耗为主,并且以使用手工工具为特征的劳动系统。在该劳动系统中,劳动工具主要是一般的铜器、铁器或铁木复合器物等手工工具,它将劳动主体和劳动客体联结起来。并且在该劳动系统中,劳动过程的主要承担者——劳动主体主要是工场手工业中从事体力劳动的生产工

---

① [德]马克思:《资本论》第1卷,人民出版社2004年版,第58页。
② [德]马克思:《资本论》第1卷,人民出版社2004年版,第370页。

人，因此劳动主体的体力（或自身的自然力）的大小，标志着该劳动系统中动力的大小，它决定着劳动范围的大小和效率的高低，在这种意义上，该系统的运行通常被称为体力劳动。在商品经济的发展史上，这是一种最简单的劳动，它所创造的价值量的大小是与劳动主体的劳动时间的长短成简单的比例关系的，劳动时间的量决定了价值的量，这正如马克思所说的，"商品价值体现的是人类劳动本身，是一般人类劳动的耗费……它是每个没有任何专长的普通人的平均具有的简单劳动力的耗费"①，而"活劳动同对象化劳动的交换，即社会劳动确立为资本和雇佣劳动这二者对立的形式，是价值关系和以价值为基础的生产的最后发展。这种发展的前提现在是而且始终是：直接劳动时间的量，作为财富生产决定因素的已耗费的劳动量"②。因此，在工场手工业的"手工工具—体力型"劳动系统中的劳动价值关系，主要表现为体力劳动与价值的关系，而反映这种关系的理论就是体力劳动价值论。

　　毋庸讳言，马克思对资本主义工场手工业的考察，形成的劳动价值理论主要是体力劳动价值论，这是马克思劳动价值论的基础和核心。在此，通过考察得出结论，认为马克思劳动价值论的基础和核心是体力劳动价值论，正是彰显了马克思劳动价值论的科学性，这正是马克思要做的"显微解剖学所要做的那种琐事"③，在这看似最简单、最普通的经济现实的考察分析，实际上是最难做、最不易分析的事情。正如马克思所说的："万事开头难，每门科学都是如此。所以本书第一章，特别是分析商品的部分，是最难理解的。"④　其中，对这种广大劳动者都具有的体力劳动与价值关系的理论建构，应当说是《资本论》中一开始就考察分析的"商品的部分"中"最难理解的"的那一部分。同时，将马克思劳动价值论的核心内容，建立在广大工人阶级最普遍、最常见的体力劳动与价值创造的关系基础上，也就彰显了马克思劳动价值论以及在此基础上构建的剩余价值理论所具有的鲜明革命性，即鲜明的无产阶级的立场。

---

① ［德］马克思：《资本论》第 1 卷，人民出版社 2004 年版，第 57—58 页。
② 《马克思恩格斯文集》第 8 卷，人民出版社 2009 年版，第 195 页。
③ ［德］马克思：《资本论》第 1 卷，人民出版社 2004 年版，第 8 页。
④ ［德］马克思：《资本论》第 1 卷，人民出版社 2004 年版，第 7 页。

与此同时，通过上述的考察分析看到，马克思在创立科学的劳动价值论及剩余价值理论的过程中，在对"劳动力""抽象劳动"和"总体工人"等范畴的论述中，以及将创造价值的劳动划分为简单劳动与复杂劳动、脑力劳动和体力劳动，将劳动力划分为高级劳动力与普通劳动力等思想中，已经孕育着科技劳动价值论的思想，或者说已经将科技劳动创造价值的思想蕴含在这些论述之中。这正是马克思科学的劳动价值论在体力劳动价值论基础上的深化拓展和逻辑上的自然展开。

（三）对机器大工业的研究与以脑力支出为主的科技劳动价值论思想的形成

当马克思从对工场手工业中的劳动价值关系的考察，转向对机器大工业中的劳动价值关系的考察时，在科学的劳动价值论中孕育着的科技劳动价值论思想逐步地加以展开，进而形成了以脑力支出为主的科技劳动价值论的思想。在马克思的经典著作中，马克思不仅在《资本论》中专门用一章（即第一卷第四篇第十三章）的篇幅来考察"机器和大工业"的问题，而且在他的经济学手稿中也从不同的方面来考察分析"机器"和"大工业"的问题，特别是在他的 1861—1863 年的经济学手稿中，专门对机器作为自然力和科学的应用（蒸汽、电、机械的和化学的因素）等问题进行了研究。① 在这些考察研究过程中，马克思实现了从对工场手工业中的劳动价值关系的考察，到对机器大工业中的劳动价值关系的研究的重大转向。

在马克思看来，对劳动价值关系的考察，如果说在工场手工业中是"以劳动力为起点"的话，那么在机器大工业中则是"以劳动资料为起点"②的；如果说"在工场手工业和手工业中，是工人利用工具……劳动资料的运动从工人出发……工人是一个活机构的肢体"，那么在机器大工业的"工厂中，是工人服侍机器……是工人跟随劳动资料的运动……死机构独立于工人而存在，工人被当做活的附属物并入死机构"。③ 正是基于这样的事实和出发点，马克思对劳动价值论研究的视角发生了一个重大的转向，即从"在工场手工业中以劳动力为起点"向"在大工业中以劳动资料为起点"的

---

① 《马克思恩格斯文集》第 8 卷，人民出版社 2009 年版，第 276—368 页。
② ［德］马克思：《资本论》第 1 卷，人民出版社 2004 年版，第 427 页。
③ ［德］马克思：《资本论》第 1 卷，人民出版社 2004 年版，第 486 页。

转向。在发生了这一转向之后，马克思认为："首先应该研究，劳动资料如何从工具转化为机器，或者说，机器和手工业工具有什么区别。"① 这也是马克思在《资本论》中专门拿出一章来分析"机器和大工业"的根本原因之所在。正是在研究"机器"和"大工业"的关系的过程中，马克思形成了科技劳动创造价值的科技劳动价值论的思想。如前所述，劳动系统按照由低级到高级的顺序，可被划分为两种类型："手工工具—体力型"劳动系统和"机器—脑力型"劳动系统。如果在工场手工业中，占主导地位的是"手工工具—体力型"劳动系统，那么在机器大工业中，占主导地位的就是"机器—脑力型"劳动系统，并且这种劳动系统是以使用和改进机器、以科技的应用和以脑力消耗为主的科技劳动为主要特征的。

第一，在机器大工业中，其劳动系统是以机器的使用和改进为其突出特征的，并且占主导地位的是"机器—脑力型"劳动系统。马克思指出："最先使用机器的总是那些原来使用手工业方式或工场手工业方式进行生产的部门。因而机器表现为由资本主义生产方式引起的一般生产方式的革命。机械工厂一旦建立，不断地改进机器就成为目的"②，并且"当大工业特有的生产资料即机器本身，还要依靠个人的力量和个人的技巧才能存在时，也就是说，还取决于手工工场内的局部工人和手工工场外的手工业者用来操纵他们的小工具的那种发达的肌肉、敏锐的视力和灵巧的手时，大工业也就得不到充分的发展"③；与此相对应，当大工业发展到一定阶段时，"大工业必须掌握它特有的生产资料，即机器本身，必须用机器来生产机器。这样，大工业才建立起与自己相适应的技术基础，才得以自立。随着 19 世纪最初几十年机器生产的发展，机器实际上逐渐掌握了工具机的制造。但只是到了最近几十年，由于大规模的铁路建设和远洋航运事业的发展，用来制造原动机的庞大机器才产生出来"④。

这时，"机器生产的最发达的形态"——通过传动机由一个中央自动机推动的工作机的有组织的体系即自动的机器体系便发展起来了，"在这里，

---

① ［德］马克思：《资本论》第 1 卷，人民出版社 2004 年版，第 427 页。
② 《马克思恩格斯文集》第 8 卷，人民出版社 2009 年版，第 351 页。
③ ［德］马克思：《资本论》第 1 卷，人民出版社 2004 年版，第 439 页。
④ ［德］马克思：《资本论》第 1 卷，人民出版社 2004 年版，第 441 页。

代替单个机器的是一个庞大的机械怪物，它的躯体充满了整座整座的厂房，它的魔力先是由它的庞大躯体庄重而有节奏的运动掩盖着，然后在它的无数真正工作器官的疯狂的旋转中迸发出来"①，也正是在这种疯狂的旋转中，"大生产——应用机器的大规模协作——第一次使自然力，即风、水、蒸汽、电大规模地从属于直接的生产过程，使自然力变成社会劳动的因素"，而且"自然力作为劳动过程的因素，只有借助机器才能占有，并且只有机器的主人才能占有"。②此时，机器大工业中的劳动系统，其动力来源已经不再是生产工人自身的体力即自身的自然力，而是借助于机器来驱动的大自然的力量即单纯的自然力。这种自然力并入机器大工业生产，是在自然科学——这种以脑力支出为主的科技劳动的产物——并入机器大工业生产的前提下来实现的，因此在机器大工业中的劳动系统已经成了"机器—脑力型"的劳动系统。也正是在这个意义上，马克思才认为"大工业把巨大的自然力和自然科学并入生产过程，必然大大提高劳动生产率，这一点是一目了然的"，而"生产力的这种提高并不是靠增加另一方面的劳动消耗换来的，这一点却决不是同样一目了然的"。③

第二，在机器大工业中，"机器—脑力型"劳动系统是以科技的发展和应用为前提的，它必须遵循机器生产的科学原则和机器大工业的原则，这直接导致了"总体工人"的结构发生了根本性的变革。在马克思看来，机器的资本主义应用"消灭了以手工业为基础的协作和以手工业分工为基础的工场手工业"④，产生了资本主义的工厂制度。而"随着工厂制度的发展和随之而来的农业的变革，不仅所有其他工业部门的生产规模扩大了，而且它们的性质也发生了变化。机器生产的原则是把生产过程分解为各个组成阶段，并且应用力学、化学等等，总之应用自然科学来解决由此产生的问题。这个原则到处都起着决定性的作用"⑤，这个原则也就是机器生产的科学原则，即机器生产的过程必须按照力学、化学等自然科学的规律以及由此转化

---

① ［德］马克思：《资本论》第1卷，人民出版社2004年版，第438页。
② 《马克思恩格斯文集》第8卷，人民出版社2009年版，第356页。
③ ［德］马克思：《资本论》第1卷，人民出版社2004年版，第444页。
④ ［德］马克思：《资本论》第1卷，人民出版社2004年版，第529页。
⑤ ［德］马克思：《资本论》第1卷，人民出版社2004年版，第531页。

而来的技术规则和工艺流程分解密切联系在一起的各个组成阶段，没有自然科学规律及其转化而来的技术规则的运用就不可能形成机器生产过程，就不可能解决机器生产的相关问题。机器生产的这一科学原则逐步转化为资本主义机器大工业的原则，而机器"大工业的原则是，首先不管人的手怎样，把每一个生产过程本身分解成各个构成要素，从而创立了工艺学这门完全现代的科学。社会生产过程的五光十色的、似无联系的和已经固定化的形态，分解成为自然科学的自觉按计划的和为取得预期有用效果而系统分类的应用"①。

与机器生产的科学原则和机器大工业的原则相适应，"总体工人即结合工人的构成也发生了根本的变革"②。这是因为，"单靠滥用妇女劳动力和未成年劳动力，单靠掠夺一切正常的劳动条件和生活条件，单靠残酷的过度劳动和夜间劳动来实现的劳动力的便宜化，终究会遇到某些不可逾越的自然界限"③；与此同时，"现代工业的技术基础是革命的……现代工业通过机器、化学过程和其他方法，使工人的职能和劳动过程的社会结合不断地随着生产的技术基础发生变革。这样，它也同样不断地使社会内部的分工发生革命，不断地把大量资本和大批工人从一个生产部门投到另一个生产部门。因此，大工业的本性决定了劳动的变换、职能的更动和工人的全面流动性"④，尤其是"大工业还使下面这一点成为生死攸关的问题：用适应于不断变动的劳动需求而可以随意支配的人，来代替那些适应于资本的不断变动的剥削需要而处于后备状态的、可供支配的、大量的贫穷工人人口；用那种把不同社会职能当做互相交替的活动方式的全面发展的个人，来代替只是承担一种社会局部职能的局部个人。综合技术学校和农业学校是这种变革过程在大工业基础上自然发展起来的一个要素；职业学校是另一个要素，在这种学校里，工人的子女受到一些有关工艺学和各种生产工具的实际操作的教育"⑤。这也就是说，机器生产的科学原则和机器大工业的原则使"总体工人即结合

① ［德］马克思：《资本论》第1卷，人民出版社2004年版，第559页。
② ［德］马克思：《资本论》第1卷，人民出版社2004年版，第531页。
③ ［德］马克思：《资本论》第1卷，人民出版社2004年版，第541页。
④ ［德］马克思：《资本论》第1卷，人民出版社2004年版，第560页。
⑤ ［德］马克思：《资本论》第1卷，人民出版社2004年版，第561页。

工人的构成"，不仅包括以体力付出为主的传统意义上的生产工人，也把以脑力付出为主的技术人员、科学人员等所有的人纳入雇佣工人的行列。

马克思明确地指出，在"总体工人"中既包括那些实际"操作工作机的工人（包括某些看管发动机或给发动机添料的工人）和这些机器工人的单纯下手（几乎完全是儿童）……所有'feeders'（单纯给机器添劳动材料的人）或多或少地都算在这种下手之内。除了这两类主要工人外，还有为数不多的负责检查和经常修理全部机器的人员，如工程师、机械师、细木工等等。这一类是高级的工人，其中一部分人有科学知识，一部分人有手艺，他们不属于工厂工人的范围，而只是同工厂工人聚集在一起。这种分工是纯技术性的"①。在这样的情况下，机器大工业的生产劳动系统在原来的"工具—体力型"劳动系统基础上越来越转变为"机器—脑力型"劳动系统。而在"机器—脑力型"劳动系统中的"自然因素的应用——在一定程度上自然因素并入资本——是同科学作为生产过程的独立因素的发展相一致的。生产过程成了科学的应用，而科学反过来成了生产过程的因素即所谓职能。每一项发现都成了新的发明或生产方法的新的改进的基础"②。在"科学本身也成为那些发展科学的人的致富手段……发明成了一种特殊的职业"③ 的情况下，资本主义的机器大工业"造就一小批较高级的工人"④ 的同时，把从事技术研发的技术人员和从事科学研究的科学人员一并纳入了"总体工人"之中，进而使结合工人的构成发生了根本的变革。

第三，在资本主义机器大工业的"机器—脑力型"劳动系统中，生产劳动过程具有了复杂性特征，这种复杂性不仅表现在形式上，而且也表现在形式和实质的相互关系上。马克思指出："如果事物的表现形式和事物的本质会直接合而为一，一切科学就都成为多余的了。"⑤ 在批判性地揭示庸俗经济学家的想法是怎样产生的时候，马克思反复地强调指出："当庸俗经济学家不去揭示事物的内部联系却傲慢地鼓吹事物从现象上看是另外的样子的

---

① ［德］马克思：《资本论》第 1 卷，人民出版社 2004 年版，第 484 页。
② 《马克思恩格斯文集》第 8 卷，人民出版社 2009 年版，第 356 页。
③ 《马克思恩格斯文集》第 8 卷，人民出版社 2009 年版，第 359 页。
④ ［德］马克思：《资本论》第 1 卷，人民出版社 2004 年版，第 358 页。
⑤ ［德］马克思：《资本论》第 3 卷，人民出版社 2004 年版，第 925 页。

时候，他们自以为这是作出了伟大的发现。实际上，他们所鼓吹的是他们紧紧抓住了外表，并且把它当做最终的东西。这样一来，科学究竟有什么用处呢？"① 对于庸俗经济学家来说，正是"由于反映在他们头脑里的始终只是各种关系的直接表现形式，而不是它们的内在联系。情况如果真是这样，那么还要科学做什么呢？"② 对复杂的经济学的研究决不能像庸俗经济学家那样，仅从事物的表现形式而不深入这些表现形式背后揭示事物的内在联系和本质。因此，对于这种"机器—脑力型"劳动系统的具体运行过程即生产劳动过程的科学考察，不仅需要从表现形式的现象层面来分析，而且需要透过现象在实质层面加以研究。

在表现形式的现象层面上，"机器—脑力型"劳动系统中的生产劳动过程，其主要承担者发生了重大的变化，即从劳动者即生产工人向劳动资料和劳动手段上转移。因为机器"大工业的起点是劳动资料的革命，而经过变革的劳动资料，在工厂的有组织的机器体系中获得了最发达的形态"③。在这样的情况下，生产劳动过程中的动力不再仅仅取决于生产工人自身的自然力即体力，而且更重要的是取决于借助科学在生产中物化的劳动手段即机器所使用的自然力，并且在这样一种情况下，"使用劳动工具的技巧，也同劳动工具一起，从工人身上转移到了机器上面"④。马克思在分析机器发展的历史时还进一步指出，机器大工业中的机器系统是由"三个本质上不同的部分组成的"，即作为动力的发动机、调节改变运动形式的传动机和改造劳动对象的工具机。这种机器系统具有自己的内在结构，是一个能够自己运转、自行转换能量并做功的高效运作系统。在这个高效运作系统中，"机器使肌肉力成为多余的东西……机器成了一种使用没有肌肉力或身体发育不成熟而四肢比较灵活的工人的手段"⑤，工人的技术和技巧都转移或合并到机器上去了，工人在生产中的地位相对降低，甚至被机器这种劳动手段所替代。

---

① 《马克思恩格斯文集》第 10 卷，人民出版社 2009 年版，第 290 页。
② 《马克思恩格斯文集》第 10 卷，人民出版社 2009 年版，第 266 页。
③ ［德］马克思：《资本论》第 1 卷，人民出版社 2004 年版，第 453 页。
④ ［德］马克思：《资本论》第 1 卷，人民出版社 2004 年版，第 483 页。
⑤ ［德］马克思：《资本论》第 1 卷，人民出版社 2004 年版，第 453 页。

　　在这一表现形式背后的实质层面上，对于机器大工业的"机器—脑力型"劳动系统的生产劳动过程来说，当它的主要承担者不再是在"生产现场"实际操作的生产工人，而是主要借助于机器这一劳动资料来实施时，那些"有科学知识"的科学研究人员和"有手艺"的技术研发人员，尽管"他们不属于工厂工人的范围，而只是同工厂工人聚集在一起"，尽管"这种分工是纯技术性的"，① 但在事实上已经实际地纳入不在"生产现场"的生产工人的队伍之中。这也就是说，在机器大工业的"机器—脑力型"劳动系统中，它的生产劳动过程中的劳动者已经从在"生产现场"实际操作的以体力付出为主的工厂工人，向"生产现场"以外的以脑力消耗为主的科技劳动者转移，这是由当时的科技生产和物质生产相分离的社会现实造成的一种社会现象。马克思指出："在这里，机器被说成是'主人的机器'，而机器职能被说成是生产过程中（'生产事务'中）主人的职能，同样，体现在这些机器中或生产方法中，化学过程等等中的科学，也是如此。科学对于劳动来说，表现为异己的、敌对的和统治的权力，而科学的应用一方面表现为靠经验传下来的知识、观察和职业秘方的集中，另一方面表现为把它们发展为科学，用以分析生产过程，把自然科学应用于物质生产过程，科学的应用是建立在生产过程的智力同单个工人的知识、经验和技能相分离的基础上的，正像生产的［物质］条件的集中和发展以及这些条件转化为资本是建立在使工人丧失这些条件，使工人同这些条件相分离的基础上的一样。"② 正是因为科学和生产的这种分离，借助于机器系统这一中介，而使"机器—脑力型"劳动系统中的劳动过程的主要承担者，从在"生产现场"实际操作的工人向"生产现场"以外的以脑力消耗为主的科技劳动者转移。

　　通过上述的考察分析不难发现，马克思在考察分析"机器"和"机器大工业"的过程中，已经涉及或洞察到了其中的科技劳动与价值创造关系，通过对二者关系的考察分析——尽管马克思考察分析的重点不在于此，但在一定的意义上甚至在相当高的程度上将劳动价值论中蕴含着的科技劳动创造价值的思想进一步加以阐述，进而形成了他的以机器大工业为基础的科技劳

---

① ［德］马克思：《资本论》第 1 卷，人民出版社 2004 年版，第 484 页。
② 《马克思恩格斯文集》第 8 卷，人民出版社 2009 年版，第 358 页。

动价值论思想。因此，马克思在劳动价值论中蕴含着的科技劳动价值论思想和以机器大工业为基础的科技劳动创造价值的思想，是马克思政治经济学中的"科技—经济"思想的重要组成部分，而且也是在"科技—经济"一体化的现代经济社会与境中需要进一步研究和构建的一部分。①

二、劳动价值论基本范畴中蕴含着的科技劳动价值论思想

通过上述的分析可见，马克思从对工场手工业考察到对机器大工业研究的转向过程中，孕育和形成了科技劳动价值论思想。而这一思想的孕育，主要体现为马克思对资本主义工场手工业进行考察的过程中，在创立科学的劳动价值论的同时，不仅形成了体力劳动价值论，而且萌发了科技劳动价值论的思想。这些思想，就蕴含在马克思对劳动价值论的基本范畴的论述之中。其主要集中在他的代表作《资本论》第一卷第四篇第十三章之前的篇章以及经济学手稿的相关论述中。根据已有的研究成果②和对这些经典著作的进一步考证分析，主要从以下两个方面加以概括总结。

（一）"劳动力""抽象劳动"和"总体工人"等范畴中蕴含的科技劳动价值论思想

马克思在论述"劳动力""抽象劳动"和"总体工人"等范畴时，已经将科技劳动创造价值的思想蕴含在其中。

第一，对"劳动力"范畴的论述中所蕴含着的科技劳动价值的思想。马克思在为创立劳动价值论和政治经济学体系而分析劳动力范畴时，指出："我们把劳动力或劳动能力，理解为一个人的身体即活的人体中存在的、每当他生产某种使用价值时就运用的体力和智力的总和。"③ 并且，马克思在分析"劳动过程和价值增殖过程"时，进一步指明了"劳动力商品"的意义，他说："劳动力的价值和劳动力在劳动过程中的价值增殖，是两个不同的量。资本家购买劳动力时，正是看中了这个价值差额。劳动力能制造棉纱或皮靴的有用属性，只是一个必要条件，因为劳动必须以有用的形式耗费，

---

① 对此，将在马克思"科技—经济"思想的现代发展和理论建构部分加以重点考察分析和系统论证。

② 刘冠军：《现代科技劳动价值论研究》，中国社会科学出版社 2009 年版，第84—92 页。

③ ［德］马克思：《资本论》第 1 卷，人民出版社 2004 年版，第 195 页。

才能形成价值。但是，具有决定意义的，是这个商品独特的使用价值，即它是价值的源泉，并且是大于它自身的价值的源泉。"① 透过这些论述便不难发现，马克思一方面明确地指出了生产过程中运用的脑力、智力，与运用的体力一样，也是劳动力主要的不可分割的构成部分，从而肯定了以脑力劳动或智力劳动为主的劳动是人类劳动的一部分，而科技劳动自然是以脑力劳动或智力劳动为主的劳动的典型，它自然也是人类劳动的一部分；另一方面也指明了生产过程中运用的脑力、智力，同运用的体力一起，共同参与了价值的创造，从而在一定意义上肯定了以智力劳动或脑力劳动为主的科技劳动也是价值的源泉，而且是大于科技劳动者自身劳动力价值的价值源泉。

第二，对"抽象劳动"范畴的论述中蕴含着的科技劳动价值思想。马克思在论述"抽象劳动"时，指出："如果把生产活动的特定性质撇开，从而把劳动的有用性质撇开，劳动就只剩下一点：它是人类劳动力的耗费。尽管缝和织是不同质的生产活动，但二者都是人的脑、肌肉、神经、手等等的生产耗费，从这个意义上说，二者都是人类劳动。这只是耗费人类劳动力的两种不同的形式。当然，人类劳动力本身必须已有或多或少的发展，才能以这种或那种形式耗费。但是，商品价值体现的是人类劳动本身，是一般人类劳动的耗费。"② 这就是说，创造价值的生产劳动既包括以肌肉和手操作进行的体力劳动，也包括以脑和神经运动的脑力劳动。由于科技劳动是脑力劳动的典型形式，因此它自然纳入创造价值的劳动之中。值得注意的是，在马克思的这些论述中所讲的脑力和体力、脑力劳动和体力劳动，都是和产品的生产直接相关的，尤其是在体力劳动和脑力劳动还没有分开之前，这二者统一于单个劳动者之中，因为"单个人如果不在自己的头脑的支配下使自己的肌肉活动起来，就不能对自然发生作用。正如在自然机体中头和手组成一体一样，劳动过程把脑力劳动和体力劳动结合在一起了"③。在脑力和体力、脑力劳动和体力劳动还没有分开之前的历史条件下，此时的科技劳动在实践形态上还未取得独立的发展形式，还融合在生产实践中，但是伴随着社会分工的深化和商品生产的发展，科技劳动逐步从生产实践中分化出来成了独立

① ［德］马克思：《资本论》第 1 卷，人民出版社 2004 年版，第 225—226 页。
② ［德］马克思：《资本论》第 1 卷，人民出版社 2004 年版，第 57 页。
③ ［德］马克思：《资本论》第 1 卷，人民出版社 2004 年版，第 582 页。

发展的实践形式。从历史发展的维度看，这与资本主义生产方式的孕育和发展是同步进行的。

第三，对"总体工人"范畴的论述中蕴含着的科技劳动价值思想。随着物质生产特别是商品生产的发展和社会的进步，脑力劳动分离出来成为一部分人的专业，而另一部分人则主要从事体力劳动。这样，脑力劳动和体力劳动便分离开来。这时，创造价值的劳动是否只包括体力劳动而不包括脑力劳动呢？马克思给出了否定的答案，并且提出了"总体工人"的概念。在马克思看来，在脑力劳动和体力劳动分离开来之后，"产品从个体生产者的直接产品转化为社会产品，转化为总体工人即结合劳动人员的共同产品。总体工人的各个成员较直接地或者较间接地作用于劳动对象。因此，随着劳动过程的协作性质本身的发展，生产劳动和它的承担者即生产工人的概念也就必然扩大。为了从事生产劳动，现在不一定要亲自动手；只要成为总体工人的一个器官，完成他所属的某一种职能就够了"①，因为"资本主义生产方式的特点，恰恰在于它把各种不同的劳动，因而也把脑力劳动和体力劳动，或者说，把以脑力劳动为主或者以体力劳动为主的各种劳动分离开来，分配给不同的人。但是，这一点并不妨碍物质产品是所有这些人的共同劳动的产品，或者说，并不妨碍他们的共同产品对象化在物质财富中，另一方面，这一分离也丝毫不妨碍：这些人中的每一个人对资本的关系是雇佣劳动者的关系，是在这个特定意义上的生产工人的关系。所有这些人不仅直接从事物质财富的生产，并且用自己的劳动直接同作为资本的货币交换，因而不仅把自己的工资再生产出来，并且还直接为资本家创造剩余价值。他们的劳动是由有酬劳动加无酬的剩余劳动组成的"②。在马克思的这些论述中，把两种生产者——体力劳动者和脑力劳动者，或者说以体力劳动为主的劳动者和以脑力劳动为主的劳动者——合称为"总体工人"，并且认为他们都是"生产劳动者"，都是生产价值和生产剩余价值的劳动者，这也就是把典型的脑力劳动者或以脑力劳动为主的劳动者——即科学劳动者和技术劳动者，看作是生产价值和剩余价值的"总体工人"的一部分。

---

① ［德］马克思：《资本论》第1卷，人民出版社2004年版，第582页。
② 《马克思恩格斯文集》第8卷，人民出版社2009年版，第418页。

（二）对简单劳动与复杂劳动、高级劳动力与普通劳动力的划分中蕴含着的科技劳动价值论思想

马克思在创立科学的劳动价值论和剩余价值理论的过程中，将创造价值的劳动划分为两类——简单劳动与复杂劳动，并将劳动力划分为两类——高级劳动力与普通劳动力。在马克思对劳动和劳动力的这一划分的思想中，实质上已经将作为复杂劳动的科技劳动与价值的关系纳入自己的视野之内，已经将作为复杂劳动的科技劳动与价值的关系、作为拥有高级劳动力的科技人员创造较多价值的思想，作为其劳动价值论体系的重要内容。马克思明确地指出："比较复杂的劳动只是自乘的或不如说多倍的简单劳动，因此，少量的复杂劳动等于多量的简单劳动"①，而复杂劳动是一种"比社会的平均劳动较高级、较复杂的劳动"，它"是这样一种劳动力的表现，这种劳动力比普通劳动力需要较高的教育费用，它的生产要花费较多的劳动时间，因此它具有较高的价值。既然这种劳动力的价值较高，它也就表现为较高级的劳动，也就在同样长的时间内对象化为较多的价值"②。值得注意的是，"在每一个价值形成过程中，较高级的劳动总是要化为社会的平均劳动，例如一日较高级的劳动化为 x 日简单的劳动"③。

马克思在这些论述中，肯定了复杂劳动是相对于简单劳动而言的，它是高级劳动力的使用过程。这种高级的劳动力与一般的、普通的劳动力相比较，需要较高的教育费用才能实现自身的生产，这种高级劳动力的生产需要花费较多的劳动时间，因此它具有较高的价值。既然这种高级劳动力的价值高，它也就表现为高级复杂的劳动，也就在同样长的时间内对象化为较多的价值。这也就是说，复杂劳动作为高级劳动力的使用过程，也是创造价值的劳动的一种，而且是非常重要的一种。复杂劳动与简单劳动相比较，在相同的时间内它所创造的价值是简单劳动的"多倍"或"自乘"，即是一种"自乘的""多倍的"关系。而科技劳动是一种最为典型的复杂劳动，它是高级的科技劳动力的使用过程，自然是一种创造价值的劳动，而且作为"最复杂的劳动"，它比一般性生产劳动创造的价值要更多、更大，它与简单劳动

---

① ［德］马克思：《资本论》第 1 卷，人民出版社 2004 年版，第 58 页。
② ［德］马克思：《资本论》第 1 卷，人民出版社 2004 年版，第 230 页。
③ ［德］马克思：《资本论》第 1 卷，人民出版社 2004 年版，第 231 页。

之间更是"自乘的""多倍的"关系。这样，科技产品作为"最复杂的劳动产品"即科技劳动的产品，与一般物质性产品相比较，其中凝结着更多的人类劳动所形成的价值。

三、对机器大工业研究过程中所形成的科技劳动价值论思想

马克思在实现了从对工场手工业考察到对机器大工业研究的转向之后，重点考察资本主义的机器大工业，其标志性成就是马克思在体力劳动价值论基础上，将其中蕴含的科技劳动价值论的思想加以逻辑地展开，进而形成了他的科技劳动价值论思想。其主要集中在他的代表作《资本论》第一卷第四篇第十三章"机器和大工业"中，以及他在1861—1863年的经济学手稿中。根据已有的研究成果①和对这些经典著作的进一步考证分析，主要从以下几个方面来概括总结马克思科技劳动价值论思想的主要观点。

（一）机器大工业将物质生产部门"和精神生产领域内的进步，特别是和自然科学及其应用方面的进步联系在一起"②

马克思在研究资本主义机器大工业的生产方式时，发现了"以往人类历史上任何一个时代都不能想象的工业和科学的力量"③ 的社会现实，以深邃的历史洞察力揭示了机器大工业的物质"生产部门，例如铁、煤、机器的生产或建筑业等等的劳动生产力的发展"，是"和精神生产领域内的进步，特别是和自然科学及其应用方面的进步联系在一起"的，并将劳动生产力的这种发展"归结为脑力劳动特别是自然科学的发展"，明确地提出了"劳动的社会生产力……包括科学的力量"。④ 马克思在将科技纳入生产力范畴、将机器大工业的物质生产与作为精神生产领域的自然科学及其应用联系在一起的同时，隐含着对科技劳动与价值的关系的论述，潜含着科技劳动创造价值的思想。譬如，马克思在关于科技并入生产过程提高劳动生产率的论述中，在一定的程度上肯定了科技劳动创造价值的思想。马克思指出："劳动资料取得机器这种物质存在方式，要求以自然力来代替人力，以自觉应用

① 刘冠军：《现代科技劳动价值论研究》，中国社会科学出版社2009年版，第84—92页。
② ［德］马克思：《资本论》第3卷，人民出版社2004年版，第96页。
③ 《马克思恩格斯文集》第2卷，人民出版社2009年版，第579页。
④ ［德］马克思：《资本论》第3卷，人民出版社2004年版，第96页。

自然科学来代替从经验中得出的成规"①，因此，"如果说大工业把巨大的自然力和自然科学并入生产过程，必然大大提高劳动生产率，这一点是一目了然的，那么生产力的这种提高并不是靠增加另一方面的劳动消耗换来的，这一点却决不是同样一目了然的。像不变资本的任何其他组成部分一样，机器不创造价值，但它把自身的价值转移到由它的服务所生产的产品上。就机器具有价值，从而把价值转给产品来说，它是产品价值的一个组成部分……很明显，机器和发达的机器体系这种大工业特有的劳动资料，在价值上比手工业生产和工场手工业生产的劳动资料增大得无可比拟"②。

　　在这里，马克思揭示了机器大工业把自然科学和自然力并入生产过程提高劳动生产率，实质上是"靠增加另一方面的劳动消耗换来的"，而增加另一方面的劳动消耗指的是什么呢？答案应该是，而且肯定是与物质生产部门相对应的、密切联系在一起的作为精神生产领域的自然科学及其应用的发展，是创造自然科学成果的科学人员的脑力劳动或科技劳动的耗费。这从马克思在此之前所举的例子足以说明之。马克思讲："正像人呼吸需要肺一样，人要在生产上消费自然力，就需要一种'人的手的创造物'。要利用水的动力，就要有水车，要利用蒸汽的压力，就要有蒸汽机。利用自然力是如此，利用科学也是如此。电流作用范围内的磁针偏离规律，或电流绕铁通过而使铁磁化的规律一经发现，就不费分文了"。也就是说，关于电和磁及其相互转化的这些科学成果，一旦发现并公之于世之后，就成为"不费资本家分文"的生产力，或者说，资本家便可无偿地利用这些科学成果。然而，在这些科学成果发现之前的情况又是如何的呢？在马克思看来，这要"靠增加另一方面的劳动消耗"，而增加的另一方面的劳动消耗就是科技人员的劳动即科技劳动。正是在这个意义上，"科学根本不费资本家'分文'，但这丝毫不妨碍他们去利用科学。资本像吞并他人的劳动一样，吞并'他人的'科学"。③这便在一定意义上肯定了科技劳动创造价值的思想。

---

① ［德］马克思：《资本论》第 1 卷，人民出版社 2004 年版，第 443 页。
② ［德］马克思：《资本论》第 1 卷，人民出版社 2004 年版，第 444 页。
③ ［德］马克思：《资本论》第 1 卷，人民出版社 2004 年版，第 444 页。

（二）机器大工业的"机器—脑力型"劳动系统中产品价值来源的二重性

在机器大工业中，基于"机器—脑力型"劳动系统中的劳动过程的复杂性，其价值的来源并非是单一的，而是双重的。我国理论界有的学者在考察该种类型的劳动系统的产品时，认为这种产品的价值来源的二重性表现为，生产工人的活劳动和机器系统的运作共同创造价值。笔者认为，这仅是表面现象，一方面它反映了活劳动创造价值的事实，另一方面得出机器创造价值的观点。显然，前者是与马克思劳动价值论的基本思想是一致的；但后者与马克思劳动价值论的基本思想是相悖的。那么，如何理解这种二重性呢？这是一个应当深入分析和探讨的问题。实质上，在"机器—脑力型"劳动系统中，如果其产品的价值来源是二重的话，那么这种二重性应该表现为：

一方面，"机器—脑力型"劳动系统的生产过程中生产工人的活劳动所创造的价值。这部分价值将伴随着科技的发展和应用，伴随着生产工人的机能被机器的替代趋势，将在整个产品的价值构成中所占的份额越来越少——这是价值创造过程中的一个重要的发展趋势。在马克思看来，在资本主义的机器大工业中，"劳动表现为不再像以前那样被包括在生产过程中，相反地，表现为人以生产过程的监督者和调节者的身份同生产过程本身发生关系……这里已经不再是工人把改变了形态的自然物作为中间环节放在自己和对象之间；而是工人把由他改变为工业过程的自然过程作为中介放在自己和被他支配的无机自然界之间。工人不再是生产过程的主要作用者，而是站在生产过程的旁边"[①]。在这样的现实面前，生产工人的"直接劳动在量的方面降到微不足道的比例"，而"在质的方面，虽然也是不可缺少的，但一方面同一般科学劳动相比，同自然科学在工艺上的应用相比，另一方面同产生于总生产中的社会组织的、并表现为社会劳动的自然赐予……的一般生产力相比，却变成一种从属的要素"[②] 或附属性的活动。因此，在"机器—脑力型"劳动系统中，生产过程中生产工人的活劳动将越来越少，他们所创造

---

① 《马克思恩格斯文集》第 8 卷，人民出版社 2009 年版，第 196 页。
② 《马克思恩格斯文集》第 8 卷，人民出版社 2009 年版，第 188—191 页。

的价值也将必然降低到微不足道的程度。

另一方面，在"机器—脑力型"劳动系统中，游离于生产过程之外的或"生产者背后"的科技劳动所创造的价值。这部分价值将伴随着科技在机器大工业中的大规模应用，在整个产品的价值构成中所占的份额越来越大，尤其是伴随着机器排挤生产工人、机器代替生产工人的技能的情况下，造成了"机器运作创造价值"的假象。事实上，在这一假象的背后，掩盖着科技劳动创造价值的事实。因为机器体系的出现是科技发展成果在大工业中运用的产物，机器体系只是劳动资料，它只能转移价值而不创造价值。机器运作创造价值，实质上是科技劳动创造的价值借助于机器系统显化出来的结果，是科技人员以脑力支出为主的高级复杂劳动所凝结在机器中的价值转移出来的结果。马克思指出，从形成商品价值的抽象劳动看，任何劳动"都是人的脑、肌肉、神经、手等的生产耗费"①，脑力劳动作为"脑""神经"等活动的概括，随着科技的发展物化并凝结在机器系统中，借助于机器系统在生产过程中发挥作用、创造价值，因此"机器系统的运作创造价值"只是一个表面现象，其实质是科技人员的脑力劳动即科技劳动借助于机器系统的运作创造商品的价值。正是从这个意义上讲，在"机器—脑力型"劳动系统中体现的是以脑力耗费为主的科技劳动价值论。与此同时，游离于生产过程之外的科技劳动所创造的价值，伴随着科技的发展和应用，伴随着生产工人的机能被机器替代的趋势，以及伴随着由此而导致的从"在现场的"生产工人，向"准在现场"和"不在现场"的科技劳动者的转移趋势，它在整个产品价值构成中所占的份额将会越来越大——这也是价值创造过程中的一个重要发展趋势。

应当注意的是，在机器大工业中的"机器—脑力型"劳动系统中所进行的，主要是以脑力支出为主的复杂劳动，这种"复杂劳动不仅能够创造新价值，而且能够创造出大大超过复杂劳动力价值的价值，创造出大大超过一般简单劳动所创造的价值"，因此"在计算其价值时要按照复杂劳动是倍加的简单劳动来进行折算"。② 同时，在"机器—脑力型"劳动系统中，其

---

① ［德］马克思：《资本论》第 1 卷，人民出版社 2004 年版，第 57 页。
② 郭铁民、刘春雷、赵振华：《陈征经济学思想述评》，《中国社会科学》1995 年第 5 期。

产品的价值量与该系统的运作时间即劳动时间不是出现简单的比例关系，而是呈现"自乘的或不如说是多倍的"关系即倍数关系，甚至呈现比这种倍数关系更加复杂的非线性关系，在"科技—经济"一体化社会的今天应当进一步的研究。需要进一步指出的是，科技人员通过他们的复杂劳动创造价值的过程，以及他们的劳动耗费所形成的价值借助于机器体系的运作实现价值的过程，在时间和空间上存在着"时空位差"或"跨时空"的现象，正是这一"时空位差"或"跨时空"的现象的存在，造成了实质上是科技人员的以脑力劳动为主的科技劳动所创造的价值，却在表面上显现为机器系统创造价值的假象。这是应当特别注意的问题，也是在现代经济社会与境中应当进一步研究的问题。[①]

（三）伴随大工业中的"机器""机器体系"和"自动的机器体系"的发展，劳动资料势必向更高级复杂的形式推进，劳动的价值创造问题将越来越复杂化

马克思在《哲学的贫困》中以深邃的历史眼光洞察到："机器只是一种生产力"，"正像拖犁的牛一样，并不是一个经济范畴"，但"以应用机器为基础的现代工厂"已经成为社会生产关系和经济范畴。[②] 因此，机器的出现和在大工业中应用，使资本主义生产方式由工场手工业发展为机器大工业，资本主义社会生产关系特别是商品生产过程中的劳动价值关系变得复杂化。而伴随着资本主义机器大工业的生产方式中的"机器"向"机器体系"和"自动的机器体系"的发展，物质生产领域中劳动的价值创造问题也变得越来越复杂化。马克思对资本主义工场手工业考察过程中形成的体力劳动价值论，已经变成了考察分析资本主义机器大工业中的基础理论；而在此基础上孕育萌发的脑力劳动价值论思想即科技劳动价值论思想，已经在对资本主义机器大工业的考察分析中逐步地加以形成，成为了反映机器大工业生产方式基础上越来越复杂的劳动价值关系的理论。同时应当看到，伴随着大工业中"机器"向"机器体系"和"自动的机器体系"的发展，在科技生产力与物质生产力相互交叉融合、相互渗透关联的推动下，势必向"智能化的自

① 刘冠军：《现代科技劳动价值论研究》，中国社会科学出版社 2009 年版，第 89—90 页。
② 《马克思恩格斯文集》第 1 卷，人民出版社 2009 年版，第 622 页。

动机器体系"推进，人类的劳动系统也必然呈现出从机器大工业的"机器—脑力型"劳动系统，向更加高级的系统形式发展，这就是在"机器—脑力型"劳动系统基础上发展起来的"信息—智力型"劳动系统①。在这一发展过程中，劳动的价值创造问题将越来越复杂化。在马克思政治经济学的经典著作中，主要考察的是"工具—体力型"和"机器—脑力型"劳动系统，但在对"机器—脑力型"劳动系统的考察分析中，马克思形成的科技劳动创造价值思想内在地蕴含着关于"信息—智力型"劳动系统的有关思想。因此，应当全面地考察和深入地挖掘马克思在对机器大工业中的科技劳动价值论思想，以期为分析越来越复杂的科技劳动创造价值关系奠定科学的劳动价值理论基础。在此，沿着马克思研究的逻辑思路作如下考察分析。

马克思在实现了从"以劳动力为起点"到"以劳动资料为起点"的研究转向之后，在考察机器大工业的劳动资料时指出："只有在劳动对象顺次通过一系列互相联结的不同的阶段过程，而这些过程是由一系列各不相同而又互为补充的工具机来完成的地方，真正的机器体系才代替了各个独立的机器"②，而且"当工作机不需要人的帮助就能完成加工原料所必需的一切运动，而只需要人从旁照料时，我们就有了自动的机器体系"③。在这种自动的机器体系基础上便产生了"自动的工厂"，而"自动工厂中分工的特点，是劳动在这里已完全丧失专业的性质"④。此时，工人的劳动只要"不是[资本的]需要所要求的，工人便成为多余的了"⑤。与此相对应的是，以自动的机器体系为劳动资料的自动工厂，其生产过程发生了两个方面的重大变化："一方面生产过程从简单的劳动过程向科学过程的转化，也就是向驱使

---

①　在此需要加以说明的是，"信息—智力型"劳动系统主要是指借助于智能机器系统进行物质生产的劳动系统，这是机器、机器体系和"自动的机器体系"发展进程中的最高形式的劳动系统，它除了动力机、传动机和工具机之外还增添了控制机，而控制机的实体是电子计算机和人工智能机。这种新型的装置，通常被称为智能机器系统，而借助于智能机器系统进行物质生产的系统被称为"信息—智力型"劳动系统。这种"信息—智力型"劳动系统，在马克思所处的时代已经开始初步形成，这从马克思所使用的"自动的工厂"概念以及对"自动的工厂"的分析中可以窥见到，但在新科技革命背景下和"科技—经济"一体化的现代社会中已经普遍地存在着了。

②　［德］马克思：《资本论》第1卷，人民出版社2004年版，第436页。

③　［德］马克思：《资本论》第1卷，人民出版社2004年版，第438页。

④　《马克思恩格斯文集》第1卷，人民出版社2009年版，第630页。

⑤　《马克思恩格斯文集》第8卷，人民出版社2009年版，第187页。

自然力为自己服务并使它为人类的需要服务的过程的转化，表现为同活劳动相对立的固定资本的属性……单个劳动本身不再是生产的，相反，它只有在征服自然力的共同劳动中才是生产的，而直接劳动到社会劳动的这种上升，表现为单个劳动在资本所代表、所集中的共同性面前被贬低到无能为力的地步"；而另一方面，伴随着生产过程从简单的劳动过程向科学过程的转化，"一个生产部门的劳动由另一个生产部门的并存劳动来维持"，这"表现为流动资本的属性"，[①] 并且"在流动资本的形式中，资本表现为不同工人之间的中介"，进而"造成各个劳动部门的同时并存"[②] 和各个部门的劳动的同时并存。

　　关于并存劳动的概念，马克思指出："从某种意义上说，分工无非是并存劳动，即表现在不同种类的产品（或者更确切地说，商品）中的不同种类的劳动的并存。"[③] 从"科学—技术—生产力"分析范式看，马克思在此关于自动工厂的生产过程的两方面论述中，揭示了基于科学研究部门的科学劳动、技术研发部门的技术劳动和物质生产部门的生产劳动，表现为以分工为基础和以自动机器体系为劳动资料的自动工厂所需要的并存劳动。在自动工厂的内部，其分工的特点是"劳动在这里已完全丧失专业的性质"，而在自动工厂的外部，其分工的特点呈现为科学劳动、技术劳动和生产劳动的同时并存——这表现为流动资本的属性或由流动资本作为中介来实现和完成的。不仅如此，自动工厂的生产过程呈现为从"工厂内部"的简单劳动过程向"工厂外部"的"科学过程的转化"和转移——因为自动工厂所使用的劳动资料即自动的机器体系，是通过技术研发人员的劳动发明在自动工厂中的应用，而技术人员的研发成果，是科学研究人员的劳动成果在技术研发中的应用——这表现为固定资本的属性或由固定资本作为中介来实现和完成的。在马克思看来，"固定资本像一个有灵性的怪物把科学思想客体化了"[④]，把科学思想客体化为自身的物质力量即资本的力量，进而使人类"劳动的一切力量都转化为资本的力量。在固定资本中体现着劳动的生产

---

① 《马克思恩格斯文集》第 8 卷，人民出版社 2009 年版，第 191 页。
② 《马克思恩格斯文集》第 8 卷，人民出版社 2009 年版，第 192 页。
③ 《马克思恩格斯文集》第 8 卷，人民出版社 2009 年版，第 613 页"注释 107"。
④ 《马克思恩格斯文集》第 8 卷，人民出版社 2009 年版，第 120 页。

力"，而"这种生产力存在于劳动之外，并且（在物质上）不以劳动为转移而存在着"。① 这也就是说，在资本主义生产方式下，尤其是在以自动的机器体系为劳动资料的自动工厂中，科学劳动的力量、技术劳动的力量和生产劳动的力量都转化为资本的力量，在固定资本中体现着的劳动生产力，不仅包括自动工厂中劳动者、劳动资料和劳动对象在现象层面上体现出来的生产力，而且包括存在于自动工厂的劳动之外、但已存在于自动工厂的劳动资料即自动的机器体系中的技术生产力和科学生产力，并且这些生产力在物质上是不以自动工厂中的劳动为转移而存在着的。借助于这些生产力，固定资本"实际上是实行联合者，它决不是作为工具同单个工人发生关系，相反，工人却作为有灵性的单个点，作为活的孤立的附属品附属于它"，也就是说，正是因为固定资本借助于这些生产力充当了"实行联合者"的社会角色，资本的生产过程中的"劳动作为总体不是单个工人的事情，而且，即使说它是不同工人的共同的事情，也只是从这样的意义来说的：工人们是被结合在一起的，而不是他们彼此互相结合。这种劳动就其结合体来说，服务于他人的意志和他人的智力，并受这种意志和智力的支配"②。

同时应当看到，在资本主义大工业的发展进程中，劳动资料的发展呈现为从机器、机器体系到"自动的机器体系"的发展，而这种"自动的机器体系"的进一步发展就是现代的智能机器系统。智能机器系统的出现和使用，使现代企业的生产过程产生了比"机器—脑力型"劳动系统更高的劳动形式——"信息—智力型"劳动系统。在这种劳动系统中，生产工人的活劳动量大大减少或者几乎完全被取代，甚至将会出现比"自动工厂"更加使工厂内部的工人成为多余、或者说此时的资本发展到根本不需要工人的工厂——这就是人们所说的"无人工厂""无人车间"等社会现象。从表面上看，生产企业中创造价值的活劳动，伴随机器→机器体系→自动的机器体系→智能机器系统的发展，越来越被劳动资料的运作所代替，从而进一步凸现了学术界争论的"机器创造价值"或"物化劳动创造价值"的问题，使持此观点的同志似乎有了事实根据。

---

① 《马克思恩格斯文集》第 8 卷，人民出版社 2009 年版，第 191—192 页。
② 《马克思恩格斯文集》第 8 卷，人民出版社 2009 年版，第 120 页。

　　而在实质上又是怎样的呢？马克思在创立其科学的劳动价值论，尤其在分析机器对现代工业的影响时就已经洞察到："现代工业通过机器、化学过程和其他方法，使工人的职能和劳动过程的社会结合不断地随着生产的技术基础发生变革"①，而机器体系、自动的机器体系和智能机器系统的运用，便是"生产的技术基础"的巨大变革，从而使工人在"信息—智力型"劳动系统中与其他要素的结合方式发生巨大变化。在这样的现实中，"生产过程的智力同体力劳动相分离，智力转化为资本支配劳动的权力……变得空虚了的单个机器工人的局部技巧，在科学面前，在巨大的自然力面前，在社会的群众性劳动面前，作为微不足道的附属品而消失了，科学、巨大的自然力、社会的群众性劳动都体现在机器体系中，并同机器体系一道构成'主人'的权力"，而且"这位主人（在他的头脑中，机器和他对机器的垄断已经不可分割地结合在一起）同'人手'发生冲突"便是必然的事情，因为"一切资本主义生产……不仅是劳动过程，而且同时是资本的增殖过程"，它们"有一个共同点，即不是工人使用劳动条件，相反地，而是劳动条件使用工人，不过这种颠倒只是随着机器的采用才取得了在技术上很明显的现实性。由于劳动资料转化为自动机，它就在劳动过程本身中作为资本，作为支配和吮吸活劳动力的死劳动而同工人相对立"。② 在这样的现实条件下，"现实财富的创造较少地取决于劳动时间和已耗费的劳动量，较多地取决于在劳动时间内所运用的作用物的力量……取决于科学的一般水平和技术进步，或者说取决于这种科学在生产上的应用"③，在归根结底的意义上，取决于从事自然科学理论研究和应用开发的"脑力劳动特别是自然科学的发展"④。

　　换言之，从马克思所考察的机器→机器体系→自动的机器体系，到现代经济社会与境中的智能机器系统，既是脑力劳动和智力劳动的产物，也是脑力劳动和智力劳动创造并实现其价值的"工具"和"中介"。它们的产生、发展和运用，使生产过程真正成为科技运用的场所。尤其是在机器体系、自

---

① ［德］马克思：《资本论》第 1 卷，人民出版社 2004 年版，第 560 页。
② ［德］马克思：《资本论》第 1 卷，人民出版社 2004 年版，第 487 页。
③ 《马克思恩格斯文集》第 8 卷，人民出版社 2009 年版，第 195—196 页。
④ ［德］马克思：《资本论》第 3 卷，人民出版社 2004 年版，第 96 页。

动的机器体系、智能机器系统中，商品价值的主要源泉已经不再仅仅是在"生产现场"的生产工人的活劳动，而且更为重要的是在"生产者背后"的科技人员的脑力劳动和创造性的智力劳动，即"生产者背后"的科技人员的活劳动。科技人员的脑力劳动和创造性的智力劳动即科技劳动，正是借助于机器体系、自动的机器体系和智能机器系统，通过"跨时空"的或具有"时空位差"的人类劳动，最后达到生产价值的目的。因此，马克思在对机器大工业的考察过程中形成的科技劳动价值论思想，为进一步研究现代"科技—经济"一体化社会中的"信息—智力型"劳动系统的价值创造问题提供了科学的理论基础。对此，将在下卷中展开考察研究和深入分析。

四、科技作为生产力隶属于资本而与劳动相分离、相对立

马克思的剩余价值理论是其政治经济学研究中最重大的科学发现和最重要的理论创新。恩格斯在《在马克思墓前的讲话》中将它列为马克思的两大发现之一。在恩格斯看来，马克思发现了"现代资本主义生产方式和它所产生的资产阶级社会的特殊的运动规律。由于剩余价值的发现，这里就豁然开朗了，而先前无论资产阶级经济学家或者社会主义批评家所做的一切研究都只是在黑暗中摸索"[①]。而马克思的剩余价值理论，是在科学的劳动价值论基础上创立和发展的。因此，在考察了马克思劳动价值论创立和发展过程中的科技劳动价值论思想之后，需进一步考察他在剩余价值理论创立和发展过程中的科学技术和剩余价值生产的关系思想，即马克思剩余价值理论中的"科技—经济"思想。事实上，由马克思政治经济学理论体系的逻辑严密性所决定，马克思在劳动价值论中的"科技—经济"思想即科技劳动价值论思想，是与剩余价值理论中的"科技—经济"思想紧密地连接在一起的。因此，剩余价值理论中"科技—经济"思想的许多理论观点，马克思在对科技劳动价值论思想的论述中已经包含在其中了。同时应当看到，马克思在剩余价值理论研究过程中形成了"科技—经济"思想的一个基本观点，即科技作为资本的生产力而与劳动相分离，它仅仅是剩余价值生产的手段和社会条件。

---

① 《马克思恩格斯文集》第 3 卷，人民出版社 2009 年版，第 601 页。

在马克思看来，在资本主义生产方式以及和它相适应的生产关系和交换关系中，科学技术作为生产力不仅从属于资本而且直接地隶属于资本，表现为资本的生产力和资本的力量。马克思早在《1844年经济学哲学手稿》中已经洞察到了自然科学"通过工业日益在实践上进入人的生活"①，而在《德意志意识形态》中明确地指出了大工业"使自然科学从属于资本……它的［……］是自动体系。［它］造成了大量的生产力"②，《在〈人民报〉创刊纪念会上的演说》中指出了社会生产力的发展和科学技术的进步蕴含着巨大的革命力量，但在资本主义时代造成了"现代工业和科学为一方与现代贫困和衰颓为另一方的这种对抗"③。在《资本论》及政治经济学批判的三大手稿中，马克思鲜明地揭示了科学技术作为生产力隶属于资本，直接地表现为资本的生产力而与工人的劳动相分离、相对立的社会事实。他明确地指出："科学和自然力……表现为资本的生产力"④，表现为资本的力量，"各种自然力和科学——一般历史发展过程的产物，它抽象地表现了这一发展过程的精华——自然也发生同样的情况：它们作为资本的力量同工人相对立。它们事实上同单个工人的技能和知识分离了，虽然它们——从它们的源泉来看——又是劳动的产品，然而在它们进入劳动过程的一切地方，它们都表现为被并入资本的东西……在机器上实现了的科学，作为资本同工人相对立"⑤。

同时，马克思还指出，科学"知识和技能的积累，社会智力的一般生产力的积累，就同劳动相对立而被吸收在资本当中，从而表现为资本的属性，更明确些说，表现为固定资本的属性"⑥；"劳动的社会生产力，或直接社会的、社会化的（共同的）劳动的生产力，由于协作、工场内部的分工、机器的应用，总之，为了一定的目的而把生产过程转化为自然科学、力学、化学等等的自觉的应用，转化为工艺学等等的自觉的应用，正像与这一切相适应的大规模劳动等等一样［只有这种社会化劳动能够把人类发展的一般

---

① 《马克思恩格斯文集》第1卷，人民出版社2009年版，第193页。
② 《马克思恩格斯文集》第1卷，人民出版社2009年版，第566页。
③ 《马克思恩格斯文集》第2卷，人民出版社2009年版，第580页。
④ 《马克思恩格斯文集》第8卷，人民出版社2009年版，第394页。
⑤ 《马克思恩格斯文集》第8卷，人民出版社2009年版，第395页。
⑥ 《马克思恩格斯文集》第8卷，人民出版社2009年版，第186—187页。

成果,例如数学等,应用到直接生产过程中去,另一方面,这些科学的发展又以物质生产过程的一定水平为前提],与在不同程度上孤立的个人劳动等相对立的社会化劳动生产力的这种发展,以及随之而来的科学这个社会发展的一般成果在直接生产过程中的应用,——所有这一切都表现为资本的生产力,而不表现为劳动的生产力,或者说,只有在劳动与资本相等同的意义上才表现为劳动的生产力,无论如何既不表现为单个工人的生产力,也不表现为在生产过程中结合起来的工人的生产力。资本关系本身中所包含的神秘性,现在比只存在劳动对资本的形式上的从属时所发生的和能够发生的情况向前大大发展了。另一方面,在这里也只有通过直接生产过程本身的变革和劳动社会生产力的发展,资本主义生产的历史意义才明显地表现出来"①。

不仅如此,在资本主义时代,科学技术作为资本的生产力,在与工人的劳动相分离、相对立的同时,也是资本统治、对抗劳动的有力武器和手段。马克思指出:"应用和发明机器是为了同活劳动的要求直接相对抗,机器成了压制和破坏活劳动的要求的工具……因此,正是在这里存在着劳动的客观条件——过去劳动——与活劳动相异化的情况,这种异化是直接的对立,也就是说,过去劳动,其中包括劳动的一般社会力,自然力和科学,直接表现为一种武器,这种武器部分是用来把工人抛向街头,把他变成多余的人,部分是用来剥夺工人的专业和消除以专业为基础的各种要求,部分是用来使工人服从工厂中精心建立的资本的专制制度和军事纪律";在资本主义生产方式中,科学、技术、机器等作为资本的生产力,作为"由劳动本身创造的劳动的社会条件,不仅完全成为对于工人来说异己的、属于资本的权力,而且完全成为敌视工人、统治工人、为了资本家的利益而反对每个工人的权力……资本在这里不仅表现为不属于工人的劳动物质条件,即原材料和劳动资料,而且表现为同单个工人相对立的工人共同劳动的社会力和形式的化身……在这里,过去劳动——在自动机和由自动机推动的机器上——似乎是自动的、不依赖于[活]劳动的;它不受[活]劳动支配,而是使[活]劳动受它支配;铁人反对有血有肉的人。工人的劳动受资本支配,资本吸吮工人的劳动,这种包括在资本主义生产概念中的东西,在这里表现为工艺上

---

① 《马克思恩格斯文集》第 8 卷,人民出版社 2009 年版,第 505 页。

的事实"。①

资本主义的生产过程是劳动过程和价值增殖过程的统一，在实质上是剩余价值的生产过程。在这一过程中，一切已有的科学发现和一切已有的技术发明集中地体现在机器和机器体系的应用上，这给人造成了一种假象：似乎机器和机器体系的应用使自然力代替劳动力，提高了劳动的生产效率，减轻了雇佣工人的劳动。对此，马克思指出："但是，这也决不是资本主义使用机器的目的。像其他一切发展劳动生产力的方法一样，机器是要使商品便宜，是要缩短工人为自己花费的工作日部分，以便延长他无偿地给予资本家的工作日部分。机器是生产剩余价值的手段"②，并且仅仅是生产剩余价值的手段，决不会是减轻雇佣工人的劳动。与此相反，机器的资本主义应用加强了资本对雇佣工人的剥削，延长了雇佣工人的劳动时间和提高了雇佣工人的劳动强度，甚至把童工和女工都纳入了资本主义的雇佣劳动者之中，进而在整体上加重了雇佣工人的劳动。在工人要求提高工资待遇，或缩短劳动工作日，或提高劳动保障条件时，资本对抗雇佣劳动者的有效武器之一就是利用科学技术的研究开发成果，更多地采用机器和完善机器体系。因此，机器、机器体系作为资本的生产力，仅仅是资本主义生产剩余价值、攫取更大利润的手段。这如马克思所说的："事实上，以社会劳动为基础的所有这些对科学、自然力和大量劳动产品的应用本身，只表现为劳动的剥削手段，表现为占有剩余劳动的手段，因而，表现为属于资本而同劳动对立的力量。资本使用这一切手段，当然只是为了剥削劳动，但是为了剥削劳动，资本必然要在生产过程中使用这些手段。所以，劳动的社会生产力的发展和这个发展的条件就表现为资本的行为，在这种行为面前不仅单个工人是被动的，而且这种行为的进行是与单个工人对立的。"③

正是因为在资本与劳动的二元对立中，科学技术是隶属于资本的生产力，是与直接的劳动相分离、相对立和相对抗的资本的属性和资本的力量，表现为是资本主义生产方式劳动社会条件和剩余价值生产的手段，所以自然科学的产生和发展及在此基础上的技术进步，是同资本主义生产方式齐头并

---

① 《马克思恩格斯文集》第 8 卷，人民出版社 2009 年版，第 353—354 页。
② ［德］马克思：《资本论》第 1 卷，人民出版社 2004 年版，第 427 页。
③ 《马克思恩格斯文集》第 8 卷，人民出版社 2009 年版，第 395 页。

进的。自然科学的发展和技术的进步为资本主义的发展提供着物质的生产力基础，而资本主义生产方式的发展为自然科学发展和技术进步提供了物质条件和社会经济发展的需要，由此形成了科学、技术和资本主义生产方式三者之间相互促进的互动机制，这在近代的科学革命、技术革命和工业革命三者相互缠绕在一起向前发展的现实中得以印证。马克思对此作了如此的概括总结："自然因素的应用——在一定程度上自然因素并入资本——是同科学作为生产过程的独立因素的发展相一致的。生产过程成了科学的应用，而科学反过来成了生产过程的因素即所谓职能。每一项发现都成了新的发明或生产方法的新的改进的基础。"①

　　同时，马克思还从以下两个方面加以阐述：一方面，"只有资本主义生产方式才第一次使自然科学为直接的生产过程服务"②；"只有在这种生产方式下，才产生了只有用科学方法才能解决的实际问题。只有现在，实验和观察——以及生产过程本身的迫切需要——才达到使科学的应用成为可能和必要的那样一种规模。现在，科学，人类理论的进步，得到了利用。资本不创造科学，但是它为了生产过程的需要，利用科学，占有科学。这样一来，科学作为应用于生产的科学同时就和直接劳动相分离，而在以前的生产阶段上，范围有限的知识和经验是同劳动本身直接联系在一起的，并没有发展成为同劳动相分离的独立的力量，因而整个说来从未超出传统的手艺积累的范围，这种积累是一代代加以充实的，并且是很缓慢地、一点一点地扩大的"③；"只有资本主义生产才把物质生产过程变成科学在生产中的应用——被运用于实践的科学——，但是，这只是通过使劳动从属于资本，只是通过压制工人本身的智力和专业的发展来实现的"④。另一方面，"自然科学本身〔自然科学是一切知识的基础〕的发展，也像与生产过程有关的一切知识的发展一样，它本身仍然是在资本主义生产的基础上进行的，这种资本主义生产第一次在相当大的程度上为自然科学创造了进行研究、观察、实验的物质手段。由于自然科学被资本用做致富手段，从而科学本身也成为那些发展科

---

① 《马克思恩格斯文集》第8卷，人民出版社2009年版，第356页。
② 《马克思恩格斯文集》第8卷，人民出版社2009年版，第356页。
③ 《马克思恩格斯文集》第8卷，人民出版社2009年版，第357页。
④ 《马克思恩格斯文集》第8卷，人民出版社2009年版，第363页。

学的人的致富手段，所以，搞科学的人为了探索科学的实际应用而互相竞争。另一方面，发明成了一种特殊的职业。因此，随着资本主义生产的扩展，科学因素第一次被有意识地和广泛地加以发展、应用并体现在生活中，其规模是以往的时代根本想象不到的"[①]。

五、科技是改进剩余价值生产方法不可缺少的关键性前提条件

马克思认为，在资本主义时代，资本在本质上是指能够带来剩余价值的价值，它表现为劳动资料和劳动对象等物质生产资料，但"资本不是物，而是一定的、社会的、属于一定历史社会形态的生产关系，后者体现在一个物上，并赋予这个物以独特的社会性质"[②]，资本所体现的是资本主义生产关系。资本主义生产在实质上是剩余价值的生产，具体表现为劳动过程和价值增殖过程的统一：一方面，它首先是生产使用价值的劳动过程，即人们通过有目的的活动，运用劳动资料对劳动对象进行加工，创造具有特定使用价值的产品的过程；另一方面，它也是价值增殖过程，即生产价值和剩余价值的过程。马克思以生产商品的劳动二重性理论和劳动力商品理论为基础，对资本主义生产过程的这种二重性展开分析，揭示了"价值增殖过程不外是超过一定点而延长了的价值形成过程"[③]，剩余价值也就是由雇佣工人劳动创造的、被资本家无偿占有的、超过劳动力价值以外的那部分价值。从资本家预付的资本看，价值的增殖或剩余价值的创造来源于购买劳动者活劳动的支付即可变资本，而不变资本仅是价值增殖和剩余价值生产的物质条件。因此，从物质生产的视域看，作为资本化身的资本家会千方百计地增加剩余价值总量，其主要途径之一就是提高剩余价值率即提高剩余价值与可变资本的比率，从每个工人身上榨取更多的剩余价值，这需要改进剩余价值生产的方法。在马克思看来，科技作为资本生产力，是改进剩余价值生产方法、提高剩余价值率不可缺少的关键性前提条件。

就资本通过剩余价值率的提高以实现最大限度地占有工人的剩余劳动来说，其具体方法很多，但概括起来有两种基本的方法，即绝对剩余价值生产

① 《马克思恩格斯文集》第8卷，人民出版社2009年版，第358—359页。

② ［德］马克思：《资本论》第3卷，人民出版社2004年版，第922页。

③ ［德］马克思：《资本论》第1卷，人民出版社2004年版，第227页。

和相对剩余价值生产。关于绝对剩余价值的生产，马克思指出："把工作日延长，使之超出工人只生产自己劳动力价值的等价物的那个点，并由资本占有这部分剩余劳动，这就是绝对剩余价值的生产"①，这种"通过延长工作日而生产的剩余价值，叫做绝对剩余价值"②。对于绝对剩余价值的生产来说，除了工作日的延长，同时包含着提高工人的劳动强度。劳动强度的提高，从表面上看没有延长工作日，但工人在同样一个工作日中支出了更多的劳动量，这实际上与延长工作日是一样的，因此个别企业由于提高劳动强度而生产的剩余价值也属于绝对剩余价值的范畴。资本家之所以能够采取绝对剩余价值的生产方法，是因为工作日在一定界限内可以伸缩，工作日的最低界限只要在必要劳动时间以上，资本家就能得到剩余价值，资本主义生产就能存在。但是，由资本最大限度地榨取剩余价值的本性所决定，作为资本化身的资本家不会仅仅满足于此，他会千方百计地延长工作日来最大限度地榨取剩余价值，而工作日的延长有个最高界限，它取决于两个因素：一是生理因素，即工人用于吃饭、睡眠等以满足生理需要的时间；二是社会道德因素，即工人用于家庭生活、文化生活和社会交往的时间。这两个因素决定了无论工作日多长都不可能超过 24 小时。当工作日过度延长时，必然遭到工人的强烈反抗。事实上，绝对剩余价值的生产，是在生产条件既定的前提下进行的，它"只同工作日的长度有关"③，此时还谈不上应用科学技术提高劳动生产率的问题。因此，"对于绝对剩余价值的生产来说，只要劳动在形式上从属于资本就够了"④，它仅"构成资本主义制度的一般基础，并且是相对剩余价值生产的起点"⑤。

　　绝对剩余价值的生产，一方面受到工作日劳动时间的限制，另一方面工作日劳动时间的延长又容易遭到工人抵触和反抗，因此它难以满足资本家追求更多剩余价值的贪欲。在此情况下，资本家要想获得更多的剩余价值，就必须采用相对剩余价值的生产方法。相对剩余价值的生产是在绝对剩余价值

---

① ［德］马克思：《资本论》第 1 卷，人民出版社 2004 年版，第 583 页。
② ［德］马克思：《资本论》第 1 卷，人民出版社 2004 年版，第 366 页。
③ ［德］马克思：《资本论》第 1 卷，人民出版社 2004 年版，第 583 页。
④ ［德］马克思：《资本论》第 1 卷，人民出版社 2004 年版，第 584 页。
⑤ ［德］马克思：《资本论》第 1 卷，人民出版社 2004 年版，第 583 页。

生产的基础上发展起来的，或者说是以绝对剩余价值的生产为起点的，在工作日劳动时间长度不变的条件下靠提高劳动生产率和降低劳动力价值来增加剩余价值的方法。马克思指出："就相对剩余价值生产来说，工作日一开始就分成必要劳动和剩余劳动这两个部分。为了延长剩余劳动，就要通过以较少的时间生产出工资的等价物的各种方法来缩短必要劳动"①，这种"通过缩短必要劳动时间、相应地改变工作日的两个组成部分的量的比例而生产的剩余价值，叫做相对剩余价值"②，这种获取剩余价值的方法就是相对剩余价值的生产。在分析相对剩余价值的生产时，马克思考察了资本主义提高社会劳动生产力的三种基本历史形式，即简单协作、工场手工业和机器大工业，论述了科学、技术和机器等作为资本的生产力成为了相对剩余价值生产的手段和方法，指出机器大工业是资本主义生产方式最合适的技术基础，他指出："相对剩余价值的生产以特殊的资本主义的生产方式为前提，这种生产方式连同它的方法、手段和条件本身，最初是劳动在形式上从属于资本的基础上自发地产生和发展的。劳动对资本的这种形式上的从属，又让位于劳动对资本的实际上的从属"③，它"使劳动的技术过程和社会组织发生彻底的革命"④。

　　而相对剩余价值是怎样生产出来的呢？科技在相对剩余价值的生产过程中扮演了什么角色和起了什么作用呢？在马克思看来，相对剩余价值生产的关键是缩短必要劳动时间，而必要劳动时间是再生产劳动力价值的劳动时间。劳动力价值实际上是再生产劳动力所需要的生活资料的价值，因而要缩短必要劳动时间就必须降低生活资料的价值。为了降低生活资料的价值，就必须应用科学和技术成果改进机器、机器体系等劳动资料，进而提高生活资料生产部门的劳动生产率。由于与生活资料生产密切相关的是生产资料，生产资料的价值也影响着生活资料的价值，因此运用科技、采用先进生产设备等提高这些生产资料生产部门的劳动生产率，也能降低生活资料的价值。随着科技成果在生活资料生产部门和生产资料生产部门的普遍应用，这些部门

① ［德］马克思：《资本论》第 1 卷，人民出版社 2004 年版，第 583 页。
② ［德］马克思：《资本论》第 1 卷，人民出版社 2004 年版，第 366 页。
③ ［德］马克思：《资本论》第 1 卷，人民出版社 2004 年版，第 583 页。
④ ［德］马克思：《资本论》第 1 卷，人民出版社 2004 年版，第 583 页。

的劳动生产率即社会劳动生产率得到大幅度的提高，生活资料的价值便相应地降下来，从而劳动力价值也会随之降低。随着劳动力价值降低，再生产劳动力价值的必要劳动时间便会缩短，在工作日不变的情况下，剩余劳动时间则相应延长，从而生产出了相对剩余价值。因此，相对剩余价值的生产是以全社会的生产部门普遍运用科技、采用先进技术设备等来提高劳动生产率为条件的，缺失了这个前提条件，相对剩余价值的生产是不可能的。在实质上，这是全社会的生产部门普遍将科技生产力纳入物质生产过程中，进而使先进的科技生产力融入到全社会生产部门的物质生产力之中来实现的。在这里，全社会的所有生产部门普遍运用科技、采取先进技术设施等来提高劳动生产率，成为了相对剩余价值生产的关键前提条件。可以说，这是马克思将唯物史观中的"科学—技术—生产力"分析范式，通过科学抽象进而创造性地转换为政治经济学的生产力范式，在对相对剩余价值生产进行分析过程中的典型运用。

相对剩余价值的生产是从个别企业追逐超额剩余价值开始的。而科技在超额剩余价值的生产过程中又扮演了什么角色和起了什么作用呢？在马克思看来，全社会的生产部门运用科技使其劳动生产率提高，是从个别企业采用科技手段和改良生产方式来提高劳动生产率开始的。因为运用科技改良生产方式进而"提高劳动生产力来使商品便宜，并通过商品便宜来使工人本身便宜，是资本的内在的冲动和经常的趋势"①，因此"每个资本家都抱有提高劳动生产力使商品便宜的动机"②，对于个别企业来说，率先运用科技和率先"采用改良的生产方式的资本家，比同行业的其余资本家在一个工作日中占有更大的部分作为剩余劳动"③。在这里，个别企业的资本家运用科技改良生产方式来提高劳动生产率，是为了追求超额剩余价值或超额利润。在这一过程中，对于个别企业来说，如果它率先运用科技、采用先进生产技术和生产设备，提高了企业的劳动生产率，使其生产商品的个别劳动时间低于社会必要劳动时间，从而本企业生产的商品的个别价值低于了社会价值，那么，这个企业就会由于按社会价值来出售商品，较之其他企业，就会获得

① ［德］马克思：《资本论》第1卷，人民出版社2004年版，第371页。
② ［德］马克思：《资本论》第1卷，人民出版社2004年版，第369页。
③ ［德］马克思：《资本论》第1卷，人民出版社2004年版，第370页。

更多的剩余价值即超额剩余价值。因此，超额剩余价值就是个别企业由于率先运用科技提高了劳动生产率而使其商品的个别价值低于了社会价值的差额。在这里，对于超额剩余价值的生产来说，个别企业率先运用科技、采用先进技术设备等来提高劳动生产率是其关键性的前提条件，缺失了这个前提条件，超额剩余价值的生产是不可能的。在实质上，这是个别企业率先将科技生产力纳入物质生产过程中、进而使先进的科技生产力融入这个企业的物质生产力之中来实现的。在这里，个别企业率先运用科技、采取先进技术设施提高其劳动生产率，成为了这个企业超额剩余价值生产的关键前提条件。马克思将唯物史观中的"科学—技术—生产力"分析范式，通过科学抽象进而创造性地转换为政治经济学的生产力范式，在对超额剩余价值生产进行科学分析中又一次得到了成功的运用。

　　个别资本家率先运用科技、采用先进技术设备等提高劳动生产率来获得超额剩余价值，只是一种暂时现象，因为"他个别地所做的，就是资本全体在生产相对剩余价值的场合所做的。但是另一方面，当新的生产方式被普遍采用，因而比较便宜地生产出来的商品的个别价值和它的社会价值之间的差额消失的时候，这个超额剩余价值也就消失。价值由劳动时间决定这同一规律，既会使采用新方法的资本家感觉到，他必须低于商品的社会价值来出售自己的商品，又会作为竞争的强制规律，迫使他的竞争者也采用新的生产方式。因此，只有当劳动生产力的提高扩展到同生产必要生活资料有关的生产部门，以致使属于必要生活资料范围，从而构成劳动力价值要素的商品变得便宜时，一般剩余价值率才会最终受到这一整个过程的影响"①。这也就是说，为了追求超额剩余价值，各个资本家之间必然展开激烈的竞争和角逐，先进的科技成果和技术设备等生产条件不可能永久地被个别企业所垄断，它总会逐渐地普及到全社会的整个生产部门。此时，全社会的各个生产部门的平均劳动生产率提高了，生产商品的社会必要劳动时间将普遍降低，单位商品的价值量也将普遍降低。在此情况下，原来先进科技成果和技术设备等生产条件，将会逐渐转化为一般的社会生产条件，原来的社会价值与个别价值的差额也不存在了，个别企业的超额剩余价值消失了。或者说，原来

---

①　[德] 马克思：《资本论》第1卷，人民出版社2004年版，第370—371页。

那部分超额剩余价值，伴随着先进科技成果和技术手段的普遍化，已转变为被社会所有生产部门的资本家都得到的相对剩余价值了。这样，率先利用科技来追求超额剩余价值，成为个别企业或资本家的内在动力，并不断地促使社会上的各个企业来运用科技提高劳动生产率，在追逐超额剩余价值的过程中，全社会劳动生产率提高了，社会劳动生产率的提高，使同单位商品的价值量降低，劳动力价值随之降低，再生产劳动力价值所必需的必要劳动时间缩短，在工作日不变的情况下，剩余劳动时间延长了。因此，原来的超额剩余价值在个别企业那里消失了，取而代之的是社会所有企业或资本家都得到了新的相对剩余价值。

六、科技隶属资本成为资本积累和扩大再生产的内在核心要素

资本积累理论和资本主义再生产理论是马克思劳动价值论和剩余价值论的进一步发展。与此相对应，马克思在劳动价值论基本范畴中所蕴含着的、在对机器大工业研究中所形成的科技劳动创造价值思想，以及在剩余价值论研究中所阐发的科技作为生产力隶属于资本而与劳动相分离相对立、科技是改进剩余价值生产方法不可缺少的关键性前提条件等"科技—经济"思想，在资本积累理论和资本主义扩大再生产理论中得到了进一步的阐发。在对资本积累和资本主义扩大再生产的研究过程中，马克思深刻地揭示科学技术作为资本的生产力与资本积累和资本主义扩大再生产的内在关联，主要观点是，科技作为生产力在隶属于资本成为资本的生产力和资本的力量的同时，科技也成了资本积累和资本主义扩大再生产的内在固有的核心构成要素，是资本积累和资本主义扩大再生产的有机构成部分。

从资本主义生产过程的实质和资本最大限度地攫取剩余价值的途径来看，资本主义生产过程作为劳动过程和价值增殖过程的统一，在实质上是剩余价值的生产过程。在这一过程中生产的"这个剩余价值就是产品价值超过消耗掉的产品形成要素即生产资料和劳动力的价值而形成的余额"，因此，马克思在《资本论》中指出："我们叙述了劳动过程的不同因素在产品价值的形成中所起的不同作用，事实上也就说明了资本的不同组成部分"即不变资本和可变资本"在资本本身的价值增殖过程中所执行的不同职能"，具体说来，"产品的总价值超过产品的形成要素的价值总额而形成的

余额，就是价值已经增殖的资本超过原预付资本价值而形成的余额。一方的生产资料，另一方的劳动力，不过是原有资本价值在抛弃货币形式而转化为劳动过程的因素时所采取的不同的存在形式……资本的这两个组成部分，从劳动过程的角度看，是作为客观因素和主观因素，作为生产资料和劳动力相区别的；从价值增殖过程的角度看，则是作为不变资本和可变资本相区别的"。① 在物质生产的视域，作为资本化身的资本家总是千方百计地增加剩余价值总量，总是最大限度地攫取剩余价值，其途径主要有两条，除了前面已经考察的途径②之外，第二条途径就是增加可变资本总量，雇佣更多工人；资本要想雇佣更多的个人，为了生产的正常进行就必须同时相应地追加不变资本即增加不变资本总量，这样，必然导致资本总量的增加。而资本总量的增加也就是资本积累，撇开资本的原始积累来说，它实质上是"把剩余价值当做资本使用，或者说，把剩余价值再转化为资本"，这必然涉及资本主义的扩大再生产。因此，如果说马克思对资本家千方百计地增加剩余价值总量的第一条途径的考察，主要在于揭示"剩余价值怎样从资本产生"和资本如何攫取工人剩余劳动的秘密，那么对其第二条途径的考察，主要在于揭示"资本怎样从剩余价值产生"③ 和包括科学和技术等在内的一切人类劳动如何隶属于资本、进而成为资本的生产力和资本的力量的秘密。

马克思正是通过对第二条途径的考察，揭示科学技术作为资本的生产力与资本积累和资本主义扩大再生产的内在关联，提出了科技作为生产力在隶属于资本成为资本的生产力和资本的力量的同时，资本家在进行资本积累和扩大再生产的过程中除了将剩余价值转化为资本之外，总是千方百计地利用、占有科学和技术，并且把科学和技术同机器、机器体系一道一并作为资本积累和扩大再生产的核心构成要素，即不仅把剩余价值转化为资本用于扩大再生产，而且同时将科学和技术这些人类劳动的成果一并纳入资本积累和扩大再生产之中，将其视为资本积累和扩大再生产的有机构成部分加以运

---

① ［德］马克思：《资本论》第 1 卷，人民出版社 2004 年版，第 242—243 页。

② 即通过提高剩余价值率，从每个工人身上榨取更多的剩余价值的途径。在此途径中，资本攫取剩余价值的方法在不断地改进，表现为由最大限度地延长工作日劳动时间为主的绝对剩余价值生产，逐步转向以运用科技改良生产方式来提高劳动生产率的相对剩余价值生产。

③ ［德］马克思：《资本论》第 1 卷，人民出版社 2004 年版，第 668 页。

作，以便达到最大限度地攫取剩余价值的目的。这样，科技也成了资本积累和资本主义扩大再生产的内在固有的核心构成要素，是资本积累和资本主义扩大再生产的有机构成部分。对此，马克思在其经典著作中在考察资本积累和扩大再生产时作了大量的论述，我们从以下几个层面进行梳理和分析。

第一，资本积累和扩大再生产必然导致商品生产的所有权规律转变为资本主义占有规律，进而导致对包括科学、技术等在内的一切人类劳动成果的资本主义占有。马克思指出："在商品生产中，互相对立的仅仅是彼此独立的卖者和买者……买卖只是在个别人之间进行……现在执行职能的资本，不管它经过的周期的再生产和先行积累的系列多么长，总是保持着它本来的处女性。尽管每一个单独考察的交换行为仍遵循交换规律，但占有方式却会发生根本的变革，而这丝毫不触犯与商品生产相适应的所有权。这同一所有权，在产品归生产者所有，生产者用等价物交换等价物，只能靠自己劳动致富的初期，是有效的，在社会财富越来越多地成为那些能不断地重新占有别人无酬劳动的人的财产的资本主义时期，也是有效的。一旦劳动力由工人自己作为商品自由出卖，这种结果就是不可避免的。但只有从这时起，商品生产才普遍化，才成为典型的生产形式，只有从这时起，每一个产品才一开始就是为卖而生产，而生产出来的一切财富都要经过流通。只有当雇佣劳动成为商品生产的基础时，商品生产才强加于整个社会，但也只有这时，它才能发挥自己的全部潜力。说雇佣劳动的介入使商品生产变得不纯，那就等于说，商品生产要保持纯粹性，它就不该发展。商品生产按自己本身内在的规律越是发展成为资本主义生产，商品生产的所有权规律也就越是转变为资本主义的占有规律。"①

这也就是说，在商品生产的初期，它遵循的是商品所有权规律，即商品生产者有权占有自己的劳动产品，有权按照等价交换的原则与他人交换劳动产品，此时的商品所有权是与劳动紧密相连的。但是，一旦劳动力成为工人自由出卖的商品，商品生产便发展为以雇佣劳动为基础的资本主义生产，而资本主义生产的特点是扩大再生产。在资本积累和资本主义扩大再生产的过程中，由于劳动力成为商品，因此等价交换也就成为劳动力买卖的表现形

① ［德］马克思：《资本论》第1卷，人民出版社2004年版，第677—678页。

式，但在这一等价交换的表象之下，其实质的内容却是资本家通过将无偿占有的剩余价值转化为资本的资本积累途径，进而通过扩大再生产去占有更多工人的活劳动所创造的剩余价值，此时的占有与劳动不再有联系。因此，伴随资本积累和扩大再生产的进行，商品生产的所有权规律就转变为资本主义占有规律，即资本主义"所有权对于资本家来说，表现为占有他人无酬劳动或它的产品的权利，而对于工人来说，则表现为不能占有自己的产品。所有权和劳动的分离，成了似乎是一个以它们的同一性为出发点的规律的必然结果"①。而在资本主义占有规律的作用下，当资本连工人的剩余劳动都在所谓的"等价交换"原则、契约条款、法律规定下，"理所当然地""自然而然地"无偿占有的情况下，包括科学、技术等在内的一切人类劳动的成果也都自觉或不自觉地遵循着这一规律，都被资本无偿地利用和占有。马克思指出："科学，人类理论的进步，得到了利用。资本不创造科学，但是它为了生产过程的需要，利用科学，占有科学"②，如同无偿地占有工人的剩余劳动一样占有科学和人类进步的劳动成果。即使那些像尤尔博士曾经哀叹的"对力学一窍不通"的"使用机器的工厂主们"、像化学家李比希曾述说的"对化学惊人地无知"的"化学工厂主们"，他们作为资本家的代表通过机器、机器体系的采用，"像吞并他人的劳动一样，吞并'他人的'科学"，以达到最大限度地攫取工人创造的剩余价值之目的。因此，马克思明确地指出："对科学或物质财富的'资本主义的'占有和'个人的'占有，是截然不同的两件事。"③

第二，在资本积累和扩大再生产的过程中，通过对科学和技术的资本主义占有来提高资本的劳动生产率，进而攫取更多的剩余价值。马克思指出，在资本主义占有规律下，通过对科学和技术的占有，资本"通过扩大规模，增加数量"，把"由人的有机体的小工具……发展成为由人创造的机构的工具。现在资本不要工人用手工工具去做工，而要工人用一个会自行操纵工具的机器去做工"。④ 在这种情况下，资本尽管不要工人使用手工工具而是使

① ［德］马克思：《资本论》第1卷，人民出版社2004年版，第674页。
② 《马克思恩格斯文集》第8卷，人民出版社2009年版，第357页。
③ ［德］马克思：《资本论》第1卷，人民出版社2004年版，第444页。
④ ［德］马克思：《资本论》第1卷，人民出版社2004年版，第444页。

用自行操纵工具的机器做工，但是此时劳动资料的运作还是由工人来完成，工人还是一个"活机构的肢体"，毕竟工人还是运用工具——那怕是自行操纵的工具来做工，因此，此时的资本的劳动生产率主要表现为机器的生产率，而"机器的生产率是由它代替人类劳动力的程度来衡量的"①，因为此时的资本通过科学利用自然力的能力还是有限的。但是，伴随着资本积累的进行，当资本在更大规模上进行扩大再生产时，资本所使用的那些自行操作工具的机器得到了进一步的发展，逐步发展为机器体系、自动的机器体系，资本主义的扩大再生产以机器大工业的生产方式来进行，生产过程中的劳动资料即机器、机器体系成为独立于工人而存在和运行的机构，此时"使用劳动工具的技巧，也同劳动工具一起，从工人身上转到了机器上面"②，此时的"劳动资料转化为自动机，它就在劳动过程本身中作为资本，作为支配和吮吸活劳动力的死劳动而同工人相对立"。与此同时，工人成了服侍机器、跟随劳动资料即机器、机器体系的运行而运动的"活的附属物"，在这样的情况下"机器不是使工人摆脱劳动，而是使工人的劳动毫无内容。一切资本主义生产既然不仅是劳动过程，而且同时是资本的增殖过程，就有一个共同点，即不是工人使用劳动条件，相反地，而是劳动条件使用工人，不过这种颠倒只是随着机器的采用才取得了在技术上很明显的现实性"。③

马克思指出："在这里，像在其他各处一样，必须把社会生产过程的发展所造成的较大的生产率同这个过程的资本主义剥削所造成的较大的生产率区别开来。"④ 因为资本在这里所利用的是"社会生产过程的发展所造成的较大的生产率"，而不仅仅是"资本主义剥削所造成的较大的生产率"。在资本所利用的"社会生产过程的发展所造成的较大的生产率"中不仅包含着"资本主义剥削所造成的较大的生产率"，而且还包含着资本主义私人占有规律下资本通过占有和利用科学、技术等人类劳动所创造的生产力，科学和技术这些社会劳动的生产力在社会生产过程中成了资本的生产力，进而在资本主义扩大再生产中表现为资本的劳动生产率。因此，伴随资本积累的进

---

① ［德］马克思：《资本论》第 1 卷，人民出版社 2004 年版，第 449 页。
② ［德］马克思：《资本论》第 1 卷，人民出版社 2004 年版，第 483 页。
③ ［德］马克思：《资本论》第 1 卷，人民出版社 2004 年版，第 487 页。
④ ［德］马克思：《资本论》第 1 卷，人民出版社 2004 年版，第 486 页。

行，以机器为基础的大工业中完成了"生产过程的智力同体力劳动相分离，智力转化为资本支配劳动的权力……变得空虚了的单个机器工人的局部技巧，在科学面前，在巨大的自然力面前，在社会的群众性劳动面前，作为微不足道的附属品而消失了，科学、巨大的自然力、社会的群众性劳动都体现在机器体系中，并同机器体系一道构成'主人'的权力"①。

在这里，作为资本化身的"主人"凭借这些权力，通过"大工业把巨大的自然力和自然科学并入生产过程"，其结果"必然大大提高劳动生产率，这一点是一目了然的"，相应地，必然实现更大的价值增殖，这一点也是一目了然的。但应当看到，通过对科学和技术的资本主义占有，进而通过机器大工业而导致的"生产力的这种提高并不是靠增加另一方面的劳动消耗换来的，这一点却决不是同样一目了然的"，相应地，生产力的这种提高所实现的更大的价值增殖，并不是靠增加另一方面的劳动消耗所创造的，这一点也决不是同样一目了然的。因为"像不变资本的任何其他组成部分一样，机器不创造价值，但它把自身的价值转移到由它的服务所生产的产品上。就机器具有价值，从而把价值转给产品来说，它是产品价值的一个组成部分。机器不是使产品变便宜，而是按照它自身的价值使产品变贵。很明显，机器和发达的机器体系这种大工业特有的劳动资料，在价值上比手工业生产和工场手工业生产的劳动资料增大得无可比拟"②。但是，资本对科学和技术的资本主义占有，是通过机器、机器体系这些劳动资料来实现的，即科学和技术等在资本积累和扩大再生产上的运用是通过增大得无可比拟的劳动资料——机器、机器体系来实现的，在生产过程中直观地表现出来的是机器、机器体系等劳动资料，而在这些劳动资料的背后是机器、机器体系所蕴藏的科学规律和技术规则，这也就意味着机器、机器体系的生产不仅凝结着生产机器、机器体系的工人劳动所生产的价值，而且还凝结发现科学规律的科学劳动和发明技术规则的技术劳动——这些人类劳动所创造的价值，因此马克思洞察到了"机器的使用要遵照严格的科学规律"和技术规则，正因如此，机器的使用"能够更多地节约它的各个组成部分和它的消费资料的

---

① ［德］马克思：《资本论》第1卷，人民出版社2004年版，第487页。
② ［德］马克思：《资本论》第1卷，人民出版社2004年版，第444页。

消耗",但更重要的是,借助于机器这一特殊的劳动资料将科学和技术这些过去人类劳动创造的价值转移到产品上去,这一点决不是一目了然的。"机器的价值和机器定期转给产品的价值部分,有很大的差别。作为价值形成要素的机器和作为产品形成要素的机器,有很大的差别"①,这需要通过机器和机器体系这些劳动资料的现象,才能把握住它们之间很大的本质差别。因此,在资本积累和扩大再生产的过程中,资本借助于机器和机器体系,进而通过对科学和技术的资本主义占有来提高资本的劳动生产率,不仅攫取更多工人创造的剩余价值,而且攫取了科学研究人员和技术发明人员创造的剩余价值。

　　第三,在资本积累和扩大再生产的过程中,资本为了获得更大量的剩余价值,通过对科学和技术的资本主义占有和利用,使执行职能的资本具有一种超出它作为资本存在的、不以它的一定量为转移的扩张能力。马克思指出:"资本一旦合并了形成财富的两个原始要素——劳动力和土地,它便获得了一种扩张的能力,这种能力使资本能把它的积累的要素扩展到超出似乎是由它本身的大小所确定的范围,即超出由体现资本存在的、已经生产的生产资料的价值和数量所确定的范围。"② 资本获得的这种扩张能力——资本超出它的自身要素所具有的扩张能力,或资本超出体现资本存在的扩张能力,正是对科学和技术的资本主义占有所获得的扩张能力,因此马克思说:"资本积累的另一个重要的因素是社会劳动生产率的水平"③,而社会劳动生产率的水平是由资本的劳动生产力决定的,资本的"劳动生产力是随着科学和技术的不断进步而不断发展的",伴随着科学和技术的不断进步以及被资本的占有和利用,"旧的机器、工具、器械等等就会被效率更高的、从功效来说更便宜的机器、工具和器械等等所代替。撇开现有的劳动资料在细节上的不断改进不说,旧的资本也会以生产效率更高的形式再生产出来。不变资本的另一部分,即原料和辅助材料在一年当中不断地再生产出来……改良方法等等的每次采用,在这里对追加资本和已在执行职能的资本几乎同时发生影响。化学的每一个进步不仅增加有用物质的数量和已知物质的用途,从

① [德] 马克思:《资本论》第 1 卷,人民出版社 2004 年版,第 445 页。
② 《马克思恩格斯文集》第 5 卷,人民出版社 2009 年版,第 697 页。
③ [德] 马克思:《资本论》第 1 卷,人民出版社 2004 年版,第 697 页。

而随着资本的增长扩大投资领域。同时，它还教人们把生产过程和消费过程中的废料投回到再生产过程的循环中去，从而无须预先支出资本，就能创造新的资本材料。正像只要提高劳动力的紧张程度就能加强对自然财富的利用一样，科学和技术使执行职能的资本具有一种不以它的一定量为转移的扩张能力"①。

与此同时，马克思还指出，正是科学和技术使执行职能的资本具有一种不以它的一定量为转移的扩张能力，"这种扩张能力对原资本中已进入更新阶段的那一部分也发生反作用。资本以新的形式无代价地合并了在它的旧形式背后所实现的社会进步"②，这就如"同历史地发展起来的社会劳动生产力一样，受自然制约的劳动生产力也表现为合并劳动的资本的生产力"③。正因如此，"随着劳动的生产资料的效能、规模和价值的增长，从而随着由劳动生产力的发展而造成的积累的增长，劳动在不断更新的形式中把不断膨胀的资本的价值保存下来并使之永久化"。对此，马克思作了这样的补充："古典经济学由于对劳动过程和价值增殖过程作了不完全的分析，从来也没有真正了解再生产的这一重要因素。例如，我们在李嘉图那里就可以看到这种情形。例如他说：不管生产力发生怎样的变化，'一百万人在工厂里总是生产出相同的价值'。在他们的劳动的外延量和内涵量已定时，这样说是对的。但是这一点不会妨碍下面的事实，即在劳动生产力不同的情况下，一百万人会把极不相同的生产资料量转化为产品，因而会把极不相同的价值量保存在他们的产品中，也会提供极不相同的产品价值。而李嘉图在作某些结论时把这一情况忽视了"④。

而在事实上，"劳动的这种自然能力表现为合并劳动的资本所固有的自我保存的能力，正像劳动的社会生产力表现为资本的属性，资本家对剩余劳动的不断占有表现为资本的不断自行增殖一样。劳动的一切力量都显现为资本的力量，正像商品价值的一切形式都显现为货币的形式一样"⑤，因此，

---

① ［德］马克思：《资本论》第1卷，人民出版社2004年版，第698—699页。
② ［德］马克思：《资本论》第1卷，人民出版社2004年版，第699页。
③ ［德］马克思：《资本论》第1卷，人民出版社2004年版，第589页。
④ ［德］马克思：《资本论》第1卷，人民出版社2004年版，第700页。
⑤ ［德］马克思：《资本论》第1卷，人民出版社2004年版，第700—701页。

"即使执行职能的资本的量已定，资本所合并的劳动力、科学和土地……也会成为资本的有弹性的能力，这种能力在一定的限度内使资本具有一个不依赖于它本身的量的作用范围"①。同时，"除了固定资本的这种扩张能力以外，在这里同它作为生产要素的效力有关的还有，随着科学不断取得成就和科学的应用，固定资本中每年经常应该补偿的那部分以更具有生产效率的形式被再生产出来……或者更确切些说，涉及到固定资本所协助的那种劳动的生产力的增长。但是，生产力的这种发展是积累或规模扩大的再生产的决定性因素之一"②，这一决定性的因素正是固定资本所协助的科学和技术在生产中运用所导致的劳动生产力的增长。在这里，科学和技术作为资本的生产力，作为资本的"劳动的社会生产力表现为资本固有的属性"③，而且已经成为资本积累和规模扩大的再生产的内在固有的起决定性作用的核心构成要素，已经成为资本积累和资本主义扩大再生产的有机构成部分。因此，"应该把科学称为生产的另一个可变要素，而且不仅指科学不断变化、完善、发展等方面而言。科学的这种过程或科学的这种运动本身可以看做积累过程的因素之一"④，看作规模扩大的再生产的决定性因素之一。

第四，在资本积累和扩大再生产的过程中，包括对科学和技术占有和利用在内的一切生产剩余价值的方法都是资本积累和扩大再生产的方法。资本积累是资本主义发展的必然趋势，资本主义再生产的特点是扩大再生产，这是由两方面的原因决定的：一方面，追求更多的剩余价值是资本积累的内部动因；另一方面，竞争规律是资本积累的外部动因。在内部和外部两方面动因的共同作用下，资本主义再生产在不断周转和循环中扩张性地运动着，而"生产剩余价值或赚钱，是这个生产方式的绝对规律"⑤，因此马克思指出："一切在这个基础上生长起来的提高社会劳动生产力的方法，同时也就是提高剩余价值或剩余产品的生产的方法，而剩余价值或剩余产品又是积累的形

---

① ［德］马克思：《资本论》第 1 卷，人民出版社 2004 年版，第 707 页。
② 《马克思恩格斯文集》第 8 卷，人民出版社 2009 年版，第 555 页。
③ 《马克思恩格斯文集》第 8 卷，人民出版社 2009 年版，第 206 页。
④ 《马克思恩格斯文集》第 8 卷，人民出版社 2009 年版，第 556 页。
⑤ ［德］马克思：《资本论》第 1 卷，人民出版社 2004 年版，第 714 页。

成要素。因此，这些方法同时也就是资本生产资本或资本加速积累的方法。剩余价值不断再转化为资本，表现为进入生产过程的资本量的不断增长。这种增长又成为一种扩大的生产规模以及随之出现的提高劳动生产力和加速剩余价值生产的方法的基础。"① 这也就是说，在资本积累和资本主义扩大再生产的进程中，资本家不仅采用无限制地延长工作日劳动时间的绝对剩余价值生产方法，而且更加注重占有、利用科学和技术等，改良生产方式来提高劳动生产率，进行超额剩余价值和相对剩余价值的生产。换言之，一切提高社会劳动生产率来生产剩余价值的方法，包括占有科学、利用技术、采用机器以及改进生产方式等的一切剩余价值生产的方法，都是资本积累和资本主义扩大再生产的方法，并且通过资本积累和资本主义扩大再生产使越来越多的剩余价值转化为资本，进而为这些方法的运用和加速这些方法的改进提供了基础。在此意义上，包括科学方法、技术规则、工艺流程等在内的"一切生产剩余价值的方法同时就是积累的方法，而积累的每一次扩大又反过来成为发展这些方法的手段"②。

第五，在资本积累和扩大再生产的过程中，资本对科学和技术的占有和利用是资本有机构成不断提高的重要手段。通过上述的分析发现，资本积累和资本主义扩大再生产不仅使资本在规模和数量上增大，而且使资本不断地占有和利用科学技术改进生产方式，这既提高了资本的劳动生产率，又使资本具有了超越它作为资本存在的、不以它的一定量为转移的扩张能力，并且使一切生产剩余价值的方法成了资本积累和扩大再生产的方法。伴随资本积累的数量增大和扩大再生产的规模扩张，资本在这里显示出来的这些超出它作为资本存在的力量的新功能，或者说，"资本已经变成了一种非常神秘的东西，因为劳动的一切社会生产力……都好像是从资本自身生长出来的力量"③，若用现代系统科学的语言来表述，那么资本在此所呈现出来的这些超越它作为资本要素的"元功能"和"本功能"的这些新功能，正是资本在结构或构成上发生变化的结果，即资本结构变化所导致的"构功能"

① ［德］马克思：《资本论》第 1 卷，人民出版社 2004 年版，第 720 页。
② ［德］马克思：《资本论》第 1 卷，人民出版社 2004 年版，第 743 页。
③ ［德］马克思：《资本论》第 3 卷，人民出版社 2004 年版，第 937 页。

的产生。① 实质上，这也就是伴随资本积累的数量增大，由于科技的进步和资本对科技的占有与利用，资本主义的扩大再生产使机器、机器体系等劳动资料严格地按照科学规律和技术规则进行生产的同时，把科学技术和自然力——包括单纯的自然力和社会劳动的自然力并入生产过程，导致了资本结构和扩大再生产的结构发生了实质性变化的结果，表现出来的是资本主义再生产在进行外延扩大再生产的同时也进行内涵扩大再生产，或者说资本主义再生产在注重外延扩大再生产的基础上更加注重内涵扩大再生产，因为内涵扩大再生产具有更高的劳动生产率和更大的资本扩张力，进而能够攫取更多的剩余价值；除此之外，它还对无偿占有剩余劳动具有更大的隐蔽性。

　　因此，马克思在其政治经济学的经典著作中非常注重研究资本的构成特别是资本有机构成的问题，他指出：在"研究资本的增长对工人阶级的命运产生的影响"时发现，"最重要的因素是资本的构成和它在积累过程进行中所起的变化……凡是简单地说资本构成的地方，始终应当理解为资本的有机构成"。② 马克思在对资本有机构成这一最重要的因素进行研究的过程中，深刻地揭示了资本积累和扩大再生产的过程中资本对科学和技术的占有和利用，并将其视为资本有机构成不断提高的重要手段。他指出："资本的构成要从双重的意义上来理解。从价值方面来看，资本的构成是由资本分为不变资本和可变资本的比例，或者说，分为生产资料的价值和劳动力的价值即工资总额的比例来决定的。从在生产过程中发挥作用的物质方面来看，每一个资本都分为生产资料和活的劳动力；这种构成是由所使用的生产资料量和为使用这些生产资料而必需的劳动量之间的比例来决定的。我把前一种构成叫

---

　　① 在现代系统科学中，系统是由两个或两个以上的要素组成的、在一定的环境中具有特定结构和功能的有机整体，而功能是系统在外部环境中所表现出来的特性和能力，是系统整体属性的体现。任何系统都具有特定的功能，这也是系统存在所具有的意义。一般地，系统的功能分为三种类型：一是元功能，即系统中每一个要素的功能，它是相对于系统的本功能和构功能而言的；二是本功能，即系统中各要素所具有的元功能机械相加的总和，它还不是系统功能的全部；三是构功能，即系统中各要素通过特定的结构在一定的环境中所产生的新功能。在这里，结构是指系统中各种关系或联系的总和，有时被称为联系方式，关系不同表现为结构不同；环境是指系统赖以存在的各种外部条件的总和。一般地，凡是与系统及其要素发生联系而又不属于系统的事物，均属于系统的环境。因此，系统都是处在一定环境中的整体，构功能是系统在一定环境中整体属性的体现。系统的功能一般是指它的构功能。参见刘冠军：《学科视域中的思想政治理论课教学研究》，首都经济贸易大学出版社 2015 年版，第 49—50 页。

　　② ［德］马克思：《资本论》第 1 卷，人民出版社 2004 年版，第 707 页。

做资本的价值构成,把后一种构成叫做资本的技术构成。二者之间有密切的相互关系。为了表达这种关系,我把由资本技术构成决定并且反映技术构成变化的资本价值构成,叫做资本的有机构成。"① 在这里,马克思对资本的构成从两个方面进了考察分析:一方面,从物质形态看,资本总是由一定数量的生产资料和一定数量的劳动力构成,它们之间的比例关系是由生产的技术水平和科学的发展水平决定的。一般地,对科学的占有和利用所导致的生产技术水平越高,每个劳动力所使用的生产资料的数量就越多;反之,也就越少。这种由对科学的占有和利用所导致的生产技术水平,决定的生产资料和劳动力之间的比例,就是资本的技术构成。另一方面,从价值形态看,由于生产资料的价值表现为不变资本,劳动力价值表现为可变资本,因而这种不变资本和可变资本的比例就是资本的价值构成。而资本的价值构成在预付资本中所反映的是资本家投资于生产资料的价格和投资于劳动力的价格即工人的工资之间的比例。值得深入研究的是,在资本主义生产过程中,不变资本代表着生产资料特别是劳动资料的劳动生产力——不仅包括这些劳动资料作为不变资本要素的劳动生产力,而且还包括在作为不变资本的劳动资料中占有科学技术和利用科学技术所提高了的劳动生产力;而可变资本代表着劳动力的数量即活劳动量。因此,资本的价值构成,当在资本主义生产的现实中以价格的形式表现出来时,它掩盖了资本将科学和技术纳入资本生产力的事实。

马克思特别重视对这一事实的考察,并将资本的构成从物质形态和价值形态两个方面加以分析,并在此基础上将二者联系起来,认为资本的技术构成和价值构成之间存在密切联系:资本技术构成决定价值构成,技术构成的变化会引起价值构成的变化,并将"由资本技术构成决定并反映技术构成变化的资本价值构成"称为资本的有机构成。在这一规定中,将资本的技术构成作为资本有机构成的基础,其深刻的意蕴就在于将以资本的价值构成为表现形式的资本有机构成,建立在资本技术构成的基础上的同时,这也就为深刻地揭示资本主义生产的现实中以价格形式表现出来的资本价值构成,所掩盖着的不变资本将科学和技术纳入资本生产力的事实奠定了基础,并提

① ［德］马克思:《资本论》第 1 卷,人民出版社 2004 年版,第 707 页。

供了进一步考察分析的前提；进一步讲，这也就为物质生产的视域，深入分析伴随资本积累而进行的资本主义扩大再生产，实质上是劳动过程和价值增殖过程、物质生产过程创造价值和流通过程实现价值，奠定了基础和提供了分析的前提。马克思正是在对资本有机构成这一规定的基础上，揭示了在资本积累过程中资本有机构成的总趋势是不断提高的，资本有机构成随资本积累的增长而不断提高是资本主义经济发展的必然趋势，因为资本家为了追求更多的剩余价值和在竞争中取胜，必然不断地占有科学和技术并利用其改进技术装备，提高生产技术水平，从而不断地提高劳动生产率，表现在全部资本中，就是不变资本所占的比重不断增加，可变资本所占的比重相对缩小；表现在现实的生产过程中，就是资本不断地占有和利用科学技术，改进生产的技术装备水平，进而促进了资本有机构成的提高。在资本积累和再生产的实际进程中，一般是以个别资本的增大为前提的。个别资本规模越大，越有可能占有和利用科学技术，采用先进的生产技术和机器设备，资本有机构成提高的速度越快。由此可见，在资本积累和扩大再生产的过程中，资本对科学和技术的占有和利用不仅是资本技术构成不断提高的重要手段，而且也是由此决定的资本价值构成即资本有机构成不断提高的重要手段。

第六，在资本积累和扩大再生产的过程中，科学和技术的资本主义占有和利用，加速了资本主义生产关系的再生产，加剧了资本主义社会各种矛盾的尖锐化程度，以致达到资本主义外壳不能容纳的地步。伴随着资本积累的进程，资本主义的再生产同时是资本主义关系的再生产，即在生产出物质财富被资本家无偿占有的同时，生产出除了劳动力之外一无所有的无产者。在这一过程中，由于科学和技术的资本主义占有和利用，导致了资本有机构成不断提高的总趋势，进而使资本有机构成随资本积累的增长而不断提高成为资本主义经济发展的必然趋势。从资本主义生产方式的宏观层面看，在这一总趋势中的"资本有机构成和资本技术形式的变化速度也不断加快……工人人口本身在生产出资本积累的同时，也以日益扩大的规模生产出使他们自身成为相对过剩人口的手段。这就是资本主义生产方式所特有的人口规律"①，因为"生产资料和劳动生产率比生产人口增长得快这一事实，在资

---

① ［德］马克思：《资本论》第 1 卷，人民出版社 2004 年版，第 727—728 页。

本主义下却相反地表现为：工人人口总是比资本的增殖需要增长得快"①。从资本主义生产方式的微观层面看，在这一总趋势中的资本主义企业，不管是个别企业通过占有和利用科技来提高劳动生产率的攫取超额剩余价值的生产方法，还是所有企业通过占有和利用科技来提高劳动生产率的攫取相对剩余价值的生产方法，在资本主义制度内部"都是靠牺牲工人个人来实现的；一切发展生产的手段都转变为统治和剥削生产者的手段……随着科学作为独立的力量被并入劳动过程而使劳动过程的智力与工人相异化；这些手段使工人的劳动条件变得恶劣，使工人在劳动过程中屈服于最卑鄙的可恶的专制，把工人的生活时间转化为劳动时间，并且把工人的妻子儿女都抛到资本的札格纳特车轮下"，在此意义上讲，"一切生产剩余价值的方法同时就是积累的方法，而积累的每一次扩大又反过来成为发展这些方法的手段"。②

其最终的结果是，"不管工人的报酬高低如何，工人的状况必然随着资本的积累而恶化"，并且"使相对过剩人口或产业后备军同积累的规模和能力始终保持平衡的规律把工人钉在资本上，比赫斐斯塔司的楔子把普罗米修斯钉在岩石上钉得还要牢。这一规律制约着同资本积累相适应的贫困积累。因此，在一极是财富的积累，同时在另一极，即在把自己的产品作为资本来生产的阶级方面，是贫困、劳动折磨、受奴役、无知、粗野和道德堕落的积累"。③ 资本积累的这两个方面——资本财富的积累和工人贫困的积累，伴随资本有机构成提高的总趋势而不断地加强，一方面是资本不断地积聚、集中和垄断到越来越少的资本家手中，占有和利用科学技术和采用先进的技术装备越有条件，"规模不断扩大的劳动过程的协作形式日益发展，科学日益被自觉地应用于技术方面，土地日益被有计划地利用，劳动资料日益转化为只能共同使用的劳动资料，一切生产资料因作为结合的、社会的劳动的生产资料使用而日益节省，各国人民日益被卷入世界市场网，从而资本主义制度日益具有国际的性质"；另一方面是伴随着资本的积聚、集中和垄断，"资本巨头不断减少，贫困、压迫、奴役、退化和剥削的程度不断加深，而日益壮大的、由资本主义生产过程本身的机制所训练、联合和组织起来的工人阶

①　［德］马克思：《资本论》第 1 卷，人民出版社 2004 年版，第 743 页。
②　［德］马克思：《资本论》第 1 卷，人民出版社 2004 年版，第 743 页。
③　［德］马克思：《资本论》第 1 卷，人民出版社 2004 年版，第 743—744 页。

级的反抗也不断增长"。这两个方面汇集在一起，加剧了资本主义社会矛盾的尖锐化程度，由资本积聚和集中进而形成的"资本的垄断成了与这种垄断一起并在这种垄断之下繁盛起来的生产方式的桎梏。生产资料的集中和劳动的社会化，达到了同它们的资本主义外壳不能相容的地步。这个外壳就要炸毁了。资本主义私有制的丧钟就要响了。剥夺者就要被剥夺了"。①

七、科学和自然力在资本主义生产中是"不费分文"的生产力

马克思在对资本主义生产方式以及和它相适应的生产关系和交换关系的研究中，提出了科学和自然力是"不费分文"的生产力思想，这是马克思在当时的历史条件下提出的一个颇具特色的"科技—经济"理论观点。关于科学和自然力是"不费分文"生产力的论述，在马克思《资本论》及其三大经济学手稿等经典著作中多处可见。马克思的这一颇具特色的思想，既是他在当时历史条件下资本对科学和自然力无偿占有和利用的社会事实的尊重，也是他在当时历史条件下孕育形成的"科技—经济"思想的重要内容；更为主要的是，马克思这一颇具特色的思想，是全面理解和系统把握他的劳动价值论、剩余价值理论、资本积累理论和资本主义再生产理论等政治经济学理论的理论前提，在一定意义上讲这是马克思在政治经济学理论研究和建构作出的一个理论假设。正是在这一理论假设的前提下，马克思政治经济学理论特别是他的劳动价值论、剩余价值理论、资本积累理论和资本主义再生产理论等才彰显出了反映历史现实的真实性、遵循科学研究经济原则的科学性、体现理论建构的逻辑严密性以及研究与建构相统一的可行性等。在这一理论假设中，更能体会到马克思在唯物史观中的"科学—技术—生产力"分析范式，通过科学抽象和科学处理之后在政治经济学研究中的创造性转换和运用。因此，深入分析研究马克思科学和自然力是"不费分文"生产力的思想，其意义和目的，不仅在于简单地考证这一思想是马克思政治经济学经典文本中的"科技—经济"思想的重要内容，而是通过这一思想的考证彰显马克思政治经济学内容的真实性、研究的科学性、逻辑的严密性和理论的前瞻性，进而彰显马克思政治经济学特别是其中的"科技—经济"思想

①　[德] 马克思：《资本论》第 1 卷，人民出版社 2004 年版，第 874 页。

在现代新科技革命背景下进一步发展的历史必然性。对于马克思这一颇具特色和意义重大的思想，在此结合已有的研究成果进一步对其进行考察和分析。

（一）科学在资本主义生产中是"不费分文"的生产力

从马克思的经典文本看，他对科学特别是自然科学给予了极大的关注，对科学所显示出来的巨大力量的认识程度是前无古人的。这从恩格斯《在马克思墓前的讲话》内容足以说明这一点，恩格斯指出："在马克思看来，科学是一种在历史上起推动作用的、革命的力量。任何一门理论科学中的每一个新发现——它的实际应用也许还根本无法预见——都使马克思感到衷心喜悦，而当他看到那种对工业、对一般历史发展立即产生革命性影响的发现的时候，他的喜悦就非同寻常了。例如，他曾经密切注视电学方面各种发现的进展情况"，即使在马克思逝世前躺在病床上的时候，也就是"不久以前，他还密切注视马塞尔·德普勒的发现"。[1] 从马克思自己的论述也可以看到这一点，他指出："大工业把巨大的自然力和自然科学并入生产过程，必然大大提高劳动生产率，这一点是一目了然的"[2]，并且马克思以深邃的历史眼光进一步作出了"社会劳动生产力，首先是科学的力量"的精辟论断。[3] 但是，当马克思在对资本主义经济社会进行全面的考察时，他注意到这样一种客观存在的社会现实，即当时的资本家在利用科学、占有科学并使之成为发财致富的手段时，如同无偿地占有工人的剩余劳动一样，也"无偿地"或者说是"不费分文"地对科学加以利用和占有。也就是说，科学，特别是自然科学，在当时是一种"不费资本分文"的生产力。

对此，在《资本论》及其三大经济学手稿中，马克思反复地明确指出："科学根本不费资本家'分文'"，因为资本家不生产科学，科学是由科学家或科学研究人员生产的，但这不妨碍资本家占有和利用科学，只是资本家对科学的占有和利用是无偿的和不费分文的。譬如，"电流作用范围内的磁针偏离规律，或电流绕铁通过而使铁磁化的规律一经发现，就不费分文了"[4]，

---

① 《马克思恩格斯文集》第 3 卷，人民出版社 2009 年版，第 602 页。

② ［德］马克思：《资本论》第 1 卷，人民出版社 2004 年版，第 444 页。

③ 宋健：《现代科学技术基础知识》，科学出版社、中共中央党校出版社 1994 年版，第 50 页。

④ ［德］马克思：《资本论》第 1 卷，人民出版社 2004 年版，第 444 页。

资本家如同不费分文地利用和占有自然力一样，无偿地占有和利用科学，并且"各种不费分文的自然力……作为要素，以或大或小的效能并入生产过程。它们发挥效能的程度，取决于不花费资本家分文的各种方法和科学进步"①。资本对科学不费分文地占有和利用，在资本主义生产的劳动资料发展到机器和机器体系，特别是发展到自动的机器体系时，达到了无以复加的程度和无以限制的广度，把包括自然科学、技术发明、社会知识等一切社会进步都不费分文地纳入资本生产力的范畴，成为不断膨胀的资本积累和资本主义扩大再生产的重要组成部分，并且将科学知识、技术发明等社会进步精神成果或一般社会知识，以物的形式存在于不变资本特别是在固定资本之中。

　　马克思指出："从机器体系随着社会知识的积累、整个生产力的积累而发展来说，代表一般社会劳动的不是劳动，而是资本。社会的生产力是用固定资本来衡量的，它以物的形式存在于固定资本中，另一方面，资本的生产力又随着被资本无偿占有的这种普遍的进步而得到发展"②，因此，在资本主义大工业的生产过程中，机器的应用或"应用机器，不仅仅是使与单独个人的劳动不同的社会劳动的生产力发挥作用，而且把单纯的自然力——如水、风、蒸汽、电等——变成社会劳动的力量。这里已不用说在机器的真正工作部分（即直接用机械或化学方法加工原料的部分）中起作用的力学定律的运用了"③。从此意义上讲，"只要自然科学教人以自然因素来代替人的劳动……它就是可以使资本家（以及社会）不费分文"④ 了，它就可以使资本家"不费分文"地无偿地利用和占有科学。在这里，自然科学所显示出来的"科学的力量也是不费资本家分文的另一种生产力"，或者说，"另一种不需要资本家花钱的生产力，是科学的力量"⑤。需要进一步说明的是：

　　第一，在马克思所处的时代，资本家以及社会对自然科学成果的占有和利用，的确是无偿的和"不费分文"的，因为自然科学表现为知识形态的

---

①　［德］马克思：《资本论》第 2 卷，人民出版社 2004 年版，第 394 页。

②　《马克思恩格斯文集》第 8 卷，人民出版社 2009 年版，第 187 页。

③　《马克思恩格斯文集》第 8 卷，人民出版社 2009 年版，第 279—280 页。

④　《马克思恩格斯全集》第 26 卷第 2 册，人民出版社 1973 年版，第 630 页。

⑤　《马克思恩格斯全集》第 47 卷，人民出版社 1979 年版，第 553、287 页。

精神产品，是"作为社会发展的一般精神成果……直接并入资本的东西"，
或者说是"人类发展的一般成果""社会发展的一般成果在直接生产过程中
的应用"，这是不需要资本任何花费的，是"资本关系本身中所包含的神秘
性"。① 马克思正是为了尊重这一社会历史事实，提出了科学特别是自然科
学是"不费分文"的生产力思想。但是，马克思在具体表述这一思想时，
是非常谨慎和慎重的。在一般情况下表述为，自然科学是"不需要资本家
花钱的生产力"，或自然科学是"使资本家不费分文的生产力"，或自然科
学是"不费资本分文的生产力"，等等；在特殊情况下，在明确了是谁不费
分文地利用自然科学的场合，马克思为了简便起见，直接表述为自然科学是
"不费分文"的生产力。

　　第二，在科学是"不费分文"的生产力思想中，马克思主要指的是自
然科学，或者说，主要是在考察自然科学的资本主义应用时提出的这一思
想。但同时应当看到，这里的科学不仅包括自然科学，而且也包括社会科
学，即是说，社会科学对资本来说也是"不费分文"的生产力。因为在马
克思看来，各种不费分文的自然力，包括单纯的自然力和社会劳动的自然力
作为要素并入生产过程，"它们发挥效能的程度，取决于不花费资本家分文
的各种方法和科学进步"②，这里所讲的"各种方法和科学进步"，除了自然
科学的方法和自然科学的进步外，理应包括社会科学的方法和社会科学的进
步，因为社会科学如同自然科学一样也表现为知识形态的精神产品，也是
"作为社会发展的一般精神成果"直接并入资本的东西，或者说也是"人类
发展的一般成果""社会发展的一般成果在直接生产过程中的应用"，这同
样是不需要资本任何花费的，同样是"资本关系本身中所包含的神秘性"
之所在。

　　何况，早在《1844 年经济学哲学手稿》中，马克思就已经提出人类社
会的"历史本身是自然史的一个现实部分……自然科学往后将包括关于人
的科学，正像关于人的科学包括自然科学一样：这将是一门科学"③ 的思
想；在此之后，在《德意志意识形态》中重申了这一思想，认为"历史可

　　① 《马克思恩格斯文集》第 8 卷，人民出版社 2009 年版，第 536、505 页。
　　② ［德］马克思：《资本论》第 2 卷，人民出版社 2004 年版，第 394 页。
　　③ 《马克思恩格斯文集》第 1 卷，人民出版社 2009 年版，第 194 页。

以从两方面来考察,可以把它划分为自然史和人类史",对于自然史的学科是自然科学,而对于人类史的学科则是社会科学。① 因此,在科学是"不费分文"的生产力思想中,不仅包含着自然科学是"不费分文"的生产力思想,而且包含着社会科学也是"不费分文"的生产力思想。

(二)自然力在资本主义生产中也是"不费分文"的生产力

马克思在《资本论》及其三大经济学手稿等经典著作中,在论述科学是"不费分文"的生产力思想的同时,还论述了与科学同时并入生产过程的还有自然力,并且认为自然力在一般意义上是指大自然中存在着的各种物质力量的总称,而相对于这种单纯的自然力,在资本主义生产过程中还存在一种因分工协作而产生的社会劳动的自然力,因此,与自然科学和社会科学这两类科学分别对应的,是两种不同的自然力即单纯的自然力和社会劳动的自然力,在此基础上提出了这两种自然力也是"不费分文"的生产力思想。

第一,在资本主义生产中,单纯的自然力是"不费分文"的生产力。从马克思经典文本看,自然力主要是指"纯自然力"或"单纯的自然力"②,指的是风力、水力、电力、磁力、蒸汽等自然界天然存在的自然力量,也包括畜力、土地的富饶情况、矿山的丰富程度等自然资源的物质力量,甚至还包括从生物学意义上看的人自身所具有的自然力量等。这类单纯的自然力在未被人们认识、开发和利用之前是一种盲目的、强制性的物质力量,人类在摆脱动物界进入社会历史的最初阶段,对这种单纯的自然力是无能为力的。而当这种单纯的自然力被人们科学地认识并通过一定的技术手段并入生产过程时,它就成为社会生产和社会劳动的要素而使社会生产劳动具有更高的生产能力和更高的劳动生产率。从这个意义上讲,这种单纯的自然力是构成社会生产力的重要因素,被称为"自然生产力"或"劳动的自然生产力"③。在马克思看来,这种自然生产力即单纯的自然力,在资本主义机器大生产中资本对它是无偿使用的,因此马克思将其形象地称为"不费分文的生产力"。

---

① 《马克思恩格斯文集》第1卷,人民出版社2009年版,第516—519页。
② 《马克思恩格斯文集》第8卷,人民出版社2009年版,第549、279页。
③ 《马克思恩格斯文集》第8卷,人民出版社2009年版,第369—370页。

关于单纯的自然力是"不费分文"的生产力思想，马克思在其经典著作中有过许多的论述，他指出，资本主义的机器"大生产——应用机器的大规模协作——第一次使自然力，即风、水、蒸汽、电大规模地从属于直接的生产过程，使自然力变成社会劳动的因素"①，第一次"把单纯的自然力——如水、风、蒸汽、电等——变成社会劳动的力量……例如把水变成蒸汽时就是这样。在动力，例如水，是自然形成的瀑布等等的地方〔顺便指出，最能说明问题的是，法国人在 18 世纪使水产生水平作用，而德国人则总是造成人工落差〕，把水的运动传到机器本身的媒介，例如水轮，就是劳动产品。而直接加工原料的机器本身也完全是这样"②。这也就是说，在资本主义机器大生产中，单纯的自然力变成了社会劳动的生产力。同时，马克思还进一步指出，作为社会劳动生产力的这些单纯的"自然力本身没有价值。它们不是人类劳动的产物"③，它们作为"一种自然的生产要素，它（们）的产生不需要任何劳动"，它们属于那些不费资本"分文就会增加劳动生产率的自然力"。④ 因此，马克思在《资本论》中强调指出："用于生产过程的自然力，如蒸汽、水等等"是"不费资本分文"或"不费分文"⑤的生产力，是"自然无偿赠予的"、在生产中"无偿地发生作用"和"提供无偿的服务"⑥ 的生产力。

第二，在资本主义生产中，社会劳动的自然力也是"不费分文"的生产力。所谓社会劳动的自然力，主要是指在社会生产过程中通过社会分工协作、有机配合等而新产生的或提高起来的生产力的总称，马克思将其称为"社会劳动的无偿生产力"，因为它被资本家或企业无偿占有和利用；同时，马克思还形象地将这种不需要任何花费就能够控制和利用的社会劳动的自然力，称为"不费分文的生产力"。马克思指出，生产力的发展，"最终总是归结为发挥作用的劳动的社会性质，归结为社会内部的分工……在这里，资本家利用的，是整个社会分工制度的优点"以及在分工基础上"大规模的

① 《马克思恩格斯文集》第 8 卷，人民出版社 2009 年版，第 356 页。
② 《马克思恩格斯文集》第 8 卷，人民出版社 2009 年版，第 279—280 页。
③ 《马克思恩格斯文集》第 8 卷，人民出版社 2009 年版，第 356 页。
④ 〔德〕马克思：《资本论》第 1 卷，人民出版社 2004 年版，第 724—725 页。
⑤ 〔德〕马克思：《资本论》第 1 卷，人民出版社 2004 年版，第 443—445 页。
⑥ 〔德〕马克思：《资本论》第 1 卷，人民出版社 2004 年版，第 696、445、702 页。

协作"所产生的生产力①。如果说"以分工为基础的协作或工场手工业，最初是自发地形成的"，那么"一旦它得到一定的巩固和扩展，它就成为资本主义生产方式的有意识的、有计划的和系统的形式"，如果说在工场手工业时期，劳动过程的协作性质还是"局部工人的结合"，"还多少是偶然的现象"，那么在机器大工业生产中，由"劳动资料取得机器这种物质存在方式"所决定，它便"要求以自然力来代替人力，以自觉应用自然科学来代替从经验中得出的成规……因此，劳动过程的协作性质，现在成了由劳动资料本身的性质所决定的技术上的必要了"，那种"单个机器工人的局部技巧，在科学面前，在巨大的自然力面前，在社会的群众性劳动面前"，变得"空虚"了，变得"微不足道"了。② 这种通过"协作和分工来提高生产力，资本家是不费分文的。它们是资本统治下所具有的一定形式的社会劳动的无偿自然力"③。由此可见，马克思把在机器大工业生产中在分工基础上由协作所产生的社会劳动的自然力，称为"社会劳动的无偿自然力"。

这种"社会劳动的无偿自然力"，马克思将其形象地称为"不费分文的生产力"。因为在机器大工业生产方式中，由分工协作关系所形成的社会劳动的自然力不是单个工人所发挥出来的生产力，而是作为"社会工人"或"机器大工业生产方式中的工人"所发挥出来的生产力。马克思指出，在机器大工业生产方式中，工人"作为协作的人，作为一个工作有机体的肢体，他们本身只不过是资本的一种特殊存在方式。因此，工人作为社会工人所发挥的生产力，是资本的生产力。只要把工人置于一定的条件下，劳动的社会生产力就无须支付报酬而发挥出来，而资本正是把工人置于这样的条件之下的。因为劳动的社会生产力不费资本分文，另一方面，又因为工人在他的劳动本身属于资本以前不能发挥这种生产力，所以劳动的社会生产力好像是资本天然具有的生产力，是资本内在的生产力"④。因此，在机器大工业生产方式中，"由协作和分工产生的生产力，不费资本分文。它是社会劳动的自

---

① ［德］马克思：《资本论》第 3 卷，人民出版社 2004 年版，第 96 页。

② ［德］马克思：《资本论》第 1 卷，人民出版社 2004 年版，第 421、443、487 页。

③ 《马克思恩格斯文集》第 8 卷，人民出版社 2009 年版，第 279 页。

④ ［德］马克思：《资本论》第 1 卷，人民出版社 2004 年版，第 387 页。

然力"①，不是单个工人的劳动生产力。

（三）科学和自然力作为"不费分文"的生产力在资本主义生产过程中的内在关联

通过上述的考察分析发现，马克思在论述科学是"不费分文"的生产力思想时，不仅明确地指出了自然科学是"不费分文"的生产力，而且其中蕴含着社会科学也是"不费分文"的生产力思想；而在论述自然力是"不费分文"的生产力思想时，明确地指出了单纯的自然力和社会劳动的自然力都是"不费分文"的生产力。这样，自然科学、社会科学、单纯的自然力、社会劳动的自然力是四类"不费分文"的生产力。

这一思想，马克思在《资本论》中作过较为完整的表述，他说："我们已经知道，由协作和分工产生的生产力，不费资本分文。它是社会劳动的自然力。用于生产过程的自然力，如蒸汽、水等等，也不费分文。可是，正像人呼吸需要肺一样，人要在生产上消费自然力，就需要一种'人的手的创造物'。要利用水的动力，就要有水车，要利用蒸汽的压力，就要有蒸汽机。利用自然力是如此，利用科学也是如此。电流作用范围内的磁针偏离规律，或电流绕铁通过而使铁磁化的规律一经发现，就不费分文了。"②

在《机器。自然力和科学的应用（蒸汽、电、机械的和化学的因素）》中，马克思也作出了较为完整的表述，他说："通过简单协作和分工来提高生产力，资本家是不费分文的。它们是资本统治下所具有的一定形式的社会劳动的无偿自然力。应用机器，不仅仅是使与单独个人的劳动不同的社会劳动的生产力发挥作用，而且把单纯的自然力——如水、风、蒸汽、电等——变成社会劳动的力量。这里已不用说在机器的真正工作部分（即直接用机械或化学方法加工原料的部分）中起作用的力学定律的运用了。但是，上述增加生产力，从而［缩短］必要劳动时间的形式的特点在于，所使用的单纯自然力的一部分，在它被使用的这一形式上是劳动产品，例如把水变成蒸汽时就是这样。在动力，例如水，是自然形成的瀑布等等的地方［顺便指出，最能说明问题的是，法国人在 18 世纪使水产生水平作用，而德国人

---

① ［德］马克思：《资本论》第 1 卷，人民出版社 2004 年版，第 443 页。

② ［德］马克思：《资本论》第 1 卷，人民出版社 2004 年版，第 443—444 页。

则总是造成人工落差]，把水的运动传到机器本身的媒介，例如水轮，就是劳动产品。而直接加工原料的机器本身也完全是这样。因此，机器与工场手工业中的简单协作和分工不同，它是制造出来的生产力。"①

在马克思这两段较为完整的表述中，笔者发现其深刻的思想内涵在于：

第一，从这些"不费分文"的生产力的类型划分角度看，马克思在将科学和自然力都作为"不费分文"的生产力的同时，将这两种"不费分文"的生产力——科学和自然力作为一对具有内在辩证关系的范畴加以提出。二者的内在关联表现在：一方面，科学作为"不费分文"的生产力并入生产过程，在实质上是将自然力作为"不费分文"的生产力并入生产过程，没有自然力的并入，科学并入生产过程便没有物质基础；另一方面，自然力作为"不费分文"的生产力并入生产过程，是伴随着科学作为"不费分文"的生产力并入生产过程来实现的，没有科学的并入，自然力不可能并入生产过程。因此，科学和自然力作为"不费分文"的生产力，是同时并入生产过程的。在这里，科学作为"不费分文"的生产力并入生产过程，体现的是科学研究领域的科学劳动所形成的科学力量并入了现实的生产过程中，而自然力作为"不费分文"的生产力并入生产过程，体现的是自然界和社会领域的自然力量和社会分工协作力量并入现实的生产过程中。两方面结合在一起，共同反映着人与世界（自然界和社会）的关系；或者说，科学和自然力作为"不费分文"的生产力同时并入生产过程，在现实的生产过程体现了人与世界的关系，即人类认识世界和改造世界的关系。

当马克思把自然力这种"不费分文"的生产力划分为单纯的自然力和社会劳动的自然力的同时，也将科学这种"不费分文"的生产力划分为自然科学和社会科学。这样，两种不同的自然力——单纯的自然力和社会劳动的自然力作为"不费分文"的生产力，与两类不同的科学——自然科学和社会科学作为"不费分文"的生产力，便建立起了——对应的辩证关系。

（1）单纯的自然力和自然科学作为"不费分文"的生产力是一同并入生产过程的。对此，马克思在《资本论》中明确地指出："大工业把巨大的自然力和自然科学并入生产过程，必然大大提高劳动生产率，这一点是一目

---

① 《马克思恩格斯文集》第 8 卷，人民出版社 2009 年版，第 279—280 页。

了然的。"① 这是马克思在列举了生产过程中利用水力、蒸汽、电力等之后作出的论断，因此这里的自然力主要是指单纯的自然力。在这一论断中，表明了单纯的自然力和自然科学作为"不费分文"的生产力的一对范畴，是一同并入生产过程来提高劳动生产率的，其深刻的内涵在于：一方面，自然科学作为"不费分文"的生产力并入生产过程，在实质上是将单纯的自然力作为"不费分文"的生产力并入生产过程，没有单纯自然力的并入，自然科学并入生产过程便没有物质基础；另一方面，单纯的自然力作为"不费分文"的生产力并入生产过程，是伴随着自然科学作为"不费分文"的生产力并入生产过程来实现的，没有自然科学的并入，像风力、水力和电力等自然力只能作为盲目的力量而存在，这些单纯的自然力是不可能并入生产过程。这两个方面的共同作用导致了劳动生产率的提高。同时，自然科学和单纯的自然力作为"不费分文"的生产力一同并入生产过程，所体现的意义是不同的：自然科学作为"不费分文"的生产力并入生产过程，体现的是自然科学劳动所形成的科学力量并入了现实的生产过程中，进而体现的是人与自然关系中人的劳动方面即主体的力量；而单纯的自然力作为"不费分文"的生产力并入生产过程，体现的是自然界的自然力量并入现实的生产过程中，进而体现的是人与自然界关系中自然力量即客体的力量。这两方面结合在一起，共同反映着人与自然界的关系。

（2）社会劳动的自然力和社会科学作为"不费分文"的生产力也是一同并入生产过程的。对此，马克思尽管没有明确表述，但根据马克思关于科学分为自然科学和社会科学、自然力分为单纯的自然力和社会劳动的自然力，以及单纯的自然力和自然科学作为"不费分文"的生产力是一同并入生产过程的有关论述，不难发现：社会劳动的自然力和社会科学作为"不费分文"的生产力，如同单纯的自然力和自然科学作为"不费分文"的生产力是一同并入生产过程的一样，也是一同并入生产过程来提高劳动生产率的。这一命题的深刻内涵在于：一方面，社会科学作为"不费分文"的生产力并入生产过程，在实质上是将社会劳动的自然力作为"不费分文"的生产力并入生产过程，没有社会劳动的自然力的并入，社会科学并入生产过

① ［德］马克思：《资本论》第 1 卷，人民出版社 2004 年版，第 444 页。

程便没有物质基础；另一方面，社会劳动的自然力作为"不费分文"的生产力并入生产过程，是伴随着社会科学作为"不费分文"的生产力并入生产过程来实现的，没有社会科学的并入，社会劳动的自然力是不可能并入生产过程。这两个方面的共同作用导致了劳动生产率的提高。同时，社会科学和社会劳动的自然力作为"不费分文"的生产力一同并入生产过程，所体现的意义也是不同的：社会科学作为"不费分文"的生产力并入生产过程，体现的是社会科学劳动所形成的科学力量并入现实的生产过程中，进而体现的是人与社会关系中人的劳动方面即主体的力量；而社会劳动的自然力作为"不费分文"的生产力并入生产过程，体现的是社会协作和分工所形成的社会劳动生产力并入现实的生产过程中，进而体现的是人与社会关系中社会力量即客体的力量。这两方面结合在一起，共同反映着人与社会的关系。

第二，从科学和自然力——自然科学和单纯的自然力、社会科学和社会劳动的自然力这些"不费分文"的生产力在生产中能够有机地结合的中介来看，它们是借助于技术进步所导致的劳动资料特别是生产工具的改进，以及由此所导致的生产劳动的技术组合方式和社会组合方式即生产方式的改进来实现的。没有水车、蒸汽机等这些技术的发明物即"人的手的创造物"，就不可能在生产过程中利用水的动力、蒸汽的压力等这些单纯的自然力；与此同时，"通过简单协作和分工来提高生产力，资本家是不费分文的。它们是资本统治下所具有的一定形式的社会劳动的无偿自然力"。这种社会劳动的无偿自然力，是伴随着劳动资料由手工工具向机器、机器体系的发展以及由此引起的技术组合方式和劳动组合方式的发展而不断增大的。在以机器的应用为劳动资料基础上形成的生产劳动的技术组合方式和社会组合方式中，较之于工场手工业时期以一般生产工具的应用为劳动资料基础上形成的技术组合方式和社会组合方式中，这种社会劳动的无偿自然力显然是不同的，因为机器大工业中的高度发达的分工协作"与工场手工业中的简单协作和分工不同"，它已"不仅仅是使与单独个人的劳动不同的社会劳动的生产力发挥作用"，也不仅仅是"把单纯的自然力——如水、风、蒸汽、电等——变成社会劳动的力量"，而且更加注重通过劳动的技术组合方式和社会组合方式的改进来提高劳动生产率，这是由分工协作的机器大工业生产方式"制造出来的生产力"。①

因此，马克思在对机器大工业的研究过程中，不仅注重研究"机器代替劳动工具"所引起的劳动技术组合方式的变化，而且注重研究机器的资本主义应用所引起的"工厂制度条件下工人的集结"，以及由此所导致的劳动社会组合方式的变化，他认为工厂制度条件下的工人的集结和劳动的社会组合方式，"既不同于简单协作，也不同于以分工为基础的工场手工业的那种协作的特点……发达的机器——以使用机器为基础的生产体系——以工人集结在同一个地点，以他们在空间上集中在资本家的指挥下为前提。这种集中是机器生产的条件……同时工作的机器体系必须有同时工作的工人大军来相配合，这部分地是为了实现机器体系所特有的特殊分工，部分地是为了实现它所特有的简单协作制度，实现对完成同种作业的许多工人的同时使用。因此，虽然一定量资本使用的工人人数，以及生产一定量商品所需要的工人人数减少了，但在单个资本家指挥下同时工作的工人人数增加了，在空间和时间上协同动作的工人的集中扩大了。在工厂制度条件下，在生产中执行职能的资本采取了巨大数量的社会财富（虽然也是属于单个资本家所有）的形态，这种财富形态与单个人可能具有的工作能力和生产率根本不能相提并论，同样，协同动作的工人体系也采取了大规模的社会结合的形式"②。这种大规模的社会结合方式必然创造出远远地大于所有的单个工人所具有的劳动生产力之总和的社会劳动生产力。

正因如此，自然科学和单纯的自然力、社会科学和社会劳动的自然力这些"不费分文"的生产力在生产中能够有机地结合，其社会前提条件是以机器应用为基础的大工业生产方式。马克思正是在考察资本主义机器大工业生产方式时，才对"自然力"和"科学力量"的认识产生了一个飞跃，在《共产党宣言》中指出："资产阶级在它的不到一百年的阶级统治中所创造的生产力，比过去一切世代创造的全部生产力还要多，还要大。自然力的征服，机器的采用，化学在工业和农业中的应用……仿佛用法术从地下呼唤出来的大量人口——过去哪一个世纪料想到在社会劳动里蕴藏有这样的生产力

---

① 《马克思恩格斯文集》第 8 卷，人民出版社 2009 年版，第 279—280 页。
② 《马克思恩格斯文集》第 8 卷，人民出版社 2009 年版，第 315—316 页。

呢?"① 并且马克思曾反复强调:"在农业中,在其资本主义前的形式中,人类劳动只不过表现为它所不能控制的自然过程的助手",只不过表现为它所仅有的单个人所具有的生产能力。但是,在机器大工业的生产方式中,人类劳动却能够利用自然科学这种"不费分文"的生产力控制单纯的自然力,能够利用社会科学这种"不费分文"的生产力实现大规模的协作创造出社会劳动里所蕴含着的巨大社会生产力;并且,"只有借助于机器"这一自然科学和技术发明的成果"才能占有自然力",才能使"自然力变成社会劳动的因素"被机器的主人占有。不仅如此,"只有在大规模地应用机器,从而工人相应地集结,以及这些受资本支配的工人相应地实行协作的地方,才有可能大规模地应用这种自然力",② 等等。由此可见,只有在机器大工业生产方式中,单纯的自然力和自然科学、社会劳动的自然力和社会科学才能有机地结合在一起,共同发挥其效能,创造出更高的社会劳动生产力。

(四) 科学和自然力作为"不费分文"的生产力在资本价值增殖过程中的内在关联

由科学和自然力作为"不费分文"生产力的内在关联所决定,二者在价值增殖过程中既表现出不同的作用,也具有内在的联系。在马克思看来,自然力,包括单纯的自然力和社会劳动的自然力,作为"不费分文"的生产力是与价值的增殖无关。因为"它们不是人类劳动的产物",在它们之中没有凝结人类的劳动,尽管这些"自然力变成社会劳动的因素",但是"这些自然力本身没有价值"。也正"由于这些自然因素没有价值,所以,它们进入劳动过程,却并不进入价值增殖过程。它们使劳动具有更高的生产能力,但并不提高产品的价值,不增加商品的价值。相反,它们减少单个商品的 [价值],因为它们增加了同一劳动时间内生产的商品量,因而减少了这个商品量中每一相应部分的价值。只要这些商品参与劳动能力的再生产,劳动能力的价值就减少了,或者说,再生产工资所必需的劳动时间就缩短了,而剩余劳动则增加了。可见,资本之所以占有自然力本身,并不是因为它们提高商品价值,而是因为它们降低商品价值,因为它们进入劳动过程,而并

---

① 《马克思恩格斯文集》第 2 卷,人民出版社 2009 年版,第 36 页。
② 《马克思恩格斯文集》第 8 卷,人民出版社 2009 年版,第 356 页。

不进入价值增殖过程"①，因此在整个价值增殖过程中，自然力这一"不费分文"的生产力，只提高劳动生产率，而不增加商品的总价值。

但与此不同的是，"机器是有价值的，它本身是过去劳动的产物"，而伴随机器在生产中运用，科学是否有价值呢？在马克思看来，"只有资本主义生产才把物质生产过程变成科学在生产中的应用——被运用于实践的科学——，但是，这只是通过使劳动从属于资本，只是通过压制工人本身的智力和专业的发展来实现的"②；同时，资本家对科学成果的利用是"不费分文"的，这是资本主义社会的经济事实。在这样的现实面前，马克思为了尊重这一历史事实，认为科学同自然力一样是不费分文的生产力。但同时应当看到，马克思以深邃的历史眼光已经洞察到，随着自然科学的发展，企业或资本对科学的利用不可能是"不费分文"的，科学在价值增殖过程中起着重大作用，生产科学产品的劳动也是价值的重要来源，因此马克思在表述科学是"不费分文"的生产力时，非常严谨和周密。在一般情况下，表述为：科学是"不需要资本家花钱的生产力"，或科学是"使资本家不费分文的生产力"，或科学是"不费资本分文的生产力"，等等；在特殊情况下，在明确了是谁不费分文地利用科学的场合，马克思为了简便起见，直接表达为科学是"不费分文"的生产力。从马克思这种科学而严谨的表述方式可以看出，科学在当时的历史条件下是被资本家或资本"不费分文"地利用，但自然科学作为科技劳动的成果，在其生产过程中，不可能"不费分文"地创造出来。

马克思在《资本论》中论述机器的价值时指出："像不变资本的任何其他组成部分一样，机器不创造价值，但它把自身的价值转移到由它的服务所生产的产品上。就机器具有价值，从而把价值转给产品来说，它是产品价值的一个组成部分。机器不是使产品变便宜，而是按照它自身的价值使产品变贵。很明显，机器和发达的机器体系这种大工业特有的劳动资料，在价值上比手工业生产和工场手工业生产的劳动资料增大得无可比拟。"③ 在这一论述中，马克思指出了机器和发达的机器体系是"大工业特有的劳动资料"，

---

① 《马克思恩格斯文集》第 8 卷，人民出版社 2009 年版，第 356 页。
② 《马克思恩格斯文集》第 8 卷，人民出版社 2009 年版，第 356、363 页。
③ ［德］马克思：《资本论》第 1 卷，人民出版社 2004 年版，第 444 页。

它拥有"比手工业生产和工场手工业生产的劳动资料增大得无可比拟"的价值，机器和机器体系拥有如此之大的价值，除了生产机器的劳动凝结在其中的价值外，是否包含着技术和科学的价值呢？在笔者看来，马克思在将科学作为特殊的生产力，伴随着机器和机器体系的应用而并入生产的过程中，已经在价值的增殖过程中表现出与自然力相比完全不同的作用，生产科学产品的劳动即科学劳动也是价值的主要源泉之一。① 换言之，马克思在论述科学是不费分文的生产力的过程中，已经将科学劳动创造价值，科学成果中凝聚着价值，科学并入生产过程在价值增殖过程中产生巨大作用的思想隐含在其中了。

　　如前所述，科学的规律在发现且公之于世之后，成了全人类共同拥有的"财富"，人人都有权无偿地利用它，资本家也不例外。从这个意义上讲，科学所揭示的规律是不费资本分文的生产力。但是，在这些规律被发现以前的情况将是怎样的呢？科学的规律是科学人员通过大量的高级复杂的劳动的结晶，如电磁感应定律的发现，物理学家法拉第从提出问题到发现这一规律花了十余年的时间。科学规律的发现凝结着像法拉第这样的科学家高级复杂劳动所形成的巨大价值。马克思还讲道："大工业把巨大的自然力和自然科学并入生产过程，必然大大提高劳动生产率，这一点是一目了然的，那么生产力的这种提高并不是靠增加另一方面的劳动消耗换来的，这一点却决不是同样一目了然的"②。言外之意，"不费分文"的科学并入生产过程提高劳动生产率的实质是"靠增加另一方面的劳动消耗换来的"，而增加另一方面的劳动消耗究竟是什么呢？经典作家没有给出明确的答案，但从其论述过程来看，这应该是科学人员所付出的高级复杂的劳动，这种科学劳动的成果凝结着科学人员的劳动消耗，形成了巨大价值，体现在生产过程中便形成了巨大的"科学的力量"，导致了社会劳动生产力的大幅度的提高。

　　事实上，在马克思的这一论述中，内在地蕴含着科学和自然力作为"不费分文"生产力在价值增殖过程中的内在的联系。一方面，科学作为人类劳动即科学劳动的凝结，被资本家无偿地占有和利用，实质上也就将科学

---

① 刘冠军：《论科技价值实体的矛盾二重性》，《自然辩证法研究》1996 年第 1 期。
② ［德］马克思：《资本论》第 1 卷，人民出版社 2004 年版，第 444 页。

的价值并入生成过程中，转移到产品的价值中，实现了产品价值的增殖；另一方面，自然力伴随着科学并入生产过程中提高劳动生产率，在相同单位的时间内生产了更多的使用价值。马克思尽管没有明确地这样表述，但从其代表性的经典著作《资本论》及其经济学手稿的有关论述中，渗透着这一思想。这从马克思的解释中可以看到这一点，他说："科学根本不费资本家'分文'，但这丝毫不妨碍他们去利用科学。资本像吞并他人的劳动一样，吞并'他人的'科学。"[①] 这是马克思依据当时的历史事实，在论述科学是"不费分文"的生产力时，从另一个侧面揭露了资本剥削科学人员的实质——资本"不费分文"地吞并科学人员的科学，实现了价值的增殖，借助于科学占有了更多的自然力，实现了资本的劳动生产率的提高，这正是科学和自然力作为"不费分文"的生产力在资本主义价值增殖过程中的内在关联。

八、"只有在劳动共和国里面，科学才能起它的真正的作用"

通过上述的分析发现，马克思从对人类社会及其历史发展的唯物史观探索，逐步转向深入到资本主义这一特定历史阶段的政治经济学研究之后，他对唯物史观的"科学—技术—生产力"分析范式进行了创造性转换和科学抽象，并在此基础上形成了政治经济学中的"科技—经济"思想。其中，马克思在劳动价值论的研究进程中，实现了两次重大的研究转向，第一次是从对古典劳动价值论从否定到肯定并超越的第一次研究转向，其标志性的成就是科学的劳动价值论的创立，而在对劳动价值论体系的劳动力、抽象劳动和总体工人等重要范畴和对简单劳动与复杂劳动、高级劳动力与普通劳动力的划分中蕴含的科技劳动价值论思想；第二次转向是从对工场手工业中劳动价值关系考察到对机器大工业中劳动价值关系研究的转向，马克思在这次转向中将劳动价值论中孕育着的科技劳动价值论思想逐步地加以展开，进而形成了以脑力支出为主的科技劳动价值论的思想，揭示了机器大工业将物质生产部门"和精神生产领域内的进步，特别是和自然科学及其应用方面的进步联系在一起"，论述了机器大工业的"机器—脑力型"劳动系统中产品价

---

① ［德］马克思：《资本论》第 1 卷，人民出版社 2004 年版，第 444 页。

值来源的二重性，洞察到了伴随大工业中从机器到机器体系再到自动的机器体系的发展，劳动资料势必向更高级复杂的形式推进，科技劳动的价值创造问题将越来越复杂化。

伴随着研究的深入，马克思在劳动价值论的基础上创立了剩余价值理论，在这一理论的创立和发展过程中阐述了科学技术和剩余价值生产的关系，提出了剩余价值理论中"科技—经济"思想的许多理论观点，其中揭示了科技作为资本的生产力而与劳动相分离，它仅仅是改进剩余价值生产方法、提高剩余价值率不可缺少的关键性前提条件；考察了科学技术作为资本的生产力与资本积累和资本主义扩大再生产的内在关联，提出了科技作为生产力在隶属于资本成为资本的生产力和资本的力量的同时，资本家在进行资本积累和扩大再生产的过程中除了将剩余价值转化为资本之外，总是千方百计地利用、占有科学和技术，并且把科学和技术同机器、机器体系一道一并作为资本积累和扩大再生产的核心构成要素，即不仅把剩余价值转化为资本用于扩大再生产，而且同时将科学和技术这些人类劳动的成果一并纳入资本积累和扩大再生产之中，将其视为资本积累和扩大再生产的有机构成部分加以运作，以便达到最大限度地攫取剩余价值的目的。这样，科技也成了资本积累和资本主义扩大再生产的内在固有的核心构成要素，是资本积累和资本主义扩大再生产的有机构成部分，突出地表现在资本积累和扩大再生产必然导致商品生产的所有权规律转变为资本主义占有规律，进而导致对包括科学、技术等在内的一切人类劳动成果的资本主义占有；在资本积累和扩大再生产的过程中，通过对科学和技术的资本主义占有来提高资本的劳动生产率，进而攫取更多的剩余价值；资本为了获得更大量的剩余价值，通过对科学和技术的资本主义占有和利用，使执行职能的资本具有一种超出它作为资本存在的、不以它的一定量为转移的扩张能力；在资本积累和扩大再生产的过程中，包括对科学和技术占有和利用在内的一切生产剩余价值的方法都是资本积累和扩大再生产的方法；在资本积累和扩大再生产的过程中，资本对科学和技术的占有和利用是资本有机构成不断提高的重要手段；科学和技术的资本主义占有和利用，加速了资本主义生产关系的再生产，加剧了资本主义社会各种矛盾的尖锐化程度，以致达到资本主义外壳不能容纳的地步。

而其中的深刻原因在于，在资本积累和资本主义扩大再生产过程中科学和自然力是"不费分文"的生产力。在这里,马克思洞察到了科学和自然力作为"不费分文"生产力在价值增殖过程中的内在的联系,揭露了资本剥削科学人员的实质,即资本"不费分文"地吞并科学人员的科学,实现了价值的增殖,借助于科学占有了更多的自然力,实现了资本的劳动生产率的提高。在马克思看来,这既是资本主义"科技—经济"的社会现实,也是科技异化的重要表现,科学本是人类劳动的一般精神成果,在资本主义社会中却成了铸就人与人剥削、压迫关系的帮凶和武器,没有起到科学该起到的作用。马克思指出:"劳动生产力的发展,——这种发展部分地又可以和精神生产领域内的进步,特别是和自然科学及其应用方面的进步联系在一起……在这里,资本家得到的好处,又是社会劳动的产物,虽然并不是他自己直接剥削的工人的产物。生产力的这种发展,最终总是归结为发挥作用的劳动的社会性质,归结为社会内部的分工,归结为脑力劳动特别是自然科学的发展。在这里,资本家利用的,是整个社会分工制度的优点。"①

在这样的情况下,马克思对未来社会"科技—经济"发展提出了自己的洞见,他在《法兰西内战》中明确地指出:"只有工人阶级能够……把科学从阶级统治的工具变为人民的力量,把科学家本人从阶级偏见的兜售者、追逐名利的国家寄生虫、资本的同盟者,变成自由的思想家!只有在劳动共和国里面,科学才能起它的真正的作用。"② 这也正如恩格斯所指出的:"在一个超越利益的分裂——正如在经济学家那里发生的那样——的合理状态下,精神要素自然会列入生产要素,并且会在经济学的生产费用项目中找到自己的位置。到那时,我们自然会满意地看到,扶植科学的工作也在物质上得到报偿,会看到,仅仅詹姆斯·瓦特的蒸汽机这样一项科学成果,在它存在的头 50 年中给世界带来的东西就比世界从一开始为扶植科学所付出的代价还要多。"③

---

① [德]马克思:《资本论》第 3 卷,人民出版社 2004 年版,第 76 页。
② 《马克思恩格斯文集》第 3 卷,人民出版社 2009 年版,第 204 页。
③ 《马克思恩格斯文集》第 1 卷,人民出版社 2009 年版,第 67 页。

第　五　章

19 世纪的时代特征与马克思 "科技—经济"思想

　　任何一种科学理论都是时代的产物。同样，马克思"科技—经济"思想的孕育和形成也是时代的产物。它是在近代自然科学"宣布了自己的独立"之后"大踏步地前进"①、技术革命和产业革命不断爆发，以及在此基础上的资本主义生产方式得以大发展的时代背景下孕育形成的。概括地讲，马克思所处的 19 世纪主要呈现出以下几个方面的时代特征：从世界主题的角度来看，主要呈现出"战争和革命"特征；从科技与劳动关系的角度来看，主要呈现出科技与劳动相分离的"二元"社会实践特征；从占居主导地位的经济形态的角度来看，主要呈现出以机器大工业生产方式为基础的工业经济特征；从科学认知背景的角度来看，主要呈现出"简单性科学"的科学认知特征。考察 19 世纪的这些时代特征与马克思"科技—经济"思想的内在关联，既能彰显马克思"科技—经济"思想是时代的产物，同时也能看到马克思"科技—经济"思想具有超时代的特征，对于在"科技—经济"一体化新时代背景下研究和发展马克思"科技—经济"思想具有重大意义。

---

① 《马克思恩格斯文集》第 9 卷，人民出版社 2009 年版，第 410 页。

第一节　世界主题特征与马克思
"科技—经济"思想

世界主题反映着一个时代的总体特征。马克思的"科技—经济"思想是对19世纪世界主题特征整体把握的前提下孕育形成的，因此他的这一思想反映着他那个时代的世界主题特征，进而形成了这一思想的时代特色。

一、战争与革命的世界主题特征

从世界主题的角度来看，马克思所处的时代，世界主题主要体现为"战争和革命"。换言之，战争与革命是马克思所处时代的世界主题特征。

第一，伴随近代科学革命、技术革命和产业革命的进程，资本主义的基本矛盾即生产资料的资本主义私人占有与生产的社会化之间的矛盾不断激化，呈现出生产无限扩大的趋势与劳动人民有支付能力的需求相对缩小的矛盾突出，以及个别企业内部生产的有组织性和整个社会生产的无政府状态之间的矛盾突出，结果导致以生产相对过剩的资本主义经济危机的周期性爆发。资本主义经济危机的频繁爆发，引发并加剧了资本主义制度下分化出来的两个最基本阶级——无产阶级与资本家阶级之间的阶级矛盾的对立和斗争，导致了无产阶级反对资产阶级的斗争日趋激化，进而引发了无产阶级对资本主义统治的反抗和对资产阶级的斗争。而这种斗争形式，最根本的就是无产阶级的暴力革命。只有通过暴力革命，无产阶级才能推翻资产阶级的经济统治和政治统治，才能建立起自己的政权进而获得解放。1889年12月18日，恩格斯在致格尔松·特利尔的信中指出："无产阶级不通过暴力革命就不可能夺取自己的政治统治，即通往新社会的唯一大门，在这一点上，我们的意见是一致的。无产阶级要在决定关头强大到足以取得胜利，就必须（马克思和我从1847年以来就坚持这种立场）组成一个不同于其他所有政党并与它们对立的特殊政党，一个自觉的阶级政党"①，在这一政党的领导下进行无产阶级革命。

----

① 《马克思恩格斯文集》第10卷，人民出版社2009年版，第578页。

第二，资本主义生产方式的直接目的和决定性动机，就是无休止地采取各种方式和方法获取尽可能多的剩余价值或利润，或者说，"生产剩余价值或赚钱，是这个生产方式的绝对规律"[①]，贪婪是资本的本性，资本对利润攫取的渴望那是毫无止境的，这也就决定了资本主义扩张和征服的本能。如果说工业革命之前，资本主义的扩张早就冲破了民族国家的范围，已经建立起庞大的殖民帝国的话，这主要是建立在坚船和利炮的武力征服以及商业资本主义扩张基础上的；而工业革命之后，伴随资本主义机器大工业生产方式和垄断资本主义的形成，资本主义的扩张主要建立在对世界工业垄断地位的基础上，在这样的情况下资本的输出有了特别重要的意义，如同坚船上的利炮一样成了轰击其他民族国家闭关自守大门的"重炮"。从 19 世纪中叶开始，特别是在 19 世纪 70 年代，在殖民军队的坚船利炮和资本输出的"重炮"这"双炮"的轰击下，老牌资本主义列强掀起了瓜分世界的殖民主义狂潮。英国是这股狂潮的最先发动者和最大受益者，19 世纪末英国拥有世界上最大的殖民帝国，海外殖民地的面积超过了任何其他列强。1876 年，英国殖民地领土的面积为 2250 万平方公里，而本国的国土面积仅有 24.4 万平方公里，仅为殖民地面积的 1/92；同年，英国殖民地人口达到 2.52 亿，而本国人口仅有 2970 万，仅为殖民地人口的 1/8。由于拥有的殖民地遍布全世界，英国获得了"日不落帝国"的称号，成为了恰如其分的"殖民帝国主义"。[②]

因此，在马克思所处的 19 世纪，呈现出来的不仅是国内资产阶级利益集团的争斗和无产阶级反抗资产阶级的革命，而且还是资本主义国家之间争夺殖民地的战争、殖民地国家的人民反抗殖民主义侵略者的战争与革命，等等。在此意义上讲，战争与革命是这个时代的主题特征。

二、从世界主题特征看马克思"科技—经济"思想

在战争与革命的世界主题前提下，马克思对其"科技—经济"思想的思考与分析，在唯物史观层面所进行的是一种宏大思想体系的构建，这主要

---

① 《马克思恩格斯全集》第 44 卷，人民出版社 2001 年版，第 714 页。

② 李宏图、沐涛、王春来、卢海生：《工业文明的兴盛——16—19 世纪的世界史》，华东师范大学出版社 2001 年版，第 311 页。

体现在马克思从物质生产视域形成了"科学—技术—生产力"分析范式，并在此分析范式基础上揭示了人类社会经济发展的规律。因为马克思早在《1844 年经济学哲学手稿》中在考察人与自然的关系时就已经指出，人作为"类存在物"存在"在实践上和理论上"的关系，存在"人的肉体生活和精神生活同自然界相联系"的差异，而自然科学是"从理论领域来说"的，属于人的"精神生活"①的范畴，并且"自然科学展开了大规模的活动并且占有了不断增多的材料"，一方面"抛弃它的抽象物质的方向，或者更确切地说，是抛弃唯心主义方向，从而成为人的科学的基础"，另一方面自然科学作为人的"精神生活"和"理论领域"的成果，"通过工业日益在实践上进入人的生活，改造人的生活"②。在唯物史观的创立过程中，马克思将精神生活领域的自然科学与物质生活领域的物质生产，借助于技术发明的成果实现了物质生产力高度上的有机统一，并且认为只有将科学发现和技术发明所形成的生产力纳入物质生产的生产力之中，才能在生产力的高度揭示生产力的技术组合方式与社会组合方式即生产方式、生产方式与生产关系、经济基础与上层建筑的矛盾规律，进而为其政治经济学研究提供总的方法论原则即唯物史观的方法论原则。

　　而当马克思深入对资本主义生产方式和它相适应的生产关系和交换关系的研究时，它对唯物史观中的"科学—技术—生产力"分析范式进行了创造性转换，将科学发现和技术发明创造的生产力，完全纳入了资本主义生产过程中的社会劳动生产力之中，明确地提出了社会劳动的生产力中包括科学和技术的因素，创造性地将唯物史观的分析范式转化为政治经济学研究的"生产力中也包括科学"的分析范式。马克思通过对唯物史观中"科学—技术—生产力"分析范式的创造性转换，一方面将科学劳动和技术劳动这些复杂劳动加以"简化"③，使政治经济学的研究具有了科学性和可行性；而另一方面，这样的科学抽象和科学处理更有利于反映当时的世界主题特征，进而使他的政治经济学研究在科学性的基础上彰显其革命性，突出了他的政治经济学研究所具有的无产阶级立场和为无产阶级革命服务的理论目的。可

①　《马克思恩格斯文集》第 1 卷，人民出版社 2009 年版，第 161 页。
②　《马克思恩格斯文集》第 1 卷，人民出版社 2009 年版，第 193 页。
③　［德］马克思：《资本论》第 1 卷，人民出版社 2004 年版，第 58 页。

以说，马克思在创立劳动价值论、剩余价值理论及在此基础上构建政治经济学体系时，主要是针对社会实践中工人运动的不同派别、不同观点和不同主张，对价值的源泉、剩余价值的来源和资本主义生产的实质等作了科学合理的揭示，其根本目的是为国际工人运动的正确发展提供理论指导。这主要体现在，马克思在当时的世界主题背景下，为了抓住当时的主要矛盾和矛盾的主要方面，而将当时的一些次要矛盾和矛盾的次要方面"舍弃掉"，以便于问题的分析和解决，具体体现在马克思在创立劳动价值论和剩余价值理论时，为了当时革命的需要，认为价值创造的主体主要是从事以体力劳动为主的工人阶级，剩余价值的来源主要是在自然科学隶属于资本前提下的雇佣工人的劳动，而将包括科技人员在内的知识分子放在价值创造的"次要"位置上，在将自然科学纳入资本生产力的同时将其看作"不费分文"的生产力。[①] 因此，在以劳动价值论为基础和剩余价值理论为核心的政治经济学体系中，马克思的研究重点和主要任务是具体地、系统地分析了工人阶级的以体力支出为主的劳动与价值创造的关系，尽管在对机器大工业的考察中孕育和萌发了科技劳动创造价值的思想，但没有具体地、系统地研究包括科技人员在内的知识分子的以脑力支出为主的劳动与价值创造的关系。这为在"科技—经济"一体化的今天发展马克思"科技—经济"思想留下了"研究空间"。

第二节　科技和劳动关系特征与马克思"科技—经济"思想

从科技与劳动关系的角度来看，马克思所处的 19 世纪，尽管科学革命、技术革命和产业革命以及资产阶级革命等相互交织在一起向前推进，但是从整体上来讲，科技实践和生产实践是两个不同的领域，二者之间是分离的。在这样的背景下，马克思形成并提出了"科技—经济"思想，既显示了这一思想的时代性，又体现了这一思想的深刻性，进而彰显了马克思深邃的历

---

① 刘冠军：《论马克思"不费分文"的生产力思想》，《自然辩证法研究》1996 年第 8 期，第 33—37 页。

史洞察力。

一、科技与劳动相分离的"二元对立"社会实践特征

自欧洲中世纪以后，资本主义生产方式逐步孕育、形成和发展，与此相伴随的是近代自然科学诞生和发展，科技知识的生产即科技实践活动从物质生产实践活动中分离出来成为一种独立的社会实践形式，从而形成了科技实践与生产实践既相互区别又相互联系的"二元"社会实践的关系。同时，在资本主义的社会生产过程中，科技实践活动的成果被资本占有和利用进而成为资本的力量而与生产劳动者的劳动相分离、相对抗，这是马克思所处的时代呈现出来的显著社会特征，即科技与劳动相分离基础上形成的"二元对立"的实践特征。

一方面，伴随资本主义生产方式的形成和发展，科技实践活动从物质生产实践活动中分离出来成为一种独立的实践活动，其突出的标志是科学实验的诞生。科学实验这种实践活动的产生，特别是科学实验与数学方法的结合，是近代自然科学成为现代意义上的科学的一个重要标志，它大大推动着科技的发展和成熟。科学实验主要是科技人员通过对研究对象的净化和纯化，实现在人工创造的理想条件下进行科技研究的实践活动。在这样的科学实验实践基础上，自然科学主要担负起认识自然规律和揭示自然本质的任务，根本目的在于探索真理。进一步讲，自然科学主要是以自然现象或自然事物为研究对象，通过科学实验进行定性研究和定量研究，并在此基础上借助于科学概念、科学判断和科学推理等形式，建构起关于某一自然现象或自然事物的本质和规律的知识体系，即科学学说或科学理论，如牛顿的经典力学理论、克劳胥斯的热力学理论、麦克斯韦的经典电磁学理论、道尔顿的化学原子论、拉瓦锡的氧化理论、康德和拉普拉斯的关于太阳系起源与演化的原始星云假说（学说）等。正是在科学实验的基础上，自然科学的理论先后从宗教神学（或经院哲学）和自然哲学中分化出来，这也就是自然科学史上所讲的，自然科学经过"两次阵痛"的分化，成了独立的科学理论，这标志自然科学的成熟。有了近代自然科学的成熟，近代的技术也从原来的经验型技术，演变为应用科学理论进行技术发明的科学型技术，此时才有了真正的科学的技术即技术科学。这样，技术科学伴随着自然科学的发展和成

熟而初步成熟。

另一方面，伴随着自然科学和技术科学的发展，从某种意义上讲，科技知识的生产从此便游离于物质生产活动之外，即科技实践与生产实践成了两种彼此分离的相互独立的社会实践形式。尽管这两种社会实践形式有着千丝万缕的联系，但从整体上讲，二者有着本质的区别。概括地讲，对于科技实践尤其是科学实践而言，其活动主体主要是科学家、技术专家等以脑力劳动付出为主的科技劳动者，他们所从事的科技实践尤其是科学实践，主要在于认识自然，探索自然的本质、揭示自然的规律，生产关于自然的知识产品，追求科学价值或认识价值，根本目的在于满足人的精神生活需要，这也就是说科技实践活动主要是创造精神财富。而对于经济活动领域的生产实践而言，其活动主体主要是生产工人（或雇佣工人）、管理人员等以体力劳动付出为主并附之以脑力劳动的生产劳动者，他们所从事的物质生产实践，主要在于改造自然，制造出自然界中没有的或稀缺的能够满足人们物质生活需要的物品，即生产出为人所用的具有使用价值的物质产品，追求经济价值或经济效益，根本目的在于满足人的物质生活需要，这也就是说生产实践主要是创造物质财富。在马克思所处的 19 世纪，科技活动与生产劳动是两个有着本质差别的范畴，科技实践与生产实践完全是两个不同领域的实践活动。因此，马克思所处的时代在社会实践形式上是"二元"并存的，即科技实践和生产实践是同时并存的。科技实践与生产实践的这种"二元"并存性，在资本主义社会中却表现为相互分离和相互对立的"二元对立"的社会现实，这是马克思"科技—经济"思想之时代特色的社会现实基础。对此，作如下的考察分析。

二、从社会实践特征看马克思"科技—经济"思想

通过上述的分析可见，马克思所处的时代，科技生产与物质生产是相分离的，科技知识的生产即科技劳动与经济活动即生产劳动是"二元"的、脱节的，这使马克思在对其"科技—经济"思想的思考与分析时，尤其是在唯物史观的创立和发展过程中，不仅看到了物质生产实践中生产力的发展对于人类社会发展所形成的巨大动力源泉，而且洞察到了科技特别是自然科学对于人类社会发展所具有的巨大的革命的力量，这正如他《在〈人民报〉

创刊纪念会上的演说》中，在阐述了唯物史观和无产阶级革命理论所指出的："生产力发展和科技进步中蕴含着巨大的革命力量"①，科学的进步、技术的胜利以及由科学和技术所创造出来的"蒸汽、电力和自动走锭纺纱机甚至是比巴尔贝斯、拉斯拜尔和布朗基诸位公民更危险万分的革命家"②。正是因为"人靠科学和创造性天才征服了自然力"③，或者说，那些从事科学研究的"创造性天才"通过科学的发展使人征服了自然力，将原来盲目发挥作用的自然力变成了在机器和机器体系中体现出来并满足大工业生产需要的生产力，进而极大地推动着人类社会的发展，因此"在马克思看来，科学是一种在历史上起推动作用的、革命的力量"④。也正因如此，马克思在唯物史观中形成了他颇具时代特色的"科学—技术—生产力"的分析范式，并在此分析范式的基础上发现了人类社会的发展规律。

马克思"科技—经济"思想的理论深刻性和时代的现实性远不止于此。当马克思将"科学—技术—生产力"分析范式通过创造性转换应用于政治经济学的研究时，不仅发现了科技实践和生产实践的"二元"并存的社会现实，而且洞察到了在此基础上的"二元对立"的社会现实，因为他发现资本主义社会中科技实践的成果在资本主义占有规律的作用下，科技仅表现为资本的生产力和资本的力量，是与资本主义生产过程中雇佣工人的劳动相分离、相对抗的。科技本来能够在生产中"减少人类的劳动和使劳动更有成效的神奇力量，然而却引起了饥饿和过度的疲劳"，进而成为具有"某种奇怪的、不可思议的魔力而变成贫困的源泉"；本来是人类文明的进步和人类认识、改造自然能力的增强，但是在资本主义社会中走向了它的反面，使广大劳动者成为少数资本拥有者的"奴隶"而变得"愚昧无知"，进而造成了"现代贫困和衰颓"，"使物质力量成为有智慧的生命，而人的生命则化为愚钝的物质力量"。⑤ 正是基于资本主义社会中科技实践和生产实践"二元对立"的历史事实，马克思在政治经济学的研究中仅将科技看作与雇佣

---

① 《马克思恩格斯文集》第 2 卷，人民出版社 2009 年版，第 4 页。
② 《马克思恩格斯文集》第 2 卷，人民出版社 2009 年版，第 579 页。
③ 《马克思恩格斯文集》第 3 卷，人民出版社 2009 年版，第 336 页。
④ 《马克思恩格斯文集》第 3 卷，人民出版社 2009 年版，第 602 页。
⑤ 《马克思恩格斯文集》第 2 卷，人民出版社 2009 年版，第 580 页。

工人的劳动相分离、相对立的资本的力量，并仅将科学和技术视为"不费资本分文"的资本生产力，认为科学一旦成为资本的生产力，就不再属于"个人的"占有的范畴，而是属于"资本主义的"占有的范畴。

同时，由于政治经济学研究的重点对象是经济现象，而且 19 世纪的政治经济学重点研究的是资本主义经济，因此马克思在创立劳动价值论、剩余价值理论及在此基础上构建政治经济学体系时，更多地着力抓"经济"重点，并着重研究分析物质生产过程中的以简单体力为主的劳动与价值的关系，而只是偶尔涉及非重点的"科技"。在分析剩余价值的生产和来源时，马克思仅将雇佣工人的劳动作为剩余价值的源泉加以分析，或者说马克思在此主要分析雇佣工人即生产工人的劳动与价值创造及其与剩余价值生产的关系，只是偶尔论述以复杂脑力为主的科技劳动与价值创造及其剩余价值生产的关系。在考察研究资本积累和资本主义生产时，将科学看作资本主义占有规律下资本积累的重要内容，但仅将科学作为资本主义生产的社会条件和剩余价值生产的手段，进一步讲，科学仅是资本用于改进生产方式进而提高劳动生产率、攫取剩余价值的手段和方法。因此。马克思在以科技与劳动相分离、相对立为基本特征的时代背景下，将价值的生产、剩余价值的来源仅仅限定在"物质生产领域"，而"忽视"了"精神生产领域"特别是"科技生产领域"。这也就为我们在今天将"精神生产领域"特别是"科技生产领域"的科技劳动进行劳动价值论研究并将其作为剩余价值的源泉加以研究留下了一个重大的课题。

第三节　占主导的经济形态特征与马克思"科技—经济"思想

从占居主导地位的经济形态的角度来看，马克思所处的时代，其经济形态主要是以机器大工业生产方式为基础的工业经济。在这样的经济形态背景下，马克思形成并提出了"科技—经济"思想，既显示了这一思想的时代性，又体现了这一思想的前瞻性和超时代性，进而彰显了马克思深邃的历史洞察力。

一、机器大工业的经济形态特征

马克思所处的时代是以机器大工业的生产方式占据统治地位的工业经济时代。机器大工业是以大规模使用机器为特征的资本主义工业，是资本主义在经历了手工业和工场手工业两个阶段之后，是通过科学革命和技术革命基础上的工业革命发展起来的，是资本主义生产方式的成熟形态和典型形式。

机器大工业相对于工场手工业来说，是资本主义生产方式的巨大变革，如果说在工场手工业中是"以劳动力为起点"的话，那么在大工业中是"以劳动资料为起点"的。[①] 生产资料的变革是从机器的使用代替手工工具的操作开始的，伴随机器的改进而形成的机器体系，是由发动机、传动装置、工具机或工作机三部分来构成的，其中发动机是整个机器体系的动力，其动力源在初期是接受外部某种自然力的推动，如水轮机、风磨等，伴随其发展产生了自己的动力源，如蒸汽机、内燃机等；传动装置是由飞轮、齿轮、皮带以及其他各种附件和联络装置组成的，它调节发动机发出的运动，在必要时改变运动的形式，把运动分配并传送到工作机。工作机是机器体系的重要组成部分，它利用机器其他两个部分传送的动力运转起来，对劳动对象进行加工改造和控制变换，按照预期目的制造出某种产品来。机器的使用大幅度地提高了劳动生产率。机器被普遍采用以后，资本主义劳动过程发生了重大变化，机器生产改变了劳动过程的技术条件和技术组织机制，自然力代替了人力，自然科学借助技术手段被自觉地应用于生产；同时，机器生产也改变了劳动过程的社会组织机制和劳动协作的性质，原先劳动者之间的劳动协作让位于机器的协作。

其直接的后果是，一方面提高了劳动生产率和劳动的社会化程度，使劳动过程中使用的雇佣工人人数减少，使商品的价值降低进而使雇佣工人的收入减少；另一方面，资本家获得的剩余价值大大增加，资本家在想方设法攫取绝对剩余价值的同时，由于机器的使用和自然科学在生产中的应用，使超额剩余价值和相对剩余价值生产成为其主要的方式。在此状况下，给工人阶级带来了一系列的严重后果，如妇女和童工也加入了雇佣劳动者的队伍，机

---

① ［德］马克思：《资本论》第 1 卷，人民出版社 2004 年版，第 427 页。

器使用成为延长工作日和提高劳动强度的手段，造成了大批被机器排挤的失业工人使劳动力相对过剩等。马克思的"科技—经济"思想正是在以机器大工业的生产方式占据统治地位的工业经济时代孕育和形成的，而这一思想的孕育和形成又为机器大工业生产方式的发展开辟了新的道路，这彰显了马克思这一思想的前瞻性和超时代性。

二、从经济形态特征看马克思"科技—经济"思想

面对资本主义生产方式的巨大变革和以机器大工业为基础的资本主义工业经济快速发展，以及在此过程中出现的各种矛盾现象，马克思在对资本主义的考察和批判过程中逐步形成了他日臻完善的"科技—经济"思想。在早期对资本主义劳动异化进行批判的过程中，形成了以"科学—技术—工业"为分析范式的"科技—经济"思想；伴随着唯物史观的创立，在唯物史观的视域中形成了颇为完善的以"科学—技术—生产力"为分析范式的"科技—经济"思想；而在对资本主义工业经济进行政治经济学批判的过程中，将唯物史观分析范式进行创造性转换，在"生产力中也包括科学"分析范式基础上形成其"科技—经济"思想，并将这一思想应用到或渗透在他所创立的以劳动价值论为基础和以剩余价值理论为核心的政治经济学体系中，并在这一体系中加以展开。值得注意的是，在这一"科技—经济"思想展开的过程中，或者说马克思在创立以劳动价值论为基础和以剩余价值理论为核心的政治经济学体系时，唯物史观分析范式的创造性转换，即把科学和技术纳入物质生产力的"生产力中也包括科学"分析范式得到了充分运用和发挥了重要作用，突出地体现在：马克思将研究重点主要集中在以机器大工业为基础的物质生产领域，重点着力考察资本主义生产方式和与其相适应的生产关系和交换关系，尽管科技生产也是颇为重要的领域，但在马克思看来，相对于资本主义工业经济的物质生产领域而言，还是处于"相对次要"位置。譬如，马克思在研究价值的创造和剩余价值的来源时，主要研究物质生产领域中的雇佣工人的生产劳动，而将包括科技领域在内的"非物质生产领域"的其他人员的劳动置于"次要"位置，这与当时的机器大工业经济形态的现实和特征是完全吻合的、一致的。大家知道，在当时科技作为资本生产力或资本的力量与雇佣劳动或生产工人相对立的情况下，物质

生产领域的雇佣工人的劳动主要是以体力支出为主的简单劳动。马克思为了突出重点领域，抓住当时工业经济中的主要矛盾和矛盾的主要方面，在创立劳动价值论的过程中主要分析研究了以体力支出为主的简单劳动与价值的关系，而没有具体考察包括科技劳动在内的、以脑力支出为主的复杂劳动与价值的关系。

这从马克思的代表著作《资本论》中"把复杂劳动产品的价值视为与简单劳动产品的价值相等"和"把各种劳动力直接当作简单劳动力"进行科学抽象和科学处理的过程，便能够说明。马克思明确地指出："商品价值体现的是人类劳动本身，是一般人类劳动的耗费……它是每个没有任何专长的普通人的有机体平均具有的简单劳动力的耗费。……因此，少量的复杂劳动等于多量的简单劳动。经验证明，这种简化是经常进行的。一个商品可能是最复杂的劳动的产品，但是它的价值使它与简单劳动的产品相等，因而本身只表示一定量的简单劳动。……为了简便起见，我们以后把各种劳动力直接当作简单劳动力，这样就省去了简化的麻烦。"① 事实上，马克思在这里作了明确的交代，即他在《资本论》中对劳动价值理论和剩余价值理论的研究和分析，其前提是"把复杂劳动产品的价值视为简单劳动产品的价值"以及"把各种劳动力直接当作简单劳动力"，这样处理的范式依据正是马克思对唯物史观分析范式创造性转换所形成的政治经济学研究的分析范式，而其结果便使他顺理成章地只考察研究物质生产领域中雇佣工人以体力付出为主的简单劳动与价值的关系，并把雇佣工人的"活劳动"作为价值创造和剩余价值的来源，把机器仅仅看作"生产剩余价值的手段"②，把自然科学看作不费资本家分文的生产力。这也就意味着，在作了这样的科学处理和科学抽象之后，马克思也就没有必要再具体考察包括科技人员在内的科技劳动等复杂劳动与价值的关系了，也就不再把科技人员特别是科学人员的复杂劳动视为剩余价值的源泉进行深入系统的展开分析了，因为科技生产和科技劳动不是资本主义机器大工业经济的主要矛盾和重点领域。

① ［德］马克思：《资本论》第 1 卷，人民出版社 2004 年版，第 58 页。
② ［德］马克思：《资本论》第 1 卷，人民出版社 2004 年版，第 427 页。

尽管在《资本论》中马克思也讲到了复杂劳动与简单劳动的关系，如他指出"比较复杂的劳动只是自乘的或不如说多倍的简单劳动"①，但这也仅仅是为了说明以上"省去了简化的麻烦"以及他所进行的科学抽象和科学处理而阐述二者的关系的，而这一说明和阐述充分体现了马克思政治经济学研究的分析范式之核心要义和内涵实质。细心的读者会发现，马克思在这里表述这一关系的时候，用的动词是"只是"，而不是"是"。在马克思讲的这句话的后面，加上两个字"而已"，可能更加符合马克思这句话的原意而不至于引起分歧。也就是说，更加准确和完整地表述马克思的原意，这句话应该是："比较复杂的劳动只是自乘的或不如说多倍的简单劳动而已。"至于这句话中讲到的这种"自乘的或不如说多倍的"关系，在这里不再进一步考究了，因为这是下一步进行研究的前提，而不是研究的结论。对此，马克思作了更加明确的交代，他说："各种劳动化为当作它们的计量单位的简单劳动的不同比例，是在生产者背后由社会过程决定的。"②

而这一"在生产者背后由社会过程决定的""各种劳动化为当作它们的计量单位的简单劳动的不同比例"，或者说"复杂劳动与简单劳动的自乘的或多倍的关系"问题，这是马克思留给后人要研究的课题，因为马克思深知"人类始终只提出自己能够解决的任务"，课题"任务本身，只有在解决它的物质条件"和社会条件"已经存在或至少是在生成过程中的时候，才会产生"，而这些课题任务的解决条件当时还不具备，同时也超出了当时政治经济学研究的分析范式的适用边界；不仅如此，马克思还深知一个人的生命在时间和精力都有限的情况下，只能依据其研究范式的方法论要求作这样的科学处理和科学抽象。即便如此，马克思所构建的《资本论》体系即无产阶级的政治经济学体系太庞大了，要解决的问题太多、太复杂了，涉及的内容和要揭示的规律太多、太深刻了，尽管他还有其他的工作需要完成，但他"每天必须花 10 个小时研究政治经济学"③，甚至像马克思自己所说的，

---

① ［德］马克思：《资本论》第 1 卷，人民出版社 2004 年版，第 58 页。
② ［德］马克思：《资本论》第 1 卷，人民出版社 2004 年版，第 58 页。
③ 这是 1863 年 7 月 6 日马克思在致恩格斯的信中谈到研究政治经济学的情况时讲的一句话。见《马克思恩格斯文集》第 10 卷，人民出版社 2009 年版，第 206 页。

他"现在像马一样地工作着"①，但是马克思在他的有生之年也没完成《资本论》研究的所有工作，在他的生前仅出版了第一卷，而第二卷和第三卷也仅仅是留下了手稿，是恩格斯帮助出版的，第四卷即现在的《剩余价值理论》也只是手稿，是后人帮助出版的。理论界有一种观点认为，马克思在这里阐述了复杂劳动与简单劳动的关系，尽管不无道理②，但这绝不是马克思在此阐述的目的所在，也绝不是为了具体地分析和研究复杂劳动与简单劳动的比例，只是为了据其分析范式进行科学抽象和科学处理而作的一个说明而已。马克思的这一科学的处理，为今天我们读懂他的"科技—经济"思想并对其进行发展性研究具有重大的方法论意义。

第四节　科学认知背景特征与马克思"科技—经济"思想

马克思在对"科技—经济"思想的研究过程中，经历了从唯物史观维度的考察到政治经济学维度的探索的研究转向后，马克思对政治经济学和"科技—经济"思想的研究也就从哲学的视域进入了科学的视域。而考察马克思所处时代的科学认知背景，对于深刻地理解他的"科技—经济"思想的科学性具有重大意义。

一、"简单性科学"的科学认知特征

从科学发展的历史来看，近代的自然科学相对于今天的"复杂性科学"而言，是一种"简单性"科学。这种"简单性科学"是相对20世纪中叶以

---

① 这是1865年5月20日马克思在致恩格斯的信中讲到的研究政治经济学的情形，反映和见证了当时马克思研究政治经济学的艰辛、毅力和不畏劳苦勇攀科学高峰的勤奋精神。见《马克思恩格斯文集》第10卷，人民出版社2009年版，第228—229页。

② 笔者在早期的研究中也持这一观点，如在《论马克思复杂劳动与价值的关系思想》一文中，也用马克思在此讲的这句话作为理论依据（该文载《内蒙古社会科学》2002年第1期，第37—40页），现在回头再看，把马克思进行政治经济学研究的前提当作研究的结论，这显然没有真正读懂马克思在这里要表达的本意。因此，要真正理解马克思的思想还必须反复地研读他的经典著作，既要结合时代背景和作者的研究进路，还要联系整个理论体系的逻辑结构和作者的建构进路，来理解文本论述中作者的本真意义，而不能"浅尝辄止"，否则就会曲解或误解马克思的思想。

后出现的系统论、控制论、信息论、耗散结构论、协同学、突变论等"复杂性"科学而言的，是一种以分析性、还原性、孤立不变性为特征并且以建构线性和机械性模型为标志的科学。

这种"科学"的研究方法和认知图像是由伽利略、牛顿、培根、笛卡尔发展出来，再由洛克、亚当·斯密、达尔文将它扩展到生物、社会和经济领域的。"这是一种原子论和机械论的认知图像，它认为世界是由可以分割开来的大小不等的实体组成，这些实体之间由某种作用力来维系，较高等级的实体的属性都能从组成它的较低等级的那些实体的属性和相互作用中得到解释，它们都受某些决定论的规律的支配，沿着单一轨线进化。"[1]

马克思对自然科学不仅是熟悉的，而且是精通的，甚至可以肯定地说："马克思在他所研究的每一个领域，甚至在数学领域，都有独到的发现，这样的领域是很多的，而且其中任何一个领域他都不是浅尝辄止。他作为科学家就是这样。"[2] 因此，马克思作为"科学家"对当时的科学认知背景和科学研究的方式方法是颇为熟悉和精通的，他在探索人类社会历史的发展规律、资本主义经济社会的特殊运动规律以及"科技—经济"思想的过程中，不仅受到这种"科学"的研究方法和认知图像的影响和启迪，而且对其自觉地加以运用。在此意义上讲，马克思的"科技—经济"思想就是在这一"简单性科学"的科技认知背景下孕育和形成的。

二、从科学认知特征看马克思"科技—经济"思想

从科学认知背景的角度来看，科技产品作为商品"可能是最复杂的劳动产品"，科技劳动作为创造价值的劳动"可能是最复杂的劳动"，科技产品的生产尤其是科学产品的生产已经从物质生产领域进入精神生产领域，其生产方式和劳动过程比物质生产的方式和过程将更加复杂。为了分析问题和解决问题的方便，即"为了简便起见"，马克思在探索唯物史观及潜含其中的"科技—经济"思想的过程中，形成了"科学—技术—生产力"的分析范式；而在政治经济学的研究过程中，进一步将唯物史观的分析范式进行了

---

① 闵家胤：《进化的多元性》，中国社会科学出版社1999年版，第424页。
② 《马克思恩格斯文集》第3卷，人民出版社2009年版，第602页。

创造性转换，将科学和技术纳入物质生产力范畴，进而形成了"生产力中也包括科学"的分析范式，并在此分析范式基础上将这种以脑力为主的最复杂的科技劳动及其产品的价值加以"简化"，"把各种劳动力直接当作简单劳动力"，这样就省去了以后再"简化的麻烦"。马克思的这种研究思路和处理问题的方法，从科学研究方法论的角度来讲，是可行的、必要的，而且就当时的具体情况来看，也是必需的，因为经济现象是繁杂的，只有作出这样的"简化"，才能建构起以劳动价值论为基础和以剩余价值理论为核心的政治经济学体系。同时还应当看到，马克思的这种研究思路和处理问题的方法，是与当时的科学认知背景密切相关的，甚至可以说是由当时的科学认知背景所决定的，因为马克思所处的时代，从一定意义上来讲是"简单性"科学的时代。

在这样的一种"简单性"科学认知背景下，马克思尽管是一位坚定的辩证唯物主义者和历史唯物主义者——正是他和恩格斯一起，共同创立了辩证唯物主义哲学和历史唯物主义哲学——但是他在这样的科学认知背景下也必然或多或少地受到当时的这种认知图像和研究方法的影响。甚至可以说，马克思对唯物史观的研究，是从"科学"维度、运用"科学"的方法开展和创立"科学"的理论学说，这是马克思作为"思想家"的同时，也作为"科学家"的一贯风格。与其说马克思的唯物史观属于哲学范畴，倒不如说属于科学范畴更为精确，否则就难以理解恩格斯在马克思墓前所作的"盖棺定论"："正像达尔文发现有机界的发展规律一样，马克思发现了人类历史的发展规律。"[①] 正因如此，马克思唯物史观中的"科技—经济"思想，属于科学思想的范畴，是在对唯物史观的科学探索中运用当时的科学方法进行研究所孕育形成的科学思想。不仅如此，马克思将唯物史观的科学方法运用于对"政治经济学这门科学"[②] 进行研究时，更是把它作为真正意义上的"科学"来研究的。否则，就难以理解马克思在《〈政治经济学批判〉序言》中简短地叙述"自己在政治经济学领域进行研究的经过"时所说的"在科学的入口处，正像在地狱的入口处一样"[③] 的真正内涵，也难以理解

---

① 《马克思恩格斯文集》第 3 卷，人民出版社 2009 年版，第 602 页。
② 《马克思恩格斯文集》第 2 卷，人民出版社 2009 年版，第 594 页。
③ 《马克思恩格斯文集》第 2 卷，人民出版社 2009 年版，第 594 页。

恩格斯在马克思墓前的"盖棺定论":"正像达尔文发现有机界的发展规律一样……马克思还发现了现代资本主义生产方式和它所产生的资产阶级社会的特殊的运动规律",正像"剩余价值的发现"[①] 属于科学的发现一样,马克思在政治经济学研究过程中孕育形成的"科技—经济"思想属于科学思想的范畴。

马克思研究的政治经济学以及在此过程中研究的"科技—经济"思想,只有将其置于他那个时代的科学认知背景中,认为马克思遵循当时的科学认知方法进行研究,才能作出科学的理解和合理的解读,才能更好地理解马克思为什么在当时情况下要对唯物史观的分析范式进行创造性转换——这种转换的实质即是"简化";也才能更好地理解马克思为什么在对分析范式简化的同时还要作出上述这种"简化",而只对以简单体力支出为主的雇佣工人的劳动与价值的关系展开深入而系统的论述,而未对包括科技人员在内的以复杂脑力支出为主的复杂劳动与价值的关系展开具体分析和系统的构建。即便如此,马克思在研究政治经济学的过程中,将唯物史观视域中的"科技—经济"思想渗透到政治经济学的研究中加以展开,并对其进行了深入的考察和分析,给我们留下了政治经济学视域的"科技—经济"思想。在今天复杂性科学认知背景下,应当沿着马克思研究的逻辑思路对其"科技—经济"思想进行深入研究和系统发展,因为人类社会已经进入"科技—经济"一体化的新时代。

概而言之,马克思的"科技—经济"思想是时代发展的产物,反映着他那个时代的特征,与此同时,这也就决定马克思的这一思想必然随着时代的发展而不断向前发展,从而呈现出"与时俱进"的特征。这也正是马克思"科技—经济"思想的科学性之所在。

---

① 《马克思恩格斯文集》第 3 卷,人民出版社 2009 年版,第 602 页。

国家哲学社会科学成果文库

NATIONAL ACHIEVEMENTS LIBRARY
OF PHILOSOPHY AND SOCIAL SCIENCES

马克思"科技—经济"思想及其发展研究（下卷）

刘冠军　著

人民出版社

下　卷

马克思"科技—经济"思想的
现代发展和理论建构

　　任何科学理论都是时代的产物，都会随着时代的发展而发展，马克思的"科技—经济"思想也是如此。通过上卷的系统考证发现，在马克思经典著作中拥有丰富的"科技—经济"思想，沿着马克思这一思想的历史生成和逻辑发展来看，他的探索和研究经过了三个不同的阶段，整个探索进程发生了两次大的研究转向。上卷已对此进行详细考证和分析。

　　应当看到，马克思政治经济学研究中的"科技—经济"思想，是他在对唯物史观中的"科学—技术—生产力"分析范式进行创造性运用，将科学和技术纳入物质生产力范畴的基础上形成的，是物质生产视域"科技—经济"思想的典型代表形式。值得注意的是，科学技术特别是科学作为物质生产力有其特殊性，而其特殊性就在于它已经超出了物质生产的视域，也就是说，科学的研究、科学知识的生产、科学事实的发现、科学原理的概括、科学规律的总结等，已经属于精神生产的范畴，在生产力维度上已经不属于物质生产力范畴，尽管当它运用到物质生产领域推动着物质生产力的发展，但在实质上已经属于精神生产力的范畴。因此，在马克思政治经济学研究中尽管拥有大量的"科技—经济"思想，甚至孕育和形成了科技生产力思想、科技劳动价值论思想等，但是这些思想是渗透在马克思政治经济学理论体系之中的，对科技生产力思想和科技劳动价值论思想等并未系统地展开论述，对科技在剩余价值生产和资本积累中的作用仅仅看作必要的社会经济条件，仅仅是作为"不费分文"的生产力和不需资本支付报酬的无偿生产力，进而未对其展开深入的政治经济学考察分析。

　　深入研读马克思政治经济学的经典著作发现，马克思作为伟大的思想家、科学家和革命家，他对这些问题并非没有洞察到，而是为了尊重当时的社会历史现实和完成时代赋予的历史使命，他在创立科学的政治经济学理论体系时对其进行了科学处理和科学简化，正如他在《资本论》第一卷第一篇第一章中所指出的，科技产品"可能是最复杂的劳动产品"，科技劳动"可能是最复杂的劳动"，但"为了简便起见"，将这种最复杂的劳动及其产品的价值加以"简化"，"把各种劳动力直接当作简单劳动力，这样就省去了"以后再简化的"麻烦",① 进而将整个的政治经济学研究建立在唯物史观的"科学—技术—生产力"分析范式基础之上。然而，当历史从马克思所处的时代发展到当今世界范围的新科技革命和当代中国大力推进社会主义市场经济改革的新时代，世界发生了翻天覆地的变化，世界经济的发展进入一个崭新的历史时期，科学技术及其进步对现代经济社会的作用已经充分地凸显出来，深刻地影响着社会的经济生活和其他各个方面，这在客观上要求将马克思政治经济学理论体系中的"科技—经济"思想进一步发展，实现这一思想研究进程中的第三次重大的转向，即实现马克思"科技—经济"思想从物质生产视域的研究，转向物质生产和精神生产相统一视域的研究；实现从物质生产视域"科学—技术—生产力"分析范式基础上的研究，转向物质生产和精神生产相统一视域"科技第一生产力"分析范式基础上的研究，在"科技是第一生产力"② 分析范式基础上将马克思的"科技—经济"思想发展为新经济时代的"科技—经济"新理论。

因此，本卷首先对发展马克思"科技—经济"思想的现代经济社会现实进行考察，揭示马克思"科技—经济"思想在现代发展的客观必然性；其次，在对马克思"科技—经济"思想现代发展何以可能进行方法论探讨的基础上，确立物质生产和精神生产相统一的"科技第一生产力"新分析范式，以及与之密切相关的发展马克思"科技—经济"思想的理论前提；再次，在科技第一生产力分析范式基础上对笔者已取得的研究成果进行系统的梳理概括并作进一步的研究分析，沿着马克思《资本论》的逻辑进路，根据政治经济学的基本原理和研究方法，对基于科技型生产方式的现代政治经济学原理进行构建，并对科技型企业价值生产与增殖进行系统研究，创建以"科学价值库"为核心的科学劳动创造价值论、以"科学价值库"第一步孵化为核心的技术劳动创造价值论、以"科学价值库"第二步孵化为核心的生产劳动创造价值论，并以此"三论"为基础创建现代科技型企业的剩余价值理论、科技型企业价值生产和增殖的"价值链网络结构"模式等；

① ［德］马克思：《资本论》第 1 卷，人民出版社 2004 年版，第 58 页。
② 《邓小平文选》第三卷，人民出版社 1993 年版，第 274 页。

最后,对上述内容概括总结,明确地提出"科技第一生产力"分析范式基础上的现代马克思主义"科技—经济"理论,并用该理论观照现实,阐述其对当代中国推进科技与经济的深度融合和实现"科技—经济"一体化发展的深刻启迪与政策建议。

第 六 章

马克思"科技—经济"思想现代发展和重构的社会现实与境考察

任何理论都是对一定时代条件下社会现实的反映，在整体论意义上不同侧面的社会事实和社会现象有机地组合在一起构成了这一理论的社会现实与境。"与境"的英文对应词为"context"。一般地，人们通常将"context"译为"上下文""语境""脉络""前后关系""背景"或"环境"等，它包含了"语义"和"生成"两个方面：在语义构成上，与境包括了理论、方法、上下文等成分；在生成方面，与境包含了社会的、历史的、现实的因素等。[①] 笔者在此并不排斥语义层面上使用与境概念，而是在此前提下更加强调在生成层面上来使用"与境"这一范畴，突出强调"context"是一种客观的"具有本体论性的实在"，即本体论意义上的社会实在。从科学实在论的角度来看，一切都在"与境"之内，只要对构成社会与境的社会现实进行深入的考察和剖析，那么蕴含在这一社会与境中反映这些社会现实的理论就成为这一社会与境"内在生成"的结果。具体到马克思"科技—经济"思想在现代经济社会的发展，只要对现代经济社会中的相关现实进行深入系统地考察和剖析，那么必然能够彰显马克思"科技—经济"思想在现代经济社会与境中发展的客观必然性。

---

① ［奥］卡林·诺尔—赛蒂纳：《制造知识：建构主义与科学的与境性》，王善博等译，东方出版社 2001 年版，"译者前言"第 2 页。

在整体论意义上，现代经济社会与境包含了世界范围内现代科技革命和中国特色社会主义市场经济改革以及建设世界科技强国背景下各个方面的经济社会现实，是这些经济社会现实相互交织在一起构成了"一个具有复杂内在结构性的系统整体"①，它包含了现代科技革命背景下科学技术的迅猛发展、科技融入经济系统发挥巨大经济功能的方式演进、"科技—经济"一体化社会的形成以及在此基础上以"科技—经济"一体化为核心实质的知识经济的发展等经济社会现实。这些不同侧面的经济社会现实有机联系、相互交织在一起，构成了发展马克思"科技—经济"思想和对其进行新理论建构的现代经济社会与境。因此，只要将构成现代经济社会与境的这些经济社会现实做出全面的考察和透彻的剖析，马克思"科技—经济"思想的现代发展和理论建构便具有了客观必然性，便成为这种经济社会与境"内在生成"的必然结果。在此，就马克思"科技—经济"思想现代发展和理论建构的经济社会现实进行系统考察和深入分析。

第一节　现代科学技术的迅猛发展及未来趋向

现代科学技术是指人类社会进入 20 世纪以来的现代科学和现代技术的统称。在这一时期，现代科学和现代技术在呈现出突飞猛进的飞跃式发展的同时，二者相互交织在一起呈现出科学技术化和技术科学化的一体化发展态势，进而形成了现代科学技术革命潮流，极大地推动着经济社会的发展。

一、现代科学革命的兴起及主要成就

现代科技革命源自 19 世纪和 20 世纪之交的科学革命。一般而言，科学革命是相对于科学的渐进式发展即科学的进化而言的飞跃式发展，是指人类对客观世界的认识发生具有划时代意义的飞跃，从而引起科学观念、科学研究模式或科学活动方式、科学思维方法等的根本性变革。就科学作为系统知识来说，任何一门学科的科学概念、科学原理、体系结构的变化都可以视为

---

① 也正是在此意义上，笔者未采用我国理论界对"context"的通常译法即"语境"概念，而将"context"译为"与境"。参见郭贵春：《语境与后现代科学哲学的发展》，科学出版社 2002 年版，第10 页。

科学革命；就科学作为人类活动的方式来说，任何研究活动的组织方式、研究模式的变革都可以视为科学革命；就科学作为理念、观念、方法来说，任何科学观念、科学范式、思维方法的变革也都可以视为科学革命。但发生在世纪之交的这场科学革命，相对于发生在 16 世纪中叶以牛顿、伽利略为代表的经典力学体系建立为标志的第一次科学革命和发生在 19 世纪中叶以电磁学理论、化学原子论和生物进化论的提出为主要内容的第二次科学革命，它呈现出以物理学革命为先导，迅速扩展到自然科学和数学等所有的科学领域，几乎在所有的学科领域"统统出现了革命性的理论"，并且从一开始就是"狂飙式的和全方位的"。①

物理学革命是以 19 世纪末物理学领域的三大发现即 X 射线、放射性和电子的发现为导火索而引发的，这三大发现以实验事实使原子不可分、不变化的观念发生了动摇，许多陶醉在经典物理学已经完善的喜悦中的物理学家，误认为这是"物理学危机"，而实质上这是现代物理学革命的先兆，从此开始物理学进入了一个飞速发展的革命时代，这从物理学领域接二连三地取得的一系列重大成就可以说明，这些重大成就简单枚举如下：1885 年，伦琴发现了 X 射线，它实质上是波长为 0.01 埃至 10 埃的电磁波；1886 年，维恩研究黑体辐射提出了维恩公式，贝克勒尔发现了"铀"的放射性，其实质是原子量较大的不稳定原子放射的 α 射线、β 射线和 γ 射线；1887 年，汤姆生发现了电子，它实际上是质子质量的 1/2000、且带一个单位负电荷的基本粒子；1889 年，居里夫妇发现了镭的放射性；1898 年，卢瑟福发现了 α 射线和 β 射线；1900 年，维拉发现了 γ 射线，瑞利—金斯公式导致"紫外实难"的产生，普朗克从"紫外实难"中提出了能量子假说；1904 年，汤姆生提出了第一个原子结构模型（原子均匀模型）；1905 年，爱因斯坦创立了两个划时代的理论——狭义相对论和光量子理论；1906 年爱因斯坦提出了质能关系式；1909 年，卢瑟福在 α 粒子散射实验的基础上，提出了第二个原子结构模型即原子有核模型；1913 年，玻尔提出了以定态假设和频率法则为核心内容的原子结构模型；1916 年，爱因斯坦建立了广义相对论；1919 年，卢瑟福用 α 粒子轰击氮原子核，实现了向氧原子核转变的

---

① 马来平：《科技与社会引论》，人民出版社 2001 年版，第 240 页。

同时释放出一个质子，在此实验的基础上卢瑟福提出了第一个人工核反应的方程式，即 $^4_2H_e + ^{14}_1N \rightarrow ^{17}_8O + ^1_1H$，这标志着人类首次实现了从一种元素向另一种元素的人工转变；1923—1924 年间，德布罗意提出了物质波理论；1925—1926 年间薛定谔发展了德布罗意的物质波理论，找到了物质波满足的方程即薛定谔方程，创立了波动力学，与此同时，海森堡、玻恩和约尔丹等创立了矩阵力学，薛定谔证明了波动力学和矩阵力学的等价性，二者被统称为量子力学；1927 年，海森堡在研究微观粒子波粒二象性的基础上，提出了测不准关系；1932 年，查德威克发现了中子，同年，海森堡和伊凡宁柯分别独立地提出了原子核是由质子和中子构成的原子核理论；1934 年，约里奥—居里夫妇用实验发现了人工放射性元素，用 α 粒子轰击 63 种元素得到了 37 种放射性同位素；1938 年，哈恩和玻尔等人发现了重核裂变；1939 年，费米提出了重核裂变的"链式反应"；伴随着物理学家们对微观世界的认识，人类进入了基本粒子的世界，先是电子的发现，之后是质子、中子和光子的发现，其后是正电子、介子、反质子、反中子等，科学家们对于基本粒子家族的研究，不仅研究它们各自的特性，也研究它们之间的相互作用，在万有引力和电磁力的基础上提出了强力和弱力等，并且进一步研究基本粒子的内在结构，提出了强子的夸克模型、坂田模型、层子模型等。在上述的这些重大成就中，现代物理学革命的标志性成果是相对论、量子力学和原子物理学的诞生。

物理学革命的初步成功很快扩展到自然科学的其他学科领域，推动了包括物理学在内的所有现代科学的全面革命和深入发展。首先是物理学领域自身的进一步拓展，取得了宇宙射线的新发现、粒子物理学的发展、凝聚态物理学的发展等。其次是化学领域一系列革命成就的取得，先后创立了量子化学、化学键理论、有机合成化学和高分子化学等。再次是生命科学领域划时代成就的取得，先后诞生了现代遗传学、分子生物学、现代达尔文主义、现代拉马克主义、中性突变学说、现代脑科学等。而在地学领域革命性的重大科学成就不断取得，先后出现了大陆漂移学说、海底扩张学说和板块构造学说等。现代宇宙学领域的革命性成就连续不断地产生，创立了恒星演化学、星系演化学、静态宇宙模型、稳恒态宇宙模型、物质—反物质宇宙模型、伽莫夫大爆炸宇宙模型和暴胀宇宙论等。

与现代科学革命同步进行的是现代数学革命，它在广义上构成了现代科学革命不可缺少的重要组成部分。19 世纪末 20 世纪初，在数学史上发生了一些影响深远的重大事件。其中最为重要的有两个：一是"希尔伯特问题"的提出。1900 年，希尔伯特在第二届国际数学家大会上发表了重要演讲，提出了 23 个尚待解决的数学问题，其中有些是纯粹的理论问题，也有一些是其他学科迫切需要解决的实际问题，当时的数学家都深感这些问题的重要性，这就是著名的"希尔伯特问题"。"希尔伯特问题"激发了数学家的巨大热情，许多数学家为了解决这些问题而勤奋地工作着，进而推动了数学的大发展。另一个重大事件是 20 世纪初出现的所谓"数学危机"，这是由罗素在 1902 年提出的"集合论悖论"引发的，围绕这一悖论展开了数学争鸣，形成了以罗素为代表的逻辑主义、以希尔伯特为代表的形式主义和以克罗内克为代表的直觉主义三个数学学派。各派的争鸣推动着数学革命性的飞速发展，形成了现代数学的许多新分支，主要有泛函分析和突变理论、数理逻辑、模糊数学与数理统计以及运筹学等。

伴随着上述现代数学和现代自然科学各学科的深入发展，数学和自然科学以及社会科学各学科之间在高度分化的基础上实现了高度的综合，借助于系统、信息、反馈和控制等一系列新科学概念的提出，在 20 世纪 40 年代诞生了以系统为研究对象的一系列横断学科，首先产生的是贝塔朗非的系统论、申农的信息论和维纳的控制论等系统科学；在此之后，系统科学迅速发展，进而诞生了普里高津耗散结构理论、哈肯的协同学、费根鲍姆的混沌理论、爱根的超循环理论、米勒的生命系统理论以及自组织理论等。这一系列横断学科的出现和飞速发展，使现代科学演变为"打破了线性、均衡、简单还原的传统范式，而致力于研究非线性、非均衡和复杂系统带来的种种新问题"的复杂性科学（Science of Complexity），这种"复杂性科学的出现极大地促进了科学的纵深发展，使人类对客观事物的认识由线性上升到非线性、由简单均衡上升到非均衡、由简单还原论上升到复杂整体论。因此，我们认为复杂性科学的诞生标志着人类的认识水平步入了一个崭新的阶段"。①

———————————

① 宋学锋：《复杂性、复杂系统与复杂性科学》，《中国科学基金》2003 年第 5 期，第 262—269 页。

由此可见，现代科学革命是以物理学革命为先导，以现代化学、现代宇宙学、分子生物学、系统科学、软科学的产生为重要内容，以自然科学、社会科学和思维科学相互渗透而形成交叉学科为主要特征的一次新的科学革命。在其形成和发展过程中，呈现出科学体系结构的整体化和系统化，科学活动的专业化、社会化和国际化，科学发展的加速化和数学化，科学发展的技术化和生产化，科学认识领域的纵深化和大尺度化等特点。现代科学革命在空间上使科学认识的领域，一方面从宏观进展到微观、渺观（如关于基本粒子的夸克模型、层子模型等），另一方面从宏观进展到宇观、胀观（如关于星系的模型、宇宙的模型等）；在时间上使科学认识的领域，一方面探讨 10^{-23} 秒时间段的微观客体（如人们对基本粒子的研究成就），另一方面探索至少存在了几百亿年的"我们的宇宙"的起源与演化（如伽莫夫的大爆炸宇宙学说等）；在生命科学界，人们不再仅仅研究生命个体、生物群落、生物圈，也不仅仅研究构成生命体的系统、组织和细胞，而且已经从分子的角度研究生命的遗传和变异的问题（如分子生物学、现代遗传学等），这为现代技术革命奠定了深厚的理论基础。

二、现代技术革命的爆发和主要内容

伴随着现代科学革命的兴起和一系列重大成就的取得，肇始于 20 世纪40 年代的现代技术革命爆发了。一般地，技术革命是相对于渐进式技术改进即技术革新而出现的突变式技术变革，尤其是指在科学原理物化而导致带有根本性的并产生广泛影响的主导技术发生了重大变革，此时由于某一项新兴技术崛起而在整个技术体系中逐渐取代了原有主导技术并形成新的技术群。这是技术革命的典型表现形式。因此，技术革命在实质上就是旧技术体系的扬弃和新技术体系的确立的过程。发生在 20 世纪 40 年代的现代技术革命，与发生在 18 世纪中叶以纺织机械的革新为起点和以蒸汽机的发明使用为标志的第一次技术革命，以及发生在 19 世纪中叶以电力技术为主导进而推动化工技术、钢铁技术、内燃机技术等发展的第二次技术革命相比较，它不是以某一单项技术为主导的技术革命，而是以原子能技术或核技术、电子计算机技术和空间技术等新兴的技术群为核心主导技术的现代技术体系的确立为特征的技术革命。也就是说，现代技术革命的爆发，其主要标志性技术或主导技术不是单一的，而且一开始就是多元的，至少包括原子能技术、电子计算机技术和空间技术，这与第二次世界大战（以下简称"二战"）的军事技术关系密切。二战给人类带来了深重的灾难，但也在与军事直接相关的许多领域极大地促进了技术的发明和应用，尤其典型的是如下三个事件。

一是在现代物理学基础上开展了原子能技术的研究和应用。为了和法西斯德国展开军事竞赛，美国政府接受了爱因斯坦、西拉德等科学家的建议，于 1942 年 6 月实施了庞大的曼哈顿工程或曼哈顿计划，利用核裂变反应技术来研制原子弹。为了先于法西斯德国制造出原子弹，该工程集中了当时英国、加拿大等西方盟国最优秀的核科学家，动员了 15 万人参加，投资 20 亿美元，同年底便建成了世界上第一座原子反应堆，从此开启了研发利用原子能的新时代。1945 年 7 月，成功地进行了世界上的第一次核爆炸，并按计划制造出两颗实用的原子弹。同年 8 月，美国便向日本的广岛和长崎各投下一颗。可以说，整个工程取得圆满成功，但核武器的研发和使用，特别是在广岛和长崎投下原子弹所造成的惨烈场景，也给人类慎用核武器以惨痛的教训。二战以后，军事上的需要使得美、苏、英、法等国都相继发展了原子能工业，并且在发展军用原子反应堆的基础上开展小型发电反应堆的研究，除此之外，以核能为动力的舰船和潜艇也大量涌现。我国于 1964 年 10 月成功爆炸了第一颗原子弹，并逐步掌握了原子能发电等和平利用的核技术。

二是在综合利用多项科技成就基础上火箭的研发和制造。纳粹德国在二战中没有制造出原子弹，但是为避开凡尔赛和约对枪炮等常规武器制造的限制，积极将火箭技术用于研发新型武器，成为世界上最早对火箭武器研究提供政府级支持的国家。早在 1930 年 12 月 17 日，德国陆军部召开正式的火箭武器研制会议，标志着德国官方军用火箭计划的开始。1930 年至 1932 年底，在柏林西南部 40 公里处的库默斯多夫建设了"西部试验站"，陆军军官多恩伯格将冯·布劳恩等人组建成火箭研究小组，其首要任务是测试和开发远程火箭。1933 年起，他们相继设计和试制代号为 A-1、A-2、A-3 和 A-5 的试验火箭，得到一系列重要的技术成果和试验数据，并在此基础上开始构想、研制实用化的大型火箭 A-4。1936 年，火箭研制小组与军方作出决定，在德国东北部乌瑟多姆岛上的佩内明德秘密建立一个大型火箭研究中心。1939 年，在国家领导人和众多公司的支持下，火箭研究中心建成并投入使用。1942 年 10 月 3 日，A-4 火箭试验成功。1944 年，A-4 更名为 Vergeltungswaffe-2，简称 V-2，并投入批量生产，武装部队。因此，二战时纳粹德国在研制实用的火箭方面取得突破，率先制造出弹道导弹。战争期间，德军发射 3225 枚 V-2 火箭即弹道导弹，袭击英国、法国和比利时等国家，造成巨大的人员与财产损失。二战结束后，美国和苏联竞相争夺、瓜分德国火箭技术，其中火箭的设备归苏联，而 100 多名火箭专家到了美国。不久，这两个国家都制造出了火箭。美苏对德国火箭技术的分享，影响了战后世界火箭技术与航天事业的发展，成为国际冷战格局形成中一个不可或缺的因素。[①]

　　三是在数理逻辑和电子学等成就的基础上开展了电子计算机技术的发明和应用。翻开电子计算机诞生和发展的历史就会发现，记录着电子计算机问世的时间是 1946 年，当时首次公开展出的计算机是美国宾夕法尼亚大学设计和建造的埃尼亚克（ENIAC），是由美国的莫克利和埃克特主持研制的，但埃尼亚克的制造日期肯定早于这个时间。事实上，它诞生在二战期间，主要用于军事目的。其一，为了阿贝丁弹道实验室计算炮弹和炸弹的飞行轨道的需要，以及为了解决原子弹研制过程中遇到的大量计算问题。1944 年当埃尼亚克处于研制过程中时，冯·诺伊曼正在参加第一颗原子弹的研制工作。当时他正遇到原子核裂变反应中的大量计算问题，对自动计算设备有强烈的兴趣。在一个研究小组的配合下，他提出了一种全面实现自动计算的方案，并根据这个设想设计出一个全新的计算机埃德瓦克（EDVAC），其全称为离散变量自动电子计算机。冯·诺伊曼的建议的核心是，既然可以用存贮器存放计算用的数据和计算产生的中间结果，也应该可以用存贮器把计算方法（程序）存贮起来。计算机的控制器负责取出程序，然后交给计算机的运算器来执行，这样彻底摆脱人工干预计算的方法。从此以后，这种存储程序和程序与数据相同的概念就与计算机完全结合在一起了，按照这种思想造出的机器被称为冯·诺伊曼计算机，直到今天各种各样的计算机都没有摆脱冯·诺伊曼的原理。因此有人提出，如果不是战争结束，它是不可能在公众

[①]　王芳：《苏联对纳粹德国火箭技术的争夺（1944—1945）》，《自然科学史研究》2013 年第 4 期，第 523—537 页。

面前露面的,电子计算机的生日就会推迟若干年。[1] 其二,为了军用通信的密码加密和密码破译的需要。二战一开始,纳粹德军就在同盟国的重要补给线上发起"群狼"攻击,使盟军损失惨重。1942 年 1 月 13 日夜晚,5 艘德国潜艇在纽约港击沉 2 艘美国军舰,成为二战中美国在美洲本土上遭到的唯一一次攻击。而使"群狼"有恃无恐的,是德军在加密通信中采用的恩尼格玛密码机,号称"世上最安全",使潜艇神出鬼没四处肆虐。美国人为此焦头烂额,只好向已掌握破译恩尼格玛技术的英国求援。同年 11 月 7 日,英国科学家阿兰·图灵应邀前往美国"救火"。图灵为对抗恩尼格玛制造出"炸弹"系列机器,不仅使德军"群狼"战术逐渐失利,并且在北非战场也起到了扭转战局作用。同时,正是由于在研制破译机上的"操练",图灵在战后很快把通用计算机从设想变为现实。德国在二战前研制成功的恩尼格玛(Enigma),可以说是人类历史上第一个机械密码机。打破恩尼格玛神话的是英国数学家图灵,他在 1937 年提出"图灵机"概念,证实了通用计算机的可行性,奠定了现代计算机的理论基础。二战爆发,图灵进入英国情报破译中心,专门负责破译恩尼格玛。在恩尼格玛出现前,密码都是靠纸和笔手工编出来的。在没有密码本的前提下,只要有耐心试遍所有可能的加密方案,终归是能破译的。但是这种方法,在恩尼格玛巨量的加密方案面前变得毫无可能。1940 年初,图灵带领团队在大幅改进波兰情报人员寻找密钥方法的基础上,发明了名为"炸弹"(Bombe)的机器,用来辅助破解工作,从此进入史无前例的机械化时代。1942 年,为了在联合对付德军的 U 形潜艇危机方面建立最高层的情报共享,图灵赴美数月协助两国语音加密系统的协调兼容工作。1943 年 10 月,根据图灵"炸弹"的设计原理制造出新型"炸弹"机器即"巨人"(Colossus)。1944 年 2 月,"巨人"计算机正式启用。有人认为"巨人"是世界上真正的第一台计算机,并且有人估计"巨人"参战使欧洲的战事至少提前两年结束。图灵也因此在 1946 年获得"不列颠帝国勋章"。值得注意的是,(1)Bombe 系列由不列颠制表机公司(BTW)制造,而该机传入美国后,另一家更著名的制表机和穿孔卡片机公司也开始生产 Bombe,那就是 IBM。(2)在与恩尼格玛斗争中,图灵已经形

---

[1] 许志平:《电子计算机的诞生和发展》,《数学通报》1995 年第 2 期,第 42—44 页。

成了如何建造一台实用的通用计算机的思路，1946年初他向美国国家物理实验室提交了一份"自动计算机（ACE）"的设计方案，完整地描绘出通用数字电子计算机的结构。他设计的 ACE 在性能上大体相当于 20 世纪 80 年代美国苹果公司研制的个人电子计算机"麦金塔"。只是图灵提交方案时，比冯·诺依曼的 EDVAC 报告晚了几个月，所以人们大都认为冯·诺依曼是最早的计算机设计师，但冯·诺依曼本人则认为图灵才是第一个奠定了计算机科学理论基础的人，他才是真正的计算机科学之父。[①]

由此可见，二战消化了现代科学革命的成果并加速了一系列领域内科学成果的应用进程。二战后的绝大部分军事技术迅速转化为民用技术，譬如在原子弹研发技术的基础上，1955年建成了第一座商用原子能电站，从此开始了原子能这种新能源的和平利用时代；在原来主要用于军事的计算机技术基础上，伴随着第一台电子计算机在1946年问世以及在此之后连续不断的更新换代，计算机技术越来越多地应用于社会管理、企业生产、商业运营和家庭生活等各个领域，特别是伴随着小型计算机、巨型计算机、计算机网络和智能计算机的研发和改进，计算机技术越来越广泛地应用于社会、企业、家庭和个人的各个方面；在原来的军用火箭技术基础上，1957年第一颗人造卫星发射成功，从此以后空间科学技术日益蓬勃发展并逐步应用于科学研究、技术研发、通信遥感、地质勘探、天气预报、定位导航、资源探测、海洋开发等。就这样，一场轰轰烈烈的现代技术革命拉开了序幕，并于20世纪70年代以后达到了高潮。[②]

如果说20世纪40—60年代是现代技术革命的第一阶段，期间的核技术即原子能技术、电子计算机技术和空间技术逐步走向成熟，那么从20世纪70年代开始，现代技术革命进入了第二个阶段，这一阶段在前一阶段所取得的技术成果基础上，形成了以微电子技术为核心的现代技术群，引起了技术各领域巨大的深刻变革。对于这一现代技术群，世界各国用不同的概念来概括它，归纳起来主要有两类：一是新技术或新科技，这一概念突出了"新"的含义，强调了技术发展的动态效应；二是高技术或高科技，突出了

---

① 雷蕾：《计算机诞生：密码战推动信息革命》，《文史参考》2012年第19期，第102—104页。
② 马来平：《科技与社会引论》，人民出版社2001年版，第241页。

人的智能的高度集中，反映了人的智能、研究与开发在这些新的技术领域中的重要作用。综合以上两类概括，不妨把现代技术群称为"高新技术"，并将其界定为二战以后涌现出来的现代科学技术群，它是能够带来高经济效益，具有高增殖作用并能够向经济、社会各个领域广泛渗透的新技术，主要包括六大技术领域和十二项标志技术。

第一，信息技术领域。信息与材料和能源一起构成了现代经济社会的三大基础，信息技术在现代技术革命中处于核心和先导地位，广泛渗透于各个高新技术领域，其关键的技术突破主要集中在微电子、计算机、通信、自动化和激光等方面，而其标志技术：一是智能计算机，二是智能机器人。

第二，新材料技术领域。新材料技术是指依据现代科学革命成果运用科学方法制造的替代天然材料的技术，在现代技术革命中处于基础地位。由此技术研发的新材料主要包括新型金属材料，如非晶态金属、形状记忆合金、超塑合金、贮氢合金、超高温合金等；新型陶瓷，如结构陶瓷、功能陶瓷等；新型高分子材料，如物理功能高分子材料、化学功能高分子材料等；高性能复合材料，如导电功能复合材料、导磁功能复合材料、转换功能复合材料、阻尼功能复合材料、屏蔽功能复合材料等；信息材料，如半导体材料、信息敏感材料、信息记录材料、信息传输材料；超导材料，如低温超导材料、高温超导材料等。在现代技术革命中，新材料技术的标志技术主要有两项：一是分子设计，二是超导材料。

第三，新能源技术领域。新能源技术主要是指核能、太阳能、生物能、风能、海洋能和地热能的开发利用技术，在现代技术革命中起着支柱作用，它是解决能源短缺、环境气候恶化以保持绿色发展和可持续发展的重要手段，其标志技术主要包括核能聚变技术和太阳能利用技术。

第四，生物技术领域。生物技术也称为生物工程技术，主要是指运用分子生物学和现代科学技术相结合所形成的变革生物品种和促进生物转化、生长的技术，主要有基因重组、细胞融合、酶工程和发酵工程等，其标志技术：一是基因工程，二是蛋白质工程。

第五，空间技术领域。空间技术也称为空间开发技术，主要是指利用信息技术和新材料技术为基础的开发利用宇宙空间的新技术，包括航天器和空间通信、航天飞机和遥测遥感、载人飞船和空间站等，其标志技术：一是航天飞机，二是永久太空站。

第六，海洋技术领域。海洋技术也称为海洋工程技术，包括海底能源和资源的开发、海洋空间利用、水产资源开发和海水淡化、海洋勘探和海底施工等技术，其标志技术：一是深海挖掘，二是海水淡化。

另外，还有激光技术、纳米技术等。这些高新技术，呈现出如下特征：一是国际化，高新技术的研究与开发在不同制度的国家既联合又竞争；二是民用化，高新技术的成果快速地向民用方向转移；三是一体化，高新技术的基础研究、应用开发研究和商品化生产紧密衔接，三位一体；四是综合化，高新技术是多个学科、多种技术的边缘交叉，因而只能是多种人才、多种行业的优势综合的系统工程。①

三、现代科技革命背景下"科学—技术"高度一体化发展态势

在现代科学革命和技术革命不断向前推进的过程中，现代科学和技术呈现出不断融合发展的高度一体化趋势，进而使现代科学革命和技术革命交叉融合在一起，呈现出一体化发展的现代科学技术革命的发展趋势。正因如此，现代的科学和技术统称为现代科学技术，现代的科学革命和技术革命统称为现代科学技术革命。对于现代科学技术革命的发展趋势，理论界不同的学者对其有不同的概括和归纳。譬如，在宋健主编的《现代科学技术基础知识》中，将其归结为三个基本特点，即科学技术加速发展和急剧变革、科学技术发展的综合化、科学技术和人文社会科学的结合等。② 在刘啸霆主编的《现代科学技术概论》中，将其概括为现代科学技术的加速发展趋势、综合化趋势和社会化趋势等。③ 钱时惕在《当代科技革命的特点及发展趋势》一文中，认为与历史上技术革命相比，当代技术革命的特点是主导技术以技术群落的形式出现，主导技术群落整体相关，科学技术化和技术科学化的双向运动，它对人类社会生活的各个方面都将产生空前广泛而深刻的影响之同时也引起人们对科技本身价值的疑问等。④ 徐冠华在《当代科技发展

---

① 刘冠军：《论实现高新技术产业化的意义和途径》，《齐鲁学刊》1997 年第 1 期，第 45—49 页。
② 宋健：《现代科学技术基础知识》，科学出版社、中共中央党校出版社 1994 年版，第 40—48 页。
③ 刘啸霆：《现代科学技术概论》，高等教育出版社 1999 年版，第 272—278 页。
④ 钱时惕：《当代科技革命的特点及发展趋势》，《哲学研究》1998 年第 7 期，第 3—9 页。

趋势和我国的对策》一文中认为，现代科技革命表现出六个方面的特点，即科学技术加速发展，呈现知识爆炸的现象；科学技术创新的速度日益加快，科技成果商品化周期大大缩短；各学科、各技术领域相互渗透、交叉和融合；科学技术与人文、社会科学密切结合；研究与开发的国际化趋势明显加快；科学技术，特别是高技术已经成为经济和社会发展的主导力量等。[1]在笔者看来，上述的这些概括和归纳都是科学合理的，但从整体上来讲还有必要作进一步的概括和归纳，因为有些发展趋势或特点是科技革命的应有之义，如科学技术的加速发展、科技创新速度加快等；有些发展趋势或特点不属于科技革命自身的内容，而是与其他社会领域的关系问题，如现代科学技术对人类社会生活的各个方面都将产生空前广泛而深刻的影响，同时也引起人们对科技本身价值的疑问，科学技术特别是高技术已经成为经济和社会发展的主导力量等。因此，在这些研究的基础上对现代科技革命的发展趋势作进一步的归纳概括将会发现，其突出地表现在：现代科技革命使科学和技术在不断分化和突破的基础上，呈现出高度融合的一体化发展趋势。

在近代科学和技术的发展进程中，特别是在 19 世纪中叶之前，科学和技术基本上是各自向前发展的，尤其是技术的发展更多的是依赖于技术发明者自身的经验而不是依赖于科学，有很多的技术成果已经发明出来了，但技术发明者并不知道这些技术发明的科学原理，因此这些技术被后人称为经验型的技术。而在 19 世纪中叶之后，科学和技术的这种分散、游离的状态开始改变，技术的发展开始依赖科学的进步，技术的发明开始成为科学原理和科学规律的自觉运用，此时开始出现了大量的科学型的技术，而且经验型的技术发明逐步过渡为科学型的技术，科学和技术呈现出一体化发展的态势。人类社会自进入 20 世纪以来，科学和技术的一体化发展态势逐步加强，一方面，以现代物理学革命为先导的现代科学革命不断兴起，取得了一系列划时代的科学成就，这为现代技术革命奠定了理论基础；而另一方面，在 20世纪 40 年代以后，现代技术革命接二连三地爆发，取得了一系列高新技术成果，这为现代科学革命的深入发展提高了技术基础。也正是在现代科学革命和现代技术革命互为基础、相互推动的前提下，现代科学革命和现代技术

---

① 徐冠华：《当代科技发展趋势和我国的对策》，《中国软科学》2002 年第 5 期，第 1—12 页。

革命相互交织在一起，呈现出高度融合的一体化发展趋势，这也就是现代科技革命的整体发展趋势。

在这一整体发展趋势中，包括以下三个层面的内容：（1）现代科技革命使现代科学在不断分化和突破基础上呈现出高度融合的发展趋势，主要表现在两个方面：一是同一研究对象的多学科性，如对同一个研究对象或研究课题需要采取多学科的方法进行研究，特别是对于高新技术的研究需要多学科的知识、原理和方法进行综合研究方能成功；二是同一学科的多对象性，尤其是在横断学科领域表现尤为突出，如系统科学的系统既包括物理系统、化学系统和生命系统，也包括社会系统等，从而使系统科学表现为复杂性科学。（2）现代科技革命使现代技术在不断分化和突破基础上呈现出高度融合的发展趋势，主要表现在：单项技术在不断地线性突破，即在原有技术成就的基础上研发出新的技术成果；与此同时，不同的技术之间相互联系进而融合成新的综合性技术成就，这种技术融合往往是非线性发展的，如机电一体化技术即机械技术和电子技术的融合，光电一体化技术即光学技术和电子技术的融合。除此之外，技术发展的标准化、大型化、组合化、集约化、信息化等也是现代技术在分化和突破基础上呈现出融合发展的重要趋势。（3）现代科技革命使现代科学和现代技术在不断分化和突破基础上呈现出高度融合的发展趋势。"在19世纪中叶以前，科学和技术是分离的，它们各自独立发挥社会作用，它们都有自己独特的文化传统，它们的发展往往是脱节的……在科学理论上还没有搞得十分清楚的东西，在技术上却可以实现它，而科学上已经发现了的东西，在技术上却很久不能实现。关键性的技术突破常常同理论科学没有直接的联系"①，但是现代科学和现代技术已经达到了密不可分的程度，甚至达到了一体化的程度，主要表现在科学和技术已经形成了双向互动关系：一方面，科学表现出技术化的趋向，即现代的科学可以说都是在现代技术基础上进行研究的，离开了现代技术，现代科学的研究难以进行；另一方面，技术也表现为科学化的趋向，即现代技术特别是高新技术，离开了现代科学的原理、方法的运用，没有现代科学原理和方法的指导，高新技术的研发是难以想象的。

---

① 宋健：《现代科学技术基础知识》，科学出版社、中共中央党校出版社1994年版，第43页。

在现代科技革命的发展过程中，现代科学和现代技术的高度一体化发展趋势，形成了"科学—技术"高度一体化的现实，突出地表现在两者高度融合形成了相对独立的现代科学技术体系结构。现代科学技术的这一体系结构伴随现代科技革命的不断向前推进，已经突破传统的由科学和技术复合而成的体系结构，形成了由基础科学、技术科学和工程科学来构成的体系结构，进而使科学和技术消融在现代科技的结构体系之中。不仅如此，在现代科技革命的推动下，现代科技的体系结构在由科学和技术复合而成的系统，逐步让渡到由基础科学、技术科学和工程科学来构成的系统之同时，形成了现代"大科技"的体系结构，也就是形成了由自然科学及其技术、社会科学及其技术、数学科学及其技术和哲学等构成的体系结构，这在现代科学技术的学科目录中得到了具体体现。

四、现代科技革命背景下"自然科学—社会科学"相互融合发展的趋向

现代科技革命在使科学和技术不断分化和突破基础上呈现出高度融合的一体化发展趋势之同时，也使自然科学和社会科学在有效分工前提下呈现出相互结合的一体化发展趋向。这里涉及自然科学和社会科学的分工与协作的关系。一般地，自然科学以自然界为研究对象，是人类关于自然界的知识体系和自然知识生产的实践活动的统一，是人的目的性和自然界的规律性的统一。任何一项自然科学活动都将人和自然界联结起来，一方面人们以正确认识自然现象及其本质为目的，而作为知识及其体系的创立，正是这一目的的实现。从这个意义上来讲，自然科学具有人的属性，体现了人的目的性；另一方面，任何一项科学活动都必须以尊重、遵循自然规律为前提，离开了这一前提是实现不了对自然现象及其本质的正确认识之目的的，作为知识及其体系的自然科学正是人们尊重和遵循自然规律的结果。因此，自然科学是理论认识层面上的人和自然界、人的目的性和自然界的规律性的矛盾统一体。正是由于自然科学矛盾二重性即人及其目的性与自然界及其规律性的统一，自然科学的功能主要体现在人与自然的关系维度上。在此维度上，自然科学功能的发挥，一方面实现着自然界的人化，即人类借助于自然科学尤其是理论自然科学不断地把自然界在深度和广度上纳入人的认识领域而使自然界人

化，同时人类借助于自然科学尤其是它在技术科学和工程科学中的应用，不断地把自然界在深度和广度上纳入人的改造实践活动中，纳入社会实践中而使自然界人化；另一方面，自然科学功能的发挥也实现着人的自然化或人的新进化，表现在人类借助于自然科学使自然界成为人的"精神的无机自然界"，同时使人的思维方式伴随着自然科学对自然界的认识和改造程度的提高而不断进步，并且使人类的各种器官借助于自然科学的进步而不断地在体外延长，功能在不断地放大。

而社会科学以社会现象为研究对象，是关于社会及其发展规律的知识体系和社会知识生产的实践活动的统一。作为社会知识体系，社会科学主要内容包括社会发生、发展的规律；社会微观、宏观结构；社会存在、社会意识及其相互关系；人及其活动、发展、地位；人类社会的阶级、民族、集团和它们的关系等。它的学科范围较广，主要包括社会学、历史学、经济学、政治学、军事学、法学、文艺学、文化学、宗教学、民族学等众多学科。在马克思主义产生以前，人类已经积累了有关社会历史的大量资料，但由于生产规模的狭小和剥削阶级偏见，社会科学未能对社会现象作出全面系统的科学考察和说明。19 世纪中叶马克思主义的创立为建立完整的社会科学体系奠定了理论基础。自 20 世纪初至今是社会科学的大发展时期，社会科学由于运用现代科技革命所提供的新方法新手段，有了许多新突破，使之更加精确化；社会科学出现了分化、综合的新趋势，不断涌现新学科，形成了多学科、多层次、多功能的科学体系。特别是数学、系统科学、信息科学等横断学科及其方法在社会科学领域的应用，使现代社会科学的科学化程度越来越高，使现代社会科学越来越像自然科学一样，发挥着它应有的两个基本功能：一是社会科学的解释功能，它是指社会科学理论所揭示的社会本质和发展规律，能够为人们提供科学依据，以便对过去的或当代的社会现象作出科学的说明和阐释。简言之，它是用现有的社会科学理论对已知的社会事实的说明。二是社会科学理论的预见功能，它是指社会科学理论所揭示的社会规律和本质联系，能够使人们推导出关于未来社会现象的科学判断。简言之，它是用现有的社会科学理论去判断、推测未来的或未有的社会事实。

现代社会科学之所以具有解释和预见这两个基本功能，是因为有马克思主义基本原理基本方法的指导和现代自然科学研究方法研究手段的应用，它已经能够将大量社会事实的本质及其规律揭示出来，而且符合"外在的证实"和"内在的完备"两个标准。"外在的证实"要求创立的现代社会科学理论必须与外在的社会客观事实相一致，要求经过实践的检验。如果社会科学理论与社会事实相矛盾、不一致，那么它便不能成立，最多只能是一种社会科学的假说，有待于修正或进一步发展。因为实践是检验真理的标准，而且是唯一的、不可替代的标准。"内在的完备"则要求创立的社会科学理论必须符合严格的逻辑形式，成为真正的系统化理论。如果社会科学理论内部具有逻辑上的自相矛盾，那么它也不能成立，并且最终也必然要与客观事实相矛盾。从后一种意义上来说，逻辑证明是实践检验的一个辅助手段，凡不符合逻辑标准的最终也必然不符合实践标准。

现代社会科学理论的两个基本功能，在马克思主义基本原理和现代自然科学方法的运用中，根据所涉及的社会事实的不同，形成了四种不同的基本类型：一是因果型，即因果解释和因果预见。因果解释是指根据社会科学理论去寻找制约某种社会现象发生、发展的原因，用以说明该社会现象和社会规律，在形式上表现为还原的程序。而因果预见，则是根据社会科学理论，按照因果联系原理，对未来的或将发生的某种社会现象所作出的推测和判断。社会科学理论的因果型功能是因果联系或因果关系在解释和预见中的具体运用。二是概率型，即概率解释和概率预见。概率解释是指人们根据社会科学理论说明某种社会现象时，是根据怎样的概率统计规律而进行的。而概率预见则是指人们根据概率统计规律对未来的社会现象所作出的推测和判断。这两种社会科学理论的功能是概率统计规律在解释和预见中的具体运用。三是结构型，即结构解释和结构预见。结构解释是指人们根据系统结构分析的方法来说明某种社会现象的属性、行为和结果。而结构预见则是指人们根据系统结构分析的方法来推测和判断某个社会系统未来的演变及其相关的性质、行为等变化。这是系统结构分析的方法在解释和预见中的运用。四是功能型。即功能解释和功能预见。功能解释是指人们把某个社会系统的要素看作整个社会系统功能实现的必要条件，以此反过来说明这些社会因素已经实现的功能。而功能预见则是人们从社会系统整体功能实现的角度出发，对该系统内的某些社会因素将来可能产生的功能作出判断和推测。这两种基本功能是系统功能分析方法在解释和预见中的具体运用。

用马克思主义原理和现代科技革命成果武装起来的现代社会科学，它的解释和预见两个基本功能也越来越呈现出辩证统一的关系。一方面，社会科学理论的解释功能和预见功能各有其内在的规定性。前者是社会科学理论对过去或已有的已知社会现象、社会事实的说明和阐释；而后者则是社会科学理论对未来的或未有的未知社会现象、社会事实的推测和判断，二者的区别非常明显，不可混淆。另一方面，社会科学理论的解释功能和预见功能之间又有内在的联系和统一性。主要表现在：（1）解释功能和预见功能的前提都是社会科学理论所揭示的社会现象、社会事实的规律性和本质联系。（2）解释功能和预见功能的实现都是按照社会科学理论本身内在固有的严格逻辑规则和机制进行的。（3）解释功能和预见功能是相互渗透、相互包含的。解释功能是预见功能的基础，社会科学理论在对已知的社会现象、社会事实的解释中，已经包含着潜在的预见能力。如马克思主义这一最伟大的社会科学理论，在对资本主义社会的各种不合理现象进行说明、解释和批判的过程中，已经潜在地包含着对未来社会的原理性描述。而预见功能又是解释功能的深化和发展，它是建立在对已知社会现象、社会事实正确解释基础之上的。如果没有这一基础，其预见也必然是虚假的。马克思主义这一伟大的社会科学理论之所以能够预见共产主义社会的实现是历史的必然，正是因为它建立在对现有的社会现象、社会事实的客观、公正、科学、合理的解释和评价基础之上，是这种解释功能进一步深化、发展的必然结果。

现代社会科学两个基本功能具有重大现实意义。其解释功能的重大意义主要表现在：社会科学理论在用来考察过去的历史事实时，能够通过客观、合理的评价和说明，正确地总结历史经验和教训，有力地调动人们的积极性。如自1978年底党的十一届三中全会以后，以邓小平为核心的党的第二代领导集体，运用马克思主义对"文化大革命"及毛泽东的历史地位等众多重大问题作出了客观、科学的评价和说明，澄清了人们思想上的混乱，开启了改革开放的新时期。党的第二代领导集体运用马克思主义这一伟大社会科学理论，在自然科学界、社会科学界拨乱反正，为大批的科学家、社会科学家平反昭雪，从而调动其积极性，为社会主义事业贡献聪明才智。同时，社会科学理论在人们用来研究、解释现存的社会现象时，能够从中发现问题，从而为解决这些问题提供可能。如自20世纪80年代以来，中国共产党运用马克思主义关于生产力与生产关系、经济基础和上层建筑的辩证原理，纠正了意识形态领域"左"的指导思想和政策，从而为以后在全国范围内进行由浅入深的经济体制和政治体制改革提出了战略性新课题。其预见功能的意义更是巨大的，主要表现在：社会科学理论揭示的社会发展的规律和方向，可以用来指导先进政党和先进阶级从事科学的社会变革。马克思主义创始人正是运用其创立的最伟大的社会科学理论，揭示了社会发展的基本规律，指明了社会发展的大方向和总趋势，得出了"资本主义必然灭亡和共产主义必然胜利"的结论，从而为无产阶级和共产党指明了前进方向和道路。同时，社会科学理论可以用来指导政府做出正确决策并制定正确的大政方针。中国共产党自十一届三中全会以来，历次经济体制和政治体制改革方案的制定和出台，均是党领导下的大量专家学者集体智慧的结晶，是在马克思主义和中国特色社会主义理论的预见指导下完成的。

在马克思主义原理和现代科技革命成果武装起来的现代社会科学，它的两个基本功能所表现出来的意义不亚于自然科学，在某些特定时期甚至远远大于自然科学。社会科学理论两个基本功能所表现出来的意义之实质就在于：（1）社会科学理论应处于指导地位，在革命和改革时期尤应如此。因为这些时期民族处于存亡或转折关头，社会问题特别集中，这就特别需要依靠社会科学理论对社会现实作出解释和预见，以便及时正确地调整人们的社会关系，否则将有可能导致亡国或动乱。这从中国近现代历史的事实中足以得到说明。（2）社会科学理论是社会主义精神文明的主要内涵，它的两个基本功能实现的程度越高，社会精神文明程度必然越高。（3）社会科学理论两个基本功能的实现为全社会物质文明的建设提供巨大的精神动力。它在提高人们的社会解释和预见能力的过程中，必然促进人们自觉地按照社会规律办事，促进生产力的发展。全社会如果都能重视社会科学理论的研究、学习和普及，充分发挥它的两个基本功能，我国的社会主义物质文明和精神文明建设必然能够更快地发展。（4）社会科学理论与自然科学相比较，能够协调人与人以及人与社会的关系，将蕴含在人及其集团中的"社会劳动的自然力"并入生产，提高劳动生产率，为价值增殖提供物质基础，这也是社会科学两个基本功能所发挥的经济意义的实质之所在。

现代科技革命在使自然科学和社会科学迅速发展和两个基本功能充分发

挥的前提下，呈现出相互结合的一体化发展趋势。换言之，现代科技革命使自然科学与社会科学既相互区别和有效分工，也相互协作和有机结合，呈现出一体化的发展趋向。早在 1995 年，江泽民在全国科学技术大会的讲话中强调要"加强自然科学和社会科学的紧密结合"①，在 2002 年 11 月 8 日在中国共产党第十六次全国代表大会上的讲话中进一步提出要"坚持社会科学和自然科学并重"②。2016 年 5 月 17 日，习近平《在哲学社会科学工作座谈会上的讲话》中指出："哲学社会科学是人们认识世界、改造世界的重要工具，是推动历史发展和社会进步的重要力量，其发展水平反映了一个民族的思维能力、精神品格、文明素质，体现了一个国家的综合国力和国际竞争力。一个国家的发展水平，既取决于自然科学发展水平，也取决于哲学社会科学发展水平。一个没有发达的自然科学的国家不可能走在世界前列，一个没有繁荣的哲学社会科学的国家也不可能走在世界前列。坚持和发展中国特色社会主义，需要不断在实践和理论上进行探索、用发展着的理论指导发展着的实践。在这个过程中，哲学社会科学具有不可替代的重要地位，哲学社会科学工作者具有不可替代的重要作用。"并且强调："坚持和发展中国特色社会主义必须高度重视哲学社会科学。"③ 这是因为，在现代科技革命的推动下，自然科学和社会科学有着不同的理论分工，并且在这种分工的基础上又有着密切的协作。从这个意义上来讲，自然科学和社会科学是分工与协作的辩证统一关系。

自然科学和社会科学作为科学的两个重要门类，有着不同的理论分工，主要表现在以下几个方面：（1）从它们的直接研究对象来看，自然科学主要是对自然界中各种自然现象的研究；而社会科学主要是对社会中各种社会问题的研究。（2）从贯穿于它们其中的主线来看，贯穿于自然科学的主线是人与自然的关系；而贯穿于社会科学的主线则是人与人的关系和人与社会的关系。（3）从它们的内容来看，自然科学主要是揭示自然界的本质和规律的；而社会科学主要是揭示人类社会的本质和规律的。（4）从它们内在

---

① 江泽民：《论科学技术》，中央文献出版社 2001 年版，第 58 页。
② 江泽民：《全面建设小康社会，开创中国特色社会主义事业新局面——在中国共产党第十六次全国代表大会上的讲话》，《中国共产党第十六次全国代表大会文件汇编》，人民出版社 2002 年版，第 40 页。
③ 习近平：《在哲学社会科学工作座谈会上的讲话》，人民出版社 2016 年版，第 2 页。

的理论子系统来看，自然科学主要是建构关于自然现象的理论体系，如物理理论体系、化学理论体系等；而社会科学主要是建构关于社会现象的理论体系，如经济理论体系、管理理论体系等。（5）从它们的功能和作用来看，自然科学是沟通人和自然界的中介和桥梁，借助于这一中介和桥梁，实现人的自然化和自然界的人化，使人对"单纯的自然力"的控制、使用成为可能；而社会科学是联结人与社会的中介和桥梁，借助于这一中介和桥梁，实现人的社会化和社会的人化，使人对"社会劳动的自然力"的控制、使用成为可能。（6）从它们承担的主要任务来看，自然科学的主要任务是为解决人与自然的矛盾或协调人与自然的关系，提供具体的理论指导，并要求人们尊重自然规律、按照自然规律办事；而社会科学的主要任务则是为解决人与人、人与社会的矛盾或协调人与人、人与社会的关系，提供具体的理论指导，并要求人们尊重社会规律、按照社会规律办事。

同时，自然科学和社会科学作为科学整体的两个重要组成部分，在不同分工的基础上又有着内在的联系，二者是辩证统一的。这是因为：一方面，人与自然的关系是人与人的关系和人与社会的关系的基础和前提，离开了人与自然的关系，就无从谈人与人的关系和人与社会的关系。人们在认识和改造自然的过程中，首先建立起了人与自然的关系，并在此基础上结成了人与人的关系——生产关系，进而形成了社会的经济、政治和意识结构，衍生出了政治的、思想的、道德的、家庭的、民族的、阶级的各种各样的复杂社会关系，因此人与社会的关系是在人与自然的关系的基础上通过生产实践形成和发展起来的，人与自然的关系是人与人、人与社会的关系的基础和前提。另一方面，人与自然的关系是在人类社会中展开的，人与人的关系和人与社会的关系制约着人与自然的关系；而且只有在社会中，只有在人与人、人与社会的关系得以确立的前提下，人与自然的关系才能得以真正地建立，即是说，人与自然的关系的建立，只有在人成为社会的人的时候才能做到；社会是人和自然相统一的场所，人和社会的关系制约着人与自然的关系。基于上述两个方面的分析不难发现，以人和自然的关系为主线、把自然界中的各种现象作为研究对象的自然科学，与以人和社会的关系为主线、把人类社会中的各种现象作为研究对象的社会科学之间，是紧密相连的，具有辩证统一的关系。展开来看，前者是后者的基础和前提，没有对前者的深入研究，后者的探讨将举步维艰；而后者是前者的延伸和拓展，没有对后者的深刻探讨，前者的研究也不可能达到全面和系统。可以说，二者是同一整体的两个重要组成部分，这个整体就是"科学"，它们二者只是科学在自然界和人类社会两大研究领域的不同分工，因此它们的协作也是二者在分工基础上相互渗透、辐射的必然结果。

五、现代科技革命的周期性长波发展与新科技革命的"前夜"

"李杜诗篇万口传，至今已觉不新鲜。江山代有才人出，各领风骚数百年。"清代诗人赵翼在《论诗》中写的此诗句颇适合近现代科技革命发生、发展的历程。第一次科学革命若以1543年哥白尼《天体运行论》出版所引发的天文学革命为开端，经过伽利略、开普勒、惠更斯到牛顿力学体系的建立为标志性成就，在此科学背景下18世纪中叶发生了以纺织机械的革新为起点、以蒸汽机的发明和广泛使用为标志、以机器制造业的建立为代表的第一次技术革命，在科学上诞生了以实验为基础的近代自然科学，在生产上实现了从手工工具到机械化的转变，开启了人类的机械化和蒸汽化的新时代。这次科技革命历时两个多世纪。第二次科学革命，一般认为是在19世纪中叶达到高峰，它是以整个近代科学的成熟发展为标志成就的，但第二次科学革命的开端是一个难以精确界定的问题，在此不妨笼统地将其界定为以18世纪中叶为起点，因为此时产生了标志着第二次科学革命开始的一系列成就，如：测温学和量热学，其标志性成就是1742年摄尔修斯确定了摄氏温标，1730年列奥默确定了列氏温标；天文学中的历史自然观，其标志性成就是1755年康德《宇宙发展史概论》的出版；地质学中的渐变理论，其标志性成就是1830—1833年赖尔出版的《地质学原理》（三卷本）等。从此之后，逐步形成了以热学、电磁学、化学、生物学等一组学科为带头学科，推动了近代化学、生物学、地质学、数学、电磁学、热力学、光学、生理学、地理学、人类学、物理学等学科的诞生或发展，进而形成了以电磁学理论、热力学理论、化学原子论和生物进化论等为主要内容的第二次科学革命。也正是在此科学背景下，在19世纪中叶发生了以电力技术为主导，推动着化工技术、钢铁技术、内燃机技术等全面发展的第二次技术革命，它使人类进入电气化时代。这次科技革命历时一个半世纪。第三次科学革命即现代科学革命是以 19 世纪末 20 世纪初的物理学革命为先导，形成了以相对论、量子力学和原子物理学为标志以及以现代宇宙学、分子生物学、系统科学、软科学的产生为重要内容的一次新的科学革命。在此科学背景下，从 20 世纪 40 年代开始发生了以原子能技术、空间技术和电子计算机技术的广泛应用为标志，带动了整个现代技术群大发展的第三次技术革命。到现在，这次科技革命历时一个多世纪。

通过上述历次科技革命的简要回顾发现，每次科技革命都表现为周期性的"长波"发展态势，呈现出"各领风骚数百年"的长江后浪推前浪的态势。在科技革命的周期性长波发展中，呈现出波长逐渐缩短的规律性特征，第一次科技革命历时两个多世纪，第二次、第三次历时一个半世纪和一个世纪。依据科技革命周期性长波发展的规律性特征，我们应当高度关注和深入研究继现代科技革命之后新科技革命的孕育和发生的问题。这是因为，"从科学技术自身发展的规律看，科学技术具有内在的革命性。科学革命和技术革命都是长期知识积累基础上的突变，表现出一定的周期性"长波发展之态势，在这一周期性长波发展的进程中科学革命和技术革命并非完全同步进行，往往是先有科学革命的知识积累再有技术革命的爆发，而技术革命的爆发又需要新的科学革命为其进行必要的知识积累，科学革命和技术革命正是在这一矛盾规律作用下向前推进的。但我们应当看到以下两方面的事实：一方面，以现代科学革命为知识积累的现代技术革命，自 20 世纪 40 年代爆发至 20 世纪 70 年代达到高潮，一直到今天重大的基础创新高潮迭起，重大的技术发明转化为现实生产力的周期也越来越短；而另一方面，"自 20 世纪下半叶以来，尽管知识呈现爆炸增长态势，但基本表现为对现有科学理论的完善和精细化，未能出现可以与上半世纪出现的相对论等六大成就相提并论的理论突破或重大发现"，至今"科学的沉积"[①] 已达 60 余年甚至 70 多年。这显然不能满足技术革命持续发展的需要。据此，人们做出这样的判断：世界科技的发展正处在继现代科技革命之后的"新科技革命前夜"[②]。中国科学院

[①]　中国科学院：《科技革命与中国的现代化：关于中国面向 2050 年科技发展战略的思考》，科学出版社 2009 年版，第 9—10 页。

[②]　中国科学院：《科技革命与中国的现代化：关于中国面向 2050 年科技发展战略的思考》，科学出版社 2009 年版，第 7 页。

"创新 2050：科学技术与中国未来"战略研究组织在一个研究报告中所作出的"总体判断"就是："当今世界科技正处在革命性变革的前夜，在 21 世纪上半叶出现新的科技革命的可能较大。"①

第二节 科技的巨大经济功能及融入经济系统的方式演进

伴随着现代科技革命的兴起和不断发展，科技在现代经济社会中发挥着越来越巨大的经济功能。科技经济功能的发挥有一个不断显化的过程，这一过程与科技融入经济系统的方式演进有着密切的关联。

一、科技作为第一生产力发挥着巨大的经济功能

在现代经济社会中，科学技术是第一生产力的思想也越来越成为人们的共识，而且大量的经济事实和经济现象已经显示出，科技作为第一生产力在现代经济社会中已经表现出了巨大的经济功能。对此，笔者从现象层面用简单枚举的方法加以梳理。

第一，科技研发与应用能够使"濒临倒闭"的企业起死回生、转亏为盈，其中的一个典型案例是 20 世纪 90 年代美国著名的 IBM 公司的盈亏变化的事实②；同时，也能够使在国际竞争中处于"被动地位"的企业扭转局面、赢得主动，成为国际上具有强大品牌影响力和竞争力的企业。其中，一个典型的案例就是烟台万华聚氨酯股份有限公司（简称"烟台万华"）。烟台万华的前身是烟台合成革总厂，在 20 世纪 80 年代由于工艺落后、产品质量差和消耗高等原因，"在与跨国公司的竞争中一直处于极为被动的地位"，在"梦破技术新进"的 1993 年曾经"陷入了进退维谷的境地，残酷的现实使烟台万华认识到：真正具有市场潜力的技术是引不进来的，技术创新能力也是买不来的"，企业要生存只能"立足技术创新，开发出属于自己的核心技术，生产出具有强大市场竞争力的核心产品，这才是唯一的出路"，从此

---

① 中国科学院：《科技革命与中国的现代化：关于中国面向 2050 年科技发展战略的思考》，科学出版社 2009 年版，第 10 页。

② 赵振华：《劳动价值论新论》，上海三联书店 2002 年版，第 139 页。

之后烟台万华踏上了科技创新之路，产学研合作创新攻克核心技术难题，持之以恒形成自主创新能力，从而使烟台万华成为拥有 10 多个海外子公司和 7 个研发机构的集团化企业，成为"国内唯一一家能生产 MDI 的技术密集型和资本密集型企业""亚太地区最大的 MDI 制造企业"和"全球第二大 MDI 制造商"①。这充分显示了科技在现代经济社会中对企业发展所具有的巨大威力。

第二，科技的研发和应用能够造就一批知识密集型和科技密集型的新型产业和新型公司。伴随着现代科技革命的发展，世界上大批的知识密集型企业、科技密集型企业等脱颖而出，包括各种各样的软件公司、计算机公司、互联网公司、通信公司、新材料公司、生物工程公司、航天航空公司和核电公司等犹如雨后春笋般涌现出来，冲击着传统的工业经济。这些新型产业公司的产值或利润的来源与传统产业所不同的是，更多地来源于科技人员无形的"智慧价值"。如 20 世纪 90 年代"微软公司总资产为 143 亿美元，其无形'智慧价值'市价高达 1623 亿美元。该公司的市场价值已超过美国三大汽车公司的总和。著名的英特尔公司生产的芯片，在 1997 年销售的 8300 万台个人计算机中竟占 90%"②。数十年前人们开始对世界富豪排名时，排在前 10 名的世界富豪几乎全是石油大王、汽车大王、钢铁大王等，其财富都是建立在庞大的"有形"原料和产品之上的；而在现代科技革命的影响下，现在排在前 10 名的世界富豪，一半以上是与信息、电子、网络等高科技产业相关的，其财富是建立在"无形"资产基础之上的，尤其是伴随着人类对信息资源的开发利用而引发的"大数据"革命，以及"互联网+"行动计划在各行各业的实施，不断地推动着信息化、智能化和传统的工业化的深度融合，造就了越来越多的科技经济产业、知识经济产业和共享经济产业，这些新型的产业"正以它新的观念、新的姿态和巨大的威力冲击着辉煌 200 年的工业经济社会，撼动着资源型经济赖以存在的根基"③。

---

① 《全国科技管理干部培训阅读丛书》编委会：《科技创新案例选编》，科学出版社 2014 年版，第 54—57 页。

② 王兴成：《知识革命与知识经济》，载冯之浚主编：《知识经济与中国发展》，中共中央党校出版社 1998 年版，第 28 页。

③ 赵弘、郭继丰：《知识经济呼唤中国》，改革出版社 1998 年版，前言第 2 页。

　　第三，科技是摆脱和应对经济危机的根本手段。经济危机是市场经济特别是资本主义社会自身无法克服的周期性发作的"顽症"，如何摆脱和应对经济危机，这是世界经济学家和各国政府共同面对的重大课题。纵观人类社会发展的历史，1857—1858 年的世界经济危机之后，在第二次科学革命基础上爆发了第二次技术革命，正是由于这次科技革命的发生，先是技术和设备先进的英国从危机中摆脱出来，随后世界各国也相继摆脱了经济危机，并且使人类社会进入了电气时代。1929—1933 年的世界经济危机之后，在现代科学革命的基础上爆发了现代技术革命，正是 20 世纪 40 年代的这次科技革命，不仅使世界各国摆脱了经济危机，而且使人类社会进入高新技术的时代。这两次世界经济危机的摆脱和应对，科技发挥了巨大的作用。因此，世界历史发展的经验表明，"全球性经济危机往往催生重大科技创新突破，依靠科技创新创造新的经济增长点和创新发展模式，是摆脱危机的根本出路"，科技不仅是人类现代化的发动机，而且也是"应对经济危机的根本手段"。① 发生在 20 世纪末由美国次贷危机引发的全球性金融危机，实质上也是世界性的经济危机，而摆脱它的根本出路必然是依靠科技创新来创造新的经济增长点和创新经济增长方式，正因如此，人们才断言当代世界正处在科技创新突破和新科技革命的前夜。

　　第四，科技发展已经成为决定一个国家、民族经济能否持续增长的重要因素，它能够改变原有的经济结构和能够造就一个崭新的经济形态，在此意义上说知识经济就是科技孕育的奇葩。自 20 世纪 50 年代以来，以微电子技术为核心技术的计算机技术、通信技术、机器人技术以及生物工程技术、新材料、新能源、空间技术、海洋技术等技术群，改变了原有经济结构和社会面貌。一方面，原有产业被高新技术所改造，朝着节省、高效、低污染的方向发展，"互联网+"行动计划创新着原有企业的生产模式和经营策略；另一方面，计算机、信息及生物工程等高新技术产业的比重迅速提高，超过传统产业所占的比重。在当代，经济增长比以往任何时代都更加依赖于科技知识的生产、传播和应用，知识尤其是科技知识作为蕴含在人力资源中的重要

---

① 中国科学院：《科技革命与中国的现代化：关于中国面向 2050 年科技发展战略的思考》，科学出版社 2009 年版，第 1 页。

成分，其作用日益明显。在这样的情况下，一个区别于农业经济或劳力经济、工业经济或资源经济的新的经济形态——知识经济正在兴起，知识经济时代已经到来。在这样一个时代，科技已经成为一个国家和地区的综合国力的关键性因素，谁的科技发达谁就能保持强的综合国力，其根本原因正如江泽民所指出的，"现代国际间的竞争，说到底，是综合国力的竞争，关键是科学技术的竞争"①。在此意义上，我们更能体会习近平以下两个论断的深刻含义：（1）"科技是国之利器，国家赖之以强，企业赖之以赢，人民生活赖之以好"②，因为科技是第一生产力，对国家的经济发展起着决定性的基础作用，对企业的核心竞争力提升起着决定性的基础作用，对人民的物质生活和精神生活水平提高起着决定性的基础作用。（2）在现代经济社会的所有创新之中，"科技创新是核心，抓住了科技创新就抓住了牵动我国发展全局的牛鼻子"③，因为科技创新实质上是科技第一生产力的提升，是所有其他方面创新的基础和核心；抓住了科技创新，实质上也就是抓住了起决定性作用的第一生产力的创新，也就是抓住了牵动全国发展全局中的各方面创新的基础、核心和关键，因此科技创新是牵动全国发展全局的"牛鼻子"。而对于现代经济社会的企业来讲，谁抓住了这个"牛鼻子"，谁就能够在激烈的竞争中立于不败之地；谁抓住了这个"牛鼻子"，谁就能够在国际竞争中变被动为主动，成为国际上具有强大品牌影响力和竞争力的企业。

　　总之，科技作为第一生产力所发挥的经济功能是巨大的，它在现代经济社会中的表现是多方面的，在此仅仅枚举其中的几种典型的表现。但从所列举的上述现象便足以说明，知识就是力量，科技就是财富，科技不仅是生产力而且是第一生产力，是经济增长的首要因素和关键动力，④ 是孕育经济新增长点的第一驱动力和核心动力。

---

① 参见宋健：《现代科学技术基础知识》，科学出版社、中共中央党校出版社 1994 年版，序言第 2 页。

② 习近平：《为建设世界科技强国而奋斗——在全国科技创新大会、两院院士大会、中国科协第九次全国代表大会上的讲话》，人民出版社 2016 年版，第 6 页。

③ 习近平：《为建设世界科技强国而奋斗——在全国科技创新大会、两院院士大会、中国科协第九次全国代表大会上的讲话》，人民出版社 2016 年版，第 11 页。

④ 刘冠军：《现代科技劳动价值论研究》，中国社会科学出版社 2009 年版，第 134 页。

二、科技第一生产力巨大经济功能的显化历程

科技作为生产力在人类社会发展进程中发挥着巨大的经济功能，科技经济功能的发挥有一个初步显化的历程，这一历程与人类的现代化进程是同步的，因为在人类社会发展的历史进程中，"现代化的历程在本质上是科技进步和创新的历史，近现代社会的每一次重大变革都与科技的革命性突破密切相关"[1]。科技作为第一生产力在现代经济社会所表现出来的巨大经济功能，正是伴随着人类现代化的发展进程而不断地显现出来的，换言之，科技的经济功能有一个历史演进和逐步显现的过程。从历时态纵向发展的过程来看，科技的经济功能是伴随着科技自身的发展和人类现代化的发展而不断得到发挥和释放的，它有一个由潜在至显在、由间接显现到直接实现的过程。这就决定了人们对它的认识和把握，也有一个由模糊到清晰、由一般认识到深刻认识的过程。

一般地，科学经济功能的发挥和实现要受三个方面的因素所制约：一是科技发展的水平及其向社会生产转化的可能性程度；二是社会生产的发展水平及其对科技的需求程度；三是科技与生产之间相互作用机制的完善程度等。恩格斯指出："科学的产生和发展一开始就是由生产决定的。"[2] 在人类社会早期，由于生产力水平十分低下，人们对自然界的认识十分肤浅，作为知识形态的科学还未形成，因为"作为知识形态的科学，需要一种人工创造的特殊语言如形式逻辑和数学来表征，此时，这种人工语言还未形成，因而科学的思想当然也不会编织成知识体系。这样科学只存在于运用日常语言的生产活动中"[3]，此时的科学、技术和生产是浑然一体的。随着生产力的发展和社会财富的积累增多，出现了剩余产品，这为脑力和体力的社会分工提供了可能，在进入奴隶社会以后，出现了一批可以不从事体力劳动并有一定"闲暇"的以脑力劳动为业的人，这就是早期的知识分子阶层。[4] 早期知

---

① 中国科学院：《科技革命与中国的现代化：关于中国面向 2050 年科技发展战略的思考》，科学出版社 2009 年版，第 7 页。

② 《马克思恩格斯文集》第 9 卷，人民出版社 2009 年版，第 427 页。

③ 魏屹东等：《当代科技革命与马克思主义》，山西科学技术出版社 2003 年版，第 113 页。

④ 潘永祥等编：《自然科学概述》，北京大学出版社 1986 年版，第 9—10 页。

识分子的出现，使人们的认识能力有了很大的进步，在古希腊时期便产生了大量关于自然的认识成就，因此"要说在希腊的古典时代没有产生科学，那是不公允的"。但是，从整体上来看，古希腊时期除了力学、天文学和数学有了一定的发展之外，其他的科学都处于萌芽状态，人们对自然的认识成就主要包含在（自然）哲学之中，与（自然）哲学融为一体，而且更多地带有哲学思辨的特征，而严格地讲"哲学观点是形而上学的，而不是科学的；德谟克利特的原子说也是思辨的哲学，而不是科学"①。同时包含在（自然）哲学中的所谓的"科学活动与生产活动是平行发展的，彼此间很少有联系，形成了学者传统和工匠传统，即学者偏重理论研究，而传统的工匠偏重技术的应用"②，而此时的技术仅仅是生产经验的总结而不可能是科学的物化，因此该时期科学的经济功能，如同科学处在萌芽状态一样，至多是处于萌芽状态。

　　然而，自欧洲文艺复兴时期始，科学开始从神学中进而从哲学中分化独立出来，"科学的发展从此便大踏步地前进"③，从而使科学向生产的转化成为可能；同时，资本主义生产方式的产生大大地促进了社会生产的发展，为科学的应用提供了物质条件，而且科学与生产相互作用的机制开始孕育和初步形成。这时人们开始初步认识到科学的社会作用，F.培根正是在这样的背景下在《新工具》中提出了两个命题："人的知识和人的力量结合为一"；"达到人的力量的道路和达到人的知识的道路是紧挨着的，而且几乎是一样的"，这也就是人们通常所说的"知识就是力量"的培根著名论断。④ 然而，由于这时科学的经济功能只是以潜在的方式存在着，以非常间接的方式偶尔得到实现，因此知识——科学知识是一种什么性质的力量，其本质是什么的问题，人们是难以回答的。

　　历史进入 19 世纪中下叶，人类社会发生了划时代的变革：（1）科学实践尤其是科学实验在此时已经逐渐从生产实践中分化独立出来，力学、热

---

　　①　[英] W.C.丹皮儿：《科学史及其与哲学和宗教的关系》，李珩译，商务印书馆 1997 年版，第78 页。

　　②　魏屹东等：《当代科技革命与马克思主义》，山西科学技术出版社 2003 年版，第 113 页。

　　③　《马克思恩格斯文集》第 9 卷，人民出版社 2009 年版，第 406 页。

　　④　周林东：《培根名言"知识就是力量"三解——兼论弗兰西斯·培根的宗教观对其知识观的影响》，《复旦学报（社会科学版）》2007 年第 5 期，第 39—46 页。

学、光学、电磁学等经典物理学的各分支学科及近代化学和近代生物学等逐步发展起来且正在走向成熟，整个自然科学取得了丰硕的理论成果，为科学向生产的转化提供了理论前提；而且技术在此时期已经成为科学理论应用研究的产物，进一步为科学向生产的转化提供科学技术方面的前提条件。（2）在此时期，资产阶级革命大大地促进了资本主义生产的发展，这一方面为科学研究提供了诸如动力、能源、材料等一系列只有科学才能解决的问题，促使自然科学来关注和研究它；另一方面，也为科学大规模地应用于生产奠定了物质基础，使科学应用于生产有了现实的可能性。（3）科学、技术与生产形成了一种全新的关系，形成了"实验—理论—技术—生产"的转化机制，科学、技术与生产开始逐步地联结起来，科学技术的经济功能得到了初步实现。也正是在这样的背景下，马克思洞察到了科技的力量，提出了"科学技术是生产力"或"生产力中包含科学"的科学论断，初步揭示了"知识就是力量"的本质问题。然而，由于科技与经济是分离的，因此科技的经济功能主要是以间接的形式实现的，即科学需要向生产劳动者、生产资料等转化渗透这些中间环节，才能显示出科技的力量，进而转化为经济效益。

历史进入 20 世纪中下叶，人类社会又发生了一次划时代的变革，科学技术的经济功能得到了前所未有的充分发挥，科学的经济功能不再仅仅以间接的方式经过许多中间环节后才显现，而且更为重要的是以直接的方式实现的，甚至科技直接成为经济系统中的一个有机组成部分或部门。这主要是由以下三个方面决定的：（1）现代科学的发展，使人类对自然界规律的把握、实质的探索达到了一个崭新的境界，为科学向技术、技术向生产的战略性转化提供了更大的可能性；同时，20 世纪中叶以后的高新科技革命，大大地推进了人对自然资源和人自身资源的开发利用的程度。（2）社会生产也发生了巨大的变化，人类社会正在由工业化社会向"后工业化"或"知识经济"社会推进，对科技的需要程度也在逐步提高。（3）科学、技术与生产的相互转化机制达到了相当完善的水平，"科学—技术—生产"相互转化机制已经形成并达到了"一体化"的程度。这样，科技在现代经济社会中已经成为第一生产力，成为推动社会生产、经济发展的首要、关键和决定性因素，它的经济功能得到了前所未有的大发挥和充分的实现，这也就进一步回答了"知识就是力量"的实质问题。

由此可见，科技第一生产力的巨大经济功能有一个逐步显化的过程，而且人们对它的认识也有一个不断深入的历程。

三、科技融入经济系统的方式演进和基本类型

科技在现代经济社会系统中发挥出巨大的经济功能，是通过科技不断地融入经济系统来实现的，而科技融入经济系统的方式在一定程度上决定着科技经济功能的显化程度。伴随现代科学革命和技术革命不断推进而呈现为一体化向前发展的同时，现代科技融入经济系统的方式也在不断地发生深刻的变化，在以"要素渗透的间接方式"融入经济系统的同时，逐步产生了科技与经济直接相融合的"科技融入经济系统的直接方式"。[1] 根据科技与经济系统的关联程度，从方式演进的历史维度看，科技融入经济系统的方式依次表现为以下几种基本类型。

第一，要素渗透的方式。要素渗透的方式是科技间接融入经济系统的一种方式[2]，它是指把科技尤其是把科学作为知识形态上的生产力范畴，必须通过转化、物化、渗透等途径应用于社会生产，方能转化成为现实的生产力，进而发挥经济功能的方式。这种方式，在近代是一种普遍的、占主导地位的方式。此时的科技特别是科学仅仅是一般的间接生产力，科技仅是经济系统的外在因素，它只有通过转化、物化的方式渗透到现实生产中，才能生产出作为"物"的使用价值来满足人们的物质需要。此时的科技，之所以能够推动现实生产力的发展而具有经济功能，是因为科技能够通过向生产力的要素渗透与物化、能够通过影响生产要素的组合并内化为生产系统的整合要素，以及能够通过改进社会基础结构的状况等途径，融入经济系统转化为现实的、直接的和显在的生产力。科技融入经济系统的这种要素渗透的间接方式，主要表现在以下三种情况：一是科技通过向生产力构成要素的渗透与转化来融入经济系统，即，通过学习、教育等途径，科技能够武装劳动者，转化为劳动者的劳动知识和劳动技能；通过技术原理的设计和技术的发明等

---

① 刘冠军：《现代科技劳动价值论研究》，中国社会科学出版社 2009 年版，第 146 页。
② 刘冠军：《现代科技劳动价值论研究》，中国社会科学出版社 2009 年版，第 140 页。

途径，科技能够"物化"为先进的生产手段；通过科学探索、技术开发等途径，科技逐步渗透到劳动对象中。二是科技通过影响生产要素的组合，并内化为生产系统的整合要素来融入经济系统，即科技在生产要素的组合中起着一种把各种生产要素按照一定比例和一定方式结合起来的整合作用，构成了生产过程中的整合因素，从而导致生产系统之结构的调整和其运行方式的改进。三是科技通过影响、改进社会基础结构的状况来融入经济系统，发挥其经济功能。

第二，工业实验室的方式。工业实验室是科技直接融入经济系统，进而发挥巨大经济功能的最早的一种重要形式。工业实验室是适应社会生产的科技化发展趋势，在原有的大学实验室、私人实验室不能满足工业生产的需要的情况下，而产生的集基础研究、应用研究和开发研究于一体的研发机构。这种方式在近代后期开始出现，如1876年美国发明大王爱迪生创建的第一个工业实验室、1891年德国拜耳公司成立的化工产业的大型实验室等。到了现代，这种方式成为一种普遍的方式，如1900年建立的美国和世界上的第一个正规的工业实验室——通用电气公司实验室，1925年成立的贝尔电话实验室，1956年成立的IBM实验室和在此之后成立的沃森研发中心等。这种工业实验室或研发中心打破了科学家手工业（一个科学家带一两个助手）的传统科研模式，组织一批专业人才，在统一指挥下分工协作致力于科技研究和工业开发，并很快地把科技发明投入生产，从而使工业实验室成为"发明工厂"。这种工业实验室或研发中心的突出特点在于，它集基础研究、应用研究和开发研究于一体，或者说它集科技研究、工业开发和商品生产于一体。因此，这种工业实验室或研发中心的科技研究成果能够在最短的时间内实现产业化和商品化，进而以最快的速度实现其经济效益。正因如此，世界范围的产业界有识之士已经逐步认识到，工业实验室形式的研发投入是最经济、最安全、最有效和"投入—产出"效益最高的投资。因此工业实验室是科技融入经济系统发挥其巨大经济功能的一种重要形式。

第三，高新科技产业的方式。高新科技产业是科技直接融入经济系统发挥其巨大经济功能的一种标志性的新形式之一。高新科技是二战以后涌现出来的现代科学技术群的统称，它不同于传统意义上的科技。传统意义上的科技主要追求的是科学价值，一般对其经济价值和社会价值看得比较轻，而且其研究规模较小，科技研究与生产是两个不同的领域，由科技向生产的转化需要诸多的中间环节等。高新科技的研究与开发，不仅追求科学价值，而且更重要的是追求经济价值和社会价值，因此高新科技在其发展过程中，具有明显的产业化、商品化性质。同时，高新科技的研发表现出二重性：一方面，高新科技的研发属于科技研究的范畴，其成果表现为科技产品；另一方面，高新科技的研发又属于经济学范畴，其产品也是商品，且能带来高额利润和高经济效益，这种高利润、高效益来自高新科技产品的首创利润，因此高新科技的研发既有科研的性质又具有产业的性质。伴随高新科技的研发，其产业化成为基本的特征。高新科技产业化进一步突出高新科技的产业性质，一般包括三个环节：高新科技的发明与研制、高新科技产品的开发与推广、高新科技产品的大规模应用并通过市场向外扩散。从历时态演进的角度来看，这三个环节既相互独立——因为每个环节的产品都具有商品的性质，都能带来高经济效益；又依次向前推进——因为前者是后者的基础，后者是前者的进一步利用和推广。而从共时态联系的角度来看，这三个环节是统一整体中的三个环节，它们相互联系、相互渗透，共同形成了高新科技产业，因此高新科技产业化与高新科技产业是对高新科技的研究、开发和应用这个统一体的不同角度的表述。

发展高新科技的根本着眼点就在于使之产业化，形成高新科技产业，不形成产业而发展高新科技是没有多大价值和前途的。而高新科技产业化所形成的新型产业，就是高新科技产业。高新科技产业就是由高新科技的研究、开发、推广、应用等所形成的企业群或企业集团的总称，它是把生产过程和最终产品建立在坚实的高新科技基础之上的产业，是科技知识密集型产业。从高新科技产业的形成过程来看，它或者以某一种高新科技为核心繁衍出高新"科技—经济"体系，或者以几种高新科技相互渗透构成高新"科技—新兴产业"群落。就目前来看，高新科技产业主要包括九大技术产业：生物工程产业，如微生物、酶、细胞、基因四大工程，动植物、药物、疫苗、生物计算机等的研究和开发；生物医药产业，如与新材料相结合、有效替换和重建的各种人工脏器及各种诊断仪器等的研究、开发和生产；光电子信息产业，如光、电、声、磁物理性质的综合利用，全息图像处理等的研究与开发；智能机械产业，它使人们在体力、智能方面得到彻底解放；软件产业，如数据库、信息库、知识库等的建立，系统软件、智能软件的研究和开发等；超导体产业，如超导电机，超导输电、超导输能，超导电子器件、超导计算机等的研究、开发和利用；太阳能产业，研制生产各种太阳能跟踪、捕获、转换、传输、存贮等装置；空间产业，包括提供卫星发射、载荷、太空旅行、空间商业服务，地球外进行生产和实验，外星球上采掘新资源等的研制与利用；海洋产业，包括南极的开发，海水的处理和利用，深海采矿，建立海底城市等的研制与开发等。以上九大产业又可以交叉渗透，形成综合性高新科技产业。

高新科技产业的特点，首先可用"高和新"两个字来概括。"高"主要体现在：高效益——高新科技产业能够获得首创利润；高智力——高新科技产业是知识密集型的产业，具有创新性和突破性；高投入——高新科技产业的生产手段是高精密仪器，价格昂贵，且参加人员大都是高级科研人员，薪高；高竞争——高新科技具有时效性，第一个掌握它的才算高、才算新，大家都掌握了，就无所谓高和新了，因此竞争特别激烈；高风险——竞争中失败了，就意味着破产，并且在竞争中不可能人人获胜；高势能——即高新科技产业对整个国家的经济、政治、军事、文化等整个社会的发展具有重大影响，具有很强的渗透性和扩散性，有着很高的态势和潜在能量。"新"的特点可以从三个层次来理解：技术的改进；技术的复合；技术的创造，三个层次都属于创新。其次，高新科技产业还具有"四化"特征：国际化——高新科技的研究与开发在不同制度的国家既联合又竞争；民用化——高新科技的成果快速地向民用方向转移；一体化——高新科技的基础研究、应用开发研究和商品化生产紧密衔接，三位一体；综合化——高新科技是多个学科、多种技术的边缘交叉，因而只能是多种人才、多种行业优势综合的系统工程。高新科技产业的形成和发展，说明现代科技尤其是高新科技已经不再需要必须通过向传统意义上的"生产部门"的物化、转化、渗透和影响等途径来融入经济系统，实现其第一生产力的巨大经济功能了，而是直接显示为一种企业、一种产业了，直接作为经济社会的一个"产业部门"来发挥其巨大经济功能了。因此，高新科技产业是科技融入经济系统发挥其巨大经济功能的直接方式的一种标志性形式。

第四，高新科技工业园区的方式。高新科技工业园区是科技直接融入经济系统发挥其巨大经济功能的另一种标志性的新形式。高新科技工业园区是在工业实验室和高新科技产业基础上产生的，较之前二者更加突出科技融入经济系统来显示其巨大经济功能的一种新的标志性形式。而所谓高新科技工业园区，是指相当数量的大学、科研机构和企业等，在一定的地域范围之内相对集中地开展高新科技的研究和开发，并发展高新科技产业的一种新型社区。世界上第一个高新科技工业园区是 1951 年在美国以斯坦福大学为依托而创立的斯坦福高新科技工业园区。1951 年斯坦福大学决定把占校园 7.5% 的一块苹果园开辟出来建立高新科技工业园区，在副校长特尔曼的倡导和帮助下，本校的两名研究生成立了首家电子公司，这家电子公司逐步发展壮大成为今天世界上著名的惠普公司。此后，依托斯坦福大学的科技力量，各种类型的高新科技公司纷纷在这里建立，或从其他地方迁到这里，不久这里便成了闻名全球的"硅谷"。

在斯坦福高新科技工业园区的示范作用下，世界各地建立了一大批名称不同、形态各异、但与斯坦福高新科技工业园区在实质上是一样的（高新）科技园区，其中主要有以下几种：一是以"硅"命名的高新科技工业园区，如"中国的硅谷"，即北京中关村的高新科技试验区、苏格兰的硅峡、英格兰的硅沼、以色列的硅溪、加拿大的北硅谷等。二是科技工业园，又称为科技园，或研究园，或知识园，或创业中心等，如中国的深圳科技工业园、中国台湾的新竹高科技园区、英国的剑桥科技园、美国的北卡罗来纳州三角研究园、韩国的大德研究园地、德国的柏林技术创业中心等。三是科学城或技术城，如美国的盐湖城（又称为盐湖仿生谷）、法国的法兰西岛科学城、苏联的新西伯利亚科学城和舒瓦洛沃科学城、日本的筑波科学城和熊本技术城、新加坡的特岗科学城、印度尼西亚的瑟蓬科学城等。四是高新技术开发区，又称为高新科技产业地带，或科技走廊，如美国的马里兰州蒙哥马利县270 号公路的高技术走廊，美国盐湖城和普洛渥之间 40 公里的高技术产业带，中国的北京中关村高新技术产业开发区和上海、天津、广州、武汉、西安等地的高新技术产业开发区，以及沈大高速公路高新技术产业带、京津唐高速公路高新技术产业带、山东半岛高新技术产业带、珠江三角洲高新技术产业带、沪宁高新技术产业带等。这些以科技工业园、科技园、研究园、创业中心、科学城、技术城、高新技术开发区、高新技术产业地带、科技走廊等命名的高新科技工业园区，虽然名称不同、形态不一，但是其本质特征和功能属性基本上是一致的，都是指有相当数量的大学、科研机构和企业等在一定的地域范围之内相对集中地开展高新科技的研究和开发，并发展高新科技产业的一种新型社区。在本质特征方面，它们都表现为以发展高新科技、实现产业化为主要宗旨，以产学研相结合、科工贸一体化为主要结合模式，以统一布局与规划、构建优异的工作和生活环境为主要框架特征，以一系列优惠政策来吸引各类资源加盟为主要动力机制等。在功能属性方面，它们都起到了科技创新中心、科技辐射中心和科技孵化中心[①]的作用，都具有吸引科技人才、吸引投资的凝聚功能，都具有加速科技成果转化的功能等。

第五，国家创新体系的方式。国家创新体系是科技直接融入经济系统发挥其巨大经济功能的国家战略产业的新形式。现代科技在以工业实验室、高新科技产业、高新科技工业园区等形式直接融入经济系统发挥其巨大经济功能的同时，正在或已经逐步走向科技产业的国家化，并以国家战略产业的新形式直接融入经济系统，它的具体表现就是国家创新体系或国家创新系统。如果说前面的三种形式还带有局部性、区域性特征的话，那么国家创新体系这种形式则明显地具有了"国家化"的特征。国家创新体系是英国著名技术创新研究专家费里曼在研究日本经济发展的基础上，于1987年出版的《关于日本的技术政策和经济实绩》一书中首次使用的概念。其后，纳尔逊、伦德尔等人对这一概念作了进一步发展，经济合作与发展组织（OECD）在此基础上于1997年发表了《国家创新体系》的报告，对这一概念作了较为全面的阐释。从此之后，许多国家和国际组织都注重对国家创新体系进行研究，并将其作为制定国家科技政策和科技规划甚至国家政策和经济政策的基础。从理论界研究的状况来看，所谓国家创新体系，就是指为了发挥国家对科技产业的促进作用而将科技产业作为国家的战略产业，是在国家层次上对科技的社会运行过程即科技知识的产生、交流、传播与应用过程加以体制化和制度化。进一步来讲，它是在国家的总体规划下科技产业的各

---

① 科技孵化中心，又称为科技孵化器，它是自20世纪80年代初以来在美国、西欧出现的一种新型组织，它以扶植小企业的成长为己任，为小企业提供低租金的办公场所、秘书、通信设施、计算机和科学技术、法律管理知识的咨询等服务，并提供其发展所需用的资金。一般地，科技孵化中心在一定期限内或达到一定的营业额后，必须离开或让位于新的企业。

有关部门相互联系、相互作用而形成的包括科技创新、产品创新、生产工艺和方法创新、市场创新、组织形式创新在内的所有创新的网络系统，是由一系列资助和从事 R&D 活动并将其成果转化为商品，以及推动和影响新技术扩散的机构和组织所组成的一个不可分割的整体。[①] 国家创新体系这一解释性规定中至少包含了以下内容。

一是从其创新主体静态组成来看，国家创新体系是由企业、高等院校、各级研究机构、各级政府等创新主体既分工又合作所构成的网络系统。在这一网络系统中，企业主要以技术创新和知识应用为主，同时进行知识传播；高等院校主要以知识传递和高素质人才培养为主，同时进行知识创新和知识转移；国家科研机构主要以知识创新为主，同时进行知识传播和知识转移；地方科研机构主要从事与技术创新和技术转移相关的工作；政府的职能主要有宏观调控、创造良好环境和条件、提供政策指导和服务、促成各组织部门间和国际间的交流与合作等；其他组成部分为创新提供社会环境和支撑条件。

二是从其创新过程的动态运行来看，国家创新体系是知识创新系统、技术创新系统、知识传播系统和知识应用系统来构成的动态系统。在这一动态系统中，知识创新系统是国家创新体系的基础，它是由与知识的生产与扩散相关的机构和组织构成的网络系统，其核心主要是国家科研机构和大学等；技术创新系统是国家创新体系的根本，它是由与技术创新全过程相关的机构和组织构成的网络系统，其核心主要是企业中的科研机构、高等院校等；知识传播系统是国家创新体系的重要组成部分，它主要是由高等院校、科研机构和企业等构成的高等教育职业培训系统，主要职能在于培训具有较高技能、最新知识和创新能力的人力资源等；知识应用系统是国家创新体系创立的目的和归宿，它是由企业、科研机构和政府部门等构成的网络系统，其主体是企业和社会。

三是从其核心要素来看，当前在国际上国家创新体系研究的焦点是知识和人才流动、企业创新调查和创新指标研究等。其中，国际上公认的面向科技经济新时代的国家创新体系中的核心要素主要有：知识——这是国家创新

[①] 冯之浚：《完善和发展中国国家创新系统》，《中国软科学》1999 年第 1 期。

体系的基础要素和"原料",没有知识,创新便是"无源之水";学习——这是变"静态知识或死知识"为"动态知识或活知识"的唯一途径,它是国家创新体系的动力要素和"能源";人才——这是知识的创造者和运用者,是国家创新体系的关键要素;创新——这是国家创新体系的目标要素和功能要素,没有创新的国家创新体系是没有意义的。

四是从其功能来看,国家创新体系的功能主要在于优化国家创新资源配置,协调国家的创新活动,提高国家的创新能力,培育新的经济增长点,促进产业结构的升级,增强国家的经济实力和综合国力;同时还具有创新制度和政策体系的建设功能、创新基础设施的建设功能和创新活动的执行功能等。概而言之,国家创新体系是科技经济一体化发展过程中的一项伟大的制度创新,它不仅促成了20世纪60—80年代日本和韩国等东亚国家的经济奇迹,而且使得20世纪90年代欧美国家经济繁荣。随着世界科技经济一体化的深入发展,国家创新体系已经成为世界各国的一致选择。

四、科技融入经济系统五种方式的关系及发展走向

科技融入经济系统的上述五种方式,即要素渗透的方式、工业实验室的方式、高新科技产业的方式、高新科技工业园区的方式、国家创新体系的方式,是紧密相连、辩证统一的关系。一方面,从共时态横向联系的角度来讲,由于在全球范围内同时并存的世界各国的经济、科技等,它们的发展水平是不平衡的,既有科技先进、经济发达的"发达国家",也有科技相对落后、经济相对不发达的"发展中国家",还有科技和经济都相当落后的"急需发展的国家"等;即便是在同一个国家或地区,科技、经济发展水平也是不均衡的,既有世界一流的智能化、自动化的先进企业,也有半自动化、机械化、半机械化的工业企业,还有手工劳作的"作坊式"的小型企业等。这样的科技、经济现状,决定了科技融入经济系统发挥其巨大经济功能的五种方式具有同时并存的关系。而且在这种同时并存的基础上,科技融入经济系统发挥其巨大经济功能的五种方式还具有相互联系、相互渗透和相互影响的关系,主要表现在:前者是后者的基础和前提,如没有要素渗透的方式,即没有科技向经济系统的转化、物化、渗透、影响的间接方式,也就不可能出现科技作为第一生产力直接融入经济系统发挥其巨大经济功能的工业实验

室、高新科技产业等方式；同时，后者是前者的高级形态，是前者进一步发展的必然结果，如国家创新体系的方式是在前四者基础上发展起来的，它在实质上将前四者包含在其中。

另一方面，从历时态纵向发展的角度来讲，由于人类社会的历史发展进程显示出，科技发展和生产实践的水平是越来越高的，而且二者的关系也在经历着从"肯定"到"否定"再到"否定之否定"的发展历程，即经历着古代的科技与生产的原始一体化阶段（肯定），到近代科技与生产的分离阶段（否定），再到现代科技与生产的新的一体化阶段（否定之否定）的历程。近代科学的产生和发展，以及在近代科学基础上的科学型技术的产生和发展，标志着科技逐步摆脱了科技与生产的原始一体化状态，并且在此阶段科技与生产表现出相互分化、独立的发展态势——科技从生产中分化独立出来之后形成自身的内在矛盾动力机制，主要是科技理论与科技实践的矛盾动力机制，以及科学和技术的矛盾动力机制，因此科技在此阶段飞速地独立发展；与此同时，社会生产伴随着商品经济和市场经济的发展而形成了供给与需求的内在矛盾动力机制，价值规律作用其中而使社会生产（或以社会生产为基础的商品经济和市场经济）飞速地发展；在此阶段，科技对生产（或经济）的作用主要是通过要素渗透的间接方式来实现的。但是到了近代后期即 19 世纪后期，伴随着科技与生产（或经济）各自独立的快速发展，特别是市场经济条件下资本对利润的最大化追求，科技对生产（或经济）发生作用的这种要素渗透方式难以满足资本利润最大化需要，在资本需求牵引力拉动下要素渗透方式的运行机制不断完善，逐步形成了"科学发现—技术研发—生产应用"的科学融入经济系统的运行机制。在这种情况下，工业实验室的方式应运而生，科学发现和技术研发直接嵌入生产（或经济）系统内部。进入 20 世纪之后，伴随现代科技革命和私人垄断资本、国家垄断资本的不断发展，科技直接嵌入生产（或经济）系统的方式不断涌现，在继要素渗透方式基础上的工业实验室之后，各种研发中心、高新科技产业、高新科技园区和国家创新系统等越来越高级的科技融入经济系统的方式，如雨后春笋般不断地涌现出来。

因此，科技融入经济系统的要素渗透的方式、工业实验室的方式、高新科技产业的方式、高新科技工业园区的方式、国家创新体系的方式，体现了科技融入经济系统的方式由低级到高级的发展逻辑。而这一发展逻辑进一步延伸和推进的结果，必然会造成这样一种发展走向和动态趋势，即科技融入经济系统发挥其巨大经济功能的要素渗透方式将进一步向工业实验室、高新科技产业、高新科技工业园区、国家创新体系等越来越高级的方式转化，并且伴随着科技进步和社会发展，越高级的方式在科技融入经济系统的方式中所占的比重将越大。因此，从要素渗透方式到工业实验室和各种研发中心、再到高新科技产业、进一步到高新科技园区以及再进一步到国家创新系统等的发展逻辑进程，正是科技融入经济系统方式演进的整体发展走向。

第三节　现代科技革命背景下"科技—经济"一体化社会的形成

伴随现代科技革命的纵深拓展和现代经济社会的快速发展，科技融入经济系统的方式从初级形态向高级形态转化的态势不断加强，各式各样的工业实验室和研发中心大量涌现，一批批的高新科技产业和工业园区不断产生并日益强大，不管是发达国家还是发展中国家，特别是发达国家，都在加速规划、实施和提升自己的国家创新体系，如美国，其竞争力委员会在 2003 年10 月组织 400 多位来自著名大学、企业、产业协会和政府的管理者和学者，历时一年多的研究，于 2004 年 12 月推出了《国家创新倡议》，其主报告是《创新美国：在竞争与变化的世界中繁荣》；2005 年 10 月，美国国家科学院、国家工程院及两院下属的医学研究所联合发布了《迎接风暴：振兴美国经济，创造就业机会，建设美好未来》的报告；2006 年 2 月，白宫科技政策办公室国内政策委员会发布了《美国竞争力计划》，在此计划的基础上于 2007 年 8 月总统签署了《美国竞争法案》，同年 10 月美国竞争力委员会提出了"未来五点"行动建议，即挑战科技前沿，革新对安全、可持续的能源获取，从创造型和前沿型人才中获益，将风险智能转化为企业弹性，参与全球化经济等。又如日本，2007 年 2 月发布了《日本创新战略 2025》的报告；同年 4 月，日本经济产业省有关机构联合大学和企业人员经过 19 次讨论后，在修订 2006 年版路线图的基础上发布了《技术战略路线图 2007》，内容涉及信息通信、生命科学、能源与环境、纳米技术及材料和制造五大领域 25 个子领域。再如欧洲，其研究基础设施战略论坛路线图工作组于 2006 年发布了《欧洲研究基础设施路线图规划（2006 年度报告）》，800 多名科学家参与了路线图的制定，路线图涉及社会科学与人文科学、环境科学、生物医学和生命科学、材料科学、天文学、天体物理学、核物理及粒子物理学（含空间科学）、计算与数据处理九大领域，共包括 35 个项目。[①] 科技融入经济系统的方式演进和转化态势，充分说明了科技作为第一生产力在现代经济社会中发挥出越来越大的经济功能。在这样一种世界潮流中，当工业实验室、高新科技产业、高新科技工业园区这些科技融入经济系统的直接方式占据了一个国家或区域的经济主导地位时，特别是在此基础上国家创新体系达到相对完善的程度时，必然导致这个国家的经济发生飞跃式的发展，这便是"科技—经济"一体化社会的形成，此时经济形态必然发生重大变革而进入新的经济社会。

对于这个新经济社会，不同的专家学者用不同的概念加以概括，如后工业经济社会、知识经济社会、科技经济社会等。还有学者更加关注在现代科技和现代经济社会双向互动发展进程中人类对信息资源开发利用所形成的互联网、大数据、数控设备和人工智能等的作用，提出了信息经济社会、互联网经济社会、"互联网+"经济社会、大数据时代和智能制造时代等概念。不管学术界用什么样的概念来概括这样一个社会，其实质仍是"科技—经济"一体化社会。这主要是由以下两个方面共同作用的结果，一是经济的科技化，即在现代经济社会中从社会生产到流通过程等成为科技的具体应用和发挥功能的场所，特别是在社会生产领域出现了生产科技化的现实和趋势，致使经济已经科技化了；二是科技的经济化或产业化，即科技成为现代经济社会系统不可缺少的子系统或部门，在经济社会中涌现出了大量的科技产业，特别是一些高新科技产业等，致使科技不再是独立于经济系统而"不谋私利"了，而是已经产业化或经济化了。经济的科技化和科技的经济化的双向互动，导致形成了"科技—经济"一体化的社会。而理性地审视科技融入经济系统进而形成"科技—经济"一体化社会的过程会发现，"科

---

① 中国科学院：《科技革命与中国的现代化：关于中国面向 2050 年科技发展战略的思考》，科学出版社 2009 年版，第 33—37 页。

技—经济"一体化社会是一个多要素相互关联构成的复杂系统，既有科技自身的内在根基和根据，又有经济社会对科技的需求拉动；既有科技之社会建制的中介保障，又有科技与生产的双向互动所形成的一体化体系结构，还有与此相适应的"大科学"运行和管理模式的机制保障。①

一、现代科技体系结构："科技—经济"一体化社会的内在根基

相对独立的现代科技体系结构是科技融入经济系统形成"科技—经济"一体化社会的内在根基。这是因为，从科技融入经济系统的维度来看，科技只有从生产实践中分化独立出来，形成相对独立的体系结构，才能够形成自身发展的内在矛盾动力机制，进而得以独立地快速发展，这也是科技能够以工业实验室、研发中心、高科技产业等方式融入经济系统进而发挥巨大经济功能的前提。在此意义上，才能理解为什么在近代后期才出现工业实验室和研发中心这样的方式，在现代科技革命深入发展的过程中才出现高科技产业以及工业园区等形式。在此之前，即在 19 世纪中叶以前，科技只能以要素渗透的方式融入经济系统发挥其经济功能，一个根本性的原因在于，那时的科学、技术尽管都在飞速地发展着，对经济也都产生了巨大的影响，但是还没有形成相对独立的科技体系结构，在这样的情况下科技也就难以形成内在的矛盾动力机制。正因如此，在 19 世纪中叶以前，科学和技术基本上是各自向前发展的，尤其是技术的发展更多的是依赖技术发明者自身的经验而不是依赖科学，有很多的技术成果已经发明出来了，但技术发明者并不知道这些技术发明的科学原理，因此这些技术被后人称为经验型的技术。技术和科学的这种分散、游离的状态，即二者未能形成相对独立的结构体系的状态，决定了它们融入经济系统的方式只能是要素渗透的方式。因此，相对独立的科技体系结构对于科技融入经济系统形成"科技—经济"一体化社会是至关重要的，具有根本性的基础作用。

一般而言，相对独立的科技体系结构是在近代后期才得以形成，在现代科技的发展过程中逐步完善的，因此笔者将科技融入经济系统形成"科技—经济"一体化社会的内在根基表述为相对独立的现代科技体系结构。

---

① 参见刘冠军：《现代科技劳动价值论研究》，中国社会科学出版社 2009 年版，第 158—178 页。

而所谓现代科技的体系结构，主要是指构成科技体系的基本单元既相互区别又相互贯通所形成的相对稳定的联系方式。它一方面表征着构成科技系统的基本单元以何种方式结合在一起，另一方面又决定着科技系统所具有的功能。从不同的角度、根据不同的标准，现代科技形成了不同的体系结构。

第一，科技是科学和技术的复合词，是科学和技术的统称，因此科技首先是由科学和技术构成的体系。这是传统意义上的科技体系结构，也适用于现代科技。从理论界的研究状况来看，科学和技术都是难以作出明确界定的范畴，人们更多的是从不同的侧面对其本质特征加以揭示和描述。根据理论界研究成就，笔者认为，科学是人类对"实在"世界（包括自然和社会等）进行认知的知识体系、活动过程、社会建制、科学方法、科学精神等，按照一定联系方式所构成的动态体系。其中，知识体系是这个动态体系的核心，科学作为知识体系一般由实验事实、基本概念、基本原理或科学定律、逻辑演绎系统和科学结论等构成，它具有解释性（即对已有经验事实的科学说明，这是科学知识体系得以成立的标志和内在的基本功能之一）、可预见性（即在科学知识体系中推导出或预测到未知的现象，这是科学知识体系内在的基本功能之二）、可检验性（即在科学知识体系中的具体结论能够被科学实验直接或间接地证实或证伪，这是科学外在可靠性的体现）、逻辑系统性（即科学知识体系满足逻辑的一致性和逻辑简单性，这是科学内在完美性的体现）等特征；活动过程即科学活动，是知识体系建立和形成的过程；社会建制是科学活动开展的社会组织形式或社会组织基础；科学方法是科学活动所运用的手段，它是建立知识体系必要的条件；科学精神是渗透在知识体系、活动过程、社会建制、科学方法等之中的思想财富的升华，它包括实事求是、崇尚理性、不畏"权势"、团结协作等，这是科学体系结构中的精髓和实质。而技术，是人类在实践活动中根据实践经验和科学原理所创造或发明的各种物质手段、方式方法的总和，以及在此基础上所形成的规则体系。其中，物质手段主要包括工具、仪器、仪表和设备等，方式方法主要包括实践型的知识、经验、技能和技巧等，规则体系主要是指生产使用的工艺、方法、制度等知识所形成的体系。从技术形成的前提来看，技术划分为两种类型：经验性技术和科学性技术。前者是指依据实践经验（没有上升到科学理论的高度）而创造发明的物质手段、方式方法等；后者是指依据科学理论而创造发明的技术。科学和技术既相互区别又相互联系，共同构成了科学技术体系。

一方面，科学和技术是两个不同的范畴，二者的区别主要表现在：从所属的范畴来看，科学主要属于认识范畴；而技术主要属于实践范畴。从研究的目的来看，科学研究主要是认识和揭示自然规律，创造知识；而技术研究主要是改造和控制自然，综合利用知识于需要。从所承担的任务来看，科学主要是建立"是什么"和"为什么"的知识体系；而技术主要是建立"做什么"和"怎么做"的操作体系。从使用的方法来看，科学主要运用观察、实验、假说和验证等方法；而技术主要运用模拟、试验、制作和试用等方法。从成果的形态来看，科学主要是知识形态，如论文、专著等；而技术主要是物质、工艺形态，如样品、图纸等。从评价的标准来看，科学主要看重创新性、逻辑系统性、符合性等特征；而技术主要看重可行性、效应性、经济性等特点。从经济效益来看，科学的经济效益是潜在的、间接的、长远的；而技术的经济效益是显在的、直接的、近期的。从管理的形式来看，科学的管理形式是柔性的，有较大的自由度和灵活性等特点；而技术的管理形式是刚性的，有较强的计划性、目的性和时间性等特征。从主体人员来看，科学主体主要是科学家和学者；而技术主体主要是发明家和工程技术人员。从奖励的形式来看，科学的奖励形式主要有诺贝尔奖、科学奖等；而技术的奖励形式主要为专利、发明奖等。

另一方面，科学和技术在相互区别的基础上又是相互联系的，二者的相互联系主要表现在：（1）二者相互依赖，主要表现在科学的发展依赖技术提供物质手段，科学理论的检验需要技术作为基础；而技术特别是科学性技术的形成需要科学提供理论上的可能性和导向。（2）二者相互渗透，主要表现在科学中有技术的因素，技术中有科学的因素，可谓"你中有我、我中有你"。（3）二者相互促进，主要表现在，由于科学和技术发展的不平衡性，有时技术走在科学的前面，推动科学的进步，近代科学诞生之前的情况就是这样；有时科学走在技术的前面，带动技术的发展，电力革命以来的技术发展基本是这样的。科学和技术的这种密切关系，在现代得到了进一步的升华，出现了技术科学化（技术成为科学的延伸）和科学技术化（科学成为技术的升华）的双向运动，科学和技术日益交织在一起，二者的界限日趋模糊,因此将二者统称为科学技术。在此意义上,科技是科学和技术有机结合构成的严密结构体系。也正是在这一严密结构体系中,科学与技术既相互区别又相互联系,构成了科学技术自身运行发展的内在矛盾动力。

第二,伴随现代科技革命的不断向前推进,科学和技术消融在现代科技的结构体系之中,进而形成了由基础科学、技术科学和工程科学来构成的体系结构。在这一体系结构中的三类科学,主要是根据科技各门学科的研究对象和研究目的来划分的。其中,基础科学又被称为纯科学,是现代科技最基本的理论层次,它的研究对象主要是自然界及其中的各种物质形态,它的研究目的主要是揭示自然界各种物质运动的规律性,根据研究对象的特殊性,它又分为物理学、化学、生物学、地学和天文学等;技术科学也被称为应用科学,是介于基础科学和工程科学之间的学科,它的研究目的一方面是基础科学的应用,另一方面是工程科学的基础理论,因此它是将基础科学理论转化为实践应用的中间环节,并且主要研究生产技术和工艺流程中的共同规律性和通用性技术理论,如电工学、材料科学、能源科学、计算机科学、信息科学等;工程科学又被称为工程技术,是直接用于改造世界的层次,它主要研究特定对象的生产和制作,包括产品或工程的设计、试验、试制,以及具体产品生产技术的改进和革新等,如机械工程、能源工程、采矿工程等。上述三个层次的科学,它们的研究对象、研究目的是不同的,但同时也是相互联系和相互促进的,依次展现出"基础科学↔技术科学↔工程科学"的双向转化和渗透,因此三者从另一个侧面展现了现代科技的体系结构。在现代科技的这一结构体系中,基础科学、技术科学和工程科学既相互区别又相互联系,共同构成了现代科技自身发展的内在矛盾动力系统。

第三,在现代科技革命的推动下,现代科技的体系结构在由科学和技术复合而成的系统,逐步让渡到由基础科学、技术科学和工程科学来构成的系统之同时,还形成了现代"大科技"的体系结构,即形成了由自然科学及其技术、社会科学及其技术、数学科学及其技术和哲学等构成的体系结构,这在现代科学技术的学科目录中得到了一定的体现。在这一体系结构中的四类科学技术的学科门类,主要是根据科技的"对象域"来划分的。其中,自然科学技术主要以自然界(一般认为是狭义的自然界)为研究对象,旨在揭示自然的规律,并为运用这些规律改造自然提供技术手段,包括自然科学和自然技术，即传统意义上的科学和技术；社会科学技术主要以广义自然界的一部分即社会领域为研究对象，旨在揭示社会的规律，并为运用这些规律提供制度的保障，包括理论社会科学和应用社会科学；数学科学技术主要以自然界和社会的"量"或"形"为研究对象，旨在揭示其"量"或"形"的规律，并为运用这些规律提供应用的手段，包括理论数学和应用数学；哲学主要以自然界和社会的"质"为研究对象，旨在揭示其"质"的规律，并为运用这些规律提供方式方法，包括哲学理论和应用哲学。需要说明的是，人处于自然界和社会的"交叉域"之内，因此关于"人"的科技，如果从自然科学技术的角度来研究，那么它就属于自然科学技术，如人体生物学、脑科学等；如果从社会科学技术的角度来研究，它就属于社会科学技术，如人口学、心理学等；如果从数学科学技术的角度来研究，它就属于数学科学技术，如人口统计学等；如果从哲学的角度来研究，它就属于哲学，如人学等；如果从上述四个层面来研究，就形成了自然科学技术、社会科学技术、数学科学技术和哲学的交叉学科，不妨将其称为"人的科学技术"，如思维科学、认知科学等。

根据传统的理解，人们将这些学科门类进一步划归为两大类：一类是数学自然科学（技术），另一类是哲学人文社会科学（技术）。前者包括数学科学技术和自然科学技术，主要归属于科学文化范畴；后者包括哲学、人的科学技术和社会科学技术，主要归属于人文文化范畴。两种文化由于各具特点，因此二者曾经长期处于分离和对抗的状态，20世纪50年代以来出现的科学主义和反科学主义的对立就是这种分离状态的一种表现。事实上，这种分离与对抗只是暂时的现象，随着时代的进步，两种文化必然走向统一，数学自然科学（技术）和哲学人文科学（技术）"将是一门科学"①，因为数学自然科学（技术）和哲学人文科学（技术）有统一的基础，表现在它们所揭示的内容在一定程度上都具有"实在性"，都具有某些共同的规律性；并且各类学科的创立都遵循共同的学术规范（如从事实出发，建构体系要有逻辑一致性、自洽性等），各类学科的理论观点要具有相容性而不相互排

---

① 《马克思恩格斯文集》第 1 卷，人民出版社 2009 年版，第 194 页。

斥等;①　更为重要的是，各类学科的研究对象都是（广义的）自然界，所不同的只是研究的层面和角度不同而已，因此它们在功能上具有互补性。从这个意义上来讲，各类学科有机联系、相互补充，共同形成了现代科技的体系结构。现代科技的这一体系结构，是广义的现代"大科技"的体系结构，其中的各类科技既相互区别又相互联系，共同构成了现代"大科技"的矛盾动力系统。

现代系统科学认为，系统的结构决定其功能，因此上述诸种相对独立的现代科技的体系结构，是科技融入经济系统形成"科技—经济"一体化社会的内在决定性因素。或者说，科技融入经济系统形成"科技—经济"一体化社会，正是由相对独立的现代科技体系结构提供了内在的根基。

二、现代科技社会建制："科技—经济"一体化社会的中介保障

从科技自身来看，科技不仅是关于自然之本质和规律并加以运用的科技知识体系，也不仅是探索自然之本质和规律并加以利用的科技活动过程，而且更为重要的是，它已经成为一种社会建制即科技社会建制。伴随着现代科技的发展，这种科技社会建制已经达到了高度完善的程度。在社会学中，社会建制主要是指为了满足某些基本的社会需要而进行社会活动的组织形式和体制。因此，所谓科技的社会建制，主要是指为了生产科技知识而开展科技活动的社会组织形式和体制，②它主要由作为科技社会建制的价值观念、行为规范、组织制度和组织系统四大要素构成。现代科技社会建制的四大要素从不同的层面为科技融入经济系统形成"科技—经济"一体化社会提供了中介保障。

第一，科技社会建制为"科技—经济"一体化社会提供思想认识的中介保障。科技社会建制的价值观念是对科技在社会中存在的价值和意义的根本看法，主要体现在一系列关于科技的社会功能和社会目标的理论中，特别是体现在社会的主导意识上。传统理论认为，在科技社会建制的价值观念中，科学和技术的功能目标是不同的，前者是"扩展确证无

---

① 陈筠泉、殷登祥：《科技革命与当代社会》，人民出版社 2001 年版，第 113—115 页。
② 陈筠泉、殷登祥：《科技革命与当代社会》，人民出版社 2001 年版，第 2、107 页。

误的知识"①，从事科学研究的动机不是为了金钱和自己的利益，而是为了追求客观知识和不断增加社会的知识存量，具有"非功利性"的特征；而后者则是带有"功利性"的，要求利用科学发现进行技术发明，并应用于社会经济进而产生直接的社会经济效益，在一定意义上与整个社会的利益是一致的。正因如此，对科学和技术的评价依据是不同的。前者的评价标准是独一无二的"创造性"，注重科学发现的优先权②；而后者的评价标准则是"经济性"，注重技术发明的经济效益和价值。在当代，尽管科学和技术在功能目标方面还在一定程度上存在差别，但是由于二者的相互交叉而呈现一体化趋势，故二者在功能目标方面的差异在逐步减小，尤其是科学的"非功利性"正在受到人们的质疑，导致科学和技术在功能目标方面的差异趋向于"模糊化"，甚至在相当高的程度上使二者具有了一致性。可以说，科技是第一生产力，依靠科技推动经济增长和社会发展，已经成为科技社会建制在价值观念方面的一种主导意识。同时还应看到，在科技社会建制的价值观念中，科技精神是其灵魂。自近代以来，科技精神的内涵被概括为五个方面：求真、求实、创新、存疑和敬业奉献。在现代，人们将其进一步提升，提出了与当代科技相一致的"高科技精神"，其内涵包括：创新精神、协作精神、风险精神、可持续发展精神、科技与人文相融合的精神、尽真尽善尽美的精神③以及依靠科技推动经济社会发展的精神等。科技社会建制的价值观念由传统向现代的转变，为科技融入经济系统形成"科技—经济"一体化社会提供了思想认识的中介保障。

第二，科技社会建制为"科技—经济"一体化社会提供行为规范的中介保障。科技社会建制的行为规范是科技社会建制之价值观念的具体化，是对科技活动之行为模式的内在制约性规定，是在科技组织和体制中起实际作用的要素。传统理论认为，它包括科学社会建制的行为规范和技术社会建制的行为规范，这是由传统理论所认为的科学和技术的功能目标不同所导致

---

① ［美］默顿：《科学界的规范结构》，中国人民大学复印报刊资料《科学技术哲学》2000 年第 8 期。

② 马来平：《科学发现优先权与科学奖励制度》，《齐鲁学刊》2003 年第 6 期。

③ 参见杨耀武、李志江：《论高科技精神》，载陈筠泉、殷登祥主编：《新科技革命与社会发展》，科学出版社 2000 年版，第 123—129 页。

的。前者主要包括公有性（它是指科学知识是人类共同的财富，不属于任何个人和国家，要求研究者不占有和垄断其成果）、普遍性（它是指评价任何科学成果都应客观公正，不应掺入其他因素，强调科学标准的一致性）、无私利性（它是指以追求真理为最高利益，要求研究者不以科学来谋取私利）和合理的强怀疑性（它是指对任何已成理论和观点都持批判的眼光，强调科学永恒的批判精神）等；而后者有别于前者，表现在为独占性（即技术服从非公有规范，具体的制度安排是保密和专利制度）、应用性和合用性（技术具有以应用、合用为原则的精神气质，评价标准不仅包括技术合理性，而且包括技术的社会合意性）、牟利性（这是功利性功能目标的体现，这里的"利"既包括发明者的个人经济利益，也包括对社会的利益）和弱怀疑性（因为怀疑、批判不是牟利的唯一途径，因此尽管在技术体制中对旧有技术的挑剔和寻找替代技术经常发生，但是对怀疑和批判精神的要求远远不如在科学体制中那样强烈）等。同时我们应当看到，在现代，由于科学和技术的一体化现象，尤其是因为科学和技术在功能目标方面的差异正在缩小和模糊化，因此二者作为社会建制的行为规范，也在上述差异的基础上正在形成统一的行为规范，即现代科技社会建制的行为规范，其重要的内涵就是现代科技社会建制之价值观念的主导意识和"高科技精神"的具体化，包括科学和技术、科技与人文协作创新的规范，科技引导经济、社会发展并为经济、社会发展服务的规范，科技与经济、社会协调发展的规范等，这些都为科技融入经济系统形成"科技—经济"一体化社会提供了行为规范的中介保障。

第三，科技社会建制为"科技—经济"一体化社会提供组织制度的中介保障。科技社会建制的组织制度，即科技体制，是针对科技职业化而制定的规则章程、法律法规、政策措施等制度的总和。这是科技社会建制之组织系统存在和运行的社会约束条件。在现代，科技体制主要包括以下内容：一是科技投入体制。它主要采取政府的财政拨款、金融机构的科技贷款、工业企业的技术开发经费、高校和科研机构的自筹科技经费、社会风险和创业基金、基金会、民间捐赠资金等方式。二是科技研究的结构比例。它主要是指在一个国家或地区的基础研究、应用研究和开发研究的比例关系。三是科技法律调整。它主要通过科技法规来调整国家整体事业与科技事业、政府机关与科研机构、科研单位与其他单位、不同科研单位之间、科学工作者与他人、科技工作者与单位等的关系，确保科技工作者的正当权益，确保科技健康、快速、持续的发展。四是科技管理体制。它主要是科技管理部门在科技法规的基础上，通过科技政策、科技决策、科技规划等，以或集中或分散的模式，调动科技工作者的积极性，使科技组织系统的人、才、物等合理利用，使科技组织系统与其他社会系统关系协调，确保科技研究的质量和效率。五是世界各国为了确保科技组织系统的社会运行，建立了市场经济的科技体制。它主要包括科学奖励制度和技术专利制度等。整体上来讲，现代的科技体制为科技融入经济系统形成"科技—经济"一体化社会提供了组织制度的中介保障。

第四，科技社会建制为"科技—经济"一体化社会提供组织系统的中介保障。科技社会建制的组织系统是科技社会建制的实体部分，它是指由科学家和技术专家及其他相关人员在一定的财、物的基础上，在共同的价值观念和行为规范前提下，通过特定的组织制度而形成的成员之间互动的有机系统。其中，科学家、技术专家和其他相关人员是它的主体因素，一定的财与物是它的物质基础和保障，共同的价值观念和行为规范是它的内在精神和内在约束，特定的组织制度是它的社会约束条件，成员间互动的有机系统是它的社会展现形式。根据互动的空间范围和组织化程度，科技社会建制的组织系统分为"实体性组织"和"准实体性组织"。科技的"实体性组织"是科技社会建制之组织系统的核心构成部分，它主要包括：（1）科技社团组织，如1560年意大利的那不勒斯自然秘密协会被认为是最早的科学社团，1660年成立的英国皇家学会、1700年成立的德国柏林学会、1743年成立的"美洲增进有用知识哲学学会"、1831年成立的英国科学促进会、1848年成立的美国科学促进会、1872年成立的法国科学协会等都是著名的科学社团；（2）科技学术阵地，如学术期刊、国际互联网等都是重要的学术阵地；（3）科技教育机构，主要是指大学、学院、研究生院等；（4）科技信息机构，如国家图书馆、国家图书情报系统等；（5）科技研究组织，如科研院所、官—产—学—研相结合的研究中心、实验室、工业实验室、国家科学实验室等。一般而言，科技"实体性组织"的特点是，成员之间互动的空间范围较小，但组织化程度较高。而科技的"准实体性组织"是科技社会建制之组织系统的基础，它主要是指科技共同体。一般而言，其特点是，成员之间互动的空间范围较大，但组织化程度较低。从内涵上来讲，科技共同体与科技社团相比较，有许多重叠之处，但二者也有差别，主要表现在：前者是一个社会学概念，以成员的互动作为存在的基础，组织化程度比较低；而后者更多的是为了专业管理和协调方便而建立的，组织化程度比较高。科技共同体作为"准实体性组织"，由于成员互动的空间范围往往超过了某个研究机构，因此也被称为"实体间组织"。在现代科技活动中，这种"实体间组织"是非常普遍的一种形式。

需要说明的是，在传统理论中，基于科学和技术的区别，科技共同体被划分为科学共同体和技术共同体。所谓科学共同体，是指以共同的科学行为规范（或科学范式）为基础形成的科学家群体，科学行为规范是它存在的依据，科学交流是它的成员间互动的重要方式，"成果—承认"或争取科学发现优先权是它的内在激励机制，科学优势累积效应即"马太效应"和科技界的"社会分层"现象是它运行的必然结果，小规模的优秀人员以迅捷的非正式交流与合作而形成的"无形学院"是它的一种重要形式。而所谓技术共同体，是指以共同的技术行为规范（或技术范式）为基础形成的技术专家群体，技术行为规范是它存在的依据，在技术行为规范的指导下从事技术的"解题"活动是它的主要任务，技术知识的有偿使用是其成员互动的重要特征，创新者通过非正式互动所形成的高效率的"创新者网络"是它的一种重要方式。同时还应看到，在现代，基于科学和技术的一体化趋势，特别是基于科技社会建制之价值观念、行为规范和组织制度等的一致性，科学家和技术专家也在不断地互动，致使科学共同体和技术共同体也处在相互的渗透与融合之中，形成了二者相统一的科技共同体。这为科技融入经济系统形成"科技—经济"一体化社会提供了组织系统的中介保障。

总之，由价值观念、行为规范、组织制度和组织系统构成的高度完善的现代科技社会建制，成为相对独立的现代科技结构系统和社会经济系统相连接的中介，为科技融入经济系统形成"科技—经济"一体化社会提供了不同层面的中介保障。

三、现代经济发展需求:"科技—经济"一体化社会的动力之源

现代经济社会发展对科技的需求是科技不断以更加直接的方式融入经济社会系统,进而形成"科技—经济"一体化社会的动力之源。一般而言,经济社会对科技的需求来自各个方面,如社会生产实践的需要、经济生活实践的需要、文化生活实践的需要和人类追求精神满足的需要等。经济社会发展对科技的需要一旦与科技自身发展的规律和趋势相一致,便整合成为经济社会对科技的有效需求。正是这种有效需求,推动着科技的发展,而科技的发展反过来就会满足这种需求。科技在满足这种需求的同时,便使它自身的第一生产力作用展现出来,使它发挥出巨大的经济功能来。马克思指出:"已经得到满足的第一个需要本身、满足需要的活动和已经获得的为满足需要而用的工具又引起新的需要。"① 事实也是如此,当科技在展现自身的第一生产力作用并发挥出巨大经济功能来满足原有社会需要的同时,经济社会又会对科技产生新的需要,这种需要若与科技自身发展的规律和趋势相一致,那么就会进一步整合为经济社会对科技的新的有效需求,这种新的有效需求又会进一步推动着科技的新发展,而科技的新发展又会进一步满足这种新的有效需求,而在科技新发展满足经济社会新需求的过程中,科技的第一生产力作用再一次展现出来,进而再一次发挥出巨大的经济功能来满足社会的需求……如此循环往复,以至无穷,便形成了这样一种经济社会需要推动科技第一生产力发挥其巨大经济功能的动态模式。

透过这一动态模式便不难发现,经济社会发展的需要是科技第一生产力能够发挥其巨大经济功能的重要的推动因素和不可缺少的环境条件。也正是在这样的意义上,笔者认为现代经济社会发展的需要是科技融入经济系统形成"科技—经济"一体化社会的动力之源。这也正好验证了马克思曾经所指出的:"经济上的需要曾经是,而且越来越是对自然界的认识不断进展的主要动力。"② 进而言之,经济上的需要愈来愈是科技发展的主要动力,愈来愈是科技展现第一生产力并发挥巨大经济功能的主要动力,再进一步讲,

---

① 《马克思恩格斯文集》第 1 卷,人民出版社 2009 年版,第 531 页。
② 《马克思恩格斯文集》第 10 卷,人民出版社 2009 年版,第 599 页。

现代"科技—经济"一体化社会的发展需要
对科技发展产生需求

经济社会需求与科技自身发展趋势整合为
对科技的有准效需求

经济社会对科技的有效需求推动科技自身的发展

发展了的科技融入经济系统展现科技第一
生产力作用进而发挥出巨大的经济功能

发展了的科技作为第一生产力发挥巨大经济
功能的同时满足了经济社会的需求

已经得到满足的经济社会在新发展需要
基础上对科技发展又会产生新的需求

经济社会发展需求推动科技发展并实现第一生产力功能发挥的动态过程，呈现为"经济社会发展需求与推动科技发展的满足需求"之间的循环往复、螺旋式上升过程

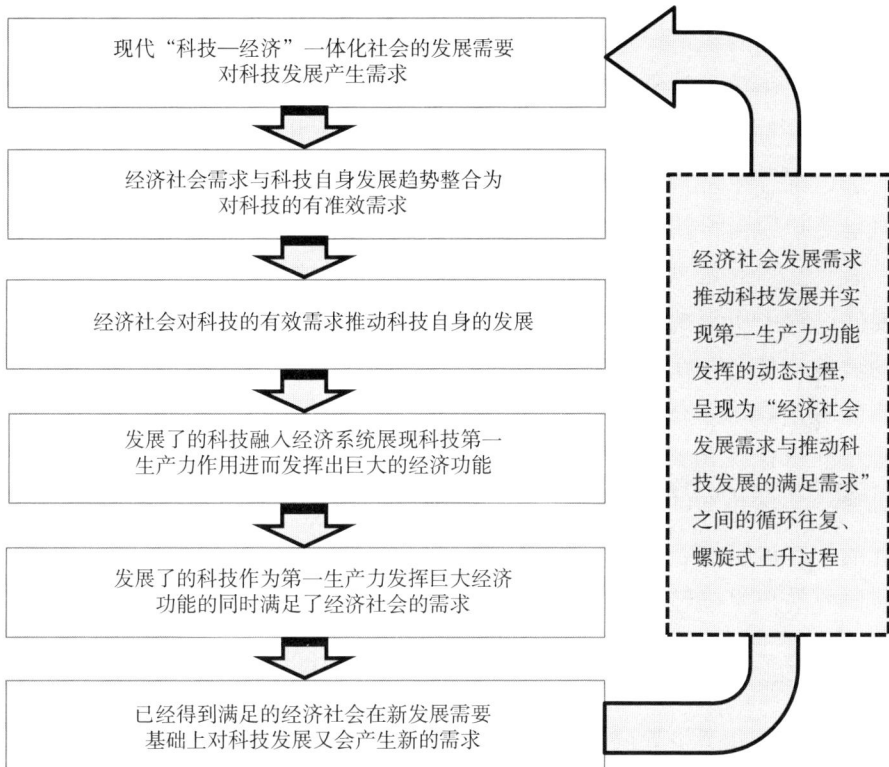

图 6-1　经济社会需求推动科技第一生产力经济功能发挥的动态模式示意图

愈来愈是科技融入经济系统形成"科技—经济"一体化社会的主要动力。
同时还应当看到，在现代经济社会中，经济社会对科技的需求会引导、选择
和控制科技的发展，在一定程度上克服了科技发展的盲目性和无序性，进而
会引导、选择和控制科技对经济社会的满足，再进而会引导、选择和控制科
技展现第一生产力的作用和巨大经济功能的发挥。这样，科技融入经济系统
所形成的"科技—经济"一体化社会便向着更加自觉和有序的方向发展。
具体来看，经济社会的需求对科技发展的引导、选择和控制作用，主要体现
在经济社会对科技发展的某些方向的支持、扶植和激励上，其主要作用方式
是经济社会按照其需求调整对科技发展的各种资源（包括经费、人力等）
的投入，选择那些能够尽快满足经济社会有效需求且满足程度高的科技项目
来加大投入，控制科技发展的动态结构与经济社会的需求结构相一致，并且

按照其需求来评价科技成果的价值和效益。于是，经济社会就把科技研究纳入了自身发展的轨道，这也就意味着科技融入经济系统形成了科技与经济协调发展的"一体化"趋向。在这一过程中，这种与经济社会发展"一体化"了的科技研究，一旦产生科技成果，就能很快应用到经济社会中满足其需求，这也就意味着科技第一生产力的巨大经济功能迅速地得到展现和发挥，同时也意味着与科技"一体化"了的经济社会因此而向前发展。

需要注意的是，在经济社会需要与科技发展、科技发展与满足经济社会需要的过程中所形成的"科技—经济"一体化社会，其中的关系是相当复杂的。也就是说，在"科技—经济"一体化社会的现实中，科技与经济的关系并不是像"一体化"概念所直观显示出来的简单线性的直接关系，而是在"一体化"范畴背后隐含着复杂非线性的需要多种中介连接的间接关系，即"一体化"不是简单的而是复杂的，不是直接的而是需要中介才能完成的。在这里的表现是：经济社会对科技的需要欲转化为科技研究活动，科技研究的成果欲转化为满足经济社会需要的产品而展现其第一生产力的巨大经济功能，需要一系列的中介才能实现。

第一，经济社会对科技的需求信息，只有传递到科技研究的系统中去，才能对科技研究产生导向作用，引导科技研究，而这种传递需要信息中介来实现。信息中介的作用在于把经济社会需求的信息迅速及时地发掘出来，分析、选择有效信息，并传递给科技研究系统。只有这样，科技研究系统才能根据经济社会的需求，选择、确定科技研究课题。并且只有将经济社会需求的信息转化为科技研究的课题，才能变成科技研究的实践。

第二，科技研究的课题要付诸实施，成为科技研究实践，必须有相应的组织中介。组织中介的作用在于把科技研究活动组织起来并对整个过程加以管理，对实现科技研究目标的途径、手段等加以选择和优化，为科技研究提供必要资源并加以合理配置等。只有经过组织中介，才能产生能够满足经济社会需要的科技成果。

第三，科技成果在经济社会各个领域的应用加以实现科技第一生产力的巨大经济功能，还必须有传播中介。传播中介的作用表现为科技成果在满足于原发需要（即原来内化为科技研究目标的需要）的过程中，进一步提高这些成果与其应用环境的适应性并创造条件改善这些成果的应用环境，再进一步开发这些成果的潜在功能和后发需要，扩大这些成果的应用范围并促进其跨领域和跨地域的扩散和转移等。只有通过传播中介，才能使科技发展最大限度地满足经济社会的需要，最大限度地实现科技第一生产力的巨大经济功能。

还要指出的是，上述的这些中介，包括信息中介、组织中介和传播中介等，与科技社会建制的组织系统和体制结构等，在相当大的程度上是交叉的，只是前者侧重于经济社会范畴，而后者侧重于科技社会建制范畴；或者说，前者是从经济社会对科技需求角度的考察结果，而后者是从科技融入经济社会角度的考察结果。这些从经济社会对科技需求角度所形成的信息中介、组织中介和传播中介等是科技融入经济系统形成"科技—经济"一体化社会的重要保障因素。

四、科技与生产双向互动："科技—经济"一体化社会的核心所在

在现代经济社会中，相对独立的科技体系结构、高度完善的科技社会建制、经济社会对科技的需要以及相应的社会中介，相互联系、相互渗透和相互交叉，形成了以科技和经济社会为两极、以科技社会建制和社会中介为桥梁的双向互动的过程和趋势，这是科技融入经济系统形成"科技—经济"一体化社会的现实运行过程。在这一过程中，最突出的就是科技与生产的双向互动，它构成了"科技—经济"一体化社会现实运行的核心内容和关键所在。这一双向互动主要表现在以下两个方面。

一方面，社会生产呈现为高度科技化的走向和态势。它主要表现在，现代化的社会生产处处渗透着科技的因素，其中生产劳动者是具有相当科技知识和一定科研能力的"科技劳动者"，劳动资料渗透进科技因素而成为"科技劳动资料"，就连劳动对象也深深地打上了科技的烙印；同时，伴随新科技革命的进展，出现了高新科技产业化的世界性潮流，结果产生了大量的高新科技产业，并且这些高新科技产业以"集群"方式迅速发展，进而形成了大量的高新科技产业集群，它们的出现是社会生产高度科技化的重要标志；另外，科技进步已经成为现代经济发展的一个内生性因素，它对 GDP 的贡献率也越来越大，根据对一些发达国家的经济增长的测算，20 世纪初科技进步对 GDP 的贡献率为 10%—15%，20 世纪上半叶上升到 40%，20 世

纪 70 年代上升到 60%，20 世纪 80 年代为 60%—80%，20 世纪 80 年代以后已经上升到 80% 以上。[①]

另一方面，科技也呈现出高度社会生产化的走向和态势。它主要表现在，现代科技已经形成了高度完善的社会建制，具有了社会生产的结构特征；同时，伴随着新科技革命的进展，在高新科技产业化的世界性潮流中所形成的大量的高新科技产业，使科技的研发直接具有了社会产业的属性，进而成为现代社会生产的一个核心的有机组成部分，这是现代科技高度社会生产化的重要标志；另外，由于经济社会对科技的需要程度的提高，科技成果向社会生产转化的速度越来越快、周期也越来越短。这从自近代以来许多重大科技成果从发明到投入生产的周期变化的典型实例可以证明这一观点，如：蒸汽机（1680 年发明）从发明到投入生产的周期是 100 年；蒸汽机车（1790 年发明）从发明到投入生产的周期是 34 年；柴油机（1878 年发明）从发明到投入生产的周期是 19 年；电动机（1829 年发明）从发明到投入生产的周期是 57 年；电话（1820 年发明）从发明到投入生产的周期是 56 年；无线电（1867 年发明）从发明到投入生产的周期是 35 年；真空管（1899 年发明）从发明到投入生产的周期是 33 年；电子管（1884 年发明）从发明到投入生产的周期是 31 年；雷达（1925 年发明）从发明到投入生产的周期是 15 年；电视机（1922 年发明）从发明到投入生产的周期是 12 年；晶体管（1848 年发明）从发明到投入生产的周期是 5 年；原子反应堆（1939 年发明）从发明到投入生产的周期是 5 年；激光器（1958 年发明）从发明到投入生产的周期是 1 年；等等。[②] 由此可见，在 20 世纪 40 年代之前，重大科技成果从发明到投入生产的周期一般是几十年的时间，长的达百年，短的也需要十几年。而自 20 世纪 40 年代以来，该周期缩短为几年，甚至 1 年。同时还要指出的是，自电子技术问世以来，其变化的速度明显加快，其中电子计算机科学技术的发展最为典型，譬如从 1973 年研制成功第一台微处理机到 20 世纪 80 年代初期已经更新了 4 代，而自 20 世纪 80 年代至今，电子计算机的更新速度更加快捷和频繁，这足以说明科技的社会生产化程度越来

---

① 黄顺基主编：《自然辩证法概论》，高等教育出版社 2004 年版，第 298、301 页。

② 黄顺基：《中国科技发展战略问题初探》，《齐鲁学刊》1998 年第 2 期。

越具有加强的趋势。

在唯物史观的视域中，现代"科技—经济"一体化社会的核心在于"科学技术—社会生产"的一体化，进一步讲就是科技第一生产力与和它相适应的社会生产关系或劳动的社会组合方式的一体化社会经济结构。在这一社会经济结构中，现代经济社会中的社会生产运行过程，同现代科技的研发过程，正在趋向一体化并形成一体化的社会体系结构，都表现为从"基础研究↔应用研究↔开发研究↔社会生产（投产与推广）↔经济社会需要的满足"的社会过程。所不同的只是考察的视角不同而已，当我们将其视为现代科技的研发过程时，这一过程主要是从科技研究的视角来考察科技向经济社会的转化，表现为"从基础研究→应用研究→开发研究→社会生产（投产与推广）→经济社会需要的满足"的过程；而当我们将其视为社会经济的生产运行过程时，这一过程主要是从经济社会的需要视角来考察为了满足社会的需要而进行社会生产和科技研发，表现为科技研发过程的逆过程，即为"从经济社会的需要→社会生产→开发研究→应用研究→基础研究"的过程。表面上看，这是两个不同过程，而在实质上，这是同一个过程的两种维度展现的两个方面。这也就是科技与生产、科技与经济一体化社会结构的实质内涵，而这一内涵所反映的是科技第一生产力基础上形成的新型的生产方式，以及和它相适应的生产关系、交换关系、消费关系、分配关系等经济社会特征。

五、"大科学"管理模式："科技—经济"一体化社会的机制保障

伴随现代科技与社会生产的一体化趋势的加强和一体化体系结构的出现，现代科技的"大科学"运行与管理模式应运而生。所谓"大科学"，就是依照现代工业的形式组织起来并加以管理的科学。① 这种"大科学"的运行与管理模式，是适应现代"科技—经济"一体化的社会现实而产生的，因为进入 20 世纪尤其是进入 20 世纪中叶以后，科技研究的问题越来越复杂，涉及的学科越来越多，参加的人数越来越多，对科研经费的需求越来越大，各学科各部门的协作要求越来越强烈，在这种情况下科技研究已经变成

---

① ［苏］米哈依洛夫：《科学交流与情报学》，徐新民等译，科技文献出版社 1980 年版，第 6 页。

一种社会行为，需要按照现代工业的形式加以组织和管理，因此"大科学"的运行和管理模式产生了。如美国的阿波罗登月计划就是"大科学"运行和管理模式的典型代表，它就组织了 120 所大学和实验室、20000 多家企业、总计 42 万人参加、耗资 300 多亿美元、用时 11 年。除此之外，像美国的曼哈顿工程、中国的"863"计划、世界各国合作的人类基因组计划和信息高速公路建设计划等，也是运用这种模式的代表。

这种"大科学"运行与管理模式，较之以往的"小科学"和"中科学"的运行与管理模式，有如下几个重要特征：一是科技研发的课题的高度综合化。该类课题往往涉及多个学科、多个研究机构，需要多个学科、多个领域的专家学者合作才能加以研究。二是科技研发过程的高度协作化。研发过程往往是众多的大学、研究机构、企业以及各个层次的科技人员的广泛协作，这种协作的规模已经达到了国家化甚至达到了国际化的程度。三是科技投入的巨资化。科技研发所需经费较之以往是巨大的，仅仅依靠科技人员的自筹与"恩主"的资助是难以保证的，它需要调动一个国家的经济力量甚至几个国家的经济力量才能办到。四是科技情报的"专门化"和"网络化"。"大科学"时代的知识增长形成了"知识爆炸"现象，传统的科技资料的检索方式已经不能满足科技研发的需要，这时要求一部分人分化出来专门从事科技资料的检索和科技情报的搜集工作，这就形成了科技情报的"专业化"趋向。同时，由于电脑的不断升级和因特网的飞速发展，"大科学"时代的科技情报借助电脑和因特网的优势，将一个国家甚至全球的科技资料信息连成一体，给科技研发带来便捷，这就构成了科技情报的"网络化"特征。五是科技管理的高度组织化和高度体制化。由于"大科学"涉及大量的人、财、物和众多的部门机构等，只有科学决策才能减少风险，因此科学决策显得特别重要；同时，要使财、物合理配置使用，人及各部门有机协调，达到最优化的配置与协调，就必须有组织的保障和制度的保障，这就使"大科学"管理具有了高度的组织性和高度的体制化特征。

现代科技的"大科学"运行与管理模式是在科技与生产的一体化趋势加强和一体化体系结构出现之后诞生的，而这种运行和管理模式的实施反过来又进一步促进了现代科技与生产的一体化趋势和进一步巩固了现代科技与生产的一体化体系结构，使科学、技术与经济、社会之间的传统界限日益模糊，形成了包括政府、企业、资本集团、科技研发机构等利益单位的社会综合体。它一方面体现了社会生产、社会经济等要素对科技发展所产生的巨大影响，另一方面体现了科技发展对社会生产、社会经济等的巨大作用，并且这两个方面的作用交织在一起，为科技融入经济系统发挥第一生产力的巨大经济功能，进而形成"科技—经济"一体化社会提供了运行机制的社会保障。

从系统论的整体视域来审视，上述五个方面即相对独立的现代科技体系结构、高度完善的现代科技的社会建制、现代经济社会对科技的需要以及相应的社会中介、现代科技与经济的双向互动以及与此相适应的现代科技的"大科学"运行与管理模式，相互联系、相互渗透、相互交织和相互作用，共同构筑了现代科技融入经济系统形成"科技—经济"一体化社会的复杂系统。其中，相对独立的现代科技体系结构是科技融入经济系统形成"科技—经济"一体化社会的内在根基和根据，高度完善的现代科技的社会建制是科技融入经济系统形成"科技—经济"一体化社会的组织基础和中介保障，现代经济社会对科技的需要以及相应的社会中介是科技融入经济系统形成"科技—经济"一体化社会的动力之源和社会保障，现代科技与社会生产的双向互动是科技融入经济系统形成"科技—经济"一体化社会的核心内容和关键所在，现代科技的"大科学"运行与管理模式是科技融入经济系统形成"科技—经济"一体化社会的运行机制保障。而从唯物史观角度来审视"科技—经济"一体化社会，将会发现它的形成主要源自现代科技作为第一生产力对经济发展的有力推动与现代经济发展对科技的有效需求。这两方面的有机结合和相互牵引，必然导致现代科技与现代经济的"一体化"发展态势。一方面，现代科技作为第一生产力，它以"革命"的态势快速发展，必然要求形成与科技第一生产力状况相适应的经济形态，这是唯物史观关于生产关系一定要适应生产力状况发展规律在"科技—经济"一体化社会发挥作用的必然结果；另一方面，现代经济社会发展对科技的需求构成了"科技—经济"一体化社会的动力之源。两方面相互作用的结果，必然导致"科技—经济"一体化社会的形成。

第四节　知识经济新形态的"科技—经济"一体化实质

伴随着现代科技革命的进展和现代科技的巨大经济功能发挥，国际范围内出现了与知识经济有关的新型经济的争论，世界经济合作与发展组织（OECD）于 1996 年正式提出"知识经济"概念并用以反映"以知识为基础的经济"，助推了有关知识经济的深入研究。与此同时，中国理论界也兴起了知识经济的研究热潮，出现了与知识经济相关的许多范畴，如"科技经济""智力经济""智能经济""信息经济""网络经济""数字经济""大数据经济"等，这些新范畴的出现都从不同的角度来表述在世纪之交已经出现一种崭新的经济形态即知识经济形态和已经来临一个崭新的经济时代即知识经济时代。[①] 在笔者看来，"知识经济"所表征的新经济形态和新经济时代，在实质上是对现代科技革命背景下科技不断融入经济系统所形成的"科技—经济"一体化社会的反映，在本质上体现的是"科技—经济"一体化的实质，因为从历史发展维度来看，知识经济的孕育和形成的历史也就是"科技—经济"一体化社会的发展历程；从知识经济的内涵来看，它所反映的是"科技—经济"一体化的社会现实；从知识经济的特征来看，它所展现的是"科技—经济"一体化社会的特点；从知识经济的实质来看，它所呈现的是"科技—经济"一体化的社会本质。

一、知识经济在纵向上体现了"科技—经济"一体化发展历程

知识经济的初见端倪和理论界"知识经济热"现象的出现，如同任何事物都有一个生成史一样，也有一个孕育和形成的过程。从历史发展的维度看，知识经济作为一个新经济形态的出现以及人们提出这一概念加以研究，正是基于这样的历史事实：伴随现代科技革命的深入发展和经济全球化的日益加剧，科技越来越以工业实验室、高新科技产业特别是国家创新体系等直接方式融入经济系统发挥其第一生产力的巨大经济功能，以及与此相适应的

---

① 参见刘冠军：《现代科技劳动价值论研究》，中国社会科学出版社 2009 年版，第 111—132 页。

"科技与经济一体化"社会的逐步形成。换言之，知识经济的形成和提出的过程，在实质上体现的是"科技—经济"一体化的社会发展历程。

第一，知识经济在现代科技革命达到历史高峰的20世纪70年代之后已初见端倪，并伴随着"科技—经济"一体化社会的逐步形成和深化发展而不断地孕育形成。在人类现代化的历史发展长河中，科学技术起着牵引社会历史前进的"火车头"的作用。在近代科学技术的牵引下，特别是在近代科学基础上的蒸汽机技术、电力技术和内燃机技术等，曾牵引着社会历史由农业经济时代进入工业经济时代，或者说将人类社会的历史从农业经济社会牵引到了工业经济社会。二战以后，由于信息技术创新群以及信息产业群的出现和发展，使世界经济发生了结构性转变，世界经济结构的重心开始由物理性空间向信息空间偏移，出现了新的工作方式、生活方式与商务方式。20世纪中叶以来，以微电子技术为核心技术的计算机技术、通信技术、机器人技术以及生物工程技术、新材料、新能源、空间技术、海洋技术等技术群，改变了原有经济结构和社会面貌，一方面原有产业被高新技术所改造，朝着节能、高效、低污染的方向发展；另一方面计算机、信息及生物工程等高新技术产业的比重迅速提高，超过传统产业所占的比重。同时，世界各国的高科技产业园区、高科技产业带和国家创新体系等科技融入经济系统的方式大量涌现，尤其是自20世纪90年代以来，随着美国政府提出和全面实施"信息高速公路"计划，世界经济进入以互联网为物理基础构筑的"电象空间"，使人类的生产、生活全面进入"数字化"状态，等等。在这样的社会现实面前，人们发现信息和知识，特别是包括自然科学和自然技术、社会科学和社会技术（如管理技术和管理工程）、数学科学和数字技术（如计算机技术）、人的科学和人的技术等科技知识，乃至包括哲学和应用哲学的知识，正在取代资本和能源而成为创造财富的主要资产，正如资本和能源在200年前取代土地和劳动力一样；并且伴随着现代科技革命所导致的科技进步，使人类劳动逐渐由体力付出为主的劳动转变为以脑力和智力付出为主的劳动，使世界各国的经济特别是发达国家的经济越来越变成信息密集型、科技密集型和知识密集型的经济等；经济发展需要现代化以适应社会，使"资本积累"从以占有、利用、消耗物质资源和能源等有形"物质资本积累"为核心的生产，向占有、研发、利用信息和科技等无形"知识资本积累"为核心的生产转移。伴随着大数据、数控机床、智能机器人等的研发和运用,这种转移的趋势将进一步加强,这从有关专家学者的研究中可以得到证实。有专家指出:"中国制造:机器人大军来了","2015 年的夏天,各种各样的机器人,已经形成了一支机器人大军,进入'中国制造'",进而将使中国制造转型为"中国智造";不仅如此,伴随着广东东莞首家"无人工厂"的诞生,"万人工厂"将转型为"无人工厂"。[①] 这样,以信息和科技为主要内容、以科学知识生产、科技知识分配、科技知识运用和科技知识收益为基本特征的新经济形态即知识经济正在孕育、产生和发展。

第二,知识经济的观念、理念和理论也是在现代科技革命不断深化、科技融入经济系统的方式不断演进和"科技—经济"一体化社会不断形成的社会历史大背景下逐步地孕育着、生成着和发展着。社会历史事实的变化必然决定着社会观念、理念和理论的变化。中外许多思想敏锐的专家学者以不同的概念和范畴在表述这种社会历史的变迁和新的经济社会的来临。早在现代科学革命已经爆发的 1912 年,熊彼特在《经济发展理论》一书中明确指出,资本主义发展的根本原因不是资本和劳动力,而是创新,并且创新的关键就是知识和信息的产生、传播和使用;[②] 在现代技术革命正蓄势待发的 1939 年和 1941 年,德鲁克分别在《经济人的终结》和《产业工人的未来》中提出了"知识社会"概念,认为在知识社会中,经济运行秩序的关键资源是知识而不是劳动力、原料和资本;知识社会将是一个依赖知识和知识工人的社会。[③] 但 20 世纪六七十年代以后,伴随着现代科技革命的高峰到来,大量的专家学者对科技、知识、信息与经济的关系进行研究,如 1962 年弗里茨·马克卢普在《美国的知识生产和分配》一书中首次提出了"知识产业"的概念,充分肯定了知识和信息在经济发展中的作用;1973 年丹尼尔·贝尔在《后工业化社会的来临》一书中提出了"后工业化社会"的概念;1980 年阿尔温·托夫勒在《第三次浪潮》中提出了"第三次浪潮"的

① 魏雅华:《无人工厂:"中国制造"的下一站——重塑"中国制造"的核心竞争力》,《中国工人》2015 年第 9 期。

② 参见陶德言:《知识经济浪潮》,中国城市出版社 1998 年版,第 1 页。

③ 刘鸿恩等:《彼得·德鲁克的知识社会理论》,载冯之浚主编:《知识经济与中国发展》,中共中央党校出版社 1998 年版,第 283—284 页。

概念；1982 年约翰·奈斯比特在《大趋势》一书中提出了"信息社会"或"信息经济社会"的范畴；1985 年堺屋太一在《知识价值革命》一书中提出了"知识价值社会"的范畴；1986 年保罗·罗默在《为什么发生于美国？现代经济增长理论的历史和起源》一书中提出了"新经济增长理论"；1990 年，阿尔文·托夫勒在《力量转移》一书中提出了影响人类社会的三种力量由低级到高级依次是暴力、金钱和知识，其中知识将是影响现代社会力量转移的终极力量，而且将会是企业的最终资源。[①]

第三，知识经济的历史形成和它的观念、理念、理论的统一，是在一些国家研究机构和政府组织以及国际组织的参与下实现的，这大大促进了知识经济新形态的诞生和成熟。自 20 世纪八九十年代开始，许多专家学者在对有关知识经济问题进行考察、分析、研究和预测的同时，一些国家的研究机构、政府组织乃至世界性组织也参与到对知识经济研究的行列之中，一方面大大地推进了对知识经济研究的进度，另一方面大大推进了知识经济的实践发展。1985 年，美国政府授权 Calgary 大学成立"知识科学研究所"，对知识作为体系加以全面考察，研究知识对社会和经济等各方面的作用过程与转化机制。该研究所虽然没有明确提出"知识经济"概念，但是在实际上已经对知识经济的几乎所有方面做出了富有成果的研究。[②] 20 世纪 90 年代初，美国阿斯彭研究所（The Aspen Institute）等单位联合组建信息探索研究所，在它出版的《1993—1994 年鉴》中，以《知识经济：21 世纪信息时代的本质》为总标题发表了 6 篇论文，明确地提出"知识经济"概念。[③] 1996 年，以发达国家为主要成员国、总部设在巴黎的"经济合作与发展组织"（OECD）发布了一系列报告，在国际组织文件中首次正式使用了"知识经济"（Knowledge-based Economy）这个新概念。在 OECD《以知识为基础的经济》报告中对知识经济的内涵进行了界定，并在《1996 年科学、技术和

[①] 郭强、李军：《国内知识经济研究综述》，载冯之浚主编：《知识经济与中国发展》，中共中央党校出版社 1998 年版，第 341—343 页。

[②] 参见陶德言：《知识经济浪潮》，中国城市出版社 1998 年版，第 4 页。

[③] 参见美国信息研究所：《知识经济：21 世纪的信息本质》，王亦楠译，江西教育出版社 1999 年版。

产业展望报告》中提出："知识是支撑 OECD 国家经济增长的最重要因素。"① 对"知识经济"概念在 20 世纪 90 年代中期的形成起决定作用的是，美国长达 80 多个月的由信息产业带动的高增长、低失业、低通胀；因特网的爆炸性扩张；微软公司和比尔·盖茨的崛起等。这些正是知识经济在发达国家形成雏形的象征。1997 年，美国政府采用了"知识经济"概念，时任美国总统的克林顿于 1997 年 2 月在公开发表演讲时使用了"知识经济"概念，并认为新经济是知识经济，21 世纪的知识经济需要一种新的经济战略，而实现教育领先将比以往任何时候更加重要。② 1998 年世界银行将《世界发展报告》命名为《发展的知识》，接受了"知识经济"这一概念，用它来描述知识和信息起主导作用的"新经济"，并明确宣称世界正在进入知识经济时代。而进入 21 世纪之后，伴随着人类对信息资源的开发利用以及在社会生产和社会生活的各个领域的普及应用，尤其是互联网、大数据、数控设备、物联网与互联网的深度融合、工业 4.0、智能制造和各式各样的机器人等，极大地推进了以科技创新为核心的知识经济的发展。有专家指出，"互联网是推动工业 4.0 的东风"，也是推动知识经济发展的关键平台，"工业4.0 的特征，是将信息物理系统（CPS：Cyber Physical System，又译赛博物理系统）用于生产、营销、研发、服务等各个方面，全面深入地推进智能化。CPS 是由信息系统和物理系统深度融合而成的，可智能化地应对系统内外部状态与环境的变化。在工业 4.0 时代，典型的常规生产将无人值守，设备自主协调运转，生产定制化的产品……所以，工业 4.0 不仅会带来技术进步，也为人类社会勾勒出更加美好的未来"。③

追溯其源、梳理其流，可以看到，从"知识产业""后工业社会""信息经济"到"知识经济"，"这些令人眼花缭乱的名词实际上是在逐步建立一个日渐清晰的概念，即人类正在步入一个以知识（或智力）资源的占有、配置、生产、使用（消费）为最重要因素的经济时代，简而言之就是'科

---

① 参见李啸虎：《知识经济：背景与前景》，《东方经济》1998 年第 1 期；孙军凯、李啸虎、蒋慧工：《知识经济：悄悄兴起的浪潮》，《科学学与科学技术管理》1998 年第 4 期。
② 参见陶德言：《知识经济浪潮》，中国城市出版社 1998 年版，第 5 页。
③ 郭朝晖：《敲开工业 4.0 之门——〈工业 4.0：即将来袭的第四次工业革命〉导读》，《光明日报》2015 年 9 月 15 日。

学技术是第一生产力'的时代"①，就是科技不断直接地融入经济系统发挥巨大经济功能的时代，就是"科技—经济"一体化的时代。

二、知识经济在内涵上反映了"科技—经济"一体化社会现实

什么是知识经济？对此问题的研究，在知识经济兴起的 20 世纪八九十年代是中外理论界的一个热点，近年来理论界已不像以往那样关注，而在世界各国都高度重视知识经济发展的情况下，此问题的研究仍然具有十分重要的理论价值和现实意义。从理论界研究状况来看，知识经济的经典定义至今仍是经济合作与发展组织在《以知识为基础的经济》的报告中给出的：知识经济是建筑在知识基础上的，以知识的生产、分配和使用为直接依据的经济，知识和信息是提高生产率和实现经济增长的驱动器。② 这个定义是从经济发展的视角，按照知识和信息在经济活动中地位和作用的飞跃来界定的。在这一经典定义的基础上，许多学者从不同的角度来定义和解释知识经济，如有的学者为了强调知识创新在知识经济中的重要性，从知识创新和经济发展的角度来界定知识经济，认为"知识经济是以知识创新为基础的"，"'直接依据知识和信息的生产、分配和使用'的经济"；③ 有的学者从经济发展与知识变革相结合视角，认为知识经济是以知识密集型企业为标识、以高技术产业为主导、以高技术为杠杆推动传统产业知识化、以高技术为武装促进服务业大发展、以新增长理论为向导促进经济长期繁荣、以现代管理理论和技术为依靠培植管理创新模式、以教育和学习为根本注重人力资源开发、以当代人文精神为保障培育产业生态系统的一种新经济形态等。④ 关于知识经济的这些定义和解释都有其合理性，但也都存在一定的不足，尤其是没有放在经济形态历史发展的维度全面和系统地解释知识经济所反映的社会现实全貌。

---

① 吴季松：《高科技、高技术产业化、知识经济的历史与现状》，《人民日报》1998 年 2 月 28 日。

② 经济合作发展组织：《以知识为基础的经济》，朱志焱、薛澜译，机械工业出版社 1997 年版，第 1—4 页。

③ 李庆臻：《论知识经济的预兆、特征和意义》，《文史哲》1998 年第 4 期。

④ 王兴成：《知识革命与知识经济》，见冯之浚主编：《知识经济与中国发展》，中共中央党校出版社 1998 年版，第 28 页。

人类的现代化历程总是表现为两个方面进程的统一，一方面是物质层面的社会生产从手工工具的使用向半机械化、机械化、自动化和智能化的发展，另一方面是精神层面的人类知识从各种知识浑然一体状态的生产到自然科学技术知识、社会科学技术知识等的不断生产、使用和发展。这两个层面是交织在一起向前推进的，形成了人类社会的现代化进程。在工业经济时代以及之前的时代，第一个层面在经济发展中占据主导地位；伴随着知识经济的产生和发展，第二个层面在经济发展中越来越占据主导地位，即知识特别是科技知识的生产和使用在经济发展中显得越来越重要，科技逐渐成为第一生产力并越来越发挥着第一生产力的经济功能。进一步讲，从人类经济社会形态的发展进程来看，知识经济实际上是在农业经济和工业经济基础上发展起来的高级经济形式，是既区别于以传统农业为主要产业支柱和以单纯依赖土地自然生产物质产品为主的农业经济，又区别于以传统工业为主要产业支柱和以自然资源为主要依托的工业经济的一种新经济形式。作为这样一种高级的新经济形式，知识经济是以高新科技为主要经济支柱、以人的脑力和智力为主要资源和以包括数学自然科学及其技术知识、人文社会科学及其技术知识等广义科技知识为基础的；① 在产业结构上，它相对于农业经济和工业经济来说，主要是高新科技经济；从对人的脑力和智力开发利用的程度与对自然资源的开发利用程度相比较角度而言，它又是智力经济，即以智力资源的开发、占有和配置为主的经济；从知识特别是科技知识在经济活动中发生作用的实质来看，知识经济不仅重视知识运用，而且更重视知识的创新，在实质上它是知识尤其是科技知识和自然力（包括单纯的自然力和社会劳动的自然力）有机结合的高级经济形式。归根到底，知识经济的核心内涵是"科技—经济"一体化的科技经济，在内涵上集中反映了科技作为第一生产力不断融入经济系统发挥巨大经济功能和由此而形成的"科技—经济"一体化的社会现实。

_____

① 对知识经济内涵的规定，涉及对知识经济范畴中的"知识"的理解和划分。从传统的意义来看，根据知识的归属，可被划分为狭义的科技知识和广义的科技知识。狭义的科技知识主要是指人们在科技实践活动的基础上对客观世界的本质和规律的概括和总结所得到的知识，主要包括自然科学知识、数学科学知识、技术科学知识和工程科学知识等；而广义的科技知识，除了包括狭义的科技知识之外，还包括其他的知识，主要是指社会科学知识、人文科学知识、历史科学知识、思维科学知识以及科学的母体即哲学知识等。

对知识经济在内涵上做如此的理解，对于统筹"科技—经济"一体化战略布局、建立以科技创新为核心的知识创新体系、克服"知识经济陷阱"无疑具有重大的现实意义。在此所讲的"知识经济陷阱"，主要是指人们在将知识经济理解为"以知识为基础的经济"时，误认为知识经济就是知识的生产、分配和使用的经济，进而过于强调作为经济资源的知识和信息而忽略其他经济资源，人为将知识经济形态与工业经济和农业经济割裂开来，进而在实践上出现无视"科技—经济"一体化之整体的倾向。其中，代表性的观点有，在知识经济时代信息和知识正在取代资本和能源而成为创造财富的主要资产，正如资本和能源在 200 年前取代土地和劳动力一样，产生这种现象的原因在于世界经济已变成信息密集型的经济，而信息和信息技术具有独特的经济属性；[1]"'知识'正在成为下个世纪（即 21 世纪，笔者注）后工业社会的代名词。经济需要现代化以适应社会从'资本积累'为核心的生产向'知识积累'为核心的生产的转移"[2]；全球经济活动正在从物质经济向知识经济转变，因此知识投入可以代替物质投入等。这些观点无疑阐述了知识、信息在知识经济社会中的重要性，但是认为在知识经济时代信息和知识正在取代资本和能源而成为创造财富的主要资产，显然是偏颇的甚至是不准确的，因为在知识经济时代资本特别是物质资本和能源仍然是创造财富的主要资产，知识和信息固然很重要甚至特别重要，但也只是物质资本和能源的补充形式；"资本和能源在 200 年前取代土地和劳动力"的表述更是偏颇和不严谨，因为在工业经济时代，资本和能源成为创造财富的主要资产，但并未取代土地和劳动力，并且土地、资本和劳动力成为工业经济资本的三大要素，因此哪来的"取代"之说；在知识经济社会，"知识积累"以"人力资本"的方式成为"资本积累"的一种方式，因此将"知识"视为 21 世纪后工业社会的代名词，认为知识经济需要"从'资本积累'为核心的生产向'知识积累'为核心的生产的转移"是不存在的，而所存在的是从以"物质资本积累"为核心的生产向以"知识资本积累"为核心的生产的转移；知识经济尽管是以知识为基础的经济，但它是建立在以物质生产为基

---

① 美国信息研究所：《知识经济：21 世纪的信息本质》，王亦楠译，江西教育出版社 1999 年版，第 20—24 页。

② 汪丁丁：《知识沿时间和空间的互补性以及相关的经济学》，《经济研究》1997 年第 6 期。

础、以物质资源和劳动力资源为创造财富的农业经济和工业经济基础之上的，尽管知识经济强调以人的智力资源和脑力劳动作为创造财富的主要来源，但知识经济中的知识作为资本投入是不能代替物质资本投入的。因此，应当准确把握知识经济的内涵规定，全面统筹"科技—经济"一体化战略布局、建立以科技创新为核心的知识创新经济体系。

三、知识经济在形态上展现了"科技—经济"一体化社会特点

从理论界的研究状况看，不同学者对知识经济形态特征的揭示，在不同的层面展现了"科技—经济"一体化社会的特点。关于知识经济形态有哪些特征，国内许多学者根据自己的背景知识对其进行了概括性描述。譬如：有的学者认为，知识经济作为一种新型经济形态的显著特征，主要表现在知识经济是在健全的信息网络下以信息流为主导的经济，是以科技知识和人才教育作为两大支柱的经济，是计划与市场完善结合的经济，是开放合作的、可持续发展的经济。① 有学者把知识经济形态的特点归纳为，软件知识产业的勃兴是当今世界知识经济初具框架的标志；以知识作为资本发展经济，知识将作为生产要素中最重要的一个组成部分；软件的比例在整个经济中的份额大大增加，包括专利、商标等在内的无形资产在整个经济资产中的比例大大上升，咨询业日渐兴盛；作为工业经济主干的制造业已注入了越来越多的新科技知识。② 有学者认为，知识经济形态有三个特征：知识经济是以信息为基础的经济，信息技术的发展和传播是知识经济的关键因素；知识经济是一种服务型的经济，购买力和就业机会向服务部门偏移；知识经济是一个强调学习的经济，不论对于个人还是企业，甚至对于国家来说，学习都是至关重要的，它决定着个人的事业和命运，决定着企业的生存和发展，决定着国家的繁荣和国际竞争力。③ 有学者认为，知识经济形态的特点主要表现在：经济发展可持续化，即知识经济是一种可持续发展的经济；资产投入无形化，知识经济是以无形投入为主的经济；世界经济一体化，即知识经济是依靠无形资产的投入实现可持续发展的前提；经济决策知识化，即知识经济是

---

① 黄成献：《现代科技驱动下的信息社会和知识经济》，《中国科学报》1997 年 6 月 23 日。
② 杨福家：《谈谈"知识经济"》，《人民日报》1997 年 12 月 19 日。
③ 赵红光：《在知识经济中学习管理》，《中国科技论坛》1997 年第 6 期。

以知识决策为导向的经济，科学决策的宏观调控作用在知识经济中具有逐渐增强的趋势。① 有学者认为，知识经济在结构形态上的时代特征主要表现在，有高技术内涵的知识密集型产业占经济总量的比重越来越大；从业人员结构向技术工人和受过高等教育的人倾斜；作为知识经济载体的信息产业高速发展；向知识密集型的服务业提出更高的要求；软件产业成为最重要的又是增长最快的产业部门。② 有学者认为，知识经济相对于工业经济形态而言的显著特征是，创造业让位于服务业；体力劳动让位于脑力劳动；动力网络让位于信息网络；金融资本让位于知识资本；有形资产让位于无形资产。③还有学者将知识经济形态的特征概括为，知识成为最重要的生产要素和最重要的经济增长源泉；一体化成为世界经济的基本方向和基本格局；以企业、政府和研究机构全面互动、创新为特征的国家科学系统即国家创新体系是知识生产、传播、转让的主力；高速信息网络成为最重要的基础设施；由教育业、科研业、信息业一起构成的智业成为主要产业；以科技企业为主的知识企业成为主要企业类型；知识成为主要消费品；政府的经济职能由投资激励型向以提高人力资本素质、促进知识的生产与扩散为主的知识激励型转变；以终身教育、素质教育、通才教育为特征的全面教育是知识经济的中心，而学习成为个人或组织发展的必要而有效的工具；非纯科技类的知识亦构成知识经济的重要部分，咨询业成为知识扩散和创新的主要载体之一；社会由大城市化向小城镇化"回归"，主流文化价值观由资本主义精神向生态主义转化；经济学由"新古典"走向"后古典"，知识将被纳入一个新的关于经济增长和组织管理的坐标——指标体系等。④

理论界对知识经济在结构形态上的这些特征的考察和描述，在揭示了知识经济是相对于农业经济和工业经济而言的一种新型经济之同时，展现出来的是"科技—经济"一体化社会的特点。

第一，从产业结构和资源利用来看，如果农业经济是以传统农业为主要

---

① 吴季松：《论"知识经济"》，《光明日报》1998 年 2 月 27 日。

② 何吉成：《知识经济：21 世纪可持续发展的战略抉择》，《科技日报》1998 年 2 月 28 日。

③ 李现科、石云平：《跨越时空与知识经济时代握手》，《经济论坛》1998 年第 6 期。

④ 郭强、李军：《国内知识经济研究综述》，载冯之浚主编：《知识经济与中国发展》，中共中央党校出版社 1998 年版，第 346 页。

产业支柱、以单纯依赖土地自然资源生产物质产品为主的，工业经济是以传统工业为主要产业支柱、以利用自然资源为主要依托的并逐步开始注重对人的自身资源的利用的，那么知识经济则是以高新科技产业为主要经济支柱的、以人的智力为主要资源和以知识为基础的并对自然资源的利用退居到相对次要位置的，而高新科技产业正是科技融入经济系统形成"科技—经济"一体化社会的重要方式，并且科技融入经济系统的高新科技产业正是以人的智力为主要资源和以科技知识为基础的。

第二，从对人的劳动力的开发利用程度和劳动的复杂性程度来看，如果农业经济以开发利用人的体力为主并辅之以开发人的脑力，其劳动属于简单劳动，工业经济在重点开发利用人的体力之同时已经开始注重对人的脑力和智力的开发利用，其劳动复杂性逐步升高，属于相对复杂的劳动，那么知识经济以开发人的脑力和智力为主并辅之以人的体力，其劳动属于复杂劳动，并且复杂的程度越来越高，这正是"科技—经济"一体化社会在劳动力资源开发利用和劳动复杂性上的突出特点。

第三，从劳动力主体和劳动形式来看，如果农业经济时代的劳动力主体是农民，其劳动形式主要是体力劳动、脑力劳动处于非常次要的地位上，工业经济时代的劳动力主体是狭义的工人阶级（即不包括知识分子在内的物质生产领域的工人阶级）或工人阶层，其劳动形式主要是体力劳动，而脑力劳动的重要性已经开始显现并逐步发展为与体力劳动同等重要的位置，那么知识经济时代的劳动力主体是知识分子阶层或广义的工人阶级的一个重要组成部分即知识分子，[①] 特别是科技知识分子，其劳动形式主要是脑力劳动和智力劳动，体力劳动已经开始并逐步退居到次要的位置，这正是"科技—经济"一体化社会在劳动力主体和劳动形式上的突出特点。

第四，从依靠的科技背景以及科技与经济的关系来看，农业经济主要依靠原始意义上的科技，是经验型的知识和机能，工业经济主要依靠的是近代意义上的科技，科技开始了大踏步的前进和发展，而知识经济主要依靠的是现代科技，科技已经发展到相当高的程度，这正是"科技—经济"一体化

---

① 在这里，笔者使用了广义的工人阶级和狭义的工人阶级两个范畴，前者是指包括知识分子在内的工人阶级，而后者是指不包括知识分子在内的工人阶级。参见刘冠军：《现代科技劳动价值论研究》，中国社会科学出版社 2009 年版，第 124 页。

社会形成的科技背景。同时，农业经济时代科技和经济处于原始的一体化状态，工业经济时代科技与经济处于分离的状态，而知识经济时代科技与经济已经处于现代的一体化状态，这正是"科技—经济"一体化社会的另一种表述。

第五，从教育与经济的关系来看，农业经济时代的教育基本上与社会生产和社会经济无关——在中国，生产经验、机能、技艺被视为"雕虫小技"，教育的目的主要体现在"学而优则仕"，而在西方，教育主要是宗教的附属物，主要的目的是培养牧师和传播宗教教义，生产知识并没有也不可能纳入教育的内容；工业经济时代的教育与社会经济和社会生产的关系有所改善，伴随科技的发展和社会生产发展的要求，科技逐步纳入教育的内容，从而使教育与社会经济的关系日趋紧密。但从总体上看，此时的教育与科技一样，基本上与社会生产和社会经济是脱节的，"当英国的工业革命兴起的时候，英国的大学并没有发生任何的作用，就是苏格兰的大学的作用也微乎其微"[1]。而知识经济时代，教育和经济的关系越来越紧密，教育产业化是这种关系紧密性的一种表现和趋势，教育尤其是大学教育"融入区域产业群"或"嵌入区域产业群"是这种表现和趋势的一种最佳发展模式[2]，教育是知识产业乃至知识经济的最主要的组成部分，这是"科技—经济"一体化社会对教育的现实要求。

第六，从投资和分配形式来看，传统的农业经济尤其是传统的工业经济需要大量的资金、设备等有形资产的投入，有形资产在经济中起着决定性的作用，无形资产处于辅助性的地位，在分配方式上农业经济时代主要是"自给自足"的，工业经济时代主要是岗位工资制；而知识经济则需要大量的知识、信息和智力等无形资产的投入，无形资产在经济中起着决定性的作用，有形资产处于辅助性的地位，在分配方式上知识经济时代从岗位工资制逐步过渡到按业绩付酬制，这是"科技—经济"一体化社会在投资和分配形式的基本特点。

第七，从经济动力的变化来看，从农业经济转向工业经济的主要推动力

---

[1] A.H.Halsey etc., *Education*, *Economy And Society*, The Free Press of Glencoe, Inc, 1961, p.466.

[2] 高策、郭叔芬：《融入区域产业群》，《齐鲁学刊》2003 年第 5 期。

量是蒸汽机技术和电气技术，蒸汽机技术导致出现工厂化的生产方式，代替了手工业生产方式，电气技术进一步导致公司化生产方式的出现，促使规模经济的发展；而知识经济的推动力量是电子和信息技术，特别是 20 世纪 90 年代以来的数字化信息革命，出现了数字化、网络化和信息化的发展特征及趋势，大大改变了人类的生产、工作和生活方式，出现了车间无人化、物质生产非物质化的现象，[①] 这正是"科技—经济"一体化社会在经济动力上的基本特点。

第八，从消费内容和消费观念来看，农业经济和工业经济时代的消费内容主要是物质产品，文化精神产品的消费处于次要的地位，同时消费观念是"先生产、后生活（消费）"；而知识经济时代的消费内容主要是文化精神产品，"人们开始转向文化精神的消费和追求，更多的时间和钱财用于休闲，费用的投向也将发生明显的变化，诸如购书、接受各种机能培训、完善自我的再教育（终生教育）、健身美容、旅游、欣赏"等，同时农业经济和工业经济时代的传统消费观念发生根本性的变革，"传统的工作和休闲的概念已经模糊"，休闲将"成为社会系统中一个建制化的事物"，"人们逐步认识到'生活'和'消费'对发展经济具有同样重要的作用"，并且"人们对休闲和健康之间的关系倍加重视"，"休闲将成为人类生活的重要组成部分"，[②] 这是"科技—经济"一体化社会在消费上的基本特点。

四、知识经济在实质上呈现了"科技—经济"一体化社会本质

通过对知识经济的实质进行理性透视将会发现，知识经济社会与"科技—经济"一体化社会在实质上是高度统一的，知识经济作为对"科技—经济"一体化社会的高度凝结，在实质上所呈现的是"科技—经济"一体化的社会本质。

第一，从知识经济与其他经济形式的横向关系看，知识经济社会是农业经济、工业经济和知识经济三种形式共存的社会；而从其纵向发展过程来看，知识经济是在农业经济和工业经济基础上发展起来的、以"科技—经

---

① 陶德言：《知识经济浪潮》，中国城市出版社 1998 年版，第 14—15 页。
② 成思危：《知识经济时代与人的休闲方式变革》，《自然辩证法研究》2003 年第 2 期。

济"一体化为核心内容的高级经济形式，知识经济是既区别于以传统农业为主要产业支柱和以单纯依赖土地自然生产物质产品为主的农业经济，又区别于以传统工业为主要产业支柱和以自然资源为主要依托的工业经济的一种新经济形式；它是以高新科技为主要经济支柱、以人的智力为主要资源和以知识为基础的；在产业结构上，相对于农业经济和工业经济来说，它是高新科技经济；从对人的智力开发利用的程度与对自然资源的开发利用程度相比较角度而言，它又是智力经济，即以智力资源的开发、占有和配置为主的经济。[①]

　　一方面，从共时态横向联系的角度来看，在知识经济社会（不管其发展到何种程度）中，农业经济、工业经济和知识经济是三位一体的，即知识经济社会是农业经济、工业经济和知识经济三种经济相互依存、相互渗透和相互影响的社会。在知识经济社会中，既有以科技直接融入经济系统所形成的高新科技产业、高新技术产业群、高新技术产业园区和国家创新体系等方式，这是"科技—经济"一体化的高级形式，也是"科技—经济"一体化社会的主要标识；同时也有以科技直接融入经济系统所形成的工业实验室和各种研发中心方式的工业经济，还有以科技通过要素渗透等间接方式融入经济系统所改造的传统农业经济和工业经济，知识经济社会的这样一个层级系统构成分别代表着"科技—经济"高度一体化的科技经济（如高新科技产业，代表着标识性的知识经济产业）、"科技—经济"相对一体化的科技化经济（如企业中的工业实验室，代表着现代科技改造的工业经济产业）、"科技—经济"一体化程度较低的科技化经济（如通过要素渗透方式改造的工业经济、农业经济等）。因此，在知识经济社会中，知识经济与农业经济、工业经济的关系如同工业经济和农业经济的关系一样，后者是前者的基础，前者的形成和发展离不开后者、依赖于后者；同时后者的发展也离不开前者提供的支持和保障。因此，知识经济是在农业经济、工业经济的基础上发展起来的，它并不排斥农业经济和工业经济，而且在知识经济社会中三者是三位一体的，它们之间是相互依存、相互渗透和相互促进的，那种把知识经济看作是"只要知识"的经济或"只生产知识"的经济显然是站不住

[①]　韩庆祥：《知识经济与人的发展》，《光明日报》1998 年 8 月 7 日。

脚的。

另一方面，从历时态发展的过程来看，知识经济又是在农业经济和工业经济的基础上发展起来的、以"科技—经济"一体化为核心内容的高级经济形式。人类早期由于生产力极低，主要以采集和渔猎方法来取得自己的生活资料，约在 1 万多年前，出现了原始的农业（包括原始的畜牧业），"农业的兴起是人类社会发展的头一个转折点"，原始社会、奴隶社会和封建社会的主要经济形式就是农业经济。随着人类认识、改造自然能力的提高和社会生产力的发展，在 17 世纪到 18 世纪的"工业革命……创建了一个独特而权威，奋发有为而与农业文明相对立的文明"即工业文明①，从此出现了以工业为社会主要支柱产业的经济形式。自 20 世纪 50 年代以来的高新科技的发展及其产业化的趋向，使这种传统的工业经济形式发生了深刻而剧烈的变革，产生了以托夫勒在《第三次浪潮》中所称的"后工业社会"、奈斯比特在《大趋势》中所称的"信息社会"；直到 1990 年联合国的一研究机构提出了"知识经济"范畴，1996 年亚太经合组织将其定义为"以知识为基础的经济"，同年世界经济合作组织的报告进一步突出了知识经济的重要性，1997 年在加拿大多伦多举行的"全球知识经济大会"的主题便是知识在经济和社会中的作用，1998 年世界银行的报告又突出了这一主题。人类社会进入 21 世纪以来，世界各国把数字知识特别是大数据知识作为推动经济发展的动力学因素。这预示着知识经济正在农业经济、工业经济的基础上开始起步并逐渐成为世界经济发展的主旋律。

第二，从知识在经济活动中的地位和作用的重要性程度来看，知识经济是知识特别是科技知识在经济活动中的地位和作用发生了质的飞跃的高级经济形式。所谓经济，是指人类为了满足自身不断提高和扩大的需要，而从事的各种物质和非物质产品的生产、流通、分配和消费活动的总和。可以说，不管在何种经济形式下，人们在进行经济活动时都需要知识作为指导。农业经济时代，人们在从事种植、灌溉、收割等活动时，需要天文、气象和水利工程等知识，只是此时的知识受时代的限制，多是经验型的，还谈不上真正

---

① ［美］阿尔温·托夫勒：《第三次浪潮》，朱志焱等译，生活·读书·新知三联书店 1984 年版，第 60、72 页。

的"科学知识"或"科技知识"。工业经济时代，标准化、专业化、同步化和集中化的厂矿企业的生产活动，需要更多的诸如力学、物理学、化学等多方面的知识。此时，近代科学已经诞生，科学知识的生产即科学实践活动一方面从物质生产实践活动中分离出来成为一种独立的实践活动，大大地推动着科学的发展和成熟；而另一方面，科学知识的生产从此便游离于经济活动之外，"科学家们在从事科研时，很少把科研看作是谋取私利的商业，而且在科学界内外的确都有不少人认为他们要是这样做就是错误的"。所以，尽管"科学的确是有利可图的"，但科学家们的"个人和集体不追求超过研究工作所需要的金钱和权力"，[①] 从而进一步加剧了科学与经济的分离，导致了科学知识的生产与经济活动严重脱节，并产生了以下矛盾现象：一方面，尽管人们认识到科学知识的重要性，但其生产是不能"自给自足"的，甚至沦为只有依靠某些类似于"对力学一窍不通"的"使用机器的工厂主们"和"对化学惊人的无知"的"化学工厂主们"等"恩主"们的资助才能进行下去的地步；另一方面，这些"恩主"们"像吞并他人的劳动一样，吞并'他人的'科学"知识，这种"吞并"美其名曰是使用，但这种使用是"无偿"的，是根本"不费分文"的。[②]

知识经济时代的来临及其进一步发展，将逐步直到彻底地改变工业经济时代这种矛盾现象，它使知识特别是科技知识在经济活动中的作用和地位正在或继续发生质的飞跃，突出地表现在：在知识经济时代，知识特别是科技知识的生产和经济活动将融为一体达到了一体化程度，尤其是"科学—技术—生产—社会"达到了高度一体化的程度，这是知识尤其是科技知识在经济活动中的地位和作用发生质的飞跃的一个重要方面。同时，现代科技尤其是高新科技的产业化，形成了大量的知识密集型高新技术产业，如生物工程产业、生物医药产业、光电子信息产业、智能机械产业、软件产业、超导体产业、太阳能产业、空间产业、海洋产业等，这些高新技术产业表现出高效益、高智力、高投入、高竞争、高风险、高势能的"六高"特征和技术的改进、技术的复合和技术的创新的"三新"属性。这些高新技术产业及

---

① ［英］贝尔纳：《科学的社会功能》，陈体芳译，商务印书馆1985年版，第361、436页。

② ［德］马克思：《资本论》第1卷，人民出版社2004年版，第444页。

其特点显示出高新技术成果能够迅速地转化为经济效益、甚至直接显化为经济效益，这正是知识转化为经济效益的体现。从这个角度讲，知识不仅像传统观点认为的那样，只有应用于农业、工业经济领域才能转化为直接生产力、转化为经济效益，而且它本身就凝结着科技人员高级复杂的劳动所形成的价值，直接就能够转化为经济效益。这是知识在经济活动的地位和作用发生了质的飞跃的最突出的表现，也是知识经济提出的最重要的事实根据，还是知识经济时代来临的最重要的标志。这样，知识生产和经济活动的一体化以及高新科技的产业化之结果，改变了工业经济时代的那种知识生产和经济活动相分离的局面，进一步解除了在知识的生产和使用之间的矛盾，改变了知识生产者特别是那些"不谋私利"的科学家所处的"既让人迷信般地钦佩又让人实际鄙视"的可悲地位，使知识在经济活动中的地位和作用发生了质的飞跃。

第三，从知识在经济活动中发生作用的实质来看，知识经济不仅重视知识运用，而且更重视知识的创新，在实质上它是知识和自然力有机结合的高级经济形式。如前所述，知识经济社会是农业经济、工业经济和知识经济三位一体的社会，因此知识经济一方面注重已有知识的运用，即在知识经济社会中加速将已有的知识运用到农业、工业经济领域，使之转化为直接的劳动生产力，提高劳动生产率，尽量将知识的价值转移到农业产品和工业产品中去，增加经济效益；而另一方面，知识经济更加注重知识的创新，知识创新成为知识经济的基础，也是知识经济的本质内涵，因为知识创新为知识经济提供可利用的新知识，为知识向农业、工业生产的转化提供新内容；更为重要的是，知识创新的过程也是价值创造的过程，知识创新的载体中凝结着知识生产者（主要是科学家）的高级复杂劳动所形成的价值，它本身就能直接显化为经济效益。高新技术的产业化所形成的诸多高新技术产业实质上就是知识自身价值的"显示器"，该产业中的经济效益直接来自于知识创新过程中凝结的知识生产者的劳动所形成的价值。进一步讲，知识创新的实质是将更多的"自然力"被人们所掌握，从而进一步提高人们认识和改造自然以及认识和改造社会的能力。自然科学知识的创新和运用实质上就是将"单纯的自然力"被人们所掌握和运用到农业、工业生产中去，提高生产率，使之在单位时间中生产出更多使用价值；而社会科学知识的创新和运用实质上是将"社会劳动的自然力"被人们所掌握和运用到农业、工业生产中去，提高劳动生产率，使之在单位时间内生产出更多使用价值。换言之，自然科学知识和社会科学知识的创新和并入生产过程，实质上是将"单纯的自然力"和"社会劳动的自然力"被人们所掌握并使之并入生产过程，提高劳动生产率以增加单位时间内的使用价值量，从而使知识自身的价值转移有了物质载体。① 从这个意义上讲，知识经济实质上是知识特别是科技知识和自然力有机结合的高级经济方式，这也正是"科技—经济"一体化社会的经济学本质。

① 参见刘冠军：《正确认识自然力在价值增殖过程中的作用》，《自然辩证法研究》1998 年第 2 期。

第　七　章

马克思"科技—经济"思想现代发展和
重构何以可能与范式转换及范畴拓展

　　马克思"科技—经济"思想的现代发展和理论重构，是基于马克思在有生之年对其进行了三阶段的探索并进行了两次研究转向的基础上，沿着马克思对其探索的逻辑进路在现代经济社会与境中展开的，是将其推进到现代经济社会与境中进行发展性研究并进行新的理论建构。这在实质上也就是将其从第三阶段推进到第四个阶段，实现马克思"科技—经济"思想整个研究进程的第三次转向。在上一章中，通过对现代经济社会现实与境的考察分析，揭示马克思"科技—经济"思想在现代发展和理论重构的客观必然性；而在本章中，着重探讨马克思"科技—经济"思想现代发展和理论重构的理论发展的必然性，其首要的任务是对马克思"科技—经济"思想在现代发展和理论重构的何以可能问题进行方法论探讨，找准在新时代对马克思"科技—经济"思想进行发展的研究切入点和对其进行理论建构的逻辑起点，同时沿着马克思"科技—经济"思想历史生成和逻辑发展的进路，探寻马克思"科技—经济"思想在分析方式上经历了唯物史观中的"科学—技术—生产力"分析范式、政治经济学中的"生产力中也包括科学"的分析范式之后，适合现代经济社会与境的新分析范式，这是马克思"科技—经济"思想现代发展和理论重构的根本性的理论前提。新分析范式这一根本性的理论前提能否确立，标志着马克思"科技—经济"思想研究进程中第三次重大转向是否成功。而与这一分析范式相适应的其他理论前提是否明确，一是能否将"物质生产方式"范畴拓展为科技型生产方式，这直接关系到马克思经典政治经济学的研究对象能否转型为现代政治经济学的研究对象，或者说，这直接关系到马克思"科技—经济"思想现代发展和重构的研究对象；二是能否将马克思政治经济学中"商品"范畴明确地拓展为科技商品、能否将创造价值的"生产劳动"范畴明确地拓展为科技劳动，以及能否将雇佣工人即"工人阶级""生产资料"等范畴的拓展，直接地标志着马克思"科技—经济"思想的研究是否真正能够进入新的发展阶段。这些理论前提的确立，对于在"科技—经济"一体化新时代完成马克思"科技—经济"思想研究的第三次重大转向，在坚持和发展相统一的前提下推进马克思"科技—经济"思想的理论创新是至关重要的。

第一节　马克思"科技—经济"思想现代发展和重构何以可能的方法论探讨

在现代科技革命和"科技—经济"一体化社会的新时代，马克思"科技—经济"思想的现代发展和理论重构具有了客观的现实必然性。但同时应当看到，这一客观的现实必然性仅为马克思"科技—经济"思想的现代发展和理论重构提供了现实的科技基础和经济社会背景，而在这一社会背景下如何实现马克思"科技—经济"思想的理论创新即如何实现在新时代的发展，这是另一个层面的问题。换言之，有了社会基础和背景，不一定会产生与之相适应的理论成果，何况政治经济学的研究本身就具有立场、态度、观点等方面的复杂性。对此，马克思在《资本论》第一卷"第一版序言"中讲得颇为深刻，他指出："我的观点是把经济的社会形态的发展理解为一种自然史的过程"，"本书的最终目的就是揭示现代社会的经济运动规律"，但这是何等的艰难，因为"在政治经济学领域内，自由的科学研究遇到的敌人，不只是它在一切其他领域内遇到的敌人。政治经济学所研究的材料的特殊性质，把人们心中最激烈、最卑鄙、最恶劣的感情，把代表私人利益的复仇女神召唤到战场上来反对自由的科学研究"。① 因此，在"科技—经济"

---

① ［德］马克思：《资本论》第 1 卷，人民出版社 2004 年版，第 10 页。

一体化新时代推进马克思"科技—经济"思想的发展，在理论创新的维度仍需要进行方法论的探讨，至少要解决如下几个问题：沿着马克思"科技—经济"思想的历史生成和逻辑发展的进路推进这一思想的现代发展和理论重构何以可能？对其进行研究的切入点是什么？在新时代对其进行理论建构的逻辑起点又是什么？要做到坚持和发展的统一，其思维进展的路径如何选择？需要确定哪些理论前提？等等。

一、马克思"科技—经济"思想现代发展和重构的可能性分析

在现代科技革命和"科技—经济"一体化社会的新时代推进马克思"科技—经济"思想的创新发展，必须立足新时代"科技—经济"一体化的社会现实，实现马克思政治经济学研究中的"科技—经济"思想从物质生产视域向物质生产与精神生产相统一视域的拓展，从"科学—技术—生产力"分析范式向"科技第一生产力"分析范式的转向，在坚持和发展相统一的前提下创立与这一新时代相适应的系统的马克思主义"科技—经济"新理论。这在理论上何以可能？笔者认为，从科学研究方法论的角度看，至少应当做到以下两点。

第一，确立理论研究的切入点和理论建构的逻辑起点及逻辑展开路径。任何科学理论的创新和发展，都必须首先确立其理论研究的切入点和理论建构的逻辑起点，因为不能确定理论研究的切入点，理论研究便无从着手，研究者往往感到心有余而力不足，似乎什么都该研究但就是什么也研究不下去；而不能确定理论建构的逻辑起点，即便是研究者有很多的想法、甚至有颇多的新观点，但也难以形成系统的理论成果，最多只是进行"支离破碎"的碎片化成果，甚至会出现不同成果之间观点的自相矛盾现象。在"科技—经济"一体化新时代推进马克思"科技—经济"思想的创新发展、创立与这一时代相适应的马克思主义"科技—经济"新理论也不例外，也必须首先确立起它的理论研究的切入点和理论建构的逻辑起点。

从科学研究方法论的视域来审视，科学理论的研究过程和科学理论的建构过程，是两个既相互区别又相互联系的过程。科学理论的研究过程是一个紧紧围绕科学理论和社会现实中存在各种密切相关的问题，从理论的研究状

况和社会发展的实际出发，全面翔实地占有理论资料和事实材料，经过科学思维加工，从生动的直观进到科学的抽象，从感性认识进到理性认识，并透过纷繁复杂的现象寻找到科学理论建构的逻辑起点的过程。而科学理论的建构过程，则是一个从分析科学理论建构的逻辑起点开始，形成科学理论的概念、原理和规律，然后再从理论回到现实，运用其中的原理和规律对现实中的相关问题作出科学解答的过程。简而言之，前者是一个从现象到本质的过程，而后者是一个从本质再到现象的过程。因此，二者之间的区别是显而易见的。同时，这二者之间又是相互联系的，可以说，前者是基础，因为没有从现象到本质的艰辛研究过程，科学理论的建构便无从谈起，即便建构起理论也将是混乱的；而后者是目的，因为不以科学理论的建构为目的的研究过程，其研究便没有结果，从而也就失去了意义。根据科学理论的研究过程和科学理论的建构过程之间的辩证关系原理，笔者认为，在"科技—经济"一体化新时代推进马克思"科技—经济"思想的创新发展、创立与这一时代相适应的马克思主义"科技—经济"新理论，其研究的切入点和建构的逻辑起点之确立的过程也就是这一新理论的研究过程，它也是一个从现象到本质的探索过程。而对这一探索和研究的过程，可将其归结为以下三道程序：一是确立在"科技—经济"一体化新时代推进马克思"科技—经济"思想的创新发展、创立新时代马克思主义"科技—经济"新理论的研究切入点，找准问题"症结"，针对问题"病灶"对症下药；二是全面占有材料，使研究做到步步深入，确立与"科技—经济"一体化新时代相适应的马克思主义"科技—经济"新理论的建构逻辑起点；三是在确定理论研究的切入点和理论建构的逻辑起点的基础上，通过对一系列问题的追问和思考，明确对其进行探索的逻辑思维路径。

第二，确立理论研究的分析范式以及与之相关的理论前提。从科学理论的发展历程和科学理论研究的整体状况看，任何科学理论都有特定的分析范式。如近代物理学、化学等自然科学理论最基本的分析范式是原子是不可分的，能量是连续的，在近代包括热学、电磁学、光学等所有物理学和化学的科学理论成果，都是建立在这样的分析范式基础上的，都是不能与此分析范式相矛盾的，19世纪末 X 射线、放射性和电子的三大发现之所以导致"物理学危机"，在实质上就在于三大物理学发现已经超出了近代物理学基本的分析范式，而属于现代物理学最基本的分析范式基础上的成果。自然科学如此，社会科学也是如此。我们通常说西方经济学和马克思政治经济学的不同，最根本的是基本的分析范式的不同，西方经济学的最基本的分析范式是"经济人"假说，不管西方经济学家对这一假说的内容如何改进，人是自私的和追求利益最大化是人的本性，这是不变的，西方经济学所有的理论都是建立在这一基本分析范式基础之上的；而马克思政治经济学的基本分析范式是社会中"现实的人"。事实上，理论研究的分析范式是一个理论最基本的思想基质和理论根基，也是一个理论最基本的理论前提。

因此，在"科技—经济"一体化新时代推进马克思"科技—经济"思想的创新发展、创立与这一时代相适应的马克思主义"科技—经济"新理论，必须弄清这一理论研究的分析范式，即弄清这一理论研究最基本的理论前提。事实上，马克思在对其"科技—经济"思想进行研究的进程中，之所以说经过了三个不同的阶段和发生了两次重大转向，正是因为三个不同的阶段所形成的不同思想，是建立在不同分析范式基础之上的：第一个阶段所形成的劳动异化理论中的"科技—经济"思想，是建立在对象性存在视域的"科学—技术—工业"分析范式基础之上的；第二阶段所形成的唯物史观中的"科技—经济"思想，是建立在物质生产视域的"科学—技术—生产力"分析范式基础之上的；第三阶段所形成的政治经济学研究中的"科技—经济"思想，是建立在他将唯物史观中的"科学—技术—生产力"分析范式进行了政治经济学的创造性转换基础之上的，即将科学和技术纳入物质生产力的范畴。而三个阶段所表现出来的两次重大转向，在实质上是三种不同分析范式的转换。现在我们在"科技—经济"一体化新时代推进马克思"科技—经济"思想的创新发展，创立与这一时代相适应的马克思主义"科技—经济"新理论，完成其整个研究进程中的第三次重大转向，其中的一个根本性的任务就是弄清分析范式这一根本性理论前提的转换，这对于确立它的理论研究的切入点和理论建构的逻辑起点也是至关重要的。

而与这一分析范式转向密切相关联的，还有其他的理论前提需要弄清，如在"科技—经济"一体化的市场经济社会中，现代经济社会中的生产方式与马克思所处时代的生产方式相比较已经发生了什么样的深刻变化，科技产品特别是科学产品是否是商品、科技劳动特别是科学劳动是否是创造（经济）价值的劳动，包括科技人员在内的知识分子是否是属于和从何意义上属于"工人阶级"范畴、生产资料能否从物质生产资料扩展到精神生产资料，以及拓展后如何对待精神生产资料的所有制等问题。从科学研究方法论的维度看，在"科技—经济"一体化新时代，只有弄清了马克思"科技—经济"思想在现代发展的理论研究的切入点、理论建构的逻辑起点以及相应的理论前提，才有可能系统推进马克思"科技—经济"思想的创新发展，才有可能在坚持和发展相统一的前提下创立与"科技—经济"一体化新时代相适应的马克思主义"科技—经济"新理论。

二、马克思"科技—经济"思想现代发展和重构的研究切入点

从方法论上讲，理论研究是从问题开始的，因此"问题"就是理论研究的切入点。但具体到马克思"科技—经济"思想在"科技—经济"一体化社会的发展面临着什么问题，问题的症结在哪里？针对问题的症结如何对症下药，这是摆在我们面前的重大课题。如前所述，马克思在对其"科技—经济"思想的研究进程中，伴随唯物史观的创立逐步确立了物质生产视域的"科学—技术—生产力"分析范式，这一分析范式在应用于对资本主义进行政治经济学研究时进行了创造性的转换，将科学和技术纳入物质生产力范畴并在此基础上创立了政治经济学研究中的"科技—经济"思想。这一思想，一方面仍然属于物质生产视域的，尽管马克思将科学纳入了生产力范畴，认为生产力中包括科学，但马克思所讲的生产力是物质生产力即物质生产领域的生产力，而科学在事实上已经不再仅仅是物质生产力的要素，而且科学所展示的是精神生产力的力量，属于精神生产力的范畴；另一方面，这一思想分散在马克思政治经济学研究的理论体系之中，换言之，马克思在系统地创立其政治经济学理论体系时，受当时多方面历史原因的限制只是附带地、并未系统地对政治经济学研究中的"科技—经济"思想加以研究和建构。在一定意义上讲，马克思政治经济学研究中的"科技—经济"思想尽管表现出前瞻性特征，但只是作为他的政治经济学理论体系的"副产品"潜在地存在于他的政治经济学理论体系之中。正因如此，当历史从他所处的科技与经济相分离的时代进入到"科技—经济"一体化的时代时，

马克思政治经济学的基础理论如劳动价值论以及在此基础上创立的剩余价值理论，遭到了来自社会现实的和中外理论界的前所未有的挑战，这些挑战归根结底源自于理论与现实的矛盾问题。

进一步讲，马克思政治经济学基础理论尽管蕴含着丰富的"科技—经济"思想，在劳动价值论、剩余价值理论和资本积累理论中也蕴含着深刻的前瞻性的科技劳动价值论的思想，以及科技对剩余价值生产和资本积累的作用的思想，但是在"科技—经济"一体化的社会中确实遭到了难以正面直接回答的大量问题。譬如：现代企业特别是现代的科技企业，运用科技提高劳动生产率而产生的"超额利润""超额剩余价值""相对剩余价值"等，都是由这些企业中的生产工人创造的吗？如果是的话，那么科技的发展和应用为什么导致了"现代企业活劳动相对减少但其价值量不断增多"的矛盾现象？这一矛盾现象如何运用马克思劳动价值论和剩余价值论等基础理论加以回答？而如果不是的话，那么现代企业特别是现代的科技企业超额利润或超额剩余价值、相对剩余价值又是来源于何处？是由谁来创造的呢？如果再进一步加以追问：在"科技—经济"一体化社会中出现了越来越多的大量的类似于"无人工厂"的智能化和自动化的企业，这是科技的发展和应用的必然趋势和结果，而这些企业的利润或剩余价值到底来源于哪里？在几乎"无人"的工厂企业中怎么会产生出高额的利润或剩余价值？又是谁创造了这些企业的高额利润或剩余价值呢？中外理论界许多学者以此问题来挑战马克思政治经济学的基础理论——劳动价值论和剩余价值理论，应该如何回答？即便是撇开意识形态的因素，从作为"科学"的政治经济学维度如何应对？同时还应当看到，在以"科技—经济"一体化为核心的知识经济社会中，出现了大量的高新技术产业、高新技术产业群和高新技术产业园区等，其中的工厂、企业、公司等都是员工少即工人少而利润即剩余价值高的，都是科技密集型企业、知识密集型企业，它们的高额利润为什么会如此高额？再说，在"科技—经济"一体化社会中，若对科技密集型企业和劳动密集型企业作比较，哪一个创造的价值量更大？在"大众创业、万众创新"的今天，依靠科技创新的力量，极有可能会出现像"几乎白手起家"的大学生如比尔·盖茨那样的企业家很快成为"全球商界的新贵"，也极有可能会产生像原来"貌不惊人"的微软公司很快成为全球获利最大的企业之一，放眼高新科技产业界这方面的案例是相当多的，① 那么，如何运用马克思政治经济学理论体系中的劳动价值论、剩余价值论和资本积累论等基础理论作出解释？

　　事实上，在"科技—经济"一体化社会中，人们在运用马克思劳动价值论、剩余价值理论等政治经济学的基础理论正面回答和直接回答上述的问题时，在很多情况下是难以自圆其说的，甚至是自相矛盾的。譬如，人们在解释类似于因科技的发展和应用而产生的智能化、"无人工厂"化的企业之利润来源问题时，便是如此。因为智能化的"无人工厂"作为高科技发展的产物，它的利润即创造的剩余价值是非常大的，这是一个毫无疑问的事实；但在智能化的"无人工厂"中，在现场操作的员工即生产工人是非常少的，在企业现场操作的几乎是具有"人"的某些功能的机器（即所谓的"机器人"），这样几乎达到了"无人"的程度，也就意味着其中的活劳动的量几乎达到了趋近于"零"的程度。这里的问题是：活劳动量几乎趋近于"零"的智能化"无人工厂"，它的巨大利润来自何处？直接运用劳动价值论、剩余价值论等政治经济学的基础理论是难以回答这个问题的。

　　尽管有的专家作出这样的解释，认为智能化、自动化出现以后，即使是"无人工厂"，最终也要有人操作，因此并不能改变劳动价值论的科学性，②也并不能改变马克思剩余价值理论的科学性。这种解释似乎坚持了劳动价值论、剩余价值论等政治经济学的基础理论，但的确是太牵强附会了。自动化、智能化的"无人工厂"中在现场操作的生产工人是那样的少，在"机器人"替代人的情况下少到了快要"无人"的地步，怎么能够创造出那样巨大的高额利润或剩余价值呢？智能化、自动化的"无人工厂"中几乎趋近于"零"的活劳动量显然不能形成它那样巨大的利润和剩余价值。那么，智能化、自动化的"无人工厂"的巨大利润到底来自何处呢？马克思政治经济学中的劳动价值论、剩余价值论等基础理论在解释这一问题时，显然难以"自圆其说"。又如，人们在对"科技—经济"一体化社会中的科技密集型企业和劳动密集型企业进行比较，解释二者哪一个创造的价值量更大这一

---

　　① 参见《全国科技管理干部培训阅读丛书》编委会：《科技创新案例选编》，科学出版社 2014年版。

　　② 参见郑永权、高书生：《劳动价值论研讨会观点综述》，《经济学动态》1995 年第 9 期。

问题时，产生了以下两个方面的尖锐矛盾：一方面，根据马克思劳动价值论"活劳动是价值的唯一源泉"的原理，会得出"劳动密集型企业创造的价值更大"的结论，因为该企业的劳动人数众多，企业中的活劳动量大，因此所创造的价值量也就大；但另一方面，现实中的科技密集型企业创造的价值更大，因为该企业运用了先进的科学和技术，劳动生产率高，生产的价值就大。显然，直接运用劳动价值论、剩余价值论等政治经济学的基础理论来分析解答"科技密集型企业和劳动密集型企业相比较，哪一个创造的价值量更大"的问题时，会得出自相矛盾的两个结论。这也正是马克思劳动价值论、剩余价值论等政治经济学基础理论在"科技—经济"一体化的现代社会中遇到前所未有的挑战的问题之所在。

因此，在"科技—经济"一体化的新时代，对马克思"科技—经济"思想的发展实质上就是将蕴含在马克思政治经济学基础理论中的"科技—经济"思想凸现出来，对马克思政治经济学基础理论进行"科技—经济"一体化的理论再研究和理论重构。而这一理论再研究的切入点，就是马克思劳动价值论、剩余价值论等政治经济学的基础理论与"科技—经济"一体化社会现实的矛盾问题，突出地表现在马克思政治经济学中的劳动价值论和剩余价值论等基础理论在"科技—经济"一体化社会中所遇到的不能正面解答和直接回答的各种现实问题。这是因为，如果马克思劳动价值论、剩余价值论等政治经济学的基础理论在解释"科技—经济"一体化社会中的现实问题时，能够作出合理的科学的解释，没有遇到"自相矛盾"和"不能自圆其说"的问题，也就没有必要将其运用于对科技成果的价值问题的分析，进而将其发展为新时代的马克思主义"科技—经济"理论了。

同时应当看到，马克思劳动价值论、剩余价值论等政治经济学的基础理论与"科技—经济"一体化社会之现实的矛盾问题只是现象层面上的问题，因此还必须透过现象找到产生这一矛盾问题的"症结"之所在。这是解决其矛盾问题的关键，也是探寻马克思"科技—经济"思想现代发展，即马克思政治经济学基础理论进行"科技—经济"一体化理论再研究和理论重构的切入点之根本所在。因为只有通过分析与这一矛盾问题相关联的各种经济现象和马克思政治经济学基础理论的自身特征，才能寻找到这一矛盾问题产生的深层原因，才能找到理论研究的真正的切入点即问题的"症结"所

在，并且找到了问题的"症结"，才能真正确立理论研究的切入点，才能做
到"对症下药"，从根本上解决矛盾。那么，问题的"症结"即理论研究的
真正切入点是什么呢？在笔者看来，既有时代发展的原因，也有马克思政治
经济学基础理论自身的原因，二者相互连接在一起构成了一个复杂的原因系
统。大家知道，马克思所处的时代，"战争和革命"是世界主题，工业经济
是其主要经济形式，科技与经济相分离是其突出特征，"简单性"是其科学
认知背景。这是问题"症结"产生的社会历史背景。

　　在这样的历史背景下，马克思在创立劳动价值论、剩余价值理论等政治
经济学的基础理论时，（1）为了科学研究的需要，将复杂劳动（如以脑力
付出为主的科技劳动）"简化"为简单劳动，"把各种劳动力直接当作简单
劳动力"来处理，把"一个商品可能是最复杂的劳动的产品，但是它的价
值使它与简单劳动的产品相等"[①] 来处理，即便是政治经济学研究中的"科
技—经济"思想，也是在这一"简化"处理的基础上形成的，因而是不可
能对其进行深入、系统的研究和建构的；（2）为了突出重点和抓主要矛盾，
将价值的生产仅仅限定在"物质生产领域"，而"忽视"了"精神生产领
域"特别是"科技生产领域"的价值创造，即便是政治经济学研究中的
"科技—经济"思想，也是在对"科学—技术—生产力"分析范式加以创造
性转换，将科学和技术纳入物质生产的视域加以研究和阐述；（3）为了当
时革命的需要，将从事以体力劳动付出为主的工人阶级作为价值创造的主
体，而将包括科技人员在内的知识分子放在价值创造的"次要"位置上，
即便是政治经济学研究中的"科技—经济"思想，尤其是科技劳动价值论
的思想也只是潜含在马克思劳动价值论之中，仅仅作为劳动价值论的一个
"副产品"而存在；（4）由上述原因所决定，马克思劳动价值论、剩余价值
论等政治经济学的基础理论主要考察的是物质生产部门的以体力付出为主的
简单劳动与价值的关系以及剩余价值的生产问题，而没有系统具体地研究
"精神生产领域"特别是"科技生产领域"的以脑力付出为主的劳动——科
技劳动与价值的关系以及生产价值的生产问题，特别是没有具体而系统地研
究分析生产科学成果的科技劳动的价值创造、价值转移和价值实现以及在剩

---

① ［德］马克思：《资本论》第 1 卷，人民出版社 2004 年版，第 58 页。

余价值生产过程发挥的作用等问题。这是"症结"产生的马克思劳动价值论、剩余价值论等政治经济学的基础理论自身的原因。

在找准问题"症结"即理论研究的切入点的基础上，还应当针对这一切入点探讨如何切入的方法和路径问题，也就是应当解决如何针对问题"症结"进行"对症下药"的问题。

首先，要明确问题"症结"产生的时代背景已经发生了深刻的变化，突出地表现在：从马克思所处的时代发展到现代经济社会，"和平与发展"已成为当今世界的主题，科技与经济、科技知识的生产与经济活动已经达到了一体化的紧密程度。知识经济或科技经济迅速发展，科学技术已经是第一生产力，科技创新已经成为经济增长的首要因素，现代科学技术尤其是高新科技的产业化形成了大量的科技知识密集型的高新科技产业、高新科技产业群和高新技术产业园区，并且现代社会已经进入"复杂性"科学的时代。只有明确时代背景的深刻变化，理论研究才能真正切入，才能针对问题"症结"做到"对症下药"。

其次，要研究"对症下药"的操作之法即理论研究的切入之法。在上述这样的新时代背景下，应当将马克思在创立政治经济学基础理论时所"简化掉"的、"忽略掉"的、"被放在次要位置上"的因素凸现出来，考察它们与价值创造的关系以及剩余价值的生产问题等。具体地讲，就是要将价值的生产从"物质生产领域"拓展到"精神生产领域"特别是"科技生产领域"，将价值创造的主体从在企业现场进行生产劳动的"狭义的工人阶级"，扩展到包括不一定在企业现场操作的科技人员在内的"广义的工人阶级"；将以复杂的脑力付出为主的科技劳动凸现出来，考察它与价值创造的关系以及剩余价值的生产问题等；特别是要具体而系统地研究分析生产科学成果的科技劳动在价值创造、价值转移和价值实现等方面的问题，全面系统地揭示剩余价值的来源和生产等。

最后，还要探讨"对症下药"之后的结果即理论研究真正切入之后的问题。如果说马克思在当时对物质生产领域中一般物质性产品的价值创造、价值转移和价值实现问题的研究成果称之为劳动价值论，在此基础上形成的剩余价值理论、资本积累理论等构成了马克思政治经济学的基础理论，那么对科技生产领域中科技成果特别是科学成果的价值创造、价值转移和价值实现问题进行研究所形成的理论,可将其称为以"科学价值库"理论为核心的现代科技劳动价值论,在此基础上形成的新的剩余价值理论等被称为与"科技—经济"一体化社会相适应的马克思主义"科技—经济"理论或现代政治经济学的基础理论。

因此,只要以马克思劳动价值论、剩余价值论等政治经济学的基础理论与"科技—经济"一体化社会现实的矛盾问题作为研究马克思"科技—经济"思想现代发展的理论研究切入点,并找准其问题"症结",做到"对症下药",就能够建构起与"科技—经济"一体化社会相适应的现代政治经济学的基础理论即马克思主义"科技—经济"理论,并且这样建构起来的马克思主义"科技—经济"理论能够对"科技—经济"一体化社会中存在的诸多现实问题,作出符合马克思政治经济学基本原理的解释和说明。

三、马克思"科技—经济"思想现代发展和重构的逻辑起点

从科学研究方法论的角度讲,马克思"科技—经济"思想在"科技—经济"一体化新时代的发展,不仅要求确立其理论研究的切入点和明确如何切入的问题,而且还要在全面占有材料的基础上尽量使研究做到步步深入,确立其理论建构的逻辑起点。这一理论建构逻辑起点的研究,对推进马克思"科技—经济"思想在新时代发展,进而创立与新时代相适应的马克思主义"科技—经济"新理论来说是关键性的一个环节,因为确立了理论建构的逻辑起点,才能够从这一逻辑起点开始进行逻辑的推演和分析,进而建构起新的理论体系,真正把马克思"科技—经济"思想推进到"科技—经济"一体化的新时代,实现其理论发展。进一步讲,只有确立了理论建构的逻辑起点,才能开始进行相关科学概念的分析、基本原理的确立、基本内容的安排和依据其基本的分析范式及原理思想对相关现实问题进行科学解答等。

在科学研究的整个过程中,任何一个新科学理论,其理论建构的逻辑起点确立实质上标志着科学研究的"真正开始"。如果说问题的确立是科学研究的开题过程,即课题确立的过程,那么逻辑起点的确立则是课题确立后紧紧围绕课题展开搜集材料并对材料进行加工、分析,并在此基础上确立从什么开始撰写科学研究成果,即以什么作为起点沿着研究对象的历史生成和逻

辑进程进行理论建构的问题。表面上看，理论建构的逻辑起点确立似乎是"极无内容和极其简单"的事情，而实质上是极为艰辛而复杂、甚至是需要做颇为"琐碎"和细致分析的研究工作。马克思在政治经济学的研究中对此体会颇为深刻，他在《资本论》第一卷"第一版序言"中是这样指出的："万事开头难，每门科学都是如此。所以本书第一章，特别是分析商品的部分，是最难理解的。其中对价值实体和价值量的分析，我已经尽可能地做到通俗易懂。以货币形式为完成形态的价值形式，是极无内容和极其简单的。然而，两千多年来人类智慧对这种形式进行探讨的努力，并未得到什么结果，而对更有内容和更复杂的形式的分析，却至少已接近于成功。为什么会这样呢？因为已经发育的身体比身体的细胞容易研究些。并且，分析经济形式，既不能用显微镜，也不能用化学试剂。二者都必须用抽象力来代替。而对资产阶级社会说来，劳动产品的商品形式，或者商品的价值形式，就是经济的细胞形式。在浅薄的人看来，分析这种形式好像是斤斤于一些琐事。这的确是琐事，但这是显微解剖学所要做的那种琐事。"①

从马克思的这一表述我们看到，他所创立的政治经济学理论体系是从分析"商品"开始的，换言之，商品是马克思政治经济学研究的出发点，也是其理论体系建构的逻辑起点。马克思把商品这一逻辑起点，比作它的政治经济学理论体系这一"已经发育的身体"的"细胞"，万事开头难，探寻到并确立商品这一"细胞"作为理论建构的逻辑起点难，对这一"细胞"的分析研究更难，正因如此才有了"分析商品的部分，是最难理解的"感受和体会，最难理解的部分当然也是最难研究和表述的部分，所以马克思对此分析和表述时是"尽可能地做到通俗易懂"，为此他抛开那些"在浅薄的人看来……好像是斤斤于一些琐事"的偏见，而尽最大可能地做"显微解剖学所要做的那种琐事"。马克思在确立政治经济学理论体系的建构逻辑起点过程中所表现出来的认真负责和高度严谨的做法，一方面说明了理论建构的逻辑起点的确立对于一个科学理论体系来讲是至关重要的，另一方面也为我们在"科技—经济"一体化新时代确立将马克思"科技—经济"思想发展为与这一新时代相适应的马克思主义"科技—经济"新理论的建构逻辑起

---

① ［德］马克思：《资本论》第1卷，人民出版社2004年版，第7—8页。

点提供了重大启示和借鉴。

依据马克思在他所处的时代创立政治经济学理论体系时把"商品"确定为理论建构逻辑起点并系统地创建了逻辑严谨的理论体系的成功先例，我们在"科技—经济"一体化的新时代将蕴含在马克思政治经济学基础理论中的"科技—经济"思想凸现出来，创建一个与马克思政治经济学基础理论一脉相承的、与我们所处的新时代相适应的马克思主义"科技—经济"新理论，其理论建构的逻辑起点也应当是类似"商品"但同时包含科技要素在内的范畴，这就是"科技商品"，即把科技产品作为商品。一方面还是把商品作为理论体系建构的逻辑起点，继承和保留了马克思政治经济学理论体系建构将商品作为逻辑起点的内容，坚持了马克思政治经济学研究从商品开始的基本点；另一方面将科技要素包含在其中，把科技产品作为商品体现了现代经济社会的"科技—经济"一体化的时代特征；同时，把科技商品作为马克思"科技—经济"思想现代发展并在此基础上创建新时代马克思"科技—经济"新理论的建构的逻辑起点，体现了马克思政治经济学及其中蕴含着的"科技—经济"思想向新时代马克思主义"科技—经济"新理论在建构逻辑起点上的跃迁。

当然，要想实现建构逻辑起点上的这一跃迁，还涉及一系列与理论前提的确定密切相关联的问题：一是将科技产品特别是科学产品作为商品，在理论层面何以可能？而在现实层面又是如何对待这种可能的？因为科技产品特别是科学产品已经超出了物质产品范畴，在颇高的程度上已经属于精神产品或知识产品的范畴，因此在理论和现实两个层面是否能够将科技产品特别是科学产品纳入商品的范畴之内呢？二是与此相关的问题，即如果科技产品也是商品，那么生产科技产品的科技劳动是否属于商品价值创造和生产的劳动？如果说马克思所处的时代"资本主义生产方式占统治地位的社会的财富表现为'庞大的商品堆积'"，那么在社会主义市场经济条件下和在"科技—经济"一体化社会中的社会财富是否也表现为"庞大的科技商品的堆积"呢？如果说在马克思所处的时代"单个的商品表现为这种财富的元素形式"，因此马克思政治经济学的"研究就从分析商品开始"，① 那么在社会

---

① ［德］马克思：《资本论》第 1 卷，人民出版社 2004 年版，第 47 页。

主义市场经济条件下和在"科技—经济"一体化社会中，单个的科技商品也表现为这种财富的元素形式吗？据此的研究也从分析科技商品开始吗？在笔者看来，这些问题的答案都应当是肯定的。同时应当看到，"以货币形式为完成形态的价值形式"看似"是极无内容和极其简单的。然而，两千多年来人类智慧对这种形式进行探讨的努力，并未得到什么结果"①，而对更有内容和更复杂的科技产品作为商品的价值形式的探索更是如此。因此对上述这些问题作如此肯定的回答，还必须像马克思所说的，要对科技商品形式即"科技—经济"一体化社会的经济细胞形式作进一步的深入考察和分析工作。

四、马克思"科技—经济"思想现代发展和重构的路径选择

在初步确定了马克思"科技—经济"思想现代发展的理论研究切入点和理论建构逻辑起点之后，下一步的分析工作是沿着马克思政治经济学理论体系之研究和建构的逻辑进路，在全面、翔实地占有理论资料和事实材料的基础上，结合理论界对劳动价值论、剩余价值论等政治经济学基础理论以及知识经济、科技第一生产力的经济功能等问题研究的成果，以马克思政治经济学的基本原理为依据，追问、分析和思考市场经济条件下及"科技—经济"一体化社会中大量科技经济事实背后的科技价值创造及其实质、科技价值存在的方式、科技价值运动的规律、科技价值实现、科技在剩余价值生产中的作用等一系列的问题，探索和确定将马克思蕴含在政治经济学基础理论中的"科技—经济"思想，发展为与这一新时代相适应的马克思主义"科技—经济"新理论的逻辑思维路径，这是一个步步深入的科学抽象和科学分析的过程。这种追问、分析和研究的过程，通过以下一系列问题所构成的"问题链"展开对其探索的逻辑思维路径。

第一，在市场经济条件下，不管是资本主义市场经济条件下，还是在社会主义市场经济条件下，"科技—经济"一体化意味着什么？特别是当这种一体化达到了相当高的程度，出现了大量的高新科技产业、高新科技产业群和高新技术产业园区甚至在此基础上形成了"科技—经济"一体化社会，

---

① 马克思：《资本论》第1卷，人民出版社2004年版，第7—8页。

并且形成了以"科技—经济"一体化为核心内容的知识经济,在这样的情况下"科学—技术—生产"已经到了高度一体化的程度,传统意义上的物质生产是否已经发展为物质生产和精神生产相统一的现代意义上的生产?如果不是的话,怎样理解科技生产特别是科学生产?也就是说以生产科学知识的科学活动即科学生产还属于物质生产吗?显然不是;而如果是的话,以物质生产和精神生产相统一的现代生产为内容的现代科技企业或科技化企业,在市场经济条件下是否遵循市场经济的规律?

第二,在市场经济条件下,如果将科学研究和物质生产相统一的高新科技企业或公司(如计算机软件公司、航空航天公司、生物工程公司等)等称为现代科技企业,将通过现代科技应用改造过的企业或公司称为现代科技化企业,那么"科技—经济"一体化社会中的现代科技企业和现代科技化企业不就是该社会中的所有企业吗?在"科技—经济"一体化社会中的企业还有不属于现代企业的吗?显然很难找到。那么,"科技—经济"一体化社会中的现代企业,在市场经济条件下是否遵循市场经济的规律?这些现代企业在市场经济条件下都遵循市场经济的规律的前提下,以研究市场经济条件下"资本主义生产方式以及和它相适应的生产关系和交换关系"① 为研究对象、以揭示市场经济社会即"现代社会的经济运动规律"② 为最终目的的马克思政治经济学基础理论,包括劳动价值论、剩余价值论、资本积累论等,是否适用于"科技—经济"一体化社会中现代企业的价值创造、剩余价值生产、资本积累等经济运行过程?马克思政治经济学中的劳动价值论、剩余价值论和资本积累论等基础理论所揭示的那些"以铁的必然性发生作用并且正在实现的趋势"③ 之经济规律本身,是否适用于社会主义市场经济条件下的现代企业经济运行?

第三,既然马克思政治经济学中的劳动价值论、剩余价值论和资本积累论等基础理论所揭示的现代社会的经济规律,也适用于社会主义市场经济条件下的现代企业经济运行——马克思早就指出:"到现在为止,这种生产方式的典型地点是英国。因此,我在理论阐述上主要用英国作为例证。但是,

---

① [德] 马克思:《资本论》第 1 卷,人民出版社 2004 年版,第 8 页。
② [德] 马克思:《资本论》第 1 卷,人民出版社 2004 年版,第 10 页。
③ [德] 马克思:《资本论》第 1 卷,人民出版社 2004 年版,第 8 页。

如果德国读者看到英国工农业工人所处的境况而伪善地耸耸肩膀，或者以德国的情况远不是那样坏而乐观地自我安慰，那我就要大声地对他说：这正是说的阁下的事情"，同样地，若有人认为马克思政治经济学中的劳动价值论、剩余价值论和资本积累论等基础理论并不适合社会主义市场经济的现代社会，假设马克思本人还在世的话，那同样会说这句话"这正是说的阁下的事情"，因为"问题本身并不在于资本主义生产的自然规律所引起的社会对抗的发展程度的高低。问题在于这些规律本身，在于这些以铁的必然性发生作用并且正在实现的趋势。工业较发达的国家向工业较不发达的国家所显示的，只是后者未来的景象"。① 那么，在社会主义市场经济和"科技—经济"一体化社会中，当现代企业的绝对剩余价值的生产已经几乎不可能的情况下，或者说现代企业绝对剩余价值的生产伴随科技的发展和应用已经逐步让位于相对剩余价值的生产的情况下，马克思政治经济学劳动价值论、剩余价值论等基础理论中的"超额利润"和"相对剩余价值"果真都是由在企业现场操作的生产工人创造的吗？

第四，对这一问题，有"是"和"不是"两种不同的回答：如果是，那么在社会主义市场经济和"科技—经济"一体化社会中，智能化、自动化的"无人工厂"作为高科技的产物，其高额利润来源于什么？科技发展和应用为什么导致了现代企业"活劳动相对减少和价值量不断增加"矛盾问题？怎样才能在马克思劳动价值论的框架内作出"自圆其说"的解答？而如果不是，那么"超额利润"和"相对剩余价值"这两个重要范畴的实质是什么？从马克思政治经济学中的劳动价值论、剩余价值论和资本积累论等基础理论来看，这两个重要范畴都与科技并入生产过程提高劳动生产率有着紧密的关联，那么这两个范畴的实质与科学技术、科技劳动以及它所创造的价值是什么关系？如果把科技劳动纳入价值创造的范畴来考察"超额利润"和"相对剩余价值"的实质，那么是否能够得出与马克思政治经济学中的劳动价值论、剩余价值论和资本积累论等基础理论相反的结论呢？如果得出相反的结论——马克思政治经济学中的劳动价值论、剩余价值论和资本积累论等基础理论中的"超额利润"和"相对剩余价值"不是由在企业现

① ［德］马克思：《资本论》第 1 卷，人民出版社 2004 年版，第 8 页。

场操作的生产工人创造的，那么又是由谁来创造的呢？

第五，特别值得注意的是，在社会主义市场经济和"科技—经济"一体化社会中，马克思政治经济学中的劳动价值论、剩余价值论和资本积累论等基础理论所遇到的难以正面解答的难题——智能化、自动化的"无人工厂"作为高科技的产物其利润来源问题、科技发展和应用导致现代企业"活劳动相对减少和价值量不断增加"矛盾问题等，它们都是与科学技术——这种科技劳动的产物密切相关的，甚至说都是由科技劳动所导致的，如果把科技劳动纳入价值创造的范畴，如果把马克思蕴含在政治经济学中的劳动价值论、剩余价值论和资本积累论等基础理论中的"科技—经济"思想凸现出来，进一步进行系统化的理论构建形成新时代的马克思主义"科技—经济"新理论，问题是否"迎刃而解"呢？若如此，那么怎样才能将马克思蕴含在政治经济学中的劳动价值论、剩余价值论和资本积累论等基础理论中的"科技—经济"思想凸现出来呢？以什么作为理论建构的逻辑起点、按照怎样的逻辑进路来进行系统化的理论构建，进而形成新时代的马克思主义"科技—经济"新理论呢？这说起来似乎简单，但追问和分析下去是艰难的，因追问和分析至此，整个逻辑思维的进路发生了升华和跃迁，这需要深入马克思政治经济学基础理论的内部来探寻理论的突破口。大家知道，马克思的政治经济学理论体系特别是其劳动价值论、剩余价值论等基础理论，其逻辑是相当严谨的，理论界通常用"铁板一块"来比喻其逻辑的严谨性。在逻辑体系如此严谨的马克思政治经济学基础理论中寻找逻辑进路升华和跃迁的突破口是相当艰难的，然而若找不到则等于半途而废。突破口在哪里呢？

第六，在马克思政治经济学的基础理论中，只能聚焦在马克思政治经济学理论体系建构时作科学抽象和科学处理的理论假设中，这就是马克思为了政治经济学的科学分析方便和所创立的理论符合科学思维的经济原则，也为了他的政治经济学研究具有科学性和可行性，将其理论建构的逻辑起点——"商品"，作了如此的规定："就使用价值说，有意义的只是商品中包含的劳动的质，就价值量说，有意义的只是商品中包含的劳动的量，不过这种劳动已经化为没有进一步的质的人类劳动。在前一种情况下，是怎样劳动，什么劳动的问题；在后一种情况下，是劳动多少，劳动时间多长的问题。既然商品的价值量只是表示商品中包含的劳动量，那么，在一定的比例上，各种商品应该总是等量的价值。"① 既然如此，那么"一个商品可能是最复杂的劳动的产品"，哪怕是科技产品这样最复杂的劳动产品，"但是它的价值使它与简单劳动的产品相等"；② 与此相适应，就商品的价值量来看，"有意义的只是商品中包含的劳动的量，不过这种劳动已经化为没有进一步的质的人类劳动"，既然生产商品的劳动的"质"对所有不同的劳动方式来讲都是相同的，即生产所有商品的劳动都是"同质"的，那么生产最复杂产品的最复杂的劳动，哪怕是生产科技产品的最复杂的"科技劳动"，都可以"简化"为简单劳动，这样"在一定的比例上，各种商品应该总是等量的价值"③；商品的价值量和生产商品的劳动都是如此，那么作为劳动主体的劳动力拥有者即劳动者也是如此，不管是从事什么劳动的劳动者，是从事体力劳动的一般生产工人，还是从事脑力劳动的科技人员，在商品生产上都是"同质"的、一样的，这样也就合乎逻辑地、顺其自然地"把各种劳动力直接当作简单劳动力"④。马克思对政治经济学理论建构的逻辑起点即"商品"作了这样的科学抽象和科学处理，在理论体系上是如何体现出来的呢？

第七，这具体体现在马克思政治经济学基础理论中的最基础的经济学模型——商品价值构成的"三要素"模型之中，即 $W=c+v+m$，其中，W 为商品的价值；c 为生产资料转移的价值即不变资本的价值；v 为生产工人创造的自身价值即可变资本的价值；m 为生产工人创造的剩余价值。在马克思政治经济学基础理论中寻找逻辑进路升华和跃迁的突破口就在商品构成的这一基础模型中，因为马克思整个政治经济学理论体系的建构逻辑进路和理论分析都是建立在这一模型基础上，《资本论》第一卷对资本的生产过程的逻辑建构和理论分析、第二卷对资本的流通过程的逻辑建构和理论分析以及第三卷对资本主义生产的总过程的逻辑建构和理论分析都无一例外地建立在这一模型的基础上。但这里的问题是，在马克思商品价值构成的"三要素"基础模型中，很难看到科技的价值因素，甚至可以说根本不存在科技的价值因

---

① ［德］马克思：《资本论》第1卷，人民出版社2004年版，第59页。
② ［德］马克思：《资本论》第1卷，人民出版社2004年版，第58页。
③ ［德］马克思：《资本论》第1卷，人民出版社2004年版，第59页。
④ ［德］马克思：《资本论》第1卷，人民出版社2004年版，第58页。

素。也就是说，科技在马克思商品价值构成的基础模型中怎么就没有体现出来呢？在这一模型中怎么就找不到科技的因素呢？原因何在？

第八，应当注意的是，马克思商品价值构成的"三要素"基础模型和在此模型基础上进行政治经济学理论体系的"三要素"逻辑建构和理论分析，有其与他所处的时代相符合的理论前提或理论假设，如科学隶属于资本，与劳动相分离；科学作为知识形态的间接生产力只能以要素渗透的方式对经济发挥作用；科学是"不费分文"的生产力；与此相适应，商品生产仅局限在物质生产领域等。而在今天，科学技术作为第一生产力以直接方式融入经济系统发挥经济功能；科学技术与经济社会已经达到高度一体化，知识经济形态已经形成等，在这样的新时代背景下，是否可以在马克思商品价值构成的"三要素"基础模型中增加一个因素——在科技成果中凝结着的由科技劳动所创造的价值，使之变为"四要素"模型呢？也就是说，是否可以将马克思商品价值构成的"三要素"基础模型发展为"科技—经济"一体化社会背景下进行政治经济学基础理论建构的"四要素"模型呢？

第九，这完全是可能的，一是保留"三要素"基础模型中的生产工人创造的自身价值 v、工人生产的剩余价值 m；二是将生产资料转移的价值 c 保留，但将这里的生产资料的价值仅仅看作是物质生产资料即硬件生产资料的价值——这符合马克思政治经济学研究的原意，因为马克思在政治经济学研究中的生产资料主要指的是机器设备、厂房、原料等物质形态的生产资料；三是添加一个新的价值构成要素，即科技生产资料（也可以成为精神生产资料）的价值，也可称为软件生产资料的价值，如使用的图书信息资料、程序设计资料等的价值。这样，便将马克思商品价值构成的"三要素"基础模型发展为"四要素"基础模型，科技在价值创造中的作用便在商品价值构成的基础模型中体现出来了。若在此"四要素"模型的基础上对马克思政治经济学的基础理论沿着马克思政治经济学的逻辑进路进行"四要素"的逻辑建构和理论分析，是否能将马克思蕴含在马克思政治经济学基础理论中的"科技—经济"思想凸现出来？是否能够建立起与"科技—经济"一体化社会相适应的马克思主义"科技—经济"新理论？是否能够通过马克思"科技—经济"思想在现代这一发展，对马克思政治经济学基础理论在"科技—经济"一体化社会中所遭遇到的原来难以解答的问题作出符合马克思政治经济学基本原理的科学回答呢？

这是一个艰辛的探索和研究的过程，也是一个新理论建构的复杂系统工程。但若果真如此，我们的研究便达到了预定的目的。追问和分析至此，似乎已经做到了"刨根问底"，但事实上远不止于此，因为这里还涉及一系列的问题需要思考，如马克思是在物质生产视域的"科学—技术—生产力"分析范式基础上创建其政治经济学理论体系及其中的"科技—经济"思想的，在"科技—经济"一体化社会背景下推进这一思想的发展、创建新时代的马克思主义"科技—经济"新理论，应当确立什么样的分析范式才能做到坚持与发展、继承与创新的统一？与分析范式相适应的理论前提有哪些、如何确立？新理论的构建如何进行？等等。对这些问题，在以下的章节中再作具体的回答，在此不多赘述。同时，在这里也只是追问、分析和思考的结果，具体的理论建构和逻辑分析还需要下大力气方能完成。但笔者坚信，沿着上述"问题链"所展开的思维逻辑进路，在"科技—经济"一体化新时代一定能够推进马克思"科技—经济"思想的发展，在坚持与发展、继承与创新相统一前提下创建新时代的马克思主义"科技—经济"新理论，实现马克思"科技—经济"思想研究进程中的第三次重大转向，让马克思"科技—经济"思想与"科技—经济"一体化新时代同行，与中国特色社会主义创新驱动发展的伟大实践同步。

五、马克思"科技—经济"思想现代发展和重构的理论前提

综合上述，通过对马克思"科技—经济"思想的现代发展和重构何以可能进行了方法论探讨，揭示了现代发展和重构的可能性，确立了研究切入点和逻辑起点，并对发展和重构的路径进行了考察分析，而在其中蕴含着或渗透着一个颇为重要的方法论前提，就是在现代科技革命和"科技—经济"一体化的现代市场经济背景下，要想系统地推进马克思"科技—经济"思想的发展，进而创立新时代的马克思主义"科技—经济"新理论，还需要沿着马克思"科技—经济"思想的历史生成和逻辑发展的进路，对其理论前提作整体性的梳理、概括和提炼，具体体现为四个层面的六个理论前提。

第一个层面是关于分析范式的根本性理论前提。在唯物史观中的"科学—技术—生产力"分析范式和马克思政治经济学中的"生产力中也包括

科学"的分析范式基础上,根据邓小平的"科学技术是第一生产力"理论,跨越物质生产视域的边界,确立物质生产和精神生产相统一视域的"科技第一生产力"的新分析范式。它是马克思政治经济学研究中的"科技—经济"思想从物质生产领域中凸现出来的根本性标志,是在现代科技革命和"科技—经济"一体化新时代创建马克思主义"科技—经济"新理论的根本性理论前提。

第二个层面是关于现代政治经济学研究对象的基本理论前提,这也是马克思"科技—经济"思想现代发展和重构的研究对象的基本理论前提。在"科技第一生产力"的新分析范式下,弄清作为马克思政治经济学研究对象的生产方式的发展,事实上也是弄清马克思政治经济学中"科技—经济"思想形成的研究对象的发展——因为马克思政治经济学中的"科技—经济"思想就是在此研究对象的基础上形成的,——将马克思所处时代的物质生产方式转换到现时代的科技型生产方式,进而在理论上确立科技型生产方式范畴,这是马克思政治经济学研究对象的转换,也是马克思政治经济学中"科技—经济"思想赖以产生的研究对象的转换。

第三个层面是关于现代政治经济学研究的切入点和逻辑起点的具有核心意义的两个理论前提。一是在"科技第一生产力"的新分析范式下,将科技产品纳入"商品"范畴,确定科技商品概念作为新时代马克思主义"科技—经济"理论的基本范畴。这是对马克思政治经济学基础理论中的商品范畴加以理论拓展,并将科技商品作为新时代马克思主义"科技—经济"新理论建构的逻辑起点。二是在"科技第一生产力"的新分析范式下,将科技劳动纳入"创造价值劳动"范畴,确定创造价值的科技劳动概念(简称为科技劳动)作为新时代马克思主义"科技—经济"理论的核心范畴。这是对马克思政治经济学基础理论中的创造价值劳动范畴的理论拓展。

第四个层面是深入科技型生产方式内部的两个重要理论前提。一是在"科技第一生产力"的新分析范式下,弄清科技型生产方式的劳动主体,将科技人员纳入创造价值的"工人阶级"范畴,将科技劳动力纳入马克思政治经济学的劳动力范畴,提出科技人员或科技劳动者作为新时代马克思主义"科技—经济"新理论建构的价值创造主体要素。这是对马克思政治经济学基础理论中的工人阶级或劳动力范畴的理论拓展。二是弄清科技型生产方式的生产资料，将科技生产资料或精神生产资料纳入生产资料范畴，将生产资料从物质生产资料扩展到精神生产资料，并用硬件生产资料或硬性生产资料表示物质生产资料，用软件生产资料或软性生产资料表示科技生产资料或精神生产资料。这是对马克思政治经济学基础理论中的生产资料范畴的理论拓展。上述三个方面的转换和拓展，尤其是当物质生产方式转换为科技型生产方式时，其中所体现的生产关系和交换关系必然发生相应的深刻变化。

明确上述的理论前提，对于在"科技—经济"一体化新时代推进马克思"科技—经济"思想的创新发展，创立新时代的马克思主义"科技—经济"新理论是颇为关键的，在此只是简要提炼，下面将作具体的分析和阐述。

第二节　马克思"科技—经济"思想现代发展和重构的分析范式再转换

马克思"科技—经济"思想在现代发展和重构的根本性理论前提，是实现马克思政治经济学研究的分析范式在"科技—经济"一体化新时代的转换，或者说，实现马克思政治经济学中"科技—经济"思想的分析范式的转换，实质上也是在马克思将唯物史观中的"科学—技术—生产力"分析范式应用于政治经济学研究而进行的创造性转换基础上，为实现马克思"科技—经济"思想在现代的发展和重构而进行的再次转换。邓小平"科技第一生产力"论的提出和发展，为这次分析范式的再转换提供了理论基础。因此，在本章中通过考察邓小平的"科技第一生产力"论并揭示其深刻的政治经济学意蕴，确立马克思"科技—经济"思想现代发展和重构的新分析范式——"科技第一生产力"分析范式，进而实现马克思政治经济学对唯物史观分析范式创造性转换的再转换，在现代政治经济学研究中或者说在马克思"科技—经济"思想现代发展和重构的过程中实现唯物史观分析范式的回归——在螺旋式上升中的回归。

一、唯物史观分析范式再转换与邓小平"科技第一生产力"论

从马克思"科技—经济"思想的整体研究进程来看，蕴含在马克思整

体理论中的"科技—经济"思想,其孕育、形成和发展的历史轨迹并不是
线性的、笔直的,而是非线性的、曲折的,是在"转向"中前进的,并在
"两次转向"中形成了三个发展阶段。概括地讲,第一个阶段是马克思在其
早期研究中对"科技—经济"思想的阐发,其标志性成就是对象性存在视
域的"科学—技术—工业"分析范式及在此分析范式基础上形成的对象存
在视域"科技—经济"思想,这是马克思在完成了从唯心主义到唯物主义、
从革命民主主义到共产主义的两大转变之后形成的;伴随唯物史观的创立,
马克思"科技—经济"思想研究实现了第一次重大转向并进入第二个阶段,
其标志性成就是唯物史观中的"科学—技术—生产力"分析范式及在此分
析范式基础上形成的物质生产视域"科技—经济"思想,这是马克思在唯
物史观即历史唯物主义哲学中的思想;伴随研究的深入,当马克思对资本主
义生产方式以及和它相适应的生产关系和交换关系进行政治经济学研究时,
马克思"科技—经济"思想研究实现了第二次重大转向并进入第三个阶段,
其标志性成就是政治经济学研究中的"科技—经济"思想,这是马克思在
"严格的经济学意义上的"[①] 进行科学研究的结晶。

在此应当注意的是,马克思政治经济学中的"科技—经济"思想是
"严格的经济学意义上"的"科技—经济"思想,是马克思对唯物史观中
"科学—技术—生产力"分析范式进行政治经济学的创造性转换基础上形成
的,进一步讲是将科学和技术纳入物质生产力的范畴基础上加以形成的,是
在物质"生产力中也包括科学"的分析范式基础上形成的,这在整体上是
完全属于物质生产视域的"科技—经济"思想,并且这一思想是分散在马
克思政治经济学研究的理论体系之中,受多方面原因的限制,马克思并未对
其展开论述和进行系统的理论建构,其中最突出的原因在于马克思所处的工
业经济时代,科技与劳动不仅是分离的,而且是对立的。在这样的经济社会
现实面前,马克思政治经济学的研究有其特定的理论前提,用现代西方主流
经济学的术语来表述,即存在大量的"理论假设"性质的理论前提。当人
类社会的现代化进程从马克思所处的科技与劳动相分离的时代,进入现代科
技革命背景下的"科技—经济"一体化新时代,要完成马克思"科技—经

---

① 《马克思恩格斯文集》第 8 卷,人民出版社 2009 年版,第 112 页。

济"思想研究的第三次重大转向,实现它在现代的发展和重构,必须做到坚持和发展的统一。

而要做到坚持与发展的统一,除了通过对现代科技革命推动下的现代经济社会现实进行考察基础上,进一步揭示马克思"科技—经济"思想在现代发展和重构的客观必然性之外,还必须在理论上沿着马克思"科技—经济"思想历史生成和逻辑发展的进路,在唯物史观的指导下完成从马克思物质生产领域的"科学—技术—生产力"分析范式到物质生产和精神生产相统一视域的分析范式的转换。而邓小平的"科技第一生产力"论,作为对现代科技革命推动下的现代市场经济社会现实反映的理论结晶,作为对"科技—经济"一体化现实反映的科学理论,为马克思"科技—经济"思想的现代发展和重构提供了直接的理论基础,并且在邓小平的这一科学理论中蕴含着马克思"科技—经济"思想现代发展和重构的分析范式,这就是"科技第一生产力"分析范式,并且这一分析范式能够充分体现物质生产和精神生产的有机统一。也就是说,邓小平"科技第一生产力"论中蕴含的"科技第一生产力"分析范式,正是马克思唯物史观中的"科学—技术—生产力"分析范式,在经过政治经济学中的"生产力中也包括科学"的分析范式之创造性转换之后,在"科技—经济"一体化的现代市场经济社会中再转换的逻辑发展之必然结果,是将蕴含在马克思政治经济学研究中的"科技—经济"思想从物质生产领域中凸现出来的必由之路,也是在"科技—经济"一体化的现代市场经济社会中创建马克思主义"科技—经济"新理论的根本性理论前提。简言之,邓小平"科技第一生产力"论为马克思"科技—经济"思想整个研究进程中的分析范式再转换和这一新分析范式的确立提供了直接的理论依据。对此,应当将邓小平"科技第一生产力"论置于马克思主义科技生产力理论的中国化进程中进行系统考察。

二、邓小平"科技第一生产力"论的提出及深远影响

在马克思"科技—经济"思想中拥有丰富的关于科技与生产力关系的思想,这些思想伴随着中国革命和建设事业的发展而不断地创新和发展,形成了马克思主义科技生产力理论的中国化进程。在这一进程中,产生了不同历史时期的科技生产力思想。

（一）马克思科技生产力理论的中国化进程与"毛泽东课题"

新中国成立之前，我们党在延安成立自然科学研究会的时候，毛泽东就指出，人们只有掌握了科学才能获得行动上的自由，自然科学和社会科学都是人们争取自由的武器，"人们为着要在社会上得到自由，就要用社会科学来了解社会，改造社会，进行社会革命。人们为着要在自然界里得到自由，就要用自然科学来了解自然，克服自然和改造自然，从自然里得到自由"①。同时，毛泽东还认为，新社会制度没有建立的革命年代，科技革命通过促进生产力的发展来破坏旧制度；而新社会制度建立后的和平年代，科技革命能够推动新社会的建设和社会的进步，中国落后的原因源自没有实现工业化，因此为了实现中华民族的独立解放，就必须实现工业化，② 实现中国工业化是中国革命取得胜利和民族独立的根本保障。新中国成立后，毛泽东针对中国科技相对落后的现实提出了一系列推动科技发展和利用科技发展生产力的思想，并且在"1956 年 1 月，毛泽东同志等党和国家领导人以及 1300 多名领导干部，在中南海怀仁堂听取中国科学院 4 位学部主任关于国内外科技发展的报告，党中央向全党全国发出'向科学进军'的号召。其后 10 年，在各方共同努力下，我国建立了学科齐全的科学研究体系、工业技术体系、国防科技体系、地方科技体系，取得了以'两弹一星'为标志的一批重大科技成果"③。在此期间，毛泽东提出了"科学技术这一仗，一定要打，而且必须打好……不搞科学技术，生产力无法提高"④ 思想。

从马克思科技生产力思想的中国化研究的进程看，在毛泽东"不搞科学技术，生产力无法提高"的命题中，潜在地内含了一系列深层次的理论问题，即：为什么说"不搞科学技术，生产力就无法提高"？换言为一个正面的提问，即：为什么"搞科学技术，生产力就一定有法提高"？再进一步追问：科学技术和生产力究竟是什么关系？科学技术是生产力吗？若果真是生产力的话，那么科学技术是一种什么样的生产力？在马克思的经典著作

---

① 《毛泽东文集》第二卷，人民出版社 1993 年版，第 269 页。

② 《毛泽东文集》第三卷，人民出版社 1996 年版，第 146 页。

③ 习近平：《为建设世界科技强国而奋斗——在全国科技创新大会、两院院士大会、中国科协第九次全国代表大会上的讲话》，《人民日报》2016 年 6 月 1 日。

④ 《毛泽东文集》第八卷，人民出版社 1999 年版，第 351 页。

中，马克思一方面讲，在生产力中包括科学，但马克思还从另一个方面讲，在资本主义社会中，包含在生产力中的科学体现为资本的力量或资本的生产力。这样，随之而来的另一个问题是，在我国的社会主义生产关系确立后，即在我国社会主义社会中，包含在生产力中的科学还体现为资本的生产力吗？在对这一问题的"是"与"不是"的回答背后，还潜在地存在着一系列的更为深刻的本质性问题：科学技术如果体现的是资本的生产力，那么我们是否还要发展？如何发展？而科学技术如果已经不再体现为资本的生产力，那么它体现为"谁"的生产力？或者说，它体现为什么性质的生产力？能用"打仗"的方式方法来发展这种科技生产力吗？等等。在笔者看来，这应当是毛泽东没有正面回答的一系列理论问题，甚至可以说，这是长期困惑毛泽东的一系列理论和现实问题，也是毛泽东留给后人解答的一个重大理论课题，不妨将其称为"毛泽东课题"。

尤其值得注意的是，上述的一系列关于科学技术与生产力的问题连带着另一复杂的问题，这就是邓小平在 1978 年全国科学大会开幕式上所讲的问题："承认科学技术是生产力，就连带要答复一个问题：怎么看待科学研究这种脑力劳动？科学技术正在成为越来越重要的生产力，那末，从事科学技术工作的人是不是劳动者呢？"① 正是因为对科学技术是否是生产力的认识不清问题的存在，才出现了"文化大革命"时期"'四人帮'肆意摧残科学事业、迫害知识分子的那种情景"②，也正是"在这个问题上，'四人帮'曾经喧嚣一时，颠倒是非，搞乱了人们的思想"。也正是因为这一问题的不清晰和人们的思想混乱，所以邓小平在这次大会开幕式上讲的"第一个问题"就是"对科学技术是生产力的认识问题"③。

（二）邓小平对"毛泽东课题"的回答与"科技第一生产力"论的提出

邓小平在继承了马克思、毛泽东的科技生产力思想基础上，首先明确地回答了"对科学技术是生产力的认识问题"，并且对这一问题进行了颇为翔实的阐述。1978 年 3 月 18 日全国科学大会的召开，中国迎来了"科学的春

① 《邓小平文选》第三卷，人民出版社 1993 年版，第 88 页。
② 《邓小平文选》第二卷，人民出版社 1994 年版，第 85 页。
③ 《邓小平文选》第三卷，人民出版社 1993 年版，第 86—87 页。

天"。在这次大会的开幕式上,邓小平根据世界科技革命的进展和我国现代化建设的现实,针对理论界的思想混乱局面,明确地提出:"四个现代化,关键是科学技术的现代化。没有现代科学技术,就不可能建设现代农业、现代工业、现代国防。没有科学技术的高速度发展,也就不可能有国民经济的高速度发展。"[1] 并且指出:"科学技术是生产力,这是马克思主义历来的观点。早在一百多年以前,马克思就说过……'生产力中也包括科学'。现代科学技术的发展,使科学与生产的关系越来越密切了。科学技术作为生产力,越来越显示出巨大的作用",不仅如此,世界范围内"现代科学技术正在经历着一场伟大的革命。近三十年来,现代科学技术不只是在个别的科学理论上、个别的生产技术上获得了发展,也不只是有了一般意义上的进步和改革,而是几乎各门科学技术领域都发生了深刻的变化,出现了新的飞跃,产生了并且正在继续产生一系列新兴科学技术……一系列新兴的工业,如高分子合成工业、原子能工业、电子计算机工业、半导体工业、宇航工业、激光工业等……当代的自然科学正以空前的规模和速度,应用于生产,使社会物质生产的各个领域面貌一新。特别是由于电子计算机、控制论和自动化技术的发展,正在迅速提高生产自动化的程度。同样数量的劳动力,在同样的劳动时间里,可以生产出比过去多几十倍几百倍的产品。社会生产力有这样巨大的发展,劳动生产率有这样大幅度的提高,靠的是什么?最主要的是靠科学的力量、技术的力量"。[2] 在这里,邓小平重申了马克思的科学技术是生产力的观点,并且阐述了世界科技革命所产生的巨大生产力对整个世界发展进程的巨大影响。

在明确地回答和阐述了科学技术是否是生产力的问题之后,经过长期对世界范围内的科技发展状况和趋势的观察和对中国社会主义现代化建设之实际的思考,邓小平创新性地提出了"科学技术是第一生产力"科学论断并作了简洁明了的阐释。1988 年 9 月 5 日,邓小平在会见捷克斯洛伐克胡萨克总统的谈话中指出:"世界在变化,我们的思想和行动也要随之而变……马克思说过,科学技术是生产力,事实证明,这话讲得很对。依我看,科学

---

① 《邓小平文选》第二卷,人民出版社 1994 年版,第 86 页。
② 《邓小平文选》第二卷,人民出版社 1994 年版,第 87 页。

技术是第一生产力"①；同年 9 月 12 日，在听取关于价格和工资改革初步方案汇报时的谈话中，邓小平再次提出这一观点并加以阐释，他指出："马克思讲过科学技术是生产力，这是非常正确的，现在看来这样说可能不够，恐怕是第一生产力……对科学技术的重要性要充分认识"，因为将来的许多工农业生产问题要靠科学技术来解决，尤其是"将来农业问题的出路，最终要由生物工程来解决，要靠尖端技术"② 来解决，为此要做好科技投入、农业投入和教育投入的问题。这样，邓小平站在世界科技革命全面发展的新时代高度，结合中国现代化发展的实际，对科学技术的生产力属性的新发展和其生产力功能的大发挥作出的新的理论概括和总结，并从理论依据、现实需要和实际举措三个方面对科学技术是第一生产力的观点作了论证和阐释，创造性地创立了"科学技术是第一生产力"的新理论，这是马克思主义科技生产力思想中国化进程中的一个里程碑，它标志着马克思主义科技生产力思想的发展，已经进展到一个崭新的历史阶段。

（三）邓小平"科技第一生产力"论的发展及深刻影响

伴随着中国改革开放的发展，邓小平创立的"科学技术是第一生产力"的新理论，成为中国特色社会主义事业"科技—经济"一体化发展的理论基础，深刻地影响着科技事业和经济发展一体化协同发展的中国特色社会主义现代化进程。在中国的这一现代化进程中，一切都需要创新，创新是引领发展的第一动力，而"科技创新是核心，抓住了科技创新就抓住了牵动我国发展全局的牛鼻子"③，这是中国现代化进程和中国特色社会主义事业发展对邓小平"科技第一生产力"论最好的实践阐释。

正如习近平在 2016 年 5 月 30 日召开的全国科技创新大会、两院院士大会、中国科协第九次全国代表大会上所总结的那样："1978 年，党中央召开全国科学大会，邓小平同志在大会上作出科学技术是生产力的重要论断，我国迎来'科学的春天'。1995 年，党中央、国务院召开全国科学技术大会，江泽民同志发表重要讲话，号召大力实施科教兴国战略，形成实施科教兴国

---

① 《邓小平文选》第三卷，人民出版社 1993 年版，第 274 页。
② 《邓小平文选》第三卷，人民出版社 1993 年版，第 275 页。
③ 习近平：《为建设世界科技强国而奋斗——在全国科技创新大会、两院院士大会、中国科协第九次全国代表大会上的讲话》，人民出版社 2016 年版，第 11 页。

战略热潮。2006 年，党中央、国务院再次召开全国科学技术大会，胡锦涛同志发表重要讲话，部署实施《国家中长期科学和技术发展规划纲要（2006—2020 年）》，动员全党全社会为建设创新型国家而努力奋斗。2012年，党中央、国务院召开全国科技创新大会，号召我国科技界奋力创新、为全面建成小康社会提供有力科技支撑。""今天，我们在这里召开这个盛会，就是要在我国发展新的历史起点上，把科技创新摆在更加重要位置，吹响建设世界科技强国的号角。"[①]

中国整个现代化发展进程的历史要件——从"科学春天"的到来，到科教兴国战略的制定，再到国家创新体系的规划、一直到国家创新驱动战略的顶层设计和建设世界科技强国号角的吹响，所展现的都是"科技第一生产力"论具体实施的宏伟蓝图。建设世界科技强国的号角已经吹响，以科技创新为核心的国家创新驱动战略已经"启航"，邓小平的"科技第一生产力"理论对中国特色社会主义现代化的未来发展必将产生更深远的历史影响。

三、邓小平"科技第一生产力"论的科学内涵及实质

邓小平的"科技第一生产力"论，对马克思生产力理论特别是"科技生产力"理论的最大创新发展在于，将渗透于或融合在物质生产力中的科学生产力和技术生产力分化独立出来，赋予科学生产力和技术生产力以独立存在的方式，并且是"第一"的独立存在方式，合二为一即为"科技第一生产力"。

（一）邓小平"科技第一生产力"论的研究现状和主要观点

邓小平关于"科学技术是第一生产力"的科学论断，自提出之后在社会上产生了广泛而深刻的影响，理论界许多专家学者对邓小平的这一科学论断从不同的角度展开了深入研究和多维度的解读，发表和出版了大量的论著，这些成果为我们深刻诠释这一科学论断的科学内涵及实质奠定了基础。概括地讲，理论界比较有代表性的观点可以归结为三类。

---

① 习近平：《为建设世界科技强国而奋斗——在全国科技创新大会、两院院士大会、中国科协第九次全国代表大会上的讲话》，人民出版社 2016 年版，第 2 页。

　　第一类是"内在第一独立要素论"。这类观点将科技作为生产力的独立要素，强调科技是作为生产力要素的第一重要性，其中的"第一"突出了科技在生产力要素构成中居于首要的、决定性的地位，起着主导性的、关键性的决定作用。如有学者认为，从语义上来理解，在科学技术是第一生产力的论断中，所谓"是"是多义词，有"转化"的意思；所谓"第一"，并非"唯一""只有"，而是"首要""主导""关键"和"决定性"的意思。从社会作用上看，科学技术是经济发展和社会进步的驱动力。从现实生产力的发展来看，科学技术是生产力系统中的关键性的主导因素，是生产力永远充满活力的源泉，已经成为一个国家综合国力的重要因素，科学技术的发展必然促使生产力其他要素的变化进而促进生产力的发展。① 还有学者认为，"科学技术是第一生产力，绝不意味着还存在诸如第二生产力或第三生产力之类的东西。这里的'第一'不是序数词，而是一个形容词，表示'首要'的意思，即科学技术是生产力中的'首要因素'"，其主要理论根据有三：一是"当代科学技术是生产力中最关键的因素"；二是"当代科学技术是生产力中最活跃的因素"；三是"当代科学技术是生产力中最强有力的因素"，而"需要提出，明确科学技术是生产力的独立因素并且是首要因素，并不意味着科学技术可以不经过任何中介环节而自动地、直接地进入生产过程。不论是科学，还是技术，进入生产过程的中介环节都是必不可少的……'转化'、'引进'、'转移'和'转变'等，都发生在生产力内部，并不排斥科学技术是生产力的独立因素"。②

　　第二类是"内在第一影响要素论"。这类观点将科技作为生产力的内在影响要素，强调科技作为生产力要素对其他要素的重大影响作用，其中的"第一"表现为科技要素对生产力其他要素具有功能"放大"或"几何级数增长"的作用。如有的学者作了这样的概括和总结：从生产力总体质量和效益看，可以用乘数公式表示为：生产力＝科学技术×（劳动者＋劳动资料＋劳动对象＋……），在这一乘数公式里，科学技术要素对生产力其他要素起着"放大"的作用；也可以用指数公式表述为：生产力＝（劳动者＋劳动

　　① 杨明刚：《科学技术是第一生产力的理论与实践》，华东化工学院出版社1992年版，第35—36页。

　　② 马来平：《科技与社会引论》，人民出版社2001年版，第249—252页。

资料+劳动对象+……)^{科学技术}，在这一指数公式里，科学技术要素通过对生产力其他要素的影响而使生产力呈现出按"几何级数增长"的态势。在这两个公式中，科学技术要素通过影响生产力其他要素而使生产力"放大"或按"几何级数增长"的作用，就是科学技术所表现出来的"第一生产力"的意思。从科学技术对经济增长的贡献率来理解，科技进步在经济增长中的贡献率，已经大大超过了资本和土地的贡献率，科学技术成了"第一"生产力。从科学、技术、生产三者发展的序列关系（指时间序列关系）看，"科学技术是第一生产力"是指现代科学技术在生产力及其诸要素发展进步中的"在先性"；现代科学为生产技术的发展开辟道路；现代科学决定了生产技术的发展方向等。①

　　第三类是"寓于循环过程的要素渗透论"。这类观点在将科技作为现代生产力的重要因素渗透在生产力其他要素发挥主导和超前作用的同时，寓于科学、技术和生产相互联结所形成的循环往复的动态过程中，寓于这一动态过程所形成的一个开放式客观链条中。如最近有学者提出："科学技术成为现代生产力的重要因素渗透于生产力各类要素中并成为第一生产力，有力地推动了生产力的发展和人类社会的进步；科学技术不是在任何时代、任何社会发展条件下都是第一生产力，只有在当代新技术革命条件下，科学对物质生产不仅具有反作用，而且具有了主导作用和超前作用的时候，才成为第一生产力"；而在当代具体的生产过程中，科学、技术和生产之间的相互作用形成了两个相反方向的过程，一是形成了"生产—技术—科学"的过程，二是形成了"科学—技术—生产"的过程。这是既相互独立、又相互联结的两个过程，这两个过程在现实的生产中表现为生产、技术、科学三者所构成了一个"生产—技术—科学—技术—生产"的循环往复的开放式的链条，"科学技术是第一生产力就是这样辩证地寓于这个不断发展变化的客观链条中"。②

　　（二）邓小平"科技第一生产力"论实质内涵的科学理解

　　从上述三类观点看，理论界对邓小平"科学技术是第一生产力"科学

---

① 冯春安、于革非：《对邓小平"科学技术是第一生产力"论断和马克思劳动价值论研究的综述》，《中国〈资本论〉年刊》2007年7月，第147—162页。

② 郑文范、温飞：《准确理解和把握科学技术是第一生产力》，《中国高校社会科学》2015年第2期，第21—26页。

论断的研究和解读是越来越深入的，从第一类观点"内在第一独立要素论"，到第二类观点"内在第一影响要素论"，再到第三类观点"寓于循环过程的要素渗透论"，展现了不同时期学术界对邓小平"科学技术是第一生产力"科学论断研究的整体状况，从越来越深刻的维度揭示了邓小平这一科学论断的思想内涵，越来越趋近邓小平这一科学论断的理论实质。但毋庸讳言的是，这些成果尽管都坚持了马克思科技生产力的思想观点，但都还是在马克思对科技与生产力关系研究的视域即物质生产视域的研究，都未超出马克思在这物质生产视域所形成的"科学—技术—生产力"分析范式的要义。马克思关于生产力中包括科学更包括技术等的大量论述，自然是将科学、技术作为了生产力的独立要素；马克思关于生产过程成为科学和技术应用、生产需要拉动科技发展和科技进步推动生产发展等的大量论述，自然将科学、技术和生产看作一个动态发展过程，何况马克思在唯物史观和政治经济学研究中已经形成了"科学—技术—生产力"的基本分析范式。当然，这些成果，如果说有超出马克思关于科学、技术和生产力的关系之处，在于结合现代科技发展的背景突出了对邓小平这一科学论断中"第一生产力"表现形式的阐发，强调了科技是生产力的"内在第一的独立要素""内在第一的独立的影响因素"，强调了科技在生产力中居于首要、决定和主导等"第一"的地位，起着关键性、主导性、超前性、先导性等"第一"作用，这对于深刻理解和把握邓小平"科学技术是第一生产力"这一科学论断具有重大意义，这应当充分肯定。

事实上，要真正理解邓小平"科学技术是第一生产力"科学论断，还必须还原邓小平提出这一论断的场景或与境，必须联系"上下文"的语境特别是第一次提出这一科学论断的"上下文"语境来解读。如前所述，邓小平重申马克思关于科学技术是生产力的观点，并详细阐述世界科技革命所产生的巨大生产力对整个世界发展进程的巨大影响，首次明确回答"毛泽东课题"是在 1978 年 3 月 18 日全国科学大会开幕式上的讲话中①，因为在此讲话中不仅在理论上阐明了"科学技术是生产力，这是马克思主义历来

---

① 事实上，早在 1975 年 9 月 26 日，邓小平就已经提出"科学技术叫生产力"的命题，见《邓小平文选》第二卷，人民出版社 1994 年版，第 34 页。

的观点",而且在实践上证明了现代科技革命背景下"科学技术作为生产力,越来越显示出巨大的作用"①,更为重要的是在国策上确立了社会主义"四个现代化,关键是科学技术的现代化"②。邓小平在明确地回答了"毛泽东课题"之后,并没有就此打住,而是围绕中国社会主义现代化问题,还在不断地思考和研究科学技术到底是一种什么样的、起什么作用的生产力问题。十年之后,邓小平明确提出"科学技术是第一生产力"的科学论断。在这相隔十多年的时间里,邓小平围绕中国的社会主义现代化问题,在思考什么的问题,在"想"什么事情,这直接关系到对这一科学论断的理解。只要翻开《邓小平文选》第二卷和第三卷的目录——《要用先进技术和管理方法改造企业》《实行开放政策,学习世界先进科学技术》《解放思想,实事求是,团结一致向前看》《坚持四项基本原则》《社会主义首先要发展生产力》《一心一意搞建设》《建设有中国特色的社会主义》《和平与发展是当代世界的两大问题》《改革科技体制是为了解放生产力》《中国要发展,离不开科学》《计划和市场都是发展生产力的方法》等——相信就能明白邓小平在这十多年在思考什么问题、在"想"什么事情了。在那拨乱反正、一心一意搞社会主义建设、发展生产力时代,邓小平立足中国社会主义现代化建设现实,站在时代科技发展的高度提出了"科学技术是第一生产力"的科学论断,而这一论断的提出有一个重要前提,那就是邓小平在提出这一论断之前所讲的"思想和行动"的变化,他指出:"世界在变化,我们的思想和行动也要随之而变……历史在前进,我们却停滞不前,就落后了。"③

　　基于这一前提,可以从两个方面来解读邓小平这一科学论断的实质内涵。一方面,在思想上,应当随着世界变化而变化,马克思在他那个时代说过,"科学技术是生产力,事实证明,这话讲得很对",但世界发展到今天,"现在看来这样说可能不够",还没有把世界科技巨大生产力的社会现实和发展趋势反映出来,现在看来科技已经在"是生产力"基础上转变成"是第一生产力",因此我们今天应当确立"科学技术是第一生产力"思想。另一方面,在行动上,应当高度注意或重视作为第一生产力的科学技术,在这

---

① 《邓小平文选》第二卷,人民出版社 1994 年版,第 87 页。
② 《邓小平文选》第二卷,人民出版社 1994 年版,第 86 页。
③ 《邓小平文选》第三卷,人民出版社 1993 年版,第 274 页。

方面"我们已经耽误了二十年，影响了发展，还要再耽误二十年，后果不堪设想"①，因此应当树立"科学技术是第一生产力"的观念，把科学技术不仅当成生产力来发展，而且要当成"第一生产力"来发展，将来农业问题的出路在于发展生物工程和尖端科技等第一生产力，其他产业问题的出路也在于发展与之相适应的科技第一生产力，在生产力发展问题上不能"头痛医头，脚痛医脚"，不能仅仅盯着发展物质生产力，要发展物质生产力首先要发展作为第一生产力的科技生产力。

四、邓小平"科技第一生产力"论的时代特色和政治经济学意蕴

联系邓小平提出"科学技术是第一生产力"科学论断的"上下文"语境对其加以解读发现，它在思想和行动两个方面为社会主义发展生产力指明了方向，思想上要确立"科学技术是第一生产力"的观念，在实践上就要大力发展科学技术第一生产力。因此，邓小平的这一科学论断，其深刻含义，不是说科学技术作为生产力的"要素"是重要还是不重要、第一位还是第二位的问题——这一问题是马克思在他那个时代所要解答的；而是说科学技术是否是独立的生产力存在方式、是不是独立的而且是第一生产力的存在方式——这一问题是邓小平在马克思科技生产力理论基础上，结合世界科技第一生产力发展现实和中国现代化建设实际所要回答的。也就是说，在邓小平"科学技术是第一生产力"的科学论断中，内在地包含着生产力除了物质生产力这一传统的存在方式外，还有独立于物质生产力之外的科技生产力存在方式，并且后者比前者更重要，后者是在两种或两类生产力存在方式中排在第一位上的，即科技生产力与传统的物质生产力相比较是第一生产力——这才是邓小平"科学技术是第一生产力"科学论断的本真含义。在此意义上，才能真正理解江泽民所讲的"先进生产力"，才能深刻地理解习近平在强调创新是引领发展的第一动力之同时更加强调"科技创新是核心"，并把它比作"牵动我国发展全局的牛鼻子"。② 正因如此，邓小平"科技第一生产力"论具有鲜明的时代特色和深刻的政治经济学意蕴。

---

① 《邓小平文选》第三卷，人民出版社 1993 年版，第 274—275 页。
② 习近平：《为建设世界科技强国而奋斗——在全国科技创新大会、两院院士大会、中国科协第九次全国代表大会上的讲话》，人民出版社 2016 年版，第 11 页。

（一）邓小平"科技第一生产力"论的时代特色

邓小平的"科技第一生产力"论是在继承马克思、毛泽东的科技生产力思想基础上，立足世界范围内现代科技革命的迅猛发展和当时中国如何解决科技与经济有机结合的现实而创立的，它具有鲜明的时代特色，主要表现在以下几个方面。

第一，邓小平的"科技第一生产力"论反映了世界主题转换所导致的较量方式的变化，彰显了这一理论的鲜明时代特色。自 20 世纪中叶以来，世界主题又发生了新的转换，二战以后的国际政治格局在经历了两大阵营的对峙，三个世界的鼎立之后，又发展到了一个新的历史阶段——和平与发展为主题的新阶段。邓小平敏锐地洞察到世界局势的这种历史转换，早在 1985 年就指出："现在世界上真正大的问题，带全球性的战略问题，一个是和平问题，一个是经济问题或者说发展问题"，"和平与发展是当代世界的两大问题"。① 世界主题的转换，导致了"社会主义必然代替资本主义"这一客观规律在现阶段的表现形式发生了变化，即由"战争与革命"为主要手段转化为以"生产力发展、经济增长和社会全面发展"为衡量社会优越性的主要指标。在这样的国际大环境中，要想使人们更加相信社会主义比资本主义优越，社会主义是人类社会发展的必由之路，客观上要求社会主义国家的"社会生产力以旧社会所没有的速度迅速发展，使人民不断增长的物质文化生活的需要能够逐步得到满足"②。社会主义优越于资本主义，尽管"表现在许多方面，但首先要表现在经济发展的速度和效果方面。没有这一条，再吹牛也没有用"③。换言之，世界主题的转换导致了社会主义和资本主义斗争的方式发生了转换，由军事优势的竞争转换为综合国力的竞争，尤其是经济和经济发展的主要动力源泉——科技竞争。邓小平提出的"科技第一生产力"论正是适应世界主题的这一转换以及由此而导致的客观要求的结晶。事实上，邓小平此前曾多次强调科学技术的重要性，但是从没有像现在这样把科学技术的重要性提高到"第一生产力"的高度，并且一再强

① 《邓小平文选》第三卷，人民出版社 1993 年版，第 104—105 页。
② 《邓小平文选》第二卷，人民出版社 1994 年版，第 128 页。
③ 《邓小平文选》第二卷，人民出版社 1994 年版，第 251 页。

调"中国要发展，离不开科学"，"中国必须在世界高科技领域占有一席之地"① 等。深究其原因，这是邓小平牢牢地把握住当今世界主题转换所导致的，这也正如江泽民所讲的："现代国际间的竞争，说到底是综合国力的竞争，关键是科学技术的竞争。邓小平同志敏锐地洞察这一历史大趋势，鲜明地提出'科学技术是第一生产力'的科学论断，丰富和发展了马克思主义关于生产力的学说，对于我们建设富强、民主、文明的社会主义现代化强国，具有重大的指导意义。"②

第二，邓小平"科技第一生产力"论深刻地体现了当代社会主义发展的本质要求，赋予这一理论以鲜明的时代特色。什么是社会主义，其本质究竟是什么？新中国成立后很长一段时间，曾把社会主义仅仅归结为公平；将社会主义设想为一种搞平均主义的平等乐园等。这种倾向反映了人们希望赶超资本主义但又没有准备进行长期艰苦努力去发展社会主义生产力的社会事实，于是把马克思主义的社会主义观中本来是辩证统一的公平与效率、生产力和生产关系等被人为地割裂开来，片面强调生产关系，实行社会平等和公平，从而严重忽视发展生产力和科学技术，并错误地认为这便是社会主义。"文化大革命"时期，这种倾向发展到了极端，提出了"宁要贫穷的社会主义"之类的荒唐口号，使我国的经济濒临崩溃边缘。社会主义及其本质是什么？邓小平理论对该问题作了科学的回答。邓小平牢牢地把握住世界主题的转换，经过长期的艰难探索和经验总结，将马克思主义的社会主义观与当代和平与发展的世界主题结合起来，针对中国的实际国情，提出了坚持社会主义，首先要摆脱贫穷落后状态，大力发展生产力的真知灼见，明确了"社会主义的本质，是解放生产力，发展生产力，消灭剥削，消除两极分化，最终达到共同富裕"③；并反复强调指出，"社会主义的首要任务是发展生产力"④。不仅如此，邓小平还把社会主义本质论和"科技第一生产力"论有机地联系起来，认为科学技术第一生产力论是社会主义本质内容的反映

---

① 《邓小平文选》第三卷，人民出版社 1993 年版，第 279 页。
② 江泽民：《用现代科学技术知识武装起来》，载宋健、惠永正主编：《现代科学技术基础知识》，科学出版社、中共中央党校出版社 1994 年版，"序"第 i—ii 页。
③ 《邓小平文选》第三卷，人民出版社 1993 年版，第 373 页。
④ 《邓小平文选》第三卷，人民出版社 1993 年版，第 116—117 页。

和体现，把科技第一生产力的发展视为我国发展生产力、增强经济实力的一个主要手段和根本途径。他指出："整个社会主义历史阶段的中心任务是发展生产力，这才是真正的马克思主义"，发展生产力的道路途径就是要大力发展科学技术，依靠科技进步发展生产力，"实现人类的希望离不开科学。第三世界摆脱贫困离不开科学，维护世界和平离不开科学"，"中国要发展，离不开科学"，"离开科学不行"。[①] 深究其原因，就在于"科学技术是第一生产力"，要想"经济发展得快一点，必须依靠科技和教育"。这正如邓小平在 1992 南方谈话中所总结的："我说科学技术是第一生产力。近一二十年来，世界科学技术发展得多快啊！高科技领域的一个突破，带动一批产业的发展。我们自己这几年，离开科学技术能增长得这么快吗？要提倡科学，靠科学才有希望。"正因为科学技术是第一生产力，所以科技界要面向经济建设，"要进一步解决科技和经济结合的问题"。[②] 由此可见，邓小平把作为第一生产力的科学技术与社会主义的本质联系起来，把"科技第一生产力"论与社会主义本质论有机地统一起来，这是邓小平把马克思主义科技生产力论运用于有中国特色的社会主义建设实践的结晶。

第三，邓小平"科技第一生产力"论对经济社会未来发展走势的科学预见性及其在当代的实践证明，赋予这一理论以鲜明的时代特色。邓小平"科技第一生产力"论不仅是现代科技革命新形势下继承发展了马克思科技生产力理论，也不仅是适应世界主题转换的客观要求和社会主义本质内容的历史要求的结晶，而且更为重要的是，在该理论中邓小平以深邃的历史发展眼光洞察到了未来人类依靠科学技术、发展科技经济和知识经济的历史必然性，从而使该理论呈现出准确的科学预见性。如前所述，知识经济，顾名思义是"以知识为基础的经济"，而这里的"知识"主要是指科学技术知识，在此意义上知识经济就是"科技经济"或"高科技经济"。邓小平"科技第一生产力"论首先肯定了科学技术的发展如同历史上的物质生产力进步一样是不可阻挡且无法回避的，并在 1978 年就明确指出："现代科学技术正在经历着一场伟大的革命"，这实质上是经济发展的原动力即生产力的革命，

---

① 《邓小平文选》第三卷，人民出版社 1993 年版，第 254—255 页。
② 《邓小平文选》第三卷，人民出版社 1993 年版，第 108、377—378 页。

这样科学技术"正在成为越来越重要的生产力",而"科学技术作为生产力,越来越显示出巨大的作用",① 因此它是建设有中国特色的社会主义的关键,"中国要发展,离不开科学",中国要依靠发展科技生产力走向现代化、走向世界,尤其重要的是"中国必须在世界高科技领域占有一席之地",而且要"发展高科技,实现产业化"。② 由此可见,邓小平"科技第一生产力"论实质上就是关于发展知识经济的理论,是在理论上对人类未来走向知识经济时代的高瞻远瞩和科学预见。而世界范围内现代科技革命在20世纪七八十年代发展高潮的到来,以及在此基础上形成的"科技—经济"一体化社会的形成,到20世纪八九十年代知识经济形态的出现,一直到现在世界各国对科技战略与经济发展战略相结合的战略大整合,都是在实践上对邓小平"科技第一生产力"论的科学预见性及其显示出来的真理性的证实和证明。

第四,邓小平"科技第一生产力"论在当代中国的贯彻落实显示出重大的现实意义和时代价值,进而彰显了这一理论鲜明的时代特色。科学技术从来没有像今天这样以巨大的威力和人们难想象的速度深刻地影响着经济社会的发展,它将以第一生产力所显示出来的巨大驱动力量把人类社会的历史"列车"牵引到崭新的经济时代——以"科技—经济"一体化为核心的知识经济时代。邓小平"科技第一生产力"论的科学预见性及其显示出来的真理性,在知识经济发展进程中得到验证的同时,也为中国人民迎接知识经济的挑战,抓住发展知识经济的机遇奠定了群众性的社会基础和创造了有利条件,并将继续指引中国共产党和中国政府领导全国人民走发展知识经济之路,富国强民。这便是邓小平"科技第一生产力"论在当代贯彻实施所显示出来的巨大的时代意义。展开来讲,中国作为一个发展中国家发展知识经济面临诸多困难,如面临着类似"马太效应"现象的"知识经济陷阱",许多发展中国家面临的"中等收入陷阱"、现代化进程中经济发展需要将工业化和知识化"两步并作一步走"等,但是由于邓小平作为党的第二代领导集体的核心,在40年前就强调马克思科技生产力的思想,而且在40年前又

---

① 《邓小平文选》第二卷,人民出版社1994年版,第87—88页。
② 《邓小平文选》第三卷,人民出版社1993年版,第183、279、409页。

创造性地提出了"科技第一生产力"论，为当代中国发展知识经济奠定了广泛社会基础和创造了有利条件。

概括地讲，这些有利条件主要包括：（1）科学技术是第一生产力的思想已经深入人心，"科技兴则民族兴，科技强则国家强"理念已经形成，尤其重要的是，中国共产党和中国政府有信心且已下定决心把邓小平"科技第一生产力"论落到实处。（2）以"科技第一生产力"论为根据而依次制定的科教兴国战略、建设创新型国家战略、国家创新体系战略、国家创新驱动战略和建设科技强国的战略等，已经成为全党和全国人民行动的共同纲领。（3）以科学研究和高等教育有机结合的知识创新体系、以企业为主体和产学研结合的技术创新体系、军民结合和寓军于民的国防科技创新体系、各具特色和优势的区域创新体系、社会化和网络化的科技中介服务体系等国家创新体系已经基本形成。（4）"多复变函数论、陆相成油理论、人工合成牛胰岛素等成就，高温超导、中微子物理、量子反常霍尔效应、纳米科技、干细胞研究、肿瘤早期诊断标志物、人类基因组测序等基础科学突破，'两弹一星'、超级杂交水稻、汉字激光照排、高性能计算机、三峡工程、载人航天、探月工程、移动通信、量子通信、北斗导航、载人深潜、高速铁路、航空母舰等工程技术成果，为我国成为一个有世界影响的大国奠定了重要基础"。（5）总体上，"我国在主要科技领域和方向上实现了邓小平同志提出的'占有一席之地'战略目标，正处在跨越发展的关键时期"，"坚持走中国特色自主创新道路，面向世界科技前沿、面向经济主战场、面向国家重大需求，加快各领域科技创新，掌握全球科技竞争先机"的建设世界科技强国的出发点已经确立，尤其是"面向世界科技前沿、面向经济主战场、面向国家重大需求"的科技创新"三面向"原则已经确定。（6）"夯实科技基础，在重要科技领域跻身世界领先行列；强化战略导向，破解创新发展科技难题；加强科技供给，服务经济社会发展主战场；深化改革创新，形成充满活力的科技管理和运行机制；弘扬创新精神，培育符合创新发展要求的人才队伍"的科技创新"五大重点"任务已然清晰。（7）2020年，我国进入创新型国家行列；2030年，我国进入创新型国家前列；新中国成立100年时，我国成为世界科技强国的科技创新"三步走"宏伟战略目标已经科学规划，等等。正因如此，"现在，我们比历史上任何时期都更接近实现中华民族伟大复兴的目标，比历史上任何时期都更有信心、更有能力实现这个目标"①，只要将邓小平"科技第一生产力"论真正落到实处，那么这一目标一定能够实现，中国一定能够成为世界科技强国并跻身于世界的前列。这些有利条件，也是中国共产党和中国政府贯彻落实邓小平"科技第一生产力"论，率领全中国人民发展以"科技—经济"一体化为核心的知识经济的具体体现；还是邓小平"科技第一生产力"论时代特色的高度凝结。

（二）邓小平"科技第一生产力"论深刻的政治经济学意蕴

通过对邓小平"科技第一生产力"论的内涵实质和时代特色等的考察分析发现，它具有深刻的政治经济学意蕴。从政治经济学意义上讲，马克思在将唯物史观中的"科学—技术—生产力"分析范式进行了创造性转换之后，形成了政治经济学研究的物质"生产力中也包括科学"的分析范式，这也就是说马克思是在物质"生产力中也包括科学"的生产力理论基础上，创立了政治经济学理论体系，创立了劳动价值论、剩余价值论、科技劳动价值论等政治经济学的基础理论。如果说马克思在现实的社会生活中把经济领域从其他领域中划分出来，把生产关系从各种社会关系中划分出来之后，进而把一切社会关系归结到生产关系，把生产关系归结为生产力的高度进行唯物史观研究，并把唯物史观研究的原理和方法应用于政治经济学研究，实质上也就是站在现实的生产力高度进行政治经济学研究的，那么，今天对现代科技革命和"科技—经济"一体化背景下的现代市场经济社会进行政治经济学研究，也应当站在现实的生产力高度来展开。而在此存在的问题是：

第一，应当站在什么样的生产力高度进行政治经济学研究？在进行现代政治经济学研究时，是站在单纯的物质生产力高度还是站在集"物质生产力—精神生产力"于一体的"科技第一生产力"的高度？如前所述，马克思站在生产力高度进行政治经济学研究，是站在他那个时代的现实的生产力高度来进行的，那时的现实生产力主要体现出来的是作为机器大工业物质生产方式的物质生产力，此时的科学、技术是包含在物质生产力之中的；而今天我们对现代科技革命和"科技—经济"一体化背景下的现代市场经济社

---

① 习近平：《为建设世界科技强国而奋斗——在全国科技创新大会、两院院士大会、中国科协第九次全国代表大会上的讲话》，人民出版社 2016 年版，第 5 页。

会进行政治经济学研究，若要站在生产力的高度来进行，则应当是站在
"科技第一生产力"的高度。

第二，站在"科技第一生产力"高度进行现代政治经济学研究，应当
研究什么？也就是说，研究的对象是什么？马克思在其政治经济学的代表性
经典著作《资本论》第一卷的第一版序言中，明确地指出："我要在本书研
究的，是资本主义生产方式以及和它相适应的生产关系和交换关系。到现在
为止，这种生产方式的典型地点是英国。因此，我在理论阐述上主要用英国
作为例证。"① 而在对现代科技革命和"科技—经济"一体化背景下的中国
特色社会主义市场经济社会进行政治经济学研究时，应当研究的是社会主义
生产方式以及和它相适应的生产关系和交换关系。到现在为止，这种生产方
式的典型地点是中国。因此，在理论阐述上应当主要用中国作为例证。

第三，站在"科技第一生产力"高度进行现代政治经济学研究，应当
揭示什么规律？也就是说，研究的目的是什么？马克思在其政治经济学的代
表性经典著作《资本论》第一卷的第一版序言中，同样明确地指出："本书
的最终目的就是揭示现代社会的经济运动规律。"② 马克思在此讲的"现代
社会的经济运动规律"，指的是当时的资本主义社会的经济运动规律。那
么，在对现代科技革命和"科技—经济"一体化背景下的中国特色社会主
义市场经济社会进行政治经济学研究时，应当揭示的是现代社会主义社会的
经济运动规律，特别是中国特色社会主义社会的经济运动规律。

当对上述三个问题进行如此的分析之同时，邓小平"科技第一生产力"
论所具有的深刻的政治经济学意蕴便显示出来了。这就是在中国特色社会主
义经济建设过程中，邓小平"科技第一生产力"论的提出和深刻的科学内
涵，客观上要求建立与"科技第一生产力"相适应的、研究社会主义生产
方式以及和它相适应的生产关系和交换关系的、旨在揭示中国特色社会主义
社会的经济运动规律的当代中国新政治经济学理论体系。只有这样，才能真
正理解邓小平在提出"科学技术是第一生产力"之前所讲到的"世界在变
化，我们的思想和行动也要随之而变"。不能将马克思政治经济学发展为

---

① ［德］马克思：《资本论》第 1 卷，人民出版社 2004 年版，"第一版序言"第 8 页。
② ［德］马克思：《资本论》第 1 卷，人民出版社 2004 年版，"第一版序言"第 10 页。

"科技第一生产力"论基础上的中国政治经济学,我们的"思想"如何随着世界变化而变? 我们的"行动"——中国特色社会主义经济实践何以实施? 科技都是第一生产力了,却没有创立与之相适应的系统的中国政治经济学理论,还是几乎完全按照"老祖宗"的政治经济学来指导我们的"行动",尽管"老祖宗不能丢",老祖宗也确实不能丢,但不能在"老祖宗"政治经济学基础上创立"科技第一生产力"基础上的政治经济学,那怎么可以呢? "摸着石头过河",那是无奈之举。如果说在改革开放初期,没有与"科技第一生产力"相适应的中国的政治经济学,社会主义经济建设靠"摸着石头过河"还是可以理解的;但在今天,对中国特色社会主义经济建设的"顶层设计",若还没有与"科技第一生产力"基础上的政治经济学,那将何以进行? 要知道,中国特色社会主义的政治经济学理论体系的建构,是"第一生产力"基础上中国特色社会主义经济建设"最高层面"的"顶层设计"。这样,也就能够理解习近平在今天强调要大力加强中国特色社会主义政治经济学研究的迫切性和现实性了。

若从邓小平在 1978 年明确提出"科学技术是第一生产力"这一科学论断至今,已经 40 多年的时间了,我们在"科技第一生产力"论基础上对马克思政治经济学进行重新建构了吗? 我们现在正在使用的马克思主义政治经济学教科书,是真正建立在"科技第一生产力"基础上的吗? 其内容能够全面反映"科技第一生产力"的经济现实吗? 在中国那么多经济类或财经类高校、各高校几乎都有经济学院或经济管理学院,有多少人在"科技第一生产力"基础上对当代中国社会主义生产方式以及和它相适应的生产关系和交换关系进行政治经济学的研究? 在笔者看来,邓小平"科技第一生产力"论所显示出来的深刻的经济学意蕴,就是要求当代中国的马克思主义经济学工作者在这一命题的基础上建构中国的政治经济学,因为当代中国特色社会主义的经济实践是在"科技第一生产力"的基础上开展的。

令人欣慰的是,近年来,中国特色社会主义政治经济学的建设已经正式纳入我们党的议事日程,习近平在 2014 年 7 月邀请经济学界专家座谈时指出,"各级党委和政府都要学好用好政治经济学";在 2015 年 11 月党的中央政治局第二十八次集体学习的讲话中,他明确地指出:"要立足我国国情和我国发展实践,揭示新特点新规律,提炼和总结我国经济发展实践的规律性成果，把实践经验上升为系统化的经济学说，不断开拓当代中国马克思主义政治经济学新境界"[①]；在 2015 年 12 月中央经济工作会议上，又强调指出："要坚持中国特色社会主义政治经济学的重大原则，坚持解放和发展生产力，坚持社会主义市场经济改革方向，使市场在资源配置中起决定性作用，是深化经济体制改革的主线。"[②] 从"学好用好政治经济学"到"把实践经验上升为系统化的经济学说"，再到"坚持中国特色社会主义政治经济学的重大原则"，体现了以习近平同志为核心的党中央为马克思主义政治经济学创新发展贡献中国智慧的决心和不断开拓中国特色社会主义政治经济学新境界的重要思想，[③] 而邓小平"科技第一生产力"论所内含的深刻的政治经济学意蕴，无疑为中国特色社会主义政治经济学新境界的开拓提供了坚实的理论基础，为蕴含在马克思政治经济学理论中的"科技—经济"思想在中国特色社会主义政治经济学研究进程中的重新建构提供了分析范式的理论根据。

五、马克思政治经济学分析范式的现代审视与新范式的确立

邓小平创立的"科技第一生产力"论，是对马克思"科技生产力"理论的重大发展，这在马克思主义生产力理论发展史都是里程碑式的重大理论成果，也是马克思在其理论研究进程中"生产力"基本分析范式转向的标志性成果，它为我们在"科技—经济"一体化新时代推进马克思"科技—经济"思想的创新发展、创建新时代"科技第一生产力"基础上马克思主义"科技—经济"新理论，提供了一个新的分析范式，即"科技第一生产力"的分析范式。而要对其作出能够令人信服的合乎历史生产逻辑的论证，还必须首先考察、梳理和分析生产力范畴作为马克思的整体理论形成特别是"科技—经济"思想形成的基本分析范式的演进和转换，然后确立"科技第一生产力"新分析范式，并对新分析范式的内涵分析，展示其向唯物史观分析范式的回归。

---

① 习近平：《立足我国国情和我国发展实践，发展当代中国马克思主义政治经济学》，《人民日报》2015 年 11 月 25 日。

② 《中央经济工作会议在北京举行》，《人民日报》2015 年 12 月 22 日。

③ 王立胜、郭冠清：《论中国特色社会主义政治经济学理论来源》，《经济学动态》2016 年第 5 期。

（一）马克思政治经济学分析范式的现代审视

撇开马克思早期的理论探索不说（因为马克思在早期的理论探索过程中，生产力理论还处于孕育过程中），直接从马克思唯物史观的创立开始进行考察发现，如果说，马克思依据其创立的社会存在决定社会意识的辩证关系原理，把经济领域从社会领域中划分出来，把生产关系从一切社会关系中划分出来，同时将社会关系归结到生产关系，将生产关系进一步归结到生产力的高度，进而从生产力的高度论证了生产力与生产关系、经济基础决定上层建筑的辩证关系原理，创立了唯物史观即历史唯物主义哲学，那么，"生产力"是唯物史观最基本的分析范式。马克思在创立唯物史观时的过人之处或超人之处在于，他不仅是将生产力作为最基本的分析范式，同时将科学和技术纳入生产力的范畴，创立了物质生产视域的"科学—技术—生产力"分析范式，这一分析范式集中反映了马克思所处时代科学革命、技术革命和产业革命交织在一起所形成的社会现实。从字面上看，这一分析范式是由科学、技术和生产力构成的，似乎不完全是生产力，但在实质上，这一分析范式是由科学生产力、技术生产力和物质生产力在物质生产领域的整体体现，或者说唯物史观的生产力是这三种生产力有机统一的系统或统称，[①] 因此这一分析范式本质上就是生产力分析范式。马克思唯物史观中的"科技—经济"思想，正是在这一分析范式的基础上形成的。

当马克思对资本主义经济社会进行严格的政治经济学意义的科学研究时，对唯物史观的这一分析范式进行创造性转换，即把科学、技术完全纳入物质生产力的范畴，此时的物质生产力包括科学和技术，或者说，严格的政治经济学意义上的生产力完全是物质生产力，科学和技术只是渗透在或融合到物质生产力之中的，在融合入物质生产力的同时消解科学生产力和技术生产力作为自身存在的方式，转变成了物质生产力发展的一个要素或因素。从字面上看，马克思在政治经济学研究中所使用的分析范式还是"科学—技术—生产力"分析范式，这是对唯物史观分析范式的继承，但是所创新的或作创造性转换的地方在于科学生产力、技术生产力已经不是作为生产力的

---

① 在笔者看来，这是以苏联《政治经济学教科书》作为理论体系代表的政治经济学即"传统马克思主义经济学"所难以理解的。

独立表现形式，而是完全集中在或融合在物质生产力中，在此意义上这一分析范式是完全属于物质生产视域的，这体现在马克思在严格的政治经济学意义上的诸多"科技—经济"思想的命题中，而且是符合当时资本主义社会现实的，如科学是"不费分文"的生产力、生产力中包括科学、科学隶属资本与劳动相分离表现为固定资本的力量等，这正是资本主义占有规律不同于个人占有的客观事实。也正是在这一分析范式的基础上，我们才能真正体会到马克思在政治经济学基础理论建构时所进行的科学处理和科学抽象的本真用意之所在，才能真正理解马克思为什么要把各种商品界定为物质性商品，把各种商品的使用价值界定为"商品体"本身的"物的有用性"①，把各种生产商品的劳动"简化"为简单劳动，"把各种劳动力直接当作简单劳动力"②等带有理论假设性质的命题。这些理论假设性质的命题是马克思构建政治经济学基础理论的理论前提，在其体现出来的正是严格的经济学意义上的"科学—技术—生产力"分析范式所内含了的根本基质。也就是说，马克思政治经济学及其中的"科技—经济"思想，是在严格的经济学意义上的"科学—技术—生产力"分析范式基础上形成的，这一分析范式是完全属于物质生产领域的，是符合资本主义经济社会的现实特征的。

（二）"科技第一生产力"分析范式的确立

在社会主义市场经济条件下，"科技—经济"一体化社会的形成为马克思"科技—经济"思想的创新发展、实现从蕴含在马克思政治经济学基础理论的潜在存在向显在存在的转向提供了新时代背景，而邓小平"科技第一生产力"论为马克思"科技—经济"思想这一转向的实现和新时代马克思主义"科技—经济"新理论的创建提供了一个新的分析范式，即"科技第一生产力"的分析范式。这是由邓小平"科技第一生产力"论的深刻的科学内涵和经济学意蕴所决定的，因为在科学内涵上，邓小平"科技第一生产力"论已经把科技生产力从物质生产力中分化独立出来，使科技不再仅仅作为生产力的一个要素，而是成为相对于物质生产力存在方式而言的一种独立的生产力存在方式，并且与这种科技第一生产力的存在方式较之物质

---

① ［德］马克思：《资本论》第 1 卷，人民出版社 2004 年版，第 48 页。

② ［德］马克思：《资本论》第 1 卷，人民出版社 2004 年版，第 58 页。

生产力存在方式而言是第一位的，它比物质生产力存在方式更基础、更重要、更关键，处于首要的、先进的和核心的位置。如果把"科技第一生产力"再进一步划分为科学生产力和技术生产力，这两种类型相对于物质生产力而言都属于第一生产力的范畴。但如果将科学生产力和技术生产力相比较，科学生产力是更根本的生产力，具有更基础、更核心和更关键的位置，是第一生产力的第一生产力。这样，生产力便有了三种独立的存在方式，即科学生产力、技术生产力和物质生产力。

在"科技—经济"一体化社会中，深入实践活动层面看，"科学研究—技术研发—物质生产"相互联结、双向互动，共同构成了"三位一体"的实践活动链条，这一链条展现为一个动态的整体系统。在这一整体系统中，物质生产力主要是指物质生产视域的生产力，技术生产力主要是指技术研发的生产力，而科学生产力主要是指科学研究的生产力。因此，从生产力的维度看，这三种独立存在形态的生产力在"科学研究—技术研发—物质生产"的实践活动链条中，展现为一个动态的生产力链条所构成的"三位一体"生产力系统，即："科学生产力—技术生产力—物质生产力"。

事实上，马克思所处的时代，"科学生产力—技术生产力—物质生产力"这个"三位一体"生产力系统也是存在的，但三者之间的关系是松散的，甚至还未完全以系统的形式存在，因此马克思在唯物史观中形成了物质生产视域的"科学—技术—生产力"分析范式，而在政治经济学研究中对这一分析范式进行了创造性转换，将科学和技术直接纳入物质生产力中，进而形成了以物质生产力为基础和新核心的"科学—技术—物质生产力"分析范式，并在此分析范式基础上进行其政治经济学研究。而邓小平"科技第一生产力"论的经济学意蕴在于，在生产力分析范式基础上对马克思政治经济学的现代发展研究，不仅要将"科学生产力—技术生产力—物质生产力"作为一个动态系统，而且要突出科技生产力即科学生产力和技术生产力，甚至更要突出科学生产力，只有在此基础上对马克思政治经济学基础理论进行创造性重构，才能实现符合当今时代现实的发展研究。也就是说，马克思是以物质生产力为基础建构了政治经济学基础理论，而在"科技—经济"一体化新时代，按照邓小平"科技第一生产力"分析范式，首先要从科技生产力特别是要从科学生产力基础来对马克思政治经济学基础理论进行重新建构。因此，在"科技—经济"一体化社会中，根据邓小平"科技第一生产力"论需要对马克思政治经济学分析范式进行创造性的再转换，确立现代政治经济学研究的"科技第一生产力"分析范式。这在整个马克思主义分析范式演进过程中，是向唯物史观分析范式的回归，更加符合唯物史观分析范式的内在规定。

六、"科技第一生产力"分析范式的内涵规定与基本特征

通过上述的考察分析，在此将"科技第一生产力"分析范式的基本内涵作如下概括和总结：在"科技—经济"一体化社会中，将"科学生产力—技术生产力—物质生产力"作为一个相互联结的生产力动态系统，并将科技生产力特别是科学生产力作为第一生产力。在这一概括总结中，"科技第一生产力"分析范式包含两层基本含义：一是"科技—经济"一体化社会中的生产力系统是由科学生产力、技术生产力和物质生产力三个子系统构成的。而其中的三个子系统又是由不同的劳动者、劳动资料和劳动对象组成的子系统，具体来看，科学生产力子系统是由科学劳动者、科学劳动资料（包括用于科学研究的仪器设备等硬件劳动资料、用于科学研究的图书信息资料等软性劳动资料）和科学劳动对象来构成的，技术生产力子系统是由技术劳动者、技术劳动资料和技术劳动对象来构成的，物质生产力子系统是由传统意义上的生产工人、物质生产的劳动资料和劳动对象来构成的。二是"科技—经济"一体化社会中构成生产力系统的三个子系统，在地位和作用上是不同的，科学生产力子系统和技术生产力子系统在现代生产力系统中被统称为科技生产力子系统，是处在第一位和发挥第一或首要作用的，正因如此，故将这一分析范式称为"科技第一生产力"分析范式。

同时，与邓小平"科技第一生产力"论深刻的经济学意蕴相适应，理应按照这一分析范式的内涵规定，对马克思政治经济学基础理论进行创造性重构，将马克思蕴含在政治经济学基础理论中的"科技—经济"思想在新时代凸现出来，使之发展成为与"科技—经济"一体化新时代相适应的马克思主义"科技—经济"新理论，这是由"科技第一生产力"分析范式的内涵规定所决定的理论要求。因此，这一分析范式内在地固有两个基本的本质特征，同时也呈现出颇强的时代特征。

第一，"科技第一生产力"分析范式首先将"科学生产力—技术生产力—物质生产力"作为一个相互联结的生产力动态系统，这决定它具有将物质生产视域与精神生产视域相统一的基本特征。这是因为物质生产力是物质产品的生产能力，属于物质生产视域的范畴；而科学生产力是科学产品的生产能力，科学产品一般属于精神产品，因此属于精神生产视域的范畴；而技术生产力是介于物质生产力和精神生产力的中介范畴，将科学生产力和物质生产力联结起来，既有技术知识产品生产能力之意，也有知识物化为物质技术工具的物质产品生产能力之意，因此兼具物质生产和精神生产双重属性。这样，三者相互联结所构成的"科学生产力—技术生产力—物质生产力"系统，便将物质生产和精神生产统一在一起。在此意义上，"科技第一生产力"分析范式实质上是物质生产视域和精神生产视域相统一的"科技第一生产力"分析范式。

第二，"科技第一生产力"分析范式在将"科学生产力—技术生产力—物质生产力"作为一个生产力动态系统的基础上突出科技第一生产力特别是科学生产力，这决定了它有重视知识生产的基本特征。因为这一范式将科技作为第一生产力特别是将科学作为第一生产力，实质上也就是将知识的生产特别是科技知识的生产突出出来，科技特别是科学主要产品形态是知识形态或精神形态。因此，将科技特别是科学作为第一生产力也就意味着将科技知识的生产和精神产品的生产放在了第一位。这样，更有利于"把科学从阶级统治的工具变为人民的力量，把科学家本人从阶级偏见的兜售者、追逐名利的国家寄生虫、资本的同盟者，变成自由的思想家"[①]。在此意义上，"科技第一生产力"分析范式实质上是更加注重知识生产和精神生产的分析范式。

第三，"科技第一生产力"分析范式的这两个基本特征，是新时代科技进步和经济发展现实的反映，因此该分析范式具有相当强的时代特征。概括地讲，它既是对世界范围"科技—经济"一体化社会现实和知识经济发展趋势的反映，也是对中国特色社会主义现代化建设的社会现实和发展趋势的反映。在此意义上，基于这一分析范式来推进马克思"科技—经济"思想

---

① 《马克思恩格斯文集》第 3 卷，人民出版社 2009 年版，第 204 页。

的创新发展，并创立新时代的马克思主义"科技—经济"新理论，进而发展马克思政治经济学和中国特色社会主义政治经济学，既具有人类经济社会历史发展的客观必然性，也具有马克思政治经济学及其中的"科技—经济"思想之理论自身发展的逻辑必然性。

七、与"科技第一生产力"分析范式相适应的政治经济学基本范畴拓展

在现代科技革命和"科技—经济"一体化的中国特色社会主义市场经济背景下，根据邓小平"科技第一生产力"理论，马克思唯物史观中的"科学—技术—生产力"分析范式在经历了政治经济学创造性转换之后，实现了中国特色社会主义政治经济学的再转换，确立了"科技第一生产力"分析范式。要在这一分析范式的基础上对马克思"科技—经济"思想进行发展和重构，还必须对马克思政治经济学中的基本范畴，如生产方式、商品、生产劳动、雇佣工人、生产资料等，作相应的进一步的转换和拓展，使原来适合"物质生产力"基础的这些经典政治经济学的基本范畴，拓展为适合"科技第一生产力"这一物质生产力和精神生产力相统一基础上的中国特色社会主义政治经济学的基本范畴。

只有在"科技第一生产力"分析范式基础上对马克思经典政治经济学理论中这些基本范畴进行进一步的拓展，才能沿着马克思"科技—经济"思想的历史生成和逻辑发展的进路，在现代科技革命和"科技—经济"一体化的中国特色社会主义市场经济背景下，系统地推进马克思"科技—经济"思想的现代发展，进而建构与"科技第一生产力"相适应的马克思主义"科技—经济"新理论。这是因为，对于任何一种科学理论体系而言，基本概念和基本范畴是这一科学理论体系的"细胞"和最基础的理论元素，现代科学大师爱因斯坦，在谈到理论物理学的体系及其构成要素时指出："理论物理学的完整体系是由概念、被认为对这些概念是有效的基本定律，以及用逻辑推理得到结论这三者所构成的"①，其中的基本概念是最基本的构成。没有新的基本概念提出就难以形成新的科学理论体系，就难以形成

---

① 《爱因斯坦文集》第1卷，许良英、范岱年编译，商务印书馆1976年版，第313页。

"被认为对这些概念是有效的基本定律",也就难以"用逻辑推理得到结论"。因此,要在新的"科技第一生产力"分析范式基础上对马克思"科技—经济"思想进行发展和重构,就必须对马克思政治经济学中的基本范畴进行拓展并赋予其新的内涵。

第三节　科技型生产方式：马克思政治经济学研究对象的拓展

在现代科技革命和"科技—经济"一体化的现代市场经济社会中,"发展和创新马克思主义政治经济学,应包括其研究对象的发展与创新"①,特别是作为马克思政治经济学研究对象的"生产方式"的拓展。马克思指出:"从机器体系随着社会知识的积累、整个生产力的积累而发展来说,代表一般社会劳动的不是劳动,而是资本。社会的生产力是用固定资本来衡量的"②;而当"固定资本在生产过程内部作为机器来同劳动相对立的时候,而整个生产过程不是从属于工人的直接技巧,而是表现为科学在工艺上的应用的时候,只有到这个时候……资本才造成了与自己相适合的生产方式",而且这种生产方式伴随着科学技术的应用而呈现为越来越高的科学技术性质,即"资本的趋势是赋予生产以科学的性质",③使生产方式向着科学技术化方向发展。而资本赋予生产的这一科学性质的发展趋势,在"科技—经济"一体化的现代市场经济社会中形成了与"科学技术是第一生产力"发展状况相适应的社会生产方式,这就是在物质生产方式基础上形成的科技型生产方式。正因如此,马克思政治经济学研究的以物质生产力为基础和核心的"科学—技术—生产力"分析范式需要通过再转换,使之发展为"科技第一生产力"分析范式;与此同时,马克思政治经济学的研究对象本身也会随着时代的发展而发展,因此我们必须弄清马克思政治经济学研究对象的发展,弄清从马克思所处时代的物质生产方式到现时代的科技型生产方式的转换,进而在"科技第一生产力"分析范式的基础上将马克思政治经济

---

① 卫兴华:《创新政治经济学研究对象》,《人民日报》2016年12月21日。
② 《马克思恩格斯文集》第8卷,人民出版社2009年版,第187页。
③ 《马克思恩格斯文集》第8卷,人民出版社2009年版,第188页。

学研究的物质生产方式拓展为现代政治经济学研究的科技型生产方式。

一、马克思政治经济学研究对象的现代审视

关于马克思政治经济学的研究对象是什么的问题，我国理论界对其进行了长期的探索和争鸣，不同的专家学者根据自己的背景知识提出了各自不同的观点。从笔者所掌握的研究资料看，理论界关于马克思政治经济学研究对象的探讨，主要形成了四种基本的观点。

一是生产关系论，认为政治经济学的研究对象就是生产关系。这一论点最初来自于斯大林和苏联政治经济学教科书，斯大林在《苏联社会主义经济问题》一书中指出，政治经济学的研究对象就是人们的生产关系即经济关系①，并认为生产关系包括三方面的内容，即所有制、劳动生产中人与人的关系、产品分配。受此影响，我国理论界一些学者持此论点，如有的教科书认为："生产关系是马克思主义政治经济学的研究对象"，而生产关系有狭义和广义之分，狭义的生产关系是指直接生产过程的经济关系，主要指生产资料所有制关系；广义生产关系是指再生产过程中的经济关系，包括生产、分配、交换和消费四个环节中的经济关系。②

二是生产力论，认为政治经济学的研究对象是生产力。如有的学者认为，政治经济学是没有阶级性的，应该正名为"理论经济学"，它的研究对象不仅包括生产关系，而且还包括生产力，并且应当把生产力放在首位。③还有学者认为，社会主义的根本任务是更好更快地发展生产力，根本目的是实现共同富裕，因此，社会主义政治经济学要研究生产力，但不是所有的生产力，而是生产力的社会方面。④

三是生产方式论，认为政治经济学首要的研究对象就是生产方式。这一论点尽管早在十一届三中全会之前就有人提出，但自此之后伴随着政治经济学研究对象的讨论，越来越多的学者主张把生产方式纳入政治经济学的研究

---

① ［苏］斯大林：《苏联社会主义经济问题》，中央编译局译，人民出版社1961年版，第58页。
② 本书编写组：《马克思主义政治经济学概论》，人民出版社、高等教育出版社2011年版，第3—4页。
③ 熊映梧：《经济科学要把生产力的研究放在首位》，《经济科学》1980年第2期。
④ 卫兴华：《政治经济学研究对象的继承与发展问题》，《生产力研究》2008年第2期。

对象中。如有学者认为，"生产方式"是马克思《资本论》的首要研究对象，也是政治经济学最重要、最核心的经济范畴。① 还有学者在此基础上对生产方式提出了不同解释，认为生产方式是介于生产力与生产关系之间的一个范畴；是人们谋取生产资料的方式，是属于物质资料生产范围内的概念②；资源配置方式属于生产方式③等。

四是相互联系论。如有的学者认为，明确政治经济学的研究对象是关系到全部政治经济学理论的重大问题，政治经济学不仅要研究生产关系、交换关系和分配关系，还要研究生产方式，认识这一点就会使我们自觉而又广泛地开展对生产方式方面的研究，并把它提到对生产关系、交换关系和分配关系起决定作用的高度；④ 还有的学者认为，政治经济学的对象是生产方式和生产关系⑤，研究生产关系必须联系生产力⑥，也必须联系上层建筑。

从整体上看，上述四种不同论点的分歧，主要在于理解角度的不同。可以说，四种论点从不同角度"有理、有据"地对马克思政治经济学的研究对象作了诠释，"有理"在于依据和尊重马克思关于政治经济学研究对象的经典论述，"有据"在于依据现实特别是社会主义政治经济学发展的现实，体现了政治经济学研究对象的发展性，这是应当肯定的。但是，在笔者看来这还不够，政治经济学研究对象的发展性，在于整体意义上的与时俱进，而不是在某个角度上的与时俱进。因此，实现马克思政治经济学研究对象的与时俱进，一要整体地系统把握马克思政治经济学经典作家所确立的研究对象，只有如此，才能真正做到正本清源；二要体现这一研究对象自身的发展，只有这样，才能真正做到与时俱进。

第一，要整体地系统把握马克思政治经济学经典作家所确立的研究对象，必须历史地还原马克思政治经济学经典著作中对"研究对象"的表述，而不能随意更改。事实上，马克思在他的政治经济学最具代表性的著作即《资本论》第一卷出版时，在亲自撰写的"第一版序言"中作过明确的说

---

① 陈文通：《政治经济学应当格外重视对生产方式的研究》，《经济纵横》2012 年第 3 期。

② 吴斌：《社会主义政治经济学也应研究生产方式》，《郑州大学学报》1980 年第 1 期。

③ 孟捷、杨志：《技术创新与政治经济学研究对象的拓展》，《当代经济研究》2003 年第 12 期。

④ 胡世祯：《政治经济学研究对象中的生产方式》，《当代经济研究》1999 年第 6 期。

⑤ 陈招顺、李石泉：《政治经济学的对象是生产方式和生产关系》，《学术月刊》1980 年第 6 期。

⑥ 孙立冰：《论政治经济学研究对象的创新与发展》，《社会科学辑刊》2014 年第 1 期。

明，他指出："我要在本书研究的，是资本主义生产方式以及和它相适应的生产关系和交换关系。到现在为止，这种生产方式的典型地点是英国。因此，我在理论阐述上主要用英国作为例证。"① 从马克思的这一表述看，他的政治经济学的研究对象首要的是资本主义生产方式，而这种生产方式在实质上是指与一定生产力构成要素的技术组合方式相一致的资本主义社会组合方式。也就是说，这种生产方式不仅有其特定的生产力发展水平，即生产力的构成要素及技术组合方式所代表的生产力发展水平，而且还有其与之相适应的资本主义的社会组合方式，即资本主义的生产关系，它们一起构成了资本主义的生产方式，这是资本主义经济的基础和根基。在笔者看来，这也是马克思政治经济学直观的或直接的研究对象，只有这样解读，才能理解马克思在"资本主义生产方式"之后紧接着讲"以及和它相适应的生产关系和交换关系"，而紧接着讲的"和资本主义生产方式相适应的生产关系和交换关系"恰恰是马克思政治经济学深层次的间接的研究对象。这是因为，资本主义生产方式范畴本身包含着资本主义生产关系和交换关系之含义，而在资本主义生产方式之后紧接着又说和它相适应的资本主义生产关系和交换关系，这不是前后重复吗？非也。马克思在写这句话时思维是颇为清晰的，简单梳理其中的逻辑便可以清晰地看到这一点：马克思在此讲的是，他要在本书研究的，首先是资本主义生产方式，只有通过研究资本主义生产方式，才能研究"和它相适应的生产关系和交换关系"，别无其他路径；而资本主义生产方式呈现为"物"的生产，而资本主义的生产关系和交换关系实质上是"人与人"的关系，只有研究资本主义"物"的生产方式，才能揭示资本主义"人与人"的关系。在此意义上，那些主张马克思政治经济学研究对象的"生产方式论"观点还是颇有道理的。实际上，这也正好印证了马克思所讲的："资本不是物，而是一定的、社会的、属于一定历史社会形态的生产关系，后者体现在一个物上，并赋予这个物以独特的社会性质。"② 同时，这也就意味着"与资本主义生产方式相适应的生产关系和交换关系"是政治经济学深层次的间接的研究对象，这才是资本主义经济的主体和核

① ［德］马克思：《资本论》第 1 卷，人民出版社 2004 年版，"第一版序言"第 8 页。

② ［德］马克思：《资本论》第 3 卷，人民出版社 2004 年版，第 922 页。

心。在马克思看来，资本主义生产方式的典型地点就是英国，与此相适应的资本主义生产关系和交换关系的典型也在英国，因此马克思要以英国为例加以研究。

从马克思对《资本论》研究对象的具体规定中可以看出，马克思所创立的政治经济学，其研究对象是分层次的，首要的直接的研究对象是资本主义生产方式，深层次的间接的研究对象是与资本主义生产方式相适应的生产关系和交换关系。这两个层次的研究对象相互联系在一起，构成的一个马克思政治经济学整体意义上的研究对象。同时，这两个层次的研究对象相互联系在一起，构成了一个完整的经济系统，即资本主义经济系统，也就是马克思所讲的"现代社会的经济运动"系统。换言之，马克思政治经济学的研究对象就是资本主义经济系统，就是他所讲的"现代社会的经济运动"系统，而不是别的什么；要不然，怎么能成为马克思的政治经济学呢！只有将资本主义经济系统即"现代社会的经济运动"系统确立为对象加以研究，才能揭示出"现代社会的经济运动规律"，才能理解马克思在《资本论》第一卷的"第一版序言"中所说的："本书的最终目的就是揭示现代社会的经济运动规律。"① 这也如恩格斯在《反杜林论》中所指出的："政治经济学，从最广的意义上说，是研究人类社会中支配物质生活资料的生产和交换的规律的科学"②，但"到现在为止，我们所掌握的有关经济科学的东西，几乎只限于资本主义生产方式的发生和发展"，因此"政治经济学作为一门研究人类各种社会进行生产和交换并相应地进行产品分配的条件和形式的科学——这样广义的政治经济学尚待创造"，③ 而现在所创立的"只限于资本主义生产方式的发生和发展"以及与此相适应的生产关系和交换关系的政治经济学。我国理论界提出的诸多论点，将马克思政治经济学的研究对象仅仅认定为生产关系，或仅仅认定为生产力，或仅仅认定为生产方式，都在一定程度上曲解了马克思政治经济学经典作家关于政治经济学研究对象规定的本意，没有看到马克思所讲的两个层面的研究对象构成一个完整的研究对象的深刻含义。

---

① ［德］马克思：《资本论》第 1 卷，人民出版社 2004 年版，第 10 页。
② 《马克思恩格斯文集》第 9 卷，人民出版社 2009 年版，第 153 页。
③ 《马克思恩格斯文集》第 9 卷，人民出版社 2009 年版，第 156 页。

第二，实现马克思政治经济学研究对象的与时俱进，在整体地系统把握马克思政治经济学经典作家所确立的研究对象基础上，还必须体现这一研究对象自身的发展。而这一研究对象自身的发展表现在哪些方面呢？一是从马克思所处的时代发展到现时代，经济运动系统所处的社会环境发生了重大变化，不仅有资本主义市场经济的社会环境，也有社会主义市场经济的社会环境，它们一起构成了现代市场经济社会环境。因此，马克思政治经济学的研究对象，在今天看来势必由"资本主义生产方式以及和它相适应的生产关系和交换关系"发展为"现代市场经济的生产方式以及和它相适应的生产关系和交换关系"，并且尤其要突出现代市场经济社会条件下"社会主义生产方式以及和它相适应的生产关系和交换关系"，只有如此才能建构起中国特色社会主义的政治经济学，进而指导中国特色社会主义经济实践。二是从马克思所处的时代发展到现时代，生产方式本身发生了重大的变化，由以物质生产为主体的生产方式发展为以科技劳动为主体的生产方式，而和它相适应的生产关系和交换关系也必然随之发生重大的变化，因此由"生产方式以及和它相适应的生产关系和交换关系"构成的经济运动系统也就必然发生变化。在此情况下，弄清马克思政治经济学研究对象本身的发展，对于马克思政治经济学及其中蕴含的"科技—经济"思想发展意义重大，因为"政治经济学本质上是一门历史的科学"①，同时也是一门发展的科学，政治经济学的这种历史性和发展性不仅体现在学科内容上，而且更重要的是体现在研究对象上，对于一个科学理论体系来讲，它的研究对象决定着该学科的内容。

二、生产方式的转变与科技型生产方式的确立

资本主义生产方式既是资本主义经济系统的基础和根基，也是马克思政治经济学研究对象首要的和基础性的构成部分。从马克思所处的时代发展到今天，人类的生产方式或劳动方式发生了重大转变，形成了与"科技第一生产力"发展状况相适应的科技生产方式或科技劳动方式。这主要表现在以下几个方面。

---

① 《马克思恩格斯文集》第 9 卷，人民出版社 2009 年版，第 153 页。

　　第一，由科技劳动与生产劳动相分离的劳动形式，向科技劳动和生产劳动相结合的劳动形式的转变，形成了科技劳动与生产劳动一体化的劳动方式。在马克思所处的时代，科技劳动与生产劳动是分离的，科技的经济功能主要是以"要素渗透方式"间接地实现的，即科技需要向生产劳动者、生产资料等转化渗透这些中间环节，才能转化为经济效益。然而，在现代市场经济社会中，科技劳动与生产劳动日益结合，科学的经济功能不再仅仅以间接的方式经过许多中间环节后才显现，而且更为重要的是以直接的方式实现的，甚至科技直接成为经济系统中的一个有机组成部分或部门。这时，科学、技术与生产的相互转化的机制达到了相当完善的水平，出现了"科学研究—技术研发—物质生产"一体化的态势，并且在这三位一体化关系中的科学和技术，已经成为推动整个社会生产和经济发展的首要、关键和决定性的第一生产力。现代市场经济社会中现实财富的创造和取得，正如马克思早就预言的那样，随着大工业的发展，必将是"较少地取决于劳动时间和已耗费的劳动量，较多地取决于在劳动时间内所运用的作用物的力量，而这种作用物自身——它们的巨大效率——又和生产它们所花费的直接劳动时间不成比例，而是取决于科学的一般水平和技术进步，或者说取决于这种科学在生产上的应用"①；同时，用于财富创造的"直接劳动在量的方面降到微不足道的比例……它在质的方面，虽然也是不可缺少的，但……同一般科学劳动相比，同自然科学在工艺上的应用相比……却变成一种从属的要素"②。就是说，随着大工业的发展，商品价值中来自工厂内部直接从事生产的工人的直接劳动的部分降低到微不足道的程度，成为从属要素；相反，却主要取决于科学技术的进步及其在生产中的运用，即来自科技劳动。"科技—经济"一体化社会的形成和在此基础上发展起来的知识经济，将马克思当年的科学预言变成了现实。

　　第二，由以体力劳动为主的劳动形式，向以脑力劳动为主的劳动形式的转变，形成了以脑力和智力劳动为主的知识劳动或创新劳动形式。创造商品价值的劳动既包括体力劳动，也包括脑力劳动，人的劳动能力是其体力和脑

---

① 《马克思恩格斯文集》第 8 卷，人民出版社 2009 年版，第 195—196 页。
② 《马克思恩格斯文集》第 8 卷，人民出版社 2009 年版，第 188—191 页。

力的总和。在马克思所处的时代，资本主义生产方式的特点，恰恰在于它把各种不同的劳动，因而也把脑力劳动和体力劳动，或者说，把以脑力劳动为主或以体力劳动为主的各种劳动分离开来，分配给不同的人。同时由于当时的生产过程中脑力劳动创造的价值数量较小，在价值总额中的比例很小，而且脑力劳动又往往依附于体力劳动来进行生产活动，缺乏独立创造商品价值的具体形式。因此，当时的价值理论所论及的主要是以体力劳动为主的劳动形式。然而，社会是不断向前发展的，19世纪70年代产生了第二次产业革命，这是以发电机和电动机的发明与利用为标志的新兴科技革命。二战后又出现了以原子能等新能源的发明与利用、电子计算机等的发明与利用、新材料的人工合成与利用、空间技术的发展以及遗传工程的重要成就等为标志的新科技革命，引起了第三次产业革命。20世纪70年代末到80年代初，伴随着个人计算机问世，出现了以个人计算机为主的创新时期，引起了信息技术发展过程中的重大革命性转变。进入20世纪90年代以后，又开始了以互联网为中心的创新高峰期。互联网的出现，是信息技术领域又一个更重大的革命性转变，开始了一个新的信息文明时代，极大地改变了人们的生产方式、工作方式和生活方式，人们的生产劳动也相应地出现了一系列新特点，如全自动化的工厂用计算机控制操作，不需要很多工人进行体力劳动，只要少数人开关电钮即行；又如随着个人电脑时代的到来、信息高速公路的发展以及"互联网+"行动的倡导，各种软件产品、信息产品即以脑力劳动为主的产品开始进入了大规模生产、大规模运输和传播的阶段，大大改变了人类的生产活动。此时，以脑力劳动为主的劳动形式，如知识劳动、科技劳动、科技化劳动等劳动方式已经成为现代市场经济社会的主体，相应地以体力劳动为主的劳动形式成为现代市场经济社会的辅助形式。

第三，由以重复性劳动为主的劳动形式，向以创新劳动为主的劳动形式的转变，创新劳动成为现代经济社会发展的重要形式。在马克思所处的时代，由于科技劳动和生产劳动相分离、相对立，致使那个时代的生产劳动是以重复性的一般劳动为主的，重复性劳动是那个时代的劳动形式的主要特征，资本家把工人仅仅当作会说话的工具，当作榨取剩余价值的手段。而在现代市场经济社会中，尤其是在当今"科技—经济"一体化新时代，创新劳动日益成为现代劳动的主要形态，创新——广义上的科技创新，包括知识创新、科学创新、技术创新、市场创新、管理创新、产品创新等，日益成为当今时代的一个重要特征。江泽民强调"创新是民族进步的灵魂，是国家兴旺发达的不竭动力。科技创新越来越成为当今社会生产力解放和发展的重要基础和标志，越来越决定着一个国家、一个民族的发展进程"；从一定意义上讲，"科学的本质就是创新……二十世纪相对论、量子论、基因论、信息论的形成，都是创新思维的成果。正是基于物理科学、生命科学和思维科学等的突破性进展，人类创造了超过以往任何一个时代的科学成就和物质财富。二十一世纪，科技创新将进一步成为经济和社会发展的主导力量"。①胡锦涛强调"提高自主创新能力，建设创新型国家，是国家发展战略的核心，是提高综合国力的关键"②，因此要"努力建设创新型国家，把增强自主创新能力作为科学技术发展的战略基调和调整经济结构、转变经济增长方式的中心环节，大力提高原始创新能力、集成创新能力和引进消化吸收能力，努力走出一条具有中国特色的科技创新之路"③。党的十八大以来，突出"创新是引领发展的第一动力"，强调"必须把创新摆在国家发展全局的核心位置，不断推进理论创新、制度创新、科技创新、文化创新等各方面创新，让创新贯穿党和国家一切工作，让创新在全社会蔚然成风"；④同时，"深入实施创新驱动发展战略"，充分"发挥科技创新在全面创新中的引领作用，加强基础研究，强化原始创新、集成创新和引进消化吸收再重新"。⑤2014 年国家确定了加紧实施的 16 个重大专项，重点攻克"高端通用芯片、集成电路装备、宽带移动通信、高档数控机床、核电站、新药创制等关键核心技术，加快形成若干战略性技术和战略性产品，培育新兴产业。在此基础上，以 2030 年为时间节点，再选择一批体现国家战略意图的重大科技项目，力争有所突破。从更长远的战略需求出发，我们要坚持有所为有所不为，在航空发动机、量子通信、智能制造和机器人、深空深海探测、重点新材料、

---

① 江泽民：《论科学技术》，中央文献出版社 2001 年，第 147、192 页。
② 《十七大以来重要文献选编》上卷，人民出版社 2009 年版，第 577—578 页。
③ 《十六大以来重要文献选编》中卷，人民出版社 2006 年版，第 1094 页。
④ 《中国共产党第十八届中央委员会第五次全体会议文件汇编》，人民出版社 2015 年版，第 31 页。
⑤ 《中国共产党第十八届中央委员会第五次全体会议文件汇编》，人民出版社 2015 年版，第 37 页。

脑科学、健康保障等领域再部署一批体现国家战略意图的重大科技项目"①。在这样的现实面前，创新成为我们这个时代的符号，创新劳动成为我们这个时代最重要的劳动形式。

第四，由以依附性劳动为主的劳动形式，向以自主性劳动为主的劳动形式的转变，自主性劳动成为现代经济社会的重要劳动方式。在近代商品经济社会时代，甚至在工业化时期，劳动者选择职业灵活度小，甚至终身从事同一职业和同一岗位，劳动强度大、劳动时间长，呈现出明显的劳动依附于机器和资本的特征。托夫勒作了这样的概括："各种文明都有潜在的法则，有一整套规律和原则贯穿在它的一切活动之中，好像是经过反复设计好了似的。工业化推向全球，它的独特潜在的设计变得清晰可见。它包括六个相互联系的原则……这些原则影响到人类生活的各个方面……今天在我们的学校、企业和政府机构中许多怒气冲冲的冲突，实际上集中在这六个原则上。作为第二次浪潮的人，本能地运用这些原则，保护这些原则"，这些原则具体是指标准化、专业化、同步化、集中化、好大狂、集权化。②这六个原则集中显示了近代社会劳动形式的依附性特征。然而，在当今时代，依附性劳动逐步被自主性劳动所取代。主要表现在以下方面：（1）劳动者由于自身素质的不断提高，已经不再满足于单调的劳动，越来越多的劳动者选择职业、选择劳动的灵活性大大提高。（2）劳动手段的自动化程度越来越高，呈现出智能化趋势，这样就把劳动者从单一的依靠人手的劳动中解放出来，劳动强度大大降低。（3）劳动对象日益向深度和广度发展，新型化和微型化趋势明显。如电脑的集成度每18个月就要翻一番，纳米技术已经被广泛应用于社会经济生活的各个领域。（4）劳动方式出现了劳动者与劳动对象逐渐分离的趋势，特别是信息产业和"互联网+"的发展，这一趋势更加明显，劳动越来越不受时间和空间的限制。（5）劳动时间大大缩短，就业形式更加灵活多样。发达国家工人的劳动时间一般都降低到了每周40个工作

---

① 《中国共产党第十八届中央委员会第五次全体会议文件汇编》，人民出版社2015年版，第107页。

② ［美］阿尔温·托夫勒：《第三次浪潮》，朱志炎等译，生活·读书·新知三联书店1984年版，第100、115页。

小时以内，有些国家在 35 小时以内，节假日也越来越多等。① 这些方面充分体现出了现代劳动形式的自主性特征。

第五，由经验型管理劳动向科学型管理劳动的转变，科学管理成为现代市场经济社会的重要管理劳动形式。从历史维度看，管理劳动有一个从孕育到产生、从低级到高级、从经验型到科学型的发展过程，而且科学型的管理在现代已经居于主导地位。在手工业生产状态下，生产者独自进行生产和销售，不须专人进行管理。而在机器大工业的生产状态下，工厂作为企业单位的组织细胞，拥有数百、数千、数万，甚至数十万或数百万人进行工作。这么多的人组织在同一个工厂中，需要进行组织管理，这如同"一个单独的提琴手是自己指挥自己，一个乐队就需要一个乐队指挥"② 一样，"人数较多的工人在同一时间、同一空间（或者说同一劳动场所），为了生产同种商品，在同一资本家的指挥下工作，这在历史上和概念上都是资本主义生产的起点"③。这种大规模生产需要进行统一的指挥、管理、监督和调节，既是资本的职能，也是社会化大生产的必要条件。起初，作为管理的劳动是经验型的，只是从经验出发，在一部分人或少数人中进行组织分工；而随着生产的发展，生产的范围扩大，产品日益增加，企业内部的分工越来越细致，越来越需要科学的组织与管理，这时对管理提出了更高的要求。现代企业的管理者，不仅要具有与该企业有关的专业知识，如生产化工产品的必须是化工专业的专家，生产医药产品的必须是医药专家之类；而且还要具备信息时代所必须掌握的现代化信息手段，如熟练掌握外语和高等数学、熟练运用计算机和现代管理手段等；同时还要具备市场知识，通过深入研究市场情况确定企业经营的战略和策略；更加重要的是，还要有较高的道德水准和政策水平，懂得领导艺术，团结全体人员，调动广大劳动者积极性。现代企业的管理者，尤其需要善于实现科技创新、体制创新和理论创新，通过创新把企业推向前进。这些都需要管理者掌握先进的科技知识，进行高级管理劳动。只有科学型的高级管理劳动，才能保障企业的有效经营和持续发展。如果管理者不能进行科学的管理，该企业就会在竞争中处于不利地位甚至被兼并、破

① 赵振华：《劳动价值论新论》，上海三联书店 2002 年版，第 140 页。
② ［德］马克思：《资本论》第 1 卷，人民出版社 2004 年版，第 384 页。
③ ［德］马克思：《资本论》第 1 卷，人民出版社 2004 年版，第 374 页。

产。现代企业经营的好坏，与管理者是否懂得科学管理分不开，所以现代的
管理劳动不是一般的经验型的管理劳动，而是高级的科学型的管理劳动。[1]
科学型的管理劳动已经成为作为现代科技——管理科学技术的具体应用，它
至少具有"六化"的特征，即现代管理劳动手段的信息化、现代管理劳动
组织结构的法制化、现代管理劳动方式的民主化、现代管理劳动效果的最优
化、现代管理劳动意识的整体化和现代管理劳动理论的科学化。[2]

　　由劳动方式从马克思所处的时代到现时代的转变可见，现代劳动方式不
仅是科技劳动与生产劳动一体化的劳动方式，而且也是以脑力和智力劳动为
主的知识劳动或创新劳动形式；不仅是创新性劳动和自主性劳动为主的劳动
形式，而且也是科学型管理性的劳动方式等。由这些特点所决定，现代劳动
方式是一种以科技劳动为主的新型劳动方式，这也就是"科技—经济"一
体化现代市场经济社会的科技型生产方式。

三、科技型生产方式的构成及其政治经济学意义

　　科技型生产方式作为"科技—经济"一体化现代市场经济社会中的新
型劳动系统方式，在其内在构成上，一方面是由劳动者和生产资料相结合而
构成的，其中的劳动者不仅包括传统意义上的物质生产劳动者，也包括参与
其中的技术劳动者和科学劳动者；而生产资料不仅包括传统意义上的物质生
产资料，也包括精神生产资料特别是科学生产资料。另一方面，科技型生产
方式还形成了以科技劳动为核心组成、其他劳动为辅助部分的结构，具体说
来：（1）基础性科技劳动生产、更新和发展着科学知识体系，这是新型劳
动系统方式的精髓，是核心之灵魂；（2）应用性科技劳动和开发性科技劳
动将科技知识转化为一定的专业技术、生产程序和工艺流程等，这是新型劳
动系统的肺腑，是核心之体；（3）科技化的生产劳动将科学技术转化为直
接生产力而且生产现实的劳动产品，这是新型劳动系统的肢体，是核心之外
围。这三者共同构成了"以科技劳动为核心"和"以准科技劳动为辅助"
的现代新型的劳动系统方式。

---

[1]　陈征：《当代劳动的新特点》，《光明日报》2001 年 7 月 17 日。
[2]　刘冠军：《论现代管理的"六化"特征》，《天府新论》1998 年第 5 期。

科技型生产方式对现代政治经济学的研究具有重大的理论意义。大家知道，马克思在规定政治经济学研究对象时所讲的"资本主义生产方式"，主要是资本主义的物质生产方式。而历史进入到"科技—经济"一体化的现代市场经济社会，生产方式已经发生了巨大的转变，形成了这种"以科技劳动为核心"和"以准科技劳动为辅助"的新型生产方式，因此作为马克思政治经济学研究对象基础构成的生产方式已经发生巨大的发展，正是为了便于区别和分析，我们才将其称为科技型劳动方式或科技型生产方式。与此同时，生产方式是生产力构成要素在技术组合方式基础上的社会组合形式，在一定社会生产方式基础上开展的生产劳动，其劳动产品体现着一定的社会性质，在商品经济以及它的高级发展形态及市场经济条件下表现出商品的属性，以商品的形式存在着。而商品的社会性质在实质上体现的是生产商品的劳动社会性质。当生产方式从马克思所处时代的物质生产方式，发展到现代经济社会中的科技型生产方式时，以商品形式存在着的劳动产品的范围必然加以扩展，即从物质生产方式基础上的物质产品必然扩展为科技型生产方式基础上的科技产品；与此相适应，生产商品的劳动也从物质生产方式基础上的物质生产劳动必然扩展到科技型生产方式基础上的科技生产劳动或科技劳动。同时，由于生产方式内在地包括两个要素，即作为劳动者的主观要素和作为生产资料的客观要素。在市场经济社会中，作为劳动者的主观要素表现为雇佣劳动者阶级即工人阶级，作为生产资料的客观要素表现为资本的生产资料。生产方式的转变，即马克思所处时代的物质生产方式转变为新时代的科技型生产方式，必然使内在的两个要素发生转变。因此，从"科技第一生产力"分析范式考察了政治经济学的研究对象从马克思的物质生产方式向科技型生产方式的拓展之后，还需要考察科技型生产方式基础上马克思政治经济学关于"商品""生产劳动""工人阶级"和"生产资料"等基本范畴的拓展。

第四节　科技商品：科技型生产方式下
马克思"商品"范畴的拓展

在"科学—技术—生产力"分析范式基础上，马克思在对资本主义物质生产方式及其他体现的生产关系进行考察研究时，从"商品"开始研究即以"商品"作为理论建构的逻辑起点，创立了政治经济学经济理论并在其中蕴含形成了丰富的"科技—经济"思想；而在"科技第一生产力"的新分析范式基础上，由这一新分析范式的内涵所决定，在科技型生产方式基础上的现代市场经济社会中，理应把科技产品特别是科学产品纳入"商品"范畴，拓展马克思政治经济学研究中的"商品"范畴，并以科技商品特别是科学商品作为新理论建构的逻辑起点。由于科技商品特别是科学商品已经从物质生产视域拓展到了精神生产视域，同时由于科技商品是新理论建构的逻辑起点，对新理论的建构来说意义重大，因此对科技产品特别是科学产品能否纳入商品范畴，能否实现将马克思政治经济学研究中的商品范畴拓展为"科技商品"范畴，以及在政治经济学的视域中科技商品的内涵和特征是什么，这些问题还需要从理论上、社会现实性上以及时代发展等层面作进一步的考察分析。

一、马克思政治经济学中"商品"范畴的现代审视

马克思的政治经济学是从研究"商品"开始的，而什么是商品呢？在马克思《资本论》及其政治经济学手稿等经典著作中有大量的论述。从这些经典著作的论述看，对马克思的商品范畴至少可以从两个层面来理解。

第一，就单个产品作为商品而言，"商品首先是一个外界的对象，一个靠自己的属性来满足人的某种需要的物"[①]，即商品首先是一个"物"，这个物靠其自身的属性满足人的某种需要，而"物的有用性使物成为使用价值。但这种有用性不是悬在空中的。它决定于商品体的属性，离开了商品体就不存在。因此，商品体本身，例如铁、小麦、金刚石等等，就是使用价值，或财物……使用价值只是在使用或消费中得到实现。不论财富的社会的形式如何，使用价值总是构成财富的物质的内容。在我们所要考察的社会形式中，使用价值同时又是交换价值的物质承担者。交换价值首先表现为一种使用价值同另一种使用价值相交换的量的关系或比例"[②]。在这里，"商品的物体属

[①]　［德］马克思：《资本论》第1卷，人民出版社2004年版，第47页。

[②]　［德］马克思：《资本论》第1卷，人民出版社2004年版，第48—49页。

性只是就它们使商品有用，从而使商品成为使用价值来说，才加以考虑。另一方面，商品交换关系的明显特点，正在于抽去商品的使用价值。在商品交换关系中，只要比例适当，一种使用价值就和其他任何一种使用价值完全相等"①；"如果把商品体的使用价值撇开，商品体就只剩下一个属性，即劳动产品这个属性。可是劳动产品在我们手里也已经起了变化。如果我们把劳动产品的使用价值抽去，那么也就是把那些使劳动产品成为使用价值的物体的组成部分和形式抽去。它们不再是桌子、房屋、纱或别的什么有用物。它们的一切可以感觉到的属性都消失了。它们也不再是木匠劳动、瓦匠劳动、纺纱劳动或其他某种一定的生产劳动的产品了。随着劳动产品的有用性质的消失，体现在劳动产品中的各种劳动的有用性质也消失了，因而这些劳动的各种具体形式也消失了。各种劳动不再有什么差别，全都化为相同的人类劳动，抽象人类劳动"②，这是商品交换价值的基础即商品的价值，它是由生产商品的社会必要劳动时间决定的。

第二，在资本主义社会中，不仅单个产品具有商品的形式，而且所有产品即社会总产品也具有商品的形式。就社会总产品作为商品而言，商品是作为资本的产物而存在的，表现为资本总价值加上剩余价值的物质承担者，表现为自行增殖的资本的转化形式。马克思还指出："只有在资本主义生产的基础上，商品才变为产品的一般形式，所有产品才必须采取商品的形式，买和卖才不仅支配了生产的剩余，而且支配了生产的实体本身，各种生产条件本身才广泛地表现为从流通进入生产过程的商品。所以，如果说一方面商品表现为资本形成的前提，那么另一方面，就商品是产品的一般元素形式而言，它在本质上表现为资本主义生产过程的产物和结果"③；"只有在资本主义生产的基础上，商品才成为产品的一般形式，而且资本主义生产越发展，一切生产的组成部分也就越作为商品进入生产过程"，因此，"从资本主义生产中产生的商品与作为资本主义生产元素的商品，作为资本主义生产的前提的商品，是有不同规定的。我们过去的出发点是作为独立物品的单个商

---

① ［德］马克思：《资本论》第 1 卷，人民出版社 2004 年版，第 50 页。
② ［德］马克思：《资本论》第 1 卷，人民出版社 2004 年版，第 50—51 页。
③ 《马克思恩格斯文集》第 8 卷，人民出版社 2009 年版，第 424 页。

品,其中对象化着一定量的劳动时间,从而是具有一定量的交换价值的独立物品",① 而现在"商品作为这样一种东西——这种东西不同于最初独立地呈现在我们面前的商品,它是资本总价值加上剩余价值的承担者——,作为资本的产物,实际上作为已经自行增殖的资本的转化形式,……商品不仅仅必须作为具有一定有用属性的物品,作为满足一定需要(不管是个人消费,还是生产消费)的一定使用价值而同买者相对立。商品的交换价值必须取得一种与其使用价值不同的、特殊的、独立的、尽管是观念上的形式。商品必须表现为使用价值和交换价值的统一,但同时又必须在这种统一中表现为这种二重物"②。

在马克思看来,社会总产品作为商品是以单个产品作为商品为前提的,是在单个商品的基础上资本主义生产的发展结果。因此,单个商品才是资本主义经济的"细胞"③,这是最难研究的,尽管马克思"已经尽可能地做到通俗易懂",但也"是最难理解的"。④ 而要真正把握商品,必须理解它的两个因素即使用价值和价值以及二者的关系。在此作如下的概括:

一方面,就商品的使用价值而言,它是商品不可缺少的构成因素之一,它具体表现为商品作为"物的有用性"或有用之"物",其具有以下几个特点:一是商品的使用价值决定于商品体的属性,离开了商品体就不存在;二是它同人取得它的使用属性所耗费的劳动的多少没有关系;三是它只是在使用或消费中得到实现;四是不论财富的社会形式如何,使用价值总是构成财富的物质内容;五是商品的使用价值同时又是交换价值的物质承担者;六是商品的使用价值与劳动生产力成正比。

另一方面,就商品的价值而言,它是商品不可缺少的另一个构成因素,它是指商品的"无差别的人类劳动的单纯凝结,即不管以哪种形式进行的人类劳动力耗费的单纯凝结"⑤,其具有以下特点:(1)商品的价值体现的是人类劳动本身,是一般人类劳动的耗费;(2)它的价值的"表现形式"

---

① 《马克思恩格斯文集》第 8 卷,人民出版社 2009 年版,第 431 页。
② 《马克思恩格斯文集》第 8 卷,人民出版社 2009 年版,第 432 页。
③ [德] 马克思:《资本论》第 1 卷,人民出版社 2004 年版,第 8 页。
④ [德] 马克思:《资本论》第 1 卷,人民出版社 2004 年版,第 7 页。
⑤ [德] 马克思:《资本论》第 1 卷,人民出版社 2004 年版,第 51 页。

是交换价值；（3）商品交换关系的明显特点在于抽去商品的使用价值，只要比例适当，一种使用价值就和其他任何使用价值完全相等；（4）作为价值，商品只能有量的差别，而没有质的区分；（5）一般而言，在一定的社会条件下商品价值与劳动生产率成反比；就价值量来说，有意义的只是商品中包含的劳动的量，它是由社会必要劳动时间决定的。

商品的使用价值和价值这两个方面是对立基础上的统一，主要表现在：没有使用价值，价值就没有物质内容，就没有存在的对象，就不成其为商品；反过来说，生产产品尽管花费了劳动，但是不形成价值，它也就只能是产品而不是商品。同时，使用价值和价值又是互相对立、互相排斥的。这是因为，商品生产者生产商品并不是为了自己消费，而是为了别人的消费，因此商品对商品生产者本身并没有使用价值，它只是作为一种交换的手段。相反，商品对于它的非所有者则具有使用价值。其他人为了取得该商品的使用价值，必须通过交换使它作为价值实现，就是说商品作为使用价值实现，必须把它从所有者的手里转到非所有者的手里。但是，商品在能够作为价值来实现以前，必须证明自己是使用价值。这是因为，耗费在商品上的人类劳动，只有在交换中证明是耗费在对别人有用的形式上，就是说商品只有对别人有用，为别人所需要，才能作为价值实现。这就存在着双方特别是价值一方实现不了的可能性。

从"科技—经济"一体化的新时代来审视，马克思所讲的商品主要是指物质性的商品，或者说以"物"的形式存在的商品，其中看不到科技产品特别是科学产品作为商品存在的形式。但在"科技—经济"一体化和科技是第一生产力的社会背景中，现代经济社会是一种高度发达的商品经济社会即市场经济社会，不管怎样认定它的社会性质——是资本主义市场经济社会，还是社会主义市场经济社会，它都是一种市场经济社会。在这样一种现代经济社会中，具体到对科技产品来说，理论界还是存在如下的问题：科技产品是不是商品？科技产品特别是科学产品能否纳入马克思政治经济学的"商品"范畴？事实上，在商品经济的汪洋大海中，任何劳动产品都在不同程度上具有了商品的属性而成为商品家族的一员，科技产品，包括科学产品在内，也不例外。尽管人们在有意或无意地将科技产品排除在商品家族之外，但从马克思的商品理论来看，"科技产品在商品经济社会中也是商品"

的命题是成立的。因为马克思在关于产品成为商品的条件的论述中，为这一命题的探讨留下了空间。

根据马克思的商品理论可知，商品是用来交换的劳动产品，产品要具有商品的属性进而成为商品，必须满足以下三个条件：一是产品必须具有有用性，即具有使用价值；二是产品必须是劳动的产物，即劳动产品；三是产品必须是用来交换的。马克思指出："一个物可以是使用价值而不是价值。在这个物不是以劳动为中介而对人有用的情况下就是这样……一个物可以有用，而且是人类劳动产品，但不是商品。谁用自己的产品来满足自己的需要，他生产的虽然是使用价值，但不是商品。要生产商品，他不仅要生产使用价值，而且要为别人生产使用价值，即生产社会的使用价值……要成为商品，产品必须通过交换，转到把它当做使用价值使用的人的手里。最后，没有一个物可以是价值而不是使用物品。如果物没有用，那么其中包含的劳动也就没有用，不能算做劳动，因此不形成价值。"① 在"科技—经济"一体化为社会背景的现代市场经济社会中，科技产品同物质性产品相比较，它们也具有一般商品的共性，即能够满足商品成立的三个基本条件：（1）科技产品具有有用性，即具有使用价值，表现在它能够满足人们的物质的和精神的各种需要；（2）科技产品是人类劳动——科技劳动的产物，属于劳动产品的范畴；（3）科技产品能够与其他商品交换，尽管在交换过程中交换的比例表现出异常的复杂性，但交换是能够进行的，并且只有交换成功，才能得到社会的承认，实现其社会性。因此，从理论上讲，在"科技—经济"一体化为社会背景的现代市场经济社会中，马克思的商品范畴理应拓展到科技产品，即科技产品理应也是商品。

然而，在市场经济社会中，人们对科技产品商品属性的认识有一个相当复杂的过程，因为科技特别是科学自近代从生产实践中分离出来成为一种独立的社会实践形式之后，便产生了"科技产品的非商品性"的思想，认为科技产品不是商品，特别是科学产品是不能成为商品的。并且，这一思想在社会上是"根深蒂固"的，从事理论科学研究的人员尤其如此。因此，要想在理论认识上确立"科技产品也是商品"的思想观点，首先应当分析与

① ［德］马克思：《资本论》第1卷，人民出版社2004年版，第54页。

这一观点相反的观点——"科技产品是非商品"的思想及产生的社会历史原因,然后在此基础上分析从"科技产品是非商品"到"科技产品是商品"的认识转向。

所谓"科技产品的非商品性"思想,是指在市场经济社会中,社会特别是科技人员是不把科技产品当作商品来看待的。这种思想的产生有其深层次的社会原因。贝尔纳在《科学的社会功能》中考察了这一思想产生的社会心理因素,他指出:"科学事业一向是科学工作者的公社,彼此帮助,共享知识,它的个人和集体不追求超过研究工作所需要的金钱和权力。他们一贯以理性的眼光和国际的眼光看待问题"[1],特别是当科技成果应用到社会实践中去,"被承认为现代生活机器的一个基本组成部分",科技工作者"不再会遇到人们实际上鄙视他,又迷信般地钦佩他的那种复杂情绪,而被看作是一个有运气而且有能力来对付新事物——而不是既有事物——的普通工作人员"[2] 时,科学家们在心理上得到极大的满足,便不会把自己的劳动成果——科技产品当作可以用金钱交换的商品。贝尔纳还作了这样的阐述,他说:"科学的确是有利可图的",但是"科学家们从事科研时,很少把科研看作谋取私利的商业,而且在科学界内外的确都有不少人认为他们要是这样做就是错误的",正是人们在心理上对科技成果非商品属性的认识,贝尔纳得出这样的结论:"我们还必须记住:科学家并不是而且不能变成一种自给自足的职业",[3] 而只能依靠那些类似于"对化学惊人地无知"的"化学工厂主"、"对力学一窍不通"的"使用机器的工厂主"[4] 等"恩主"们的资助,否则科学事业就失去经济基础而停滞不前。这也正是科学家"既让人迷信般地钦佩,又让人实际上鄙视"的可悲之处。

对这一现状的改变是从 20 世纪中叶之后,伴随着现代科技革命爆发和"科技—经济"一体化社会以及知识经济的逐步形成,大量的工业实验室和各种研发中心的涌现、大量的高新科技产业以及高新科技产业园区的形成,科技人员在这样的社会实践基础上对科技产品是不是商品的问题逐步有了新

---

① [英] 贝尔纳:《科学的社会功能》,陈体芳译,商务印书馆 1985 年版,第 436 页。
② [英] 贝尔纳:《科学的社会功能》,陈体芳译,商务印书馆 1985 年版,第 425 页。
③ [英] 贝尔纳:《科学的社会功能》,陈体芳译,商务印书馆 1985 年版,第 361 页。
④ [德] 马克思:《资本论》第 1 卷,人民出版社 2004 年版,第 444 页。

的认识,逐步放弃了科技产品是非商品的观念,同时树立起"科技产品也是商品"的观念,并且越来越多的科技人员认识到科技产品不仅是商品,而且是非常重要的商品,这从大量科技人员"下海"创办科技企业的事实和科技人员积极申报技术专利的事实,可以体会到科技人员的认识观念的这一转变。也正是科技人员认识观念的这一转变,使他们不再仅仅局限于"为科技而科技"的科研活动之中,而是开始了"为商品而科技"的研发活动,这样既促进了科技的发展,也推进了科技产品的商品化进程,取得了科技发展和经济发展的"双赢"局面。譬如,伴随中国的改革开放出现的"科研院所改革创新"的五大案例——"中国钢研:推进技术研发和产业化的协调发展","西北有色院:在细分的市场中崛起","南京水科学院:以人为本构建现代科研院所","长光所:以研产学并举探索资助创新之路","中国重型院:以产业需求为导向促进科技创新"等;"高等院校产学研合作"的四大案例——"清华大学:以体系化创新模式推进产学研合作","中南大学:创出中国高校产学研合作品牌","武汉理工大学:发挥行业优势促进产学研合作","哈工大:发挥军工优势探索军民结合新模式"等。①具体到在北京大学新技术公司基础上发展起来的方正集团,该集团在1999年"拥有全资及控股企业42家,海外分支机构6家,集团还拥有一个国家级企业技术开发中心。凭借强大的技术开发实力,方正集团在中文电子出版系统、计算机应用软件开发、计算机硬件设备制造、信息系统集成、指纹自动识别系统的开发和应用以及精细化工产品的开发和应用等领域取得了长足进展,在国内外市场赢得了竞争优势,成为中国电子信息产业综合实力最强的骨干企业之一,成为'中国500家最大工业企业'、'120家大型企业集团之一'和'首批全国技术创新试点企业之一'。方正集团在短短10年间,资产增值5000倍,累积上交北大的利润,是北大初创投资的500倍"。方正集团的技术领袖王选教授在对新闻界的谈话中,在谈到方正日文出版系统时指出,这"完全是方正集团30岁上下的博士们完成的"②。在这些高新技术

---

① 《全国科技管理干部培训阅读丛书》编委会:《科技创新案例选编》,科学出版社2014年版,第87、100、108、117、127、135、146、154、163页。

② 杨荣兰编著:《中国"硅谷"——来自中关村的前沿报道》,北京邮电大学出版社2000年版,第30—33页。

企业中的科技人员，不再仅仅是认为"科技的确是有利可图的"事业，而是认为必须把科技看作"可以图利"的企业；不仅不再把科技产品看作"非商品"，而且是将科技产品看作非常重要的"商品"，他们已经彻底改变了那种"既让人迷信般地钦佩，又让人实际上鄙视"的尴尬地位，已经居于"既让人迷信般地钦佩，又让人实际上羡慕"的位置。

在中国，造成"科技产品非商品化"的思想还有另一个重要的原因。马克思在当时的经济社会背景下，尽管非常重视科技的社会功能，提出了生产力中包括科学的思想，但马克思在几乎所有的著作中都没有把科技产品当作商品来分析其价值和使用价值这一矛盾二重性。因此，我国理论界诸位同仁在对科技产品的社会功能进行考察时，多是定性地考察科技产品的一般生产力功能、提高劳动生产率的功能、认识价值、审美价值和伦理价值等，而没有在更深的层次上运用马克思政治经济学的基础理论——劳动价值论和剩余价值论等原理来分析科技产品这一价值实体。理论界在考察科技生产力的功能时，多是引用马克思分析物质性商品生产时科技对于提高劳动生产率作用的论述，认为"社会劳动生产力，首先是科学的力量"。这的确在一定意义上说明了科技对生产力的巨大作用，但试问：从马克思政治经济学基础理论看，"科学的力量是提高劳动生产率的首要因素"的深刻内含是什么呢？马克思在分析相对剩余价值的生产时指出，这就在于在资本主义社会中"科学是根本不费资本家'分文'"的另一种生产力。马克思在此所说的这另一种生产力，是相对于"用于生产过程的自然力，如蒸汽、水等，也不费分文"①的生产力而言的。既然马克思把"科学"和自然力都看作"根本不费资本家'分文'"的生产力，那么也就没有必要把科技产品当作商品来对待，这也就给人们造成了一种错觉——认为科技产品不是商品，进而也就认为不用把科技产品当作商品或价值实体来分析了。这样，"科技产品非商品化"的思想似乎有了马克思政治经济学理论上的根据。

事实上，这是对马克思关于科技产品与商品关系思想的一种误解。透过马克思在其经典著作中的有关论述将不难发现，马克思尽管把科学表述为是"不费资本家'分文'"的力量，也没有具体分析科技产品这一价值实体的

---

① ［德］马克思：《资本论》第 1 卷，人民出版社 2004 年版，第 444 页。

矛盾二重性，但是决不能说马克思没有洞察到科技产品的商品属性，决不能认为马克思将科技产品排除在商品范畴之外。这从马克思关于简单劳动和复杂劳动划分的思想中可以说明这一观点。在马克思看来，不管是简单劳动还是复杂劳动，都是生产商品的劳动。以脑力付出为主的科技劳动属于复杂劳动的范畴，也是生产商品的劳动。若此推理成立，那么这种复杂劳动的产品——科技产品就是商品。如前所述，只是马克思在将科技产品作为商品——"可能是最复杂的劳动产品"的同时，为了分析问题的方便，将这种最复杂的劳动产品的价值加以简化而已。并且，马克思在简化前曾强调："各种劳动化为当作它们的计量单位的简单劳动的不同比例，是在生产者背后由社会过程决定的。"① 由此可见，马克思并没有把包括科技产品在内的复杂劳动的产品排除在商品系列之外，那种认为马克思将科技产品排除在商品之外的思想是对马克思劳动价值论的一种"误解"。因此，在现代商品经济社会中，理论界应当深入研究这种在表面上"由习惯确定的"，而实质上"由社会过程决定的"科技产品这种复杂劳动所形成的商品同其他商品之间交换的比例关系，而不能也不应当"简单地"将科技产品排除在商品范畴之外。

二、科技产品在科技型生产方式的现代市场经济社会中也是商品

政治经济学的研究只有立足于经济社会的现实才有活力。从科技型生产方式的现代市场经济社会的现实来看，科技产品也是商品。一方面，科技产品作为科技型生产方式下的劳动产品，具备作为商品的条件：一是劳动产品，二是用来交换的；另一方面，在科技型生产方式基础上的现代市场经济所造就的商品世界的汪洋大海中，科技产品不可能不是商品。也许是科技产品表现形式的复杂性、与其他产品交换比例或价值决定的复杂性等原因，有的学者坚持认为不应当把科技产品纳入商品范畴，尤其是反对把理论科学产品纳入商品范畴，而把它们仅仅看作一种"公共产品"。但在现实中，科技产品作为科技型生产方式的劳动产品，已经成为现代科技型企业的主要产品，如果不把科技产品纳入商品范畴，那么又如何理解社会中的这些现象：

---

① ［德］马克思：《资本论》第1卷，人民出版社2004年版，第58页。

（1）世界各地的书店里陈列着的各种各样的科技著作、科技杂志等科技产品的属性是什么？（2）出版科技著作、科技杂志的出版者为什么又被称为出版商？（3）科技成果的研究和开发是否也存在一个"投入—产出"或"成本—收益"的问题？（4）现代商品经济社会中的高科技产业生产的高科技产品，若不是商品又是什么？等等。在以科技第一生产力为基础、以"科技—经济"一体化为核心的知识经济背景下的现代市场经济社会中，存在着的大量现实都在表明科技产品具有商品的属性，是商品。只有承认科技产品是商品，才能合理地解释上述各种问题。这也就是说，在承认科技产品是商品的前提下，就能够回答上述各种问题。

第一，世界各地的书店里陈列着的各种各样的科技著作、科技杂志等科技产品肯定是商品。因为在书店里的科技著作等科技产品，与在一般的商店、商场里的生产产品是一样的，都是劳动产品，都有使用价值，都是待出售的，因此"现在大家都同意，图书（包括科技图书，笔者注）既是精神产品又是商品"①，"出版社的产品——书刊……具有商品的属性，是要在市场上销售的"②，它们也是商品，而以著作、杂志等形式出现的科技产品在事实上也不例外，也是商品。

第二，出版科技著作、科技杂志的出版者之所以被称为出版商，是因为他们从事的出版工作是生产科技商品的一个重要环节，他们所在的出版单位即出版社具有企业的特征和产业的性质，可以说，出版社是一种企业，是一种"生产精神产品的出版企业"。理论界有些学者针对我国出版社所采取的"事业单位、企业管理"的现状，强烈呼吁"出版社需要引进现代企业制度"③，应当将出版社"定为出版企业"④，既然出版社是企业，那么其产品就是商品无疑。

第三，现代市场经济社会中的高科技产业生产的高科技产品肯定是商品，是商品经济社会中一种重要的商品，因为高新科技产业，同其他的产业一样，是通过生产商品——科技商品来实现其商业利润的，如果不把高新科

---

① 刘杲：《出版社需要引进现代企业制度》，《新华文摘》2001年第4期。
② 宋木文：《出版社是出版精神产品的出版企业》，《新华文摘》2001年第7期。
③ 刘杲：《出版社需要引进现代企业制度》，《新华文摘》2001年第4期。
④ 宋木文：《出版社是出版精神产品的出版企业》，《新华文摘》2001年第7期。

技产业的生产产品看作商品,显然是有悖于以科技第一生产力、科技经济一体化和知识经济为特征的现代市场经济社会之现实的。

第四,科技成果的研究和开发同物质性产品的研制一样,也存在一个"投入—产出"或"成本—收益"的问题,因为"人类的所有活动都不是免费的……与人类的其他活动一样,知识的获取、加工、储存、恢复和使用也有成本",这种成本的付出不仅同样可以带来收益,而且"可以带来双重收益:理论(纯粹认识的)收益和实践(或实用)收益",[①] 因此在一定意义上讲,包括科技知识在内的"知识的价值是绝对的,人们可以用金钱来谈论它……只要有了精力、时间、金钱构成的基金——这些都是可以花费在探索上的商品——需要解决的问题就是应当为每项研究分配多少基金……知识,甚至纯粹科学知识,都有金钱价值"[②]。

莱斯切尔对此进行了比较深入的考察研究,他指出:"近些年来,人们越来越清楚地认识到知识是一种认识资本(cognitive capital),它的发展涉及如何创造智力资产(intellectual assets)的问题,不论这种资产的生产者还是使用者都对它感兴趣。简单地讲,知识是一种商品——人们可以给它打上价签,像其他商品那样买卖——只是获得知识的价格不仅包括金钱,还包括其他资源,如:时间、精力、创造性",并且"查尔斯·桑德斯·皮尔斯主张用……成本—收益分析的资产负债表来注解开拓知识的'探索经济'。在科学应得到的收益一栏里,他准备记入形形色色的项目:恰当的数据、解释价值、新奇、简化、细节的准确、精确、节约、与现成理论的协调性、甚至包括可能出现的事件和直接感受。而在负债一栏里,他则记入'忧郁的科学'所需要的条件:时间、精力、消耗的能量、必要的金钱。我们有付出,所以我们有权得到收益"。[③]

同时应当注意的是,说科技产品具有商品的属性,是商品,这并不排除科技产品具有"公共产品"的属性以及表现形式等方面的复杂性;同样,

---

① [美]莱斯切尔:《认识经济论——知识理论的经济问题》,王晓秦译,江西教育出版社 1999 年版,第 7、6 页。

② 皮尔斯语,转引自 [美]莱斯切尔:《认识经济论——知识理论的经济问题》,王晓秦译,江西教育出版社 1999 年版,第 3—4 页。

③ [美]莱斯切尔:《认识经济论——知识理论的经济问题》,王晓秦译,江西教育出版社 1999 年版,第 2—3 页。

在承认科技产品具有"公共产品"属性的同时，也绝不能因此而否定科技产品的商品属性。这正如莱斯切尔所说的，引入"成本—收益"分析"这样的经济观点并不意味着要人们放弃纯粹的'为艺术而艺术'的态度，背离对知识内在价值的探索。我们必须承认任何人类事业——包括探索——都不可避免地具有经济属性"①。因此可以说，"公共产品"属性和商品属性是科技产品在商品经济社会中所同时具有的，是科技产品所同时具有的两个不同侧面的表现，如同"一币两面"一样，不能仅看到了这一面就否定另一面的存在。因此从这个意义上讲，科技产品在商品经济社会中是"公共产品"属性和商品属性的矛盾统一体，不能因为科技产品具有"公共产品"属性而否定其商品属性，在把科技产品当作"公共产品"的同时，也要把科技产品当作商品。只有这样，才能使我们的认识符合现代科技商品经济社会的现实。

从时代发展的现实需求层面看，科技产品在市场经济社会中也是商品。这既是在科技第一生产力和"科技—经济"一体化的社会背景中中国现代市场经济社会发展的现实需求，也是世界范围内的知识经济时代发展的客观要求。从中国经济社会发展的现实来看，在科技第一生产力和知识经济的社会背景中，必须实现科技产品由非商品到商品的认识转换，必须树立起"科技产品也是商品"的观念。早在1988年，邓小平提出了"科学技术是第一生产力"的科学论断，这是对马克思主义的一大发展。并且，邓小平进一步提出了"知识分子是工人阶级的一部分"②的光辉思想。从经济学角度讲，"知识分子是工人阶级的一部分"，也就意味着知识分子也是创造经济价值的劳动者，而且由"科学技术是第一生产力"所决定，知识分子是运用"第一生产力"来创造价值的劳动者，这一部分劳动者——知识分子理应也是工人阶级的重要部分，甚至是首要的、关键的和"第一的"那一部分，因而创造的价值也应当是量最大、质最高的、属于"第一位"的那一部分。也正因如此，所以邓小平还指出，中国不仅"必须在世界高科技

---

① ［美］莱斯切尔：《认识经济论——知识理论的经济问题》，王晓秦译，江西教育出版社1999年版，第3页。

② 《邓小平文选》第三卷，人民出版社1993年版，第275页。

领域占有一席之地",而且必须做到"发展高科技,实现产业化"。① 换言
之,在发展高科技的基础上实现高科技的产业化,高科技产业化是一个
"动态"过程,而静态之时就是高科技产业,高科技产业作为"产业部门"
也就成为经济系统的一部分了,并且由"科学技术是第一生产力"所决定,
高科技产业理应属于经济系统中首要的、关键的、核心的和"第一的"那
一部分。也就是说,在现代市场经济社会中,要把高科技变成高科技产业,
成为经济系统的一部分,达到科技与经济一体化。然而,其前提是什么呢?
这就是必须在理论上寻找科技与经济"接轨"的共同点,其关键在于从经
济学研究角度,从劳动价值论角度,如同分析一般商品一样来分析科技商
品。简言之,必须从理论认识上确立"科技产品也是商品"的观点。否则,
科技与经济"两张皮"的弊病就难以根除。因此,实现科技产品由非商品
到商品的认识转换,树立起"科技产品也是商品"的观念,是中国现代商
品经济社会发展的现实需求。

　　从世界经济发展的现实和趋势看,在知识经济浪潮冲击全球的氛围中,
也必须实现科技产品由非商品到商品的认识转换,树立起"科技产品也是
商品"的观念。在人类历史的发展长河中,科学技术起着牵引社会历史前
进的"火车头"的作用。在近代科学技术的牵引下,特别是在近代科学基
础上的蒸汽机技术、电力技术和内燃机技术等,曾牵引着社会历史由农业经
济时代进入工业经济时代。二战以后,由于信息技术创新群以及信息产业群
的出现和发展,使世界经济发生了结构性转变,世界经济结构的重心开始由
物理性空间向信息空间偏移,出现了新的工作方式,生活方式与商务方式。
20世纪中叶以来,以微电子技术为核心技术的计算机技术、通信技术、机
器人技术以及生物工程技术、新材料、新能源、空间技术、海洋技术等技术
群,改变了原有经济结构和社会面貌,一方面原有产业被高新技术所改造,
朝着节省、高效、低污染的方向发展;另一方面计算机、信息及生物工程等
高新技术产业的比重迅速提高,超过传统产业所占的比重。尤其是自20世
纪90年代以后,随着美国政府提出和全面实施"信息高速公路"计划,世
界经济进入了以互联网为物理基础构筑的"电象空间",使人类的生产、生

---

① 《邓小平文选》第三卷,人民出版社1993年版,第279、490页。

活全面进入"数字化"状态，等等。正是在这样一种社会历史进步的社会大背景下，全球范围的"知识经济"浪潮正在逐步地孕育着、生成着和发展着。中外许多思想敏锐的专家学者以"知识经济""知识经济时代""知识经济浪潮""信息经济""智能经济""后现代经济社会"等不同的概念和范畴来表述这种社会历史的变迁和新的经济社会的来临。而知识经济的实质是科技经济，因此在全球范围的知识经济的来临和发展，在客观上也要求"还科技产品以商品形象"的本来面目，分析科技产品的商品属性。据此可以说，实现科技产品由非商品到商品的认识转换，树立起"科技产品也是商品"的观念，还是世界范围内的知识经济时代发展的客观要求。

总之，不论是中国在科技第一生产力社会背景下的现代市场经济社会的发展，还是世界范围内以"科技—经济"一体化为核心的知识经济发展，客观上都要求实现科技产品由非商品到商品的认识转换，将科技产品视为商品，树立起"科技产品也是商品"的观念。

三、科技产品已成为科技型生产方式下现代商品构成的主体

在以科技第一生产力和"科技—经济"一体化为背景的现代市场经济社会中，科技产品已经不仅仅是商品，而且已经成为科技型生产方式下现代商品构成中的主体部分，并且随着时间的推移，科技产品在未来商品构成中所占的比重将越来越大，这也就形成了现代商品构成的发展趋势。对此，可以从质和量两个方面进行考察。

第一，从质方面的考察。现代商品中的科技含量已经达到了高度密集的程度，并且出现了越来越高的发展趋势。为了便于比较不同商品中的科技含量，国内外许多学者用产品单位重量价格比来描述科技含量的差别。据有关资料表明，二战以来产品的科技含量每隔 10 年就增长 10 倍，平均每年增长 1 倍。20 世纪 50 年代，代表性产品是钢材，每公斤不到 1 元。20 世纪 60 年代，代表性产品是汽车、洗衣机和电冰箱，它们每公斤的价格分别为 30 元、60 元和 90 元，若以 30—100 元作为 20 世纪 60 年代产品科技含量的比较指标，比 20 世纪 50 年代提高约 10 倍。20 世纪 70 年代，代表性产品是微机，每公斤为 1000 元，比 20 世纪 60 年代又提高了 10 倍。20 世纪 80 年代以来，随着高科技产业的发展，代表性产品首推软件，它几乎没有多少重量，科技

含量却极高，如果再按照每公斤价格计算，比 20 世纪 70 年代就不仅仅是提高 10 倍了，而是百倍、千倍、甚至是万倍和亿倍了。[1] 现代商品中的科技含量在质上的这种提高，导致科技在现代商品构成中的比重越来越大，在一定意义上给人的整体印象是，现代经济社会中的商品不包含科技因素的已经很少，就连人们的日常生产、生活用品都成为科技产品或科技产品的"变种"，至于那些本身就是科技产品的商品，其科技含量之高就更加"显而易见"了。因此完全可以说，在商品的质上科技已经成为现代商品构成中的主要部分，并且在商品构成中所占的比重将越来越大。

第二，从量方面的考察。科技产品在现代商品构成中所占的比重是相当高的，而且呈现出越来越高的发展趋势。从纯科技产品的角度看，科学杂志、技术专利、科技著作等产品在现代商品构成中是越来越多的，这是由科技产品的加速增长和现代新科技革命等原因造成的。据有关资料显示，自 1665 年第一本科学杂志问世以来，科学杂志的数量是越来越多，1750 年科学杂志数目为 10 种左右，19 世纪初期达到 100 种左右，19 世纪中期达到 1000 种，1900 年达到 10000 种，20 世纪 70 年代已经达到 10 万种。科学杂志几乎每 50 年就增加 10 倍。现在，全世界每年出版的图书达 70 万种，不到 1 分钟就有一本新书问世。发明专利每年登记就已达到 30 万种以上，平均每天 800—900 种。20 世纪 60 年代以来，科技新发现、新发明，比过去 2000 年的总和还要多，[2] 突出地表现在，自进入 20 世纪 70 年代以后，新科技革命以强劲的势头向前发展着，致使每年都有许多项重大的科技成果问世，其中具有代表性的重大科技事件每年都有 1—2 项甚至多项发生，如表 7-1 所示[3]。

---

① 宋健主编：《现代科学技术基础知识》，科学出版社、中共中央党校出版社 1994 年版，第 57—58 页。

② 杨明刚：《科学技术是第一生产力的理论与实践》，华东化工学院出版社 1992 年版，第 49 页。

③ 本表中所用的资料，主要来源于陈筠泉、殷登祥主编的《科技革命与当代社会》（人民出版社 2001 年版，第 54—56 页），以及《科技日报》国际部的《1998 年世界科技发展回顾》（《新华文摘》1999 年第 4 期）、《1999 年世界科技发展回顾》（《新华文摘》2000 年第 4 期）、《迈入新世纪再看 2000 年——世界科技发展的回顾》（《新华文摘》2001 年第 4 期）、《世纪开元　气象更新——2001 年世界科技发展回顾》（《新华文摘》2002 年第 4 期）、《二〇〇二年世界科技发展回顾》（《新华文摘》2003 年第 3 期）、《2003 年世界科技发展回顾》（《新华文摘》2004 年第 5 期）等。本表之所以整理到 2003 年，是因为进入 21 世纪之后，每年都发生的重大科技事件较多，因而只能概述之。

表 7-1　20 世纪 70 年代以来科技革命重要事件一览表

时间	事件内容	科技范畴
1971 年	世界上第一台大规模集成电路作芯片的微型计算机在美国研制成功	信息技术
1972 年	世界上第一台自由电子激光器问世	激光技术
1973 年	世界上第一个光纤通信实验系统建成，光纤通信进入实际应用阶段	信息技术
1973 年	美国生物学家科恩将两种不同的基因拼接在一个质粒上，标志着基因工程的首次成功	生物技术
1974 年	美国哈林顿提出计算机集成制造系统（CIMS）理论	新制造技术
1975 年	日本建成世界上最早的海上机场并制成深海（深 13000 米）探测仪	海洋开发技术
1976 年	美国推出第一台"苹果电脑"，开创个人电脑新纪元	信息技术
1978 年	世界上第一个在母体之外受孕的试管婴儿诞生	生物技术
1979 年	美国建成海洋温差发电装置	海洋开发技术
1980 年	日本在世界上首次研制成功 64K 超大规模集成电路存储器芯片	信息技术
1981 年	美国第一架航天飞机飞行成功	空间开发技术
1981 年	世界上第一架太阳能飞机从巴黎飞往伦敦	新能源技术
1982 年	美国推出现代医学史上第一个投入使用的生物产品——rDNA 人工胰岛素	生物技术
1983 年	中国研制出运算速度为 1 亿次的巨型计算机——"银河"计算机	信息技术
1983 年	美国生物学家厄尔默首次提出"蛋白质工程"概念	生物技术
1984 年	美国苹果公司推出世界上第一台多媒体电脑	信息技术
1985 年	中国获得世界上第一条转基因的鱼	生物技术
1987 年	日本首次研制成由铌、铝、锗构成的高性能超导材料	新材料技术
1988 年	英国研制成世界上第一个超导通信器件，其超导材料用液氮冷却后电阻为零	新材料技术
1989 年	Internet 正式命名，共有 30 万台电脑联网	信息技术
1990 年	美国研制成功世界上第一台光子信息处理机	信息技术
1990 年	人类基因组工程开始实施，科学家团体宣布将在 15 年内编绘出人类的全部基因图	生物技术
1991 年	日本制成世界上第一个超导磁体	新材料技术
1991 年	位于英国的联合欧洲核变实验环形装置的科学家成功地进行了受控核聚变反应实验	新能源技术
1991 年	世界各国掀起对"碳-60"材料的研究热	新材料技术
1991 年	美国科学家用激光将铯原子冷却到低于百分之一开的世界最低温度	激光技术
1991 年	美国研制出用一个原子启动的电开关，标志人类可进行单原子控制	新制造技术

续表

时间	事件内容	科技范畴
1992 年	中国获得τ粒子质量测量数据,引起国际高能物理学界的极大反响	基础研究
1992 年	世界上 35 个实验室的 147 名科学家首次成功地对生物组织中的三号染色体全面分析	生物技术
1994 年	全球兴起信息高速公路热潮	信息技术
1994 年	中国在原子级操纵和加工领域取得重大进展,标志着中国纳米科技研究已居国际前沿	新制造技术
1995 年	中国培育成功世界首例抗大麦黄矮病毒的转基因小麦	生物技术
1996 年	多国科学家小组宣布绘制出一个迄今最完整的人类基因图谱	生物技术
1996 年	中国首次在世界上获得抗青枯病转基因马铃薯株系	生物技术
1996 年	美国宣布投资 1 亿美元建设第二代计算机互联网	信息技术
1997 年	英国利用体细胞核移植技术克隆成功名为"多莉"的绵羊	生物技术
1997 年	美国"探路者"号火星探测飞船在火星着陆	空间开发技术
1998 年	阿尔法磁谱仪升空而揭开了从空间探测宇宙中反物质的序幕	空间开发技术
1998 年	美国宣布开发世界上最快的超级计算机"太平洋蓝",每秒能进行 3.9 万亿次运算	信息技术
1999 年	[美] 原子激光束问世;将钾原子冷却到 1/3000000 开,首次验证费米子泡利排他律	基础研究
1999 年	美国投资数千亿美元研究"千年虫"问题	信息技术
2000 年	美、英等多国科学家绘制完成人类基因组工作草图,该年被誉为"生物基因年"	生物技术
2000 年	美国发布"国家纳米计划",研制出智能手术刀、纳米光刻机等	新加工技术
2000 年	美国科学家研制出生物计算机,这是分子计算机的新突破,另外制出量子计算机	信息技术
2001 年	美国科学家找到黑洞存在的直接证据;把光速降为零;找到了失踪于太阳的中微子等	基础科学
2001 年	中、美等多国科学家测定了人类基因组图谱,人类基因组研究、药物开发进入新阶段	生物与医学
2001 年	日本对纳米技术、纳米材料进行开发研究;美国启动"国家纳米科技计划"等	新材料技术
2002 年	美国启动后基因组时代的"基因组"大型研究计划等,发现核糖核酸(RNAi)现象	生物技术
2002 年	多国科学家首次大批制造反物质;美国科学家首次"瞥见"反氢原子的内部状态	基础研究

续表

时间	事件内容	科技范畴
2002年	美科学家宣布DNA计算机解题能力有新突破,并开发出迄今性能最优的碳纳米晶体管	信息技术
2003年	多国科学家发现"五夸克"基本粒子;日本研制出"世界最高精度地壳伸缩观测仪"	基础科学
2003年	美、中、英等国首脑联合发布《六国政府首脑关于人类基因组序列图的联合声明》	生物技术
2003年	德国科学家成功地将数据传输速度达到每秒20千兆比特,创世界新纪录	信息技术
2003年	美国科学家研制出首个纳米激光器;以色列科学家首次在DNA上造出纳米晶体管	新加工技术
……	……	……

此表中仅列举自20世纪70年代至新世纪初每年发生的具有代表性的重大科技事件。自人类跨入21世纪以来,在"当今世界,新一轮科技革命蓄势待发"之际,类似的重大科技事件更是频繁出现:"物质结构、宇宙演化、生命起源、意识本质等一些重大科学问题的原创性突破正在开辟新前沿新方向,一些重大颠覆性技术创新正在创造新产业新业态,信息技术、生物技术、制造技术、新材料技术、新能源技术广泛渗透到几乎所有领域,带动了以绿色、智能、泛在为特征的群体性重大技术变革,大数据、云计算、移动互联网等新一代信息技术同机器人和智能制造技术相互融合步伐加快,科技创新链条更加灵巧,技术更新和成果转化更加快捷"①。在这一系列的重大科技事件中包含着大量的科技成果,而这些科技成果或者以科技论文、科技报告等形式变成科技杂志、科技著作等科技商品,或者以技术专利的形式转变为科技商品等(这是这些科技成果直接表现为科技商品的形式,至于它们进一步应用转化为其他科技商品的形式则属于另一种情况)。由此可见,科技产品的增长表现出加速增长的态势,并且在新科技革命推动下这种增长的加速度更多,致使科技产品的数量越来越多,在现代商品构成中所占

---

① 习近平:《为建设世界科技强国而奋斗——在全国科技创新大会、两院院士大会、中国科协第九次全国代表大会上的讲话》,人民出版社2016年版,第7—8页。

的比重越来越大。

同时，科技从其产生之日起，便具有了转化为生产力的趋势，并且这种趋势随着时间的推移得到了进一步加强，致使科技成果转化为商品的时间越来越短，呈现出加速转化的趋势。一般而言，科技成果转化为商品的平均年限，在 18 世纪末以前，一般在 70 年以上，在 19 世纪，一般在 40—50 年之间，在 20 世纪前期，一般为 10 多年，在 20 世纪中叶以后，一般只需 1—3 年的时间。[①] 在 20 世纪中叶之后，特别是在 20 世纪 70 年代之后，大量科技成果的商品化、市场化进程不断加快，新研发的科技成果甚至即时得以商品化、市场化运作；更有甚者，许多研发中心和高新科技企业在科技成果还未完全研发出来时，就早已做好了商品化和市场化运作的前期准备工作。

更为重要的是，20 世纪中叶以后，伴随科技成果向商品的加速转化，在当代科技革命的推动下，在高新科技的基础上产生了高新科技产业，如生物工程产业（包括微生物、酶、细胞、基因四大工程，动植物、药物、疫苗、生物计算机等的研究和开发）、生物医药产业（包括与新材料相结合、有效替换和重建的各种人工脏器及各种诊断仪器等的研究、开发和生产）、光电子信息产业（包括光、电、声、磁物理性质的综合利用，全息图像处理等的研究与开发）、智能机械产业、软件产业（包括数据库、信息库、知识库等的建立，系统软件、智能软件的研究和开发等）、超导体产业（包括超导电机、超导输电、超导输能、超导电子器件、超导计算机等的研究、开发和利用）、新材料产业、太阳能产业、空间产业、海洋产业等，并且在这些高新科技产业基础上产生了诸如科技工业园区、高新技术开发区、科学园、科学城、技术城、高新技术地带等科技园区。这些高新技术产业和科技园区为人们的生产、生活直接提供各种各样的科技商品。概而言之，一方面由于科技成果加速转化为商品；另一方面由于高新技术产业和科技园区直接生产各式各样的科技产品并直接纳入了商品的行列，致使现代商品中的科技产品的数量急剧增加。在今天，满足人们生产、生活所需要的各种商品，在

---

① 参见杨明刚：《科学技术是第一生产力的理论与实践》，华东化工学院出版社 1992 年版，第49—50 页。

某种程度上讲，几乎都是科技成果或转化或直接表现的结果，我们几乎很难找到与科技成果无关的商品，即便是能够找到，那在量上也是非常少的，因为当今的"科技创新链条更加灵巧，技术更新和成果转化更加快捷，产业更新换代不断加快，使社会生产和消费从工业化向自动化、智能化转变"①，整个科技创新的链条已经从基础性科学延伸到了社会生产和社会消费的各个方面。

四、科技型生产方式下科技商品的基本内涵与本质特征

综上所述，在科技第一生产力和"科技—经济"一体化社会背景下现代市场经济社会中，科技产品取得了商品的社会存在方式而变成了科技商品，而科技商品在科技型生产方式下已经成为现代商品构成的主体部分并且所占的比重越来越大的情况下，它几乎囊括了包括科学产品、技术产品和物质产品等在内的所有产品。在此意义上，科技商品已经成为现代科技型生产方式下商品的代名词。从分析范式的维度看，马克思在"科学—技术—生产力"分析范式基础上将科学和技术纳入物质生产力范畴，实际上也就是将科学产品和技术产品消融在物质产品之中，并从物质性"商品"开始研究，创立了政治经济学经济理论，进而形成了蕴含其中的"科技—经济"思想；而在现代市场经济社会中，由"科技第一生产力"新分析范式的内涵所决定，一方面，与"科学生产力—技术生产力—物质生产力"这一整体意义上的生产力系统相适应，商品不仅仅是物质性产品，而且包括了与物质性产品一样的技术产品和科学产品，这样，商品形成了三种不同的类型，即物质性商品、技术商品和科学商品。由于科学商品和技术商品统称为科技商品，因此也可以说包括两种类型，即物质性商品和科技商品。另一方面，在"科技—经济"一体化社会中，既然科技生产力特别是科学生产力已经成为第一生产力，与此相适应，科技商品特别是科学商品比物质性商品显得更加重要，那么在理论上应当把科技商品特别是科学商品突出出来，在将其作为新时代马克思主义"科技—经济"理论的基本范畴之同时，将其作为

① 习近平：《为建设世界科技强国而奋斗——在全国科技创新大会、两院院士大会、中国科协第九次全国代表大会上的讲话》，人民出版社 2016 年版，第 7—8 页。

新理论建构的逻辑起点，实现对马克思政治经济学基础理论进行创造性重构。在此前提下，还必须在政治经济学的视域中弄清科技商品的内涵和特征。

根据上述的考察分析，从政治经济学的维度对科技商品的内涵作如下概括性规定：科技商品是指在以科技第一生产力和"科技—经济"一体化社会背景下的现代市场经济社会中用来交换的能够满足人们需要的科技劳动产品，以及科技劳动产品作为自行增殖的资本所转化的商品存在方式。在这一概括性的规定中，科技型生产方式下的科技商品至少包括以下几个方面的含义，这些含义具体呈现为它的本质特征。

第一，科技商品如同商品概念一样，是一个历史范畴。商品范畴是伴随资本主义生产方式的孕育发展而不断产生的，是与商品经济及其在此基础上发展起来的市场经济相适应的一个概念。而科技商品是在科技是第一生产力和"科技—经济"一体化社会背景下的现代市场经济社会的一个概念，而在科技与经济相分离、科技与劳动相对立的近代社会中，科技特别是科学是不可能作为商品的，马克思就是处在那个时代。

第二，科技商品表现为一种具有使用价值的产品，不管是作为科学产品、技术产品还是物质产品，它们能够满足人们的需要，这种需要的满足既包括物质上的，也包括精神上的；既包括当下的或短期的，也包括未来的或长远的；既包括学术上的、科学上的、文化上的和审美上的，也包括经济上的和物质上的。所有这些对人的需要的满足，都体现了科技商品的使用价值。

第三，科技商品是科技劳动和科技化劳动的产品，它既包括科技劳动和科技化劳动所创造的物质性产品，也包括由此创造的精神产品，不管是物质性产品的存在方式，还是精神性产品的存在方式，它们作为劳动产品在具有使用价值的同时凝结科技劳动者或科技化劳动者的人类一般劳动，它形成了科技商品的价值实体。

第四，科技商品是用来交换的产品，也就是说作为商品的科技产品不仅具有科学价值、文化价值、审美价值和社会价值等，而其在此基础上还具有政治经济学意义上的交换价值。在现代市场经济社会中，这种交换价值是科技劳动者和科技化劳动者让渡作为其产品的剩余价值来实现的。这种让渡的过程就是交换过程，而这一过程是极其复杂的，这里涉及科技私人劳动转化为社会劳动的问题，对此笔者将作专门的分析。

第五，科技商品在现代市场经济社会中，既是社会生产的要素，也是社会生产的结果。进一步讲，既是"科学研究—技术研发—物质生产"这一社会资本自行增殖运行所需要的要素，也是这一社会资本自行增殖运行的结果，因此科技商品在现代市场经济社会中成为资本自行增殖的转化形式。这涉及科技劳动创造价值和现代科技企业剩余价值的生产问题，对此也将作专门的考察。

在上述的本质特征中，科技商品的使用价值和价值及二者的辩证统一是其最基本的。而科技商品的使用价值、价值同物质性商品相比较有何异同？二者的关系同物质性商品相比较，在遵循价值规律方面有何不同？笔者将其作为辩证关系原理专门考察，在此暂不多赘述。

第五节　科技劳动：科技型生产方式下马克思"创造价值劳动"范畴的拓展

在"科学—技术—生产力"分析范式基础上，马克思在将政治经济学中的"商品"设定为物质生产方式基础上的物质性产品之同时，也将创造价值的劳动设定为物质生产劳动，生产商品二因素即使用价值和价值的劳动，正是物质性生产劳动的二重性即具体劳动和抽象劳动决定的，在此基础上马克思创立了政治经济学基础理论并形成蕴含其中的"科技—经济"思想。而在"科技第一生产力"的新分析范式基础上，在将科技型生产方式基础上现代市场经济社会中的科技产品纳入"商品"范畴并以科技商品作为新理论建构的逻辑起点之同时，同样由这一分析范式的内涵所决定，也应将科技劳动纳入"创造价值劳动"范畴，进而拓展马克思政治经济学中的"创造价值劳动"范畴，并将科技劳动确定为"科技—经济"一体化新时代发展马克思"科技—经济"思想的核心范畴。这对蕴含在马克思政治经济学基础理论中的"科技—经济"思想在新时代凸现出来，使之发展为新时代的马克思主义"科技—经济"理论来说，是至关重要的。

一、马克思政治经济学中"创造价值劳动"范畴的现代审视

在马克思政治经济学中，商品价值的创造与转移是在物质生产领域的生产劳动中进行的，创造价值的劳动就是物质生产领域的生产劳动，而非生产劳动是不创造价值的。因此马克思在《资本论》及政治经济学手稿中明确地区分了创造价值的生产劳动和不创造价值的非生产劳动，对"生产劳动"作了考察和规定。

第一，从生产劳动一般或从简单劳动过程的考察与规定。马克思指出：对劳动过程的考察"首先要撇开每一种特定的社会的形式"，此时的"劳动首先是人和自然之间的过程，是人以自身的活动来中介、调整和控制人和自然之间的物质变换的过程"；①"如果整个过程从其结果的角度，从产品的角度加以考察，那么劳动资料和劳动对象二者表现为生产资料，劳动本身则表现为生产劳动"②，这是从"从物质生产性质本身中得出的关于生产劳动的最初的定义"③。紧接着马克思在注释中指出："这个从简单劳动过程的观点得出的生产劳动的定义，对于资本主义生产过程是绝对不够的。"④ 值得注意的是，"随着劳动过程的协作性质本身的发展，生产劳动和它的承担者即生产工人的概念也就必然扩大。为了从事生产劳动，现在不一定要亲自动手；只要成为总体工人的一个器官，完成他所属的某一种职能就够了。上面从物质生产性质本身中得出的关于生产劳动的最初的定义，对于作为整体来看的总体工人始终是正确的。但是，对于总体工人的每一单个成员来说，它就不再适用了"⑤。普通工人的劳动固然是生产劳动，被资本家雇佣的监督者的劳动也是生产劳动。"凡是有许多个人进行协作的劳动，过程的联系和统一都必然要表现在一个指挥的意志上，表现在各种与局部劳动无关而与工场全部活动有关的职能上，就像一个乐队要有一个指挥一样。这是一种生产劳动，是每一种结合的生产方式中必须进行的劳动"⑥。

---

① [德] 马克思:《资本论》第 1 卷，人民出版社 2004 年版，第 207—208 页。
② [德] 马克思:《资本论》第 1 卷，人民出版社 2004 年版，第 211 页。
③ [德] 马克思:《资本论》第 1 卷，人民出版社 2004 年版，第 582 页。
④ [德] 马克思:《资本论》第 1 卷，人民出版社 2004 年版，第 211 页。
⑤ [德] 马克思:《资本论》第 1 卷，人民出版社 2004 年版，第 556 页。
⑥ [德] 马克思:《资本论》第 3 卷，人民出版社 2004 年版，第 431 页。

第二，从生产劳动特殊或从资本主义生产过程的考察与规定。马克思认为，在资本主义经济社会中，只有能够生产剩余价值的劳动才是生产劳动，它反映着资本主义的生产关系。他指出，在资本主义经济社会中，"生产劳动的概念缩小了。资本主义生产不仅是商品的生产，它实质上是剩余价值的生产。工人不是为自己生产，而是为资本生产。因此，工人单是进行生产已经不够了。他必须生产剩余价值。只有为资本家生产剩余价值或者为资本的自行增殖服务的工人，才是生产工人……生产工人的概念决不只包含活动和效果之间的关系，工人和劳动产品之间的关系，而且还包含一种特殊社会的、历史地产生的生产关系。这种生产关系把工人变成资本增殖的直接手段"①，如果"从单纯的一般劳动过程的观点出发，实现在产品中的劳动，更确切些说，实现在商品中的劳动，对我们表现为生产劳动。但从资本主义生产过程的观点出发，则要加上更切近的规定：生产劳动是直接使资本增殖价值的劳动或生产剩余价值的劳动，就是说，它是没有对工人即劳动完成者支付等价物就实现在剩余价值中的劳动，就表现为剩余产品的劳动，表现为劳动资料垄断者即资本家的商品剩余的增量的劳动"②，这是由资本主义生产的直接目的决定的，因为"资本主义生产的直接目的和真正产物是剩余价值，所以只有直接生产剩余价值的劳动是生产劳动，只有直接生产剩余价值的劳动能力的行使者是生产工人，就是说，只有直接在生产过程中为了资本的价值增殖而消费的劳动才是生产劳动"③。

马克思在对生产劳动的考察和规定的基础上，运用劳动价值论的基本原理分析了不变资本和可变资本的价值转移和价值创造。在马克思看来，不变资本是资本家用来购买"生产资料即原料、辅助材料、劳动资料的那部分资本"，这部分资本"在生产过程中并不改变自己的价值量。因此，我把它称为不变资本部分，或简称为不变资本"；而可变资本是资本家用来购买劳动力的资本，这部分资本"在生产过程中改变自己的价值。它再生产自身的等价物和一个超过这个等价物而形成的余额，剩余价值。这个剩余价值本身是可以变化的，是可大可小的。这部分资本从不变量不断转化为可变量。

① ［德］马克思：《资本论》第 1 卷，人民出版社 2004 年版，第 582 页。
② 《马克思恩格斯文集》第 8 卷，人民出版社 2009 年版，第 520 页。
③ 《马克思恩格斯文集》第 8 卷，人民出版社 2009 年版，第 520 页。

因此,我把它称为可变资本部分,或简称为可变资本"①。机器、设备等生产资料作为不变资本,是劳动过程的客观因素,只能转移价值而不能够创造价值;而与此不同的是,资本家用来购买劳动力的那部分可变资本,是劳动过程的主观因素,不仅可以生产出他自身的价值,而且能够创造出比劳动力价值更大的价值。马克思指出:"劳动过程的主观因素,即发挥作用的劳动力,却不是这样。当劳动通过它的有目的的形式把生产资料的价值转移到产品上并保存下来的时候,它的运动的每时每刻都形成追加的价值,形成新价值……在这里,一个价值用另一个价值来补偿是通过创造新价值来实现的……劳动力发挥作用的结果,不仅再生产出劳动力自身的价值,而且生产出一个超额价值。这个剩余价值就是产品价值超过消耗掉的产品形成要素即生产资料和劳动力的价值而形成的余额",而不变资本与可变资本的划分也正是揭示了生产劳动过程的"不同因素在产品价值的形成中所起的不同作用"。②

马克思关于创造价值的生产劳动的上述观点,是对他所处的那个时代的资本主义经济现实的反映,也是马克思政治经济学具有代表性的主要观点。但是,我们在这些具有代表性的主要观点中,看不到科技劳动在创造价值过程中作用,也看不到创造价值的劳动与科技劳动有什么关联。之所以出现这一现象,是因为关于科技劳动创造价值的思想,是潜在地蕴含于马克思的政治经济学基础理论之中的,尽管马克思对科技劳动创造价值有许多论述,但那是局限在物质生产劳动领域的,是为了进一步论证上述具有代表性的主要观点而加以展开的。而当历史进入到科技是第一生产力和"科技—经济"一体化的现代市场经济新时代,创造价值的生产劳动是不是仅仅局限于物质生产劳动、科技劳动是否也是创造价值的劳动等问题进入了人们的研究视野,人们从新时代维度审视马克思的上述观点。尤其是在新时代背景下,为了坚持和发展马克思的劳动价值论、剩余价值论等政治经济学基础理论,我国理论界围绕着"什么劳动创造价值"和"如何理解创造价值的劳动"等核心问题曾经展开过多次的争鸣,并且这种争鸣在当代仍然在继续着。

---

① [德]马克思:《资本论》第1卷,人民出版社2004年版,第243页。
② [德]马克思:《资本论》第1卷,人民出版社2004年版,第242页。

二、科技劳动被纳入创造价值劳动范畴的认识历程

我国理论界围绕着"什么劳动创造价值"和"如何理解创造价值的劳动"等问题曾经展开的争鸣主要有四次：从 20 世纪 50 年代到 70 年代末发生了第一次争鸣，主要是围绕社会主义条件下生产劳动问题来展开的；在 20 世纪 80 年代初期发生了第二次争鸣，主要是围绕什么是生产劳动的问题来展开的；在 20 世纪 90 年代初期发生了第三次争鸣，主要是围绕劳动价值是一元的还是多元的问题来展开的；在 20 世纪末和 21 世纪初的新世纪之交发生了第四次争鸣，主要是围绕如何"深化劳动和劳动价值理论的认识"而展开的①，可以说这次争鸣一直延续至今。在历次的争鸣和研讨过程中，众多的专家学者根据自己对马克思政治经济学基础理论的理解，结合当时经济社会发展的现实状况，提出了许多不同的、有时甚至是"对立"的观点。对这些新观点进行归纳总结，在关于"创造价值的生产劳动"问题上主要有以下两大类。

第一类为传统的物质生产劳动创造价值的观点，简称为"传统观"。这一类观点认为，物质生产领域的活劳动是创造价值的生产劳动，而其他领域的劳动不属于生产劳动的范畴，不创造价值。这是一种比较典型的传统的观点，在关于劳动价值论的争论过程中，前三次几乎都有典型的代表人物，而第四次坚持此观点的学者已经很少了。概括地讲：（1）发生在从 20 世纪 50 年代到 70 年代末的第一次争鸣中的代表是我国著名经济学家何炼成先生，他认为在社会主义社会中的一切物质生产部门，不管采取什么形式——不管是全民的，还是集体的，甚至是个体的形式，都是属于生产劳动；凡是能直接满足整个社会的物质和文化需要的劳动，就是生产劳动，就是创造价值的劳动；而政府各级行政部门、纯粹商业部门、文化教育卫生等行政部门、不和生产直接联系且不提供服务的科学研究部门等是非物质生产部门，其中的劳动对满足整个社会的需要来说都是必要的，但它们不创造价值。②（2）发生在 20 世纪 80 年代初期第二次争鸣中的主要代表人物是老一辈的著名经济

---

① 参见傅军胜：《中外学者关于劳动价值理论研究、争鸣述评》，《马克思主义研究》2002 年第 3、4 期。

② 参见何炼成：《试论社会主义制度下的生产劳动与非生产劳动》，《经济研究》1963 年第 3 期。

学家孙冶方先生，他认为创造价值的劳动只能是物质生产领域的劳动，只有物质生产劳动才是创造价值的劳动；而科研、文艺、服务业等行业属于非生产劳动部门，这些部门的劳动是不能创造价值的，那种把这些部门的劳动视为创造价值的生产劳动，这在理论上是不对的，甚至在理论上将会陷入种种混乱——混淆了物质和精神，混淆了经济基础和上层建筑，混淆了生产和消费，混淆了生产中的主体和客体，混淆了价值和使用价值，混淆了费用和效应，混淆了劳动力价值和劳动力创造的价值等。① 这种观点因与以于光远先生为代表的"宽派"观点相对应，故在理论界被称为"窄派"的观点。（3）发生在 20 世纪 90 年代初期的第三次争鸣——"苏、谷之争"中的主要代表人物是我国著名经济学家苏星先生，他认为只有物质生产领域的活劳动才是价值的唯一源泉，物化劳动只是转移价值，土地等自然资源并不参加价值的创造，而且不存在价值的转移，因为其中并未凝结一般的人类劳动。② （4）发生在 20 世纪末和 21 世纪初的第四次争鸣，纯粹坚持这种"传统观"的学者是很少的，有的学者认为只是在拓展创造价值的生产劳动的前提下，应当强调活劳动在当代仍然是创造价值的唯一源泉的观点，并认为物化劳动仅是创造价值不可或缺的重要条件；在当代不能把活劳动的比重下降看作活劳动的作用下降。③ 还有学者指出，经济学的价值概念是商品经济概念，所以创造价值的劳动应该体现商品经济关系，劳动的重要性不能用是否创造价值来衡量；④ 创造价值的劳动是生产符合社会需要的商品的劳动，实质是指在生产商品过程中脑力和体力的耗费，⑤ 等等。

　　第二类观点为发展的生产劳动创造价值的观点，简称为"发展观"。这一观点认为，创造价值的劳动应当进一步拓展，它不仅仅是物质生产领域的劳动，而且还包括物质生产领域以外的劳动，它们都是创造价值的劳动。譬如：（1）发生在 20 世纪 80 年代初期第二次争鸣中的主要代表人物是老一辈

① 孙冶方：《生产劳动只能是物质生产的劳动》，《经济学动态》1981 年第 8 期。
② 苏星：《劳动价值一元论》，《中国社会科学》1992 年第 6 期。
③ 邓先宏、傅军胜、毛立言：《对劳动和劳动价值理论几个问题的思考》，《经济研究》2002 年第 5 期。
④ 卫兴华：《劳动价值论的坚持与发展问题》，《经济纵横》2012 年第 1 期。
⑤ 孙宇、曾长秋：《生产劳动和创造价值的劳动：两个范畴再辨析》，《当代经济研究》2015 年第 9 期。

著名经济学家于光远先生，他认为由于社会主义是公有制，从本质上说社会主义的生产是全社会的生产，因此只要在全社会范围参与对物质产品生产的，都应该承认是从社会主义观点来考察的生产劳动；社会主义制度的生产劳动应包括生产物质产品的劳动、生产满足社会消费需要的劳动、从事产品交换和分配的劳动、生产精神产品的劳动等，这些劳动都应当是创造价值的劳动。① 这种观点与以孙冶方先生为代表的"窄派"观点相对应，在理论界被称为"宽派"的观点。（2）发生在 20 世纪 90 年代初期第三次争鸣即"苏、谷之争"中的主要代表人物是我国著名经济学家谷书堂先生，他认为传统劳动价值论已经不能解释现实，需要在原劳动价值论一元论基础上扩展劳动的外延，把创造价值的劳动扩展为既包括创造物质财富的劳动，也包括创造精神产品的劳动；同时主张引入土地、资本等非劳动生产要素和技术变动下的利益关系，把劳动重新定义为由其生产的一定使用价值量所体现的或支出的劳动量，用公式表示为：劳动＝劳动时间×劳动生产率。这一公式说明，影响劳动生产率的要素都影响劳动的贡献，所以非劳动生产要素所获收入与劳动价值论并不矛盾，并推导出了劳动生产率与商品价值成正比的结论。② 在此需要说明的是，何炼成先生在 20 世纪 60 年代的第一次争鸣中提出并倡导创造价值的生产劳动"传统观"，但是在 20 世纪 80 年代中期以后，对他的观点作了进一步的修正和补充，肯定科教文卫部门的劳动、生产精神产品的劳动等也都是创造价值的劳动，从而由"传统观"转变为"发展观"。1994 年，何炼成先生在《也谈劳动价值论一元论》一文中作了这样的总结说明："当时我对生产劳务（或服务）与精神产品的劳动是否创造价值尚持否定意见；到 80 年代以来通过经济学界的再次讨论，特别是第三产业理论的引进及其实践的发展，使我逐步改变了以上的观点，肯定了生产劳务和精神产品的劳动也同样创造价值。"③（3）发生在 20 世纪末和 21 世纪初的第四次争鸣，有许多专家学者一改过去那种纯学术式的研究，特别注重结合当代劳动的新特点来拓展创造价值的劳动，以不同的方式提出了创造

---

① 于光远：《社会主义制度下的生产劳动与非生产劳动》，《中国经济问题》1981 年第 1 期。

② 谷书堂、柳欣：《新劳动价值一元论》，《中国社会科学》1993 年第 6 期。

③ 何炼成：《也谈劳动价值论一元论》，《中国社会科学》1994 年第 4 期。

价值的生产劳动的"发展观",如有的学者提出了科学劳动创造价值的观点[①];有的学者提出了科技创新劳动创造价值的观点,认为科技创新劳动不仅创造价值,而且具有高价值的形成能力;[②] 有的学者认为,创造价值的劳动应包括传统意义上的生产劳动,还包括服务劳动、科技劳动和管理劳动等;[③] 甚至还有的学者认为,结合"新的实际",必须把服务业或第三产业的绝大部分劳动确认为生产劳动,必须把科技、卫生和教育劳动纳入创造价值的总体生产劳动中,必须把公共部门的劳动适当地纳入现代总体生产劳动之中,必须大大提高经济管理劳动在现代总体劳动中的地位等;[④] 除此之外,还有的学者提出了物化劳动创造价值的观点、知识价值论等观点。

我国理论界针对"什么劳动创造价值"和"如何理解创造价值的劳动"问题所形成的上述两类观点,对于我们全面理解和深化发展马克思政治经济学基础理论具有重要的借鉴意义。通过上述的概括总结,不难发现,"创造价值的生产劳动"的"传统观",其突出的特点在于"前后一贯地"将创造价值的劳动限定在物质生产领域中的活劳动,充分体现出对马克思劳动价值论基本思想的"坚持",侧重于"坚持"的一面;而"创造价值的生产劳动"的"发展观",作为一种新观点,其突出的特点在于突破了传统理论的限制,结合现代经济社会的实际将创造价值的劳动逐步地拓展到物质生产领域以外的劳动,充分体现出对马克思劳动价值论基本思想的"发展",侧重于"发展"的一面。对上述两类观点应当结合现代劳动的特点作具体分析,做到既要坚持马克思政治经济学基本观点,但不能使之僵化;更要在新形势下对马克思政治经济学基础理论加以发展,但要慎重而不能随意。譬如,在"传统观"中的活劳动是创造价值的唯一源泉,物化劳动只转移价值但不创造价值思想,是应当坚持的,因为这是马克思政治经济学的基本观点;但若

① 参见陈征:《当代劳动的特点》,《光明日报》2001年7月17日;《论科学劳动》,《当代经济研究》1996年第6期;《再论科学劳动》,《当代经济研究》2001年第10期。

② 刘诗白:《论科技创新劳动》,《经济学家》2001年第3期。

③ 杨圣明、张卓元等:《如何深化和发展马克思劳动价值论》,《中国社会科学院研究生院学报》2002年第4期。

④ 陈光金、刘小珉:《社会主义社会剩余价值的属性、生产与分配》,载何秉孟主编:《劳动价值理论新论》,社会科学文献出版社2003年版,第259—262页。

仅限于物质生产劳动是不够的，因为它不能反映当代劳动的特点。而在"发展观"中的创造价值的劳动应当从物质生产劳动进一步拓展到非物质生产劳动包括创造精神产品的精神劳动、提供"劳务"的服务劳动等思想，也是应当坚持的，这是由当代劳动的特点所决定的；但若无限制地加以拓展，将物化劳动也视为创造价值的劳动，显然违背了马克思劳动价值论的基本思想。

同时应当看到，在我国理论界围绕"什么劳动创造价值"和"如何理解创造价值的劳动"问题而展开的历次讨论过程中，从"传统观"向"发展观"的转向是一个主流的发展趋向。这主要表现在纯粹坚持"传统观"的学者越来越少，而坚持"发展观"的学者越来越多，并且在第四次争鸣过程中绝大部分的学者是坚持"发展观"的，甚至有的学者原来坚持"传统观"而逐步转向"发展观"，何炼成先生就是一个典范。在这样的一种主流趋向中，越来越多的学者逐步形成了这样一种共识：创造价值的劳动包括科技劳动在内，科技劳动在现代经济社会中也是创造价值的劳动。这在第四次关于"什么劳动创造价值"问题的争鸣中表现得尤其突出，在 2003 年由何秉孟先生主编的《劳动价值论新论》中，收入了我国 20 多位著名专家学者的 19 篇文章，它们是：李铁映的《关于劳动价值论的读书笔记》；邓先宏、傅军胜、毛立言的《对劳动和劳动价值理论几个问题的思考》；杨圣明、张卓元等的《如何深化和发展马克思劳动价值论》；王振中、裴小革等的《关于深入研究社会主义劳动和劳动价值论的几个问题》；杨圣明的《关于深化劳动价值论的几个问题》；郭克莎的《再论深化对劳动与劳动价值论的认识》；陈征的《当代劳动的新特点》；卫兴华的《论深化对劳动和劳动价值论的认识》；胡钧的《"挑战"劳动价值论的新课题》；裴小革的《论收入分配理论的历史演变和劳动价值论的实践价值》；傅军胜的《中外学者关于劳动价值论研究、争鸣述评》；王珏、王金柱的《关于劳动价值论讨论中的若干错误观点剖析》；王振中、裴小革的《论剩余价值理论的学术价值及其发展依据》；陈光金、刘小珉的《社会主义社会剩余价值的属性、生产与分配》；何秉孟的《要用新的眼光审视新的社会阶层》；陈筠泉的《劳动价值与知识价值》；刘诗白的《论科技创新劳动》；赵京兴的《论加入技术进步因素后的劳动价值理论》；齐建国的《知识经济下劳动价值论与利益分配探讨》，① 这 20 多位作者的 19 篇文章几乎都持此观点——创造价值的劳动包括科技劳动在内。在这里，之所以要列举这些专家学者的这些文章，是因为这些文章的作者几乎都是国内劳动价值论的著名专家学者，他们在这些文章中阐述的观点几乎可以说代表了国内关于政治经济学的主流思想。在这个意义上，用他们的观点作为理论依据，应该说是有说服力的。因此，从我国理论界的研究状况来看，科技劳动越来越被纳入创造价值的劳动范畴，科技劳动也已经成为创造价值的劳动，这在相当高的程度上拓展了马克思政治经济学中的"创造价值劳动"范畴。

三、创造价值的劳动在科技型生产方式下已成为整体意义上的科技劳动

通过对马克思政治经济学中的"创造价值劳动"范畴的现代审视，以及学术界在此基础上对现代经济社会中什么劳动创造价值问题的探讨发现，科技劳动也是创造价值的劳动，这已趋向于甚至已经达成共识。但这还是远远不够的，因为现代经济社会是一种科技已成为第一生产力和"科技—经济"一体化的社会，在这样的社会中各式各样的创造价值的劳动都已经科技化了，进而使各式各样的创造价值的劳动越来越具有科技劳动的特征，并且这些科技化的劳动在不同程度上已经成了"科技劳动"。在表现形式上，有些创造价值的劳动表现为传统意义上科技劳动，有些则因为科技化的缘故而被拓展为科技劳动。基于此，有必要对理论界关于"什么是科技劳动"问题的讨论，来考察科技劳动在以科技第一生产力和"科技—经济"一体化为背景的现代经济社会的拓展，进而得出创造价值的各种劳动在现代经济社会中越来越呈现为、甚至在一定程度上都已经成了"科技劳动"这一结论。而就理论界不同的专家学者依据不同的背景知识对"什么是科技劳动"和"如何理解科技劳动"问题的研究现状看，概括地讲，主要有以下几种观点。

第一种观点："特殊劳动形式观"。这一观点认为，科技劳动是从人类的生产劳动中分化出来又不同于生产劳动的"社会总劳动的特殊部分"，它

---

① 参见何秉孟主编：《劳动价值理论新论》，社会科学文献出版社 2003 年版。

主要是指科技劳动者创造、传播、应用和发展科技的特殊劳动形式。① 科技劳动既是一种精神生活现象，又是一种物质实践活动。作为一种精神生活现象，科技劳动是知识的生产，表现为发现科学规律、构思技术原理和建构科技体系等，它同物质生产有相似的结构，是由科技劳动者、科技劳动对象和科技劳动工具（包括仪器设备、图书报刊等）构成的。作为一种物质实践活动，科技劳动主要表现为科学实验。所谓科学实验，是指科技劳动者运用一定的仪器设备，在人为控制的条件下，观察研究实验对象的存在特征、运动规律和运行机制的特殊社会实践形式。② 科学实验一方面为知识的生产和技术的发明提供"科学事实"；另一方面为生产的知识和发明的技术提供检验和试验的途径。科学实验的程序大致是：实验原理选择、实验方案设计、实验操作实施、实验数据统计和试验结果处理等。

第二种观点："科研劳动观"。该观点认为，科技劳动即科研劳动，它是科技工作者按照选定的研究课题所进行的有目的的研究活动。与其他劳动相比较，它也是具有劳动能力的人（科技工作者）使用一定的劳动工具（仪器、设备等科研手段），通过劳动力的支出使劳动工具作用于一定的劳动对象（自然界的物质、现象）生产出新的价值（科研成果），为社会创造财富；同时，它还是一种以脑力劳动为主并与体力劳动在不同程度上结合的、既创造精神财富又创造物质财富的社会劳动，这是一种极其复杂的、难度很大的高水平的劳动方式，探索性、创造性和精确性等是它的突出特征。③

第三种观点："科学劳动观"。持这一观点的学者将科技劳动和科学劳动在同一个意义上来使用，该观点认为，科技劳动也就是通常所说的或广泛意义上使用的科学劳动，它包括两个方面：一方面，人们在不断的生产和社会实践活动中对客观规律的认识和理论的创造，这是对科学的认识、发现、发明、创造过程；另一方面，将科学应用于生产，创造出一系列新的工具、手段、工艺，并培养提高劳动者使其具有一定水平的科学技术知识且能掌握和运用它们来进行生产活动，这是一个由科学到技术、再由技术到生产的应

---

① 林超然主编：《科学技术学概论》，浙江科学技术出版社1987年版，第119、125页。
② 冯契主编：《哲学大辞典·马克思主义哲学卷》，上海辞书出版社1990年版，第714、721页。
③ 何钟秀主编，关西普、季子林等著：《科学学纲要》，天津科技出版社1981年版，第85—86页。

用过程。从其范围来看，科技劳动往往是"结合劳动人员"的劳动，既包括在科学研究机构进行基础研究和应用研究以及从事各种技术设备的创造发明、试验、设计等研究人员的劳动，也包括企业内外的经济管理人员和直接从事生产操作先进技术的工程师、技师等人的劳动，[1] 还包括教师、歌唱家等人的劳动[2]。

第四种观点："生产技术革新观"。该观点将科技劳动视为科技创新活动或科技创新劳动，其实质"是指在客观事物及其规律认识深化基础上实现的生产技术革新，它发生于劳动过程中，是人类劳动的特征"，像火的发明、弓矢的制作、石器的制造、铜器和铁器的发明、印刷术的发明等均属于科技创新活动，是古代或农业经济时代的低层次的科技创新；像蒸汽机、火车、轮船和电灯等的发明，则是近代工业经济初期的科技创新；像内燃机、福特 T 型汽车、机器制造业中的精密机床、大型的机械加工设备、大功率发电机、大型运输机等新产品、新技术的研制，体现了现代工业经济时代的科技创新；像信息技术、生物工程、核动力技术、纳米技术和宇航技术等高技术的研制，则是人类历史上前所未有的高层次的科技创新，即当代科技创新。当代科技创新具有以下特征：高创造性的劳动、高知识积累劳动、高度专业化的劳动、社会结合的劳动和市场性的创新劳动等。这些劳动是以拥有科学知识高积累和高创造性能力的科技人才来进行的生产劳动，是高度社会化的劳动和由市场经济的机制来激活的科技劳动。[3]

第五种观点："新型的劳动观"。该观点认为，在现代的信息技术中，计算机是其观点部分，计算机在程序控制下进行数据处理，处理的结果输出到外设设备，如显示器、音箱、打印机、调制解调器，也可以驱动数控机床、自动生产线、飞行控制仪等等。在这里发生了一种前所未有的情形：知识世界对物理世界的作用，表现为思想对机器的作用，即人类的思想产品（程序）被以特殊的编码形式（某种编程语言）表达出来，记录在特定的媒介上；在运行过程中，程序在机器中被自动转译为二进制的机器码，在程序和指令的控制下调入 CPU 进行处理，处理的结果再由二进制码转译为程序

---

① 陈征：《论科学劳动》，《当代经济研究》1996 年第 6 期。
② 陈征：《再论科学劳动》，《当代经济研究》2001 年第 10 期。
③ 刘诗白：《论科技创新劳动》，《经济学家》2001 年第 3 期。

语言或者物理信号，送到外设设备中驱动相应的机器。这说明，计算机的出现造就了一批新型的劳动者——他们坐在计算机前编写计算机程序软件，他们的思想成果通过计算机的执行直接影响物理世界，并不需要假手他人；并且他们的劳动场所、劳动对象和工具都是计算机，或者是与计算机密切相关的机器。可以说，他们的劳动改变了人类的传统劳动方式，是一种新型的劳动。① 这种新型劳动的典型形式就是"e化劳动"，而所谓"e化劳动"，指的是运用计算机从事数字化信息处理特别是编制计算机程序那样一种全新的劳动方式。与以往的劳动方式相比较，"e化劳动"的劳动者不同，劳动对象不同，劳动成果不同；并且这种新型的劳动，将会取代人类的大多数乃至全部的体力劳动，甚至还会取代人类的大部分脑力劳动，特别是那些繁杂的、冗长的重复性的和常规性的脑力劳动；这种新型劳动是正在浮现的信息社会中的重要劳动方式，并且随着社会信息化程度日益提高和普及，传统意义上的许多劳动方式都将在不同的程度上逐步让位于这种新型劳动，将来所有的劳动者包括现今意义上的体力和脑力劳动者，都将全部或主要从事这种新型劳动。②

　　从科技与生产的关系视域来审视上述五种观点，将会发现：（1）前三种观点即"特殊劳动形式观""科研劳动观""科学劳动观"，它们主要侧重于"科技—生产"体系的一极——科技来规定科技劳动，突出强调了科技领域的科技劳动，这些都属于传统观点的范畴。此观点所揭示的科技劳动不妨称之为第一种类型的科技劳动。（2）第四种观点即"生产技术革新观"，它主要侧重于"科技—生产"体系的另一极——生产来规定科技劳动，突出强调了生产领域的科技应用创新活动。在此需要说明的是：在传统的理论中，人们更侧重于将这种生产领域的科技应用创新活动归结为生产劳动的一部分，而持"生产技术革新观"的学者结合现代生产领域的科技创新，将生产领域的科技应用创新活动凸现出来，直接视为科技劳动，这是应当充分肯定的，并且从这些学者的分析中应当看到，现代的生产劳动已经在

---

① 王克迪：《在CPU和大脑之间——认识一种新的劳动》，载中国自然辩证法研究会和中国科学院研究生院编：《自然辩证法走进新世纪》，哈尔滨出版社2002年版，第239—243页。

② 王克迪：《论e化劳动》，载孙小礼主编：《现代科学的哲学争论》，北京大学出版社2003年版，第456—461页。

相当高的程度上变成了科技劳动的一部分,实现了从传统的生产劳动向现代的科技化生产劳动的认识转变。所以,此观点所揭示的科技劳动不妨称之为第二种类型的科技劳动。上述两种类型的科技劳动,主要存在于科技融入经济系统的"要素渗透方式"即"间接方式"之中。(3)第五种观点即"新型的劳动观",则是集传统意义上的科技劳动和生产劳动于一体的科技劳动观,只是持此观点的学者仅就现代信息技术领域来考察所得出的结论。事实上,现代高新技术领域特别是现代高新技术产业中的劳动,都属于这种"新型的劳动"。此观点所揭示的科技劳动不妨称之为第三种类型的科技劳动。此种类型的科技劳动主要存在于科技融入经济系统的工业实验室、高科技产业及高科技产业园区等"直接方式"之中。

通过上述的分析将会发现,存在于科技融入经济系统的间接方式之中的科技劳动和存在于其直接方式中的科技劳动,构成了科技劳动整体。这样,三种类型的科技劳动便成为科技劳动整体的三个层次:传统的科技研究领域的"纯科技劳动"、生产领域的科技劳动即科技化的生产劳动,以及集二者于一体的科技劳动。从现实性上,这三个层次的科技劳动基本上已经囊括了现代经济社会中的创造价值的各种劳动。换言之,现代经济社会中创造价值的各种劳动都已经被纳入"现代科技劳动"的范畴,并在不同程度上成为了"现代科技劳动"。事实上,这是科技劳动在现代经济社会中被拓展的结果,即传统意义上的科技劳动已经拓展到现代经济社会中的科技劳动即现代科技劳动,其拓展的结果是现代经济社会中创造价值的各种劳动在不同的程度上都已经成为"现代科技劳动",或者说现代科技劳动既包括传统意义上的"纯科技劳动",也包括由社会生产科技化而导致的科技应用劳动,还包括集"纯科技劳动"和科技应用劳动于一体的科技劳动,它们集中地呈现在现代"科技—经济"一体化社会的整个科技劳动过程或整个社会生产过程之中。

依据现代科技研究的结构体系和科技向现实生产力的转化途径将会发现,现代科技劳动的整个过程或现代经济社会的整个生产过程,依次展现为四个层面的科技劳动:(1)基础性科技劳动,即基础性科学研究活动,包括基础性课题的选择、基础性研究过程的实施和基础性理论成果即科学发现;(2)应用性科技劳动,即应用性技术研究活动,包括应用性课题的选择、应用性研究过程的实施和应用性技术成果即技术发明；（3）开发性科技劳动，即开发性技术研究活动，包括开发性研究课题的选择、开发性研究过程的实施和开发性技术成果即中间试验成果；（4）科技化的社会生产劳动，即生产领域的科技劳动，包括生产性问题的确立、科技化的社会生产过程和科技化生产产品的推广运用等。

这四个层面的科技劳动之间的区别主要表现在：（1）从概念本身来看，基础性科技劳动即基础性研究活动，一般是指以探索"实在"世界的规律并建构知识为目的的科学研究活动（如法拉第发现电磁感应原理即发电原理、麦克斯韦提出电磁波理论等）；应用性科技劳动即应用性研究活动，一般是指运用基础性研究成果来进行技术发明的研究活动（如西门子制成励磁电机，可以发电但不能应用；郝兹发现电磁波，制成电磁波发生装置，使无线电通讯成为可能等）；开发性科技劳动研究即开发性研究活动，一般是指对应用性研究成果进行小批量生产的中间试验的工程技术研究活动（如爱迪生制成电机、建成电厂，建立电力技术体系；波波夫、马可尼进行无线电通讯获得成功等）；科技化的生产劳动一般是指将开发性研究的成果进行大批量生产的劳动过程（如电机的制造业、发电厂的投产、无线电通讯产业的出现等）。（2）从其所具有的特征来看，基础性科技劳动没有明确目标和时间限制，不急于评价，一般无保密性，有难度高、见效慢和弱商品性特征；应用性科技劳动有一定的目标和时间限制，适当时候作出评价，有一定的保密性，具有较强的商品性特征；开发性科技劳动研究有具体明确目标和严格时间控制，完成后很快作出评价，有强保密性，有强商品性特征；科技化的生产劳动，其生产目标明确，突出强调劳动生产率，具有突出的产业化、规模化、效益化和强商品化等特征。（3）从其产品的形式来看，基础性科技劳动的产品形式是研究报告、学术论文、学术专著等；应用性科技劳动的产品形式是专利、原理模型、论证报告等；开发性科技劳动研究的产品形式是专利设计、图纸设计、试制产品等；科技化的生产劳动的产品形式是满足社会生产、生活需要的各种生产产品，等等。

同时应当看到，上述四方面的科技劳动在相互区别的基础上，又相互联系和相互渗透，共同构成了"基础性科技劳动↔应用性科技劳动↔开发性科技劳动↔科技化的生产劳动"的双向互动结构体系，这也就是现代科技劳动的整体结构体系或现代科技劳动的整个过程的动态体系。对此作如下分析：这一动态体系，若从现代科技的结构体系和科技向现实生产力的转化途径来审视，即从"科技—经济"一体化社会的一极——科技视角来考察，则呈现出从基础性科技劳动→应用性科技劳动→开发性科技劳动→科技化生产劳动的"逐步转化"的层次性；若从生产劳动过程不断将技术和科学纳入其中的角度来审视，即从"科技—经济"一体化社会的另一极——经济视角来考察，则呈现出从科技化生产劳动→开发性科技劳动→应用性科技劳动→基础性科技劳动的"逐步拓展"的层次性。若将从"科技—经济"一体化社会的两极——科技和经济两维视角考察现代经济社会中的整个劳动过程的结果进行"复合"，那么现代科技劳动的整个过程所展现出来的"逐步转化"的层次性——"基础性科技劳动→应用性科技劳动→开发性科技劳动→科技化生产劳动"，和现代生产劳动的整个过程所呈现出来的"逐步拓展"的层次性——"科技化生产劳动→开发性科技劳动→应用性科技劳动→基础性科技劳动"，便形成了"基础性科技劳动↔应用性科技劳动↔开发性科技劳动↔科技化的生产劳动"的双向互动的层次结构体系。

综上所述，自然会得出如下的结论：在"科技—经济"一体化的现代市场经济社会中，科技劳动就是创造价值的"生产劳动"；反之亦然，创造价值的"生产劳动"也就是科技劳动。因此，这两个命题中的两个"关键性"概念——科技劳动和创造价值的"生产劳动"，在"科技—经济"一体化的现代市场经济社会中是"同义异语"。马克思所讲的创造价值的生产劳动，在"科技—经济"一体化的现代市场经济社会中，已经从物质性生产劳动转变成了由"基础性科技劳动↔应用性科技劳动↔开发性科技劳动↔科技化的生产劳动"构成的整体意义上的科技劳动。

四、科技型生产方式下创造价值的科技劳动的内涵与实质

综上所述，在科技第一生产力和"科技—经济"一体化的现代市场经济社会中，与科技产品已经成为商品相一致，科技劳动也已经成了创造价值的劳动，因此马克思在政治经济学中所讲的物质性商品与物质生产劳动的关系，在现代市场经济社会中理应演变成为科技商品与科技劳动的关系；商品的二因素与劳动的二重性的关系，在现代市场经济社会中理应演变成为科技

商品二因素与科技劳动二重性的关系。但理论和现实并非如此简单而线性的，还必须做大量的科学研究和科学分析，而其中之一就是在政治经济学视域中明确科技劳动的内涵和实质的问题。概括地讲，创造价值的科技劳动是马克思创造价值的生产劳动在"科技—经济"一体化现代市场经济社会中的拓展范畴，是与"科技第一生产力"分析范式内涵规定相适应的生产科技商品的劳动的统称。对创造价值的科技劳动的这一规定，至少包括如下内涵。

第一，创造价值的科技劳动是一个历史范畴，是马克思政治经济学中的创造价值的生产劳动在现代市场经济社会中的新表现形式。马克思政治经济学中所讲的创造价值的生产劳动（大多数简称为生产劳动）不同于唯物史观中的生产劳动。唯物史观中的生产劳动是一个永恒的范畴，它是人类社会产生和发展的基础和核心构成部分；但政治经济学中的生产劳动，也就是创造价值的生产劳动，在马克思的经典著作中指的是资本主义商品经济社会或市场经济社会的生产劳动，是为资本创造剩余价值的劳动；推而广之，当有了社会主义商品经济和社会主义市场经济之后，马克思政治经济学中的创造价值的生产劳动，实质上是指商品经济或市场经济社会中为资本创造剩余价值的劳动。在政治经济学视域中，创造价值的科技劳动是市场经济条件下创造价值的生产劳动的拓展形式，如果说在马克思所使用的意义上，创造价值的生产劳动主要是指以物质生产为主而附之以科学和技术的劳动，突出的是物质生产劳动，故称之为马克思创造价值的生产劳动；而作为它的发展形式，创造价值的科技劳动主要是指以科技研发活动为核心而附之以物质性劳动的劳动，强调的是科技劳动在整个价值创造过程中的作用，故称为创造价值的科技劳动。而创造价值的科技劳动，只有在以科技第一生产力和"科技—经济"一体化社会背景下的现代市场经济社会中才能出现，在此之前，包括在马克思所处的那个时代，科技是与劳动相分离和相对立的，只能被资本所无偿地占有，但是难以成为政治经济学意义上的创造价值的劳动。

第二，创造价值的科技劳动是一个政治经济学范畴，它与一般意义上的科技劳动不是同一个范畴，因为在现代市场经济社会中，如果将各式各样的创造价值的劳动，根据其科技化程度的高低，按照传统的思维方式至少可以将其划分为两类：第一类是一般意义上的"科技劳动"，主要是指包括传统意义上的科技劳动在内的科技化程度比较高的各种劳动，如科学家们从事的科研活动、技术人员从事的专利发明活动等便属于此类；第二类是"准科技劳动"，主要是指科技化程度比较低的各种劳动。按照通常的理解，除了"科技劳动"和"准科技劳动"之外，各式各样的创造价值的劳动还应当包括第三类，即"非科技劳动"。但在现实性上，严格意义上的"非科技劳动"是不可能存在的，因为现代社会中再简单的劳动之中也渗透着科技的因素，不渗透科技因素的劳动几乎是不存在的，只是其中渗透的科技因素相对地讲少一些而已，即所谓的科技化程度相对的低一些而已，故将其只划分为两类即"科技劳动"和"准科技劳动"。这样，在政治经济学意义上，我们所讲的"创造价值的科技劳动"既包括第一类的"科技劳动"，它在现代经济社会中已经成为创造价值的劳动系统的核心构成部分，也包括第二类的"准科技劳动"，它是现代经济社会中创造价值的劳动系统中不可缺少的辅助部分。因此，创造价值的科技劳动作为政治经济学范畴，是这两类科技劳动的统称，而一般意义上的科技劳动仅指第一类，而不包括第二类。

第三，创造价值的科技劳动作为一个政治经济学范畴，其基本的内涵在实质上是指生产科技商品的劳动。不生产科技商品的劳动，哪怕是严格意义上的科学劳动，也不在此范畴之中。尽管在很多情况下直接将其简称为科技劳动，但这并不影响创造价值的科技劳动在政治经济学意义上的实质所在。同时还应看到，在"科技—经济"一体化的现代市场经济社会中，科技劳动作为创造价值的劳动不仅表现出科学研究、技术研发和科技化生产的过程，而且是要在此基础上实现其产品的商品化和市场化，甚至在更深层次上实现整体意义上的科技资本（实质上也就是全部资本）的自行增殖。马克思在谈到"货币变成资本"进而成为价值自行增殖的资本时，对一般意义的劳动变成资本主义创造价值的生产劳动即创造资本的雇佣劳动进行了阐述，他指出："雇佣劳动，在这里是严格的经济学意义上的雇佣劳动，我们也只是在这个意义上使用这一术语，今后我们应该把严格的经济学意义上的雇佣劳动同短工等等其他劳动形式区别开来。雇佣劳动是设定资本即生产资本的劳动，也就是说，是这样的活劳动，它不但把它作为活动来实现时所需要的那些对象条件，而且还把它作为劳动能力存在时所需要的那些客观要素，都作为同它自己相对立的异己的权力生产出来，作为自为存在的、不以它为转移的价值生产出来。"① 同样地，我们在这里也是在"严格的经济学意义上"来使用创造价值的科技劳动，这一术语所表示的就是生产科技商品的劳动，进而将创造价值的科技劳动在现代市场经济条件下纳入生产资本的劳动，成为资本自行增殖的运行过程。因此，创造价值的科技劳动，在"严格的经济学意义上"，一方面所表示的是生产科技商品的劳动；另一方面是在更深刻的意义上，所表示的是生产科技资本的劳动，以及科技资本现实地进行自行增殖的活动过程。在此意义上，创造价值的科技劳动作为活劳动，它"不但把它作为活动来实现时所需要的那些对象条件，而且还把它作为劳动能力存在时所需要的那些客观要素，都作为同它自己相对立的异己的权力生产出来，作为自为存在的、不以它为转移的价值生产出来"——这是创造价值的科技劳动作为一个政治经济学范畴最深刻的实质之所在。

第四，创造价值的科技劳动是与"科技第一生产力"分析范式的内涵规定相适应的劳动。在基本构成的第一层含义上，它是由"基础性科技劳动↔应用性科技劳动↔开发性科技劳动↔科技化的生产劳动"构成的整体意义上的科技劳动，或者以它的简化方式即由"科学劳动↔技术劳动↔科技化的生产劳动"构成的整体意义上的科技劳动。在第一生产力的第二层含义上，科技劳动与科技化生产劳动相比较，前者在整个价值的创造和生产过程中是第一的、首要的。与此同时，与"科技第一生产力"分析范式相适应的创造价值的科技劳动，也表现为具体劳动和抽象劳动二重属性即科技具体劳动和抽象劳动，它决定了科技商品的二因素即科技使用价值和科技价值。而科技具体劳动和科技抽象劳动是什么？二者是什么关系？它与一般物质性劳动所表现出的二重性即具体劳动和抽象劳动相比较，有何异同？科技劳动二重性如何决定科技商品的二因素？如此等等的问题，将作专门考察，在此不多赘述。

----

① 《马克思恩格斯文集》第 8 卷，人民出版社 2009 年版，第 112 页。

第六节 广义工人阶级：科技型生产方式下
马克思"工人阶级"范畴的拓展

在科技型生产方式基础上，将马克思政治经济学中的"工人阶级"范畴加以拓展，实质上是在"科技第一生产力"的新分析范式下将科技人员纳入创造价值的"工人阶级"范畴，将科技劳动力纳入马克思政治经济学的劳动力范畴，这为以科技人员或科技劳动者作为新时代"科技—经济"新理论建构的价值创造主体要素提供理论前提和基础。

一、马克思政治经济学中"工人阶级"范畴的现代审视

应当看到，工人阶级是资本主义生产方式构成的主体要素，也是商品经济或市场经济条件下的生产方式的主体要素。在马克思、恩格斯的经典著作中，"雇佣工人""工人阶级"或"无产阶级"是颇为重要的理论范畴[①]，工人阶级理论是马克思主义理论的重要构成部分，内涵丰富、特色鲜明，尤其是深刻阐述了工人阶级存在的世界性意义。在马克思、恩格斯关于工人阶级的经典理论中，有许多主要观点，如以不同社会集团对生产资料的占有关系作为阶级划分的标准，工人阶级与资产阶级是资本主义社会对立的两大阶

---

① 在此需要加以说明的是，在马克思、恩格斯的经典著作中所使用的"雇佣工人""工人阶级"和"无产阶级"等范畴，在一定意义上讲是等价的，甚至可说是同义词，只是在不同的场所使用的概念不同。在此，笔者所使用的概念主要是"工人阶级"，而一般不使用"无产阶级"和"雇佣工人"范畴，除了在特定的经济社会与境下而不得不使用的情况才使用。这是因为，在社会主义市场经济条件下，生产资料公有制为主体是社会主义基本经济制度最重要的内涵。在此意义上，包括国有经济和集体经济在内的公有制经济单位中的劳动者属于工人阶级范畴，但已经实现了"去无产阶级化"，即不再是"无产"的；同时，社会主义制度下的"工人阶级"已经成为国家的"主人"，尽管在公有制经济单位中还需要签订"聘任合同"或"劳动合同"等，还在一定程度上带有"雇佣劳动关系"的迹象，但这在实质上已经不同于马克思所研究的资本主义经济制度下"雇佣劳动关系"的内涵，已经不再是严格意义上的"雇佣工人"了。即便是社会主义市场经济条件下的非公有制经济企业，伴随着新科技革命和产业革命的发展，特别是"工业4.0"的发展，现代企业的生产方式已经发展为科技型生产方式，或者正在朝着这一趋势发展，在此情况下的劳动者也越来越多地从"劳动力商品"的提供者转化为"劳动力资本"的提供者，他们与非公有制企业在实质上还是"雇佣劳动关系"，属于工人阶级范畴，但由市场经济的社会主义性质和已经或正在成为"劳动力资本"提供者的身份所决定的，已经不是原来严格意义上的"雇佣劳动关系"了，而且在一定程度上正朝着实现"去无产阶级化"趋势发展。参见刘冠军、尹振宇：《工业1.0到4.0演进视角下的劳动者无产阶级属性分析》，《北京行政学院学报》2019年第4期。

级，工人阶级是与社会化大生产相联系的先进生产力的代表，工人阶级是没有生产资料的雇佣劳动者等，理论界基本达成了共识，在理解上基本是一致的。但在工人阶级是否仅指从事体力劳动的雇佣劳动者，工人阶级是否包括从事脑力劳动的雇佣劳动者，在现代科技革命背景下工人阶级有什么变化和拓展等方面还存在不同的观点分歧。① 根据马克思、恩格斯在其经典著作中的论述看，主要是从两个层面对工人阶级这一范畴进行界定和使用的。

第一个层面上的工人阶级，主要指从事体力劳动的产业工人，此时的工人阶级即无产者阶级，首先是靠出卖劳动力来维持生活的"体力"雇佣劳动者阶级，这是马克思、恩格斯经典著作中工人阶级的主要思想观点。恩格斯在《共产主义原理》中明确地表达了这一观点，他指出："无产阶级是完全靠出卖自己的劳动而不是靠某一种资本的利润来获得生活资料的社会阶级。这一阶级的祸福、存亡和整个生存，都取决于对劳动的需求……一句话，无产阶级或无产者阶级是19世纪的劳动阶级"②；19世纪的这个劳动阶级是"完全没有财产的阶级，他们为了换得维持生存所必需的生活资料，不得不把自己的劳动出卖给资产者。这个阶级叫做无产者阶级或无产阶级"③。在科学与劳动相分离、相对抗以及机器排挤工人的资本主义市场经济条件下，工人阶级主要是从事体力劳动或以体力支出为主的劳动阶级。马克思政治经济学所研究和分析的构成资本主义生产方式的主体要素，就是这种意义上的工人阶级或雇佣劳动者。

第二个层面上的工人阶级是在第一个层面基础上的拓展，此时将脑力劳动者在一定意义上纳入工人阶级范畴，他们和体力劳动者一起形成了"总体工人"。在马克思看来，随着资本主义生产社会化的发展和劳动过程本身分工协作的发展，工人阶级的概念必然要扩大，为了从事生产劳动，只要成为"总体工人"的一部分、完成一定职能就够了，而"所有以这种或那种方式参加商品生产的人，从真正的工人到（有别于资本家的）经理、工程

---

① 黄旭东：《马克思主义经典作家的工人阶级理论与当代中国工人阶级的新变化》，《江汉论坛》2009年第1期。

② 《马克思恩格斯文集》第1卷，人民出版社2009年版，第676页。

③ 《马克思恩格斯文集》第1卷，人民出版社2009年版，第677—678页。

师,都属于生产劳动者的范围"①,都属于工人阶级的范畴。恩格斯在 1893
年 12 月 19 日《致国际社会主义者大学生代表大会》的信中,还提出了
"脑力劳动无产阶级"的概念,并希望"大学生们意识到,从他们的行列中
应该产生出脑力劳动无产阶级,它的使命是在即将来临的革命中同自己从事
体力劳动的工人兄弟在一个队伍里肩并肩地发挥重要作用"②。

工人阶级的上述两层含义,在马克思那里更多的是在"严格的经济学
意义上"来界定和使用的。马克思指出:"雇佣劳动,在这里是严格的经济
学意义上的雇佣劳动……是设定资本即生产资本的劳动,也就是说,是这样
的活劳动,它不但把它作为活动来实现时所需要的那些对象条件,而且还把
它作为劳动能力存在时所需要的那些客观要素,都作为同它自己相对立的异
己的权力生产出来,作为自为存在的、不以它为转移的价值生产出来。"③
而雇佣劳动的主体是雇佣劳动者即工人阶级,与雇佣劳动相适应,工人阶级
也是在严格的经济学意义上的雇佣劳动者,是商品生产者和资本生产者。同
时,在不同的条件下,作为雇佣劳动者的工人阶级是在不同的劳动系统中被
雇佣的,这是马克思对工人阶级从两个层面加以界定和使用的原因所在。

笔者曾经根据劳动量的"部分质变",将不同的劳动系统按照由低级到
高级的顺序划分为三种类型,即"手工工具—体力型"劳动系统、"机器—
脑力型"劳动系统和"信息—智力型"劳动系统,④ 据此提出如下观点。

第一个层面上的工人阶级主要是指"手工工具—体力型"劳动系统中
的雇佣劳动者,即以体力消耗为主并且以使用手工工具为特征的雇佣劳动
者。劳动者的体力(或自身所具有的自然力)大小标志着该劳动系统中动
力的大小,它决定着劳动范围的大小和效率的高低,这是马克思政治经济学
基础理论考察的重点和主要内容。

第二个层面上的工人阶级主要是指"机器—脑力型"劳动系统中的劳
动者。表面上看,该系统中的工人阶级是以脑力消耗为主并且以使用机器为
主要特征的劳动者,但在实质上并不这么直观——在这里,现象和本质是脱

---

① 《马克思恩格斯文集》第 8 卷,人民出版社 2009 年版,第 218 页。
② 《马克思恩格斯文集》第 4 卷,人民出版社 2009 年版,第 446 页。
③ 《马克思恩格斯文集》第 8 卷,人民出版社 2009 年版,第 112 页。
④ 刘冠军:《全面理解马克思的劳动价值理论》,《天津师大学报》1991 年第 1 期。

节的，市场经济条件下造成了二者脱节的现实——从价值创造的维度看，"机器—脑力型"劳动系统中劳动者的价值创造来源表现出二重性矛盾特征，一是生产过程中生产者的活劳动创造价值，二是"生产者背后"的科技人员的科技劳动创造价值，因为机器系统的出现是科技劳动的产物，是科技人员脑力劳动的结果。

也就是说，"机器—脑力型"劳动系统中的雇佣劳动者，一方面，是在企业现场使用机器进行劳动的工人，这些工人的劳动不一定是脑力劳动，在马克思政治经济学的研究中，把他们看作体力劳动者，并且在科学与劳动相对立的情况下看作"会说话"的工具——这还是第一个层面上的劳动阶级，这仍然是马克思所讲的"真正的工人"；另一方面，是不在企业现场的发明、设计和制造机器的人，这些人是"隐藏在生产者背后"的劳动者，这才是马克思所讲的不同于"真正的工人"但又"（有别于资本家的）经理、工程师"——这正是马克思深刻的洞察力之突出表现。

同时应当看到，这些有别于资本家的经理、工程师等，尽管马克思已经将其纳入工人阶级范畴，但被马克思看作"真正的工人"的拓展部分，这也就意味着他们还不是"真正的工人"，是有别于"真正的工人"的雇佣劳动者。因此，在马克思政治经济学基础理论建构过程中，是以"真正的工人"作为工人阶级的主体，作为其考察研究的对象主体，并在此基础上创立劳动价值论和剩余价值理论等政治经济学基础理论；与此同时，这种拓展部分，马克思并未完全将其纳入政治经济学的研究对象之中，最多也只是潜含在马克思政治经济学研究对象之中的。

二、科技型生产方式下"工人阶级"范畴的拓展与广义工人阶级的确立

随着时代的发展，特别是随着生产方式的转变，马克思所处时代的物质生产方式已经转变为"科技—经济"一体化新时代的科技型生产方式，潜含在马克思政治经济学研究对象中"真正的工人"的拓展部分——包括"（有别于资本家的）经理、工程师"，也包括从事技术研发的发明家、从事科学研究的科学家等——真正地拓展并凸现出来，成为马克思主义政治经济学研究对象首要的组成部分，真正纳入或融入马克思主义政治经济学研究的

理论体系之中。而马克思政治经济学中"工人阶级"范畴这一拓展，实质
上也就是将工程师、技术专家、科学人员和科学家等这些原来"隐藏在生
产者背后的"劳动者"从经济的后台走向经济的前台"，使工人阶级范畴拓
展为既包括在企业现场的生产工人（真正的工人），也包括不一定甚至就不
在企业现场的技术人员和科学人员，把他们都看作工人阶级的重要组成部
分，进而克服"机器—脑力型"劳动系统中劳动价值的二重性矛盾现象，
使生产工人、技术人员和科学人员被看作创造价值的工人阶级的三个重要组
成部分。这是科技型生产方式基础上马克思政治经济学中的"工人阶级"
范畴拓展的结果。

　　这一拓展，不仅克服了"机器—脑力型"劳动系统中劳动者的价值创
造来源的二重性矛盾，而且也将"信息—智力型"这一最新型劳动系统中
劳动者的价值创造来源纳入其中。一般地，在劳动层面上，体力和脑力是一
对范畴，以体力付出为主的劳动为体力劳动，而以脑力付出为主的劳动为脑
力劳动。而智力一般等同于脑力但高于脑力，落实到劳动上便能够看到这一
差异，脑力劳动一般是相对于体力劳动而言的人类大脑的思维活动，它完全
可以在与科学技术知识相分离的条件下进行，但智力劳动则不然，它是以人
类大脑思维能力为生理学基础、以通过系统地、有针对性地学习、教育与培
训而掌握一定科学技术知识为条件而进行的思维活动，一般具有高复杂性与
创新性等特征。[①] 因此，智力是人们认识事物和运用知识创造性地解决问题
的能力的总称，是在体力和脑力基础上发展起来的标志着人所特有的高级形
态的能力，创造性或创新性是其本质特征。人的智力的支出和使用即智力劳
动是人类劳动的最高层次。随着现代科技革命的深入，尤其是电子计算机、
人工智能和互联网技术等高新科技的出现和使用，它使机器系统增添了新的
控制部分，即除了动力机、传动机和工具机以外增添了控制机，控制机的运
用使生产中的结构、能量变换被信息、功能交换所代替，机器系统的运作过
程第一次有了自己的"中枢"和"大脑"，达到了"自我调节""自我控
制"和"自我转换"的新水平。控制机的实体是电子计算机和人工智能机，

---

　　① 任洲鸿、刘冠军：《"精神劳动"和"精神产品"的马克思主义经济学解读》，《东岳论丛》
2008 年第 5 期。

它对整个机器系统的调控和指挥，实质上是通过对信息的接收、处理、贮存和输出来实现的。这样，人的特有功能——智力，随着它的运用即通过智力劳动赋予给机器系统，使机器系统具有明显的智力运作的品质。这种新型的装置，通常被称为智能机器系统，而借助于智能机器系统进行物质产品生产、技术产品生产、科学产品生产和一般性知识产品生产的系统被称为"信息—智力型"劳动系统，这种新型劳动系统是集科学人员、技术人员和生产工人等所有劳动者的劳动于一体的系统。

在科技型生产方式基础上，将马克思政治经济学中的"工人阶级"范畴从原来的物质生产领域的劳动者阶级，拓展到从事技术研发的技术人员、从事科学研究的科学人员，不仅有马克思"总体工人"的概念依据，也不仅有恩格斯在1893年预言的"脑力劳动无产阶级"范畴，而且更为重要的是邓小平在提出"科学技术是第一生产力"科学论断的同时，提出了另一个颇为重要的科学论断，即"知识分子是工人阶级的一部分"。事实上，早在1956年，周恩来在《关于知识分子问题的报告》中指出，知识分子中的"绝大部分已经成为国家工作人员，已经为社会主义服务，已经是工人阶级的一部分"①。而邓小平对这一问题的认识也经历了一个探索的过程。1975年9月26日，邓小平在听取中国科学院负责同志汇报《关于科技工作的几个问题》（汇报提纲）时的插话中讲："科技人员是不是劳动者？科学技术叫生产力，科技人员就是劳动者！"② 这时，邓小平将科技人员纳入劳动者的范围。到了1978年8月18日《在全国科学大会开幕式的讲话》中，邓小平提出了"知识分子是工人阶级的一部分"的命题，他说，知识分子"总的说来，他们的绝大多数是工人阶级和劳动人民自己的知识分子，因此也可以说，已经是工人阶级自己的一部分"③。直到1988年9月5日和12日，邓小平在《科学技术是第一生产力》的讲话中，才明确地提出"知识分子是工人阶级的一部分"的科学论断，他说："马克思讲过科学技术是生产力，这是非常正确的，现在看来这样说可能不够，恐怕是第一生产力。……要把'文化大革命'时的'老九'提到第一，科学技术是第一生产力嘛，知识分

---

① 《周恩来选集》下卷，人民出版社1984年版，第162页。
② 《邓小平文选》第二卷，人民出版社1994年版，第34页。
③ 《邓小平文选》第二卷，人民出版社1994年版，第89页。

子是工人阶级的一部分嘛"①。至此，一个完整的全程命题、一个整体意义上的科学论断被提了出来——"知识分子是工人阶级的一部分"，这具有划时代的、里程碑的深远而巨大的意义。在这一科学论断中，邓小平已经不再使用"一部分""绝大部分""总的来说"之类的概念，而是使用了全称概念，即所有的知识分子都是工人阶级的一部分了。在此之前，尽管周恩来也讲了，但是在理论界和社会上，人们一般不把知识分子看作工人阶级的一部分的，这时的工人阶级范畴主要是指不包括知识分子在内的工人阶级，可将其称为狭义的工人阶级。而自邓小平明确提出"知识分子是工人阶级的一部分"之后，我国理论界所讲的工人阶级才把知识分子作为其中的一部分，此时的工人阶级，可将其称为广义的工人阶级。如果说，马克思在他那个时代所讲的工人阶级是狭义的工人阶级，而在邓小平明确提出这一科学论断之后，工人阶级就是广义的了。

三、科技型生产方式下广义工人阶级确立的重大意义

马克思"工人阶级"范畴从狭义拓展到广义，将知识分子看作工人阶级的一部分，这不仅是一个政治口号——使知识分子从"老九"提高到"第一"，而且是一个政治经济学的命题，因为知识分子纳入工人阶级范畴，实质上也就是将知识分子看作创造价值的劳动者，知识分子从此之后能够创造价值养活自己，不再是既不会做工也不会种地的"无用之人"。尤其重要的是，邓小平"知识分子是工人阶级的一部分"这一科学论断并不是孤零零地提出的，而是基于另一个颇为重要的科学论断而提出的，这就是"科学技术是第一生产力"。从因果关系角度看，"科学技术是第一生产力"，这是"因"，是"分析范式"；"知识分子是工人阶级的一部分"，这是"果"，是"分析范式"基础上的研究之果。这样的因与果组合在一起，落实到马克思政治经济学理论研究上，那就是在"科学技术是第一生产力"这一"因"或"分析范式"基础上，探索作为工人阶级一部分的知识分子在劳动价值论、剩余价值论等政治经济学基础理论中所内含的"果"，至少将科学技术人员这一部分知识分子在价值创造、剩余价值生产等过程中发挥的作用

---

① 《邓小平文选》第三卷，人民出版社1993年版，第275页。

之"果",在马克思政治经济学基础理论体系中彰显出来。这也就是在科技型生产方式基础上,将马克思"工人阶级"范畴加以拓展,从狭义的工人阶级拓展为广义的工人阶级的深远而重大的意义之所在。

马克思"工人阶级"范畴从狭义拓展到广义,将包括科技人员在内的知识分子看作工人阶级的一部分,展示了劳动力主体的转变,即由一般劳动力主体向科技劳动力主体的转变。从一般意义上讲,劳动力主体被分为两种:一种是从事一般性生产劳动的劳动力主体,即一般劳动力主体;一种是从事科技生产劳动的劳动力主体,即科技劳动力主体。由一般劳动力主体向科技劳动力主体的转变是现代市场经济社会的一个重要特征。

在近代物质生产方式基础上的市场经济社会中,劳动力主体是一般的生产工人,马克思在政治经济学基础理论中主要分析的就是一般生产工人的劳动和价值的关系。然而,在现代"科技—经济"一体化社会中,由于生产方式已由物质生产方式转型为物质生产方式基础上的科技型生产方式,科技劳动已经拓展为包括创造价值的所有劳动,或者说所有创造价值的劳动都已经在不同的程度上纳入了科技劳动的范畴,而从事科技劳动的劳动力主体必然是科技劳动者。同时,劳动力主体的这一转变,与劳动力主体受教育的程度由低向高的转变密切相关。在近代物质生产方式基础上的市场经济社会中,欧洲各国虽然已经有了现代意义的大学,但是真正能够接受大学教育的劳动力在整个劳动力中的比重极低,从整体上看,劳动力主体接受教育的程度相对说来是比较低的。然而在当今时代,伴随着科技型生产方式的确立,无论是发达国家还是发展中国家,接受过高等教育的劳动力占整个劳动力的比重越来越高,发达国家与发展中国家相比更是走在了前列。目前,世界各国都在不同程度上注重发展教育,尤其注重发展高等教育和职业教育,这也是当今社会劳动力主体受教育的程度越来越高的一个重要原因。

第七节 精神生产资料:科技型生产方式下
马克思"生产资料"范畴的拓展

在科技型生产方式基础上,在将马克思政治经济学中的"工人阶级"范畴加以拓展的同时,还必须对"生产资料"范畴加以拓展,因为在科技型生产方式基础上的工人阶级所使用的生产资料，肯定不同于马克思所处时代的生产资料。而马克思政治经济学中"生产资料"范畴的拓展，实质上是在"科技第一生产力"的新分析范式下将科技生产资料或精神生产资料①纳入生产资料范畴，将生产资料从物质生产资料扩展到精神生产资料，并用硬件生产资料或硬性生产资料表示物质生产资料，用软件生产资料或软性生产资料表示科技生产资料或精神生产资料，这为以科技生产资料和物质生产资料作为新时代"科技—经济"新理论的价值创造客体要素提供理论前提和基础。

一、马克思政治经济学中"生产资料"范畴的现代审视

马克思在政治经济学中所使用的"生产资料"概念，如同在"严格的经济学意义上"来使用雇佣劳动和雇佣劳动者即工人阶级一样，也是在"严格的经济学意义上"来使用的，并且在使用这一概念进行经济分析的过程中暗含着一个理论假设性质的潜在规定，这就是在将唯物史观中的"科学—技术—生产力"分析范式进行了政治经济学的创造性转换，将科学、技术都纳入物质生产力的同时，或者说，将生产力等同于物质生产力的同时，将生产资料等同于物质生产资料。这样，在马克思政治经济学中所确定的生产资料，也就是生产过程中的物的因素即劳动的客观条件，包括物质劳动资料和物质劳动对象，②其中劳动工具是物质劳动资料发展水平的标志。在宋涛先生主编的《资本论辞典》中基本上是这样诠释的，他对"生产资料"词条的解释是：生产资料是指"人们从事物质资料生产所必需的一切物质条件，即劳动资料和劳动对象的总和。生产资料包括自然物和经过劳动加工的产品，如土地、森林、河流、矿藏、机器、设备、厂房、生产建筑物、运输工具、燃料、原材料和辅助材料等。生产资料是构成生产力的物的

---

① 这里的精神生产资料是一个政治经济学的范畴，是相对于政治经济学中的物质生产资料而言的，主要是指科学知识、技术知识和生产技能知识等科技生产资料，它与马克思恩格斯在《德意志意识形态》中所使用的"精神生产资料"概念不同，后者是一个含义相当宽泛的概念。参见《马克思恩格斯文集》第1卷，人民出版社2009年版，第550页。

② 刘冠军、任洲鸿：《现代科技劳动价值论与社会主义市场经济条件下的劳动力资本化研究》，中国经济出版社2010年版，第253—263页。

要素，其中起决定性作用的是生产工具"①。我国的政治经济学教科书也基本持此观点，如近年来马克思主义理论研究和建设工程所编写的重点教材《马克思主义政治经济学概论》颇具代表性，该教材的观点表述是："生产资料是构成生产力的物的因素。其中，劳动资料（生产工具）承担人的劳动的传导体。劳动对象则是人们通过劳动资料将劳动加于其上的物体"②，劳动资料和劳动对象统称为生产资料。由此可见，我国理论界对马克思政治经济学中生产资料概念的理解，总的说来是局限于物质形态的生产资料的，或者说，指的就是物质生产资料，而不含其他内容。

这种理解和诠释基本符合马克思《资本论》及各个时期的经济学手稿对生产资料的阐述和说明，尽管马克思并没有明确地指出这一点，但马克思对政治经济学中的生产资料主要是在物质形态上来理解和使用的，在其经典著作的论证和阐述中处处体现的都是以"物"的形式表现出来的生产资料。在此，仅引述几处马克思在《资本论》及经济学手稿中关于生产资料的论述作为例证。

（1）"在劳动过程中可使用的物品，即生产资料"③，这些物品是生产过程的客观条件；而"生产的条件同时也就是再生产的条件。任何一个社会，如果不是不断地把它的一部分产品再转化为生产资料或新生产的要素，就不能不断地生产，即再生产。在其他条件不变的情况下，社会在例如一年里所消费的生产资料，即劳动资料、原料和辅助材料，只有在实物形式上为数量相等的新物品所替换，社会才能在原有的规模上再生产或保持自己的财富，这些新物品要从年产品总量中分离出来，重新并入生产过程"④。

（2）"劳动资料是劳动者置于自己和劳动对象之间、用来把自己的活动传导到劳动对象上去的物或物的综合体"⑤。

（3）"广义地说，除了那些把劳动的作用传达到劳动对象，因而以这种

---

① 宋涛主编：《〈资本论〉辞典》，山东人民出版社1988年版，第551页。
② 本书编写组：《马克思主义政治经济学概论》，人民出版社、高等教育出版社2011年版，第2页。
③ ［德］马克思：《资本论》第1卷，人民出版社2004年版，第670页。
④ ［德］马克思：《资本论》第1卷，人民出版社2004年版，第653页。
⑤ ［德］马克思：《资本论》第1卷，人民出版社2004年版，第209页。

或那种方式充当活动的传导体的物以外，劳动过程的进行所需要的一切物质条件也都算做劳动过程的资料。它们不直接加入劳动过程，但是没有它们，劳动过程就不能进行，或者只能不完全地进行。土地本身又是这类一般的劳动资料，因为它给劳动者提供立足之地，给他的劳动过程提供活动场所。这类劳动资料中有的已经经过劳动的改造，例如厂房、运河、道路等等"①。

（4）"转变为生产资料即原料、辅助材料、劳动资料的那部分资本，在生产过程中并不改变自己的价值量。因此，我把它称为不变资本部分，或简称为不变资本"②，"不变资本的物质存在形式，生产资料，不仅由这种劳动资料构成，而且还由各加工阶段上的劳动材料以及辅助材料构成"③。

（5）"如果对价值创造和价值变化就其本身进行考察，也就是说，进行纯粹的考察，那么生产资料，不变资本的这些物质形态，就只是提供一种物质，使流动的、形成价值的力得以固定在上面。因此，这种物质的性质如何是没有关系的，无论它是棉花还是铁都一样"④；而对于资本主义大工业来讲，"大工业必须掌握它特有的生产资料，即机器本身，必须用机器来生产机器"⑤。

（6）"但资本不是物，而是一定的、社会的、属于一定历史社会形态的生产关系，后者体现在一个物上，并赋予这个物以独特的社会性质。资本不是物质的和生产出来的生产资料的总和。资本是已经转化为资本的生产资料，这种生产资料本身不是资本，就像金或银本身不是货币一样"⑥。

（7）"在生产过程本身中逐渐消费的资本，或者说固定资本，从严格意义上说，是生产资料。从更广泛的意义上说，整个生产过程和它的每一个要素，以及流通的每一个要素——从物质方面来看——只是资本的生产资料，对资本来说，只有价值才作为目的本身而存在。从物质本身方面来看，原料也是产品的生产资料，等等"⑦。

---

① ［德］马克思：《资本论》第 1 卷，人民出版社 2004 年版，第 211 页。
② ［德］马克思：《资本论》第 1 卷，人民出版社 2004 年版，第 243 页。
③ ［德］马克思：《资本论》第 1 卷，人民出版社 2004 年版，第 159 页。
④ ［德］马克思：《资本论》第 1 卷，人民出版社 2004 年版，第 248—249 页。
⑤ ［德］马克思：《资本论》第 1 卷，人民出版社 2004 年版，第 441 页。
⑥ ［德］马克思：《资本论》第 3 卷，人民出版社 2004 年版，第 922 页。
⑦ 《马克思恩格斯文集》第 8 卷，人民出版社 2009 年版，第 182 页。

通过上述的这些引证足见，马克思在《资本论》及各时期的经济学手稿中所使用的生产资料，都是物质生产资料，是以物质形态或"物"的形式表现出来的生产资料，这是在"严格的政治经济学意义上"带有设定性的理论前提。在此理论前提下，马克思是不可能将科学知识、技术知识和劳动技能知识等这些精神形态的生产资料纳入生产资料之中的，或者说，这些精神生产资料是不在马克思政治经济学中的生产资料范畴之内的。唯物主义的思想观点在这里得到了彻底的贯彻和体现。

在此需要加以说明的是，马克思对生产资料的这种认定或设定，是在"严格的政治经济意义上"的科学抽象，是将唯物史观中"科学—技术—生产力"分析范式进行了政治经济学创造性转换而作出的科学处理，这是马克思将政治经济学作为"严格意义上的科学"进行研究的一个重要标志，也是马克思政治经济学不同于他的唯物史观之所在，即马克思的政治经济学是"真正意义上的科学"，而他的唯物史观是"真正意义上的哲学"。实际上，在马克思唯物史观哲学的经典文本中，不是没有"精神生产资料"的概念。譬如，在《德意志意识形态》中，马克思就明确地指出："支配着物质生产资料的阶级，同时也支配着精神生产资料，因此，那些没有精神生产资料的人的思想，一般地是隶属于这个阶级的。占统治地位的思想不过是占统治地位的物质关系在观念上的表现，不过是以思想的形式表现出来的占统治地位的物质关系。"① 然而，马克思唯物史观中的"精神生产资料"，既不是我们在政治经济学研究中所说的以科学知识、技术知识和劳动技能知识等为主要内容的精神生产资料，也不是与科技第一生产力相适应的科技型生产方式的精神生产资料，还不是在社会生产过程中对商品生产具有重要作用、能够极大地提高劳动生产率的精神产品资料，而是指符合统治阶级利益的思想、意识、观念、道德、法律、宗教等上层建筑，这些精神生产资料远离物质生产活动，一般也不直接表现为商品生产活动所需要的生产资料，从而也就不属于政治经济学所要研究的范围。

由此可以说，马克思政治经济学中的生产资料，总体上指的就是物质形态的生产资料即物质生产资料，这是马克思将唯物史观哲学中的生产资料进

---

① 《马克思恩格斯文集》第 1 卷，人民出版社 2009 年版，第 550—551 页。

行了政治经济学的创造性转换，为突出政治经济学研究的科学性和可行性而将生产资料划定为物质生产资料，并将科学知识等精神生产资料"暂时"排除在政治经济学的范围之外，给后人留下"研究空间"，或寄希望于后人加以研究。

二、马克思主义经典作者的科学预见与"生产资料"范畴的拓展

之所以说马克思将科学知识等精神生产资料"暂时"排除在政治经济学的范围之外，给后人留下"研究空间"，或寄希望于后人加以研究，是因为对马克思政治经济学研究产生过巨大影响、被马克思作过详细摘录并誉为"批判经济学范畴的天才大纲"[①]的《国民经济学批判大纲》早就作过分析和预言，恩格斯在这部经济学著作中指出："劳动包括资本，并且除资本之外还包括经济学家没有想到的第三要素，我指的是简单劳动这一肉体要素以外的发明和思想这一精神要素。"[②]在恩格斯看来，这一精神要素，经济学家应当关注和研究，但那时还不是时候，还未到对其研究的时代，其原因有二：一是资本主义经济社会现实的局限性。在资本主义这种"利益分裂"的社会状态下资本和劳动的复杂关系遮蔽了发明和思想这一精神要素，此时的经济学家还没有想到精神要素对经济的作用；二是科学的进步超越了经济学家的"计算范围"，也超出了经济学家的"计算能力"。经济学家们自以为是地认为科学发现、技术发明这些精神因素是与经济学无关的，因为这些科学发现、技术发明等精神要素并没有让资本家或企业主花费什么，科学发现、技术发明等精神因素的"费用投入"是不能计算在"生产费用"之中的，哪怕科学和技术等精神要素在生产中发挥着巨大的作用。

此时，恩格斯提出了一系列的具有递进性的问题，并在层层追问的过程中加以分析和探索："经济学家与发明的精神有什么关系呢？难道没有他参与的一切发明就不会落到他手里吗？有哪一件发明曾经使他花费过什么？因此，他在计算他的生产费用时为什么要为这些发明操心呢？在他看来，财富的条件就是土地、资本、劳动，除此以外，他什么也不需要。科学是与他无

[①]　《马克思恩格斯文集》第 2 卷，人民出版社 2009 年版，第 592 页。
[②]　《马克思恩格斯文集》第 1 卷，人民出版社 2009 年版，第 67 页。

关的。尽管科学通过贝托莱、戴维、李比希、瓦特、卡特赖特等人送了许多礼物给他，把他本人和他的生产都提到空前未有的高度，可是这与他有何相干呢？他不懂得重视这些东西，科学的进步超出了他的计算。"追问和探索至此，恩格斯"笔锋一转"，作了一个极其富有远见的科学预言，他指出："但是，在一个超越利益的分裂——正如在经济学家那里发生的那样——的合理状态下，精神要素自然会列入生产要素，并且会在经济学的生产费用项目中找到自己的位置。到那时，我们自然会满意地看到，扶植科学的工作也在物质上得到报偿，会看到，仅仅詹姆斯·瓦特的蒸汽机这样一项科学成果，在它存在的头50年中给世界带来的东西就比世界从一开始为扶植科学所付出的代价还要多。"① 这也就是说，现在的经济家不将科学发现、技术发明等精神要素纳入经济学的生产要素加以研究，将来在"一个超越利益的分裂"的合理状态下经济学家们一定会将这些精神要素纳入经济学的生产要素加以研究的。

深受恩格斯《国民经济学批判大纲》这部"批评经济学天才大纲"影响的马克思，应当说尽了最大的努力来研究恩格斯提出的系列问题，并在政治经济学研究中提出丰富的具有超时代意义的"科技—经济"思想，如马克思阐述了资本主义生产方式之所以能够大规模地利用各种自然力如风能、水能、热能以及化学工业中的各种化合与分解作用等等，并使这一系列自然力并入资本要素之中，表现为资本的力量，其根本原因就在于科学知识在生产过程中的作用并日益表现为一种"独立因素"；马克思揭示了资本主义生产方式，在人类历史上第一次将科学纳入生产资料体系之内，并通过科学知识来大规模地改造物质形态的生产资料，从而创造了大量先进的生产技术并使之不断革命化，此时的"科学获得的使命是：成为生产财富的手段，成为致富的手段……现在，科学，人类理论的进步，得到了利用"②。而科学知识作为精神产品在资本主义应用过程中，不仅表现为生产资料，而且表现为固定资本的属性和力量，马克思指出："知识和技能的积累，社会智力的一般生产力的积累，就同劳动相对立而被吸收在资本当中，从而表现为资本

---

① 《马克思恩格斯文集》第 1 卷，人民出版社 2009 年版，第 67 页。
② 《马克思恩格斯文集》第 8 卷，人民出版社 2009 年版，第 357 页。

的属性,更明确些说,表现为固定资本的属性",而"社会的生产力是用固定资本来衡量的",① 当固定资本发展到科学知识作为生产资料的水平时,充分展示了"一般社会知识,已经在多么大的程度上变成了直接的生产力,从而社会生活过程的条件本身在多么大的程度上受到一般智力的控制并按照这种智力得到改造。它表明,社会生产力已经在多么大的程度上,不仅以知识的形式,而且作为社会实践的直接器官,作为实际生活过程的直接器官被生产出来",在这里,"它们是人的手创造出来的人脑的器官,是对象化的知识力量"。②

同时应当看到,伴随着政治经济学研究的深入,马克思发现了这样的经济事实:在资本主义社会中,由于"资本不创造科学,但是它为了生产过程的需要,利用科学,占有科学。这样一来,科学作为应用于生产的科学同时就和直接劳动相分离"③、相对立,此为一方面;而另一方面,资本占有科学和利用科学,遵循的是资本主义占有的规律,是无偿占有和不费分文地使用的,这样一来,科学作为应用于生产的科学同时就和物质生产资料的费用相分离、相脱节,科学作为精神生产资料成为了生产费用或成本费用为"零"的"生产资料"。在资本主义这一经济社会的现实面前,马克思尽管已经洞察到科学知识作为精神生产资料、表现为固定资本属性等的重要性,但是马克思在解决政治经济学建构时,只能选择尊重当时的经济事实来进行政治经济学研究,只能将生产资料限定为物质生产资料,而将科学技术知识等精神生产资料"暂时"排除在生产资料范围之外,暂不进行政治经济学分析。

在马克思看来,对科学技术知识这样的精神生产资料纳入政治经济学的生产资料范畴加以研究,也只能寄希望于那些身处超越"利益分裂"的合理社会状态中的后学了,在那样的合理社会状态下,政治经济学的理论能够把社会生产中所必需的科学知识、技术知识等精神产品纳入生产资料范畴之中,将科学知识、技术知识等精神因素作为独立化的精神形态的生产资料加以理论化和概念化,等等。

---

① 《马克思恩格斯文集》第 8 卷,人民出版社 2009 年版,第 187 页。
② 《马克思恩格斯文集》第 8 卷,人民出版社 2009 年版,第 198 页。
③ 《马克思恩格斯文集》第 8 卷,人民出版社 2009 年版,第 357 页。

由此可见，马克思在政治经济学的研究中，尽管洞察到科学知识等精神生产资料在经济社会中的重要作用，但基于资本主义物质生产方式和资本主义经济社会的现实，将生产资料限定为物质生产资料。与此同时，马克思在其政治经济学的分析中也为生产资料从物质生产资料向科学知识、技术知识等精神生产资料的拓展，对其理论上的可能性和逻辑上的可行性进行了科学预见。

三、科技型生产方式下将精神生产资料纳入政治经济学研究中

马克思政治经济学中的"生产资料"从物质生产资料向精神生产资料或科技生产资料的拓展，在科技是第一生产力和"科技—经济"一体化的现代市场经济社会中具有了现实上的客观必然性，尤其是社会主义市场经济条件下的经济形态，应当就是恩格斯在《国民经济学批判大纲》中所讲的那种"超越利益的分裂的合理状态"，在这样的合理社会状态下，科学知识、技术知识等精神要素自然而然地要列入生产要素，并且会在经济学的生产费用项目中找到自己的位置，并且我们自然会满意地看到扶植科学的工作也在物质上和利益上得到报偿。在这样的情况下，科学知识、技术知识等精神因素或精神产品作为人类劳动的产品，如同物质产品作为物质生产资料一样，也成为精神生产资料。这样，马克思政治经济学中的生产资料范畴，势必从物质生产方式下的物质生产资料，拓展到科技型生产方式基础上的物质生产资料和精神生产资料相统一的生产资料。当然，这样的社会现实所展示的客观必然性，还必须在理论上沿着马克思政治经济学研究的内在逻辑使之展现出来，使理论上的可能性和逻辑上的可行性变成理论上的现实和逻辑上的必然。因此，还必须从理论上对马克思政治经济学中生产资料的拓展形态——物质生产资料和精神生产资料相统一的生产资料进行分析。

从"科技第一生产力"分析范式看，科技型生产方式基础上的生产资料具体体现在"科学研究—技术研发—物质生产"这一整体系统的运行过程中所使用的生产资料，这些生产资料不仅包括物质生产资料，而且也包括精神生产资料，并且精神生产资料在科技型生产方式中发挥着越来越重要的作用。

第一，对于物质生产方式基础上的企业生产来说，其生产资料主要是厂

房设施、机器设备、原料材料等物质生产资料，不妨将这些物质生产资料称
为硬性生产资料或硬件生产资料，但科技型生产方式基础上的企业生产过
程，其所使用的生产资料不仅仅是这些以物的形态表现出来的硬件或硬性生
产资料，而且还需要新技术和新工艺的研发、生产方案科学规划、工艺流程
科学设计、现代组织管理原则、安全操作科学规程等以"非物"的形态所
表现出来的精神生产资料，不妨将这些精神生产资料称为软件生产资料或软
性生产资料。这样，也免于和哲学层面上的精神生产资料相混淆。

第二，在物质生产方式基础上生产劳动过程中，以软件或软性生产资料
形式存在于企业中的精神生产资料，在常人看来，似乎远不如硬性或硬件生
产资料重要，由人们的社会习惯所决定，人们在衡量社会财富时，看重的往
往是占有以硬件或硬性生产资料形式存在的物质生产资料的质量和数量。而
事实上，伴随着科技进步和社会发展，这些软件或软性生产资料显得越来越
重要，尤其是在自动化、智能化的高端科技型企业中，软件或软性生产资料
的作用显得特别突出。

第三，从"科技第一生产力"分析范式来审视现代科技型生产方式将
会发现，科学研究和技术研发已经成为这种生产方式不可或缺、甚至是发挥
着核心竞争力的组成部分，而对于其中的科学研究和技术研发来说，其生产
资料，一方面表现为实验技术设备，这是它的硬件或硬性生产资料；另一方
面表现为图书信息资料，这是它的软件或软性生产资料。对于科技研发来
说，这两类生产资料都是不可缺少的，而至于二者在科技研发过程中孰轻孰
重，理论界观点尽管并不统一，但从"科技第一生产力"的维度看后者比
前者更重要。

综上所述，在科技型生产方式的基础上，马克思政治经济学中的"生
产资料"范畴实现了与"科技第一生产力"分析范式相适应的进一步拓展，
不仅将科技生产资料或精神生产资料纳入政治经济学的生产资料范畴之中，
而且用硬件或硬性生产资料表示物质生产资料，这是对马克思政治经济学生
产资料范畴的继承、肯定和保留；同时，用软件或软性生产资料表示科技生
产资料或精神生产资料，这是对马克思政治经济学生产资料范畴的扬弃和发
展。硬件或硬性生产资料与软件或软性生产资料有机结合在一起，共同构成
了现代科技型生产方式基础上的生产资料。

第　八　章

基于科技型生产方式的现代政治
经济学基本原理建构

　　以马克思的经典著作《资本论》为代表的政治经济学，其理论的研究和建构是从分析物质性商品和生产物质性商品的劳动开始的，因为在当时的商品经济或市场经济社会中，"资本主义生产方式占统治地位的社会的财富，表现为'庞大的商品堆积'，单个的商品表现为这种财富的元素形式"①。在这里，马克思所讲的资本主义生产方式主要指的是资本主义的物质生产方式，而其占统治地位的社会财富主要是指物质财富，表现出来的是庞大的物质商品的堆积，单个的物质商品表现为这种财富的元素形式。而在"科学技术是第一生产力"和"科技—经济"一体化的现代市场经济条件下，不管是现代资本主义的生产方式还是现代社会主义的生产方式都已经表现为科技型生产方式，在此生产方式基础上的科技商品已经成为现代商品构成的主体，生产科技商品的科技劳动已经成为创造价值的劳动方式的核心，生产科技商品的科技人员不仅已经纳入创造价值的"工人阶级"范畴，而且已经成为现代经济社会中的价值创造主体，生产科技商品所使用的生产资料不仅包括用硬件生产资料所表示的物质生产资料，而且包括用软件生产资料所表示的科技生产资料或精神生产资料，进而使现代市场经济条件下占统

---

　　① ［德］马克思：《资本论》第 1 卷，人民出版社 2004 年版，第 47 页。

治地位的社会财富，不仅表现为物质财富，而且表现为科技财富，表现出来的是庞大的科技商品的堆积，单个的科技商品表现为科技型生产方式基础上社会财富的元素形式。在此意义上，科技商品和生产科技商品的科技劳动自然成了科技型生产方式基础上现代政治经济学原理建构的逻辑起点。因此，在本章中，沿着马克思《资本论》和有关经济学手稿建构经典政治经济学基本原理的逻辑进路，通过对现代市场经济社会中的科技型生产方式的考察，从分析科技商品和生产科技商品的科技劳动开始，建构起现代政治经济学理论的基本原理。

依据笔者在此领域的长期研究发现，在现代市场经济社会中，建立在科技型生产方式基础上的现代政治经济学，其基本原理应当包括：科技商品的二因素辩证关系原理、生产科技商品的科技劳动二重性辩证关系原理、生产科技商品的科技劳动基本矛盾原理、科技商品生产和价值增殖过程中科学和自然力的辩证关系原理。关于前三个基本原理，笔者在已有的前期研究成果中，将其作为现代科技劳动价值论的基本原理。[①] 这三个基本原理既然是马克思劳动价值论在"科技—经济"一体化的现代市场经济社会中进一步发展的成果，那么它已经构成了对以科技型生产方式为基础的现代市场经济社会分析的基本原理，已经成为与现代"科技—经济"一体化社会相适应的现代政治经济学的基本原理，因此有必要将这三个基本原理进一步升华为现代政治经济学的基本原理。同时，关于第四个基本原理，笔者在现代科技劳动价值论中将其作为"科学在现代企业生产过程中实现价值增殖的实质和规律"加以考察，并发现在马克思《资本论》等经典著作中将科学和自然力相对应，构成了商品价值增殖的一对基本范畴。[②] 伴随研究的深入，笔者发现这对基本范畴在马克思那里都是作为"不费分文"的生产力加以科学处理的，即马克思将其作为政治经济学建构的两个基本的假设性前提而加以科学抽象和"简化"，这与当时的资本主义物质生产方式是相适应的。但在今天以科技型生产方式为基础的现代市场经济社会中，应当将其"突出"出来，升华为与现代经济社会相适应的政治经济学的基本原理。这样，与以

① 参见刘冠军：《现代科技劳动价值论研究》，中国社会科学出版社 2009 年版，第 222—269 页。
② 参见刘冠军：《现代科技劳动价值论研究》，中国社会科学出版社 2009 年版，第 317—350 页。

科技型生产方式为基础的现代市场经济社会相适应的政治经济学便有了四个基本原理。这四个基本原理的确立是将马克思针对资本主义"物质生产方式"进行政治经济学研究的"科学—技术—生产力"分析范式，转向针对"科技—经济"一体化社会科技型生产方式进行政治经济学研究的"科技第一生产力"分析范式的理论前提，换言之，只有确立了这四个基本原理，才能在"科技第一生产力"分析范式基础上对现代科技型生产方式进行政治经济学研究，才能真正将马克思政治经济学研究中的"科技—经济"思想推进到现代"科技—经济"一体化的社会中。

第一节　科技商品的二因素辩证关系原理

科技商品的"二因素"辩证关系原理是科技商品之使用价值和价值的辩证关系原理的简称，它是在马克思关于一般物质商品的二因素原理即商品的使用价值和价值辩证关系原理基础上发展而来的。马克思关于物质商品的二因素原理是对资本主义物质生产方式以及和它相适应的生产关系和交换关系进行考察分析的理论结晶，而科技商品的二因素原理则是在现代市场经济社会中沿着马克思分析的逻辑进路，对科技型生产方式以及和它相适应的生产关系和交换关系进行考察分析的结果。因此，在具体考察分析科技商品的"二因素"原理之前，首先对马克思物质商品的二因素原理进行考察和梳理。

一、科技商品二因素辩证关系原理的理论基础

马克思关于物质商品的二因素原理是现代科技型生产方式基础上科技商品"二因素"原理的理论基础，而马克思的这一原理主要包含在《资本论》三卷以及大量的经济学手稿之中，特别是在《资本论》第一卷第一篇中更为集中地进行了阐述。综合起来看，可将马克思物质商品的二因素原理的基本内容从以下几个方面加以概括。

第一，使用价值是商品不可缺少的基础性构成因素，它具体表现为商品作为"靠自己的属性来满足人的某种需要的物"所表现出来的"物的有用性"。马克思指出："商品首先是一个外界的对象，一个靠自己的属性来满

足人的某种需要的物"①，而"每一种有用物，如铁、纸等等，都可以从质和量两个角度来考察。每一种这样的物都是许多属性的总和，因此可以在不同的方面有用。发现这些不同的方面，从而发现物的多种使用方式，是历史的事情。为有用物的量找到社会尺度，也是这样。商品尺度之所以不同，部分是由于被计量的物的性质不同，部分是由于约定俗成"，但不管怎样，"物的有用性使物成为使用价值"。② 在马克思看来，商品的使用价值具有以下几个特点：（1）商品的使用价值"决定于商品体的属性，离开了商品体就不存在。因此，商品体本身，例如铁、小麦、金刚石等等，就是使用价值"。（2）商品的使用价值作为商品体的属性或性质，"同人取得它的使用属性所耗费的劳动的多少没有关系"，因此在考察商品的使用价值时，总是以它们的量的规定性为前提，如一打表，一码布，一吨铁等。（3）商品的"使用价值只是在使用或消费中得到实现"，而"不论财富的社会形式如何，使用价值总是构成财富的物质内容"。（4）在商品的交换过程中，商品的使用价值"是交换价值的物质承担者"。③（5）商品的使用价值与劳动生产力成正比，"更多的使用价值本身就是更多的物质财富……生产力当然始终是有用的、具体的劳动的生产力，它事实上只决定有目的的生产活动在一定时间内的效率。因此，有用劳动成为较富或较贫的产品源泉与有用劳动的生产力的提高或降低成正比"④。

第二，价值是商品不可缺少的核心构成因素，是凝结在商品中的"无差别的、抽象的人类劳动"。马克思指出："如果把商品体的使用价值撇开，商品体就只剩下一个属性，即劳动产品这个属性……如果我们把劳动产品的使用价值抽去，那么也就是把那些使劳动产品成为使用价值的物体的组成部分和形式抽去。它们不再是桌子、房屋、纱或别的什么有用物。它们的一切可以感觉到的属性都消失了。它们也不再是木匠劳动、瓦匠劳动、纺纱劳动或其他某种一定的生产劳动的产品了。随着劳动产品的有用性质的消失，体现在劳动产品中的各种劳动的有用性质也消失了，因而这些劳动的各种具体

① ［德］马克思：《资本论》第1卷，人民出版社2004年版，第47页。
② ［德］马克思：《资本论》第1卷，人民出版社2004年版，第48页。
③ ［德］马克思：《资本论》第1卷，人民出版社2004年版，第48—49页。
④ ［德］马克思：《资本论》第1卷，人民出版社2004年版，第59—60页。

形式也消失了。各种劳动不再有什么差别，全都化为相同的人类劳动，抽象人类劳动"，因此商品的价值"只是无差别的人类劳动的单纯凝结，即不管以哪种形式进行的人类劳动力耗费的单纯凝结。这些物现在只是表示，在它们的生产上耗费了人类劳动力，积累了人类劳动。这些物，作为它们共有的这个社会实体的结晶，就是价值——商品价值"，在此我们可以清晰地看到，"在商品的交换关系或交换价值中表现出来的共同东西，也就是商品的价值"。① 在马克思看来，商品的价值具有以下几个特点：（1）"商品价值体现的是人类劳动本身，是一般人类劳动的耗费"②，当我们把商品看作价值时，我们只把它们看作凝结了的、凝固了的或结晶了的社会劳动。（2）商品的价值是通过交换价值表现出来的，交换价值是价值的表现形式。（3）商品的"交换价值首先表现为一种使用价值同另一种使用价值相交换的量的关系或比例"③，而"商品交换关系的明显特点，正在于抽去商品的使用价值。在商品交换关系中，只要比例适当，一种使用价值就和其他任何一种使用价值完全相等"。（4）作为价值，"商品只能有量的差别"，而没有质的区分；同样地，"作为交换价值，商品只能有量的差别，因而不包含任何一个使用价值的原子"。④（5）"就价值量说，有意义的只是商品中包含的劳动的量"⑤，商品的价值量"是用它所包含的'形成价值的实体'即劳动的量来计量。劳动本身的量是用劳动的持续时间来计量，而劳动时间又是用一定的时间单位如小时、日等做尺度"⑥。一般而言，在一定的社会条件下商品的价值量与劳动生产率成反比。

第三，商品是使用价值和价值的统一体，而在这个统一体中的使用价值和价值是对立基础上的统一。这主要表现在：没有使用价值，价值就没有物质内容，就没有存在的对象，就不成其为商品；反过来说，生产产品尽管花费了劳动，但是不形成价值，它也就只能是产品而不是商品。同时，使用价值和价值又是互相对立、互相排斥的。这是因为，商品生产者生产商品并不

① ［德］马克思：《资本论》第 1 卷，人民出版社 2004 年版，第 50—51 页。
② ［德］马克思：《资本论》第 1 卷，人民出版社 2004 年版，第 57 页。
③ ［德］马克思：《资本论》第 1 卷，人民出版社 2004 年版，第 49 页。
④ ［德］马克思：《资本论》第 1 卷，人民出版社 2004 年版，第 50 页。
⑤ ［德］马克思：《资本论》第 1 卷，人民出版社 2004 年版，第 59 页。
⑥ ［德］马克思：《资本论》第 1 卷，人民出版社 2004 年版，第 51 页。

是为了自己消费，而是为了别人的消费，因此商品对商品生产者本身并没有使用价值，它只是作为一种交换的手段。相反，商品对于它的非所有者则具有使用价值。其他人为了取得该商品的使用价值，必须通过交换使它作为价值实现，就是说商品作为使用价值实现，必须把它从所有者的手里转到非所有者的手里。但是，商品在能够作为价值来实现以前，必须证明自己是使用价值。这是因为，耗费在商品上的人类劳动，只有在交换中证明是耗费在对别人有用的形式上，就是说商品只有对别人有用，为别人所需要，才能作为价值实现。这就存在着双方特别是价值一方实现不了的可能性。因此，产品要成为商品必须同时具备以下条件：（1）具有使用价值；（2）必须是劳动产品；（3）用来交换。这三个条件，对于商品来说缺一不可。马克思指出："一个物可以是使用价值而不是价值。在这个物不是以劳动为中介而对人有用的情况下就是这样。例如，空气、处女地、天然草地、野生林等等。一个物可以有用，而且是人类劳动产品，但不是商品。谁用自己的产品来满足自己的需要，他生产的虽然是使用价值，但不是商品。要生产商品，他不仅要生产使用价值，而且要为别人生产使用价值，即生产社会的使用价值……要成为商品，产品必须通过交换，转到把它当做使用价值使用的人的手里……最后，没有一个物可以是价值而不是使用物品。如果物没有用，那么其中包含的劳动也就没有用，不能算做劳动，因此不形成价值。"①

马克思关于商品二因素的上述原理为现代科技型生产方式基础上科技商品的使用价值和价值辩证关系原理奠定了坚实的理论基础。通过上述分析可见，马克思在对资本主义物质生产方式以及和它相适应的生产关系和交换关系的分析揭示出，商品经济社会中的任何物质商品，都是为交换而生产的劳动产品，都具有"物"的属性和"人"的属性，前者表现为商品的使用价值，后者表现为商品的价值，因而任何物质商品都是由使用价值和价值两个因素构成的辩证统一体，这是一般物质商品的使用价值和价值的辩证关系原理的内涵。而在"科学技术是第一生产力"和"科技—经济"一体化的现代市场经济社会中，现代科技型生产方式已经占据了统治地位，在此基础上生产的科技商品是否如同马克思所揭示的物质商品一样，也具有"物"的

---

① ［德］马克思：《资本论》第1卷，人民出版社2004年版，第54页。

属性和人的属性？答案应当是肯定的，科技商品的"物"的属性表现为它的使用价值，科技商品的"人"的属性表现为它的价值，因而科技商品也是使用价值和价值的辩证统一体。在此，不妨将科技商品的使用价值和价值分别称之为科技使用价值和科技价值，前者体现出科技商品的"物"的属性，后者体现出科技商品的"人"的属性，这两个方面的辩证统一，构成了科技商品的使用价值和价值的辩证关系原理之内涵。

同时应当看到，学界同仁在对科技产品即科技成果的功能、价值进行分析时，多是一般地考察它所体现出来的"物"的属性，如它的生产力价值、变革社会的价值、认知价值、审美价值和伦理价值等，而很少甚至没有运用马克思劳动价值论来对集"物"的属性和人的属性于一体的科技商品的使用价值和价值及其二者的辩证关系进行具体分析，似乎这是"不言而喻"的事情。马克思在《资本论》等经典著作中，也只是分析了一般物质商品的使用价值和价值，而没有具体展开分析科技商品的使用价值和价值及其二者的辩证关系。事实上，科技商品，与一般的物质商品相比较，在使用价值和价值及其二者的关系方面，既有共同性，也有特殊性。只有对科技商品的使用价值和价值及其二者的关系进行具体分析，才能全面而深刻地把握科技使用价值和科技价值及其二者的辩证统一关系原理的内涵。因此，在考察和梳理马克思物质商品的二因素原理基础上，沿着马克思的逻辑进路具体考察和分析科技商品的科技使用价值、科技价值及其二者的辩证统一关系。

二、科技商品"物"的属性之体现：科技使用价值

在"科学技术是第一生产力"和"科技—经济"一体化的现代市场经济社会中，科技型生产方式所生产的科技商品，同一般物质商品一样，也是"物"的属性和人的属性的矛盾统一体，而科技使用价值主要是从"物"的属性方面对科技商品进行考察的结果。在以科技型生产方式为基础的现代市场经济社会中，从科技商品"物"的属性维度看，科技使用价值与一般物质性商品的使用价值相比较，既有一般性的相同之处，也有不同于一般物质性商品的使用价值的特征。在此，不妨将前者称为"科技使用价值之一般"，将后者称为"科技使用价值之特殊"。

（一）科技使用价值之一般

"科技使用价值之一般"主要是对科技使用价值一般内涵的阐述，主要揭示科技使用价值与一般物质性商品的使用价值的相同之处。在此意义上的科技使用价值，主要是指科技商品作为人的科技劳动的对象化之"物"——科技产品，因其固有的属性而在被使用和消费的过程中所表现出来的能够满足人们物质上和精神上的生产、生活等需要的有用性，是构成社会财富的物质内容，在本质上体现为科技商品体以物（客体）的属性对人（主体）的需要的满足关系。这是对科技使用价值内涵的一般规定。在科技使用价值的这一规定中，至少包含了以下几个方面的内容。

第一，科技使用价值首先表现为科技产品作为科技劳动的对象化之"物"，自身所具有的有用属性，这就如同一般物质性商品一样，因为科技商品体作为"物的有用性"而"使物成为使用价值"[①]。

第二，科技使用价值是科技商品的一个不可或缺的基础性因素，它存在于科技商品体之中，甚至可以说科技商品体本身就表现为科技使用价值，因为科技产品作为人的科技劳动的对象化产物，它的"有用属性不是悬在空中的。它决定于商品体的属性，离开了商品体就不存在。因此，商品体本身……就是使用价值"[②]；科技商品体本身所具有的物理的、化学的、生物学的、社会文化的属性，决定了科技使用价值的性质和大小。

第三，在这个意义上，科技使用价值还是社会财富的重要内容，因为"不论财富的社会形式如何，使用价值总是构成财富的物质内容"[③]，而科技商品作为财富的一种社会形式，它的使用价值即科技使用价值自然也是这些社会财富的物质内容之一。

第四，科技使用价值是科技产品靠它自身的属性来满足人的需要的过程中"在使用或消费中得到实现"的，因为科技产品作为人的对象化产物，作为"一个外界的对象"，是"靠自己的属性来满足人的某种需要的"，至于"这种需要的性质如何……是与问题无关的"，这里的问题也不在于它"怎样来满足人的需要，是作为生活资料即消费品来直接满足，还是作为生

[①]　［德］马克思：《资本论》第1卷，人民出版社2004年版，第48页。

[②]　［德］马克思：《资本论》第1卷，人民出版社2004年版，第48页。

[③]　［德］马克思：《资本论》第1卷，人民出版社2004年版，第49页。

产资料来间接满足"①，只要它在使用和消费中，科技使用价值就能够得到实现。

第五，也正因如此，科技使用价值在本质上体现为科技产品作为人的对象化产物和"外界对象"之"物"（客体）的有用属性对人（主体）的需要的满足关系，简言之，科技使用价值是科技商品体作为"物"对人的关系。

（二）科技使用价值之特殊

在以科技型生产方式为基础的现代市场经济社会中，科技使用价值在与一般物质性商品的使用价值相比较时，不仅表现出与一般物质性商品的使用价值的相同之处，表现为"科技使用价值之一般"，而且还表现出自身不同于一般物质性商品的使用价值的特殊属性和特征，这就是"科技使用价值之特殊"。马克思在《资本论》等经典著作中，受当时社会历史条件的限制，也为了尊重当时的社会现实，主要考察的是物质商品的使用价值，而对科技商品的使用价值并未展开深入而系统的考察分析和论述，因此在以科技型生产方式为基础的现代市场经济社会中，不仅要考察分析"科技使用价值之一般"，而且更为重要的是考察分析"科技使用价值之特殊"。换言之，时代的发展更需要深入而系统地考察和分析"科技使用价值之特殊"。而其特殊主要体现在以下几个方面。

第一，科技使用价值在"有用性"或满足人们需要上，由其固有的属性所决定，表现在更多的方面和更大的领域。也就是说，科技商品不仅具有而且表现出比一般物质性商品更多更大的使用价值。大家知道，作为商品的科技产品是科技工作者通过科技实践活动和思维加工所获得的科技劳动成果，这种科技成果不仅能够满足人们的在某些物质方面以及获取新物质方面的生理需要，而且能够满足人们的心理和精神需要，对人们的心理享受和精神愉悦以及对人们的世界观、价值观、伦理观和审美观等的形成和发展产生巨大的作用。同时，它还是现代社会科技型生产过程中所不可缺少的重要因素，是提高现代企业劳动生产率的关键性因素。在科技型的现代化商品生产中，科技能够产生一种"乘法效用"，即"生产力=科学技术×（劳动力+劳

---

① ［德］马克思：《资本论》第1卷，人民出版社2004年版，第47—48页。

动工具+劳动对象+生产管理）"[1]　（其中，加号表示有机结合的关系，乘号表示倍数关系）；科技甚至可以产生一种"指数效应"，即"生产力=（劳动力+劳动工具+劳动对象+生产管理）^{科学技术}"，通过对生产力其他要素的影响而使生产力呈现出按"几何级数增长"的态势。[2]　由此足以说明，科学技术在现代社会中具有无可比拟的使用价值，它已经成为产业层次高级化、产品科技含量高密化的现代经济发展的最主要的驱动力，已经成为生产力诸要素中最主要的和第一位的要素。正是科技产品的这种重要的使用价值，使之成为现代市场社会中巨大"交换价值的物质承担者"。

第二，科技使用价值决定于"科技商品体的属性"，而科技商品体作为科技劳动者的对象化之"物"，既包括"有形的"科技商品体，也包括"无形的"科技商品体，因此科技使用价值既包括"有形的科技使用价值"，也包括"无形的科技使用价值"。具体来看，在现代市场经济社会中，科技商品体即科技产品可以分为两大类：一类是物质性科技产品，如科技人员研制的新材料样品、新机器样品等，这些都属于有形的科技产品；另一类是精神性科技产品，一般说来，它可分为有形的科技产品和无形的科技产品，例如书报杂志和软件产品等，都依附于一定的物质形式而存在，因此是有形的科技产品；而科技工作者在会议现场的学术报告、在研究室和实验室等对研究生的口头学术指导等，在没有录音、摄像等条件下，是与精神劳动同时存在的，事后就不再存在，因此是无形的科技产品。由此所决定，科技使用价值作为科技商品体的属性，也就表现出"有形的"和"无形的"两类使用价值。还需要说明的是，尽管科技使用价值分为"有形的"和"无形的"两类，但其主体部分主要还是"有形的"，是依附于一定的物质形式表现出来的，并且随着科技的进步特别是录音技术、摄像技术、电子技术和微电脑技术等的迅速发展和普及应用，"有形的"科技产品所占的比重越来越大，因此本书中主要分析有形的科技使用价值。

第三，科技使用价值尽管是科技产品在被"使用或消费中得到实现"的，但是其实现的情况是复杂的。对于物质性科技产品而言，伴随它的使用

---

[1]　宋健主编：《现代科学技术基础知识》，科学出版社、中共中央党校出版社1994年版，第55页。

[2]　冯春安、于革非：《对邓小平"科学技术是第一生产力"论断和马克思劳动价值论研究的综述》，《中国〈资本论〉年刊》2007年7月，第147—162页。

而逐渐消费掉，那么它的科技使用价值也就逐渐被消耗掉。但对于精神性科技产品而言，特别是对基础性研究的科技成果而言，情形就不是这样。一般地，基础性研究的科技成果往往以论文、学术报告书、著作等形式出现，它们在使用过程中并不像一般物质性产品那样伴随使用过程而逐渐被消耗掉，而是始终如一的。譬如，马克思的《资本论》、恩格斯的《自然辩证法》、牛顿的《自然哲学的数学原理》、麦克斯韦的《电学和磁学论》、达尔文的《物种起源》、爱因斯坦的《狭义相对论》和《广义相对论》、普里戈金的《耗散结构论》和霍金的《时间简史》等，不管有多少人使用过它、参考过它、引用过它，它仍然以原有的作用表现着，它的使用价值始终是一样的。这是基础性研究成果的使用价值在被"使用或消费中得到实现"的过程中表现出来的"奇异性"特征。这为基础性科技成果的科学价值转移所表现出的"虽转移但不减少"的"奇异性"特征提供了一种极其特殊的"物质承担者"或"物质载体"。另外，从使用价值的量的角度来看，如果说一般物质商品的使用价值的量与物质生产领域的劳动生产率成正比关系的话，那么科技商品的使用价值的量即科技使用价值的量是与科技生产力成正比的，科技生产力水平越高，科技使用价值的量越大。

三、科技商品"人"的属性之体现：科技价值

在"科学技术是第一生产力"和"科技—经济"一体化的现代市场经济社会中，科技商品如同一般物质性商品一样，是"物"的属性和人的属性的矛盾统一体，而科技价值则主要是从"人"的属性方面对科技商品进行考察的结果。在以科技型生产方式为基础的现代市场经济社会中，从科技商品"人"的属性维度看，科技价值作为科技劳动的凝结，在与一般物质性商品价值相比较时，既表现出与一般物质商品的价值相同之处，也表现出自身不同于一般物质商品的价值的独特属性和特征，在此不妨将前者称为"科技价值之一般"，将后者称为"科技价值之特殊"。

（一）科技价值之一般

在以科技型生产方式为基础的现代市场经济社会中，科技产品作为人的科技劳动的对象化产物，"虽然在许多方面不同于（一般的）物质产品，但它们同样是人们社会分工的产物，同样是由于耗费了人类劳动而获得价值的

产品"；同时，科技产品作为现代市场经济社会中的商品，它的"价值是由生产这个商品所耗费的劳动所创造的"，[①] 是现代意义的人类劳动——科技劳动作为抽象劳动的凝结。这就如同马克思所指出的，如果把科技商品体的使用价值撇开，科技商品体就只剩下一个属性，即科技劳动产品这个属性；同时，如果把科技劳动产品的使用价值即科技使用价值抽去，那么也就是把那些使科技劳动产品成为科技使用价值的"物"的组成部分和形式抽去。这时，它们不再是著作、论文、软件、发明样品或别的什么"有用物"，它们的一切可以感觉到的属性都消失了。它们也不再是科学家的科研劳动、技术专家的研发劳动、一般科技工作人员的劳动或其他某种一定的科技型生产劳动的产品了。随着科技劳动产品的有用性质的消失，体现在科技劳动产品中的"各种劳动的有用性质也消失了，因而这些劳动的各种具体形式也消失了。各种劳动不再有什么差别，全都化为相同的人类劳动，抽象人类劳动"，因此科技商品的价值"只是无差别的人类劳动的单纯凝结，即不管以哪种形式进行的人类劳动力耗费的单纯凝结"，科技商品体作为科技劳动的对象化之"物现在只是表示，在它们的生产上耗费了人类劳动力，积累了人类劳动。这些物，作为它们共有的这个社会实体的结晶，就是价值"，就是科技商品的价值，就是不同的科技商品之间以及科技商品与其他商品之间的"交换关系或交换价值中表现出来的共同东西"。[②]

因此，所谓科技价值，是指在以科技型生产方式为基础的现代市场经济社会中科技商品作为科技人员创新劳动即科技劳动的产物，像一般物质性商品一样，在其中也凝结着作为一般的无质的差别的人类抽象劳动所形成的价值；在现实中它是通过交换来实现的，具体表现为交换价值，它作为科技商品的价值因素，构成了社会财富的实体内容；在实质上它是指凝结在科技使用价值之中的科技人员所付出的作为一般的无质的差别的人类抽象劳动，在归根结底的意义上，它所体现的是人与人的社会关系。这是科技价值与其他商品价值的共性，也是对科技价值的一般规定。在这一规定中至少包含了以下几个层面的内涵。

---

① 陈筠泉：《劳动价值与知识价值》，《哲学研究》2001 年第 11 期。
② ［德］马克思：《资本论》第 1 卷，人民出版社 2004 年版，第 50—51 页。

第一，科技价值是科技人员的创新劳动即科技劳动创造的，这正如一般性物质商品的价值是由生产工人的劳动创造的一样。因为在马克思看来，商品的价值是由人的劳动创造的，劳动是唯一的价值源泉，因为"进行生产的只有劳动；它是价值这种产品的唯一实体"①，价值本身除了劳动以外，没有任何别的"物质"，其中不包括任何一个其他物质的"原子"，这如马克思所说的："在商品体的价值对象性中连一个自然物质原子也没有"②；而科技劳动作为社会分工的产物，是人类劳动的一种主要的组成部分，在科技型生产方式的现代市场经济社会中已经成为人类劳动的主体部分，因此科技价值是科技劳动创造的，科技劳动是科技价值的唯一源泉。

第二，科技价值在现实中是通过交换来实现的，具体表现为交换价值，表现为科技使用价值"同另一种使用价值相交换的量的关系或比例"③，它的货币表现形式就是科技商品的价格。尽管科技商品的价格在许多场合下并不能真正体现科技价值，但是科技价值构成了科技商品价格的基础。

第三，科技价值是科技商品不可缺少的重要的核心因素，在以科技型生产方式为基础的现代市场经济社会中已经成为社会财富的重要内容。如果说科技使用价值构成了现代社会财富的物质内容的话，那么与此相对应，科技价值则构成了现代社会财富的实体内容，是现代社会财富的另一个不可缺少的方面——人的社会劳动的对象化产物在财富中的体现。

第四，科技价值的实质是科技人员所付出的作为一般的无质的差别的人类抽象劳动的凝结。这与一般物质商品的价值实质是一样的，是把千差万别的包括科技产品在内的各种"劳动产品的使用价值抽去"，"把那些使劳动产品成为使用价值的物质组成部分和形式抽去"之后，剩下的就是在交换过程中"表现出来的共同东西"，④ 即一般的无质的差别的抽象人类劳动。正因如此，科技价值同其他商品的价值一样为不同的科技商品之间、科技商品与其他商品之间的交换奠定了基础。

第五，科技价值是凝结在科学使用价值中的人类抽象劳动，科学使用价

---

① 《马克思恩格斯全集》第8卷，人民出版社2009年版，第175页。
② ［德］马克思：《资本论》第1卷，人民出版社2004年版，第61页。
③ ［德］马克思：《资本论》第1卷，人民出版社2004年版，第49页。
④ ［德］马克思：《资本论》第1卷，人民出版社2004年版，第50—51页。

值成为科学价值的"载体"或"物质承担者"。在马克思看来，一般物质性商品的"使用价值或财富具有价值，只是因为有抽象人类劳动体现或物化在里面"①。同样地，科技使用价值或科技商品体之所以具有价值即科技价值，也正是因为有抽象的人类劳动即抽象的科技劳动体现在或物化在其中，离开了科技使用价值或科技商品体，也就不可能形成科技价值，因此科学使用价值成为科学价值的"载体"或"物质承担者"，科技价值是凝结在科学使用价值之中的。

第六，科技价值体现出科技商品满足人与人之间依赖、交往（交换）的社会需要的必要性，即科技价值为不同的科技商品之间、科技商品与其他商品之间的交换提供了必要的基础，使这种"物"与"物"之间的交换成为可能，而在这种"物"与"物"之间的交换现象背后显示出来的是人的劳动的交换，这种交换在本质上展现出来的是人与人的社会关系，因此从归根结底的意义上讲，科技价值所体现的是人与人的社会关系。

（二）科技价值之特殊

"科技价值之一般"主要是对科技价值的一般内涵的阐述，重点揭示科技价值与一般物质性商品价值的相同之处，或共性所在。同时也应当看到，在以科技型生产方式为基础的现代市场经济社会中，科技价值作为科技劳动的凝结，其自身还表现出不同于一般物质商品的价值的独特属性和特征，这是"科技价值之特殊"。从理论和现实两个维度看，时代的发展更加需要我们深入而系统地考察和分析"科技价值之特殊"。一方面，从理论维度看，马克思时代的劳动，其主要形式是从属于机器的重复性的体力劳动或简单劳动，劳动的主体主要是不包括科技人员等知识分子在内的产业工人，因此马克思在《资本论》等经典著作中所考察的劳动主要是以狭义的工人阶级为主体的产业工人的劳动，所考察的商品的价值主要是物质商品的价值，或者说，主要是以体力劳动付出为主的生产工人的劳动所生产的物质商品的价值，而对作为科技劳动之凝结的科技价值所表现出来的独特属性和特征，即对"科技价值之特殊"，并未展开深入而系统的考察分析和论述；而另一方面，从现实的维度看，在以科技型生产方式为基础的现代市场经济社会中，

---

① ［德］马克思：《资本论》第 1 卷，人民出版社 2004 年版，第 51 页。

"科技价值之特殊"伴随着现代科技革命的进展和"科技—经济"一体化的形成已经充分地展现出来,这需要对"科技价值之特殊"进行深入而系统的考察研究。概括地讲,"科技价值之特殊"主要表现在科技价值的创造、实现和转移三个层面。

1. 从科技价值的创造层面看"科技价值之特殊"

从科技价值的创造层面看,"科技价值之特殊"主要集中在科技价值较之于一般物质商品的价值,是高价值属性的科技劳动力通过高级复杂的科技劳动所创造的,因而其自身是相当复杂的。具体来看,就"比较复杂的劳动"而言,它"是自乘的或不如说多倍的简单劳动,因此,少量的复杂劳动等于多量的简单劳动",① 更何况科技劳动是人类劳动中"最复杂的劳动"。在科技劳动过程中,科技劳动者不仅要付出必要的体力劳动,而且必须付出大量的高级复杂的脑力劳动和智力劳动,其劳动的强度和幅度是普通体力劳动者所无法比拟的,凡是在科技领域有所创造和发明的科技劳动者,其脑力和体力的"透支"是颇为常见的现象;更何况科技的创造和发明,也不是只要是"人"就有能力做到的。正因如此,科技劳动比一般性生产劳动创造的价值要更多、更大,与简单的一般性生产劳动的关系,不仅表现为"自乘的""多倍的"关系,而且表现出比这种一般的"自乘的""多倍的"关系更为复杂的关系。同时,科技商品作为"最复杂的劳动的产品",它比一般物质性产品中凝结着更多的人类抽象劳动所形成的价值,因此科技价值与一般物质性产品的价值相比较,也就不仅是这种一般的"自乘的""多倍的"关系,而且是更加复杂的关系。这是由以下两个方面的原因所决定的。

一方面,这是由科技人员即科技劳动者的劳动力,较之于一般物质生产者的劳动力具有高价值属性所决定的。换言之,科技工作者的劳动力是具有高价值属性的劳动力,由此导致了科技价值的复杂性。一般地,科技工作者与一般的从事物质生产的普通工人相比较,既需要深厚的科技理论基础和系统的科技专业知识,又需要卓越的科技创新能力和无畏的科技献身精神;既需要熟练运用科技手段的能力,又需要丰富的科技实践经验和生产实践经

---

① [德] 马克思:《资本论》第 1 卷,人民出版社 2004 年版,第 58 页。

验。因此，科技人员的科技劳动力的获得，既需要付出高额的学习费用和培训费用，又需要花费更多的时间和精力。这正如马克思所指出的："为改变一般人的本性，使它获得一定劳动部门的技能和技巧，成为发达的和专门的劳动力，就要有一定的教育或训练，而这又得花费或多或少的商品等价物。劳动力的教育费用随着劳动力性质的复杂程度而不同"，具体而言，对于以体力付出为主的普通的物质生产者来说，他们的劳动力性质的复杂程度是比较低的，他们的劳动力属于"普通的劳动力"，这种普通劳动力的"教育费用……是微乎其微的——包括在生产劳动力所耗费的价值总和中"；[①] 而对于以脑力和智力付出为主的科技劳动者来说，他们的劳动力性质的复杂程度是颇高的，他们的劳动力属于"发达的和专门的劳动力"，而"这种劳动力比普通劳动力需要较高的教育费用，它的生产要花费较多的劳动时间，因此它具有较高的价值"。[②]

另一方面，这是由科技劳动具有"最复杂性"所决定的。换言之，科技工作者的劳动力的使用即科技劳动，是具有"最复杂性"的劳动，由此导致了科技价值的复杂性。众所周知，科技劳动是具有创造性和探索性的劳动，是对自然规律和社会规律等的认识、把握和运用，它与一般的物质生产劳动相比较，是更加复杂、更加曲折、更加艰辛的，不仅需要有更高级更先进的科技劳动能力的付出，而且需要有勇于冒险探索的精神和坚忍不拔的毅力，这如马克思所讲的："在科学上没有平坦的大道，只有不畏劳苦沿着陡峭山路攀登的人，才有希望达到光辉的顶点。"[③] 不仅如此，在商品经济或市场经济条件下，科技劳动力的使用所创造的价值要远远大于科技劳动力自身的价值，科技劳动力的价值越大，科技劳动力的使用即科技劳动就越复杂，所创造的价值就越多。科技劳动作为科技劳动力的使用过程，既然这种科技劳动力的价值更高，那么它的使用也表现为更加高级复杂的劳动，也就在同样长的时间内物化为更多的价值，能创造出大大超出自身劳动力价值的巨大价值，可能是简单劳动的几十倍、几百倍、甚至是成千上万倍。这如马克思所指出的，既然发达的和专门的劳动力是劳动力性质的复杂程度颇高的

---

①　[德] 马克思：《资本论》第 1 卷，人民出版社 2004 年版，第 200 页。
②　[德] 马克思：《资本论》第 1 卷，人民出版社 2004 年版，第 230 页。
③　[德] 马克思：《资本论》第 1 卷，人民出版社 2004 年版，第 24 页。

劳动力，那么"这种劳动力的价值较高，它也就表现为较高级的劳动，也就在同样长的时间内对象化为较多的价值"①。因此，科技价值作为最复杂的科技劳动的凝结，作为最高价值属性的科技劳动力的创造，其自身是相当复杂的。

2. 从科技价值的实现层面看"科技价值之特殊"

"科技价值之特殊"不仅表现在科技价值的创造层面，而且也表现在科技价值的实现层面。在科技价值的实现层面，"科技价值之特殊"主要集中在：科技价值的实现在服从价值规律方面具有特殊的复杂多样性。在以科技型生产方式为基础的现代市场经济社会中，价值规律是其基本的规律，任何商品的价值实现都要服从价值规律，这是不以人的意志为转移的。科技产品作为商品，它的价值的实现，从理论上讲也必须符合价值规律。但是，由于科技价值是高价值属性的科技劳动力通过高级复杂的科技劳动所创造的，其价值的实现也是复杂的，主要表现在科技价值的实现在服从价值规律方面具有特殊的复杂多样性。透过对以下几种具体状况的分析，可以看到这种复杂多样性。

第一，基础性科技成果的价值在理论界内部的实现状况。基础性科技成果的形式一般是实验分析报告、专题研究论文和学术理论专著等，它们的价值在理论界的实现是以不同成果的"交换"来进行的，并且这种交换一般采用简单的、个别的或偶然的价值形式，即一种理论和另一种理论、一种观点和另一种观点、一种方法和另一种方法的交换，通常称之为"学术交流"。从经济学的角度看，这表现为一种"近似的"等价交换关系，因为相交换的科技成果是由同一层面的科技劳动所创造的，其中所凝结着的科技价值在一定意义上讲是相当的或大致相等的。如果说基础性科技成果的价值在理论界内部的实现状况，即基础性科技成果之间的交换还是"同质"的，其交换价值并未显示出复杂多样性，那么下面的几种状况就显然不同了，其复杂多样性的程度是相当高的。

第二，基础性科技成果的价值在理论界之外的社会其他领域的实现状况。在这种状况下，基础性科技成果的价值往往是以货币为媒介来实现的，

---

① ［德］马克思：《资本论》第 1 卷，人民出版社 2004 年版，第 230 页。

直接表现为基础性科技成果与货币的交换。科技人员的基础性科技成果要得到社会的承认，必须将其成果在有关杂志上发表出来，或由某家出版社出版出来，或在学术会议上作报告来让其他人了解等。从经济学的角度看，科技人员以其基础性科技成果换得"稿酬"或"报告费"等，同时在某种程度上满足了读者或听众的需要。这在现象层面"似乎"是遵循了价值规律，但在实质上存在如下的问题："这种稿酬和报告费，能否体现该基础性科技成果中凝结着的科技人员的高级复杂劳动所创造的价值呢？"答案应当是而且肯定是否定的，因为在现代市场经济社会的现实中，对脑力劳动的产物尤其对理论科学成果的估价，总是比它的实际价值低得多。如一本学术杂志或一部学术著作，哪怕是像马克思的《资本论》、恩格斯的《自然辩证法》、牛顿的《自然哲学的数学原理》、麦克斯韦的《电学和磁学论》、达尔文的《物种起源》、爱因斯坦的《狭义相对论》和《广义相对论》、普里戈金的《耗散结构论》和霍金的《时间简史》等这些世界级的名著，现在的定价区间一般为从几元人民币到几十元人民币，超过百元人民币的杂志和著作是相当少的，在我国改革开放初期的杂志和著作，其定价一般是零点几元人民币到几元人民币。那么，试问：这几元、几十元甚至是百元人民币的价格，与这些学术杂志或学术著作的价值是相当的么？显然并不相当，因为一本学术杂志中的文章或一部学术著作，是其作者花费了大量高级复杂劳动来完成的，其中凝结着的科技劳动所形成的大量价值，肯定远远大于这本学术杂志或学术著作的价格。但是，这些理论成果一旦公之于世，就成了全人类共有的财富，任何人都有权利用它，甚至是在近乎"无偿"地利用它。资本像吞并他人的劳动一样，吞并"他人的"科学，因此"如果说大工业把巨大的自然力和自然科学并入生产过程，必然大大提高劳动生产率，这一点是一目了然的，那么生产力的这种提高并不是靠增加另一方面的劳动消耗换来的，这一点却决不是同样一目了然的"①。

第三，应用性、开发性科技成果在与基础性科技成果交换过程中的价值实现状况。应用性、开发性科技研究离不开基础性科技成果，科技人员为了进行应用性、开发性科技研究，就必须用货币以等价交换的形式购买基础性

① ［德］马克思：《资本论》第 1 卷，人民出版社 2004 年版，第 444 页。

科技成果的有关资料，并在研究过程中运用这些成果。这里问题在于：在这种等价交换的形式下，掩盖着"不等价交换"实质。这是因为，从事应用性、开发性科技研究的科技人员支付的货币所代表的价值量，远远低于他们购进的科技资料中凝结着的从事基础性科技研究的人员所创造的价值，即关于基础性科技成果的资料的价格不等于该资料的价值，而是远远低于该资料的价值。在马克思看来，这种等价交换形式下的不等价交换关系，表面上"似乎是由习惯所决定的"，而实质上"是在生产者背后由社会过程决定的"[①]。这在相当高的程度上显示出科技价值的复杂性。在以科技型生产方式为基础的现代市场经济社会中，已经到了在理论上揭示这种"在生产者背后由社会过程决定的"科技价值复杂性的时候了。

　　第四，应用性、开发性科技成果在与社会其他部门的产品的交换过程中的价值实现状况。这种状况表面上看是等价交换的，因为这些应用性、开发性科技成果基本上得到了专利制度的保护，交换结果大体上能够反映这些成果中所凝结着的"科技发明者"的科技劳动所形成的价值。然而在实质上，这还是一种不等价交换的状况。这是因为，根据传统的价值构成理论，应用性、开发性科技成果的价值量（用 W 表示）由三部分构成：发明者的科技劳动所形成的价值量（用 w 表示），所用仪器设施等物质手段（即硬件设施）的价值转移量（用 C_1 表示），购买基础性科技成果资料（即软件资料）的价格（用 C_2 表示）。那么，W 的理论值为：$w+C_1+C_2$。如果这项成果以 $A=W$（用 A 表示这项应用性、开发性科技成果的价格）交换，表面上看是等价的。但问题在 C_2 上，因为 C_2 仅仅是软件资料的价格，而不是其价值。事实上，真正转移到应用性、开发性科技成果中的价值量是研制这些软件资料的基础性科技研究人员的高级复杂劳动所创造的价值量（用 w' 表示），因此该项应用性、开发性科技成果的实际价值量（用 W' 表示）应该是：$w+C_1+w'$。比较 W 和 W' 的构成将会发现，由于 w' 远远大于 C_2，所以 W' 远远大于 W。如果这项成果以价格 $A=W$ 出售，那么其价格远远低于该成果的实际价值 W'，因此这也是不等价交换。可以说，这是一种在等价交换形式之下掩盖着的不等价交换的内容。只有当这项成果以价格 $A=W'$ 出售时，才可谓

---

① ［德］马克思：《资本论》第 1 卷，人民出版社 2004 年版，第 58 页。

是等价交换。而以科技型生产方式为基础的现代市场经济社会中，这种等价交换关系最终会得到实现，但这种等价交换又是如何实现呢？这是摆在我们面前的一个"难题"。

3. 从科技价值的转移层面看"科技价值之特殊"

从科技价值的转移层面看，"科技价值之特殊"主要表现在科技价值在转移的过程中呈现出复杂的"奇异性"特征。这一特征突出地体现在：基础性科技成果即理论科技成果的价值转移上。基础性科技成果的价值转移，与一般物质性产品的价值转移不同，具有"虽转移但不减"的"奇异性"。一般物质性产品的价值随着该产品的使用会一次性或渐次地转移到其他产品中，即被逐渐消耗掉；而基础性科技成果在技术发明和工艺开发等过程中运用，其价值却不会一次性或渐次地转移掉，相反，其价值尽管被某些新技术、新工艺、新产品等吸收了，但是它本身的价值量并没有丝毫减少，这就是基础性科技成果的价值转移所表现出来的虽转移但不减少的"奇异性"之实质。

譬如，像牛顿的经典力学、麦克斯韦的经典电磁学、爱因斯坦的相对论、普朗克的能量子假说、德布罗意的物质波理论、普里戈金的耗散结构理论等，并不因为有人利用过它、引证过它、参考过它，它们的价值量就会减少；而是恰恰相反，这些基础性科技成果的价值量在每一次的利用、引证和参考的过程中，始终表现出同样多的价值量。基础性理论科技成果之价值的转移特点，是我们在以科技型生产方式为基础的现代市场经济社会中进行政治经济学理论建构所必须注重考察分析的科技经济之现实，也是我们创立现代政治经济学的核心理论即"科学价值库"理论的重要的事实依据之一。

四、科技商品的科技使用价值和科技价值的辩证统一

科技使用价值和科技价值是科技商品构成的两个不可或缺的重要因素。尽管这两个因素是相互区别、各不相同的，但二者又不是彼此分离和互不相干的，而是相互联系、相互依赖和相互依存的，它们有机结合在一起共同构成了科技商品。因此，科技商品是科技使用价值和科技价值的辩证统一体。科技使用价值和科技价值的这种辩证统一性，主要表现在以下几个方面。

第一，从现实的社会财富的角度来审视，社会财富在以科技型生产方式为基础的现代市场经济社会中表现为"庞大的科技商品的堆积",而科技使用价值和科技价值作为科技商品的两个因素,正是体现了现代市场经济社会中以科技商品为主的社会财富的具体形式和实体内容。科技使用价值是现代市场经济社会中以科技商品为主的社会财富的具体形式,体现的是科技财富的有用性或效应性,它是对人与物关系的反映;而科技价值是现代市场经济社会中以科技商品为主的社会财富的实体内容,包含的是科技财富的社会劳动性,它是对人与人关系的凝结。由形式和内容的辩证关系原理推知,作为具体形式的科技使用价值和作为实体内容的科技价值必然是辩证统一的。

第二,从科技商品满足社会需要的角度来审视,科技使用价值和科技价值作为科技商品的二因素,也表现出辩证统一的关系。具体来看,科技使用价值表现为科技商品满足人自身的生理需要和心理精神需要的有用性,而科技价值表现为科技商品满足人与人依赖、交换(或交往)的社会需要的必要性,前者是对人的个体需要的满足,而后者是对人的社会整体需要的满足,进一步讲,前者是基础,而后者是保障,因此二者相互依存,辩证统一。

第三,从科学认识论的角度来审视,科技使用价值和科技价值作为科技商品的二因素,是同一科技商品的两个不同方面,如同"一币两面"一样。科技使用价值和科技价值的划分,只是从不同角度对由"物"的属性和人的属性构成的科技商品统一体进行考察的认识产物,前者主要是从"物"的属性角度对其进行考察的结果,而后者则主要是从"人"的属性角度对其进行考察的结晶。这种区分是理论研究和科学认识的需要使然,如果把科技使用价值和科技价值看作是绝对不同的两种东西而加以割裂,那就是"只见树木而不见森林",是对科技商品的片面认识。

第四,从唯物辩证法的角度来审视,科技使用价值和科技价值是相互联系、相互依赖和相互依存的,这种辩证统一的关系具体表现为,在科技商品这个统一体中,科技使用价值是科技价值的"物质载体"或"物质承担者",没有科技使用价值的科技价值是"纯粹抽象"的而不是现实的;而科技价值是科技使用价值在不同的使用者之间进行交换的"实质内容"和"客观尺度",没有科技价值的科技使用价值是难以实现其交换的,是不能作为科技商品而存在的,因此从唯物辩证法的角度看,科技使用价值和科技价值构成了科技商品这个统一体的两个方面，缺少了任何一个方面都会使科技商品失去商品的属性。

第五，从矛盾本质观的角度来审视，科技使用价值和科技价值作为科技商品的两个属性，是存在于科技商品内部的一对矛盾，这一矛盾的解决是通过二者的相互对立与相互排斥来实现的，具体来说就是：作为科技商品交换的一方，不能同时既获得科技商品的价值又获得科技商品的使用价值，要实现科技商品的价值必须让渡出科技商品的使用价值，要获得科技商品的使用价值就必须支付科技商品的价值。这也就是说，在交换过程中，科技使用价值和科技价值进行着相反的运动。显然，只有通过交换，买者获得科技商品的使用价值，卖者获得科技商品的价值，科技使用价值与科技价值的矛盾才能得到解决。

综上所述，科技使用价值和科技价值作为科技商品的两个构成因素，是既相互区别，又相互联结、相互依赖的，表现出辩证统一的关系，它们综合在一起，便构成了科技商品的使用价值和价值的辩证关系原理的内涵。

第二节　科技劳动的二重性辩证关系原理

依据马克思政治经济学基础理论的研究逻辑进路发现，科技商品的二因素——科技使用价值和科技价值及其辩证统一关系，在本质上是由生产科技商品的科技劳动的二重属性——科技具体劳动和科技抽象劳动及其辩证统一关系所决定的。从这种意义上讲，要深入理解科技商品的二因素及其辩证关系，必须进一步对生产科技商品的科技劳动二重性及其辩证关系进行具体的考察分析，并在此基础上构建与现代市场经济社会中科技型生产方式相适应的科技劳动二重性辩证关系原理。这需要做两方面的工作：一是梳理和概括这一原理的马克思劳动二重性辩证关系的理论基础；二是运用马克思的这一理论对生产科技商品的科技劳动二重性进行深入分析并系统阐述二者的辩证关系。

一、科技劳动二重性辩证关系原理的理论基础

马克思政治经济学的理论基石是劳动价值论，而马克思对劳动价值论的

最伟大贡献之一就是在分析商品的使用价值和价值的辩证关系原理之基础上，发现并阐述了一般物质性生产劳动的二重性及其辩证关系原理。马克思对此明确地指出："起初我们看到，商品是一种二重的东西，即使用价值和交换价值。后来表明，劳动就它表现为价值而论，也不再具有它作为使用价值的创造者所具有的那些特征。商品中包含的劳动的这种二重性，是首先由我批判地证明的。这一点是理解政治经济学的枢纽。"① 正因为这一学说在政治经济学中的枢纽地位，马克思在其政治经济学的经典著作，特别是在《资本论》中系统分析了生产物质性商品的劳动的二重性及其辩证关系。在马克思看来，商品的二因素是由生产商品的劳动的二重性所决定的，生产商品的劳动的二重性即劳动的具体性和抽象性，表现为具体劳动与抽象劳动，劳动的这两个方面是辩证统一的。马克思对生产物质商品的劳动二重性辩证关系的考察和论证，为我们研究和构建生产科技商品的科技劳动二重性辩证关系原理，提供了坚实的理论基础和清晰的逻辑进路。因此，在研究和构建科技劳动的二重性辩证关系原理之前，首先对马克思劳动的二重性辩证关系原理进行梳理和总结。

第一，生产商品的劳动首先表现为具体劳动，而所谓具体劳动，是指在一定具体条件下从事的有目的的活动，它生产商品的使用价值。马克思指出："任何一种不是天然存在的物质财富要素，总是必须通过某种专门的、使特殊的自然物质适合于特殊的人类需要的、有目的的生产活动创造出来。因此，劳动作为使用价值的创造者，作为有用劳动，是不以一切社会形式为转移的人类生存条件，是人和自然之间的物质变换即人类生活得以实现的永恒的自然必然性。"② 而在产品表现为商品社会形式的商品经济社会中，"每个商品的使用价值都包含着一定的有目的的生产活动，或有用劳动。各种使用价值如果不包含不同质的有用劳动，就不能作为商品互相对立。在产品普遍采取商品形式的社会里，也就是在商品生产者的社会里，作为独立生产者的私事而各自独立进行的各种有用劳动的这种质的区别，发展成一个多支的体系，发展成社会分工"③ 的体系。在这一社会分工体系中，生产具有不同

---

① ［德］马克思：《资本论》第1卷，人民出版社2004年版，第54—55页。
② ［德］马克思：《资本论》第1卷，人民出版社2004年版，第56页。
③ ［德］马克思：《资本论》第1卷，人民出版社2004年版，第55—56页。

使用价值的商品的劳动，其具体形式也是不同的。不同的商品生产者为了生产满足各种不同需要的商品，就要进行各种具体形式的劳动，他们的劳动目的、劳动手段、劳动对象、操作方法和劳动结果都互不相同，这种在具体形式下进行的劳动就是具体劳动。而具体劳动创造商品的使用价值，反映着人和自然之间的关系，是劳动的自然属性，它不仅是商品生产条件下所必要的，而且是人类社会生存和发展的永久性条件。而就具体劳动创造使用价值而言，虽然不以社会形态为转移，但具体劳动的种类不是固定不变的，随着科技的进步和社会分工与生产专业化的发展而不断地发生变化，日益广泛发展的各种具体劳动创造出丰富多彩的使用价值，满足人们生产和生活各方面的需要。

第二，生产商品的劳动在表现为具体劳动的同时，也表现为抽象劳动，而所谓抽象劳动，是指撇开劳动的具体形式的无差别的人类劳动，它生产商品的价值。马克思指出："如果把生产活动的特定性质撇开，从而把劳动的有用性质撇开，劳动就只剩下一点：它是人类劳动力的耗费。尽管缝和织是不同质的生产活动，但二者都是人的脑、肌肉、神经、手等等的生产耗费，从这个意义上说，二者都是人类劳动。这只是耗费人类劳动力的两种不同的形式……商品价值体现的是人类劳动本身，是一般人类劳动的耗费。"[1] 也就是说，生产商品的具体劳动在性质上各不相同，是"异质"的劳动，因而在数量上无法比较；而生产商品的劳动除了"异质"的具体形式外，还具有"同质"的可比较的内容，这就是不同具体形式下的人类脑力和体力的支出。换言之，当我们把劳动的具体形式抽象掉，那么生产商品的劳动就只剩下人类劳动力在生理学意义上的耗费，这种撇开了具体形式的无差别的劳动就是抽象劳动。而这种抽象劳动在商品中的凝结就是商品的价值。各种具有不同使用价值的商品之所以能够相互比较和交换，就是因为其中都凝结了抽象劳动，都具有价值。因此，抽象劳动是价值的唯一源泉。应当注意的是，抽象劳动是商品经济以及它的发展形态即市场经济的特有范畴，反映生产商品的劳动的社会属性，因为只有在商品经济和市场经济条件下，人们才需要进行产品的交换。正是因为各种不同的具体劳动能够还原为质上相同、

---

[1]　［德］马克思：《资本论》第1卷，人民出版社2004年版，第57页。

量上可比较的抽象劳动，才使不同具体劳动生产的使用价值的交换得以实现。因此，抽象劳动是商品交换者之间经济联系的体现，它反映了商品经济和市场经济条件下的人与人之间的社会关系。

第三，商品的二因素取决于生产商品的劳动二重性即具体劳动与抽象劳动，商品二因素的辩证统一取决于生产商品的劳动二重性辩证统一。马克思指出，在商品经济条件下生产商品的"一切劳动，一方面是人类劳动力在生理学意义上的耗费；就相同的或抽象的人类劳动这个属性来说，它形成商品价值。一切劳动，另一方面是人类劳动力在特殊的有一定目的的形式上的耗费；就具体的有用的劳动这个属性来说，它生产使用价值"①。具体劳动和抽象劳动构成了生产商品的劳动的二重性，表现为生产商品的同一劳动过程不可分割的两个方面，二者呈现为辩证统一的关系。（1）具体劳动和抽象劳动反映了生产商品的劳动具有特殊性与共同性的差别。具体劳动是通过劳动的具体形式生产出某种特定的使用价值，它反映了生产商品的劳动的特殊性；而抽象劳动是各种不同的生产商品的劳动所共有的相同的人类脑力和体力的消耗并凝结在商品中形成价值，它反映了生产商品的劳动的共同性。（2）具体劳动和抽象劳动反映了生产商品的劳动的内在矛盾。具体劳动生产的使用价值若不符合社会的需要，意味着商品卖不出去，它就不能转化为抽象劳动；而生产商品耗费的抽象劳动所形成的价值若在商品经济社会中加以实现，意味着买不到生产者所需要的商品，它就不能转化为具体劳动。因此具体劳动和抽象劳动的内在矛盾，直接决定着商品的使用价值和价值的实现，而具体劳动和抽象劳动的内在矛盾只有通过商品交换才能得到解决。（3）具体劳动和抽象劳动是生产商品同一劳动过程不可分割的两个方面。商品生产者在进行具体劳动的同时，也付出了抽象劳动；抽象劳动通过具体劳动得以凝结并寓于具体劳动之中，它既是各种具体劳动彼此联系的体现，也是商品生产者借以实现联系的桥梁。

马克思关于生产商品的劳动二重性及其辩证关系原理，是理解他所创立的政治经济学的枢纽，是他所创立的政治经济学基石即科学劳动价值论的核心。马克思首创的这一科学原理系统地回答了生产各种商品的劳动具体形式

---

① ［德］马克思：《资本论》第1卷，人民出版社2004年版，第60页。

各不相同，为什么可以进行量的比较并相互交换，阐述了价值实体究竟是什么，从而将古典政治经济学的劳动价值论建立在科学的基础之上。也正是在这一科学原理的基础上，马克思创立了剩余价值理论。除此之外，马克思政治经济学其他基础理论，如资本有机构成理论、资本积累理论、社会资本再生产理论等，都与这一科学原理密切相关。正因如此，马克思在其经典著作特别是在《资本论》中对这一科学原理进行了系统分析和论述。同时应当看到，马克思的这些分析和论述主要是针对生产物质性商品的劳动而展开的，而对生产科技商品的科技劳动这一特殊而复杂的劳动并未具体展开分析和论述，这是由当时的资本主义物质生产方式的社会现实所决定的，也是马克思为了尊重当时的社会现实所必需的。但是，马克思关于生产商品的劳动二重性及其辩证关系原理，为我们考察分析生产科技商品的科技劳动提供了理论基础。

根据马克思的这一科学原理，依据马克思研究和建构这一科学原理的逻辑进路将会发现，在以科技型生产方式为基础的现代市场经济社会中，科技劳动既然是生产科技商品的劳动，那么它也必然表现出具体劳动和抽象劳动二重属性。科技商品具有的科技使用价值和科技价值二因素，正是由生产科技商品的劳动——科技劳动的二重属性所决定的。而所谓科技劳动的二重属性，就是指科技劳动的具体性和抽象性即科技具体劳动和科技抽象劳动，科技具体劳动创造了科技商品的使用价值，而科技抽象劳动则创造了科技商品的价值，并且科技具体劳动和科技抽象劳动构成了科技劳动的不可缺少的两个方面，这两个方面的辩证统一构成了生产科技商品的科技具体劳动和科技抽象劳动的辩证关系原理的内涵。若将科技劳动的二重性与一般物质生产劳动的二重性相比较，二者既有共同性，也有特殊性。只有对决定科技商品二因素的科技劳动的二重性及其辩证关系进行具体分析，才能全面而深刻地把握生产科技商品的科技具体劳动和科技抽象劳动及其二者的辩证统一关系原理。对此，将作进一步的考察分析和论证。

二、生产科技商品之使用价值的科技劳动：科技具体劳动

在以科技型生产方式为基础的现代市场经济社会中，生产科技商品之使用价值的科技劳动就是科技具体劳动。科技具体劳动与生产一般物质性商品

的具体劳动相比较，既有其相同之处，也有其独特的属性和特征。在此，为了表述的简便，不妨将前者称为科技具体劳动之一般，将后者称为科技具体劳动之特殊。

（一）科技具体劳动之一般

科技具体劳动之一般是指科技劳动作为具体劳动生产科技使用价值的一般性，它所反映的是在以科技型生产方式为基础的现代市场经济社会中，生产科技商品使用价值的科技具体劳动，与生产物质商品使用价值的具体劳动的相同之处或普遍性即共性，旨在揭示科技具体劳动的一般内涵。

在马克思看来，任何劳动都有自己具体的表现形式，或者说，都是在一定的具体形式下进行的，都表现为具体劳动，具体劳动就是指在一定具体条件下从事的有目的的活动，它生产商品的使用价值。由此推知，在以科技型生产方式为基础的现代市场经济社会中，科技具体劳动是指科技人员在一定具体条件下从事的有目的的科技实践活动，其目的是将实在世界中的"自在存在"转化为人的"为我存在"，使之成为人的精神财富和物质财富即科技使用价值的一部分；这种科技使用价值是"通过某种专门的、使特殊的自然物质适合于特殊的人类需要的、有目的的"① 科技实践活动创造出来的，是人和世界之间的物质、能量和信息交换的必然结果。具体来看，在科技劳动的过程中，科技人员要"生产"一种合目的性与合规律性的科学原理、基础理论、技术样品、工艺流程等科技使用价值，就必须像一般意义下的物质生产劳动一样需要进行具体的科技劳动，如某一科技人员或其集团，在一定目的支配下，运用特定的科学仪器和实验设施，通过一定的操作方法、思维方法等对特定的对象进行研究，创造性地建立某种理论，发明某些新技术、新工艺等。各种不同的科技劳动，其劳动的主体、活动的目的、使用的手段和方法、研究的对象、得到的成果等都是各不相同的。这些不同质的科技劳动创造出了不同质的学说、理论、技术、工艺、新品种等科技使用价值。从这种意义上讲，科技劳动也像生产特定质的物质性产品的劳动一样，是生产特定"质"的科技产品的具体劳动。在以科技型生产方式为基础的现代市场经济社会中，科技具体劳动的范围得到了极大的拓展，既包括

---

① ［德］马克思：《资本论》第 1 卷，人民出版社 2004 年版，第 56 页。

传统意义上的科技研究领域的科技劳动，也包括社会生产领域的科技劳动，还包括集前二者于一体的科技劳动。相应地，现代科技具体劳动的内涵应当概括上述三个层次的科技劳动。

因此，在以科技型生产方式为基础的现代市场经济社会中的科技具体劳动，是指科技劳动者为了解决或解答人（类）在为满足其物质、精神和自身全面发展等需要的基础上提出的各种问题，能动性地运用现代的仪器设备、图书情报信息资料等手段所进行的探索、认识自然、社会和人（类）自身等"实在"世界的本质和规律，以及在此基础上创造性地利用自然资源、社会资源和人（类）自身的潜能，实现与"实在"世界进行物质、能量和信息的交换，并"制造"各种物质、精神、劳务等有形和无形产品的活动过程。在对现代科技具体劳动的这一规定中，至少包含了以下几个方面的涵义。

第一，科技具体劳动作为生产科技商品之使用价值的科技劳动，是通过具体的科技劳动方式或科技型生产方式进行的，它首先表现为具体的科学研究、技术研发和科技应用的活动过程。由于生产的科技商品之使用价值的不同，科技具体劳动的方式方法也各不相同。

第二，科技具体劳动的主体，是指在以科技型生产方式为基础的现代市场经济社会中的科技劳动者，既包括传统意义上的科技劳动者，也包括传统物质生产领域的科技劳动者，还包括集传统意义上的科技劳动与生产劳动于一体的科技劳动者。伴随科技融入经济系统的间接方式向其直接方式的推进，这种传统意义上的科技劳动与生产劳动于一体的科技劳动者将会越来越多。

第三，科技具体劳动的目的，主要包括两个层面：一是它的根本目的，即科技具体劳动不再像传统的科技劳动那样仅仅是为了满足人们的精神需要，而是扩展为满足人们的物质、精神和人自身全面发展的需要等方面；二是它的直接目的，即科技具体劳动是解决或解答人（类）在为满足上述三个方面的需要基础上提出的各种问题。

第四，科技具体劳动所运用手段即劳动资料，是现代科技发展所提供的物质性劳动资料和精神性劳动资料，表现为科技发展所提供的科学仪器设备等硬件设施和图书情报信息资料等软件设施。

第五，科技具体劳动的对象，已经拓展为自然、社会和人（类）自身三个方面构成的"实在"世界，其中包括"实在"世界的三个方面所提供的三种资源——自然资源、社会资源和人（类）自身的潜能资源。

第六，科技具体劳动的具体运行，主要在两个层面上展开：一是表现为科技劳动者能动性地运用现代科技手段所进行的探索、认识自然、社会和人（类）自身等"实在"世界的规律的过程；二是表现为科技劳动者运用规律创造性地利用自然资源、社会资源和人（类）自身的潜能进而实现与"实在"世界进行物质、能量和信息的交换过程。

第七，科技具体劳动的产品即科技成果是各不相同的，既有科学发现的成果，也有技术发明的成果，还有科技应用的成果。在这些科技成果中，既包括物质和精神的有形产品，也包括精神和劳务的无形产品。

（二）科技具体劳动之特殊

科技具体劳动之特殊是指科技劳动作为具体劳动生产科技使用价值的特殊性，它所反映的是在以科技型生产方式为基础的现代市场经济社会中，生产科技商品使用价值的科技具体劳动，与生产物质商品使用价值的具体劳动的不同之处或特殊性即个性，旨在揭示科技具体劳动的特殊内涵。

科技具体劳动作为一种具体的科技研发和科技应用的活动过程，是在一定的具体方式中进行和完成的，这种具体方式就是科技劳动方式。与现代科技具体劳动的一般内涵规定相对应，现代科技劳动方式是指在以科技型生产方式为基础的现代市场经济社会中，科技劳动者通过能动性地运用现代的仪器设备、图书情报信息资料等手段所进行的探索、认识自然、社会和人（类）自身等"实在"世界的本质和规律，以及在此基础上创造性地利用自然资源、社会资源和人（类）自身的潜能，实现与"实在"世界进行物质、能量和信息的交换，"制造"出各种物质、精神、劳务等有形和无形产品的途径，来解答或解决人（类）在为满足其物质、精神和自身全面发展等需要的基础上提出的各种问题的动态系统方式。其中，科技劳动者是现代科技劳动方式的主体要素，实验技术装备是现代科技劳动方式的物质性劳动手段即硬件要素，图书情报资料是现代科技劳动方式的知识性劳动手段即软件要素，自然、社会、人自身所构成的"实在"世界以及人（类）在其中为满足其物质、精神和自身全面发展等需要基础上所确立的课题是现代科技劳动方式的对象要素。这四个要素相互联系、相互作用，共同构成了现代科技劳动方式这一有机系统。与传统的物质生产劳动方式相比较，现代科技劳动方式在构成上有其特殊性，主要表现在：

第一，科技劳动者是现代科技劳动方式的主体因素。所谓科技劳动者，是指一切从事科技劳动的脑力或智力工作者。在现代经济社会中，科技劳动者是指那些能够能动性地运用现代的仪器设备、图书情报信息资料等手段来进行探索、认识自然、社会和人（类）自身的本质和规律，以及在此基础上创造性地利用自然资源、社会资源和人（类）自身的潜能实现与"实在"世界进行物质、能量和信息的交换，进而"制造"出各种物质、精神、劳务等有形和无形产品的专门人才。科技劳动者作为这样的创造、应用、传播和发展科技的专门人才，在知识方面，要求具备本学科坚实的专业基础知识和有关学科的广博知识；在能力方面，要求具备敏锐的观察力、高度的概括力、恰当的判断力、准确的推理能力和良好的记忆力；在修养方面，要求具备良好的道德修养、思想修养、理论修养、思维修养和管理修养等。科技劳动者之所以要具备如此完备的知识、能力和修养，是因为科技劳动者作为现代科技劳动方式的主体因素，是发展科技最主要、最活跃的决定性和能动性因素，具体表现在：（1）科技劳动者对科技劳动对象具有能动作用。在科技劳动者和科技劳动对象构成的矛盾中，科技劳动者处于能动的、支配的方面。正是这种能动作用，使科技劳动者成为认识和利用"实在"世界（包括自然、社会和人自身）之规律的主体，从而使"实在"世界之规律成为科技认识和实践的客体，并且在满足人类物质、精神和自身全面发展需要的大前提下，科技劳动者可以对科技劳动对象进行选择，具有相当大的自主性和灵活性。（2）科技劳动者对科技劳动手段起着关键性作用。科技劳动手段作为科技劳动者脑力或智力物化的产物，在补充、增强人的感觉能力、智力方面起到很大作用，然而科技劳动手段作用的实现，归根到底取决于科技劳动者，它只有与科技劳动者的思维方式、研究技能等因素结合起来，才能产生实际效用。（3）科技劳动者在科技劳动过程中起着主导作用。整个科技劳动过程，从提出问题到确定课题，从实验的设计、实施到事实的搜集，从分析、比较、推理提出假说到上升为理论，从科学理论的技术化到科技的产业化等，都是由科技劳动者来承担和完成的，科技劳动者始终处于能动的、主导的地位。（4）科技劳动者在培养科技新生力量的过程中起着导师的作用。作为教师的科技劳动者以传授知识为职责，他们是培养科技后备军的导师；同时，科技劳动者通过编写教材、撰写专著、带研究生等多种形式，言传身教，培养科技人才，充实科技劳动方式的主体。（5）科技劳动者在推广、普及科技的过程中起着骨干作用。这是因为科技劳动者特别是著名的科学家、工程师所掌握的科技知识是科技普及的主要依据。只有他们深入浅出、正确无误地向广大群众推广、普及，才能收到良好的效果。他们写出的科技普及读物是其主要形式，这使他们成为科技普及的骨干力量。

随着科技的发展和科技产业的大量涌现，科技劳动者已经形成一支庞大队伍，并且这支队伍由分工与协作的关系而形成了各种具有相对稳定性的群体结构系统，主要有：（1）科技劳动者队伍的职业结构。它是指不同性质的科技劳动者的比例构成及其相互关系，其职类包括科学研究人员、技术研究人员、科技教育人员和科技管理人员。这四类人员包括了基础研究、应用和发展研究及科技的传授、科技自身的组织管理等基本环节的科技劳动者。这一结构的合理化是一个国家科技、经济、社会发展的重要因素，而这一结构怎样才算合理则取决于一个国家发展科技和国民经济的需要及其发展水平所提供的可能性。因此，不同的国家可根据实际来确定这一结构的比例关系。（2）科技劳动者队伍的专业结构。它是指科技劳动者队伍在各个专业、学科中的分配及其比例关系。科技劳动者队伍的专业结构也存在合理性问题，一个国家、地区或一个研究院、研究所的各类专业人员的比例主要依据国民经济和科技发展的需要而定。（3）科技劳动者队伍的能级结构。它是指科技劳动者队伍中科研能力、智力水平的能级构成及其比例。在不同的科技劳动系统中，需要不同的智力水平、知识水平和不同能力的人员结合成一个整体。高级、中级、初级和一般科技人员在这个整体结构中各司其职，各尽所能，相互配合，才能形成高效能的"集体力"，如果能级结构不合理，关系没理顺，造成"内耗"现象，这不利于"集体力"的形成。合理的能级结构，一般是由作为学科带头人的高级科技劳动者、起骨干作用的中级科研人员、初级或辅助人员，根据不同单位、不同任务而按不同比例组成。（4）科技劳动者队伍的年龄结构。它是指科技劳动者队伍中各种年龄的人员的比例构成。由于不同年龄的科技劳动者在知识结构、能力结构及体力方面是各不相同的，一个科技劳动者队伍要发挥最佳效能，就必须有合理的年龄结构。为了保持科技劳动者队伍充满活力，必须使之保持在最佳年龄结构区间。（5）科技劳动者队伍的智能结构。它是指科技劳动者队伍中的一个群体系统内各种智能优势的人员的配备构成。智能是指人们制造知识、运用知识的本领，是人的智慧和才能，主要包括观察能力、思维能力、想象能力和创造能力等。一个研究院、所、室、组及其集团的最佳智能结构是由各种不同智能优势的人员组合而成的。（6）科技劳动者队伍的行为关系。它是指一个科技劳动者队伍中各成员的心理、气质结构、道德规范结构和人际关系结构等的复合结构。一个科技劳动者队伍若有较好的政治素质、心理素质，有较强的事业心和集体观念，而且队伍内部关系融洽、团结一致，就会产生一种合力攻关的态势，形成强大的"集体力"，否则就难以发挥科技劳动者队伍所应有的效能。总之，科技劳动者队伍的系统结构是从不同角度考察的结果，它的职类结构、专业结构、能级结构、年龄结构、智能结构和行为结构纵横交错，形成了一个网状的复合结构体系。只要将这些结构进行优化，必将提高个人的创造力，产生一种强大的"集体力"，发挥科技劳动者队伍的整体效应。

第二，实验技术装备是现代科技劳动方式的物质形态的劳动资料即硬件要素，是科技劳动的物质手段，它一般包括仪器、仪表、材料、诸剂（如试剂、溶剂、催化剂等）、资源、动力和实验室、试验工厂等设施。实验技术装备是科技劳动不可缺少的工具，它能够使科技劳动者的感官延长，如望远镜、显微镜、各种探测器、传感器等；它能使科技劳动者的肢体延长，如各种镊钳、传动机、工具机、机械手等；它能够使科技劳动者的思维器官功能放大，如电子计算机（电脑）、智能手机、智能机器人等。不仅如此，作为实体工具的实验技术装备，还能够创造出超高温、超高压、超真空、超低温以及强磁场等特殊环境；能够提供各种精密的测量手段和工具（如光学仪器、电磁仪器、化学分析仪器等）；能够提供一系列的新实验方法（如计算机模拟方法、光谱分析法、射电视察法等），使自然界千载难逢的现象得以重现，把自然界几万年的演化过程在短时间内重演出来，将自然界中极不稳定的物质在实验室中被人工制造出来（如元素周期表中第 95 号元素之后的镅、锔、锫、锎、锿、镄、钔等都是在加速器上人工合成的）；现在，由于电子计算机的广泛应用和人工智能研究的新进展，以计算机控制系统为核心的"二次仪器"体系，不仅大大减少了人的体力消耗，补充了人体感官的不足，而且已经可以部分地代替人类的一些智力功能，人们运用计算机可以重新得出万有引力定律、气体定律，证明曾经令人望而生畏的数学难题——"四色定律"，人工智能机正在许多领域表现出众多独特的"超人"功能，变成了替代人类适应许多人类根本无法适应的特殊环境的学习、自适应、自调节的系统，等等。正因如此，所以实验技术装备是衡量现代科技劳动方式水平之高低程度的指示物、测量器。科技发展的历史表明，如果某个国家或地区不具备先进的实验技术装备，是无论如何也不能赶超世界先进水平的。19 世纪末德国赶超英、法而成为世界科技中心的原因之一，就在于德国十分重视实验技术装备的研制和利用。在现代科技飞快发展条件下，如果没有新的实验技术装备，很难设想会有高能物理、空间科学、电子技术、遗传工程等方面的研究成果。同时还应当注意，实验技术装备在作为现代科技劳动的物质手段的同时，又表现为现代科技劳动的对象。由于实验技术装备能够为现代科技劳动提供原料、材料和能量等，因此成为现代科技劳动的一部分新的对象。例如，激光器产生的激光、低压放电管放射的阴极射线、遗传工程中的各种菌种、原子反应堆产生的原子能等，都可以看作是一身二任的，它们既是科技劳动的手段，又是科技劳动的对象。

从历史的维度看，实验技术装备有一个不断发展和完善的过程。在近代实验科学诞生以前，人类仅能对自然界进行零碎的被动的观察，还不能从事主动的、系统的实验研究。虽然古代也曾出现过许多至今仍然令人惊叹的精巧仪器设备用于天文、气象和地震观测以及计时、计量和占卜等，但这些仪器只是一些直观的观察仪器，而就整个社会的仪器设备来看，其水平仍然不高。文艺复兴以后，随着近代科学、技术的产生和发展，出现了"单参数仪器"，这是一些"在自然过程表现得最确实、最少受干扰的地方观察自然过程的，或者，如有可能，是在保证过程以其纯粹形态进行的条件下从事实验的"① 仪器。特别是在产业革命推动下，实验技术装备的规模、范围不断扩大，不仅产生了一系列新的单参数仪器设备，而且一些专业的科技实验室

---

① ［德］马克思：《资本论》第 1 卷，人民出版社 2004 年版，第 8 页。

也相继建立，如德国的李比希实验室、英国的卡文迪许实验室、美国的爱迪生实验室等。这时的实验技术装备已经逐渐在各专业科技领域形成相对独立的体系，从而使科技实践特别是科学实验能够从物质生产实践中分化出来，构成了一种新型的、独立的特殊生产方式，这正是科技史上发生由"生产→技术→科学"的基本模式转变为"科学←→技术←→生产"模式的历史性变化的重要条件。20世纪以来，由于人类认识向微观和宇观领域的极大扩展，在日益增长的高精度、高难度、多参数同时测量等新的实验技术要求的促进下，"二次仪器"体系应运而生。所谓"二次仪器"体系本质上是一些综合性的自动控制系统。它克服了单参数仪器把自然界系统的各种因素割裂、肢解并孤立地得出某一参数的缺陷，以对物质客体"自然状态"诸多参数的同时测量和综合处理为特征并完成了许多仅靠单参数仪器根本无法完成的实验研究。同时，由于"二次仪器"系统技术环节分工精细，有一支包括多种学科、专业的人才在复杂而又分工严格的岗位上协同工作，所以步调整齐、计划性强、工作效率远远超过专业性的单参数实验技术装备，其工作范围也大大突破了传统的狭隘分工和部门、地区的局限。20世纪中叶前后，欧美各国建立的国家科技中心，如德意志联邦共和国汉堡的电子同步加速器中心、美国的布罗克海文国家实验中心、费米国家实验中心、斯坦福直线加速器中心以及英国的剑桥国家磁铁实验中心等，都是由国家投资的专为多种学科、专业和不同研发课题服务的综合性、社会化的实验技术系统。而欧洲联合核物理实验中心（CERN）还是由几个国家联合的国际组织投资兴建的面向世界各国的综合研究中心。这样一些大规模的实验技术设备系统，不仅有一支庞大的多学科科技劳动者队伍负责设备系统的运转、维修、改进，而且其研究人员也是经常变换和不断充实的。不同国家和地区、不同学科和专业的课题都可以有条不紊的交替安排、充分发挥大型实验技术装备系统的效能。

　　第三，"图书—情报"资料是现代科技劳动方式必不可少的知识性劳动手段即软件要素。这是相对于实验技术装备是现代科技劳动所必需的物质性劳动资料既硬件要素而言的。可以说。图书情报资料和实验技术装备都是现代科技劳动的劳动资料，是现代科技劳动的"两张翅膀"[1]。而在一般情况

---

①　钱学森：《作为尖端科学技术的高能物理》，《高能物理》1978年第1期。

下，图书资料是人类知识的综合和贮存，具有综合性、稳定性、历史性和公开性等特征，而情报资料具有专业性、流动性、现实性和保密性等特点，两者相辅相成，构成了完整的"图书—情报"资料系统。之所以说图书情报资料是现代科技劳动必不可少的劳动资料，是现代科技劳动方式的重要组成部分，这是由科技劳动作为"一般劳动"所具有的"部分地以今人的协作为条件，部分地又以对前人劳动的利用为条件"① 这种特殊性所决定的。这种特殊性在于科技劳动有较强的继承性，离不开科技知识的积累。在科技图书资料中凝结着前人的科技劳动的成果，科技情报又集中地反映了今人科技劳动的成就，因此科技劳动者在从事科技劳动时，既要通过图书资料接受前人的科技成果，又要通过情报资料接收今人的科技成就，并且科技情报资料的获得与交流已成为今人科技劳动协作的一种重要方式。任何一项具体的科研项目所要解决的首要问题就是研究课题与科技图书、情报资料的关系，即以图书、情报资料所提供的与课题有关的成功经验、失败教训和种种线索为基础，寻找解决问题的出发点和具体方法。

从历史维度看，在文字产生以后，图书资料就随之出现，由于近代专业科学、技术教育的出现，专业科学家、工程师队伍的壮大，使收藏于各类图书馆里的专业科技图书资料越来越成为科技研究和科技教育的有力工具。作为专业的科技情报工作出现较晚，大约开始于 19 世纪，起初比较零散，也没有形成专门队伍，直到 20 世纪 60 年代才形成独立的研究体系，并在世界各国普遍涌现出国家规模的科技情报机构。科技情报资料之所以在世界各国受到普遍重视，是因为科技情报资料已经成为现代科技劳动方式不可缺少的劳动资料。科技情报资料被人们誉为"解开问题的钥匙"，是科技劳动的关键因素。如第二次世界大战前的德国从英国搞到用煤焦油制造染料的情报后，很快建成了本国的煤化学工业技术体系；第二次世界大战后的日本通过激烈的科技情报战，发展了新兴的技术和产业——控制机床、氧气吹顶技术、转子发动机等。不仅如此，科技图书情报资料的运用可以为科技劳动赢得时间，加速科技进程。由于现代科技的综合化趋势使诸多学科相互交叉、渗透，形成了网络状的密切联系方式。即使是专业性科技杂志，也往往包括

---

① ［德］马克思：《资本论》第 3 卷，人民出版社 2004 年版，第 119 页。

四五门学科的内容。科技劳动者进行某个课题的调研起码有半数以上的资料要到别的专业杂志上去寻找，这样便占去了他们大量的时间和精力。据美国科学基金会统计，一个科技劳动者用在调研图书情报资料上的时间，占全部科技劳动时间的 50.9%，计划思考占 7.7%，实验和研究占 32.1%，写报告和论文占 9.3%。尤其是随着出版业、信息业的飞速发展，科技图书情报资料的数量急剧增长。20 世纪 80 年代以来，每年出版的科技图书达 60 万种，科技论文达 500 万篇。科技知识总量以每三年翻一番的惊人速度增长。如果一位化学家每周阅读 40 小时，那么仅浏览一下全世界一年内发表的有关化学方面的论文和著作，便需要 48 年。对数目如此巨大、内容如此繁杂的科技资料，建立"图书—情报"系统已经成为历史发展的必然要求。20 世纪70 年代，由于缩微复制、静电复印、高密度磁带记录、机械化自动传送、视听转换技术和现代电子计算机、通信技术的应用，使图书情报资料系统具有了大规模高速度检索或提供情报的良好条件，根本改变了千百年来人查手抄的手工操作方式，大大提高了科技劳动效率。据报道，目前世界上最大的图书情报资料库即美国医学文献分析与检索系统（MEDLARS）只需 10 分钟便可完成一个课题的调研。这种速度相当于一个人同时阅读 30 种文字的2000 多种医学杂志，看 9000 多篇文章。这是传统的人工调研方式所望尘莫及的。因此，作为知识形态科技劳动资料的图书情报资料，是一个国家、地区科技生产力发展水平的又一衡量标志（这是相对于实验技术设备是衡量科技生产力的指示器而言的）。如果一个国家、地区没有或缺乏科技图书情报资料，尤其在现代没有形成高效率的大型的图书情报资料系统，科技劳动者便不能及时迅速地得到所需要的科技图书情报信息，这就直接影响到这个国家、地区的科技劳动效率。而若拥有现代化的图书情报系统，那将大大提高该国家、地区的科技劳动者的劳动效率。

　　第四，自然、社会、人自身所构成的"实在"世界以及人（类）在其中为满足其物质、精神和自身全面发展等需要基础上所确立的课题，是现代科技劳动方式的对象要素。根据科技劳动者与劳动对象的关联程度，科技劳动的对象可分为直接对象和间接对象。所谓直接对象，是指与科技劳动者直接关联的或直接解答解决的对象；而所谓间接对象是以直接对象为中介间接关联的对象。在现代科技劳动方式中，自然、社会和人自身所构成的"实在"世界是科技劳动的间接对象。科技劳动的这种间接对象，既包括在自然、社会和人自身所构成的"实在"世界中的人们还没有认识到、因而更不可能通过实践改造的"自在之物"，也包括其中已经作为人认识的对象即对象化或人化了的"实在"之物（如类星体、黑洞、夸克等），还包括人们改造加工过的作为人的"智力物化"的人工自然物，甚至包括从人工自然中分化出来的"第四自然"①。这些"实在"之物在未进入科技劳动领域以前，是不能当作科技劳动方式的对象要素的，它们只是作为科技劳动的"潜在"对象而存在着的。这种"潜在"的对象，只有借助于科技劳动的直接对象即科研课题，才能转化成科技劳动的"现实"对象。这是因为，只有通过科研课题，科技劳动者才去研究这些"实在"之物，而这些"实在"之物也只有被科技劳动者研究即纳入科技劳动范围之时，才能成为科技劳动的"现实"对象；否则，这些"实在"之物只是可能的但不是现实的科技劳动的对象。也许，人们经常与这些"实在"之物打交道，但对科技劳动而言，人们对其是"视而不见"的，甚至是"熟视无睹"的。同时，这些"实在"之物进入科技研究领域成为科技劳动的"现实"对象是以科研课题为中介间接地实现的，因此它也就成为科技劳动的间接对象，而科研课题则就成了科技劳动的直接对象。

之所以说科研课题是科技劳动的直接对象，主要是因为它是科技劳动者直接要解决或解答的问题。从科学方法论的角度讲，科研课题是科技劳动主体（即科技劳动者）在科技劳动过程中依据一定的程序（即确定课题的程序）和根据一定的原则（如科学性原则、需要性原则、创造性原则、可行性原则和效益性原则等）所选定的某一个或某几个真正意义上的科技问题。从一定意义上讲，整个科技劳动的过程都是针对科研课题的解决或解答来进行的，科研课题直接关系着整个科技劳动的全局——包括内容、途径和方法等，直接影响着科技劳动的效能乃至成败，它在整个科技劳动过程中居于战

---

① 参见任元彪：《第四自然的形成及其意义》，载陈筠泉、殷登祥主编：《新科技革命与社会发展》，科学出版社2000年版，第218—225页。在该文中，任元彪先生把最先在的自在自然总生态圈叫作第一自然；把从自在自然内部分化出来的人化自然生态圈叫作第二自然；把从人化自然内部分化出来的人工自然生态圈叫作第三自然；把从人工自然内部分化出来的信息生态圈叫作第四自然。

略起点和目的归宿的重要地位。[1] 从这个意义上讲，科研课题是某个国家、地区科技劳动方式之水平高低的一个重要标志，它的水平的高低反映着科技进步的程度。爱因斯坦曾经指出："提出一个问题往往比解决一个问题更重要，因为解决一个问题也许仅是一个数学上的或实验上的技能而已。而提出新的问题，新的可能性，从新的角度去看旧的问题，却需要有创造性的想象力，而且标志着科学的真正进步。"[2] 可见，新的问题即科研课题是"标志着科学的真正进步"的一个因素；而且重大课题的提出，常常伴随着新思想、新思路、新方法、新工艺的产生，由此成为科技进步的一个重要标志。譬如在 1939 年，当人们发现铀核裂变反应及其中能放出多余中子的现象以后，年轻科学家西拉德敏锐地意识到制造原子武器的可能性，即提出了制造原子武器的课题，并设法让美国政府了解这一课题的意义。同年 7 月，西拉德和爱因斯坦一起上书美国总统罗斯福说："已经有几分把握地知道，在大量的铀中建立起原子核的链式反应会成为可能"，"这种新现象也可用来制造炸弹，并且能够想象——尽管现在很不确定——由此可以制造出极有威力的新型炸弹来"。[3] 这一建议作为一个重大的科研课题的提出成为发展原子武器的先声，这也反映了美国原子能科学技术和核物理学发展的先进程度，体现了当时美国科技劳动方式的水平是相当高的。

"科学无禁区"。科研课题作为科技劳动方式的对象要素，其来源是多方面的，它包括了人们在自然、社会和人（类）自身三个方面所构成的"实在"世界中，为满足其物质、精神和自身全面发展等需要基础上所提出的各种各样问题。在现实性上加以概括，科研课题主要有两个来源：一是经济建设、国防建设、政治建设、社会建设、文化建设和生态文明等社会实践中提出的各种问题，主要表现为社会在物质、精神和人类自身全面发展的需要同现有的科技手段、方法、工艺等不能满足这些需要的矛盾中所产生的问题。这些问题经过抽象和转化，可能成为科技劳动领域的课题，如农业增产的需要提出了精选、培育优良品种的农业科技课题，以及在生物技术、细胞

①　刘冠军、王维先：《科学思维方法论》，山东人民出版社 2000 年版，第 61、66 页。

②　［美］爱因斯坦、［波兰］英费尔德：《物理学的进化》，周肇威译，上海科技出版社 1962 年版，第 66 页。

③　《爱因斯坦文集》第 3 卷，许良英、范岱年编译，商务印书馆 1979 年版，第 177—178 页。

生物学、分子生物学等科技领域提出的与此相关的基础性研究课题等。二是科技实践和科技认知中提出的各种问题，主要表现为科技在能动地探索认识自然、社会和人自身所构成的"实在"世界的需要以及创造性地利用自然资源、社会资源和人自身潜能资源等方面的需要同当下的科技发展水平不能满足这些需要的矛盾中所提出的各种问题。譬如，当原有的科学理论不能解释新的经验事实时，便产生了科学理论与科学事实的矛盾，从而产生了新问题；当一个科学理论内部产生了逻辑矛盾时，也产生了新问题；当对同类事实从不同角度解释形成不同理论时，产生的理论之间的矛盾问题；当出现大量的不同事实时，便产生了事实之间的矛盾问题等。这些问题经过抽象和转化，便成了科技劳动领域的课题即科技劳动直接要解决或解答的对象。

三、生产科技商品之价值的科技劳动：科技抽象劳动

在以科技型生产方式为基础的现代市场经济社会中，生产科技商品的科技劳动作为抽象劳动形成科技价值，与一般的物质生产劳动作为抽象劳动形成价值相比较，既有共同点，又有不同点。为了论证的方面，不妨将其前者称为科技抽象劳动之一般，将其后者称为科技抽象劳动之特殊。

（一）科技抽象劳动之一般

科技抽象劳动之一般是指科技劳动作为抽象劳动形成科技价值的一般性，它所反映的是在以科技型生产方式为基础的现代市场经济社会中，形成科技商品价值的科技抽象劳动，与形成物质商品价值的抽象劳动的相同之处或共性，旨在揭示科技抽象劳动的一般内涵。

在马克思看来，抽象劳动是指撇开或抽去劳动的具体形式和有用属性而呈现出无质的差别的、一般意义上的人类劳动——人的体力和脑力的消耗，它形成商品的价值。换言之，"如果把生产活动的特定性质撇开，从而把劳动的有用性质撇开，劳动就只剩下一点：它是人类劳动力的耗费……商品价值体现的是人类劳动本身，是一般人类劳动的耗费"①，是人的体力和脑力的消耗，这是抽象劳动的一般内涵规定。在这样的意义上，商品经济社会或市场经济社会中所有的人类劳动，可以说都是一样的，都是共同的和无质的

---

① ［德］马克思：《资本论》第 1 卷，人民出版社 2004 年版，第 57 页。

差别的人的体力和脑力的消耗。据此来推论，科技劳动作为社会劳动分工的产物——从一般的物质生产劳动中分化独立出来的生产科技产品的劳动，尽管同一般的物质生产劳动——如缝和织等相比较，是不同质的生产活动，但是如果把它们的具体的特定性质撇开，进而把它们的有用性撇开，那么它们也就剩下了一点：它们都是人类劳动力的耗费，都是人的体力和脑力的消耗，"都是人的脑、肌肉、神经和手等等的生产耗费"①。因此在这种意义上，科技劳动如同一般的物质生产劳动一样，也是属于人类抽象劳动的范畴。

马克思还认为，商品是人类劳动的产物，而人类劳动作为具体劳动形成商品的使用价值，作为抽象劳动形成商品的价值。据此来推论，科技商品是科技劳动的产物，科技劳动在以科技型生产方式为基础的现代市场经济社会中已经成为人类劳动的核心构成部分，它作为具体劳动形成科技商品的使用价值即科技使用价值，而作为抽象劳动形成科技商品的价值即科技价值。这是因为，如果把包括科技商品在内的各种各样商品的使用价值（不管是科技商品的使用价值，还是一般物质性商品的使用价值）撇开或抽去，这些商品就只剩下一个属性，即劳动产品的属性。随着这些劳动产品有用性的消失，体现其中的各种劳动的有用性也消失了。在这种情况下，不管是一般意义上的物质生产劳动，还是进行科技研究的科技劳动，各种形式上不同的劳动不再有什么质的差别，全部化为相同的人类劳动，全部体现为人类劳动力即体力和脑力的消耗，因此当把商品看作价值时，我们只把它们看作体现了的、凝固了的或所谓结晶了的社会劳动，而这种结晶了的社会劳动就是这种相同的人类劳动或"一般人类劳动的耗费"②。从这个意义上讲，人类的抽象劳动形成了商品价值的实体，而科技劳动作为抽象劳动形成科技商品的价值实体即科技价值。

（二）科技抽象劳动之特殊

科技抽象劳动之特殊是指科技劳动作为抽象劳动形成科技价值的特殊性，它所反映的是在以科技型生产方式为基础的现代市场经济社会中，形成

---

① ［德］马克思：《资本论》第 1 卷，人民出版社 2004 年版，第 57 页。
② ［德］马克思：《资本论》第 1 卷，人民出版社 2004 年版，第 57 页。

科技商品价值的科技抽象劳动，与形成物质商品价值的抽象劳动的不同之处或特殊性，旨在揭示科技抽象劳动的特殊内涵。在此意义上，科技抽象劳动之特殊主要表现在以下几个方面。

第一，在以科技型生产方式为基础的现代市场经济社会中，科技劳动作为形成科技价值的抽象劳动，与一般的物质生产劳动作为形成物质商品价值的抽象劳动相比较，尽管如马克思所讲的，它们都是无"质"的差别，仅有"量"的不同，但是当深入考察这种"量"上的不同时发现，它们在"量"上的不同表现出层次分级的"部分质变"的现象。如果仅在一般的物质生产领域考察形成物质商品价值的抽象劳动，这种层次分级的"部分质变"现象并不明显；但是，当把科技劳动也纳入形成科技商品价值的抽象劳动进行考察时，情形发生了巨大的变化，科技劳动、一般的物质生产的普通劳动等人类劳动都作为形成价值的抽象劳动，他们在"量"上的这种层次分级的"部分质变"现象就变得异常明显了。这是因为，人类的劳动是在各种不同的劳动系统中进行的，而不同劳动系统中的劳动主体所付出的抽象劳动作为"同质劳动"方面，也存在着由"劳动力性质的复杂程度"① 不同所导致的不同的复杂程度，至少存在着"简单劳动"和"复杂劳动"、"普通劳动"和"高级劳动"之层次差异。由于抽象劳动的复杂程度的不同，进而导致的抽象劳动在量上的"部分质变"。根据抽象劳动在量上的这种"部分质变"，可将不同的劳动系统按照由低级到高级的顺序划分为三种类型，即"手工工具—体力型"劳动系统、"机器—脑力型"劳动系统、"信息—智力型"劳动系统。② 在这些复杂性程度不同的劳动系统中的人类劳动，在相同的劳动时间内所付出的抽象劳动是不同的，由此所形成的价值也是不同的，其基本的规律是：复杂性程度越高的人类劳动，在相同的时间内所凝结的抽象劳动越多，由此所形成的价值越大。

根据这一基本规律不难发现，科技劳动和一般的物质生产劳动在作为抽象劳动方面以及由此形成的价值方面的不同之处：一般性的物质生产劳动是一般的"普通劳动力"③ 的体力和脑力的耗费，属于"简单劳动"或"普

---

① ［德］马克思：《资本论》第 1 卷，人民出版社 2004 年版，第 200 页。
② 刘冠军：《全面理解马克思的劳动价值论》，《天津师大学报》1998 年第 1 期。
③ ［德］马克思：《资本论》第 1 卷，人民出版社 2004 年版，第 200 页。

通劳动"的范畴，或者属于掺杂着某些较为复杂劳动的"简单劳动"范畴，因此它作为抽象劳动所形成的价值是比较低的；而科技劳动则是一种高级的、"发达的和专门的劳动力"①——即科技劳动力的脑力或智力和体力的消耗，属于"复杂劳动"或"高级劳动"的范畴，甚至可以说它属于"最复杂的劳动"或"最高级的劳动"范畴，因此科技劳动作为形成科技价值的抽象劳动"也就在同样长的时间内对象化为较多的价值"②，它在相同的时间内所形成的价值是比较高的，甚至说是非常高的。科技劳动作为抽象劳动若换算成一般物质生产劳动即简单劳动的话，那将是数倍、数十倍、数千倍，甚至成千上万倍的关系。在以科技型生产方式为基础的现代市场经济社会中，流行着一句很时尚的话：科技不仅是生产力，而且是第一生产力，是提高劳动生产率首要的、关键性、起决定性作用的因素。这句话中蕴含的深刻涵义，就在于科技产品中凝结着人类的这种高级复杂的抽象劳动以及由此所形成的巨大价值。只要将科技第一生产力的功能挖掘、发挥出来，在展现它提高劳动生产率的关键作用之同时，必然实现它自身凝结着的由高级复杂的科技劳动所形成的巨大价值。

第二，科技劳动作为形成科技价值实体的抽象劳动，是一个历史范畴。对这样一个历史范畴，它必须同时满足两个历史条件，才能成为现实的存在。这两个历史条件，一是商品经济社会或它的发展形态即市场经济社会，二是"科技—经济"一体化的科技经济社会或以科技型生产方式为基础的现代市场经济社会。并且，这两个条件是缺一不可的，缺少了其中的任何一个条件，科技劳动都不可能作为形成科技价值实体的抽象劳动而存在。

首先，科技劳动作为形成科技价值实体的抽象劳动范畴，必须在商品经济社会或它的发展形态即市场经济社会中才具有可能性。换言之，商品经济社会或它的发展形态即市场经济社会是科技劳动作为形成科技价值实体的抽象劳动的必要历史条件，因为马克思所说的"劳动的二重性"，是指"体现在商品中的劳动的二重性"③，只有在商品经济社会或它的发展形态即市场经济社会中生产商品的劳动，才具有这种二重性，才能作为具体劳动和抽象

---

① ［德］马克思：《资本论》第1卷，人民出版社2004年版，第200页。
② ［德］马克思：《资本论》第1卷，人民出版社2004年版，第230页。
③ ［德］马克思：《资本论》第1卷，人民出版社2004年版，第54页。

劳动而存在。从一般意义上讲，劳动作为以某种形式占有自然物的有目的的活动，即"劳动作为使用价值的创造者，作为有用劳动，是不以一切社会形式为转移的人类生存条件，是人和自然之间的物质变换即人类生活得以实现的永恒的自然必然性"①，但生产交换价值的劳动则相反，它是劳动的一种特殊的社会形式，它作为抽象的、一般的人类劳动属于一种特殊的社会关系，因为"交换价值本身和生产交换价值的生产占统治地位的前提是：他人的劳动能力本身是交换价值，也就是说，活的劳动能力与其客观条件相分离；对客观条件的关系——或劳动能力对自己的客体性的关系——成了对他人的财产的关系；一句话，对客观条件的关系，成了对资本的关系"②。因此，劳动作为形成商品价值的抽象劳动，必须在商品经济社会或它的发展形态即市场经济社会中才能实现。而对于科技劳动而言，也必须在商品经济社会或它的发展形态即市场经济社会中变成生产科技商品的劳动时，才能作为形成科技价值的抽象劳动而存在。科技劳动作为形成科技价值的人类抽象劳动，是商品经济或它的发展形态即市场经济条件下的科技劳动所具有的特殊的社会性质，是商品经济社会或它的发展形态即市场经济社会条件下的生产关系的表现。同时还应当看到，商品经济社会或它的发展形态即市场经济社会是科技劳动作为形成科技价值的抽象劳动的必要条件，而不是充分条件。在商品经济社会或它的发展形态即市场经济社会中，当人们把科技产品看作"非商品"，把科技劳动游离于经济之外，游离于商品生产劳动之外时，科技劳动也不能作为形成科技价值的抽象劳动而存在。因此，商品经济社会或它的发展形态即市场经济社会仅仅为科技劳动作为形成科技价值实体的抽象劳动提供了可能性。

其次，科技劳动作为形成科技价值实体的抽象劳动范畴，只有在商品经济社会或它的发展形态即市场经济社会中，当"科技—经济"一体化的科技经济社会或以科技型生产方式为基础的现代市场经济社会形成时才能实现，才具有其现实性。这就如同我们在分析人们对科技是"非商品"的认识时所论述的那样，在近代工场手工业时期，尽管商品经济社会已经形成，

① ［德］马克思：《资本论》第 1 卷，人民出版社 2004 年版，第 56 页。
② 《马克思恩格斯文集》第 8 卷，人民出版社 2009 年版，第 163 页。

但由于科技是游离于商品经济之外的活动，科技劳动者尽管也意识到"科学的确是有利可图的"，但是"科学家们从事科研时，很少把科研看作谋取私利的商业"，他们的"个人和集体不追求超过研究工作所需要的金钱和权力"。① 当科技成果应用到社会生产实践中去，"被承认为现代生活机器的一个基本组成部分"时，科技劳动者们"不再会遇到人们实际上鄙视他，又迷信般地钦佩他的那种复杂情绪，而被看作一个有运气而且有能力来对付新事物——而不是既有事物——的普通工作人员"，② 他们在心理上便能得到极大的满足，不会把自己的劳动成果——科技产品当作可以用金钱交换的商品。在这样的社会现实条件下，科技劳动尽管在创造着价值，形成着价值，但却无法纳入形成价值的抽象劳动这一范畴之中。即使到了"机器大工业"时期，商品经济已经发展为市场经济，科技在市场经济社会中的作用已经得到了很大发挥，但是人们在相当高的程度上仍然将科技看作游离于市场经济社会之外的东西，仅仅看作"提高劳动生产率"的社会条件，而没有看作商品生产本身的一个有机部分。在这样的社会中，马克思在分析机器大工业的劳动与价值的关系时也仅仅孕育了科技劳动价值论的思想，而没有对生产科技商品的科技劳动二重性进行具体的分析。只有当科技与经济密切结合，达到"科技—经济"一体化的程度进而形成以科技型生产方式为基础的经济社会时，科技劳动作为人类劳动纳入形成价值的"抽象劳动"范畴才具有了它的社会现实性。因为在"科技—经济"一体化的现代市场经济社会中，科技特别是高新科技已经开始了产业化的世界性潮流，并在这种世界性潮流中逐步形成了大量的科技产业尤其是高新科技产业，这些科技产业作为"产业部门"也就成了现代市场经济系统的一部分，并且由"科学技术是第一生产力"所决定，科技产业已经属于现代市场经济系统中首要的、关键的、核心的和"第一的"那一部分，以科技型生产方式为基础的现代市场经济社会已经形成。大家知道，政治经济学的理论是经济发展现实的反映。在"科技—经济"一体化和以科技型生产方式为基础的现代市场经济社会中，在科技特别是高新科技已经成为高科技产业、现代企业已经成为科技型

---

① ［英］贝尔纳：《科学的社会功能》，陈体芳译，商务印书馆 1985 年版，第 361、436 页。
② ［英］贝尔纳：《科学的社会功能》，陈体芳译，商务印书馆 1985 年版，第 425 页。

企业，进而成为现代市场经济系统的主体时，不把科技劳动作为人类劳动纳入形成科技价值的"抽象劳动"范畴，这样的政治经济学理论肯定是不符合现代市场经济社会现实的。

四、生产科技商品的科技具体劳动和科技抽象劳动的辩证统一

在以科技型生产方式为基础的现代市场经济社会中，生产科技商品的科技劳动表现出二重性：一方面，表现为科技具体劳动，生产科技商品的使用价值即科技使用价值；另一方面，表现为科技抽象劳动，生产科技商品的价值即科技价值。因此，科技具体劳动和科技抽象劳动是相互区别、各不相同的。但是，二者又不是彼此分离和互不相干的，而是相互联系、相互依赖和相互依存的，它们有机结合在一起共同构成了科技劳动，因此生产科技商品的科技劳动是科技具体劳动和科技抽象劳动的辩证统一体。而科技具体劳动和科技抽象劳动的这种辩证统一性，主要表现在以下几个方面。

第一，从科学认识论的角度来审视，作为科技劳动的二重性——科技具体劳动和科技抽象劳动，不是"两次"科技劳动，而是"同一"科技劳动过程的不同方面。科技具体劳动和抽象劳动的划分，只是从不同角度对科技劳动进行科学考察的结晶，是理论研究和科学认识的需要使然，因为在以科技型生产方式为基础的现代市场经济社会中，包括科技劳动在内的生产商品的"一切劳动，一方面是人类劳动力在生理学意义上的耗费；就相同的或抽象的人类劳动这个属性来说，它形成商品价值。一切劳动，另一方面是人类劳动力在特殊的有一定目的的形式上的耗费；就具体的有用的劳动这个属性来说，它生产使用价值"①。如果把科技具体劳动和科技抽象劳动看作是两次劳动而加以割裂，那是对生产科技商品的科技劳动的片面认识。

第二，从唯物辩证法的角度来审视，作为生产科技商品的科技劳动的两个方面——科技具体劳动和科技抽象劳动，是相互联系、相互依赖和相互依存的辩证统一的关系。这种辩证统一的关系具体表现为：在生产科技商品的科技劳动这个统一体中，科技具体劳动是科技劳动的现实表现形式，它为科技劳动所内含着的科技抽象劳动提供了得以展现的具体形式，没有科技具体

① ［德］马克思：《资本论》第1卷，人民出版社2004年版，第60页。

劳动形式的纯粹的科技抽象劳动，在现实中是不存在的，也是难以想象和不可想象的；同时，科技抽象劳动是科技劳动所内含的社会内容，它为不同的科技具体劳动进行社会交换而进行比较提供了"同质"的科技劳动力"对象化"的本质内涵，没有科技抽象劳动的科技具体劳动就不是生产科技商品的劳动，从这个意义上讲，没有科技抽象劳动的科技具体劳动也就失去了科技具体劳动应有的价值和意义。

第三，从本质论的角度来审视，科技具体劳动体现了人对"实在"世界的认识、加工和改造关系，在本质上反映了人与"实在"世界之间在物质、能量和信息方面的相互交换关系（在传统理论中，将这种关系视为人与自然的关系）；而科技抽象劳动体现了人与人之间在"自身劳动力"耗费即"对象化"基础上相互交换的生产关系，在本质上反映了商品经济社会中人与人之间的相互依赖和相互依存的社会关系（在传统理论中，将这种关系视为人与社会的关系）。根据辩证唯物主义和历史唯物主义的基本原理可知，上述两种关系是互为存在的前提。前者是后者的基础，如果没有人与"实在"世界之间的物质、能量和信息的互换关系作为基础，那么人与人之间的社会关系便难以建立；而后者是前者的保障，如果没有人与人之间的社会关系作为保障，那么人与"实在"世界之间的互换关系也难以持续。在这种本质论层面上，科技具体劳动和科技抽象劳动也是相互联系、相互依存的，因而是辩证统一的。

综上所述，生产科技商品的科技劳动，既是科技具体劳动，也是科技抽象劳动。科技具体劳动和科技抽象劳动具有不同的内涵，是相互区别的；同时，它们是同一科技劳动的两个方面，二者又是相互联系、相互依存的，这便构成了生产科技商品的科技劳动二重性辩证关系原理即科技具体劳动和科技抽象劳动的辩证关系原理的内涵。

第三节　科技私人劳动和科技社会劳动的辩证关系原理

在马克思看来，商品的使用价值和价值的辩证关系、生产商品的具体劳动和抽象劳动的辩证关系，根源于生产商品的私人劳动和社会劳动的辩证关系。私人劳动和社会劳动的辩证关系构成了商品经济的基本矛盾关系，决定着商品经济的其他一系列矛盾，它贯穿于商品经济的始终，并决定着商品经济发展的历史进程。以科技型生产方式为基础的现代市场经济社会，作为商品经济的高级发展形态或高度发达的商品经济，私人劳动和社会劳动的辩证关系仍然是其基本的矛盾关系，但由于生产方式的发展和转变，即由原来的物质生产方式转变为科技型生产方式，物质生产方式基础上的私人劳动和社会劳动的辩证关系也相应地发生了转变，转变为科技型生产方式基础上的科技私人劳动和科技社会劳动的辩证关系。科技私人劳动和科技社会劳动的这一辩证关系构成了以科技型生产方式为基础的高度发达的现代商品经济即现代市场经济社会的基本矛盾关系，它不仅成为科技商品的使用价值和价值的辩证关系、生产科技商品的科技具体劳动和科技抽象劳动的辩证关系的总根源，而且也决定以科技型生产方式为基础的现代市场经济社会的其他一系列的矛盾关系。依据马克思政治经济学基础理论的研究逻辑进路发现，要深刻地理解科技商品的科技使用价值和科技价值的辩证关系、生产科技商品的科技具体劳动和科技抽象劳动的辩证关系，还必须进一步对生产科技商品的科技具体劳动和科技抽象劳动及其辩证关系进行具体的考察分析，并在此基础上构建与现代市场经济社会的科技型生产方式相适应的科技具体劳动和科技抽象劳动的辩证关系原理。这也需要做两方面的工作：一是梳理和概括这一原理的马克思经典理论基础；二是运用马克思的这一理论对科技私人劳动和科技社会劳动及其辩证关系进行深入分析。

一、科技私人劳动和科技社会劳动辩证关系原理的理论基础

马克思对以物质生产方式为基础的商品经济的考察分析所创立的私人劳动和社会劳动的辩证关系原理，为在以科技型生产方式为基础的现代市场经济社会中，对生产科技商品的科技私人劳动和科技社会劳动及其辩证关系，提供了坚实的理论基础和清晰的逻辑进路。在此，对马克思关于私人劳动和抽象劳动的辩证关系进行梳理和概括。

第一，在以物质生产方式为基础的商品经济社会中，生产商品的劳动首先是直接地表现为私人劳动，具有私人性。这是因为，在商品经济社会中尤其是在生产资料私有制的商品经济社会中，物质生产资料归不同的商品生产

者所有，各个商品生产者都是独立地进行生产并具有独立的经济利益，他们生产商品的劳动完全是各自的私人行为，生产什么、生产多少、如何生产等都由商品生产者私人决定，并且生产的产品也由商品生产者私人占有和支配，因此他们的劳动首先具有私人性，直接地表现为私人劳动。马克思指出："只有独立的互不依赖的私人劳动的产品，才作为商品互相对立"①，商品生产者所生产的"使用物品成为商品，只是因为它们是彼此独立进行的私人劳动的产品"②。

第二，在以物质生产方式为基础的商品经济社会中，由于每个商品生产者又都处于社会分工的整个体系中，这在客观上都是彼此为对方的需要而生产，因而他们的劳动又具有社会性质，间接地表现为是社会劳动。一方面，各个商品生产者的"私人劳动的总和形成社会总劳动"，并通过商品的交换而使"私人劳动在事实上证实为社会总劳动的一部分"，从而商品生产者的劳动表现出社会性，成为社会劳动；另一方面，各个商品生产者"只有通过交换他们的劳动产品才发生社会接触，所以，他们的私人劳动的独特的社会性质也只有在这种交换中才表现出来。换句话说，只是由于交换使劳动产品之间、从而使生产者之间发生了关系。因此，在生产者面前，他们的私人劳动的社会关系……不是表现为人们在自己劳动中的直接的社会关系，而是表现为人们之间的物的关系和物之间的社会关系"③。也就是说，商品生产者的私人劳动是借助于"物与物之间的关系"才表现出社会性，才转化为社会劳动。因此，"在商品生产者的社会里，一般的社会生产关系是这样的：生产者把他们的产品当做商品，从而当做价值来对待，而且通过这种物的形式，把他们的私人劳动当做等同的人类劳动来互相发生关系"④。

第三，在以物质生产方式为基础的商品经济社会中，商品生产者的劳动是私人劳动和社会劳动的辩证统一。这种辩证统一性，首先表现在生产商品的劳动是同一种劳动的两种不同的表现形式。在生产商品的具体实施上，由生产资料的私人所有所决定，劳动表现为私人劳动，具有私人性；而在生产

① ［德］马克思：《资本论》第 1 卷，人民出版社 2004 年版，第 55 页。
② ［德］马克思：《资本论》第 1 卷，人民出版社 2004 年版，第 90 页。
③ ［德］马克思：《资本论》第 1 卷，人民出版社 2004 年版，第 90 页。
④ ［德］马克思：《资本论》第 1 卷，人民出版社 2004 年版，第 97 页。

商品的社会分工上，由商品经济的社会分工体系所决定，劳动表现为社会劳动，具有社会性。这样，生产商品的劳动表现出私人劳动和社会劳动的对立。其次，这种辩证统一性表现在生产商品的私人劳动和社会劳动是相互依赖和相互联系的。在商品经济社会中，私人劳动是社会劳动的基础，没有各个商品生产者的私人劳动，就不可能形成商品经济的社会分工体系，也就不可能有社会劳动；而社会劳动是私人劳动的保障，没有各个商品生产者的社会劳动作为组成部分所构成的商品经济的社会分工体系，商品生产者的劳动也不可能是商品生产的私人劳动，私人劳动也就失去了它的应有之义。

第四，在商品经济的现实性上，私人劳动和社会劳动的辩证统一性存在于市场交换中，在商品交换中得到具体体现。在商品市场上，如果商品卖不出去，商品生产者的私人劳动得不到社会承认，劳动等于白费，使用价值不能实现其价值，具体劳动不能实现为抽象劳动，私人劳动不能实现为社会劳动。而商品生产者的私人劳动，要得到社会的承认进而转化为社会劳动需要两个方面的条件，或者说，需要"生产者的私人劳动真正取得了二重的社会性质。一方面，生产者的私人劳动必须作为一定的有用劳动来满足一定的社会需要，从而证明它们是总劳动的一部分，是自然形成的社会分工体系的一部分。另一方面，只有在每一种特殊的有用的私人劳动可以同任何另一种有用的私人劳动相交换从而相等时，生产者的私人劳动才能满足生产者本人的多种需要。完全不同的劳动所以能够相等，只是因为它们的实际差别已被抽去，它们已被化成它们作为人类劳动力的耗费、作为抽象的人类劳动所具有的共同性质"①，已经转化为抽象劳动进而形成商品的价值，正是按照价值相等进行交换才使交换得以成功。而商品交换一旦成功，私人劳动实现为社会劳动，具体劳动实现为抽象劳动，使用价值实现其价值，私人劳动和社会劳动的矛盾得到解决。所以，在私有制的商品经济条件下，私人劳动和社会劳动的矛盾是商品生产的基本矛盾，它决定私有制商品经济产生和发展的全过程，决定商品生产者的命运，是商品经济各种矛盾的根源。

马克思关于私人劳动和社会劳动的辩证关系原理，一方面为我们考察分析生产科技商品的科技劳动提供了理论基础，因为生产科技商品的科技劳动

---

① ［德］马克思：《资本论》第 1 卷，人民出版社 2004 年版，第 90—91 页。

和生产物质商品的一般劳动，都是生产商品的劳动，都属于商品经济社会中的人类劳动范畴。一般地，劳动是人类特有的基本的社会实践活动，这种实践活动是"人通过自己的活动按照对自己有用的方式来改变自然物质的形态"①以及引起、调整和控制人和自然之间物质交换的过程；在此意义上，生产物质商品的劳动是物质生产者的劳动力以体力劳动为主并和脑力劳动在不同程度上结合的社会实践。而科技劳动，作为"在所有产业中普遍存在的一种非常重要的劳动分工形式"②，是科技劳动者使用一定的仪器、设施等科技劳动工具，通过科技劳动力的支出生产出科技成果的社会实践活动；进一步讲，生产科技商品的科技劳动是科技劳动力"以脑力劳动为主，并和体力劳动在不同程度上结合"③的社会实践活动。另一方面，马克思关于私人劳动和社会劳动的辩证关系原理，为我们考察分析生产科技商品的科技私人劳动和科技社会劳动及其辩证关系提供了逻辑进路。依据马克思的这一辩证关系原理将会发现，在以科技型生产方式为基础的现代市场经济社会中的科技劳动，作为"既创造精神财富又创造物质财富"和作为"科技价值之源泉"的社会实践活动，它也具有私人性和社会性，也表现为科技私人劳动和科技社会劳动，也是科技私人劳动和科技社会劳动的矛盾统一体。当然还应当看到，生产科技商品的科技私人劳动和科技社会劳动，与生产物质商品的私人劳动和社会劳动相比较，在有相同性的同时也有不同之处，并且二者的关系也更加复杂。因此，有必要在马克思关于私人劳动和社会劳动辩证关系原理基础上，对生产科技商品的科技私人劳动和科技社会劳动及其辩证关系进行深入而系统的阐述。

二、生产科技商品的科技劳动的私人性：科技私人劳动

对科技劳动的私人性即科技私人劳动的深入研究和探讨，是伴随着现代科技革命的进展和"科技—经济"一体化的不断发展而逐步形成的，特别是在经济社会发展进入以科技型生产方式为基础的现代市场经济社会之后才

---

① ［德］马克思：《资本论》第 1 卷，人民出版社 2004 年版，第 88 页。

② 王振中、裴小革等：《关于深化研究社会主义劳动和劳动价值论的几个问题》，载何秉孟主编：《劳动价值论新论》，社会科学文献出版社 2003 年版，第 81 页。

③ 阙维明、张锦智主编：《现代科技管理辞典》，广东高等教育出版社 1986 年版，第 19—20 页。

开始的。在此之前的社会中，包括在商品经济发展的初期，人们对科技劳动的关注更多的是在"公共事业"的层面，人们把科技劳动的产品特别是科学劳动的产品一般是看作"公共产品"，直到今天经济学界、管理学界和科技社会学界等相当多的专家学者还持此观点。马克思在考察分析生产商品的劳动的私人性即私人劳动，也主要是针对生产物质商品的物质生产劳动者的劳动，在马克思的《资本论》及大量的经济学手稿中，也很少找到关于对科技劳动的私人性即科技私人劳动的论述。而在我国现有的政治经济学教科书中，除了笔者主编的《新编政治经济学教程》之外还未发现对科技劳动的私人性即科技私人劳动的专门论述。① 事实上，以科技型生产方式为基础的现代市场经济社会是在以物质生产方式为基础的商品经济社会的发展，是以物质生产方式为基础的商品经济社会的高级形态。在这一高级经济社会形态中，科技商品的生产已经成为普遍存在的经济现实，而科技商品的生产与物质商品的生产又不完全相同；同时，生产科技商品的科技劳动所表现出来的私人性即科技私人劳动，也有不同于生产物质商品的一般劳动或普通劳动的私人性。因此，依据马克思关于生产物质商品的私人劳动的研究逻辑，对以科技型生产方式为基础的现代市场经济社会中的科技劳动所具有的私人性即科技私人劳动进行考察分析，便有了经济现实的客观必然性和理论研究的逻辑必要性。

从现代商品经济社会②的现实运行逻辑机制来看，各种不同的"使用物品成为商品，只是因为它们是彼此独立进行的私人劳动的产品"③；同样地，科技产品在现代商品经济社会中成为商品，也只是因为科技产品是彼此独立进行的科技私人劳动的产品。这样，科技劳动在现代商品经济社会中作为生产科技商品的劳动首先具有私人性，直接地表现为私人劳动，这是由以下三个紧密相关的内容所决定的。

第一，在现代商品经济社会中，科技劳动所需要的劳动资料，包括科学

---

① 参见刘冠军：《新编政治经济学教程》，中国人民大学出版社 2011 年版，第 256 页。

② 在笔者看来，以科技型生产方式为基础的现代市场经济社会作为以物质生产方式为基础的商品经济社会的高级形态，尽管有其更加高级复杂的逻辑运行机制和规律，但是以物质生产方式为基础的商品经济社会的基本逻辑机制和规律构成了它的基础，因此为了分析的方便，将现代商品经济社会作为现代市场经济社会的基础来使用，许多场合下用现代商品经济社会代指现代市场经济社会。

③ ［德］马克思：《资本论》第 1 卷，人民出版社 2004 年版，第 90 页。

仪器、科研设备、药品试剂和试验材料等，是分别属于不同的科技人员所有的，或科技人员个人所有，如科技人员利用自己的个人经费建立的个人实验室、购买的图书杂志等科技资料等；或科技人员所属的集团所有，如现代企业为科技人员建立的工业实验室、研发中心以及为科技人员购买的图示资料数据库等。这些科技劳动资料只能由这些科技人员来使用，其他的科技人员是不能无偿地使用这些科技劳动资料的。

第二，正因为科技劳动资料归属于不同的科技人员所有，科技劳动作为科技人员的研究开发活动是科技人员或其集团独立进行的，选择什么课题进行研究、采取何种步骤和程序进行实验设计、运用什么样的方法进行实验操作和对实验结果进行如何的处理等，几乎是他们自己的事情。尽管国家有关部门制定科研规划，组织协同攻关，但科技研究的本质特征在于创新，对科学而言"就是发现人们过去不知道的事情，在本质上是无法干预的"①，而对技术而言就是发明以前所没有的东西，在本质上也是难以干预的。可以说，"学术自由"是科技劳动的最大特点。自然科学及其技术的研究开发如此，社会科学及其技术的研究开发更是如此，许多进行社会科学研究和社会技术研发的活动是社会科学工作者在自己的办公室或在自己家中的书房中进行的。在时间安排上，科技人员更是"自由"的，"夜间工作"或"熬夜"是科技工作者工作的一大特色，在很多情况下，这完全是科技人员"私人的"事情。

第三，关于科技劳动的产品即科技成果的处理，若其属于应用性研究和开发性研究的技术成果，它具有严格的保密性，这种技术成果的保密性充分展示了它的私人属性，研究者可申请专利以免受侵权；若属于基础性研究的纯理论性的成果，在未发表或未公之于世之前，仍具有一定的保密性和私人性，研究者是将其在杂志上发表，还是集结成书后出版，甚至还是认为其不成熟而暂且"束之高阁"而不予面世等，在一定程度上皆由研究者私人决定即属于研究者自己的事情。当然，如果科技人员的"人事关系"属于某个集团，如企业，那么他们的研究成果也属于某个集团，表现为某个集团的"单位"所有。

① ［英］贝尔纳：《科学的社会功能》，陈体芳译，商务印书馆1985年版，第325页。

三、生产科技商品的科技劳动的社会性：科技社会劳动

科技劳动在现代商品经济社会中在直接地表现为私人劳动，具有私人性的同时，也间接地具有社会性，表现为社会劳动。这如马克思所指出的，在商品经济条件下，生产者在为了交换而进行私人劳动时，生产者的私人劳动具有了"二重的社会性质。一方面，生产者的私人劳动必须作为一定的有用劳动来满足一定的社会需要，从而证明它们是总劳动的一部分，是自然形成的社会分工体系的一部分。另一方面，只有在每一种特殊的有用的私人劳动可以同任何另一种有用的私人劳动相交换从而相等时，生产者的私人劳动才能满足生产者本人的多种需要"①；这样，各种不同的"私人劳动的总和形成社会总劳动。因为生产者只有通过交换他们的劳动产品才发生社会接触，所以，他们的私人劳动的独特的社会性质也只有在这种交换中才表现出来"，从而"私人劳动在事实上证实为社会总劳动的一部分"②。在现代商品经济社会中，从商品经济社会的系统整体构成来看，作为生产科技商品的科技劳动在具有私人性并直接地表现为私人劳动的同时，也间接地具有社会性并且表现为社会劳动，这是因为在现代商品经济社会中存在着不同层面的科技内部的分工和社会范围的分工，科技工作者之间以及与其他劳动者之间在这种复杂分工的基础上互相联系、互相依赖，从而使众多的私人劳动的总和形成了社会总劳动。

第一，从科技劳动系统的维度看，在现代商品经济社会中，由于科技劳动系统内部存在着复杂的多层次的社会分工，科技人员之间相互联系、相互依赖，各种不同的科技私人劳动的总和形成了"科技总劳动"，这种"科技总劳动"在以科技型生产方式为基础的现代市场经济社会中，成为"社会总劳动"的主体，甚至成为"社会总劳动"的代名词。大家知道，现代科技劳动系统内部的分工是复杂的、多层次的。譬如，从现代科技向社会生产转化的角度来看，科技人员的研究活动存在着多层次的社会分工，有的主要从事基础性的科技研究，有的主要从事应用性的科技研究，有的主要从事开

---

① ［德］马克思：《资本论》第 1 卷，人民出版社 2004 年版，第 90—91 页。
② ［德］马克思：《资本论》第 1 卷，人民出版社 2004 年版，第 90 页。

发性的科技研究，还有的主要从事生产过程中的科技研究。即便是传统意义上的物质生产劳动也成了科技化的劳动，成了科技劳动在物质生产领域的延伸和拓展。又如，从科技人员的专业领域来看，他们的研究活动表现出更为复杂的社会分工，有的从事物理学领域的科技研究，有的从事化学领域的科技研究，有的从事生物学领域的科技研究，有的从事经济学领域的科技研究等，并且在每一个大的领域中还有更为细致的社会分工，像物理学领域中有的从事运动学方面的科技研究，有的从事力学方面的科技研究，有的从事基本粒子物理学方面的科技研究、有的从事天体物理学方面的科技研究，等等。所有的这些科技研究活动即科技劳动，成了"科学研究—技术研发—生产运行"这一整体系统的组成部分，这也正是"科技—经济"一体化的表现形式。也就是说，现代科技劳动，一方面表现为不同的社会分工，使社会分工变得更加复杂化和多样化；另一方面，这些社会分工不是彼此孤立、毫无联系的，而是相互联系、相互依赖的，如从事基础性研究的科技人员的劳动、从事应用性研究的科技人员的劳动，从事开发性研究的科技人员的劳动和在生产中进行科技研究的劳动等，相互联系和彼此依赖，形成了"从事基础性研究的科技人员的劳动⇆从事应用性研究的科技人员的劳动⇆从事开发性研究的科技人员的劳动⇆在生产中进行科技研究的劳动"的双向互动的有机整体，从而使不同层面的科技劳动相互依赖、相互渗透，它们的总和构成了科技总劳动，这种科技总劳动就是以科技型生产方式为基础的现代市场经济社会中的"社会总劳动"。

第二，从社会劳动系统的维度看，在现代商品经济社会中，由于在社会大系统中也存在着复杂的多层面的社会分工，科技人员和其他劳动者之间在这种社会大分工的基础上也相互联系和相互依赖，从而使科技劳动和其他劳动的总和形成了社会总劳动。在现代商品经济社会的系统整体构成中，社会大系统中的社会分工，可以说比科技系统内部的分工更为复杂和多样。其中，科技劳动和生产劳动的分工是传统意义上的分工方式，并且在传统理论中将科技劳动游离于生产劳动之外。而在现代商品经济社会中，特别是在以科技型生产方式为基础的现代市场经济社会中，这两种不同的分工方式依然存在，尽管我们现在讲"科技—生产"一体化，但并不否定二者的分工，事实上这种"一体化"是建立在二者分工基础上的。同时也应当看到，这种"一体化"的现实和进一步发展的趋势，展现出科技与生产的内在关联，反映出科技劳动人员和其他劳动者之间的相互联系和相互依赖，从而使科技总劳动和其他劳动有机联系在一起形成了社会总劳动。而这种社会总劳动在以科技型生产方式为基础的现代市场经济社会中，由于传统的生产劳动也成为科技化的劳动，成为现代科技劳动不可分割的有机组成部分，进而具体地表现为科技总劳动。因此，在以科技型生产方式为基础的现代市场经济社会中，科技总劳动与社会总劳动成了同义词。

总之，从现代商品经济社会系统整体构成来看，各种不同的科技私人劳动在科技内部分工基础上相互依赖，进而成为科技总劳动的一部分，而科技总劳动在社会大系统分工的基础上，与其他私人劳动相互联系进一步成为社会总劳动的一部分，从而使科技私人劳动也具有了社会性，成为社会劳动。当然，科技私人劳动要实现其社会性，进而成为科技社会劳动，科技人员必须研究出一定的理论、技术或工艺等科技使用价值，以满足社会的一定需要，证明它是社会总劳动的一部分，是自然形成的社会分工和科技内部分工的一部分；同时，某一科技私人劳动只有同另一种私人劳动交换成功时，它才能在满足科技人员自身需要的同时，实现向社会劳动的转化，进而成为科技社会劳动。

四、生产科技商品的科技私人劳动和科技社会劳动的辩证统一

在以科技型生产方式为基础的现代市场经济社会中，从现代商品经济社会的现实运行的逻辑机制和社会分工基础上的系统整体构成相统一的角度来综合考察，将会发现生产科技商品的科技劳动表现出相互矛盾的二重属性——私人性和社会性，表现为科技私人劳动和科技社会劳动，但从整体论的意义上讲，二者在相互矛盾的基础上又不是彼此分离和互不相干的，而是相互联系、相互依赖和相互依存的，它们有机地结合在一起共同构成了生产科技商品的科技劳动整体，因此科技劳动是科技具体劳动和科技抽象劳动的矛盾统一体。科技私人劳动和科技社会劳动在矛盾基础上的这种辩证统一性，主要表现在以下几个方面。

第一，从科学认识论的角度来看，生产科技商品的科技私人劳动和科技社会劳动不是两次或两种科技劳动，而是同一次或同一种科技劳动过程的在社会领域所展现出来的两种不同的社会属性，这就如同"一币两面"一样。二者的划分只是从两个不同的维度对同一次或同一种科技劳动进行科学考察的结晶，是理论研究和科学认识的需要使然。具体表现在，科技私人劳动是从商品经济社会现实运行的逻辑机制维度的考察结果，而科技社会劳动是从在社会分工基础上的系统整体构成维度的考察结果，不管考察的维度如何不同，但它们所反映的是同一次或同一种的科技劳动。那种认为科技劳动只是私人劳动的观点是片面的，这样的科技劳动至多是潜在意义上的可能的科技劳动，而不是真正意义上的现实的科技劳动；换言之，只有将科技私人劳动转化为科技社会劳动，赋予科技私人劳动以社会性，从而使科技劳动既具有私人性也具有社会性，即达到科技私人劳动和科技社会劳动的统一时，科技劳动才是真正意义上的具有社会现实性的科技劳动。同样地，那种认为科技劳动只是社会劳动的观点也是片面的，这样的科技劳动至多是原始意义上的不以社会分工为基础的"萌芽状态"的科技劳动，而不是既以社会分工为基础又与其他劳动相互联的现代商品经济社会中的科技劳动。从这个意义上来讲，现代商品经济社会中真正意义上的科技劳动是科技私人劳动和科技社会劳动的矛盾统一体。

第二，从唯物辩证法的对立统一角度来看，生产科技商品的科技私人劳动和科技社会劳动是既相互对立，又相互联系、相互依赖和相互依存的辩证统一的关系。二者的对立主要表现在：科技私人劳动和科技社会劳动是生产科技商品的科技劳动的两种不同的属性和表现形式，二者是不能相互混淆的；并且，科技私人劳动若不能在市场交换中加以让渡，便不能证明其自身是社会总劳动的一个组成部分，进而不能转化为社会劳动。同时，二者的辩证统一性主要表现为，科技私人劳动是科技劳动的现实表现形式，它为科技劳动中蕴含着的社会劳动提供了得以实现的具体形式和现实性上的基础，不以科技私人劳动作为具体形式或没有科技私人劳动形式作为基础的纯粹的科技社会劳动，就不是生产科技商品的科技劳动，而是游离于商品生产之外科技劳动；同时，科技社会劳动是科技劳动所蕴含的科技劳动者的社会性内容，它为科技私人劳动的社会实现在现实性上提供了社会保障，不以科技社会劳动为内容或没有科技社会劳动的科技私人劳动也不是生产科技商品的科技劳动，而是一种"自己生产自己消费式"的科技劳动，在现实性上难以成为社会总劳动的一部分。从这种意义上讲，没有科技社会劳动的科技私人劳动和没有科技私人劳动的科技社会劳动，都不是生产科技商品的科技劳动，二者相互依赖、相互依存，共同构成现代商品经济社会中生产科技商品的科技劳动这一矛盾统一体。

第三，从唯物辩证法的矛盾转化角度看，生产科技商品的科技私人劳动和科技社会劳动的辩证统一性，主要体现在科技私人劳动能否通过市场交换转化为科技社会劳动，能否通过市场交换的成功来证明自身是科技社会劳动。也就是说，科技私人劳动向科技社会劳动转化对于生产科技商品的科技劳动来说是至关重要的，这也是理解科技私人劳动和科技社会劳动辩证关系的关键所在。从商品经济社会的现实运行规律来看，在现代科技商品经济社会中的科技私人劳动，要转化为科技社会劳动进而实现其社会性，科技人员就必须研究出一定的理论成果、技术产品或工艺流程等科技使用价值，以满足进一步的科技研究活动和社会生产以及社会生活的一定需要，来证明它是科技总劳动和社会总劳动的一部分，是自然形成的社会分工和科技内部分工的一部分。某一科技私人劳动，当且仅当，只有在市场交换中同另一种私人劳动相交换并且交换成功时，它才能在满足科技人员自身需要的同时，实现向社会劳动的转化，进而成为现实性上的科技社会劳动，因此科技劳动表现出的社会性，表现为科技社会劳动，是通过科技私人劳动转化而实现的。如果科技私人劳动不能实现这一转化，不能表现为科技社会劳动，那么这种科技私人劳动就不是真正意义上的现实的科技劳动，至多只是潜在意义上的可能的科技劳动。这就如同一般意义上的生产劳动一样，如果仅仅停留在私人劳动阶段，而又不能转化为社会劳动，这样的生产劳动对于社会来讲属于无效劳动，而它不是真正意义上的生产劳动，至多是潜在意义上的生产劳动。因此，在现代科技商品经济社会中，科技私人劳动必须而且不得不向科技社会劳动转化，并且这种转化的成功与否直接决定着科技劳动能否成为真正意义上的科技私人劳动和科技社会劳动的矛盾统一体。正是在这个意义上，显现出科技私人劳动向科技社会劳动的转化对于由科技私人劳动和社会劳动构成的科技劳动这一矛盾统一体所具有的至关重要的作用。

第四，从唯物辩证法的矛盾特殊性角度看，相对于一般物质生产劳动的私人劳动向社会劳动的转化而言的，科技私人劳动向科技社会劳动转化表现出异常的复杂性。这是突出地表现在，科技私人劳动同其他私人劳动相交换的比例关系的异常复杂性。科技私人劳动要想转化为科技社会劳动，实现其社会性，就必须同其他私人劳动相交换，并且要求这一交换必须成功。但是，科技私人劳动同其他私人劳动交换的比例关系是异常复杂的，交换非常困难，因为科技劳动与一般生产劳动相比较带有更大的创造性、探索性和盲目性等特点；同时由于科技劳动作为"以脑力劳动为主并辅之以一定体力劳动"的社会实践活动，在人类社会的劳动分工系统中是最高级最复杂的人类劳动，可以说这在理论界和社会上已经形成共识。从理论上讲，由于"少量的复杂劳动等于多倍的简单劳动"，因此最高级最复杂的科技劳动可能是一些简单劳动的几倍、几十倍、几百倍，甚至是成千上万倍。然而，这种比例关系到底是多少呢？对于这样一个问题，马克思主义经典作家没有给出明确的答案，并且在《资本论》中马克思为了便于研究将这一异常复杂的比例关系进行了技术性处理，将其"简化"，使最复杂的科技劳动与简单劳动相当，从方法论角度看这一技术性处理是必要的、可行的，因为不作这样的处理，《资本论》庞大的理论体系在马克思的有生之年是难以建构完成的。就是作了这一技术性处理，马克思在他的有生之年也仅仅完成了《资本论》第一卷的出版工作，《资本论》第二、三卷也仅仅是作为手稿而完成的，它的全部的整理出版工作是在马克思逝世之后由他的伟大的"合作者"恩格斯来完成的。在此需要强调的是，对于科技私人劳动同其他私人劳动相交换的这种异常复杂的比例关系，如果在马克思时代进行经济理论建构时作这样的"简化"处理还符合时代特征的话，那么在现代科技商品经济社会中再作这样的技术性处理则是不符合时代特征的。

不仅如此，科技私人劳动向科技社会劳动转化在表现出异常复杂性的同时，还表现出了繁杂多样。这也是相对于一般物质生产劳动的私人劳动向社会劳动的转化而言的，突出地表现在科技私人劳动和其他私人劳动相交换时所具有繁杂多样性，而这种繁杂多样性源自科技劳动自身的繁杂多样性，因为科技劳动除了表现为各个专业领域的各种不同的劳动（如物理学领域的科技劳动、化学领域的科技劳动和生物学领域的科技劳动等）之外，还表现出了不同的层次性，包括从事基础性研究的科技人员的劳动、从事应用性研究的科技人员的劳动、从事开发性研究的科技人员的劳动、在生产过程进行技术处理的科技人员的劳动等，这些不同领域、不同层次的科技劳动的交换是多样的、繁杂的。在现实性上，这些不同科技劳动交换主要是通过其成果的交换来实现的，在前面分析科技价值的实现时已经分析了基础性研究成果在理论界内部的交换、基础性研究成果和其他劳动产品的交换、应用性和开发性研究成果与基础性研究成果的交换、应用性和开发性研究成果与其他部门的产品的交换等（请参见前面分析科技价值实现的特殊性时的分析，在这里不再作重复性的论述）。透过这些多样繁杂科技成果的交换形式，已经揭示出科技价值实现的繁杂性和多样性，由于科技价值的实质是科技劳动，因此在这些多样繁杂科技成果的交换中，实质上显示出来的是不同的科技劳动相交换的繁杂性和多样性，进一步讲是科技私人劳动向科技社会劳动转化的繁杂性和多样性。

在此需要特别说明的是：（1）生产科技商品的科技私人劳动和科技抽象劳动都属于"历史"范畴，存在于以科技型生产方式为基础的现代市场经济社会或现代科技商品经济社会中，在此之前的经济社会中是不可能提出的。在以物质生产方式为基础的商品经济社会和市场经济社会中至多是作为"萌芽"存在着的，这也是马克思在《资本论》等经典著作中没有深入系统论述的原因之所在。（2）在以科技型生产方式为基础的现代市场经济社会中，生产科技商品的科技私人劳动和科技社会劳动是辩证统一的，在此将其作为现代政治经济学的基本原理，而把握这一辩证关系原理的关键，在于深刻理解和深入研究科技私人劳动向科技社会劳动的转化问题，因为在科技私人劳动和科技社会劳动所构成的科技劳动这一矛盾统一体中，科技私人劳动向科技社会劳动的转化是至关重要的，并且是异常复杂和极其多样的。只有具体分析科技私人劳动向科技社会劳动转化的复杂性和多样性，才能深入而深刻地把握生产科技商品的科技私人劳动和科技社会劳动的辩证关系原理的深刻内涵。

第四节　科学和自然力在科技商品生产和
价值增殖中的辩证关系原理

马克思在《资本论》及其经济学手稿等经典著作中关于科学和自然力

都是不费分文的生产力，并且在价值增殖过程中具有内在关联性的思想，既是马克思"科技—经济"思想的重要内容和其政治经济学研究的思想前提，也是我们在以科技型生产方式为基础的现代市场经济社会中进行政治经济学原理建构的理论基础。在现代市场经济社会中，价值的创造和增殖离不开科学及其在生产过程的运用，这在理论界已经达成了共识。然而，这仅是问题的一个方面，而与科学在生产过程的运用相伴随的，是自然力在价值创造和价值增殖过程中的并入和发挥作用。这是同一个过程的两个方面。从马克思劳动价值论的角度看，科学并入社会生产过程的实质，是将其中所凝结着的科学人员的劳动所创造的价值向产品转移的过程，它增加了产品的价值量；而与之相伴随的自然力并入社会生产过程的实质，是提高社会生产的劳动生产率，增加产品的数量的过程，它增加了使用价值量。因此，在以科技型生产方式为基础的现代市场经济社会中，科学和自然力在科技商品生产和价值增殖过程中构成一对重要的经济学范畴，其中的科学是"父"，自然力是"母"，双双并入社会生产过程，共同结出"新增价值"之果。科学和自然力在科技商品生产和价值增殖过程中的这种相互联系、相互依存和相互作用的辩证统一关系，笔者曾将其称为"科学实现价值增殖的第一定律"①。伴随着研究的深入，认为这一定律已经成为科技型生产方式下科技商品生产和价值增殖的基本规律，因此有必要将这一定律升华为"科技第一生产力"分析范式基础上的现代政治经济学构建的基本原理，在此将其称为科学和自然力在科技商品生产和价值增殖中的辩证关系原理，简称为科学和自然力的辩证关系原理。而这一升华的实现，需要进一步梳理和概括这一原理的马克思主义经典理论基础，同时还需要在此基础上对科技商品生产和价值增殖过程中的科学和自然力及其辩证统一关系进行深入分析。

一、科学和自然力辩证关系原理的理论基础

在以科技型生产方式为基础的现代市场经济社会中，科学和自然力在科技商品生产和价值增殖过程中的辩证关系，作为进行现代政治经济学理论建

① 刘冠军：《现代科技劳动价值论研究》，中国社会科学出版社 2009 年版，第 348 页。

构的基本原理，有其马克思主义经典理论的来源和基础。而其直接的理论来源，是马克思在《资本论》及经济学手稿等经典著作中的一个带有假设性质的基本理论前提，即科学和自然力在资本主义物质生产过程中是"不费分文"的生产力。对此，在对马克思政治经济学中的"科技—经济"思想的考察时已经进行了专题论述，并且指出这一带有假设性质的基本理论前提，是马克思在《资本论》第一卷第一章中强调"我们以后"将复杂劳动"简化"为简单劳动、将包括科技劳动力在内的"各种劳动力直接当作简单劳动力"①的理论前提，从而使这一带有假设性质的基本理论前提成为理解马克思经典著作中政治经济学基础理论的关键。在此应当看到，马克思政治经济学中的这一带有假设性质的基本理论前提，是针对资本主义工场手工业和机器大工业等物质生产方式基础上的商品经济社会进行考察分析的结果，是当时的科技特别是科学与劳动、科技进步与经济发展相分离的社会现实的反映，那时的科学仅仅包含在生产力中。但是，当人类社会在科技革命的牵引下进入到"科技—经济"一体化的新时代之后，人类社会发展为以科技型生产方式为基础的现代市场经济社会，此时的科技不仅是生产力，而且成了第一生产力。在这样的经济社会现实基础上，马克思政治经济学的这一带有假设性的基本理论前提理应进行拓展，将资本主义物质生产过程中科学和自然力作为"不费分文"生产力拓展为"第一生产力"，并在"科技第一生产力"的理论前提下将科学和自然力作为科技商品生产和价值增殖的内在要素，揭示二者的辩证关系进而将其上升为"科技第一生产力"分析范式基础上的现代政治经济学建构的基本原理。

当然，要做到这一点还需要进一步考察梳理和深入分析其马克思主义的经典理论基础。事实上，科学和自然力的辩证关系作为在以科技型生产方式为基础的现代市场经济社会中进行政治经济学理论建构的基本原理，还有其坚实的马克思主义的经典理论基础和依据，这就是马克思在政治经济学研究中的"科技—经济"思想。其中包括马克思对机器大工业研究过程中所形成的科技劳动价值思想以及科技作为生产力隶属于资本而与劳动相分离相对立、科技是改进剩余价值生产方法不可缺少的关键性前提条件、科技隶属资

① ［德］马克思：《资本论》第 1 卷，人民出版社 2004 年版，第 58 页。

本成为资本积累和扩大再生产的内在核心要素、科学和自然力作为"不费分文"生产力在资本主义生产过程中具有内在关联性、科学在未来理想社会中所起的作用等思想。这些思想在以前章节中已作考察和梳理，在此重点考察马克思和恩格斯在其经典著作中与科学和自然力辩证关系原理相关联的以下两个方面的内容。

第一，马克思考察分析资本主义物质商品生产和价值增殖过程中所形成的科学和自然力具有内在关联性的思想及其对未来社会中科学作用的预见。在考察马克思政治经济学研究中的"科技—经济"思想时发现，在《资本论》及经济学手稿等经典著作中，马克思将自然科学和社会科学看作资本主义物质生产过程中的两种"不费分文"的生产力，同时也将单纯的自然力和社会劳动的自然力分别于这两种科学相对应，也看作资本主义物质生产过程中的两种"不费分文"的生产力。作为资本主义物质生产过程中的"不费分文"的生产力，自然科学和单纯的自然力、社会科学和社会劳动的自然力分别构成了两对基本的范畴。为了论述的方便，根据这两对基本范畴的共同性，可将其合二为一，用科学和自然力这一对范畴来表述。马克思在其进行考察分析时，其中渗透着一个颇具前瞻性的重要思想，即科学和自然力作为不费分文的生产力，不仅在资本主义物质生产过程中表现出内在的关联性，而且在物质商品生产的价值增殖过程中也表现出内在的关联性。从资本主义的物质生产过程看，科学通过技术中介在资本主义物质生产过程中运用，实质上是将更多的自然力并入资本主义物质生产过程中；而自然力要进入资本主义的物质生产过程必须伴随着科学规律的发现和在资本主义物质生产过程的运用才有可能。同时，从物质商品生产的价值增殖过程看，科学作为不费资本分文的生产力在物质商品生产过程中的应用，实质上是将科学作为科技劳动的凝结即科学成果的价值转移到生产的产品中，实现了产品的价值增殖，进而被资本家无偿地占有；同时，自然力伴随着科学并入物质商品的生产过程中使劳动生产率得以提高，在相同单位的时间内生产了更多的使用价值。

正是科学和自然力在商品生产和价值增殖过程中的这种内在关联性，马克思本应得出因科学在商品生产和价值增殖过程中的应用，而使"商品的价值量与实现在商品中的劳动的量成正比地变动，与这一劳动的生产力也成正比地变动"的一般规律，但是马克思基于对资本主义物质生产方式的经济现实，得出了"商品的价值量与实现在商品中的劳动的量成正比地变动，与这一劳动的生产力成反比地变动"① 的资本主义商品生产的特有规律。这也正是科学和自然力作为"不费分文"的生产力的内在关联性，在资本主义物质商品生产和价值增殖过程中的特有体现。马克思所得出的资本主义商品生产的特有规律，从另一个侧面揭露了资本剥削科学人员的实质，即资本"不费分文"地、无偿地吞并科学人员劳动成果即科学，实现了价值的增殖。对此，马克思明确地指出："科学根本不费资本家'分文'，但这丝毫不妨碍他们去利用科学。资本像吞并他人的劳动一样，吞并'他人的'科学。"② 这是科学在资本主义物质商品生产和价值增殖过程中的"异化"表现形式。

马克思认为，科学在资本主义经济社会中所表现出来的这种"异化"现象，只有在工人阶级的"劳动共和国"里才能加以克服，因为"只有工人阶级能够……把科学从阶级统治的工具变为人民的力量……只有在劳动共和国里面，科学才能起它的真正的作用"③。科学在"劳动共和国里面"所起的真正作用，具体表现在商品生产和价值增殖过程中，就是由科学和自然力的内在关联性所决定的、因科学在物质生产过程中的应用而必将导致"商品的价值量与生产该商品的劳动的量成正比，与生产该商品的劳动生产率的提高量成正比"④ 的变动。

第二，恩格斯在对资产阶级政治经济学"漠视"科学进行批判的同时，对"超越利益分裂的合理状态下"对科学进行经济学研究的预见。恩格斯在《国民经济学批判大纲》中对资产阶级经济学家在经济学研究过程中"漠视"科学的现状进行了批判，明确地指出了他们"不懂得重视"甚至"没有想到"经济发展除了资本和劳动之外的精神因素特别是科学因素。恩格斯首先指出："商品的生产费用由以下三个要素组成：生产原材料所必需

① ［德］马克思：《资本论》第 1 卷，人民出版社 2004 年版，第 53—54 页。
② ［德］马克思：《资本论》第 1 卷，人民出版社 2004 年版，第 444 页。
③ 《马克思恩格斯文集》第 3 卷，人民出版社 2009 年版，第 204 页。
④ 笔者曾将此变动的规律称为"科学实现价值增殖的第二定律"，这是在"科学实现价值增殖的第一定律"基础上将"科学—技术—生产"作为一个有机整体加以研究的结果。参见刘冠军：《现代科技劳动价值论研究》，中国社会科学出版社 2009 年版，第 350 页。

的土地的地租，资本及其利润，生产和加工所需要的劳动的报酬。但人们立即就发现，资本和劳动是同一个东西，因为经济学家自己就承认资本是'积蓄的劳动'。这样，我们这里剩下的就只有两个方面，自然的、客观的方面即土地和人的、主观的方面即劳动。劳动包括资本，并且除资本之外还包括经济学家没有想到的第三要素，我指的是简单劳动这一肉体要素以外的发明和思想这一精神要素。"紧接着，恩格斯对资本的代言人——资产阶级经济学家进行了一系列的反问：这些所谓的"经济学家与发明的精神有什么关系呢？难道没有他参与的一切发明就不会落到他手里吗？有哪一件发明曾经使他花费过什么？因此，他在计算他的生产费用时为什么要为这些发明操心呢？在他看来，财富的条件就是土地、资本、劳动，除此以外，他什么也不需要。科学是与他无关的。尽管科学通过贝托莱、戴维、李比希、瓦特、卡特赖特等人送了许多礼物给他，把他本人和他的生产都提到空前未有的高度，可是这与他有何相干呢？他不懂得重视这些东西，科学的进步超出了他的计算"①。在这里，恩格斯一方面前瞻性地指出了当时的资产阶级经济学家"没有想到的第三个要素"——除了资本和劳动之外的科学思想和技术发明等"精神要素"，也应当纳入政治经济学的研究中，并且认为这是比资本和劳动更加重要的因素；另一方面，恩格斯通过一系列的反问，谴责资产阶级经济学家在经济学研究中对精神要素特别是对科学的"漠视"，尽管科学将资本的生产"提到空前未有的高度"，但是作为资本的代言人——资产阶级经济学家还是对科学置之不理，因此恩格斯也只能颇为无奈地讲，资本和作为资本代言人的资产阶级经济学家——"他不懂得重视这些东西，科学的进步超出了他的计算"。

在这样的情况下，恩格斯得出了同马克思的"只有在劳动共和国里面，科学才能起它的真正的作用"的观点相一致的结论。恩格斯在对资产阶级经济学家进行了一系列的反问之后，紧接着讲："但是，在一个超越利益的分裂——正如在经济学家那里发生的那样——的合理状态下，精神要素自然会列入生产要素，并且会在经济学的生产费用项目中找到自己的位置。到那时，我们自然会满意地看到，扶植科学的工作也在物质上得到报偿，会

---

① 《马克思恩格斯文集》第 1 卷，人民出版社 2009 年版，第 67 页。

看到，仅仅詹姆斯·瓦特的蒸汽机这样一项科学成果，在它存在的头 50 年中给世界带来的东西就比世界从一开始为扶植科学所付出的代价还要多。"① 在这一结论中，恩格斯对未来社会即"一个超越利益的分裂的合理状态下"的社会中，科学作为精神要素必然要列为生产要素，必然会作为经济学研究的重要因素，发展科学的人们所进行的科学工作不仅得到精神的满足，而且必将得到物质的报偿，发展科学所带来的价值要比扶植科学所花费的费用大得多，因此在未来的超越了利益分裂的社会中必定重视对科学的经济投入和经济研究，这是恩格斯所预见的结论，也是所期待的愿景。

马克思所讲的"劳动共和国"和恩格斯所讲的那个"超越利益分裂的合理状态下"的社会，在相当高的程度上就类似于我们今天的中国特色社会主义市场经济社会，因为包括科技人员、知识分子在内的工人阶级成了这个社会的主人和领导阶级，此时的工人阶级能够"把科学从阶级统治的工具变为人民的力量"。不仅如此，中国特色社会主义市场经济的社会也已经成了"科技—经济"一体化社会，并且已经成了以科技型生产方式为基础的现代市场经济社会。因此，马克思上述的前瞻性思想、恩格斯上述的预见和期待以及马克思在政治经济学研究中的"科技—经济"思想等，为考察分析社会主义市场经济条件下以科技型生产方式的科技商品生产提供了坚实的理论基础，为科技商品生产和价值增殖过程中的科学和自然力辩证关系原理的构建提供了理论依据。

二、科学在科技商品生产和价值增殖过程中的作用

在以科技型生产方式为基础的现代市场经济社会中，科学是科技商品生产和价值增殖不可或缺的重要因素。服务于科技商品生产和价值增殖的科学，从理论上讲包括现代学科体系中的一切科学门类，但为了考察分析的方便和突出研究的重点，也为了避免在"哪些学科属于第一生产力"问题上的争议，在此所指的科学主要是包括数学在内的自然科学和社会科

---

① 《马克思恩格斯文集》第 1 卷，人民出版社 2009 年版，第 67 页。

学这两类科学。① 同时，在此所讲的科学主要是指当下现代企业即现代科技企业在科技商品生产和价值增殖过程中科技人员所使用的前人或他人的科学成果，也就是作为当下生产科技商品的科技劳动所使用的软件或软性生产资料的科学成果。那么，这些科学成果在科技商品生产和价值增殖过程中发挥着什么作用呢？

马克思在他所处的科学与劳动相分离的那个时代，对资本主义物质商品生产方式特别是机器大工业生产方式进行考察分析时所形成的前瞻性的科技劳动价值论思想，为我们在"科技—经济"一体化的今天，考察分析科技型生产方式中科学在科技商品生产和价值增殖过程中的作用，提供了有益的启示和分析的路径。依据马克思的科技劳动价值论思想，通过具体考察科学在以科技型生产方式为基础的科技商品生产和价值增殖过程中的作用将会发现，这一作用较之于以传统物质生产方式基础上科学在物质商品生产和价值增殖过程中所起作用，既有相同之处，也有不同之处。通过这种异同点的比较，将能够全面地、历史地把握在现代的科技型生产方式中，科学在科技商品生产和价值增殖过程中的作用。在此，从两个维度来考察。

（一）从商品生产维度考察分析

从商品生产的维度看，科学在科技型生产方式基础上对科技商品生产所起的作用，与在物质生产方式基础上对物质商品生产的作用，其相同之处主要表现在：自机器大工业生产方式诞生以来，人类经济社会形成了"以往人类历史上任何一个时代都不能想象的工业和科学的力量"②，工业和科学这两种巨大的力量，不管是在物质商品的生产过程中，还是在科技商品的生产过程中，都是以不同的方式结合在一起表现为生产力的力量，而在实质上

---

① 在此需要进一步说明的是，在"大众创业、万众创新"的今天，科学肯定不止自然科学和社会科学这两类，还包括其他门类的学科，并且其他门类的学科在现代市场经济社会中对科技商品生产和价值增殖过程也肯定发挥着重要作用。在此将数学单独列出加以强调，是因为数学属于现代科学中"横断学科"范畴，不仅是自然科学研究的基础，也是社会科学研究的基础，同时还是现代计算机科学技术的基础，因此它属于"第一生产力"应当是没有问题的。至于哲学、文学等学科也应当与自然科学和社会科学密切相关联，在科技商品生产和价值增殖过程中肯定也发挥着一定的间接作用，但它们是否属于"第一生产力"范畴，还是有争议的。因此，受研究主题的限制，在此暂不纳入研究的范围，留作以后加以研究。

② 《马克思恩格斯文集》第2卷，人民出版社2009年版，第579页。

是同自然力一起并入生产过程中来提高商品生产的劳动生产率。特别是在"劳动资料取得机器这种物质存在方式"以后，科学便借助于技术中介以直接或间接的方式融入生产资料特别是劳动资料中发挥着巨大的作用，这种作用就使取得了机器这种物质存在方式的劳动资料"要求以自然力来代替人力"的可能变成了现实。

首先，自然科学在商品生产过程中的应用，使单纯的自然力代替人力由可能变成了现实。像风力、水力、蒸汽力和电力等单纯的自然力，在自然科学没有掌握其规律之前，它们只能作为难以控制的盲目力量而存在，让它们在商品生产中发挥作用也只是人们的理想而仅具有可能性；但是，伴随着力学、热学、电磁学等自然科学的产生和发展，当自然科学逐渐将这些单纯的自然力的规律揭示出来并使人们按照这些规律他们加以控制时，这些单纯的自然力能够在商品生产过程中加以利用，进而成为代替商品生产过程中的人力的力量。因此，马克思指出，正是自然科学的发展和应用，它"使自然力，即风、水、蒸汽、电大规模地从属于直接的生产过程，使自然力变成社会劳动的因素"①，变成了商品生产过程中代替人力的自然力；正是自然科学的发展和应用，它"把单纯的自然力——如水、风、蒸汽、电等——变成社会劳动的力量"②，变成了商品生产的自然生产力。也正是从这时起，"以自觉应用自然科学来代替从经验中得出的成规"③ 成了商品生产者的普遍行为，进而成为机器大工业生产的自然科学基础，此时的机器"大工业把巨大的自然力和自然科学并入生产过程，必然大大提高劳动生产率，这一点是一目了然的"④。

其次，伴随着自然科学的发展和应用，社会科学也在不断地发展并在商品生产过程中不断地加以应用，其结果便是将原来只是偶然的、局部的、分散的分工协作性质所蕴藏着的社会劳动的自然力，按照社会科学特别是管理学的规律不断地挖掘和整合出来，使之变成了社会化大生产的社会劳动生产力，使"整体大于部分之和"的哲学命题变成了商品生产者的"秘诀"而

---

① 《马克思恩格斯文集》第 8 卷，人民出版社 2009 年版，第 356 页。
② 《马克思恩格斯文集》第 8 卷，人民出版社 2009 年版，第 279—280 页。
③ ［德］马克思：《资本论》第 1 卷，人民出版社 2004 年版，第 443 页。
④ ［德］马克思：《资本论》第 1 卷，人民出版社 2004 年版，第 444 页。

加以实施。此时，作为资本化身的商品生产者所"利用的，是整个社会分工制度的优点"以及在分工基础上"大规模的协作"所产生的社会生产力①，这种社会生产力在实质上就是商品生产者在生产过程中遵循社会科学规律所实现的分工协作的社会力量，是由分工和协作所产生的社会劳动的自然力。在马克思看来，由于在机器大工业生产中"劳动资料取得机器这种物质存在方式"，因此在此之前的那种局部的、偶然的"劳动过程的协作性质，现在成了由劳动资料本身的性质所决定的技术上的必要了"②，那种"单个机器工人的局部技巧，在科学面前，在巨大的自然力面前，在社会的群众性劳动面前"，变得"空虚"了，变得"微不足道"了。③ 因此，马克思指出，在此种情况下，"由协作和分工产生的生产力……是社会劳动的自然力"④，并且这"是资本统治下所具有的一定形式的社会劳动的无偿自然力"⑤，这种社会劳动的自然力不是单个工人所发挥出来的生产力，而是"机器大工业生产方式中的工人"所发挥出来的生产力，"因为工人在他的劳动本身属于资本以前不能发挥这种生产力，所以劳动的社会生产力好像是资本天然具有的生产力，是资本内在的生产力"。⑥ 而社会劳动的自然力作为资本内在生产力的发挥，是包括经济学、管理学等社会科学在物质商品生产过程中运用的结果，是资本化身的商品生产者自觉应用社会科学来代替从经验中得出的成规的结果。

同时应当看到，在商品生产的维度上，科学在科技型生产方式基础上对科技商品生产所起的作用，与在物质生产方式基础上对物质商品生产的作用，除上述的相同之处外，还表现出如下的不同之处。

在传统的物质生产方式基础上，科学在物质商品生产过程中的作用是作为"不费分文"的生产力，借助于技术中介"间接地"并入物质生产过程中来提高物质产品的劳动生产率。这种"间接性"主要表现在：科学不是在物质产品的生产过程中产生的，而是游离于物质产品生产过程之外的，它

---

① ［德］马克思：《资本论》第 3 卷，人民出版社 2004 年版，第 96 页。
② ［德］马克思：《资本论》第 1 卷，人民出版社 2004 年版，第 443 页。
③ ［德］马克思：《资本论》第 1 卷，人民出版社 2004 年版，第 487 页。
④ ［德］马克思：《资本论》第 1 卷，人民出版社 2004 年版，第 443 页。
⑤ 《马克思恩格斯文集》第 8 卷，人民出版社 2009 年版，第 279 页。
⑥ ［德］马克思：《资本论》第 1 卷，人民出版社 2004 年版，第 387 页。

不借助于技术的中介是不可能并入生产过程来发挥作用的，也不可能将自然力并入生产过程中提高劳动生产率。正如马克思所说的，科学的力量是一种不需要资本家花钱的生产力，"科学根本不费资本家'分文'"，尽管资本占有和利用科学但资本不生产科学，科学是由科学家或科学研究人员生产的，资本对科学的占有和利用是无偿的和不费分文的①。具体来看，对于自然科学来说，它只有借助于技术中介取得了机器这种物质存在方式的劳动资料，才能在物质生产过程中发挥作用，正如马克思所说："正像人呼吸需要肺一样，人要在生产上消费自然力，就需要一种'人的手的创造物'。要利用水的动力，就要有水车，要利用蒸汽的压力，就要有蒸汽机。利用自然力是如此，利用科学也是如此。电流作用范围内的磁针偏离规律，或电流绕铁通过而使铁磁化的规律一经发现，就不费分文了"②。而对于社会科学来说，它只有在劳动资料取得了机器这种物质存在方式的基础上，借助于社会化大生产的分工协作技术的中介，才能在物质生产过程中普遍地发挥作用，才能将作为"资本内在生产力"的社会劳动的自然力挖掘出来，提高物质生产过程的劳动生产率。

而在科技型生产方式基础上，科学在科技商品生产过程中的作用则显然不同，它不仅不再是"不费分文"的生产力，也不仅是通过借助于技术"间接地"并入科技商品生产过程中来提高科技产品的劳动生产率，而且"直接地"作为科技商品生产过程中的劳动资料来发挥作用。这种"直接性"，对于自然科学来说，一方面，它直接地渗透在生产科技商品的科技劳动所使用的硬性劳动资料中；另一方面，它本身就是生产科技商品的科技劳动所使用的软性劳动资料，在这样的情况下，自然科学是科技商品生产过程中直接的构成部分，它将单纯的自然力直接地表现为科技商品生产的劳动生产力。而对于社会科学来说，由现代"科技—经济"一体化的经济社会特点所决定，科技商品生产所采用的科技型生产方式是"科学研究—技术研发—产品生产"的有机整体，这一有机整体的分工协作本身就是经济学、管理学等社会科学成果运用的结果，社会科学直接地将其中的社会劳动的自

---

① ［德］马克思：《资本论》第 1 卷，人民出版社 2004 年版，第 444 页。
② ［德］马克思：《资本论》第 1 卷，人民出版社 2004 年版，第 444 页。

然力变成了这一有机整体的劳动生产力。

（二）从价值增殖维度考察分析

从商品的价值增殖维度看，科学在科技型生产方式基础上对科技商品价值增殖的作用，与在物质生产方式基础上对物质商品价值增殖的作用相比较，既有相同之处，也有不同之处。

第一，二者的相同之处主要表现在：由于价值是人类抽象劳动在商品中的凝结，因此科学成果作为科学劳动的产物，其中必定凝结着生产它的科学劳动所形成的价值。据此可以说，不管是在科技型生产方式基础上的科技商品的价值增殖，还是在物质生产方式基础上的物质商品的价值增殖，科学所起的作用都是一样的，在实质上都是将凝结在科学中的价值转移到新产品中去的过程。马克思在《资本论》中论述机器及发达的机器体系这些资本主义生产方式下的生产资料在商品生产中的价值时指出："像不变资本的任何其他组成部分一样，机器不创造价值，但它把自身的价值转移到由它的服务所生产的产品上。就机器具有价值，从而把价值转给产品来说，它是产品价值的一个组成部分。机器不是使产品变便宜，而是按照它自身的价值使产品变贵。很明显，机器和发达的机器体系这种大工业特有的劳动资料，在价值上比手工业生产和工场手工业生产的劳动资料增大得无可比拟。"① 在这一论述中，马克思指出了机器和发达的机器体系是"大工业特有的劳动资料"，它拥有"比手工业生产和工场手工业生产的劳动资料增大得无可比拟"的价值，机器和机器体系拥有如此之大的价值，除了生产机器的劳动凝结在其中的价值外，是否包含着科学的价值呢？在笔者看来，马克思在将科学作为特殊的生产力，伴随着机器和机器体系的应用而并入生产的过程中，已经在价值的增殖过程中表现出与自然力相比完全不同的作用，生产科学产品的劳动即科学劳动也是价值的主要源泉之一，② 也属于生产使用价值和形成商品价值的"一切劳动"③ 的范畴。换言之，马克思在论述科学是不费分文的生产力的过程中，已经将科学劳动创造价值，科学成果中凝聚着价值，科学并入生产过程在价值增殖过程中产生巨大作用的思想隐含在其中

---

① ［德］马克思：《资本论》第 1 卷，人民出版社 2004 年版，第 444 页。

② 刘冠军：《论科技价值实体的矛盾二重性》，《自然辩证法研究》1996 年第 1 期。

③ ［德］马克思：《资本论》第 1 卷，人民出版社 2004 年版，第 60 页。

了。也就是说，伴随机器和发达的机器体系这种"大工业特有的劳动资料"在生产过程中向产品转移其价值的同时，科学的价值也一同转移到产品中。机器和科学都不创造价值，但是它们都具有价值，它们"把自身的价值转移到由它的服务所生产的产品上"，进而成为产品价值的组成部分。

应当注意的是，这里所讲的科学的价值，既包括自然科学的价值，也包括社会科学的价值。对于自然科学的价值来讲，它是伴随着技术并入机器大生产过程中的，机器和发达的机器体系这种"大工业特有的劳动资料"在生产过程中将其自身的价值转移到产品中去的同时，凝结在其中的科学价值也伴随着生产进程而不断地转移到产品中去，进而成为产品价值的组成部分。而对于社会科学的价值来讲，由机器和发达的机器体系是"大工业特有的劳动资料"所决定，商品生产者所"利用的，是整个社会分工制度的优点"以及在分工基础上"大规模的协作"所产生的社会生产力，① 这在实质上也就是将社会科学成果运用于商品生产，而在价值维度上，社会科学成果作为社会科学劳动的产物而自身中凝结着社会科学劳动者所创造的价值，即社会科学具有价值。就此而言，社会科学在机器大工业中的应用，尽管不创造价值，但它"把自身的价值转移到由它的服务所生产的产品上"，从而把它自身的价值转给产品，进而成为产品价值的组成部分。由此可见，不管是自然科学还是社会科学，它们自身都具有价值，它们伴随着机器和发达的机器体系这些"大工业特有的劳动资料"在生产过程中的应用，都"把自身的价值转移到由它的服务所生产的产品上"，都形成了产品价值的组成部分，进而在商品生产和价值增殖过程中发挥着重要的作用。

第二，二者的不同之处主要表现在：科学在物质生产方式基础上对物质商品价值增殖的作用，由科学是不费资本分文的生产力所决定，它不是"直接地"表现出来的，而是隐藏在物质商品生产者背后"间接地"发挥出来的，如马克思所指出的，这"是在生产者背后由社会过程决定的"②。马克思在论述科学和自然力并入物质生产过程必然大大提高劳动生产率时指出："这一点是一目了然的"，但是"生产力的这种提高并不是靠增加另一

---

① ［德］马克思：《资本论》第 3 卷，人民出版社 2004 年版，第 96 页。
② ［德］马克思：《资本论》第 1 卷，人民出版社 2004 年版，第 58 页。

方面的劳动消耗换来的，这一点却决不是同样一目了然的。像不变资本的任何其他组成部分一样，机器不创造价值，但它把自身的价值转移到由它的服务所生产的产品上。就机器具有价值，从而把价值转给产品来说，它是产品价值的一个组成部分……很明显，机器和发达的机器体系这种大工业特有的劳动资料，在价值上比手工业生产和工场手工业生产的劳动资料增大得无可比拟"。① 在这里，马克思所讲的"靠增加另一方面的劳动消耗换来的"，这是什么意思？并且马克思还说"这一点却决不是同样一目了然的"，这又是什么含义？机器不创造价值但它将自身的价值转移到新产品中，进而成为新产品价值的组成部分，而科学呢？没有自然科学的转化，哪来的机器？没有社会科学的应用，怎能形成社会化的机器大生产方式？但在资本的化身即物质商品生产者看来，不管是自然科学还是社会科学，一切科学都是不费分文的生产力，都是无偿利用的生产力。既然是不费分文的、无偿利用的生产力，那一切科学就应当是没有价值的，而事实上当真如此吗？显然并非如此。因此，马克思在这里的真实意思应当是说，科学尽管不费资本分文，尽管被资本无偿利用，但科学同机器一样，尽管它不创造价值，但它将自身的价值伴随机器价值的转移而转移到新产品中去，进而也成了新产品价值的组成部分，因为科学不同于单纯的自然力，也不同于社会劳动的自然力，它也是靠发生在商品生产者背后的"靠增加另一方面的劳动消耗换来的"，而这另一方面的劳动消耗实质上就是生产这些科学成果的科学人员的科学劳动耗费。正因如此，所以"资本像吞并他人的劳动一样，吞并'他人的'科学"②，不仅吞并"他人的"自然科学，而且也吞并"他人的"社会科学。不管是自然科学还是社会科学，在价值增殖的维度上，一切科学对物质商品价值增殖的作用不是"直接地"表现出来的，而是隐藏在物质商品生产者背后"间接地"发挥出来的，这"是在生产者背后由社会过程决定的"。

但在"科技—经济"一体化社会中的科技型生产方式基础上，科学对科技商品价值增殖的作用则显然不同。不管是自然科学，还是社会科学，一切科学都不再是不费分文的、无偿利用的生产力，而是像恩格斯所预见的那

① ［德］马克思：《资本论》第 1 卷，人民出版社 2004 年版，第 444 页。
② ［德］马克思：《资本论》第 1 卷，人民出版社 2004 年版，第 444 页。

样，科学在以科技型生产方式的科技商品生产过程中，作为"精神要素自然会列入生产要素，并且会在经济学的生产费用项目中找到自己的位置"①。事实也是这样，在以科技型生产方式的科技商品生产过程中，科学直接是以科学商品的形式出现在生产过程中，直接地作为生产科技商品的科技劳动资料，不仅直接地渗透在科技劳动的仪器、设备等硬性生产资料中，而且直接地成为科技劳动的图书资料、信息软件等软性劳动资料，进而成为科学商品生产过程中的不变资本。因此，科学在科技商品生产的价值增殖过程中尽管不创造价值，但它具有价值，而其"直接地"将自身的价值转移到新科技产品中，进而成为新科技产品价值的组成部分。在此意义上，不管是自然科学还是社会科学，在价值增殖的维度上，一切科学对科技商品价值增殖的作用都是"直接地"表现出来的，而不再是隐藏在商品生产者背后"间接地"发挥出来的，这是由科学技术是第一生产力的社会现实所决定的。正因如此，所以说，因科学在科技商品生产过程中的使用而使新科技商品的价值量不仅不"与这一劳动的生产力成反比地变动"②，而是使新科技商品的价值量"与这一劳动的生产力成正比地变动"。也就是说，在科技型生产方式基础上，科技商品的价值增殖，由于科学的运用而使"劳动具有更高的生产能力"的同时，不仅不降低科技商品的价值，反而提高科技商品的价值，从而增加整个社会的科技商品的价值量。

由此可见，科学在科技型生产方式基础上的科技商品生产和价值增殖过程中的作用，与在物质生产方式基础上的物质商品生产和价值增殖过程中的作用相比较，其共同之处在于科学将自然力融入生产过程中提高劳动生产率的同时，将自身的价值转移到新产品中，增加了新产品的价值量。其不同之处在于，科学在物质商品生产过程中是间接地将自然力并入生产过程中提高其劳动生产率，同时以遮蔽或隐蔽的方式间接地将自身的价值转移到新产品中，增加新产品的价值；而在科技商品生产和价值增殖过程中，科学则去掉了"遮蔽性"，直接地将自然力作为科技劳动所使用的劳动资料的力量，提高科技商品劳动生产力的同时，直接地将自身的价值转移到新科技产品中，

---

① 《马克思恩格斯文集》第 1 卷，人民出版社 2009 年版，第 67 页。
② ［德］马克思：《资本论》第 1 卷，人民出版社 2004 年版，第 53—54 页。

增加新科技产品的价值量。也正因如此，有必要将"科学实现价值增殖的第一定律"——在以科技型生产方式为基础的现代市场经济社会中，科学和自然力作为价值创造和价值增殖过程中的一对重要经济学范畴，科学是"父"，自然力是"母"，双双并入社会生产过程并一起融入企业产品中，共同结出"新增价值"之果，[①] 进一步升华为"科技第一生产力"分析范式基础上的现代政治经济学建构的基本原理。

三、科技商品生产和价值增殖过程中的自然力

在以科技型生产方式为基础的现代市场经济社会中，与服务于科技商品生产和价值增殖的科学相对应的是自然力，即自然力与科学一样也是科技商品生产和价值增殖不可或缺的重要因素。尽管如此，自然力和科学在科技商品生产和价值增殖过程中的作用是不同的，科学是科技商品价值增殖的源泉，但自然力是伴随着科学在科技商品生产和价值增殖过程中发挥作用而发挥作用的，仅与科技商品的使用价值相关，而与科技商品的价值增殖无关。

马克思在《资本论》及其经济学手稿中将自然力划分为两种形态，即单纯的自然力和社会劳动的自然力。单纯的自然力主要是指自然界本身存在着的各种物质力量，既包括水力、风力、电力、蒸汽等物质力量，也包括畜力、土地的富饶程度、矿山的丰富程度等自然资源的物质力量，甚至还包括从生物学意义上看的人自身所具有的自然力量等。这类自然力在未被人们认识、开发和利用之前是一种盲目的、强制性的力量，人类在摆脱动物界进入历史的最初阶段，对它是无能为力的。而当被人类认识并通过一定技术手段把它用于生产过程时，它就成为社会劳动的因素而使劳动具有更高的生产能力，在这个意义上它又被称为自然生产力。在马克思看来，正是资本主义机器大生产不仅"把单纯的自然力——如水、风、蒸汽、电等——变成社会劳动的力量"[②]，而且将这些单纯的自然力大规模地从属于直接的生产过程而使之成为社会劳动不可或缺的因素。由于这些单纯的自然力不是人类劳动的产物，而仅是一种自然的生产要素，因而它本身没有价值。这些单纯的自

---

① 刘冠军：《现代科技劳动价值论研究》，中国社会科学出版社 2009 年版，第 348 页。
② 《马克思恩格斯文集》第 8 卷，人民出版社 2009 年版，第 279—280 页。

然力是伴随着自然科学在生产过程中的应用而在生产过程中发挥作用的。

　　而与单纯的自然力相对的是社会劳动的自然力。社会劳动的自然力主要是指通过社会协作、分工等提高起来的生产力。在马克思看来，这种生产力是"与单独个人的劳动不同的社会劳动的生产力"①　它"只有在存在结合工人的情况下才可能实现，并且往往要在更大规模的劳动下才能实现，因而要求工人直接在生产过程中达到更大规模的结合"②。这种"结合工人的情况"是以分工协作的基础上出现的，而"以分工为基础的协作……最初是自发地形成的。一旦它得到一定的巩固和扩展，它就成为资本主义生产方式的有意识的、有计划的和系统的形式"③。如果说在工场手工业中，劳动过程的协作性质还是"局部工人的结合"，"还多少是偶然的现象"，那么在机器大工业生产中，"劳动过程的协作性质，现在成了由劳动资料本身的性质所决定的技术上的必要了"，④　那种"单个机器工人的局部技巧，在科学面前，在巨大的自然力面前，在社会的群众性劳动面前"变得"微不足道"了，此时的"科学、巨大的自然力、社会的群众性劳动都体现在机器体系中，并同机器体系一道构成'主人'的权力"。⑤　因此，"由协作和分工产生的生产力……是社会劳动的自然力"⑥，而这种生产力的发展"最终总是归结为发挥作用的劳动的社会性质，归结为社会内部的分工，归结为脑力劳动特别是自然科学的发展"以及社会科学的发展，"在这里，资本家利用的，是整个社会分工制度的优点"以及"大规模的协作"所产生的劳动的社会生产力。⑦　而这种"劳动的社会生产力好像是资本天然具有的生产力，是资本内在的生产力"，资本"只要把工人置于一定的条件下，劳动的社会生产力就无须支付报酬而发挥出来……因为劳动的社会生产力不费资本分文，另一方面，又因为工人在他的劳动本身属于资本以前不能发挥这种生产力"。⑧

---

① 《马克思恩格斯文集》第 8 卷，人民出版社 2009 年版，第 279 页。
② ［德］马克思：《资本论》第 3 卷，人民出版社 2004 年版，第 95—96 页。
③ ［德］马克思：《资本论》第 1 卷，人民出版社 2004 年版，第 421 页。
④ ［德］马克思：《资本论》第 1 卷，人民出版社 2004 年版，第 443 页。
⑤ ［德］马克思：《资本论》第 1 卷，人民出版社 2004 年版，第 487 页。
⑥ ［德］马克思：《资本论》第 1 卷，人民出版社 2004 年版，第 443 页。
⑦ ［德］马克思：《资本论》第 3 卷，人民出版社 2004 年版，第 96 页。
⑧ ［德］马克思：《资本论》第 1 卷，人民出版社 2004 年版，第 387 页。

　　社会化大生产中的单纯的自然力和社会劳动的自然力是辩证统一。一方面，单纯的自然力商品生产过程中的使用为社会劳动的自然力的形成奠定了基础，如果没有单纯的自然力伴随自然科学并入生产过程发挥作用，那么社会劳动的自然力也就不可能形成；另一方面，社会劳动的自然力是在单纯的自然力并入生产过程中所表现出来劳动的社会生产力，是存在于人自身的单纯的自然力在一定社会生产方式基础上通过分工和协作而有机整合的社会集体力量，突出地表现在这种社会集体力量借助于控制、利用单纯的自然力所发挥出来的社会劳动的整体力量。同时，这两种自然力伴随着自然科学和社会科学的发展以及在科技商品生产和价值增殖过程中应用而发挥着越来越大的作用，尤其是伴随着新科技革命的推进而使自然科学和社会科学越来越呈现相融合的整体发展走势，单纯的自然力和社会劳动的自然力越来越呈现为整体意义上的社会劳动的生产力。

　　在以科技型生产方式为基础的现代市场经济社会中，这两种自然力伴随着自然科学和社会科学的发展和应用而在科技商品生产和价值增殖过程中发挥着越来越重要的作用。一方面，伴随着自然科学的发展和应用，越来越多的单纯的自然力进入人们的视野并成为可以控制利用的力量，除了风力、水力、电力等单纯的自然力外，存在于原子核内的核力、存在于基本粒子之间的强力等越来越成为可控可利用的单纯的自然力。另一方面，伴随着社会科学的发展和应用，社会化的大生产规模不仅形成了产品间的分工和协作、产品内的分工和协作，而且呈现出区域化、国家化和国际化的分工和协作，社会劳动的自然力得到空前的开发和利用。在马克思劳动价值论的视域中，这些单纯的自然力和社会劳动的自然力在科技商品生产和价值增殖过程中的作用，需要从两个方面来理解。

　　一方面，单纯的自然力和社会劳动的自然力都是不需要资本单独支付费用的劳动生产力，它们在价值增殖过程中并不直接增加科技商品的价值量。因为在马克思劳动价值论的视域中，这些自然力本身都不是人类劳动的产物，在它们之中都没有凝结着人类的抽象劳动。即便是社会劳动的自然力作为"由协作和分工产生的生产力"①，也不属于"人类劳动力在生理学意义

———————

　　①　[德] 马克思：《资本论》第1卷，人民出版社 2004 年版，第 443 页。

上的耗费"的"一切劳动"的范畴，不具有形成商品价值的"相同的或抽象的人类劳动这个属性"。① 因此，不管是单纯的自然力还是社会劳动的自然力，这些自然力本身也就没有价值，它们虽然同科学一起进入生产过程中，但没有进入价值的形成过程中。在物质型的生产方式下是如此，在科技型的生产方式下也是如此。在此意义上，这些自然力在价值增殖过程中并不直接增加商品的价值量，可以说是与价值的增殖无关的因素。

另一方面，这些自然力伴随科学成果的应用而并入科技商品生产过程，又是与价值增殖密切相关的、不可或缺的重要因素。因为这些自然力并入生产过程是自然科学和社会科学并入生产过程的物质前提。在马克思看来，在机器大工业的生产方式下，这些自然力伴随自然科学和社会科学并入社会生产过程，变成了"社会劳动的因素"或"社会劳动的力量"，从而大大地提高社会劳动的生产率。同样地，在科技型生产方式下，这些自然力伴随着自然科学和社会科学的应用直接地进入科技商品生产过程中，直接地成为科技劳动的因素和科技生产力，这必然大大地提高科技商品的社会劳动生产率。不管是在物质型生产方式下，还是在科技型生产方式下，社会劳动生产率的提高必然使生产商品的企业或单位在单位时间内生产出更多的使用价值量，这些更多的使用价值正是自然科学和社会科学之价值转移的物质载体。从这个意义上讲，这些自然力又是与价值的增殖密切相关的、不可或缺的一个重要因素，是自然科学和社会科学并入生产过程显化或转移其价值的物质前提。

四、科技商品生产和价值增殖过程中科学和自然力的辩证统一

在马克思看来，科学和自然力在资本主义物质生产过程中都是两种"不费分文"的生产力，尽管二者在价值增殖过程中具有不同的作用，但是它们又都是价值增殖的不可缺少的两个重要因素，二者在价值增殖过程中是相互联系、不可分割的，是同一个过程的密不可分的两个方面。因此，马克思指出：机器"大工业把巨大的自然力和自然科学并入生产过程，必然大

---

① ［德］马克思：《资本论》第 1 卷，人民出版社 2004 年版，第 60 页。

大提高劳动生产率，这一点是一目了然的。"① 马克思在此所说的自然力，既包括单纯的自然力，也包括社会劳动的自然力，但在马克思时代主要是指单纯的自然力，因此马克思在此讲科学时着重强调自然科学。而在现代科技型生产方式下，社会劳动的自然力同单纯的自然力一样重要，甚至比单纯的自然力还要重要，因此科学也就不仅指自然科学，而且也包括社会科学，因此将马克思的这一论断加以拓展便得到这一命题：现代科技型大工业把巨大的自然力和科学并入生产过程，必然大大提高劳动生产率，这一点是一目了然的。也就是说，在现代科技型生产方式下，科学和自然力在科技商品生产和价值增殖过程中具有内在的辩证统一性。这主要体现在以下几个层面。

　　第一，科学和自然力并入生产过程实现价值增殖，其社会前提具有"一致性"。在马克思看来，科学和自然力并入生产过程即进入价值的增殖过程的社会前提条件是一致的，即为大工业或机器大工业的社会生产方式。马克思指出："在农业中，在其资本主义前的形式中，人类劳动只不过表现为它所不能控制的自然过程的助手"②，只有在机器大工业的生产方式中，人类劳动才能利用科学控制这些自然力。正是在机器大工业的生产方式中，"大生产——应用机器的大规模协作——第一次使自然力，即风、水、蒸汽、电大规模地从属于直接的生产过程，使自然力变成社会劳动的因素"，也"只有资本主义生产方式才第一次使自然科学为直接的生产过程服务"，③并且也"只有在这种生产方式下，才产生了只有用科学方法才能解决的实际问题"④，才能使生产过程成为自然科学的应用场所，而此时的"科学反过来成了生产过程的因素即所谓职能"，也就是说，只有在机器大工业的生产方式中，"只有借助于机器"这种自然科学物化的成果，才能使"自然力作为劳动过程的因素"而"被机器的主人"占有。⑤ 同样地，只有在机器大工业生产方式下，"才达到使科学的应用成为可能和必要的那样一种规模"⑥，

① ［德］马克思：《资本论》第 1 卷，人民出版社 2004 年版，第 444 页。
② 《马克思恩格斯文集》第 8 卷，人民出版社 2009 年版，第 356 页。
③ 《马克思恩格斯文集》第 8 卷，人民出版社 2009 年版，第 356 页。
④ 《马克思恩格斯文集》第 8 卷，人民出版社 2009 年版，第 357 页。
⑤ 《马克思恩格斯文集》第 8 卷，人民出版社 2009 年版，第 356 页。
⑥ 《马克思恩格斯文集》第 8 卷，人民出版社 2009 年版，第 357 页。

这种大规模的应用机器的生产，不仅使自然科学的应用成为可能和必要，而且使社会科学的应用成为可能和必要，这是因为"只有在大规模地应用机器，从而工人相应地集结，以及这些受资本支配的工人相应地实行协作的地方，才有可能大规模地应用"① 那些单纯的自然力，才有可能在此基础上形成由分工和协作而产生的社会劳动的自然力。在此情况下，生产过程不仅成了自然科学应用的场所，而且成了社会科学应用的场所；与此相适应，不仅自然科学反过来成了生产过程的因素即所谓的职能，而且社会科学也反过来成了生产过程的因素即所谓的职能。正因如此，所以"变得空虚了的单个机器工人的局部技巧，在科学面前，在巨大的自然力面前，在社会的群众性劳动面前，作为微不足道的附属品而消失了；科学、巨大的自然力、社会的群众性劳动都体现在机器体系中，并同机器体系一道构成'主人'的权力"，而生产过程的智力同体力劳动相分离进而转化为资本支配劳动的权力，"是在以机器为基础的大工业中完成的"。②

由此可见，巨大的自然力、"社会的群众性劳动"所包含的"排除单个工人的局部技巧的"社会劳动的自然力，同"科学"——自然科学和社会科学一道，在机器大工业的生产方式中一起并入生产过程形成了巨大的生产力。正如马克思和恩格斯在《共产党宣言》中所指出的："资产阶级在它的不到一百年的阶级统治中所创造的生产力，比过去一切世代创造的全部生产力还要多，还要大……仿佛用法术从地下呼唤出来的大量人口——过去哪一个世纪料想到在社会劳动里蕴藏有这样的生产力呢？"③ 可以说，这种潜伏在社会劳动里的巨大生产力正是在资本主义机器大工业生产方式下，社会科学和社会劳动的自然力一起、自然科学和单纯的自然力一起，并入生产过程的必然结果。因此，只有在资本主义机器大工业的生产方式中，社会科学和社会劳动的自然力才能真正地有机结合，共同发挥其效能，提高社会劳动生产率，创造出巨大的社会生产力。

第二，科学和自然力并入社会生产实现价值增殖，其实施过程具有"同时性"。马克思在考察机器大工业的生产方式时发现，科学和自然力并

---

① 《马克思恩格斯文集》第8卷，人民出版社2009年版，第356页。
② ［德］马克思：《资本论》第1卷，人民出版社2004年版，第487页。
③ 《马克思恩格斯文集》第2卷，人民出版社2009年版，第36页。

入社会生产实现价值增殖，是"同时"进行的，在其过程中表现出"同时性"特征。换言之，科学和自然力是"同时"并入社会生产来实现价值的增殖的，并且科学和自然力只有"同时"并入社会生产才能达到提高劳动生产率的目的。这一思想，马克思早在《政治经济学批判（1861—1863年手稿)》中已经形成并且达到成熟，这在该手稿的《机器。自然力和科学的应用（蒸汽、电、机械的和化学的因素)》这一部分的标题足以说明。从标题括号内的注释可知，标题中的自然力是指蒸汽、电等的单纯的自然力，标题中的科学是指物理学和化学等的自然科学；从该标题可以看出，机器是自然科学和单纯的自然力"同时"应用的产物和手段，也是自然科学和单纯的自然力"同时"应用的标志。在这里，马克思主要揭示了自然科学和单纯的自然力"同时"并入社会生产进而实现价值增殖的情况，而在相关的论述过程中也揭示了社会科学和社会劳动的自然力并入社会生产实现价值增殖的"同时性"。在此作如下两个方面的分析。

一方面，科学并入生产过程的同时，必然伴随着自然力的并入。在机器大工业的生产方式中，如果没有自然力的并入而仅仅科学并入生产过程来提高劳动生产率，那是难以想象的；甚至可以说，科学并入生产过程的实质，是将更多的自然力并入生产过程，从而提高了劳动生产率。这正如马克思所指出的："生产过程从简单的劳动过程向科学过程的转化，也就是向驱使自然力为自己服务并使它为人类的需要服务的过程的转化"[1]，劳动生产力主要取决于以下几个方面：一是劳动的自然条件，如土地的肥沃程度、矿山的丰富程度等等；二是劳动的社会力量的日益改进，而这种改进是由大规模的生产、资本的集中、劳动的联合和分工等；三是科学的发现、发明和生产方法的改良等，即自然科学和社会科学的发展和应用，借此驱使各种不同的自然力为劳动服务。而各种不同的自然力在一定程度上"并入资本——是同科学作为生产过程的独立因素的发展相一致的。生产过程成了科学的应用，而科学反过来成了生产过程的因素即所谓职能……同时，生产的发展反过来又为从理论上征服自然提供了手段"[2]，借助于这一手段使各种不同的自然

---

[1] 《马克思恩格斯文集》第8卷，人民出版社2009年版，第191页。

[2] 《马克思恩格斯文集》第8卷，人民出版社2009年版，第356—357页。

力服务于人的需要，进而把物质生产变成在科学的帮助下对各种自然力的占有、利用和控制。

另一方面，各种自然力并入生产过程的同时，也必然伴随着自然科学和社会科学的并入。在机器大工业的生产方式中，若没有自然科学和社会科学的并入而仅是各种不同自然力自发地并入生产过程来提高劳动生产率，同样是难以想象的；甚至可以说，科学是否并入生产过程及其并入的程度，决定着自然力是否并入生产过程及其并入的程度，换言之，自然力利用的程度和规模是由科学发展和应用的状况所决定的。这正如马克思所指出的，"撇开自然物质不说"，各种不同的"自然力，也可以作为要素，以或大或小的效能并入生产过程。它们发挥效能的程度，取决于不花费资本家分文的各种方法和科学进步"。① 这里的各种科学和方法，既包括与单纯的自然力相对应的自然科学和方法，也包括与社会劳动的自然力相对应的社会科学和方法。也就是说，各种不同的自然力并入生产过程发挥其效能的程度，取决于包括自然科学和社会科学在内的各种科学及方法的发展水平和应用状况。由此可见，科学和自然力并入社会生产实现价值增殖的过程，是同一个过程的两个方面：科学并入生产过程必然伴随着自然力的并入，并且以自然力的并入为其基础；而自然力并入生产过程也必然伴随着科学的并入，并且以科学的并入为其前提。因此，科学和自然力并入生产过程实现价值增殖，是同时进行的，具有同时性的特征。

第三，科学和自然力并入生产过程实现价值增殖，其实质联系具有"内在统一性"。马克思劳动价值论是从分析商品开始的，商品具有价值和使用价值两个因素，是价值和使用价值的统一；而商品的两个因素是由体现在商品生产中的劳动二重性即抽象劳动和具体劳动创造的，因此马克思指出："一切劳动，一方面是人类劳动力在生理学意义上的耗费；就相同的或抽象的人类劳动这个属性来说，它形成商品价值。一切劳动，另一方面是人类劳动力在特殊的有一定目的的形式上的耗费；就具体的有用的劳动这个属性来说，它生产使用价值。"② 根据马克思这一理论，我们对机器大工业生

---

① ［德］马克思：《资本论》第 2 卷，人民出版社 2004 年版，第 394 页。
② ［德］马克思：《资本论》第 1 卷，人民出版社 2004 年版，第 60 页。

产方式下科学和自然力同时并入生产过程必然大大提高劳动生产率的实质进行分析将会发现，由科学和自然力并入生产过程进而引起的劳动生产率提高，在实质上是与商品的两个因素——价值和使用价值密切相关的，进而也与生产商品的劳动的二重性——抽象劳动和具体劳动是密切相关的。而这种密切相关性应从以下两个方面来理解。

一方面，从具体劳动的角度来分析，在机器大工业的生产方式下，劳动者在用各种不同的工具、器械、方法等对不同的劳动对象进行加工的生产过程中，伴随科学并入生产过程使更多的自然力并入生产过程。这样，必然使该生产过程具有更高的劳动生产率，其结果是使该生产过程生产出更多的使用价值，这些使用价值便成为伴随自然力而并入生产过程的科学之价值转移的物质载体。进一步说，由于自然力并入生产过程而生产出更多的使用价值，便使其成为由于伴随它而并入生产过程的科学转移其自身价值的物质承担者。

另一方面，从抽象劳动的角度来考察，千差万别的具体劳动都是劳动者体力和脑力的耗费，都可以看作无质的差别的一般的人类的抽象劳动，就科学而言，它也是人类劳动——科技劳动的产物，其中必然凝结着科技人员的高级复杂劳动所创造的价值。科学伴随自然力并入生产过程，将其自身的价值转移到新产品即新的商品中，从而使新生产的商品的价值量增大。进一步说，这样便使由于自然力并入生产过程所导致的更多的使用价值，具有与其他商品一样的价值量。因此，在机器大工业的生产方式下，科学和自然力同时并入生产过程提高劳动生产率，实质上是既增加了商品使用价值的量——这是自然力并入生产过程提高劳动生产率的结果，也增加了商品价值的量——这是科学并入生产过程转移其自身价值的结果；从这个意义上说，科学和自然力双双并入生产过程，使商品的使用价值量和价值量同时增加，共同结出了"新增价值"之果。

综上所述，得出如下几点结论：（1）科学和自然力是价值创造和价值增殖过程中的一对重要的范畴，价值增殖离不开科学及其在生产过程中的运用，而与科学在生产过程中的运用相伴随的是，自然力在价值创造和价值增殖过程中的并入和发挥作用，这是同一个过程的两个方面。（2）从马克思劳动价值论角度看，科学和自然力在并入生产过程实现价值增殖的过程中具有不同的作用，前者并入生产过程转移其自身的价值，进而使商品的价值量增加；而后者并入生产过程并不增加商品的价值量，但增加商品的使用价值量。（3）科学和自然力尽管在价值增殖过程中具有不同的作用，但是它们又都是价值增殖的不可缺少的两个重要因素，在价值增殖过程中是相互联系、不可分割的，其社会前提具有"一致性"，其实施过程具有"同时性"，其实质联系具有"内在统一性"。（4）因此在价值增殖过程中科学是"父"，自然力是"母"，双双并入生产过程，共同结出"新增价值"之果。上述四个结论，共同构成了科学和自然力辩证关系原理的内涵。

这一辩证关系原理是马克思对当时资本主义机器大工业的物质生产方式考察的结晶，是蕴含在马克思"科技—经济"思想中的具有前瞻性的核心内容，它为我们在今天考察科技型生产方式基础上的科技商品生产和价值增殖提供了一个基本原理——这是一个"科技第一生产力"分析范式基础上的基本原理。这是因为，（1）在商品生产的维度上，机器大工业的生产方式主要是物质生产方式，科学和自然力是"不费分文"的潜在生产力，是借助于技术中介"间接地"并入物质生产过程中来提高物质产品的劳动生产率；而在科技型生产方式基础上，科学和自然力不再是"不费分文"的潜在生产力，而且也不再是"间接地"而是"直接地"作为科技商品生产过程中的劳动资料来发挥作用。（2）在价值增殖的维度上，在机器大工业的物质生产方式中，科学和自然力对物质商品价值增殖的作用，是隐藏在物质商品生产者背后"间接地"发挥出来的，科学以遮蔽或隐蔽的方式间接地将自身的价值转移到新产品中，增加新产品的价值；而在科技型生产方式中，科学和自然力在科技商品生产和价值增殖过程中去掉了"遮蔽性"，自然力直接地作为科技劳动所使用的劳动资料的力量，科学直接地将自身的价值转移到新科技产品中，增加新科技产品的价值量。简而言之，作为商品生产和价值增殖过程中的科学和自然力，在机器大工业的物质生产方式中是以遮蔽的方式"间接地"并入生产过程而共同结出"新增价值"之果的，而在科技型生产方式中是以祛遮蔽的方式"直接地"并入生产过程而共同结出"新增价值"之果的。

第 九 章

"科技第一生产力"分析范式基础上科技型 企业价值生产与增殖的系统建构

通过上述对科技商品、生产科技商品的科技劳动以及科学和自然力关系的分析，针对科技型生产方式基础上的现代经济社会建构起现代政治经济学的四个基本原理，即科技商品的二因素辩证关系原理、生产科技商品的科技劳动二重性辩证关系原理、生产科技商品的科技劳动基本矛盾原理、科技商品生产和价值增殖过程中科学和自然力的辩证关系原理。这四个基本原理渗透和贯穿于我们对现代科技型企业的价值生产与价值增殖进行系统分析研究的方方面面，为我们在"科技第一生产力"分析范式基础上深入分析和系统研究现代科技型企业的价值生产、价值增殖奠定了理论基础。在本章中，将在已经取得的前期研究成果的基础上，运用"科技第一生产力"分析范式对现代科技型企业的价值生产和增殖进行全面分析和系统建构。而在"科技第一生产力"分析范式基础上的系统分析研究，在实质上就是将现代科技型企业的价值生产和价值增殖的系统，不仅看作"科学劳动—技术劳动—生产劳动"的生产力系统，而且要在此基础上突出科学技术第一生产力的作用，尤其突出科学第一生产力的核心作用，或者说，以科学第一生产力为核心、以技术第一生产力为中介构建集"科学劳动—技术劳动—生产劳动"为整体的科技型企业的生产力系统。这既是"科技—经济"一体化社会现实和科学技术是第一生产力时代特征的客观要求，也是马克思政治经济学中"科技—经济"思想在现代发展的必然趋向。

根据这一分析范式，首先考察分析科技型企业及其"整个生产劳动过程"所具有的人类劳动总特征，揭示人类劳动在科技型企业的"整个生产劳动过程"中表现出的整体系统性和"跨时空"特征，以及这两大特征的内在一致性，然后沿着"科学劳动创造价值→技术劳动创造价值→生产劳动创造价值"的逻辑进路，通过对科技型企业的价值生产和价值增殖的系统分析研究，依次创立现代政治经济学的基础理论，即科学劳动创造价值论、技术劳动创造价值论、生产劳动创造价值论以及在这三论基础上的剩余价值生产理论，最后建构起现代科技企业价值生产和价值增殖的价值链网络结构模式。沿着这一逻辑进路对科技型企业进行深入系统地考察分析，我们能够像马克思所指出的那样，"从人类精神的一般劳动的一切新发展中，以及这种新发展通过结合劳动所取得的社会应用中"，看到资本家特别是那些"最无用和最可鄙的货币资本家"所获得的"最大利润"是从哪里生产的剩余价值转化而来的？看到现代科技型企业的企业主或资本家是如何最大限度地利用人类精神的一般劳动即"一切科学劳动，一切发现，一切发明"来获取剩余价值的。①

第一节　科技型企业及其"整个生产劳动过程"的总特征

从"科技第一生产力"分析范式看，"科技—经济"一体化社会中的现代科技型企业，其价值生产和价值运行的系统首先表现为集"科学劳动—技术劳动—生产劳动"于一体的生产力系统。在这一系统的"整个生产劳动过程"中，人类劳动不仅表现出整体系统性特征，而且表现出"跨时空"特征。从逻辑与历史相统一的维度看，这两大特征表现出内在的一致性。因此，在对现代科技型企业的价值生产和运行进行系统分析之前，首先对现代科技型企业在"整个生产劳动过程"中表现出的人类劳动总特征加以考察，因为在马克思政治经济学的基础理论特别是劳动价值论的维度上，所有商品的价值生产和运行是在人类劳动的基础上进行的，现代科技型企业在市场经

---

① ［德］马克思：《资本论》第 3 卷，人民出版社 2004 年版，第 119 页。

济条件下商品的价值生产和运行也不例外。

一、"科技第一生产力"分析范式基础上的科技型企业

在"科技—经济"一体化的现代市场经济社会中，科技不仅成了第一生产力，而且其第一生产力的经济功能得到了前所未有的发挥，不仅通过间接的方式而且更多地以直接的方式融入经济系统，形成了科技型的生产方式，而这种科技型生产方式的主体企业就是科技型企业。对现代市场经济社会中的科技型企业及其生产方式而言，现代科学、现代技术和现代企业尽管具有相对的独立性，但它们相互交织、相互渗透和相互融合在一起而难分彼此，共同构成了现代科技型企业。①

第一，就现代科学而言，它已经成为技术化的科学和经济化或产业化的科学，这是相对于把科学与技术绝对分开以及把科技视为游离于经济之外的传统意义上的科学而言的。传统意义上的科学，是与技术相分离的，更是与企业、产业相分离的。与此相对照的是，现代科学首先是技术化的科学，即现代科学必须以现代技术为基础，脱离现代技术的现代科学研究基本上是不可能的；同时，现代科学的重大发现为现代技术提供基础并且能够转化为现代技术，可以说是现代技术的"前身"，如爱因斯坦的质能关系理论和相关核科学理论的具体应用转化为现代的核能技术等。其次，现代科学还是经济化或产业化的科学，即现代科学借助于现代技术向现代产业或现代企业渗透与转化，进而成为现代企业的内在要素；同时，现代科学在成果的形态上直接表现为商品形态，进而直接具有了经济属性，并且在劳动的形态上直接表现为创造价值的劳动，进而成为现代企业或现代产业之劳动方式的核心构成部分。在内涵上，现代科学在"现代科技的体系结构"和"现代科技研究

---

① 在现实性的维度上，"科技—经济"一体化社会的现代企业已经在相当高的程度上成为科技型企业，当然也不排除在现代经济社会中有些企业的科技化程度还是很低的，尽管是现代的企业但还称不上是现代科技型企业；同时，现代企业主要是针对传统的物质生产方式而使用的概念，而现代科技型企业主要是针对科技型生产方式而提出的概念，尽管二者有颇多的交集或交叉，但是二者是在不同分析范式基础上来使用的，前者是在"科学—技术—生产力"分析范式基础上使用的，甚至是在"生产力也包括科学"分析范式的基础上使用，而后者是在"科技第一生产力"分析范式基础上使用的。因此，为了概念使用的严谨性，笔者在现代企业的基础上提出现代科技型企业。

的体系结构"① 中，主要是基础性科技成果（即理论科学成果）和基础性科技研究（即理论科学研究）的统称。

第二，就现代技术而言，它已经成为科学化的技术和经济化或产业化的技术，这是相对于把技术与科学绝对分开以及把科技视为游离于经济之外的传统意义上的技术而言的。传统意义上的技术，既与科学相分离，又游离于企业之外。与此相对照的是，现代技术首先是科学化的技术，即现代技术必须以现代科学为基础，脱离了现代科学而仅仅依靠经验是难以形成现代技术的；同时现代技术更注重技术原理的构思、技术方式和方法的设计、技术方案的评价等，它们的进一步升华可能形成新的科学理论，进而成为现代科学的组成部分。其次，现代技术还是经济化或产业化的技术，即现代技术通过在企业中的应用而成为现代企业的不可缺少的重要内在要素；同时，现代企业非常注重技术创新，从而使现代技术的研发成为企业生产的一个关键性环节；更加重要的是，在成果的形态上直接作为商品而直接具有了经济属性，在劳动的形态上直接表现为创造价值的劳动进而成为现代经济社会的支柱性产业等。在内涵上，现代技术在"现代科技的体系结构"和"现代科技研究的体系结构"中，主要是应用性、开发性科技成果（即技术科学成果）和应用性、开发性科技研究（即技术科学研究）的统称。

第三，就现代企业而言，它已经成为科技企业和"科技化"的企业，这是相对于把企业生产与科技研究绝对分开，或者仅仅将科技视为提高企业劳动生产率的外在因素而将科技游离于企业之外的传统意义上的企业而言的。从现实性角度来审视，现代企业在不同的程度上已经将科学和技术的因素纳入自身之中，不包含科学和技术因素的企业在现代生产经济社会中几乎是不存在的。从这种意义上讲，现代企业都已经成为科技企业或"科技化"的企业。根据科技融入经济系统方式的不同，现代企业被划分为科技企业和

---

① "现代科学技术的体系结构"，主要是根据各门学科的研究对象和研究目的以及科学借助于技术向社会生产的转化途径，认为现代科学技术作为统一的有机整体，是由基础性科学技术、应用性科学技术和开发性科学技术构成的体系结构；而"现代科学技术研究的体系结构"，是与"现代科学技术的体系结构"相对应和相一致的，认为现代科学技术研究作为统一的过程，它是由基础性科技研究、应用性科技研究和开发性科技研究构成的体系结构。前者展示了科技研究成果的静态结构系统；后者展示了科技研究活动过程的动态结构体系。

"科技化"的企业。科技企业主要是指现代科技以"直接方式"融入经济系统所形成的企业形式，或者说是科技直接作为经济系统中的企业而存在的现代企业形式；而"科技化"企业则主要是指现代科技以"间接方式"融入经济系统所形成的企业形式，或者说是科技通过转化、物化、渗透等途径，应用于原来的生产企业，进而使其"科技化"而形成的现代企业形式。在一定意义上讲，二者的划分尽管是相对的，但这种划分表明了两者之间所包含的科学和技术因素的程度差异，或"科技化"程度的高低差异，即前者高一些，而后者低一些。如果根据现代企业所包含的科学和技术因素的程度或"科技化"程度的高低进行深入考察将会发现，现代企业还可以相对性地划分为以下三种类型：一是现代高科技企业，这是现代科技以"直接方式"融入经济系统所形成的最为典型的科技企业形式，其突出特征是将基础性研究、应用开发性研究与商业运作直接融入一体；二是原来的大型生产企业通过设立"工业实验室"、科技研发中心等科技研发机构使其变成了现代的科技企业，其突出的特征是将应用开发性研究（即现代技术）与企业生产"直接"集于一身，而将基础性研究（即现代科学）以"间接的方式"纳入企业的应用开发性研究和企业生产之中，也就说在表面上将现代科学置于企业之外，而在实质上以"间接的方式"纳入其中；三是现代科技以"间接方式"通过转化、物化、渗透等途径应用于原来的生产企业，使原来的生产企业"科技化"，进而形成的现代"科技化"企业，其突出特征是科技研发与企业生产在形式上是分离的，但在实质上用一种"间接的方式"将科技研发纳入了企业的生产过程中。不管将现代企业作如何的划分，是划分为两种类型，还是划分为三种类型，但在现实性上现代企业都已经在不同程度上以不同方式将科学和技术的因素纳入其中，这是由"科技—经济"一体化的现代市场经济社会所决定的，或者说是"科技—经济"一体化的现代生产经济社会本身的应有之义。

从"科技第一生产力"分析范式看，"科技—经济"一体化社会中的现代科学、现代技术和现代企业紧密地融合在一起，共同形成了相互包含、相互联结的整体即现代科技型企业。其中，现代科学成为包括现代技术和现代企业因素在内的科学，现代技术成为包括现代科学和现代企业因素在内的技术，现代企业成为包括现代科学和现代技术因素在内的企业。也正因如此，现代科技型企业的"整个生产劳动过程"中的人类劳动或价值生产，表现出了"跨时空"的整体系统性和整体系统的"跨时空"特征，因为现代科技型企业的"整个生产劳动过程"，在现实性上已经将基础性理论科学成果的研究过程和应用开发性技术成果的研究过程以不同的方式——或者是直接的方式，或者是间接的方式——纳入自身之中，从而使现代科技型企业的"整个生产劳动过程"在劳动成果或劳动产品方面，依次展现为从"基础性理论科学成果→应用开发性技术成果→企业生产产品"的"物质连续流动"过程；同时，在人类劳动方面，展露出从"研究基础性理论科学成果的劳动→研究应用开发性技术成果的劳动→企业产品生产的劳动"的"劳动连续进行"的过程。透过这些"物质连续流动"和"劳动连续进行"的过程将会发现，在现代科技型企业的"整个生产劳动过程"中，人类劳动表现为由多个劳动阶段或多个劳动环节为要素构成的有机整体或动态系统，并且在这一有机整体和动态系统中展现出现代科技型企业"整个生产劳动过程"中的人类劳动所具有"跨时空"的整体系统性和整体系统的"跨时空"特征。

二、科技型企业"整个生产劳动过程"的整体系统性

科技型企业"整个生产劳动过程"的整体系统性主要是指人类劳动在其"整个生产劳动过程"中表现出来的整体系统性。由于现代科技型企业的"整个生产劳动过程"，在现实性上已经将基础性理论科学成果的研究过程和应用开发性技术成果的研究过程，以直接的或间接的方式纳入自身之中，因此人类劳动在现代科技型企业"整个生产劳动过程"中表现为多环节或多要素构成的有机整体或动态系统。概括地讲，它主要由以下三个环节的人类劳动为要素构成的。

一是不在企业"现场"的从事基础性理论科学成果研究的科学人员的劳动。它包括科学家、一般科学人员及其组织管理者的劳动，主要表现为科学事实的发现、科学原理的总结、科学规律的概括和科学理论体系的建构等。从历史发展的维度看，这一环节的劳动在科学发展的初期一般是不在企业的"现场"中进行的。即便是在"科技—经济"一体化社会中，这一环节的劳动在现象层面也表现为不在企业的"现场"开展的。尽管伴随着科

学的迅猛发展和在社会现实中的广泛应用，这种不在企业现场中进行的科学劳动，也呈现出逐渐向企业中转移的趋势，譬如在现代市场经济社会中出现的"工业实验室"、各种各样的"研发中心"、高新科技产业等，其中包含着为数较多的这方面的研究，这也是现代市场经济社会"科技—经济"一体化的重要表现形式，但从社会分工的社会现实看，基础性理论科学成果的研究还是主要集中在企业之外研究院、研究所等各种研究机构和研究型大学之中，这些研究机构和大学在一般意义上是在企业之外的，是不在企业现场的。尽管如此，由于现代科学对科技型企业生产发挥着第一生产力的经济作用，因此从事基础性理论科学成果研究的科学人员的劳动，构成了现代科技型企业"整体生产劳动过程"不可缺少的重要环节，是从科学研究到技术研发再到企业内部"现场"生产的起始环节。由于这部分劳动主要是"不在企业现场"中进行的，因此将它称为现代科技型企业"非在场的"劳动或"不在场的"劳动。

二是"准在企业现场"的从事应用性和开发性技术成果研究的技术人员的劳动。它包括高级的技术专家、工程师及其组织管理者的劳动，主要表现为应用性的技术原理的发明、工艺流程的设计、制造方法的构思、技术方案的制定等，同时也包括开发性的新技术和新产品的试制、中试阶段的批量生产等。在现代市场经济社会的现实中，对高新科技产业和拥有自己的"工业实验室"之类的"研发中心"的大型企业而言，一般包含着这些方面的研究，而其他的企业也不排除有这些方面的研究，但相对地讲是比较少的。由于这些方面的研究，一般是在与"企业现场"中的生产劳动相分离的"工业实验室"之类的"研发中心"进行的，同时又由于这些"研发中心"是包含在现代科技型企业之内的，是现代科技型企业的一个重要构成部分，因此从事这些方面研究的科技人员的劳动，将其称为现代科技型企业"准在场的"劳动。

三是"在企业生产现场"的从事物质产品生产的生产人员的劳动。它包括企业中的工程师、技术人员和一般生产工人及其组织管理者的劳动，主要表现为现代科技型企业在"生产现场"中进行的大批量生产产品的劳动。这也就是传统政治经济学理论中所认为的创造价值的"生产劳动"，马克思在《资本论》及经济学手稿等经典著作中主要探讨的，就是这一环节上的

"生产劳动",我国现代的政治经济学教科书也主要是以此为研究对象来建构其理论体系的。由于这部分劳动是在现代企业的"生产现场"中进行的,因此将它称为现代科技型企业"在场的"劳动。

这样,在现代科技型企业的"整个生产劳动过程"中所包括的人类劳动,按照传统理论认为的从科学到技术再到生产的转化路径来看,依次展现为"'非在场的'从事基础性理论科学成果研究的科学家和一般科学人员及其组织管理者的劳动→'准在场的'从事应用开发性技术成果研究的技术专家和工程师及其组织管理者的劳动→'在场的'工程师、技术人员和生产工人及其组织管理者的劳动",这些不同环节上的人类劳动相互联系、相互依赖和相互衔接,共同形成了现代科技型企业"整个生产劳动过程"的连续的"人类劳动链条"。而现代科技型企业的这种"人类劳动链条",正是马克思所讲的"人类精神的一般劳动的一切新发展"以及"这种新发展通过结合劳动所取得的社会应用"[①],在现代科技型企业的"整个生产劳动过程"中达到一体化程度的有机结合和具体体现。从"科技第一生产力"分析范式看,这也就是人类劳动在现代科技型企业"整个生产劳动过程"中所表现出来的有机整体或动态系统的实质。

三、科技型企业"整个生产劳动过程"的跨时空性

科技型企业"整个生产劳动过程"的跨时空性主要是指人类劳动在其"整个生产劳动过程"中表现出来的"跨时空"特征。这就是说,在现代科技型企业的"整个生产劳动过程"中,人类劳动在表现为以"人类劳动链条"为实质内容的有机整体或动态系统的同时,也表现出具有较大"时空位差"或"时空跨度"的"跨时空"特征。

第一,从劳动者构成的时空分布来看,在现代科技型企业的"整个生产劳动过程"中,其"人类劳动链条"中的劳动者是多层面的,既包括"不在企业场的"从事基础性理论科学成果研究的科学家和一般科学人员及其组织管理者,也包括"准在企业现场的"从事应用开发性技术成果研究的技术专家和工程师及其组织管理者,还包括"在企业现场的"工程师、

---

① [德] 马克思:《资本论》第3卷,人民出版社2004年版,第119页。

技术人员和生产工人及其组织管理者，这些不同层面的劳动者是分布在不同时间和不同地点的人员。

从时间维度看，现代科技型企业"整个生产劳动过程"的"人类劳动链条"将三个层面的劳动者——"非在场的"科学人员、"准在场的"技术人员和"在场的"生产工人一并纳入到自身之中。这三个层面的劳动者可以是不同时的或不同时代的（当然，不排除"同时并存"的情况，对该情况在下面分析），因为从劳动成果（或劳动产品）产生的时间顺序来看，一般是先有基础性的科学成果，后有应用开发性的技术成果，最后才是企业生产的产品，从而表现出具有时间先后性特征的从"基础性的科学成果→应用开发性的技术成果→企业生产的产品"的转化过程。这也就意味着生产这三个层面劳动成果的劳动者是有时间先后的，甚至是不同时代的人。在这个意义上，现代科技型企业"整个生产劳动过程"展现的"人类劳动链条"，其中的劳动者是具有"跨时代"或"跨时间"特征的。即使是现代科技企业"整个生产劳动过程"中"同一层面"的劳动者，也具有这种"跨时代"或"跨时间"特征，这在第一个层面表现得特别突出。具体来看，对于现代科技型企业"不在场的"从事基础性理论科学成果研究的科学家、一般科学人员及其组织管理者来说，既可以是同时代的人，也可以是不同时代的人，因为从事基础性理论科学成果研究的劳动，其突出特点是"部分地以今人的协作为条件，部分地又以对前人劳动的利用为条件"[①]，对某一个从事基础性理论科学成果研究的科学家来讲，"以今人的协作为条件"的实质，是将同时代的其他从事这方面研究的科学家的劳动，吸纳并凝结到自己的成果中；而"以对前人劳动的利用为条件"的实质，是将不同时代的以往的科学家的劳动，汲取并凝结到自己的成果中。这样，现代某一个从事基础性理论科学成果研究的科学家的劳动，一方面表现为科学家自身劳动力付出的过程，即创新的劳动过程；另一方面将不同时代的其他科学家的劳动吸纳并集结到自身的劳动过程，即劳动的继承过程。因此，现代科学家的劳动在实质上具有"跨时代"或"跨时间"的特征，这也就是人们通常所讲的"科学劳动是继承基础上的创新性劳动"的本质之所在。而对于现代科

---

① ［德］马克思：《资本论》第3卷，人民出版社2004年版，第119页。

技型企业"准在场的"从事应用开发性技术成果研究的工程师和技术人员及其组织管理者以及"在场的"工程师、技术人员和生产工人及其管理者，也在不同程度上具有"不同时性"，即"跨时间性"。

从空间维度看，在现代科技型企业的"整个生产劳动过程"中，"同时并存"于它的"人类劳动链条"中的不同劳动者，表现为"在场的"生产工人、"准在场的"技术人员和"不在场的"科学人员所具有的位置特征，其中意味着这些不同层面的劳动者在空间上分布于不同的地点和场所。在现实中也是如此，现代科技型企业"在场的"技术人员和生产工人等的劳动场所主要是工厂、车间和矿区等；"准在场的"工程师和技术人员等的劳动场所主要是企业中设立的"工业实验室"之类的研发中心，以及国家或地区设立的科学院、科学研究所和高等院校的实验室等；"不在场的"科学家和一般科学人员等的研究场所主要集中在国家或地区设立的科学院、科学研究所和高等院校，同时还在企业中设立的"工业实验室"之类的研发中心等。因此，在现代科技型企业的"整个生产劳动过程"中，"同时并存"于这一"人类劳动链条"中的不同劳动者，在空间上的分布是比较广泛的，表现出了"跨区域""跨空间"的特征，并且伴随"经济全球化"世界潮流的向前推进，甚至表现出"跨地区""跨国家"的全球分布特征，其中典型的代表就是"跨国公司"和"跨国企业"中劳动者的跨国家分布。

从时间维度和空间维度相统一的视域来看，现代科技型企业"整个生产劳动过程"的不同的劳动者，在时间上的"不同时性"和"跨时代性"等"跨时间"特征，与在空间上的"跨地区""跨区域"和"跨国家"等"跨空间"特征，是相互联系、相互交织的，共同构成了处在同一"人类劳动链条"中的不同劳动者的"跨时空性"特征。

第二，从劳动过程的阶段性构成来看，在现代科技型企业的"整个生产劳动过程"中，它的"人类劳动链条"表现为由不同阶段的劳动所构成，这些不同阶段的劳动是"整个生产劳动过程"的不同层面上的劳动者之劳动力（脑力和体力）的使用过程，它既包括现代科技型企业"非在场的"从事基础性理论科学成果研究的科学家和一般科学人员及其组织管理者的劳动，也包括"准在场的"从事应用开发性技术成果研究的技术专家和工程师及其组织管理者的劳动，还包括"在场的"工程师、技术人员和生产工人及其组织管理者的劳动,这些劳动构成了现代科技型企业"整个生产劳动过程"的"人类劳动链条"的不同阶段和不同环节。由于这些不同阶段和环节上的劳动,是在不同的时间甚至是不同的时代和不同的地点进行的,因此这些不同阶段和环节上的劳动具有以下特征:在时间维度上,表现出"不同时性"和"跨时代性"等的"跨时间"特征;在空间维度上,表现出"跨地区""跨区域"和"跨国家"等的"跨空间"特征;在时间和空间相统一的维度上,由"跨时间"特征和"跨空间"特征有机结合在一起,所构成的"跨时空性"的特征。这与上述从劳动者构成的时空分布对现代科技型企业"整个生产劳动过程"的"人类劳动链条"中的不同劳动者所表现出在时间上的"不同时性"和"跨时代性"等"跨时间"特征,和在空间上的"跨区域""跨国家"等"跨空间"特征,以及由此二者所构成的"跨时空性"的特征的分析是相一致的,因此在这里不再作重复性的具体分析。

四、科技型企业"整个生产劳动过程"两大特征的内在一致性

在现代科技型企业"整个生产劳动过程"中的人类劳动,在表现出整体系统性的同时,也表现出具有较大"时空位差"或"跨时空"的特征,这两个方面不是对立的、矛盾的,而是具有内在一致性和统一性。从现代科技型企业的劳动者构成来看,在其"整个生产劳动过程"的"人类劳动链条"中,将"不在场的"科学人员——科学事实的发现者、科学原理的总结者、科学规律的概括者和科学体系的建构者等科学家及其他们的组织者,"准在场的"技术人员——技术原理的发明者、技术产品(样品)的制造者、工艺流程的设计者、实施方案的制订者和中试实验的操作者等技术专家和工程师及其他们的组织者,以及"在场的"生产人员——现代企业生产过程中的工程师、技术人员和生产工人及其他管理者等联结成一个统一的整体。

与传统意义上的企业生产过程中的劳动者构成相比较,现代科技型企业的劳动者构成已经发生了巨大的变化。传统意义上的生产劳动过程的劳动者,主要是在企业生产现场进行"劳动"的工程师、技术人员和生产工人及其他管理者;而在现代科技型企业的"整个生产劳动过程"中,除了这

些"在场的"的生产人员之外，还将"不在场的"科学人员、"准在场的"技术人员等纳入其中，并且表现出具有较大"时空位差"和"跨时空"的特征。这在表面上似乎影响了现代科技型企业的"整个生产劳动过程"中人类劳动的整体系统性，因为这种较大的"时空位差"和"跨时空"的特征，使现代科技型企业的"整个生产劳动过程"中的人类劳动显得过于松散而不集中，不像传统意义上的企业生产劳动那样集中而显示出整体系统性来。但是在现实中，现代科技型企业"整个生产劳动过程"中的"不在场的"科学人员、"准在场的"技术人员等，才是其不可缺少的、主要的甚至关键性的构成部分，因为他们是现代科技型企业进行生产的核心和灵魂，是企业生产的创始者、设计者、主导者和真正意义上的"领导者"，在一定意义上讲，没有他们就没有现代科技型企业。在传统意义上的企业生产劳动过程中，尽管这些人员起着同等重要的作用，但将其视为企业生产劳动之外的因素，从这个意义上讲，传统意义上的企业生产劳动所表现出的那种整体系统是不完整的、不全面的。与其相比较，现代科技型企业"整个生产劳动过程"中人类劳动的整体系统性才是完整的、全面的和有机的，在劳动者整体方面具体表现为以"不在场的"科学人员为核心构成要素、以"准在场的"技术人员为重要构成部分、以"在场的"生产人员为不可缺少要素的群体结构系统。

同样地，若从现代科技型企业人类劳动的种类和阶段性构成方面来分析，也会得到相同的结论：人类劳动在现代科技型企业"整个生产劳动过程"中所表现出来的整体系统性与其"跨时空"特征也不是矛盾的，而是统一的。不仅如此，现代科技型企业"整个生产劳动过程"的人类劳动是以"不在场的"科学人员的劳动为核心构成要素、以"准在场的"技术人员的劳动为重要构成要素、以"在场的"生产人员的劳动为不可缺少要素的有机整体或动态系统；在这一有机整体和动态系统中，展现出现代科技型企业"整个生产劳动过程"中的人类劳动所具有"跨时空"的整体系统性和整体系统的"跨时空"特征。而在这些特征的背后，即在实质层面所反映的：

一是"人类精神的一般劳动"即一切科学劳动、科学发现、科学发明与马克思所讲的应用这些发现发明的"结合劳动"，在科技型企业的"整个生产劳动过程"中进一步有机结合,进而形成现代科技型企业生产的"新结合劳动"。在此需要说明的是,科技型企业的这种"新结合劳动",是相对于马克思在当时所考察的"结合劳动"而言的,它主要是在现代科技型生产方式基础上形成的,是一种集科学劳动、技术劳动和生产劳动于一体的新型的"结合劳动",这种结合劳动之新,在于突破了时间和空间的限制,包括科学劳动、技术劳动和生产劳动在内的各种劳动在时间上既可以同时也可以不同时,在空间上已经不局限企业所提供的场所,科学劳动尤其如此。而马克思所讲的"结合劳动",是资本主义物质生产方式基础上形成的,主要是指物质生产领域应用科学发现、技术发明的各种生产劳动的协同和协作,参与协同和协作的各种生产劳动都是在一定的时间和空间内进行的,也就是说这些生产劳动的协同和协作是受时间和空间的限制的。马克思在考察"由于发明而产生的节约"时指出:"从人类精神的一般劳动的一切新发展中,以及这种新发展通过结合劳动所取得的社会应用中,获得最大利润的,大多数是最无用和最可鄙的货币资本家。"① 马克思在此的结合劳动主要是指应用人类精神的一般劳动成果过程中的各种物质生产劳动的结合。马克思在考察资本主义的"协作"时,也将同一物质生产过程中的协同劳动即各种生产劳动的协作称为结合劳动,正如马克思指出的:"许多人在同一生产过程中,或在不同的但互相联系的生产过程中,有计划地一起协同劳动,这种劳动形式叫做协作",这种协作或协同劳动就是结合劳动,而这种"结合劳动的效果要么是单个人劳动根本不可能达到的,要么只能在长得多的时间内,或者只能在很小的规模上达到。"②

二是"跨时空"分布的科学劳动者、技术劳动者和马克思所讲的以"结合工人"社会形式出现的生产劳动者,在科技型企业的"整个生产劳动过程"中进一步重新组合,进而形成现代科技型企业生产的"新结合工人"。在此需要说明的是,这里所讲的这种"新结合工人"是相对于马克思所讲的"结合工人"而言的,它主要是指在现代科技型生产方式中包括"不在场的"科学人员、"准在场的"技术人员和"在场的"生产工人在内

---

① [德]马克思:《资本论》第 3 卷,人民出版社 2004 年版,第 119 页。
② [德]马克思:《资本论》第 1 卷,人民出版社 2004 年版,第 378 页。

的所有劳动者构成的有机整体，这一有机整体中从事不同劳动的各个劳动者已经不再是原来意义上的物质生产劳动者，而且也把科学技术人员这些精神生产领域的劳动者纳入其中，他们之间的协作和协同已经突破了时间和空间的限制。而马克思所讲的"结合工人"，主要是在物质生产方式中在企业现场的"生产过程中共同使用生产资料"的"总体工人"①，有时也将这种"结合工人"称为"结合劳动者或总体劳动者"②。

从劳动创造价值的维度看，现代科技型企业的"整个生产劳动过程"，在表现为"人类劳动链条"的同时，在实质上也是其"价值生产的链条"。现代科技型企业在将技术的因素和科学的因素纳入"人类劳动链条"时，在实质上也将技术的因素和科学的因素纳入其"价值生产的链条"，因此它的"整个价值生产的劳动过程"，既包括"在场的"生产工人的劳动创造价值的过程，也包括"准在场的"技术人员的劳动创造价值的过程，还包括"不在场的"科学人员的劳动创造价值的过程。因此，现代科技型企业生产的产品，在价值构成上既包括传统理论所认为 c、v 和 m 三部分的价值，也包括技术人员和科学人员的劳动所创造和转移的技术的价值和科学的价值。而要全面而系统地反映现代科技型企业整个生产过程的价值创造和价值转移的现实，只有沿着从科学劳动创造价值到技术劳动创造价值，再到生产劳动创造价值的路径进行系统的考察分析，才能做到这一点。也就是说，首先应当考察分析"不在场的"科学人员的劳动所创造的价值；其次考察分析"准在场的"技术人员的劳动所创造的价值以及"不在场的"科学人员的劳动创造的价值向技术成果的转移；最后考察分析"在场的"生产工人的劳动所创造价值以及"准在场的"技术人员的劳动创造的价值和"不在场的"科学人员的劳动创造的价值向生产产品的转移，才能对现代科技型企业整个生产过程的价值创造和价值转移的现实做出全面而系统的反映，才能在此基础上揭示现代科技型企业的剩余价值生产之实质。

---

① ［德］马克思：《资本论》第 3 卷，人民出版社 2004 年版，第 95 页。
② ［德］马克思：《资本论》第 1 卷，人民出版社 2004 年版，第 380 页。

第二节　"科学价值库"与科学劳动创造价值论

在"科技第一生产力"分析范式基础上对现代科技型企业的价值生产和运行进行系统考察分析，除了将现代科技型企业的"整个生产劳动过程"看作集"科学劳动—技术劳动—生产劳动"于一体的人类劳动链条之外，更为重要的是在此基础上突出科学技术第一生产力的作用，尤其突出科学第一生产力的核心作用。因此，在考察分析了科技型企业及其"整个生产劳动过程"所具有的人类劳动总特征之后，首先应当运用马克思劳动价值论的基本原理，对科学成果的生产与科学劳动创造价值问题进行考察分析，这是现代科技型企业价值生产和运行的第一个环节或起始阶段。这对于现代科技型企业的价值生产和价值运行来说，是关键性的核心问题。在此，在以往研究成果的基础上围绕"科学价值库"范畴加以系统地展开考察分析，沿着"科学价值库"范畴的提出及其根据、科学成果与"科学价值库"的表现形式、科学劳动与"科学价值库"的价值生产和价值累加效应、科学劳动与"科学价值库"的"价值累加效应"模型建构的进路，建构起科学劳动创造价值的理论。由于这一理论是以"科学价值库"为轴心对现代科技型企业价值生产和价值运行问题考察分析的结果，因此也将其称为"科学价值库"理论。

一、"科学价值库"范畴的提出及其根据

在"科技—经济"一体化的现代市场经济社会中，基础性理论科学成果（以下简称为科学成果）作为科技成果的重要构成部分，"同样是人类社会分工的产物，同样是由于耗费了人类劳动而获得价值的产品"[①]，并且科学成果作为商品，也像其他商品一样，在其中也凝结着作为一般的无质的差别的人类抽象劳动所形成的价值，即科学价值。这正如在对"科技商品的二因素辩证关系原理"中所分析的那样，这里的科学价值在实质上是指凝结在科学使用价值之中的科学人员所付出的作为一般的无质的差别的人类抽

[①]　陈筠泉：《劳动价值与知识价值》，《哲学研究》2001 年第 11 期。

象劳动。这是科学价值与其他商品价值的相同之处，即科学价值之一般。同时，科学价值又有不同于其他商品的价值之处，表现出自身的特征：它是高级复杂的科学劳动创造的价值，其自身也是复杂的，在科学成果的研究阶段或在科学成果研究出来的短时期内，能够在经济系统中直接显现出来的经济价值是有限的，主要表现为"潜在的"经济价值。正因如此，科学成果的价值实现在服从价值规律方面具有特殊的复杂性，表现出"等价交换"形式之下的"不等价交换"的社会现实；并且科学成果的价值转移也不同于物质产品的价值转移，具有虽转移而不减的"奇异性"特点等。这是科学价值的特殊之处，即科学价值之特殊。

综合科学价值之一般和科学价值之特殊，从马克思劳动价值论的基本原理来看，科学成果的价值主要是以潜在的"库存"的方式存在着，由于科学成果是"人类精神的一般劳动"的产物即科学劳动的产物，所以它直接地表现为"科学价值库"，或者说，科学成果在相当高的程度上为人类提供了一个"取之不尽、用之不竭"的"科学价值库"。深入剖析"科学价值库"这一范畴提出的原因和根据，概括地讲主要有以下三个方面。

第一，研究科学成果的科学劳动在价值创造和价值凝结上具有"兼收并蓄"的特殊性。任何科学成果都是科学人员的科学劳动的产物，而一切科学劳动都毫无例外地"部分地以今人的协作为条件，部分地又以对前人劳动的利用为条件"[①]。科学劳动的这一特殊性，决定了新建构的科学成果，既是从事建构这一科学成果的科学人员的科学劳动的产物，也容纳了"今人"在这一理论领域的科学劳动的成就，还汲取了"前人"在这一理论领域的科学劳动的贡献。因此，从表面上看，某一新建构的科学成果是亲自从事该成果研究的科学人员的劳动结果，而在实质上则是所有在这一理论领域研究的科学人员的劳动结晶。从马克思劳动价值论视域看，某一科学成果所凝结着的科学价值，表面上看是亲自从事该成果研究的科学人员的劳动的凝结，而实质上是所有在这一理论领域研究的科学人员的劳动的凝结。在这个意义上，每一项新科学成果，都凝结了截止到这一科学成果创立之时的这一领域的所有科学人员的科学劳动所创造的价值，据此可以说，每一项科学成

---

① ［德］马克思：《资本论》第 3 卷，人民出版社 2004 年版，第 119 页。

果都是截止到这一科学成果创立之时的这一领域的所有科学人员的科学劳动所创造的价值的"价值库"。

第二，不仅如此，科学成果的价值转移与一般物质性产品的价值转移不同，具有"虽转移但不减"的"奇异性"特征。这正如在对"科技商品的二因素辩证关系原理"中所分析的那样，一方面，从科学价值的载体即科学使用价值的角度来看，科学成果往往以专题论文、学术报告、科学著作等形式出现，它们在使用过程中并不像一般物质性产品那样伴随使用过程而逐渐被消耗掉，而是始终如一的。诸如牛顿的《自然哲学的数学原理》、麦克斯韦的《电学和磁学论》、马克思的《资本论》、爱因斯坦的《狭义相对论》和《广义相对论》等，不管有多少人使用过它、参考过它、引用过它，它仍然以原有的作用表现着，它的使用价值始终是一样的。这为科学价值具有"转移而不减"的特征提供了"物质保障"或"价值载体保障"。另一方面，从科学价值自身即科学价值实体角度来看，其科学成果的价值转移不同于物质性产品的价值转移，物质性产品的价值随着该产品的使用会一次性或渐次地转移到其他产品中，即被逐渐消耗掉；而科学成果在技术发明和工艺开发等过程中运用，其价值却不会一次性或渐次地转移掉，相反，其价值尽管被某些新技术、新工艺、新产品等吸收了，但是它本身的价值并没有丝毫减少，譬如牛顿的经典力学、马克思的剩余价值理论、爱因斯坦的相对论、德布罗意的物质波理论等，并不因为有人利用过它、引证过它、参考过它，它的价值就会减少；而是恰恰相反，它的价值在每一次的利用、引证和参考的过程中，始终表现出同样多的价值。这就是科学价值转移所表现出的虽转移但不减少的"奇异性"特征的实质之所在。正是科学价值表现出来的这一特征，为每一项科学成果作为"价值库"的存在，提供了价值实体的保障。

第三，科学发展呈现为继承原有科学成果基础上创造新科学成果的进步历程，这在科学成果的价值维度上呈现为价值不断累加的特点。从科学发展的历史维度来考察，不同时代的科学劳动过程是在继承以往时代科学成就基础上的不断创新的过程，从而使科学呈现出一个不断进步的过程，一个从旧理论向新理论发展的过程，如从牛顿力学向爱因斯坦相对论力学的发展过程等。从劳动价值论视域来审视，这一过程就是新的科学成果（如爱因斯坦的相对论力学）在汲取旧科学成果的科学价值（牛顿等科学家的劳动所形成的价值）的同时，将研究新成果的科学劳动（如爱因斯坦等科学家的科学劳动）所形成的价值不断凝结在其中的过程。在实质上，这是一个借助于科学成果的发展，而使历代科学家的科学劳动所形成的科学价值不断凝结和累加的过程。正是在上述意义上，笔者认为，我们面前的每一本科学著作和每一篇科学论文（当然，这里的科学著作和科学论文都是真正意义上的科学劳动的结晶，而不包括那些粗制滥造、东拼西凑的"科学垃圾"），如爱因斯坦的《广义相对论》，从劳动价值论的视域来审视，表面上看这是爱因斯坦的科学劳动的凝结，而实质上在其中凝结着的科学劳动，既包括爱因斯坦的科学劳动，也包括在他之前的所有这方面的科学家（如哥白尼、伽利略、开普勒、牛顿等）的科学劳动。这也就是说，我们面前的每一本科学著作和每一篇科学论文，如爱因斯坦的《广义相对论》，其价值既包括爱因斯坦的科学劳动所创造的价值，也包括在他之前的所有科学家的劳动所创造的价值。在这个意义上，科学研究在继承基础上的创新特征，为每一项新的科学成果作为"价值库"的存在，不断地提供了新的价值之源，使"科学价值库"的价值不断增加。

二、科学成果与"科学价值库"的表现形式

综合以上三个方面的原因将不难发现，科学成果在相当高的程度上为人类提供了一个"取之不尽、用之不竭"的"科学价值库"。这为"科学价值库"范畴的提出，提供了学理上的根据和原因。不仅如此，"科学价值库"的提出还有其现实例证和具体的表现形式。这可以从微观和宏观两个层面以及历史发展维度来考察分析。

第一，从微观层面来看，每一本科学著作和每一篇科学论文，每一张载有科学论著、科学数据的电子光盘、电子优盘及电子硬盘等，它们都是"科学价值库"的现实例证，也都是"科学价值库"的典型的微观表现形式。如牛顿的《自然哲学的数学原理》、麦克斯韦的《电学和磁学论》、马克思的《资本论》、爱因斯坦的《论动体的电动力学》、维纳的《控制论》、申农的《通讯的数学处理》、贝塔朗菲的《理论生物学》、普里高津的《耗散结构论》和霍金的《时间简史》等，从劳动价值论的视域来审视，表面

上看这些著作和论文是其著者和作者的科学劳动之成果，其中凝结着这些著者和作者的科学劳动所创造的价值；事实上不仅如此，其中在凝结这些著者和作者的科学劳动所创造的价值的同时，还凝结着这些著者和作者之前的和同时代的科学家在相同领域的劳动所创造的价值。这就如前面所分析的，爱因斯坦《广义相对论》的价值，决不仅仅是爱因斯坦的科学劳动所创造的价值，而且还包括在他之前的和同时代的所有科学家（如哥白尼、伽利略、开普勒、牛顿、麦克斯韦、迈克耳逊、莫雷、洛伦兹等）的科学劳动所创造的价值。因此，上述的每一本科学著作和每一篇科学论文都是一个"微型"的"科学价值库"。随着现代科技的进步，出现了电子光盘的载体形式，它能够将大量的科学著作和科学论文容纳在其中，因此每一张包括大量科学著作和科学论文的科学电子光盘，更是一个"微型"的"科学价值库"。从这个意义上讲，我们面前的每一本科学著作、每一篇科学论文和每一张科学电子光盘都是"科学价值库"的现实例证和典型的微观表现形式。

第二，从宏观层面来看，广泛存在和迅速发展的图书馆以及随着现代信息科学技术的发展而产生并迅速完善的以"电脑"为基础的"互联网""数据库"，特别是当今出现的"大数据"，也是"科学价值库"的现实例证，并且相对于每一本科学著作、每一篇科学论文、和载有科学论著的每一张科学电子光盘、电子优盘及电子邮票是"科学价值库"的典型的微观表现形式而言，它们是"科学价值库"最为典型的宏观表现形式。人类自诞生以来，一刻也未停止过对现实世界改造的实践，与之相伴随的是，人类也从来未停止过对现实世界（包括人类自身）的认识和实践经验的总结。在有文字记载的6000多年的人类发展的历程中，人类积累了大量的知识，其中的科学知识，被逐步积累并加以传播，而非科学知识被不断地扬弃。尤其是在近代以来，科学历经数次的"阵痛"逐步从宗教神学和自然哲学中分化独立出来，并且在科学观察和科学实验的基础上从生产实践中分化独立出来，从此之后科学便"大踏步地"向前发展着，并历经数次科学革命，科学知识的生产和传播呈现出加速发展的态势，其存量呈现出指数式的增长趋势。现在人类所拥有的科学知识已经构成了一个浩瀚的"科学知识库"，它的典型的表现形式就是以收集、收藏科技图书资料为主要功能的图书馆和以收集、收藏电子科技图书资料的电子图书馆或"大数据库"。换言之，图书馆、电子图书馆和"大数据库"等所收集、收藏的科学图书资料，反映着人类历代创造的科学知识和科学思想的累加和积淀，进而显现为储存历代科学知识的"科学知识库"。从劳动价值论的角度看，这种"科学知识库"就是由科学商品的价值所构成的"科学价值库"。需要说明的是，当科学未成为商品之前，"科学知识库"中的知识是可以免费使用的，其中的价值只是以潜在的方式存在着，因此"科学知识库"还只是可能的或潜在的"科学价值库"，而不能称为现实的或显在的"科学价值库"。但在"科技—经济"一体化的现代市场经济社会中，当科学成果已经成为商品时，"科学知识库"中的知识都是"有价"的，而且是被"有价地"使用的，这说明其中的价值已经由潜在方式向显在方式转化，并且开始以显在方式存在着。在这种意义上，"科学知识库"已经由可能的或潜在的"科学价值库"，转变成为现实的或显在的"科学价值库"。

第三，从历史的维度看，作为"科学知识库"的图书馆，其存在的历史和文字产生的历史几乎一样久远，这代表着"科学价值库"有其长期的发展历史和价值累加的历程。图书馆存在和发展的历史也就是包括科学知识在内的人类知识发展和积累的历史，这是以图书馆形式存在着的"科学知识库"的知识不断累加的历史，在劳动价值论的视域中也就是人类所创造的科学价值的累加和积淀的历史，进一步讲也就是"科学价值库"的形成和发展史。据有关资料的考证显示，世界上最早的图书馆遗址是在伊拉克尼普尔的一个寺庙中被发现的，大约存在于公元前 3000 年。[①] 经过 5000 多年的发展，现在的图书馆已经遍及世界各地，凡是有人群的地方几乎都有图书馆的存在，并且图书馆收藏的图书和资料以几何级数式增长。早在 17 世纪，莱布尼兹就讲道："如果世界照这样前进，如果书籍照今天这样大量出版，那么我担心所有的城市将变成图书馆。"[②] 1960 年美国出版了 1.5 万多种图书，1970 年一跃上升为 3.6 万种图书，美国全国图书馆的藏书量从 1900 年的 4.5 万册增加到 20 世纪 70 年代的 10 亿册。1955 年苏联出版了 5.5 万种图书，1978 年增加到 8.6 万种图书，全国藏书量从 1914 年的 4600 万册增加

---

① 杨威理：《西方图书馆史》，商务印书馆 1988 年版，第 4 页。
② 转引自杨威理：《西方图书馆史》，商务印书馆 1988 年版，第 366 页。

到 1980 年的 42 亿册。最近几年，全世界每年出版的期刊数都在 1 万种以上。据美国的赖德计算，从 1878 年起，每隔 10—20 年，图书馆馆藏就翻一番。① 中国国家图书馆始建于 1909 年，时称京师图书馆，经过多年的发展，已经规模空前，1998 年底的馆藏文献达到了 2160 万册，居世界国家图书馆的第五位，现代以每年新增 60 万—70 万册的速度在增长。在这些图书迅速增长的过程中，科学图书的增长占据了主流。因此从一定意义上讲，图书馆的增多、增大，就是"科学知识库"的增多、增大，而在劳动价值论的视域中就是"科学价值库"的增多、增大；图书馆馆藏科学图书的激增，就是"科学知识库"中知识的激增，在劳动价值论的视域中就是"科学价值库"中的科学价值存量的激增。②

第四，从现实的维度看，随着现代计算机科学技术和信息科学技术的发展以及相关科学技术的发展，"电脑"和以"电脑"为网络链接点的"互联网""大数据库"以及相关电子平台的迅速发展，这标志着"科学价值库"在形式上的不断发展和在内容之质上的提升及在内容之量上的剧增。譬如，EBSCO 数据库，它是目前世界上最大的多学科学术期刊全文数据库和综合性商业资源全文数据库，包含数十个内容相当丰富的子数据库，③ 根据首都经济贸易大学图书馆的电子资源数据库介绍，EBSCO 数据库中的子数据库 Academic Search Complete（ASC），是综合学科参考类全文子数据库，它收录的数据内容包括近 13055 种期刊的索摘，8932 种全文期刊，其收录主题包括社会科学、教育、法律、医学、语言学、人文、工程技术、工商经济、信息科技、通信传播、生物科学、教育、公共管理、社会科学、历史学、计算机、科学、传播学、法律、军事、文化、健康卫生医疗、宗教与神学、生物科学、艺术、视觉传达、表演艺术、心理学、哲学、妇女研究、各国文学等；同时，EBSCO 数据库中的子数据库 Business Source Complete（BSC），是最完整的商管财经类全文数据库，收录的数据内容包括 4864 种期刊索引及摘要，其中逾 3745 种全文期刊等，其收录主题涵盖商业、财经等相关领域，如行销、管理、管理信息系统、生产与作业管理、会计、金融、经济

① 转引自杨威理：《西方图书馆史》，商务印书馆 1988 年版，第 367 页。
② 陈则孚：《知识资本——理论、运行和知识产业化》，经济管理出版社 2003 年版，第 38 页。
③ 郭元秀：《外文信息的检索与 EBSCO 数据库》，《新世纪图书馆》2006 年第 4 期，第 30 页。

等。又如 Springer 数据库，于 1842 年在德国柏林创立，是全球第一大 STM（科学、技术和医学）图书出版商和第二大 STM 期刊出版商，每年出版 8400 余种科技图书和 2200 余种领先的科技期刊。Springer Link 平台整合了 Springer 的出版资源，收录文献超过 800 万篇，包括图书、期刊、参考工具书、实验指南和数据库，其中收录电子图书超过 16 万种，最早可回溯至 19 世纪 40 年代，并且平台每年新增超过 8400 种图书及 3300 份实验指南，且每月新增超过 12000 篇期刊文章。在首都经济贸易大学图书馆的电子资源数据库中，除了上述两大外文数据库之外，还有 Web of Science 数据库平台（SCIE/SSCI/CPCI/JCR/CSCD）、Elsevier Science Direct 数据库、ProQuest ABI-inform 数据库等；同时还有大量的中文数据库，如中国知网（CNKI）—中国期刊网、国泰安 CSMAR、CNKI—中国经济与社会发展统计数据库、万方数据资源库、中经网统计数据库、维普中文科技期刊数据库、CCER 中国经济金融数据库等。[①] 在此，仅以对校内师生公开、经常使用和熟悉的首都经济贸易大学图书馆的电子资源数据库为例加以说明，事实上就目前电子资源数据库和相关电子平台的发展远不止仅限于此。而这些数据库和电子平台的研发，它们将古今中外的大量的科学知识汇集于其中的同时，也就意味着它将古今中外的科学家所创造的科学价值集结在其中，因此这些数据库和电子平台也就成为"科学价值库"的又一典型的宏观表现形式。

三、科学劳动与"科学价值库"的价值生产和价值累加效应

根据科技商品价值和使用价值的二因素、科技劳动具体性和抽象性的二重性、科技劳动私人性和社会性的矛盾属性以及价值增殖中的科学和自然力关系的现代政治经济学基本原理，透视"科技—经济"一体化的现代市场经济社会中那些以"库存"方式存在着的科学价值所形成的"科学价值库"将会发现，"科学价值库"的形成和发展是与科学劳动创造价值和转移价值密切相关的，它所反映的是科学劳动创造价值及其随时代发展而不断发展的历程，在实质上是历代所有科学人员的科学劳动所创造的价值不断累加和积

---

① 首都经济贸易大学图书馆资源数据库，2017 年 1 月 31 日，见 http://lib.cueb.edu.cn/ShangYeJm_Library/index.aspx。

淀的结果，进一步讲是历代所有科学人员通过高级复杂的科学劳动所创造的剩余价值的总和。为了阐述"科学价值库"的这一实质，以某个历史时期的背景科学理论即前人创造的科学成果为基点，来分析这个历史时期的科学人员通过科学劳动实现科学成果的价值生产，并通过在此历史时期之后的各个历史时期连续不断的科学劳动所导致的"科学价值库"的价值累加效应，并借此彰显"科学价值库"的实质。

（一）某个历史时期的科学劳动与科学成果的价值生产

在某个历史时期，由基础性科学劳动的特征所决定，它的劳动产品即科学成果的价值构成，与传统理论中的物质性产品的价值构成相比较，具有不同的组成部分。根据马克思劳动价值理论的基本原理可知，物质性产品的价值构成一般包括三个部分：不变资本的价值 c，可变资本的价值 v，剩余价值 m。而科学成果的价值构成一般包括四个部分：

（1）前人遗留下来的理论科学成果（软件资料）中的价值，即原来的"科学价值库"的价值，用 W_0 表示；

（2）某个历史时期科学研究的设施（硬件设备）的价值，用 C_1 表示；

（3）某个历史时期科学人员所创造的自身价值，用 V_1 表示；

（4）某个历史时期科学人员所创造的剩余价值，用 m_1 表示。

如果将某个历史时期科学成果的价值用 W_1 表示，那么它的构成可用公式表示为：

$$W_1 = W_0 + C_1 + V_1 + m_1 \qquad\qquad （公式1）$$

对此公式中的各项构成因素，笔者作如下的分析：贝尔纳曾经在《科学的社会功能》中对这种基础性理论科学研究即科学生产进行了分析，他指出："科学事业一向是科学工作者的公社，彼此帮助，共享知识，它的个人和集体不追求超过研究工作所需要的金钱和权力。他们一贯以理性的眼光和国际的眼光看待问题"[1]，当科学成果应用到实际中去，并"被承认为现代生活机器的一个基本组成部分"，科学家们"不再会遇到人们既实际上鄙视他，又迷信般地钦佩他的那种复杂情绪，而被看作一个有运气而且有能力来对付新事物——而不是既有事物——的普通工作人员"时，科学家们在

---

① ［英］贝尔纳：《科学的社会功能》，陈体芳译，商务印书馆1985年版，第436页。

心理上产生了极大的满足感和荣誉感，他们是不把科学成果当作商品来生产的。尽管在现实性上"科学的确是有利可图的"，但是在思想认识上"科学家从事科研时，很少把科研看作谋取私利的商业，而且在科学界内外的确都有不少人认为他们要是这样做就是错误的"①。尤其是在现实的商品经济或市场经济社会中，人们对科学劳动的产物即作为人类精神的一般劳动的产物——科学成果的估价，总是比它的实际价值低得多，甚至将其达到"无价"程度而"无偿地"加以利用。在恩格斯看来，这是由资本主义经济社会自身包含着两个方面的矛盾所造成的，这一矛盾直接导致资产阶级经济学家对商品经济或市场经济研究所使用的价值概念自身矛盾，突出地体现在资产阶级经济学关于商品经济或市场经济条件下科学的价值和价格的对立和颠倒。

　　一方面，从科学和技术推动资本主义物质生产方式的发展现实来看，恩格斯指出，尽管我们"已经说过，各门科学在 18 世纪已经具有自己的科学形式，因此它们终于……和实践结合起来了……科学和实践结合的结果就是英国的社会革命"②，体现在生产劳动方式的变革上就是"手工劳动由蒸汽动力和机器作业代替。现在一个八岁的儿童在机器的帮助下，比以前 20 个成年男子生产得还要多。60 万名工厂工人，其中一半是儿童，而且大半是女性，做着 15000 万人的工作……但是，这只是工业变革的开始。我们已经看到，染色、印花和漂白是怎样通过纺和织的进步而发展起来，其结果又是怎样得力于力学和化学的"③，借助于各门科学原理的应用，1763 年格里诺克的詹姆斯·瓦特博士着手制造蒸汽机，1768 年制造成功；1763 年乔赛亚·韦奇伍德采用科学原理，为英国的陶器制造业奠定了基础；1764 年兰开夏郡的詹姆斯·哈格里沃斯发明了珍妮纺纱机；1768 年兰开夏郡普雷斯顿的一个理发师理查·阿克莱发明了翼锭纺纱机；1776 年兰开夏郡博尔顿的赛米尔·克朗普顿综合了珍妮纺纱机和翼锭纺纱机的机械原理，发明了走锭精纺机；1787 年卡特赖特博士发明了机械织机，这种机器又经过多次改进，到 1801 年才得到实际应用，等等，而科学原理应用基础上的所有的

---

① ［英］贝尔纳：《科学的社会功能》，陈体芳译，商务印书馆 1985 年版，第 425、361 页。
② 《马克思恩格斯文集》第 1 卷，人民出版社 2009 年版，第 97 页。
③ 《马克思恩格斯文集》第 1 卷，人民出版社 2009 年版，第 101 页。

"这些发明使社会的运动活跃起来。它们的最直接的结果就是英国工业的兴起"①，此时"我们到处都会看出，使用机械辅助手段，特别是应用科学原理，是进步的动力"②，是经济发展的动力，是价值创造和价值生产的源泉。

另一方面，从资产阶级经济学家对商品经济或市场经济的竞争现实研究的状况来看，恩格斯指出，在资产阶级经济学家那里，"我们看到，价值概念被强行分割了……一开始就为竞争所歪曲的生产费用，应该被看做是价值本身。纯主观的效用同样应该被看做是价值本身，因为现在不可能有第二种效用。要把这两个跛脚的定义扶正，必须在两种情况下都把竞争考虑在内，而这里最有意思的是：在英国人那里，竞争代表效用而与生产费用相对立，在萨伊那里则相反，竞争带来生产费用而与效用相对立。但是，竞争究竟带来什么……实际价值和交换价值之间的差别基于下述事实：物品的价值不同于人们在买卖中为该物品提供的那个所谓等价物，就是说，这个等价物并不是等价物。这个所谓等价物就是物品的价格，如果经济学家是诚实的，他就会把等价物一词当做'商业价值'来使用。但是，为了使商业的不道德不过于明显地暴露出来，他总得保留一点假象，似乎价格和价值以某种方式相联系。说价格由生产费用和竞争的相互作用决定，这是完全正确的，而且是私有制的一个主要的规律。经济学家的第一个发现就是这个纯经验的规律，接着他从这个规律中抽去他的实际价值，就是说，抽去竞争关系均衡时、供求一致时的价格，这时，剩下的自然只有生产费用了，经济学家就把它称为实际价值，其实只是价格的一种规定性"③。

在恩格斯看来，"靠种种对立活命的经济学家当然也有一种双重的价值：抽象价值（或实际价值）和交换价值"④，资产阶级经济学家关于价值概念的这种强行分割以及由此带来的价值和价格的对立，直接地导致了"经济学中的一切就被本末倒置了：价值本来是原初的东西，是价格的源泉，倒要取决于价格"，而"正是这种颠倒构成了抽象的本质"⑤ 即构成了

---

① 《马克思恩格斯文集》第 1 卷，人民出版社 2009 年版，第 98 页。
② 《马克思恩格斯文集》第 1 卷，人民出版社 2009 年版，第 102 页。
③ 《马克思恩格斯文集》第 1 卷，人民出版社 2009 年版，第 65—66 页。
④ 《马克思恩格斯文集》第 1 卷，人民出版社 2009 年版，第 63 页。
⑤ 《马克思恩格斯文集》第 1 卷，人民出版社 2009 年版，第 66 页。

价值的抽象本质，突出地表现在关于科学的价值上，就是把科学在商品经济或市场经济中的实际价值抽象掉，完全将科技的价值看作由其价格决定的。由于科学作为人类精神的一般劳动的产物而难以"定价"或难以用价格加以表现，这就给人们造成了如下的一种错觉，即科学是没有"价格"的，这种错觉直接导致的后果是：一方面，科学研究在商品经济或市场经济条件下只能是一种"高尚的"事业，进而似乎满足"科学家"追求高尚事业的心理需求；另一方面，既然科学是没有"价格"的，那么也就没有"价值"——经济学意义上的价值，这也就为资本家按照资本主义的占有规律"无偿地"甚至是"不费分文"地利用科学、占有科学的价值提供了理论基础和观念前提，进而使资本主义工业和"商业的不道德不过于明显地暴露出来"。

　　事实上的这样一种错觉和"假象"，却成为了资本主义商品经济或市场经济的现实，资本对科学的利用和对科学价值的无偿占有成为了资本价值生产和增殖过程中的现实。这正如马克思在谈到资本主义生产对自然力的"无偿利用和占有"时所指出的那样："利用自然力是如此，利用科学也是如此。电流作用范围内的磁针偏离规律，或电流绕铁通过而使铁磁化的规律一经发现，就不费分文了。"[①] 也就是说，马克思所处的时代资本对科学成果的利用是无偿的和"不费分文"的。而进入"科技—经济"一体化的现代市场经济社会中又是如何呢？不管是在思想观念上，还是在经济现实中，资本对科学成果特别是基础理论科学成果的利用几乎也是如此，科学论文一旦发表，科学著作一旦出版，科研数据一旦公开，这些科学成果在相当高的程度上是被资本无偿地占有和利用的。

　　正因如此，在现实的经济社会运行过程中，不管是在商品经济条件下还是在它的发展形态即市场经济下，也不管是在资本主义市场经济条件下还是在社会主义市场经济条件下，对于科技型企业而言，科学生产过程中所利用的前人遗留下来的科学成果，尽管是科学研究工作的必备知识条件，其价值 W_0 必然伴随着科学研究的进行而在实际上已经转移到新创造的科学成果中，但是它是近乎"无偿地"或"不费分文地"被利用的，在新创造的科学成

---

　　① ［德］马克思：《资本论》第 1 卷，人民出版社 2004 年版，第 444 页。

果的价格中是难以体现的。即使在新创造的科学成果的价格中有所体现，而体现出来的仅仅是前人遗留下来的科学成果的价格却不是其价值，这一价格相对于其价值而言，几乎达到了"无穷小"的程度，因此它是可以忽略不计的。同时，由于科学家不以追求利润为目的的工作特点和长期的"社会习惯"所决定，从事基础性理论研究的科学人员所创造的剩余价值 m_1 是难以实现的，在新创造的科学成果的价格中是难以显示出来的或显示不出来的。而与此有所不同的是，在科学研究过程中的硬件设备的价值 C_1 和科学人员所创造的自身价值 V_1 是维持其科学研究的基本保证，必须在其价格中显示出来才能做到维持其科学研究的"简单再生产"，因此 C_1 和 V_1 必须在新创造的科学成果的价格中显示出来。这样，如果将科学成果的价格用 A_1 表示，那么可得如下的公式：

$$A_1 = C_1 + V_1 \tag{公式2}$$

比较上述两个公式可知，从纯理论分析的角度来看，在基础理论科学成果中包含的四部分价值，能够在其价格中显示出来的仅仅有 C_1 和 V_1 两部分，而 W_0 和 m_1 并没有在其价格中显示出来。这就是说，W_0 仍以潜在的形式存在于新的基础性理论科学成果中，即存在于"科学价值库"中，而 m_1 则是科学人员通过基础性理论研究工作创造的为"科学价值库"增添的新价值。这样，通过这一时期的基础性理论科学研究之后，理论科学成果的价值即"科学价值库"中的价值量就由原来的 W_0 增加为 $W_0 + m_1$，即为公式1和公式2之差。

（二）某个历史时期之后的科学劳动与"科学价值库"的价值累加效应和实质

基于上述的分析，"科学价值库"中的价值将会随着历代基础性理论研究工作的进行而不断地得到累加，可把这种现象称为"历代科学成果的价值累加效应"或"科学价值库的价值累加效应"，亦可直接称为"科学价值的累加效应"。科学价值的这种累加效应，在客观上表现为历代从事基础性理论研究的科学人员，通过他们的科学劳动连续不断地为"科学价值库"增添新的价值。

对此，作如下的推理分析：如果在一定历史时期从事基础性理论研究的科学人员用"甲"表示，甲之后的从事基础性理论研究的科学人员用"乙"

表示，那么甲的研究成果又会成为乙继续研究的"前人的理论科学成果"的一部分，其中的价值将伴随乙的研究而转移到乙的科学成果中去；同时，乙在科学研究的过程中也像甲一样，必然创造出新的剩余价值，并且这些新的剩余价值又会进一步增添到"科学价值库"中，成为"科学价值库"中的新价值。

以此类推，如果将继乙之后的从事基础性理论研究的科学人员用"丙"表示，在丙之后的从事基础性理论研究的科学人员用"丁"表示……那么丙、丁等从事基础性理论研究的科学人员也必然分别依次创造出他们的剩余价值。在某个历史时期之后伴随着科学劳动的连续不断的推进，不同历史时期的科学人员所创造出的剩余价值也必然会连续不断地增添到"科学价值库"中去，进而成为"科学价值库"中的新价值。

如此这般，"科学价值库"中的价值将伴随着基础性理论研究的不断进行而连续不断地得到累加，形成了科学价值的累加效应。从这个意义上讲，"科学价值库"的实质内容，就是历代从事基础性理论研究的科学人员通过他们的科学劳动所创造的剩余价值的总和。

四、科学劳动与"科学价值库"的"价值累加效应"模型

综合上述对"某个历史时期基础性理论科学成果的价值生产"和"历代理论科学成果的价值累加效应"的考察分析将会发现，在一定历史时期从事基础性理论研究的科学人员"甲"，通过其科学劳动使理论科学成果的价值即"科学价值库"中的价值由原来的 W_0 增加为 W_0+m_1。

在"甲"所处的历史时期之后的时期，从事基础性理论研究的科学人员"乙"，通过其科学劳动创造出剩余价值，进一步增添了"科学价值库"的价值。如果将"乙"的科学劳动所创造的剩余价值用 m_2 来表示，那么"科学价值库"的价值就由原来的 W_0+m_1 增加为 $W_0+m_1+m_2$。

以此类推，如果将继乙之后的从事基础性理论研究的科学人员"丙"，通过其科学劳动所创造的剩余价值用 m_3 来表示，丙之后的从事基础性理论研究的科学人员"丁"所创造的剩余价值用 m_4 来表示……那么"科学价值库"中的价值将随着丙、丁等历代科学人员的基础性理论研究活动的进行，呈现出依次累加的效应。

　　如此这般，伴随着不同时代科学人员的科学劳动的连续不断推进，历代科学成果的价值累加效应，表现为依次递增过程，如图9-1所示。

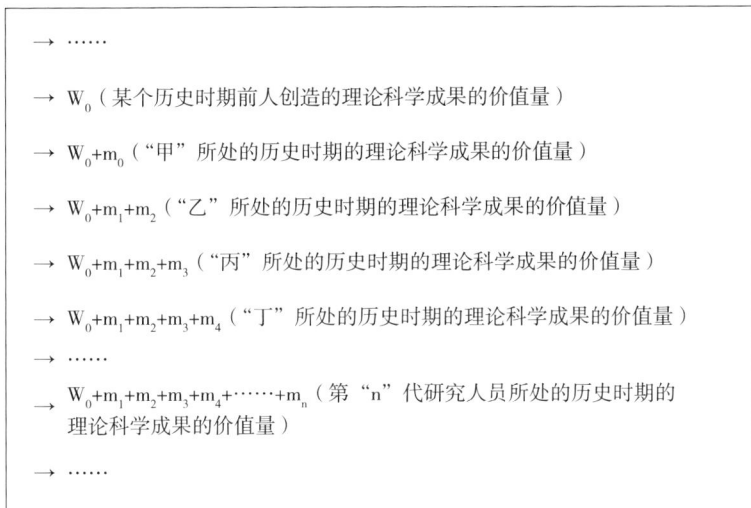

> → ……
>
> → W_0（某个历史时期前人创造的理论科学成果的价值量）
>
> → W_0+m_0（"甲"所处的历史时期的理论科学成果的价值量）
>
> → $W_0+m_1+m_2$（"乙"所处的历史时期的理论科学成果的价值量）
>
> → $W_0+m_1+m_2+m_3$（"丙"所处的历史时期的理论科学成果的价值量）
>
> → $W_0+m_1+m_2+m_3+m_4$（"丁"所处的历史时期的理论科学成果的价值量）
>
> → ……
>
> → $W_0+m_1+m_2+m_3+m_4+\cdots\cdots+m_n$（第"n"代研究人员所处的历史时期的理论科学成果的价值量）
>
> → ……

图9-1　科学成果伴随历代科学人员的劳动而实现价值累加之示意图

　　归纳、概括上述的递增过程所呈现出的科学成果的价值，伴随历代科学人员研究进程的继续而不断累加的现象，将得到"科学价值库"的"价值累加效应"的数学表达式，即为：

$$W = W_0+m_1+m_2+\cdots\cdots+m_n+\cdots\cdots$$
$$= W_0+ \sum m_n \quad\quad （公式3）$$

　　公式3就是"科学价值库"的"价值累加效应"模型，亦可称之为科学价值的"库存"模型，或"科学价值库"的数学模型。在该模型中，W表示"科学价值库"的价值总量，W_0表示某个历史时期前人创造的理论科学成果的价值量，$\sum$表示各个相加项之和，m_n表示第"n"代从事基础性理论研究的科学人员所创造的理论科学成果的价值量，n表示从1到∞的正整数。

　　那么，该模型表示的经济学意义就在于："科学价值库"就是历代从事基础性理论研究的科学人员，通过其高级复杂的科学劳动所创造的剩余价值的总和。在这个意义上可以说，"科学价值库"的"价值累加效应"模型，作为一个动态模型，其静态化的结果，也就是"科学价值库"的实质之数学模型。

第三节 "科学价值库"的第一步价值孵化
与技术劳动创造价值论

从"科技第一生产力"分析范式来看，通过对"科学价值库"与科学劳动创造价值论这一节的考察分析，着重对现代科技型企业中作为第一生产力的科学的价值劳动创造这一核心问题进行初步探讨，揭示了现代科技型企业第一个环节即科学成果的价值生产和运行，提出了以"科学价值库"为核心范畴的科学劳动价值论。置于现代科技型企业"整个生产劳动过程"中来看，其价值生产和运行的第一个环节是"科学价值库"的形成，而其第二个环节和第三个环节的价值生产和运行是"科学价值库"的价值"孵化"过程。在本节中，拟在对"科学价值库"的价值"孵化机制"进行概要阐述的同时，着重考察分析现代科技型企业的技术劳动创造价值，进而揭示"科学价值库"借助于技术劳动实现的第一步价值孵化，这构成了相对现代科技型企业第一个环节的科学劳动价值论而言的技术劳动价值论。

一、"科学价值库"的价值"孵化机制"

通过对现代科技型企业"整个生产劳动过程"第一个环节的考察发现，该环节生产的产品是理论科学成果，而理论科学成果的科学价值在现实性上表现为"科学价值库"，其中的价值是以"潜在"的形式"隐形地"存在着的，难以直接地以"价格"形式表现出来即难以直接地"估价"或"标价"，它要在现代市场经济社会中"显形地"表现出来，进而成为现实商品的价值，显化为社会的经济效益，需要一个相当复杂的转化和显化的过程。对这一过程的揭示，需要对现代科技型企业的第二个环节即对其中的作为第一生产力的技术的价值劳动创造问题进行探讨，揭示技术成果的价值生产和运行；同时，还要对现代科技型企业的第三个环节即对其中的企业产品的价值劳动创造问题进行探讨，揭示企业产品的价值生产和运行。现代科技型企业这两个环节的价值生产和运行过程，称为"科学价值库"中价值的"孵化"过程；而在现代科技型企业的整个"孵化"过程中，"科学价值库"中价值的转化和显化的程序和步骤，称为"科学价值库"中价值的"孵化"机制，简称为科学价值的"孵化"机制。

在这里，"孵化"概念是从科学学和科学技术管理学中的"孵化器"概念借用过来的，它更加形象而贴切地反映了"科学价值库"中价值的转化和显化的内在机理。也就是说，借用价值的"孵化"机制和"孵化"过程来表述现代科技型企业整个价值生产过程中，科学劳动环节上形成的"科学价值库"，是如何通过现代科技型企业的技术劳动环节进行技术成果的价值生产和运行、生产劳动环节进行企业产品的价值生产和运行，最后在社会经济系统中实现的。因此，这需要在理论上分析"科学价值库"中的价值"孵化"机制并建构其孵化机制模型。同时，这一"孵化"机制及其模型的建构，应当在理论上与对"科学价值库"的累加效应的分析和对其模型的建构相一致，从而也应以某个历史时期基础性理论科学成果的价值，即"科学价值库"中的价值向应用开发性技术成果的转移为基点来进行。只有这样，建构起的"科学价值库"中的价值"孵化"机制及其模型，才能与"科学价值库"的累加效应及其模型，具有内在的逻辑一致性。

同时，若以某个历史时期为基点来分析"科学价值库"中的价值"孵化"机制和过程将会发现，"科学价值库"中的价值首先借助于应用开发性研究向其技术成果的转移，然后再通过技术成果并入企业生产向其产品的转移，最终在社会经济系统中"显形地"表现出来。联系对现代科技型企业在考虑科学和技术因素时的价值生产特征的考察分析，将会发现，它事实上是对现代科技型企业在考虑科学和技术因素时的"整个价值生产的劳动过程"中的"准在场的"从事应用开发性研究的技术人员的劳动创造价值的过程和"在场的"生产工人的劳动创造价值的过程的考察分析。在此，试图通过这种考察分析，以期建构起"科学价值库"中价值的"孵化"机制和"孵化"模型。而要达到这一研究目的，首先应当对现代科技型企业的技术劳动创造价值进行考察分析，进而揭示"科学价值库"借助于技术劳动实现的第一步价值孵化。

二、技术成果与"科学价值库"的第一步价值"孵化"

在理论分析上，为了与"科学价值库"形成及其价值累加的考察起点相一致，对"科学价值库"的第一步价值"孵化"和技术劳动创造价值的考察分析，选取同一个历史时期作为考察分析的基点。在某个历史时期，"科学价值库"中的价值借助应用开发性研究向技术成果的转移，从而使该技术成果的价值构成变得复杂化。同时，这种转移是"科学价值库"中价值即理论科学成果的价值之孵化机制的第一步，也是"科学价值库"中的价值向企业产品的价值转化的一个中介环节。

从一般意义上来讲，应用开发性技术成果是与基础性理论科学成果相对应的一个范畴。在现代科学技术的体系结构中，如果说基础性理论科学成果主要是指从事基础性理论研究的科学人员所创造的理论科学成果的话，那么应用开发性技术成果则主要是指从事应用性研究和开发性研究的技术人员所创造的技术成果。联系对现代科技型企业在考虑科学和技术因素时的价值生产特征的考察分析将会发现，这种应用开发性技术成果是现代科技型企业在考虑科学和技术因素时，其价值生产过程中的"准在场的"从事应用开发性研究的技术人员的劳动生产的产品。与基础性理论科学成果的价值构成相对应，应用开发性技术成果的价值构成主要包括四个组成部分，这四个组成部分是：

（1）理论科学成果（软性资料）的价值 $[W_1]$，即这一历史时期"科学价值库"的价值；

（2）应用开发性研究设施（硬性设备）的价值，用 C_2 表示；

（3）从事应用开发性研究的技术人员创造的自身的价值，用 V_2 表示；

（4）从事应用开发性研究的技术人员创造的剩余价值，用 m'_2 表示。

如果将应用开发性技术成果的价值用 W_2 表示，那么它的构成可用公式表示为：

$$W_2 = W_1 + C_2 + V_2 + m'_2 \qquad\qquad （公式4）$$

在"科技—经济"一体化的现代市场经济社会中，应用开发性研究的直接目的，是将基础性理论科学成果转化为能够运用于社会生产的成果，实现其经济价值，显化为经济效益，因此公式4中的 C_2、V_2 和 m'_2，一般说来，是能够在现实的经济社会中实现的，即能够在应用开发性技术成果的价格中表现出来。而对于软性资料的价值 W_1，尽管在应用开发性研究的过程中伴随基础性理论科学成果的运用，已经将其转移到新创造的技术成果中，但是人们在计算这种新创造的技术成果价格时，"习惯"于只计算软性资料的"成本"，即购买基础性理论科学成果的价格 A_1，而不是基础性理论科学成果的实际价值 W_1。这样，应用开发性技术成果的价格，就是由 C_2、V_2、m'_2 和 A_1 四个部分来构成的。如果将应用开发性技术成果的价格用 A_2 来表示，那么其价格构成可用公式表示为：

$$A_2 = A_1 + C_2 + V_2 + m'_2 \qquad\qquad （公式 5）$$

比较上述两个公式即公式 4 和公式 5 可知，应用开发性技术成果的价值和价格是不同的，除了 C_2、V_2、m'_2 这三项相同的部分，在应用开发性技术成果的价值中实际包含的是基础性理论科学成果的价值 W_1，而在应用开发性技术成果的价格中显示出来的是基础性理论科学成果的价格 A_1。

这就是说，对于科技型企业而言，它所使用的基础性理论科学成果的实际价值与其所购买这些理论科学成果的价格是不对等的，应用开发性技术成果的价值和价格之间存在一个差值，这个差值为：

$$W_2 - A_2 = W_1 - A_1 = W_0 + m_1$$

这说明，在应用开发性技术成果中凝结着的"科学价值库"的价值的绝大部分 $[W_0 + m_1]$，并没有在该技术成果中显化出来，而在该技术成果中显化出来的，仅仅是"科学价值库"中的价值的很小的一部分，即相当于基础性理论科学成果的价格 A_1 的那一部分。这样，"科学价值库"中的绝大部分价值 $[W_0 + m_1]$，便"潜伏"在应用开发性技术成果之中了。因此，"科学价值库"中的价值要想在社会经济系统中全部显示出来，需要对其进行第二步的孵化。而在考察分析"科学价值库"中价值的第二步"孵化"之前，先来考察在经过"科学价值库"中价值的第一步"孵化"之后，应用开发性技术成果的价值在构成上的二重性。这是因为，应用开发性技术成果是"科学价值库"中价值进行第二步"孵化"所借助的中介，也正因为应用开发性技术成果具有二重性，才使"科学价值库"中价值进行第二步"孵化"成为必要环节。

三、技术劳动与技术成果价值构成的二重性特征

通过上述的考察分析应当看到，在某个历史时期，伴随着应用开发性的技术劳动的开展，一方面完成了技术劳动创造价值的过程，另一方面完成了

"科学价值库"的第一步价值孵化过程，这是同一个过程表现出来的两个方面。而"科学价值库"中的价值在经过第一步"孵化"之后，应用开发性技术成果的价值即技术价值的构成表现出复杂性的特征，这种复杂性特征主要体现为技术成果之价值的二重性——技术成果之价值的显在性和潜在性。这也就是说，"科学价值库"中价值在经过第一步"孵化"之后，技术成果的价值在现实性上，是技术成果的显在价值和技术成果的潜在价值的统一体。

在这里，所谓技术成果的显在价值，是指应用开发性技术成果在现实经济社会中能够在其价格中直接表现出来的价值，在量上体现为它的价格 A_2，这也就是传统价值理论所认为的技术的价值，可将其简称为技术的显在价值。而所谓技术成果的潜在价值，是指应用开发性技术成果在现实经济社会中未能在其价格中直接表现出来，但实际存在于该技术成果中的价值，这部分潜在的价值在量上表现为该技术成果的全部价值 W_2 与其价格 A_2 的差值 $[W_0+m_1]$，这正是基础性理论科学成果在应用开发性研究中运用而转移到该技术成果中的"科学价值库"中的价值，这是"科学价值库"中价值在经过第一步"孵化"之后转移到技术成果之中的结果，可将其简称为技术的潜在价值。因此，技术成果的价值（可简称为技术的价值或技术价值），在现实上不仅包含了传统价值理论所认为的技术的显在价值，而且还包含了由于基础性理论科学成果的运用而转移到其中的"科学价值库"的价值即技术的潜在价值。也正是从这种意义上讲，技术成果的价值构成在现实性上呈现出二重性的特征，是技术成果的显在价值和技术成果的潜在价值的统一体。

然而，在"科技—经济"一体化的现代市场经济社会中，对于科技型企业而言，应用开发性技术成果一般是以其价格 A_2 来出售的，这在表面上看是遵循了"等价交换"的市场原则，因为技术成果的价格 A_2 所表征的是该技术成果的显在价值；但在实质上二者是"不等价"的，具有"不等价性"，因为该技术成果的全部价值是 W_2，而不是其价格 A_2 所显示的价值，这也就是所谓的技术价值的实现往往表现出"等价交换形式"之下掩盖着的"不等价性"的实质之所在。

同时应当看到，在"科技—经济"一体化的现代市场经济社会中，科技型企业主们作为现代资本的化身，追求利润最大化仍然是他们的最终目的。他们之所以会"尽其所能"地进行应用开发性的技术研发，或购买技术专利投入生产，或运用新技术改造企业，并且借此能够实现价值的增殖，获取高额利润，其中一个非常重要的原因，就是他们看到了技术价值在实现过程中所表现出来的"等价交换形式"之下的"不等价性"，看准了在应用开发性技术成果中的这种潜在的、可能的价值。这时，技术的潜在价值的意义便显示出来——它为应用开发性技术成果在现代科技型企业中的研发或运用提供了现实根据，同时也为"科学价值库"中的价值在其企业中的进一步"孵化"提供了现实的可能性。

第四节 "科学价值库"的第二步价值孵化与生产劳动创造价值论

通过上述分析可见，"科学价值库"的价值伴随科学成果在现代科技型企业技术研发进程中的应用而完成了第一步"孵化"，即"科学价值库"的价值转移到技术成果之中，成为其技术成果的潜在价值。而技术成果的潜在价值在社会经济系统中成为"显在价值"，还需要在现代科技型企业中进一步地"孵化"。下面，来分析现代科技型企业生产的第三个环节，即生产劳动与"科学价值库"中价值的第二步"孵化"，将会看到技术成果的潜在价值是如何在现代科技型企业的产品中加以实现的。

一、企业产品与"科学价值库"第二步价值"孵化"

马克思在对资本主义物质生产方式研究中，揭示出企业产品（主要是物质性产品）的价值构成，一般包括三个组成部分，即不变资本的价值 c、可变资本的价值 v 和剩余价值 m。在这一价值构成理论中，由于没有将科学和技术的价值因素考虑在内，因此也就没有将基础性理论科学成果的价值和应用开发性技术成果的价值显示出来。因为在这一价值构成理论中，可变资本的价值 v 和剩余价值 m，分别代表的是企业中"在场的"生产工人的自身价值和他们创造的剩余价值，而不变资本的价值 c，主要是购买生产资料的价值或价格。如果说，在购买生产资料的价格中包含了购买基础性理论科学成果和应用开发性技术成果的价格，那么显然不能等价于这些成果的价值。在这里，购买应用开发性技术成果的价格，仅仅代表的是该技术成果的显在价值，而不能代表其全部价值；而购买基础性理论科学成果的价格，相对于它的价值而言，显然是微不足道的，甚至可以忽略不计。客观地讲，马克思在他那个时代创立的这一价值构成理论，是符合他那个时代的社会现实的，因为那时的科学是与劳动相互分离的，科学是游离于经济之外的，资本对科学的利用是无偿的，就连当时的资产阶级经济学家都认为"科学是与他无关的"①。但是，在"科技—经济"一体化的现代市场经济社会中，这显然是不符合经济社会现实的，因为科学对现代科技型企业而言已经成为一个核心的要素，对经济学家来说也不再"是无足轻重的要素"②。从这个意义上讲，现代科技型企业所生产的产品在价值构成上必须考虑科学和技术的价值，必须把科学和技术的价值列为企业产品价值构成中的首要组成因素。也正因如此，在考察分析了"科学价值库"的第一步价值"孵化"之后，还必须考察分析"科学价值库"的第二步价值"孵化"，藉此来彰显科学和技术的价值不再是"一个对经济学家来说当然是无足轻重的要素"这一命题的实际意义。

从一般意义上来考察现代科技型企业的价值生产和运行将会发现，"科学价值库"中的价值即基础性理论成果的价值是通过应用开发性技术成果并入企业的生产过程中，从而使潜伏在该技术成果中的"科学价值库"的价值即技术成果的潜在价值进一步向企业产品转移，成为该企业产品的价值构成的一部分，进而在社会经济系统中加以实现，这是科学价值孵化机制的第二步。联系现代科技型企业在考虑科学和技术因素时的价值生产和运行将会发现，这里所讲的企业产品是现代科技型企业在考虑科学和技术因素时的"整个生产劳动过程"中"在场的"生产工人的劳动所生产的产品。从理论上讲，在某个历史时期企业产品的价值构成相应地也至少包括以下四个组成部分：

（1）应用开发性技术成果（即软性生产资料）的价值［W_2］；

---

① 《马克思恩格斯文集》第 1 卷，人民出版社 2009 年版，第 67 页。
② 《马克思恩格斯文集》第 1 卷，人民出版社 2009 年版，第 82 页。

（2）企业的生产设施（即硬性生产资料）的价值，这是传统价值理论所认为的不变资本的价值，用 C_3 表示；

（3）企业中的生产工人创造的自身价值，用 V_3 表示；

（4）企业中的生产工人创造的剩余价值，用 m'_3 表示。

如果企业产品的价值用 W_3 表示，那么它的价值构成可用公式表示为：

$$W_3 = W_2 + C_3 + V_3 + m'_3 \qquad （公式6）$$

在"科技—经济"一体化的现代市场经济社会中，由于企业主或资本家进行社会生产的目的，就是追求最大化的经济价值或经济效益，因此在企业产品的价值构成中，C_3、V_3 和 m'_3 三部分价值都必须且能够在该产品的价格中直接显示出来（这也是传统价值理论的基本观点），即能够在经济社会中加以实现。但是，对于应用开发性技术成果即软性生产资料的价值 W_2 来说，由于人们"习惯"使然，企业主或资本家在计算企业产品的"价格"时，只考虑购买软性生产资料的成本，而不管其中的价值，也就是只将该技术成果的价格 A_2 计算在内。这样，企业主或资本家生产出的企业产品的价格是由 C_3、V_3、m'_3 和 A_2 来构成的。如果将该企业产品的价格用 A_3 来表示，那么可得到下面的公式：

$$A_3 = A_2 + C_3 + V_3 + m'_3 \qquad （公式7）$$

根据马克思劳动价值论的基本原理来分析，如果企业主或资本家将该企业产品以价格 A_3 来出售，根据市场经济的"等价交换"原则，那么从一般意义上讲，肯定是能够成功的。若如此，企业主或资本家便能够收回其成本 A_2、C_3 和 V_3，而且获得了企业中"在场的"生产工人所创造的剩余价值和 m'_3。

但是，在现实的市场经济社会中，企业主或资本家是不会以价格 A_3 来出售该企业产品的。这是因为，该企业产品的实际价值是 W_3 而非 A_3。也就是说，该企业产品的实际价值不仅包括了 C_3、V_3 和 m'_3，而且还包括了应用开发性技术成果的价值 W_2（在现实性上，它伴随该技术成果并入企业的生产过程，已经转移到该企业生产的产品之中，而成为该企业产品的价值）。根据市场经济的"等价交换"的原则，企业主或资本家以 W_3 出售该企业产品也是能够成功的。若是这样，企业主或资本家不仅收回了成本 A_2、C_3 和 V_3，也不仅获得了生产工人创造的剩余价值 m'_3，而且更为重要的是还获得了超出生产工人创造的剩余价值 m'_3 的另一部分价值或利润。

根据分析上述的公式可以知道，这部分超出的生产工人创造的剩余价值或利润的另一部分价值或利润，如果用 M_1 表示，那么得到公式：

$$M_1 = W_3 - A_3 = W_2 - A_2 = W_1 - A_1 = W_0 + m_1 \qquad （公式8）$$

根据公式8可知，企业主或资本家获取的超出生产工人创造的剩余价值之外的剩余价值或超额利润，正是基础性理论成果的价值即"科学价值库"中的价值在社会经济系统中得到表现的结果，简言之，是"科学价值库"的价值经过两步"孵化"的结果。这时，科学和技术的价值肯定不再像恩格斯批判当时资产阶级经济学家所认为的那样是"无足轻重的要素"了，而对于社会主义市场经济条件下的现代政治经济学家来说，则是必须重点考虑、认真分析的意义重大的要素。

这也就是说，恩格斯在他处的时代背景下所作出的科学预言——在一个超越利益的分裂的合理社会状态下科学作为"精神要素自然会列入生产要素，并且会在经济学的生产费用项目中找到自己的位置。到那时，人们自然会满意地看到，扶植科学的工作也在物质上得到报偿"[1]，在这里得到了证实，在这里彰显出巨大的经济学意义。

二、生产劳动与企业产品价值构成的三重性特征

通过上述的考察分析，在显示出恩格斯科学预言的重大意义之同时，也显示出现代科技型企业通过生产劳动所生产的企业产品，在价值构成上是相当复杂的。这种复杂性，主要体现企业产品在价值构成上不仅包括传统的物质生产资料即不变资本转移的价值、"在企业现场的"生产工人创造的自身价值和剩余价值，而且包括"准在场的"技术人员的劳动创造的技术价值（在此主要是指技术的显在价值），除上述两部分价值之外，还包含着"科学价值库"的价值经过两步"孵化"转移到企业产品的价值。这也就是说，现代科技型企业生产的产品，在价值构成上表现出三重性的特征，体现为由三个层面的价值来源所构成。

第一重，特征所体现的是现代科技型企业在现象层面上的价值构成，这

---

[1] 《马克思恩格斯文集》第1卷，人民出版社2009年版，第67页。

是传统价值理论所揭示的在企业现场的生产工人与物质生产资料（即硬件生产资料）结合所生产的价值，它是由物质生产资料即不变资本转移到企业产品中的价值 C_3、生产工人通过生产劳动创造的自身价值 V_3 和剩余价值 m'_3 这三部分价值构成的。在这层面上的价值构成，传统的生产劳动创造价值论对其进行了深入系统的研究。

第二重，特征所体现的是现代科技型企业在深层次上的价值构成，这是现代科技型企业"准在场的"技术人员与技术研发设施等硬性生产资料及图书情报资料等软性生产资料结合所生产的技术成果的显在价值，它通过现代科技企业的第二步孵化转移到企业产品中，表现为企业产品在价值构成上，除包括 C_3、V_3 和 m'_3 三部分价值之外，还包括技术成果的显在价值即 A_2。这也就是现代科技型企业的技术劳动创造价值论所揭示的技术价值来源在企业产品的价值构成上的体现。

第三重，特征所体现的是现代科技型企业在更深的层次上的价值构成，这是现代科技型企业"不在场的"科学人员与科学研究设施等硬性生产资料及图书情报资料等软性生产资料结合所生产的科学成果的价值，它通过现代科技型企业的两步孵化转移到企业产品中，表现为企业产品在价值构成上，除了包括 C_3、V_3、m'_3 和 A_2 之外，还包括技术成果的潜在价值即潜伏在技术成果中并伴随该技术成果在企业生产中运用而转移到企业产品中的"科学价值库"的价值 $[W_0+m_1]$。这也就是现代科技型企业的科学劳动创造价值论所揭示的科学价值来源在企业产品的价值构成上的体现，实质上就是"科学价值库"的价值通过现代科技型企业的两步"孵化"在企业产品的价值构成上的体现。

由于传统的劳动价值论和剩余价值理论将价值和剩余价值的生产仅仅划定在物质生产领域，把科学和技术仅仅看作包含在不变资本中的价值和剩余价值生产的条件，因此只研究企业组织物质生产劳动时的价值和剩余价值的生产，在企业产品的价值构成上只考虑第一个层面即现象层面上的价值来源，这样也就将企业产品的所有价值都看作由物质生产劳动生产的。若仅从现象层面来看，的确是这样的，但深入现代科技型企业的内部便有另一番景象。因为现代科技型企业不再将科学和技术作为不变资本，即不再将科学和技术作为企业进行价值和剩余价值生产的物质生产资料即生产条件，而是把科学和技术作为现代科技型企业"整个生产劳动过程"的内在因素，直接地将科学产品和技术产品的生产过程即科学劳动过程和技术劳动过程作为其"整个生产劳动过程"核心构成环节。

这样，现代科技型企业所生产的产品便有了三个层面的价值来源，这直接导致了企业产品在价值构成上表现为三重性，依次展现为：（1）现代科技型企业"在场的"生产工人的劳动所生产的价值；（2）现代科技型企业"准在场的"应用开发性技术人员的劳动所生产的价值；（3）现代科技型企业"不在场的"基础性科学人员的劳动所生产的价值。这也就是"科学价值库"中的价值，经过现代科技型企业的两步"孵化"之后，企业产品价值构成的三重性之本质所在。

三、"科学价值库"的价值"孵化机制"模型

通过上述的分析发现，某个历史时期"科学价值库"中价值的"孵化"机制，实际上是从事基础性理论研究的科学人员"甲"所处的历史时期的"科学价值库"中价值的孵化程序。换言之，公式 8 所反映出来的在社会经济系统中孵化的"科学价值库"的价值 $[W_0+m_1]$，实际上是从事基础性理论研究的科学人员"甲"所处的历史时期的"科学价值库"中的价值，借助于该时期应用开发性研究向其技术成果转移，然后再通过应用开发性技术成果并入企业生产向其产品转移，最终在社会经济系统中表现出来的结果。

如果考虑到"科学价值库"中价值的累加效应，在"甲"之后从事基础性理论研究的科学人员"乙"所处的历史时期，"科学价值库"中的价值是 $W_0+m_1+m_2$。依据上述对某个历史时期"科学价值库"中价值的孵化机制的分析将会发现，科学人员"乙"所处的历史时期的"科学价值库"中的价值，同样借助于该时期应用开发性研究向其技术成果转移，然后再通过应用开发性技术成果并入企业生产向其产品转移，最终在社会经济系统中孵化出来；而孵化出来的"科学价值库"中的价值（用 M_2 表示），从纯理论的角度来看，必定是该时期"科学价值库"中的价值即 $W_0+m_1+m_2$。用公式表示为：

$$M_2 = W_0+m_1+m_2 \qquad (公式9)$$

以此类推，在"乙"之后从事基础性理论研究的科学人员"丙"所处的历史时期，"科学价值库"中的价值是 $W_0+m_1+m_2+m_3$，因此在科学人员"丙"所处的历史时期借助于"科学价值库"中价值的孵化机制所孵化出来的价值（用 M_3 表示），从纯理论的角度来看，也必定是该时期"科学价值库"中的价值即 $W_0+m_1+m_2+m_3$。用公式表示为：

$$M_3 = W_0+m_1+m_2+m_3 \tag{公式 10}$$

同理可知，在"丙"之后从事基础性理论研究的科学人员"丁"所处的历史时期，"科学价值库"中的价值是 $W_0+m_1+m_2+m_3+m_4$，因此在科学人员"丁"所处的历史时期借助于"科学价值库"中价值的孵化机制所孵化出来的价值（用 M_4 表示），从纯理论的角度来看，也必定是该时期"科学价值库"中的价值即 $W_0+m_1+m_2+m_3+m_4$。用公式表示为：

$$M_4 = W_0+m_1+m_2+m_3+m_4 \tag{公式 11}$$

依据上述的推理过程，将不难归纳出在某个历史时期之后的第"n"个历史时期的"科学价值库"中的价值是 $W_0+m_1+m_2+m_3+\cdots\cdots+m_n$。在第"n"个历史时期借助于"科学价值库"中价值的孵化机制所孵化出来的价值（用 M_n 表示），就是该时期"科学价值库"中的价值即 $W_0+m_1+m_2+m_3+\cdots\cdots+m_n$。其中，n 为大于或等于 1 的正整数。因此，也就得到了如下公式：

$$M_n = W_0+m_1+m_2+m_3+\cdots\cdots+m_n \tag{公式 12}$$

如此这般，在不同的历史时期"科学价值库"中的价值的孵化结果，表现为以下的价值累加的现象，如图 9-2 所示。

归纳该图示所呈现出来的推理过程，将得到各个不同历史时期"科学价值库"中价值的孵化模型，即为：

$$M = W_0+m_1+m_2+m_3+\cdots\cdots+m_n+\cdots\cdots$$
$$= W_0+\sum m_n \tag{公式 13}$$

公式 13 就是各个不同历史时期"科学价值库"中价值的孵化结果的数学表达式，即"科学价值库"中的价值"孵化"模型，也可简称为科学价值的"孵化"模型。在该模型中，M 表示某个历史时期在社会经济系统中孵化出来的"科学价值库"中的价值总量，W_0 表示某个历史时期前人创造的理论科学成果的价值量，$\sum$ 表示各个相加项之和，m_n 表示第

$$\rightarrow \cdots\cdots$$

$$\rightarrow M_1 = W_0 + m_1 \text{（科学人员"甲"所处的历史时期所孵化出的科学价值）}$$

$$\rightarrow M_2 = W_0 + m_1 + m_2 \text{（科学人员"乙"所处的历史时期所孵化出的科学价值）}$$

$$\rightarrow M_3 = W_0 + m_1 + m_2 + m_3 \text{（科学人员"丙"所处的历史时期所孵化出的科学价值）}$$

$$\rightarrow M_4 = W_0 + m_1 + m_2 + m_3 + m_4 \text{（科学人员"丁"所处的历史时期所孵化出的科学价值）}$$

$$\rightarrow \cdots\cdots$$

$$\rightarrow M_n = W_0 + m_1 + m_2 + m_3 + m_4 + \cdots\cdots + m_n \text{（科学人员"n"所处的历史时期所孵化出的科学价值）}$$

$$\rightarrow \cdots\cdots$$

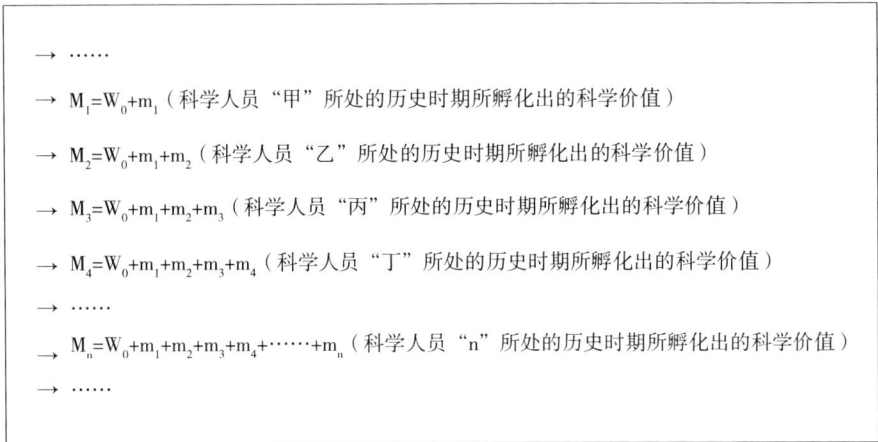

图 9-2 "科学价值库"在不同历史时期的价值孵化结果示意图

"n"代科学人员所创造的基础性理论科学成果的价值量，n 表示从 1 到∞的正整数。

那么，这一"科学价值库"中的价值"孵化"模型，所反映出的实际意义就在于："科学价值库"中的价值即基础性理论科学成果的价值，伴随应用开发性研究的进行向其技术成果中转移，尔后伴随着应用开发性技术成果并入企业生产过程并通过企业生产向其产品中转移，最终在社会流通中孵化出来，表现为超出生产工人创造的剩余价值的"剩余价值"，即"超额"的剩余价值或"超额"的利润。这也就是恩格斯所预言的科学的价值不再是"一个对经济学家来说当然是无足轻重的要素"之意义所在了。

对于现代科技型企业而言，科学的价值生产已经成为它的核心，因为在"科学技术是第一生产力"的现代市场经济社会中，科学是"科技第一生产力"的第一生产力。在此意义上，现代科技型企业不仅要注重企业产品的价值生产，也不仅注重技术产品的价值生产，更要注重科学产品的价值生产，进而形成以科学产品的价值生产为核心、以技术产品的价值生产为中介、以企业产品的价值生产为途径的价值生产网络模式，这便是"科技第一生产力"分析范式对现代科技型企业整个价值生产的总体要求。

第五节 "科学价值库"及价值孵化与 科技型企业的剩余价值生产论

在"科技—经济"一体化的现代市场经济社会中,科技型企业的"整个生产劳动过程"表现出整体系统性和跨时空性的内在统一性。由此总特征所决定,对科技型企业的价值生产和运行进行系统分析和理论建构,既要在"科技第一生产力"分析范式基础上深入其"整个生产劳动过程"各个环节的价值生产和运行进行考察分析,还要在"科技第一生产力"分析范式基础上将其"整个生产劳动过程"各个环节的价值增殖过程相统一,创立现代科技型企业的剩余价值生产理论,进而推动马克思物质生产方式基础上的剩余价值理论的发展。因此,当在"科技第一生产力"分析范式基础上深入现代科技型企业的"整个生产劳动过程",依次考察了作为第一生产力的科学的价值劳动创造和"科学价值库"的价值生产和价值累加、技术劳动创造价值和生产劳动创造价值及其"科学价值库"的价值"孵化机制"之后,还应当在此基础上进一步考察分析科技型企业的剩余价值生产,揭示科技型生产方式下企业的价值增殖之实质。

一、科技型生产方式下剩余价值生产的发展态势

在以科技型生产方式为基础的现代市场经济社会中,马克思的剩余价值规律、剩余价值生产方法和资本无限积累原则仍然是其基本的规律、方法和原则。同时,现代科技型生产方式下剩余价值生产,与物质生产方式下的剩余价值生产相比较,在发展态势上发生了深刻的变化,尤其是剩余价值生产的方法和途径呈现出新的变化。

(一)现代科技型生产方式下的剩余价值规律和马克思的剩余价值生产方法

马克思在考察资本主义物质生产方式以及与它相适应的生产关系和交换关系时,提出了资本主义的基本经济规律就是剩余价值规律,认为资本主义的生产目的和动机就是最大限度地、无止境地追求和攫取剩余价值,并且明

确地指出："生产剩余价值或赚钱,是这个生产方式的绝对规律。"① 而剩余价值尽管在流通中实现但不可能在流通中产生,它只能产生于资本主义的生产过程,在生产过程中产生的剩余价值进一步转化为资本,即剩余价值的资本化就是资本积累,由于当时的产业资本主要表现为以机器大工业设备为主的物质资本,因此马克思得出了资本将不可逆转地不断积累并且原则上是没有数额限制的结论,这一结论也被称为"无限积累原则"。马克思在当时提出的剩余价值规律和资本"无限积累原则表现出其深邃的洞察力,它对于21世纪的意义毫不逊色于其在19世纪的影响"②。也就是说,马克思在考察物质生产方式基础上的资本主义经济社会时得出的剩余价值规律和资本无限积累原则,同样适合于"科技—经济"一体化背景下现代科技型生产方式基础上的现代市场经济社会,并且发挥着越来越重大的作用。

同时应当看到,从马克思所处的时代进入21世纪的新时代,经济社会已经发生了深刻变化,原来的物质生产方式发展为现代的科技型生产方式,在此基础上的各种经济关系也发生了相应的深刻变化,尤其是剩余价值的生产方式和方法发生了巨大的转变。若不深刻地考察分析这一巨大转变并大力推进马克思剩余价值理论的发展,就难以应对"科技—经济"一体化的社会背景下来自现实和理论两方面对马克思剩余价值理论的挑战:在科技型生产方式的现实维度上,"无法解释现代社会自动化机器设备和机器人的广泛使用,物化劳动大幅度增加,活劳动急剧减少,但是全社会新增加价值和剩余价值并没有减少,反而增加的这种实际形态"③;在学术理论探讨维度上,国内外诸多学者对马克思剩余价值理论的批判、质疑乃至否定,如马尔库塞认为,现代科技的迅速发展和广泛应用而使企业生产逐步实现自动化、智能化,"使花费在劳动中的体力的数量和强度日益减少",这种变化"一笔勾销了马克思的'资本有机构成'概念和关于剩余价值形成的理论";④ 哈贝马斯也认为,"当科学技术的进步变成一种独立的剩余价值的来源时,在非

---

① ［德］马克思:《资本论》第1卷,人民出版社2004年版,第714页。

② ［法］托马斯·皮凯蒂:《21世纪资本论》,巴曙松、陈剑等译,中信出版社2014年版,第11页。

③ 马艳:《马克思主义经济学假定条件的现代修正及理论创新——基于劳动条件假定的分析》,《学术研究》2007年第7期,第72页。

④ ［美］马尔库塞:《单向度的人》,张峰、吕世平译,重庆人民出版社1988年版,第22、26页。

熟练的（简单的）劳动力的价值基础上来计算研究和发展方面的资产投资总额，是没有多大意义的；而同这种独立的剩余价值来源相比较，马克思本人在考察中所得出的剩余价值来源，即直接的生产者的劳动力，就愈来愈不重要了"①。在这样的情况下，"一些反马克思主义流派，不约而同地宣称马克思的剩余价值理论已经'过时了'"②。其根本的原因，如托马斯·皮凯蒂在《21世纪资本论》中所言："马克思完全忽视了持久技术进步的可能性以及稳定增长的生产率，这些在一程度上可以作为平衡私人资本积聚进程的重要因素。"③

事实并非完全像托马斯·皮凯蒂在《21世纪资本论》中所说的那样，因为马克思在考察剩余价值的生产时指出，资本家最大限度地追求和攫取剩余价值的具体方法是多种多样的，但概括起来主要有两种基本的方法和途径：一是绝对剩余价值的生产；二是相对剩余价值的生产。在考察绝对剩余价值的生产时，马克思的确没有技术进步的因素，这是由绝对剩余价值的内涵规定所决定的。在马克思看来，在剩余价值的生产过程中，生产工人的工作日或劳动时间一开始就分成必要劳动时间和剩余劳动时间这两个组成部分，在必要劳动时间内生产工人再生产劳动力自身的价值，而在剩余劳动时间内生产工人无偿地为资本家生产剩余价值。资本家为了达到缩短必要劳动时间、延长剩余劳动时间、提高剩余价值率之目的，就必须采取各种各样的方法和途径。在必要劳动时间、劳动强度和科技运用水平一定的条件下，工作日越长，剩余劳动时间也就越长，资本家从生产工人身上榨取的剩余价值也就越多，从而剩余价值率也就越高。而在工作日和科技发展运用水平一定的条件下，资本家还可以用提高生产工人的劳动强度的方法，使生产工人在一个工作日中支出更多的劳动量，这实际上是变相地延长了工作日，它同样地缩短生产工资的等价物的时间，缩短必要劳动时间，进而达到延长剩余劳动时间、提高剩余价值率之目的。这种依靠绝对延长生产工人的工作日和依

① ［德］哈贝马斯：《作为"意识形态"的技术和科学》，李黎、郭官义译，学林出版社1999年版，第62页。
② 李楠：《马克思剩余价值理论与当代社会》，《马克思主义研究》2003年第2期。
③ ［法］托马斯·皮凯蒂：《21世纪资本论》，巴曙松、陈剑等译，中信出版社2014年版，第10页。

靠提高生产工人的劳动强度来提高剩余价值率的方法和途径，称之为绝对剩余价值的生产，这种剩余价值被称之为绝对剩余价值。但是，马克思在考察相对剩余价值的生产时，已经关注技术进步的因素，甚至洞察到了科学发展的因素，认为"劳动生产力是随着科学和技术的不断进步而不断发展的"①，科学和技术是改进剩余价值生产方法不可缺少的关键性前提条件，科技隶属资本成为资本积累和扩大再生产的内在核心要素，科学如同自然力一样在资本主义生产中是"不费分文"的生产力等。也正因如此，马克思没有在相对剩余价值的生产中把科学的价值纳入其中，而只把科学作为其不可或缺的社会生产条件，并且指出"只有在劳动共和国里面，科学才能起它的真正的作用"②。

毋庸讳言的是，在马克思剩余价值生产的两种方法中，绝对剩余价值的生产是剩余价值生产的基础和核心，因为只有当工作日绝对延长到必要劳动时间以上时，资本家才有可能占有工人的剩余劳动而获得剩余价值；而相对剩余价值的生产则是以绝对剩余价值的生产为起点的进一步拓展，因为资本家缩短必要劳动时间和相应地延长剩余劳动时间，必须以工作日分为必要劳动时间和剩余劳动时间为前提。正因如此，绝对剩余价值的生产和相对剩余价值的生产作为剩余价值生产的两种基本方法，在实质上是一致的，二者都是延长了剩余劳动时间而使资本家获得了剩余价值。同时，由于马克思在当时考察绝对剩余价值的生产时没有涉及科学和技术的因素，在考察相对剩余价值的生产时尽管已经关注技术进步的因素并洞察到科学发展的因素，但是将科学看作"不费资本分文"的生产力而没有科学的价值在剩余价值中体现出来，因此才有了马尔库赛和哈贝马斯等西方学者得出"过时"的结论，才有了托马斯·皮凯蒂在《21世纪资本论》中所谓的"马克思完全忽视了持久技术进步的可能性以及稳定增长的生产率"的断言。在此意义上，应当准确判断现代科技型生产方式下剩余价值生产的发展态势。

（二）现代科技型生产方式下的绝对剩余价值生产趋向终结

在科技型生产方式基础上的现代市场经济社会中，科技创新和科技应用

① ［德］马克思：《资本论》第1卷，人民出版社2004年版，第698页。
② 《马克思恩格斯文集》第3卷，人民出版社2009年版，第204页。

已经成为现代科技型企业发展的应有之义和基本趋向。在这样的情况下，不管是绝对延长生产工人的工作日，还是无限度地提高生产工人的劳动强度，都是难以做到的，而且在现代科技型企业中生产工人的工作日在不断地减少，生产工人的劳动强度也不比以往有所增加，因此绝对剩余价值的生产方法已经不能成为资本家或企业主提高剩余价值率、实现利润最大化的现实选择了。在我国传统政治经济学理论看来，生产工人的工作日的绝对延长和劳动强度的无限提高，受到三个因素的限制：一是受生理因素的限制。因为一昼夜是24小时，工人不可能用这全部的时间从事劳动，必须有一定的时间来满足其生理的需要，必须用一定的时间来吃饭、休息、睡眠等。同时，生产工人不可能长期处于一种超强度的劳动紧张状态，一段紧张的劳动之后，必须进行体力的补充和精神的放松。因此，受生理因素的限制，工作日的延长和劳动强度的提高，是有其限度的。二是受社会道德因素的限制。除了生理的因素之外，工人还要有一定的时间用于满足精神文化生活和社会活动的需要，这些需要的多少是由一定的社会文化状况和社会道德水平所决定的。尽管资本的本性是追求利润的最大化，但只要超出了一定社会的文化水准和道德要求，必然会受到社会的谴责和限制。三是受社会法律制度的限制。从目前来看，不管是实行资本主义市场经济的国家，还是实行社会主义市场经济的国家，都在不同程度上注重从社会法律制度方面限制生产工人工作日的绝对延长和劳动强度的无限提高。一般而言，在资本主义市场经济的国家，工作日的实际长度取决于无产阶级和资产阶级之间力量的对比和斗争。而在实行社会主义市场经济模式的中国，工作日的实际长度更多的是取决于社会主义制度的优越性。在建设中国特色的社会主义进程中，在道德层面和制度建设方面更加注重保护生产劳动者的权益。对于社会主义市场经济中的企业而言，更加应当科学、合理地规定工人的工作日长度和劳动强度。

除了上述三方面的因素之外，更为重要和更为根本的因素是科技型生产方式下科技的创新、发展和应用的水平。因为科技的创新、发展和应用为生产工人工作日的缩短和劳动强度的减轻提供了现实的可能性。由于资本家或企业主把雇佣工人的工作日（劳动时间）延长到必要劳动时间（补偿劳动力价值所需要的劳动时间）以上才能产生剩余价值，否则是不可能产生剩余价值的。而没有剩余价值的产生，资本家或企业主也就不可能进行生产。

无论是受生理因素的限制，还是受社会道德因素的限制，甚至还是受社会法律制度的限制，都必须保证雇佣工人的工作日超过必要劳动时间，进而产生剩余劳动时间，资本家或企业主才能进行生产。生理因素的限制、社会道德因素的限制和社会法律制度的限制，也许在资本主义商品经济发展的初期，对于缩短雇佣工人的工作日和减轻其劳动强度发挥一定的作用。但在资本主义商品经济发展相对成熟的历史时期，这些因素的限制仅仅为缩短雇佣工人的工作日提供了抽象的可能性，因为无论怎样限制，都必须保证雇佣工人的工作日超过必要劳动时间才能进行剩余价值的生产。而要使这种抽象的可能性转化为现实的可能性，达到既缩短雇佣工人的工作日又保证产生剩余劳动时间之双重目的，就必须大大缩短必要劳动时间。实现这一目的的唯一路径和方法，就是进行科技创新，发展科技，应用科技，提高劳动生产率。从这个意义上来讲，科技的创新、发展和应用是缩短生产工人的工作日和减轻其劳动强度的最根本的因素。

从资本主义发展的历史维度来看，资产阶级不仅依靠经济的强制，而且依靠国家的暴力，曾经把工作日延长到惊人的程度。在 18 世纪后期到 19 世纪前期，英国工人的工作日长达 12—14 小时，有的还更长。旧中国工人的工作日之长更是世界上少有的，一般的是 12 小时，有的长达 17—18 小时，甚至达 20 小时。[①] 正是依据生理因素、道德因素的限制，无产阶级为了缩短工作日，与资产阶级进行了长期的斗争。1866 年 9 月，第一国际日内瓦大会提出以下要求："法律限制劳动时间是一个前提条件，没有这个条件，改善和解放工人阶级的进一步企图必然是要夭折的。大会建议 8 小时应是法定的工作日界限。"此后不久，美国工人在巴尔的摩召开大会，提出了同样的 8 小时工作制要求。1871 年到 1890 年，法国 13% 的罢工都是要求缩短工时。贸易和工会联合会 1886 年在美国芝加哥大会上，建议以 5 月 1 日作为争取 8 小时工作制的行动日。1889 年在巴黎召开的国际社会主义大会决定 1890 年各国在 5 月 1 日组织示威，支持 8 小时工作制。尽管各国乃至国际工人阶级的组织强烈呼吁和建议缩短雇佣工人的工作日，尽管也提出了在今天看来是较为合理的 8 小时工作制的方案，但是由于当时的科技创新、发展和

---

① 宋涛主编：《政治经济学教程》第六版，中国人民大学出版社 2005 年版，第 60 页。

应用的水平有限，这种方案在当时不足以产生充足的剩余劳动时间，不足以满足资本家或企业主获取剩余价值的需要，因此这种看似合理的方案迟迟不能实施。直到 20 世纪 20 年代，由于科技的创新、发展和应用得到长足的发展，8 小时工作制足以保证产生充足的剩余劳动时间，足以满足资本家或企业主获取大量的剩余价值，才终于得到了普遍实行。正是这一缘故，1930 年国际劳工组织规定"工作日以 8 小时为限，每周不超过 48 小时"的方案才能被资本家或企业主所接受，1948 年人权宣言中宣称的"每个人都有休息和休闲权，包括合理限制工作时间和定期的带薪假期"才有了实现的可能性。[①]

正是由于科技创新、科技发展和科技应用的水平在不断地提升，现代科技型企业的劳动生产率在不断地提高，二战之后资本家或企业主在获取大量剩余价值的情况下，雇佣工人的平均工时呈现出不断减少的趋势。据有关资料显示："现在英国全日制的工人每周平均劳动 43.7 小时"，"西欧的平均数是 40.4 小时"，"根据 1998 年美国劳动部的报告，全日制职工大多数每周工作 5 天，每天 8 小时，这就是周工时 40 小时的制度……在蓝领工人中，79%的人每周工作 37.5 到 40 小时，超过 40 小时的只占 6%，10%的人在周工时 30 小时到 37.5 小时之间"，"法国议会 1998 年通过关于减少工时的倾向激励法，提出减少工时的原则……事实上，法国已实行 35 小时周工时"，"现在丹麦、法国、德国、希腊、匈牙利、爱尔兰、意大利、卢森堡、荷兰和英国的法定最高周工时是 48 小时；奥地利、芬兰、挪威、葡萄牙、斯洛伐克、西班牙、瑞典是 40 小时；比利时是 30 小时"，等等。更有甚者，"在 19 世纪末和 20 世纪 30 年代，拉法格和罗素就分别提出雇佣工人的劳动时间可以缩减到每天 3 至 4 小时"的观点。[②]

自改革开放以来，伴随着中国特色社会主义市场经济的发展，中国的科技创新、科技发展和科技应用的水平在不断的提高，因此中国的企业在不影响其效益的前提下，工人的劳动时间也呈现出相对减少的趋势。1995 年以前，中国企业实行每周 6 天的 8 小时工作制，而"从 1995 年起实行 5 天工

---

① 陈鲁直：《民闲论》，中国经济出版社 2005 年版，第 117—118 页。
② 陈鲁直：《民闲论》，中国经济出版社 2005 年版，第 181—182、184—185、198 页。

作制，1999 年 10 月起又实施'春节'、'五一'、'十一'，三个长假日——实现了西方国家花了 100—200 年的时间才达到的境地。目前，中国已有法定假日 114 天（不包括'8 小时工作'以外的时间）。其中一部分群体的闲暇时间拥有量更多"①，比如国有企业中的管理劳动者、技术研发劳动者等享有"带薪休假制度"等。

从世界范围来看，只要是实行商品经济或市场经济的国家，不管是实行资本主义市场经济模式的国家，还是实行社会主义市场经济模式的国家，由于科技创新、发展和应用水平的提高，企业中生产工人的工作日都在不同程度上呈现出不断减少的趋势。在这样的背景下，绝对剩余价值的生产方法已经不能成为资本家或企业主提高剩余价值率、实现利润最大化的现实选择了。从这个意义上讲，"科技—经济"一体化背景下科技的发展和应用将使现代科技型企业的绝对剩余价值生产趋向终结，甚至在相当高的程度上科技的创新、发展和应用终结了现代科技型企业的绝对剩余价值的生产。

（三）现代科技型生产方式下的超额剩余价值和相对剩余价值生产趋向主流

杰里米·里夫金在《工作的终结》一书的导言中指出："信息时代来到了，在未来的岁月里，新的更复杂的软件技术将使世界文明更加接近于几乎无工人的世界。在农业、制造业和服务业中，机器在迅速地取代人的劳动，到 21 世纪中叶，世界经济将接近完全自动化生产。大规模地以机器取代工人的情况将迫使每个国家重新考虑人类在社会发展中的作用。"② 当然，"工作的终结"只是一个"预言"，其深层含义在于，在"科技—经济"一体化的现代生产方式下，科技的创新、发展和在经济社会中的运用，改变了传统的生产方式，一个以科技的创新、发展和应用为核心的、以生产的自动化智能化为标志特征的新的经济时代已经或即将到来。在这样的一个时代，传统意义上的剩余价值的生产方法、方式已经并继续发生重大的转变。具体到这一研究的课题就是，伴随着科技创新的进程以及由此所导致的工人的劳动时间的缩短取向，它使现代科技型企业的绝对剩余价值生产趋向终结的同时，

---

① 马惠娣：《走向人文关怀的休闲经济》，中国经济出版社 2004 年版，第 257 页。

② ［美］杰里米·里夫金：《工作的终结——后市场时代的来临》，王寅通译，上海译文出版社 1998 年版，《导言》第 1 页。

相应地却使现代科技型企业的超额剩余价值生产特别是相对剩余价值生产趋向主流。

大家知道，在工作日一定和劳动强度不变的条件下，甚至是在工作日相对减少和劳动强度相对减轻的情况下，资本家或企业主通过科技创新、管理创新和制度创新（事实上，管理创新和制度创新是管理学、经济学、政治学等社会科学在生产中的运用结果，属于广义的科技创新的范畴，因此在不作特殊说明的情况下，科技创新包括管理创新、制度创新），变革劳动过程的科技条件和生产要素的组合方式，提高劳动生产率，降低生活资料的价值，从而降低劳动力的价值，进而达到缩短必要劳动时间、延长剩余劳动时间、提高剩余价值率之目的。这种在运用科技提高劳动生产率的前提下生产剩余价值并达到提高剩余价值率的方法和途径，称之为相对剩余价值的生产，这种剩余价值被称之为相对剩余价值。对现代科技型企业而言，只有变革劳动过程的科学技术条件和生产要素的组合方式，通过科技创新和管理创新提高劳动生产率，降低生活资料的价值，从而降低劳动力的价值，才能缩短必要劳动时间，才能生产相对剩余价值。相对剩余价值的生产，是整个社会劳动生产率提高的结果，进一步讲是社会上所有企业普遍地通过吸纳科学技术，改进生产的科学技术条件，提高劳动生产率的过程来实现的。

在"科技—经济"一体化的现代市场经济社会中，通过科技创新而采用先进科技的企业中的劳动是生产力特别高的劳动。而"生产力特别高的劳动起了自乘的劳动的作用，或者说，在同样的时间内，它所创造的价值比同种社会平均劳动要多"[①] 在现实的经济运行过程中，劳动生产率的提高总是从个别科技型企业开始的。个别科技型企业的资本家或企业主为了获取更多的剩余价值，在不能延长生产工人的工作日和减轻其劳动强度的情况下，只能千方百计地通过科技创新，通过采用新的科技成果来改进个别科技型企业的科技条件和生产要素的组合方式，提高劳动生产率，这样就能缩减个别科技型企业生产工人的必要劳动时间，相应地延长其剩余劳动时间，获得比其他资本家或企业主更多的剩余价值。个别科技型企业通过科技创新提高劳动生产率所获得的比其他资本家更多的剩余价值，就是超额剩余价值。

① ［德］马克思：《资本论》第 1 卷，人民出版社 2004 年版，第 370 页。

一般而言，个别科技型企业获取超额剩余价值只是一种暂时的现象，因为所有资本家和企业主为了获得比其他企业更多的剩余价值即超额剩余价值，总是在条件许可和力所能及的前提下争先恐后地通过科技创新的途径，采用先进的科技成果来革新其科技条件和生产要素的组合方式，提高劳动生产率。这样一来，原来先进的个别生产条件变成了一般的生产条件，原来个别科技型企业的劳动生产率的提高变成了整个社会科技型企业的劳动生产率的普遍提高，原来个别科技型企业通过科技创新缩短必要劳动时间、延长剩余劳动时间变成了社会所有科技型企业通过科技创新缩短必要劳动时间、延长剩余劳动时间。其结果，超额剩余价值在个别科技型企业那里消失了，但在整个社会的科技型企业那里却普遍地获得了相对剩余价值。

由此可见，在"科技—经济"一体化的现代市场经济社会中，资本家为了达到缩短必要劳动时间、延长剩余劳动时间、提高剩余价值率之目的，就必须采取各种各样的方法和途径，其基本的方法、途径就是绝对剩余价值的生产和相对剩余价值的生产。一方面，由于在"科技—经济"一体化的现代市场经济社会中，科技创新、发展和应用水平的提高，科技型企业中生产工人的工作日都在不同程度上呈现出不断减少的趋势，因此绝对剩余价值的生产已经不能成为资本家或企业主提高剩余价值率、实现利润最大化的现实选择了。在这样的情况下，超额剩余价值的追逐、相对剩余价值的生产相应地就成为资本家或企业主不得已的选择了，这在大力推进创新驱动战略的新时代背景下显得尤其突出，因为除此之外，别无其他方法可以选择了。另一方面，在"科技—经济"一体化现代市场经济社会中，科技创新、发展和应用水平的提高，使现代科技型企业相对剩余价值的生产具有了现实可能性，并且相对剩余价值的生产对于拥有现代科技型企业的资本家或企业主来说就显得特别重要，因为资本家或企业主只有通过科技创新提高劳动生产率进而进行相对剩余价值的生产，才能在生产工人的工作日日趋缩短和劳动强度日趋减轻的情况下达到获取更多剩余价值的目的。也就是说，伴随科技创新水平的提高以及由此导致的生产工人工作日日趋缩减和劳动强度日趋减轻的现代经济社会中，资本家或企业主提高剩余价值率、实现利润最大化的唯一方法和途径，就是通过相对剩余价值的生产来最大限度地获取相对剩余价值。正是在这个意义上讲，在"科技—经济"一体化的现代市场经济社会中，科技的创新、发展和应用使现代科技型企业的相对剩余价值生产成为其主流的方式、方法。

（四）适应发展态势，创立科技型企业的剩余价值生产新理论

通过上述的分析可见，在"科技—经济"一体化的现代市场经济社会中，伴随科技创新、发展和应用水平的提高，现代科技型企业的绝对剩余价值生产趋向终结，而其超额剩余价值和相对剩余价值的生产趋向主流。现代科技型生产方式下剩余价值生产的这一发展态势，为在"科技第一生产力"分析范式基础上创立现代科技型企业的剩余价值生产新理论提供了现实基础。同时，伴随科技创新、发展和应用水平的进一步提升，特别是自2013年4月德国颁布《关于实施工业4.0战略的建议》白皮书而标志着工业4.0的概念正式诞生以来，现代科技型生产方式进一步发展，这一发展导致科技型企业越来越趋向于一种特殊的、但代表着未来发展走向的状态，这就是科技高度发展和现实运用的典型形式——自动化、智能化的"无人工厂"，这将使科技型企业大量使用"机器人"而使企业现场达到"几乎无人"程度的状态。此种状态下，剩余价值生产是如何进行的呢？

上述对科技型生产方式下剩余价值规律的探讨，对绝对剩余价值生产、超额剩余价值生产和相对剩余价值生产的发展态势的分析，都是直接地按照马克思物质生产方式下剩余价值生产分析的逻辑进路展开的，而对于"无人工厂"的剩余价值生产即高额利润的来源还能直接地按照这一逻辑进路进行分析吗？这显然是不可能的，因为作为"无人工厂"的科技型企业在现场中的生产工人已经达到了接近"无人"的程度，其中的"活劳动"已经趋近于"零"的状态，这也就意味着"无人工厂"中的"必要劳动时间"趋近于"零"了，再也没有进一步缩短"必要劳动时间"的空间。在这样的一种状态下，只能在"科技第一生产力"分析范式基础上运用"科学价值库"及其价值孵化机制，对"无人工厂"这种特殊的科技型企业的剩余价值生产进行分析。只有通过这种分析，才能揭示"无人工厂"的高额利润之来源，才能阐明"无人工厂"的剩余价值生产。而通过这种分析将会发现，"无人工厂"的高额利润即剩余价值生产在生产（劳动）过程的维度上是科学应用的结果，而在价值生产和价值增殖的维度上是"科学价值库"中的价值在"无人工厂"中的孵化结果和表现形式。

同时，由于现代科技型企业的绝对剩余价值生产趋向终结，而其超额剩余价值和相对剩余价值的生产趋向主流，因此超额剩余价值和相对剩余价值的生产对于拥有科技型企业的资本家或企业主来说就显得特别重要，而对于我们理解现代科技型企业的价值来源和价值增殖问题也显得异常重要。然而，超额剩余价值和相对剩余价值的实质是什么呢？为了分析逻辑的一致性，也在"科技第一生产力"分析范式基础上运用"科学价值库"及其价值孵化机制，对这些科技型企业的剩余价值生产进行分析。只有通过这种分析，才能在理论上彻底解决现代科技型企业在现场的工人即活劳动越来越少、而价值量特别是剩余价值量即利润越来越高的现实问题。而通过这种分析将会发现，超额剩余价值和相对剩余价值，都是"科学价值库"中的价值在现代企业中的孵化结果和表现形式，而在个别运用科技提高劳动生产率的科技型企业中孵化的结果和表现形式就是超额剩余价值，在全社会普遍运用科技提高劳动生产率的情况下在一般科技型企业中孵化的结果和表现形式就是相对剩余价值。这显然不同于传统理论对超额剩余价值和相对剩余价值之实质的理解。

在此，分三个层面来具体考察分析"科学价值库"中的价值在现代科技型企业中的孵化结果和表现形式：首先，对"科学价值库"中的价值在个别研发利用科技提高劳动生产率的科技型企业中孵化的结果和表现形式即超额剩余价值进行分析；其次，对"科学价值库"中的价值在全社会普遍研发利用科技提高劳动生产率的情况下，在科技型企业中孵化的结果和表现形式即相对剩余价值进行考察；最后，对"科学价值库"中的价值在自动化、智能化的"无人工厂"这种特殊的未来理想的高端科技型企业中的孵化结果和表现形式即"无人工厂"的高额利润进行探讨。通过这三个层面的考察分析和理论探讨，创立现代科技型企业的剩余价值生产新理论。

二、个别科技型企业的剩余价值生产与超额剩余价值

所谓个别科技型企业，主要是指现代经济社会中的那些率先进行先进科学技术的研发，并率先采用先进科学技术来改进企业的生产设备提高劳动生产率，以期获得超额剩余价值的科技型企业。传统的政治经济学理论对资本主义物质生产方式下的个别企业的超额剩余价值生产，在"科学—技术—

生产力"分析范式基础上进行了深入研究，创立了传统的超额剩余价值理论。而在现代科技型生产方式下，个别科技型企业的超额剩余价值是如何生产的呢？在此，在"科技第一生产力"分析范式基础上，将"科学价值库"和科学劳动创造价值论、"科学价值库"的价值孵化机制和技术劳动及生产劳动创造价值论等基本理论，应用于对个别科技型企业的剩余价值生产进行考察分析，将会发现个别科技型企业的超额剩余价值在实质上是"科学价值库"中的价值在个别研发利用科技提高劳动生产率的科技型企业中孵化的结果和表现形式。而在此分析之前，有必要先对我国传统政治经济学理论关于"超额剩余价值"的规定及其与现代市场经济社会之现实的矛盾进行考察。这样，一方面，能够展示概念术语本身继承与发展的源流关系和逻辑演进；另一方面，能够彰显发展前后概念的本质区别和显示所得出的结论的现实意义。

（一）传统政治经济学理论对"超额剩余价值"的规定及其与现实之间的矛盾现象

我国传统的政治经济学理论认为，超额剩余价值是指个别企业的商品价值低于社会价值的差额，是个别企业的资本家通过采用科学技术提高劳动生产率使自己商品的个别价值低于社会价值而比一般资本家多得的那部分剩余价值。而这一部分剩余价值的生产，就是超额剩余价值的生产。这是传统剩余价值理论为了说明相对剩余价值的生产而引入的一个范畴，认为相对剩余价值的生产是以整个社会广泛运用科学技术使劳动生产率的提高为条件，在现实的经济运行过程中是各个资本家追逐超额剩余价值的必然结果。在现实的经济运行过程中，尽管每一个资本家都想得到超额剩余价值，但只有个别资本家才能得到它，因为运用科技来使劳动生产率提高总是从个别企业开始的。在这里所讲的个别资本家，总是热衷于利用科学改进技术并利用技术装备企业，进而提高企业的劳动生产率，其直接目的不是降低劳动力的价值，而是为了使自己商品的个别价值低于社会价值，使其生产的商品的个别劳动时间少于社会必要劳动时间，以便获得超额剩余价值。[①] 因此，超额剩余价

---

① 本书编写组：《马克思主义基本原理概论》（2015 年修订版），高等教育出版社 2015 年版，第 178 页。

值是个别企业由于运用科技提高劳动生产率而使其商品的个别价值低于社会价值的差额,其源泉也是生产工人的剩余劳动,在归根结底的意义上也是由个别企业的生产工人的必要劳动时间缩短和剩余劳动时间延长而产生的,带有相对剩余价值的性质。简言之,超额剩余价值是由个别企业的生产工人的剩余劳动创造的,它的产生不是由于商品的价格高于价值,而是由于劳动生产率高的生产工人在同样的时间内创造了更多的价值。①

传统理论对超额剩余价值仅仅作这样的解释、说明或论述,是值得商榷的,甚至是远远不够的,必须对其作进一步的研究。这是因为,一方面,这样的解释、说明和论述仅仅为了遵循马克思在当时历史条件下对资本主义物质生产方式及其与此相适应的生产关系和交换关系考察分析时所得到的结论,而没有关注"科技—经济"一体化的现代市场经济社会中生产方式的深刻变化,没有看到现代科技型生产方式下剩余价值生产方式方法的发展态势以及由此决定的经济现实。另一方面,这样的解释、说明和论述仅仅局限于物质生产领域对超额剩余价值"表象"的揭示,并没有揭示"科技第一生产力"社会现实所导致的"科学生产—技术生产—物质生产"一体化背景下超额剩余价值的实质。尤其是认为"超额剩余价值全部都是由处在生产第一线上的'生产工人'创造的",这在马克思所处的时代还是符合社会现实的,但在现代科技型生产方式下就成为了对社会现实的"误解",因为现代科技型企业的发展事实并非如此。

不可否认,超额剩余价值的生产离不开在个别企业现场的生产工人的劳动,或者说是与在个别企业现场的生产工人有关的,这些生产工人参与了超额剩余价值的生产过程,但是超额剩余价值在实质上绝非全部都是由个别企业在现场的"生产工人"创造的。如果说超额剩余价值全部是由在个别企业现场的"生产工人"创造的,那么在现代高新科技产业尤其是在类似于因科技发展和应用而出现的类似于"无人工厂"的个别科技型企业中,其"生产工人"的数量是比较少的,甚至达到了近乎"无人"的程度,而该种个别科技型企业的高额利润是从何而来呢?显然它不是也不可能是全部由在

---

① 《马克思主义政治经济学概论》编写组:《马克思主义政治经济学概论》,人民出版社、高等教育出版社 2011 年版,第 115 页。

个别企业现场的"生产工人"来创造的。这便构成一个尖锐的矛盾——传统超额剩余价值理论与现代经济社会现实的矛盾。

理论是现实的反映。这里的问题是，怎样使理论反映现实？具体来讲，怎样理解超额剩余价值的实质和来源才能够使其反映现实？进而才能解决传统超额剩余价值理论与现代经济社会现实的矛盾？根据"科学价值库"及其价值孵化机制的基本原理，超额剩余价值在实质上是"科学价值库"中的价值在个别运用科技提高劳动生产率的企业中孵化的结果和表现形式。如此理解，上述的传统政治经济学理论关于超额剩余价值的规定与现代经济社会现实的矛盾便能够解决。

（二）在现代科技型生产方式下，超额剩余价值是"科学价值库"的价值在个别科技型企业中孵化的结果和表现形式

根据"科学价值库"及其价值孵化机制的基本原理，运用"科技第一生产力"分析范式对现代科技型企业的超额剩余价值生产进行考察分析将会发现，超额剩余价值在实质上是"科学价值库"在个别科技型企业中价值孵化的结果和表现形式。需要说明的是，这里所讲的个别科技型企业，是指那些热衷于科技研发，善于利用科学改进技术，并利用技术装备企业设施，进而提高企业的劳动生产率的企业。只有这样的个别科技型企业，才能将"科学价值库"中的价值按照经济运行的机制孵化出来，表现为超额剩余价值。这也就是说，在现代科技型生产方式下，超额剩余价值来源于"科学价值库"，其实质是个别科技型企业或拥有科技型企业的个别资本家首先通过科技研发并采用新的科技，将"科学价值库"中的潜在价值进行孵化，这一孵化的过程需要技术成果的吸纳、个别科技型企业生产的产品的凝聚等中介环节，最后在社会经济系统中加以实现。为了分析的方便，也为了前后文逻辑的一致性，选取某一个历史时期进行分析。

第一，在某一个历史时期，个别科技型企业通过科技研发并率先采用技术成果，将"科学价值库"中的价值转移并吸纳在其中。根据"科学价值库"及其价值孵化机制的基本原理可知，个别科技型企业通过科技研发并率先采用的技术成果，其价值构成是：（1）个别科技型企业研发新技术成果时所运用的理论科学成果［即软件设施］中的价值，即转移到个别科技型企业新研发的技术成果中的"科学价值库"中的价值，用 W'_1 来表示，它在实质上是这一历史时期整个"科学价值库"中的价值 W_1 [即 W_0+m_1] 的一部分，这样 W'_1 = 部分的 [W_0+m_1]；（2）个别科技型企业在研发新技术成果时所使用的研究设施 [即硬件设施] 的价值，用 C_4 表示；（3）个别科技型企业进行新技术成果研发的技术人员所创造的自身的价值，用 V_4 表示；（4）个别科技型企业进行新技术成果研发的技术人员所创造的剩余价值，用 m'_4 表示。如果将个别科技型企业所研发并采用的新技术成果的价值用 W_4 表示，可得公式：

$$W_4 = W'_1 + C_4 + V_4 + m'_4 \qquad \text{（公式 14）}$$

在现实的现代市场经济运行过程中，个别科技型企业研发新技术成果的直接目的，是将理论科学成果转化为能够运用于个别科技型企业生产过程的成果，实现其经济价值，因此公式 14 中的 C_4、V_4 和 m'_4 能够在现实的经济运行过程中加以实现，即能够在其成果的价格中表现出来。对于 W'_1，尽管在个别科技型企业通过新技术成果研发过程已经将其转移到该技术成果之中，但是人们在计算其产品的成本时，"习惯"于只计算购买这部分理论科学成果的价格 [用 A'_1 来表示]。这样，个别科技型企业研发并采用的新技术成果的价格 [用 A_4 表示] 构成，用公式表示则为：

$$A_4 = A'_1 + C_4 + V_4 + m'_4 \qquad \text{（公式 15）}$$

比较上述两个公式即公式 14 和公式 15 可以看出，个别科技型企业研发并采用的技术成果的价值和价格之间存在一个差值，即 $W_4 - A_4 = W'_1 - A'_1 \cong$ 部分的 [W_0+m_1]，因为理论科学成果的价格与其价值相比较，几乎趋近于无穷小，因此 A'_1 在大多数的情况下是可以忽略不计的，即便是将其计算在内，也不会影响我们的分析。这说明，技术成果中凝结着的"科学价值库"的价值的绝大部分 W'_1 没有显化出来，而显化出来的仅仅是其中很小的一部分，即相当于理论科学成果的价格 A'_1 的那部分。从这个意义上来讲，"科学价值库"中的潜在价值已经转移到技术成果中并被该技术成果所吸纳，但没有显示出来，这为"科学价值库"中的潜在价值向个别科技型企业生产过程的转移并进一步凝结到该企业产品中去奠定了基础。

第二，在某一个历史时期，个别科技型企业通过采用新技术成果提高劳动生产率，其实质是"科学价值库"中的价值通过技术成果这一中介并入个别科技型企业的生产过程，被该个别科技型企业的产品所吸纳，进而在经济系统或社会流通系统中加以实现。根据"科学价值库"及其价值孵化机制的基本原理可知，现代市场经济社会中的个别科技型企业将技术成果并入生产过程所生产的产品，其价值〔用 W_5 表示〕构成是：（1）个别科技型企业所采用的技术成果〔即软性生产资料〕的价值〔W_4〕；（2）个别科技型企业的生产设施〔即硬性生产资料〕的价值，用 C_5 表示；（3）个别科技型企业的生产工人所创造的自身价值，用 V_5 表示；（4）个别科技型企业的生产工人所创造的剩余价值，用 m'_5 表示。这样，该个别科技型企业生产的产品的价值构成可用公式表示为：

$$W_5 = W_4 + C_5 + V_5 + m'_5 \qquad （公式16）$$

在现实的现代市场经济运行过程中，由于个别科技型企业进行生产的目的，就是追求利润的最大化或经济效益的最大化，因此该个别科技型企业生产的产品之价值构成中的 C_5、V_5 和 m'_5，都能够在该产品的价格中直接显示出来，实现其价值。对 W_4 来说，尽管已经伴随技术成果在个别科技型企业中的运用而转移到该企业的产品中，但由于人们"习惯"使然，该企业在计算产品的成本时，只将该技术成果的价格 A_4 计算在内。这样，该个别科技型企业生产出的产品价格〔用 A_5 表示〕的构成，用公式表示为：

$$A_5 = A_4 + C_5 + V_5 + m'_5 \qquad （公式17）$$

从理论上讲，个别科技型企业若将该产品以其价格 A_5 出卖，是肯定能够成功的。这也就意味着，该个别科技型企业不仅能够收回了成本 A_4、C_5 和 V_5，而且还获得了生产工人所创造的剩余价值 m'_5。但在现实的市场经济运行中，个别科技型企业是不会以 A_5 来出卖它的产品的，因为技术成果的价值 W_4 伴随该成果已经并入个别科技型企业的生产过程，已经转移到该企业生产的产品中，而成为该产品的价值了；同时由于追求最大数额的剩余价值是资本的根本属性，因此根据等价交换原则，该个别科技型企业以 W_5 出卖该产品，也是能够成功的。这样，该企业不仅收回了成本 A_4、C_5 和 V_5，也不仅获得了生产工人创造的剩余价值 m'_5，而且还获得了超出 m'_5 的另一部分价值。

根据上述从公式14到公式17这一组公式可知，这些超出生产工人创造的剩余价值 m'_5 的另一部分价值，实际上就是个别科技型企业所生产的产品实际价值 W_5 和其理论价格 A_5 的差值，即：$W_5 - A_5 = W_4 - A_4 = W'_1 - A'_1 \cong$ 部分

的 $[W_0+m_1]$。这些超出生产工人创造的剩余价值 m'_5 的另一部分价值，就是个别科技型企业通过利用科学改进技术并运用技术来提高劳动生产率所获取的超额剩余价值。这样，超额剩余价值的真正来源和实质便彰显出来了，它就是"科学价值库"的价值在率先进行科技研发并利用科技提高劳动生产率的个别科技型企业中孵化的结果和表现形式。

（三）"科学价值库"的价值在个别科技型企业中孵化为超额剩余价值的路径展示

根据上述分析可得如下结论：依据"科学价值库"及其中价值的"孵化"机制的基本原理，从"科技第一生产力"分析范式维度来看，超额剩余价值表面上看是个别科技型企业通过科技研发和利用科学改进技术并运用技术来提高劳动生产率所获取的经济效益或利润，而在实质上是个别科技型企业将"科学价值库"中的潜在价值通过技术成果的吸纳和该个别企业生产的产品的凝聚等中介环节，最终在社会流通领域中加以实现的，它归根到底来源于"科学价值库"中的价值，或者说它归根到底来源于历代从事理论研究的科学人员所创造的剩余价值。透过上述从公式 14 到公式 17 这一组公式我们将会发现，超额剩余价值即个别科技型企业获得的超出生产工人所创造的剩余价值的价值，是如何从"科学价值库"转移到个别科技型企业的产品中并在社会经济系统中加以实现的价值流动路径。具体展现为：

部分的 $[W_0+m_1] \rightarrow [W'_1-A'_1] \rightarrow [W_4-A_4] \rightarrow [W_5-A_5]$

这也就是"科学价值库"中的价值在个别科技型企业中孵化为超额剩余价值所展示的路径，它由以下几个环节或步骤来构成。

第一步，在某一个历史时期，"科学价值库"中的价值 $[W_0+m_1]$ ——既包括前人从事理论研究所创造的价值 W_0，也包括今人从事理论研究所创造的（剩余）价值 m_1 ——首先以潜在的形式凝结或包含在他们所生产的理论科学成果（既包括前人的也包括今人的理论科学成果）之中，具体体现为个别科技型企业在研发新技术成果的过程中所运用的理论科学成果的价值和价格之差 $[W'_1-A'_1]$，在量上体现为"部分的 $[W_0+m_1]$"。

第二步，"部分的 $[W_0+m_1]$"通过个别科技型企业研发和采用的新技术成果的吸纳，转移到并凝结在这些技术成果之中。此时，该价值仍然以潜在的形式存在着，具体体现为个别企业所采用的这些技术成果的价值和价格

之差 $[W_4-A_4]$。

第三步,"部分的 $[W_0+m_1]$"通过技术成果并入个别科技型企业的生产过程被其产品所吸纳,转移到并凝结在个别科技型企业的产品之中。此时,该价值已经在社会经济系统中显化和表现出来,具体体现为个别科技型企业所生产的产品的价值和价格之差 $[W_5-A_5]$。而这一差值正是个别科技型企业通过利用科学改进技术并运用技术来提高劳动生产率所获取的,超出其生产工人所创造的剩余价值 m'_5 的另一部分价值即超额剩余价值。

这样,"科学价值库"中的价值,在率先进行科技研发并利用科技提高劳动生产率的个别科技型企业中,通过一步步的孵化,最终表现为超额剩余价值。

(四)超额剩余价值的两种解释比较以及传统理论规定与现实之间矛盾的消解

通过上述分析可见,在现代科技型生产方式下,超额剩余价值实质上是个别科技型企业获取的超出生产工人所创造的剩余价值 m'_5 的另一部分价值,是"科学价值库"中的价值 $[W_0+m_1]$ 的一部分,它来源于"科学价值库"中的价值,展现为"科学价值库"中的潜在价值通过技术成果的吸纳和该个别科技型企业生产的产品的凝结这些中间环节,最终在社会流通领域中实现的表现形式,这是个别科技型企业将科技并入生产过程进而提高劳动生产率的必然结果。通过这一分析所得出的关于超额剩余价值这些结论,和马克思在分析资本主义物质生产方式时所蕴含的科技是超额剩余价值生产的前提思想,是基本一致的。这如马克思所指出的,当个别企业通过技术的创新和生产组织的改进,"把巨大的自然力和自然科学并入生产过程,必然大大提高劳动生产率,这一点是一目了然的"[①],而个别企业劳动生产率的大幅度提高,使个别资本家即"采用改良的生产方式的资本家,比同行业的其余资本家在一个工作日中占有更大的部分作为剩余劳动",因为"生产力特别高的劳动起了自乘的劳动的作用,或者说,在同样的时间内,它所创造的价值比同种社会平均劳动要多"。[②] 这也就是说,个别企业占有的更大

---

① [德]马克思:《资本论》第1卷,人民出版社2004年版,第444页。
② [德]马克思:《资本论》第1卷,人民出版社2004年版,第370页。

部分的剩余劳动，正是来源于科学并入生产过程进而提高劳动生产率的结果，是个别企业借助于科学并入生产过程提高劳动生产率进而使劳动起"自乘的作用"，这种"自乘性"正是源自于科学所展现出来的经济功能。因此，依据"科学价值库"及其中价值的"孵化"机制原理所揭示出来的超额剩余价值的实质，与马克思关于利用科技提高劳动生产率进而获取超额剩余价值的实质，在本质上是统一的。

这种统一性主要体现在，二者都肯定了超额剩余价值是个别企业利用科学改进技术来提高劳动生产率的结果。而这种统一性是包含着差别的，尤其在具体解释的逻辑进路上是不同的。在马克思看来，个别企业通过把科学并入生产过程，提高劳动生产率，使其生产产品的个别劳动时间缩短，进而生产出超额剩余价值，这些超额剩余价值是由生产工人创造的，来源于生产工人的剩余劳动。而在笔者看来，超额剩余价值在实质上是"科学价值库"中的价值借助于个别企业的生产过程或生产工人之"手"加以显化或转化出来，而并非就是生产工人创造了这些超额剩余价值，在个别企业的生产过程中生产工人所创造的所有的剩余价值只有 m'_5 这一部分，并且在 m'_5 这一部分中，既包括了生产工人所创造的绝对剩余价值，也包括了生产工人所创造的带有相对剩余价值性质的超额剩余价值。正是从这个意义上讲，在超额剩余价值的生产过程中，生产工人所创造的超额剩余价值的量，与从"科学价值库"中转化来的超额剩余价值的量相比较，是微乎其微的；绝大部分的超额剩余价值，实质上是"科学价值库"中的潜在价值通过技术成果的吸纳和个别企业生产产品的凝聚等中介环节，而最终在社会流通领域中加以实现的。

两种不同的解释是建立在不同基础之上，并体现不同的分析范式。马克思的这一解释，是建立在他对资本主义物质生产方式的分析基础之上的，它所体现的是"科学—技术—生产力"的分析范式。而笔者的这一解释，是建立在对现代市场经济社会中的科技型生产方式的分析基础之上的，它所体现的是"科技第一生产力"的分析范式。正因如此，两种不同的解释在面对我国传统政治经济学理论关于超额剩余价值的规定与现代经济社会现实的矛盾现象时，将会产生不同的结果。我国传统政治经济学理论关于超额剩余价值的规定，完全秉承了马克思对超额剩余价值的解释，解释的内容完全相同，解释的基础没有变化，解释的分析范式完全一致，没有看到马克思这一解释的生产方式基础的深刻变化以及分析范式的变化，这自然导致理论与现代经济社会现实的矛盾现象。而这一解释密切关注生产方式的深刻变化，在继承马克思生产力分析范式的基础上，将马克思的"科学—技术—生产力"分析范式推进到"科技第一生产力"分析范式，因此按照这一解释和理解，在前面提出的我国传统政治经济学理论关于超额剩余价值的规定与现代经济社会现实的矛盾便被消解了。这是因为，既然超额剩余价值的绝大部分不是由在企业现场的生产工人创造的，而是从"科学价值库"中的潜在价值转化出来的，那么在现代科技型生产方式下，尤其是在类似于"无人工厂"的个别科技型企业中的高额利润，表面上看是由"生产工人"创造出来的，而实质上是从"科学价值库"中的潜在价值转化出来的；归根到底是从事理论研究的科学人员高级复杂劳动所创造的剩余价值，借助于利用科学技术来提高劳动生产率的个别企业的生产工人之"手"转化或显化而来的。因此，即便是在现代个别科技型企业中真的达到了"无人"的程度，仍然可以按照对超额剩余价值的这种理解，来解释说明该种企业中的高额利润的来源。事实上，"无人工厂"这种特殊的科技型企业，其高额利润也是"科学价值库"的价值在其中孵化的结果和表现形式，对此，在下面还要作进一步的具体分析。

三、一般科技型企业的剩余价值生产与相对剩余价值

所谓一般科技型企业，主要是指全社会普遍采用科技提高劳动生产率的各个科技型企业统称。由于在"科技—经济"一体化的现代市场经济社会中，所有的现代企业在一程度上都成为了科技企业或科技化的企业，即都纳入科技型企业的范畴，因此这里的一般科技型企业也就包括了全社会普遍采用科技提高劳动生产率的各个企业。沿着对"科学价值库"的价值在个别科技型企业中孵化的结果和表现形式——超额剩余价值的分析路径，运用"科学价值库"及其中价值"孵化"机制的基本理论，从"科技第一生产力"分析范式维度，对"科学价值库"的价值在一般科技型企业中孵化的结果和表现形式——相对剩余价值进行分析。在作具体分析之前，首先考察我国传统政治经济学理论对相对剩余价值的规定以及这一规定与现代市场经

济社会之现实的矛盾现象。这样，一方面，有助于把握概念本身继承与发展的源流进展；另一方面，有助于掌握概念在发展前后的本质区别以及通过分析所得出的结论的现实意义。

（一）传统政治经济学理论对"相对剩余价值"的规定及其与现实之间的矛盾现象

我国传统政治经济学理论认为，就相对剩余价值的生产来说，生产工人的工作日劳动时间一开始就分成必要劳动时间和剩余劳动时间这两个组成部分；在工作日劳动时间既定的条件下，为了延长剩余劳动时间，就要用各种方法缩短生产工资的等价物的时间，从而缩短必要劳动时间。这种在工作日劳动时间长度不变的条件下由于缩短了必要劳动时间而相对地延长了剩余劳动时间所生产的剩余价值就是相对剩余价值[①]，这种生产就是相对剩余价值的生产。传统政治经济学理论还认为，只有变革劳动过程的科学技术条件和社会条件，提高劳动生产率，降低生活资料的价值，从而降低劳动力的价值，才能缩短必要劳动时间，才能进行相对剩余价值的生产。相对剩余价值是在社会上的所有企业普遍应用科技改进生产条件使劳动生产率得以提高的前提下，通过企业中雇佣工人的劳动创造和生产的，雇佣工人的剩余劳动是其源泉，包括科技、机器设备在内的所有生产设施都是企业进行相对剩余价值生产的条件和手段。即便是在第二次世界大战之后，资本主义国家经历了第三次科技革命，电子计算机、数控机床等自动化装置在企业生产中得到普遍应用，机器大工业发展到了自动化、智能化阶段，工业机器人的开发利用代替了大量的体力劳动和部分的脑力劳动，自动化生产线的研发应用导致出现生产工人减少，甚至出现"无人车间""无人工厂"，这些都是资本家获取相对剩余价值和高额利润的手段，而雇佣工人即生产工人的剩余劳动仍然是这些剩余价值的唯一源泉。[②] 简而言之，相对剩余价值就是在社会各企业普遍采用科学技术来提高劳动生产率的前提下由雇佣工人生产和创造的。

我国传统政治经济学理论对相对剩余价值仅仅作出这样的解释、说明或

---

① 《马克思主义政治经济学概论》编写组：《马克思主义政治经济学概论》，人民出版社、高等教育出版社 2011 年版，第 114—115 页。

② 本书编写组：《马克思主义基本原理概论》（2015 年修订版），高等教育出版社 2015 年版，第179 页。

论述是远远不够的，必须对其作出进一步的研究和探讨。这是因为，这样的解释、说明和论述会造成一种错觉，或者说是一种误解，即认为相对剩余价值全部都是由处在企业生产第一线上或在企业现场的"生产工人"创造的。而事实并非如此。尽管不能不说相对剩余价值的生产不能离开在企业现场的生产工人的劳动，或者说是与在企业现场的生产工人有关的，生产工人参与了相对剩余价值的生产过程，但是相对剩余价值绝非全部是由在企业现场的生产工人创造的。

如果说相对剩余价值全部是由在企业现场的生产工人创造的，那么，这如同传统政治经济学理论对超额剩余价值的规定在现实中所遇到的问题一样，也存在着传统的剩余价值理论与现代商品经济社会之现实的矛盾现象，也无法"自圆其说"地解释在现代大量的高新技术企业中所存在的"生产工人的数量比较少而该种企业的利润却相当高"的问题，尤其是无法解释在现代市场经济社会中大量存在的类似于"无人工厂"的企业之利润来源和剩余价值生产的问题。在此情况下，怎样才能在不违背马克思相对剩余价值生产理论的基本思想前提下解决上述的矛盾现象呢？具体来讲，怎样理解相对剩余价值的实质和来源，才能够使其与现代市场经济社会的现实相一致呢？进而才能解决传统相对剩余价值理论与现代经济社会现实的矛盾呢？

（二）在现代科技型生产方式下，相对剩余价值是"科学价值库"的价值在一般科技型企业中孵化的结果和表现形式

在此必须明确的是，相对剩余价值的生产，必须是在整个社会的企业普遍地利用科学改进技术，并利用技术装备企业设施，进而使整个社会企业的劳动生产率得到提高的前提下才能进行，换言之，只有在这样的一个前提下，整个社会的企业才能将"科学价值库"中的价值孵化出来，表现为相对剩余价值。根据"科学价值库"及其价值孵化机制的基本原理，从"科技第一生产力"分析范式看，相对剩余价值在实质上是"科学价值库"的价值在一般科技型企业或整个社会企业中孵化的结果和表现形式。因为"科学价值库"中的价值是以潜在的形式"隐形地"存在着的，它要在社会经济系统中显形地表现出来而成为现实的经济价值，显化为社会的经济效益，需要一个相当复杂的"孵化"过程，首先是"科学价值库"中的价值借助于科技研发向技术成果的转移；然后是通过技术成果并入企业生产过程中，使潜伏在于技术成果中的"科学价值库"的价值进一步向物质性产品转移，成为物质性产品价值的一部分，最后才能在社会经济系统中加以实现。具体到相对剩余价值的生产，这一孵化的过程需要将"科学价值库"的价值被技术成果吸纳、整个社会的生产产品的凝聚等环节，最后是在社会流通领域中加以实现的。这也就是整个社会范围内一般科技型企业普遍利用科学改进技术来使整个社会的劳动生产率普遍提高，进而将"科学价值库"中的潜在价值加以孵化的相对剩余价值的生产过程。为了分析的方便，也为了前后文逻辑的一致性，在此同样选取某一个历史时期进行分析。

第一，在某一个历史时期，"科学价值库"中的潜在价值向一般科技型企业研发和采用的技术成果转移并被这些技术成果所吸纳。根据"科学价值库"及其价值"孵化"机制理论可知，整个社会的一般科技型企业研发和采用的技术成果，其价值 [用 W_6 表示] 构成包括以下四个部分：（1）整个社会的一般科技型企业研发技术成果时，所运用的理论科学成果 [即软件设施] 中的价值，这也就是转移到整个社会的一般科技型企业研发的技术成果中的"科学价值库"的价值，用 W_2' 来表示，它在实质上是这一历史时期整个"科学价值库"中的价值 [即 W_0+m_1] 的一部分，这样 $W_2' =$ 部分的 $[W_0+m_1]$；（2）整个社会的一般科技型企业研发技术成果时所使用的研究设施 [即硬件设施] 的价值，用 C_6 表示；（3）整个社会的一般科技型企业研读技术成果的研究人员创造的自身的价值，用 V_6 表示；（4）整个社会的一般科技型企业研发技术成果的研究人员创造的剩余价值，用 m_6' 表示。这样，整个社会的一般科技型企业研发的技术成果，其价值构成用公式表示为：

$$W_6 = W_2' + C_6 + V_6 + m_6' \qquad\qquad （公式18）$$

在现实的市场经济运行过程中，由于一般科技型企业研发技术成果的直接目的，是将理论科学成果转化为能够运用于其社会生产的成果，实现其经济价值，因此上述公式中 C_6、V_6 和 m_6' 能够在社会经济系统中加以实现，即能够在其价格中表现出来。而对于 W_2'，尽管通过研发过程已经将其转移到整个社会的一般科技型企业的技术成果中，但是人们在计算其成本时，由"社会习惯"所决定，人们只计算理论科学成果的价格 [用 A_2' 来表示]。这样，整个社会一般科技型企业的技术成果，其价格 [用 A_6 来表示] 构成用公式来表示，则为：

$$A_6 = A'_2 + C_6 + V_6 + m'_6 \qquad\qquad （公式19）$$

比较上述两个公式即公式17和公式18可以看出，整个社会的一般科技型企业的技术成果，其价值和价格之间存在一个差值，即 $W_6 - A_6 = W'_2 - A'_2 \cong$ 部分的 $[W_0 + m_1]$。因为理论科学成果的价格与其价值相比较，几乎趋近于无穷小，因此 A'_2 可以忽略不计。这说明，这些技术成果中凝结着的"科学价值库"的价值，其绝大部分没有显化出来，而显化出来的仅仅是其中很小的一部分，相当于理论科学成果的价格 A'_2 这一部分。也就是说，"科学价值库"中的潜在价值已经转移到整个社会的一般科技型企业的技术成果中并被这些技术成果所吸纳，但还没有显化出来，仅作为技术成果的潜在价值而存在着。这为"科学价值库"中的潜在价值向社会生产过程的转移并进一步凝结到社会产品中去提供了基础。

第二，在某一个历史时期，"科学价值库"中的潜在价值通过技术成果这一中介并入整个社会一般科技型企业的社会生产过程，被该企业的生产产品所吸纳，进而在经济系统或社会流通系统中加以实现。根据"科学价值库"及其价值"孵化"机制理论可知，整个社会的一般科技型企业将其技术成果并入生产过程，所生产的社会产品的价值［用 W_7 表示］构成也包括了四个组成部分：（1）整个社会的一般科技型企业所采用的技术成果［即软性生产资料］的价值［W_6］；（2）整个社会的一般科技型企业所使用的生产设施［即硬性生产资料］的价值，用 C_7 表示；（3）整个社会的一般科技型企业的生产工人所创造的自身价值，用 V_7 表示；（4）整个社会的一般科技型企业的生产工人所创造的剩余价值，用 m'_7 表示。这样，整个社会的一般科技型企业的生产产品，其价值构成可用公式表示为：

$$W_7 = W_6 + C_7 + V_7 + m'_7 \qquad\qquad （公式20）$$

在现实的市场经济运行过程中，由于整个社会的一般科技型企业进行生产的目的，是追求经济价值的最大化或经济效益的最大化，因此整个社会一般科技型企业的生产产品的价值构成中，C_7、V_7 和 m'_7 都能够在这些生产产品的价格中显示出来，实现其价值。对于 W_6，尽管伴随技术成果并入生产过程已经转移到整个社会一般科技型企业所生产的产品中，但由于人们的"社会习惯"使然，整个社会的一般科技型企业在计算其生产产品的成本时，只将技术成果的价格 A_6 计算在内。这样，整个社会的一般科技型企业所生产的产品，其价格［用 A_7 表示］构成用公式表示为：

$$A_7 = A_6 + C_7 + V_7 + m'_7 \qquad （公式21）$$

从理论上讲，这些生产产品在现实的市场经济运行中，若以其价格 A_7 出卖，肯定会成功。若如此，整个社会的一般科技型企业不仅收回了成本 A_6、C_7 和 V_7，而且获得了生产工人所创造的剩余价值 m'_7。但在现实中，整个社会的一般科技型企业是不会以 A_7 来出卖该产品的，因为这些企业所采用的技术成果的价值 W_6，伴随该技术成果并入生产过程已经转移到整个该企业所生产的产品中，而成为这些产品的价值。根据等价交换原则，整个社会的一般科技型企业以 W_7 即其产品的实际价值出卖该产品，同样能够成功。若如此，这些企业也就不仅收回了成本 A_6、C_7 和 V_7，获得了生产工人所创造的剩余价值 m'_7，而且还获得了超出 m'_7 的另一部分价值。根据上述从公式 18 到公式 21 这一组公式可知，这些超出生产工人所创造的剩余价值 m'_7 的另一部分价值，实际上就是整个社会一般科技型企业所生产的产品实际价值 W_7 和其理论价格 A_7 的差值，即：

$$W_7 - A_7 = W_6 - A_6 = W'_2 - A'_2 \cong 部分的 ［W_0 + m_1］$$

也就是说，这些超出生产工人创造的剩余价值 m'_7 的另一部分价值，就是整个社会的一般科技型企业通过利用科学改进技术，并运用技术来提高劳动生产率所获取的相对剩余价值。这样，相对剩余价值的真正来源和实质便彰显出来了，它就是"科学价值库"的价值在整个社会普遍研发利用科技提高劳动生产率的前提条件下，在一般科技型企业中孵化的结果和表现形式。

（三）"科学价值库"的价值在一般科技型企业中孵化为相对剩余价值的路径展示

根据上述的分析可见，相对剩余价值表面上看是整个社会的一般科技型企业通过研发利用科学改进技术，并运用技术来提高劳动生产率所获取的经济效益或利润，而在实质上是整个社会的一般科技型企业将"科学价值库"中的潜在价值，通过技术成果的吸纳和企业产品的凝聚等环节，最终在社会流通领域中加以实现的结果，它归根到底来源于"科学价值库"中的价值，或者说它归根到底来源于历代从事基础性理论研究的科学人员所创造的剩余价值。透过上述从公式 18 到公式 21 这一组公式，将会发现，相对剩余价值即整个社会一般科技型企业获得的超出其生产工人所创造的剩余价值的价值，是如何从"科学价值库"转移到整个社会一般科技型企业的生产产品中，并在社会经济系统中加以实现的价值流动路径。具体展现为：

部分的 $[W_0+m_1] \rightarrow [W'_2-A'_2] \rightarrow [W_6-A_6] \rightarrow [W_7-A_7]$

这也就是"科学价值库"的价值在整个社会一般科技型企业中孵化为相对剩余价值的展示路径，它由以下几个环节或步骤来构成：

第一步，在某一个历史时期，"科学价值库"中的价值 $[W_0+m_1]$ ——既包括前人从事理论研究所创造的剩余价值 W_0，也包括今人从事理论研究所创造的剩余价值 m_1 ——首先以潜在的形式凝结或包含在理论科学成果（既包括前人的也包括今人的理论科学成果）之中，具体体现为整个社会一般科技型企业研发技术成果时，所运用的理论科学成果的价值和价格之差 $[W'_2-A'_2]$，在量上体现为"部分的 $[W_0+m_1]$"。

第二步，"部分的 $[W_0+m_1]$"通过整个社会一般科技型企业研发利用的技术成果的吸纳，转移到并凝结在这些技术成果之中。此时，这部分价值仍然以潜在的形式存在着，具体体现为整个社会一般科技型企业研发利用这些技术成果的价值和价格之差即 $[W_6-A_6]$。

第三步，"部分的 $[W_0+m_1]$"通过技术成果并入整个社会一般科技型企业的生产过程被其产品所吸纳，转移到并凝结在这些企业所生产的产品之中。此时，这部分价值已经在社会经济系统中显化和表现出来，具体体现为整个社会的一般科技型企业所生产的产品的价值和价格之差 $[W_7-A_7]$。而整个社会一般科技型企业所生产的产品的价值和价格之差 $[W_7-A_7]$，正是这些企业通过利用科学改进技术，并运用技术来提高劳动生产率所获取的，超出其生产工人所创造的剩余价值 m'_7 的另一部分剩余价值，即相对剩余价值。

这样，"科学价值库"的价值，在整个社会普遍研发利用科技提高劳动生产率的一般科技型企业中，通过一步步的孵化，最终表现为相对剩余价值。正是在这个意义上，相对剩余价值就是"科学价值库"的价值在整个社会普遍研发利用科技提高劳动生产率前提条件下，在一般科技型企业中孵化的结果和显在的表现形式。

（四）相对剩余价值的两种解释比较以及传统理论规定与现实之间矛盾的消解

通过上述的路径分析可知，相对剩余价值在实质上是整个社会在普遍研发利用科技提高劳动生产率的前提下，一般科技型企业所获取的超出其生产工人所创造的剩余价值 m'_7 的另一部分剩余价值，是"科学价值库"中的价值 $[W_0+m_1]$ 的一部分。也就是说，相对剩余价值来源于"科学价值库"中的价值，展现为"科学价值库"中的潜在价值，通过一般科技型企业技术成果的吸纳和生产产品的凝结等环节，最终在社会流通领域中实现的结果。这也是整个社会一般科技型企业将科技并入生产过程进而提高劳动生产率的必然结果。对相对剩余价值的这种解释和理解，与马克思在分析资本主义物质生产方式时形成的相对剩余价值理论，在实质上是基本一致的。因为在马克思看来，"相对剩余价值的生产使劳动的技术过程和社会组织发生彻底的革命"[1]，也正是这种生产劳动的技术过程和社会组织发生了根本的革命，资本主义的物质生产方式特别是机器大工业的生产方式把巨大的自然力和自然科学并入生产过程，进而"必然大大提高劳动生产率，这一点是一目了然的"[2]，而全社会劳动生产率普遍的大幅度提高，是科学并入生产过程的必然结果，是科学的经济功能得以展现的必然结果。因此，运用"科学价值库"及其价值的"孵化"机制的基本理论所揭示出来的相对剩余价值的实质，与马克思在肯定科技对于企业生产具有重大作用基础上所揭示出来的相对剩余价值的实质，在本质上是不矛盾的，是一致的，二者都肯定了相对剩余价值是整个社会范围内的企业和资本家利用科学改进技术来提高劳动生产率的结果。

同时应当看到，对相对剩余价值的这两种解释在生产方式基础、分析范式和逻辑进路上是不同的。马克思在对相对剩余价值生产的这种解释是建立在资本主义机器大工业的物质生产方式基础上的，他指出："相对剩余价值的生产以特殊的资本主义的生产方式为前提，这种生产方式连同它的方法、手段和条件本身，最初是在劳动在形式上从属于资本的基础上自发地产生和

---

① ［德］马克思：《资本论》第1卷，人民出版社2004年版，第583页。
② ［德］马克思：《资本论》第1卷，人民出版社2004年版，第444页。

发展的。劳动对资本的这种形式上的从属，又让位于劳动对资本的实际上的从属。"① 这也就是说，作为相对剩余价值生产前提的是特殊的资本主义生产方式，这种特殊的资本主义生产方式是在经过资本主义的简单协作、工场手工业阶段之后发展起来的机器大工业的生产方式，在生产方式的这一发展进程中，劳动对资本的从属关系也从"形式上的从属"让位于或发展为"实际上的从属"。马克思在此所讲的"劳动"，主要是指雇佣劳动即生产工人的劳动，因此作为相对剩余价值生产前提的这种特殊的资本主义生产方式，实现了生产工人的劳动对资本的实际上的从属。这也就意味着在资本主义机器大工业这种特殊的物质生产方式中，使生产工人的劳动从形式上从属于资本让位于或发展为实际上从属于资本，而与这种特殊的物质生产方式相关的技术人员的劳动、科学人员的劳动，作为相对剩余价值生产的"中间形式"还没有从属于资本，尽管科学和技术作为成果被资本占有和利用，但科学和技术作为劳动还未纳入资本控制的范畴，也正因如此，科学和技术作为成果是"不费资本分文"的生产力。正如马克思所指出的："至于各种中间形式，在这里只要提一下就够了。在这些中间形式中，剩余劳动不是用直接强制的办法从生产者那里榨取的，生产者也没有在形式上从属于资本"②，更不可能在实际上从属于资本。也正因如此，马克思对相对剩余价值生产的解释是建立在"物质生产力中包括科学"和科学是不费分文的生产力这些思想前提下进行的，是在"科学—技术—生产力"分析范式基础上开展的，是按照科学并入生产过程提高劳动生产率作为相对剩余价值生产的社会条件的逻辑进路展开的。

而对相对剩余价值的这一解释，是在现代科技型生产方式的基础上进行的。现代市场经济社会中的科技型生产方式，作为资本主义机器大工业的物质生产方式的发展形式，它不仅实现了生产工人的劳动在实际上从属于资本，而且也实现了科学人员的劳动和技术人员的劳动在形式上从属于资本，而且在一定程度上也在实际上从属于资本，因此这一解释是在"科技第一生产力"分析范式的基础上开展的，因此在对相对剩余价值解释的逻辑进

---

① ［德］马克思：《资本论》第 1 卷，人民出版社 2004 年版，第 583 页。
② ［德］马克思：《资本论》第 1 卷，人民出版社 2004 年版，第 583 页。

路上,将科学劳动和技术劳动同生产工人的劳动一起纳入现代科技型企业的"整个生产劳动过程"中。正因如此,整个社会的一般科技型企业研发利用科学技术并通过技术进一步并入生产过程,必然大大提高劳动生产率,使整个社会企业的必要劳动时间大大缩短,剩余劳动时间大大延长,进而生产出大量的相对剩余价值,其实质在于把"科学价值库"中的价值借助于全社会一般科技型企业的生产工人之"手"加以显化或转化出来,而并非就是生产工人创造了这些相对剩余价值。实际上,在这个过程中,生产工人所创造的所有剩余价值,就只有 m'_7 这一部分。正是从这个意义上来讲,在相对剩余价值的生产过程中,生产工人虽然参与其中,但是他们所创造的相对剩余价值的量,与从"科学价值库"中孵化出来的相对剩余价值的量相比较,是相当少的,甚至是微乎其微的。因此,绝大部分的相对剩余价值,实质上是"科学价值库"中的潜在价值通过技术成果的吸纳和社会生产产品的凝聚等环节,最终在社会流通领域中加以实现的结果和表现形式。正因如此,可以得出如下结论:那种认为"相对剩余价值纯粹是由生产工人创造的"观点不符合现代科技型生产方式的社会现实,这是一种只注意到现代科技型生产方式下相对剩余价值生产的表象而没有抓住其本质的观点。

　　按照这一解释,在前面提出的传统相对剩余价值理论与现代经济社会之现实的矛盾便被消解了。这是因为,既然相对剩余价值的绝大部分不是由生产工人创造的,而是从"科学价值库"中的潜在价值转化出来的,那么现代大量的高新技术企业尤其是类似于"无人工厂"的自动化、智能化企业,它们的高额利润表面上看是由"生产工人"来创造的,而实质上是从"科学价值库"中的潜在价值转化出来的,归根到底是科学人员的高级复杂劳动所创造的剩余价值在社会经济系统中显化的结果。这样,即便是在现代大量的高新技术产业或企业中真的达到了"无人"的程度,仍然可以按照这种对相对剩余价值的重新理解,来解释、说明该种企业中的高额利润的真正来源。同样地,按照这种理解,在现代市场经济社会中,现代科技型企业"生产工人的人数在不断地减少而其价值量却不断地增加"的矛盾现象,也能够得到解释和说明。

四、高端科技型企业的剩余价值生产与"无人工厂"高额利润

高端科技型企业的剩余价值生产，是与理论界长期关注的"无人工厂"高额利润来源问题密切相关的，因此在对高端科技型企业的剩余价值生产进行分析之前，首先对"无人工厂"及其高额利润来源问题和理论界对此问题研究的现状进行考察。这样，一方面有助于把握该问题产生和解答的来龙去脉；另一方面有助于彰显通过分析所得出的新结论和新观点的意义所在。

（一）"无人工厂"及其高额利润来源问题的研究现状分析

问题是时代的呼唤、时代的声音和时代的口号。尽管"世界上第一座实验用的无人工厂在日本筑波科学城，建成于 1984 年 4 月"[①]，但从时代发展的历史维度看，"无人工厂"从概念走向现实、从孕育诞生到逐步发展壮大，体现了科技革命推动下工业革命开创的现代化进程。"无人工厂"的高额利润来源问题一直伴随着这一现代化进程，并且越来越成为当今时代理论和现实关注的热点问题。可以说，这也是从事马克思政治经济学特别是劳动价值论和剩余价值理论研究的专家学者最伤脑筋的问题。翻开科技革命推动下的工业革命历史画卷将会发现，第一次工业革命开创了以蒸汽机为标志的机械化时代，在使人的体力被解放和大幅提升的同时，为"无人工厂"的出现奠定了机器大工业基础。此时，"无人工厂"的雏形作为代表机器大工业发展走向的范畴进入马克思的视野，马克思在其经典著作中就对它的雏形进行了考察，把它称为"自动工厂"[②] 或"自动化体系"[③]，认为它代表了先进技术在机器大工业中的应用和机器大工业发展的未来走向。由当时的机器大工业的物质生产方式所决定，马克思还没有明确地提出这种"无人工厂"剩余价值即高额利润的来源问题，在马克思的政治经济学理论中把这一问题归并于相对剩余价值的生产加以研究。

然而，自第二次工业革命开始，特别是在第三次工业革命以来，这一问题便被明确地提出并越来越成为理论界关注的热点。这是因为，第二次工业

---

① 《智慧工厂》编辑部：《自动化技术助力工业 4.0 时代的智能制造》，《智慧工厂》2016 年第 6 期。

② 《马克思恩格斯文集》第 1 卷，人民出版社 2009 年版，第 650 页。

③ 《马克思恩格斯文集》第 1 卷，人民出版社 2009 年版，第 566 页。

革命开创了以电磁力为标志的电气化时代，实现了大规模流水线作业，开创了产品批量标准化生产的新模式，在进一步解放和提升人的劳动力的同时，助推了"无人工厂"的孕育形成；而第三次工业革命开创了以微电子和计算机为标志的自动化时代，实现了程序化自动化生产，不但解放了体力劳动，还部分接管了脑力劳动，工业生产迈入少人化甚至趋向"无人化"的进程，世界上第一座实验用的无人工厂在日本筑波科学城建成①，标志着"无人工厂"的正式诞生。尽管在"无人工厂"诞生的初期并"没有被企业界采纳"——因为"先进技术能否被企业采用，本质上取决于经济因素。例如，国内机器人的使用量很少，因为劳动力成本低，采用机器人不合算。过去建无人工厂，经济上往往不合算。要实现自动化，要把生产过程拆分成适合机器自动完成的简单动作；生产越复杂，拆出的环节就越多、投资就越大、经济性就越差。同时，这种生产线往往缺乏柔性，只能生产相对固定的产品，难以适应市场的变化"②——但是，"无人工厂"既代表着机器大工业的发展走向，更代表着现代科技型企业向其高端发展的趋向，自"无人工厂"诞生以来伴随着科技的迅猛发展而快速地发展着。

　　工业革命的这一历史进程也就是"无人工厂"孕育产生和发展的进程，体现的是伴随着科技的迅速发展和在社会生产中的广泛应用，以及由此导致的工业企业所经历的"机械化""电气化""自动化""信息化""数字化"和"智能化"的发展进程，尤其是电子计算机科学技术和信息科学技术等在工业企业中的广泛应用，出现了几乎"无人"即在现场中实际操作的生产工人非常少或几乎没有生产工人在现场中进行直接操作的车间、工厂、企业等，这些车间、工厂、企业通常被人们形象地称之为"无人车间""无人工厂""无人企业""智能工厂"和"智慧工厂"等。在此，采用"无人工厂"概念，代表与此相关的范畴。令人感兴趣的是，在一般情况下，这些"无人工厂"都能创造出高额利润，都具有相当高的经济效益，因为所有的"无人工厂"，都是高新科学技术及其应用的产物。这样，在现实中便出现了矛盾着的两个方面：一方面，"无人工厂"中的"活劳动"相当少，几乎

---

　　①　衡洁：《无人工厂变得越来越现实了》，《新城乡》2015年第6期。
　　②　郭朝晖：《敲开工业4.0之门——〈工业4.0：即将来袭的第四次工业革命〉导读》，《光明日报》2015年9月15日。

趋近于"零"或趋近于"无穷小",因为在现场中实际操作的生产工人非常少,或者几乎没有生产工人在现场中操作;而另一方面,"无人工厂"具有"高利润"和"高经济效益"的特征,比其他的工厂、企业能生产更多的利润和价值。现实中的矛盾现象反映到理论上,便产生了所谓的"无人工厂"的高额利润来源问题。

人类社会进入 21 世纪以来,伴随工业企业的自动化、智能化程度不断提升,"无人工厂"的高额利润来源问题更加突出地显示出来,因为随着工业机器人、高端数控机床等智能设备的研发,现在建设全自动生产线的复杂度和成本逐渐降低,无人工厂逐渐具备了经济可行性,而且在现实的经济社会中不断地得到应用。2013 年 4 月,德国颁布了《关于实施工业 4.0 战略的建议》白皮书,标志着工业 4.0 的概念正式诞生,并且这一概念迅速席卷全球,也成为我国的热门话题,有学者将其称为"即将来袭的第四次工业革命"[1]。实际上,工业 4.0 是将信息物理系统(CPS:Cyber Physical System,又译赛博物理系统)用于生产、营销、研发、服务等各个方面,并在机械化、电气化、自动化和信息化的基础上全面深入地推进智能化,[2] 实现智能识别、智能测量、智能检测、智能操控、智能互联、智能预测和智能优化的智能自动化生产。从工业自动化、工业信息化到智能制造、无人智慧工厂,目前延伸到无人驾驶汽车、无人驾驶船舶、无人化的医疗装备等热门领域,给人的感觉似乎工业智能化、无人化时代近在眼前:在运用了人工智能的"无人工厂"中,所有工作都是由计算机控制的机器人、数控机床、无人运输小车和自动化仓库来实现的。"无人工厂"中的核心装备是工业机器人,而工业机器人及其他自动化技术代表工业自动化的高阶应用,而最终实现工业智能化、无人化。[3] 尽管目前多数国家的工业水平距离这个梦想的实现尚存不小的距离,但现在的研发进度是相当惊人的。在世界性"无人工厂"快速发展的社会现实面前,"无人工厂"的高额利润来源问题日渐突

---

① 参见〔德〕乌尔里希·森德勒主编:《工业 4.0:即将来袭的第四次工业革命》,邓敏、李现民译,机械工业出版社 2014 年版。

② 郭朝晖:《敲开工业 4.0 之门——〈工业 4.0:即将来袭的第四次工业革命〉导读》,《光明日报》2015 年 9 月 15 日。

③ 《智慧工厂》编辑部:《自动化技术助力工业 4.0 时代的智能制造》,《智慧工厂》2016 年第 6 期。

出，并对马克思劳动价值论和剩余价值理论形成了日益严峻的挑战。

从中国社会经济发展的现实角度来看，在全球经济一体化的大环境中，"无人工厂"的高额利润来源问题不仅同样存在着，而且显得更加引人注目和更加突出。一方面，2015 年 5 月，国务院印发了《中国制造 2025》；同年 10 月，《中共中央关于制定国民经济和社会发展第十三个五年规划的建议》明确提出"支持战略性新兴产业发展""实施智能制造过程"①；2016 年 5 月，中共中央、国务院印发了《国家创新驱动发展战略纲要》。在中央和国务院的这些文件中都强调信息化和工业化的深度融合，并把高端数控机床和机器人研发应用作为大力推动和重点突破发展的战略任务，这实质上也就是将"无人工厂"研发应用列入了国家创新驱动发展战略。另一方面，马克思主义是我们立国立党的指导思想，劳动价值论和剩余价值理论又是马克思主义三大组成部分——政治经济学的核心理论。而"无人工厂"的高额利润来源问题对马克思劳动价值论和剩余价值理论等构成了严峻的挑战。这要求人们必须运用马克思劳动价值论和剩余价值理论对它作出科学而合理的解答。但从目前理论界对"无人工厂"高额利润来源问题解答的实际情况看，尽管诸多的学者依据各自不同的背景知识提出了许多的观点和解决的方案，甚至有些观点和方案已经涉及问题的实质，为我们的进一步研究奠定了基础，但从整体上看是不尽如人意的，有些理论观点是有悖于马克思劳动价值论和剩余价值理论的基本原理的，从而使"无人工厂"高额利润来源问题成为那些研究马克思劳动价值论和剩余价值理论的专家学者所面临的一大"难题"。

从理论界那些坚持马克思"活劳动是价值创造的唯一源泉"的专家学者对这一问题研究的主要观点来看便不难证明这一点，可将主要观点称为牵强的"狭义的活劳动创造说"。② 这是因为，雇佣工人的活劳动是价值创造的唯一源泉，除了雇佣工人的活劳动之外的其他劳动形式，如物化劳动，都是价值创造的生产条件而只能转移其自身的价值并不创造价值，这是马克思劳动价值论和剩余价值理论的思想内核和实质，是马克思在当时社会背景下

---

① 《中国共产党第十八届中央委员会第五次全体会议文件汇编》，人民出版社 2015 年版，第 41 页。
② 刘冠军：《现代科技劳动价值论研究》，中国社会科学出版社 2009 年版，第 373 页。

将创造价值的劳动规定在"物质生产劳动领域"总结出的基本原理。但在今天，如果将"活劳动"仅仅局限在狭义的范围内来理解——即仅仅理解为在"现场"的少量雇佣工人即时所付出的劳动，显然不能解释和说明"无人工厂"所带来的巨大的经济价值和利润，显然没有考虑到价值尤其是科学价值和技术价值的创造和实现之间的"时空跨度"或"时空位差"，没有考虑到现代企业在考虑科学和技术因素时价值生产的有机整体性特征和"跨时空"特征。理论界有的专家学者为了说明马克思劳动价值论、剩余价值理论与"无人工厂"高额利润来源问题的一致性，明确地提出："自动化出现以后，即使是'无人工厂'，最终有人操作，并不改变马克思主义劳动价值论的科学性。"① 从理论上看，这种观点的确坚持了马克思劳动价值论的"活劳动是价值的唯一源泉"的观点，强调了"无人工厂"的利润是"最终操作的人"的活劳动创造的。但从现实角度讲，这种观点是非常牵强的，因为在"无人工厂"中"最终操作的人"实在是太少了，少到了几乎"无"或"没有"的程度，这样少的"最终操作的人"所创造的价值，与"无人工厂"所带来的高额利润相比较，不可能是等值的，后者肯定远远地大于前者。这种回答，显然忽视了现代经济社会中企业价值生产的"跨时空"特征，没有将现代科技型企业价值生产劳动之有机构成中的科学原理的发现、技术的发明、工艺的设计、新产品的开发等科技劳动所创造的价值考虑在内，仅仅考虑了现代科技型企业"整个生产劳动过程"的最后环节即"无人工厂"的价值生产，这显然忽视了"科技第一生产力"的巨大经济价值和重要社会作用，显然没有将生产科学和技术的劳动考虑在价值创造的劳动之内，或者说没有充分考虑在内。

除了上述观点之外，理论界对这一问题的研究所得到的主要观点便是背离马克思劳动价值论和剩余价值理论之思想实质的"物化劳动创造说"、作为"物化劳动价值说"翻版的"知识创造说"。还有的专家学者从"供求决定价值说""生产要素价值说""效应价值说""边际效应价值说"等出发，对"无人工厂"高额利润来源问题进行阐释，但都不尽人意。究其原因，要么背离马克思劳动价值论和剩余价值理论的基本原理，要么仅从现象层面

---

① 参见傅军胜：《全国劳动价值论研讨会综述》，《中国社会科学》1995 年第 5 期。

对"无人工厂"的高额利润来源问题进行分析,而没有深入本质层面对其进行研究。实质上,这些观点的提出,在其根本原因上都是没有关注生产方式从马克思所处时代的物质生产方式已经发展为科技型生产方式的深刻变化,至少对这种生产方式的深刻变化关注不够,进而没有深入科技型生产方式层面考察科技型企业的发展趋向,以及没有对科技型企业的剩余价值生产方法进行发展研究。

(二)高端科技型企业的"无人化"剩余价值生产的提出

高端科技型企业是伴随着"无人工厂"在现实经济社会中诞生和发展而产生的,它主要是指伴随科技发展和应用而形成的具有自动化、智能化和"无人化"基本特征的高端科技型企业。这种高端科技型企业的生产方式既不同于工场手工业和机器大工业的物质生产方式,也不同于一般的科技型企业的生产方式,而是在此二者基础上发展起来的达到了自动化、智能化和"无人化"的高端科技型生产方式。因此,高端科技型企业的剩余价值生产,既不同于绝对剩余价值的生产,也有异于相对剩余价值的生产,它是在前两种方法基础上发展起来的一种全新的"无人化"剩余价值生产方法。在理论界对"无人工厂"的高额利润来源问题得不到科学合理的解答的情况下,通过这种全新的剩余价值生产方法的提出,能够在马克思政治经济学理论框架内,从"科技第一生产力"分析范式维度,运用"科学价值库"及其孵化机制理论的基本原理,科学合理地解答理论界长期关注的"无人工厂"高额利润来源问题即"无人工厂"的剩余价值生产问题。

马克思在考察相对剩余价值的生产时指出:"相对剩余价值的生产以特殊的资本主义的生产方式为前提。"① 这种特殊的资本主义的生产方式,主要是指资本主义机器大工业的物质生产方式,相对剩余价值的生产是以这种物质生产方式为前提的。而当这种物质生产方式进一步发展为现代科技型生产方式时,相对剩余价值生产的生产方式前提发生了深刻变化。生产方式前提的变化必然导致剩余价值生产的方法发生变革。在马克思所处的物质生产方式时代,剩余价值的生产方法主要是绝对剩余价值的生产和相对剩余价值

---

① [德] 马克思:《资本论》第1卷,人民出版社2004年版,第583页。

的生产，相对剩余价值的生产主要是在机器大工业的物质生产方式前提下进行的。而在现代科技型生产方式的前提下，剩余价值生产的方法不仅包括马克思所揭示的绝对剩余价值的生产和相对剩余价值的生产，而且还包括在这两种方法基础上生成的一种全新的剩余价值生产的方法——一种更加高端或更加高级的剩余价值生产的方法，即"无人化"的剩余价值生产方法。也就是说，在现代科技型生产方式下，剩余价值的生产方法在绝对剩余价值的生产趋向终结①的同时，对于个别的科技型企业而言，主要进行的是超额剩余价值的生产——这是相对剩余价值生产的一种特例；对于一般的科技型企业而言，主要进行的是相对剩余价值的生产；而对于高端的科技型企业而言，主要进行的是"无人化"剩余价值的生产。

如果说"相对剩余价值的生产使劳动的技术过程和社会组织发生彻底的革命"②，那么"无人化"的剩余价值生产，同样使劳动的科学过程、技术过程和社会组织再一次发生彻底的革命。因此，对高端科技型企业所采用的"无人化"剩余价值生产的内涵和实质，还必须深入到现代科技型生产方式的深刻变革层面，在与相对剩余价值的生产的比较之中，才能真正的理解和把握，这如同马克思在考察相对剩余价值的生产时，深入当时的物质生产方式的深刻变革层面，并在与绝对剩余价值生产的比较之中来理解一样。在马克思看来，绝对剩余价值的生产在资本主义简单协作和工场手工业的物质生产方式基础上完全能够进行，而相对剩余价值的生产只有在资本主义机器大工业这种特殊的物质生产方式的前提下才能进行。这是因为，在资本主义简单协作和工场手工业的物质生产方式中，雇佣工人的劳动只是在形式上从属于资本，劳动者只是因为没有生产资料而不得已受雇于资本，而一旦劳动者获得了生产资料就可以脱离资本；同时，生产技术主要是劳动者的手工劳动和简单的手工工具，因而劳动者对资本的从属关系并不牢固，随时可能转化为个体劳动者，因此雇佣劳动对资本只是形式上的从属，此时资本所采

---

① 在此需要加以说明的是，"终结"并不代表资本化身的企业主或资本家不想使用绝对剩余价值的生产方法，而是说在现代市场经济条件下不具备使用这一方法的法律、道德、文化等社会条件，并且在现代科技型生产方式的基础上，还有更好的剩余价值生产的方法可以使用，如超额剩余价值的生产、相对剩余价值的生产等。这对于资本来说尽管是无奈之举，但对社会文明来讲是巨大的进步。

② ［德］马克思：《资本论》第1卷，人民出版社2004年版，第583页。

用的主要是绝对剩余价值的生产。但在资本主义机器大工业这种特殊的物质生产方式中，生产技术条件和工厂内部的专业分工，已经使片面发展的工人除了出卖劳动力给资本家之外，别无谋生的出路，工人若靠自身的劳动能力和简单的手工工具进行生产，无论如何也难以生产出与机器大工业的工厂相竞争的产品，因此雇佣工人的劳动对资本的关系也就从形式上的从属转变为实际上的从属，此时资本所采用的不仅是绝对剩余价值的生产，而且使相对剩余价值的生产成为可能，因为机器大工业的物质生产方式具有了采用科技改进生产条件提高劳动生产率的可能。

作为相对剩余价值生产前提的这种机器大工业的生产方式，实质上属于一般科技型生产方式，或者说是一种科技化程度相对较低的生产方式，因此在一般科技型生产方式中，资本所采用的主要是相对剩余价值的生产。所不同的是，受分析范式的限制，马克思在机器大工业的生产方式下所讲的劳动对资本实际上的从属，主要指的是雇佣工人的劳动而不包括技术人员的劳动和科学人员的劳动，但在一般科技型生产方式下劳动对资本实际上的从属，已经不只是雇佣工人的劳动，甚至在一定程度上也包括技术人员和科学人员的劳动；或者说，此时的科学人员和技术人员的劳动"在一定程度上"也在实际上从属于资本，在此强调"在一定程度上"，是因为对于一般科技型企业而言，由其科技化程度的不同导致以下两种情况：一是对于科技化程度低的科技型企业，如企业自身还不能够组织科技研发、只能靠引进别人的技术设备或购买技术专利来改进生产设施的科技化企业，科技人员和技术人员的劳动至多是在形式上从属于资本，而还没有达到在实际上从属于资本的程度。二是对于科技化程度高的科技型企业，如高科技企业、自动化智能化的科技企业等，科学人员和技术人员的劳动已经在实际上从属于资本。

对于前一种情况，资本增殖所采用的主要是相对剩余价值的生产，因为即便不考虑作为"中间形式"的技术人员和科学人员的劳动，企业现场还有相当数量的雇佣工人在劳动，通过提高劳动生产率来压缩他们的必要劳动时间、相应地延长剩余劳动时间还有相当大的空间，因此相对剩余价值的生产还是完全可能的；如果考虑到作为"中间形式"的技术人员和科学人员的劳动，至少将这些劳动作为在形式上从属于资本的劳动，尽管"在这些中间形式中，剩余劳动不是用直接强制的办法从生产者那里榨取的"①，但是不用直接强制的办法而用间接强制的办法也能够延长这些作为"中间形式"的技术人员和科学人员的剩余劳动，从而获得更多的相对剩余价值。

但对于后一种情况，资本增殖所采用的看似主要是相对剩余价值的生产，而实质上已经不是马克思所讲的相对剩余价值的生产了。因为对于科技化程度高的科技型企业，特别是对于达到了具有自动化、智能化和"无人化"基本特征的高端科技型企业，由于在企业现场进行生产劳动的雇佣工人已经很少甚至"无人"了，此时通过提高劳动生产率来压缩他们的必要劳动时间、相应地延长剩余劳动时间已经没有了空间，连雇佣工人的劳动都很少甚至根本没有了，哪里还有"延长的剩余劳动时间"？因此马克思所讲的相对剩余价值的生产已经完全不可能了。在这样的情况下，原来被看作"中间形式"的技术人员和科学人员的劳动，将其"中间形式"的属性去掉，从原来的在形式上从属于资本的劳动转变为在实际上从属于资本，这样相对剩余价值的生产还有可能进行，但这已经不是原来意义上马克思所讲的相对剩余价值的生产了，这在实质上已经在马克思所讲的相对剩余价值的生产之基础上，演变出一种更加高级或更高端的相对剩余价值的生产方法。这种方法的高级性或高端性主要表现在，从"科技第一生产力"分析范式看，技术人员和科学人员的劳动尽管在高端科技型企业中已经成为"整个生产劳动过程"的核心环节，在现实性上已经在实际上从属于资本，但是他们的劳动又都属于科技研究或学术研究的范畴，而科技研究或学术研究具有自由探索的本性，从事基础性科学研究的劳动尤其如此。简而言之，技术人员和科学人员的劳动特别是科学人员的劳动即便在现实性上已经在实际上从属于资本，但在相当高的程度上是"自由"的劳动，因此他们的"剩余劳动不是用直接强制的办法从生产者那里榨取的"②。资本既然不可能"用直接强制的办法"从科学人员和技术人员那里来榨取他们的剩余劳动，那么就必须采用更高级、更高端的榨取"艺术"或方法，否则资本就不可能进行剩余价值的生产。在此意义上，为了与马克思所讲的相对剩余价值的生产相

① ［德］马克思：《资本论》第1卷，人民出版社2004年版，第583页。
② ［德］马克思：《资本论》第1卷，人民出版社2004年版，第583页。

区别，将具有自动化、智能化和"无人化"基本特征的高端科技型企业的剩余价值的生产方法，称之为高端科技型企业的"无人化"剩余价值的生产。

由此可见，高端科技型企业的"无人化"剩余价值的生产，既不同于马克思所讲的绝对剩余价值的生产，也不同于马克思所讲的相对剩余价值的生产。（1）在历时性的发展维度上，在商品经济或市场经济条件下，资本攫取剩余价值的方法，依次展现为从工场手工业时期物质生产方式基础上的绝对剩余价值的生产，到机器大工业时期物质生产方式和一般科技型生产方式基础上的相对剩余价值的生产，再到现时代具有自动化、智能化和"无人化"基本特征的高端科技型生产方式基础上的"无人化"剩余价值的生产，这一进程体现了资本攫取剩余价值方法的进步和艺术的提高。（2）在同时性的存在维度上，这三种剩余价值的生产在现代市场经济社会中是同时并存的，并且三者之间的划分也是相对的；同时，三种方法在现代科技型企业中都发挥着作用，只不过是在科技化程度不同的科技型企业中所发挥的作用有主次的差异。对于科技化程度相对较低的科技型企业，譬如现代社会中的中小型企业、微型企业，尽管也运用科技提高劳动生产率，尽可能地采用相对剩余价值的生产方法，但这些企业还是经常采用绝对剩余价值的生产方法；对于科技化程度高的科技型企业，主要采用的是相对剩余价值的生产，但也不排除采用其他两种方法；而对于高端科技型企业，越来越多地主要采用"无人化"剩余价值的生产，但这是一种高级的相对剩余价值的生产方法，同时在可能的情况下也不排除使用绝对剩余价值的生产方法。

（三）现代高端科技型企业的"无人化"剩余价值生产："无人工厂"的高额利润是"科学价值库"的价值在高端科技型企业中孵化的结果和表现形式

在当今现实的经济社会中，尽管早在 1984 年便出现了称之为"无人工厂"的高端科技型企业，并且伴随着这种被称为"无人工厂"的企业的发展，具有自动化、智能化和"无人化"基本特征的高端科技型企业越来越多，但真正达到"完全无人"的状态也还是一种理想追求，据最近获取的资料显示，即便是在运用了人工智能、实现了自动化的无人工厂中，所有工作几乎都是由计算机控制的机器人、数控机床、无人运输小车和自动化仓库来实现的，工作人员并不直接参加工作，但是也需要工作人员的存在，只是此时的工作人员数量很少或者说极少。这些为数不多的工作人员在智能化的无人工厂中充当了"指挥员"和"医生"角色，白天做一些核查和修改指令的工作，而夜间只留两三名工作人员作为监视员。[①] 由此可见，在现代最先进的智能化、自动化的无人工厂中，也没有达到真正"无人"的程度，还是"有人"存在于其中并执行某些职能的。因此，现实中的无人工厂只是一些"无人化""少人化"的工厂即高端科技型企业。在此意义上，"无人工厂"是现代科技生产方式下高端科技型企业的代名词，理论界长期探讨的"无人工厂"的高额利润来源或剩余价值的生产问题，也就是现代高端科技型企业的"无人化"剩余价值生产的问题，只不过将现代高端科技型企业的剩余价值生产称为"无人化"剩余价值生产，一是带有更高的普遍性，代表了现代科技型生产方式下的一类剩余价值的生产方法；二是现代高端科技型企业果真发展到像"无人工厂"所表示的达到"无人"的程度——从理论上讲这不是不可能的，在现实的发展进程中也表现出这样一种趋势——也能够体现"无人工厂"的剩余价值生产。为了叙述的方便，在不作其他说明的情况下，在此将"无人工厂"与现代高端科技型企业作为"同义词"来使用。

在这样的现实情况下，要在本质层面从根本上彻底解答"无人工厂"的高额利润来源问题，必须运用"科学价值库"及其价值孵化机制的基本理论，从"科技第一生产力"分析范式维度对现代高端科技型企业的"无人化"剩余价值生产进行深入的考察分析。如前所述，"科学价值库"及其价值孵化机制的基本理论已揭示出，包括科学劳动在内的所有科技劳动都是价值的源泉，而科学劳动的产物——理论科学成果为人类提供了一个"用之不竭、取之不尽"的"科学价值库"，其实质是历代所有从事基础性研究的科学人员高级复杂的劳动所创造的剩余价值的总和。同时，"科学价值库"中的价值是以潜在的形式隐形地存在着的，它要在社会经济系统中显

---

① 《智慧工厂》编辑部：《自动化技术助力工业4.0时代的智能制造》，《智慧工厂》2016年第6期。

形地表现出来而成为现实社会的经济价值，显化为社会的经济效益，需要一个相当复杂的"孵化"过程，首先是"科学价值库"中的价值借助于技术成果的研发向技术成果转移，然后是通过技术成果并入现代高端科技型企业即"无人工厂"的生产过程中，使潜伏在技术成果中的"科学价值库"的价值进一步向企业产品转移，成为企业产品价值的一部分，进而在社会经济系统中实现。根据这一逻辑进路的分析将会发现，"无人工厂"这一高端科技型企业的高额利润来源于"科学价值库"的价值，其实质是在科学借助于技术并入现代高端科技型企业的生产过程中，由"科学价值库"中的潜在价值逐步孵化而来的。而"科学价值库"的价值的这一孵化过程，需要现代高端科技型企业通过研发利用的技术成果将其加以吸纳、现代高端科技型企业生产的产品将其加以凝聚等环节，最后在社会流通领域中加以实现。为了分析和论述的方便，也为了前后文逻辑的一致性，笔者选取某一历史时期的高端科技型企业即"无人工厂"进行分析。

第一，"科学价值库"中的价值向现代高端科技型企业所研发利用的技术成果转移并被这些技术成果所吸纳。根据"科学价值库"及其价值"孵化"机制的基本理论可知，在某一个历史时期，现代高端科技型企业研发的技术成果，其价值［用 W_8 表示］构成主要包括四个组成部分：（1）现代高端科技型企业研发技术成果时，所运用的理论科学成果［即软件设施］中的价值，这也就是转移到现代高端科技型企业研发的技术成果中的"科学价值库"的价值，用 W'_3 来表示，它在实质上是这一历史时期整个"科学价值库"中的价值［即 W_0+m_1］的一部分，这样 $W'_3=$ 部分的 $[W_0+m_1]$；（2）现代高端科技型企业研发技术成果所使用的研究设施［即硬件设施］的价值，用 C_8 表示；（3）现代高端科技型企业研发技术成果的研究人员所创造的自身的价值，用 V_8 表示；（4）现代高端科技型企业研发技术成果的研究人员所创造的剩余价值，用 m'_8 表示。这样，现代高端科技型企业研发的技术成果，其价值构成用公式表示为：

$$W_8 = W'_3 + C_8 + V_8 + m'_8 \qquad\text{（公式 22）}$$

在现实的市场经济运行过程中，现代高端科技型企业研发技术成果的直接目的是将理论科学成果转化为能够运用于"无人工厂"的技术成果，实现其经济价值，因此上述公式中 C_8、V_8 和 m'_8 能够在社会经济系统中加以实现，即能够在其价格中表现出来。而对于 W'_3，尽管现代高端科技型企业通过技术成果研发已经将其转移到技术成果中，但是人们在计算其成本时，由"社会习惯"所决定，人们只计算购买理论科学成果的价格［用 A'_3 来表示］。这样，现代高端科技型企业研发的技术成果，其价格［用 A_8 来表示］构成用公式来表示为：

$$A_8 = A'_3 + C_8 + V_8 + m'_8 \qquad\qquad （公式23）$$

比较上述两个公式即公式22和公式23可以看出，现代高端科技型企业研发的技术成果的价值和价格之间存在一个差值，即 $W_8 - A_8 = W'_3 - A'_3 \cong$ 部分的［$W_0 + m_1$］，因为理论科学成果的价格与其价值相比较，几乎趋近于无穷小，因此 A'_3 可以忽略不计。这说明，这些技术成果中凝结着的"科学价值库"的价值的绝大部分没有显化出来，而显化出来的仅仅是其中很小的一部分，相当于理论科学成果的价格 A'_3 这一部分。换言之，"科学价值库"中的潜在价值已经转移到现代高端科技型企业研发的技术成果中并被这些技术成果所吸纳，但还没有显化出来，只是作为这些技术成果的潜在价值而存在着。这为"科学价值库"中的潜在价值向"无人工厂"的转移并进一步凝结到它的产品中去提供了基础。

第二，"科学价值库"中的潜在价值通过现代高端科技型企业研发的技术成果并入"无人工厂"的生产过程，被它的产品所吸纳，进而在经济系统或社会流通系统中加以实现。这是一个相当复杂的过程。根据"科学价值库"及其价值"孵化"机制的基本理论可知，在某一个历史时期，"无人工厂"将其所采用的技术成果并入它的生产过程，所生产的产品的价值［用 W_9 表示］，其构成也包括四个组成部分：（1）"无人工厂"所采用的技术成果［即软性生产资料］的价值［W_8］，这也就是现代高端科技型企业研发的技术成果的价值；（2）"无人工厂"的生产设施［即硬性生产资料］的价值，用 C_9 表示；（3）"无人工厂"的少量的生产工人所创造的自身价值，用 V_9 表示；（4）"无人工厂"的少量的生产工人所创造的剩余价值，用 m'_9 表示。这样，"无人工厂"的生产产品的价值构成，可用公式表示为：

$$W_9 = W_8 + C_9 + V_9 + m'_9 \qquad\qquad （公式24）$$

在现实的市场经济运行中，"无人工厂"进行生产的目的就是追求经济价值的最大化，因此"无人工厂"所生产的产品，其价值构成中的 C_9、V_9

和 m'_9 都能够在这些产品的价格中显示出来，实现其价值。对于 W_8，尽管伴随现代高端科技型企业研发的技术成果并入"无人工厂"的生产过程，已经转移到它所生产的产品中，但由于人们的"社会习惯"使然，人们在计算其生产产品的成本时，只将这些技术成果的价格 A_8 计算在内。这样，"无人工厂"所生产的产品的价格［用 A_9 表示］构成，用公式表示为：

$$A_9 = A_8 + C_9 + V_9 + m'_9 \qquad\qquad （公式 25）$$

从理论维度讲，"无人工厂"的生产产品，若以其价格 A_9 出卖，肯定是能够成功的，因为产品的价格低于其自身的价值。若如此，那么其"厂主"已经收回了成本 A_8、C_9 和 V_7，而且获得了"无人工厂"的少量生产工人所创造的剩余价值 m'_9。但在现实的经济运行中，"厂主"是不会以 A_9 来出卖该产品的，因为"无人工厂"所采用的技术成果的价值 W_8，伴随该技术成果并入生产过程，已经转移到它所生产的产品中，而成为这些产品的价值。根据等价交换原则，"厂主"以 W_9 即其产品的实际价值出卖该产品，也是能够成功的。这样，"厂主"不仅收回了成本 A_8、C_9 和 V_9，也不仅获得了"无人工厂"的生产工人所创造的剩余价值 m'_9，而且还获得了超出 m'_9 的另一部分剩余价值。

根据上述从公式 22 到公式 25 这一组公式可知，这些超出"无人工厂"的生产工人所创造的剩余价值 m'_9 的另一部分剩余价值，实际上就是"无人工厂"所生产的产品实际价值 W_9 和其理论价格 A_9 的差值，即 $W_9 - A_9 = W_8 - A_8 = W'_3 - A'_3 \cong$ 部分的 $[W_0 + m_1]$。这也就是说，这些超出"无人工厂"的生产工人所创造的剩余价值 m'_9 的另一部分剩余价值，就是"厂主"通过利用科学改进技术、并通过技术建造"无人工厂"所获取的高额利润的实质。这样，"无人工厂"的高额利润来源便彰显出来了，它就是"科学价值库"的价值在现代高端科技型企业即"无人工厂"中孵化的结果和表现形式。这一孵化的过程，实质上也就是现代高端科技型企业的"无人化"剩余价值的生产过程。

（四）"科学价值库"的价值在现代高端科技型企业中孵化为"无人工厂"高额利润的路径展示

通过上述分析可见，"无人工厂"的高额利润，表面上看是其中的"极少量的"生产工人创造的，而在实质上是"无人工厂"将"科学价值库"

中的潜在价值通过现代高端科技型企业研发技术成果的吸纳和其生产的产品的凝聚等环节，最终在社会流通领域中加以实现的，它归根到底来源于"科学价值库"中的价值，或者说它归根到底来源于历代从事基础性理论研究的科学人员所创造的剩余价值。透过上述从公式 22 到公式 25 这一组公式，我们将会发现，"无人工厂"高额利润的源泉即"无人工厂"获得的超出其生产工人所创造的剩余价值的价值，是如何从"科学价值库"转移到它的生产产品中并在社会经济系统中加以实现的价值流动路径。具体展现为：

部分的 $[W_0+m_1] \rightarrow [W'_3-A'_3] \rightarrow [W_8-A_8] \rightarrow [W_9-A_9]$

这也就是"科学价值库"的价值在"无人工厂"中孵化为它的高额利润的展示路径，也是现代高端科技型企业的剩余价值的生产路径，它由以下几个环节来构成：

第一步，在某一个历史时期，"科学价值库"中的价值 $[W_0+m_1]$ 首先以潜在的形式凝结或包含在历代科学人员所生产的理论科学成果（既包括前人的也包括今人的基础性理论科学成果）之中，具体体现为现代高端科技型企业研发技术成果过程中所运用的理论科学成果的价值和价格之差 $[W'_3-A'_3]$，在量上体现为"部分的 $[W_0+m_1]$"。

第二步，"部分的 $[W_0+m_1]$"通过现代高端科技型企业研发的技术成果的吸纳，转移到并凝结在这些技术成果之中。此时，这部分价值仍然以潜在的形式存在着，具体体现为"无人工厂"所采用的这些应用开发性技术成果的价值和价格之差 $[W_8-A_8]$。

第三步，"部分的 $[W_0+m_1]$"通过现代高端科技型企业研发的技术成果并入"无人工厂"的生产过程并被其产品所吸纳，转移到并凝结在"无人工厂"所生产的产品之中。此时，这部分价值已经在社会经济系统中表现出来，具体体现为"无人工厂"所生产的产品的价值和价格之差 $[W_9-A_9]$。而"无人工厂"所生产的产品的价值和价格之差，正是"无人工厂"借助于科学技术所获取的超出其生产工人所创造的剩余价值 m'_9 的另一部分剩余价值，这便是"无人工厂"的高额利润。

这样，"科学价值库"的价值在现代高端科技型企业中，通过上述的一步步的孵化，最终表现为"无人工厂"的高额利润，表现为现代高端科技型企业生产的剩余价值。正是在这个意义上,"无人工厂"的高额利润不是由"无人工厂"中为数极少的"生产工人"创造的,而是"科学价值库"的价值在现代高端科技型企业即"无人工厂"中孵化的结果和显在的表现形式。

（五）关于"无人工厂"的高额利润来源与现代高端科技型企业的"无人化"剩余价值生产的几点结论

通过上述的考察分析,关于"无人工厂"的高额利润来源与现代高端科技型企业的"无人化"剩余价值生产的问题,在此得出以下几点结论。

第一,"无人工厂"的高额利润来源问题,决不是像"无人工厂"这一概念所表征的"无人"的工厂的高额利润的来源问题,也决不像在现象层面看到的或者说绝不像"带着有色眼镜"的人们仅就"无人工厂"这一概念所想象的"无人"的工厂,并在此基础上提出和琢磨:在"无人"的情况下怎么就能够生产出高额的利润?马克思的劳动价值论和剩余价值理论面对这样的理解和提问还真的是束手无策,因为这样的理解和提问本身就有问题,这样的理解和提问太表象化了,并且带有主观臆断的成分。"无人工厂"的高额利润来源问题并不是如此简单。

第二,事实上,"无人工厂"的高额利润来源问题涉及现代科技型生产方式下的剩余价值生产的问题,即现代高端科技型企业的"无人化"剩余价值生产的问题。这种"无人化"剩余价值生产,既包括表象层面的"无人工厂"的剩余价值生产,也包括现代高端科技型企业对表象化的"无人工厂"这些技术设施的研发劳动,还包括现代高端科技型企业在研发表象化的"无人工厂"技术设施时所运用的理论科学成果的研究劳动。只有从"科技第一生产力"分析范式维度才能揭示这种高端科技型生产方式下的"无人化"剩余价值生产的全过程。那种对"无人工厂"的高额利润来源问题从表象化层面且带有主观臆断成分的理解,对这一"全过程"是无法理解的。

第三,从这一"全过程"来看,"无人工厂"的高额利润只能来源于"科学价值库"中的潜在价值。尽管"无人工厂"的生产过程离不开"生产工人"的操作,"生产工人在现场中的操作"是其生产的必要条件,但在现场操作的"生产工人"所创造的剩余价值只是"无人工厂"高额利润中很少的几乎可以忽略不计的小部分，因为"无人工厂"几乎达到了"无人"的程度，因而其"生产工人"所创造的剩余价值也几乎达到了可以忽略不计的程度。这样，在"无人工厂"中由"科学价值库"中的潜在价值孵化出来的显在价值，成为"无人工厂"高额利润的主体部分，甚至在相当高的程度上成为"无人工厂"高额利润的全部。

第四，"无人工厂"的高额利润，在实质上是"科学价值库"的价值在"无人工厂"中孵化的结果和表现形式，进一步讲是"科学价值库"中的潜在科学价值通过现代高端科技型企业研发技术成果的吸纳和向"无人工厂"的生产产品的转化等环节，最终在社会流通领域中加以实现的结果；再进一步说，是拥有"无人工厂"的资本家利用现代科技来建造"无人工厂"，并借助"无人工厂"将"科学价值库"中的潜在价值加以孵化的必然结果，是科学人员的复杂劳动所创造的剩余价值在"无人工厂"中的再现和在经济系统中的实现。从归根到底的意义上来讲，"无人工厂"的高额利润主要来源于历代从事基础性理论研究的科学人员的高级复杂劳动所创造的剩余价值。

第五，在现代高端科技型企业的剩余价值生产过程中，从"科学价值库"的潜在价值生产到孵化为"无人工厂"的高额利润，在资本主义物质生产方式的前提下"是在生产者背后由社会过程决定的"[①] 科学价值生产和转移的潜在价值运动，在现代科技型生产方式的基础上演变成为科技型企业整个价值生产和转移的不可缺少的价值运动过程，从物质"生产者的背后"走到了物质生产者的"前台"，并且成为生产力中的"第一生产力"，因此对其若不进行"跨时空"的系统研究和深入"整个价值生产过程"各环节的深入剖析，必然导致"无人工厂"的高额利润问题。同时，不可否认的是，在现代科技型生产方式下，作为现代高端科技型企业的"无人工厂"，在实质上已经成为历代科学人员所创造的以潜在形式存在于"科学价值库"中的剩余价值的"孵化器"或"显化器"。简言之，"无人工厂"已经成为"科学价值库"中的价值的"孵化器"或"显化器"。在这种意义上，"无人工厂"的高额利润正是这种"孵化器"所孵化的结果。

---

① ［德］马克思：《资本论》第 1 卷，人民出版社 2004 年版，第 58 页。

第六，正因为在现代科技型生产方式下高端科技型企业以"无人工厂"的企业形式出现在现代市场经济社会中，物质生产者"背后"的潜在科学价值的生产和运行，与物质生产者"台前"企业产品价值生产和运行之间，呈现出错综复杂的"矛盾"现象，人们往往看到的是物质生产者"台前"企业产品价值生产和运行，而很难"看到"物质生产者"背后"的潜在科学价值的生产和运行，因此"无人工厂"的高额利润来源问题，便成为那些对马克思劳动价值论和剩余价值理论持否定态度的专家学者最主要的问题依据和所谓的"现实根据"，他们在找不到其他"经济事实"作为依据的情况下，常常以此作为"经济事实"来责难和攻击马克思的劳动价值论和剩余价值理论等政治经济学的核心理论。在这里，通过将马克思的生产劳动价值论发展为集科学劳动价值论、技术劳动价值论和生产劳动价值论于一体的新劳动价值论，并在此基础上将马克思物质生产方式基础上的相对剩余价值生产理论发展为现代科技型生产方式基础上的"无人化"剩余价值生产理论，并利用这些新理论对"无人工厂"的高额利润来源问题，作出符合马克思劳动价值论和剩余价值理论基本原理的合理回答，从而有力地回击了那些对马克思劳动价值论和剩余价值理论持否定态度的学者对马克思劳动价值论和剩余价值理论提出的责难和攻击。

第六节　科技型企业价值生产和增殖的
"价值链网络结构"模式建构

现代科技型企业的"整个生产劳动过程"表现出"跨时空"的价值生产、运行、实现、增殖的价值连续运动。在对这一运动过程的各个环节，从"科技第一生产力"分析范式维度进行了考察分析，依次提出了现代科技型企业的科学劳动创造价值论、技术劳动创造价值论、生产劳动创造价值论和剩余价值生产论之后，需要将这些理论进一步的加以整合进而从整体上系统地加以建构。在此使用"价值链"表征现代科技型企业"整个生产劳动过程"各个环节上的价值生产、运行和增殖。由于现代科技型企业的这些环节是紧密地联系在一起的，因此这些"价值链"也相互交织在一起，从而形成了现代科技型企业的"整个生产劳动过程"的"跨时空"价值生产和增殖的"价值总链"模式。对这一"价值总链"模式，笔者进行了长期的研究并取得了一定的前期研究成果。[①] 但伴随着研究的深入，发现用"价值总链"模式并不能真正地表达现代科技型企业"整个生产劳动过程"所表现出来的"跨时空"价值生产、运行、实现和增殖的价值连续运动之意，因此在此提出现代科技型企业价值生产和增殖的"价值链网络结构"模式，并在原有研究的基础上对这一模式进行重构和完善。透过这一模式的重构和完善，人们将会更加清晰看到处在现代科技型企业价值生产和增殖的"价值链网络结构"之各个节点的劳动者，不管是科学劳动者，还是技术劳动者和生产劳动者，他们各自所发挥的作用和所作出的贡献，以及各自应当按照"按劳分配"原则——社会主义市场经济条件下的最基本的分配制度——所得到的报偿或报酬。

一、现代科技型企业"跨时空"价值生产和增殖的"价值链"

从现实发展维度看，伴随着现代科技和社会分工从产品间分工向产品内分工的发展，现代科技型企业的发展越来越注重产品价值链、工业价值链的系统整合。尤其是在以微电子、计算机、互联网为标志的第三次工业革命的过程中，伴随着高端科技型企业的发展，程序化、自动化、智能化和无人化的生产使产品间的分工协作凸现出来，产品价值链和工业价值链的系统整合被看作现代高端科技型企业发展的关键，从科学原理的发现、技术方案的设计、技术样品的研发和中试、生产流程的规划，一直到批量化和规模化的生产工程、生产执行和生产服务等，也越来越呈现为一个紧密相连的生产链条。与此相关的是，在工业企业经过程序化、自动化、智能化改造之后，在整个生产链条中的人员结构"从原来的一线产业工人占主要比重的金字塔形，向中间的技术工人越来越多的倒梯形转变"[②]，并且越来越多的科学人员也直接或间接地参与其中，进而成为"倒梯形"人员结构中最顶部的构成部分。在此情况下，现代科技型企业的价值生产和增殖，也就越来越从原来的生产工人的劳动生产，向技术人员和科学人员的劳动生产转移，其价值

---

① 刘冠军：《现代科技劳动价值论研究》，中国社会科学出版社 2009 年版，第 269 页。
② 《智慧工厂》编辑部：《自动化技术助力工业 4.0 时代的智能制造》，《智慧工厂》2016 年第6 期。

的创造、价值的运行、价值的实现和价值的增殖的状况也就显得越来越异常复杂化，它的"整个生产劳动过程"表现出"跨时空"的价值生产、运行、实现、增殖的价值连续运动，形成了不同层面的"价值链"。

而从理论研究维度看，"价值链"（value chain）概念早在 20 世纪 80 年代，美国著名的经济学学者波特（Porter M E.）在《竞争优势》一书中就已经提出，并从竞争的角度对其进行了分析。在波特看来，价值是买方愿意为企业提供给他们的产品所支付的价格，如果企业所得的价值超出创造产品所花费的各种成本，那么企业就会盈利，反之，则会亏损，因此企业的竞争优势是基于低成本且各种资源被配置在价值链中。并且波特还注意到，企业的价值链可能包含于更大的"价值系统"（value system）之中，而价值系统除了包括企业的价值链之外，还包括供应商价值链、销售渠道价值链和客户价值链等①。自此之后，有许多学者对价值链进行了研究，其中英国威尔士大学教授彼得（Peter Hines）等人将价值链概念定义为"集成物料价值的运输线"；并且彼得等人的价值链的功能目标也与波特的价值链有所不同，前者把顾客对产品的需求作为价值链中企业生产过程的最终目标，而利润仅仅是满足这一目标的副产品；而后者即波特的价值链概念仅停留在把利润作为企业的主要目标上。而美国学者 Jeffrey F.Rayport 和 John J.Sviokla 则区分了"实物价值链"（physical value chain）和"虚拟价值链"（virtual value chain）范畴，并提出了"开发虚拟价值链"的观点。②

在此也采用了"价值链"概念来表征现代科技型企业"整个生产劳动过程"中"跨时空"的各个环节的价值生产、运行和增殖过程。笔者使用的"价值链"概念，与波特和彼得等人所讲的价值链，既有相同之处，又有不同点。相同之处表现在：二者都注意到了不同企业之间价值生产和流动的关联性、系统性，并用"链"字来概括。但是，二者又有根本的分歧：波特和彼得等人所讲的价值实质上指的是价格，因此他们所讲的价值链是建立在现代西方经济学的价格理论基础之上的；而笔者所讲的价值是由劳动所创造的价值，因此而提出的价值链是建立在劳动价值论基础之上的，进一步

① 杜义飞、李仕明：《产业价值链：价值战略的创新形式》，《科学学研究》2004 年第 5 期。

② Jeffrey F.Rayport, John J.Sviokla, "Exploiting the Virtual Value Chain", *Harvard Business Review*, Vol. 73, No. 6, 1995, pp. 75–85.

讲是建立在"人类劳动链条"基础上的。因为在"科技第一生产力"分析范式的基础上，现代科技型企业已经将科学劳动和技术劳动同生产劳动一起看作它的"整个生产劳动过程"中的人类劳动，表现为"跨时空"特征的有机整体和动态系统，表现为"跨时空"特征的"人类劳动链条"。同时，从劳动价值论的视角来审视，由于价值是人类劳动的凝结，人类劳动是价值的源泉，因此现代科技型企业"整个生产劳动过程"中具有"跨时空"特征的"人类劳动链条"，在实质上体现的是其"跨时空"的价值生产、价值运行和价值增殖的流程或链条，这就是现代科技型企业"整个生产劳动过程"中"跨时空"的"价值链"之内涵。

这种"价值链"，在具体展现的形式上，现代科技型企业"整个生产劳动过程"中的"价值链"主要表现为以下三个方面：（1）从其价值的生产者、创造者的角度看，表现为由"'非在场的'从事基础理论科学成果研究的科学家和一般科学人员及其组织管理者→'准在场的'从事技术成果研发的技术专家和工程师及其组织管理者→'在场的'工程师、技术人员和生产工人及其组织管理者"构成的具有"跨时空"特征的劳动者群体所展现的链条。（2）从其价值的劳动源泉角度看，表现为由"'非在场的'从事基础理论科学成果研究的科学家和一般科学人员及其组织管理者的劳动→'准在场的'从事技术成果研发的技术专家和工程师及其组织管理者的劳动→'在场的'工程师、技术人员和生产工人及其组织管理者的劳动"构成的具有"跨时空"特征的劳动链条。（3）从其价值的载体角度看，表现为由"基础性理论科学成果→应用开发性技术成果→企业生产产品"所构成的具有"跨时空"特征的劳动产品系列所呈现的链条。现代科技型企业"整个生产劳动过程"中这三个方面的"价值链"所表现出来的"跨时空"特征，在国外学者对价值链的研究上得到了一定程度的体现和深化。20世纪90年代中期以后，根据许多企业把生产经营的行为分布到世界范围的实践，国外许多经济学家和社会学家把价值链概念应用于研究全球不同企业之间在价值链中的分工问题，认为价值链不仅存在于企业的产品间分工上，而且存在于企业的产品内分工上，即多个企业能够在同一个价值链中从事不同的生产活动。不仅如此，他们还把价值链概念应用于全球范围的企业之间的合作关系，提出了"全球商品链"的概念，并认为全球不同的企业是在由产品的设计、生产和营销等行为组成的"全球价值链"中开展合作的，这些不同的经济行为分散在不同的地方，最终产品是各种中间行为在不同企业不连续的阶段成果。在美国经济学家卡普林斯基主编的《价值链研究手册》中，比较全面地分析了"全球价值链"概念，认为如果把全球价值链中的价值分解到不同的企业，就意味着不同的企业分别从事同一条价值链中的不同行为。这种全球价值链的出现，使原来由一个企业完成生产经营的所有功能，现在由多个企业来完成；一个产品的生产经营，不再局限在一个企业之内，包揽生产经营活动全过程的垂直一体化企业的界限因此而被打破。①

现代科技型企业"整个生产劳动过程"中"跨时空"的价值生产、运行和增殖的"价值链"，具体表现为由不同层面上的价值生产者或创造者、不同阶段上的劳动价值源泉、不同表现形式的价值载体等所构成的具有"跨时空"特征的价值链系统。而这一价值链系统，主要是由以下几个环节的价值作为要素来构成的。

第一，科学人员的科学劳动所创造的理论科学成果的价值。在现代科技型企业"整个生产劳动过程"所展现的价值生产、运行和增殖的"价值链"中，这一部分价值的创造者，主要是指现代科技型企业"不在场的"的科学人员，它包括科学事实的发现者、科学原理的总结者、科学规律的概括者和科学理论体系的建构者等科学家、一般科学人员及其他们的组织管理者等；这一部分价值的源泉，主要是现代科技型企业"不在场的"科学人员的科学劳动，它包括发现科学事实的劳动、总结科学原理的劳动、概括科学规律的劳动和建构科学体系的劳动，以及对从事这些劳动的科学家和一般科学人员进行组织管理的劳动等；这一部分价值的载体，主要是现代科技型企业"不在场的"科学人员生产的科学产品即理论科学成果，具体表现为提出、论证和建构有关新科学事实、新科学原理、新科学规律和新科学理论体系的研究报告、科学论文和科学著作等。

第二，技术人员通过应用理论科学成果进行技术劳动所创造的技术成果的价值。在现代科技型企业"整个生产劳动过程"中所展现的价值生产、

---

① 侯若石：《质疑现代企业制度理论——与张维迎、厉以宁和吴敬琏商榷》，《社会科学报》2004年4月22日。

运行和增殖的"价值链"中，这一部分价值的生产者，主要是指现代科技型企业"准在场的"的技术人员，它包括技术原理的发明者、制造方法的构思者、技术产品的制造者、工艺流程的设计者、技术方案的制订者和中试实验的操作者等技术专家、工程师和一般技术人员及其他们的组织管理者等；这一部分价值的源泉，主要是现代科技型企业"准在场的"的技术人员的劳动，它包括发明技术原理的劳动、构思制造方法的劳动、制造技术产品的劳动、设计工艺流程的劳动、制定技术方案的劳动和操作中试实验的劳动，以及对从事这些劳动的技术专家、工程师和一般技术人员进行组织管理的劳动等；这一部分价值的载体，主要是现代科技型企业"准在场的"技术人员生产的技术产品即技术成果，具体表现为提出、论证和建构有关新技术原理、新工艺流程、新制造方法和新技术方案等的理论态的研究报告，以及研制的新产品、新品种等实物态的技术成果。

第三，生产工人与科技成果物化的生产设施结合进行生产劳动所创造的产品的价值。在现代科技型企业"整个生产劳动过程"中所展现的价值生产、运行和增殖的"价值链"中，这一部分价值的创造者，主要是指现代科技型企业"在场的"运用现代科技进行生产的劳动者，一般称之为"生产工人"，它包括现代科技型企业"在场的"工程师、技术人员和一般工作人员及其生产管理者，其中的工程师、技术人员和生产管理者通常被称为"白领工人"，而一般工作人员通常被称为"蓝领工人"；这一部分价值的源泉，主要是现代科技型企业"在场的"上述人员的劳动，即传统意义上的"生产劳动"；这一部分价值的载体，主要是现代科技型企业"在场的"生产工人所生产的企业产品。

这样，现代科技型企业"整个生产劳动过程"，作为"不在场的"科学生产过程、"准在场的"技术生产过程和"在场的"企业产品生产过程的统一体，其人类劳动的过程，依次展现为："'不在场的'科学人员的科学劳动→'准在场的'技术人员通过应用理论科学成果进行的技术劳动→'在场的'生产工人与科技成果物化的生产设施结合进行的生产劳动"。这些不同环节上的劳动，相互渗透、相互转化和相互链接，共同架构了现代科技型企业"整个生产劳动过程"具有"跨时空"特征的"人类劳动链条"。与这一"人类劳动链条"相适应，现代科技型企业"整个生产劳动过程"中的价值生产、运行和增殖过程，依次展现为："'不在场的'科学人员通过科学劳动所创造的理论科学成果的价值→'准在场的'技术人员通过应用理论科学成果进行技术劳动所创造的技术成果的价值→'在场的'生产工人通过生产劳动所创造的产品的价值"。这些价值相互渗透、相互转化和相互链接，共同架构了现代企业"整个生产劳动过程"具有"跨时空"特征的价值生产、运行和增殖的"价值链"。

从科学认识论的视角来审视，现代科技型企业"整个生产劳动过程"的价值生产、运行和增殖的"价值链"，是具有复杂结构的整体系统，它内在地包含着三根"价值子链"，它们依次体现为：（1）现代科技型企业"不在场的"科学人员与科学生产资料结合，通过"科学劳动"进行价值创造和价值转移的过程，形成了科学价值生产和价值累加的"价值子链"，这也就是"科学价值库"中的价值生产和价值累加之"价值子链"。（2）现代科技型企业"准在场的"技术人员与技术生产资料结合，通过"技术劳动"进行价值创造和价值转移的过程，形成了技术价值生产和价值增殖的"价值子链"，其中包含着"科学价值库"的第一步价值孵化的"价值子链"。（3）现代科技型企业"在场的"生产工人与物质生产资料结合，通过"生产劳动"进行价值创造和价值转移过程，这也就是传统理论所分析的企业生产劳动进行价值创造和转移的过程，它形成了产品价值生产和价值增殖的"价值子链"，其中包含着"科学价值库"的第二步价值孵化的"价值子链"。这三根"价值子链"相互联系、相互交叉和相互叠加，共同构成现代科技型企业价值生产和增殖的"价值链网络结构"模式。

二、科学价值生产与"科学价值库"价值增殖的"价值子链"

对现代科技型企业而言，科学价值的生产过程实质上也就是"科学价值库"的价值增殖和价值转移的价值连续运动过程。因此，科学价值的生产与"科学价值库"价值增殖的"价值子链"，主要体现的是现代科技型企业"不在场的"从事基础科学研究的科学人员进行价值创造和价值转移的科学劳动过程。一般地，现代科技型企业"不在场的"科学人员的劳动过程，在价值维度上表现为"从科学资本的价值→科学成果的价值"的价值创造和价值转移的运动过程。这种价值创造和价值转移的运动，实质上就是

"科学价值库"的价值生产和增殖过程。根据现代科技型企业的科学劳动价值论，科学价值的生产与"科学价值库"价值增殖的"价值子链"，可用图9-3表示。

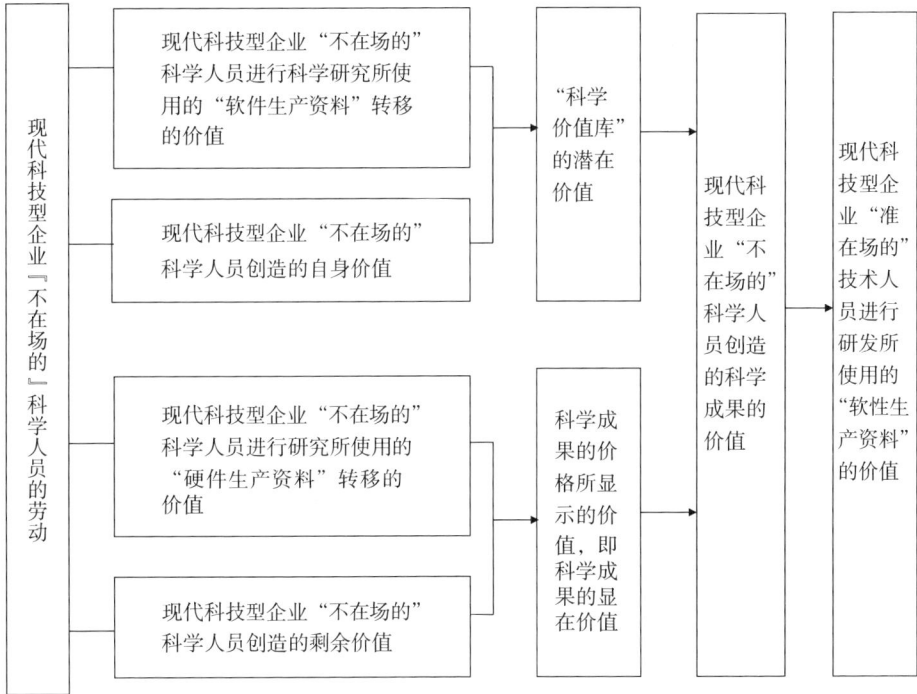

图9-3　科学价值生产与"科学价值库"价值增殖的"价值子链"示意图

为了解释说明的逻辑一贯性，仍以科技型企业在某个历史时期的科学研究为对象。那么，现代科技型企业的科学价值生产与"科学价值库"价值增殖的"价值子链"，主要包括以下四部分价值的创造和转移过程。

第一，现代科技型企业"不在场的"科学人员进行基础理论科学研究所使用的"软件生产资料"的价值。这里的"软件生产资料"是相对于"硬件生产资料"而言的，它主要是指进行基础科学理论研究所使用的"前人"或"同代人"的基础理论科学成果的论文、数据、著作等图书情报资料。这些"软件生产资料"，在价值维度上也就是作为前人或同代其他人的科学人员创造的"科学价值库"，其中的价值首先伴随现代科技型企业"不在场的"科学人员的劳动进程，不断地向基础理论科学成果转移，进而成为该科学成果的价值。应当看到,在某个历史时期基础理论科学研究所使用的"软件生产资料"的价值,表面上看是现代科技型企业的"科学资本"的价值,即以购买这些"软件生产资料"的价格所显示的价值作为"科学资本",参入基础理论科学研究的价值生产和价值转移;而在实质上,这些"软件生产资料"的实际价值远远大于其价格所显示的价值,"软件生产资料"作为基础理论科学研究的必备条件,是以其远远大于其价格所显示的实际价值参入基础理论科学研究的,并且它的价值转移表现出"虽转移但软件生产资料的价值并不减少"的奇异性特征,它在现代市场经济社会中是以潜在的方式隐形地存在着的,是难以在基础理论科学成果的价格中表现出来的,但它是基础理论科学成果的价值的重要组成部分,表现为"科学价值库"的价值。同时,这一部分价值也是在基础理论科学成果并入"准在场的"技术人员进行技术研发过程时所使用的"软性生产资料"的价值,因而表现出向"准在场的"技术劳动所使用的"软性生产资料"的转移运动。

第二,现代科技型企业"不在场的"科学人员进行基础理论科学研究所使用的"硬件生产资料"的价值。这里的"硬件生产资料"是相对于"软件生产资料"而言的,它主要是指进行基础理论科学研究的研究工作室、实验室以及其中的实验仪器、探测设备和药品试剂等以物质形态存在的科学生产资料,它作为现代科技型企业的"科学资本"的重要组成部分,首先伴随现代科技型企业"不在场的"科学人员的劳动进程不断被磨损和消耗,一次性或渐次地转移到基础理论科学成果中,成为该科学成果的价值。如前所述,这部分价值是维持基础理论科学研究"简单再生产"的必要前提条件,因此它表现为基础理论科学成果的价格,是基础理论科学成果的价格所显示出来的价值,也是在基础理论科学成果并入"准在场的"技术人员进行技术研发过程时所使用的"软性生产资料"的价值,因而这部分价值表现出向"准在场的"技术劳动所使用的"软性生产资料"的转移运动。

第三,现代科技型企业"不在场的"科学人员与科学生产资料(包括上述的软件生产资料和硬件生产资料)相结合,进行科学劳动所创造的自身劳动力的价值。这一部分价值,首先凝结在基础理论科学成果中,进而成为该科学成果的价值,它是维持基础理论科学研究"简单再生产"的必要前提条件,因此它也表现为基础理论科学成果的价格,是基础理论科学成果的价格所显示出来的价值,同时也是在基础理论科学成果并入"准在场的"技术人员进行技术研发过程时所使用的"软性生产资料"的价值,因而这部分价值同样表现出向"准在场的"技术劳动所使用的"软性生产资料"的转移运动。

第四,现代科技型企业"不在场的"科学人员与科学生产资料相结合,进行科学劳动所创造的剩余价值,它同样凝结在基础理论科学成果中,进而成为该科学成果的价值。这部分价值,在现代市场经济社会中是以潜在的方式隐形地存在着的,是难以在基础理论科学成果的价格中表现出来的,但它是基础理论科学成果的价值的重要组成部分,表现为"科学价值库"中新增加的价值。同时,这一部分价值也是在基础理论科学成果并入"准在场的"技术人员进行技术研发过程时所使用的"软性生产资料"的价值之一,因而表现出向"准在场的"技术劳动所使用的"软性生产资料"的转移运动。

由此可见,现代科技型企业"不在场的"科学人员与包括软件生产资料和硬件生产资料在内的科学生产资料相结合所进行的科学劳动,在科学价值的生产维度上表现为一个科学劳动者自身的劳动力价值的创造与实现、科学劳动者创造剩余价值、软件生产资料和硬件生产资料价值的转移等过程,概括地讲,可归纳为两个层面的价值生产和价值运行:一是科学成果的价值创造和价值转移的过程;二是"科学价值库"的价值运行和价值累加或价值增殖的过程。这两个层面紧密结合在一起,便形成了现代科技型企业科学价值生产与"科学价值库"价值增殖的"价值子链"。

三、技术价值生产与"科学价值库"第一步价值孵化"价值子链"

技术价值的生产对现代科技型企业而言,是联结科学价值生产与企业产品价值生产的中间或中介环节,既是技术显性价值的生产和实现过程,也是技术隐性价值即"科学价值库"第一步价值孵化的过程。因此,技术价值生产与"科学价值库"第一步价值孵化的"价值子链",主要体现的是现代科技型企业"准在场的"从事技术研发的技术人员进行价值创造和价值转移的技术劳动过程。一般地，现代科技型企业"准在场的"技术人员的劳动过程，在价值维度上表现为"从技术资本的价值→技术成果的价值"的价值创造和价值转移的运动过程。这种价值创造和价值转移运动，内在地包含着"科学价值库"在现代科技型企业中的第一步价值孵化过程。根据现代科技型企业的技术劳动价值论，技术价值生产与"科学价值库"第一步价值孵化的"价值子链"，可用图9-4表示。

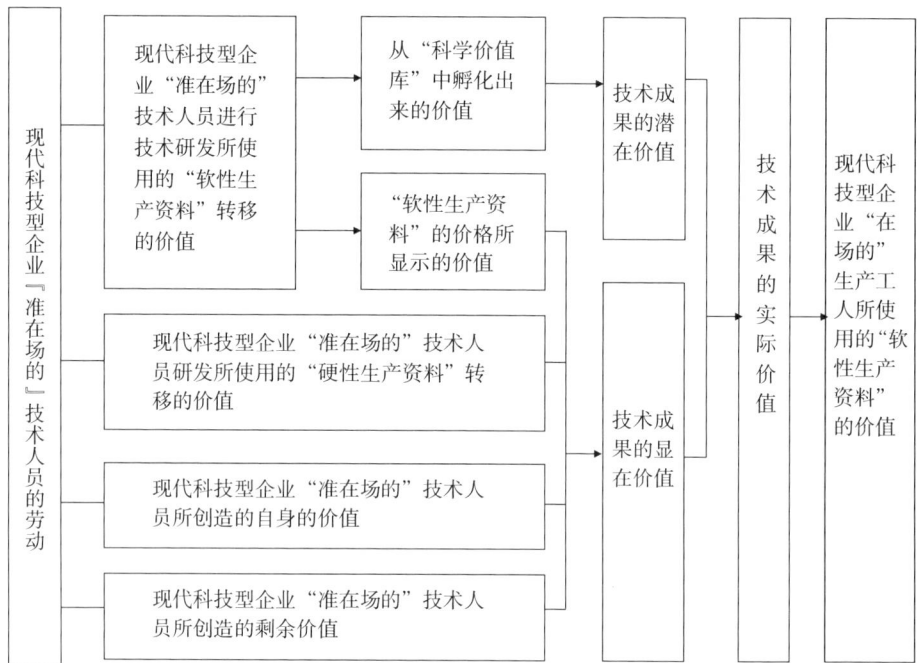

图9-4　技术价值生产与"科学价值库"第一步价值孵化的"价值子链"示意图

为了解释说明的逻辑一贯性，在此仍以科技型企业在某个历史时期的科学研究为对象。那么，技术价值生产与"科学价值库"第一步价值孵化的"价值子链"，主要包括以下四部分价值的创造和转移过程。

第一，现代科技型企业"准在场的"技术人员进行技术研发所使用的"软性生产资料"的价值。这里的"软性生产资料"是相对于现代科技型企业进行技术研发所使用的"硬性生产设备"而言的，它相当于现代科技型企业"不在场"的科学人员进行基础理论科学研究所使用的"软件生产资料",主要是指技术研发所使用的基础理论科学成果的论文、数据、著作等图书情报资料。但由于技术研发属于应用开发性的定向性研发,与科学研究的"自由探索"是不同的,因此在使用的图书情报资料方面是各有侧重的;同时,技术研发所使用的图书情报资料,对于科技型企业而言,资本属性更强,因此为了与科学研究所使用的图书情报资料等软件生产资料相区别,在此将其称为"软性生产资料"。这些软性生产资料的价值,首先伴随现代科技型企业"准在场的"技术人员的劳动进程,不断地被转移到技术成果中,进而成为这些技术成果的价值。这一过程,在实质上就是"科学价值库"的价值孵化为技术成果的潜在价值的过程。这也就是说,在"准在场的"技术人员的研发过程中,基础科学成果是其必需的"软性生产资料",表面上看,这些"软性生产资料"是以其价格所显示的价值参入"技术资本"之中的,表现为这部分价值向技术成果的转移,进而成为技术成果的显在价值的一部分;而在实质上,这些"软性生产资料"内在地包含着以潜在形式隐形地存在的"科学价值库"的价值,这部分价值伴随基础科学成果并入"准在场的"技术人员的劳动,必然向其技术成果转移,进而成为技术成果的潜在价值,这就是"科学价值库"的价值在现代科技型企业中的第一步孵化的过程。同时,伴随这些技术成果并入现代科技型企业"在场的"生产过程,包括技术显在价值和潜在价值的"软性生产资料"的价值,进一步作为现代科技型企业的软性生产资料的价值参入"生产资本"的运动。

第二,现代科技型企业"准在场的"技术人员进行技术研发所使用的"硬性生产资料"的价值。这里的"硬性生产资料",是相对于现代科技型企业进行技术研发所使用的"软性生产资料"而言的,主要是指技术研发所使用的实验场地、实验室、研发中心以及其中的实验仪器和药品试剂等以物质性形态存在的技术生产资料。它作为"技术资本"的重要组成部分,首先伴随现代科技型企业"准在场的"技术人员的劳动进程不断被磨损和消耗,一次性或渐次地转移到技术成果中成为这些技术成果的价值;然后,伴随技术成果并入企业"现场的"生产过程,而成为现代科技型企业"在场的"生产劳动所使用的软性生产资料的价值,进而参入企业的生产资本的运动。

第三,现代科技型企业"准在场的"技术人员与包括软性生产资料和硬性生产资料在内的技术生产资料相结合，通过技术劳动创造的自身劳动力的价值。这部分价值，凝结在技术人员研发的技术成果中，进而成为该技术成果的价值。由于技术成果具有高经济价值属性，而且受专利制度保护，因此其价值能够在现实的经济运行中加以实现。在此之后，这部分价值伴随该技术成果并入企业"现场生产"过程，进而成为企业"现场生产"的软性生产资料的价值，参与生产资本的运动。

第四，现代科技型企业"准在场的"技术人员与技术生产资料相结合，通过技术劳动创造剩余价值，凝结在技术成果中成为该技术成果的价值。也正是由于技术成果具有高经济价值属性，而且受专利制度保护，因此其价值一般也能够在现实的经济运行中加以实现。在此之后，这部分价值伴随技术成果并入企业"现场生产"过程，而成为企业"现场生产"的软性生产资料之价值，参与生产资本的运动。

由此可见，现代科技型企业"准在场的"技术人员与包括软性生产资料和硬性生产资料在内的技术生产资料相结合所进行的技术劳动，在价值的维度上，一方面表现出技术成果的显在价值的创造、转移和实现的过程；另一方面伴随软性生产资料的应用，表现为"科学价值库"的潜在价值孵化为技术成果的内在价值即技术成果的潜在价值的过程，这也就是"科学价值库"的价值在现代科技型企业中的第一步孵化的过程。这两个层面的价值生产和价值运行紧密结合在一起，便形成了现代科技型企业技术价值生产与"科学价值库"第一步价值孵化的"价值子链"。

四、产品价值生产与"科学价值库"第二步价值孵化"价值子链"

现代科技型企业的产品价值生产，是其整个价值生产过程的最后一个环节，既包含着生产工人的劳动进行价值创造和价值转移的过程，也包括技术成果和科学成果在生产中的运用而表现出的技术价值和科学价值的转移过程，其中也是"科学价值库"在现代科技型企业中的第一步价值孵化的过程。因此，产品价值生产与"科学价值库"第二步价值孵化的"价值子链"，主要体现的是现代科技型企业"在场的"生产工人进行价值生产和价值转移的劳动过程。一般地，现代科技型企业"在场的"生产工人进行生产劳动的过程，在价值维度上表现为"从生产资本的价值→生产产品的价值"的价值运动，其中内在包含着技术价值参与生产资本的价值运动以及与之相伴的科学价值参与生产资本的价值运动，进而实现了"科学价值库"的价值在现代科技型企业中的第二步孵化过程。根据现代科技型企业的生产劳动价值论，产品价值生产与"科学价值库"第二步价值孵化的"价值子链"，可用图9-5表示。

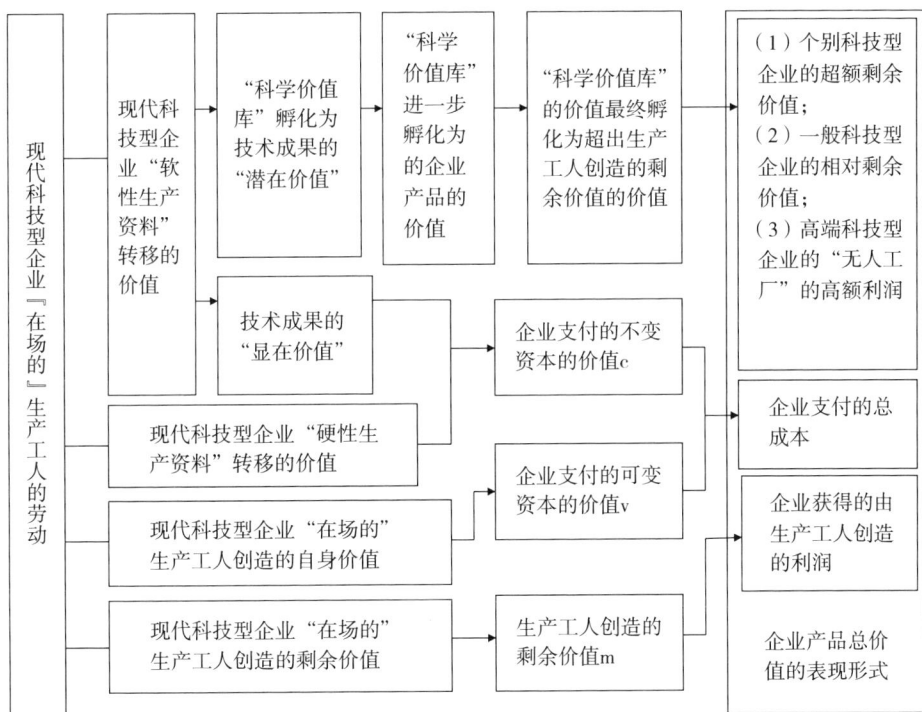

图9-5 企业价值生产与"科学价值库"第二步价值孵化的"价值子链"示意图

为了解释说明的逻辑一贯性，在此仍以科技型企业在某个历史时期的科学研究为对象。那么，产品价值生产与"科学价值库"第二步价值孵化的"价值子链"，主要包括以下四部分价值的创造和转移过程。

第一，现代科技型企业"在场的"生产劳动所使用的"软性生产资料"的价值向企业生产的产品的转移过程。在这里，现代科技型企业的"软性生产资料"是相对于企业所使用的厂房、机器、生产工具以及原料、材料、燃料等"硬性生产资料"而言的，它主要包括企业"在场的"生产劳动所使用的科技图书、生产技术设计方案、工艺流程的图纸等技术成果。在这里需要特别说明的是，在传统的意义上，企业中的"软性生产资料"相对于庞大的"硬性生产资料"而言，若仅从价格层面来审视，在整个企业的不变资本 c 中占的份额是非常低的，几乎达到了可以不予考虑的程度，甚至是可以忽略掉的，事实上，传统的价值理论为了分析的方便就作了这样的简化处理，传统的价值理论中的不变资本 c 主要就是指购买"硬性生产资料"的价格。但是，在现代科技型企业中，"软性生产资料"的价格相对于"硬性生产资料"而言呈现出逐步增大的趋势，并且它在整个生产劳动过程中的作用也显得越来越重要的。因此，现代科技型企业"在场的"生产劳动所使用的"软性生产资料"的价值，表面上看是以其价格所显示的价值作为"生产资本"进入生产劳动过程，表现为现代科技型企业所采用的技术成果的显在价值伴随"在场的"生产劳动而向企业产品的转移。但在实质上，现代科技型企业"在场的"生产劳动所使用的"软性生产资料"的价值，不仅包括其技术成果的显在价值——即能够在价格中显示出来的价值，而且还包括其技术成果的潜在价值——这是"科学价值库"的价值经过第一步孵化的结果。在此意义上，现代科技型企业"在场的"生产劳动所使用的"软性生产资料"的价值向企业产品的转移便从两个层面来进行：一是作为技术成果的显在价值向企业产品的转移，表现为"生产资本"的价值运动；二是作为技术成果的潜在价值向企业产品的转移，这也就是"科学价值库"的价值借助于现代科技型企业"在场的"生产劳动而进行的第二步孵化的过程（这是相对于"科学价值库"的价值借助于"准在场的"应用开发性技术研究所进行的第一步孵化过程而言的）。

如前所述，在现代市场经济的现实运行过程中，当现代科技型企业按照"等价交换"的市场原则，全部实现了它所生产的产品之价值时，"科学价值库"的价值借助于现代科技型企业"在场的"生产劳动经过这第二步孵化之后，便在经济系统中显形地表现出来，具体表现为排除企业收回的"总成本"和企业获得的由"在场的"生产工人创造的剩余价值或利润之外的，企业所获得的超出"生产工人创造的剩余价值"的剩余价值。根据现代科技型企业的剩余价值生产理论可知，企业所获得的超出"生产工人创造的剩余价值"的价值在不同的企业中是不同的：（1）在个别科技型企业中，其表现形式就是超额剩余价值或超额利润；（2）在一般科技型企业中，其表现形式就是相对剩余价值；（3）在高端科技型企业中，其表现形式就是"无人工厂"的高额利润。因此可以说，超额剩余价值或超额利润、相对剩余价值、"无人工厂"的高额利润等就是"科学价值库"的价值在这些不同科技型企业中孵化的结果和具体的表现形式。

第二，现代科技型企业"在场的"生产劳动所使用的"硬性生产资料"的价值向企业产品的转移过程。在这里，现代科技型企业的"硬性生产资料"是相对于企业中所使用的科技图书、生产方案的图纸等"软性生产资料"而言的，它主要包括厂房设施、机器设备、生产工具等，同时也包括原料、材料、燃料等。这是"生产资本"主要部分，在传统价值理论中的不变资本 c 就是针对这一部分"生产资本"而言的。尽管在现代科技型企业中，"硬性生产资料"相对于"软性生产资料"而言，在整个"生产资本"中的比重有所下降，但它仍然是现代企业中是最基本的和最主要的"生产资本"。这些"硬性生产资料"，伴随企业"在场的"生产工人的生产劳动的进行，被不断地磨损和消耗，其价值也就会渐次地或一次性地转移到产品中，成为产品价值的构成部分。产品中的这部分价值，在传统价值理论中通常被称之为从"不变资本"中转移而来的价值。

第三，现代科技型企业"在场的"生产工人的生产劳动所创造的自身价值，在企业产品中的凝结。这部分价值，是现代科技型企业"在场的"生产工人创造的新价值，它相当于传统理论中的可变资本 v 部分。

第四，现代科技型企业"在场的"生产工人通过生产劳动所创造的剩余价值，在企业产品中的凝结。这部分价值，也是现代科技型企业"在场的"生产工人创造的新价值，相当于传统理论中的剩余价值 m 部分。

由此可见，现代科技型企业"在场的"生产人员的劳动，在价值的维度上，一是表现为企业产品之价值创造和价值转移的过程；二是表现为技术成果的显在价值向企业产品的转移过程；三是表现为"科学价值库"的潜在价值借助于技术成果的潜在价值进一步孵化为企业产品之价值的过程，这也就是"科学价值库"的价值之第二步孵化的过程。上述三个方面的价值生产和运行过程相互地交织在一起，共同形成了产品价值生产与"科学价值库"第二步价值孵化的"价值子链"。

五、科技型企业价值生产和增殖的"价值链网络结构"模式

在科技型企业的整个价值生产过程中，内在地包含了科学价值生产与"科学价值库"价值增殖的"价值子链"、技术价值生产与"科学价值库"第一步价值孵化的"价值子链"、产品价值生产与"科学价值库"第二步价值孵化的"价值子链"，三条"价值子链"的交叉叠加，共同构成了科技型企业价值生产和增殖的"价值链网络结构"模式，如图9-6所示。

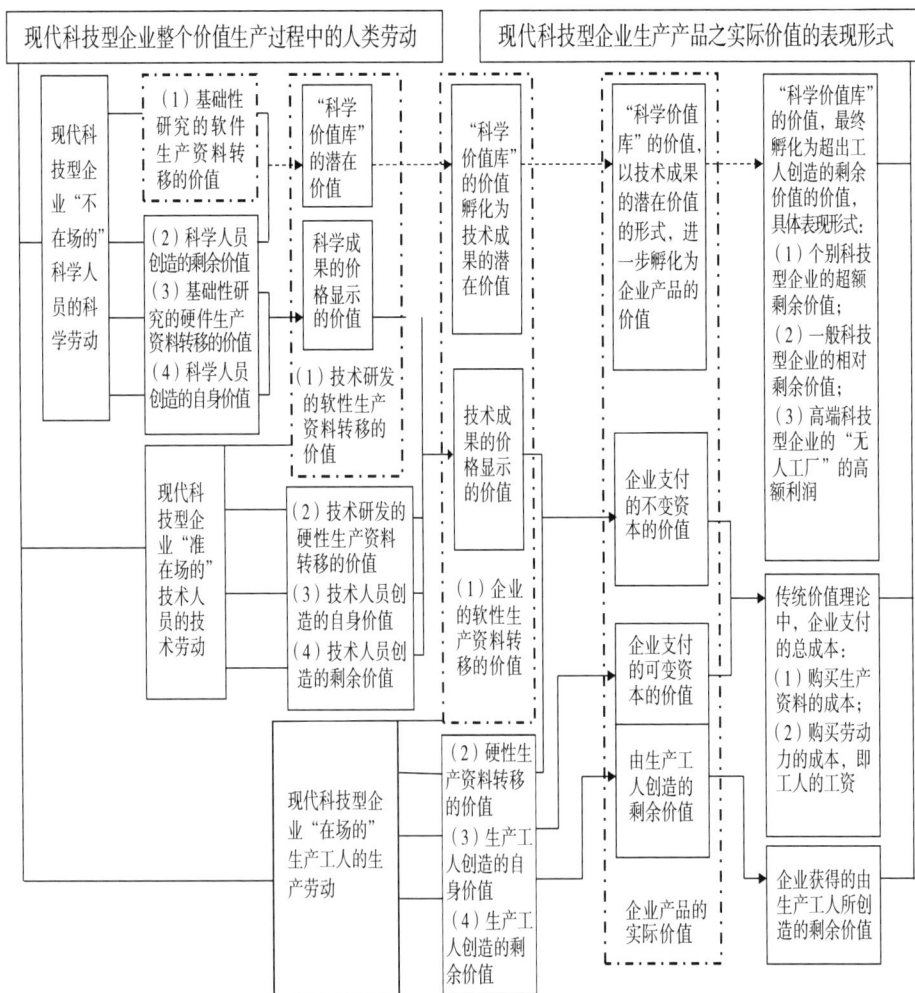

图9-6　科技型企业价值生产和增殖的"价值链网络结构"模式示意图

该图所示的价值生产和增殖的"价值链网络结构"模式,从整体系统的维度上展示了现代科技型企业在从"科学劳动→技术劳动→生产劳动"的劳动连续传递运动的基础上,其价值生产和价值增殖的连续创造和不断转移的运动。这一连续创造和不断转移的价值运动,在现实市场经济运行中主要是以两条主线展开的。

一条主线是在市场经济运行的现象层面展开的,表现为以现实的"价格形式"所反映的从"科学成果→技术成果→企业产品"的价值运动。现象层面的这一以价格形式反映的价值运动,主要体现的是物质生产方式基础上的价值创造和价值运行过程,这给人们带来的直观感觉似乎所有的价值都是在物质生产劳动中创造的,都是传统意义上的生产工人创造的,尤其是将科学技术看作是价值生产和价值增殖的手段纳入"不变资本"特别是"固定资本"的情况下是如此的。马克思在将唯物史观中的"科学—技术—生产力"分析范式进行了创造性转换,将科学和技术纳入物质生产力范畴之后所进行的政治经济学研究,就属于在此主线上的研究,马克思的"超人或伟大之处"就在于沿着这一主线进行了政治经济学研究,竟然创立了科学的劳动价值论和剩余价值理论,并且这两个理论竟然具有高度的逻辑自洽性和一贯性,[①] 这的确是马克思超出当时及以前的所有经济学家的"过人之处"。同时,在此主线上,科学和技术是体现在"不变资本"特别是"固定资本"之中的,体现在机器大工业所使用的机器和机器体系中的。这样,能够理解马克思进行政治经济学研究的目的在于揭示资本对劳动的剥削,揭示价值特别是剩余价值是由生产工人创造的,但为了这一目的,他在《资本论》以及大量的经济学手稿中用了大量的篇幅考察固定资本和机器大工业的物质生产资料,因为马克思已经洞察到资本剥削雇佣劳动的"秘密"就在其中。

另一条主线是在生产经济运行的实质层面展开的,体现为以深刻的"价值形式"所反映的从"科学成果→技术成果→企业产品"的价值运动。"价值形式"的深刻性,如马克思在分析古典政治经济学的根本缺陷时所指

---

① 在没有遇到像"无人工厂"高额利润这样的特例时,情况的确如此。在马克思时代还没有出现这样的特例,第一次工业革命所形成的机器大工业生产方式还未达到这样的发展高度。

出的，像斯密和李嘉图等这些古典政治经济学的最优秀的代表人物，他们"把价值形式看成一种完全无关紧要的东西或在商品本性之外存在的东西。这不仅仅是因为价值量的分析把他们的注意力完全吸引住了。还有更深刻的原因。劳动产品的价值形式是资产阶级生产方式的最抽象的，但也是最一般的形式"①，这种"价值形式，就是经济的细胞形式"，是商品经济社会或市场经济社会中最难理解把握和"难懂"的，这也是马克思在《资本论》第一卷的第一版序言中所讲的"除了价值形式那一部分外，不能说这本书难懂"②的原因。事实上，其他部分也难懂。因此，科技型企业价值生产和增殖的"价值链网络结构"模式在实质层面，是以价值形式反映的这一价值运动，主要体现的是科技型生产方式基础上的价值创造和价值运行过程，是"科技第一生产力"分析范式在科技型企业价值生产和增殖的"价值链网络结构"模式上的真正体现。如果说第一条主线是以"企业现场的生产劳动"为价值生产和增殖的核心，依次将技术和科学纳入其中加以考察的结果，那么第二条主线则是以"不在企业现场的科学劳动"为价值生产和增殖的核心，依次向技术劳动和生产劳动传递和运行的连续过程。因此，第二条主线在实质上所展示，也就是现代科技型企业"科学价值库"的价值生产和增殖及其通过技术价值的生产和增殖、产品价值生产和增殖进而使"科学价值库"的价值逐步在企业中孵化的价值链网络结构模式，依次展现为科学价值生产与"科学价值库"价值增殖的"价值子链"、技术价值生产与"科学价值库"第一步价值孵化的"价值子链"、产品价值生产与"科学价值库"第二步价值孵化的"价值子链"相互衔接的价值链传递过程。简而言之，这也就是现代科技型企业"科学价值库"的价值生产及两步孵化的总链条。

在作了上述分析说明之后，在此进一步对科技型企业价值生产和增殖的"价值链网络结构"模式作如下的解释和说明。

第一，这一价值链网络结构模式，在"科学价值库"的价值生产及其孵化的维度上，展示了现代科技型企业价值生产和增殖的不同链条：一是在

①　[德] 马克思：《资本论》第 1 卷，人民出版社 2004 年版，第 99 页。
②　[德] 马克思：《资本论》第 1 卷，人民出版社 2004 年版，第 8 页。

劳动过程维度，它展示了从"不在场的"科学人员的劳动过程→"准在场的"技术人员的劳动过程→"在场的"生产工人的劳动过程。这三个劳动过程，形成了"科学价值库"在现代科技型企业"整个生产劳动过程"中三元叠加的"价值源泉链条"。二是在价值载体的转换维度，它展示了作为"科学价值库"之价值载体形式的基础理论科学成果→作为"科学价值库"之第一孵化的价值载体形式的技术成果→作为"科学价值库"之第二步孵化的价值载体形式的企业产品。这三种价值载体形式的依次递进，形成了"科学价值库"在现代科技型企业"整个生产劳动过程"中三元转换的"价值载体链条"。三是在价值实体的转换维度，它展示了作为"科学价值库"之价值实体的科学价值→作为"科学价值库"之第一孵化的价值实体的技术价值→作为"科学价值库"之第二步孵化的价值实体的产品价值。这三种价值实体的依次递进，形成了"科学价值库"在现代科技型企业"整个生产劳动过程"中三元递进的"价值载体链条"。四是在价值增殖和运行维度上，它展示了"不在场的"科学劳动所创造的"科学价值库"的价值→"准在场的"技术劳动从"科学价值库"中孵化出来以技术成果潜在价值形式存在的价值→"在场的"生产劳动从"科学价值库"中进一步孵化出来的以企业产品的价值形式存在的价值。这三处劳动所创造和转移的价值过程，形成了"科学价值库"的价值在现代科技型企业整个价值生产过程中价值生产与连续孵化的"价值增殖链条"。

第二，在科技型企业价值生产和增殖的"价值链网络结构"模式的"示意图"中，箭头符号"——"，表示现代科技型企业整个生产劳动过程中价值生产和增殖的"显在"运动过程，也就是在现实经济运行中各生产环节上使用的资本和生产的产品，都能以价格形式呈现出来的价值运动过程；箭头符号"┄┄→"，表示现代科技型企业整个生产劳动过程中价值生产和增殖的"潜在"运动过程，即在现实经济运行中各生产环节上使用的资本和生产的产品，虽内含着价值但不能以价格形式呈现出来的价值运动过程。譬如，现代科技型企业在技术研发环节上，使用的科学成果作为技术研发资本的软性生产资料，虽包含着"科学价值库"中的大量价值，但以价格形式显示出来的仅仅是其中很少的部分，即购买包括这些科学成果的图书资料的价格相对其价值是非常低的。

第三，由箭头符号"——→"所表示的现代科技型企业整个生产劳动过程中的价值生产和运行"显在"运动过程，也就是传统价值理论所研究和探讨的价值生产和转移的过程，或者说，传统的价值理论就是针对这一"显在"价值运动过程而建立的；在此"示意图"中，如果说由箭头符号"——→"所表示的"显在"价值运动过程，与传统价值理论有区别的话，那么这种区别仅仅表现在：在此将传统价值构成理论中的"生产资料转移的价值"分解为了两部分，即"硬性生产资料转移的价值"和"软性生产资料转移的技术成果价格所显示的价值"，这两部分价值也就是传统价值理论中企业预付"不变资本"的价值。而这种区分，并不影响人们对传统价值构成理论的理解，甚至可以说，更加细化传统的价值构成理论。因此，在该"示意图"中，已经将传统价值理论的价值创造和价值转移的过程纳入其中了，即在理论形态上，已经将传统价值理论作为其中的一部分，进一步讲，是将传统的价值理论作为"简化掉"或"抽象掉"企业"软性生产资料"中的技术成果潜在价值的一种理论，再进一步讲，是将传统的价值理论作为"简化掉"或"抽象掉"企业中的"科学价值库"价值生产和孵化过程的一种理论。笔者在此"狂妄地"打一个比方，这就如同爱因斯坦的相对论力学，在理论形态上将牛顿经典力学纳入其中一样，是将牛顿经典力学看作"简化掉高速运动领域"而只适用于低速运动领域的一种理论。这个比方，有点"狂妄"，但确实是比较贴切的。这也许是科学理论在继承的基础上加以发展的一个共同特征吧。

第四，由箭头符号"┄┄→"所表示的现代科技型企业的整个生产劳动过程中的价值生产和运行的"潜在"运动过程，则反映了现代科技型企业整个生产劳动过程中"科学价值库"的价值生产和价值孵化的过程。这一过程，在传统的价值理论中一般是被"忽略掉"或"抽象掉"的，这也正如马克思所指出的，这在古典政治经济学学者那里"似乎是由习惯确定的"；而在马克思看来则"是在生产者背后由社会过程决定的"。[①] 值得注意的是，不管是在古典政治经济学学者那里还是在马克思那里，他们所指的"生产过程"主要是在"物质生产领域"之中的，并且在那时，科学、技术和

---

① ［德］马克思：《资本论》第1卷，人民出版社2004年版，第58页。

劳动是分离着的,因而企业的生产在一般情况下是不把科学和技术的因素考虑在内的,至多是将科学和技术的因素看作像一般的"单纯的自然力"一样,仅仅是价值生产的外在条件性因素,或者说仅仅是提高劳动生产率的条件而不增加企业产品的价值。但在现代科技型生产方式下,现代科技型企业的整个生产劳动过程,是必须把科学和技术的因素考虑在内的。在这样的前提下,"科学价值库"的价值生产和价值孵化的过程对于现代科技型企业的整个生产劳动过程中价值生产和价值增殖来说,就显得特别重要。这从"示意图"中由箭头符号"┄┄▸"所表示的现代科技型企业整个生产劳动过程中的价值生产和运行的"潜在"运动过程,便能够反映出来。

第五,如果把上述"示意图"中由箭头符号"┄┄▸"所表示的现代科技型企业整个生产劳动过程中的价值生产和运行的"潜在"运动过程,从科技型企业价值生产和增殖的"价值链网络结构"模式中加以突出出来,并相应地将由箭头符号"——▸"所表示的现代科技型企业整个生产劳动过程中的价值生产和运行"显在"运动过程加以简化,那么将会更清晰地展示"科学价值库"的价值生产及其孵化过程。这样,便能够得到科技型企业价值生产和增殖的"价值链网络结构"模式的简图,如图9-7所示。

透过这一简图,能够清晰地看到"科学价值库"的价值生产及其在现代科技型企业中孵化的过程,也能够一目了然地看到个别科技型企业所获得的超额剩余价值或超额利润、一般科技型企业所获得的相对剩余价值、高端科技型企业所获得的"无人工厂"的高额利润等,都是"科学价值库"的价值在这些不同科技型企业中孵化的结果和具体的表现形式,都是企业所获得的超出"在场的"生产工人所创造的剩余价值的价值。那种认为超额剩余价值或超额利润、相对剩余价值、"无人工厂"的高额利润等都是由"在企业现场的"生产工人所创造的观点,显然是一种没有将科技第一生产力的巨大经济功能纳入现代科技型企业中加以分析研究的观点,是一种没有充分注意到凝结着历代从事基础理论科学研究的科学人员通过复杂劳动所创造的价值的观点,是一种没有注意到基础理论科学成果作为人类的"科学知识库"同时也是"科学价值库"的观点。

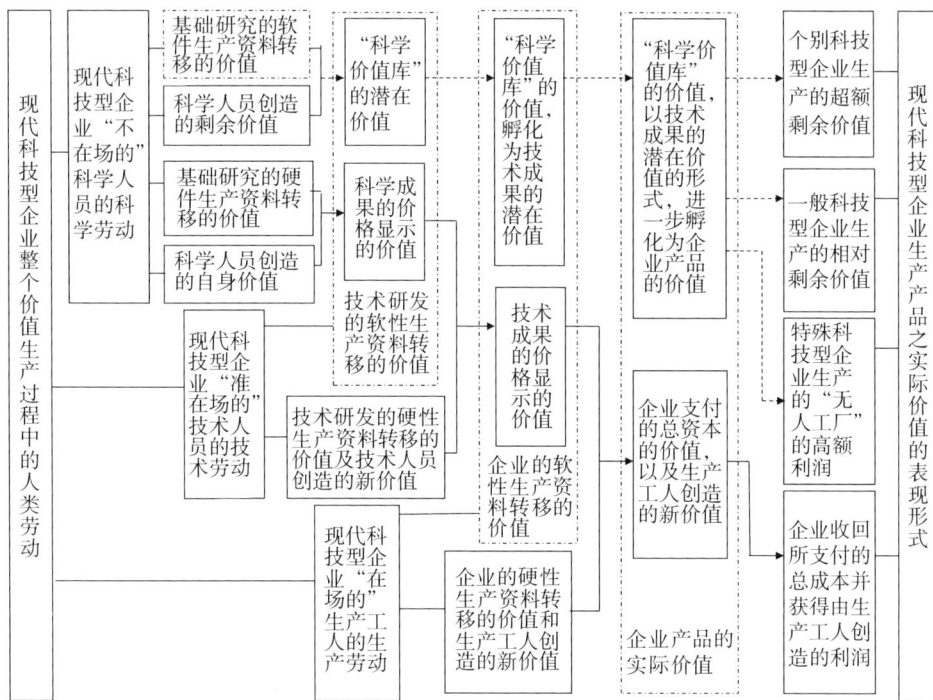

图 9-7　科技型企业价值生产和增殖的"价值链网络结构"模式的简图

第六，如果把上述"简图"进一步简化，那么，便能够得到科技型企业价值生产和增殖的"价值链网络结构"模式的"最简图"①，如图 9-8 所示。

通过这一"最简图"，能够更加清晰地看到科技型企业价值生产和增殖的各"价值子链"如何相互衔接，形成其"价值链网络结构"的。其中，在横向维度上更加清晰地看到，图中的"A 线"表示现代科技型企业"在场的"生产工人的劳动过程所形成的"价值子链"；"B 线"表示现代科技型企业"准在场的"技术人员的劳动过程所形成的"价值子链"；"C 线"表示现代科技型企业"不在场的"科学人员的劳动过程所形成的"价值子链"。这三根"价值子链"在横向维度上展示了现代科技型企业"整个生产劳动过程"所形成的三个"价值源"及其相对应的三股"价值流"的运行

①　参见刘冠军：《现代科技劳动价值论研究》，中国社会科学出版社 2009 年版，第 292—293 页。

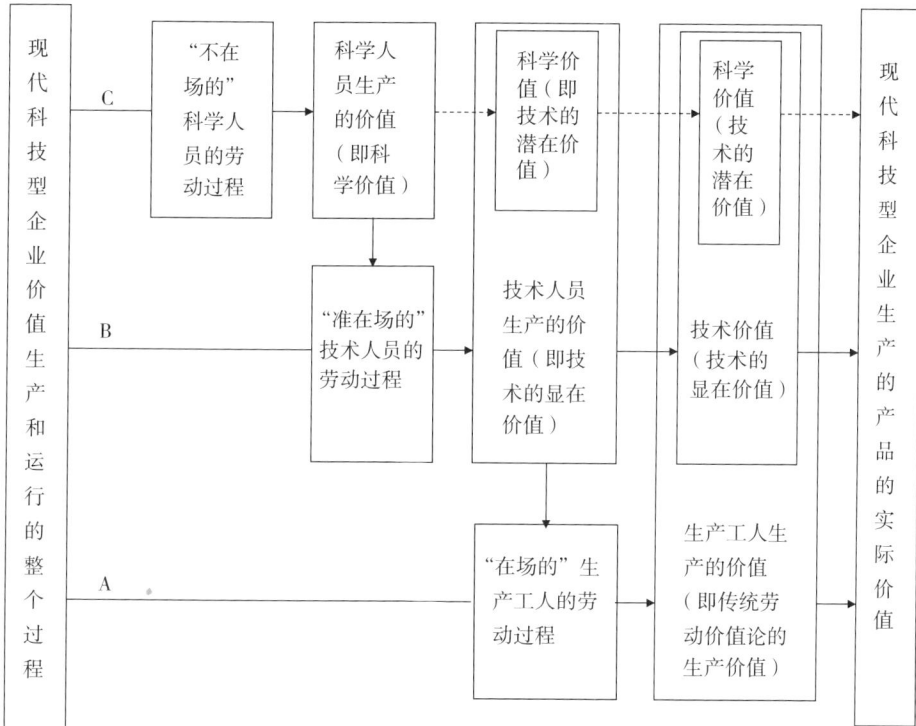

图9-8 科技型企业价值生产和增殖的"价值链网络结构"模式的最简图

过程，它们通过市场经济的现实运行，最终形成了现代科技型企业产品的实际价值。

在纵向维度上，在"最简图"中更加清晰地展现出这样几个过程：一是现代科技型企业"整个生产劳动过程"依次展现为："不在场的"科学人员的劳动过程→"准在场的"技术人员的劳动过程→"在场的"生产工人的劳动过程。这三个劳动过程形成了现代科技型企业"整个生产劳动过程"的三元叠加"价值源泉链条"。二是现代科技型企业整个生产过程的价值运行或价值流动过程，在价值载体上依次展现为：科学成果→技术成果→企业产品。这三种价值载体的依次递进形成了现代企业整个生产过程三元并举的"价值载体链条"。三是现代科技型企业整个生产过程的价值运行或价值流动过程，在价值实体上依次展现为：科学价值→技术价值→产品价值。这三种价值实体的依次递进形成了现代企业整个生产过程三元并存的"价值实体链条"。四是现代科技型企业整个价值生产和增殖的过程依次展现为："不在场的"科学人员的劳动所创造的价值→"准在场的"技术人员的劳动所创造的价值→"在场的"生产工人的劳动所创造的价值。这三处劳动所创造的价值形成了现代科技型企业整个价值生产过程三元连续的"价值增殖链条"。这样，"价值源泉链条""价值载体链条""价值实体链条"和"价值增殖链条"，从纵向维度上展现了现代科技型企业整个生产劳动过程的价值来源、价值创造、价值转移和价值增殖的过程。

第　十　章

马克思主义"科技—经济"新理论的创立及其对当代中国的启迪与建议

在马克思看来，劳动资料、劳动对象等生产条件的变革，实质上就是"变革生产方式本身"①，而以生产方式及其与之相适应的生产关系和交换关系为研究对象的政治经济学研究，必然伴随着生产方式的变革而向前推进，因此商品、资本等政治经济学的"范畴，也都带有自己的历史痕迹"，都是"在一种十分特殊的生产方式即资本主义生产方式的基础上才会发生"，②"自由"的工人"由于资本主义生产方式的发展，才自愿地……按照自己的日常生活资料的价格出卖自己一生的全部能动时间，出卖自己的劳动能力本身"③，尽管"机器生产是在与它不相适应的物质基础上自然兴起的"，但"机器生产发展到一定程度，就必定……建立起与它自身的生产方式相适应的新基础"，④ 这个新基础就是资本主义机器大工业的物质生产方式，以这种物质生产方式为研究对象的政治经济学"科学分析"，与以工场手工业生产方式为研究对象的政治经济学"科学分析"相比较，肯定是不同的，如果说在工场手工业物质生产方式基础上是"以劳动力为起点"，那么在机器

① ［德］马克思：《资本论》第 1 卷，人民出版社 2004 年版，第 366 页。
② ［德］马克思：《资本论》第 1 卷，人民出版社 2004 年版，第 197 页。
③ ［德］马克思：《资本论》第 1 卷，人民出版社 2004 年版，第 312—313 页。
④ ［德］马克思：《资本论》第 1 卷，人民出版社 2004 年版，第 439 页。

大工业生产方式基础上则必然"以劳动资料为起点"①，科学分析的起点不同必然导致政治经济学研究内容的不同。

因此，建立在对特定历史时代的资本主义物质生产方式基础之上的马克思政治经济学研究，是随着物质生产方式的不断变革和演进而不断改变自己的研究起点，进而形成了不同的研究内容，在研究进程上表现出随着生产方式之研究对象的演进而发生重大的"研究转向"。正是从对工场手工业物质生产方式的考察分析转向了机器大工业物质生产方式的考察分析之后，马克思政治经济学研究中的"科技—经济"思想随之而表现出从孕育到形成，这一思想的孕育、形成是对他那个时代蕴藏在经济现象背后的深层次矛盾问题深刻洞察和创新性科学分析的结果，进而对这些深层次矛盾问题的有效克服和科学解决产生了深刻的启迪，以至于进入 21 世纪之后的经济学家还发出如此的感叹——马克思对当时存在的重要问题"试图以自己的方式回答，现代经济学家都应该以他为榜样并从中得到启发"②。当代中国，正在大力推进社会主义市场经济的发展，这在人类发展史上是前所未有的壮观事业，社会主义与市场经济的有机结合，特别是在科技成为第一生产力和现代科技型生产方式基础上的有机结合，使蕴藏在社会主义市场经济现象背后的深层次矛盾更加突出和更加复杂。在这样的现实面前，应当沿着马克思政治经济学研究的逻辑进路，着眼于物质生产方式发展已经发展到科技型生产方式之现实转变，将其"科技—经济"思想置于他的政治经济学基础理论——劳动价值理论和剩余价值理论之中，对社会主义市场经济现象背后的深层次矛盾问题作尝试性的科学分析，进而将这一思想发展为现代科技型生产方式基础上的马克思主义"科技—经济"新理论。这一新理论对当代中国社会主义市场经济条件下的"科技—经济"一体化发展及其相关制度的变革，具有深刻理论启迪和重大现实意义。

---

① ［德］马克思：《资本论》第 1 卷，人民出版社 2004 年版，第 427 页。
② ［法］托马斯·皮凯蒂：《21 世纪资本论》，巴曙松、陈剑等译，中信出版社 2014 年版，第 11 页。

第一节 在"科技第一生产力"分析范式基础上创新发展马克思"科技—经济"思想

马克思唯物史观的研究是站在生产力发展的高度上进行的，并在此高度上形成"科学—技术—生产力"的分析范式，用以研究分析生产方式基础上的人类社会发展。而深入对人类社会发展的特定历史阶段即资本主义物质生产方式及其与此相适应的生产关系和交换关系进行研究时，将唯物史观中的分析范式进行了创造性转换，在创立科学的劳动价值论基础上揭示了资本主义剩余价值生产的规律。也正是在此过程中，马克思孕育形成了物质生产视域的"科技—经济"思想。当生产方式从马克思时代的物质生产方式演进到现代科技型生产方式时，客观上要求将马克思政治经济学研究的分析范式进行创造性再转换，形成"科技第一生产力"分析范式，并在此分析范式的基础上对科技型企业价值生产与增殖进行系统研究。这实质上是在这一新分析范式基础上对马克思"科技—经济"思想现代发展的核心问题进行探讨，在科技型生产方式前提下将科学和技术作为马克思劳动价值论和剩余价值理论的内在核心要素对其进行系统研究和重新建构，旨在创立与现代科技型生产方式及其与之相适应的生产关系和交换关系现实状况相适应的马克思"科技—经济"思想的新理论形态，建构起在"科技第一生产力"分析范式基础上的现代马克思主义"科技—经济"新理论。

一、马克思"科技—经济"思想现代发展及理论建构的核心和实质

马克思在其政治经济学研究过程中形成了丰富的"科技—经济"思想，这些思想形成于马克思对资本主义物质生产方式进行政治经济学的考察分析之中。马克思在将唯物史观中的"科学—技术—生产力"分析范式进行了政治经济学的创造性转换之后，一方面，创立了被誉为政治经济学基石的科学的劳动价值理论，并在此基础上创立了他的划时代的政治经济学核心理论——剩余价值理论；另一方面，马克思在创立政治经济学的这些基础理论过程中，特别是当他从对资本主义工场手工业的物质生产方式，转向对机器大工业的物质生产方法的研究后，孕育形成了科技劳动价值论思想，并提出

了科技作为生产力隶属于资本而与劳动相分离和相对立、科技是改进剩余价值生产方法不可缺少的关键性前提条件、科技隶属资本成为资本积累和扩大再生产的内在核心要素、科学如同自然力一样在资本主义物质生产中是"不费分文"的生产力等"科技—经济"思想。

马克思政治经济学中的这些"科技—经济"思想,主要集中在他的劳动价值论和剩余价值理论方面,因此要实现马克思这些"科技—经济"思想的现代发展,尤其是要实现在现代科技型生产方式下的发展,需要对马克思在对唯物史观中的"科学—技术—生产力"分析范式进行政治经济学创造性转换的基础上,进行再转换,形成"科技第一生产力"分析范式,并在这一分析范式基础上将马克思的"科技—经济"思想凸现出来,对其劳动价值论和剩余价值理论进行理论的重新建构。这样,便能够在"科技第一生产力"分析范式基础上推进马克思"科技—经济"思想的发展。也就是说,马克思"科技—经济"思想在"科技第一生产力"分析范式基础上的现代发展,其核心就是在现代科技生产方式下将科学和技术作为马克思劳动价值论和剩余价值理论的内在要素进行系统研究和创新建构。通过这一重构,就能够将马克思在他那个时代作出的科学预言——科学和技术"只有在劳动共和国里面……才能起它的真正的作用"①——变成社会主义市场经济条件下政治经济学研究的现实。

同时,通过这一建构,也能够为实现和验证恩格斯在《国民经济学批判大纲》中作出的具有政治经济学深刻内涵的科学预言——"在一个超越利益的分裂——正如在经济学家那里发生的那样——的合理状态下,精神要素自然会列入生产要素,并且会在经济学的生产费用项目中找到自己的位置。到那时,人们自然会满意地看到,扶植科学的工作也在物质上得到报偿,会看到,仅仅詹姆斯瓦特的蒸汽机这样一项科学成果,在它存在的头50年中给世界带来的东西就比世界从一开始为扶植科学所付出的代价还要多"②——提供理论基础。如果说,恩格斯针对他那个时代的资产阶级政治经济学家或国民经济学家讲"科学的进步超出了他的计算"③而使他置之不

---

① 《马克思恩格斯文集》第3卷,人民出版社2009年版,第204页。
② 《马克思恩格斯文集》第1卷,人民出版社2009年版,第96页。
③ 《马克思恩格斯文集》第1卷,人民出版社2009年版,第96页。

理的话，那么现代政治经济学发展到今天，在建构中国特色社会主义政治经济学的过程中，科学的进步是否还处在超出现代政治经济学家或国民经济学家的计算水平而使他们置之不理吗？

因此，"科技第一生产力"分析范式基础上的马克思"科技—经济"思想的现代发展，必须在现代科技型生产方式下将科学和技术作为马克思劳动价值论和剩余价值理论的内在要素对其系统研究和重新建构。在第六至八章对马克思"科技—经济"思想现代发展的现实与境考察、方法论探讨、分析范式转换、理论前提拓展以及基于科技型生产方式的现代政治经济学原理构建，都是围绕马克思"科技—经济"思想现代发展的这一核心和实质问题展开的；而在第九章对"科技第一生产力"分析范式基础上科技型企业价值生产与增殖的系统研究，就是针对马克思"科技—经济"思想现代发展的这一核心和实质问题开展的深入剖析和理论构建。若进一步聚焦到这一核心和实质问题，对上述两方面的系统研究和理论建构进行梳理和概括，那么将会展示出马克思"科技—经济"思想的现代发展走向，以及对唯物史观分析范式的回归基础上的现代马克思主义"科技—经济"理论的创立。

二、科技型生产方式下科技作为劳动价值论内在要素的理论创新

在现代科技型生产方式下，特别是伴随高端科技型生产方式的诞生，具有自动化、智能化和"少人化"的高端科技型企业也越来越成为经济社会发展热点的情况下，价值的创造和价值的生产问题越来越突出，与此相伴的是，马克思政治经济学中的科技劳动创造价值的思想显得越来越重要，越来越具有进一步发展的历史必然性。而要将马克思的这一思想在现代市场经济社会中进一步发展进而形成系统的理论，必须在"科技第一生产力"分析范式基础上将马克思的这一思想与他成熟的科学的物质生产劳动价值论相结合，对现代科技型生产方式下的科学劳动、技术劳动和生产劳动一起作为价值创造的系统，并以科技劳动创造价值为核心分别考察这一劳动系统中的各种劳动与价值创造的关系。只有这样，才能形成"科技第一生产力"分析范式基础上现代科技型企业的劳动价值理论。

在图9-8中所展示的现代科技型企业价值生产和增殖的"价值链网络结构"模式，内在地包含了马克思物质生产方式下科技劳动价值论思想与

他的科学的劳动价值理论相结合，发展为现代科技型生产方式下包括科学劳动创造价值论、技术劳动创造价值论和生产劳动创造价值论在内的系统的劳动价值理论，这也就是"科技第一生产力"分析范式基础上现代科技型企业的劳动价值理论。在此，将图9-8所展示的"价值链网络结构"模式进一步凝练和梳理，在对科技型生产方式下的价值创造和价值生产进行分析，把科学和技术作为劳动价值论的内在要素对其进行理论重构，这样便形成"科技第一生产力"分析范式基础上现代科技型企业的劳动价值理论体系。这一理论体系如图10-1所示。

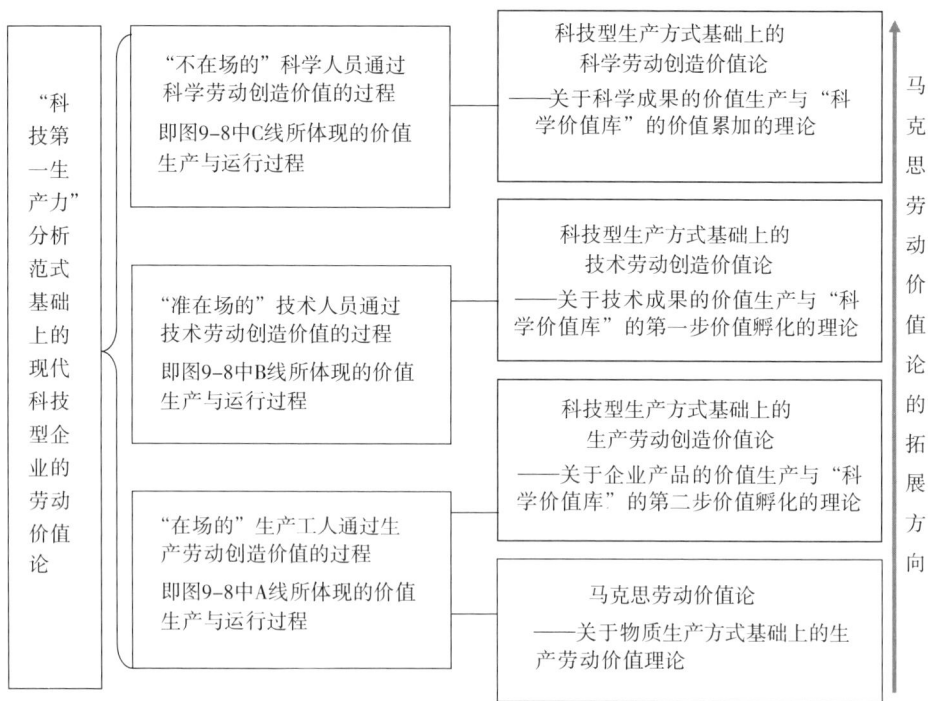

图10-1　现代科技型生产方式下马克思劳动价值论发展的示意图

在图10-1中所概括的"科技第一生产力"分析范式基础上科技型企业的劳动价值理论体系，是在继承马克思劳动价值论基础上发展的结果。其中，（1）"在场的"生产工人通过生产劳动创造价值和转移价值的过程，也就是图9-8中"A线"所表示的现代科技型企业生产工人进行价值生产和价值运行的"价值子链",这也就是马克思劳动价值论的研究对象即物质生产领域的生产劳动创造价值的过程,马克思就是针对这一对象加以研究形成了物质生产方式基础上的劳动价值论;同时,这也是科技型生产方式基础上生产劳动创造价值论研究的对象。在这一研究对象上,形成的马克思物质生产方式基础上的生产劳动价值论和科技型生产方式基础上的生产劳动创造价值论,都坚持"活劳动是价值创造的唯一源泉"这一马克思劳动价值论的基本原理,但在解释的内在机理和逻辑上是不同的,科技型生产方式基础上的生产劳动创造价值论在继承了马克思生产劳动价值论基本观点和基本内容之外,还将"科学价值库"的第二步价值孵化包括在其中。(2)"准在场的"技术人员通过技术劳动创造价值和转移价值的过程,也就是图9-8中"B线"所表示的现代科技型企业技术人员进行价值生产和价值运行的"价值子链",以此为对象进行研究,形成科技型生产方式基础上的技术劳动创造价值论,这是技术成果的价值生产和"科学价值库"的第一步价值孵化的理论。(3)"不在场的"科学人员通过科学劳动创造价值和转移价值的过程,也就是图9-8中"C线"所表示的现代科技型企业科学人员进行价值生产和价值运行的"价值子链",以此为对象进行研究,形成科技型生产方式基础上的科学劳动创造价值论,这是科学成果的价值生产和"科学价值库"的价值累加的理论。

因此,"科技第一生产力"分析范式基础上科技型企业的劳动价值理论,是在继承马克思劳动价值论基础上将其发展为由科技型生产方式基础上的科学劳动创造价值论、技术劳动创造价值论和生产劳动创造价值论构成的系统的理论体系。这一理论体系的突出特点在于充分体现"科技第一生产力"分析范式的科学第一生产力,沿着科学第一生产力到技术生产力再到物质生产力的逻辑进路加以展开,通过分析科学劳动创造价值形成"科学价值库"理论,通过分析技术劳动创造价值和生产劳动创造价值形成了"科学价值库"的孵化机制理论,进而形成了以"科学价值库"为核心概念的劳动创造价值的理论体系,因此,这一理论体系也可以称为"科学价值库"及其孵化机制理论体系。

与此同时,在图10-1中所概括的"科技第一生产力"分析范式基础上科技型企业的劳动价值理论,同时展示了现代科技型生产方式下马克思劳动价值论的发展方向。这一发展方向具体体现为在马克思劳动价值论的基础上，从科技型生产方式基础上的生产劳动创造价值论，到技术科学劳动创造价值论，再到科学劳动创造价值论的发展进程。这一发展进程，与整个商品经济社会或市场经济社会的发展是一致的，在商品经济发展的初期，作为商品的产品主要物质产品；伴随着科技特别是科技推动的工业革命的进程，技术产品受专利制度等保护而逐步被纳入商品范畴之内；伴随第三次工业革命的进程，自动化、智能化的科技型生产方式出现，科学产品也开始被纳入商品的范畴，因此从物质产品，到技术产品，再到科学产品逐步被纳入商品范畴，其价值的创造和生产也就一步步被纳入政治经济学的范畴，进而体现出从物质商品价值，到技术商品价值，再到科学商品价值的劳动创造的理论拓展进程。

三、科技型生产方式下科技作为剩余价值论内在要素的理论创新

在马克思政治经济学理论体系中，剩余价值理论是其最为核心的基础理论，它是在劳动价值论基础上发展起来的。当马克思的劳动价值理论在现代科技型生产方式下发展为"科技第一生产力"分析范式基础上科技型企业的劳动价值理论的同时，马克思的剩余价值理论也就有了作进一步相应发展的理论基础。同时，现代科技型生产方式的发展，使马克思剩余价值理论的发展有了现实基础。尤其是在此生产方式的基础上涌现出大量的高端科技型企业，使马克思剩余价值理论的发展显得特别迫切和必要，因为高端科技型企业进行的是"无人化"的剩余价值生产，直接就解决的是现实中"无人工厂"的高额利润来源与马克思经典剩余价值理论的矛盾问题。从我们研究的论题来看，马克思剩余价值理论的现代发展，实际上也就是马克思在分析资本主义物质生产过程特别是机器大工业物质生产过程时所形成的科技与剩余价值生产关系思想，在现代科技型生产方式下的进一步发展。

马克思剩余价值理论的现代发展，与马克思科技与剩余价值生产关系思想的现代发展，两个方面汇集在一起，在实质上也就是在现代科技型生产方式下，将科学和技术作为马克思剩余价值理论的内在要素，在"科技第一生产力"分析范式基础上对其进行深入分析，并在理论上对其进行重新建构，将其发展为"科技第一生产力"分析范式基础上的现代科技型企业剩

余价值生产理论。

事实上，从上述章节的考察分析和系统研究来看，这一理论已经内在地包含在图9-6、图9-7和图9-8中所展示的现代科技型企业价值生产和增殖的"价值链网络结构"模式之中。如果将这一"价值链网络结构"模式中关于剩余价值生产的内容加以梳理和概括，便能够得到"科技第一生产力"分析范式基础上的现代科技型企业剩余价值生产理论的发展图式。这一图式是在科技型生产方式下，将科学和技术作为剩余价值理论内在要素而对其进行理论重构的结果，如图10-2所示。

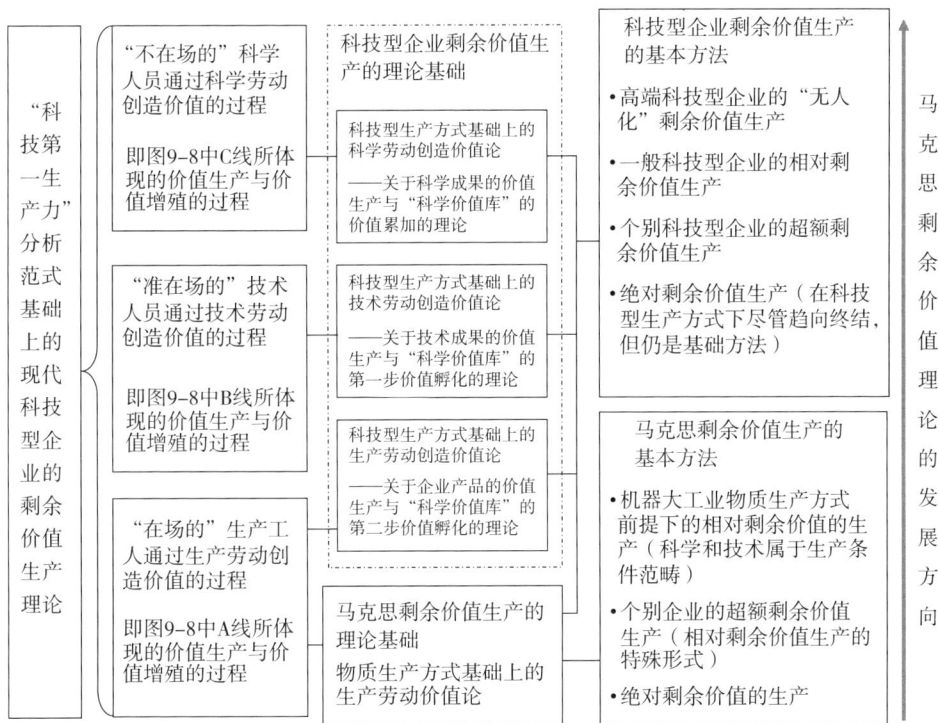

图10-2　现代科技型生产方式下马克思剩余价值理论发展的示意图

从图10-2可见，马克思剩余价值理论所界定的剩余价值的生产领域，主要集中在物质生产领域中"在场的"生产工人通过生产劳动进行价值创造和实现价值增殖的过程，这相当于图9-8中A线所体现的价值生产与价值增殖的过程。而现代科技型企业的剩余价值生产理论，将剩余价值的生产领域在马克思剩余价值理论界定的领域作了进一步拓展，将其不仅拓展到"准在场的"技术人员通过技术劳动进行价值创造和实现价值增殖的过程即图 9-8 中 B 线所体现的价值生产与价值增殖的过程，而且拓展到了"不在场的"科学人员通过科学劳动进行价值创造和实现价值增殖的过程即图 9-8 中 C 线所体现的价值生产与价值增殖的过程。这是"科技第一生产力"分析范式基础上，将科学和技术作为马克思剩余价值理论的内在要素进行理论重构的现实基础。

在"科技第一生产力"分析范式基础上将剩余价值生产的领域加以拓展之后，进一步将剩余价值论生产的理论基础加以发展。从图 9-2 可见，马克思剩余价值生产的理论基础是物质生产方式基础上的生产劳动价值论。而"科技第一生产力"分析范式基础上现代科技型企业剩余价值生产的理论基础，是在继承马克思生产劳动价值论前提下将其加以发展而形成的科技型生产方式基础上的劳动价值论，它包括科学劳动创造价值论即关于科学成果的价值生产与"科学价值库"价值累加的理论、技术劳动创造价值论即关于技术成果的价值生产与"科学价值库"的第一步价值孵化的理论、生产劳动创造价值论即关于企业产品的价值生产与"科学价值库"的第二步价值孵化的理论。这是"科技第一生产力"分析范式基础上，将科学和技术作为马克思剩余价值理论的内在要素进行理论重构的理论基础。

具体到剩余价值生产的基本方法，从图 10-2 可见，马克思在对资本主义物质生产方式进行研究的过程中，重点揭示了绝对剩余价值的生产，以及在此基础上论证了机器大工业物质生产方式前提下的相对剩余价值的生产，个别企业的超额剩余价值生产是作为相对剩余价值生产的特殊形式出现的。马克思揭示的剩余价值生产这些方法，尽管在现代科技型生产方式下，仍然是科技型企业剩余价值生产的最基本的方法，但在这些方法中，科学和技术是属于生产条件范畴的。事实上，在现代科技型生产方式下，科学和技术是科技型企业产品生产和价值生产的内在要素，也是剩余价值生产的内在要素，此时的绝对剩余价值生产尽管仍然是一种基础性的方法，但在现实经济社会运行中已趋向终结。对现代科技型企业而言，此时的剩余价值生产的主要方法，已经发展为个别科技型企业的超额剩余价值生产、一般科技型企业的相对剩余价值生产和高端科技型企业的"无人化"剩余价值生产。在

"科技第一生产力"分析范式基础上，现代科技型企业剩余价值的三种生产方法，不再完全取决于雇佣工人的剩余劳动增加，而主要取决于"科学价值库"的价值生产及其在科技型企业中的价值孵化程度。尤其对高端科技型企业而言，"科学价值库"的价值生产及其价值孵化程度，显得特别重要、突出和关键。

科技型生产方式下将科学和技术作为剩余价值理论内在要素进行理论重构，形成了"科技第一生产力"分析范式基础上的现代科技型企业剩余价值生产的理论图式。在图 10-2 所展示的理论图式中，不仅在"科技第一生产力"分析范式基础上对现代科技型企业集"科学生产—技术生产—物质生产"于一体的价值创造领域进行了理论重构，也不仅对作为剩余价值生产的理论基础即集"科学劳动创造价值论—技术劳动创造价值论—生产劳动创造价值论"于一体的现代劳动价值论进行了理论重构，而且对现代科技型企业剩余价值的生产方法进行了理论重构。借助于这一系列的理论重构，充分展示了现代科技型生产方式下，剩余价值的生产及其理论的发展走向，具体表现在：在马克思所揭示的绝对剩余价值生产、相对剩余价值生产的基础上，从个别科技型企业的超额剩余价值生产，到一般科技型企业的相对剩余价值生产，再到高端科技型企业的"无人化"剩余价值生产的发展进程。在这一发展进程中，高端科技型企业的"无人化"剩余价值生产显得越来越突出和重要，它代表着现代科技型企业剩余价值生产的发展态势。

四、唯物史观的分析范式回归与现代马克思主义"科技—经济"新理论的创立

马克思在《资本论》中考察"商品的拜物教性质及其秘密"时指出："对人类生活形式的思索，从而对这些形式的科学分析，总是采取同实际发展相反的道路。这种思索是从事后开始的，就是说，是从发展过程的完成的结果开始的"；并且马克思还举例加以论证和说明："给劳动产品打上商品烙印，因而成为商品流通的前提的那些形式，在人们试图了解它们的内容而不是了解它们的历史性质……以前，就已经取得了社会生活的自然形式的固定性。因此，只有商品价格的分析才导致价值量的决定，只有商品共同的货币表现才导致商品的价值性质的确定。但是，正是商品世界的这个完成的形

式——货币形式，用物的形式掩盖了私人劳动的社会性质以及私人劳动者的社会关系，而不是把它们揭示出来。如果我说，上衣、皮靴等等把麻布当做抽象的人类劳动的一般化身而同它发生关系，这种说法的荒谬是一目了然的。但是当上衣、皮靴等等的生产者使这些商品同作为一般等价物的麻布（或者金银，这丝毫不改变问题的性质）发生关系时，他们的私人劳动同社会总劳动的关系正是通过这种荒谬形式呈现在他们面前"；商品经济世界中的"种种形式恰好形成资产阶级经济学的各种范畴。对于这个历史上一定的社会生产方式即商品生产的生产关系来说，这些范畴是具有社会效力的，因而是客观的思维形式"，而一旦我们跳出这些形式对其进行科学分析，"商品世界的全部神秘性，在商品生产的基础上笼罩着劳动产品的一切魔法妖术，就立刻消失了"。①

对工场手工业物质生产方式下"商品的拜物教性质及其秘密"的揭示是这样，对机器大工业物质生产方式下"资本的剥削性质及其秘密"的揭示也是如此。同样地，对科技型生产方式下"科技商品的拜物教性质及其秘密"的揭示和科技以资本形式出现的"科技资本的剥削性质及其秘密"的揭示也是如此。因为给科学劳动产品和技术劳动产品打上商品烙印，因而成为科学商品和技术商品进入商品流通的前提的那些形式，在人们试图了解它们的内容而不是了解它们的历史性质以前，也已经取得了社会生活的自然形式的固定性。因此，只有科学商品价格、技术商品价格和企业产品价格的分析才导致它们的价值量的决定，只有包括科学、技术和企业产品的所有商品共同的货币表现才导致这些商品的价值性质的确定。但是，正是商品世界的货币形式和价格形式，用"物"的形式掩盖了包括科学劳动、技术劳动和生产劳动这些私人劳动的社会性质以及这些私人劳动者的社会关系，而不是把它们揭示出来。同样地，当科学生产资料、技术生产资料和物质生产资料，不管是以物质设施等硬件或硬性生产资料的形式出现，还是以软件或软性生产资料的形式出现，它们都获得了市场经济社会的资本性质而以资本的形式出现，科学资本、技术资本和生产资本共同作为资本世界的构成部分，共同执行着资本的职能，共同完成了攫取科学劳动者、技术劳动者和生产劳

---

① ［德］马克思：《资本论》第 1 卷，人民出版社 2004 年版，第 93 页。

动者的剩余劳动即剩余价值,但是资本世界在价格形式或货币形式,以"等价交换"的形式掩盖着科学产品即科学成果、技术产品和物质产品之间的"不等价"实质。但是,当跳出这些形式对其进行政治经济学的批判分析或科学分析,"资本世界的全部神秘性"、科学和技术作为资本的剥削性质及其秘密,在科技型生产方式基础上笼罩着科学劳动产品、技术劳动产品和生产劳动产品的"一切魔法妖术,就立刻消失了"。

此时会清晰地发现,在科学技术是第一生产力的经济社会中,科技化企业的价值生产和价值增殖,特别是"少人化"的高端科技型企业创造的高额利润,正是来源于这些科技型企业特别是"少人化"科技型企业物质生产者背后的科技人员特别是科学人员,进行价值创造的劳动者及其价值生产的劳动已经越来越向"高端"转移——从"现场的"生产工人转移到了"准在场的"技术员,一直转移到"不在场的"科学人员。这一转移的趋向在现代经济社会的现实发展中,实证或验证了马克思唯物史观人类历史发展的逻辑进程。因为在马克思唯物史观的视域中,"全部人类历史的第一个前提无疑是有生命的个人的存在。因此,第一个需要确认的事实"①,即"第一个历史活动就是生产满足这些需要的资料,即生产物质生活本身,而且,这是人们从几千年前直到今天单是为了维持生活就必须每日每时从事的历史活动,是一切历史的基本条件"②。这样,从生产满足"有生命的个人的存在"需要的资料即生产物质生活本身开始,到新的需要产生和新的生命生产即人自身的生产和繁殖,再到在自然关系基础上人与人的"社会关系"形成,展示了唯物史观关于人类社会发展的历史画卷和逻辑进程,而考察至此"我们才发现:人还具有'意识'。但是这种意识并非一开始就是'纯粹的'意识。'精神'从一开始就很倒霉,受到物质的'纠缠'……意识一开始就是社会的产物,而且只要人们存在着,它就仍然是这种产物"③。尽管如此,但伴随着人类社会的发展,一开始就很"倒霉"并受物质"纠缠"的精神逐步产生了相对独立的形式,这种独立形式伴随着资本主义物质生产方式的产生和发展,逐步产生了它独立的特殊存在形式——科学,一开始主

① 《马克思恩格斯文集》第1卷,人民出版社2009年版,第519页。
② 《马克思恩格斯文集》第1卷,人民出版社2009年版,第531页。
③ 《马克思恩格斯文集》第1卷,人民出版社2009年版,第533页。

要是从生产实践中分离出来的科学实验即科学实践，在此基础上从神学和哲学中分离出来的自然科学，从此，科学开始独立发展，形成了物质生产实践和科学实践两种独立形式。在马克思所处时代的生产实践发展到了机器大工业的物质生产方式，自然科学在完成了第一次科学革命之后进入到第二次科学革命阶段，进而在迅猛地发展着。

正是在这样的科学实践和工业实践"似乎"在独立地加速发展的时代，马克思形成了"不是意识决定生活，而是生活决定意识"① 的方法论原理，并将这一原理应用于他的整个理论研究之中，具体体现为从生产力发展高度开展一系列的科学研究，其中在理论上突出地致力于两个层面的科学研究。

一是对整个人类社会历史发展进程的科学研究，在这一层面创立了唯物史观，也正在唯物史观的研究中形成了"科学—技术—生产力"的分析范式，并在此分析范式基础上形成了唯物史观中的"科技—经济"思想。根据笔者对马克思经典著作的考察发现，马克思创立的唯物史观以及其中包含着的"科技—经济"思想，都是在"科学—技术—生产力"分析范式基础上形成的，马克思在唯物史观中所讲的生产力主要是物质生产力，而这种物质生产力包含着科学的力量和技术的力量所形成的生产力。

二是深入整个人类社会发展进程中的特殊历史阶段即当时的资本主义社会，对资本主义物质生产方式及其与此相适应的生产关系和交换关系展开政治经济学研究，在这一层面创立劳动价值论和剩余价值理论等政治经济学的基础理论和核心理论，而这些理论的创立是马克思将唯物史观中的"科学—技术—生产力"分析范式进行了政治经济学的创造性转换之后，将科学和技术纳入物质生产力并在此基础上用政治经济学科学分析的结晶。这主要体现在：在"资本—劳动"两极对立的框架中，将价值创造和增殖的领域划定在物质生产领域之内，将价值创造和增殖的主体限定为物质生产领域的生产工人，将价值创造和增殖的劳动界定为物质生产劳动，此时的科学和技术只是作为物质生产的科学基础和技术条件进而隶属资本，因此，马克思劳动价值论和剩余价值理论中的劳动与价值创造的关系、剩余劳动和剩余价值的关系，都是物质生产领域的雇佣劳动与价值创造、雇佣劳动的剩余劳动

---

① 《马克思恩格斯文集》第 1 卷，人民出版社 2009 年版，第 525 页。

与剩余价值生产的关系，此时的科学劳动和技术劳动并没有被纳入它所揭示的雇佣劳动的范畴，进而没有考察这些劳动的价值创造和价值增殖问题，这是由当时起决定作用的生产方式——资本主义的物质生产方式决定的，也是与当时的资本主义经济社会的现实相适应的。

根据对马克思经典著作的考察发现，马克思劳动价值论和剩余价值理论是将唯物史观中的"科学—技术—生产力"分析范式进行了政治经济学创造性转换之后加以运用的结果。要不然，马克思在政治经济学研究中对价值创造和增殖的劳动领域、劳动主体、劳动过程等不会作如此的界定和限定等科学处理。但同时应当看到，马克思在政治经济学研究中，尽管对唯物史观中的"科学—技术—生产力"分析范式进行了创造性转换，但他的政治经济学研究是唯物史观基本原理的应用，其中的"科学—技术—生产力"的分析范式是唯物史观最基本的方法论范式，这一范式在马克思政治经济学研究中必定发挥着作用。这体现在：马克思对当时资本主义物质生产方式及其与它相适应的生产关系和交换关系进行考察和对劳动价值论、剩余价值理论进行建构过程中，已经洞察到科学和技术对于价值创造和价值增殖的重大作用，进而孕育和形成了大量的科技劳动价值论思想和科技与生产价值生产的关系思想，这在前面的章节中已经考察分析。

而在此需要加以说明的是，这些思想的产生，有其两个方面的原因：一方面，有其物质生产方式发展的历史必然性。因为机器大工业的生产方式已经在相当高的程度上属于科技型生产方式的范畴，可以说是科学化的或应用科学和技术改进生产设施提高劳动生产力的生产方式，只是马克思为了科学简化问题而进行了科学的抽象，进而没有对科学劳动、技术劳动与价值创造展开进一步的研究——这正是马克思对唯物史观中的"科学—技术—生产力"分析范式进行了创造性转换并加以运用的结果。另一方面，这些思想的形成，显示了马克思高度的科学洞察力，因为在当时的物质生产方式和资本主义的经济社会现实中，科学是不费分文的生产力而被资本无偿占有和利用的，在这样的经济社会现实面前，马克思在强调生产力中包括科学的力量的同时，也将科学劳动创造的价值融入资本之中，把科学看作资本的力量而与劳动相对立，把科技看作改进剩余价值生产方法不可缺少的关键性前提条件和资本积累和扩大再生产的内在核心要素等——这正是马克思唯物史观中的"科学—技术—生产力"分析范式发挥作用的结果。

当生产方式发展为科技型生产方式之后，特别是伴随着高端科技型生产方式的诞生，具有自动化、智能化和"少人化"的高端科技型企业也来越成为经济社会发展的热点，科学技术已经不再仅仅是生产力，而且成为了第一生产力，因此，马克思政治经济学中的"科技—经济"思想在现代科技型生产方式基础上显得越来越重要。那么，如何将马克思的这一思想在现代市场经济社会中加以发展，创立现代马克思主义的"科技—经济"理论？其中最为关键的方法论原则问题，就是将马克思在其政治经济学研究中同时发挥作用的分析范式——唯物史观中的"科学—技术—生产力"分析范式和将其进行了政治经济学创造性转换的分析范式统一起来，而其实质就是将马克思对唯物史观中的"科学—技术—生产力"分析范式进行了政治经济学转换的分析范式，进行政治经济学的创造性再转换，回归唯物史观的分析范式。

而这种分析范式的政治经济学创造性再转换和向唯物史观分析范式回归，必须结合"科技—经济"一体化现代市场经济条件下的科技型生产方式之现实，不仅将物质生产力、技术生产力和科学生产力视为一个整体系统，而且要突出科技第一生产力特别是科学第一生产力，将马克思在唯物史观中所讲的一开始就很"倒霉"并受物质"纠缠"①的精神在现代发展的特殊表现形式——科学，纳入现代科技型生产方式的生产力范畴，并且将其作为科技第一生产力中的关键和核心的第一生产力，形成与现代科技型生产方式相适应的"科技第一生产力"分析范式。通过上述考察分析和系统研究发现，在此分析范式基础上，能够将马克思"科技—经济"思想的核心和实质内容，与他的劳动价值论及剩余价值理论相结合，进而把科学劳动、技术劳动和生产劳动一起作为价值创造和价值增殖的整体系统，分别考察这一劳动系统中的各种劳动与价值创造、各种剩余劳动与剩余价值生产的关系，创立"科技第一生产力"分析范式基础上的现代科技型企业的劳动价值理论和剩余价值生产理论——这也就是与现代科技型生产方式相适应的、"科技第一生产力"分析范式基础上的马克思主义"科技—经济"理论。

----

① 《马克思恩格斯文集》第 1 卷，人民出版社 2009 年版，第 533 页。

第二节　马克思主义"科技—经济"新理论对当代中国的深刻启迪与政策建议

在第三次科技革命和工业革命的推动下，"科技—经济"一体化的现代市场经济发展已成为当今世界的基本特征和发展态势，科学技术作为第一生产力的经济功能越来越突出和重要。在这一世界背景下，当代中国如何高效地推进"科技—经济"一体化的中国特色社会主义市场经济发展，是摆在我们面前的一个颇为重大的理论和现实问题，尤其是在继第三次科技革命和工业革命之后的新一轮科技革命和新一轮工业革命即将来临之际，这一问题显得更加突出和更加重要。在"科技第一生产力"分析范式基础上对马克思"科技—经济"思想进行现代发展和理论建构，尝试创立与"科技—经济"一体化的现代市场经济社会相适应的新理论——现代马克思主义"科技—经济"理论，它对推进当代中国"科技—经济"一体化发展和中国特色社会主义市场经济发展，具有深刻的理论启迪和重大的现实意义。在此，仅就本书涉及的内容提出如下的政策性建议：在新科技革命和新工业革命即将破晓之际，充分做好应对"科技—经济"一体化市场经济发展的理论准备；在理论和实践相统一维度，大力推动科技型生产方式下"资本—劳动"关系的转型升级，为实现社会主义市场经济改革的根本目的奠定和谐劳动关系基础；加大力度推进高端科技型企业的发展，提升"无人化"剩余价值生产的能力，为实现社会主义市场经济改革的根本目的提供市场经济企业主体的保障；加大力度推进科技劳动力资本化进程，提升劳动者的科学知识、技术技能等价值创造的能力，为实现社会主义市场经济改革的根本目的提供人民主体保障或价值创造主体保障；积极探索推进科技型生产方式下"双重"所有制结构变革及与之相关的产权制度和分配方式变革，为社会主义市场经济改革的根本目的提供经济制度保障。

一、做好应对新科技革命和新工业革命即将破晓的理论准备

恩格斯指出："社会一旦有技术上的需要，这种需要就会比十所大学更

能把科学推向前进。"① 社会在技术上的需要主要源自生产发展的需要，生产上的需要必然推进技术的发展；而技术发展必然有科学上的需要，科学需要又必然推进科学的发展。反之，科学的发展必然推动技术的发展，进而推进生产的发展。人类历史上的三次科学革命、技术革命和工业革命就是在这一相互推进的作用机制下呈现三螺旋循环发展的态势。然而，第三次科技革命自开始至今已经有相当长的时间，若以 20 世纪初期的相对论、量子理论创立为标志，第三次科学革命的发生为起点，到现在已历时一个多世纪；若认 20 世纪 40 年代发生的第三次技术革命为起点，到现在也有半个多世纪的时间了。在此期间，伴随着第三次科技革命的发展进程，现代工业生产正在向着自动化、智能化、甚至是"无人化"的高端科技型企业迅速发展着，越来越需要技术科学的支撑，不断地向技术科学提出新的需求，尤其是自 2013 年德国推出工业 4.0 战略之后，工业 4.0 被视为即将来临的第四次工业革命，也就是说新工业革命也正处在即将破晓之际。而新工业革命即将来临之际对技术科学的强烈需求，必然强有力地推动基础科学的革命性发展。在这样的情况下，世界科技的发展正处在继第三次科技革命之后的"新科技革命前夜"②，现代科技革命之后的新科技革命即将破晓。

为迎接新科技革命和新工业革命的来临，2012 年 11 月，党的十八大报告中明确提出"实施创新驱动发展战略"，将科技创新看作"提高社会生产力和综合国力的战略支撑，必须摆在国家发展全局的核心位置。要坚持走中国特色自主创新道路，以全球视野谋划和推动创新，提高原始创新、集成创新和引进消化吸收再创新能力"，要"推动科技和经济紧密结合，加快建设国家创新体系"、技术创新体系、知识创新体系，抢占科技发展战略制高点和实施知识产权战略等。③ 时至 2015 年 5 月，国务院颁布实施了《中国制造 2025》；2016 年 5 月，中共中央和国务院又颁布实施《国家创新驱动发展战略纲要》；在《中共中央关于制定国民经济和社会发展第十三个五年规划

---

① 《马克思恩格斯文集》第 10 卷，人民出版社 2009 年版，第 668 页。
② 中国科学院：《科技革命与中国的现代化：关于中国面向 2050 年科技发展战略的思考》，科学出版社 2009 年版，第 7 页。
③ 胡锦涛：《坚定不移沿着中国特色社会主义道路前进　为全面建成小康社会而奋斗——在中国共产党第十八次全国代表大会上的报告》，人民出版社 2012 年版，第 21 页。

的建议》中，又明确提出"支持战略性新兴产业发展""实施智能制造过程"① 等一系列重大战略举措。2016 年 5 月 30 日，习近平在全国科技创新大会、两院院士大会、中国科协第九次全国代表大会上，高瞻远瞩地指出："科学技术是世界性、时代性的，发展科学技术必须具有全球视野、把握时代脉搏。当今世界，新一轮科技革命蓄势待发，物质结构、宇宙演化、生命起源、意识本质等一些重大科学问题的原创性突破正在开辟新前沿新方向，一些重大颠覆性技术创新正在创造新产业新业态，信息技术、生物技术、制造技术、新材料技术、新能源技术广泛渗透到几乎所有领域，带动了以绿色、智能、泛在为特征的群体性重大技术变革，大数据、云计算、移动互联网等新一代信息技术同机器人和智能制造技术相互融合步伐加快，科技创新链条更加灵巧，技术更新和成果转化更加快捷，产业更新换代不断加快，使社会生产和消费从工业化向自动化、智能化转变，社会生产力将再次大提高，劳动生产率将再次大飞跃。"②

面对新科技革命和新工业革命即将破晓的世界性"科技—经济"一体化迅猛发展的总趋势，中国"科技—经济"一体化的革命性发展必将也现实地呈现在我们的面前，这正如习近平所指出的："时不我待，我们必须增强紧迫感，及时确立发展战略，全面增强自主创新能力。我国科技界要坚定创新自信，坚定敢为天下先的志向，在独创独有上下功夫，勇于挑战最前沿的科学问题，提出更多原创理论，作出更多原创发现，力争在重要科技领域实现跨越发展，跟上甚至引领世界科技发展新方向，掌握新一轮全球科技竞争的战略主动"，因为中国自"近代以后，由于国内外各种原因，我国屡次与科技革命失之交臂，从世界强国变为任人欺凌的半殖民地半封建国家，中华民族经历了一个多世纪列强侵略、战乱不止、社会动荡、人民流离失所的深重苦难"；而在今天，中国不能再与新科技革命失之交臂，中国已经具有了应对新科技革命的现实基础，"经过新中国成立以来特别是改革开放以来不懈努力，我国科技发展取得举世瞩目的伟大成就，科技整体能力持续提升，一些重要领域方向跻身世界先进行列，某些前沿方向开始进入并行、领

---

① 《中国共产党第十八届中央委员会第五次全体会议文件汇编》，人民出版社 2015 年版，第 41 页。
② 习近平：《为建设世界科技强国而奋斗——在全国科技创新大会、两院院士大会、中国科协第九次全国代表大会上的讲话》，人民出版社 2016 年版，第 7—8 页。

跑阶段，正处于从量的积累向质的飞跃、点的突破向系统能力提升的重要时期"，在这样一个重要时期"不能等待观望，不可亦步亦趋，当有只争朝夕的劲头"，一方面，要牢牢抓住世界新科技革命这次难得的历史机遇，因为"历史经验表明，那些抓住科技革命机遇走向现代化的国家，都是科学基础雄厚的国家；那些抓住科技革命机遇成为世界强国的国家，都是在重要科技领域处于领先行列的国家"，因此，要下大力气"抓科技创新"，"把科技创新摆在更加重要位置，吹响建设世界科技强国的号角"；另一方面，要研究科技与经济的内在关系规律，既要"深入研究和解决经济和产业发展亟需的科技问题，围绕促进转方式调结构、建设现代产业体系、培育战略性新兴产业、发展现代服务业等方面需求，推动科技成果转移转化，推动产业和产品向价值链中高端跃升"，又要"正确评价科技创新成果的科学价值、技术价值、经济价值、社会价值、文化价值"，把科技创新成果应用在实现我国"现代化的伟大事业中"，① 运用科技创新的成果推进我国的现代化进程。

没有理论指导下的实践是盲目的实践。面对新科技革命和新工业革命正处在即将破晓的前夜之际，世界各国都作出了应对的准备，我们党和政府也不例外，上述重大战略举措的推出就是最好的证明。与此同时，新科技革命和新工业革命推动的社会实践，也为马克思主义理论工作者提出了一个重大的课题，如何将马克思主义政治经济学理论与现代科技发展的现实相结合，将其发展为与新科技革命和新工业革命所造就的现代科技型生产方式相适应的新理论？或者说，如何将马克思当时所形成的"科技—经济"思想与新科技革命及新工业革命推动的社会实践相结合，将其发展为与现代经济社会现实相适应的新理论？因为社会实践的需要是理论发展的动力之源，而新科技革命和新工业革命推动的经济实践就是"科技—经济"一体化的实践。在此意义上，立足"科技—经济"一体化现代市场经济社会之现实，通过对现代科技型生产方式及其与此相适应的生产关系和交换关系的研究，沿着马克思政治经济学研究的逻辑进路，将马克思的"科技—经济"思想与其劳动价值论和剩余价值理论相结合，构建了现代马克思主义的"科技—经

---

① 习近平：《为建设世界科技强国而奋斗——在全国科技创新大会、两院院士大会、中国科协第九次全国代表大会上的讲话》，人民出版社 2016 年版，第 11、14、10 页。

济"理论。这在实质上，就是为应对新科技革命和新工业革命即将破晓的社会实践提供理论上的准备，以期推进中国"科技—经济"一体化的发展和中国特色社会主义市场经济的发展。

同时应当看到理论上的准备，仅做到这一点还是远远不够的，因为在此创立的现代马克思主义的"科技—经济"理论是主要局限在将科学和技术作为马克思劳动价值论和剩余价值理论的内在要素加以构建的，仅局限于马克思政治经济学的基础理论之中，而马克思主义的这些基础理论要在指导中国"科技—经济"一体化发展和中国特色社会主义市场经济发展中发挥作用，还必须在此基础上进行创新性的应用发展，将其转化为具体的可行性方案设计，进行相应的体制机制乃至制度方面的创新，构建中国特色社会主义的政治经济学体系和中国特色社会主义的哲学社会科学体系。

二、推动科技型生产方式下"资本—劳动"关系的转型升级

不管是商品经济社会还是它的发展形态即市场经济社会，呈现出来的是一个资本的世界。正因如此，马克思将他的政治经济学批判的理论巨著，命名为《资本论》。在该巨著中，马克思指出："要使资本主义生产方式的'永恒的自然规律'充分表现出来，要完成劳动者同劳动条件的分离过程，要在一极使社会的生产资料和生活资料转化为资本，在另一极使人民群众转化为雇佣工人，转化为自由的'劳动贫民'这一现代历史的杰作，就需要经受这种苦难。如果按照奥日埃的说法，货币'来到世间，在一边脸上带着天生的血斑'，那么，资本来到世间，从头到脚，每个毛孔都滴着血和肮脏的东西。"① 这也就是说，在资本世界中，最主要、最基本的存在是二元对立的两极存在，一极是由社会的生产资料和生活资料转化而来的资本，另一极则是由人民群众转化而来的雇佣工人即劳动贫民。资本世界中的资本和劳动，如同磁铁呈现出的两极——"N"极和"S"极一样，因此资本世界中最主要、最基本的关系就是资本与劳动的关系，如同磁铁的"N"极和"S"极的关系一样。科学的磁学理论所研究和揭示的就是磁铁呈现"N"极和"S"极这一现象背后的内在机理和相互作用的规律，而马克思的政治

---

① ［德］马克思：《资本论》第 1 卷，人民出版社 2004 年版，第 870—871 页。

经济学研究和揭示的也就是资本世界呈现的资本和劳动这一现象背后的内在机理和相互作用的规律。因此，资本和劳动是马克思政治经济学的一对颇为重要的基本范畴，由这一对范畴构成的"资本—劳动"的关系是马克思政治经济学研究的一条主线。

　　从唯物辩证法的维度看，"资本—劳动"关系应当是辩证统一的，然而在资本主义物质生产方式基础上建立起来的"资本—劳动"关系，正因为"资本来到世间，从头到脚，每个毛孔都滴着血和肮脏的东西"①，因此，马克思政治经济学研究中更加突出了二者的对立，并将二者的对立上升为资本主义经济社会这个矛盾统一体的主要方面。因此可以说，"资本—劳动"的二元对立是马克思对资本主义物质生产方式及其与其相适应的生产关系和交换关系研究所建立起来的一个基本的经济模型。前面在考察分析马克思的劳动价值论、剩余价值理论及其"科技—经济"思想时发现，"资本—劳动"二元对立的经济模型实质上也是他对资本主义经济社会内在矛盾和运行规律进行考察分析的一个总框架，甚至可以说是他所构建的政治经济学理论体系的一个总体框架。从研究进程来看，"资本—劳动"的二元对立经济模型，贯穿于马克思政治经济学研究的整个研究过程中，在他的代表性著作《资本论》及其相关经济学手稿处处体现着这一基本经济模型的精神。从理论与现实相统一的维度来看，这一基本的经济模型简明而准确地反映了当时马克思所处时代的资本主义物质生产方式及其与它相适应的生产关系和交换关系的现实。

　　在马克思看来，资本主义现实的"生产过程和价值增殖过程的结果，首先表现为资本和劳动的关系本身，资本家和工人的关系本身的再生产和新生产。这种社会关系，生产关系，实际上是这个过程的比其物质结果更为重要的结果。这就是说，在这个过程中工人把他本身作为劳动能力生产出来，也生产出同他相对立的资本，同样另一方面，资本家把他本身作为资本生产出来，也生产出同他相对立的活劳动能力。每一方都由于再生产对方，再生产自己的否定而再生产自己本身。资本家生产的劳动是他人的劳动；劳动生

①　［德］马克思：《资本论》第1卷，人民出版社2004年版，第871页。

产的产品是他人的产品。资本家生产工人,而工人生产资本家,等等"①。资本主义在完成了它的"原始积累"之后,资本主义物质生产方式下的"整个运动好像是在一个恶性循环中兜圈子"②,此时的整个资本主义"私有财产的关系"也就表现为"劳动、资本以及二者的关系。这个关系中的这些成分必定经历的运动"环节,一是"二者直接的或间接的统一",也就是说,起初二者还是统一的,后来它们虽然分离和异化但作为积极的条件而互相促进和互相推动;二是"二者的对立",即互相排斥;三是"二者各自同自身对立",此时"资本=积累的劳动=劳动。作为这样的东西,资本分解为自身和自己的利息,而利息又分解为利息和利润。资本家彻底牺牲。他沦为工人阶级,正像工人——但只是例外地——成为资本家一样。劳动是资本的要素,是资本的费用。因而,工资是资本的牺牲。劳动分解为自身和工资。工人本身是资本、商品",进而二者形成"敌对性的相互对立"③。因此,在资本主义"大工业和竞争中,各个人的一切生存条件、一切制约性、一切片面性都融合为两种最简单的形式——私有制和劳动"或相互分裂的"资本与劳动",并且资本主义的"分工越发达,积累越增加,这种分裂也就发展得越尖锐。劳动本身只能在这种分裂的前提下存在"④。因此,马克思建立的"资本—劳动"二元对立的经济模型,是对当时的资本主义物质生产方式及其与其相适应的生产关系和交换关系的真实写照,反映了他那个时代资本主义经济社会的基本特征。

在马克思的劳动价值论、剩余价值理论和"科技—经济"思想基础上发展起来的现代马克思主义"科技—经济"理论,可以说也是在马克思政治经济学研究的这一"资本—劳动"二元对立的经济模型或总框架下研究和建构的,运用这一理论对现阶段中国特色社会主义市场经济条件下"科技—经济"一体化发展进程进行考察分析,"资本—劳动"二元对立的经济模型或总框架在相当高的程度上也是适合的,因为这一经济模型在一定程度上基本反映了社会主义市场经济条件下的资本和劳动关系。换言之,社会主

① 《马克思恩格斯文集》第8卷,人民出版社2009年版,第107页。
② [德] 马克思:《资本论》第1卷,人民出版社2004年版,第820页。
③ 《马克思恩格斯文集》第1卷,人民出版社2009年版,第117页。
④ 《马克思恩格斯文集》第1卷,人民出版社2009年版,第579页。

义市场经济也是市场经济,是目前世界上与资本主义市场经济并存的一个类型,因此"资本—劳动"的二元对立仍然是社会主义市场经济条件下资本与劳动关系的基础性方面。从中国特色社会主义市场经济的理论和现实的发展进程看,伴随着社会主义市场经济的发展和改革开放的深入,我们党对市场在资源配置中的作用认识越来越深刻,市场经济的现实运行机制越来越成熟,价值规律、剩余价值规律和市场竞争规律在中国特色社会主义市场经济中发挥的作用越来越大,甚至可以说已经成为基本的运行规律。自党的十五大提出使市场"在国家宏观调控下"对资源配置起基础性作用以来,党的十六大提出"在更大程度上发挥"市场在资源配置中的基础性作用,党的十七大提出"从制度上更好发挥"市场在资源配置中的基础性作用,党的十八大提出"更大程度更广范围发挥"市场在资源配置中的基础性作用。理论认识是这样,实践发展也是如此。伴随着我国社会主义市场经济理论的成熟、市场经济体制机制在实践上的完善,中国特色社会主义市场经济的市场化程度大幅提升,在这样的情况下,时至 2013 年,党的十八届三中全会通过的《中共中央关于全面深化改革若干重大问题的决定》对市场规律及其发挥的作用,在理论和实践上实现了一次重大突破,这就是明确提出了"使市场在资源配置中起决定性作用",并"紧紧围绕使市场在资源配置中起决定性作用深化经济体制改革","加快完善现代市场体系"以及"健全多层次的资本市场体系"。① 对市场在资源配置中发挥作用的认识和实践是越来越深入深刻、越来越全面系统,这在实质上就是让价值规律、剩余价值规律、市场竞争规律等在资源配置中起决定性作用。即便是科学研究和技术研发等领域,也要通过深化科技体制改革让这些规律发挥决定性作用,要求"建立健全鼓励原始创新、集成创新、引进消化吸收再创新的体制机制,健全技术创新市场导向机制,发挥市场对技术研发方向、路线选择、要素价格、各类创新要素配置的导向作用",要"完善风险投资机制,创新商业模式,促进科技成果资本化、产业化"。②

　　但应当看到,社会主义市场经济改革在让价值规律、竞争规律和剩余价

---

① 《中共中央关于全面深化改革若干重大问题的决定》,人民出版社 2013 年版,第 5、3、13 页。
② 《中共中央关于全面深化改革若干重大问题的决定》,人民出版社 2013 年版,第 14—15 页。

值规律发挥决定性作用的根本目的，是"让一切劳动、知识、技术、管理、资本的活力竞相迸发，让一切创造社会财富的源泉充分涌流，让发展成果更多更公平惠及全体人民"①，实现共同富裕。由社会主义市场经济改革的这一根本目的所决定，马克思进行政治经济学研究过程中建立的基本经济模型即"资本—劳动"二元对立的总框架，也应当发生转型或转变，将其转换为社会主义市场经济条件下科技型生产方式基础上的"资本—劳动"二元对立统一经济模型，为了表述方便，简称为"资本—劳动"二元统一的经济模型。在社会主义市场经济条件下，"资本—劳动"的二元对立是基础，因为不管是什么性质的市场经济，价值规律、竞争规律和剩余价值规律等市场经济的规律就会起着决定性的作用，至少起着基础性的作用，作为资本化身的资本家或企业家就会按照市场经济的这些规律最大程度地攫取或获取剩余价值，即雇佣工人的剩余劳动，也就意味着资本的利润最大化本性就不会改变。在此意义上，"资本—劳动"的二元对立就必然存在。同时，社会主义市场经济的"社会主义性质"决定了其剩余价值生产的根本目的是不同的，市场经济的上述基本规律发挥作用的形式就会表现出根本性的差异，理论上讲应当如此。在此意义上，社会主义市场经济条件下的"资本—劳动"关系，也就应该在二元对立的基础上实现统一，二者的统一是其矛盾关系的主要方面。因此，社会主义市场经济的社会主义性质，在客观现实上要求实现"资本—劳动"关系的转型和升级，即由二元对立到二元统一的转型升级。

同时，社会主义市场经济条件下"资本—劳动"关系的转型升级，是由生产方式的深刻变化所决定的，其决定性的原因在于生产方式的深刻变化。马克思在政治经济学研究中形成的"资本—劳动"二元对立的经济模型，是建立在资本主义物质生产方式基础之上的，是对这一生产方式的生产关系和交换关系的现实反映。在马克思那个时代，不管是工场手工业还是在此基础上发展起来的机器大工业采取的都是物质生产方式，科学知识、技术知识等都是作为物质生产力融于资本之中，科学作为资本的力量与劳动处在分离和对抗的状态，在这种生产方式下资本与劳动的关系表现为"资本对

① 《中共中央关于全面深化改革若干重大问题的决定》，人民出版社 2013 年版，第 3 页。

劳动的统治"和支配，此时的"资本是对劳动及其产品的支配权力。资本家拥有这种权力并不是由于他的个人的特性或人的特性，而只是由于他是资本的所有者。他的权力就是他的资本的那种不可抗拒的购买的权力"①，并且"在资本和土地反对劳动的斗争中，前两个要素比劳动还有一个特殊的优越条件，那就是科学的帮助，因为在目前情况下连科学也是用来反对劳动的"②，更不要说是技术了。因此，"资本家和工人之间的敌对的斗争。胜利必定属于资本家"③。在这样的情况下，"只要劳动力在市场上流通，它就不是资本，不是商品资本的形式。劳动力根本不是资本；工人不是资本家"；雇佣工人在把他的劳动力出卖给资本家时，"已经把他的劳动连同他的'才能'一起出卖"了。④

但是，在社会主义市场经济条件下，由"科技—经济"一体化发展的现代科技型生产方式所决定，以数学自然科学、哲学社会科学以及与之相对应的技术科学等知识为主要内容的精神生产资料，日益与劳动者相结合，并取得了一体化发展的存在形式，这是由现代科技革命推动下的工业革命快速发展的必然结果。在这"双重革命"快速发展的进程中，现代企业在越来越多转化为科技型企业，科技型生产方式也成为占主导地位或统治地位的生产方式，劳动者与生产资料的结合已经不再仅仅是物质生产者与物质生产资料的结合，还包括科技劳动者与科学生产资料特别是以软件或软性生产资料的结合，资本在产业领域的存在方式不仅有物质资本，而且还有科学资本和技术资本等精神资本。在此情况下，原来与劳动者相分离、相对立的科学、知识等精神资本，越来越呈现为与劳动者结合在一起的劳动力资本，进而使物质生产方式下单纯的物质资本与劳动力商品的劳动之间的对立关系，越来越呈现为物质资本与劳动者的劳动力资本、精神资本与劳动者的劳动力资本的对立统一关系，并且统一性越来越呈现为主导的、起决定性作用的方面。这也就是说，与资本主义物质生产方式相比较，在现代科技革命和工业革命所推动的科技型生产条件发生了根本性的改变，从马克思时代的科学知识与

① 《马克思恩格斯文集》第1卷，人民出版社2009年版，第133、130页。

② 《马克思恩格斯文集》第1卷，人民出版社2009年版，第85页。

③ 《马克思恩格斯文集》第1卷，人民出版社2009年版，第115页。

④ ［德］马克思：《资本论》第2卷，人民出版社2004年版，第231页。

劳动者相分离的生产条件到今天科学知识与劳动者相结合甚至是一体化的生产条件已经发生根本性的改变，这种生产条件的变化赋予其"本身及其代表以特殊的社会的质。它们决定着生产的全部性质和全部运动"①。

也就是说，在社会主义市场经济条件下，科技型生产方式或科技型生产条件使资本成为发展生产力和提高劳动生产率的重要手段和不可或缺的经济运行方式，市场在资源配置中发挥的决定性作用在实质上就是按照社会主义市场经济规律发挥资本推进经济发展的功能；而与此同时，科技型生产方式或科技型生产条件，特别是科学知识、技术知识和数字知识或数据知识等精神资本不仅不再与劳动相分离，而且成为服务劳动不可或缺的内在要素，使社会生产的全部性质呈现为社会主义的性质，使社会生产的全部运动呈现为按照社会主义市场经济规律运行的过程。因此，在现代科技型生产方式基础上，社会主义市场经济条件下的资本与劳动的关系已经发生了深刻的变化，"资本—劳动"的二元对立已经作为基础性关系存在，而二者的统一成为其主要的存在方式，这为实现社会主义市场经济改革的根本目的奠定了和谐"资本—劳动"关系的社会基础，进而成为中国特色社会主义劳资关系或劳动关系的实质内容。

在此意义上，在对社会主义市场经济条件下的市场在资源配置中的决定性作用、市场经济规律所发挥的决定性作用和表现形式进行考察分析时，应当大力推动科技型生产方式下"资本—劳动"关系的转型升级，将资本主义市场经济条件下物质生产方式基础上的"资本—劳动"二元对立模型，升级为社会主义市场经济条件下科技型生产方式基础上的"资本—劳动"二元统一模型。理论研究如此，政策的制定也应当如此。在制定社会主义市场经济条件下的与科技型生产方式相适应的经济政策时，也应当在转型升级之后的"资本—劳动"二元统一经济模型下对市场在资源配置中的决定性作用、市场经济规律的决定性作用和表现形式进行观察和思考。而具体到本书的研究，运用马克思劳动价值论、剩余价值理论和"科技—经济"思想基础上发展起来的现代马克思主义"科技—经济"理论，在研究如何推进中国特色社会主义市场经济条件下"科技—经济"一体化发展进程、如何

---

① ［德］马克思：《资本论》第3卷，人民出版社2004年版，第995页。

推进现代市场经济的企业主体发展和价值创造主体发展以及相关制度机制的设计等问题时，也要坚持在转型升级之后的"资本—劳动"二元统一经济模型或总框架下来进行。只有如此，才能制定出与社会主义市场经济条件下的现代科技型生产方式相适应的经济政策，进而才能推进中国特色社会主义的现代化发展。

三、推动科技型企业向其高端发展并提升其"无人化"剩余价值生产能力

从"资本—劳动"二元统一经济模型的资本方面来看，社会主义市场经济发展的市场主体是以资本形式或资本形态出现的企业，简而言之，企业是市场经济发展的主体，在社会主义市场经济条件下也不例外。社会主义市场经济的发展所呈现出来的，首先就是在社会主义条件下市场经济主体即作为资本的企业的发展，也就是利用价值规律、竞争规律和剩余价值规律等市场经济规律推动以资本形式出现的现代企业的发展，借助于作为资本的企业发展为社会主义发展创造社会财富。而在实质上，这也就是充分利用市场在资源配置中的决定作用推动作为资本的企业的剩余价值生产能力的提升，为社会主义创造价值财富。因此，在大力推进社会主义市场经济发展的今天，要加大力度推进作为资本的科技型企业特别是高端科技型企业的发展，推动这些企业进行科技研发和运用科技来提升这些企业资本的剩余价值生产能力，尤其是提升这些企业资本的"无人化"剩余价值生产的能力，为实现社会主义市场经济改革的根本目的提供市场经济主体保障。

从现代马克思主义"科技—经济"理论来看，既然以公有制为主体、多种所有制经济共同发展是中国特色社会主义的基本经济制度，那么不管是以国有资本和集体资本形式出现的公有制经济、以非公有资本形式出现的非公有制经济，还是上述资本交叉持股、相互融合形式出现的混合所有制经济，它们都是社会主义基本经济制度的实现形式。在社会主义市场经济运行中的国有资本企业即国有企业、集体资本企业即集体企业、非公有资本企业即私人企业以及混合所有制经济企业，它们作为市场经济的主体都是资本的代表，拥有这些企业就是拥有它们所代表的相应的资本。在"科技—经济"一体化的现代市场经济社会中的这些资本，按照市场经济的逻辑追求利润的

最大化是其作为资本的本质,在实质上也就是按照市场经济运行逻辑来最大可能地获取剩余价值,这在资本主义市场经济社会中是"合理合法"的,具体到剩余价值生产的方法,马克思在对资本主义物质生产方式进行研究过程中揭示的绝对剩余价值的生产、相对剩余价值的生产都是基本的方法。但在社会主义市场经济条件下,具体到这些资本的剩余价值生产的方法,在现代企业基本都成为科技型企业的情况下,科学和技术已经成为现代科技型生产方式的产品生产和价值生产的内在要素,也是剩余价值生产的内在要素,此时的绝对剩余价值生产尽管仍然是一种基础性的方法,但在现实经济社会运行中已趋向终结,因此社会主义市场经济条件下的这些科技型企业是不能运用绝对剩余价值的生产方法,否则这些企业与资本主义的企业便没有分别。

对于社会主义市场经济条件下的这些现代科技型企业而言,在绝对剩余价值生产趋向终结的同时,此时的剩余价值生产应当采取的主要方法,是在马克思所揭示的剩余价值生产方法基础上已经发展起来的剩余价值生产新方法,包括个别科技型企业的超额剩余价值生产、一般科技型企业的相对剩余价值生产和高端科技型企业的"无人化"剩余价值生产。因为从"科技第一生产力"分析范式来看,现代科技型企业剩余价值生产的这些方法,不再完全取决于雇佣工人的剩余劳动增加,并且越来越取决于"科学价值库"的价值生产及其在科技型企业中的价值孵化程度,而"科学价值库"的价值是历代从事基础研究的科学人员所创造的剩余价值的总和。尤其对高端科技型企业而言,"科学价值库"的价值生产及其价值孵化程度,就显得特别重要、突出和关键。如果社会主义市场经济条件下的科技型企业都能够发展成为高端科技型企业,也就意味着这些企业都朝着"无人化"方向发展进而都变成了"无人工厂",而这些"无人工厂"都变成了"科学价值库"中价值的"孵化器",也就是说这些企业能够依靠"极少数人"的操作甚至在"没有人"在其现场操作的情况下,自动地将"科学价值库"中的潜在价值连续不断地"孵化"出来,而且"孵化"出足以"养活"企业的员工的价值,满足其中员工的价值需要。

这也就是说,从理论上讲,现代高端科技型企业的"无人化"剩余价值生产,为社会主义市场经济条件下那些有智慧、有担当的聪明企业家或

"资本家"提供了一种构建现代和谐劳动关系的有效途径。一般而言，在市场经济条件下，"攫取"剩余价值是资本的本性，有智慧、有担当的聪明企业家或"资本家"也不例外。但是，"攫取"剩余价值的方式方法是有技巧和有艺术性的，如果企业家或"资本家"既不是利用绝对剩余价值的生产来攫取雇佣工人的剩余劳动，也不是采用相对剩余价值的生产来攫取更多的雇佣工人的剩余劳动，而是采用"无人化"的剩余价值生产将"科学价值库"的潜在价值孵化出来，这样他们照样能够获取剩余价值。若如此，那么他们就属于有智慧、有担当的聪明企业家或"资本家"。之所以说他们是有智慧、有担当的聪明企业家或"资本家"，是因为他们在事实上是让牛顿、爱因斯坦、麦克斯韦、申农、维纳等"顶尖的"大科学家为"自己"的现代高端科技型企业来"打工"，去"攫取"这些"顶尖的"大科学家的剩余劳动，而不是攫取他们的员工的剩余劳动。如果再将从那些"顶尖的"大科学家那里获取的剩余价值——表现为高端科技型企业获取的高额利润，按照一定的分配方式惠及他们的职工，那么在这样的情况下，至少从资本的维度讲，劳资关系的和谐还是可能的——这应当是社会主义市场经济条件下的资本的发展趋向，也应当是深化社会主义市场经济改革在资本方面的变革趋向。在笔者看来，这也是社会主义市场经济条件下的资本发展与资本主义经济社会中的资本发展在本质上的不同之处之一，因为资本唯利是图、利润最大化的本性，在这种变革趋向和发展趋势中深刻地改变着它的表现形式或运作方式。

据此可以得出这样的推断性结论：如果说，物质生产方式下的绝对剩余价值生产是资本主义经济发展初期企业所采用的主要方法，物质生产方式下的相对剩余价值生产是资本主义经济进入到机器大工业的高级阶段企业所采取的主要方法，那么，科技型生产方式下个别科技型企业的超额剩余价值生产和一般科技型企业的相对剩余价值生产，就是社会主义初级阶段条件下市场经济主体即科技型企业所采取的主要方法——这是在物质生产方式下相对剩余价值生产基础上发展起来高级形式，在很大程度上与现代资本主义经济社会中企业所采取的剩余价值生产方法是交叉并行的——而科技型生产方式下高端科技型企业的"无人化"剩余价值生产，则代表着社会主义初级阶段向高级阶段发展进程中市场经济主体即科技型企业所采用的方法的变革趋向，也就是说，当社会主义初级阶段发展到高级阶段的条件下，市场经济主体应当主要是高端科技型企业，此时的剩余价值生产主要是高端科技型企业的"无人化"剩余价值生产的方法；若社会主义高级阶段再进一步发展，科技型生产方式将发展为高端科技型生产方式，此时的高端科技型企业向着更高端的方向发展，这些更高端的科技型企业的"无人化"剩余价值生产也必将发展为更高端"无人化"剩余价值生产，即剩余价值生产的"无人化"程度趋向了"无人"程度。在此情况下，伴随社会主义市场经济条件下的经济制度和经济体制以及相关的其他制度体制的变革，必将进入一个更高级的社会形态——这就是在社会主义市场经济发展所取得的成就基础上的共产主义经济形态，这也就是说，共产主义经济社会是社会主义市场经济自身发展的历史必然。

在此推断的逻辑中，能够深刻地理解我们党为什么在全面深化改革推进社会主义市场经济发展进程中，让市场在资源配置中发挥决定性作用，并紧紧围绕市场的这一决定性作用深化经济体制改革，完善基本经济制度和现代市场体系，同时实施创新驱动战略和加快建设创新型国家，说到底，这就是要充分发挥以资本形态存在的科技型企业——市场经济主体在资源配置中的决定性作用。只有这样才能加快转变经济发展方式，推进科技型生产方式的变革，实现中国特色社会主义的共同理想并为实现党的最高目标——共产主义远大理想做好准备。因此，在全面深化改革的今天，在社会主义市场经济条件下进行制度设计和政策制定时，应当多方举措调动企业的科技研发能力和运用先进科技的能力，不仅要加大力度推进传统的物质生产企业向科技型企业发展，而且要加大力度推进科技型企业向高端科技型企业的发展，只有如此才能在遵循社会主义市场经济运行规律的前提下，大力提升这些企业的"无人化"剩余价值生产的能力，才能为实现"共同富裕"这一社会主义市场经济改革的根本目的提供市场经济主体保障。

四、推动科技劳动力资本化进程并提升劳动者价值创造能力

从"资本—劳动"二元统一经济模型的劳动方面看，加大力度推进劳动力特别是科技劳动力的资本化进程，提升劳动者的科学知识、技术技能等价值创造的能力，为实现社会主义市场经济改革的根本目的提供人民主体保

障和价值创造主体保障。

　　一般而言，市场经济的主体是企业，而企业的价值创造主体是拥有劳动力的劳动者。马克思在创立科学的劳动价值论过程中创立的劳动力理论和劳动力商品理论，为我们的这一观点提供了坚实的理论基础。马克思劳动价值论的创立是与他的两大科学发现密切相关的，一是马克思发现了劳动力是潜藏在人的身体内的劳动能力，即"一个人的身体即活的人体中存在的、每当他生产某种使用价值时就运用的体力和智力的总和"①，而这一"劳动力的使用就是劳动本身"②，即劳动实际上是劳动力的使用过程。在马克思看来，劳动力和劳动有着本质的差别，古典政治经济学家则混淆了二者，将劳动"错误地当做劳动力一词来使用"③，因此产生了自身难以克服的"资本和劳动的交换如何同'价值规律'相符合"的矛盾问题。马克思在科学地区分了劳动和劳动力的基础上建立了科学的劳动力理论，这是科学的劳动价值论的基础理论。二是马克思在第一大发现的基础上发现了劳动力商品，用以与古典政治经济学中的"劳动商品"相区别。马克思在"劳动力的买与卖"中指出，货币所有者要从商品的使用和消费中获得价值，"就必须幸运地在流通领域内即在市场上发现这样一种商品，它的使用价值本身具有成为价值源泉的独特属性，因此，它的实际消费本身就是劳动的对象化，从而是价值的创造。货币占有者在市场上找到了这样一种独特的商品，这就是劳动能力或劳动力"④。在马克思看来，劳动力成为商品，与其他商品一样也有使用价值和价值，但劳动力的使用价值与其他商品的不同，劳动力的"使用价值本身具有成为价值源泉的特殊属性"，它的实际的使用本身就是劳动的物化，从而创造价值，而且可以创造超过劳动力商品价值的价值即剩余价值。马克思用其发现的劳动力商品代替古典经济学所谓的"劳动商品"，把古典经济学所谓的资本和劳动的交换看作资本和劳动力商品的交换，从而克服古典政治经济学自身存在的"资本和劳动相交换与价值规律的矛盾"，并在此基础上系统地论述了劳动力商品的价值和使用价值的特殊性、劳动力成

---

① ［德］马克思：《资本论》第 1 卷，人民出版社 2004 年版，第 195 页。
② ［德］马克思：《资本论》第 1 卷，人民出版社 2004 年版，第 207 页。
③ ［德］马克思：《资本论》第 1 卷，人民出版社 2004 年版，第 200 页。
④ ［德］马克思：《资本论》第 1 卷，人民出版社 2004 年版，第 194—195 页。

为商品的条件、劳动力的价值或价格转化为工资等问题，建立了科学的劳动力商品理论，这也是马克思劳动价值论的核心内容和得以成立科学的关键所在。

从劳动力理论的创立和发展的历程看，马克思从对劳动和劳动力的辨析，到对劳动商品和劳动力商品的区分，必然孕育着从劳动力商品到劳动力资本的转变和飞跃。事实上，在劳动力理论和劳动力商品理论的发展中，马克思已经洞察到了这一发展趋势，萌发了许多与"劳动力资本"相关的思想，正如他指出的："真正的经济——节约——是劳动时间的节约……节约劳动时间等于增加自由时间，即增加使个人得到充分发展的时间，而个人的充分发展又作为最大的生产力反作用于劳动生产力。从直接生产过程的角度来看，节约劳动时间可以看做生产固定资本，这种固定资本就是人本身。"[①]在这里，马克思所讲的"人本身"就是固定资本，这不就是西方经济学的理论框架中的"人力资本"？而在马克思经济学的理论框架中就应称之为"劳动力资本"。而劳动力资本的内涵是什么？马克思指出："知识和技能的积累，社会智力的一般生产力的积累，就同劳动相对立而被吸收在资本当中，从而表现为资本的属性，更明确些说，表现为固定资本的属性"[②]；"在固定资本中，劳动的社会生产力表现为资本固有的属性；它既包括科学的力量，又包括生产过程中社会力量的结合，最后还包括从直接劳动转移到机器即死的生产力上的技巧"[③]，等等。马克思的这些表述，事实上已经对"劳动力资本"内涵的科学规定，它包括与"人本身"密切相关联的，或者说与"人本身"交织在一起发展的知识、技能、智力、技巧、科学等劳动生产力。

同时也应当看到，马克思对固定资本的考察尽管孕育了劳动力资本的思想，但他仅将劳动力作为商品存在，反对将劳动力视为资本，并没有促成从劳动力商品到劳动力资本的转变和飞跃。这是因为，在当时资本主义的物质生产方式下，从"资本—劳动"二元对立的经济模型或总框架来看，劳动力不具备资本化的社会条件，进而不可能成为劳动力资本，因为在这种生产

---

① 《马克思恩格斯文集》第 8 卷，人民出版社 2009 年版，第 203 页。
② 《马克思恩格斯文集》第 8 卷，人民出版社 2009 年版，第 186—187 页。
③ 《马克思恩格斯文集》第 8 卷，人民出版社 2009 年版，第 206 页。

方式下资本与劳动的关系主要表现为"资本对劳动的统治"和支配。但是，在"科技—经济"一体化发展的现代科技型劳动方式的新时代条件下，以数学自然科学、哲学社会科学以及与之相对应的技术科学等知识为主要内容的精神生产资料，日益与劳动者相结合并取得了一体化的存在形式。与马克思劳动力商品概念得以产生和劳动力资本思想得以孕育的资本主义物质生产方式相比较，在现代科技革命和工业革命所推动的科技型生产条件发生了根本性的改变；同时，社会主义市场经济条件下的资本与劳动的关系也已经转为"资本—劳动"的二元统一关系，马克思在当时孕育的"劳动力资本"思想已经具备其现实的社会条件；同时，人们在社会主义市场经济条件下别无选择地生活在一个商品无处不在、一切生产要素都并入资本化进程中的世界里。社会主义市场经济之所以能够通过市场机制有效地配置各种社会经济资源即一切生产要素，本质上就在于它内在地具有将一切生产要素资本化的趋势，从而在各种生产要素的所有者对价值增殖不懈追求中实现一切社会财富的生产、创造和积累。在这样的新时代，马克思从对劳动和劳动力的辨析，到对劳动商品和劳动力商品的区分，进而必然孕育的从劳动力商品到劳动力资本的飞跃，将从马克思所处时代所具有的可能性，变为当今社会的现实可能性或现实的存在。

这样，在社会主义市场经济条件下的整个资本世界中，资本也就有了两种不同的基本类型，即物质资本和劳动力资本。而在此所讲的劳动力资本，并不是简单地将劳动力商品直接地上升为劳动力资本，而是在劳动力商品基础上发展起来的有着特殊规定的劳动力资本，它包含着两个层面的内涵：一是指现代科技型生产方式下的劳动者，在占有和掌握以科学知识、技术技能、信息资源等为主要内容的精神生产资料并使之与自身的劳动力相结合和一体化发展的条件下，其自身的劳动力已经不仅仅能够作为商品，而且已经转化为资本化的劳动力即劳动力资本；二是指在科技型生产方式下，与劳动者的劳动力相结合并一体化发展的以科学知识、技术技能、信息资源等为主要内容的精神生产资料（主要是软件生产资料或软性生产资料），由于这部分精神生产资料只有在劳动者对自己的劳动力进行运用即劳动的条件下，才能在实际上并入生产过程并表现为现实的生产力，所以将与劳动者的劳动力相结合着的精神生产资料本身称为劳动力资本。其中，第一个层面的劳动力资本，是与劳动力商品相对应的，实质上是资本化的劳动力；第二个层面的劳动力资本，是与作为物质资本的物质生产资料相对应的，实质上是资本化的与劳动力一体的精神生产资料。就劳动力资本与劳动力资本化之间的关系而言，劳动力资本是劳动力资本化的必要前提，劳动力资本化是劳动力资本即精神生产资料并入实际生产过程而导致的必然结果。

而在劳动力资本中，与现代科技型企业整个生产劳动过程的三个环节上劳动者相对应，依次划分为三种基本类型：科学型劳动力资本即"不在场的"科学人员的劳动力资本、技术型劳动力资本即"准在场的"技术人员的劳动力资本和直接生产型劳动力资本即"在场的"生产工人的劳动力资本。尽管这三种不同类型的劳动力资本在现代科技型企业的整个社会生产过程中处于不同的"时空"位置上，但是，这些劳动力资本的主体即科学家、技术专家、企业经理、生产工人等"总体工人"所创造的价值和剩余价值，最终都将通过多种形式和多种渠道的"价值链"传导或转移到社会生产和生活所需要的商品中去，这也是"科技—经济"一体化的现代科技型生产方式的典型特征。同时应当看到，在现代科技型企业中，劳动力资本在价值与使用价值上有其特殊性。由于社会分工与专业化的发展，使从事不同职业的劳动者占有和掌握着具有不同使用价值的精神生产资料，而这些从事不同职业的劳动者恰恰正是作为这些精神生产资料的活的载体而存在，从而承担着不同类型的经济职能。从这个意义上来说，劳动者对这部分精神生产资料的使用与在生产过程对物质生产资料的使用并没有什么不同，它们都是作为经济学意义上的固定资本被并入实际生产过程的，当然，这只是从使用价值角度来讲的。而从价值的转移角度来看，作为劳动力资本的精神生产资料在劳动过程中被使用的同时，和物质生产资料一样，也必然伴随着价值的转移。但是，由于精神生产资料与物质生产资料相比较，其价值与使用价值都表现出某些特殊性，从而使作为劳动力资本的精神生产资料在向劳动产品转移价值的过程中也具有某些特殊性。可以说，劳动力资本之价值和使用价值的特殊性是劳动力资本的重要经济学特征。[①]

---

　①　刘冠军、任洲鸿：《现代科技劳动价值论与社会主义市场经济条件下的劳动力资本化研究》，中国经济出版社 2010 年版，第 25—29 页。

而具体到现代科技型企业的整个生产劳动过程，他已经展现为从"不在场的"科学人员的科学劳动→"准在场的"技术人员通过应用理论科学成果进行的技术劳动→"在场的"生产工人与科技成果物化的生产设施结合进行的生产劳动；相应地，在价值生产和增殖的价值链维度上，依次展现为：从"不在场的"科学人员与科学生产资料结合，通过"科学劳动"进行价值创造和价值转移的过程，形成了科学价值生产和价值累加的"价值子链"→"准在场的"技术人员与技术生产资料结合，通过"技术劳动"进行价值创造和价值转移的过程，形成了技术价值生产和价值增殖的"价值子链"→"在场的"生产工人与物质生产资料结合，通过"生产劳动"进行价值创造和价值转移过程，这也就是传统理论所分析的企业生产劳动进行价值创造和转移的过程，它形成了产品价值生产和价值增殖的"价值子链"。这三条"价值子链"所代表的，已经不再仅仅是现代科技型企业中三个环节上作为劳动力商品的劳动者与物质资本即物质生产资料"即硬件生产资料或软性生产资料"相结合的劳动创造价值的过程——这只是表象层面的劳动创造价值和实现价值增殖的过程，也就是科学劳动创造价值、技术劳动创造价值和生产劳动创造价值进而实现价值增殖的过程；而其所代表的是，现代科技型企业三个环节上作为劳动力资本的劳动者（即占有和掌握以科学知识、技术技能、信息资源等为主要内容的精神生产资料并使之与自身的劳动力相结合和一体化发展的劳动者），与作为劳动力资本的软件生产资料或软性生产资料（即能够与作为劳动力资本的劳动者相结合并一体化发展的以科学知识、技术技能、信息资源等为主要内容的精神生产资料）相结合的劳动创造价值的过程——这是实质层面的劳动创造价值和实现价值增殖的过程，也就是"科学价值库"中的价值生产和价值累加、"科学价值库"的第一步价值孵化、"科学价值库"的第二步价值孵化的过程。

伴随着现代科技型生产方式的发展，科技型企业的价值生产和增殖也从表象层面的劳动创造价值和实现价值增殖的过程，逐步让渡到实质层面的劳动创造价值和实现价值增殖的过程。伴随着这一让渡的进程，现代科技型企业的剩余价值生产，也在绝对剩余价值趋向终结的基础上，呈现出从个别科技型企业的超额剩余价值生产→一般科技型企业的相对剩余价值生产→高端科技型企业的"无人化"剩余价值生产的发展态势。而当高端科技型企业的"无人化"剩余价值生产成为主流的剩余价值生产方法时，也就意味着现代科技型企业在实质层面的劳动创造价值和实现价值增殖的过程，逐渐从"生产者的背后"转到了"生产者的台前"，成为人们"看得见"的剩余价值生产的主要方法；进而说明现代科技型企业三个环节上作为劳动力资本的劳动者与作为劳动力资本的软件生产资料或软性生产资料相结合的劳动创造价值和实现价值增殖的过程，成为现代科技型生产方式下剩余价值生产的发展趋势，因此劳动力资本化也就显得特别重要和突出。此时，马克思的"资本—劳动"二元对立的总框架，演变为"资本—劳动"二元统一的总框架。在此总框架下，当社会主义市场经济条件下的科技型企业越来越采用"无人化"剩余价值生产创造利润时，也应当将原来意义上作为劳动力商品的"职工"提升为作为劳动力资本的"职工"。也正是在此意义上，在社会主义市场经济条件下，要加大力度推进科技劳动力资本化进程，提升劳动者的科学知识、技术技能等价值创造的能力，为实现"共同富裕"这一目标提供劳动者主体保障。

五、探索推进科技型生产方式下"双重"所有制结构及相关经济社会制度变革

在新科技革命和新工业革命即将破晓之际，世界性的"科技—经济"一体化发展进程必将进入一个新的发展阶段。与此相适应，在全面深化改革、推进社会主义市场经济发展的进程中，要想做到推动科技型生产方式下"资本—劳动"关系的转型升级、推进科技型企业向高端发展并提升其"无人化"剩余价值生产的能力、推进科技劳动力资本化进程并提升劳动者的科学知识、技术技能等价值创造的能力，还必须运用现代马克思主义"科技—经济"理论，积极探索推进科技型生产方式下"双重"所有制结构变革以及相应的产权制度、分配制度、企业制度等的改革，从理论和实践层面进行相关制度体制的创新性设计，为构建社会主义市场经济条件下的和谐劳动关系提供制度保障。

（一）探索推进科技型生产方式下的"双重"所有制结构变革和劳动者"个人所有制"的重建

在这些制度体系的创新性设计方面，最重要和最关键的是在社会主义市

场经济条件下，积极探索推进科技型生产方式下"双重"所有制结构变革。这是因为，第三次科技革命和工业革命已经将科技与经济紧密地结合在一起，世界各国基本上都踏上了"科技—经济"一体化的进程，即将来临的新科技革命和新工业革命必将这一进程推向一个新的阶段，科技型生产方式必将进入到具有自动化、智能化和"无人化"基本特征的高端阶段，此时的科技第一生产力的经济功能必将更加突出地展现出来。在此情况下，作为基本经济制度的所有制结构必将在现代科技型生产方式发展的基础上进入更深入的变革进程，否则就难以与这一生产方式相适应。在社会主义市场经济条件下，这一变革将越来越表现为与现代科技型生产方式相适应的物质生产资料和精神生产资料的"双重"所有制结构变革。

根据"科技第一生产力"分析范式以及在此基础上构建的现代马克思主义"科技—经济"理论，在现代科技型生产方式下作为商品的产品，已不仅是物质生产的产品，而且也包括技术劳动创造的技术产品和科学劳动创造的科学产品，而科学产品即科学成果在相当高的程度上是属于精神产品；与此相适应，创造价值的劳动，也不仅是物质生产领域的物质生产劳动，而且包括技术劳动和科学劳动，而科学劳动尤其是从事基础理论研究的科学劳动，在相当高的程度上属于精神生产的范畴，即便是技术劳动尤其是从事技术原理、技术工艺、技术理论等技术科学的研究的技术劳动，也在一定程度上属于精神劳动的范畴。在这样的情况下，现代科技型企业整个生产劳动过程中的劳动者既包括传统意义上的生产工人，也包括现代科技型企业"准在场的"技术人员和"不在场的"科学人员，这些科技人员作为现代科技型企业价值生产和剩余价值生产的劳动者，他们所使用的生产资料既包括传统意义上的物质生产资料即硬件或硬性生产资料——这属于物质资本范畴，也包括软件或软性生产资料——这属于精神生产资料即精神资本的范畴。即便是现代科技型企业"在场的"生产工人所使用的生产资料也不仅是物质生产资料即物质资本，也包括软性生产资料即精神资本。在马克思政治经济学的视域中，生产资料与劳动者的劳动力是人类社会生产的一般生产条件，任何现实的社会生产都是二者相结合的结果，正是二者相互结合的具体方式使人类社会生产的一般生产条件被纳入不同的社会生产关系之中并获得了不同的经济学意义，从而表现为不同的经济范畴。由于在马克思政治经济学中，物质生产方式下的生产资料主要是物质生产资料，与此相适应的所有制结构主要是物质生产资料的所有制结构；而在现代科技型生产方式下的生产资料，则变为两种类型即物质生产资料和精神生产资料，他们都是现代科技型企业中劳动者与之结合的生产资料，因而与此相适应的生产资料所有制结构也应当是"双重"的结构——物质生产资料所有制结构和精神生产资料所有制结构。因此，现代科技型生产方式下的所有制结构变革，应当是这样"双重"的所有制结构变革。

社会主义市场经济条件下的这种"双重"所有制结构变革，实质上也就是马克思所设想的在未来社会要"重建个人所有制"与"社会所有制"变革的有机结合。一方面，马克思设想要重建劳动者的个人所有制，他指出："从资本主义生产方式产生的资本主义占有方式，从而资本主义的私有制，是对个人的、以自己劳动为基础的私有制的第一个否定。但资本主义生产由于自然过程的必然性，造成了对自身的否定。这是否定的否定。这种否定不是重新建立私有制，而是在资本主义时代的成就的基础上，也就是说，在协作和对土地及靠劳动本身生产的生产资料的共同占有的基础上，重新建立个人所有制。"① 这也就是说，这种重建个人所有制在资本主义物质生产方式下是不可能的，它必须建立在资本主义物质生产方式时代的成就基础上，或者说建立"在协作和对土地及靠劳动本身生产的生产资料的共同占有的基础上"，这一基础，一是广泛"协作"，不仅是资本主义物质生产方式下的物质生产领域的协作，还要在超出物质生产领域基础上的物质生产与精神生产相统一的更大领域的协作，现代科技型生产方式实现了这一协作，即物质生产劳动、技术生产劳动和科学生产劳动的协作，这一基础，二是对靠劳动本身生产的生产资料的共同占有，而这种共同占有靠劳动本身生产的生产资料在物质生产方式下是难以做到的，而在科技型生产方式下却有了可能，因为劳动者在不能占用靠劳动生产的物质生产资料时，却能够占有靠劳动生产的精神生产资料。因此，在科技型生产方式下重建劳动者的个人所有制是可能的。另一方面，马克思设想要进行社会所有制变革，他指出："以个人自己劳动为基础的分散的私有制转化为资本主义私有制，同事实上已经

---

① [德] 马克思：《资本论》第 1 卷，人民出版社 2004 年版，第 874 页。

以社会的生产经营为基础的资本主义所有制转化为社会所有制比较起来，自然是一个长久得多、艰苦得多、困难得多的过程。"而马克思在此讲的资本主义私有制与社会所有制应当都是物质生产资料的所有制，在物质生产方式下前者向后者的转化只能是靠"前者是少数掠夺者剥夺人民群众，后者是人民群众剥夺少数掠夺者"① 的方式才有可能，但在现代科技社会型生产方式则有了另外的方式，表现在对精神生产资料的占有上，资本者和劳动者不采取这种"剥夺"方式的情况下一样可以同时占有。在这里，马克思所讲的"重建个人所有制"与"社会所有制"变革，在现代科技型生产方式下有了有机结合的现实基础。

从中国的社会主义所有制变革进程看，新中国成立之后逐步建立起来的是社会主义公有制，并在此基础上建立起高度集中的社会主义计划经济体制。即便如此，理论界也存在着劳动者个人所有制的观点，尤其是表现在对劳动者的劳动力所有制问题上存在这种观点，如艾思奇先生于 1958 年就提出了社会主义社会中的劳动力所有制问题，他认为在社会主义社会中，"按照自己所供给的劳动来取得相应的报酬的这种等价交换权利，仍然是一种资产阶级式的法权。因为这里虽然没有生产资料的私有，但个人的劳动力在实际上仍被承认为私有。由于这样的私有权利，人们才可能按照自己的劳动向社会要求相应的报酬。这样的权利的存在，在社会主义社会中是不可避免的，甚至在一定时期是有相当的积极意义的。"② 此后不久，国内许多学者相继参与到关于社会主义社会中的劳动力所有制问题的研究与讨论中来，形成了两种不同的学术观点③：一是社会主义社会中的劳动力所有制应当是公有制，因为"社会主义社会是由劳动人民组成的社会，是他们自己的社会。在这个社会内，生产资料（物力）固然是他们所公有的财产，就是附在他们身上的劳动力（人力）也是他们公有的财产，都是生产社会及其成员所需要的物质资料的公共生产力……假使社会成员只承认生产资料公有制，而

---

① ［德］马克思：《资本论》第 1 卷，人民出版社 2004 年版，第 874 页。
② 艾思奇：《努力研究社会主义社会的矛盾规律》，《哲学研究》1958 年第 7 期。
③ 参见刘冠军、任洲鸿：《现代科技劳动价值论与社会主义市场经济条件下的劳动力资本化研究》，中国经济出版社 2010 年版，第 115 页。

不承认劳动力的公有制，那么这样的生产关系就还是半截头的社会主义生产关系"①。二是社会主义社会中的劳动力所有制应当是劳动者的个人所有制，持此观点的学者认为："劳动力本人私有制和生产资料社会主义公有制相结合才构成了社会主义生产方式的基础；劳动力本人私有制和生产资料公有制之间的矛盾形成为社会主义生产方式的基础内含的最主要的矛盾"②，社会主义社会中的生产资料公有制与劳动力个人所有制，是社会主义社会最基本的生产关系。

改革开放以来，伴随从社会主义计划经济体制到中国特色社会主义市场经济体制的变革，传统计划经济体制下的所有制结构不断向与社会主义市场经济体制相适应的所有制结构转轨，形成了以公有制为主体、多种所有制经济共同发展的中国特色社会主义基本经济制度，并且当代中国的这一所有制结构正在伴随着生产方式从物质生产方式向科技型生产方式转变而发生着深刻的变革。一方面，伴随着科技型生产方式的发展，生产资料从物质生产资料拓展到以图书情报信息资料为载体的精神生产资料，这必然导致生产资料的"双重"所有制结构的变革，表现在物质生产资料所有制结构上，形成的是公有制为主体、多种所有制经济共同发展的结构方式；而表现在精神生产资料所有制结构上，由精神生产资料的载体形式所决定，必将呈现不同于物质生产资料所有制结构方式的全新的结构方式。另一方面，伴随着科技型生产方式的发展，劳动者主体也从传统意义上的生产工人拓展到以技术人员和科学人员，在此基础的劳动力从商品形态即劳动力商品发展到资本形态即劳动力资本，这也必然导致劳动力的"双重"所有制结构的变革，表现在劳动力商品层面的所有制结构上，形成的是以劳动力归劳动者个人所有的私有制形式为主体、辅之以可能意义上的劳动力归社会所有的公有制的结构方式，也就是说像国有企业的政府派去任职的高层管理人员，如国有企业的党委、纪委、宣传等部门的管理人员，他们作为国有企业的"职工"，其劳动力可能是归社会公有的，除此之外很难说是公有；而表现在劳动力资本层面的所有制结构上，必将呈现为劳动力的个人所有制结构即个人私有制结构。

---

① 骆耕漠：《关于生产关系的几个理论问题的研究》，《光明日报》1962 年 1 月 23 日。
② 于伍：《试论社会主义社会的劳动力所有制形式》，《新建设》1962 年第 6 期。

（二）探索推进科技型生产方式下与"双重"所有制结构变革相适应的其他经济社会制度的变革

综上所述，在社会主义市场经济条件下，科技型生产方式下的生产资料呈现出复杂多样的表现形式，既有传统意义上的物质生产资料，也有图书情报信息资料形式的精神生产资料，还有介于二者之间兼有物质生产资料和精神生产资料属性的以软件或软性形式出现的科技生产资料，与此相适应的生产资料所有制结构也就呈现出"双重"的复杂结构。这种复杂的所有制结构，正如马克思以深邃的历史眼光所指出的，它作为"经济范畴只不过是生产的社会关系的理论表现……社会关系和生产力密切相连。随着新生产力的获得，人们改变自己的生产方式，随着生产方式即谋生的方式的改变，人们也就会改变自己的一切社会关系。手推磨产生的是封建主的社会，蒸汽磨产生的是工业资本家的社会"①，而科学技术是第一生产力基础上的科技型生产的必定是社会主义市场经济条件下资本和劳动力资本并存的社会，是生产资料所有制呈现"双重"的复杂结构的社会。当然，还应看到，这一复杂的所有制结构在现实的社会经济运行中如何转变为制度安排，需要在实践基础上加以创新性地探索并进行相应的变革；而这一"双重"所有制结构的变革，必然导致与此相关联的其他经济社会制度和经济社会体制的变革，这样需要在社会主义市场经济发展的实践基础上加以探索。

首先应当探索推进的是，与科技型生产方式下"双重"所有制结构变革相应的产权制度特别是劳动力资本的产权制度的变革。在现代市场经济社会中，产权是所有制的核心，健全和完善现代产权制度是社会主义市场经济改革的一大目标。但在现代科技型生产方式下，产权问题变得复杂化，因为这种生产方式下的产权不仅是传统意义上的财产权即对财产的权利，而且拓展到劳动产权，有学者将其规定为以劳动作为价值尺度和价值实体的社会财产的所有权、占有权、使用权和收益权②，这实质上是财产权的一种细化；同时，这种生产方式下的产权也不仅表现为知识产权，而且已经拓展到劳动力产权特别是劳动力资本产权——因为在科技型生产方式的现代市场经济社

---

① 《马克思恩格斯文集》第1卷，人民出版社2009年版，第602页。
② 李惠斌：《企业劳动产权概论》，中央编译出版社2006年版，第30页。

会中，劳动者的劳动力不仅以商品的形式呈现为劳动力商品，而且更加重要的是以资本的形式呈现为劳动力资本。而深入劳动力资本的各层次，不仅出现了一般生产劳动者的劳动力资本产权，而且出现了科技劳动者的科技劳动力资本产权（包括技术劳动力资本产权和科学劳动力资本产权）。如果说劳动者的劳动力作为商品是与资本相对应的范畴，还不具有劳动力产权问题——此时人们探讨的主要是劳动产权即关于劳动力使用的产权，那么劳动者的劳动力作为资本则具有不同的产权构成与特征。而劳动力资本的产权问题，使产权问题变得格外复杂，对此已从理论上对劳动力资本的所有权、占有权、使用权和收益权等进行了探讨，譬如，对劳动力资本的所有权来说，在社会主义市场经济条件下应当遵循"谁投资，谁所有"的经济原则，若是政府投资教育培训而获得劳动力资本，其所有权应当归政府所有；若是企业投资教育培训而获得劳动力资本，其所有权应当归企业所有；若是家庭投资教育培训而获得劳动力资本，其所有权应当归家庭所有；若是个人投资教育培训而获得劳动力资本，其所有权应当归个人所有。再如，对劳动力资本的占有权来说，以科学知识、技术技能和信息储备为主要内容的精神生产资料本身就是劳动者的脑力劳动的结晶，它在产生之初就自然地与作为劳动主体的劳动者结合在一起，因此，作为劳动力资本的生理载体的劳动者对劳动力资本享有天然的占有权。在社会主义市场经济条件下，劳动力资本与劳动者的这种天然结合，决定了劳动者对劳动力资本享有唯一的占有权等。① 对劳动力资本的所有权和占有权等的探讨，主要还是在理论上进行的，在社会主义市场经济的现实运行中尽管这些权利都存在着，但真正使劳动者的劳动力资本在其投资主体上加以实现，还需要在实践基础上进行创新性的制度设计。

其次应当探索推进的是，与科技型生产方式下"双重"所有制结构和产权制度相适应的分配制度变革。马克思主义经典作家对未来社会的分配关系提出了很多的设想，但在现实的社会主义社会中，如何分配仍是一个颇为重大的问题。随着我国社会主义市场经济的完善，以按劳分配为主体、多种

---

① 参见刘冠军、任洲鸿：《现代科技劳动价值论与社会主义市场经济条件下的劳动力资本化研究》，中国经济出版社 2010 年版，第 28—29 页。

分配方式并存的分配制度逐步确立，通过健全劳动、资本、技术、管理等各种生产要素按贡献参与分配的制度不断完善。这种分配制度也可以概括为按劳分配为主体与按生产要素分配相结合的分配制度。而这一分配制度的具体实现形式与所应当包括的经济内容，在现实性上进一步探讨，因为在社会主义市场经济条件下，现代科技生产方式下的"双重"所有制结构变革与劳动力资本产权制度的探讨都直接地对这一分配制度的具体实现形式和经济内容产生决定性的影响。尤其在现代科技型生产方式下价值生产和增殖的劳动从原来的物质生产领域拓展到技术生产领域和科技生产领域之后，现代科技型企业价值生产不仅在表象层面表现为"生产者"价值的创造和价值转移，而且在实质层面表现为"科学价值库"的价值生产和增殖及其复杂的孵化过程，社会总产品的价值来源从原来的生产劳动向技术劳动和科学劳动推移，科学人员从事的基础理论研究的劳动成为了现代剩余价值生产的第一来源，不管是个别科技型企业的超额剩余价值生产、一般科技型企业的相对剩余价值生产，还是高端科技型企业的"无人化"剩余价值生产，其价值来源主要是看似"不在企业现场的"科学人员的劳动。但仅靠价值规律、剩余价值生产规律、价格机制和竞争机制等现行市场规则，科学人员创造的价值和剩余价值是难以直接呈现出来，在此现实面前，社会主义市场经济条件下的分配方式的设计必须科学而合理，必须通过二次分配、三次分配等渠道实现再分配。着眼于当下，对基础科学研究的科研经费管理，在各支出项设计上必须对科学劳动者的劳动力资本商品之价值和劳动力资本投资之回报有所体现，绝对杜绝让主持基础理论研究项目的科学劳动者为了经费报销而无谓地花费劳动。只有如此，才能体现社会主义市场经济条件下科学劳动的社会性质。

最后，还应当探索推进与上述制度变革相适应的现代企业制度变革和现代市场体系的健全。因为社会主义市场经济条件下的现代企业已经基本成为科技企业和科技化企业，这些科技型企业的生产方式已经与原来意义上的物质生产方式有着根本性的不同，体现在"资本—劳动"的结合方式上，已经从物质生产方式下单纯的物质生产资料与生产劳动即雇佣劳动的结合，发展到了多维度、网络化的系统结合方式，不仅表现为物质生产资料与生产工人的劳动力的结合，即物质资本与雇佣劳动的结合，而且也表现为物质生产资料与技术劳动力、科学劳动力的结合，更为重要的是还表现为软件或软性生活资料与生产工人的劳动力、技术劳动力和科学劳动力的结合。在劳动力不仅表现为劳动力商品而且也表现为劳动力资本的情况下，科技型生产方式下"资本—劳动"的结合不仅表现为硬件或硬性生产资料、软件或软性生产资料与生产工人的劳动力商品、技术人员的劳动力商品、科学人员的劳动力商品的结合，而且表现为硬件或硬性生产资料、软件或软性生产资料与生产工人的劳动力资本、技术人员的劳动力资本、科学人员的劳动力资本的结合。这两类生产资料与三种劳动力商品以及两类生产资料与三种劳动力资本的结合，构成了现代科技型企业"双层结合"方式。在社会主义市场经济条件下，进行现代企业制度设计和现代市场体系的构建时，应当考虑这种"双层结合"的现代科技型企业生产的特征。只有如此，才能真正建立起社会主义市场经济条件下的现代企业制度——现代科技型企业制度，才能真正健全完善社会主义市场经济条件下的现代市场体系——现代科技型市场体系。只有现代科技型企业制度和科技型市场体系的建立，才能与科技型生产方式相适应，现代科技革命和现代工业革命所蕴藏着的巨大生产力——科技第一生产力，才能在社会主义市场经济条件下按照社会主义基本原则与资本逻辑规则将它解放出来，进而使由"人人有知识、个个有技能"的社会主义劳动者组成的社会主义和谐社会矗立在坚实的社会主义市场经济基础之上。

结　语

沿着马克思"科技—经济"思想逻辑进路对人类解放的探索与展望

　　人类的解放特别是无产者和劳苦大众的解放，是马克思进行理论探索的出发点，也是贯穿马克思一生并为之奋斗的历史使命。当把马克思经典著作中的整体理论作为一个鲜活的生命机体，而深入它的内在生成逻辑与演进机制层面加以考察研究时将会发现，伴随着马克思在理论上探索人类解放的进程，他的"科技—经济"思想伴随其整体理论的生成和演进，而不断地孕育、形成和发展，并构成了马克思整体理论在不同发展阶段上最深邃的理论基质，且以最深层次的分析范式嵌入在马克思整体性的理论体系之中。研究发现，在马克思浩瀚的经典著作中，他的"科技—经济"思想，虽算不上是他的最主要、最具代表性的主体思想，但却是他的最深邃、最具前瞻性的思想洞见；他的"科技—经济"思想，虽然没有单独成篇的系统论著而只是分布于他在各个时期的诸多经典著作中，但却如同镶嵌在这些经典著作字里行间的"珠宝"而闪烁着璀璨的思想光芒。因此，按照逻辑与历史相统一的方法论原则，全面系统地梳理和挖掘嵌入在马克思整体理论内在演进过程中的"科技—经济"思想的逻辑进路，并沿着这一逻辑进路与时俱进地对新时代的中国特色社会主义政治经济学进行探索，对于推动马克思"科技—经济"思想的中国化进程和中国特色、中国气派的马克思主义政治经济学，无疑具有重大的理论价值和现实意义。

一、马克思整体理论内在演进过程中的两条逻辑发展线路与分析范式转换

从马克思对人类解放特别是无产者和劳苦大众解放的整个理论探索进程看，在他的整体理论不断生成和内在演进的过程中，呈现出主、辅相互嵌入且相得益彰的逻辑发展线路：一条是整体理论主体自身演进的逻辑发展主线，主要表现在马克思批判德国古典哲学和英国古典政治经济学以及英法空想社会主义的进程中，从 1844 年前在对象性存在视域对资本主义全方位异化进行批判的早期理论，到 1844 年之后深入物质生产视域对人类社会历史发展规律进行系统研究的唯物史观理论，以及将这一理论作为方法论原则深入人类社会发展的特定历史阶段——资本主义经济社会进行剖析的政治经济学理论。

而与此逻辑发展主线相伴的是更深层次的一条辅线，即嵌入在马克思整体理论之主体内部的分析范式及其在此分析范式基础上"科技—经济"思想的发展线路，呈现为 1844 年之前从对象性存在视域的研究所形成的"科学—技术—工业"分析范式及其在此分析范式基础上形成的"科技—经济"思想，到 1844 年之后深入物质生产视域的研究所形成的"科学—技术—生产力"分析范式以及在此分析范式基础上形成的唯物史观的"科技—经济"思想，再到将此分析方式进行政治经济学创造性转换之后的研究所形成的"生产力中也包括科学"[①] 的分析范式以及在此分析范式基础上形成的政治经济学的"科技—经济"思想。

这两条相辅相成的逻辑发展线路，都是马克思在围绕人类的解放特别是无产阶级的解放进行理论探索的进程中加以展开的。在马克思的整体理论呈现阶段性发展的进程中，这两条逻辑发展线路通过不同阶段的分析范式的转换而有机地结合在一起，进而形成了不同阶段上的整体理论主体和嵌入理论主体的"科技—经济"思想。而在不同阶段上的这些理论主体和嵌入其中的"科技—经济"思想，都包含着马克思对人类解放和无产阶级解放及其实现路径的整体性设计。

---

① 《马克思恩格斯文集》第 8 卷，人民出版社 2009 年版，第 188 页。

二、嵌入马克思整体理论内在演进过程中的"科技—经济"思想及逻辑进路

在马克思整体理论的内在演进过程中，伴随其阶段性发展而呈现的分析范式的转换，依次形成了嵌入其理论主体中的"科技—经济"思想，进而展示为这一思想的逻辑发展进路，具体体现在：

第一，嵌入马克思早期对象性存在批判理论中的"科学—技术—工业"分析范式以及在此基础上的"科技—经济"思想。在《1844 年经济学哲学手稿》以及在此之前的早期经典著作中，马克思为探索人类解放所形成的最主要、最具代表性的理论主体，是对资本主义社会全方位异化进行批判并探索如何实现异化扬弃的理论，人们称之为异化劳动批判理论。而事实上，构成这一理论最深邃的、最根本的概念图式，是对象性存在视域的"科学—技术—工业"分析范式。马克思对资本主义全方位异化的批判和剖析，正是把"科学—技术—工业"作为人的本质力量的对象性存在而展开的。在马克思看来，包括劳动异化在内的资本主义社会的全方位异化，正是由这些对象性存在呈现为资本形态而产生的。此时，作为两条发展线路开端的异化批判理论和"科学—技术—工业"分析范式以及在此分析范式基础上的"科技—经济"思想，由于都是基于人的对象性关系理论和都是从对象性存在视域加以研究，因此呈现出"合二为一"的状态，马克思对人类解放及其实现路径的整体设计，便是实现对象性资本存在的"科学—技术—工业"的异化扬弃，通过对"私有财产即人的自我异化的积极的扬弃"实现"人向自身、也就是向社会的即合乎人性的人的复归"①，通过"科学—技术—工业"作为资本存在的积极扬弃来实现真正意义的自由劳动，通过科技异化的积极扬弃来实现自然科学和人的科学合为"一门科学"②，通过消灭物质生产资料私有制实现社会关系根本变革。

第二，嵌入马克思唯物史观理论探索中的"科学—技术—生产力"分析范式以及在此基础上的"科技—经济"思想。自 1844 年开始，马克思的

---

① 《马克思恩格斯文集》第 1 卷，人民出版社 2009 年版，第 185 页。
② 《马克思恩格斯文集》第 1 卷，人民出版社 2009 年版，第 194 页。

理论探索实现从对象性存在视域向物质生产视域的转向。在此转向之后，马克思站在前所未有的物质生产力高度对人类解放进行理论探索，完成了"两个划分"和"两个归结"：从社会生活的各种领域"划分"出经济领域，从一切社会关系中"划分"出生产关系，并把它当作决定其余一切关系的基本的原始的关系，进而将一切社会关系"归结"于生产关系，将生产关系"归结"于生产力发展的高度，在此基础上创立了崭新的唯物史观理论。在唯物史观理论中，马克思站在物质生产力的高度，将社会形态的演化发展看作一个自然的历史过程，破天荒地揭示了人类社会整体性发展的规律。此时，马克思对人类解放进行了整体性设计，那就是人类社会在经历了原始社会、奴隶社会、封建社会和资本主义社会之后，必然进入共产主义社会；或者说，人类社会在经历了人的依赖关系、人对物的依赖关系阶段之后，必然进入自由人联合体的自由而全面发展阶段。也正是在唯物史观的理论探索中，孕育形成了一个崭新的分析范式即"科学—技术—生产力"分析范式，并在此分析范式基础上，形成了唯物史观中深邃而颇具前瞻性的"科技—经济"思想。当沿着嵌入在马克思唯物史观中的这条逻辑发展线路，在"科学—技术—生产力"分析范式基础上对唯物史观理论进行重新建构，发现他的"科技—经济"思想实质上是一个全新的唯物史观理论体系。物质生产力基础上的唯物史观和嵌入其中的"科学—技术—生产力"分析方式基础上的"科技—经济"思想，作为两条相辅相成的逻辑发展线路由此而全面加以展开。

第三，嵌入马克思政治经济学理论研究中的"生产力中也包括科学"分析范式以及在此基础上的"科技—经济"思想。马克思在唯物史观研究中得以全面展开的两条逻辑发展线路，在其政治经济学研究的进程中则呈现出"收敛"或汇合的状态，因为当马克思将唯物史观理论作为政治经济学研究的方法论原则，对人类社会发展进程中的特定历史阶段——资本主义经济社会进行深入的科学研究时，他发现在资本主义的物质"生产方式以及和它相适应的生产关系和交换关系"① 中，到处都充斥着商品拜物教和货币拜物教，内在地存在着必然导致资本主义自身难以克服且频繁发生的经济危

---

① ［德］马克思：《资本论》第 1 卷，人民出版社 2004 年版，"第一版序言"第 8 页。

机之"痼疾",以《资本论》和政治经济学批判"三大经济学手稿"①为代表的马克思政治经济学经典理论,其内在逻辑体现了从商品出发,到深入价值形式和劳动二重性,再经历货币、资本、资本积累,最终形成资本主义积累一般规律,以及剥夺者被剥夺的过程。

为了对这一过程进行科学的政治经济学分析,马克思将唯物史观中的"科学—技术—生产力"分析范式进行创造性转换,在考察"资本的趋势是赋予生产以科学的性质,而直接劳动则被贬低为只是生产过程的一个要素"这一社会现实时,洞察到了"同价值转化为资本时的情形一样,在资本的进一步发展中……资本是以生产力的一定的现有的历史发展为前提的",在此洞见的基础上形成了物质"生产力中也包括科学"②的分析范式,这实质上是将科学和技术完全纳入"物质生产力"范畴,进而实现了从物质生产视域并站在物质生产力的高度,对以《资本论》和三大经济学手稿为代表作的政治经济学按照其内在逻辑进行理论建构。尽管如此,马克思在对其政治经济学中的基础理论即劳动价值论展开论证时,还是在其中渗透着科技劳动价值论的思想;而当马克思从工场手工业考察转向机器大工业考察时,特别是对机器大工业特有的先进劳动资料即表现为机器、机器体系和自动的机器体系等固定资本进行考察时,还是形成了大量的具有前瞻性的"科技—经济"思想。

值得注意的是,这些前瞻性的"科技—经济"思想,是嵌入在马克思政治经济学主体理论中的,而作为内在逻辑发展主线的一条深层次辅线存在着的,甚至是作为带有假设性质的理论前提而存在于主体理论之中的,如科学是"不费分文"的生产力、科技是改进剩余价值生产方法的关键性条件、科技是相对剩余价值生产不可缺少的前提条件、"只有在劳动共和国里面,科学才能起它的真正的作用"③等思想便是如此。即便如此,马克思还是揭

---

① 三大经济学手稿是指马克思分别于 1857 年第 4 季度到 1858 年 5 月底撰写的《1857—1858 年经济学手稿》或《政治经济学批判(1857—1858 年手稿)》、1861 年 8 月至 1863 年 7 月撰写的《1861—1863 年经济学手稿》或《政治经济学批判(1861—1863 年手稿)》和 1863 年 8 月至 1865 年底撰写的《1863—1865 年经济学手稿》或《政治经济学批判(1863—1865 年手稿)》。
② 《马克思恩格斯文集》第 8 卷,人民出版社 2009 年版,第 188 页。
③ 《马克思恩格斯文集》第 3 卷,人民出版社 2009 年版,第 204 页。

开了商品拜物教、货币拜物教的神秘外衣，探索到了资本主义经济危机的根源，按照理论内在逻辑得出了剥夺者必将被剥夺的科学结论，并对代替资本主义社会的新社会提出的人类得以解放的新制度进行了科学设计，这就是在剥夺者被剥夺之后建立基于公共的生产资料的自由人联合体，在这一联合体中通过"重新建立个人所有制"①　来实现"每个人的自由发展是一切人的自由发展的条件"②。

三、马克思"科技—经济"思想的逻辑进路与中国特色社会主义政治经济学探索

时代的发展客观上要求理论的创新。嵌入在马克思政治经济学主体理论中的逻辑发展辅线，为人们在现代市场经济社会中进行政治经济学创新研究，特别是在新时代历史方位上对市场经济条件下的中国特色社会主义政治经济学的探索提供了逻辑发展进路，留下了进一步发展的"空间"。

第一，中国特色社会主义政治经济学研究面临的重大课题与嵌入马克思政治经济学理论研究中的"科技—经济"思想逻辑发展辅线凸显及分析范式的再转换。在现代市场经济社会中，伴随现代科学革命、技术革命和工业革命的不断推进，科学技术已经成为第一生产力，创新驱动已经成为经济社会发展的第一动力，第一生产力和第一动力推动下的世界范围内的生产方式，实现了从传统的物质生产方式到现代的科技型生产方式的深刻变革；与此同时，伴随着中国特色的科技体制改革和市场经济改革的进程，社会主义市场经济的发展不断地改变着传统市场经济世界体系的内在结构，并使市场经济不断爆发出前所未有的发展活力和潜力。新时代历史条件下的当代中国政府大力倡导和推进实施的科技与经济深度融合发展战略，在实质上是将现代科技型生产方式和社会主义市场经济有机结合，这在全球市场经济发展进程中是一种全新的颇具代表性的经济发展趋势。在现实性上，迫切需要构建中国特色社会主义的政治经济学理论体系，这是摆在当前马克思主义经济理论工作者面前的一个重大课题。

---

① ［德］马克思：《资本论》第 1 卷，人民出版社 2004 年版，第 874 页。
② 《马克思恩格斯文集》第 2 卷，人民出版社 2009 年版，第 53 页。

面对这一重大课题，嵌入在马克思政治经济学主体理论研究中的"科技—经济"思想逻辑发展辅线，现在已经到了将其凸现出来的时候。这是因为，如果说马克思政治经济学是以资本主义市场经济条件下的物质生产方式及与之相适应的生产关系和交换关系所形成的理论体系，那么现在中国特色社会主义政治经济学研究面临的重大课题，应当将其发展为以社会主义市场经济条件下的科技型生产方式及与之相适应的生产关系和交换关系为研究对象的新理论。而其中最为核心的是将马克思对唯物史观中分析范式进行政治经济学创造性转换所形成的"生产力中也包括科学"的分析范式，进行创造性的再转换进而形成"科技第一生产力"分析范式，这是马克思政治经济学理论内在逻辑发展辅线在当代中国特色社会主义政治经济学研究中的"自然展开"，是唯物史观中的"科学—技术—生产力"分析范式在经过两次转换之后在更高层面向唯物史观的复归。

第二，在"科技第一生产力"分析范式基础上对中国特色社会主义政治经济学的基础理论探索。沿着马克思政治经济学研究的逻辑发展进路和嵌入其中的"科技—经济"思想的逻辑发展进路，在"科技第一生产力"分析范式基础上对中国特色社会主义政治经济学进行研究将会发现，马克思政治经济学特别是《资本论》所研究的是资本主义物质"生产方式以及和它相适应的生产关系和交换关系"①，而新时代的中国特色社会主义政治经济学所要研究的是社会主义市场经济条件下的科技型"生产方式以及和它相适应的生产关系和交换关系"。研究对象不同，所使用的分析范式、概念体系或话语体系必然不同。在"科技第一生产力"分析范式基础上对中国特色社会主义政治经济学进行研究，必须将马克思政治经济学经济理论，特别是《资本论》中基于物质生产方式的核心范畴，在现代科技型生产方式基础上进一步拓展，提出与现代科技型生产方式相适应的新的概念体系。具体地讲，基于现代科技型生产方式，马克思政治经济学经典理论中的商品范畴，要从物质性商品拓展到物质性和精神性相统一的科技商品；创造商品价值的生产劳动范畴，要从物质生产劳动拓展到集物质生产和精神生产于一体的科技劳动；生产资料范畴，要从物质生产资料拓展到集物质生产资料和精

---

① ［德］马克思：《资本论》第 1 卷，人民出版社 2004 年版，"第一版序言"第 8 页。

神生产资料于一体的科技生产资料；工人阶级范畴，要从原来不包括科技人员和知识分子在内的狭义的工人阶级拓展到包括科技人员和知识分子在内的广义工人阶级[①]等。

在将马克思政治经济学经济理论的这些范畴基于现代科技型生产方式加以理论拓展的基础上，沿着马克思政治经济学基本原理研究的思路对科技商品的价值和使用价值二因素、科技具体劳动和抽象劳动的二重性、科技私人劳动和社会劳动的双重性等进行具体的分析，并揭示它们之间的辩证关系，进而建构中国特色社会主义政治经济学的基本原理。进一步的研究将会发现，伴随这些基本原理的建构，马克思的劳动价值论必将在传统的物质生产劳动价值论基础上，朝着技术劳动价值论和科学劳动价值论的方向发展。在这一发展的逻辑进路中，必将呈现与科学技术是第一生产力分析范式相适应的逻辑发展主线，这就是以"科学价值库"为核心范畴，伴随着科学劳动、技术劳动和生产劳动不断进行而展开的"科学价值库"的价值累加、价值孵化和价值实现的主线。在此基础上，马克思的剩余价值理论必将与时俱进地加以发展，从马克思基于资本主义物质生产方式的绝对剩余价值生产和相对剩余价值生产，发展为新时代社会主义市场经济条件下基于科技型生产方式的个别科技型企业的超额剩余价值生产、一般科技型企业的相对剩余价值生产和高端科技型企业的"无人化"剩余价值生产。

四、沿着马克思"科技—经济"思想逻辑进路探索展示人类劳动彻底解放的必然性

同时应当看到，伴随科技型生产方式的发展，从个别科技型企业的超额剩余价值生产，到一般科技型企业的相对剩余价值生产，再到高端科技型企业的"无人化"剩余价值生产，呈现出不断地强化的发展趋势，因为伴随着现代科学革命、技术革命和产业革命相互缠绕在一起不断向前推进，新一

[①]　在1988年9月邓小平明确提出"知识分子是工人阶级的一部分"这一科学论断之前，在我国理论界和社会上人们一般不把知识分子看作工人阶级的一部分的，这时的工人阶级范畴主要是指不包括知识分子在内的工人阶级，笔者将其称为狭义的工人阶级。而自邓小平明确提出"知识分子是工人阶级的一部分"之后，我国理论界所讲的工人阶级才把知识分子作为其中的一部分，此时的工人阶级，笔者将其称为广义的工人阶级。如果说，马克思在他那个时代所讲的工人阶级是狭义的工人阶级，而在邓小平明确提出这一科学论断之后，工人阶级就是广义的了。

轮的科学革命、技术革命和产业革命处于即将破晓的"前夜"[①]，正如习近平所指出的，从全球视野和时代脉动的大势来看，"当今世界，新一轮科技革命蓄势待发，物质结构、宇宙演化、生命起源、意识本质等一些重大科学问题的原创性突破正在开辟新前沿新方向，一些重大颠覆性技术创新正在创造新产业新业态，信息技术、生物技术、制造技术、新材料技术、新能源技术广泛渗透到几乎所有领域……产业更新换代不断加快，使社会生产和消费从工业化向自动化、智能化转变"[②]。蓄势待发的新一轮科技革命，正在推动着新一轮的工业革命爆发，有学者甚至将"工业 4.0"称为"即将来袭的第四次工业革命"[③]。而蓄势待发的新一轮科技革命和工业革命交织在一起，呈现为一个以科技为核心的"创新链、产业链、资金链、政策链相互交织、相互支撑"[④] 的系统演进过程，这一系统演进过程"正在重构全球创新版图、重塑全球经济结构"，具体体现在："以人工智能、量子信息、移动通讯、物联网、区块链为代表的新一代信息技术加速突破，以合成生物学、基因编辑、脑科学、再生医学等为代表的生命科学领域孕育新的变革，融合机器人、数字化、新材料的先进制造业技术正在加速推进制造业向智能化、服务化、绿色化转型，以清洁高效可持续为目标的能源技术加速发展将引发全球能源变革，空间和海洋技术正在拓展人类生存发展新疆域"，科学技术从来没有像今天这样深刻影响着社会生产方式发展，"从来没有像今天这样深刻影响着国家前途命运，从来没有像今天这样深刻影响着人民生活福祉"[⑤]。

在此背景下，科技型生产方式将得到进一步的发展和提升，而与之相伴的是将有越来越多的企业转型升级为高端科技型企业，这也就意味着"无人化"剩余价值生产将越来越成为剩余价值生产的主体部分。可以说，这

---

① 中国科学院：《科技革命与中国的现代化：关于中国面向 2050 年科技发展战略的思考》，科学出版社 2009 年版，第 7 页。

② 习近平：《为建设世界科技强国而奋斗——在全国科技创新大会、两院院士大会、中国科协第九次全国代表大会上的讲话》，人民出版社 2016 年版，第 7—8 页。

③ ［德］乌尔里希·森德勒：《工业 4.0：即将来袭的第四次工业革命》，邓敏、李现民译，机械工业出版社 2014 年版。

④ 习近平：《为建设世界科技强国而奋斗——在全国科技创新大会、两院院士大会、中国科协第九次全国代表大会上的讲话》，人民出版社 2016 年版，第 13 页。

⑤ 中共北京市委组织部组编：《全国科技创新中心建设认识与实践》，北京出版社 2019 年版，第 26 页。

正是科技型生产方式发展和社会主义市场经济发展有机结合的目标追求。在社会主义市场经济条件下，伴随着科技革命强力推动的科技型生产方式的发展，若现代科技型企业在将来都发展成为高端科技型企业，那么剩余价值的生产也必将能够达到真正"无人化"的程度，此时的剩余价值生产主要源自"科学价值库"中价值的孵化。若这一天真的到来，那么在"无人化"剩余价值生产的高端科技型企业就成了"科学价值库"的价值孵化器和价值显化器，靠此便能孵化出足以养活"全人类"的价值，人类劳动的解放并且是彻底的劳动解放便能够实现。在此意义上，能够更加深入地理解习近平所指出的以下科学论断的深刻含义："科技是国之利器，国家赖之以强，企业赖之以赢，人民生活赖之以好。中国要强，中国人民生活要好，必须有强大科技。"①

五、社会主义市场经济是通往马克思为人类解放设计的理想社会的必由之路

在上述的意义上，加快创新型国家和世界科技强国建设、实施创新驱动发展战略是大势所趋，推动科技创新与现代化经济体系深度融合的社会主义市场经济也因此而成为通往马克思为人类解放所设计的新制度的必由之路。这是因为，建立自由人联合体的前提是公共的生产资料所有制，这在社会主义市场经济条件下已经成为所有制的主体，而这里的生产资料公有制主要是物质生产资料公有制。而在科技型生产方式下，生产资料不仅是物质生产资料，而且还包括精神生产资料。伴随着科技型生产方式的发展，精神生产资料将会越来越重要。如果说马克思在物质生产方式基础上提出的"重新建立个人所有制"，还主要是重建物质生产资料的个人所有制，那么在现代科技型生产方式基础上，重建个人所有制就不仅是针对物质生产资料而言了，而是更加强调精神生产资料的个人所有制。精神生产资料的个人所有只能通过学习和培训的途径来实现，并且每个劳动者只要通过自身的努力就能够获得或占有精神生产资料，进而成为劳动者自身的劳动力资本。大众创业和万

---

① 习近平：《为建设世界科技强国而奋斗——在全国科技创新大会、两院院士大会、中国科协第九次全国代表大会上的讲话》，人民出版社 2016 年版，第 6 页。

众创新的"双创"战略在一定意义上就是营造一种人人有知识、个个有技能的社会氛围，激励劳动者成为掌握或占有精神生产资料，并发挥其作为精神资本的作用。

这样，通过马克思所设想的重建个人所有制来建立自由人联合体，在社会主义市场经济条件下已经成为人们的行动自觉和政府的战略目标，因此自由人联合体的实现已成为社会主义市场经济自身发展和逻辑延伸的自然而必然的结果，人类的解放在社会主义市场经济发展与科技型生产方式发展有机结合和深度融合的进程中成为人们自然而必然的追求目标。在此意义上，沿着马克思"科技—经济"思想的逻辑发展进路，在"科技第一生产力"分析范式基础上的中国特色社会主义政治经济学探索，揭示了在新时代不断完善的社会主义市场经济是通往马克思为人类解放所设计的理想社会的必由之路。当然，当代中国的社会主义市场经济发展还有许多不完善之处，科技型生产方式发展的程度还不算高，将两方面有机结合的理论和实践还在不断的探索之中，但这些都是可以接续不断探索并加以完善和解决的问题。也正因如此，我们沿着马克思为人类解放而进行理论探索的内在逻辑发展路径，对他的"科技—经济"思想及其发展进行系统研究，构建中国特色的社会主义政治经济学，正是探索社会主义市场经济与现代科技型生产方式深度融合发展的现实需要和理论自觉。

参 考 文 献

一、中　文

［1］［德］马克思：《资本论》第 1—3 卷，人民出版社 2004 年版。

［2］《马克思恩格斯全集》中文第 2 版，人民出版社，第 1 卷 1995 年版、第 2 卷 2005 年版、第 3 卷 2002 年版、第 10 卷 1998 年版、第 11 卷 1995 年版、第 12 卷 1998 年版、第 14 卷 2013 年版、第 16 卷 2007 年版、第 19 卷 2006 年版、第 26 卷 2014 年版、第 30 卷 1995 年版、第 31 卷 1998 年版、第 32 卷 1998 年版、第 33 卷 2004 年版、第 34 卷 2008 年版、第 35 卷 2013 年版、第 44 卷 2001 年版、第 45 卷 2003 年版、第 46 卷 2003 年版、第 47 卷 2004 年版、第 48 卷 2007 年版。

［3］《马克思恩格斯全集》中文第 1 版，人民出版社，第 19 卷 1963 年版、第 46 卷上册 1979 年版、第 46 卷下册 1980 年版、第 47 卷 1979 年版、第 48 卷 1985 年版。

［4］《马克思恩格斯文集》第 1—10 卷，人民出版社 2009 年版。

［5］《马克思恩格斯选集》第 1—4 卷，人民出版社 1995 年版和 2012 年版。

［6］《列宁全集》，人民出版社，第 16 卷 1988 年版、第 26 卷 1990 年版。

［7］《列宁选集》第 1—4 卷，人民出版社 1995 年版和 2012 年版。

［8］［苏］斯大林：《苏联社会主义经济问题》，人民出版社 1961 年版。

［9］《毛泽东文集》，人民出版社，第一至二卷 1993 年版、第三至五卷 1996 年版、第六至八卷 1999 年版。

［10］《毛泽东选集》第一至四卷，人民出版社 1991 年版。

［11］《邓小平文选》，人民出版社，第一至二卷 1994 年版、第三卷 1993 年版。

［12］《邓小平文集》上卷、中卷、下卷，人民出版社 2014 年版。

［13］《江泽民文选》第一至三卷，人民出版社 2006 年版。

［14］江泽民：《论科学技术》，中央文献出版社 2001 年版。

［15］《胡锦涛文集》第一至三卷，人民出版社 2016 年版。

［16］《习近平谈治国理政》，外文出版社 2014 年版。

［17］《习近平谈治国理政》第一卷，外文出版社 2018 年版。

［18］《习近平谈治国理政》第二卷，外文出版社 2017 年版。

［19］习近平：《立足我国国情和我国发展实践　发展当代中国马克思主义政治经济学》，《人民日报》2015 年 11 月 25 日。

［20］习近平：《为建设世界科技强国而奋斗——在全国科技创新大会、两院院士大会、中国科协第九次全国代表大会上的讲话》，《人民日报》2016 年 6 月 1 日。

［21］习近平：《在哲学社会科学工作座谈会上的讲话》，《人民日报》2016 年 5 月 19 日。

［22］《中国共产党第十六次全国代表大会文件汇编》，人民出版社 2002 年版。

［23］《十六大以来重要文献选编》中卷，人民出版社 2006 年版。

［24］《十七大以来重要文献选编》上卷，人民出版社 2009 年版。

［25］本书编写组：《十八大报告辅导读本》，人民出版社 2012 年版。

［26］《中共中央关于全面深化改革若干重大问题的决定》，人民出版社 2013 年版。

［27］《中国共产党第十八届中央委员会第五次全体会议文件汇编》，人民出版社 2015 年版。

［28］《周恩来选集》下卷，人民出版社 1984 年版。

［29］李克强：《政府工作报告——2016 年 3 月 5 日在第十二届全国人

民代表大会第四次会议上》，人民出版社 2016 年版。

［30］中共北京市委组织部组编：《全国科技创新中心建设认识与实践》，北京出版社 2019 年版。

［31］［法］托马斯·皮凯蒂：《21 世纪资本论》，巴曙松、陈剑等译，中信出版社 2014 年版。

［32］［加］莱博维奇：《超越〈资本论〉——马克思的工人阶级政治经济学》，崔秀红译，经济科学出版社 2007 年版。

［33］［美］亨利·埃茨科威兹：《国家创新模式——大学、产业、政府"三螺旋"创新战略》，周春彦译，东方出版社 2014 年版。

［34］［加］凯瑟琳·麦克切尔、文森特·莫斯可：《信息社会的知识劳工》，曹晋、罗真等译，上海译文出版社 2014 年版。

［35］［英］乌苏拉·胡斯：《高科技无产阶级的形成：真实世界里的虚拟工作》，任海龙译，北京大学出版社 2011 年版。

［36］［英］迈克尔·吉本斯、卡米耶·利摩日等：《知识生产的新模式——当代社会科学与研究的动力学》，陈洪捷、沈文钦译，北京大学出版社 2011 年版。

［37］［美］阿特金森、伊泽尔：《创新经济学：全球优势竞争》，王瑞军等译，科学技术文献出版社 2014 年版。

［38］［英］亚当·斯密：《国民财富的性质和原因的研究》上卷，郭大力、王亚南译，商务印书馆 1983 年版。

［39］［英］大卫·李嘉图：《政治经济学及赋税原理》，周洁译，华夏出版社 2005 年版。

［40］《费尔巴哈哲学著作选集》上卷，荣振华等译，商务印书馆 1984 年版。

［41］［英］贝尔纳：《科学的社会功能》，陈体芳译，商务印书馆 1985 年版。

［42］［匈］卢卡奇：《历史与阶级意识》，杜章智等译，商务印书馆 1996 年版。

［43］［美］马尔库赛：《单向度的人——发达工业社会意识形态研究》，张峰、吕世平译，重庆出版社 1988 年版。

［44］［德］哈贝马斯：《作为"意识形态"的技术和科学》，李黎、郭官义译，学林出版社1999年版。

［45］［美］约翰·奈斯比特：《大趋势——改变我们生活的十个方向》，梅艳译，中国社会科学出版社1984年版。

［46］［美］安德鲁·芬伯格：《技术批判理论》，韩连庆等译，北京大学出版社2005年版。

［47］［美］加耳布雷斯：《丰裕社会》，徐世平译，上海人民出版社1965年版。

［48］［比］厄内斯特·曼德尔：《论马克思主义经济学》下册，廉佩直译，商务印书馆1979年版。

［49］［美］熊彼特：《资本主义、社会主义与民主主义》，绛枫译，商务印书馆1979年版。

［50］《新帕尔格雷夫经济学大辞典》，经济科学出版社1992年版。

［51］［美］杰里米·里夫金：《工作的终结——后市场时代的来临》，王寅通译，上海译文出版社1998年版。

［52］［德］乌尔里希·森德勒：《工业4.0：即将来袭的第四次工业革命》，邓敏、李现民译，机械工业出版社2014年版。

［53］《爱因斯坦文集》第1卷，许良英、范岱年编译，商务印书馆1976年版。

［54］《爱因斯坦文集》第3卷，许良英、范岱年编译，商务印书馆1979年版。

［55］［德］爱因斯坦、［波］英费尔德：《物理学的进化》，周肇威译，上海科技出版社1962年版。

［56］［美］莱斯切尔：《认识经济论——知识理论的经济问题》，王晓秦译，江西教育出版社1999年版。

［57］［美］阿尔温·托夫勒：《第三次浪潮》，朱志炎等译，生活·读书·新知三联书店1984年版。

［58］［奥］卡林·诺尔—赛蒂纳：《制造知识：建构主义与科学的与境性》，王善博等译，东方出版社2001年版。

［59］［英］W.C.丹皮儿：《科学史及其与哲学和宗教的关系》，李珩

译，商务印书馆 1997 年版。

[60] [苏] 米哈依洛夫：《科学交流与情报学》，徐新民等译，科技文献出版社 1980 年版。

[61] 经济合作发展组织：《以知识为基础的经济》，朱志焱、薛澜译，机械工业出版社 1997 年版。

[62] 美国信息研究所：《知识经济：21 世纪的信息本质》，王亦楠译，江西教育出版社 1999 年版。

[63] [日] 堺屋太一：《知识价值革命——工业社会的终结和知识价值社会的开始》，金泰相译，东方出版社 1986 年版。

[64] [美] 托马斯·库恩：《哥白尼革命——西方思想发展中的行星天文学》，吴国盛等译，北京大学出版社 2003 年版。

[65] [法] 米歇尔·博德：《资本主义史 1500—1980》，吴艾美等译，东方出版社 1986 年版。

[66] 顾海良：《马克思经济思想的当代视界》，经济科学出版社 2005 年版。

[67] 顾海良、张雷声：《20 世纪国外马克思主义经济思想史》，经济科学出版社 2006 年版。

[68] 顾海良：《马克思主义发展史》，中国人民大学出版社 2009 年版。

[69] 程恩富：《中外马克思主义经济思想简史》，东方出版中心 2011 年版。

[70] 程恩富：《重建中国经济学》，复旦大学出版社 2015 年版。

[71] 程恩富：《经济理论与政策创新》，中国社会科学出版社 2013 年版。

[72] 卫兴华：《走进马克思经济学的殿堂》，中国财政经济出版社 2014 年版。

[73] 林岗：《马克思主义与经济学》，经济科学出版社 2007 年版。

[74] 童鹰：《马克思恩格斯与自然科学》，人民出版社 1982 年版。

[75] 姚开建：《马克思主义经济学说史》，中国人民大学出版社 2010 年版。

[76] 本书编写组：《马克思主义基本原理概论》，高等教育出版社 2015

年版。

[77] 本书编写组：《马克思主义政治经济学概论》，人民出版社、高等教育出版社 2011 年版。

[78] 中国科学院：《科技革命与中国的现代化：关于中国面向 2050 年科技发展战略的思考》，科学出版社 2009 年版。

[79] 李正风：《科学知识生产方式及其演变》，清华大学出版社 2006 年版。

[80] 刘大椿、何立松、刘永谋：《现代科技导论》，中国人民大学出版社 2009 年版。

[81] 王伯鲁：《马克思技术思想纲要》，科学出版社 2009 年版。

[82] 乔瑞金：《马克思技术哲学纲要》，人民出版社 2002 年版。

[83] 宫敬才：《马克思经济哲学研究》，人民出版社 2014 年版。

[84] 钱时惕：《科技经济结合论》，河北科学技术出版社 1992 年版。

[85] 钱时惕：《科技革命的历史、现状与未来》，广东教育出版社 2007 年版。

[86]《全国科技管理干部培训阅读丛书》编委会：《科技创新案例选编》，科学出版社 2014 年版。

[87] 杨荣兰：《中国"硅谷"——来自中关村的前沿报道》，北京邮电大学出版社 2000 年版。

[88] 李惠斌：《企业劳动产权概论》，中央编译出版社 2006 年版。

[89] 杨威理：《西方图书馆史》，商务印书馆 1988 年版。

[90] 吴季松：《知识经济》，北京科学技术出版社 1998 年版。

[91] 冯之浚：《知识经济与中国发展》，中共中央党校出版社 1998 年版。

[92] 陶德言：《知识经济浪潮》，中国城市出版社 1998 年版。

[93] 赵弘、郭继丰：《知识经济呼唤中国》，改革出版社 1998 年版。

[94] 陈则孚：《知识资本——理论、运行和知识产业化》，经济管理出版社 2003 年版。

[95] 卢希悦：《科学技术是创造新价值的巨大源泉》，经济科学出版社 2002 年版。

［96］柳卸林、何郁冰:《从科技投入到产业创新》,科学出版社 2014年版。

［97］陈劲等:《科学、技术与创新政策》,科学出版社 2013 年版。

［98］陈鲁直:《民闲论》,中国经济出版社 2005 年版。

［99］马涛:《经济思想史教程》,复旦大学出版社 2002 年版。

［100］陈孟熙、郭建青:《经济学说史教程》,中国人民大学出版社1999 年版。

［101］宋涛:《政治经济学教程》第六版,中国人民大学出版社 2005年版。

［102］宋健:《现代科学技术基础知识》,科学出版社、中共中央党校出版社 1994 年版。

［103］潘永祥等:《自然科学概述》,北京大学出版社 1986 年版。

［104］林超然:《科学技术学概论》,浙江科学技术出版社 1987 年版。

［105］刘啸霆:《现代科学技术概论》,高等教育出版社 1999 年版。

［106］黄顺基:《自然辩证法概论》,高等教育出版社 2004 年版。

［107］黄顺基:《科技革命影响论》,中国人民大学出版社 1997 年版。

［108］赵红洲:《科学与革命》,中共中央党校出版社 1994 年版。

［109］中国自然辩证法研究会和中国科学院研究生院编:《自然辩证法走进新世纪》,哈尔滨出版社 2002 年版。

［110］魏屹东等:《当代科技革命与马克思主义》,山西科学技术出版社 2003 年版。

［111］何钟秀等:《科学学纲要》,天津科技出版社 1981 年版。

［112］陈筠泉、殷登祥:《新科技革命与社会发展》,科学出版社 2000年版。

［113］陈筠泉、殷登祥:《科技革命与当代社会》,人民出版社 2001年版。

［114］马来平:《科技与社会引论》,人民出版社 2001 年版。

［115］马惠娣:《走向人文关怀的休闲经济》,中国经济出版社 2004年版。

［116］何秉孟:《劳动价值论新论》,社会科学文献出版社 2003 年版。

［117］赵振华：《劳动价值论新论》，上海三联书店 2002 年版。

［118］宋涛：《〈资本论〉辞典》，山东人民出版社 1988 年版。

［119］冯契：《哲学大辞典·马克思主义哲学卷》，上海辞书出版社 1990 年版。

［120］阙维明、张锦智主编：《现代科技管理辞典》，广东高等教育出版社 1986 年版。

［121］杨明刚：《科学技术是第一生产力的理论与实践》，华东化工学院出版社 1992 年版。

［122］北京大学外国哲学史教研室：《十六—十八世纪西欧各国哲学》，商务印书馆 1966 年版。

［123］郭贵春：《语境与后现代科学哲学的发展》，科学出版社 2002 年版。

［124］李宏图、沐涛、王春来、卢海生：《工业文明的兴盛——16—19 世纪的世界史》，华东师范大学出版社 2001 年版。

［125］闵家胤：《进化的多元性》，中国社会科学出版社 1999 年版。

［126］刘冠军、王维先：《科学思维方法论》，山东人民出版社 2000 年版。

［127］刘冠军：《走进新时代的马克思劳动价值论》，中央文献出版社 2008 年版。

［128］刘冠军：《现代科技劳动价值论研究——马克思劳动价值论在现代经济社会与境中的发展》，中国社会科学出版社 2009 年版。

［129］刘冠军、任洲鸿：《现代科技劳动价值论与社会主义市场经济条件下的劳动力资本化研究》，中国经济出版社 2010 年版。

［130］刘冠军：《新编政治经济学教程》，中国人民大学出版社 2011 年版。

［131］刘冠军、刘刚等：《新经济三论——虚拟经济、科技经济和文化经济之区域战略》，中国社会科学出版社 2014 年版。

［132］刘冠军：《学科视域中的思想政治理论课教学研究》，首都经济贸易大学出版社 2015 年版。

［133］刘冠军、任洲鸿：《劳动力资本论（第二版）》，中国经济出版社

2018 年版。

［134］［加］阿兰·弗里曼：《没有马克思经济学的西方马克思主义》，孙寿涛译，《国外理论动态》2010 年第 10 期。

［135］［美］默顿：《科学界的规范结构》，中国人民大学复印报刊资料《科学技术哲学》2000 年第 8 期。

［136］顾海良：《关于"如何认识资本主义发展的历史进程"问题》，《教学与研究》2001 年第 6 期。

［137］赵红洲：《论科研生产关系》，《中国社会科学》1996 年第 1 期。

［138］朱丽兰：《科学技术与社会主义经济》，《求是》1994 年第 13 期。

［139］程恩富：《马克思经济学与经济思维方法》，《学术月刊》1996 年第 10 期。

［140］程恩富、顾钰民：《新的活劳动价值一元论——劳动价值理论的当代拓展》，《当代经济研究》2001 年第 11 期。

［141］马艳、程恩富：《马克思"商品价值量与劳动生产率变动规律"新探——对劳动价值论的一种发展》，《财经研究》2002 年第 10 期。

［142］马艳：《马克思主义经济学假定条件的现代修正及理论创新——基于劳动条件假定的分析》，《学术研究》2007 年第 7 期。

［143］王立胜、郭冠清：《论中国特色社会主义政治经济学理论来源》，《经济学动态》2016 年第 5 期。

［144］胡乐明：《当代西方马克思主义经济理论研究的新取向》，《当代经济研究》2011 年第 9 期。

［145］邰丽华：《西方马克思主义"去经济学化"现象反思》，《当代经济研究》2013 年第 1 期。

［146］邰丽华、栗瑶平：《论马克思主义整体性与莱博维奇"超越"〈资本论〉的逻辑》，《政治经济学评论》2016 年第 5 期。

［147］潘吉星：《革命·科学·友谊——论卡尔·肖莱马致马克思、恩格斯的书信》，《社会科学战线》1983 年第 4 期。

［148］张玉宝：《马克思与进化论——对马克思与达尔文学说关系的重新思考》，《社科纵横》2011 年第 10 期。

［149］魏小萍：《外化、异化与私有财产：并非产生于翻译的概念理解

问题——〈马克思恩格斯全集〉历史考证版 MEGA2 概念背后的理论问题研究》，《哲学动态》2005 年第 8 期。

[150] 冯溪屏：《外化劳动与异化劳动辨析——读马克思〈1844 年经济学哲学手稿〉札记》，《学术交流》2010 年第 3 期。

[151] 陈正权：《劳动扬弃资本》，《集美大学学报（哲学社会科学版)》2002 年第 2 期。

[152] 艾思奇：《努力研究社会主义社会的矛盾规律》，《哲学研究》1958 年第 7 期。

[153] 骆耕漠：《关于生产关系的几个理论问题的研究》，《光明日报》1962 年 1 月 23 日。

[154] 于伍：《试论社会主义社会的劳动力所有制形式》，《新建设》1962 年第 6 期。

[155] 何炼成：《试论社会主义制度下的生产劳动与非生产劳动》，《经济研究》1963 年第 3 期。

[156] 何炼成：《也谈劳动价值论一元论》，《中国社会科学》1994 年第 4 期。

[157] 孙冶方：《生产劳动只能是物质生产的劳动》，《经济学动态》1981 年第 8 期。

[158] 苏星：《劳动价值一元论》，《中国社会科学》1992 年第 6 期。

[159] 邓先宏、傅军胜、毛立言：《对劳动和劳动价值理论几个问题的思考》，《经济研究》2002 年第 5 期。

[160] 卫兴华：《政治经济学研究对象的继承与发展问题》，《生产力研究》2008 年第 2 期。

[161] 卫兴华：《劳动价值论的坚持与发展问题》，《经济纵横》2012 年第 1 期。

[162] 卫兴华：《创新政治经济学研究对象》，《人民日报》2016 年 12 月 21 日。

[163] 罗季荣：《论技术进步与内涵扩大再生产》，《经济研究》1984 年第 12 期。

[164] 王晓东：《技术进步对产业结构和再生产比例的影响》，《中国社

会科学》1985 年第 1 期。

［165］王清杨、李勇：《技术进步和要素增长对经济增长的作用》，《中国社会科学》1992 年第 2 期。

［166］王书森、王树恩、陈士俊：《当代科技进步促进经济增长的内在机制和对策选择》，《自然辩证法研究》1998 年第 9 期。

［167］朱勇、吴易风：《技术进步与经济的内生增长》，《中国社会科学》1999 年第 1 期。

［168］李翠玲为主持人，卫兴华、吴易风、晏智杰、谷书堂、钱伯海、邹东涛、钱津、白暴力和蔡继明为特邀嘉宾：《劳动价值论对话》，《中国特色社会主义研究》2001 年第 6 期。

［169］汤在新：《论科学工作者和经营管理者的收入及其来源》，《中国社会科学》2001 年第 5 期。

［170］程惠芳、陆嘉俊：《知识资本对工业企业全要素生产率影响的实证分析》，《经济研究》2014 年第 5 期。

［171］陈文通：《政治经济学应当格外重视对生产方式的研究》，《经济纵横》2012 年第 3 期。

［172］吴斌：《社会主义政治经济学也应研究生产方式》，《郑州大学学报》1980 年第 1 期。

［173］孟捷、杨志：《技术创新与政治经济学研究对象的拓展》，《当代经济研究》2003 年第 12 期。

［174］孟捷：《技术创新与超额利润的来源》，《中国社会科学》2005 年第 5 期。

［175］胡世祯：《政治经济学研究对象中的生产方式》，《当代经济研究》1999 年第 6 期。

［176］陈招顺、李石泉：《政治经济学的对象是生产方式和生产关系》，《学术月刊》1980 年第 6 期。

［177］孙立冰：《论政治经济学研究对象的创新与发展》，《社会科学辑刊》2014 年第 1 期。

［178］王伯鲁：《马克思技术思想的特点与研究路径》，《科学技术与辩证法》2008 年第 3 期。

［179］王伯鲁：《马克思技术与人性思想解读》，《自然辩证法研究》2009 年第 2 期。

［180］陈水勇：《论马克思扬弃私有财产理论的当前意义》，《科学·经济·社会》2011 年第 4 期。

［181］熊映梧：《经济科学要把生产力的研究放在首位》，《经济科学》1980 年第 2 期。

［182］孙宇、曾长秋：《生产劳动和创造价值的劳动：两个范畴再辨析》，《当代经济研究》2015 年第 9 期。

［183］于光远：《社会主义制度下的生产劳动与非生产劳动》，《中国经济问题》1981 年第 1 期。

［184］谷书堂、柳欣：《新劳动价值一元论》，《中国社会科学》1993 年第 6 期。

［185］李铁映：《关于劳动价值论的读书笔记》，《中国社会科学》2003 年第 1 期。

［186］陈征：《论科学劳动》，《当代经济研究》1996 年第 6 期。

［187］陈征：《再论科学劳动》，《当代经济研究》2001 年第 10 期。

［188］郭铁民、刘春雷、赵振华：《陈征经济学思想述评》，《中国社会科学》1995 年第 5 期。

［189］刘诗白：《论科技创新劳动》，《经济学家》2001 年第 3 期。

［190］杨圣明、张卓元等：《如何深化和发展马克思劳动价值论》，《中国社会科学院研究生院学报》2002 年第 4 期。

［191］郑怡然：《简单劳动是马克思劳动价值论的一个出发点》，《晋阳学刊》1997 年第 2 期。

［192］傅军胜：《全国劳动价值论研讨会综述》，《中国社会科学》1995 年第 5 期。

［193］郑永权、高书生：《劳动价值论研讨会观点综述》，《经济学动态》1995 年第 9 期。

［194］秋石：《大力推进马克思主义中国化、时代化、大众化》，《求是》2009 年第 23 期。

［195］郑文范、温飞：《准确理解和把握科学技术是第一生产力》，《中

国高校社会科学》2015 年第 2 期。

[196] 高策、郭叔芬：《融入区域产业群》，《齐鲁学刊》2003 年第 5 期。

[197] 陈筠泉：《劳动价值与知识价值》，《哲学研究》2001 年第 11 期。

[198] 李啸虎：《知识经济：背景与前景》，《东方经济》1998 年第 1 期。

[199] 孙军凯、李啸虎、蒋慧工：《知识经济：悄悄兴起的浪潮》，《科学学与科学技术管理》1998 年第 4 期。

[200] 吴季松：《高科技、高技术产业化、知识经济的历史与现状》，《人民日报》1998 年 2 月 28 日。

[201] 吴季松：《论"知识经济"》，《光明日报》1998 年 2 月 27 日。

[202] 李庆臻：《论知识经济的预兆、特征和意义》，《文史哲》1998 年第 4 期。

[203] 汪丁丁：《知识沿时间和空间的互补性以及相关的经济学》，《经济研究》1997 年第 6 期。

[204] 黄成献：《现代科技驱动下的信息社会和知识经济》，《中国科学报》1997 年 6 月 23 日。

[205] 杨福家：《谈谈"知识经济"》，《人民日报》1997 年 12 月 19 日。

[206] 冯瑄：《科学技术与知识经济》，《科技日报》1997 年 2 月 13 日。

[207] 赵红光：《在知识经济中学习管理》，《中国科技论坛》1997 年第 6 期。

[208] 何吉成：《知识经济：21 世纪可持续发展的战略抉择》，《科技日报》1998 年 2 月 28 日。

[209] 李现科、石云平：《跨越时空与知识经济时代握手》，《经济论坛》1998 年第 6 期。

[210] 成思危：《知识经济时代与人的休闲方式变革》，《自然辩证法研究》2003 年第 2 期。

[211] 韩庆祥：《知识经济与人的发展》，《光明日报》1998 年 8 月 7 日。

[212] 黄旭东：《马克思主义经典作家的工人阶级理论与当代中国工人阶级的新变化》，《江汉论坛》2009 年第 1 期。

[213] 冯之浚：《完善和发展中国国家创新系统》，《中国软科学》1999 年第 1 期。

［214］冯春安、于革非:《对邓小平"科学技术是第一生产力"论断和马克思劳动价值论研究的综述》,《中国〈资本论〉年刊》2007 年 7 月。

［215］钱学森:《作为尖端科学技术的高能物理》,《高能物理》1978年第 1 期。

［216］徐冠华:《当代科技发展趋势和我国的对策》,《中国软科学》2002 年第 5 期。

［217］钱时惕:《当代科技革命的特点及发展趋势》,《哲学研究》1998年第 7 期。

［218］樊纲:《"苏联范式"批判》,《经济研究》1995 年第 10 期。

［219］杜义飞、李仕明:《产业价值链:价值战略的创新形式》,《科学学研究》2004 年第 5 期。

［220］郭元秀:《外文信息的检索与 EBSCO 数据库》,《新世纪图书馆》2006 年第 4 期。

［221］宋木文:《出版社是出版精神产品的出版企业》,《新华文摘》2001 年第 7 期。

［222］刘杲:《出版社需要引进现代企业制度》,《新华文摘》2001 年第 4 期。

［223］李楠:《马克思剩余价值理论与当代社会》,《马克思主义研究》2003 年第 2 期。

［224］王克迪:《论 e 化劳动》,载孙小礼主编:《现代科学的哲学争论》,北京大学出版社 2003 年版。

［225］王克迪:《在 CPU 和大脑之间——认识一种新的劳动》,载中国自然辩证法研究会和中国科学院研究生院编:《自然辩证法走进新世纪》,哈尔滨出版社 2002 年版。

［226］《科技日报》国际部:《1998 年世界科技发展回顾》,《新华文摘》1999 年第 4 期。

［227］《科技日报》国际部:《1999 年世界科技发展回顾》,《新华文摘》2000 年第 4 期。

［228］《科技日报》国际部:《迈入新世纪再看 2000 年——世界科技发展的回顾》,《新华文摘》2001 年第 4 期。

［229］《科技日报》国际部：《世纪开元　气象更新——2001 年世界科技发展回顾》，《新华文摘》2002 年第 4 期。

［230］《科技日报》国际部：《2002 年世界科技发展回顾》，《新华文摘》2003 年第 3 期。

［231］《科技日报》国际部：《2003 年世界科技发展回顾》，《新华文摘》2004 年第 5 期。

［232］《智慧工厂》编辑部：《自动化技术助力工业 4.0 时代的智能制造》，《智慧工厂》2016 年第 6 期。

［233］衡洁：《无人工厂变得越来越现实了》，《新城乡》2015 年第 6 期。

［234］郭朝晖：《敲开工业 4.0 之门——〈工业 4.0：即将来袭的第四次工业革命〉导读》，《光明日报》2015 年 9 月 15 日。

［235］魏雅华：《无人工厂："中国制造"的下一站——重塑"中国制造"的核心竞争力》，《中国工人》2015 年第 9 期。

［236］侯若石：《质疑现代企业制度理论——与张维迎、厉以宁和吴敬琏商榷》，《社会科学报》2004 年 4 月 22 日。

［237］宋学锋：《复杂性、复杂系统与复杂性科学》，《中国科学基金》2003 年第 5 期。

［238］王芳：《苏联对纳粹德国火箭技术的争夺（1944—1945)》，《自然科学史研究》2013 年第 4 期。

［239］许志平：《电子计算机的诞生和发展》，《数学通报》1995 年第 2 期。

［240］雷蕾：《计算机诞生：密码战推动信息革命》，《文史参考》2012 年第 19 期。

［241］周林东：《培根名言"知识就是力量"三解——兼论弗兰西斯·培根的宗教观对其知识观的影响》，《复旦学报（社会科学版)》2007 年第 5 期。

［242］马来平：《科学发现优先权与科学奖励制度》，《齐鲁学刊》2003 年第 6 期。

［243］黄顺基：《中国科技发展战略问题初探》，《齐鲁学刊》1998 年

第 2 期。

[244] 费洪喜、刘冠军:《从劳动价值论角度看科学技术第一生产力的二重性》,《齐鲁学刊》1994 年第 3 期。

[245] 任洲鸿、刘冠军:《"精神劳动"和"精神产品"的马克思主义经济学解读》,《东岳论丛》2008 年第 5 期。

[246] 何玉霞、刘冠军:《马克思重建个人所有制的再解读——以生产关系的二重性为分析视角》,《社会主义研究》2013 年第 1 期。

[247] 刘冠军:《科技生产关系的发展和特点》,《东岳论丛》1997 年第 4 期。

[248] 刘冠军:《论科技生产力构成的特殊性》,《理论学刊》1997 年第 4 期。

[249] 刘冠军:《论科技生产力和科技生产关系的矛盾及其规律》,《科学技术与辩证法》1999 年第 1 期。

[250] 刘冠军:《论现代管理的"六化"特征》,《天府新论》1998 年第 5 期。

[251] 刘冠军:《全面理解马克思的劳动价值论》,《天津师范大学学报》1998 年第 1 期。

[252] 刘冠军:《论科技价值实体的矛盾二重性》,《自然辩证法研究》1996 年第 1 期。

[253] 刘冠军:《论科技劳动的私人性和社会性的矛盾》,载《中国科协第二届青年学术年会论文集——软科学分册》,中国科学技术出版社 1995 年版。

[254] 刘冠军:《论科技价值实体的矛盾二重性》,《自然辩证法研究》1996 年第 1 期。

[255] 刘冠军:《论马克思"不费分文"的生产力思想》,《自然辩证法研究》1996 年第 8 期。

[256] 刘冠军:《马克思关于自然科学是"不费分文"的生产力的思想》,《发展论坛》1997 年第 12 期。

[257] 刘冠军:《论内在实践和外在实践——从实践视角看两种文明的协调发展》,《天津师范大学学报》1997 年第 3 期。

［258］刘冠军：《两种"不费分文"的生产力在价值增殖中功能的比较研究》，《烟台大学学报》1998 年第 1 期。

［259］刘冠军：《正确认识自然力在价值增殖过程中的作用》，《自然辩证法研究》1998 年第 2 期。

［260］刘冠军、张玉春：《科学技术的异化及其克服：全球性生态环境危机的根源及其解除》，《人文杂志》1998 年第 4 期。

［261］刘冠军：《论"科学价值库"理论的意义》，《自然辩证法研究》1998 年第 9 期。

［262］刘冠军：《论"科学价值库"理论创立的客观必然性》，《自然辩证法研究》1999 年第 7 期。

［263］刘冠军：《现代科技劳动价值论的框架和内涵》，《学术研究》2000 年第 10 期。

［264］刘冠军：《两维视角的统一——关于马克思主义人的本质观的思考》，《自然辩证法研究》2000 年第 4 期。

［265］刘冠军：《准确把握马克思"自然科学是不费分文的生产力"思想的意义》，《吉林大学社会科学学报》2001 年第 2 期。

［266］刘冠军：《运用劳动价值论对科技价值的研究》，《科学学研究》2002 年第 2 期。

［267］刘冠军：《论马克思复杂劳动与价值的关系思想》，《内蒙古社会科学》2002 年第 1 期。

［268］刘冠军、邢润川：《科学价值的"库存"模型和孵化机制研究》，《中国软科学》2004 年第 2 期。

［269］刘冠军、邢润川：《运用马克思劳动价值论解读科学价值》，《哲学研究》2005 年第 4 期。

［270］刘冠军、邢润川：《科技融入经济系统的主要方式及其发展走向》，《自然辩证法研究》2005 年第 6 期。

［271］刘冠军、邢润川：《科学是"魔鬼般的价值库"》，《自然辩证法通讯》2005 年第 3 期。

［272］刘冠军：《马克思劳动价值论的现实解读》，《山东社会科学》2005 年第 5 期。

［273］刘冠军：《马克思劳动价值论研究过程中的三次转向》，《文史哲》2006 年第 6 期。

［274］刘冠军：《价值增殖过程中的自然科学与单纯的自然力》，《东方论坛》2007 年第 4 期。

［275］刘冠军：《价值增殖中的社会科学与社会劳动的自然力》，《齐鲁学刊》2007 年第 6 期。

［276］刘冠军：《现代科技企业价值生产和运行的网络模式》，《科学学研究》2008 年第 1 期。

［277］刘冠军：《科技时代马克思劳动价值论的困境与出路》，《学术界》2008 年第 3 期。

［278］刘冠军：《价值创造视域中科技劳动与生产劳动的融合及其理论意义》，《烟台大学学报》2010 年第 2 期。

［279］刘冠军：《现代科技劳动价值论的"对象域"与劳动力资本化研究》，《东岳论丛》2011 年第 1 期。

［280］刘冠军：《现代科技劳动价值论基础上的劳动力资本化研究——一种马克思主义经济哲学的考察》，《洛阳师范学院学报》2012 年第 9 期。

［281］刘冠军：《是科技价值论还是科技劳动价值论——与郑文范、杨建军就〈科技价值论与劳动价值论的发展〉一文商榷》，《海派经济学》2013 年第 1 期。

［282］刘冠军：《马克思主义：党和人民自信的科学理论》，《福建论坛·人文社会科学版》2014 年第 5 期。

［283］刘冠军：《"物化劳动价值论"厘析——基于现代科技劳动价值论的视角》，《洛阳师范学院学报》2014 年第 3 期。

［284］刘冠军：《剩余价值生产的"三阶段"动态模式构建及"四要素"分析》，《当代经济研究》2015 年第 9 期。

［285］刘冠军、陈晨：《科技型生产方式下剩余价值生产方法的系统考察》，《齐鲁学刊》2019 年第 2 期。

［286］刘冠军、尹振宇：《工业 1.0 到 4.0 演进视角下的劳动者无产阶级属性分析》，《北京行政学院学报》2019 年第 4 期。

二、英　文

［1］ Paul M. Romer, "Endogenous Technological Change", *Journal of Political Economy*, Vol. 98, No. 5, 1990, pp. S71-S102.

［2］ Jeffrey F. Rayport, John J. Sviokla, "Exploiting the Virtual Value Chain", *Harvard Business Review*, Vol. 73, No. 6, 1995, pp. 75-85.

［3］ A. H. Halsey, etc., *Education*, *Economy And Society*, The Free Press of Glencoe, Inc., 1961.

［4］ Lewis D. Johnson, Edwin H. Neave, Bohumir Pazderka, "Knowledge, innovation and share value", *International Journal of Management Reviews*, Vol. 4, Issue 2, 2002, pp. 101-134.

［5］ Edward M. Bergman, Edward J. Feser, "Innovation System Effects on Technological Adoption in a Regional Value Chain", *European Planning Studies*, Vol. 9, No. 5, 2001, pp. 629-648.

［6］ Richard R. Nelson, "Role of Knowledge in Economic Growth", *Science*, Vol. 140, Issue 3566, 1963, pp. 473-474.

［7］ Paul M. Romer, "Increasing Returns and Long-Run Growth", *Journal of Political Economy*, Vol. 94, No. 5, 1986, pp. 1002-1037.

［8］ Attila Havas, "Does Innovation Policy Matter in a Transition Country? The Case of Hungary", *Journal of International Relations and Development*, Vol. 5, No. 4, December 2002, pp. 380-402.

［9］ Carl J. Dahlman, "Technological Change In Industry In Developing Countries: The Main Trends, and the Issues They Pose for Government Policy", *Finance & Development*, January 1989, Vol. 26, No. 2, pp. 13-15.

［10］ Carl Wennerlind, "The Labor Theory of Value and the Strategic Role of Alienation", *Capital & Class*, Vol. 22, No. 2, July 2002, pp. 1-21.

［11］ Charles J. McMillan, "Developing Science-Based Innovation in Canada", *CMA Magazine*, Vol. 64, No. 7, Sep 1990, pp. 10-14.

［12］ David J. Teece, "Capturing Value from Technological Innovation: Integration, Strategic Partnering, and Licensing Decisions", *INTERFACES*, Vol. 18, No. 3, June 1988, pp. 46-61.

[13] Denis Harrisson, Murielle Laberge, "Innovation, Identities and Resistance: The Social Construction of an Innovation Network", *Journal of Management Studies*, Vol. 39, No. 4, June 2002, pp. 497-521.

[14] D. Gauchan, M. Joshi, S. Biggs, "A Strategy for Strengthening Participatory Technology Development in Agricultural and Natural Resources Innovations Systems: the Case of Nepal", *International Journal of Technology Management & Sustainable Development*, Vol. 2, No. 1, 2003, pp. 39-52.

[15] Edward M. Bergman, Edward J. Feser, "Innovation System Effects on Technological Adoption in a Regional Value Chain", *European Planning Studies*, Vol. 9, No. 5, 2001, pp. 629-648.

[16] Finn Valentin, Rasmus Lund Jensen, "Reaping the Fruits of Science: Comparing Exploitations of a Scientific Breakthrough in European Innovation Systems", *Economic Systems Research*, Vol. 14, No. 4, 2002, pp. 363-388.

[17] Gary Hamel, "Opinion Strategy Innovation and the Quest for Value", *Sloan Management Review*, Vol. 39, No. 2, Winter 1998, pp. 7-14.

[18] Georgios Sotirchos, "Automata, Joint Production and the Labour Theory of Value", *Review of Political Economy*, Vol. 14, No. 4, 2002, pp. 531-538.

[19] Hariolf Grupp, "Spillover Effects and the Science Base of Innovations Reconsidered: an Empirical Approach", *Journal of Evolutionary Economics*, Vol. 6, No. 2, February 1996, pp. 175-197.

[20] Heinz D. Kurz, Neri Salvadori, "Burmeister on Sraffa and the labor Theory of value: A Comment", *Journal of Political Economy*, Vol. 95, No. 4, 1987, pp. 870-881.

[21] Henny Romijn, Mike Albu, "Innovation, Networking and proximity: Lessons from Small High Technology Firms in the UK", *Policy Review Section*, Vol. 36, No. 1, 2001, pp. 81-86.

[22] Huw Lloyd-Ellis, "Endogenous Technological Change and Wage Ine-

quality", *The American Economic Review*, Vol. 89, No. 1, March 1999, pp. 47-77.

[23] James Bonar, "The Value of Labor in Relation to Economic Theory", *Quarterly Journal of Economics*, Vol. 5, No. 2, 1995, pp. 137-164.

[24] John Cantwell, Grazia D. Santangelo, "Capitalism, Profits and Innovation in the New Techno-economic Paradigm", *Journal of Evolutionary Economics*, Vol. 10, No. 1, January 2000, pp. 131-157.

[25] Jwan O. Lanjouw, Ariel Pakes, Jonathan Putnam, "How to Count Patents and Value Intellectual Property: The Uses of Patent Renewal and Application Data", *The Journal of Industrial Economics*, Vol. 46, No. 4, Dec 1998, pp. 405-432.

[26] Karel Müller, "Innovation Policy in the Czech Republic: From Laissez Faire to State Activism", *Journal of International Relations and Development*, Vol. 5, No. 4, 2002, pp. 403-426.

[27] Ben Martin, Paul Nightingale, "The Political Economy of Science, Technology and Innovation", Edward Elger Publishing, Cheltenham, UK, 2000.

[28] Maetin Meyer, "Tracing Knowledge Flows in Innovation Systems——An Informetric Perspective on Future Research on Science-based Innovation", *Economy Systems Research*, Vol. 14, No. 4, 2002, pp. 321-344.

[29] Manuel Trajtenberg, "A Penny for Your Quotes: Patent Citations and the Value of Innovations", *The RAND Journal of Economics*, Vol. 21, No. 1, Spring 1990, pp. 172-187.

[30] Naoufel Daghfous, John V. Petrof, Frank Pons, "Value and Adoption of Innovations: a Cross - cultural Study", *Journal of Consumer Marketing*, Vol. 16, NO. 4, 1999, pp. 314-331.

[31] Peter Hines, Nick Rich, etc., "Value Stream Management", *International Journal of Logistics Management*, Volume 9, Number 1, 1998, pp. 25-42.

[32] Raymond V. Gilmartin. "Innovation, Ethics and Core Values: Keys

to Global Success", *Vital Speeches of the Day*, Vol. 65, No. 7, Jan 1999, pp. 209-213.

[33] Richard Blundell, Rachel Griffith, John van Reenen, "Market Share, Market Value and Innovation in a Panel of British Manufacturing Firms", *Review of Economic Studies*, Vol. 66, No. 3, 1999, pp. 529-554.

[34] Richard Normann, Rafael Ramirez, "From Value Chain to Value Constellation: Designing Interactive Strategy", *Harvard Business Review*, Vol. 71, No. 4, 1993, pp. 65-77.

[35] Robert J. Rafalko, "Henry George's Labor Theory of Value: He Saw the Entrepreneurs and Workers as Employers of Capital and Land, and Not the Reverse", *American Journal of Economics and Sociology*, Vol. 48, No. 3, July 1989, pp. 311-320.

[36] Robert M Colton, Gerald G Udell, "The National Science Foundation's Innovation Centers: An Experiment in Training Potential Entrepreneurs and Innovators", *Journal of Small Business Management*, Vol. 14, No. 2, 1976, pp. 11-20.

[37] Samuel Hollander, "Marx and Malthusianism: Marx's Secular Path of Wages", *The American Economic Review*, Vol. 74, No. 1, 1984, pp. 139-151.

[38] Terry Shinn, "The Triple Helix and New Production of Knowledge: Prepackaged Thinking on Science and Technology", *Social Studies of Science*, Vol. 34, No. 4, 2002, pp. 599-614.

[39] Warren J. Samuels, "On the Labor Theory of Value as a Theory of Value: a Note", *Review of Political Economy*, Volume 10, Number 2, 1998, pp. 227-232.

[40] William N. Kaghan, "Invention, Innovation, and Emancipation: Research World and Trajectories of Social Change", *Technology Analysis & Strategic Management*, Vol. 12, No. 3, 2000, pp. 333-347.

[41] Ziqi Liao, Irene Keng-Howe Chew, "The Development of Innovation Manpower for a Knowledge-based Economy: The Singapore Approach", *International Journal of Innovation Management*, Vol. 4, No. 1, March 2000, pp. 123-134.

［42］ Gerald Friedman, "Workers without Employers: Shadow Corporations and the Rise of the Gig Economy", *Review of Keynesian Economics*, Vol. 2, No. 2, 2014, pp. 171-188.

［43］ Kenney Martin, Zysman John, "The Rise of the Platform Economy", *Issues in Science and Technology*, Vol. 32, No. 3, 2016, pp. 61-69.

索　引

A

爱因斯坦　397,401,521,602,609,611,629,
　677,691—693,784,818

安德鲁·尤尔　73

安徒安·孟克列钦　77

按劳分配　282,765,831,832

按生产要素分配　832

B

巴黎公社　67,68

半机械化　432,460

半自动化　432

保罗·罗默　457

贝尔纳　469,540,635,643,697,698

比尔·盖茨　458,478

必然王国　260—262

不变资本　308,324,337,342,343,347,348,
　352—354,358,369,490,558,559,585,
　661,663,664,697,709,711—713,778,
　779,781,784

不等价交换　610,690

"不费分文"的生产力　23,31,113,116,
　118,356,357,359—361,363—369,371,
　373,378,392,491,517,593,652—654,

659,660,668,720,792,838

"不在场的"科学人员　684—688,783,787,
　788,795,798,801,823,824,826

"不在场的"科学生产　769

布阿吉尔贝尔　76—78

部分质变　310,577,632

C

产品间的分工和协作　667

产品内的分工和协作　667

产权制度　292,805,825,830—832

产业化　6,406,426,427,430,435,459,465,
　468—470,482,510,541,547,570,621,
　635,677,678,695,812

超额利润　7,60,340,478,488,712,779,785

超额剩余价值　36,37,340—342,351,355,
　383,478,724—731,734—737,739,753,
　779,785,798

抽象劳动　307,310,312,319,320,326,371,
　556,574,603,604,606,614—617,630—
　638,640,661,667,672,673,689,690,841

创新驱动发展战略　11,14,530,750,806,
　843

创新型国家　7,501,511,530,819,843

D

大工业特有的劳动资料　324，347，369，661—663

"大科技"的矛盾动力系统　441

"大科技"的体系结构　409，439，441

"大科学"管理模式　32，451

大数据时代　435

大卫·李嘉图　76，78，79

单纯的自然力　314，352，358—361，363—368，415，460，470，471，653，658，660，663，665—672，785

德鲁克　456

DNA 的双螺旋结构　298

顶层设计　14，501，514

对象世界　101，102，125，136，141，146，155，159，162，195，196，204

对象性存在　28—30，96，98，100，102，104，110，113，115，117—119，122，125，126，128，130，131，133—137，139，141—146，148—150，152，157，158，167—170，173—175，177，178，190，192，194—196，200，201，204，212，260，836

对象性存在视域　23，114，115，119，121，131—133，135，141，143—145，148—152，212，224，835—837

对象性存在视域的"科技—经济"思想　27—30，42，109，110，114，115，117，119，121，131，135，152，210，212

对象性存在视域的"科学—技术—工业"分析范式　23，29，30，118，131—135，144，145，150—152，476，495，836

对象性关系　20，23，28，29，98，122—124，127，128，130，131，133，137，145—147，158，162，184，189，190，192，196，206，207，836

对象性社会存在　29，100，113，117，118，158，184—186，189，190，199

E

恩格斯的国民经济学批判　27，81

恩格斯科学预言　712

恩格斯所讲的"这门科学的术语的革命"　300

F

发展性研究　387，472

法律意义上的所有制　60

费尔巴哈　66，91，92，96，98，99，104，109，110，114，115，118，122—126，134，146，147，149，155，210，213，214，221，229，245，264，299

分配方式　465，805，818，832

分配关系　279，451，524，831

分配制度　765，825，831，832

冯·诺伊曼　402

孵化机制　705，706，710，714，715，727—729，731，733，739，752，757

孵化机制理论体系　795

孵化结果　37，715，727，728

孵化器　430，705，763，817，843

弗兰西斯·培根　77，151，423

弗朗斯瓦·魁耐　76，78，79

复杂劳动　304—306，309，310，312，322，326，327，370，371，377，385—387，390，464，470，481，543，606，609，610，632，633，649，652，673，737，746，763，785

复杂性科学　387，390，399，408

傅立叶　197

G

概念图式　119，132—134，150，225，229，

264,300,836

高端科技型企业 37,591,728,752,753,755—765,779,785,793,796,799,801,804,805,816—819,842,843

高端科技型企业的高额利润 758

高端科技型企业的生产方式 752

高端科技型企业的剩余价值生产 37,747,752,757,763

高端科技型企业的"无人工厂" 763

高端科技型企业的"无人化"剩余价值生产 38,752,756,757,762,798,799,817—819,824,825,832,841

高级劳动 632,633

高级劳动力 312,322,371

高新科技产业 32,426—430,432—435,449,450,454,464,467,479,482,486,540,544,545,553,635,681,730

高新科技产业地带 429

高新科技产业化 427,449,450

高新科技产业集群 449

高新科技革命 424

高新科技工业园区 32,428—430,432—435

高新科技经济 460,467

个别科技型企业 725,726,728—735,737,778,785

个别科技型企业的超额剩余价值生产 798,799,817,818,824,832,841

个别科技型企业的高额利润 730

个别科技型企业的剩余价值生产 37,728,729

个人所有制 39,100,120,283—286,290—292,295—297,825,827—829,843,844

工场手工业 31,45,46,51,53,54,57,65,73,74,76,77,307—314,319,323,324,327,339,347,362,364,366,367,369—371,383,634,652,661,663,666,745,752,

753,756,789—791,800,813,838

工程科学 409,410,439,460

工业4.0 458,575,727,747—749,757,765,806,842

工业革命 10,15—17,27,43,47—49,51—54,59,63,76,78,80,106,109,117,118,133,135,136,138,141,150,227,263,265,336,376,383,458,465,468,747—749,765,781,796,805,806,814,822,826,833,839,842

工业化 17,49,419,424,497,510,531,554,750,807,842

工业经济 4,31,42,112,116,227,253,374,382—385,419,421,455,460—470,481,495,547,567

工业实验室 32,426,429,430,432—436,444,454,467,540,569,643,679,681,684

工艺学 27,69,73—75,86,225,315,333

公共产品 276,279,543,545,546,642

公有制 281,282,562,575,816,828,829,843

古典政治经济学 27,69,75—81,86,299,617,781,782,784,820,835

雇佣工人 53—55,59,61,113,116,281,316,335,337,378,380—385,390,473,521,575,721—723,738,750,751,753—755,799,809,813,814,817,818

雇佣关系 54

雇佣劳动 58,59,61,63,111,115,118,158,199,202,264,281,305,311,344,384,573,575,577,583,745,753,781,802,803,832

雇佣劳动者 164,284,321,335,383,534,576—578,583

雇佣劳动制度 65

观念的财富 246,247,252

广义的生产关系 278,279

广义的生产力 238,245

广义工人阶级 575,578,581,841

国家创新体系 14,32,430—435,454,455,463,467,501,511,806

国家创新系统 430,431,433,434

国民经济学 27,69,81,82,101,107,154,160,168,171,172,178,180,181,185,191,587,588,590,654,792,793

H

和谐劳动关系 805,818,825

黑格尔 91—93,95,96,98,101—104,107,108,114,118,121—126,134,138,146,147,154—157,188,299

后工业化社会 456

后工业经济 253,435

互联网技术 579

互联网经济 435

"互联网+"经济社会 435

"互联网+"行动计划 419,420

活劳动 8,246,311,325,329—332,334,337,345,346,353,385,478—480,488,489,560,561,563,573,574,577,578,718,727,728,748,750,751,795,810

J

机器大工业 31,43,45,49,51—54,57,60,65,73,74,106,136,149,242,249,256,302,304,307—309,312—319,323—328,332,339,342,347,362,366—368,371,374,376,378,382—385,512,532,635,652,657—659,662,666,669,670,672,674,718,738,744,745,747,748,752—754,756,781,789—791,796,798,800,802,813,818,838

机器大工业的生产方式 323,327,346,368,383,384,668—674,744,745,754,803

"机器—脑力型"劳动系统 310,313,314,316—318,325,326,328,330,371,577—579,632

机器人 17,420,455,456,458,479,530,547,552,718,727,738,748—750,757,807,842

机器体系 43,60,74,141,142,232,238,240—244,249—252,267—269,271,299,302,303,313,317,324,326—332,335,339,343,345—348,352,358,366,367,369,370,372,381,383,522,661—663,666,670,781,838

机械化 49,403,416,432,460,627,747—749

基本经济制度 281,282,287,288,575,816,819,826

基础科学 409,439,511,551,552,770,771,775,806,832

"基础科学—应用科学—工程科学"的有机整体 150

基础性科技劳动 533,569—571,574

基础性科技研究 610,678

基础性研究 569,570,602,630,643,645,649,679,757

基础性研究成果 570,602,650

"基础性研究—开发性研究—发展性研究"的动态系统 150

技术产品 279,287,292,305,554,555,580,648,685,714,716,769,796,801,826

技术产品的研发领域 294,296,297

技术成果 36,168,269,270,339,401,404,407,408,436,470,511,570,643,680—684,688,705—711,713,714,716,731—736,739—744,746,758—761,763,767,769,775,776,778,781,783,784,787

技术成果的价格　706—708,710,711,732,733,742,760

技术成果的价值　706—709,711,732—734,742,743,759—761,768,770,774—776

技术成果的价值构成　36,706,708

技术成果的价值生产　704,705,795,798

技术成果的潜在价值　708—710,713,741,759,775,776,778,779

技术成果的全部价值　708

技术成果的显在价值　36,708,710,713,775,776,778,779

技术成果价值构成的二重性特征　707

技术创新系统　431

技术第一生产力　35,506,508,675,689

技术革命　1,6,10,15—17,27,43,47—54,59,60,73,76,78,80,106,109,117,118,133,135,140,141,150,227,263,265,297,336,374,375,378,383,400,406,416,417,420,425,503,516,806,839,841,842

技术共同体　445

技术化　270,271,396,400,406,408,438,522,621,677

技术价值　708,709,712,713,751,773,776,777,782,783,787,808

技术价值生产　37,770,773,774,776,780,782,824

技术科学　27,69,73—75,86,149,241,379,380,396,406,409,410,438,439,460,678,796,806,814,822,826

技术劳动　35—37,168,227,329,330,347,377,574,675,676,687—689,704—707,714,717,729,746,767—770,774,776,781—783,793,795,798,800,801,803,804,824,826,832,841

技术劳动创造价值论　24,36,393,676,704,713,764,794,795,798,799

技术劳动对象　295—297,519

技术劳动价值论　38,704,764,841

技术劳动力　833

技术劳动力资本产权　831

技术劳动所使用的"软性生产资料"　772,773

技术劳动者　168,291—297,321,519,533,687,765,800

技术劳动者的个人所有制　290,292

技术劳动者的劳动力个人所有制　292

技术劳动者的劳动力所有制　290

技术劳动资料　294,296,297,519

技术人员　6,36,280,305,306,316,329,438,573,579—581,681—685,688,705,706,714,732,745,754,755,765,767—770,773,776,795,829,833

技术人员的劳动力资本　823,833

技术生产关系　295—297

技术生产力　33,227,239,241,330,501,516,518—520,554,795,804

技术生产资料　288,292,294—297,770,775,776,800,824

技术生产资料的所有制　288

技术体制　295—297,443

技术型劳动力资本　823

技术研发的劳动技术组合方式　271—273,275,295—297

技术研发的劳动社会组合方式　275,276,295—297

技术研发的生产方式　277

技术研发的生产力系统　295—297

技术研发的所有制制度　292

技术研发及其成果并入物质生产所形成的生产力　237

价值孵化　24,36,37,704,705,708,709,717,731,739,763,770,773—777,779,

780,782,784,785,795,798,799,817,824,841

价值孵化结果 716

价值规律 9,140,141,433,556,608,609,690,812,813,816,820,832

价值链 2,37,764—770,781,782,786,794,797,808,823,824

价值链网络结构模式 676,782

价值实体链条 788

价值源泉链条 787,788

价值载体链条 788

价值增殖 24,34,35,37,63,305,307,319,335,337,342,343,347,349,354,368—371,373,413,471,558,593,650—654,656,657,661—665,667—676,696,717,727,728,767,770,773,781,783,785,788,797,798,801,803,804,810,822,824,825

价值增殖链条 783,788

简单劳动 83,251,278,304—306,309—312,322,326,329,371,385—387,389,392,464,481,490,517,543,557,587,605—607,632,633,649,652,655

简单性科学 31,374,387,388

交换关系 18,19,42,65,72,117,119,213,279,299,301,303,306,307,333,356,377,384,451,487,494,495,513,514,524—527,536,538,594,596,597,603,608,611,637,717,730,789,791,802,803,808,810,811,813,837,840

交换价值 180,535—538,555,595,596,601,603,604,608,614,634,699

结合工人 315,316,666,687,688

结合劳动 321,567,676,682,686—688

解释功能 410,412

堺屋太一 2,457

经济的科技化 435

经济发展规律 18,294,297,298

经济分析范式 122,131,133

经济基础 6,20,56,62,111,112,118,222,230,237,263,281,282,286,287,292,293,295—299,377,413,516,540,561,833

经济体制 6,14,282,295,297,413,515,812,819,828,829

经济形态特征 31,382—384,462

经济意义上的所有制 60

经济制度 30,57—61,76,80,88,98,157,183,266,281,282,287,288,291—299,575,805,819

经验型的技术 240,407,436

精神产品 245,250,257,279,280,289,359,466,485,520,544,555,562,564,579,586,588—590,826

精神生产 31,240,245,257,258,262,280,288,392,393,474,477,487,493,496,512,520,521,535,826,827,840

精神生产关系 280,289

精神生产领域 254,323,324,371,373,382,388,481,482,688

精神生产资料 24,34,39,257,280,288,289,477,491,494,533,582,583,586,587,589—592,814,822—824,826—831,841,843,844

精神生产资料所有制 289,827,829

精神资本 814,815,826,844

竞争规律 83,350,812,813,816

绝对剩余价值生产 36,59,337,339,343,351,720,727,753,798,799,817,818,841

K

开发性科技劳动 533,570,571,574

科技产品 19,33,35,205,309,323,388,392,427,477,485,486,490,493,534,535,

538—549,552—556,571,598—604,608,
618,631,633—635,642,660,664,665,674
科技产业　419,430,435,436,455,544,547,
548,569,622,635
科技抽象劳动　34,574,613,617,630—632,
636—638,646,650
科技创新　7,11,14—17,407,419—421,
430,431,458,461,462,478,479,482,497,
500,501,506,511,512,529,530,532,541,
552,554,563,564,567,568,606,720,
722—727,806—808,842,843
科技的经济化　435
科技共同体　445
科技化　426,435,449,487,533,565,569—
574,645,646,677—679,737,754—756,
801,832
科技化经济　467
科技化劳动　529,555
科技化生产劳动　569,571,574
科技价值　34,370,486,574,598,602—608,
610—613,617,630—634,636,638,641,
650,661
科技经济　8,18,19,23,25,42,265,419,
454,460,467,482,486,509,548,611
科技经济功能　418,422,425
科技经济社会　435,633,634
科技经济新时代　431
科技经济一体化　432,545
科技具体劳动　34,574,613,617—620,
636—638,646,841
科技劳动的二重性辩证关系原理　34,613,
614
科技劳动价值论　23,118,307—309,312,
313,319,322,323,326—328,332,371,
392,478,481,512,635,657,791,793,803,
838

科技劳动价值思想　320,321,652
科技劳动系统　622,644
科技内部的分工　644
科技融入经济系统的方式　32,418,425,
433—435,455,456
科技商品　19,24,33—35,473,485,486,
493,534,535,544,547,552—556,571—
574,592—594,597—606,611—614,617—
620,630—632,634—638,640—642,644,
646—648,650—652,656,657,659—661,
663—665,667—669,674,675,689,691,
696,800,840,841
科技社会劳动　24,34,638,641,644,646—
650
科技生产　19,24,33,296,318,327,340,
341,380,382,384,385,392,481,482,487,
491,494,496—498,500,501,504,506,
507,509,510,515,517—519,527,534,
542,554,582,583,590—592,602,627,
668,757,792,830,832,841
科技使用价值　34,574,598—605,611—
613,617,618,620,631,636,638,646,648
科技私人劳动　24,34,556,637,638,641,
642,644,646—650,841
科技型劳动方式　534,822
科技型企业的剩余价值生产论　36,717
科技型企业价值生产和增殖的"价值链网络
结构"模式　24,37,393,780,782,783,
785—787
科技型企业"整个生产劳动过程"　36,37,
680,682—686,704,714,751,764—770,
783,786,787
科技型生产劳动　603
科技异化　29,30,118,152,159,165—167,
170,189,204,205,210,373,836
科技与经济的关系　9—11,18,19,22,25,

42,448,464

科技知识　379,380,420,427,430,441,449,
　455,456,460,462,464,468,469,471,482,
　520,532,533,545,622,626,627

科技知识分子　464

科技总劳动　644—646,648

科学成果的估价　609,698

科学成果的价格　701,707,710,732,740,
　741,759,772,773

科学成果的价值　35,276,690,691,697,
　701—703,705—707,709,713,716,734,
　743,761,768,770,772,773

科学成果的价值创造　482,773

科学成果的价值构成　697,706

科学成果的价值累加效应　701—703

科学成果的价值量　703,715,716

科学成果的价值生产　697,702,704,795,
　798

科学成果的价值转移　653,690,691

科学成果的实际价值　707

科学成果作为"价值库"的存在　691,692

科学第一生产力　35,675,689,795,804

科学革命　10,15—17,27,43,47—54,59,
　60,76,78,80,106,109,117,118,133,135,
　141,150,227,253,263,265,297,336,375,
　378,383,396,397,400,406,416,417,420,
　516,693,802,806

科学共同体　445

科学化　270,271,300,408,410,533,678,
　803

科学技术的经济功能　424

科学技术的精神生产资料　288

科学技术的物质生产资料　288

"科学—技术"高度一体化　406,409

"科学—技术—工业"分析范式　28—30,
　109,114,118,119,132,133,135,143—

145,148,150,151,157,158,189,212,260,
　835,836

"科学—技术—生产力"分析范式　23,24,
　29,30,115,119,212,224,226,228—231,
　238,244,245,253,254,257,259,260,262,
　264—266,271—273,275,277,279,281,
　287,288,290—297,299—301,304,306,
　307,329,371,377,381,393,474,477,481,
　492,495,496,504,516—518,522,534,
　554,556,586,594,677,729,737,745,802,
　835—837

"科学—技术—生产力"分析范式的政治经
　济学创造性转换　300

"科学—技术—生产力"分析范式基础上的
　经济发展规律　30,293

"科学—技术—生产力"分析范式基础上的
　经济制度体系　292

"科学—技术—生产力"分析范式基础上的
　生产劳动领域　294

科学技术是生产力　151,424,497—500,
　502,504,505,580

科学价值的累加效应　701,702

"科学价值库"　24,35—37,393,483,611,
　689,690,692—697,701—705,707—710,
　712,714—717,727—729,731,733—737,
　739—744,746,757—759,761,763,770,
　771,773—777,779,780,782—785,795,
　798,817,824,841,843

"科学价值库"的第二步价值"孵化"　710

"科学价值库"的第一步价值"孵化"　705,
　706,710

"科学价值库"的孵化机制理论　795

"科学价值库"的价值　37,692,697,702,
　703,706—710,712—714,717,729,731,
　732,734,737,739—743,756,758—763,
　770,772,773,775—779,782—785,795,

799,817,832,841,843

"科学价值库"的价值"孵化" 704

"科学价值库"的价值"孵化机制" 36,37,704,717

"科学价值库"的价值"孵化机制"模型 36,714

"科学价值库"的价值累加效应 697,701

"科学价值库"的"价值累加效应"模型 36,689,702,703

"科学价值库"的价值生产和价值累加效应 36,689,696

"科学价值库"的价值生产和增殖过程 771

"科学价值库"的价值生产及其价值孵化程度 799,817

"科学价值库"的潜在价值 763,776,779,818

"科学价值库"的数学模型 703

"科学价值库"第二步价值孵化"价值子链" 776

"科学价值库"第一步价值孵化"价值子链" 773

"科学价值库"价值累加的理论 798

"科学价值库"价值增殖的"价值子链" 37,770,771,773,780,782

科学价值生产 37,763,770,771,773,780,782,824

科学价值之特殊 35,690

科学价值之一般 35,690

科学劳动 7,35—37,227,280,307,325,329,330,347,364—366,370,377,477,528,563,566,567,573,574,642,661—663,675,676,681,683,686—693,696—698,701—703,705,757,767—770,773,781,782,793,800,803,804,824,826

科学劳动创造价值论 24,35,36,393,676,689,704,713,729,764,794—796,798,799

科学劳动的技术组合方式 280

科学劳动对象 294,296,519

科学劳动观 566,568

科学劳动价值论 38,616,704,764,841

科学劳动力 833

科学劳动力资本产权 831

科学劳动所创造的剩余价值的总和 697,702,703

科学劳动者 291—296,321,519,533,662,687,765,773,800,832

科学劳动者的个人所有制 290—292

科学劳动者的劳动力个人所有制 292

科学劳动者的劳动力所有制 291

科学劳动资料 294,296,519

科学人员的劳动力资本 833

科学认识论 612,636,646,770

科学认知特征 31,374,387,388

科学生产关系 295,296

科学生产资料 288,292,294—296,533,770,772,773,800,814,824

科学生产资料的所有制 288

科学实现价值增殖的第一定律 651,654,665

科学体制 295,296,443

科学物化 252,669

科学型的管理劳动 533

科学型技术 143,379,433

科学型劳动力资本 823

科学研究的劳动技术组合方式 271—273,275,295,296

科学研究的劳动社会组合方式 275,276,295,296

科学研究的生产方式 277

科学研究的生产力系统 294,296

科学研究的所有制制度 292

科学研究及其成果并入物质生产所形成的

生产力 244

"科学研究—技术研发—产品生产"的有机整体 660

科学原理 143，250—252，270，392，396，400，407，408，436，437，616—618，680，685，698，699，751，765，768

科学知识库 693—695，785

可变资本 337，342，343，352—354，490，558，559，697，709，779

空间技术 16，400，401，404，405，417，420，455，529，547

"库存"的方式 35，690

"库存"模型 703

库恩 132，133，229

"跨时空"特征 676，680，682，686，751，767—770

跨时空性 682，684，685，717

L

劳动报酬 163，282

劳动的技术组合方式 250，267，271—274，277，278，366

劳动的社会力量 671

劳动的社会生产力 225，323，333，335，349，350，362，659，666，667，821

劳动的社会性质 361，373，666，800，832

劳动的社会组合方式 273，274，276—278，367，451

劳动的一般社会力 245，334

劳动的自然条件 671

劳动分工 276，278，631，641，649

劳动共和国 31，371，373，654—656，720，792，838

劳动关系 31，374，378，811，812，815

劳动力产权 292，830，831

劳动力商品 185，291，319，337，575，814，

820—825，829，831，833

劳动力资本 280，575，814，821—825，829—833，843

劳动力资本产权 830，831

劳动力资本的所有权 831

劳动力资本化 25，38，583，805，819，823，825，828，831

劳动形式 256，257，330，464，528，529，531—533，565，566，568，573，687，750

劳动者的个人私有制 283—286

劳动者的个人所有制 283，285—288，290，827，829

劳动者价值创造能力 25，38，819

累加效应 701，703，705，714

理论型的技术 240

历史之谜 30，189，210，211，264

逻辑发展辅线 38，839，840

逻辑发展线路 38，835，837

逻辑发展主线 835，838，841

逻辑机制 159，642，646，647

逻辑建构 490，491

逻辑进路 1，22，23，25，27，28，32，37，38，89，105，107，122，200，393，472，486，489—492，593，594，598，613，614，617，638，641，676，727，736，744—746，758，790，795，808，834，836，841

逻辑起点 24，27，33，88—90，113，472，474—477，483—486，489，490，492，493，535，555，556，593

逻辑思维路径 475，486

逻辑演绎系统 437

逻辑与历史相统一 27，148，150，676，834

M

马克卢普 2，456

马克思"创造价值劳动"范畴 556

马克思的所有制理论　282,287

马克思"工人阶级"范畴　575,581,582

马克思科技经济思想　18

马克思"科技—经济"思想的逻辑进路　839

马克思"科技—经济"思想现代发展和重构
　31—33,473,474,477,483,486,492—494,
　496

马克思科技劳动价值论思想　31,307,323

马克思科技与经济关系思想　17,23

马克思劳动价值论　9,35,307,309—311,
　325, 332, 342, 478—483, 488, 503, 543,
　563,564,593,598,601,651,667,672,673,
　689, 690, 711, 750, 751, 764, 791—796,
　802,803,809,815,820,821

马克思"商品"范畴　534

马克思"生产资料"范畴　582

马克思剩余价值理论　332,479,718,719,
　796—798

马克思"一门科学"思想　210

马克思政治经济学基础理论　478,480,481,
　485, 487, 489—491, 493, 494, 517—519,
　542,555,556,560,563,577,578,582,613,
　638

马克思政治经济学研究对象　33,493,522—
　525,527,534,578

马克思主义政治经济学　10,19,112,116,
　514,515,522,523,578,584,730,738,808,
　834

马克思主义政治经济学基本原理　19

马克思主义政治经济学研究对象　578

矛盾本质观　613

矛盾统一体　187,409,546,598,602,641,
　646—648,650,810

矛盾现象　384,469,474,478,579,729,
　736—739,746,749

矛盾转化　648

N

脑力劳动　240,258,288,312,320,321,323,
　324, 326, 327, 331, 332, 373, 380, 422,
　462—464, 490, 498, 528, 529, 566, 568,
　576,578,579,606,609,641,649,666,738,
　748,831

脑力劳动价值论　327

脑力劳动无产阶级　577,580

脑力劳动者　321,568,576

脑力消耗　313,318,577

脑力支出　309,312,314,326,371,378,385,
　390

内在实践　259

牛顿　48,69,70,77,248,379,388,397,416,
　602,609,611,691—693,784,818

O

欧洲文艺复兴运动　248

P

普通工人　557,606

普通劳动　632,633,642

普通劳动力　312,322,371,607,632

Q

企业产品　36,37,665,680,704—706,709—
　714,716,732,742,758,764,769,773,778,
　779,781,783,785,787,798,800

企业产品价值构成的三重性特征　712

潜在价值　36,708,709,731,732,734—737,
　740—742, 744, 746, 758, 759, 761—763,
　775,783,784,817

全球创新版图　842

全球价值链　768

全球经济结构　842

全球科技竞争　511

全球商品链　767

R

人的对象性存在　23,29,88,89,98—100,
108,114,115,117—119,121—123,128,
130—136,138,139,141,142,145,167,
170,189,195,201,208,212,221,224,227

人的解放　27,28,88—96,100,105—109,
113,114,117,122,131,133,135,140,165,
176,177,186,188,200,203,209,212

人的科学　30,118,140,147—150,166,167,
189,204—211,226,359,377,455,657,
771,836

人的科学技术　440

人的三维本质理论　28,100,144

人的社会的对象性存在　130

人的完全复归　30,118,189,197,203

"人"的属性　34,597,598,602,612

人的自然的对象性存在　128,130

人的自我异化的积极的扬弃　30,118,189—
191,193—197,199—201,203—205,210,
836

人的自由而全面的发展　118,120,262,286

人工智能　11,328,435,579,624,749,756,
842

人化自然　100,628

人化自然界　99,122

人类发展的一般成果　245,334,359

人类解放　27,28,38,39,89—91,94,113,
121,122,133,134,141,165,188,189,260,
834—837,843,844

人类劳动链条　682—685,688,689,767,769

人类历史的基本前提　30,213—216,220,
221,234,262,265

人类史　97,209,210,226,260,360

人力资本　5,11,280,461,821

人力资本素质　463

人与人的关系　170,175,176,219,220,226,
276,287,414,415,523

人与人的新型平等关系　282

人与社会的对象性关系　128,130,131,144,
155

人与社会的关系　28,98—100,105,113,
122,130,144,145,219,366,413—415,637

人与自然的对象性关系　23,107,128,131,
143,152,154

人与自然的关系　28,98—100,105,113,
122,144,145,219,267,377,409,414,415,
637

S

三螺旋结构　298

三螺旋上升的矛盾规律　298

三元并存的"价值实体链条"　788

三元并举的"价值载体链条"　787

三元递进的"价值载体链条"　783

三元叠加的"价值源泉链条"　783

三元连续的"价值增殖链条"　788

三元转换的"价值载体链条"　783

上层建筑　6,20,56,62,98,111,112,118,
222,230,237,263,281,293,295—299,
377,413,516,524,561,586

社会财富　246,289,344,367,422,485,
591—593,599,603,604,611,612,813,
816,822

社会存在　20,97,104,110,127,128,130,
131,136—138,167,222,223,227,230,
236,254,262,264,283,293,410,516,554

社会范围的分工　644

社会分工　239,279,289,320,361,364,422,
602,604,614,615,639,640,644—648,

681,689,765,823

社会化大生产　55,65,286,532,576,658,660,667

社会科学技术　275,277,440,460

社会劳动的自然力　352,359—368,413,415,460,471,653,658—661,663,665—672

社会劳动系统　645

社会内部的分工　315,361,373,666

社会实践　16,24,31,32,49,100,101,106,130,138,144,166,217,225,251,374,378—380,410,539,540,566,589,629,641,649,808,809

社会所有制　827,828

社会意识　20,110,222,223,227,230,254,262,264,281,298,410,516

社会主义生产方式　513,514,527,829

社会主义生产关系　498,829

社会主义市场经济　9,11,14,15,19,38,39,42,253,300,393,485—489,515,517,527,538,572,575,583,590,656,700,712,721,724,765,790,792,805,811—819,822,823,825—833,839—841,843,844

社会总劳动　565,639,644—648,800

生产工人　36,309,311,314,316—318,321,325,326,330,332,380,382,384,478,479,488—491,519,557,558,579,580,582,604,605,681—685,711—713,716,719—722,724—727,730,731,733—739,742—746,748,749,759—763,765,767,769,770,776,778,781,785,801,802,811,823,826,829,832,833

生产工人的劳动力资本　833

生产科技化　435,569

生产劳动创造价值论　24,36,393,676,709,713,729,764,794—796,798,799

生产劳动者　280,290—292,321,379,380,424,449,528,533,577,642,687,688,721,765,801,831

生产劳动者的个人所有制　290,292,293

生产劳动者的劳动力个人所有制　290,292

生产力的构成要素　242—244,250,266—270,274,276,296—299,525

生产力构成要素的劳动技术组合方式　277,296—299

生产力构成要素的劳动社会组合方式　296—299

"生产力中也包括科学"分析范式　31,33,119,302,303,384,837

生产要素　82,86,252,269,350,361,373,425,426,462,463,562,588,590,655,656,664,665,712,725,726,751,792,822,832

生产资料的个人私有制　283

生产资料所有制　58,281—283,287,288,292,523,827,830,843

生产资料所有制的总体系　288

生物技术　17,405,550—552,629,807,842

圣西门　197

剩余价值规律　36,717,718,727,812,813,816

剩余价值理论　12,31,38,111,112,115,117,119,151,265,307,311,312,322,332,356,372,378,382,384,385,387,389,393,478,479,481—483,564,578,617,691,713,717,719,729,731,739,744,746,747,750,751,762,764,781,790—793,796,797,799,802—804,808—811,815,841

剩余价值生产方法　23,31,36,118,337,342,372,652,717,720,752,792,803,817,818,825,838

时空分布　682,685

时空跨度　682,751

时空位差 327,332,682,685,686,751

使用权 287,290—292,830,831

世界观 108,110,115,259,600

世界经济 393,420,454,455,461—463,468,547,724

世界历史 68,110,125,126,144,148,174,177,184,200,201,203,236,237,239,261,420

世界市场 43,55,67,355

世界主题 6,31,42,374—378,481,507—509

收益权 287,290—292,830,831

"手工工具—体力型"劳动系统 310,311,313,577,632

舒尔茨 169

数控机床 456,530,567,738,749,750,757

数控设备 435,458

数字经济 454

"双重"所有制结构 25,38,805,825—827,829—832

私有财产的积极的扬弃 190—193,201,205

私有财产的异化 173,175,176,178,184,193,204

私有财产权 172,173

私有制的生活 178,179,183,184,187,199,204,211

私有制的性质 283

斯图亚特 76,79,308

"虽转移但不减"的"奇异性"特征 691

所有权 55,60,287,290—292,344,345,372,830,831

T

体力劳动 240,258,309—312,320,321,331,347,378,380,422,463,464,481,490,528,529,566,568,576—579,605,606,641,649,670,738,748

体力劳动价值论 309—312,319,323,327

托马斯·皮凯蒂 718—720,790

W

外化 29,101,123,125—128,136—140,145,146,148,150,152—158,170—178,195,202

"外化—肯定" 30,170,177

外化劳动 152—154,160,170—173,175—178,190—192

外在实践 259

唯物辩证法 81,110,115,117,119,212,283,612,636,647,648,810

唯物史观的分析范式回归 37,799

唯物史观分析范式再转换 494

唯物史观中的"科技—经济"思想 20,27,29,30,42,115—117,119,212,213,265,389,476,516,802

唯物史观中的"科学—技术—生产力"分析范式 29,30,33,118,225—227,229,230,254,263—265,302,304,340,341,356,377,392,472,476,492,494—496,512,521,583,781,791,792,802—804,838,840

唯物史观中的"科学研究—技术研发—物质生产"的生产力分析范式 225,227

无产阶级 13,15,27,52,65—68,81,82,89,90,92,93,95,96,110,112,165,188,260,262,284,290,311,375—377,381,386,413,575,576,721,722,835

无人车间 330,738,748

无人工厂 37,330,456,478,479,488,489,727,728,730,737—739,746—752,756—764,781,817

"无人工厂"的高端科技型企业 756

"无人工厂"的高额利润 727,728,747,

749, 750, 752, 756, 757, 760—764, 779, 785, 796

"无人工厂"的价值生产　751

"无人工厂"的生产过程　758—762

"无人工厂"的剩余价值生产　727, 752, 757, 762

"无人工厂"高额利润来源　747, 750—752

"无人化"程度　819

"无人化"的高端科技型企业　806

"无人化"的高端科技型生产方式　752

"无人化"的剩余价值生产　753, 796, 818

"无人化"剩余价值的生产　753, 756, 760

"无人化"剩余价值生产　753, 757, 762, 819, 825, 842, 843

"无人化"剩余价值生产的能力　805, 816, 819, 825

"无人化"剩余价值生产方法　752

"无人化"剩余价值生产理论　764

"无人化"剩余价值生产能力　25, 38, 816

无人驾驶　749

无形产品　619—621

无形学院　445

无形资产　462, 463, 465

物化　154, 159, 168, 173, 243, 247, 250—252, 317, 326, 400, 423, 425, 426, 428, 432, 520, 605, 607, 679, 769, 820, 824

物化劳动　330, 561, 563, 564, 718, 750, 751

物化劳动价值说　751

物质产品　257, 279, 280, 287, 289, 292, 307, 321, 380, 460, 464, 466—468, 485, 520, 534, 554, 555, 562, 580, 590, 602, 659, 674, 681, 690, 796, 801

物质产品的生产领域　294, 296, 297

物质劳动对象　295, 297, 583

物质劳动者　295, 297

物质劳动者个人所有制　295, 297

物质劳动资料　295, 297, 302, 583

物质生产的劳动技术组合方式　271—273, 275, 295, 297

物质生产的劳动社会组合方式　275, 276, 295, 297

物质生产的生产方式　277

物质生产的生产力　225, 230, 238, 245, 249, 254, 256, 377

物质生产的生产力系统　295, 297

物质生产的生产资料所有制　288

物质生产的所有制制度　292

物质生产方式　24, 33, 35, 38, 299, 302, 306, 473, 493, 494, 512, 522, 523, 534, 535, 556, 578, 582, 590—594, 597, 617, 638, 639, 642, 650, 652, 654, 657, 659, 661, 662, 664, 674, 677, 687, 688, 698, 709, 717, 718, 727, 728, 730, 735, 736, 744, 745, 747, 752—754, 756, 763, 764, 781, 789—791, 793, 795, 798, 800—803, 810, 811, 813—815, 817, 818, 821, 822, 827—829, 832, 839—841, 843

物质生产领域　136, 224, 225, 227, 228, 230, 231, 238, 239, 241, 243, 244, 254, 261, 262, 265, 287, 288, 301, 306, 307, 327, 382, 384, 385, 388, 392, 464, 477, 481, 482, 491, 493, 496, 516, 517, 557, 560, 561, 563, 580, 602, 619, 632, 645, 687, 713, 730, 784, 795, 797, 802, 826, 827, 832

物质生产视域　23, 30, 115, 119, 212, 213, 221—225, 227—230, 253, 259, 262—264, 266, 277, 299—301, 304, 306, 377, 392, 393, 474, 476, 477, 492, 493, 495, 504, 516—518, 520, 535, 835, 837, 838

物质生产视域的"科技—经济"思想　23, 27, 29, 30, 42, 114—117, 119, 213, 495, 791

物质生产资料　24, 34, 280, 288, 289, 293,

295,297,302,337,477,491,494,533,583,
584,586,587,589—592,638,712,713,
770,781,800,814,823,824,826—830,
832,833,836,840,843

物质生产资料所有制　39,288,292,295,
297,827,829

物质资本　455,461,462,718,814,822—
824,826,832

X

西斯蒙第　76,77

狭义的工人阶级　464,482,581,582,605,
841

狭义的生产关系　278,523

狭义的生产力　238,245

先进生产力　7,58,506,576

显在价值　36,708,709,712,763,775

现代技术革命　32,400,404,405,407,408,
417,420,456

现代技术群　16,404,405,417

现代经济发展需求　32,446

现代经济社会与境　319,327,331,395,396,
472

现代科技革命的周期性长波发展　32,416

现代科技劳动价值论　2,143,307,319,323,
327,421,425,436,454,464,483,583,593,
651,654,665,750,765,786,823,828,831

现代科技商品经济社会　546,648—650

现代科技社会建制　32,441,443,445

现代科技体系结构　32,436,441,453

现代科技型大工业　669

现代科技型企业　35,393,543,675—677,
679,681,683—686,688,689,704—706,
709,710,712—714,716,721,723,724,
728,730,746,748,751,756,764,765,
768—770,772,774—779,782—785,787,

788,794,798,799,823,824,833

现代科技型企业"不在场的"科学人员
713,768,770—773,786

现代科技型企业的超额剩余价值生产
725,731

现代科技型企业的技术劳动价值论　774

现代科技型企业的价值生产和价值增殖的
系统　675

现代科技型企业的绝对剩余价值生产
724,727,728

现代科技型企业的科学劳动价值论　771

现代科技型企业的劳动价值理论　793,
794,804

现代科技型企业的劳动价值理论体系　794

现代科技型企业的两步"孵化"　713,714

现代科技型企业的生产劳动价值论　777

现代科技型企业的剩余价值生产　24,688,
717,778,797,824

现代科技型企业的剩余价值生产新理论
37,727,728

现代科技型企业的相对剩余价值生产　727

现代科技型企业的"整个生产劳动过程"
680,682,684—686,688,689,717,746,764

现代科技型企业价值生产和增殖的"价值链
网络结构"模式　765,770,793,797

现代科技型企业"跨时空"价值生产和增殖
的"价值链"　765

现代科技型企业生产的"新结合工人"　687

现代科技型企业生产的"新结合劳动"　687

现代科技型企业剩余价值的生产方法　799

现代科技型企业剩余价值生产理论　797

现代科技型企业"双层结合"方式　833

现代科技型企业"在场的"劳动　682

现代科技型企业"在场的"生产工人　714,
769,770,776,779,786,826

现代科技型企业"在场的"生产过程　775

现代科技型企业"在场的"生产劳动 775,
777—779

现代科技型企业制度 833

现代科技型企业"准在场的"技术人员
713,769,770,774—776,786,826

现代科技型企业"准在场的"劳动 681

现代科技型生产方式 33,34,36,38,554,
591,594,597,669,687,717,718,720,724,
727,729—731,735,737,739,745,746,
752,753,757,762—764,785,790—799,
804,808,814—817,822—828,830,832,
839—841,843,844

现代科技型市场体系 833

现代科学革命 1,16,32,396,399,400,
404—407,417,420,425,456,839,841

现代科学技术 11,23,32,143,150,357,
396,405—409,421,426,439,482,499,
503,508,509,549,601,678,706

现代市场经济社会 33,35,36,496,512,
513,522,527—529,532—535,539,543—
548,554—556,571—573,582,590,593,
594,597,598,600—605,608—613,617—
620,630—636,638,641,642,644—646,
650—652,656,657,665,667,677,679,
681,689,694,696,700,704,706,708,710,
711,716—718,720,725—727,729,730,
733,736—739,745,746,756,764,772,
773,793,804,805,808,816,830,831,839

现代数学革命 399

现代政治经济学 24,32—34,393,473,483,
493,494,512,513,519,523,534,593,611,
650—652,665,675,676,696,712,793

现实的共产主义行动 189,211

现实的人 96—98,103,105,123—126,148,
157,206,207,210,217,221,226,231,476

相对剩余价值 37,60,113,116,338—343,

351,355,383,478,488,542,719,720,
724—730,736—740,742—747,752—756,
764,779,785,798,799,817,818,838,841

消费关系 279,288,451

新材料技术 16,17,405,550—552,807,842

新工业革命 24,38,805—809,825,826

新科技革命 3,7,8,24,38,224,253,265,
300,328,357,393,417,420,442,449,450,
529,549,552,575,628,667,805—809,
825,826

新科技革命的"前夜" 32,416

新能源技术 17,405,550,552,807,842

新型经济 454,462,463

新一轮工业革命 805

新一轮科技革命 16,552,805,807,842

新一轮全球科技竞争 807

信息化 408,419,466,533,568,748—750

信息技术 16,17,405,455,461,462,466,
529,547,550—552,567,569,807,842

信息经济 435,454,457,458,548

"信息—智力型"劳动系统 328,330—332,
577,580,632

Y

亚当·斯密 76,78—80,171,172,388

一般科技型企业的社会生产 741

一般科技型企业的生产工人 741,746

一般科技型企业的相对剩余价值生产
798,799,817,818,824,832,841

"一门科学" 30,118,148—150,189,204—
207,209—211,836

异化的雇佣劳动 202,203

异化的私有财产 175—179,184,187,189,
190,193,195,197,202,203

"异化—否定" 30,170,175,177

异化劳动 29,107,117,119,135,152—154,

158—160，162—166，170，175—179，186，187，190，191，197，202，203，210，836

异化批判 23，29，38，42，114，117，119，152，158，210，836

应用性的科技研究 644

硬件劳动资料 519

硬性劳动资料 660

有形资产 463，465

与境 23，32，208，395，396，472，504，575，793

预见功能 410，412，413

Z

"在场的"企业产品生产 769

"在场的"生产工人 683，684，687，688，705，709—711，778，779，783，785，787，788，794，797，823，824

詹姆士·穆勒 76

整个社会分工制度的优点 361，373，659，662，666

政治经济学的创造性转换 23，29，118，300，304，306，476，495，583，587，791，802

政治经济学基本范畴 33，521

政治经济学中的"科技—经济"思想 20，23，29，116，117，119，213，300，306，319，371，493，495，652，804

知识产品 245，257，380，485，520，580

知识传播系统 431

知识创新系统 431

知识分子 6，24，46，378，422，423，464，477，481，498，546，580—582，605，656，841

知识化 459，462，510

知识经济 2，4，8，32，253，396，419—421，424，435，454—471，478，482，486，487，491，509—512，520，528，540，544—548，564

知识就是力量 151，246，421，423—425

知识形态的生产力 245，247，253，257，280

知识性劳动手段 620，625

知识应用系统 431

知识制造 280

知识资本 7，280，455，461，463，695

智慧工厂 747—749，757，765

智慧价值 419

智力工作者 621

智力经济 454，460，467

智力开发 460，467

智力劳动 288，320，331，332，464，528，533，579，580，606

智力水平 251，622

智力物化 621，628

智力资产 545

智能工厂 748

智能化 3，17，37，327，419，432，458，460，478，479，488，489，531，554，591，718，724，727，728，738，746，748，749，752，754—757，765，793，796，804，806，807，826，842

智能机器人 405，456，623

智能经济 454，548

中国的创新体系 7

中国的改革开放 541

中国的科技创新 723

中国的社会主义所有制 828

中国的现代化 11，49，51，417，418，420，422，435，806，842

中国特色社会主义的经济实践 514

中国特色社会主义的哲学社会科学体系 809

中国特色社会主义基本经济制度 829

中国特色社会主义经济实践 514，527

中国特色社会主义社会的经济运动规律 513

中国特色社会主义市场经济　15，396，513，
　521，656，723，805，809，811，812，815，829
中国特色社会主义现代化　1，12，500，501，
　520
中国特色社会主义政治经济学　19，38，
　514，515，521，793，834，839，840，844
中国特色社会主义政治经济学的基本范畴
　521
中国特色社会主义政治经济学的基本原理
　841
中国特色社会主义政治经济学的基础理论
　11，840
中国特色社会主义政治经济学的重大原则
　19，515
中国特色社会主义政治经济学新境界　515
重新建立个人所有制　118，120，284—286，
　827，839，843
"准在场的"技术人员　683—688，712，772，
　773，775，783，787，788，795，798，824
"准在场的"技术生产　769
资本化　164，165，174，178，182—184，199，
　270，284，337，338，343，347，659，718，753，
　812，813，819，821—823
资本积累　5，23，31，117，119，342—348，
　350—352，354—356，358，372，382，392，
　455，461，478，479，482，487—489，617，
　653，718，720，792，803，838
"资本—劳动"的二元对立　810，812，813，
　815
"资本—劳动"的二元统一　822
"资本—劳动"二元对立的经济模型　810，
　811，813，821
"资本—劳动"二元对立的总框架　813，825
"资本—劳动"二元统一的总框架　825
"资本—劳动"二元统一经济模型　815，
　816，819

"资本—劳动"关系的转型升级　25，805，
　809，813，815，825
资本逻辑　168，169，833
资本世界　800，801，809，810，822
资本主义经济社会　23，27，29，57，58，76，
　78，79，85，107，109，111，113，114，117—
　119，131—136，141，150，152，158，159，
　163—166，169，170，174—179，181，183—
　186，189，195，212，227，300，302，304，306，
　357，388，516，517，558，587，590，654，698，
　718，803，810，811，818，835，837
资本主义全方位异化　30，118，170，178，
　187，189，195，199，211，835，836
资本主义生产方式　12，18，21，42，44，45，
　51—59，61，65，72，76，80，212，268，284，
　291，297，298，301—304，306，307，313，
　321，327，330，332—336，339，354—356，
　362，374，376，377，379，383，384，390，423，
　485，487，495，513，525—527，529，534，
　555，575，576，588，592，661，666，669，745，
　789，809，827
资本主义生产关系　27，52—56，65，286，
　337，354，372，525，526
资本主义私有制　30，155，170，177—184，
　186，187，189—193，195，199—204，210，
　211，281，284—286，356，827，828
资本主义占有方式　284，827
资本主义占有规律　344，345，372，381，382，
　517
自动化的无人工厂　756，757
自动化机器体系　244
自动化技术　499，747，749，757，765
自动化生产　724，738，748，749
自动化时代　748
自动化体系　242，747
自然科学的价值　662

"自然科学—社会科学"相互融合发展　409

自然史　21,71,81,128,149,206,207,209,
　210,226,260,359,360,473

自由劳动　30,53,118,189,199,202,203,
　210,836

自由人联合体　39,100,118,120,837,839,
　843,844

自由王国　174,260—262

自在自为的劳动　202,203

"总体"的生产关系　279,280

总体工人　312,314—316,319,321,371,

557,576,580,688,823

总体系　290

作为对象性存在的私有财产的积极扬弃
　189

作为劳动的私有财产的关系　177,202

作为人的对象性存在的工业　135,138

作为人的对象性存在的技术　140

作为人的对象性存在的科学　137,138,152,
　205

作为资本的私有财产的关系　177,202

责任编辑：刘海静

封面设计：肖　辉　汪　阳

版式设计：肖　辉　周方亚

责任校对：陈艳华

图书在版编目(CIP)数据

马克思"科技—经济"思想及其发展研究/刘冠军 著. —北京：人民出版社,2021.4
（国家哲学社会科学成果文库）

ISBN 978－7－01－022650－7

Ⅰ.①马…　Ⅱ.①刘…　Ⅲ.①马克思主义-科学思想-研究②马克思主义政治
经济学-研究　Ⅳ.①A811.693②F0-0

中国版本图书馆 CIP 数据核字(2020)第 224446 号

马克思"科技—经济"思想及其发展研究

MAKESI KEJI JINGJI SIXIANG JIQI FAZHAN YANJIU

刘冠军　著

人 民 出 版 社 出版发行

（100706　北京市东城区隆福寺街 99 号）

北京盛通印刷股份有限公司印刷　新华书店经销

2021 年 4 月第 1 版　2021 年 4 月北京第 1 次印刷
开本：710 毫米×1000 毫米 1/16　印张：57
字数：950 千字

ISBN 978－7－01－022650－7　定价：258.00 元（上下卷）

邮购地址 100706　北京市东城区隆福寺街 99 号
人民东方图书销售中心　电话 (010)65250042　65289539